USA

NAGELS

ENZYKLOPÄDIE-REISEFÜHRER

Auszeichnungen
Rom 1958, Paris 1961, Wien 1968, 1972

USA

960 Seiten
19 mehrfarbige und 12 schwarz-weiße
Karten und Pläne

NAGEL VERLAG
GENF · PARIS · MÜNCHEN

ISBN 2-8263-0573-5

© 1974 by Nagel Verlag, Genf (Schweiz)
Alle Rechte für alle Länder, einschließlich der UdSSR,
vorbehalten

Printed in Switzerland

INHALTSVERZEICHNIS

	Seite
Verzeichnis der Karten und Pläne	10
Vorwort	11

ALLGEMEINE EINFÜHRUNG

Geschichte 17

    Kolonialzeit 17
    Unabhängigkeitskampf und Gründung der Vereinigten
      Staaten 19
    Entstehung der amerikanischen Nation 22
    Sezessionskrieg und «Rekonstruktion» 24
    Industrialisierung und Imperialismus 26
    Vom Beginn des ersten Weltkrieges bis zum Eingreifen
      der USA in den zweiten Weltkrieg 28
    Vom Eingreifen der USA in den zweiten Weltkrieg bis
      zu dessen Ende 31
    Nachkriegszeit 33
    Die Präsidenten der Vereinigten Staaten von Amerika .. 34

Staat und Verwaltung 37

    Grundlagen 37
    Repräsentativsystem und republikanische
      Regierungsform 38
    Bundesstaatensytem und beschränkte
      Herrschaftsausübung 39
    Demokratisch-pluralistische Grundordnung 44
    Suprematie von Gesetz und Recht 46

Geographie 48

    Geologie 48
    Relief 49
    Klima 52
    Vegetation 55
    Hydrographie 56

Bevölkerung 59

    Struktur 59
    Wachstum 63
    Dichte 63
    Bewegung 65

Seite

Wirtschaft 67
   Landwirtschaft 68
   Industrie 71
   Verkehr 76
   Handel 77
   Lebensstandard 78

Literatur 79

Theater 87
   Schauspiel 87
   Musical 91
   Theatergeschichte 92

Film 94

Bildende Kunst 100
   Malerei 100
   Plastik 107
   Architektur 108
   Namhafte Architekten der USA und ihre wichtigsten
     Bauwerke 111

Musik 118
   Volksmusik 119
   Jazz 121
   Komposition 123

Bildungswesen 129
   Erziehungsziele 129
   Schul- und Hochschulwesen 130
   Aufbau des Bildungswesens in den USA 131
   Wissenschaft und Forschung 135

Massenmedien 139

Bibliographie 143

BESCHREIBUNG DES LANDES UND SEINER SEHENSWÜRDIGKEITEN

Bundesstaaten und Außengebiete

DER NORDOSTEN 157
   Connecticut 158
   Delaware 159
   Maine 160

	Seite
Maryland	162
Massachusetts	164
New Hampshire	166
New Jersey	167
New York	168
Pennsylvania	171
Rhode Island	172
Vermont	174

DER MITTLERE WESTEN ... 177

Illinois	178
Indiana	179
Iowa	181
Kansas	182
Michigan	184
Minnesota	186
Missouri	188
Nebraska	189
North Dakota	191
Ohio	192
South Dakota	194
Wisconsin	195

DER SÜDOSTEN ... 199

Alabama	200
Arkansas	201
Florida	203
Georgia	205
Kentucky	207
Louisiana	208
Mississippi	210
North Carolina	212
South Carolina	214
Tennessee	215
Virginia	217
West Virginia	219

DER SÜDWESTEN ... 221

Arizona	222
New Mexico	224
Oklahoma	226
Texas	228

	Seite
DIE GEBIRGSSTAATEN	231
Colorado	232
Idaho	234
Montana	235
Nevada	237
Utah	238
Wyoming	241
DER PAZIFISCHE WESTEN	243
California	244
Oregon	248
Washington	250
ALASKA	254
HAWAII	255
PUERTO RICO	257
VIRGIN ISLANDS	258
GUAM	259
AMERICAN SAMOA	260
U.S. TRUST TERRITORY OF THE PACIFIC	261

Städte

Atlanta, Ga.	265
Baltimore, Md.	266
Boston, Mass.	271
Buffalo, N.Y. (inkl. Niagara Falls).	286
Chicago, Ill.	291
Cincinnati, O.	308
Cleveland, O.	310
Dallas, Tex.	311
Denver, Col.	314
Des Moines, Io.	318
Detroit, Mich.	319
Honolulu, Hawaii	321
Houston, Tex.	323
Indianapolis, Ind.	328
Kansas City, Mo.	329
Las Vegas, Nev.	331
Los Angeles, Cal.	333
Memphis, Tenn.	337

Seite

Miami, Fla.	339
Milwaukee, Wisc.	344
Minneapolis/St. Paul, Minn.	346
New Orleans, La.	348
New York City, N.Y.	360
Philadelphia, Pa.	500
Phoenix, Ariz.	505
Pittsburgh, Pa.	506
Portland, Ore.	508
Sacramento, Cal.	511
St. Louis, Mo.	513
Salt Lake City, Ut.	517
San Antonio, Tex.	525
San Diego, Cal.	528
San Francisco, Cal.	531
Santa Fe, N.M.	548
Seattle, Wash.	552
Washington, D.C.	556

Nationalparks

Carlsbad Caverns	609
Grand Canyon	615
Yellowstone	621

PRAKTISCHE HINWEISE

Übersicht	652
Hotel- und Gaststättenverzeichnis	709
Index	917

VERZEICHNIS DER KARTEN UND PLÄNE

Mehrfarbige Faltkarten und Pläne

Seite

Übersichtskarte der Vereinigten Staaten	Vorsatzblatt
Landkarte	am Ende des Buches
Boston, Mass.	272/273
Chicago, Ill.	304/305
Grand Canyon National Park, Ariz.	606/607
Los Angeles, Cal.	336/337
New York City, N.Y.	368/369
San Francisco, Cal.	528/529
Washington, D.C.	560/561
Yellowstone National Park, Wyo.	624/625

Atlas
(am Ende des Buches)

Dallas, Tex.	Pl. 2–5
Detroit, Mich.	Pl. 6/7
Hawaii	Pl. 8
Honolulu, Hawaii	Pl. 9–14
Miami, Fla.	Pl. 22–25
Niagara Falls, N.Y.	Pl. 20/21
Philadelphia, Penn.	Pl. 22–25
Puerto Rico	Pl. 26
San Juan, Puerto Rico	Pl. 27–31

Schwarz-weiße Karten und Pläne

Baltimore, Md.	268/269
Carlsbad Caverns National Park, N.M.	611
Denver, Col.	316/317
Houston, Tex.	326/327
New Orleans La.	352/353
New York City, N.Y. (Zentrum)	376/377
Portland, Ore.	509
Saint Louis, Mo.	515
Salt Lake City, Utah	520/521
San Antonio, Tex.	527
Seattle, Wash.	555
Yosemite National Park, Cal.	247
Entfernungstabelle	657

VORWORT

Die Reihe NAGELS ENZYKLOPÄDIE-REISE-FÜHRER hat sich zum Ziel gesetzt, im Laufe der Zeit alle Reiseziele der Erde zu erfassen. Mit dem vorliegenden Band erscheint der seit langem angekündigte enzyklopädische Reiseführer über die VEREINIGTEN STAATEN VON AMERIKA.

Dank der immer günstigeren Verkehrsbedingungen zwischen der Alten und der Neuen Welt nimmt die Zahl der Amerikareisenden ständig zu. Die erheblich gesteigerte Transportkapazität der Großraumflugzeuge (Jumbo Jets) wird den Besucherstrom weiter anschwellen lassen. Schon heute rechtfertigt die intensive Nachfrage nach einem zuverlässigen Reiseratgeber für die USA die Herausgabe dieses Handbuches, das der Besucher des Landes vor, während und nach der Reise lesen und benutzen mag.

Anders als zahlreiche, meist jenseits des Atlantiks herausgegebene Veröffentlichungen ist dieser USA-Reiseführer von Europäern für Europäer geschrieben. Aufsätze von Sachkennern und ausgedehnte Erkundungsreisen lieferten den Stoff zu diesem umfassenden Kompendium, das in konziser Form ein Optimum an Information bietet. Nach dem bewährten Vorbild der übrigen Reihenbände ist auch dieses Buch in einen einleitenden, einen beschreibenden und einen praktischen Teil gegliedert.

Die allgemeine Einführung enthält aufschlußreiche Beiträge zu Landeskunde, Geschichte und Kultur der USA sowie eine nach Sachgebieten geordnete Bibliographie. — Der deskriptive Hauptteil des Buches ist in sich abermals dreifach gegliedert und beinhaltet zunächst übersichtliche Einzeldarstellungen aller fünfzig, nach geographischen Räumen und innerhalb dieser alphabetisch geordneten Bundesstaaten und der bedeutendsten Außengebiete mit besonderer Berücksichtigung der landschaftlichen, historischen und kulturellen sowie der technischen Sehenswürdigkeiten. Danach schließen sich, ebenfalls in alphabetischer Reihenfolge, die Beschreibungen von siebenunddreißig wichtigen Städten des Landes und ihrer nächsten Umgebung an, besonders eingehend von Boston, Chicago, Los Angeles, New Orleans, New York, Philadelphia, San Francisco und der Bundeshauptstadt Washington. Den Abschluß bilden detaillierte Abhandlungen der vielbesuchten Naturwunder in den Nationalparks Carlsbad Caverns, Grand Canyon und Yellowstone. Damit sei vorerst eine wohlüberlegte, angesichts der immensen Ausdehnung und den gigantischen Größenordnungen der Vereinigten Staaten nicht immer leicht zu treffende Auswahl von Sehenswürdigkeiten und lohnenden Reisezielen im 'Land der unbegrenzten Möglichkeiten' vorgestellt, deren Umfang bei späteren Auflagen erweitert werden kann.

Wissenswerte praktische Hinweise vor allem für den an Ort und Stelle ratsuchenden Reisenden bilden den letzten, nicht minder wichtigen Teil des Buches. Von den zu treffenden Reisevorbereitungen bis zur Sprachhilfe werden hier nützliche Angaben zur Lösung praktisch aller Probleme gemacht, die dem Fremden begegnen können. Ein reichhaltiges Unterkunfts- und Gaststättenverzeichnis beendet den Textteil des Bandes. — Das mit Sorgfalt angelegte, ausführliche *Namen- und Sachregister* ermöglicht ein verläßliches Auffinden des Gesuchten.

Um dem Benutzer störendes Umdenken und oft langwierige Umrechnungen zu ersparen, sind alle in diesem

Buche vorkommenden Maßangaben in metrischen und zugleich in angloamerikanischen Einheiten aufgeführt. Auf eine rigorose Verdeutschung mancher allgemein verständlicher amerikanischer Ausdrücke und Bezeichnungen ist verzichtet worden, zumal Kenntnisse des Englischen in weiten Kreisen verbreitet sind und zahlreiche Vokabeln im Zuge einer umstrittenen Entwicklung bereits in den deutschen Sprachschatz eingedrungen sind.

Die einleitenden Aufsätze stammen aus der Feder kompetenter Kenner der amerikanischen Verhältnisse: Paul Wagret *verfaßte die Abschnitte über Geographie und Geschichte;* Gérard Chaillon *lieferte die Beiträge über Bevölkerung und Wirtschaft;* Michael Jaeger, *der auch die Angaben über die Bundesstaaten und Außengebiete zusammenstellte, ist der Autor der Abhandlungen über Staat und Verwaltung sowie über das Bildungswesen;* Paul Beekman Taylor *schrieb die Kapitel über Literatur, Theater, Film, bildende Kunst, Folklore und Massenmedien;* Roland Chaillon *entwarf den Überblick über die amerikanische Musik.*

Für die Übersetzung ins Deutsche, Ergänzung und Anpassung an die Erwartungen des deutschsprachigen Raumes der überwiegend fremdsprachig verfaßten Artikel der Einführung, für die Zusammenstellung der Bibliographie, vor allem aber für die Darstellung der amerikanischen Städte und Nationalparks und die Ausarbeitung der praktischen Hinweise wie auch für die Gesamtredaktion zeichnet Dr. Peter Baumgarten, *der sich bei seinen Beschreibungen auf am Ort gesammelte Erfahrungen stützen konnte und dem* Monika I. Baumgarten *sowohl während der Erkundungsreisen als auch bei der Abfassung und Durchsicht der Manuskripte hilfreich zur Seite stand. — Die den Text ergänzenden Karten und Pläne wurden traditionsgemäß von der kartographischen Abteilung unseres Hauses eigens für diesen Band ausgearbeitet.*

Unser Dank gilt den genannten Autoren und Mitarbeitern ebenso wie der amerikanischen Luftverkehrsgesellschaft **Pan American World Airways** (Pan Am), *ohne deren umsichtige Unterstützung, Betreuung und bereitwillige Mitarbeit bei der notwendigen Gegenkontrolle aller Angaben die Verwirklichung dieses Reiseführers kaum möglich gewesen wäre. Insbesondere sind wir dem Leiter der Pan-Am-Verlagsabteilung,* Gerald W. Whitted, *für seine entgegenkommende Haltung und wohlmeinenden Bemühungen sowie den Damen* Eleanor B. Pierce *und* Marion Stevens *für ihre wertvollen Korrekturen, Ergänzungen und nützlichen Anregungen aufrichtig verbunden.*

Bei der Erstauflage fast unvermeidbare Ungereimtheiten möge der Leser wohlwollend entschuldigen. Die immer schneller fortschreitende Entwicklung auf allen Gebieten des täglichen Lebens erschwert die zutreffend aktuelle Darstellung in einem Reiseführer, zu dessen Entstehung jahrelange Vorbereitungsarbeiten notwendig sind, in zunehmendem Maße. Wir begrüßen daher jedwede Kritik von Seiten des Publikums; sie fördert in jedem Falle nicht nur den wünschenswerten Dialog, sondern hilft auch der Redaktion, den Inhalt des Buches zu bereichern und damit späteren Benutzern noch bessere Dienste zu erweisen.

NAGEL VERLAG

N.B. — *Nagels Enzyklopädie-Reiseführer sind frei von bezahltem Werbegut. Alle in diesem Band enthaltenen Angaben werden ohne Gegenleistung veröffentlicht und bieten somit ein Höchstmaß an Objektivität.*

Allgemeine Einführung

GESCHICHTE

Als *Christoph Kolumbus* nach langer Seereise 1492 erstmals seine Schiffe anlegen ließ, glaubte er, jenes Indien erreicht zu haben, das er auf diesem neuen Seeweg gesucht hatte. Tatsächlich war er auf der Inselgruppe der Antillen gelandet, und bald wurde klar, daß man einen ganzen Kontinent entdeckt hatte, der trotz beachtlicher Entdeckungsreisen der Wikinger im 10. und 11. Jahrhundert den Europäern unbekannt geblieben war. Der neue Erdteil erhält von einem Kartographen den Namen **Amerika** zu Ehren des florentinischen Seefahrers *Amerigo Vespucci*, der als einer der ersten die 'Hypothese' von einer Neuen Welt verbreitete.

Kolonialzeit (bis 1775)

Im Laufe des 16. Jahrhunderts gründen *Spanier* in Mexiko und Florida und *Franzosen* in Neufundland und Kanada erste kleinere Niederlassungen auf dem amerikanischen Kontinent, der bereits von autochthoner, ursprünglich aus Asien stammender und fälschlich als **Indianer** bezeichneter Bevölkerung bewohnt wurde. Jedoch mehr als ein Jahrhundert nach der Entdeckung kommen die ersten Siedler meist unter sehr beschwerlichen Umständen aus den angelsächsischen Ländern. Sie gründen, durch Glaubensverfolgungen aus ihrer Heimat vertrieben, 1607 als erste englische Kolonisten in Virginia den Ort *Jamestown*. Als sich ihre Suche nach Gold und Silber als vergeblich erweist, übernehmen sie von befreundeten Indianerstämmen den Anbau und die Pflege des Tabaks, der ihnen rasch zu wachsendem Wohlstand verhilft.

Im Jahre 1620 kommen an Bord der 'Mayflower' 102 *Pilgrim Fathers* (Pilgerväter) aus England über Holland in die Neue Welt. Sie gehen weiter nördlich bei Plymouth in Massachusetts an Land und lassen sich in Neuengland nieder, dessen Tradition bis in unsere Tage von ihrer Tatkraft und ihrem puritanischen Geist nachhaltig geprägt bleibt. Bald folgen weitere Siedlungsgründungen und bereits um die Mitte des 18. Jahrhunderts ziehen sich insgesamt 13 Kolonien von Norden nach Süden entlang der Atlantikküste: *Massachusetts* (1620), dessen Hauptstadt Boston zu den ältesten Gründungen gehört; *New Hampshire* (1679); *Rhode Island* (1636); *Connecticut* (1635); die Kolonie *New York* (die Stadt selbst wird 1613 von holländischen Einwanderern gegründet und erhält von diesen 1626 den Namen Nieuw Amsterdam; 1664 fällt sie unter englische Herrschaft); *New Jersey* (1664); *Pennsylvania* (1681 von Quäkern unter William Penn gegründet); *Delaware* (1664); *Maryland* (1632); *Virginia* (1607); *North Carolina* und *South Carolina* (1629 als zusammenhängende Kolonie gegründet, 1710 geteilt); *Georgia* (1735). Diese Kolonien werden sich später als die 13 **Gründerstaaten der Union** zusammenschließen.

Mit Ausnahme weniger Adliger, die sich vor allem mit Handel und Politik befassen, sowie der Plantagenbesitzer, die in den Südstaaten eine altväterliche, autoritätsgewohnte Gesellschaft regieren, lebten die Mehrzahl der meist aus Großbritannien (England, Irland, Schottland), Deutschland, Holland oder Skandinavien stammenden Kolonisten unter härtesten Bedingungen. Ihr Kampf gilt nicht allein der wilden, unbarmherzigen Natur, der man den eigenen Unterhalt und darüber hinaus Güter für den Handel mit dem Mutterland zu entringen trachtet, sondern ebenso den feindlichen Indianerstämmen, die von den Einwanderern ausgerottet oder immer weiter nach dem Westen abgedrängt werden. Nachdem die Küstengebiete hinreichend erkundet und urbar gemacht sind, beginnen die Siedler nach und nach mit der Kolonisierung der Appalachen, des Ohiotales und der endlosen Weiten der Great Plains (Große Ebenen).

Zu den ersten kriegerischen Auseinandersetzungen mit dem französischen Kolonialreich, das sowohl in Kanada als auch in Louisiana (seit 1731 Kronkolonie) Niederlassungen besitzt, kommt es bereits seit 1689. Sie gipfeln 1754 im **French and Indian War** (Franzosen- und Indianerkrieg). Frankreich läßt zur Wahrung seiner Interessen mindestens neun strategisch wichtige Festungen zwischen Quebec und dem Golf von Mexiko, vermutlich aber noch weitere im Ohiotal anlegen. Die englischen Kolonien fühlen sich hierdurch bedroht und erklären mit Unterstützung durch ihr Mutterland 'Neufrankreich' den Krieg. Durch den den Siebenjährigen Krieg beendenden *Friedensvertrag von Paris* des Jahres 1763 sehen sich die Franzosen um ihre Interessen gebracht, da England alle Gebiete östlich des Mississippi und selbst Kanada annektiert. Die in der Folge zunehmende administrative und fiskalische Bevormundung (v.a. 'Stamp Act' von 1765) durch London erscheint den enttäuschten Kolonisten als ungerechtfertigte Schikane.

Immer mehr drängen die Amerikaner darauf, den Engländern in jeder Beziehungen gleichgestellt zu werden, besonders aber hinsichtlich der steuerlichen Abgaben. Diese waren für die Kolonien bis dahin vom Parlament festgesetzt worden, das die Kolonisten nicht mitbestimmen durften. Außerdem erhebt London den Anspruch auf das Handelsmonopol und untersagt seinen Kolonien jeden direkten Warenaustausch mit Drittländern, den es als Schleichhandel verfolgt. Diese Bestimmungen geben schließlich am 16. Dezember des Jahres 1773 Anlaß zu der berühmt gewordenen *Boston Tea Party* (Teesturm), bei der beherzte Bostoner Bürger als Indianer verkleidet eine Schiffsladung Tee der British East India Company ins Hafenwasser werfen.

So spitzt sich die gespannte Lage immer mehr zu, bis es zu jenen unausweichlichen Zusammenstößen kommt, die endlich unter Führung von Köpfen wie George Washington und Benjamin Franklin zum **Bruch mit England** und zur Geburt der Vereinigten Staaten von Amerika führen.

Unabhängigkeitskampf und Gründung der Vereinigten Staaten (1775–1814)

Im Jahre 1774 treten die Abgesandten der dreizehn britischen Kolonien (s.S. 18) in *Philadelphia* zum *Ersten Kontinentalkongreß* — der ersten (noch ungesetzlichen) amerikanischen Kundgebung — zusammen. Bereits hier gewinnen die 'Patrioten' die Oberhand über die englandtreuen 'Loyalisten'; dennoch zögert man sowohl auf amerikanischer als auch auf englischer Seite. Viele Kolonisten, vor allem in den konservativen Südstaaten, fürchten den Verrat an ihrem König, während sich in Großbritannien eine liberale, von den 'Whigs' vertretene Opposition für die Interessen der unzufriedenen Siedler einsetzt. In dieser Lage unternimmt die furchtsame und unentschlossene englische Regierung keinerlei Schritte, die zu einer Entspannung führen könnten.

Als es am *19. April* 1775 unweit von Boston bei *Lexington* zu einer blutigen Schießerei zwischen 'Red Coats' (Rotjacken) des britischen Heeres und amerikanischen Patrioten kommt, führt dieser Anlaß endgültig zum Aufstand und **Unabhängigkeitskrieg** *(War of Independence*; bis 1783). Rasch wächst und verbreitet sich in allen Kolonien ein verbindender patriotischer Geist. Beim *Zweiten Kontinentalkongreß* in *Philadelphia* vom Mai 1775 wird der Offizier und Großgrundbesitzer aus Virginia **George Washington** beauftragt, ein Heer zu bilden, dessen Oberbefehl er übernimmt. Seine Geduld und sein Mut, sein Organisationstalent, sein Gerechtigkeitssinn und sein Weitblick machen ihn zum unangefochtenen Führer der Aufständischen.

Als ersten Schritt verhängt König Georg III. am 23. August 1775 den Ausnahmezustand über die rebellierenden Kolonien; diese antworten mit der von Thomas Jefferson ausgearbeiteten und vom Kongreß am **4. Juli 1776** (seither Nationalfeiertag) gebilligten **Unabhängigkeitserklärung**. Der bewaffnete Konflikt ist nun unausweichlich geworden; es stehen sich schließlich royalistische Truppen (darunter zahlreiche deutsche Söldner) und, zwar von fähigen Offizieren geführte, jedoch meist unerfahrene amerikanische Milizsoldaten gegenüber. Den Amerikanern mangelt es an Geldmitteln, und der in zwei Lager gespaltene Kongreß läßt George Washington kaum freie Hand. In dieser Lage finden die Insurgenten in Frankreich einen Bundesgenossen; junge und liberal gesonnene Adlige wie La Fayette sind bereit, Waffen und Kredite in den Dienst der amerikanischen Sache zu stellen. Schließlich verdrängt der *Sieg von Saratoga* im Oktober 1777 die letzten Bedenken des zögernden Franzosenkönigs Ludwig XVI., der sich im Februar 1778 bereit findet, mit Benjamin Franklin, dem klugen Vertreter Philadelphias, einen Bündnis- und Handelsvertrag abzuschließen. Dennoch trifft erst im Sommer 1780 ein französisches Expeditionskorps unter Rochambeau in Amerika ein. Diesem gelingt es, in gemeinsamer Aktion mit Washingtons Truppen und der Flotte des französischen Admirals de Grasse, die Briten unter Cornwallis auf der Halbinsel von *Yorktown* in Virginia am weiteren Vormarsch zu hindern und diesen im Oktober 1781 zur *Kapitulation* zu zwingen.

Diese entscheidende Niederlage nötigt London zu Verhandlungen mit den Amerikanern; im November des Jahres 1782 kommt es zur Unterzeichnung eines einstweiligen Friedensvertrages, der 1783 im **Frieden von Versailles** endgültig bestätigt wird. In diesem Vertrag bekennt sich England zur Unabhängigkeit der Vereinigten Staaten von Amerika und überläßt ihnen alle Gebiete südlich der Großen Seen und östlich des Mississippi (Florida geht an Spanien).

Nach dem Friedensschluß übernimmt George Washington der schon früher für die Schaffung einer Zentralregierung eingetreten war, die Organisation des neuen Staatenbundes, eine schwierige Aufgabe, da in jenen Jahren der Anarchie zwischen 1783 und 1787 jeder Einzelstaat nur seine eigenen Interessen und nicht auch jene der anderen gewahrt wissen will. Nur der Klarsicht und dem Mut seiner eigentlichen Gründer, Washington, Jefferson und Franklin, ist es zu verdanken, daß das junge Land vom drohenden Bürgerkrieg verschont bleibt. Unter ihrem Einfluß ist der Kongreß 1787 zur Billigung zweier wichtiger Maßnahmen bereit: durch die *Northwest Ordinance* werden die Gebiete nördlich des Ohio River und westlich von New York als Staat mit den gleichen Rechten der dreizehn Urstaaten dem Bunde angegliedert und in der verfassunggebenden *Constitutional Convention* eine Zentralregierung mit der Besorgung aller gemeinsamen Bundesangelegenheiten wie Außenpolitik, Verteidigung und Finanzwesen betraut. Die ausübende Gewalt wird dem auf vier Jahre gewählten Präsidenten übertragen, während die gesetzgebende Gewalt dem aus Senat und Repräsentantenhaus gebildeten Kongreß sowie dem Obersten Gerichtshof zufällt, der über Verfassungsfragen entscheidet. Die einzelnen Bundesstaaten bleiben dagegen in der Regelung ihrer inneren Angelegenheiten (Erziehung, Justiz u.a.) autonom. Diese Form der **Verfassung** hat sich im wesentlichen bis in unsere Zeit erhalten (vgl. Kapitel 'Staat und Verwaltung').

Die Unabhängigkeitserklärung und die Verfassung der Vereinigten Staaten von Amerika stehen bis dahin in der Weltgeschichte ohne Beispiel. Zum ersten Male schuf ein von den Bürgern eines Staates gewähltes Parlament eine Konstitution, die klar das Volk zum Souverän bestimmt; zum ersten Male auch seit der Entdeckung Amerikas spalteten sich Kolonien von ihrem Mutterland, ein Ereignis, das zum Vorbild für die Französische Revolution und den Freiheitskampf Lateinamerikas wurde.

Einstimmig wird 1789 *George Washington zum ersten Präsidenten der USA gewählt* und 1792 für weitere vier Jahre in seinem Amt bestätigt. Eine dritte Wiederwahl lehnt er ab und zieht sich im Jahre 1797 auf seinen Landsitz in Mount Vernon (Virginia) zurück, wo er 1799 stirbt. Als neue Bundeshauptstadt gründet man 1793 *Washington* (District of Columbia), das seit 1800 Amtssitz des Präsidenten und des Kongresses ist. Nach *John Adams*, dem unmittelbaren Nachfolger Washingtons, übernimmt von 1801 bis 1809 *Thomas Jefferson*, der Schöpfer der Unabhängigkeitserklärung, als Vertreter der ärmeren Klassen das Amt des Präsidenten. Es gelingt ihm, noch bestehende innenpolitische Konflikte weitgehend beizulegen. Von Frankreich kauft er das Gebiet von Louisiana (Louisiana Purchase, 1803) und zeichnet sich im übrigen durch eine äußerst feste Haltung gegenüber England aus. Ihm folgt von 1809 bis 1817 *James Madison*, der England 1812 abermals den Krieg erklärt. Dieser **zweite Unabhängigkeitskrieg** bringt keine Änderung der bestehenden Verhältnisse mit sich und endet 1814 mit dem *Frieden von Gent*, in dem den USA ihre Unabhängigkeit erneut bestätigt wird. Von nun an fühlen sich die Vereinigten Staaten völlig frei und jeglicher verpflichtenden Bande zur Alten Welt enthoben. Diese Haltung fixiert Präsident *James Monroe* (1817-1825) mit der nach ihm benannten **Monroedoktrin** ('Amerika den Amerikanern', 1823). Von nun an gilt aller Eifer des Volkes der Urbarmachung und Entwicklung des Kontinentes.

Entstehung der amerikanischen Nation
(1841-1860)

Die nun folgenden Jahre sind von der Ausweitung jener Grenzen gekennzeichnet, welche die kolonisierten Gebiete von der bisher noch nicht durchforschten Wildnis trennen. Die Bevölkerung des Landes wächst sprunghaft an: von nur 4 Millionen Einwohnern im Jahre 1783 steigt sie 1820 auf 10 Millionen an und erreicht bereits 1860 über 30 Millionen. Dieses Wachstum wird gleichermaßen durch Geburtenreichtum wie auch durch einen lebhaften Einwandererstrom aus Europa (Britische Inseln, deutschsprachige Länder) verursacht und führt unmittelbar zu einer kräftigen *Wanderung nach Westen*, wo fruchtbares Ackerland im Überfluß vorhanden ist und billig, oft sogar kostenlos, erworben werden kann. Dieser Pionierstrom, dem Männer, Frauen und Kinder in Planwagen folgen, gewinnt 1848 mit der Entdeckung von Gold in Kalifornien neue Impulse. So ziehen Siedler aus Neuengland, Carolina oder Virginia in die weiten Ebenen der Prärie, wo der Getreideanbau weit ertragreicher ist als im Osten, oder streben noch weiter in den Far West zu den Rocky Mountains. Diese, die Initiative des einzelnen antreibende Bewegung ließ die Sitten rauher werden und hat jenen typischen, kraftvollen und von einer gewissen Brutalität gekennzeichneten Charakterzug des Amerikaners geprägt. Ihr entspringt ebenso jene Amerika eigene Entwicklung zur Autonomie der einzelnen Regionen.

Zählt ein Territorium mehr als 60 000 freie Männer, so kann es zum selbständigen Bundesstaat erhoben werden. Auf diese Weise entstehen zwischen 1816 und 1821 die Staaten *Indiana* (1816), *Mississippi* (1817), *Illinois* (1818), *Alabama* (1819) und *Missouri* (1821). Diese Ausdehung nach Süden und vor allem nach Westen bleibt nicht frei von Auseinandersetzungen mit Spanien (1819 kommt Florida durch Kauf an die USA), England (1846 Festlegung der Grenze nach Kanada) und Mexiko: im Amerikanisch-Mexikanischen Krieg von 1845 bis 1848 muß Mexiko nacheinander *Texas*, *New Mexico*, *Arizona*, *Nevada*, *Utah*, *Colorado* und *California* an die Union abtreten.

Besondere Bedeutung kommt in jenen Jahren der Erschließung des Landes durch **Verkehrswege** zu. Bereits 1825 wird der *Erie-Kanal* fertiggestellt, der den Hudson River (und damit den Atlantischen Ozean) mit den Großen Seen verbindet; das mit großem Eifer ausgebaute *Eisenbahnnetz* erstreckt sich schon 1860 über eine Länge von 50 000 km (30 000 mi.). In dieser Zeit zeichnet sich bereits die typische *Spezialisierung gewisser Großräume* ab. Während sich der industrialisierte Osten vorwiegend mit der Verarbeitung von Wolle, Leder und Metallen befaßt, beschränkt sich der Middle West auf den Anbau von Weizen und Mais sowie die Rinderzucht. Im Süden entstehen unter den Händen von Negersklaven reiche Baumwollkulturen auf den Pflanzungen der Großgrundbesitzer.

Es liegt nahe, daß diese großen Regionen mit ihrer sehr unterschiedlichen Bevölkerung, den voneinander abweichenden Sitten und Lebensinteressen keinesfalls in voller Harmonie nebeneinander bestehen. Mit diplomatischem Geschick gelingt es Präsident *Andrew Jackson* (1829-1837), den offenen Konflikt zu verhindern. Der Süden tritt in Anbetracht seines großen Bedarfes an farbigen Arbeitskräften für die Beibehaltung der **Sklaverei** ein und wünscht einen völlig freien Handel, da er auf die Einfuhr von Fertigwaren angewiesen ist. Der Norden hingegen kämpft gemäß seiner traditionellen und idealistischen Haltung zur Gleichheit aller für die Abschaffung des Sklaventums und fordert Schutzzölle zugunsten seiner aufstrebenden Industrie.

Durch das Erscheinen von Harriet Beecher-Stowes Roman 'Onkel Toms Hütte' im Jahre 1852 fühlen sich die Südländer tief gekränkt. Nur der Umstand, daß sich die Zahl der für bzw. gegen die Sklaverei eintretenden Staaten in etwa die Waage hält, vermag vorübergehend eine trügerische Ruhe zu sichern, die jedoch mit dem Amtsantritt des von den Abolitionisten gestützten Präsidenten *Abraham Lincoln* (1861-1865) endet.

Sezessionskrieg und ‚Rekonstruktion' *(1861-1877)*

Abraham Lincoln verkörpert jene Art des Selfmademans, von der Amerika im Laufe seiner Geschichte so viele hervorgebracht hat. Nacheinander Holzhauer, Kaufmannsgehilfe, Aufseher und Postbeamter in seinem Heimatstaat Kentucky, ließ er sich später als Rechtsanwalt in Illinois nieder und wurde 1847 in den Kogreß gewählt. Seine Wahl zum Präsidenten der USA veranlaßt zunächst South Carolina, später auch die anderen Südstaaten, sich von der Union zu lösen und sich am 4. Februar 1861 als *Confederate States of America* (Konföderierte Staaten von Amerika) zusammenzuschließen. Da Lincoln fest entschlossen ist, die Sklaverei abzuschaffen (Proklamation 1863), aber auch die Einheit des Landes durchzusetzen, kommt es am **12. März 1861** mit dem Angriff auf Fort Sumter bei Charleston in South Carolina zum **Ausbruch des Bürgerkrieges** *(Civil War.)*

Das Kräfteverhältnis der beiden gegnerischen Lager ist erheblich unausgeglichen. Zwar zählen die abtrünnigen Staaten nur 9 Millionen Einwohner (darunter 4 Millionen Sklaven), doch sind ihre wohlausgebildeten Soldaten straff organisiert und stehen unter der umsichtigen Führung des Präsidenten und Generals *Jefferson Davis*. So gelingt es ihnen, sich während vier Jahren gegen 22 Millionen Nordstaatler zu halten, die zwar ungeordneter kämpfen und untereinander gespalten sind, jedoch von einer starken Waffenindustrie und einer schlagkräftigen Kriegsflotte unterstützt werden.

Der Konflikt ist von blutigen Schlachten gekennzeichnet. Während die Truppen der Nordstaaten vor den Toren der Föderationshauptstadt Richmond (Virginia) stehen, versucht das Heer der Südstaatler unter General *Lee* vergeblich, die Bundeshauptstadt Washington (D.C.) zu umzingeln. Nachdem es Lincoln gelungen ist, die bis dahin noch zögernden Unionsstaaten zum Einschreiten zu bewegen, kann die Flotte der Nordstaaten die Häfen des Südens sperren und damit den Handel der Föderierten mit Europa blockieren. Gleichzeitig schieben sich Truppen unter den Generalen *Grant* und *Sherman* vom Norden und Westen durch das Tal des Mississippi vor und umkreisen das Heer des Generals Lee. Am 3. April 1865 fällt Richmond und die entscheidende Schlacht bei Petersburg zwingt schließlich die Südstaaten am 9. *April* 1865 zur *Kapitulation bei Appomatox*.

Zwar ist nunmehr der Fortbestand der Union gesichert, doch bleibt der Sezessionskrieg nicht ohne schwerwiegende Folgen für das ganze Land. Neben schmerzlichen Verlusten an Menschen und der Verwüstung weiter Gebiete ist das finanzielle Gleichgewicht zerstört. Der Versuch, hier durch die massive Ausgabe der berühmt gewordenen 'Greenbacks' (Papiergeld) einzugreifen, führt zu einer schweren Inflation. Lincoln, der um eine großmütige Wiedereingliederung der Besiegten bemüht ist, fällt nur wenige Tage nach dem Kriegsende, am 14. April 1865 in einem Washingtoner Theater einem Mordanschlag zum Opfer. Mit seinem Tode beginnt für die USA eine dunkle Zeit des Abrechnens und der Skandale, die oft ironisch als **Reconstruction** (*Rekonstruktion;* 1865–1877) bezeichnet wird. – 1867 verkauft Rußland den USA Alaska für 7,2 Millionen Dollar (1959 als 49. Staat in die Union eingegliedert).

Der Mangel an profilierten und ehrenhaften Staatsmännern stürzt das ganze Land in eine Epoche tiefster Korruption. Nach der Ermordung Lincolns übernimmt Vizepräsident *Andrew Johnson* dessen Amtsgeschäfte. Er verfolgt im wesentlichen die politischen Ziele seines Vorgängers und gesteht den Farbigen die Bürgerrechte zu, doch sein heftiges Temperament reißt ihn nicht selten zu ungeschickten Handlungen hin. Im Jahre 1869 zieht General *Ulysses R. Grant* in das Weiße Haus ein. Dieser kluge Soldat erweist sich jedoch schon bald als recht mäßiger Politiker und läßt der Korruption freien Lauf. Die Spekulation treibt wilde Blüten, ein unkontrollierter Opportunismus wird zur Regel. Abenteurer ohne Hab und Gut, die 'Carpetbaggers' (Wahlagitatoren), überschwemmen den Süden des Landes wie Heuschreckenschwärme und powern das Land vor den Augen seiner wehrlosen und ohnehin schwer geprüften Bürger aus. In großer Zahl entstehen Geheimbünde wie der *Ku-Klux-Klan*, der seinen finsteren Ruf den zahllosen, gegen Neger gerichteten Anschlägen verdankt. Dennoch kann sich die Wirtschaft des Landes rasch wieder erholen und die 1876 in Philadelphia abgehaltene Weltausstellung zeigt bereits, daß sich die Vereinigten Staaten auf dem Wege zur Weltmacht befinden.

In der bisher ruhigen Bevölkerung breitet sich ein Gefühl zunehmender Unsicherheit aus. Erste Folgen dieser aufkommenden Unruhe ist die Wahl des Präsidenten *Rutherford B. Hayes* im Jahre 1876.

Industrialisierung und Imperialismus

(1877–1914)

Inzwischen haben sich die innenpolitischen Probleme merklich verschoben. Es sind nun nicht mehr die Sorgen um die Einheit der Union sondern vielmehr wirtschaftliche Interessen, welche die beiden großen Parteien, **Demokraten** und **Republikaner,** voneinander scheiden. Während die Republikaner (Symbol: Elefant) vom hochentwickelten Nordosten und vom Kapital getragen für hohe Schutzzölle, die Beibehaltung des Goldstandards sowie eine Ausweitung der Wirtschaftsmacht auf die übrige Welt eintreten, wünscht die vom städtischen Mittelstand und den Bauern des Südens und Westen unterstützte Demokratische Partei (Symbol: Esel) soziale Reformen, die Einführung einer Gold-Silber-Währung und die Abschaffung des verbreiteten Protektionismus. Die von beiden Parteien praktizierte Günstlingswirtschaft muß schließlich, nach der Ermordung des Präsidenten *James A. Garfield* durch den abgewiesenen Bewerber um einen Staatsposten, einer demokratischen Beamtenwahl weichen (Pendleton Civil Service Bill).

Mit Präsident *Grover Cleveland* (1885–89 und 1893–97) gelangt nach längerer Pause wieder ein Demokrat an die Spitze des Staates. Seine redliche Haltung und sein Einspruch bei vielerlei Finanzfragen bringen ihm den Beinamen 'Vetopräsident' ein. Ihm folgt von 1897 bis 1901 der später von einem Anarchisten ermordete Republikaner *William McKinley*, ein überzeugter Verfechter von Protektionismus und Imperialismus. Während seiner Amtszeit kommt es 1897 zur Annexion der Hawaii-Inseln (1959 als 50. Staat in die Union eingegliedert), sowie 1898 zum **Kriege gegen Spanien,** in dessen Verlauf die spanische Flotte vernichtend geschlagen wird. Im Frieden von Paris muß Spanien seine Besitzungen Puerto Rico und Guam sowie die Philippinen gegen eine Geldentschädigung an die Union abtreten; 1899 werden die kleineren Samoa-Inseln US-Territorium. McKinleys Nachfolger wird der fortschrittlich gesinnte **Theodore Roosevelt** (1901–1909), ebenfalls Republikaner. Er schafft erstmals ein Ministerium für Handel und Arbeit (Department of Commerce and Labour) und bekämpft mutig die Machtpolitik und Korruptionstaktiken der großen Wirtschaftskonzerne. Unter dem Demokraten **Woodrow Wilson** (1913–1921) erfolgt eine grundlegende Umorganisation des Steuer- und Bankwesens sowie die Herabsetzung der Einfuhrzölle.

In diesen Jahren des Aufstrebens, in welchen sich auch die vorläufig letzten Staaten *Montana* (1889), *Wyoming* (1890), *Oklahoma* (1906), *New Mexico* und *Arizona* (beide 1912) konsolidieren, wächst die Bevölkerung der nun 48 Staaten zählenden Union stürmisch an. Von 39 Millionen Einwohner im Jahre 1870 ist sie 1914 bereits auf über 92 Millionen Menschen angeschwollen. Der Strom der Einwanderer reißt nicht ab, wenngleich aus anderen Herkunftsländern als früher. Statt Angelsachsen, Deutschen und Skandinaviern nimmt seit 1890 die Zahl der italienischen, slawischen und jüdischen Immigranten stark zu. Trotz der warnenden Stimmen alteingesessener Amerikaner, die sich von der heranflutenden Welle der Habenichtse bedroht fühlen, entschließt sich die Regierung vorläufig zu keinen einschränkenden Maßnahmen.

Das starke Anwachsen der Bevölkerung beschleunigt die Entwicklung und Besiedlung des Kontinents. Die letzten Indianerrevolten unter dem Sioux-Häuptling Sitting Bull werden 1890 niedergeschlagen, und die Fertigstellung der Eisenbahnverbindung von Ost nach West über die Rocky Mountains hinweg, die bald durch weitere transkontinentale Linien ergänzt wird, erleichtert den Verkehr von Küste zu Küste. Die Wirtschaft erlebt einen beispiellosen Aufschwung, die technische Entwicklung blüht. Im Zeitraum zwischen 1865 und 1925 werden rund 1½ Millionen Patente registriert, darunter zukunftsweisende Erfindungen wie Morses Telegraph (1876), Bells Telefon (1876), Edisons Glühbirne (1879), Holts Raupenschlepper (1900), oder das Flugzeug der Gebrüder Wright (1903). Gigantische Unternehmen, die **Trusts,** nutzen die natürlichen Schätze des Landes in einem für Europa unbekannten Ausmaß und erlangen hierdurch eine Vormachtstellung, welche die bisher als unanfechtbar geschützten Interessen des einzelnen zu überspielen droht.

Nur langsam wird sich die Regierung ihrer Aufgabe als Wahrer der Bürgerrechte bewußt und sagt den großen Gesellschaften den Kampf an. Dennoch bleiben die seit dem *Sherman Law* (1890) bis zur Auflösung der Gesellschaften American Tobacco und der Standard Oil (1911) erlassenen Antitrustgesetze von unterschiedlicher Wirkung. Die Arbeiter ihrerseits schließen sich in der 1882 von Samuel Gompers gegründeten *American Federation of Labour* (Amerikanischer Gewerkschaftsbund) zusammen, die sich rasch zu einem einflußreichen Machtfaktor entwickelt. Ihre häufig gewalttätigen Aktionen trotzen den Arbeitgebern soziale Verbesserungen und Lohnerhöhungen ab, wie sie im Europa jener Tage nicht möglich gewesen wären.

Die Außenpolitik ist gekennzeichnet durch einen wachsenden **Imperialismus,** der nach den Worten des amerikanischen Admirals und Schriftstellers Alfred Thayer Mahan (1840–1914) darauf abzielt, alle strategisch wichtigen Punkte der Erde unter Kontrolle zu bringen. Im Zuge dieses Strebens intervenieren die USA unter dem Schlagwort *Panamerikanismus* und zur Wahrung ihrer Ideale und Interessen bei wichtigen Konflikten der westlichen Hemisphäre: so greifen sie 1895 und 1902 in Venezuela ein, führen 1898 Krieg gegen Spanien, fördern seit 1903 zum Bau des Panamakanals die Bildung der Republik Panama, die sie unter ihre eigene Tutel stellen, und annektieren 1917 den größten Teil der Jungferninseln (Virgin Islands). Doch die Aktionen der 'Yankees' beschränken sich nicht allein auf die westliche Welt. Im Jahre 1900 stehen sie China während des Boxeraufstandes zur Seite, vermitteln 1905 im Russisch-Japanischen Krieg und zeigen sich schließlich bei der Konferenz von Algeciras (1906) sowie Den Haag (1907) auch in Europa präsent.

Vom Beginn des ersten Weltkrieges bis zum Eingreifen der USA in den zweiten Weltkrieg (1914–1941)

Beim Kriegsausbruch von 1914 zwischen den europäischen Achsenmächten und den Alliierten verhalten sich die USA zunächst neutral und versuchen gar zu vermitteln. Doch ideelle und sprachliche Bande zu England sowie wirtschaftliche und finanzielle Interessen lassen sie schließlich für die Alliierten Partei ergreifen. Den Vorwand zum Einschreiten bietet am 1. Februar 1917 Deutschlands Note über den unbeschränkten Unterseebootkrieg, nachdem bereits 1915 die 'Lusitania'-Affaire, bei welcher 128 amerikanische Bürger den Tod fanden, die öffentliche Meinung in den USA stark aufwallen ließ. Die Versenkung des amerikanischen Frachtschiffes 'Vigilentia' veranlaßt schließlich Präsident Wilson am 6. *April 1917* zur *Kriegserklärung an das Deutsche Reich.*

Ein Expeditionskorps unter dem Kommando des Generals Pershing wird nach Frankreich entsandt, wo es sich vor allem an der deutschen Westfront bei Bois-Belleau (Champagne), bei Saint-Mihiel (Meuse) und in Lothringen hervortut. Zur Zeit des Waffenstillstandes ist es noch immer mehr als 1 Million Mann stark. Wilsons idealistische und großzügige Friedensvorschläge sind zwar entscheidend für die Gründung des Völkerbundes und bilden eine wesentliche Grundlage für die Friedensverträge von 1919, doch kann sich der Präsident nicht gegen die Realpolitiker seines Landes durchsetzen; der Kongreß versagt ihm die Zustimmung zu den Versailler Verträgen und lehnt den Beitritt zu dem neugegründeten Völkerbund ab.

Bei den Präsidentschaftswahlen von 1920 unterliegt der von Wilson gestützte Demokrat Cox seinem republikanischen Konkurrenten *Warren G. Harding*. Mit ihm wendet sich die amerikanische Politik entschlossen vom europäischen 'Wespennest' ab und verfolgt eine neue isolationistische Richtung. Man beschränkt sich darauf, hierhin oder dorthin Delegierte zu entsenden, die wie Charles G. Dawes (1924) oder Owen D. Young (1929) die Richtlinien für deutsche Reparationszahlungen ausarbeiten.

Nach einer kurz währenden kritischen Phase der Anpassung an die neue Situation in den Jahren 1920 und 1921 beginnt sich die amerikanische Wirtschaft mit neuer Kraft zu entfalten. Zunächst durch das Auffüllen der entstandenen Kriegslücken, später durch die Bemühungen beim Wiederaufbau des verwüsteten Europas angekurbelt, erfährt die amerikanische Ökonomie ein bisher nicht erlebtes Wachstum, in dessen Folge es erstmals zu beachtlichen *Industrieinvestitionen außerhalb der eigenen Grenzen* kommt. Die von Frederick W. Taylor eingeführten Methoden der Arbeitsrationalisierung, die von dem einflußreichen Automobilfabrikanten Henry Ford propagierte Politik der hohen Löhne und der tief im amerikanischen Volk wurzelnde Optimismus lassen den Glauben an ein unbegrenztes Anwachsen des Wohlstandes aufkommen. Er wird von einer Welle der Börsenspekulationen und einer korrumpierten Stimmung begleitet, die den Präsidenten *Calvin Coolidge*, Nachfolger des 1923 verstorbenen Harding, zu einschneidenden Maßnahmen zwingen. Doch die in diesem Rahmen erlassene *Prohibition* (Alkoholverbot) führt lediglich zu einem regen Schwarzhandel durch die sogenannten 'Bootleggers' (Alkoholschmuggler) und vor allem Chicagoer Gangsterbanden wie jene des berüchtigten Al Capone.

Allmählich schwinden die Absatzmöglichkeiten für die im Überfluß produzierten Waren. Der Binnenmarkt gerät trotz enormer Werbebemühungen und der Einführung des allgemeinen Kreditwesens ins Stocken, und die Außenmärkte schränken seit 1925/26 infolge der kräftigen wirtschaftlichen und finanziellen Aufwärtsbewegung in Europa ihre Käufe in Amerika ein. Als erste bekommen die amerikanischen Farmer die neue verschärfte Marktlage zu spüren. Ihre Vorräte schwellen im gleichen Maße an wie ihre Verschuldung. Doch auch die Industrie bleibt nicht lange verschont. Die Aktienkurse beginnen zu fallen, bis es am **25. Oktober 1929,** dem **Schwarzen Freitag** *(Black Friday)*, zum allgemeinen Börsenkrach kommt. Innerhalb weniger Tage verlieren die Aktien bis zu 90% ihres Wertes. Millionen Spekulanten sehen sich ruiniert, Tausende begehen Selbstmord; *Arbeitslosigkeit* macht sich breit.

Angesichts dieses Zusammenbruches und der Anfang 1930 bereits 8 Millionen Arbeitslosen, findet 1928 der unter dem Motto 'Wohlstand' gewählte Präsident *Herbert C. Hoover* nur unzulängliche Hilfsmittel. Er hofft, durch umfangreiche Kredite für Banken und Industrie sowie gigantische Bauvorhaben (Hoover Dam des Colorado River) der Lage Herr zu werden. Tatsächliche und schwerwiegendere Eingriffe in das Wirtschaftsgefüge vermeidet er jedoch, da sie der amerikanischen Tradition aber auch seinem eigenen Parteiprogramm der Republikaner widersprechen, ja er begnügt sich letztlich mit der Verkündung der These: «Prosperity is just around the corner» (etwa «der Wohlstand ist greifbar nahe»). Seine Politik ist zum Scheitern verurteilt: als man 1932 bereits 15 Millionen Arbeitslose und ebensoviele zu Kurzarbeit gezwungene Amerikaner zählt, ist die Katastrophe offenkundig. In Scharen wendet sich das Volk den Demokraten zu und stimmt bei den Präsidentschaftswahlen von 1932 für deren Kandidaten **Franklin D. Roosevelt.**

Dieser Träger eines großen Namens und entfernte Verwandte Theodore Roosevelts besticht die Menge durch seinen persönlichen Charme wie auch durch seine mutige Haltung und Willensstärke, mit welcher der von Poliomyelitis Gelähmte sein Gebrechen zu meistern versteht. Als ersten Schritt nach seinem Einzug ins Weiße Haus wagt er 1933 die *Abwertung des Dollars,* was sich sogleich anregend auf den Export auswirkt. Unter Mithilfe eines fähigen Beratungsstabes arbeitet er ein *Bauprogramm für Großprojekte* (v.a. Tennessee Valley Authority) aus und greift im Interesse des Allgemeinwohles entschlossen in das Wirtschaftsgeschehen ein. So läßt er denjenigen Farmern *Subventionen* zukommen, die ihren Getreideanbau einschränken. Ferner werden im sogenannten *National Industrial Recovery Act* Arbeitszeiten und Löhne geregelt.

Schon bald zeigen sich erste Erfolge, Handel und Wirtschaft beleben sich allmählich, und Roosevelt wird 1936 mit überwältigender Mehrheit abermals für vier Jahre zum Präsidenten gewählt. Mit seinem **New Deal** allerdings zieht er sich die erbitterte Gegnerschaft der Geschäftswelt zu, die ohnehin jeden Dirigismus ablehnt. Der Oberste Gerichtshof, zum Großteil aus Republikanern bestehend, verurteilt das Vorhaben des Präsidenten, der sich 1937 dieser Entscheidung fügen muß. Dennoch ist nun die wirtschaftliche Aufwärtsbewegung trotz leichter Stagnation in den Jahren 1937 und 1938 in vollem Gange. Der Tiefstand scheint überwunden; im übrigen wirken auch die europäische Wiederaufrüstung sowie der Krieg in China belebend auf die amerikanische Industrie.

Als sich die Spannungen, vor allem in Europa, verschärfen, ergreift Roosevelt sogleich Partei für die demokratischen Nationen und gegen die erstarkenden Diktaturen. Die öffentliche Meinung in den USA jedoch bleibt, noch unter dem Eindruck der großen Wirtschaftskrise, pazifistisch. Beim Ausbruch des zweiten Weltkrieges im September 1939 erklären sich die Vereinigten Staaten zunächst neutral, wenngleich Roosevelt nach seiner spektakulären dritten Wiederwahl (er ist bisher der einzige US-Präsident, der sein Amt während 3 Perioden führte) seine politischen Unternehmungen immer deutlicher im Sinne einer Unterstützung der Alliierten ausrichtet. An England etwa liefert er gegen Militärstützpunkte auf den Antillen 50 Zerstörer und trifft sich mit Winston Churchill an Bord der Schiffe 'Augusta' und 'Prince of Wales' im Nordatlantik zur Unterzeichnung der **Atlantikcharta** *(Atlantic Charter)*, in welcher Großbritannien u.a. die Lieferung weiteren Kriegsmaterials zugesichert wird. Außerdem verhängt er für bestimmte Warenlieferungen nach Japan ein Embargo. Es fehlt nach solchem Engagement schließlich nur noch der letzte Schritt des manifesten Eingreifens in das Kriegsgeschehen.

Vom Eingreifen der USA in den zweiten Weltkrieg bis zu dessen Ende (1942–1945)

Der am *7. Dezember 1941* auf den US-Marinestützpunkt *Pearl Harbor* (Hawaii-Insel Oahu) gerichtete japanische Angriff zwingt die Vereinigten Staaten zum offenen Einschreiten gegen die Achsenmächte und ihre japanischen Verbündeten: am 8. Dezember 1941 erklären die Vereinigten Staaten und Großbritannien Japan den Krieg, am *11. Dezember 1941* antworten das

Deutsche Reich und Italien mit der *Kriegserklärung an die USA*. Roosevelt setzt nun alles daran, seinem Volk das Gewicht dieser Herausforderung drastisch vor Augen zu führen; die Mehrzahl der aufgebrachten Amerikaner folgt seiner Politik widerspruchslos. In wenigen Monaten werden alle Kräfte der Nation mobilisiert und die gewaltige amerikanische Kriegsmaschinerie in Gang gesetzt. Hunderttausende von Flugzeugen, Panzern, Kraftwagen, Kriegsschiffen und als 'Liberty Ships' eingesetzte Frachter werden produziert.

Im Mai 1942 kommt es zur Seeschlacht in der Korallensee, bei welcher die japanische Flotte schwere Verluste hinnehmen muß, die auch entscheidend für die im Juni folgende japanische Niederlage in der See-Luft-Schlacht bei den Midway-Inseln war. In blutigen Kämpfen auf den Inseln Tarawa, Saipan, Iwojima und Okinawa gelingt es den USA nach und nach, die von Japan eroberten Südseeinseln zurückzugewinnen. Das Einschreiten in die europäischen Geschehnisse setzt im *November 1942* mit der *Landung* amerikanischer Truppen *in Nordafrika* und später, im *Juni 1943, auf Sizilien* ein. Von entscheidender Auswirkung auf den Ausgang des Krieges allerdings war die von General Eisenhower geleitete Landung amerikanischer Streitkräfte in der **Normandie**. Im Juli des gleichen Jahres gelingt es den Amerikanern, nach Avranches durchzubrechen und mit Unterstützung der französischen Résistance (Widerstandsbewegung) sowie einer weiteren, in der Provence an Land gesetzten Einheit, Frankreich zu befreien. Nach schweren Verlusten während der *Ardennenoffensive im Dezember* 1944 können die US-Truppen im Frühling 1945 endlich, nach *Überquerung des Rheins* bei Remagen und Wesel, auf breiter Front nach Innerdeutschland vorrücken. Bereits am 25. *April* stoßen die elbaufwärts rückenden Amerikaner bei *Torgau* auf erste sowjetische Verbände. Am **7. Mai** wird in Reims die **Gesamtkapitulation der deutschen Wehrmacht** unterzeichnet, die am 9. Mai um 0.01 Uhr in Kraft tritt (Bestätigung am 9.5. in Karlshorst bei Berlin).

Gleichzeitig gehen auch die kriegerischen Handlungen gegen JAPAN ihrem Ende entgegen. Nach der Einnahme Okinawas setzt die entscheidende amerikanische Luftoffensive ein. Am *6. August 1945* werfen die USA eine erste **Atombombe** (Uranium) **auf Hiroshima** (80 000 Tote) und, *9. August* eine zweite (Plutonium) auf **Nagasaki** (40 000 Tote) ab. Nachdem der japanische Widerstand praktisch gebrochen ist, kommt es am *2. September* zur Unterzeichnung der *Kapitulation* an Bord des amerikanischen Schlachtschiffes 'Missouri'.

Nachkriegszeit
(seit 1945)

Im Laufe des zweiten Weltkrieges war es wiederholt zu Treffen zwischen Roosevelt und den Staatsoberhäuptern Großbritanniens und der Sowjetunion gekommen: Konferenzen von *Teheran 1943* und **Jalta 1945.** Hierbei zeichnete sich bereits die zukünftige *Teilung der Welt in zwei große Lager* ab. Nach Roosevelts Tod (10. April 1945) übernimmt Vizepräsident *Harry S. Truman* das Amt des Präsidenten. Obwohl weniger dynamisch als ein Vorgänger, gelingt es ihm, bei der **Potsdamer Konferenz** (17. Juli bis 2. August 1945) in brillanter Weise, die amerikanischen Forderungen gegenüber Stalin durchzusetzen. Ebenso versteht er es mit Geschick, die Herausforderungen des aufkommenden Kalten Krieges und die damit verbundenen verschiedenen Berlin-Blockaden abzuweisen. Besondere Bedeutung kommt dem von seinem Staatssekretär George C. Marshall entworfene und durchgeführte *Marshall-Plan* zu, in dessen Rahmen der darniederliegenden europäischen Wirtschaft erhebliche Kreditmittel zum Wiederaufbau zur Verfügung gestellt werden. Truman wird 1948 in seinem Amt bestätigt. In der folgenden Zeit stellen sich ihm angesichts der zunehmenden kommunistischen Agression in Ostasien schwerwiegende Probleme, die sich während des **Koreakrieges** in der amerikanischen Unterstützung südkoreanischer Truppen gegen Nordkorea zuspitzen. Dieser Krieg wirkt sich wider Erwarten kräftigend auf die bis dahin eher rückläufige wirtschaftliche Entwicklung Amerikas aus.

Die Versprechungen *Dwight D. Eisenhowers*, die amerikanischen Truppen aus Korea abzuziehen, verhelfen ihm 1952 zur Präsidentschaft. Bereits 1953 gelingt es ihm, durch den Abschluß des Waffenstillstandes von Panmunjon, der allerdings nichts Grundsätzliches beschließt, sein Wahlversprechen einzulösen. Trotz seiner Friedensbemühungen stößt Eisenhowers Politik auf kritische Stimmen, die ihm vorwerfen, einem gewissen Konservativismus Vorschub zu leisten. In der Tat zeigt sich schon bald auf dem Gebiet der Raumfahrt ein Vorsprung der Sowjetunion, der es 1957 gelingt, den ersten künstlichen Satelliten (Sputnik 1), um die Erde zu schicken.

Nicht zuletzt unter dem Eindruck dieses Ereignisses entscheidet sich das amerikanische Volk 1960 für den Demokraten **John F. Kennedy.** Dieser überrascht mit einem neuen politischen Stil, der vor allem durch seine Jugend, Vitalität und die

Die Präsidenten der Vereinigten Staaten von Amerika

Die vierjährige, nach Wiederwahl wiederholbare Amtsperiode des amerikanischen Präsidenten beginnt und endet jeweils an einem 20. Januar. Bei vorzeitigem Ableben des Präsidenten folgt ihm automatisch der Vizepräsident bis zum Ende der laufenden Amtszeit nach.

Namen	Lebensdaten	Parteizuge-hörigkeit	Amtszeit
George Washington	1732–1799	Föderalist	1789–1797
John Adams	1735–1826	Föderalist	1797–1801
Thomas Jefferson	1743–1826	Demokrat	1801–1809
James Madison	1751–1836	Demokrat	1809–1817
James Monroe	1758–1831	Demokrat	1817–1825
John Quincy Adams	1767–1848	Demokrat	1825–1829
Andrew Jackson	1767–1845	Demokrat	1829–1837
Martin Van Buren	1782–1862	Demokrat	1837–1841
William Henry Harrison	1773–1841	Whig	4.3.–4.4.1841
John Tyler	1790–1862	Whig	1841–1845
James Knox Polk	1795–1849	Demokrat	1845–1849
Zachary Taylor	1784–1850	Whig	1849–1850
Millard Fillmore	1800–1874	Whig	1850–1853
Franklin Pierce	1804–1869	Demokrat	1853–1857

James **Buchanan**	1791–1868	Demokrat	1857–1861
Abraham **Lincoln**	1809–1865	Republikaner	1861–1865
Andrew **Johnson**	1808–1875	Republikaner	1865–1869
Ulysses S(impson) **Grant**	1822–1885	Republikaner	1869–1877
Rutherford B(irchard) **Hayes**	1831–1881	Republikaner	1877–1881
James A(bram) **Garfield**	1830–1886	Republikaner	4.3.–19.9.1881
Chester A(lan) **Arthur**	1837–1908	Republikaner	1881–1885
(Stephen) Grover **Cleveland**	1837–1908	Demokrat	1885–1889
Benjamin **Harrison**	1833–1901	Republikaner	1889–1893
(Stephen) Grover **Cleveland**	1837–1908	Demokrat	1893–1897
William **McKinley**	1843–1901	Republikaner	1897–1901
Theodore **Roosevelt**	1858–1919	Republikaner	1901–1909
William H(oward) **Taft**	1857–1930	Republikaner	1909–1913
(Thomas) Woodrow **Wilson**	1856–1924	Demokrat	1913–1921
Warren G(amaliel) **Harding**	1865–1923	Republikaner	1921–1923
Calvin **Coolidge**	1872–1933	Republikaner	1923–1929
Herbert C(lark) **Hoover**	1874–1964	Republikaner	1929–1933
Franklin D(elano) **Roosevelt**	1882–1945	Demokrat	1933–1945
Harry S. **Truman**	1884–1972	Demokrat	1945–1953
Dwight D(avid) **Eisenhower**	1890–1969	Republikaner	1953–1961
John F(itzgerald) **Kennedy**	1917–1963	Demokrat	1961–1963
Lyndon B(aines) **Johnson**	1908–1973	Demokrat	1963–1969
Richard M(ilhous) **Nixon**	1913–	Republikaner	1969–

Hoffnung auf eine bessere Zukunft geprägt ist. Ein wahrer Kennedy-Mythos entsteht um sein politisches Programm der *New Frontier* und die als Hilfe für Lateinamerika gedachte *Alliance for Progress* (Allianz für den Fortschritt). Im diplomatischen Bereich ist Kennedy zu vermittelnden Gesprächen mit dem Sowjetführer Nikita Chruschtschow bereit, zeigt sich allerdings 1962 auch entschlossen in der Krise um die Einrichtung sowjetischer Raketenabschußbasen auf Kuba. Die *Ermordung des jungen, vielversprechenden Präsidenten am 22. November 1963* ruft in aller Welt tiefe Bestürzung hervor.

Kennedys Nachfolger, der bisherige Vizepräsident *Lyndon B. Johnson* hat nichts von dem tatkräftigen Schwung seines Vorgängers. Zwar ist er gewillt, dessen Politik fortzuführen, und stellt sein wohllautendes, gegen die Armut der USA gerichtetes Programm der 'Great Society' auf, doch wird er zunehmend vom Negerproblem bedrängt und immer tiefer und verhängnisvoller in den **Vietnamkonflikt** verstrickt, der sich während seiner Regierungszeit in einen erbitterten, grausamen und verlustreichen Krieg ausweitet. Nachdem Johnson 1964 auf weitere vier Jahre gewählt wird, entscheidet er sich 1968, auf seine erneute Präsidentschaftskandidatur zu verzichten. Ihm folgt 1969 der Republikaner *Richard M. Nixon*, dessen zögerndes Auftreten nicht geeignet ist, der verfahrenen Lage in Südostasien und der damit verbundenen Wirtschaftskrise Herr zu werden. Als er sich im April 1970 entschließt, die gegen Nordvietnam gerichteten militärischen Aktionen auch auf das bisher formal neutrale Gebiet *Kambodschas* auszuweiten, kommt es zu schweren Unruhen im Lande und zu einer innenpolitischen Krise, deren Folgen, auch für die Weltpolitik, noch nicht abzusehen sind.

STAAT UND VERWALTUNG

Grundlagen

Anders als die organisch gewachsenen, aus den Verstrickungen der Geschichte in unbestimmter Mischung von Zufall und Notwendigkeit geborenen europäischen Nationen vollzog sich die amerikanische Staatsbildung im vollen Lichte der Geschichte; sie entsprang einem bewußten Willensakt, der einer Gesellschaft genau umrissene Zwecke und Werte zur Verwirklichung auferlegte. Dieses Wertsystem ist in zahllosen Dokumenten festgehalten. Einen geradezu mythischen Charakter erlangten die **Unabhängigkeitserklärung von 1776**, die **Bundesverfassung von 1787** und die vielfachen *Menschen- und Bürgerrechtskataloge* der Einzelstaaten und der Union. Jedes dieser Dokumente hat über fast zwei Jahrhunderte hinweg Antworten auf Grundfragen des menschlichen Zusammenlebens gegeben, die in traditionellen Gesellschaften entweder fraglos hingenommen oder umgekehrt revolutionär bestritten wurden. Im amerikanischen Staatsdenken sind Vorstellungen zusammengeflossen, die sich auf das puritanische Erbe der Neuenglandstaaten an der amerikanischen Ostküste, das Aufklärungsdenken des späten 18. Jahrhunderts und den Individualismus der amerikanischen Grenze ('Frontier') zurückführen lassen. Erst in allerjüngster Zeit ist der Glaube an die von den Verfassungsvätern geschaffene Transzendenz des amerikanischen Lebensexperimentes spürbar erschüttert worden.

Nicht zuletzt wegen der einzigartig abgeschlossenen Lage des nordamerikanischen Kontinents konnten sich in den Vereinigten Staaten politische und staatliche Lebensformen entwickeln, die sich in folgenden wichtigen Punkten von der vielfach metaphysischen Staatsherrlichkeit des kontinentaleuropäischen Staatensystems abhoben:

- Durch ein prinzipielles *Mißtrauen* des Amerikaners *gegen den Staat* als dem einzigen Mandatar seiner Interessen; der Staat kann nur diejenigen Hoheitsakte ausüben, die ihm im Rahmen eines ursprünglichen Treuhandverhältnisses überantwortet wurden ('Trust'-Gedanke).
- Durch die *Gemeinde* ('local government'), welche die Basis für die Vereinigung freier und gleicher Menschen bildet; nach dieser naturrechtlichen Vorstellung ist alle höhere Staatsgewalt an sich verdächtig, weil die Basis des unmittelbaren Kontraktes ('contrat social') der Gleichen und Freien fehlt.
- Durch eine *bewegliche Gesellschaft*, die ihre Interessen und sich selber immer neu entdecken und selbsttätig verwirklichen

mußte und die eine öffentliche Verwaltung in einer subalternen Position hielt; Politik wurde deshalb nicht dem Bereich der 'arcana imperii' oder des charismatischen Vollzuges zugeordnet, sondern als ein legitimer Gegensatz von Gruppen über die allgemeine Verteilung von Quellen im Staat verstanden.

- Durch die natürliche und berechtigte *Anerkennung von* sowohl *privaten* als auch *öffentlichen Interessen;* ihre wechselseitigen Kompromisse, Kontrollen und Selbstregulierungen wurden den Spielregeln des 'fair play' unterworfen.

In den USA ist der Staat niemals in dem Maße wie in Kontinentaleuropa als etwas dem Individium Übergeordnetes oder gar Höherwertiges verstanden worden, als die «große objektive Käseglocke über dem Gewimmel der subjektiven Interessen». Vielmehr nur durch eine weltanschaulich neutrale Staats- und Gesellschaftsordnung konnten Menschen so unterschiedlicher Religion, Nationalität und Tradition in einer staatlichen Ordnung zusammenfinden und schließlich zu einer einheitlichen Nation werden.

Über knapp 1½ Jahrhunderte hinweg lastete auf den Grenzen der Vereinigten Staaten ein relativ geringer außenpolitischer Druck, so daß sie sich von Anbeginn ihrer nationalen Existenz den Luxus erlauben konnten, innenpolitische Freiheiten ständig zu steigern und außenpolitischen Vorgängen keine allzu große Beachtung zu schenken. Diese im wesentlichen bis nach dem zweiten Weltkrieg ungebrochene Tradition eines **Primats der Innenpolitik** ist kennzeichnend für das amerikanische Verfassungsbewußtsein, welches das Ergebnis einer langwährenden Verfassungskontinuität darstellt. Die Verfassung von 1787 errichtete keinesfalls eine auf Dauerhaftigkeit angelegte und an Perfektibilität grenzende menschliche Ordnung; ihre originellen und hervorstechenden Merkmale haben sich aber bis auf den heutigen Tag erhalten: Repräsentativsystem, republikanische Regierungsform, Bundesstaatensystem, beschränkte Herrschaftsausübung, demokratisch-pluralistische Grundordnung und Supremation von Gesetz und Recht (Rechtsstaat).

Repräsentativsystem und republikanische Regierungsform

Wohl in keinem anderen großflächigen Staat der westlichen Welt ist der *Volkssouveränität* unter gleichzeitiger Ablehnung der Volksherrschaft (Ochlokratie) so vollauf Rechnung getragen worden wie in den USA. Obwohl die Verfassung von 1787 vom

Prinzip der Volkssouveränität ausgegangen war, sollten die Vereinigten Staaten nach dem Willen ihrer Schöpfer nicht eine Volksherrschaft, also eine direkte Demokratie, sondern eine **repräsentative Republik** sein. Schon die amerikanische Revolution von 1776 hatte — anders als die Französische — nicht auf eine totale Gesellschaftsumgestaltung gezielt; sie berief sich vielmehr auf die Traditionen des englischen Regierungssystems, die ursprünglich durch Verfassungsübung Gültigkeit erlangt hatten und im Mutterland hinfällig geworden waren, jenseits des Atlantiks jedoch eine frische Kraft entfalteten und eine neue Entwicklung einzuleiten imstande waren.

Bundesstaatensystem und beschränkte Herrschaftsausübung

Das kennzeichnendste verfassungsrechtliche und -politische Merkmal der Vereinigten Staaten ist das ausgeklügelte System der Verteilung von Herrschaftsfunktionen zwischen der Bundesgewalt und den fünfzig Einzelstaaten. Dieser **Föderalismus** hat in der Vergangenheit das Aufkommen einer omnipotenten Staatsgewalt verhindern und Minderheiten von Staatsbürgern wirksam gegen die Diktatur von kompakten Mehrheiten schützen können. Die Gliedstaaten sind weder autonome politische Einheiten innerhalb der Union noch bloße Verwaltungsdistrikte oder gar Provinzen; sie sind die Glieder des Gesamtstaates und als solche die Träger aller öffentlichen Gewalt, soweit nicht bestimmte Befugnisse ausdrücklich auf den *Bund* (Union) und seine Behörden übertragen worden sind. Bis auf den heutigen Tag sind die *Einzelstaaten* Träger bedeutsamer politischer Macht und Zentren maßgeblicher politischer Willensformung geblieben. Bildet das amerikanische Föderativsystem somit eine wirksame Schranke gegen eine allzu starke Machtkonzentration, so schließt andererseits aber die Verteilung öffentlicher Gewalt zwischen Bund und Einzelstaaten Meinungsverschiedenheiten über den Grad der Kompetenzen des Bundes nicht aus, wenn dessen Ansichten mit denen eines oder mehrerer Gliedstaaten kollidieren. In der Geschichte der Vereinigten Staaten finden sich häufig derlei Kontroversen, und der Oberste Bundesgerichtshof nimmt bei ihrer Schlichtung eine überragende Stellung ein.

Die *vertikale Gewaltentrennung*, d.h. die Verteilung der Gesetzgebungshoheit zwischen Bund und Einzelstaaten ist in der Verfassung in der Weise gelöst, daß sich die Kompetenzen des Bundes allein auf bestimmte Zuständigkeitsbereiche erstrekken. Auf den Gebieten des Strafrechts, des Eherechts, des Aktienrechts, des Polizeirechts, des Schul- und Erziehungsrechts, ursprünglich auch des Wirtschaftsverwaltungsrechts können nur die Einzelstaaten oder gar die Gemeinden — jeweils für sich — tätig werden. Nur so ist zu verstehen, daß die USA während langer Jahrzehnte einem extremen Wirtschaftsliberalismus huldigen konnten, wobei eine einheitliche Wohlfahrts- und Sozialversicherungsordnungen nur in Ansätzen entwickelt wurden. Jedoch gelang es im Verlauf des vergangenen Vierteljahrhunderts, dank einer extensiven Interpretation verschiedener Verfassungsvorschriften durch den Obersten Bundesgerichtshof, die Zuständigkeiten des Bundes auf Kosten der Einzelstaaten erheblich zu erweitern.

Neben der «vertikalen Gewaltentrennung» ist die *horizontale Gewaltenteilung* — das Zusammen- und Gegenspiel der obersten Machtträger im Gesamtstaat: Präsident, Kongreß und Oberster Bundesgerichtshof — der Schlüssel zum Verständnis des amerikanischen Regierungssystems. Die durch den Verfassungstext rein äußerlich bestimmte Trennung der gesetzgebenden, vollziehenden und richterlichen Gewalt darf nicht darüber hinwegtäuschen, daß die Montesquieusche Gewaltenteilungslehre die amerikanische Verfassungsstruktur nicht ausschließlich prägt. Zwar werden verschiedene Regierungsfunktionen unterschiedlichen Regierungsorganen übertragen, aber gleichzeitig ist jedes Regierungsorgan an gewissen, verfassungsstrategisch genau festgelegten Berührungspunkten an die Zustimmung eines oder mehrerer anderer Organe gebunden. Durch diese wechselseitige Kontrolle ('checks and balances') der Organisationsgewalten soll wiederum die Entstehung unübersehbarer Herrschaftsbefugnisse verhindert werden. Die USA sind das typische Beispiel eines 'dispersive state', d.h. eines Staates mit einer zerstreuten Staatsgewalt. Die wichtigsten konstitutionellen Kontrollfunktionen sind folgende:

● Der Präsident hat de jure keine Gesetzesinitiative, aber ein suspendives Veto gegenüber den Gesetzen des Kongresses.

● Der Präsident leitet die Außenpolitik und ernennt die höheren Regierungsbeamten, wobei er das Mitspracherecht des Senats bei ihrer Bestätigung sowie bei Abschluß von internationalen Verträgen nur sehr selten umgehen kann.

● Das Repräsentantenhaus kann unter bestimmten Voraussetzungen ein Diziplinarverfahren ('impeachment') gegen Mitglieder der Exekutive (einschließlich des Präsidenten) und

Bundesrichter einleiten; der Senat entscheidet über die Anklage.

- Der Präsident ist zwar Oberbefehlshaber der Streitkräfte, eine Kriegserklärung kann aber verfassungsrechtlich nur durch den Kongreß erfolgen.
- Obwohl das Abgeordnetenmandat mit der Zugehörigkeit zur Exekutive unvereinbar ist (Inkompatibilität) und obwohl die Staatssekretäre (Minister) allein dem Präsidenten und nicht dem Kongreß verantwortlich sind, kann der Kongreß auf Grund seiner Finanzhoheit (Bewilligung der Einnahmen und und Ausgaben) und seiner gleichsam inquisitorischen Befugnisse in Form von öffentlichen und geheimen Informationssitzungen ('hearings') einen erheblichen Einfluß auf die Politik des Präsidenten ausüben und zu einem gefürchteten Aufseher der Ministerialbürokratie werden.
- Die Gerichte können die Gesetzgebungsakte der Legislative und die Verwaltungsakte der Exekutive überprüfen und gegebenenfalls aufheben (Normenkontrolle).

In diesem System der Koordination der Gewalten (im Gegensatz zur Integration der Gewalten in den parlamentarischen Demokratien Westeuropas) nimmt der amerikanische **Präsident** als Haupt der Exekutive die überragende Stellung ein. Er bildet den Brennpunkt der Macht. Seine Stellung innerhalb des präsidentiellen Regierungssystems ist mächtiger als die eines konstitutionellen Monarchen, eines parlamentarischen Regierungschefs oder eines Ersten Sekretärs der Kommunistischen Partei einer Volksdemokratie. Es nimmt daher kein wunder, daß die Institution der Präsidentschaft als Trägerin ungewöhnlicher Machtkompetenzen überall in der Welt die stärkste Beachtung gefunden hat. Für die Macht des Präsidentenamtes sind heutzutage weniger die aus den Verfassungsbestimmungen hergeleiteten Kompetenzen maßgebend als vielmehr seine Autorität und das Vertrauen, das er im Volk genießt. Die Wahl des amerikanischen Präsidenten ist einigermaßen verwirrend, da es *kein einheitliches Bundeswahlgesetz* gibt. Die Parteitage und Vorwahlen ('Primaries') in den einzelnen Bundesstaaten (März-Juli), die Bundesparteikonvente ('conventions'; Juli/August), der Wahlkampf und die Präsidentschaftswahl (September/November), die formelle Stimmabgabe im Rahmen des Wahlmännerkollegiums (Dezember) und schließlich die Amtseinführung des neuen Präsidenten (Januar) sind je für sich alle vier Jahre das beherrschende Thema im Leben der amerikanischen Nation. Mit der fortschreitenden Demokratisierung des Wahlrechtes hat sich die ursprüngliche Konzeption der Verfassungsväter, den Präsidenten fernab von Öffentlichkeit und Parteistreitigkeiten von einem Honoratiorenkollegium ('Electoral College') wählen zu lassen, als verfassungsrechtliche Fiktion erwiesen. Die formell weiterhin erforderliche Bestätigung des heute plebiszitär gewählten Präsidenten durch das Electoral College ist nur aus dem unbeirrbaren Festhalten der Amerikaner an längst überholten Verfassungsgrundsätzen zu erklären.

Neben dem Präsidenten spielt der amerikanische **Kongreß** im Prozeß der politischen Willensbildung eine ausschlaggebende Rolle. Der sich aus *Senat* und *Repräsentantenhaus* konstituierende Kongreß ist der traditionelle Gegenspieler des Präsidenten. Er stellt — im Unterschied etwa zum englischen Unterhaus, das ein 'Redeparlament' ist — vorwiegend ein 'Arbeitsparlament' dar. Während dort das Plenum eine wesentliche Rolle spielt, so verlagern sich hier Macht und Arbeit in entscheidendem Maße in die Ausschüsse. Der Machteinfluß des einzelnen Abgeordneten hängt im amerikanischen Kongreß von seiner Position im parlamentarischen Ausschußsystem ab. Will man dies richtig würdigen, so muß im politischen Gestaltungsprozeß des Kongresses vor allem folgendes beachtet werden:

- Es gibt in substantiellen politischen Fragen keine Fraktionsdisziplin (nur zur Geschäftsordnung). Die Kritik und Kontrolle der Regierung liegt beim Kongreß als Ganzem, nicht bei der Oppositionspartei.

- Wegen der strikten Unvereinbarkeit von Regierungsamt und Parlamentssitz können verfassungsrechtlich (im Gegensatz zu parlamentarisch regierten Staaten) Gesetzentwürfe nur von Mitgliedern des Kongresses eingebracht werden.

- Das fehlende Mißtrauensvotum, das in parlamentarisch regierten Staaten eines der wesentlichen Mittel zur Kontrolle der Regierung ist, wird durch eine intensive Kontrolltätigkeit der Kongreßausschüsse ersetzt.

Aus all dem ergibt sich, daß der amerikanische Kongreß ein gesetzgebendes und ein direktes Kontrollorgan der staatlichen Verwaltungstätigkeit ist. Bei einer genügend festen Haltung kann er den politischen Kurs der Administration weitgehend beeinflussen, ja zu Zeiten einer schwachen Exekutive sogar vorschreiben ('Congressional Government'). «Das politisch einflußreichste Parlament der Gegenwart sitzt nicht an der Themse, sondern am Potomac» (Fraenkel).

Der dritte mächtige Pfeiler im Gefüge des amerikanischen Verfassungssystems ist die *Gerichtsbarkeit*. Der föderalistische Staatsaufbau bringt es mit sich, daß es zwei voneinander getrennte Gerichtssysteme gibt: die Bundesgerichte und die Gerichte in jedem der fünfzig Einzelstaaten. Ähnlich den anderen Zuständigkeitsbereichen des Bundes ist auch seine Gerichtsbarkeit beschränkt. Unter den Katalog des Artikels III der Verfassung fällt ein zahlenmäßig nur kleiner Teil der Kompetenzen, allerdings sind es die politisch und wirtschaftlich bedeutungsvollsten.

Von ausschlaggebender Wichtigkeit sind hierbei die Befugnisse des **Obersten Bundesgerichtshofes** *(Supreme Court)*. Obwohl in der Verfassung nicht ausdrücklich hervorgehoben, gehört seit 1803 die *konkrete Normenkontrolle* ('Judicial Review') zu seinen vornehmsten Aufgaben. Sie besteht darin, Gesetze bei einem anhängigen Verfahren daraufhin zu überprüfen, ob sie mit der Verfassung vereinbar sind und widrigenfalls ganz oder teilweise für nichtig und darauf beruhende Exekutivakte für rechtsunwirksam zu erklären. Hat sich der Oberste Bundesgerichtshof in der Vergangenheit (vor 1937) wiederholt dem Vorwurf aussetzen müssen, das Recht auf Normenkontrolle gegen eine fortschrittliche Sozial- und Wirtschaftspolitik eingesetzt zu haben, so sind seine Entscheidungen der Gegenwart um ein Vielfaches progressiver als die Gesetzgebung des Kongresses (z. B. in der Negerfrage).

Die geringe Zahl von Verfassungsänderungen während 1¾ Jahrhunderten beruht ganz wesentlich auf diesem *richterlichen Prüfungsrecht*. Es hat die verfassungspolitische Elastizität verbürgt, so daß die Verfassung letztlich nur an Hand dieser Rechtsprechung verstanden werden kann. Geltendes amerikanisches Verfassungrecht ist weniger der ursprüngliche Text der Verfassungsurkunde als vielmehr die oberstrichterliche Glosse (Auslegung), die in mehreren Tausend Entscheidungen des Obersten Gerichtshofes niedergelegt ist. Diese «fortwirkende Verfassungswandlung ist der Vorzug der Verfassung und gleichzeitig das Geheimnis ihrer Lebensdauer und Lebenszähigkeit» (Loewenstein).

Die zunehmende Mechanisierung und Technisierung aller Lebensvorgänge in den USA haben den Staat mittlerweile zu einer gigantischen Vorsorgeinstitution werden lassen. Der Gesetzgeber sah sich hierbei vor die Notwendigkeit gestellt, die im wirtschaftlichen und sozialen Bereich erforderlich werdenden Regulierungen in Form allgemeiner Grundsätze zu erlassen und ihre nähere Ausführung anderen Stellen zu übertragen. Um die Gefahr einer weiteren Machtkonzentration beim Präsidenten und den ihm unterstellten Behörden zu vermeiden, hat der Kongreß sogenannte **unabhängige Regulierungskommissionen** ('Independent Regulatory Agencies') geschaffen; sie sind vom Präsidenten unabhängig und eine neue, für das amerikanische Staatsleben hochbedeutende Einrichtung geworden. Ihnen wird die Wahrnehmung staatlicher Hoheitsaufgaben auf bestimmten Gebieten als eine selbständig zu erfüllende Aufgabe übertragen ('delegated legislation'). Mit einer Fülle von Befugnissen, teils verwaltender, teils verordnender, teils judizieller Art ausgestattet, sind sie nicht ganz zu Unrecht als eine Art 'vierte Gewalt' bezeichnet worden.

Demokratisch-pluralistische Grundordnung

Ähnlich wie in Großbritannien (Parlamentsreform) oder in der Schweiz (Regenerationsperiode) setzte der **Demokratisierungsprozeß** des Gemeinwesens in den Vereinigten Staaten in der ersten Hälfte des vorigen Jahrhunderts ein ('Jacksonian Revolution'). Für die USA gilt, daß zuerst die Demokratie im Sinne politischer Entscheidungen das Wort hat und dann erst der Behördenapparat, während in Deutschland, Frankreich, Italien usw. die Bürokratie den Vorrang hat und demokratische Formen sich ihr gegenüber erst durchsetzen müssen. Gelebte Demokratie sind für den Amerikaner auch heute noch die aus dem 18. Jahrhundert in unser Massenzeitalter hinübergeretteten Institutionen wie 'town-meeting', 'public hearing', öffentliche Ratsversammlungen, Volksbegehren, Volksentscheide und Abberufung gewählter Personen vor Ablauf ihrer Amtszeit ('recall'). Diese Einrichtungen gewährleisten eine ständige und intensive Kontrolle durch das Gemeindevolk, die Wählerschaft, über die vielen Bürgern verdächtig erscheinende Verbürokratisierung der Verwaltung.

Der *Wahlakt*, d.h. der durch freie, allgemeine Wahlen gewonnene Wille des Volkes, gehört zum täglichen Brot der Amerikaner. Innerhalb von zwei Jahren wählen sie alle Mitglieder des nationalen Repräsentantenhauses (435), ein Drittel der Senatoren (34), ein Viertel der fünfzig Gouverneure, etwa 5000 Mitglieder der Abgeordnetenkammern und 1500 Delegierte der zweiten Kammern der einzelstaatlichen Legislaturen, etwa 52 000 Bezirks- und Kommunalparlamente, Tausende von Bezirksschulverwaltungen und zahllose Staats-, Distrikt- und Kommunalbeamte. Alle vier Jahre kommen die Wahlen für das Amt des Präsidenten und des Vizepräsidenten hinzu.

Repräsentativeinrichtungen dieser Art funktionieren aber nur, wenn sie von *politischen Parteien* betrieben werden. Das System der gegenseitigen Kontrolle in der amerikanischen Verfassung wäre ohne die Vermittlung von Parteien zum Stillstand verurteilt. Ihre Bildung erwies sich somit in der Praxis als eine dringende Notwendigkeit, falls ein Minimum an politischer Aktion überhaupt erreicht werden sollte. So nahm die Geschichte der modernen Parteien unmittelbar nach Inkrafttreten der amerikanischen Verfassung in der Neuen Welt ihren Ausgangspunkt.

Im Gegensatz zu den kontinentaleuropäischen Parteien waren die amerikanischen jedoch (außer der gemeinsamen Verpflichtung auf den 'democratic process') keine ideologischen Integrationsinstrumente sondern politische Organisationen, die zwar in Personalfragen ein hohes Maß an Geschlossenheit entwickelten, sich in Sachfragen aber mit Minimalprogrammen zufrieden gaben. Sahen die amerikanischen Parteien alten Stils ihre Aufgabe vornehmlich in der Förderung individueller Interessen und — nach einer gewonnenen Wahl — in der Besetzung aller Staats- und Beamtenstellen durch ihre Anhänger ('spoil system'), so ist dieses *Patronagesystem* durch den stetigen Ausbau eines qualifizierten Behördenapparates ('Civil Service') allmählich beseitigt worden. In der Gegenwart funktionieren sie «als Clearing-Haus der Interessengruppen, deren politische Aspirationen sie koordinieren». Sowohl die Demokraten als auch die Republikaner (die beiden großen Parteien) sind aber auch heute noch keinesfalls straff organisiert; sie bilden lediglich Koalitionen von Landesverbänden, sich laufend neu und ein wenig anders formierende Wahlkartelle. Allein die Präsidentschaftswahlen sind nach wie vor der bestimmende Integrationsfaktor im amerikanischen Parteienleben.

Trotz ihrer dezentralisierten Organisationsstrukturen haben sich Demokraten und Republikaner außerdem als eine wirksame Klammer zwischen Bund und Einzelstaaten bewährt; es ist ihnen gelungen, eine abträgliche Desintegration des politischen Lebens zu verhindern, die auf Grund der großen Gegensätze von wirtschaftlichen und sozialen Interessen im Lande ('sections') durchaus möglich gewesen wäre.

Zwei weitere extrakonstitutionelle, aber keineswegs entbehrliche Bestandteile der amerikanischen Staatsordnung bilden die *Interessenverbände* ('Pressure Groups') sowie die Großmacht

Öffentliche Meinung ('Public Opinion'). Beide stellen stärkste Sicherheitsfaktoren für die pluralistische Grundordnung und gegen jeden Totalitätsanspruch der Staatsgewalt dar. Die Gruppenmannigfaltigkeit ist so groß, weil die demographische und geographische Vielfalt Gruppenbildungen geradezu verlangen und der wirtschaftliche Reichtum des Landes sowie die Gütererzeugung mannigfaltigster Art ebenso unterschiedliche Interessen bedingen. Wie in jeder anderen hochdifferenzierten modernen Massengesellschaft gilt die politische Aktivität der Interessengruppen vorrangig der Beeinflussung der Verwaltung und der Formulierung von Gesetzestexten im Kongreß.

Gleichsam einen Eckstein im amerikanischen Regierungssystem bilden die Kontrollmechanismen der Öffentlichkeit und deren Möglichkeiten, gestaltend auf den politischen Entscheidungsprozeß einzuwirken; sie sind in den Vereinigten Staaten wirksamer als anderswo. Politische Grundsatzentscheidungen kommen oftmals auf dem Wege der Großen Debatten ('Great Debates') zustande, unter der leidenschaftlichen Anteilnahme einer sich informiert zeigenden Öffentlichkeit.

Der Präsident bedient sich in der Gegenwart vornehmlich der nicht zuletzt durch ihn mittels Pressekonferenzen, Rundfunk- und Fernsehansprachen geformten öffentlichen Meinung zur Durchsetzung seiner Politik im Kongreß. Die Legislative wiederum formt die öffentliche Meinung durch ihre Ausschüsse und deren öffentliche Sitzungen, um den Primat des Präsidenten in der Ausgestaltung der Politik jederzeit in Frage stellen zu können. Weil dem Präsidenten verfassungsrechtlich jede unmittelbare Einflußnahme auf den Kongreß — und umgekehrt — versagt ist, müssen beide Staatsorgane ständig darum bemüht bleiben, auf dem Umweg über die Öffentlichkeit ihre Politik durchsetzen.

Suprematie von Gesetz und Recht (Rechtsstaat)

Der Kern des amerikanischen Staatswesens ist letztlich darin zu erblicken, daß es von Anbeginn seiner Existenz die Herrschaft des an freiheitliche Traditionen gebundenen Rechts zu seinem Credo erhob. Die USA sind trotz der gebündelten Krisen im Innern des Landes und eines umstrittenen imperialen Bewußtseins nach wie vor der **Typus eines antitotalitären Staates** («a government of laws and not of men»). Ihre rechtsstaatliche Ordnung rechtfertigt sich vornehmlich aus dem Gedanken der Verteidigung des individuellen Interessenbereiches und somit der Freiheit.

Den Staatsorganen sind durch die Verfassung ganz bestimmte Grenzen gesetzt ('limited government'), die staatliche Eingriffe in den staatsfreien Raum der Menschen- und Bürgerrechte verwehren. «Keiner Person darf ohne vorheriges ordnungsgemäßes (materielles oder prozessuales) Gerichtsverfahren ('without due process of law') Leben, Freiheit oder Eigentum entzogen werden». Dieser Rechtsgrundsatz stellt eine wesentliche Garantie für die *Berechenbarkeit der Staatsgewalt* dar. Den Gerichten obliegt es, über die Einhaltung der Gesetze und Rechtsregeln durch alle Staatsorgane zu wachen ('judicial supremacy'). Im Zeichen dieser Bindung entfaltet sie auch die Verwaltungspotenz.

Nach der Erfahrung von Jahrhunderten, daß Macht verdirbt, absolute Macht absolut verdirbt ('power corrupts, absolute power corrupts absolutely'), beruht die Verfassungsstruktur der USA auf einem bewußt komplizierten Regierungssystem.

GEOGRAPHIE

Das Gesamtgebiet der Vereinigten Staaten von Amerika erstreckt sich über eine Fläche von rund 9½ Millionen qkm (3¾ Mill. sq. mi.), ist damit nur wenig kleiner als Europa und nimmt in der Rangliste der größten Länder der Erde nach der Sowjetunion, Kanada und China die vierte Stelle ein. Das Kernland (ohne Alaska) mißt von Norden nach Süden 2500 km (1550 mi.); die Südspitze der Halbinsel Florida erreicht den 25. Grad nördlicher Breite, der Norden des Bundesstaates Montana liegt etwa auf der gleichen geographischen Breite (50° nördl.) wie Frankfurt am Main. Die Entfernung von Osten nach Westen beträgt zwischen dem 70. und dem 120. Grad westlicher Länge 4500 km (2800 mi.) und schließt vier Zeitzonen ein. Bereits diese wenigen Angaben machen deutlich, wie gewaltig die Ausmaße dieses Kontinentes sind.

Geologie

Bei der Betrachtung der erdgeschichtlichen Bildungen und Entwicklungen auf dem nordamerikanischen Festland unterscheidet man *vier große Zeitabschnitte:* einer ersten Phase (Paläozoikum), in der sich nacheinander der Kanadische Schild und die Appalachen bilden, folgt eine zweite Phase (Mesozoikum), während derer sich die Sedimente zur Bildung der zentralen Ebenen ablagern; in der dritten Phase (Tertiär) entstehen die großen Gebirgsketten des Westens, und die eiszeitlichen Erscheinungen der vierten Phase (Quartär) verleihen einem Großteil des Landes sein heutiges Aussehen.

Im **Paläozoikum** *(Erdurzeit, Präkambrium)* entsteht der kanadische Schild, der sich mit einem mächtigen Rücken aus hartem Gestein vorwiegend über das Gebiet des heutigen Staates Kanada erstreckt und nur im Bereich der Großen Seen in die Vereinigten Staaten hineinreicht. Sein Ursprung fällt etwa in die gleiche Zeit wie jener des Sibirischen Schildes oder des indischen Dekan. Später findet im Silur (untere Grauwackenformation) die sogenannte herzynische Faltung statt, die in Europa die Vogesen, den Schwarzwald und den Ural entstehen läßt, in Amerika zur Bildung der Appalachen und des Ozark-Gebirges führt und die sich bis zum Ende dieses ersten Erdzeitalters fortsetzt.

Das **Mesozoikum** *(Erdmittelalter)* ist eine erdgeschichtliche Epoche, die wesentlich ruhiger abläuft und ausgedehnte Ablagerungsfelder im gesamten Landesinneren hinterläßt. Das Zentralgebiet wie auch der Süden der Vereinigten Staaten bestehen vornehmlich aus weiten Ebenen, deren fast waagerecht geschichtete Ablagerungsmassen zum größten Teil aus dem mesozoischen Erdzeitalter stammen. Ähnliche Sedimentationserscheinungen haben in Europa beispielsweise die Beckenlandschaften um Paris und London sowie die große russische Tafel ausgebildet.

Mit dem **Tertiär** *(erdgeschichtl. frühe Neuzeit)* beginnen neuerlich tiefgreifende Veränderungen der Erdbeschaffenheit. Während sich in Europa und Asien die Alpen und der Himalaya herausheben, entstehen in Nordamerika bei mehreren aufeinanderfolgenden Auffaltungen die großen Gebirgsketten des Westens: Rocky Mountains (Felsengebirge), Sierra Nevada, Cascade Range (Kaskadengebirge), Alaska Range (Alaska-Kette). Im Zuge dieser heftigen Wandlungen stürzen tiefe Gräben wie der Kalifornische Golf (Mexiko) ein; Erscheinungen von mancherorts bis in jüngste Zeit aktivem Vulkanismus finden sich in verschiedenen Gegenden: Mount Shasta, Mount Rainier, Basalt- und Lavafelder im Staate Oregon, Yellowstone-Nationalpark, Alaska.

Im beginnenden **Quartär** *(Erdneuzeit)* reicht die Eisbedeckung hinab bis in das Gebiet der heutigen Bundesstaaten Kansas und Kentucky; auch der Raum von New York ist von Eis überdeckt. Die dann nach Norden zurückweichenden Gletscher hinterlassen eine ausgehobelte Erdoberfläche mit zahllosen Seen, sanften Moränenhügeln und sandigen Flächen. Die Flüsse bahnen sich ihren Lauf entweder durch das eigene Schwemmland (Mississippi) oder sie waschen im Bergland durch stetige Erosion eindrucksvolle Schluchten aus (Grand Canyon des Colorado River, Tal des Snake River und des Columbia River).

Relief

Die Oberflächengestalt der Vereinigten Staaten weist *vier ausgeprägte Landschaftsformen* auf: die Atlantikküste mit ihren verhältnismäßig schmalen Ebenen, den Gebirgszug der Appalachen, die vom Mississippi und seinen Nebenflüssen durchzogenen weiten Ebenen des Landesinneren und schließlich die sich bis zur Pazifikküste erstreckenden Hochflächen und Gebirge des Westens. Ferner müssen hier Alaska und die erst in neuerer Zeit als Bundesstaat eingegliederten Hawaii-Inseln genannt werden.

Am Fuße der Appalachen erstreckt sich vom Staate Georgia bis nach Maine ein schmaler **Küstenstreifen am Atlantischen Ozean**. Dieses ebene Küstengebiet wurde als erstes von den europäischen Einwanderern des 17. Jahrhunderts besiedelt und hat bis heute die größte Bevölkerungsdichte des Landes. Der hier durch Ablagerungen und Schwemmland gebildete Boden ist fruchtbar, das Gelände an keiner Stelle höher als 100 m (330 ft.) ü.d.M. Die im allgemeinen flache Küste hat mehrere tiefe Einbuchtungen erfahren: im Süden die *Sounds* (Sunde) der Staaten South Carolina und North Carolina, im Norden die *Bays* (Baien) mit Rias-Buchten (Chesapeake, Delaware) und Fjorden (Hudson).

Das präkambrische Massiv der **Appalachen** oder **Alleghenies** zieht sich in einer Länge von etwa 2000 km (1200 mi.) vom Staate Alabama bis nach Vermont und darüber hinaus bis zum Sankt-Lorenz-Strom in Kanada, ist jedoch nicht breiter als 200 km (120 mi.). Die Höhen dieses von Erosionserscheinungen zerfurchten Gebirgszuges steigen nur selten über 1500 m (5000 ft.) an; die höchste Erhebung bildet der *Mount Mitchell* mit 2045 m (6709 ft.) im Staate North Carolina. Die Appalachen stellen zwar einen Trennungsriegel zwischen der Atlantikküste und dem Hinterland dar, zahlreiche Flußtäler ermöglichen jedoch einen verhältnismäßig einfachen Übergang, so daß dieses Gebirge kein eigentliches Hindernis bedeutet; dennoch sind die Zugänge von Osten beschwerlicher als jene von Westen: zu den Seen senkt sich die Bergkette allmählich in einer Folge von Stufenplateaus hinab. Auf der Ostseite ist der Abfall dagegen unmittelbarer, das *Piedmont-Gebiet* bildet lediglich eine schmale Übergangszone; wo die in dem harten Piedmont-Gestein eingeengten Flußläufe in die weicheren Ablagerungsbereiche des Küstengebietes einströmen, ist eine Reihe von Wasserfällen, die sogenannte *Fall Line*, entstanden.

Von den Alleghenies bis zu den Rocky Mountains und von den Großen Seen bis zum Golf von Mexiko (ca. 2500 km bzw. 1500 mi. in beiden Richtungen) erstrecken sich die unendlich scheinenden **Great Plains** *(Große Ebenen)*. Diese einförmige Beckenlandschaft von weitester Ausdehnung ist im Norden und im Zentrum aus den Ablagerungen verschiedener Erdzeitalter, im Süden aus dem Schwemmland der Flüsse und des Meeres gebildet worden und wird nur in Arkansas vom *Ozark-Gebirge* sowie in South Dakota vom über 2000 m (6500 ft.) hohen *Black Hills* aufgelockert. In dem von den *Großen Seen*, dem *Ohio River* und dem *oberen Mississippi* gebildeten Dreieck dehnen sich die vorwiegend landwirtschaftlich genutzten Prärien des Mittleren Westens aus; weiter westlich gegen die Rocky Mountains folgen die Hochebenen, auf denen bei niederem Pflanzenwuchs in der Hauptsache Viehzucht betrieben wird; der vom *unteren Mississippi* und seinen Nebenflüssen durchzogene Süden ist fruchtbares Schwemmland. Der am *Golf von Mexiko* (amerikan. meist kurz «Gulf» gen.) mit den Lagunen, Sümpfen und Mooren der *Swamps* flach verlaufende Küstenbereich steigt in *Florida* etwas an. Die Halbinsel, ein ursprünglich vom Festland getrennter Kalkstock, verliert sich im äußersten Süden in der langen Riffkette der *Keys*.

Über dem gesamten westlichen Drittel des nordamerikanischen Kontinentes, dem sogenannten **Far West** *(Ferner Westen)*, erhebt sich als wirksame Naturbarriere ein mächtiger Gebirgsblock, der mehrere nord-südlich gerichtete Bergzüge umfaßt: ein erstes Massiv bilden im Osten die *Rocky Mountains* (amerikan. auch kurz «Rockies» gen.; Felsengebirge) zwischen den Staaten Montana und New Mexico; hier erreichen die höchsten Gipfel zwar annähernd 4500 m bzw. 15 000 ft. (Blanca Peak, Pikes Peak), die Bergwelt entbehrt jedoch markanter Szenerien; vulkanische Erscheinungen, schwefelhaltige Quellen und Geiser (z.B. der berühmte «Old Faithful» im Yellowstone-Nationalpark) sind hervorstechende Merkmale dieses Gebirges. Weiter nach Westen erstrecken sich ausgedehnte Hochflächen, im südlichen Teil mit kalkhaltigen Böden (Einschnitt des Colorado River), nach Norden vulkanischen Ursprungs (Oregon und Washington). In diesem Raum befinden sich Landstriche mit ausgeprägtem Wüstencharakter, ausgetrocknete Seen (Bonneville Flats) und der *Große Salzsee*, der Überrest eines eingeschrumpften Binnenmeeres. In dem südlichen Plateaubereich liegt der tiefste Punkt der USA: *Death Valley* (Tal des Todes; 86 m bzw. 282 ft. ü.d.M.). Im äußersten Westen erhebt sich entlang der Pazifikküste ein weiteres Gebirgssystem, zu dem einerseits die *Sierra Nevada* und die *Cascade Range* (Kaskadengebirge), andererseits die *Coast Range* (Küstengebirge) gehören und das besonders für die klimatischen Verhältnisse eine wichtige Rolle spielt (höchste Erhebung: Mount Whitney, 4440 m bzw. 14 567 ft.). Zwischen den beiden Bergketten sind breite Täler eingesenkt (San Joaquin Valley, Sacramento Valley). Das Küstengebirge erreicht in den *Olympic Mountains* eine Höhe von annähernd 2500 m (8200 ft.) und fällt nach Westen unmittelbar zum Pazifischen Ozean ab; nur an wenigen Stellen weist die meist geschlossene Küstenlinie Einbuchtungen auf: *San Francisco Bay*, *Puget Sound* bei Seattle.

Alaska und die **Hawaii-Inseln** sind vom Kernland gesonderte Bundesstaaten. Alaska liegt etwa auf der gleichen geographischen Breite wie Grönland und bedeckt eine Fläche von rund 1½ Millionen qkm (579 150 sq. mi.); es ist damit allein mehr als doppelt so groß wie Texas, der ausgedehnteste Staat des Kerngebietes der USA. Die Oberfläche Alaskas ist überwiegend gebirgig (zahlreiche Gletscher), und der höchste Berg der USA, *Mount McKinley* (6193 m bzw. 20 319 ft.), liegt in diesem Staat. — Das bemerkenswerteste Phänomen des Hawaii-Archipels ist eine Reihe zum Teil noch tätiger *Vulkane*.

Klima

Hinsichtlich der klimatischen Verhältnisse und der Vegetationsformen kann man die Vereinigten Staaten als Land der Gegensätze bezeichnen. Der sich vom polaren Norden bis zum tropischen Süden erstreckende riesige Kontinentalbereich ist naturgemäß in verschiedene Klimazonen unterteilt, die von mehreren Grundgegebenheiten bestimmt sind; das Relief ist hier ein maßgeblicher Faktor. Die Rocky Mountains (Felsengebirge) halten die vom Pazifik kommenden Massen ozeanischer Luft auf und behindern so deren wettermilderndes Einströmen in die zentralen Ebenen. Andererseits kann im Winter polare, im Sommer tropische Luft ungehemmt in diese Gebiete vordringen. Des weitern sind die Meeresströmungen einflußreich, die je nach ihrer Eigenart die Küstengebiete abkühlen oder erwärmen. So wirkt beispielsweise der kalte Labradorstrom bis in die Gegend von New York, wo die Winter trotz der recht südlichen Lage auf der geographischen Breite von Lissabon oder Neapel verhältnismäßig kalt sind (Januar-Mittel 0°C bzw. 32°F). Ebenso verhält es sich an der Pazifikküste mit dem kalten Kalifornienstrom, der Los Angeles und San Francisco Abkühlung bringt. Die entgegengesetzte Wirkung hat der wohlbekannte Golfstrom, der im Golf von Mexiko entsteht, an der Atlantikküste der Südstaaten entlangstreicht und diese Gegend wärmer und feuchter werden läßt; ähnlich macht sich der Alaskastrom bemerkbar, dank dessen Einwirkung die Pazifikküste Alaskas stets eisfrei bleibt, während die erheblich südlicher gelegene Mündung des Sankt-Lorenz-Stromes in den Atlantik allwinterlich meist mehrere Monate lang zugefroren ist. Schließlich darf ein dritter wichtiger Faktor nicht außer acht gelassen werden: das Vorhandensein der Großen Seen, deren erhebliche Wassermenge das Klima der umliegenden Gebiete merklich temperiert.

Auf dem Kerngebiet der Vereinigten Staaten kann man *sechs große Klimazonen* unterscheiden, von welchen die nördlichen, mit Ausnahme der Pazifikküste, kontinentalen Charakter aufweisen.

Im **Südosten** der USA, zwischen der mexikanischen Grenze, Florida und Virginia, wird das Klima stark von Strömungen tropischer Luft beeinflußt, die im Sommer bis hinauf zu den Großen Seen vordringen. Aufgrund der Breitenlage und der Einwirkung des nahen Golfstromes sind die *Winter mild* (Januar-Mittel in New Orleans ca. 13°C bzw. 55,4°F), die *Sommer heiß* (Juli-Mittel in New Orleans ca. 28°C bzw. 82,4°F) und erheblich feucht (jährliche Niederschlagsmenge 1000-1500 mm bzw. 39,371-59,056 inches). In dieser Klimazone treten nicht selten gefürchtete *Wirbelstürme* auf, die sich in südwestlich-nordöstlicher Richtung bewegen und oftmals die Küste der Halbinsel Florida verwüsten.

Im **Nordosten** der USA, zwischen den Großen Seen und Washington, D.C., sowie im Bereich der Appalachen herrscht ein kontinentales Klima mit *kalten Wintern* und *heißen Sommern* vor. Die Großen Seen sind während drei Monaten des Jahres zugefroren. New York wird im Winter häufig von heftigen Kältewellen heimgesucht (bis zu 1000 mm bzw. 39,371 inches Schnee), die Sommer hingegen sind sehr heiß und drückend; einzig angenehme Jahreszeit ist der meist lange, auch als «Indian Summer» (wörtlich «Indianersommer», Altweibersommer) bezeichnete Herbst. Außerdem sind diese Gegenden mit mehr als 1000 mm (39,371 inches) jährlichen Niederschlags verhältnismäßig feucht. In den Appalachen, besonders in ihrem nördlichen Teil, sind die Sommer im allgemeinen etwas kürzer als in den übrigen Bereichen dieser Klimazone.

Das Gebiet der **Great Plains** (*Große Ebenen*), im Landesinneren, das sich von den Appalachen bis zu den Rocky Mountains erstreckt, zeichnet sich durch noch kontrastreicheres Kontinentalklima bei geringeren Niederschlägen aus. Unter dem Einfluß polarer Luftmassen im Winter und tropischer Strömungen im Sommer ist das Klima *von Oktober bis April rauh, von Mai bis September* hingegen *warm und feucht*. In Denver, am Fuße der Rocky Mountains beispielsweise verzeichnet man bei recht geringer Niederschlagsmenge durchschnittlich 21°C (69,8°F) im Juli, aber −4°C (24,8°F) im Januar. In dem für seine außergewöhnlichen Temperaturstürze bekannten Chicago ist der Unterschied der Durchschnittstemperaturen zwischen Sommer und Winter noch ausgeprägter (Juli-Mittel

24°C bzw. 75°F; Januar-Mittel −4°C bzw. 25°F). In Anbetracht der großen Entfernung von den Ozeanen sind die Niederschlagsmengen im Landesinnern merklich geringer als in den küstennahen Regionen. In Chicago fallen jährlich zwischen 700 und 800 mm (27,561–31,496 inches) während in Denver 500 mm (17,825 inches) nicht überschritten werden; der im Norden bedeutende Schneefall verliert sich nach Süden (1,20 m bzw. 47,244 inches in St. Paul; 40 cm bzw. 15,748 inches in Cincinnati).

In den nordwestlich die Großen Ebenen begrenzenden **Rocky Mountains** *(Felsengebirge)*, zumindest in deren nördlichem Teil, werden die Züge des kontinentalen Klimas extrem. Zwar sind hier die *Sommer recht heiß* (bis durchschnittlich 25°C bzw. 77°F), jedoch zugleich sehr *kurz*, die *Winter* dagegen *länger und kälter* als in den zentralen Ebenen. Die Niederschläge fallen in unterschiedlicher Menge als Regen im Sommer, vor allem aber als Schnee im Winter, wobei die dicke Schneedecke bis weit ins Frühjahr hinein liegenbleibt; nicht selten muß daher von der Außenwelt abgeschnittenes Vieh aus der Luft versorgt werden.

Westlich jenseits der Rocky Mountains, auf den Hochflächen der Staaten Utah und Nevada, in New Mexico und in den «Bolsones» von Arizona herrscht ein außerordentlich trockenes *Wüstenklima*. Jährlich fallen weniger als 250 mm (9,843 inches) Regen und zwar meist begleitet von heftigen *Sommergewittern*, wobei das rasch wieder abfließende Wasser dem Erdreich wenig Nutzen bringt. In dieser Zone werden die *höchsten Temperaturen* des gesamten amerikanischen Kontinents verzeichnet (Death Valley bis zu 54°C bzw. 161,2°F). Die jährliche Dauer der Sonneneinstrahlung beträgt bis zu 4000 Stunden.

Die **Pazifikküste** läßt sich in zwei merklich voneinander abweichende Witterungsgbereiche unterteilen. In KALIFORNIEN herrscht ein mediterranes Klima vor, das durch die Einwirkung ozeanischer Luftmassen gemäßigt wird. Die *Sommer* sind verhältnismäßig *warm und trocken* (Juli-Mittel in Los Angeles 21°C bzw. 73°F), die *Winter mild und etwas feuchter* (Januar-Mittel in Los Angeles 12°C bzw. 55°F; jährliche Niederschlagsmenge um 500 mm bzw. 17,825 inches). Im regenreichen NORDEN (Oregon, Washington) hingegen erreichen die Niederschläge bei im allgemeinen kühleren Temperaturen (Januar-Mittel in Portland 5°C bzw. 21°F; Juli-Mittel 19°C bzw. 68°F) mehr als 1000 mm (39,371 inches). Das Klima ähnelt hier etwa jenem von Irland.

Alaska, etwa auf der gleichen geographischen Breite wie Norwegen gelegen, hat im KÜSTENBEREICH ein durch den warmen Alaskastrom bestimmtes *gemäßigtes und erheblich feuchtes Klima* (Sommer-Mittel in Sitka 10°C bzw. 50°F; Winter-Mittel 0°C bzw. 32°F; über 2000 mm bzw. 78,74 inches Niederschläge). Im LANDESINNEREN herrschen dagegen ausgeprägt *arktische Bedingungen* vor (Juli-Mittel in Point Barrow Station 3°C bzw. 37,4°F; Januar-Mittel −29°C bzw. −24°F).

Die **Hawaii-Inseln** erfreuen sich eines ständig warmen *tropischen Klimas* mit trockenen Sommern und regenreichen Wintern.

Vegetation

Die klimatischen Gegebenheiten haben naturgemäß eine besonders starke Auswirkung auf die Pflanzenwelt, daneben müssen allerdings die großen natürlichen Landschaften der Vereinigten Staaten auch unter dem Gesichtspunkt der Morphologie sowie der Besiedlungsform betrachtet werden. Das Eingreifen des Menschen in die natürlichen Verhältnisse des Landes, etwa das Abholzen und Roden des Waldes oder das Ausrotten bedeutender Tierarten (Bison), hat zu umwälzenden Veränderungen geführt. Insgesamt lassen sich heute *sechs große Vegetationszonen* unterscheiden.

Die **Wälder,** die sich im 17. Jahrhundert noch auf mehr als der Hälfte des Staatsgebietes der USA ausdehnten, sind bis in unsere Zeit erheblich zurückgewichen; dennoch bedecken sie im Westen und Norden des Landes auch heute noch weite Flächen. Um die Großen Seen erstrecken sich in den Bundesstaaten Minnesota, Wisconsin und Michigan *Mischwälder* (vorwiegend Fichten, Ahorn, Birken), die jenen Kanadas ähnlich sind. In den Appalachen wechseln Fichten mit Laubbäumen, während entlang der Atlantikküste die Wälder schon frühzeitig der Kolonisierung zum Opfer gefallen sind. Im Norden der Rocky Mountains herrschen Nadel-, im Süden Laubwälder vor. Entlang der Pazifikküste findet sich noch der prächtige, oft tausend Jahre alte *Mammutbaum* (Sequoia) als Rest einst weit verbreiteter Wälder seiner Art. Auf dem Gebiet der Staaten Washington und Oregon trifft man vornehmlich die hochwüchsige *Douglasfichte*, während die Kiefernwälder Kaliforniens allmählich der zunehmenden Versteppung weichen.

Die ebene **Prärie** erstreckt sich, soweit das Auge reicht, etwa vom 100. Grad westlicher Länge bis zu den Appalachen. Ursprünglich war ihre Erscheinungsform in jenen einst von

Sioux-Indianern bewohnten, bisonreichen Regionen des Mittleren Westens besonders charakteristisch. Den recht fruchtbaren Boden bedeckten bei ausreichender Bewässerung endlose, *von Sträuchern durchsetzte Flächen hoher Gräser*. Heute ist die einstige Prärie zum bevorzugten Getreideanbaugebiet für Sommerweizen im Norden und Winterweizen im Süden («wheat belt») sowie von Mais («corn belt») in Verbindung mit der Schweinezucht geworden.

Der Prärie schließen sich etwa vom 100. Längengrad bis zum Fuße der Rocky Mountains **Steppenregionen** an, die alle Hochebenen zwischen Texas und Montana bedecken. Die mäßigen Böden und die geringen Niederschläge lassen hier nur *niederwüchsige Gräser* zu. In diesen Gebieten wird vorwiegend eine extensive Viehzucht getrieben; Ackerbau ist nur vereinzelt in bewässerten Landstrichen oder dank des Trockenfarmsystems («dry farming») möglich.

Die **Wüstengebiete** lassen außer an wenigen bevorzugten Punkten wie etwa um Salt Lake City, wo Wasser aus den nahegelegenen Wasatch Mountains zur Bewässerung herbeigeführt werden kann, keinerlei Landwirtschaft zu. Die karge Vegetation besteht im wesentlichen aus *Xerophyten;* neben Kakteen, Riesenopuntien und Agaven treten auch Dornensträucher und vereinzelt kümmerliche Stauden auf. Dieses Landschaftsbild ist durch zahlreiche, meist in den Bundesstaaten Nevada und Arizona gedrehte Wildwestfilme bekannt geworden.

In den **subtropischen Bereichen** Kaliforniens, Louisianas, Floridas und des Hawaii-Archipels findet sich eine üppige Vegetation mit typischen Pflanzen wie *Zuckerrohr*, *Reis* oder *Baumwolle*, auf den Hawaii-Inseln außerdem besonders *Ananas*.

Die das gesamte Landesinnere sowie den Norden Alaskas bedeckende **Tundra** läßt neben *Moosen* und *Flechten* nur schüttere Sträucher zu, die dem beständig wehenden kalten Winde widerstehen konnten.

Hydrographie

Auf dem Gebiet der Vereinigten Staaten befindet sich eine große Zahl von BINNENSEEN, deren bedeutendste zweifellos die **Great Lakes** *(Große Seen)* im Nordosten des Landes sind (Großer Salzsee s. bei Salt Lake City). Diese bilden für sich genommen praktisch ein Binnenmeer, dessen gesamte Länge vom äußersten Westende des Oberen Sees über den Michigan-, den Huron-, den Erie- sowie den Ontariosee bis zum Ausfluß des es entwässernden Sankt-Lorenz-Stromes insgesamt 1500 km (2400 mi.) mißt. Nur der Michigansee liegt zur Gänze auf US-amerikanischem Territorium, alle anderen reichen mit großen Teilen auf kanadisches Staatsgebiet.

Der *Lake Superior* (Oberer See) ist mit 80 000 qkm (30 888 sq. mi.) der größte, der *Lake Ontario* (Ontariosee), mit knapp 20 000 qkm (7722 sq. mi.) — etwa der Oberfläche des Ladogasees, des größten Sees Europas — der kleinste. Mit mehr als 300 m (984 ft.) maximaler Tiefe ist der Lake Superior gleichzeitig der tiefste der fünf Großen Seen. Da sein Wasserspiegel 183 m (600 ft.) ü.d.M. liegt, ergibt sich, daß sein Grund unter das Meeresniveau reicht, ein Phänomen, das auf Abschürfungen durch quartäre Gletscher zurückzuführen ist.

Stromschnellen und *Wasserfälle* trennen die einzelnen Seen voneinander; so müssen vom Saint Mary's River zwischen Oberem See und Huron- bzw. Michigansee 6 m (20 ft.) und vom Niagara River zwischen Erie- und Ontariosee sogar 101 m (331 ft.) Niveauunterschied — davon allein 50 m (164 ft.) bei den berühmten Niagarafällen ausgeglichen werden. Schleusen und Kanäle (z.B. der Welland Canal zwischen Erie- und Ontariosee) umgehen diese für die Schiffahrt unpassierbaren Hindernisse. Die Verbindung zwischen Huron- und Eriesee schafft der Saint Clair River, der sich nordöstlich von Detroit vorübergehend zu dem verhältnismäßig kleinen Lake Saint Clair ausweitet. Durch die seit 1959 gemeinsam mit Kanada abgeschlossene Kanalisierung des Sankt-Lorenz-Stromes ist es heute selbst Hochseeschiffen möglich, die Häfen von Cleveland, Detroit, Chicago oder gar von Duluth anzulaufen. Auf dieser heute als *Saint Lawrence Seaway* (Sankt-Lorenz-Seeweg) bezeichneten, sehr belebten Binnenwasserstraße werden jährlich mehr als 180 Mill. t Ware transportiert, was den Verkehr des Panamakanales um mehr als die Hälfte übertrifft.

Während drei Monaten des Jahres kommt der Verkehr auf den Seen wegen *Eisbildung* zum Erliegen; *Stürme* sind nicht selten. Die Gezeiten sind kaum noch zu spüren.

Von den großen FLÜSSEN Nordamerikas bedarf der **Mississippi,** der mit seinen Nebenflüssen 2/5 der USA bewässert, besonderer Erwähnung. Gemeinsam mit dem Missouri bildet er eine der längsten Wasseradern (6500 km bzw. 4039 mi.) der Welt, die jedoch mit einer Wassermenge von 20 000 cbm/sec. bzw. 70 634 cu.ft./sec. an der Mündung bei weitem nicht die wassereichste ist (Amazonas 200 000 cbm/sec. bzw. 706 340 cu.ft./sec.; Kongo: 60 000 cbm/sec. bzw. 211 902 cu.ft./sec.).

Wichtige rechte Nebenflüsse sind außer dem Missouri der *Arkansas River* und der *Red River*, die beide in den Rocky Mountains entspringen. Der vom Tennessee River gespeiste, links zufließende *Ohio River* beginnt seinen Weg in den Appalachen. Der Mississippi durchzieht sein von alluvialen Ablagerungen angeschwemmtes breites Flußtal in zahllosen Mäandern und (teils toten) Flußarmen, die in den alligatorenreichen Sumpf- und Morastgebieten Louisianas die Bayous (vgl. New Orleans) bilden.

Die Deltamündung des Mississippi schiebt sich jährlich um 50 m (164 ft.) weiter in den Golf von Mexiko vor und füllt im Laufe der Zeit ein höchst unstabiles Gelände auf, das es lange Zeit nicht erlaubte, etwa in New Orleans, Hochhäuser zu errichten. Der «Old Man River» ist in der Vergangenheit oft über die Ufer getreten. So setzte er, durch die Schneeschmelze im April 1927 mächtig angeschwollen, 60 000 qkm (23 166 sq. mi.) Landes — was etwa einer Fläche von Belgien und Holland zusammen entspricht — unter Wasser. Gewaltige Regulierungsprojekte, wie beispielsweise künstliche Abflußkanäle und Stauanlagen im Bereich des Tennessee und Missouri, haben dieser ständigen Überschwemmungsgefahr schließlich ein Ende gesetzt.

Von den wichtigen Flüssen im Westen der USA sind lediglich der **Sacramento River** und der **Columbia River** schiffbar; die übrigen Flußläufe werden ausschließlich zur Bewässerung oder zur Elektrizitätsgewinnung genutzt (*Rio Grande, Colorado River, San Joaquin River*); der Hoover (Boulder) Dam des Colorado River (s. bei Las Vegas) und der Grand Coulee Dam des Columbia River (s. bei Seattle) gehören zu den größten Stauwerken der Welt.

BEVÖLKERUNG

Die Demographie der Vereinigten Staaten weist im Laufe ihrer geschichtlichen Entwicklung eine außerordentlich starke **Bevölkerungszunahme** bei bemerkenswert dynamischer Struktur aus. Dies mögen die folgenden Einwohnerzahlen verdeutlichen:

1790	4 Mill.
1850	23 Mill.
1900	76 Mill.
1950	151 Mill.
1970	über 200 Mill.

Somit nehmen die USA nach China, Indien und der Sowjetunion den vierten Platz in der Weltrangliste der volkreichsten Nationen ein. Dennoch ist die Bevölkerungszahl, gemessen an der Gesamtfläche des Landes, verhältnismäßig gering, d.h. die durchschnittliche Populationsdichte ist mit nur 20 Einwohnern pro qkm im Vergleich etwa zu Europa niedrig. Diese Angabe sagt freilich noch nichts über die Bevölkerungsstreuung aus.

Bevölkerungsstruktur

Ein Teil der in diesem Abschnitt zu behandelnden Probleme ist im Kapitel «Geschichte» besprochen, und so soll an dieser Stelle auf einige besonders wichtige Punkte, wie etwa die **Vielfalt der Bevölkerungselemente,** näher eingegangen werden.

Man hat die Vereinigten Staaten häufig treffend, wenngleich stark schematisierend, mit einem *Schmelztiegel* («melting pot») verglichen, in welchem sich höchst unterschiedliche ethnische Gruppen zusammenschließen, jedoch nicht immer miteinander vermischen. Diese Eigenart ist die Folge einer während langer Zeit vorwiegend durch Einwanderung verursachten Bevölkerungszunahme.

Etwa 88% der Einwohner gehören der *weißen Rasse* an. Von den verbleibenden 12% sind die *Neger* die weitaus stärkste Gruppe. Daneben finden sich andere Rassen — *Indianer* und *Asiaten* — als schwache Minderheiten. Der überwiegende Teil der Bevölkerung ist angelsächsischen Ursprungs. Ihm haben sich im Laufe der Geschichte zunehmend fremde, vor allem europäische Volksgruppen aus den slawischen Ländern, den deutschsprachigen Gebieten, aus Skandinavien und besonders aus dem Mittelmeerraum angeschlossen, durch welche sich die Vereinigten Staaten besonders während der beiden Weltkriege vor schwere

Probleme gestellt sahen. Es galt, die entstandenen, oft mit ihrer Heimat noch stark verbundenen ethnischen 'Kasten' mehr oder weniger zu bekämpfen oder zu sprengen und die gesamte Bevölkerung allmählich im Sinne der im Nordosten der USA vorherrschenden angelsächsischen Zivilisation zu homogenisieren.

In immer neuen Wellen kamen *Einwanderer* ins Land, die gezwungen waren, ihre Heimat aus verschiedensten Gründen zu verlassen. So trieben sie die unsicheren politischen Verhältnisse Europas während der zweiten Hälfte des 19. und der ersten Hälfte des 20. Jahrhunderts, Übervölkerung, Hungersnot oder Glaubensverfolgungen außer Landes. Unterstützung fand der Immigrationsstrom durch neue, verbesserte Transportmöglichkeiten über den Atlantik.

Die Vereinigten Staaten ihrerseits stellten den Einwanderern in großzügigem Rahmen unbebautes Farmland zur Verfügung (ein 'Homestead Act' gibt jedem das Recht auf 65 ha bzw. 160 acres Land, der bereit ist, es urbar zu machen) und der amerikanische Arbeitsmarkt kannte in jenen Jahren weder Arbeitslosigkeit noch Arbeitskräftemangel. Dies entfachte — wie einst in der Zeit des Goldrausches — in vielen die Hoffnung auf neues Glück oder die Lust nach Abenteuern. Die durch Jahrzehnte andauernde Einwanderung entstandenen großen Verschiedenheiten in der Bevölkerungsstruktur der USA haben sich bis heute noch nicht verwischt. So bilden Kanadier, Mexikaner, Russen, Deutsche, Italiener, Polen, Iren und Engländer die wichtigsten *fremdstämmigen Minderheiten*.

Betrachtet man eine Karte des Eisenbahnnetzes, so fällt auf, daß sich wichtige Knotenpunkte im Osten, wo die Einwanderer zunächst ankamen, häufen. Ebenso ist hier die Dichte der Eisenbahnlinien am größten. Nach Westen hin — besonders im Middle East (Mittlerer Osten) und in den Bergstaaten der Rocky Mountains — wird das Netz sehr weitmaschig und verdichtet sich erst in Kalifornien wieder. Ein Blick auf das Luftverkehrsnetz hingegen zeigt, daß dieses über das ganze Land hinweg recht gleichmäßig verteilt ist. Dies ergibt sich nicht zuletzt aus dem Umstand, daß die Westküste ihren in jüngster Zeit erfolgten wirtschaftlichen Aufschwung im besonderen Maße der Entwicklung des Flugverkehrs verdankt.

Neuengland, im Nordosten des Landes, wurde als erste Region nachhaltig von der Einwanderungsbewegung geprägt. So weist das Gebiet des Staates Vermont noch heute deutlich Spuren auf, die besonders an westeuropäische Landschaftsformen erinnern. Ein Teil der Immigranten zog jedoch von hier weiter; die Atlantikküste, an welcher sich seit Beginn des 19. Jahrhunderts mehrere große und wirtschaftsstarke Städte entwickelt hatten, diente ihnen als Zwischenstation auf ihrem berühmt gewordenen **Zug nach dem Westen** (vgl. Gateway Arch, St. Louis). Diese Strömung hat die amerikanische Geisteshaltung wesentlich beeinflußt und jenen Typ des Amerikaners geformt, der sich, seiner Rolle als Pionier entwachsen, mit seiner ganzen Persönlichkeit der Ökonomie verschrieben hat. Gleichzeitig mit jenem Zug nach Westen enstanden entlang der Eisenbahnlinien Städte als Sammelpunkte für die herbeiströmenden Pioniere, die alsbald ihre Reise weiter fortsetzten. Einige dieser Orte verschwanden rasch wieder.

Inzwischen haben sich die Verhältnisse grundlegend geändert, da die Vereinigten Staaten bei der Entwicklung ihres derzeitigen Staatsgebietes in erster Linie nach einer durchgreifenden Organisierung streben und danach in zweiter Linie an einer möglichst vollständigen *Assimilierung der Zuwanderer* interessiert sind. So wurde die Zahl der Einwanderungen begrenzt, restriktive Maßnahmen und Kontingentierungen sollen die Immigranten aus Asien aufhalten und das Niveau der Einwanderer im allgemeinen heben. Heute werden möglichst nur noch geschulte Fachkräfte und Wissenschaftler, vornehmlich aus Europa, aufgenommen. Während solche Beschränkungen naturgemäß den weißen Bevölkerungteil nicht betreffen, sind ihre Auswirkungen auf die *Asiaten* schwerwiegender. Diese kamen über den Pazifik in die Neue Welt, wo sie sich vorwiegend entlang der Küste ansiedelten und, wie etwa in San Franciscos Chinatown oder Japantown, regelrechte eigene Städte innerhalb der Städte bildeten. Sie vermieden peinlichst, angelsächsische Traditionen zu übernehmen.

Mehr noch als Kontingentierungsmaßnahmen wirkten sich europäische Krisen auf Zunahme oder Abflauen des Einwandererstromes aus. Heute kommt der Hauptteil der Immigranten, vielfach auch illegal oder als Saisonarbeiter ('wetback'), aus Kanada und Mexiko.

Als besonders instabil erweist sich der **schwarze Bevölkerungsteil,** auf dessen sozialwirtschaftliche Stellung im folgenden näher eingegangen werden soll. In den Vereinigten Staaten leben derzeit etwa *20 Millionen Neger*. Ihre Vorfahren wurden einst, wie hinreichend bekannt ist, als Plantagensklaven aus Afrika in die amerikanischen Südstaaten eingeführt. Als sie nach dem Bürgerkrieg formal die gleichen Rechte wie die Weißen erhalten hatten, blieben sie zunächst im Süden, wanderten jedoch bald, entwurzelt und unter dem Druck der nicht nachlassenden *Rassendiskriminierung*, in den Norden ab. Hier zogen sie sich in Gettos zurück, um der verbreiteten Ablehnung und den anhaltenden Feindseligkeiten zu entgehen. Es ist hier nicht der geeignete Platz, Vorschläge zu diesem delikaten Problem zu erörtern; dennoch darf nicht vergessen werden, daß die Farbigen — von einer hauchdünnen, selbstbewußten und arrivierten Schicht abgesehen — praktisch überall auf der niedrigsten sozialen Stufe stehen. Gleichberechtigt, jedoch gesellschaftlich separiert, sind sie gezwungen, mit subalterner Arbeit bei geringem Lohn vorlieb zu nehmen; bestimmte Berufsbereiche, besonders der Kleinhandel, bleiben ihnen stillschweigend überlassen. So hat sich — wie beispielsweise im New Yorker Negerviertel Harlem — allmählich ein *städtisches Negerproletariat* gebildet, das vor allem durch das sprunghafte Ansteigen der farbigen Bevölkerung zu einer ernsten Gefahr für die amerikanische Gesellschaft werden kann. Zweifellos hat die Aktualisierung des Negerproblems in jüngster Zeit zu einer gewissen *Aufwertung des Farbigen* geführt.

Bedrückender noch als die Lage der Neger ist jene der **Indianer**. Als *Ureinwohner* des amerikanischen Kontinents (vgl. geographische Namen und altindianische Ausgrabungen) fielen sie schon früh der Habgier und den Intrigen der Kolonisten zum Opfer, die den im Grunde friedfertigen Jäger- (Felle) und Bauernstämmen die fruchtbaren Gebiete gegen trügerischen Tand abhandelten oder mit Waffengewalt entrissen. Die so betrogenen Indianer organisierten schließlich bewaffnete Aufstände, was den Kolonialmächten willkommener Anlaß war, die militärisch unterlegenen Aufständler als Feinde mit Frauen und Kindern niederzumetzeln. Heute bewohnen nur noch rund 500 000 reinrassige Indianer das Gebiet der Vereinigten Staaten, wo sie in *Reservaten* auf die Sumpfsteppen-, Gebirgs- und Wüstengebiete zurückgedrängt wurden und hier — durch eine verständnislose Gesetzgebung ihrer natürlichen Jagdrechte beraubt — ein meist ärmliches, zurückgezogenes Dasein fristen. Lediglich in Gebieten mit starkem Tourismus erlangen sie durch kunstgewerbliche Arbeiten, teils hoher Qualität, und folkloristische Vorführungen einen gewissen Wohlstand. Außerdem ist es in einzelnen Reservaten gelungen, durch Produktions-, Handels- und Verkehrsgenossenschaften (z.B. Nava-Hopi) eine gewisse eigenständige Wirtschaft aufzubauen. Von staatlicher Seite bemüht man sich, die stolzen und eigenwilligen Indianer durch besondere Bildungsstätten in die amerikanische Industriegesellschaft zu integrieren.

In letzter Zeit ist es wiederholt zu Unruhen unter Teilen der Indianerbevölkerung gekommen, die auf die Durchsetzung ihrer garantierten Rechte drängten (vgl. Insel Alcatraz in der San Francisco Bay).

Bevölkerungswachstum

Bei einer Gesamtzunahme von mehr als 50% in einem Zeitraum von 30 Jahren hat die Einwohnerzahl der USA bereits die 200-Millionen-Grenze überschritten. Dabei ergibt sich heute der Bevölkerungszuwachs im wesentlichen aus dem **Geburtenüberschuß** im Lande selbst und nur noch zu einem kaum spürbaren Teil aus der Immigration. Die Geburtenziffer der USA war von jeher hoch, wenngleich sie — wie in allen Staaten mit fortschreitender wirtschaftlicher Entwicklung — ständig sinkt. Seit ihrem Höchststand von nahezu 25% im Jahre 1955 ist sie bis jetzt schrittweise auf etwa 17% gesunken. Dieser Geburtenrückgang wird mehr als aufgewogen durch die ständige Abnahme der Sterberate, die derzeit bei 9,5% liegt, so daß das natürliche *Bevölkerungswachstum* etwa *1% pro Jahr* beträgt. Bei gleichzeitiger Berücksichtigung der Migration nimmt die Bevölkerung der USA jählich um rund 2½ Millionen Menschen zu.

Folge eines solch starken Wachstums ist, daß der Anteil der jungen Leute in den USA außerordentlich groß ist. Mehr als die Hälfte der Bevölkerung ist weniger als 30 Jahre alt. Entsprechend ist auch die Anzahl der arbeitsfähigen Personen mit mehr als 100 Millionen sehr hoch, und sie wird voraussichtlich weiter zunehmen, wenn die geburtenreichen Jahrgänge nach dem zweiten Weltkrieg dem Arbeitsmarkt zufließen. Bereits diese wenigen Daten geben einen Eindruck von der sozialwirtschaftlichen Bedeutung für den amerikanischen Binnenmarkt.

Bevölkerungsdichte

Einen wesentlichen Komplex im Rahmen der Demographie stellt die Frage nach der **Verteilung der Bevölkerung** auf ländliche und städtische Gebiete dar.

Bis zu 75% der Amerikaner leben in urbanen Ballungsgebieten. Ein so hoher Anteil an städtischer Bevölkerung findet sich nur noch in Großbritannien. Auf den Grund dieser Erscheinung wird im Kapitel 'Wirtschaft' näher eingegangen. — Nicht weniger als 25 Städte der USA haben mit ihren Einzugsgebieten je über 1 Million Einwohner und neun von ihnen zählen sogar mehr als 2½ Millionen Seelen. In der Reihe ihrer Größe sind es:

New York (gleichzeitig zweitgrößte Stadt der Erde), Los Angeles, Chicago, Philadelphia, Detroit, San Francisco, Boston, Washington, D.C., und Pittsburgh. Auffallend ist, daß das eigentliche Stadtgebiet solcher *Metropolen* meist noch nicht einmal 1 Million Einwohner erreicht. Von diesen *Superstädten* nehmen jene der Westküste — Los Angeles und San Francisco — den stürmischsten Aufschwung. Seit etwa 30 Jahren hat das Wachstum der Städte im Nordosten der Vereinigten Staaten beträchtlich nachgelassen, während sich die Städte im Süden, wie etwa Houston, New Orleans, Dallas, Miami u.a., stark ausgedehnt haben.

Charakteristisch ist in den USA das rasche Aufblühen oder Absterben von Orten. Während einzelne Siedlungen durch das zufällige Auffinden von Bodenschätzen wie Pilze aus dem Boden schossen und z.T. bald wieder verlassen wurden (Geisterstädte), konnten andere, wie etwa Chicago, durch ihre wirtschaftliche oder verkehrstechnische Schlüsselstellung in wenigen Jahrzehnten einen Aufstieg erleben, der europäischen Städten nur in Jahrhunderten möglich war. So hatte Chicago 1850 nur 50 000 Einwohner, wuchs im Jahre 1900 auf 1,5 Millonen und zählt heute mit allen Vorstadtgebieten mehr als 6 Millionen Menschen.

Vereinzelt haben sich ganze Anhäufungen von Städten gebildet und zu *Siedlungsgroßräumen* geführt, wie sie, vom deutschen Ruhrgebiet abgesehen, in Europa kaum zu finden sind. Diese recht komplexen Ballungsgebiete, mit gemeinsamen Hafen- oder Eisenbahnanschlüssen, haben im Zentrum das charakteristische Geschäftsviertel, das von ausgedehnten Industrie- und Wohngebieten umgeben ist. An der Peripherie liegen die meist halbländlichen Villenviertel mit vorwiegend eingeschossigen Häusern, deren einförmiges Aussehen dem angelsächsischen Ideal entspricht. Nur selten dienen Hochhäuser Wohnzwecken; im allgemeinen bevorzugt der Amerikaner, sich weit vom Geschäftszentrum im eigenen Haus niederzulassen. Diese Neigung erfordert naturgemäß jene großen Verkehrsadern, die für amerikanische Städte und Vorstädte so typisch sind. So haben sich überdimensionierte Siedlungsgebiete mit *gewaltiger Bevölkerungskonzentration* entwickelt und verschmolzen, wobei die ländlichen Regionen verschlungen oder auf wenige ursprüngliche Flecken zurückgedrängt wurden.

Man schätzt, daß etwa 80% der Bevölkerung Kaliforniens in Städten oder städtischen Randgebieten leben. Im schon früher besiedelten Nordosten liegt der als *Megapolis* bezeichnete und sich über mehrere Staaten breitende Ballungsraum der Städte Boston, New York, Philadelphia und Washington, D.C., in dem heute bereits mehr als 50 Millionen Menschen leben; das heißt, ein Viertel der Gesamtbevölkerung der USA drängt sich auf nur 2% der Landesfläche.

Da die *Zentralstaaten* bisher keine Industrie mit großem Arbeitskräftebedarf aufgebaut haben, herrscht in ihrem Bereich die *geringste Bevölkerungsdichte* des Landes.

Bevölkerungsbewegung

Eine der erstaunlichsten Tatsachen ist wohl die noch immer auffallende **Unbeständigkeit in der Besiedlungsdichte.** Sie wird durch lebhafte Migration und Verschiebungen innerhalb des Landes hervorgerufen.

Gelegentlich wurden die Amerikaner — nicht ohne Übertreibung — mit Nomaden verglichen. Tatsächlich wechselt jährlich jeder zehnte Berufstätige seinen Arbeitsplatz, sei es innerhalb seines bisherigen Unternehmens oder durch Änderung des Arbeitgebers. Das bedeutet, daß jährlich 10 Millionen Menschen auf dem Arbeitsmarkt mobilisiert sind. Berücksichtigt man nur jene Berufstätigen und deren Familien, die gleichzeitig mit dem Arbeitsplatz auch ihren Wohnsitz wechseln, so ändern jährlich schätzungsweise 25 bis 30 Millionen, vielleicht sogar mehr, Menschen ihren Aufenthaltsort. Auffällig sind allenthalben regelrechte Siedlungen mit geräumigen Wohnwagen ('trailer camps'), in welchen ein kompletter Haushalt durchs Land transportiert werden kann. Hieran zeigt sich deutlich, daß der bereits erwähnte amerikanische *Pioniergeist* noch immer zu spüren ist. Im folgenden sei näher auf die Form dieser Bevölkerungsbewegung eingegangen.

Trotz der ergiebigen Landwirtschaft und bedeutender Bodenschätze (Rocky Mountains) verzeichnen die *Zentralstaaten* eine deutliche *Abwanderung in Richtung Pazifikstaaten*.

Die noch immer ausgeprägte traditionelle **Ost-West-Strömung** hat dazu geführt, daß Kalifornien heute mit etwa 20 Millionen Einwohnern den bisher volkreichsten Bundesstaat New York übertroffen hat. Hierzu haben nicht zuletzt die Schwierigkeiten in der Landwirtschaft und vor allem die Folgen der Weltwirtschaftskrise von 1929/30 sowie der industrielle Aufschwung im Westen des Landes geführt. Im Anschluß an den Sezessionskrieg setzte ferner eine **Süd-Nord-Bewegung** ein, die Menschen aus den alten Hochburgen der Südstaaten in die Industriezentren des Nordens führte; dieser Strömung steht erst seit etwa 20 Jahren ein etwas zunehmender *Trend in südlicher Richtung* entgegen. Abgesehen von dem großen Erdölreichtum und der raschen Industrialisierung der Küstengebiete von Texas und Louisiana spielen die Südstaaten in wirtschaftlicher Hinsicht noch immer eine weniger wichtige Rolle, wodurch hier das Lohnniveau im allgemeinen niedriger liegt als andernorts.

Schließlich sei noch kurz auf das für den Europäer recht ungewohnte äußere **Erscheinungsbild der amerikanischen Städte** eingegangen. Die regelmäßige, *schachbrettartige Anlage* der breiten Straßenzüge (nur wenige Städte — wie etwa Boston — kennen in einigen älteren Bezirken enge gewundene Straßen), die sich überall in den Vereinigten Staaten wiederholt, entbehrt nicht einer gewissen *Monotonie*. Dennoch wurden manche dieser eintönig angelegten Viertel durch Volksgruppen, die sie bewohnten, stark geprägt (vgl. French Quarter in New Orleans, Chinatown in San Francisco oder Yorktown, das Deutschenviertel in New York). Die amerikanische Stadt ist in fortwährender Umwälzung begriffen; man reißt nieder, baut neu auf, und das *Stadtbild ändert sich ständig*. Es wird wohl noch geraume Zeit dauern, bis die amerikanische 'City' jenes endgültige, gefestigte Antlitz europäischer Städte zeigt.

WIRTSCHAFT

Vor knapp zwei Jahrhunderten waren die heutigen Vereinigten Staaten von Amerika noch eine Kolonie von weniger als 4 Millionen Einwohnern. Seither haben sie einen unvergleichlich stürmischen Aufschwung genommen. Heute leben hier 6% der Erdbewohner auf nur etwa 7% der Landoberfläche, wobei hier aber gleichzeitig 50% aller Industriegüter der Welt produziert werden.

Hand in Hand mit dem wirtschaftlichen Aufstieg ging die politische Festigung des Staatenbundes einher. Freilich blieb diese allgemeine Aufwärtsentwicklung nicht frei von Niederlagen. Zahlreiche, häufig wiederkehrende Krisen, deren letzte — die Weltwirtschaftskrise von 1929/30 — weltweite Auswirkungen hatte und den Kapitalismus in Frage zu stellen drohte. Solche ökonomischen Einbrüche oder auch nur leichtere Rückschläge konnten jedoch durch die dank völlig **freier Marktwirtschaft** *(free enterprise)* zunehmende Bedeutung des Staatenbundes überwunden werden, ja durch die notwendigerweise erhöhten Anstrengungen haben solche Zeiten oder die Beteiligung der USA an den Weltkriegen sogar dazu beigetragen, das Land zur bedeutendsten Weltmacht zu erheben.

Auf gewissen Gebieten der Wirtschaft sind die USA praktisch allen anderen Großmächten überlegen; sie übertreffen sogar die Sowjetunion mit großem Abstand. Dabei sind die natürlichen Reserven des Territoriums noch keineswegs erschöpfend durchforscht, geschweige denn rationell genutzt. In gewissen Bereichen, wie etwa auf dem Gebiet der Erdölgewinnung, ist es sogar rentabler zu importieren als selbst zu produzieren. Der durch solche Einfuhren aktivierte Geldumlauf regt nicht nur den Arbeitsmarkt im Lande an, sondern wirkt sich auch in anderen Teilen der Welt aus. Bemerkenswert ist der Umstand, daß in den letzten Jahren der Anteil der Industrie am Bruttosozialprodukt gesunken ist, während jener des Dienstleistungsgewerbes erheblich zugenommen hat (30%).

Arnold J. Toynbee hat das Wachstum der amerikanischen Ökonomie mit folgenden Worten charakterisiert: «Am Beginn des Aufstieges stand die Herausforderung ('challenge'). Die Amerikaner haben sie angenommen... Die endlose Weite des Landes wurde schließlich durch den Bau der Eisenbahn bezwungen...».

In den nachfolgenden Abschnitten soll der Reihe nach summarisch auf Landwirtschaft, Industrie, Verkehr und Handel eingegangen werden und alsdann sollen noch Fragen des Lebensstandards behandelt werden.

Landwirtschaft

Die Landwirtschaft der Vereinigten Staaten verteilt sich auf zwei grundsätzlich voneinander verschiedene Bereiche. Der zuerst kolonisierte OSTEN ist feucht und zeichnet sich vorwiegend durch sattes Grün aus. Da die frühen Siedler ihre festgefügten Erfahrungen und Vorstellungen in dieses Land brachten, gehen die Traditionen hier tiefer. Dieser östliche Landwirtschaftsbereich erstreckt sich von der Küste des Atlantischen Ozeans bis etwa zum 100. Längengrad und läßt sich in verschiedene *Gürtelregionen* mit jeweils gleichgeartetem Agrartypus gliedern.

Die weit jüngere Landwirtschaft im WESTEN entwickelte sich erst gegen Ende des 19. Jahrhunderts mit dem Bau der Eisenbahnen. Das trockene Steppenklima und die wenig ergiebigen, oft von unberechenbaren Regengüssen ausgewaschenen und von stetem Wind zerfegten Böden sind für den Ackerbau wenig geeignet. Dagegen bieten sich einer *extensiven Viehzucht* gute Möglichkeiten. In jedem Fall sind hier aber besondere korrigierende Eingriffe nötig, um die klimatischen Schwierigkeiten zu bewältigen und Fehler erster Siedler auszugleichen, die dieses von den Indianern nie bebaute Land erstmals zu kultivieren suchten. Zumeist ist eine ertragreiche Landwirtschaft hier überhaupt nur durch komplizierte Bewässerungsverfahren möglich.

Im **Nordosten,** von Neuengland bis zu den Großen Seen, ist das Klima feucht; die landwirtschaftlichen Grundgegebenheiten entsprechen hier im wesentlichen jenen der nordwesteuropäischen Länder. Im Verhältnis zu anderen amerikanischen Gebieten ist die Bodennutzung gering, da die Landwirtschaft sowohl durch Zersplitterung der Ländereien als auch durch Zersiedlung erheblich behindert wird. So weicht heute der *Getreideanbau* immer mehr der unter den gegebenen Verhältnissen wirtschaftlicheren *Milch- und Fleischviehhaltung* sowie dem *Gemüse- und Obstbau.*

In dem von warmem bis gemäßigtem Klima gekennzeichneten **Mittleren Osten** spielt neben *Tabak* (Virginia) die *Baumwolle* eine besondere Rolle. Da sich im Laufe der Zeit die Böden der älteren Pflanzungen erschöpft haben, verlagerten sich die Kulturen allmählich westwärts. So liegt heute der Schwerpunkt des Baumwollanbaus im fruchtbaren Schwemmland des weiten

Missouritales. Die einst typische Monokultur der Kolonialzeit mußte vor dem Eindringen des Baumwollkapselkäfers (Anthonomus grandis) weichen, so daß neben der Baumwolle heute zunehmend auch Erdnüsse und Sojabohnen angebaut und künstlich Viehweiden angelegt werden. In weniger entwickelten Gebieten haben sich zur Deckung des Eigenbedarfs noch vereinzelt Überreste der einst in den Südstaaten verbreiteten gemischten Landwirtschaft erhalten.

Das subtropische Klima der weiten Niederungen im **Südosten** entlang der Atlantikküste und dem Golf von Mexiko erlaubt den Anbau von *Baumwolle, Zuckerrohr* und *Reis;* Florida ist bekannt für seine ausgedehnten *Zitrusfruchtplantagen.*

Über die einstigen Prärien der **Great Plains** *(Große Ebenen),* zwischen North Dakota und dem Arkansas River, ziehen sich heute Getreidefelder von immensem Ausmaß. Im nördlichen Teil des sogenannten *Wheat Belt* (Weizengürtel) wird vorwiegend Sommerweizen angebaut, im wärmeren Süden hingegen alterieren dank der zunehmenden Anwendung künstlicher Düngemittel heute in jahreszeitlichem Wechsel Winterweizen und Mais. In letzter Zeit gewinnt die Viehwirtschaft mehr und mehr an Bedeutung. Noch bis 1930 wurde dieses Gebiet ausschließlich in Monokultur bestellt. Die nicht selten im Rahmen von Pachtverträgen bewirtschafteten Ländereien der Großen Ebenen sind großflächig (vgl. Homestead Act) und ihre Parzellierung ist wegen der geringen Bodenbewegung geometrisch. Beides hat den Einsatz technischer Mittel bei der Nutzung erheblich begünstigt und die Automatisierung der landwirtschaftlichen Betriebe auf ein ungewöhnlich hohes Niveau gebracht. Heute werden bereits bestimmte Arbeitsvorgänge — etwa die Einsaat vom Flugzeug aus — von spezialisierten Großunternehmen besorgt. Typisch für diese Landschaft sind die oft gewaltigen Getreidesilos, die in der Regel an den Eisenbahnlinien stehen oder eigene Gleisanschlüsse haben.

Ein eindrucksvolles Beispiel für die Fruchtbarkeit dieser Zonen bietet der Bundesstaat Nebraska, wo jährlich ebensoviel Weizen wie in Frankreich zu einem äußerst niedrigen Preis erzeugt wird. Es kann daher nicht verwundern, daß sich die europäische Landwirtschaft angesichts der amerikanischen Getreideüberproduktion oftmals vor schwerwiegende Probleme gestellt sah.

Der sogenannte *Corn Belt* (Maisgürtel), ein Gebiet in dem vorwiegend Mais als Futtermittel für die bedeutende Viehwirtschaft angebaut wird, zieht sich entlang dem Unterlauf des

Missouri. Bezeichnend für diese Regionen, welche die mächtige Lebensmittelindustrie des Staates Illinois beliefern, ist die Devise des Bundesstaates Iowa: 'Corn, Cow, Hog' (Mais, Rind, Schwein).

Die feuchteren Gebirgsgegenden im **Nordwesten** werden vor allem mit *Obst und Gemüse* (Kartoffeln in Idaho) angebaut. Daneben treibt man in trockneren Gegenden auch Viehzucht (Rodeos); in den waldreichen Zonen der Pazifikküste spielt die *Forstwirtschaft* naturgemäß die wichtigste Rolle.

Im **Südwesten** haben in den letzten Jahren California, Colorado, Arizona und New Mexico als Agrarstaaten an Bedeutung gewonnen. Dank fortschrittlicher Bewässerungsverfahren wurden große Pflanzungen angelegt, in welchen *Obst* (in steigendem Umfang Zitrusfrüchte und Wein) und *Gemüse* aller Klimazonen gezüchtet werden. Dank des Trockenfarmsystems ('dry farming') können auch in diesen Staaten immer mehr *Getreide* und *Futtermittel* (Alfalfa) angebaut werden. *Viehzucht* wird besonders in Arizona und Wyoming auf sogenannten Ranches extensiv betrieben.

Die Vielfalt der in den Vereinigten Staaten erzeugten **AGRARPRODUKTE** ist außerordentlich groß; es kann daher im folgenden nur auf die allerwichtigsten Güter eingegangen werden:

Die USA sind mit einem jährlichen Ertrag von etwa 45 Mill. t nach der Sowjetunion (100 Mill. t) der Welt zweitgrößter *Weizen*produzent. In besonders ertragreichen Jahren wird mehr als die Hälfte der Ernte exportiert. In der *Mais*erzeugung (100 Mill. t) halten die USA mit großem Abstand die Spitze und stehen mit ihrer *Reis*ernte (4 Mill. t) an 9. Stelle (zweitgrößter Reisexporteur der Welt). Ferner sind die USA führend in der *Hafer*produktion (12 Mill. t) und nehmen mit dem Ertrag an *Gerste* (8 Mill. t) und der *Zucker*erzeugung (5 Mill. t) den zweiten Platz in der Weltrangliste ein. Nach Indien zählen die Vereinigten Staaten den größten *Rinder-* (110 Mill. Stück) und außerdem den viertgrößten *Schweine*bestand (55 Mill. Stück) der Erde. Erhebliche Bedeutung auf dem Weltmarkt haben außerdem die Forstwirtschaft und das Fischereiwesen. Die genannten Zahlen sind um so eindrucksvoller, als nur jeder zehnte erwerbstätige Amerikaner in der Land- oder Forstwirtschaft beschäftigt ist. Die fortgeschrittene Mechanisierung macht den amerikanischen Bauern eher zu einem Industriellen, der die modernen technischen Möglichkeiten nutzt und mit erfinderischem Geist selbst weniger ertragreiche Ländereien wirtschaftlich ausbeutet.

Trotz dieser glänzenden Daten kann nicht übersehen werden, daß die Landwirtschaft der USA auch mit schweren **Problemen** beladen ist. So hat die lange Zeit geübte Anbauweise in Monokultur die Böden erheblich angestrengt, und es bedurfte nicht selten erheblicher Bemühungen, sie wieder aufzubereiten. Die stete *Überproduktion* drückte ferner die Weltmarktpreise für gewisse Agrarerzeugnisse empfindlich, was sich nicht nur für die Vereinigten Staaten abträglich auswirkte und nicht zuletzt zu der hohen Verschuldung der amerikanischen Landwirtschaft vor dem zweiten Weltkrieg führte. So wurden eine grundlegende Änderung der Anbauweise und schließlich eine neue Agrarpolitik nötig, die auch für die europäische Landwirtschaft nicht ohne schwerwiegende Folgen blieb. Im Rahmen des durch Präsident Franklin D. Roosevelt proklamierten 'New Deal' wurden geeignete Verwaltungsmaßnahmen ergriffen, um der Unsicherheit und Planlosigkeit in der Produktion Einhalt zu gebieten. Im Anschluß an die Weltwirtschaftskrise entschloß man sich beispielsweise, Produktionsüberschüsse zu vernichten und die Preise an den großen Getreidebörsen, die sich ohnehin in den USA befinden, zu subventionieren. Trotz solcher staatlicher Eingriffe, die bereits eine spürbare Stabilisierung der Produktionsverhältnisse herbeigeführt hatten, ist der *spekulative Geist* nicht verschwunden, sondern stellt, wenngleich durch eine größere Vielfalt der angebauten Güter gemäßigt, auch heute noch den wesentlichen Impuls in der amerikanischen Landwirtschaft dar.

Industrie

Die rund 20 Millionen Menschen in etwa 300 000 Unternehmen beschäftigende Industrie hat dieses an handwerklicher Tradition arme Land von Grund auf geprägt. Sie konnte sich hier, ohne ältere Wirtschaftsstrukturen durch Revolutionen zu verdrängen, auf neuem Boden ausbreiten und ungehindert entfalten. Es nimmt also nicht wunder, daß sich die Vereinigten Staaten in erster Linie zu einer Industriemacht entwickelt haben. Die Landwirtschaft liefert vielerlei Rohstoffe, die aufbereitet und verarbeitet werden müssen; die gewaltigen natürlichen Energiequellen, der Reichtum an Bodenschätzen und nicht zuletzt der Aufbau eines dichten Verkehrsnetzes, das den gesamten Kontinent überzieht, haben zu dem einzigartigen Aufstieg des Landes entscheidend beigetragen.

Die Industrialisierung nahm ihren Beginn im schon früh besiedelten Nordosten des Landes, als gegen Ende des Sezessionskrieges die ersten *transkontinentalen Eisenbahnverbindungen* entstanden. Um das Land möglichst rasch mit den lebensnotwendigen Einrichtungen auszustatten, bedurfte es außerordentlicher finanzieller Aufwendungen. Diese wudern von privater Hand gedeckt, indem Großunternehmer und Bankiers Aktiengesellschaften gründeten, die gegen bare Mittel Anteilscheine vergaben und so die nötigen Kapitalien zusammentrugen. Solche Unternehmen, die bei weitem den wirtschaftlichen Rahmen bisher bekannter Betriebe sprengten, schlossen sich zur weiteren Konzentration ihrer Macht in sogenannten *Trusts* zusammen, die sich nicht selten Monopolstellungen erringen konnten. Gelgentlich ist es zu harten Machtproben zwischen diesen Konzernen und der Regierung gekommen.

Eine wichtige Voraussetzung für die Industrialisierung war die Schaffung von *Massenproduktionsmitteln*, die den großen Bedarf auf dem jungen aufbaubedürftigen Binnenmarkt zu decken vermochten. Hierzu kamen völlig neue Herstellungsmethoden zur Anwendung, wie etwa Fließbandfertigung, Arbeitsteilung, vertikale und horizontale Integration, die durch erhebliche Fortschritte in Wissenschaft und Technik weiter gestützt wurden. So entstand in der Neuen Welt bald ein kraftvoller Kapitalismus von neuer Art und ungekannten Ausmaßen, der eine Geisteshaltung prägte, die sich ganz auf das Vertrauen in ein unbegrenztes Wirtschaftswachstum stützt.

Die Weltwirtschaftskrise von 1929/30 setzte der schwungvollen Aufwärtsbewegung der Industrie ein jähes Ende und zwang die Regierung (wie in der Landwirtschaft) zu steuernden Maßnahmen und Eingriffen. Sie allein verfügte über wirkungsvolle wirtschaftspolitische Mittel, Krisen abzuhalten und für eine Ausdehnung der Ökonomie auf ausländische Märkte zu sorgen.

Wie bereits erwähnt, bilden die reichen **Energiequellen** und **Bodenschätze** des Landes eine der wesentlichen Voraussetzungen für sein anhaltendes wirtschaftliches Aufstreben. Mit 500 Mill. t *Steinkohle* (nur geringe Mengen Braunkohle) stehen die USA an erster Stelle der Weltförderung. Da immer mehr andere Energiequellen industriell genutzt werden, beschränkt man sich heute auf die Ausbeutung besonders rentabler Lagerstätten, die leicht abzubauen sind, hohe Qualitäten aufweisen oder nicht weit vom Verbraucher liegen. Da allein die Hälfte der Steinkohle in den Appalachen gefördert wird, hat sich hier vornehmlich die Schwerindustrie angesiedelt. Im übrigen finden sich reiche Kohlevorkommen in den Great Plains (Iowa, Kansas, Indiana) sowie in den Rocky Mountains. Insgesamt wird in den USA jährlich dreimal so viel Kohle gefördert wie in den Ländern der Europäischen Gemeinschaft für Kohle und Stahl.

Dank großer Hüttenanlagen sind die USA in der Lage, die Hälfte der Weltproduktion an *Roheisen* zu liefern. Neben eigenen Lagerstätten am Lake Superior, die z.T. im Tagebau geschürft werden (Verschiffung von Duluth über die Großen Seen) und kleineren Vorkommen im Staate Missouri oder in den Appalachen (Verhüttung in Pennsylvania), wird Erz hohen Eisengehaltes aus Brasilien und Kanada eingeführt.

Wichtige mineralische Bodenschätze sind außerdem *Kupfer* (Montana, Utah), *Blei* (Missouri), *Silber* (Rocky Mountains) und *Schwefel* (Louisiana). Der Abbau von *Gold* (South Dakota, Utah), *Uran* und *Bauxit* (Arkansas) ist ebenfalls beachtlich, jedoch vermag er nicht den Eigenbedarf des Landes zu decken.

Die Vorkommen an *Erdöl* und *Erdgas* sind nicht minder reich. Wie bei der Kohle sind die noch nicht ausgebeuteten, gesicherten und vermuteten Reserven beträchtlich. Dennoch nimmt die Rohöleinfuhr aus Mittelamerika und dem Nahen Osten ständig zu. Auf dem Gebiet der Erdölraffination haben die Vereinigten Staaten eine absolute Spitzenstellung errungen. Allein auf ihrem eigenen Territorium befindet sich 1/3 der gesamten Raffinagekapazität der Welt. Darüberhinaus unterhalten amerikanische Firmen in allen Teilen der Erde große Raffinerien. Die Erdgasvorkommen der USA decken etwa 1/3 des eigenen Gasbedarfes; der Rest wird industriell gewonnen (Leuchtgas). Ein an Länge einzigartiges Fernleitungsnetz befördert Erdöl und Erdgas vom Golf von Mexiko bzw. Kalifornien in die Verbraucherzentren im Nordosten des Landes. Für den Rohöl- und Methanimport verfügt das Land über eine Spezialflotte. Wichtigste Erdölproduzenten der Vereinigten Staaten sind heute die Staaten Texas, Louisiana, California, Oklahoma, Wyoming, New Mexico und Kansas. Der Sturm auf das 'schwarze Gold' ließ ganze Städte, von Bohrtürmen umstellt, aus der Wildnis erwachsen oder schuf stattliche Orte um bereits bestehende Raffinerieanlagen (Odessa, Dallas, Houston, Oklahoma City, Tulsa, Baton Rouge u.a.).

Die Gewinnung von *Elektrizität* erreicht heute jährlich bereits annähernd 1500 Milliarden kWh und die installierte Leistung der Kraftwerke hat sich in den letzten zehn Jahren verdoppelt. Damit stellen die USA die Hälfte der Weltstromerzeugung und führen auch die Rangliste des Prokopfbedarfes an. Zwar werden z.Z. rund 2/3 der elektrischen Energie auf thermischem Wege gewonnen, doch kann nicht übersehen werden, daß in den Vereinigten Staaten die Möglichkeiten zur hydraulischen Stromgewinnung praktisch unbegrenzt sind (vgl. Kapitel 'Hydrographie'). Die derzeit wichtigsten Kraftwerke befinden sich in den Niederungen des Tennessee River (Tennessee Valley Authority), am Sankt-Lorenz-Strom und zwischen den Großen Seen, wo die zur Elektrizitätsgewinnung geeigneten Gefällstrecken gemeinsam mit Kanada genutzt werden. Außerdem müssen hier auch die gigantischen Stauanlagen am Colorado River (Hoover bzw. Boulder Dam) und am Columbia River (Grand Coulee Dam) erwähnt werden.

In diesem Zusammenhang sei auch auf die guten Zukunftsmöglichkeiten für Kraftwerke zur Gewinnung *nuklearer Energie* hingewiesen. Nach Großbritannien stehen die USA mit ihrer Stromgewinnung durch Kernspaltung an zweiter Stelle. Da die Produktionskosten auf diesem Wege nicht höher liegen als auf konventionelle Art, sind große und ehrgeizige Projekte im Gange, die durch gewaltige Investitionen die Stromproduktion in Kernkraftwerken ermöglichen sollen.

Die **Schwerindustrie** etablierte sich ursprünglich in der Nähe des Kohlenbergbaus (Pittsburgh) und an günstigen Verkehrsadern, die den Antransport des Eisenerzes ermöglichten. In jüngster Zeit entstehen jedoch auch stattliche Verhüttungsbetriebe in der Nähe der wichtigen Seehäfen der Atlantikküste, wo importiertes Erz gelöscht werden kann. Bei einer Jahreserzeugung von über 120 Mill. t *Stahl* (Weltproduktion 475 Mill. t) und 85 Mill. t *Gußeisen* (Weltproduktion 350 Mill. t) scheint die Produktion bei erheblichen Lagerbeständen zu stagnieren.

Auch in der übrigen Metallerzeugung sind die USA führend. So stellen sie an *Aluminium* 1/3 und an *Kupfer* 1/4 der Weltproduktion her. Außerdem nehmen sie bei der Gewinnung von *Silber* und *Zink* den ersten, bei der Erzeugung von *Blei* den zweiten Platz in der Weltrangliste ein.

Auf dem weiten Sektor der **verarbeitenden Industrie** zeigt sich eine starke Spezialisierung bestimmter Städte oder Regionen auf gewisse Erzeugnisse. So findet man in Detroit v.a. *Automobilfabriken*, um Chicago Einsenbahn- und Waggonbau, an der Pazifikküste (San Diego, Los Angeles, Seattle) Raketen- und Flugzeugbau und im Gebiet des Delaware Rivers Werften. Während Werkzeug- und Textilmaschinen von jeher im Nordosten gefertigt werden, finden sich Landmaschinenfabriken überall im Lande, besonders aber in den Zentralstaaten. Die Konsumgüterindustrie ist meist gemeinsam mit der Erzeugung von Ausrüstungsgegenständen aller Art (Elektrotechnik, Elektronik, Raumfahrtzubehör, Waffen und Kriegsmaterialien, Haushaltsgeräte) überall im Lande verbreitet. Ursprünglich lagen die wichtigsten Zentren der *Textilindustrie* im Nordosten (Boston), wo auch heute noch vorwiegend Wolle (nach dem Commonwealth wichtigster Produzent) verarbeitet wird. In letzter Zeit hat sich die Baumwollverarbeitung (Weltspitze) in den Südstaaten einen wichtigen Platz errungen. Die Verarbeitung synthetischer Fasern und Stoffe (1/3 der Weltproduktion) hat infolge des enormen Wachstums der chemischen Industrie erheblich an Bedeutung gewonnen, wenngleich z.Z. auf diesem Sektor ein gewisser Stillstand zu verzeichnen ist.

Der sich stets ausweitenden *chemischen Industrie* stehen jährlich beträchtliche Bundesetatmittel zu einschlägigen Forschungszwecken zur Verfügung. Besonders beachtet werden hierbei Arbeiten auf den Gebieten Petrochemie, Salz- und Schwefelgewinnung, Verwertung von Abfallgasen u.a.m. Wichtigste Stützpunkte der chemischen Industrie sind gleichzeitig die Zentren der Petrochemie in den Erdölzonen um den Golf von Mexiko, den Appalachen und den Küstengebieten am Atlantischen Ozean, wo eine starke Zunahme von Betrieben zu verzeichnen ist, die sich mit der Herstellung von chemischen Produkten für Industrie und Haushalt befassen. Außerdem seien in diesem Rahmen die wichtige *Lebensmittelindustrie* in den Great Plains und im Raume von Chicago sowie die in der Welt führende *Holz-, Papier-, und Zellstoffindustrie* hervorgehoben.

Mit Vorliebe siedelten sich Industriebetriebe in jenen Gebieten an, in welchen Arbeitskräfte in ausreichendem Maße vorhanden waren. Die stark besiedelten Städte und ländlichen Zonen des Nordostens etwa zogen rasch Textilfabriken an. Ferner entwickelten sich Städte mit See-oder Binnenhäfen besonders stürmisch, da sie zur Verteilung der Roh- oder Fertigwaren verkehrstechnisch begünstigt waren. So sind Pittsburgh als Stahl-, Detroit als Automobil-, oder Akron als Gummimetropole bekannt geworden. Heute wird eine solche Vorrangstellung bestimmter Städte durch die allerorts starke Zunahme der Leichtindustrie immer mehr abgeschwächt. Darüber hinaus ist die überragende Bedeutung der klassischen Industriezentren des Nordostens durch den sprunghaften Aufschwung anderer Regionen (Südstaaten, Pazifikküste) dank relativ preiswerter Arbeitskräfte und anderer Vorteile stark gemindert. Bemerkenswert ist beispielsweise der wirtschaftliche Aufschwung der Städte Houston, Galveston und Mobile oder auch jener um die Großen

Seen, deren Häfen heute selbst für die Überseeschiffahrt erreichbar sind. Schließlich darf auch nicht das beachtliche Wirtschaftswachstum des Westens unerwähnt bleiben, das nicht durch eine deutliche Spezialisierung, sondern vielmehr durch die Ansiedlung möglichst mannigfaltiger Leichtindustrie herbeigeführt wurde.

Verkehr

Im Jahre 1869 wurde die erste transkontinentale *Eisenbahnlinie* fertiggestellt, ein Ereignis, das nicht ohne eindringliche Auswirkungen auf Geschichte und Ökonomie des Landes war. Immerhin blieben Erschließung und Ausbeute des Kontinentes bis in unsere Tage eng mit dem Ausbau des Eisenbahnnetzes verbunden. Zahlreiche private Gesellschaften teilen sich in den Betrieb des Bahnverkehrs. Sie bieten dem Passagier zwar Züge von außergewöhnlich hohem Komfort, doch führen die weiten Entfernungen im Lande und die damit verbundenen erheblichen Reisezeiten (4 Tage von Ost- bis Westküste) zu einer steten Abnahme des Passagierverkehrs. Um dieser entgegenzuwirken werden seit Ende 1970 die großen Eisenbahnlinien von der zu diesem Zweck ins Leben gerufenen 'National Railroad Passenger Corporation' staatlich subventioniert. Im Güterverkehr hat die Bahn hingegen, dank ihrer beträchtlichen Ladekapazität (5000 bis 6000 t pro Zug) noch immer eine Vorrangstellung.

Das vortrefflich ausgebaute Netz von *Überland-, Fern- und Schnellverkehrsstraßen* des Landes ist im Nordosten und Westen besonders dicht. Von den rund 100 Millionen zugelassenen Kraftfahrzeugen (d.i. die Hälfte des Weltautomobilbestandes) entfallen allein mehr als 3/4 auf Personenkraftwagen.

Die bedeutendste *Binnenwasserstraße* sind im Nordosten die Großen Seen, von deren drei großen Häfen Chicago, Toledo und Duluth gemeinsam annähernd die gleiche Warenmenge wie von New York verschifft wird. Im übrigen sind die Großen Seen durch Kanäle (u.a. Erie Canal, 1825) und den Hudson River mit dem Hafen von New York verbunden. Im Mittleren Westen haben vor allem der Mississippi, der Arkansas und der Ohio River für den Warenverkehr Bedeutung. Die größeren, dem Pazifik zufließenden sind nur zu einem geringen Teil schiffbar; vorwiegend dienen sie der Elektrizitätsgewinnung sowie der Landbewässerung.

Für den *Überseeverkehr* ist New York mit jährlich mehr als 160 Millionen t Umschlag nach Rotterdam der zweitgrößte Hafen der Welt. Die Tonnage der übrigen Atlantikhäfen zusammengenommen beläuft sich auf etwa die gleiche Höhe. Am Pazifik versehen vor allem die Häfen Los Angeles, San Francisco Portland und Seattle den Verkehr mit Asien sowie der Westküste Südamerikas. Die wichtigste Verbindung zwischen den Seehäfen der Ost- und der Westküste bildet der Panamakanal dessen Verkehr stetig anwächst. Zwar steht die Handelsflotte der USA mit 25 Millionen BRT nicht an erster Stelle der Weltrangliste doch wird eine erhebliche Zahl von Schiffen in Reserve gehalten.

Die gewaltige Ausdehnung des Landes hat zu einer sehr raschen Entwicklung des *Flugverkehrs* geführt, der die großen Entfernungen selbst von Küste zu Küste in wenigen Stunden bewältigt. Naturgemäß nimmt daher das Flugzeug für den Passagierverkehr eine Vorrangstellung ein. Annähernd zwei Dutzend Privatgesellschaften fliegen die mehr als 9 000 Flughäfen, -plätze und Landepisten im Lande selbst an; einige wenige von ihnen, darunter die Pan American World Airways, versehen den Flugverkehr auf internationalen Routen.

Handel

Der *Binnenhandel* der Vereinigten Staaten verfügt durch die außergewöhnliche Produktionsleistung sowie den hohen Konsum über den umfangreichsten Markt der Welt und übersteigt den amerikanischen *Außenhandel* sowohl an Warenmenge als auch an Wert. Dennoch ist die Außenwirtschaft für das Land von ganz besonderer Bedeutung, da selbst die enormen werbetechnischen Bemühungen und die vorsätzliche Senkung der Qualitäten zur Erhöhung der Nachfrage nicht ausreichen, die überfließende Produktion im Lande selbst abzusetzen. So zeigt sich ein gesteigertes Handelsengagement in allen Teilen der Welt und damit auch eine Zunahme der amerikanischen Investitionen und Interessen im Ausland. Exportiert werden alle Arten von Fertiggütern des höchst vielseitigen Angebotes von Lebensmittel- und verarbeitender Industrie, während Rohstoffe, und in letzter Zeit auch immer mehr Kraftfahrzeuge, eingeführt werden. Der Wert der Importe ist vom 5 Milliarden Dollar am Ende des zweiten Weltkrieges auf nahezu 30 Milliarden Dollar angewachsen, jener der Exporte wuchs im gleichen Zeitraum von 9 auf 35 Milliarden Dollar an.

Lebensstandard

Das Prokopfeinkommen der USA übersteigt bei weitem das der übrigen Länder der Welt. Es ist zwar nicht wesentlich höher als etwa jenes in Kanada, jedoch doppelt so hoch wie das der reichsten europäischen Länder wie Schweden oder die Schweiz. Das Durchschnittseinkommen des Amerikaners entspricht schätzungsweise jenem von 25 Chinesen. Trotzdem darf nicht übersehen werden, daß die Einkommensverteilung höchst unterschiedlich ist und — abgesehen von einigen wenigen extrem hohen Einkünften — die mittleren und unteren Einkommensschichten vorherrschen.

Alle diese Aktiva können nicht über viele betrübliche Punkte hinwegtäuschen. Die beängstigenden Zustände in den Slums der Industrievorstädte, die zunehmende Arbeitslosigkeit und die selbst für diesen Wirtschaftskoloß kostspieligen militärischen Aufwendungen der letzten Jahre setzen dem Lande merklich zu. Neben wachsenden innenpolitischen Spannungen lassen das offensichtliche Scheitern der Entwicklungshilfepolitik und eine immer zurückhaltendere Einstellung selbst verbündeter Mächte in weiten Kreisen der Bevölkerung Zweifel am Sendungsauftrag der Nation aufkommen.

LITERATUR

Für die amerikanische VOLKSDICHTUNG gibt es ebenso viele Quellen wie Abstammungsgruppen unter der Bevölkerung bestehen; denn jede Einwandererschaft brachte ihr eigenes volkstümliches Erbe mit in die Neue Welt. Allerdings wirken nur wenige dieser Elemente — wie etwa das englische — nachhaltig in der amerikanischen Folklore fort.

Der überwiegende Teil der Volksdichtung gehört in den Bereich der **Legenden** aus der Pionierzeit: *Paul Bunyan* und *Tony Beaver* sind sagenhafte Holzfäller, um die sich viele Erzählungen ranken. Die Legende um *Mike Fink* handelt von der Flußschiffahrt im Mississippital. Historische Gestalten der Frühzeit wie *Daniel Boone* und *Davy Crockett* wurden schnell zu beliebten Erzählmotiven der Siedler. Spätere Helden wie der Eisenbahnbauer *Casey Jones* und der Gleisprüfer *John Henry*, die beide im Dienste der nationalen Sache ihr Leben ließen, sind noch heute sowohl in zahlreichen Liedern als auch in niedergeschriebenen oder nur mündlich überlieferten Berichten lebendig. Die Baugeschichte der amerikanischen Eisenbahnen lieferte im übrigen reichlichen Stoff für legendäre Erzählungen. Unter den Helden des Wilden Westens befinden sich auch der Fellhändler und Treckführer aus der frühen Siedlerzeit *Jim Bridger* sowie *Johnny Appleseed*, der angeblich Tausende von Apfelbäumen für künftige Siedler pflanzte. Als Fundgrube für viele solcher Geschichten erwies sich W.T. Porters New Yorker Zeitschrift «Spirit of the Time» (1831–1860), die den Volkserzählungen aus dem Westen beachtlichen Platz einräumte.

Eine weitere Quelle der volkstümlichen Erzählkunst sind die zahllosen **Cowboygeschichten,** die ursprünglich in der traditionellen englischen Balladenform und oft auch nach alten Melodien («The Streets of Laredo») vorgetragen wurden. Seit der letzten Jahrhundertwende vermischte sich die althergebrachte Cowboyromantik zunehmend mit legendären Motiven aus der Siedlerzeit und lieferte so ein schier unerschöpfliches Material für die vielgelesenen **Wildwestromane.** Als Vorläufer dieser leichten Unterhaltungslektüre gilt das 1912 erschienene Buch «Riders of the Purple Sage» von *Zane Gray* (gest. 1939), der über 60 Wildwestgeschichten verfaßte und damit einen der populärsten Literaturzweige der USA begründete.

Auch die afrikanischen Negersklaven lieferten mit Sagen und Märchen ihrer Heimat einen nicht zu unterschätzenden Beitrag zur amerikanischen Folklore. Die Völkerkundler *Louise Clark Pyrnelle* und *Virginia Frazer Boyle* haben eine Sammlung von Negermärchen zusammengestellt, *Ambrose Ganzales* und *Charles C. Jones* Negergeschichten im 'Gullah'-Dialekt der Küstengebiete von South Carolina und Georgia aufgezeichnet. Die beste Sammlung afro-amerikanischer Märchen, Kurzgeschichten und Erzählungen hat jedoch *Joel Chandler Harris* (1848–1908) bereits im Jahre 1881 unter dem Titel «Uncle Remus, his songs and his sayings» zusammengestellt; die Geschichten von «Brer Fox» (Bruder Fuchs) und «Brer Rabbitt» (Bruder Hase) gehörten lange Zeit zur amerikanischen Standardkinderlektüre.

Die Ausstrahlung der indianischen Kultur auf die amerikanische Volksdichtung ist nur geringfügig, da ihre Träger im Osten und Süden des Landes bis auf einen Stammesrest der Seminolen in Florida ausgerottet wurden und lediglich im Südwesten noch in den Stämmen der Navajo und der Hopi fortleben. **Indianermärchen** hat *Joseph Campbell* in seiner anthropologischen Studie «The Marks of God» gesammelt; der Allgemeinheit sind jedoch nur jene indianischen Sagen bekannt, die in populären Büchern vorkommen. So findet man Tiermythen beispielsweise in *T. B. Thorpes* Geschichte vom unerlegbaren Bären («Big Bear of Arkansas») und in Legenden vom schnellen Mustang, auf die sich H. Melville (s. S. 82) in «Moby Dick» bezieht, wenn er vom 'White Steed of the Prairie' (weißes Roß der Prärie) spricht. Das Wahrzeichen des Staates Kansas ist der 'Jayhawk', ein legendärer Vogel — halb Wasserspeier, halb Phönix —, «der rückwärts fliegt, weil es ihm gleichgültig ist, wohin er gerät, aber wissen will, wo er gewesen ist».

Die früheste amerikanische Literatur, d.h. die ersten englischen Schriften aus Amerika, spiegelt die KOLONIALKULTUR wieder. Sie besteht zunächst einfach aus Reisetagebüchern, Landesbeschreibungen und, vor allem in Neuengland, aus puritanischen Predigten. Die wenig einfallsreiche Literatur, die in Amerika vor der Unabhängigkeit von England (1776) verfaßt wurde, war dem Ausdruck und Stil nach englisch. Der Prediger *Edward Taylor* (1642–1729) aus Massachusetts schrieb im metaphysischen Stil des frühen 17. Jahrhunderts in England, und die Werke der Dichterin *Anne Bradstreet* (1612–1672) lassen den ausgewogenen Stil der 'augusteischen' englischen Dichter erkennen. Die besten Beispiele aus dem vorrevolutionären Amerika finden sich in den Beschreibungen und Tagebüchern von *John Winthrop* (1588–1649), dem ersten Gouverneur der Bay-Kolonie von Massachusetts, sowie bei *William Bradford* (1590–1657), *Samuel Sewall* (1652–1730) und **Benjamin Franklin** (1706–1790), der neben seinen vielen anderen Verdiensten auch erster Botschafter Amerikas in Frankreich war.

Als Kulturzentren der Neuen Welt galten Boston, in dessen Nähe 1632 die Harvard-Universität gegründet wurde, New York und Philadelphia. Vor dem Unabhängigkeitskrieg gab es bereits sieben Universitäten, die sich alle, mit Ausnahme des William-and-Mary-College von Williamsburg (Virginia), im Nordosten befanden. Den Kreisen der Yale-Universität in New Haven entstammte eine Gruppe von Dichtern der HARTFORD-SCHULE wie *Timothy Dwight* (1752–1817), *Joel Barlow* (1754–1812) oder *John Trumbull* (1750–1831), die sich 'The Connecticut Wits' («Die Geistvollen von Connecticut») nannten und im 'augusteisch' englischen Stil über Amerika und im Sinne der föderalistischen Politik George Washingtons schrieben. *Philip (Morin) Freneau* (1752–1832), ein hugenottischer Flüchtling aus dem von politischen Unruhen erschütterten Europa, verfaßte Propagandagedichte für Amerika und unterstützte mit seinen politischen Schriften Thomas Jeffersons Agrarpolitik, die sich gegen eine Vereinigung der Staaten wandte.

Nach der Wende zum 19. Jahrhundert kehrten jedoch die amerikanischen Schriftsteller den unmittelbaren und praktischen Regierungsproblemen den Rücken und widmeten sich dem Kampf für kulturelle Unabhängigkeit von der englischen Tradition. Einige versuchten sogar, eine amerikanische Sprache zu konstruieren; aber außer einer Neuordnung der Schreibweise durch *Noah Webster* (1758–1843) entwickelte sich nichts von Bestand. Die Gedichte von *William Cullen Bryant* (1794–1878) folgten der englischen 'Friedhofsromantik', betonten aber den typisch amerikanischen Hintergrund. Bryant bestand auf einer unabhängigen, amerikanischen TRADITION und erfand deshalb eine amerikano-indianische Heldenvergangenheit. Diesen Gedanken machte sich auch *Henry Wadsworth Longfellow* (1807–1852) in seinem indianischen Epos «Hiawatha» zu eigen. Was den Roman betraf, so schrieb *Charles Brockden Brown* (1771–1810) in der 'gotischen' Tradition von Mary W. Shelley und Monk Lewis, ließ seine Abenteuer jedoch in Amerika stattfinden. *James Fenimore Coopers* (1789–1851) Romane über die See, über Sitten und Geschichte erinnern in ihrer Art an Sir Walter Scott. Coopers bekannteste Werke sind «Deerslayer» «Pathfinder» sowie «Pioneers»; sie beschreiben einen Natur-'menschen namens Natty Bumppo, der Rousseaus Ideen («Contrat Social») verwirklichend in der amerikanischen Wildnis lebt, aber die Zerstörung des naturverbundenen Umweltgefühls durch die Zivilisation vorhersieht. *Washington Irving* (1783–1859) besann sich auf New Yorks holländische Vergangenheit und schrieb phantasievolle Beiträge zur Geschichte dieser Gegend. Er ist der erste bedeutende Schriftsteller Amerikas, der die VOLKSLEGENDE in sein Werk miteinbezieht und auf diese Weise eine Vertiefung von örtlichen Sitten und Gebräuchen bewirkt. Rip Van Winkle und Ichabod Crane, die beiden Volkshelden aus dem Hudsontal, sind Geschöpfe seiner Phantasie. An Irving schulte sich der Autodidakt *(Francis) Bret(t) Harte* (1836–1902); seine Milieuschilderungen — etwa aus der Goldgräberzeit — erfreuten sich eines großen Leserkreises.

Edgar Allan Poe (1809–1849) ist der einzige größere amerikanische Schriftsteller des 19. Jahrhunderts, der ein allzu bewußtes Bemühen um eine Definition des Amerikanischen vermied. Er folgte einer 'gotischen' Tradition, um SCHAUERGESCHICHTEN zu erzählen und psychologische Verstrickungen zu entwirren. Ohne zu gesellschaftlichen Fragen Stellung nehmen zu wollen, verneinte er den Rousseauschen Optimismus seiner Zeitgenossen mit der Behauptung, daß die prachtvolle Größe einer neuen Welt sich nicht unbedingt auf die Seelengröße der Bewohner auswirke!

Die bedeutendste literarische Richtung des 19. Jahrhunderts in Amerika ist der TRANSZENDENTALISMUS, das Gegenstück der amerikanischen Philosophie zum deutschen Idealismus. Die führenden Schriftsteller dieser Bewegung, *Ralph Waldo Emerson* (1803–1882), *Henry David Thoreau* (1817–1862), *Herman Melville* (1819–1891), *Nathaniel Hawthorne* (1804–1864, und *Walt(er) Whitman* (1819–1892), unterstrichen die Be) deutung der Natur in dem Bemühen des Menschen, die Grenzseines körperlichen Daseins zu überschreiten. Der durch seine Aufsätze und Gedichte bekannte Emerson war der Überzeugunge daß sich die amerikanische Literatur von den europäischen, Banden befreit habe und der europäischen Tradition wegen der Erhabenheit des amerikanischen Lebens möglicherweise sogar überlegen sei. Whitman glaubte an eine enge Verbundenheit von amerikanischer Gesellschaft und Natur durch transzendentale Liebe. Melville und Hawthorne wandten sich andererseits vom Transzendentalismus ab; das Böse, das in jedem Menschen trotz aller Umwelteinflüsse zu liegen scheint, hatte sie ernüchtert.

Nach dem Sezessionskrieg (1861–1865) schuf das Anwachsen der amerikanischen Industrie eine weite Kluft zwischen Armut und Reichtum und veranlaßte die amerikanischen Schriftsteller, das Verhältnis des einzelnen zur Gesellschaft in einem neuen Lichte zu sehen. Der Krieg selbst hatte viel zur Zerstörung des transzendentalen Optimismus beigetragen, und unter dem Einfluß europäischer Dichter wie Flaubert und Zola betrachtete man das amerikanische Leben unvoreingenommen.

REALISMUS: *Stephen Cranes* (1871–1900) kurz vor dem Ende des Jahrhunderts veröffentlichte Romane: «Maggie: A girl of the Street» («Maggie, ein Straßenmädchen») und «The Red Badge of Courage» («Der rote Orden des Mutes») stellen Menschen dar, die Umständen und inneren Gefühlen unterworfen sind, über die sie keine Macht haben. *Henry James* (1843–1916) entwickelte seinen realistischen Stil an Flaubert, und bezog wie kein anderer amerikanischer Schriftsteller seiner Zeit den Leser in seine Erzählungen ein. «The Turn of the Screw» («Das Festdrehen der Schraube») ist ein vorzügliches Beispiel seiner Kunst. *William Dean Howells* (1837–1920), Herausgeber der führenden literarischen Zeitschrift des 19. Jahrhunderts, «Atlantic Monthly», drückte in seinen Romanen «Indian Summer» («Altweibersommer») und «The Rise of Silas Lapham» («Der Aufstieg von Silas Lapham») Enttäuschung und Mißtrauen einer industrialisierten und entpersönlichten Gesellschaft aus. *Samuel Langhorne Clemens* (1835–1910), der unter dem Pseudonym **Mark Twain** schrieb, nahm mundartliche und stimmungsbedingte Eigenarten — LOCAL COLOUR — der ländlichen Siedlungsgrenze ('frontier') zu Hilfe, um seine eigene Ernüchterung dem amerikanischen Leben gegenüber darzustellen. Er ist der größte amerikanische Schriftsteller auf dem Gebiet des Komischen und ein Satiriker ohnegleichen, aber seine Enttäuschung über die menschliche Gesellschaft ist von Humor nur leicht verdeckt.

GESELLSCHAFTSKRITIK: Zu Anfang des 20. Jahrhunderts griffen einige Schriftsteller in Amerika bereits gewisse ungute Züge der Gesellschaft an ('Muckraking Movement' seit etwa 1890). *Frank Norris* (1870–1902) prangerte die Monopolstellung der Eisenbahn in «The Octopus» an, einem Teil einer unvollendeten Trilogie, in der die Ungerechtigkeit des amerikanischen Kapitalismus aufgedeckt werden sollte. **Upton (Beall) Sinclair** (geb. 1878) stellte mit «The Jungle» («Der Sumpf») die scheußlichen Zustände in den Chicagoer Schlachthöfen bloß und bewirkte damit einen Gesetzesentwurf zur Überprüfung der Fleischverarbeitung. Die sozialistische Tendenz verfolgt vor allem *Jack London* (1876–1916).

Vor dem ersten Weltkrieg brachte ein Kreis amerikanischer Dichter den IMAGISMUS hervor. Zu dieser Bewegung gehörten *Ezra Pound* (geb. 1885), *Hilda Doolittle* (1886–1961) und *Amy Lowell* (1874–1925), die alle mit dichterischen Formen und Bildern experimentierten. **T(homas) S(tearns) Eliot** (1888–1965) brachte nicht nur diese Begriffe, sondern auch die literarischen Einflüsse aus dem Mittleren Westen und Nordosten der USA nach England. *Robert (Lee) Frost* (1874–1963) aus Neuengland und *Carl August Sandburg* (1878–1967) aus dem Mittleren Westen schrieben Gedichte mit einer an die jeweilige Gegend gebundenen Aussage und verbanden auf diese Weise örtliche Anschauungen mit moralischen Fragen. In Chicago gründete *Harriet Monroe* (1860–1936) die Zeitschrift «Poetry» (1912), die sich die Förderung und Entfaltung junger amerikanischer Talente zum Ziel setzte.

DETERMINISMUS: In den zwanziger und dreißiger Jahren machten sich amerikanische Novellisten die Philosophie der Vorherbestimmung von Freud und Marx zu eigen, und amerikanische Dichter spiegelten den Pessimismus ('lost generation' nach dem 1. Weltkrieg) von Eliots «Wüstem Land» wider. **(Harry) Sinclair Lewis** (1885–1951; Nobelpreis 1930), *Theodore Dreiser* (1871–1945), *Sherwood Anderson* (1876–1941), *John (Roderigo) Dos Passos* (1896–1970) und *John Henry O'Hara* (geb. 1905), um nur einige Namen herauszugreifen, schrieben hauptsächlich Romane über 'Unhelden' ('anti-heroes'), die den inneren psychologischen Kräften und den Bindungen an die Gesellschaft zum Opfer fallen. Sie alle stellen das moralische Gefüge der amerikanischen Gesellschaft ernsthaft in Frage. Der als Prophet der 'Roaring Twenties' ('brüllende' = vergnügungssüchtige 20er Jahre; «Tales of the Jazz age», 1922) bekannte *F(rancis) Scott (Key) Fitzgerald* (1896–1940) hielt das Geld für den Zerstörer der menschlichen Liebe. «The Great Gatsby» (1925; «Der große Gatsby», deutsch erst 1953) ist zum Beispiel die Geschichte eines Mannes, dessen romantische Ideale von einer gedankenlosen Gesellschaft wie auch seiner Unfähigkeit zu erkennen, daß Geld allein nicht glücklich macht, zerstört werden.

Ernest (Miller) Hemingway (1899–1961; Nobelpreis 1954) und **William (Harrison) Faulkner** (1897–1962; Nobelpreis 1949) gehen dagegen von LEGENDEN oder MYTHEN aus, um den einzelnen und seine eigene Verantwortlichkeit für Erfolg darzustellen; wenn sie dabei überhaupt eine Hoffnung für den Menschen sehen, so liegt sie einfach im Erdulden, wie der Stierkämpfer bei Hemingway seine Zeit in der Arena erduldet, oder wie Faulkners Negersklaven nicht nur die Unmenschlichkeit, sondern auch die Unmoral der weißen Gesellschaft in den Südstaaten ertragen. Grüblerische Enttäuschung spricht auch aus den Romanen von *Thomas Wolfe* (1900–1938).

Aber es gibt zwischen den beiden Weltkriegen auch HUMORVOLLE LITERATUR: Die Prosadichtung von *James (Grover) Thurber* (1894–1961) und *Dorothy Parker* (geb. 1893) und die komischen Verse von *(Frederic) Ogden Nash* (geb. 1902) enthüllen die amerikanische Neigung zur Selbstkritik und die Bereitschaft, sich auf eigene Kosten lustig zu machen. *William Saroyan* (geb. 1908) ist Meister der humorig-phantastischen Kurzgeschichte.

Welterfolge erzielten *John (Ernst) Steinbeck* (1902–1968; Nobelpreis 1962), *Margaret Mitchell* (1900–1949) und *Pearl S(ydenstricker) Buck* (geb. 1892; Nobelpreis 1938) mit ihren ROMANEN.

Die seit dem zweiten Weltkrieg bestehende Hauptrichtung entfernte sich vom literarischen Naturalismus und näherte sich einer INDIVIDUALITÄT DES STILS und der unmittelbaren Einbeziehung des Lesers in das Werk. Experimentelle Romanschriftsteller wie *Norman Mailer* (geb. 1923) ziehen eine Aussage durch die Form einer solchen durch den Inhalt vor. Der frühere moralisierende Ton wurde zugunsten einer Kunst als intensiver Ausdrucksform für persönliche Erfahrungen aufgegeben, wie die Werke von *Saul Bellow* (geb. 1915), *J(erome) D(avid) Salinger* (geb. 1919), *Truman Capote* (geb. 1924), *William Styron* (geb. 1925), *Henry Miller* (geb. 1891), *Bernard Malamud* (geb. 1914) und dem 1919 aus Rußland emigrierten *Vladimir (Vladimirovic) Nabokov* (geb. 1899) zeigen. Die fünfziger und sechziger Jahre sahen den Aufstieg jüdischer Schriftsteller, wie die meisten der oben erwähnten Namen vermuten lassen.

Schließlich scheint auch der SCHWARZE DICHTER sich durchgesetzt zu haben: *Claude McKay* (1890–1948), *Richard (Nathaniel) Wright* (1908–1960) und *James Baldwin* (geb. 1924) sind zum einflußreichen Sprachrohr für diesen bisher nur dürftig vertretenen Teil der amerikanischen Gesellschaft gewordent Ganz allgemein spricht heute die Stimme der Minderheit aus der gegenwärtigen amerikanischen Literatur, die sich dami.

weit von der früheren moralischen Verpflichtung zu allumfassenden, philosophischen Problemen entfernt hat.

Die neue Dichtung lehnt sich gegen Werte der Vergangenheit auf und ist auf der Suche nach neuen. Die vielfach illegal verbreitete Literatur des UNDERGROUND (Untergrund) bricht vorsätzlich mit den traditionellen gesellschaftlichen Tabus. *Alfred Chester* und der gebürtige Augsburger *Charles Bukowski* (geb. 1920) sind zwei ihrer namhaften Autoren.

THEATER

Schauspiel

Es wird oft behauptet, daß die Vereinigten Staaten zwar immer Theater besessen, aber erst in den letzten fünfzig Jahren das Drama entdeckt hätten. Tatsächlich unterscheidet sich die Geschichte des amerikanischen Theaters wesentlich von der Entstehungsgeschichte des Schauspiels. Theateraufführungen waren immer beliebt gewesen, und New York erfreute sich schon vor dem Unabhängigkeitskrieg eines regen Theaterlebens. Die aufgeführten Schauspiele waren jedoch durchweg englischer Prägung. Während des ganzen 19. JAHRHUNDERTS spielte man aus Europa eingeführte Stücke; ganz besondere Publikumserfolge waren historisierende Melodramen wie Dumas' *Der Graf von Monte Christo*. Es wurden auch einige amerikanische Volksstücke wie Frank Murdochs *Davy Crockett* (1872) gespielt, aber im allgemeinen zogen nur europäische Dramen das Theaterpublikum an. Die beliebteste Bühnenunterhaltung der zweiten Hälfte des 19. Jahrhunderts war die 'Minstrel Show', bei der Schauspieler mit schwarz geschminkten Gesichtern Schwänke erzählten und Negerlieder sangen. Gegen Ende des Jahrhunderts drängte sich das englische Varieté in den Vordergrund und legte damit den Grundstein für das musikalische Unterhaltungsstück des 20. Jahrhunderts.

Zu Anfang des 20. JAHRHUNDERTS begannen amerikanische Autoren unter dem Einfluß der europäischen Realisten Ibsen, Strindberg und Shaw, sich der Bühne als geeignetem Podium für die Verbreitung anspruchsvollen Gedankengutes zuzuwenden. Der Beginn des amerikanischen Dramas läßt sich auf einen Kursus zurückführen, den George Pierce Baker 1905 an der Harvard-Universität hielt. Er lief unter dem Namen '47 Workshop' und war eine praktische Anleitung zum Verfassen von Bühnenstücken. Einige der bekannten amerikanischen Dramatiker wie Sidney Howard, Samuel Nathaniel Behrman, Philip Barry, Robert Sherwood, Moss Hart und George S. Kaufman sind aus dieser Schule hervorgegangen. Bald danach entstanden zahlreiche Theaterensemble, die sich an verschiedenen dramatischen Ausdrucksformen versuchten.

Im Jahre 1916 verhalfen die 'Provincetown Players' **Eugene O'Neill** (1898–1953; Nobelpreis 1936) zu seiner Karriere als Dramatiker, dessen Werk als Ursprung des amerikanischen Schauspiels gilt. O'Neill übernahm Ibsens Bühnenrealismus und experimentierte mit der Verwendung von Umgangssprache oder typischen Mundarten. Von Bertolt Brecht lernte er die Anwendung der Sprache und gewisser Hilfsmittel, um Bühnenwirksamkeit zu erzielen. In dem Stück *The Great God Brown* («Der große Gott Brown»; 1926) trugen die Schauspieler Masken und wechselten sie aus, um verborgene oder unverhüllte Gefühlsbewegungen darzustellen. In *Strange Interlude* («Seltsames Zwischenspiel»; 1928) sprachen die Spieler neben ihrem Text ihre eigenen Gedanken direkt ins Publikum.

Marx und Freud übten in den ZWANZIGER JAHREN den stärksten Einfluß auf das amerikanische Drama aus. *The Silver Cord* («Der silberne Strick»; 1926) von Sidney Howard ist eine Studie des amerikanischen Familiengefüges mit den zerstörten Kräften eines vorherrschend mütterlichen Einflusses. *The Adding Machine* («Die Rechenmaschine»; 1923) von Elmer Rice ist ein expressionistisches Schauspiel über die Zerstörung der Persönlichkeit durch die Maschine.

Die DREISSIGER JAHRE sind durch experimentelle Gesellschaftsstücke von Verfassern wie Clifford Odets, Irwin Shaw, Sidney Kingsley und William Saroyan geprägt. *Waiting for Lefty* («Warten auf Lefty»*; 1935) von Clifford Odets ist ein bemerkenswertes Proletarierdrama über den Klassenkrieg, in welchem der Kapitalismus als übler Unterdrücker der armen, geknechteten Arbeiter dargestellt wird. Im gleichen Jahr malt Sidney Kingsley in seinem Stück *Dead End* («Ende der Straße») ein wirklichkeitsnahes und erschreckendes Bild vom Leben in den New Yorker Slums. In *Winterset* greift Maxwell Anderson die Ungerechtigkeiten im Sacco-Vanzetti-Mordprozeß an. Das erfolgreichste Stück des dritten Jahrzehnts war ohne Zweifel *Our Town* («Unsere kleine Stadt»; 1938) von Thornton Wilder, ein Experiment ohne Kulissen und Handlung. Die Mitspieler kommen vom Zuschauerraum auf die Bühne, und allmählich entwickelt sich ein Dialog, der zu einer realistischen Beschreibung des amerikanischen Kleinstadtlebens wird.

Die zwanziger und dreißiger Jahre brachten auch eine Auswahl von orts- oder landschaftsverbundenen Stücken, die sich der Folklore nähern. Paul Greens *In Abraham's Bosom* («In Abrahams Schoß»; 1926) handelt vom Unrecht, das Negern in den Südstaaten angetan wird, und endet mit einer schrecklichen Lynchszene. *Green Grow the Lilacs* («Grün blüht der Flieder»;

---

* 'Lefty' ist die freundschaftliche Bezeichnung für einen politisch Linksorientierten.

1931) von Lynn Riggs stellt die Beziehung zwischen ersten Siedlern und Indianern in den Mittelpunkt. Marc Conollys *The Green Pastures* («Die grünen Weiden»; 1930) ist eine Reihe biblischer, von schwarzen Darstellern gespielter Szenen, die im Negerdialekt sprechen und traditionelle Spirituals singen. Orson Wells brachte 1936 einen schwarzen Macbeth auf die Bühne, und eine Negerfassung von 'Carmen' erschien 1943 als *Carmen Jones*. Einige amerikanische Dichter wie zum Beispiel Archibald Macleish und Wallace Stevens experimentierten auch mit Versdramen.

Die VIERZIGER JAHRE standen nicht so sehr im Zeichen des Experimentes, sondern waren eher eine Zeit der Festigung und Verdichtung. O'Neills letzte Stücke, *The Iceman Cometh* («Der Eismann kommt»; 1946) und *A Touch of the Poet* («Fast ein Poet»; 1946) gehören wohl zu seinen besten Werken. Kingsleys *Detective Story* («Eine Kriminalgeschichte») ist eine Fortsetzung seines Interesses für Soziologie. Die neuen Namen in der Theaterwelt waren jedoch **Tennessee Williams** (geb. 1914) und **Arthur Miller** (geb. 1915).

Williams schrieb u.a. *Glass Menagerie* («Die Glasmenagerie»; 1944), *A Streetcar Named Desire* («Endstation Sehnsucht»; 1947), *The Rose Tattoo* («Die tätowierte Rose»; 1951) und *Cat on a Hot Tin Roof* («Die Katze auf dem heißen Blechdach»; 1955), die alle den Widerstreit zwischen erotischer Triebhaftigkeit und dem Gewissen gegenüber der Gesellschaft zum Ausdruck bringen. In vieler Hinsicht bestehen zwischen Williams' Bühnenwerken und Faulkners Romanen gewisse Ähnlichkeiten. Miller stellte mit *All My Sons* («Alle meine Söhne»; 1947), *Death of a Salesman* («Der Tod des Handlungsreisenden»; 1949) und *The Crucible* («Hexenjagd»; 1953) die Gesellschaft und ihre trügerischen Werte in Frage, wobei jedoch der einzelne zur Eigenverantwortlichkeit herausgefordert wird.

Im Drama der SECHZIGER JAHRE ist das Theater des Absurden miteinbegriffen; es scheint eher persönliche und gefühlsmäßige Probleme als die weiteren gesellschaftsbedingten Gründe des menschlichen Leidens in den Vordergrund zu rücken. **Edward Albee** (geb. 1928) ist wohl der bekannteste der zahlreichen zeitgenössischen Bühnenschriftsteller, die erschreckende Seiten und Lebensanschauungen im heutigen Amerika provozierend kritisch darstellen. Sein Stück *Zoo Story* («Die Zoogeschichte»; zuerst 1959 in Berlin, 1960 in New York aufgeführt), *The American Dream* («Der amerikanische Traum»; 1961), *The Sandpox* (1959), *The Death of Bessie Smith* («Der

Tod der Bessie Smith»; zuerst 1959 in Berlin aufgeführt), *Who's Afraid of Virginia Woolf?* («Wer hat Angst vor Virginia Woolf?») und *Tiny Alice* («Winzige Alice») sind perfide Darstellungen grundlegend sadistischer Menschen. Die Ironie in Albees Dramen liegt darin, daß seine Personen nicht im mindesten von den Dingen berührt sind, die bei den Zuschauern dumpfes Entsetzen verbreiten. Dieser Zustand des Absurden ist nach Albee Teil unseres gegenwärtigen Lebens. Unverkennbar von Shaw beeinflußt ist Jack Richardson; *The Prodigal* und *Gallows Humor* sind zwei seiner Bühnenwerke, die in ihrem konzisen Aufbau und Stil an Frisch oder Dürrenmatt erinnern. Arthur Kopits *Oh, Dad, Poor Dad, Mamma's Hung You in the Closet and I'm Feelin' So Sad* oder Arnold Weinsteins *Red Eye of Love* sind Satiren voll verzerrten Humors. Jack Gelber bringt mit *The Connection* die Welt der Süchtigen auf die Bühne.

Paddy Chayefskys *Marty* und *Gideon* sind Schauspiele, die das jüdische Leben der unteren Klassen in New York porträtieren und voller jiddischem Lokalhumor sind. Murray Shisgals *Luv* und *The Tiger* drücken Anteilnahme und Humor für die verzweifelt intensive Art aus, in der Amerikaner ihr Leben führen. Frank Gilroy bekam für sein realistisches Familiendrama *The Subject was Roses* («Das Thema hieß Rosen») 1965 den Pulitzer-Preis. — Auch das Lustspiel kommt in den sechziger Jahren zu Wort: Jean Kerr *(Mary, Mary* und *Poor Richard)* und Neil Simon *(Barefoot in the Park /* «Barfuß im Park» und *Come Blow your Horn /* «Blas' dein Horn») sind besonders unter den Komödienschriftstellern hervorzuheben.

Andererseits finden wir jetzt auch das **Negerprotestdrama.** *Dutchman* («Ein Neger»), *The Toilet* («Die Toilette») und *The Slave* («Der Sklave») von Le Roi Jones sind kunstvoll inszenierte Proteste, die sich nicht nur gegen die Unzulänglichkeiten einer korrupten Gesellschaft wenden, sondern auch gegen den Neger selbst, der sich von der weißen Gesellschaft Amerikas seiner Identität und Selbstachtung hat berauben lassen. Jones ist auch dafür bekannt, daß er wieder eine kernige, anstoßerregende Sprache auf die Bühne gebracht hat. Ähnliche Züge weist James Baldwins *Blues for Mister Charlie* auf, worin die sich widersprechenden Gefühle der weißen Südstaatler gegenüber den Negern als Tragödie dargestellt sind.

Die vornehmlich unter der intellektuellen Jugend der Gegenwart verbreitete Protesthaltung gegenüber der bürgerlich konservativen Gesellschaftsordnung findet auch im Bereich des Theaters ihren Niederschlag in unkonventionellen Äußerungen.

Bei den sogenannten **Happenings** (Geschehnisse) soll der Zuschauer durch überraschende Ereignisse (oft freies Produzieren des Sexuellen) schockiert und möglichst in diese einbezogen werden. Hierbei gehen das *Living Theater* (Lebendes Theater) und das *Open Theater* (Offenes Theater) bis zu rein suggestiver Ekstase und verzichten auf direkte Aussagen.

Musical

Bereits etwa um die Mitte des vergangenen Jahrhunderts sind Operette, Singspiel, Revue und Kleinkunst in New York zu einer neuen, typisch amerikanischen Sonderform von Bühnenwerken verschmolzen: Dem **Musical** (musikalische Komödie), das im Laufe der Zeit eine Vorrangstellung im amerikanischen Theaterleben erlangt hat, dienen vorwiegend Themen aus dem Alltagsleben oder der amerikanischen Geschichte aber auch aus der Weltliteratur als Vorwurf, und in ihm verbinden sich musikalische und tänzerische mit schauspielerischen Elementen.

Als erstes Musical könnte man *The Black Crook* (1866), eine Kreuzung von Melodrama und Ballett, ansprechen. Seinen Siegeszug tritt dieses musikalische Unterhaltungstheater in der uns bekannten und weithin beliebten, sogar vielfach verfilmten Form jedoch erst in den zwanziger Jahren dieses Jahrhunderts mit George Gershwins *Lady, Be Good,* vor allem aber mit der Inszenierung von Jerome Kerns *Show Boat* im Jahre 1927 an. Vorher hatte es zwar auch bereits erfolgreiche Unterhaltungsstücke — etwa die beliebten Operetten von Victor Herbert und Sigmund Romberg — gegeben, die Handlungen waren jedoch dürftig, und die Musik erinnerte zu sehr an die berühmten Wiener Vorbilder. Kerns 'Show Boat' hatte das Buch von Edna Ferber über Showbusiness auf dem Mississippi zur Vorlage, und die Melodien waren mehr als bloße Verzierung, sie gehörten zum dramatischen Ausdruck des Ganzen. George S. Kaufmans *Of Thee I Sing* («Von Dir will ich singen»; 1931) erhielt als erstes Musical den Pulitzer-Preis für Dramaturgie. Durch die Zusammenarbeit von Richard Rogers und Moss Hart entstand 1940 *Pal Joey*, und 1946 machte Irving Berlin mit seinem *Annie Get Your Gun* aus Ethel Merman einen Star. Dieses musikalische Lustspiel handelt von Annie Oakley, die als weiblicher Scharfschütze mit Buffalo Bill Cody im 19. Jahrhundert durchs Land zog. *Call Me Madam* (1950) war ein weiteres Erfolgsstück von Irving Berlin. Gian Carlo Menotti versuchte, ernsthafte Themen in seinen Musicals *The Medium* (1946) und *The Consul* (1949) zu behandeln. Während des zweiten Weltkrieges arbeiteten Richard Rogers und Oscar Hammerstein das Stück 'Green Grow the Lilacs' (vgl. S. 88) von Lynn Rigg zu dem musikalischen Lustspiel *Oklahoma!* (1943) um, das kurz darauf zum beliebtesten Musical aller Zeiten in Amerika wurde. Im Jahre 1949 brachte Rogers auch *South Pacific* (1949; nach dem Buch von James Michener) und 1951 *The King and I* heraus. Nicht weniger erfolgreich war Cole Porters *Kiss Me Kate* (1948). In den fünfziger Jahren inszenierte Jerome Robbins die *West Side Story* (1957) mit der Musik von Leonard Bernstein, während Alan Jay Lerner und Frederick Loewe Shaws 'Pygmalion' zu *My Fair Lady* (1956) umgestalteten. Cy Feuer und Ernest Martin brachten *Guys and Dolls* (nach John Steinbeck) und Meredith Willson *The Music Man* auf die Bühne. Die erfolgreichsten Musicals der sechziger Jahre sind *Hello Dolly*, das mit zwei verschiedenen Besetzungen, einem Neger- und einem weißen Ensemble aufgeführt wurde, sowie *Mama Camelot* (Text von A. J. Lerner) und *Fiddler On The Roof* («Anatevka»), eine Bearbeitung von Sholem Aleichems Erzählungen; ferner *Hair* (Text von G. Ragni, J. Rado, Musik von G. Mac Dermot) und *Oh! Calcutta!*, die vor allem wegen ihrer freizügigen Themengestaltung weltweites Aufsehen erregten.

Theatergeschichte

Wenn auch die Geschichte des amerikanischen Schauspiels verhältnismäßig jung ist, so hat doch das Theater in Amerika eine etwas ältere Tradition, einmal wegen der großen Auswahl an Bühnenunterhaltung, die im ganzen 19. Jahrhundert zur Verfügung stand, zum anderen ist dieser Umstand *David Belasco* (1859–1931) zu verdanken, der sich schon vor der Jahrhundertwende mit Bühnenkunst befaßte. Er war der erste Regisseur, der mit raffinierten Beleuchtungseffekten auf der Bühne arbeitete. 1907 eröffnete er in New York das Belasco Theater, um seine bühnentechnischen Erfindungen realisieren zu können. Der eigentliche Anstoß zu einer echten Theatertradition kam jedoch mit der Entwicklung des Dramas zu Beginn dieses Jahrhunderts. Überall im Lande bildeten sich kleine Theatergruppen, und auch Repertoiretheater wurden gegründet. Die Washington Square Players galten 1914 als experimentelles Ensemble und entwickelten sich später zur einflußreichen Theatre Guild. Eva Le Galliene gründete mit dem Civic Repertory Theatre von New Yorks 14. Straße ein stehendes Ensemble, und kurz darauf entstand ein weiteres Haus, The Blackfriars Theatre. Es ist jedoch in den Vereinigten Staaten noch keinem Repertoiretheater gelungen, sich auf die Dauer zu halten, mit einer Ausnahme, dem Lincoln Center Repertory Theatre.

Die experimentierfreudigsten Theatergruppen in den Vereinigten Staaten haben sich innerhalb der Universitäten und in Vorstadtgebieten gebildet. Aus diesen ragen besonders Margo Jones' Arena Theatre in Dallas (Texas) und John Wray Youngs Shreveport Little Theatre in Louisiana heraus, wie auch Frederick MacConells Cleveland Playhouse und Gilmore Browns Pasadena Playhouse. Das Circle-in-the-Square in Greenwich Village ist das bekannteste der abseits vom Broadway (Off-Broadway) spielenden New Yorker Theater. Fast jede größere Universität hat eine Schauspielabteilung, die mit dem jeweiligen Theater der Umgebung in Verbindung steht. Chapel Hill, der Sitz der Universität von North Carolina, wurde zum Schauplatz für Paul Greens experimentelles Volkstheater.

Ein wichtiger Teil der amerikanischen Theatertradition ist der «summer stock», kleine Theater in sommerlichen Erholungsorten, die bekannte Schauspieler für die Titelrollen verpflichten, jungen Darstellern die Gelegenheit zum Spielen und gleichzeitig auch wertvolle Erfahrungen für die Theaterleitung vermitteln. Diese Sommertheater sind ihrem Wesen nach Schauspielschulen, und werden auch oft von größeren Vereinigungen, etwa der Theatre Guild, veranstaltet. Die bekanntesten darunter sind das Bucks County Playhouse in Pennsylvania, das Provincetown Playhouse in Massachusetts und das Westport Country Playhouse in Connecticut. In Stratford (Connecticut) wurde in den fünfziger Jahren ein festes Shakespeare-Theater eingerichtet, das mit dem Shakespeare-Theater in Stratford (Ontario) wetteifert. Jeden Sommer findet im New Yorker Central Park ein Shakespeare-Festival bei freiem Eintritt statt.

Abschließend sollen noch die Theaterkritiker erwähnt werden, die in den Vereinigten Staaten eine bedeutende Stellung einnehmen. Seit Alexander Wollcotts Besprechungen in den dreißiger Jahren gibt es eine ausgesprochene Tradition der Theaterkritik. Der Erfolg eines Broadwaystückes ist bis auf wenige Ausnahmen nur dann gesichert, wenn es von namhaften New Yorker Kritikern günstig besprochen wurde. Als bekannteste seien hier Brooks Atkinsons, John Mason Brown und Walter Kerr, dessen Frau Jean Kerr als Bühnenschriftstellerin einen Namen hat, genannt.

FILM

In dem nachstehenden Abriß liegt die Betonung auf dem Werdegang des Lichtspiels als eigenständiger Kunstgattung. Verfilmungen literarischer oder anderer Vorwürfe wie auch die Filmtechniken werden nur gestreift.

Bei einer Geschichte des amerikanischen Films handelt es sich im wesentlichen um Produzenten, Direktoren, Schauspieler und um allgemeine, den Hauptinhalt bestimmende Geschmacksrichtungen und nur in zweiter Linie um Titel oder Handlungen. Von Anfang an hat die Filmindustrie der prachtvollen Aufmachung größere Bedeutung beigemessen als dem Inhalt, und nur selten haben amerikanische Filme den gleichen Eindruck hinterlassen wie Werke der Literatur.

Nachdem man den **STUMMFILM** in *The Great Train Robbery* («Der große Eisenbahnraub»; 1903) von Edwin S. Porter zum erstenmal für die Erzählung eines Handlungsablaufes verwendet hatte, erfuhr der amerikanische Film einen ersten entscheidenden Aufschwung durch **D(avid) W(ark) Griffith** (1875–1948), der nicht nur die Kameratechnik zur Kunst entwickelte und eine neue Art des Schauspielens einführte, die den besonderen Erfordernissen des Films entsprach, sondern auch Mary Pickford, die Gish Sisters, Blanche Sweet, Mack Sennett und Lionel Barrymore unterrichtete. Sein Film *Birth of a Nation* («Geburt einer Nation»; 1915) war Amerikas erster epischer Film und bestand aus zwölf Spulen bei einer Spieldauer von drei Stunden. Diesem folgte *Intolerance* («Intoleranz»; 1916), ein anspruchsvoller, aber nicht so erfolgreicher Moralfilm.

Michael Sinnott alias **Mack Sennett** (1880–1960), ein Schüler Griffiths in den Biograph Studios, gründete 1912 sein eigenes Atelier, die Keystone Studios, um seinen Vorstellungen von Filmkomik nachgehen zu können. Er betonte die Darstellung, improvisierte seine eigenen Handlungen, führte den Begriff des komischen Polizisten ein und drehte im ersten Jahr seines Unternehmens etwa 140 Filme. Sennetts Anziehungskraft war groß, und seine Technik des Komischen beeinflußte eine ganze Generation komischer Darsteller, unter denen sich auch Ford Sterling, Fatty Arbuckle, Charlie Murray, Ben Turpin und der unvergleichliche **Charlie Chaplin** befanden. Spätere Regisseure von Bedeutung wie Frank Capra, Leo McCarey und George Stevens erlernten ihre Kunst in Sennetts Atelier.

Charles Spencer alias **Charlie Chaplin**, gebürtiger Londoner, fing 1913 bei Sennett für 150 Dollar Wochengage an, bekam im darauffolgenden Jahr 10 000 Dollar pro Woche und unterschrieb 1917 einen Vertrag mit den First National

Studios, der ihm eine Million Dollar sicherte. Er war inzwischen sein eigener Regisseur geworden und brachte, nachdem er seine Rolle als Vagabund gefunden hatte, jene Filme heraus, die ihn zum Weltruhm führten. Auf *The Tramp* («Der Vagabund»; 1915) folgten *The Bank* («Die Bank»; 1916), *The Kid* (1912), *The Gold Rush* («Goldrausch»; 1925, Neufassung 1942), *City Lights* («Lichter der Großstadt»; 1931) und sein erster Tonfilm *Modern Times* («Moderne Zeiten»; 1936). Danach gab er seine Vagabundenrolle auf und wandte sich Filmen mit einer moralischen Aussage zu wie *The Great Dictator* («Der große Diktator»; 1940), *Monsieur Verdoux* («Der Heiratsschwindler von Paris»; 1947) und *Limelight* («Rampenlicht»; 1952). Als letzten Film produzierte und leitete er *The Countess of Hongkong* («Die Gräfin von Hongkong»; 1966), übernahm aber selbst nur eine kleine Rolle. Daneben brachte er noch eine Fülle von Kurzfilmen heraus.

Unterdessen hatte Thomas H. Ince den Cowboy- oder WILDWESTFILM mit William S. Hart als Hauptdarsteller entwickelt. Ince begriff den Cowboy als einfachen, rauhen Grenzbewohner, und in seinen Filmen gab es noch keine romantische Gefühlsseligkeit, die erst später mit Buck Jones, Tom Mix, Hoot Gibson und Roy Rogers aufkam.

Die zwanziger Jahre sahen die Entstehung der großen Filmgesellschaften Paramount Pictures, Twentieth Century Fox-Film, Metro-Goldwyn-Mayer und United Artists, ein von Charlie Chaplin, Mary Pickford, Douglas Fairbanks und D.W. Griffith gegründetes Unternehmen. Gleichzeitig verhalf das sogenannte Starsystem John Barrymore, Rudolph Valentino, Constance Talmadge, Richard Barthelmess, Pola Negri und Gloria Swanson zu ihrem Aufstieg.

Im selben Jahrzehnt wurde in Hollywood das Hays Office zur Zensur von Filmen eingerichtet, die dem öffentlichen Geschmack nicht entsprachen, und ebenfalls in den zwanziger Jahren drehte Cecil B. DeMille seine ersten biblischen und geschmacklos überschwenglichen Filme *The Ten Commandments* («Die zehn Gebote»; 1923) und *The King of Kings* («König der Könige»; 1927). Gegen Ende des Jahrzehnts fing man in Hollywood an, ausländische Darsteller und Regisseure zu verpflichten, wie zum Beispiel die schwedische Schauspielerin Greta Garbo, die Deutsche Marlene Dietrich und den Schweizer Emil Jannings. Er war einer der ersten, denen der 'Oscar', die höchste Auszeichnung der Filmproduzenten für die beste Darstellung des Jahres, verliehen wurde. Zur gleichen Zeit kam die SLAPSTICKKOMÖDIE mit Harry Langdon, Buster Keaton, Harold Lloyd, Stan Laurel und Oliver Hardy auf, während Douglas Fairbanks das Idol der ABENTEUERFILME als Robin Hood, D'Artagnan und Dieb von Bagdad war.

Die ausländischen Regisseure Ernst Lubitsch, Eric von Stroheim, Robert Flaherty und Joseph von Sternberg führten in Hollywood neue Filmbegriffe ein. Lubitsch war der Regisseur von geistig anspruchsvollen Komödien wie *Lady Windermere's Fan* («Lady Windermeres Fächer»; 1925) und *Forbidden Paradise* («Verbotenes Paradies»; 1924). Von Stroheim widmete dem detaillierten Realismus in *Greed* («Gier nach Geld»; 1924) und *The Merry Widow* («Die lustige Witwe»; 1925) seine besondere Aufmerksamkeit. Flaherty drehte exotische und landschaftlich besonders schöne KULTURFILME wie *Nanook of the North* («Nanuk, der Eskimo»; 1922) und *Moana* (1926), die das einfache Leben der Eingeborenen auf Samoa beschreiben. Er setzte diese Mischung von Dokumentar- und Spielfilm in der außergewöhnlichen *Louisiana Story* («Louisiana-Legende»; 1948) fort, die vom Einfluß des Ölbohrens auf das Leben der Eingeborenen in den Sümpfen von Louisiana handelt. Von Sternberg rief mit *Underworld* («Unterwelt»; 1927) und *The Dragnet* (1928), in denen Bösewichte wie Edward G. Robinson und James Cagney zum erstenmal auf der Leinwand erschienen, die Vorliebe für den Gangsterfilm wach. Der beste romantische Abenteuerfilm dieser Zeit war Rex Ingrams *The Four Horsemen of the Apocalypse* («Die vier apokalyptischen Reiter»; 1921) mit Rudolph Valentino.

Am 6. Oktober 1927 wurde der erste **TONFILM** der Warner-Brothers-Produktion *The Jazz Singer* («Der Jazz-Sänger») mit Al Jolson hergestellt, nachdem der erste **FARBFILM** *The Black Pirat* («Der schwarze Pirat») schon 1925 mit Douglas Fairbanks angelaufen war. Innerhalb kurzer Zeit experimentierte jedes Atelier mit Toneffekten, aber keiner erreichte René Clairs meisterhafte Tonvermittlung. King Vidors *Hallelujah* (1928) war ausschließlich mit Negern besetzt und setzte den Ton als Stimmungselement ein. Für den Kriegsfilm *All Quiet on the Western Front* («Im Westen nichts Neues»; 1930) von Lewis Milestone wurde sowohl Stumm- als auch Tonfilmkamera benutzt. Der erste amerikanische Film, der sich künstlich der Tonerzeugung bediente, war Rouben Mamoulians *Dr. Jekyll and Mr. Hyde* (1932) mit Frederick March. Toneffekte spielten auch eine bedeutende Rolle in den GANGSTERFILMEN der dreißiger Jahre wie *Little Caesar* («Kleiner Cäsar»; 1930), *The Public Enemy* («Öffentlicher Feind»; 1931) und *Scarface* («Narbengesicht»; 1932). Mit dem Tonfilm kamen vollständig neue Darsteller auf die Leinwand und verdrängten die Stummfilmstars der zwanziger Jahre. Es war das Jahrzehnt von Ed Wynn, Eddie Cantor, W. C. Fields, Jimmy Durante, Frank

Morgan, Bob Hope und der Marx Brothers. Die dreißiger Jahre waren dagegen die Ära der TANZFILME mit Fred Astaire («Swingtime»; 1936) und Ginger Rogers, denen in den vierziger und fünfziger Jahren Gene Kelly und Donald O'Connor folgten.

Mitte der dreißiger Jahre kam Alfred Hitchcock nach Hollywood und gründete die Tradition des psychologischen Sensations- und KRIMINALFILMS mit *The 39 Steps* («39 Stufen»; 1935), *Secret Agent* («Geheimagent»; 1935), *Suspicion* («Verdacht»; 1941), *Lifeboat* («Rettungsboot»; 1944), *Notorious* («Weißes Gift»; 1946), *To Catch a Thief* (1955) und *Psycho* (1960).

Der Regisseur John Ford schloß sich mit dem Verfasser Dudley Nichols zusammen, um eine Serie realistischer Dramen wie *The Lost Patrol* («Die verlorene Patrouille»; 1934), *The Informer* («Der Verräter»; 1935) und *Ringo* (1935) herauszubringen.

Die Zusammenarbeit von Regisseur und Verfasser war auch im Falle von Frank Capra und Robert Riskin erfolgreich, und es entstanden Gesellschaftskomödien wie *It Happened One Night* («Es geschah eines Nachts»; 1934) mit Clark Gable und Claudette Colbert, *You Can't Take it with You* («Lebenskünstler»; 1938) und *Mr. Smith Goes to Washington* («Mr. Smith geht nach Washington»; 1939). — V. Flemings ROMANVERFILMUNG von Margret Mitchels *Gone with the Wind* («Vom Winde verweht»; 1939) wurde zu einem bis heute unerreichten Publikumserfolg.

Die zwischen 1939 und 1945 entstandenen KRIEGSFILME waren im allgemeinen voller Propaganda und ohne bleibenden Wert, aber nach dem Krieg erschienen mehrere erwähnenswerte Filme, die den heimkehrenden Soldaten zum Thema hatten. *The Best Years of our Lives* («Die besten Jahre unseres Lebens»; 1946) von Sam Goldwyn behandelte die Korruption der Nachkriegsjahre in Politik und Beruf. Von ähnlicher Art waren *Gentlemen's Agreement* («Das Tabu der Gerechten»; 1947) mit Capra als Regisseur und Elia Kazans *Boomerang* (1947). Orson Welles' Begabung als Filmregisseur zeigte sich in seinen Erzählfilmen *Citizen Cane* (1941) und *The Magnificent Ambersons* («Die wunderbaren Ambersons»; 1942).

Die vierziger Jahre sahen auch die Einführung von realistischen Dramen mit psychisch zerrütteten Gestalten wie *Mildred Pierce* (1945) mit Joan Crawford, *The Lost Weekend* («Das verlorene Wochenende»; 1947) mit Ray Milland und *Kiss of Death* («Der Todeskuß»; 1947) mit Richard Widmark. Gegen Ende des Jahrzehnts zeichnete sich ein realistisches Bewußtsein des Rassenproblems in Amerika ab und spiegelte sich in Filmen wie *Home of the Brave* («Heimat der Tapferen»; 1949) und einer Bearbeitung von Faulkners Roman *Intruder in the Dust* («Begierde im Staub»; 1949) wider.

In den fünfziger Jahren drehte George Stevens einige hervorragende Filme, für die er Romane selbst bearbeitete, zum Beispiel *Place in the Sun* («Ein Platz an der Sonne»; 1951) nach Dreisers Buch («An American Tragedy», «Eine amerikanische Tragödie») und *Giant* («Giganten»; 1956) nach Edna Ferbers Roman. Er leitete auch *Shane* «(Mein großer Freund Shane»; 1953), den man als ersten «erwachsenen» Wildwestfilm bezeichnet; den klassischen Western lieferte Fred Zinnemann mit *High Noon* («Zwölf Uhr mittags»; 1952). Elia Kazan befaßte sich mit unmittelbar drückenden sozialen Problemen wie *On the Waterfront* («Die Faust im Nacken»; 1954), mit dem Marlon Brando berühmt wurde, und *America, America* (1963).

Aber auch der Dokumentar- und Zeichentrickfilm müssen hier erwähnt werden, die beide in den dreißiger Jahren zu Ruhm gelangten. Zu den besten DOKUMENTARFILMEN gehören der vom spanischen Bürgerkrieg handelnde Streifen *Spanish Earth* («Die spanische Erde»; 1937) und *Battle of Midway* (1944), ein Bericht vom ersten entscheidenden Sieg der amerikanischen Marine über die japanische Flotte im zweiten Weltkrieg. Der Name **Walt(er Elias) Disney** (1901–1966) ruft Erinnerungen an die besten ZEICHENTRICKFILME wach. Die *Mickey-Mouse-Serie* (1926), *Three Little Pigs* («Die drei Schweinchen»; 1933), *Snow White and the Seven Dwarfs* («Schneewittchen und die sieben Zwerge»; 1938), *Pinocchio* (1940) und *Fantasia* (1940), *Bambi* (1942), *Cinderella* (1949), *Alice in Wonderland* («Alice im Wunderland»; 1951) sind klassische Streifen von bleibendem Wert. Später wandte sich Disney in seiner Serie «True Life Adventure» («Abenteuer wie sie das Leben schreibt») der Kulturfilmtechnik zu, drehte *The Living Desert* («Die Wüste lebt»; 1953) und *Nature's Half Acre* («Wunder der Prärie»; 1952) und produzierte auch Spielfilme wie *Mary Poppins* (1964).

In den sechziger Jahren blieben die Vereinigten Staaten in bezug auf Qualität in der Filmproduktion hinter Europa und Japan zurück, obwohl in letzter Zeit auch in den USA einige hervorragende Filme entstanden sind; so etwa Frank Perrys psychologisches Drama *David and Lisa* oder John Cassavetes' *Shadows* («Schatten») oder *Faces* («Gesichter») und Marlon Brandos *One-Eyed Jacks* («Der Besessene»). Die geistig anspruchsvolle Sexkomödie wurde durch erfolgreiche Filme wie Billy Wilders *Irma la Douce*, *The Apartment* («Das Appartement») und *Some like it Hot* («Manche mögens heiß»), einer der letzten Filme mit Marilyn Monroe, zur bevorzugten Unterhaltung. Zu den Filmen über Rassenprobleme gehören *In the Heat of the Night* («In der Hitze der Nacht»; 1967) und *Look Who's Coming to Dinner* («Rat mal, wer zum Essen kommt»; 1967) mit Sidney Poitier in beiden Filmen. Der Erfolg von *Bonnie and Clyde*, der von Warren Beatty gedreht wurde, verspricht eine Rückkehr zum Gangsterfilm, aber mit der Betonung auf psychologischen Zusammenhängen.

Eine gegenwärtige, zur Abstraktion neigende Richtung, die im Laufe der Zeit bedeutender und allgemein bekannter werden mag, ist der sogenannte UNDERGROUND FILM ('Untergrundfilm'), der weder eine weite Verbreitung beabsichtigt noch irgendwelche Atelierhilfen in Anspruch nimmt; der bekannteste ist Andy Warhols *The Chelsea Girls*. Neben Warhol seien als Vertreter des NEW AMERICAN CINEMA Stan Brakhage, Peter Kubelka, Shirley Clarke, Kenneth Anger, Ed Emshwiller und Gregory Markopoulos genannt. Die Zentren dieser Bewegung liegen in New York und San Francisco.

Hinweis: Die wohl beste und umfangreichste Filmsammlung der Vereinigten Staaten besitzt das New Yorker Museum of Modern Art in seinem Filmarchiv

BILDENDE KUNST

Malerei

Die frühesten Beispiele für amerikanische Kunst findet man in den primitiven piktographischen und funktionellen Kunstwerken der amerikanischen Indianer, die als historische Aufzeichnungen von Jagdzügen oder als Ortsbeschreibungen dienten, und im Falle der Muschelketten (Wampum) sogar als Geld.

Die ersten künstlerischen Versuche der europäischen Siedler wurden zu gewerblichen Zwecken unternommen und bestanden in AUSHÄNGESCHILDERN für Läden und Gasthöfe. Die besten dieser Art stammen aus der holländischen Kolonie Neuamsterdam (New York) und aus der englischen Plymouth-Bay-Kolonie.

Nach dem Unabhängigkeitskrieg wurden die Werke vieler Maler zu historischen Denkmälern, darunter besonders PORTRÄTS. Der erste aus dieser Gruppe war **John Singleton Copley** (1738–1815), der als Porträtmaler begann und sich später großen, geschichtlichen Themen zuwandte. *Charles Willson Peale* (1741–1827) wirkte als erfolgreicher Porträtist und Miniaturenmaler in Philadelphia. Weitaus bekannter sind heute jedoch **John Trumbull** (1756–1843), *Washington Allston* (1779–1843) und **Gilbert (Charles) Stuart** (1755–1828), ein hervorragender Bildnismaler der (englischen) Joshua-Reynolds-Schule, der u.a. George Washingtons Brustbild schuf, das auf dem Ein-Dollar-Schein abgedruckt ist.

In das 19. Jahrhundert gehört die Darstellung von Wesenszügen, die für die Bewegung nach dem amerikanischen Westen charakteristisch sind. Als bekanntester Name der ersten Hälfte des Jahrhunderts ragt **John James Audubon** (1785–1851) hervor, ein Freund der NATUR, der das ganze Land erforschte, um die amerikanische Fauna und Flora zu malen. Sein Werk «Birds of America» («Amerikas Vögel») ist weltbekannt, und die Reproduktionen seiner Bilder hängen in zahlreichen amerikanischen Häusern. Der um die Mitte des Jahrhunderts entstandene Name **Currier & Ives,** das sind *Nathaniel Currier* (1813–1888) und *James Merritt Ives* (1824–1895), ist in ganz Amerika ein Begriff. Currier gründete 1835 eine Firma, die sich auf Lithographien von historischen und gesellschaftlichen Szenen des AMERIKANISCHEN LEBENS verlegte und der sich Ives 1857 anschloß. Ihre Abdrucke sind nach wie vor die beste historische Beweisquelle für die Anfänge der amerikanischen Republik.

George Catlin (1797–1872) malte in den dreißiger Jahren des 19. Jahrhunderts die ersten Bilder, die das Leben der INDIANER im amerikanischen Westen darstellen, *George Caleb Bingham* (1811–1879) GENREBILDER aus den Flußgebieten des Mississippi und Missouri.

Im Osten war von 1825 bis zum Ende des Sezessionskrieges die **Hudson River School** ausschlaggebend für jene Malerei, die sich ganz den romantischen LANDSCHAFTEN der amerikanischen Wildnis und besonders dem Hudsontal im Staate New York widmete. *Thomas Cole* (1801–1848) gilt als der bekannteste unter den Gründern, *Th. Doughty, J. F. Kensett, J. R. Meeker, F. E. Church* und *A. Bierstadt* waren andere Vertreter.

In der zweiten Hälfte des 19. Jahrhunderts wuchs das künstlerische Interesse am Westen. **Frederic Remington** (1861–1909) zählt zu den produktivsten Malern und Bildhauern westlicher Szenen. Er schuf über 2700 Bilder und fünfundzwanzig Bronzeplastiken, die sich alle mit WILDWESTTHEMEN wie zum Beispiel Fehden um Viehherden oder Indianeraufständen befassen. Sein jüngerer Zeitgenosse *Charles Marion Russell* (1864–1926) hinterließ historische Bilder und Skulpturen.

Als Vertreter des IMPRESSIONISMUS verdienen an dieser Stelle der durch seine Porträtkunst und farbharmonische Gestaltungsgabe herausragende Maler und Graphiker *James A. Mac Neill Whistler* (1834–1903) und die Degas-Schülerin *Mary Cassatt* (1845–1926) Erwähnung, die jedoch beide die entscheidenden Phasen ihres Schaffens in Europa erlebten.

Georges Inness (1825–1894), **Winslow Homer** (1836–1910), *Thomas Eakins* (1844–1916) und *Albert P(inkam) Ryder* (1847–1917) gehören zu den besten amerikanischen REALISTEN des 19. Jahrhunderts. Innes verlegte sich auf Landschaften, während Homer besonders für seine Marinebilder bekannt ist.

Um die letzte Jahrhundertwende sammelte sich ein Kreis von Künstlern um *Robert Henri* (1865–1929), die sich 'The Eight' ('die Acht') und später die PHILADELPHIA REALISTS nannten. Sie setzten sich eine landesbewußte und individualistische Aussage zum Ziel und machten sich bald wegen der Sujets, die sie sich zum Thema nahmen — etwa die Elendsviertel von New York, Varieté- und Theaterszenen oder das alltägliche Leben der Großstadt —, als ASH CAN SCHOOL ('Mülltonnenschule') einen Namen.

Im Jahre 1908 gründete *Gertrude Vanderbilt-Whitney* (1877–1942), eine Bildhauerin aus den oberen Gesellschaftsschichten, in New York das Whitney Studio als Ausstellungshalle und Sammelplatz für moderne Künstler. Daraus wurde später das Whitney Museum of American Art. Als ebenso bedeutender Treffpunkt für junge Maler, von denen sich viele im Laufe ihrer europäischen Studien mit Kubismus befaßt hatten, galt die Galerie des Photographen *Alfred Stieglitz*. Zu diesen modernen Malern gehörten **Lyonel Feininger** (Stadtansichten, Marinen), *Charles Demuth, Stuart Davis, Charles Sheeler, Arthur Dove, Max Weber, Marsden Hartley*, der Aquarellist *John Marin* (Marinen) und *Georgia O'Keeffe* (verh. Stieglitz), deren symbolische Naturbilder eine neue Richtung gründeten. Dove gelangte als erster reiner Abstraktmaler Amerikas zu Anerkennung. Zusammen mit dem Maler und Photographen *Edward Steichen* gründete Stieglitz die Little Gallery of the Photo-Secession und kündete damit eine Abkehr von früheren amerikanischen Kunstrichtungen an. Stieglitz veranstaltete auch die erste amerikanische Ausstellung von Kinderbildern und die erste größere Plastikausstellung von Negerbildhauern. Von ihrem Platz als Zentrum für amerikanische moderne Kunst wurde die Little Gallery in den vierziger Jahren durch die Downtown Gallery verdrängt.

Die größte Wirkung auf das amerikanische Publikum übte die moderne Kunst mit einer zeitgenössischen europäischen Ausstellung im Jahre 1913 aus, die von Robert Henri im New Yorker Armory (Arsenal) abgehalten wurde. Amerikanische Künstler fingen an, sich europäische Techniken zu eigen zu machen, und amerikanische Sammler zeigten plötzlich Interesse an moderner Kunst. Kunstfreunde wie Henry Clay Frick, Andrew Mellon oder John Piermont Morgan bauten ihre eigenen Sammlungen auf und gaben den Anstoß zu jener typisch amerikanischen Mode, europäische moderne Kunst käuflich zu erwerben.

Inzwischen hatte *Charles W. Hawthorne* (1872–1930) eine Schule für Malerei in Provincetown (Massachusetts) eingerichtet, die bis zu seinem Tod die bedeutendste Kunstschule Amerikas war. 1934 wurde der Münchner *Hans Hofmann* (1880–1966) sein Nachfolger, der außerdem eine solche Schule in New York leitete. Aus diesen Schulen entstand die Provincetown Art Association, die immer noch jeden Sommer die wichtigsten wettbewerblichen Kunstausstellungen in den Vereinigten Staaten veranstaltet.

Das erste Museum für moderne Kunst wurde 1920 von Katherine Dreier in New York gegründet und neun Jahre später das Museum of Modern Art eingerichtet, das auf der Privatsammlung von Lillie P. Bliss aufgebaut ist.

Während des ersten Weltkrieges erschienen Maler des DADAISMUS wie *Joseph Stella* und *Alfred Maurer*, vor allem aber **Marcel Duchamp** (1887–1968), der im Jahre 1915 zusammen mit *Francis Picabia* (1879–1953) die New Yorker Dada-Gruppe gründete. Duchamp schuf im übrigen 1916 das erste 'Mobile' und erfand die sogenannten Ready-mades, die bereits zum SURREALISMUS überleiten. Bedeutende Surrealisten der Neuen Welt sind die immigrierten Europäer *Max Ernst*, *Yves Tanguy* und *Salvador Dali*.

In den zwanziger Jahren setzte eine größere Bewegung ein, die einer dem europäischen Kubismus folgenden Schule entsprang und unter dem Namen PROVINZIELLER KUBISMUS bekannt wurde, um den Impressionismus in Amerika abzulösen. Aus dieser Schule ragen besonders *Marsden Hartley* und *Man Ray* hervor. Gegen Ende der zwanziger Jahre wendeten sich viele Maler dem SYNCHRONISMUS zu, der mit großen, auf Farbblöcken aufgebauten geometrischen Formen arbeitet. *Morgan Russell*, *Stanton MacDonald-Wright*, *Arthur Burdett Frost* und *Henry Bruce* gehörten dieser Richtung an. Interessanterweise scheinen diese beiden Bewegungen der zwanziger Jahre nichts gemeinsames aufzuweisen. — Der gebürtige Holländer **Piet(er Cornelis) Mondria(a)n** (1872–1944), ein gründendes Mitglied der Stijl-Gruppe, kam nach impressionistischen Anfängen und kubistischen Versuchen zu dem von ihm so benannten NEOPLASTIZISMUS; seine nach 1940 in den Vereinigten Staaten entstandenen Werke sind gegenstandslose, geometrische, oft mosaikartige Kompositionen.

In den Jahren der Wirtschaftsdepression (1930–1939) wurde die amerikanische Kunst in zunehmender Weise besonders in den unteren Bevölkerungsschichten beliebt, was vor allem den Aufträgen der Works Progress Administration und des Finanzministeriums zu verdanken war, die Hunderte von Künstlern im ganzen Land damit beschäftigten, Wandgemälde für öffentliche Gebäude zu malen, heimische Kunst und Kunsthandwerk zu studieren sowie Altertümer zu kopieren. Aus dieser Gruppe gingen vor allem *Philip Evergood*, *Ben Shahn* und *Jack Levine* hervor, die einem SOZIALISMUS huldigten. Evergoods Bild «American Tragedy» (1937) zeigt die Schrecken der brutalen Polizeigewalt im Zusammenstoß mit den Massen einfacher Bürger. Shahn, der auch ein Meister der Lithographie ist, greift Ungerechtigkeit, tyrannische Autorität und klassenbewußte Traditionen an. Zeitkritik spricht auch aus den Werken (v.a. Großstadtbilder) von *Max Beckmann* (1884–1950).

Das Programm der Neuen Sachlichkeit forderte von den Malern der AMERICAN SCENE einen wirklichkeitsnahen Stil mit nationalen Inhalten. Die den Künstlern zugekommene Regierungsunterstützung ermöglichte den Aufbau von Zentren zur Pflege regionaler Kunst und verminderte damit New Yorks Bedeutung als amerikanischer Brennpunkt künstlerischen Geschehens. Als Realisten aus dem Middle West sind *Thomas Hart Benton*, *John Stuart Curry* und *Grant Wood* zu nennen. Wood (1892–1942) nahm den holländischen Stil des 15. Jahrhunderts wieder auf, um die Atmosphäre des provinziellen amerikanischen Lebens zu veranschaulichen. Er wurde durch sein Doppelporträt eines iowanischen Bauern und seiner Frau bekannt, das als AMERIKANISCHE GOTIK bezeichnet wird.

Ivan Albright experimentierte mit Stilleben, um subjektive Stimmungen auszudrücken, der seit 1960 in der Schweiz lebende **Mark Tobey** (geb. 1890) befaßte sich mit ostasiatischer Kunst und Kalligraphie. Tobeys 'White Painting' ('weiße Malweise') brachte den orientalischen Formalismus in die amerikanische Kunst; seine spätere Malerei zeichnet sich durch feinste Subtilität aus.

In den vierziger und fünfziger Jahren wurde das Black Mountain College in North Carolina unter **Willem de Kooning** (geb. 1904) zum Sammelplatz der Avantgarde. De Kooning entwickelte in Zusammenarbeit mit *Robert Rauschenberg* (s. S. 105), *Arshile Gorky* (1904–1948) und **Jackson Pollock** (1912–1956) einen später als ABSTRAKTER EXPRESSIONISMUS bezeichneten Stil, dessen Bedeutung in der Art und Weise liegt, auf welche das Bild selbst den mechanischen und geistigen Vorgang des Malens darstellt. Man arbeitet mit Pinseln, Löffeln, Messern und anderen Werkzeugen, um die Spannung in der schöpferischen Kunst auszudrücken. Bis zu seinem Tode war Pollock das Haupt dieser Bewegung. Er entwickelte seinen Stil in den vierziger Jahren, als er eine Leinwand auf dem Boden ausbreitete und darauf umherging, während er aufs Geratewohl

Farbe aus Eimern spritzte und sie von Stöcken hinabtropfen ließ. Pollock erstrebte damit, was er 'Contact' nannte und man in Europa als ACTION PAINTING oder ART INFORMEL (formlose Kunst) bezeichnet, wobei der Aufbau des Bildes im Malvorgang selbst improvisiert wird. Die meisten seiner Bilder haben deshalb einfach Nummern statt Titel. Für diese Art experimentellen 'Befleckens' der Leinwand als spontaner oder 'automatischer' Kunstäußerung prägte M. Seuphor die Bezeichnung TACHISMUS (von französisch 'la tache' = der Fleck). Ein wichtiger Repräsentant dieser Richtung ist auch *Franz Kline* (1910–1962).

Aus dem Black Mountain College ging auch *Joseph Albers* hervor, der im Gegensatz zu de Kooning die Schlichtheit der Form und die Eigenart der Farbe betont, gewöhnlich durch geometrische Entwürfe wie zum Beispiel ineinander ruhende Vierecke. Albers wurde später als Professor für Kunstentwürfe an die Yale-Universität berufen. Als einer der besten Maler dieser Zeit gilt der aus Rußland gebürtige *Pavel Tchelichew* (1898–1957); seine verwandlungsreiche Komposition «Hide and Seek» («Verstecken»; 1942) ist bemerkenswert. Trotz der Vorherrschaft des abstrakten Expressionismus sind viele zeitgenössische amerikanische Kunstwerke nach wie vor im Stil des traditionellen amerikanischen REALISMUS gehalten. *Walt Kuhn*, *Andrew Wyeth*, *George Bellows* und *Edward Hopper* seien hierfür als typische Vertreter erwähnt.

Aus den verschiedenen Bewegungen der sechziger Jahre zeichnen sich drei Richtungen deutlich ab: NEW ABSTRACTION, POP(ular) ART und OP(tical) ART. Alle drei scheinen eine Reaktion auf den abstrakten Expressionismus zu sein und versuchen, die Lücke zwischen Kunst und Leben zu schließen, indem sie den ästhetischen Wert des Alltäglichen und Banalen aufzeigen. Zur Neuen Abstraktion bekannten sich **Robert Rauschenberg** (geb. 1925) mit Collagen, Assemblagen und Ready-mades und *Jasper Johns* (geb. 1930), der sich besonders mit dem Problem der Illusion in der Wirklichkeit befaßt. Zu den Pop-Künstlern gehören **Roy Lichtenstein** (geb. 1923), *Larry Rivers* (geb. 1923), **Claes Thure Oldenburg** (geb. 1929; nur Dreidimensionales), *Andy Warhol* (geb. 1930) und *James Rosenquist* (geb. 1933); sie machen massenansprechende Quellen wie Werbeplakate, gezeichnete Bildgeschichten (Comic Strips), Film und Fernsehen zum Gegenstand ihrer künstlerischen Aussage. Warhol, der auch filmt (s. S. 99) ist mit seinen Plastiken oder Modellen von Konservendosen, Seifenschachteln und dergleichen auch der Op Art verbunden, wobei die Illusion darin besteht, daß man die Kunstgegenstände von den eigentlichen Erzeugnissen nicht unterscheiden kann. Weitere namhafte Künstler der nordamerikanischen Avantgarde sind *Richard Lindner* (geb. 1901), **Mark Rothko** (geb. 1903), *Clyfford Still* (geb. 1904), *Barnett Newman* (1905–1970), **Robert (Burns) Motherwell** (geb. 1915), *Sam Francis* (geb. 1923; seit 1950 in Paris), *George Segal* (geb. 1924; Figur-Ding-Kombinationen), *Robert Indiana* (geb. 1928), *Marisol Escobar* (geb. 1930), *Billy Al Bengston* (geb. 1934), *Frank Stella* und *George Rickey* ('kinetische Objekte').

Eine weitere Kunstrichtung erregt in jüngster Zeit unter dem Namen HAPPENINGS (Ereignisse; s. S. 91) Aufsehen; es handelt sich hierbei um eine hybride Kompositionsform, bei der die künstlerische Tätigkeit ('action' = Malakt) dramatisiert und die Kunst damit verlebendigt wird. Happenings sind eher ephemere Geschehnisse als bleibende Schöpfungen. Der Sinn liegt nicht so sehr im Festhalten eines Erlebens sondern im Erlebnis selbst. Ein Happening ist zwar kaum als echte Kunstform anzusehen, aber es veranschaulicht die alles beherrschende Vorliebe zeitgenössischer amerikanischer Künstler, die Kunst der Öffentlichkeit näher zu bringen und sie unmittelbarer erleben zu lassen. Initiatoren dieser Bewegung wie auch jener der den Menschen in das künstlerische Geschehen einbeziehenden ENVIRONMENTS ('Umgebungen') sind *Allan Kaprow* und *Jim Dine;* mit letzteren hat sich besonders *Edward Kienholz* hervorgetan. *Robert Graham* gestaltet Environments in Miniaturgröße als 'Guckkästen'.

Als Reaktion auf alle abstrahierenden und experimentierenden Kunstströmungen streben zu Beginn der siebziger Jahre amerikanische Maler geradezu sehnsüchtig nach traditionellen Gegenständen: NEW REALISM ('kapitalistischer Realismus') ist die Benennung für eine akademisch manirierte Malweise, deren Vertreter — etwa *Philip Pearlstein* (geb. 1924), *Sidney Tillim* (geb. 1925), *Charles Close* (geb. 1940), *Lowell Nesbitt*, *Howard Kanovitz*, *Richard Estes* oder *Malcolm Morley* — sich vorzugsweise mit der pedantisch genauen Wiedergabe realer Motive oder der getreuen Nachzeichnung photographischer Aufnahmen beschäftigen. — Totale Abkehr von herkömmlichen künstlerischen Vorstellungen und Wertmaßstäben fordert und praktiziert *Les Levine* (geb. 1936) mit einer hochgradig technisierten 'Antikunst'.

Plastik

Bis zum 20. Jahrhundert gibt es in Amerika, wenn man von Denkmälern absieht, nur wenig erwähnenswerte eigenständige skulpturale Kunst.

Als Schöpfer allegorischer Gruppen und klassizistischer Denkmäler ist der Thorvaldsen-Schüler *Horatio Greenough* (1805–1852) zu nennen, der auch funktionalistische Werke schuf. Der bedeutendste Bildhauer des 19. Jahrhunderts in den USA ist jedoch der aus Irland gebürtige und in Paris sowie in Rom geschulte **Augustus Saint-Gaudens** (1848–1907); er gestaltete ausdrucksvolle Porträtbüsten, Reliefs und zahlreiche realistische Denkmäler.

Der von Rodin beeinflußte schwedische Bildhauer *Carl Milles* (1875–1955) hat eine Vielzahl von Plastiken für öffentliche Anlagen und Gebäude geschaffen. **Gaston Lachaise** (1882–1935), der 1906 aus Frankreich in die USA einwanderte, setzte die französische Tradition großer weiblicher Aktskulpturen mit kraftvollen, teils übertriebenen Proportionen fort und lieferte einige Porträtbüsten.

Der bekannteste amerikanische Bildhauer der zwanziger Jahre dieses Jahrhunderts ist **David Smith** (1906–1965). Er war ursprünglich Maler, einer der ersten modernen Künstler, die (seit 1933) mit geschweißten Metallformen arbeiteten, und gilt als surrealistisch, abstrakt-symbolischer Former.

Alexander Calder (geb. 1898) war zuerst Ingenieur, wandte sich dann dem Zeichnen sowie der Bildhauerei zu und experimentierte mit modellierten Drahtfiguren ('Stabiles'). Später entwickelte er sorgfältig im Gleichgewicht gehaltene große 'Mobiles', die er aus Metallplatten, Stangen und Drähten baute und entweder durch einen Luftstrom oder einfaches Berühren in Bewegung setzte.

Alexander Archipenko (1887–1964) stammte aus Kiew und kam über Paris (1908) und Berlin (1920) im Jahre 1923 in die USA. Zunächst gestaltete er kubistisch abstrakt meist nach dem Vorbild des weiblichen Körpers, schuf bemalte Reliefs ('Skulptomalerei'), neigte vorübergehend zu einem schwelgerisch stilisierten Naturalismus und kehrte schließlich zu abstrakten Gebilden zurück, wobei er vorwiegend Kunststoffe benutzte: Bewegungsmalerei, 'kinetische Objekte', polychrome Plastik.

Stein, Ton und Holz sind die bevorzugten Materialien des Nippoamerikaners **Isamu Noguchi** (geb. 1904), der 1927/28 bei

Brîncuşi in Paris studierte. Er betont die abstrahierende einfache und geschlossene Form sowie polierte Oberflächen; auch zählen Gartenplastiken und innenarchitektonische Gestaltungen zu seinen Werken. *Raoul Hague, Louise Nevelson* und *Gabriel Kohn* bedienen sich ebenfalls der genannten Werkstoffe.

Der aus Posen stammende **Theodore Roszak** (geb. 1907) begann seine künstlerische Laufbahn als Maler sowie Graphiker und wandte sich 1931 der Plastik zu. Seit 1945 schuf er Metallskulpturen, denen er eine einprägsame Bildhaftigkeit einhauchte. *Herbert Ferber* (geb. 1906) konzipiert vor allem symbolhaltige Großplastiken für Plätze und Gärten. Zum Surrealismus neigt *David Hare* (geb. 1917) mit phantasievollen Metallkompositionen. Der New Yorker **Richard Lippold** (geb. 1915) gilt als Meister gegenstandsloser, magisch anmutender Figurationen aus häufig feinsten Metalldrähten. Der gebürtige Litauer **Jacques Lipchitz** (eigentlich Chaim Jacob L.; geb. 1891) kam erst 1941 in die Vereinigten Staaten. Seine anfangs kubistischen Formen nahmen mehr und mehr surrealistische Züge an, wobei ein Hang zu sinnlich-barocker Gestaltung deutlich ist. Als Bildhauer moderner Prägung muß auch der naturalisierte Russe **Naum Gabo** (eigentlich N. Pevsner; geb. 1890, seit 1946 in den USA) genannt werden, der seit 1920 ('Realistisches Manifest' mit seinem Bruder Antoine Pevsner) 'kinetische Plastiken' schuf; mit technischer Präzision formte er abstrakte, meist luftige Gebilde aus Metall, Glas oder Kunststoff (u.a. Nylonfadenbespannungen).

Die gegenwärtige Tendenz in der amerikanischen Bildhauerei schen Entwürfen, die oft nur auf industriellem Wege hergestellt zeigt eine Vorliebe für geschmolzenes Metall in eher geometriwerden können. *Ellsworth Kelly, Alexander Liberman* und *José de Rivera* verkörpern diese Richtung.

Architektur

(Namhafte Architekten der USA und ihre wichtigsten Bauwerke s. S. 111)

Die ersten dauerhaften, von europäischen Siedlern in Amerika errichteten Bauten waren Nachahmungen der ländlichen, englischen Gotik und sahen den elisabethanischen Häusern ähnlich. Sie bestanden aus ineinandergefügten, mit hölzernen Keilen befestigten Eichenholzbalken. Dieser Baustil wurde in Neuengland bis zum 19. Jahrhundert beibehalten, und es lassen sich Beispiele dazu in rekonstruierten oder erhaltenen Kolonialdörfern wie Sturbridge Village (Massachusetts) und Mystic

(Connecticut) finden. Der erste vornehme Stil, den man als amerikanischen KOLONIALSTIL bezeichnet, wurde von dem englischen Baumeister Christopher Wren beeinflußt, der auch selbst Pläne für Gebäude in Williamsburg (Virginia) entwarf. Öffentliche Bauten und größere Häuser wurden oft aus Ziegeln und Steinquadern errichtet, wie man an restaurierten Beispielen in ganz Williamsburg sehen kann; auch in Georgetown (Washington, D.C.), Boston (Massachusetts), Philadelphia (Pennsylvania) und Providence (Rhode Island), gibt es Häuser aus dieser Epoche. Der in Amerika bekannteste Architekt des 19. Jahrhunderts war *Peter Harrison.* Er entwarf verschiedene Gebäude in Newport (Rhode Island). Die Van Rensselaer Mansion in New York und der John Nicholas Brownsche Herrensitz in Providence sind die besten erhaltenen Zeugen dieses frühen Kolonialstils.

Während der ersten Hälfte des 19. Jahrhunderts erlebt die amerikanische Architektur mit dem CLASSICAL REVIVAL ein Wiederaufleben antiker Bauformen, wie die großen Plantagensitze des Südens mit ihren säulengeschmückten Eingängen und ihrer rechteckigen Symmetrie zeigen, von denen jedoch viele im Sezessionskrieg zerstört wurden. Im Norden bestanden die Häuser dieser Epoche aus Ziegeln und Steinen und orientierten sich am Vorbild antiker griechischer Bauten. *Thomas Jefferson*, der dritte Präsident der Vereinigten Staaten, stützte sich bei seinem Entwurf für das Kapitol in Richmond (Virginia) auf die römische Maison Carrée des südfranzösischen Nîmes, während sein eigenes Haus Monticello (bei Charlottesville, Virginia) einem griechischen Tempel nachgebildet ist.

In den achtziger und neunziger Jahren des vorigen Jahrhunderts erfuhr die rein amerikanische Baukunst einen epochemachenden Auftrieb, als *William LeBaron Jenney* im Jahre 1885 am Chicagoer 'Loop' mit dem Home Insurance Building den ersten größeren Stahlskelettbau errichtete. Diesem folgten mehrere Gebäude dieser fortschrittlichen Baukunst der Architekturgemeinschaften *Adler & Sullivan, Burnham & Root* und *Holabird & Roche.* Nach der Chicagoer Weltausstellung von 1893 lebte jedoch die europäische Baukunst wieder auf, und das Interesse an der CHICAGOER SCHULE, deren führender Kopf **Louis H. Sullivan** war, erlosch. Die Wiederbelebung der Architektur der Alten Welt zeigte sich im formalen italienischen Stil wie etwa der Bostoner Public Library (1894), im viktorianischen «Pfefferkuchenstil» großer Privathäuser, im Tudor-Stil und im Regency-Stil (z.B. Vanderbilts 'The Breaker' in Newport, Rhode Island). Ein vielbeschäftigtes Architekturbüro jener Zeit war *McKim, Mead & White*.

Frank Lloyd Wright war H. L. Sullivans Schüler und Nachfolger als Verfechter von Stahlbauten und Hochhäusern. Er arbeitete mit seinem Lehrer bis 1893 zusammen, eröffnete dann sein eigenes Büro und begann horizontal betonte Häuser zu bauen, die völlig in ihre natürliche Umgebung überzugehen schienen. Würfelähnliche Umbauung freien Raumes und fließende innere Strukturformen sind die zwei Hauptmerkmale seiner Entwürfe. Wrights Grundidee ist eine 'organische Architektur'.

Inzwischen hielt man sich an verschiedene andere Stilarten und benutzte eine größere Auswahl an Baumaterialien. *Albert Kahn* errichtete 1905 den ersten stahlarmierten Betonbau für die New Yorker Verwaltung der Packard Motor Car Company. Der erste eigentliche SKYSCRAPER (Wolkenkratzer) war *Cass Gilberts* gotisch anmutendes Woolworth Building (1913) in New York. Unter den frühen Wolkenkratzern befinden sich auch der von *Hood & Howells* entworfene Chicago Tribune Tower (1923–1925) und das von *Shreve, Lamb & Harmon* entworfene New York Empire State Building (1931). Zum Bau des Gebäudekomplexes des Rockefeller Centers (1931–1940) im Herzen von Manhattan schlossen sich die Architekturbüros *Reinhard & Hofmeister, Corbett, Harrison & MacMurray*, sowie *Hood & Fouilhoux* zusammen und schufen die erste bedeutende Großeinheit städtebaulicher Raumplanung, d.h. die Verschmelzung einer Gebäudegruppe zu einem in sich geschlossenen Ganzen.

Nach dem zweiten Weltkrieg brachten Immigranten wie **Marcel Lajos Breuer** und **Walter Gropius**, die beide an der Harvard-Universität lehrten, den Einfluß des BAUHAUS nach Amerika. Auch **Ludwig Mies van der Rohe,** einst Leiter des Chicagoer Armour Institute (heute Illinois Institute of Technology) und der Gründer des NEW BAUHAUS an der University of Chicago, *László Moholy-Nagy*, gehörten zu dieser Gruppe.

Der aus Finnland stammende **Eero Saarinen** war einer der bekanntesten individuellen Architekten des modernen Amerika. Zunächst von Mies van der Rohe beeinflußt, fand er zu einem eigenen vielseitigen Baustil, der durch Gliederung und Leichtigkeit besticht. In dieser Reihe müssen auch *Philip K. Harrison, Edward D. Stone* und *Gordon Bunshaft* genannt werden. Andere fortschrittliche Architekten wie *Louis Kahn* oder *Ieoh Ming Pei* zeichnen sich durch stilistisch strengen Formalismus aus.

Namhafte Architekten der USA und ihre wichtigsten Bauwerke

Name	Lebensdaten	Bauwerk und Ort
Max **Abramovitz**	geb. 1908	Alcoa Building, Pittsburgh (Pa.; Mitarbeit) UNO-Anlagen, New York (N.Y.; Mitarbeit) Philharmonic Hall, Lincoln Center for the Performing Arts New York (N.Y.)
Henry **Bacon**	1866–1924	Lincoln Memorial, Washington (D.C.)
Pietro **Belluschi**	geb. 1899	Stadtplanung, Kirchenbau
Marcel Lajos **Breuer**	geb. 1902	Geller House, Lawrence (Long Island; N.Y.) Siedlung New Kensington bei Pittsburgh (Pa.; mit W. Gropius) Whitney Museum of American Art, New York (N.Y.; mit H. Smith)
Charles **Bulfinch**	1763–1844	Federal Street Theatre, Boston (Mass.) State House, Boston (Mass.) Capitol, Washington (D.C.; Mitarbeit)
Gordon **Bunshaft**	geb. 1909	Lever House, New York (N.Y.) Connecticut General Life Insurance Building, Bloomfield (Conn.) Chase Manhattan Bank, New York (N.Y.)
Daniel H. **Burnham**	1846–1912	Union Station, Washington (D.C.) Flatiron Building, New York (N.Y.) Wanamaker Store, New York (N.Y.) Railroad Station, Pittsburgh (Pa.) Filene's Store, Boston (Mass.)
Ralph Adams **Cram**	1863–1942	Cathedral of St. John the Divine, New York (N.Y.) U.S. Military Academy, West Point (N.Y.; Mitarbeit) Cathedral of Washington, Washington (D.C.; Mitarbeit) Cathedral of San Francisco, San Francisco (Cal.; Mitarbeit)
Alexander J. **Davis**	1803–1892	Sub-treasury, New York (N.Y.) Capitol, Indianapolis (Ind.) Capitol, Raleigh (N.C.) Capitol, Springfield (Ill.) Capitol, Colombus (O.)

Name	Lebensdaten	Bauwerk und Ort
Richard Buckminster **Fuller**	geb. 1895	Dymaxion House, Kansas City (Mo.) Halle der Union Tank Car Co., Baton Rouge (La.) Ford Rotunda, Detroit (Ill.) Gewächshaus im Botanischen Garten von St. Louis (Mo.)
Cass **Gilbert**	1859–1934	Custom House, New York (N.Y.) Woolworth Building, New York (N.Y.) Capitol, St. Paul (Minn.) Supreme Court Building, Washington (D.C.) Endicott Building, St. Paul (Minn.) Dayton Avenue Church, St. Paul (Minn.) St. Clement's Episcopal Church, St. Paul (Minn.) Brazer Building, Boston (Mass.) Suffolk Savings Bank, Boston (Mass.) Union Club, New York (N.Y.) Art Building, St. Louis (Mo.) Festival Hall, St. Louis (Mo.) Central Public Library, St. Louis (Mo.) Ives Memorial Library, New Haven (Conn.) Public Library, Detroit (Mich.) University of Minnesota, Minneapolis (Minn.) University of Texas, Dallas (Tex.)
Bertrand **Goldberg**	geb. 1913	Marina City Towers, Chicago (Ill.)
Walter **Gropius**	1883–1969	Zusammenarbeit mit dem von ihm begründeten Team «The Architect's Collaborative» Harvard Graduate Center, Cambridge (Mass.) Pan Am Building, New York (N.Y.) Back Bay Center, Boston (Mass.) Zahlreiche Wohnbauten
Peter **Harrison**	18. Jh.	Redwood Library, Newport (R.I.) Brick Market, Newport (R.I.) Touro Street Synagogue, Newport (R.I.)

Name	Lebensdaten	Bauwerk und Ort
Wallace K. **Harrison**	geb. 1895	Alcoa Building, Pittsburgh (Pa.; Mitarbeit) UNO-Anlagen, New York (N.Y.; Mitarbeit) Metropolitan Opera House, Lincoln Center for the Performing Arts, New York (N.Y.)
Thomas **Hastings**	1860–1929	Public Library, New York (N.Y.) Frick Mansion, New York (N.Y.)
James **Hoban**	1762–1831	White House, Washington (D.C.)
Raymond **Hood**	1881–1934	Rockefeller Center, New York (N.Y.; Mitarbeit) McGraw-Hill Building, New York (N.Y.) Tribune Tower, Chicago (Ill.)
Richard M. **Hunt**	1828–1896	Metropolitan Museum of Art, New York (N.Y.; Mitarbeit) The Breakers, Newport (R.I.) Capitol, Washington (D.C.; Mitarbeit) Lenox Library, New York (N.Y.; abgerissen) Tribune Buildings, New York (N.Y.; Mitarbeit) Theological Library, Princeton (N.J.) Marquand Chapel, Princeton (N.J.) Divinity College, Yale University, New Haven (Conn.) Vanderbilt Mausoleum, Staten Island (N.Y.) Yorktown Monument, Yorktown (Va.) Administration Building, World's Columbian Exposition in Chicago 1893, Chicago (Ill.) Wohnhaus von W.K. Vanderbilt, New York (N.Y.) Wohnhaus von Henry Marquand, New York (N.Y.) George W. Vanderbilt County House, Biltmore Marble House, Newport (R.I.)
Thomas **Jefferson**	1743–1826	Landsitz Monticello, Charlottesville (Va.) Capitol, Richmond (Va.)

Name	Lebensdaten	Bauwerk und Ort
Phillip C. **Johnson**	geb. 1906	Procter Institute, Utica (N.Y.) Johnson's House, New Canaan (Conn.) New York State Theater, Lincoln Center of Performing Arts, New York (N.Y.) Amon Carter Museum, Fort Worth (Tex.)
Albert **Kahn**	1869–1942	Athletic Club Building, New York (N.Y.) General Motors Building, New York (N.Y.) Packard Building, New York (N.Y.)
Louis I. **Kahn**	geb. 1901	Richards Medical Research Building, Pennsylvania University, Philadelphia, (Pa.) Art Gallery, Yale University, New Haven (Conn.)
Christopher Grant **La Farge**	1862–1938	Chapel, West Point (N.Y.) Cathedral, Seattle (Wash.)
Benjamin H. **Latrobe**	1764–1820	U.S. Capitol, Washington (D.C.; Mitarbeit) Bank of Philadelphia, Philadelphia (Pa.)
Erich **Mendelsohn**	1887–1953	zahlreiche Krankenhäuser
Charles F. **McKim**	1847–1909	Public Library, Boston (Mass.) Columbia University, New York (N.Y.; Mitarbeit) University Club, New York (N.Y.)
Ludwig **Mies van der Rohe**	1886–1969	Haus Farnsworth Seagram Building, New York (N.Y.; Mitarbeit) Campus, Illinois Institute of Technology, Chicago (Ill.) Wohnhäuser (u.a. Hochhäuser) in Chicago (Ill.)
Robert **Mills**	1781–1855	Washington Monument, Washington (D.C.)
László **Moholy-Nagy**	1895–1966	New Bauhaus, Chicago (Ill.) Industrial Design
Richard **Neutra**	1892–1970	Health House, Los Angeles (Cal.) Experimental School, Los Angeles (Cal.) Kester Avenue School, Los Angeles (Cal.) Wohnhäuser in Santa Barbara (Cal.) und Phoenix (Ariz.) Gemeinschaftsbauten, Stadtplanung
Frederick L. **Olmsted**	1822–1903	bedeutender Gartenarchitekt und Landschaftsgestalter

BILDENDE KUNST

Name	Lebensdaten	Bauwerk und Ort
Ieoh Ming **Pei**	geb. 1917	Kips Bay Plaza, New York (N.Y.) Earth Sciences Building, Massachusetts Institute of Technology, Cambridge (Mass.)
John Russel **Pope**	1874–1937	National Gallery, Washington (D.C.) Scottish Rite Temple, Washington (D.C.) Plattsburg City Hall, Plattsburg (N.Y.) McDonough Memorial, Plattsburg (N.Y.) Terminal Station, Richmond (Va.) Lincoln Memorial, Hodgenville (Ky.) Roosevelt Memorial, Washington (D.C.) Mellon Art Gallery, Washington (D.C.) Roosevelt Memorial, New York (N.Y.)
James **Renwick**, jr.	1818–1895	Grace Church, New York (N.Y.) St. Patrick's Cathedral, New York (N.Y.) Smithsonian Corcoran Galleries, Washington (D.C.) Calvary Church, New York (N.Y.) St. Stephen's Church, New York (N.Y.) St. Bartholomew's Church, New York (N.Y.) Vassar College, Poughkeepsie (N.Y.)
Henry H. **Richardson**	1838–1886	Trinity Church, Boston (Mass.; Mitarbeit) Brattle Square Church, Boston (Mass.) County Buildings, Pittsburgh (Pa.) Capitol, Albany (N.Y.) Town Hall, Albany (N.Y.) Town Hall, Springfield (Ill.) Town Hall, North Easton (Mass.) Town Library, Woburn (Mass.) Town Library, North Easton (Mass.) Library, Harvard University, Cambridge (Mass.) Chamber of Commerce, Cincinnati (O.)
James Gamble **Rogers**	1867–1947	Columbia Presbyterian Medical Center, New York (N.Y.) Northwestern University, Chicago (Ill.; Mitarbeit)

Name	Lebensdaten	Bauwerk und Ort
Eero **Saarinen**	1910–1961	Gateway to the West Arch, St Louis (Mo.) TWA Flight Center, New York (N.Y.) General Motors Technical Center, Warren Dulles International Airport Building (Va.) Eishockeybahn der Yale University, New Haven (Conn.) Massachusetts Institute of Technology, Cambridge (Mass.; Mitarbeit)
Edward Durell **Stone**	geb. 1902	US-Botschaftsgebäude in New Delhi, Indien Huntington Hartford's Gallery of Modern Art, New York (N.Y.) John F. Kennedy Center of the Performing Arts, Washington (D.C.)
Hugh A. **Stubbins**	geb. 1912	Assistent von Walter Gropius; Mitarbeit an der Neugestaltung der Bostoner Innenstadt.
Louis H. **Sullivan**	1856–1924	Auditorium, Chicago (Ill.) Zahlreiche Wirtschaftsbauten in Zusammenarbeit Ader & Sullivan
Richard **Upjohn**	1802–1878	Trinity Church, New York (N.Y.)
Stanford **White**	1853–1906	Washington Arch, New York (N.Y.) Madison Square Garden, New York (N.Y.; ursprüngliches Gebäude) Trinity Church, Boston (Mass.; Mitarbeit) Century Club, New York (N.Y.) Metropolitan Club, New York (N.Y.) Tiffany Building, New York (N.Y.) Gorham Building, New York (N.Y.) University of New York (N.Y.) University of Virginia, Richmond (Va.)
Frank Lloyd **Wright**	1869–1959	Eigenes Wohnhaus in Chicago (Ill.) Robic House, Chicago (Ill.) Imperial Hotel, Tokio (abgerissen) «Haus über dem Wasserfall» («Falling Waters»), Bear Run (Pa.)

Name	Lebensdaten	Bauwerk und Ort
		Johnson Wax Building, Racine (Wisc.)
		Price Tower (Wohnhochhaus), Bartlesville (Okla.)
		Salomon R. Guggenheim Museum New York (N.Y.)
		Eigene Wohnhäuser in Taliesin Spring Green (Wisc.) und, Taliesin West (Ariz.).
		Grady Gammage Memorial Auditorium, Arizona State University, Tempe (Ariz.)
		Zahlreiche noch nicht realisierte Entwürfe (u.a. Mile-High-Skyscraper mit 528 Stockwerken für 130 000 Menschen)

MUSIK

Von vereinzelten volkstümlichen Weisen abgesehen bildet sich bis zum 19. Jahrhundert in Nordamerika praktisch keine eigenständige musikalische Ausdrucksform, wenngleich sich erste Musikströmungen bereits im 17. und 18. Jahrhundert zu entwickeln beginnen. Die in jener Zeit entstandenen religiösen Gesänge ('Bay Psalm Book' von 1698), die Gründung erster Orchestergruppen, das Abhalten von Konzerten (zuerst 1731 in Boston, Mass.) und die Schöpfung von Opern (erstmals 1735 in Charleston, S.C.) zeigen keinerlei Zusammenhang, vollziehen sich ohne jede stilistische Zuordnung und sind allein der zufälligen Initiative vereinzelter Liebhaber in verschiedenen Städten zu verdanken.

Im 19. Jahrhundert beginnt das amerikanische Musikleben allmählich, sich im Schatten europäischer Kunstströmungen systematisch zu organisieren. Musikgesellschaften und Orchester (New York Philharmonic Orchestra, 1842) entstehen, und die Zahl der bedeutenderen Komponisten und Dirigenten nimmt laufend zu. Dennoch ist eine Klassifizierung der Erscheinungen im musikalischen Sinne unmöglich. Das ungestüm rassische und nationale Gemisch der Bevölkerung läßt einen absoluten Liberalismus und einen uneingeschränkten Eklektizismus aufkommen; beides verhindert die Entwicklung einer eindeutig ausgerichteten Strömung und hemmt die Synthese der einzelnen Elemente zu einer nationalen charakteristischen Musikrichtung. So trifft man im 19. Jahrhundert lediglich amerikanische Komponisten, nicht aber eine amerikanische Musik.

Ausgehend von einer Kernzelle in New Orleans tritt der Jazz seinen Siegeszug durch Amerika und die ganze Welt an. Sein Einfluß auf praktisch alle Sphären der Musik ist unleugbar. Im Bereich der 'ernsten' Musik lassen sich zwei Arten von Tondichtern deutlich unterscheiden: einerseits diejenigen, welche ihr Werk möglichst von intellektuellen Einflüssen frei aus folkloristischen Elementen nähren, und jene, die sich im Streben um universelle Formen am europäischen Vorbild orientieren. Zu diesen letzteren zählen Komponisten (s. S. 125), die ihre musikalische Ausbildung in Europa genossen haben, aber auch jene, die sich, in den USA geschult, europäischer Stil- und Kunstmittel bedienen, um ihr Werk zu bereichern und zu verfeinern.

Volksmusik

Die **Musik der Eingeborenen** ist eines der Elemente amerikanischer Volksmusik. Die alten *indianischen* Jagd-, Kriegs-, Fruchtbarkeits- oder Regentänze und -gesänge, die heute noch in den Reservaten der Navajo- und der Hopi-Stämme zu sehen und zu hören sind, bilden jedoch unter der Vielfalt fremder Einflüsse nur einen verschwindenden Teil der üblicherweise als amerikanische Folklore bezeichneten Kulturerscheinung.

Im Laufe der Jahrhunderte nahmen die **europäischen Einflüsse** immer stärker zu. Einwanderer brachten ihre Volksweisen mit, die dort, wo sich größere Gruppen gleicher Herkunft niederlassen, die Folklore im Sinne ihrer alten Heimat prägten. So haben sich die Lieder *britischer* Kolonisten in Neuengland und den Appalachen erhalten; in gewissen Gegenden kann man dort neben Redewendungen aus der elisabethanischen Zeit noch englische Balladen aus dem 17. Jahrhundert wie etwa «Barbara Allen», «The Hangman's Tree», «Child Waters» u.a. hören. *Französische* Weisen finden sich indes in Akadien, von wo sie die Nachfahren französischer Einwanderer auch nach Louisiana brachten. *Portugiesische* Fischerlieder sind entlang der Atlantikküste zu hören und mit den *deutschen* Kolonisten kamen protestantische Choräle in die Ebenen Pennsylvaniens. Deutlich, doch freilich weniger ausgeprägt als etwa in Mittel- und Südamerika, schwingen *spanische* Klänge in der Volksmusik Kaliforniens oder Neumexikos mit. In einzelnen Industriegebieten sind noch verwischte Spuren *italienischer*, *ungarischer* oder *nordischer* Volksmusik spürbar.

Eine besondere Erscheinungsform traditioneller amerikanischer Volksweisen ist die COUNTRY AND WESTERN MUSIC mit den schwungvollen, meist von Fiedel, Gitarre, Banjo oder Mundharmonika begleiteten *Hillbilly Songs*. Die ursprünglich abwertende Bezeichnung 'Hillbillies' steht für die ländlichen (hinterwäldlerischen) Bewohner des mittleren Mississippigebietes (Tennessee, Arkansas, Missouri, Kentucky); ihre sprachlichen und rhythmischen Eigenarten gehen auf englische Volkslieder des 17. und 18. Jahrhunderts zurück. Der in der zweiten Hälfte der fünfziger Jahre dieses Jahrhunderts weltweit populär gewordene *Rock-and-Roll* (Rock'n' Roll; 'Tennesse' Ernie Ford, Elvis Presley, Bill Haley, Ricky Nelson) leitet sich von dieser Art der Volksmusik her und wirkt in der aktuellen *Beat*- und *Pop-Musik* (Beatles, Jimi Hendrix, Janis Joplin) nach.

An dieser Stelle seien auch die in den USA weit verbreiteten *Square Dances* erwähnt; das sind Volkstänze, bei denen von jeweils vier in Form eines Quadrates ('square') aufgestellten Paaren verschiedene Figuren nach volkstümlicher Musik und den Weisungen eines Ansagers ausgeführt werden.

Die von jeher beliebten Volkslieder, Balladen und Cowboylegenden (Roy Rogers, Gene Autry) erfuhren in den vierziger Jahren (Burl Ives), vor allem aber in den fünfziger und sechziger Jahren (Pete Seeger; Peter, Paul & Mary; Jim Webb; Bob Dylan; Joan Baez) als *Folk Songs* und *Protest Songs* eine ungeahnte Neubelebung.

Aus der Mischung verschiedener Musikelemente entstanden oft neue Formen; so etwa die aus französischen, spanischen und afrikanischen Bestandteilen verschmolzenen *Creole Songs*. Dennoch sind alle diese Komponenten von geringer Auswirkung im Vergleich zu dem entscheidenden und folgenschweren Einfluß der Negermusik.

Afrikanische Einflüsse brachten die Neger mit in die Neue Welt. Ihre Tänze und Lieder, die alle Feste, Feiern und Versammlungen begleiteten, waren von jeher durch einen beherrschenden Rhythmus gekennzeichnet, der, oft bis ins Ekstatische gesteigert, durch Händeklatschen, Fußstampfen oder den reichen Gebrauch verschiedenartiger Schlaginstrumente erzeugt wird.

Als gegen Ende des 18. Jahrhunderts afrikanische Negersklaven vor allem in die amerikanischen Südstaaten eingeführt wurden, traf ihre höchst rhythmische Musik auf europäische Stilelemente, die sie befruchteten und mit welcher sie sich in ganz eigener Weise verknüpfte, indem sie diese in veränderter und vitalisierter Form weiterverwendete.

So lehrten protestantische Prediger die missionierten Farbigen Kirchenlieder und Kantaten, welche die von ihrem neuen Glauben naiv und brennend überzeugten Konvertiten mit ihrer rhythmischen Leidenschaft verbanden. Aus dieser seltsamen Mischung entstanden die *Negro Spirituals*. Aus dem Zwiegespräch zwischen Prediger und dem Chor der von Begeisterung und Hoffnung auf eine besseres Leben erfüllten, akzentuiert antwortenden Gläubigen entwickelten sich später die *Gospel Songs*.

Die während der Arbeit gesungenen *Work Songs* wurden von den weißen Herren nicht nur geduldet sondern sogar gefördert. Sie regten den Arbeitseifer der Sklaven an und erstickten, wie man glaubte, den Wunsch nach Rebellion; tatsächlich aber vermittelte manches harmlos scheinende Lied versteckte Anweisungen und Pläne, um der Sklaverei zu entkommen. In jedem Falle jedoch half der getragene, aus dem Gefühl der Unterdrückung erwachsene Rhythmus den Negern, ihr Leid seelisch und körperlich zu tragen. So entstand jener traurig anmutende, balladenhafte archaische *Blues* (von engl. 'to feel blue' = in gedrückter Stimmung sein). Außerdem schufen die afrikanischen Rhythmen in Verbindung mit den alten Tanzweisen der Kolonisten neue, allgemein beliebte Tänze.

Jazz

Aus afro-amerikanischer Vokalmusik bildete sich der ins Instrumentale transponierte Jazz. Farbige Musiker übertrugen die Improvisation von den bislang gesungenen Chorälen auf die ihnen zur Verfügung stehenden Instrumente der Armen (Blech- und Holzblasinstrumente, Trommel, Waschbrett, Krug, Kamm u.a.). Sie verbanden auf diese Weise synkopenreiche Melodien (Cakewalk, Ragtime, Blues) und intuitive Harmonien mit der reichen Klangfülle und -farbe von Instrumenten. Die Herkunft des Wortes 'Jazz' liegt einigermaßen im Dunkeln. Vermutlich leitet es sich von einem aus Afrika stammenden Wort 'jass' ab. Andere Deutungsversuche sind die Ableitung von Englisch 'to Jazz' (hetzen) oder von Französisch 'jaser' (schwätzen), wobei wohl auf den Zwiegesprächscharakter der Instrumentenabfolge angespielt wird.

Es ist bis heute nicht mit Sicherheit festzustellen, wo und vor allem wann sich die ersten Jazzorchester formierten. Vermutlich entstanden sie gegen Ende des 19. Jahrhunderts in den Südstaaten, in und um New Orleans, das für die Frühentwicklung dieser Musik von besonderer Bedeutung war. Um die Jahrhundertwende bildeten sich hier die sogenannten *Marching Bands* oder *Street Bands*, die zu allerlei festlichen Prozessionen und Trauerumzügen musizierten. Hier entstand um 1910 der erste ausgeprägte Jazzstil, der **Original New Orleans Jazz,** der sich in seiner Heimat die ursprünglichen Eigenarten recht rein erhalten konnte. Das teure, nur wenigen Farbigen zugängliche Klavier, das sich wegen seiner Größe außerdem für die 'Marching Bands' als ungeeignet erwies, wurde mit der Bildung stehender Ensembles allmählich auch in den Kreis der im New Orleans Jazz verwendeten Instrumente aufgenommen. Erst mit der Verbreitung des New Orleans Jazz in andere Teile des Landes entstanden neue stilistische Richtungen und Schulen.

Im Zuge der 1917 angeordneten Schließung aller Vergnügungsetablissements des Vieux Carré oder French Quarter (Storyville), wurden die Musiker gezwungen, ihren Lebensunterhalt andernorts zu suchen. Mit den berühmtgewordenen 'River Boats' zogen sie den Mississippi aufwärts zunächst nach St. Louis und später nach Chicago, das sich gegen 1920 zum führenden Zentrum des Jazz entwickelte. Hier adaptierten die schwarzen Musiker das Saxophon, dem sie jenes seither wohlbekannte, warme Vibrato verliehen. Aus jener eigentlichen Blütezeit des New Orleans Jazz stammen die ersten Schallplattenaufnahmen dieser Musik. Parallel zum Instrumentaljazz feierte auch der gesungen *Vocal Jazz* (Blues) Triumphe.

Mit der wachsenden Begeisterung für diese nun schon einem breiteren Publikum zugängliche Musik bildeten sich alsbald auch Jazzgruppen weißer Musiker. Während sich in der Folgezeit der von den Farbigen getreu dem Prinzip der freien Improvisation gespielte *Hot Jazz* ('heißer' Jazz) immer mehr zurückzog, gewann der sich später zum modernen Jazz hin entwickelnde, von den Weißen nach Arrangements gespielte *Straight Jazz* ('gerader' Jazz) an Bedeutung. Einen ersten Kulminationspunkt erlebte er im Laufe der zwanziger Jahre im **Chicago Jazz,** dem der **Dixieland Jazz** und der *New York Jazz* nachfolgen.

Gegen Ende der zwanziger Jahre rückte besonders ein Name in den Vordergrund: es ist jener des Trompeters **Louis (Daniel) Armstrong,** genannt *Satchmo* (1900–1971), dessen außergewöhnliche Musikalität und Ideenreichtum dem Jazz neue Bahnen wiesen. Nicht zuletzt unter seinem vitalen Einfluß sowie durch die zunehmende Verfeinerung der solistischen Technik als auch des Arrangements bildeten sich nun große Orchester (Big Bands), die zur Begleitung von Solisten weitgehend komponierten Jazz spielten. Daneben blieb jedoch die Improvisation im Rahmen kleiner Gruppen (Combos), größtenteils erhalten.

Mit den Big Bands entstand in den dreißiger Jahren der **Swing,** der endlich den Jazz weit über die Grenzen der USA hinaus bekannt und beliebt machte und der bis heute entscheidenden Einfluß auf alle Richtungen der Unterhaltungsmusik ausgeübt hat.

Zu Ende des zweiten Weltkrieges zeichnete sich mit dem *Modern Jazz* eine neue Richtung ab. Der bisher mehr oder weniger als Unterhaltungsmusik aufgefaßte Jazz erhielt nun einen stark intellektuellen Akzent. Der in der Mitte der vierziger Jahre aufkommende, vorwiegend von Farbigen gespielte **Bebob** brachte neben dem bewußten Abgehen von der rhythmischen Gleichmäßigkeit des Swing auch einschneidende melodische Stilveränderungen. Die nun selbst im großen Orchester wieder stärker betonte Improvisation und die Einführung technischer Effektmittel gaben diesem Stil eine nervöse Prägung.

Aus dem Bebob entwickelten vorwiegend weiße Musiker den sogenannten **Cool Jazz** ('kühler' Jazz), der bewußt Elemente der modernen Klassik mit dem Jazz zu verbinden sucht. In den fünfziger Jahren versuchte der Pianist Stan Kenton einen symphonischen *Progressive Jazz* zu gestalten. — In jüngerer Zeit bildete sich der alle traditionellen Wege leugnende und ganz dem Experiment zugeneigte **Free Jazz** ('freier' Jazz) heraus. — Eine neuerdings populäre Richtung, die auf der Woge des politischen und sozialen Protestes alte Vokalformen des Jazz aufgreift, wird unter dem Begriff *Soul* (Seele) zusammengefaßt.

Wenngleich der Jazz in vielen Kreisen als unseriös abgelehnt wird, kann sein entscheidener Einfluß auf die klassische Musik seit den Impressionisten (Debussy, Ravel) bis zur Moderne (Strawinski, Milhaud u.a.) nicht bestritten werden. Die Vielgestalt seiner Ausdrucksmöglichkeiten, seine Vitalität wie auch seine dynamische Spannkraft haben nicht selten selbst berühmte Interpreten der Klassiker veranlaßt, sich mit dem Jazz ernsthaft zu befassen.

Die bekannteste Manifestation des amerikanischen Jazz stellt das Newport Festival dar, das alljährlich Anfang Juli die größten Namen der internationalen Jazzwelt in dem vornehmen Atlantikhafenort Newport (Rhode Island) versammelt.

Komposition

Als erster Komponist der Neuen Welt wird gemeinhin der aus dem deutschen Raum eingewanderte *Conrad Beißl* (1691–1768) angesehen, als erster in Amerika geborener Tondichter gilt *Francis Hopkins* (1737–1791); ein weiterer Komponist des 18. Jahrhunderts ist *William Billings* (1746–1800). Ihre eher bescheidenen Werke (meist Kirchenlieder) blieben ohne nennenswerte Ausstrahlung auf spätere Zeiten oder Strömungen.

Für die volkstümliche amerikanische Musik sind besonders jene Komponisten charakteristisch, die aus Elementen der indianischen Musik sowie später des Jazz eine typisch amerikanische Folklore schufen. Zu ihnen gehört als einer der ersten

Stephen Collins Foster (1826–1864), der eine Vielzahl beliebter und teils weltweit bekannt gewordener Folksongs ('Oh! Susanna', 'Swanee River', 'Old Black Joe', 'My Old Kentucky Home', 'Camptown Races') geschrieben hat. Ferner sind hier *George Frederick Root* und *Henry Clay Work* erwähnenswert. Die Grundlage für den in den Südstaaten verbreiteten Dixie, eine zündende, oft mit Banjo rhythmisch untermalte Volksmusik, schuf *Daniel Decatur Emmett* (1815–1904); er organisierte auch die ersten Minstrel Troops (s. S. 87), weiße Theatergruppen, die als Neger geschminkt und verkleidet Vorstellungen darboten, in welchen auch die bekannten Volkslieder gesungen und damit weiter verbreitet wurden.

Unter dem Einfluß indianischer Musikmerkmale stehen vor allem die Kompositionen von *Edward A. MacDowell* (1861–1908; 'Indian Suite', 'Woodland Sketches') und *Charles Cadman* (1881–1946), der neben Folkloristischem auch Symphonien und selbst Opern ('Land of the Sky Blue Water') schrieb. *Gilbert*, *Carpenter* und *Shepherd* sind weitere Vertreter dieser Richtung.

Umstritten ist die Musik von **George Gershwin** (1898–1937), dem es optimal gelang, Motive und Strukturen der afro-amerikanischen Musik mit dem Stil und der symphonischen Ornamentik der europäischen Klassik zu verbinden. Diese ungewöhnliche Verschmelzung brachte ihm mancherlei Kritik ein, wenngleich andererseits seine Bemühungen auch Zustimmung fanden. So ist Gershwin für Schönberg ein ernsthafter Musiker, der «neue Ideen mit neuen Mitteln auszudrücken sucht.» In jedemFalle muß aber anerkannt werden, daß er eher von genialer Eingebung als von beruflicher Ausbildung getragen und dank eines außergewöhnlichen Harmonien- und Melodienreichtums sowie einzigartiger Orchestrierung der Musik seines Landes neue Wege wies. Nicht nur die große Zahl seiner Anhänger sondern auch die nachhaltigen Einflüsse seines Œuvre auf die spätere Musik zeugen von der Wirkung seines gewagt anmutenden Unternehmens. Neben seinen großen Werken, dem Klavierkonzert 'Rhapsody in Blue' und der Negeroper 'Porgy and Bess' hinterließ Gershwin eine ganze Reihe von Konzerten, Musicals und Liedern.

Bekanntheit auf dem Gebiete der leichten Muse erlangten Komponisten wie *John Philip Sousa* (1854–1932) mit Marschmusik ('Stars and Stripes', 'Washington Post', 'El Capitan', 'Semper Fidelis'), *Victor Herbert* (1859–1924) mit Operetten ('Babes in Toyland', 'Mlle Modiste', 'Naughty Marietta', 'The

Red Mill'), *Jerome Kern* (1885–1945), *Irving Berlin* (eigentlich Israel Baline; geb. 1888), *Cole Porter* (1893–1964), *Kurt Weill* (1900–1950), *Frederick Loewe* (geb. 1904) und *Richard Rogers* mit Musicals (s. S. 91/91), Schlager- und Filmmusik, ferner *Morton Gould* (geb. 1913) mit 'Latin American Symphonette' und 'Concerto for Tap Dancers' sowie Leonard Bernstein (geb. 1918) mit der Musik zu 'West Side Story' sowie Balletten, Opern und Symphonien.

Neben den genannten Vertretern einer von amerikanischer Volksmusik, Folklore und Jazz stark geprägten Musik formierte sich im Laufe der beiden letzten Jahrhunderte eine strikt nach Europa ausgerichtete Komponistenschule. Einige ihrer Vertreter sind selbst in Europa geboren, und die meisten genossen ihre musikalische Ausbildung in der Alten Welt.

Zur ersten Komponistengeneration Amerikas zählt *Horatio William Parker* (1863–1919), der sich deutlich an Grieg und Brahms orientierte; er schrieb u.a. Opern, Oratorien und Kantaten. Das interessanteste und höchst vielseitige Schaffen von *John Knowles Paine* (1839–1906) steht ganz unter deutschem Einfluß, während sich jenes des gebürtigen Elsässers *Charles Martin Loeffler* (1861–1935) an französischer Musik schult. *Charles Tomlinson Griffes* (1884–1920) unterliegt nacheinander verschiedenen Einflußsphären (deutsch, russisch, französisch). Obwohl der frühe Tod die völlige Entfaltung seiner Persönlichkeit vereitelte, nimmt er doch einen ehrenvollen Platz unter den Komponisten seines Landes ein. *D. G. Mason* (1873–1930) folgte der Tradition von Debussy und Ravel. *Walter Piston* (geb. 1894), der auch in Paris wirkte, fühlte sich zunächst dem Jazz verpflichtet, begann sich später jedoch mehr und mehr in einen akademischen Konservatismus zu verlieren. Obgleich von vielerlei Nationen und Stilrichtungen geleitet, schuf *Roger (Huntington) Sessions* (geb. 1896) ein weit eigenständigeres Werk. Der Wahlpariser und Anhänger der 'Groupe des Six' *Virgil Thomson* (geb. 1896) verarbeitete, stets mit demselben Ernst, vielerlei Stile; er schuf u.a. die vielbeachteten modernen Opern 'Four Saints in Three Acts' und 'The Mother of All Us'. Nach einer gründlichen, internationalen Ausbildung wandten sich *Ross Lee Finney* (geb. 1906) sowie *M. Babbitt* und *G. Perle* der Zwölftonmusik zu. Eine langsame aber strebsame künstlerische Entwicklung brachte Finney zu ausgereiften Werken. Dasselbe gilt auch für *Elliott Carter* (geb. 1908), dessen 'Quartett Nr. 2' ein wahres Meisterwerk ist. *Samuel Barber* (geb. 1910) versucht das klassisch-romantische Erbe, dem er sich ganz verschrieben hat, mit den Gegebenheiten der Neuzeit zu verbinden. Seine kraftvolle, durchstrukturierte Musik wirkt häufig herb und spannungsgeladen; bekannt wurde sein 'Adagio für Streicher' (Satz eines Quartetts). Das gehaltvolle Werk von *Dello Joio* (geb. 1913) besticht durch seine Ausgeglichenheit. *Lucas Foss* (geb. 1922) ist mit seiner Oper wie auch seinen von Artur Rubinstein geschätzten Klavierkonzerten bekannt geworden.

Ferner bildete sich in diesem Jahrhundert eine Gruppe von Musikern, welche, gleichwohl im Geiste der europäischen Klassik geschult, die allzu strikte Verfolgung dieser Richtung ablehnen und bereitwillig Elemente der amerikanischen Folklore adaptieren. Zu diesen Komponisten zählt *Charles Edward Ives* (1874–1954). Wenngleich sein Frühwerk deutlich folkloristischen Einschlag sowie nicht selten auch eine Orientierung zu Debussy hin zeigt, entfaltete er gegen Ende seines Wirkens, etwa in seiner 'Concord-Sonate', eine beachtliche künstlerische Eigenständigkeit. Auch *Roy Harris* (geb. 1898) ging zunächst bei einigen seiner Werke von volkstümlichen Melodien ('Folls Fantasy for Festivals') aus, verfolgte jedoch später eine nationalistische Richtung, in welcher er Programmusik zu politischen Motiven schrieb ('Symphonie Nr. 5', von einer Rede Lincolns inspiriert).

Obgleich sich *Aaron Copland* (geb. 1900) in verschiedenen Richtungen versuchte und somit ein verhältnismäßig uneinheitliches Werk schuf, gelangte er in seinen markantesten Stücken — etwa in seiner 'Dritten Symphonie' — dennoch zu einer als amerikanisch zu bezeichnenden Gesamtlinie; in seiner oft heftigen Musik (z.B. 'El Salon México') schlägt sich die aufgewühlte Stimmung der großen Industriezentren nieder, die paradoxerweise beim Menschen Gefühle von Einsamkeit weckt. Auch *William H. Schumann* (geb. 1910) verfolgte eine nationale Tendenz, obwohl ihn vieles mit Herkömmlichem verbindet.

Andere Komponisten glaubten ihre Unabhängigkeit von überkommenen Strukturen und traditionellen Kompositionsweisen zu erlangen, indem sie der in Europa entstandenen Strömung des Experimentalismus folgten, der das Klangbild nicht mehr fixiert, sondern die Aktionen des Musizierenden in den Vordergrund stellt. Sie interpretierten diese Stilrichtungen jedoch im recht eigenständiger Weise. Das gilt z.B. für den im übrigen auch malenden Schönberg-Schüler **John Cage** (geb. 1912) und wiederum dessen Schüler *Earle Brown*, die wegen ihrer Bemühungen um neuartige Klangquellen bekannt wurden. Cage präpariert als echter Avantgardist u.a. das Klavier, indem er verschiedene Gegenstände an den Saiten befestigt und so das Tonbild des Instrumentes verfremdet. Brown überlagert Instrumentalmusik mit elektroakustischen Effekten. Auch *Chr. Wolff* und *M. Feldmann* widmen sich einer experimentellen Musik.

Das unbedingte Streben nach Originalität trieb jedoch auch manch seltsame Blüte: *Henry Dixon Cowell* (geb. 1897) komponiert 1912 als erster sogenannte «tone clusters» (Tontrauben), die auf dem Klavier durch Anschlagen der Tasten mit Faust und Unterarm erzeugt werden. *George Antheil* (geb. 1900), das 'Enfant terrible der Musik', benutzt für eine Ballettmusik Autohupen, Ambosse, Kreissägen und Propeller. *Brandt* schreibt ein Stück, das gleichzeitig fünf Dirigenten beschäftigt und *Harrison* bedient sich zur Tonerzeugung Bremstrommeln, Eisenrohren u.a.m.

Schließlich seien bei dieser Übersicht auch jene in die USA eingewanderten Komponisten erwähnt, die dort einen wichtigen Teil ihrer Schaffensperiode erlebten: Der Tscheche *Antonín Dvořák* (1841–1904) war während drei Jahren (1892–1895) Leiter des New Yorker Nationalkonservatoriums und schrieb in dieser Zeit seine 'Symphonie aus der Neuen Welt'. Der Österreicher *Arnold Schönberg* (1874–1951), Vater der Zwölftonmusik, immigrierte im Jahre 1933. Als Leiter der Konservatorien von Cleveland und San Francisco wirkte der Schweizer *Ernest Bloch* (1880–1959), der in seinem Werk um eine nationaljüdische Ausdrucksform ('musikalischer Zionismus') bemüht war. Der berühmte ungarische Komponist und Musikforscher *Béla Bartók* (1881–1945) flüchtete 1940 in die Neue Welt, wo er die letzten Jahre seines Lebens resigniert und in bedaulichen Verhältnissen verbrachte. Der Russe **Igor (Fjodorowitsch) Strawinski** (1882–1971) kam 1939 in die USA, wo er unter zahlreichen anderen Werken seine bekannte, dem Bostoner Sinfonieorchester gewidmete 'Psalmensymphonie' sowie das 'Ebony Concerto' für Woody Hermans Jazzorchester schrieb. Seit 1915 bereits lebt der Franzose *Edgar Varèse* (geb. 1893) in den Vereinigten Staaten; seine gewagten Kompositionen (z.T. reine Geräuscharrangements; 'Amérique') fanden lange Zeit kaum Widerhall. Die französische Musikpädagogin und Dirigentin *Nadia Boulanger* (geb. 1887) lehrt seit 1921 am Conservatoire Américain von Fontainebleau und übte besonders während ihres USA-Aufenthaltes im zweiten Weltkrieg erheblichen Einfluß auf das amerikanische Musikgeschehen aus. Vorwiegend mit Opernmusik ('The Medium', 'The Consul') befaßt sich der Italiener *Gian Carlo Menotti* (geb. 1911). Der

Deutsche *Paul Hindemith* (1895–1963) lehrte von 1940 bis 1953 an der Yale-Universität, und der gebürtige Wiener *Ernst Křenek* (geb. 1900) ist seit 1938 in Los Angeles ansässig.

Sowohl in den Grundschulen als auch in den höheren Lehranstalten und den Universitäten der Vereinigten Staaten wird der Musikunterricht mit Eifer betrieben. Neben theoretischer Unterweisung hat die Jugend die Möglichkeit, sich im Rahmen von Chören und Orchestern aktiv am Musikleben zu beteiligen. Bemerkenswert ist die Tatsache, daß praktisch jede größere Stadt ein eigenes Orchester oder Chorensemble unterhält (16 große; 200 kleine Sinfonieorchester). Einige von ihnen haben sich im Laufe der Zeit internationale Anerkennung verschafft (New York, Boston, Philadelphia, Chicago, San Francisco u.a.).

Durch das ungeahnte Anwachsen der Schallplatten und Tonkassettenproduktion hat sich der Weltschwerpunkt der Musikindustrie von Europa nach Amerika verlagert.

BILDUNGSWESEN

Dem Nicht-Amerikaner, der die Außenpolitik und den 'American way of life' betrachtet, erscheinen die Vereinigten Staaten von Amerika als eine nationale Einheit. Innenpolitisch sind sie jedoch weitgehend eine Vereinigung von Staaten geblieben, deren Selbständigkeit nirgendwo so sichtbar wird wie gerade im Erziehungswesen.

Seine augenfälligsten Merkmale sind die starke *Dezentralisierung* und die weitreichende Möglichkeit sowie der Anspruch des amerikanischen Bürgers, auf lokaler Ebene über Ausrichtung und Ausstattung des Schul- und Bildungswesens entscheidend mitzubestimmen ('local control'). Es besteht kein zentrales staatliches Organ, das Ausbildung, Lehre und Forschung in den fünfzig Einzelstaaten auf nationaler Basis regelt; der Aufbau des gesamten Erziehungswesens ist in den Vereinigten Staaten *föderativ* geregelt.

Daraus ergeben sich zwischen den einzelnen Staaten große Unterschiede in der Organisation und in der Qualität des Ausbildungssystems. Trotzdem ist es möglich, gewisse übereinstimmende Merkmale zu erkennen, die es erlauben, von einem amerikanischen Bildungs- und Erziehungssystem ('education') zu sprechen.

Erziehungsziele

Die vielleicht entscheidendste Eigentümlichkeit amerikanischer Erziehungsvorstellungen ist der Glaube an die 'égalité des conditions', an den amerikanischen Traum der *Chancengleichheit* mit seinem demokratischen Grundcharakter, der auf das engste mit der *sozialen Aufgabe* der Erziehung verbunden ist. Gesellschaftspolitisch soll jedem einzelnen die Chance eingeräumt werden, unabhängig von seiner Herkunft jenen Platz in der Gesellschaft einzunehmen, für den er sich befähigt fühlt und fähig erweist.

Vom staatsbürgerlichen Standpunkt war und ist auch heute noch Erziehung schlechthin *politische Erziehung*. Sie hat die Absicht, im Bewußtsein jedes einzelnen Amerikaners einen allgemeinen Konsensus über die Grundsätze der amerikanischen Demokratie zu wecken. Der *Charakterbildung* und der Erziehung zum Staatsbürger wird eindeutig der Vorrang vor der Wissensvermittlung eingeräumt.

Das amerikanische Bildungsideal ist ein anderes als der kontinentaleuropäische Bildungskanon. In den Vereinigten Staaten wird in einer guten Volksbildung die Grundlage und Vorbedingung zur bürgerlichen Freiheit erblickt. Das Ziel, vor allem der 'res publica' zu dienen, verlangt in erster Linie die Erziehung der Masse ('Erziehungsindustrie'). Das öffentliche Erziehungswesen ist gleichbedeutend mit der *Erziehung der Öffentlichkeit*.

Die von einem optimistischen Fortschrittsglauben erhärtete Vorstellung, sich im Leben handelnd behaupten und an der Herbeiführung einer besseren Wirklichkeit arbeiten zu müssen ('vita activa'), läßt einer rein intellektuell-theoretischen, einer sogenannten Allgemeinbildung ('vita contemplativa') von vornherein weniger Raum. Die Vorstellung von der Lehr- und Lernstätte als einer Erziehungsanstalt des gesamten Volkes hat es mit sich gebracht, daß in den Vereinigten Staaten der akademischen Ausbildung ein anderer Stellenwert beigemessen wird als in Europa. Man betrachtet sie vor allem als Faktor der sozialen und wirtschaftlichen Integration des Menschen in die Gesamtheit. Die Worte des einflußreichen amerikanischen Pädagogen John Dewey (1859–1952) mögen als Zusammenfassung dienen: «Erziehung als soziale Funktion ist die Förderung des Anpassungsprozesses, des Sicheinfügens in eine Gemeinschaft». Erst auf diesem kulturgeschichtlichen Hintergrund werden Einzelheiten zu Erziehung und Wissenschaft in den Vereinigten Staaten erklärbar.

Schul- und Hochschulwesen

Um das amerikanische Schul- und Hochschulwesen zu verstehen, ist ein kurzer Überblick über das gesamte Ausbildungssystem notwendig. Die folgende Übersicht muß sich in vereinfachender Schematisierung auf die drei üblichen Formen des Schul- und Hochschulaufbaus beschränken (s. S. 131).

Dem amerikanischen Schulwesen liegt die *allgemeine Schulpflicht* bis zum 17., in den meisten Fällen bis zum 18. Lebensjahr zugrunde. Die vier in Deutschland bekannten Schultypen — Volksschule, Real- oder Mittelschule, Gymnasium und Berufsschule — sind zu einem einheitlichen System ('common school') der Public Education zusammengefaßt. Es gibt keine den europäischen Gymnasien vergleichbaren Ausbildungsstätten, außer einigen privaten Anstalten, die meistens kircheneigen sind ('parochial schools') und von etwa 15% der amerikanischen

	Alter	Lehre und Forschung (ohne Habilitation)		Schuljahre Studienjahre		
DOCTOR	24	**UNIVERSITY** Universität	Graduate Professional Schools	7	Graduate Studies	Fchastudium
	23		Fachhochschulen	6		
MASTER	22	GRADUATE SCHOOL von University oder College	Institutes of Technology Technische Hochschulen	5		
Bachelor	21	**COLLEGE** (Liberal Arts)		4	Undergraduate Studies	Grundstudium
	20		Professional Schools Fachschulen	3		
Associate	19	Junior College		2		
	18			1		
High School Abschluß	17	**HIGH SCHOOL** Höhere Schuler	Senior High School	12	COMPULSORY EDUCATION	Schulpflicht
	16			11		
	15			10		
	14		Junior High School	9		
	13			8		
	12			7		
	11	**ELEMENTARY SCHOOL** (Primary School) Grundschule		6		
	10			5		
	9			4		
	8			3		
	7			2		
	6			1		
	5	KINDERGARTEN Vorschule				
	4		NURSERY SCHOOL Kindergarten			
	3					

nach J.B. Conant

Jugendlichen besucht werden. Da in den USA Staat und Kirche streng getrennt sind, darf in keiner öffentlichen Schule ('public school') Religionsunterricht erteilt werden.

Die generelle, heute vorwiegend schulische Grundausbildung erfolgt in der sechsjährigen **Elementary School** (*Primary School;* Grundschule) und der sich automatisch anschließenden sechsjährigen **High School** (Höhere Schule). Beide bilden den Eckstein des amerikanischen Erziehungswesens. Die ehemals weit verbreitete vierjährige High School verliert mehr und mehr an Bedeutung, während die voneinander getrennten, jeweils dreijährigen *Junior High School* und *Senior High School* vorwiegend in den größeren Städten zum bevorzugten Schultyp wurden. Die High School kann als eine Mischung aus den europäischen allgemeinbildenden, den Berufs- und den Tagesheimschulen verstanden werden. Sie ist immer eine Ganztagsschule mit Koedukation der Geschlechter. In den letzten drei Jahren der High School bieten sich dem Schüler eine Vielzahl von Spezialisierungsmöglichkeiten, durch die eine den Interessen und Begabungen entsprechende Vorbereitung auf den zukünftigen Beruf gesichert wird. Das breite Angebot an berufskundlichen Kursen hat der High School den zweifelhaften Ruf des 'Fächerwarenhauses' oder des 'Bildungsjahrmarktes' eingetragen. Andererseits sind auf einer High School die Schwierigkeiten einer späteren Umschulung auf ein Minimum beschränkt.

Im Jahre 1910 absolvierten 35% einer Altersgruppe die High School; heute hingegen sind es 75%. Davon gehen wiederum mehr als die Hälfte zum **College**. Das *Junior College* bietet eine zweijährige Ausbildung zur Verbesserung der Allgemeinbildung; es schließt nicht mit einem akademischen Grad ab. Das Fundament des amerikanischen Hochschulwesens wurde das *College of Liberal Arts*, das im allgemeinen ein vierjähriges Grundstudium umfaßt, das sogenannte Undergraduate Study. Die ersten beiden Jahre ('freshman year' und 'sophomore year') dienen noch der Gesamtausbildung auf allen Wissensgebieten ('general education'). In der zweiten Hälfte ('junior year' und 'senior year') wird eine berufsbezogene Spezialisierung auf eine bestimmte Fachrichtung gefordert. Den erfolgreichen Absolventen verleiht das College den Grad des Bachelor of Arts (B.A.) oder den Bachelor of Science (B.S.), der auch in zahlreichen Nebenformen vergeben wird. Der vierjährige College-Kursus mit dem Abschlußexamen eines Bachelors gibt dem amerikanischen Studenten in etwa einen Bildungsinhalt der dem deutschen Abitur oder dem französischen Baccalauréat vergleichbar ist.

Aus den ursprünglichen Colleges entwickelten sich in der Mitte des 19. Jahrhunderts die Universitäten mit ihren *Graduate Schools*. Gegenwärtig gibt es etwa 2100 Institutionen, die den Rang eines Colleges oder einer **University** für sich beanspruchen; sie werden von rund 4½ Millionen Studierenden besucht. Die 'efeuumrankten' ('ivy-leaved'), aus den College-Gründungen des 17. und 18. Jahrhunderts hervorgegangenen, großen Privatuniversitäten des Landes — etwa Harvard, Yale, Princeton und Columbia — gehören seit Jahrzehnten zu den höchst qualifizierten Ausbildungsstätten der Erde.

Der Begriff 'university' ist in den USA sehr weit gefaßt und nicht immer ganz klar. Je nach Größe und Bedeutung haben Universities eine oder mehrere *Schools* (Fakultäten). Zusammen mit den vierjährigen Colleges bilden sie jedoch meistens eine Vereinigung von wissenschaftlich anspruchsvollen Lehr- und Lerninstituten ('Colleges', 'Professional Schools', 'Graduate Schools') verschiedenster Fachrichtungen. Nach einjährigem Aufbaustudium kann gewöhnlich der akademische Titel eines Master of Arts (M.A.) oder eines Master of Science (M.S.), nach meistens zwei weiteren Jahren das Doktorat erworben werden. Der Doktorgrad, der in 67 Varianten vergeben wird, ist die höchste akademische Auszeichnung und berechtigt zum Ergreifen des Lehrberufes an einer Hochschule. Ein der Habilitation vergleichbarer, weiterer Befähigungsnachweis für die akademische Laufbahn ist dem amerikanischen Hochschulwesen fremd.

Der Verwaltungsaufbau einer großen amerikanischen Universität gleicht einem Wirtschaftsunternehmen, woraus sich die besondere Rechtsstellung und Struktur der Hochschulen und ihrer Bediensteten ableitet. Die Rücksichtnahme auf die finanziellen Belange der Hochschule hat den Geldgebern aus staatlichen, kirchlichen und vielfachen Wirtschaftskreisen großen Einfluß eingeräumt. Im Gegensatz zu den im deutschsprachigen Raum gelegenen Universitäten hat sich die Autonomie des Lehrkörpers nicht durchgesetzt.

Es ist bereits erwähnt worden, daß auch heute noch grundsätzlich die örtlichen Stellen, in erhöhtem Maße die 30 000 Schulbezirke, die größten *finanziellen Lasten der Ausbildung* — besonders im Schulwesen — tragen. Im Bundesdurchschnitt liegt der Anteil an der Finanzierung durch kommunale Mittel bei 50%; aber im Staate Delaware beträgt er nur 13%, während er im Staate New Hampshire 88% erreicht. Die Höhe der tatsächlichen Aufwendungen für Schulen und Universitäten und folglich auch für das Bildungsniveau liegt erheblich über den europäischen Maßstäben.

Dringende Erziehungsprobleme bestehen vor allem in den amerikanischen Großstädten. Als Folge der lokalen Finanzierung besuchen milieubenachteiligte Kinder aus den unteren Einkommensschichten der Slum- und Gettobezirke im allgemeinen Schulen von niedrigem Niveau in ihrem Stadtteil, während die Kinder mittlerer oder oberer Einkommensstufen in ihren Wohnbezirken weitaus besser ausgestattete Schulen vorfinden. In den Schulbezirken der Vororte, die sich auf ein überdurchschnittliches Steuereinkommen stützen können, zeigen die Bürger ein besonders aktives Interesse an bildungspolitischen Fragen; daraus ergibt sich, daß die Schulen ihre Lehrkräfte überdurchschnittlich bezahlen und ein anspruchsvolles Studienprogramm bieten können. Im Staate New York beispielsweise gab ein armer ländlicher Bezirk im Jahre 1965 pro Schulkind und Schuljahr 328 Dollar aus, gegenüber 712 Dollar der Stadt New York und 1042 Dollar, die der exklusive Vorort Scarsdale aufwandte.

Der Erlaß von *Bundesrahmengesetzen* ('National Education Act' von 1958 und 'Higher Education Facilities Act' von 1963) sollte durch allerlei finanzielle Zuschüsse von Seiten des Bundes einen vertretbaren Ausgleich des Erziehungs- und Bildungsniveaus im gesamten Gebiet der Vereinigten Staaten erzielen. Als ein epochemachendes Ereignis in der Geschichte des amerikanischen Erziehungswesens ist der 'Elementary and Secondary Education Act' von 1965 verstanden worden. Der Bundesanteil an der Finanzierung des Schulwesens stieg durch dieses Gesetz sprungartig von 4% auf 8%; es stellte den Einzelstaaten und Schulbezirken soviel Mittel zur Verfügung wie alle vorher verabschiedeten Förderungsmaßnahmen zusammen.

Die Erörterung der Frage, inwieweit der Bund zum Ausgleich dieser Lasten überhaupt beitragen soll und ob er Auflagen an seine Zuschüsse knüpfen darf, ist seit einem Jahrzehnt ein nicht abreißendes Thema der amerikanischen Innenpolitik. Die örtlichen, bezirklichen und einzelstaatlichen Behörden sind eifersüchtig darauf bedacht, ihre *Kulturautonomie* soweit wie möglich zu wahren, selbst auf die Gefahr hin, daß die Qualität der Erziehung nicht mehr überall den ideellen und materiellen Anforderungen einer modernen Leistungsgesellschaft entspricht. Die innenpolitischen Krisen, die Rassenfrage und die Not der Großstädte werden zukünftig ein noch stärkeres Eingreifen des Bundes nach sich ziehen und den Strukturwandel beschleunigen, der auf eine immer größere Verlagerung der Kompetenzen von den Schulbezirken auf die Einzelstaaten und von diesen auf den Bund hinweist.

Als der Oberste Gerichtshof der Vereinigten Staaten im Jahre 1954 die zwangsweise *Rassentrennung* an öffentlichen, aus Steuermitteln finanzierten Schulen für *verfassungswidrig* erklärte, erfuhr vor allem das Schulwesen der amerikanischen Südstaaten eine einschneidende Veränderung. Es gibt seither im ganzen ermutigende Beispiele der rassischen Integration im Schul- und Hochschulwesen; sie stößt aber immer noch auf unüberwindbare Barrieren von hartnäckigen Rassenvorurteilen und überlieferten Gesellschaftskonventionen.

Wissenschaft und Forschung

Wegen der relativ jungen Geschichte der Vereinigten Staaten gab es bis zur Mitte des 19. Jahrhunderts kaum eine nennenswerte wissenschaftliche Tätigkeit. Zu Anfang des 17. Jahrhunderts, als in Europa die ('naturwissenschaftliche Revolution') begann, rangen die Kolonisten in Nordamerika noch mit der Wildnis um ihr rein existentielles Dasein und hatten auch in der folgenden Aufbauzeit wenig Muße für wissenschaftliche Reflexionen. Technische Hilfsmittel, die ihre Lebenshaltung erleichterten, waren sehr geschätzt; wegen neuer wissenschaftlicher Erkenntnisse schaute man jedoch nach Europa. Von den im Jahre 1815 in den Vereinigten Staaten herausgegebenen wissenschaftlichen Zeitschriften waren über 50 deutsch, 35 französisch, englisch oder italienisch; nur eine darunter war amerikanisch. Lediglich innerhalb der wissenschaftlichen Vereinigungen, von denen die 1743 durch den Forscher und Staatsmann Benjamin Franklin (1706–1790) gegründete 'American Philosophical Society' die älteste ist, wurden wissenschaftliche Studien betrieben.

Mit dem Beginn der stürmischen Industrialisierung des nordamerikanischen Kontinents nach dem Bürgerkrieg begann in einem zunächst geringen Umfang besonders die wirtschaftseigene Forschung eine gewisse Rolle zu spielen. Nachdem die General Electric Corporation als erstes Unternehmen im Jahre 1900 ein Forschungslaboratorium mit zwei Mitarbeitern eingerichtet hatte, nahm die selbständige amerikanische Forschung fortan auf allen Wissensgebieten einen kometenhaften Aufstieg.

Seit ihrer Entstehung war die amerikanische *Wissenschaft auf die Praxis bezogen* und hat die Gefahr einer nur isolierten

Betrachtung der Forschungsprobleme weitgehend vermeiden können. Wo immer in den Vereinigten Staaten ernsthaft Forschung getrieben wird, ist der *system approach* maßgebend geblieben, das heißt, die Forschungsaktivitäten werden von vornherein rationalisiert als Bestandteil der zivilisatorischen Produktion gesehen. Dies gilt insbesondere für die in direktem wirtschaftlichem oder militärischem Auftrag arbeitenden Institutionen; es gilt aber auch für die Forschungsinstitute der Hochschulen. Nach dem Bürgerkrieg setzte sich unter europäischem Einfluß die Auffassung durch, daß die Colleges bzw. die nun entstehenden Universitäten nicht nur der Volkserziehung nachkommen, sondern auch Spezialkenntnisse vermitteln und Forschungsaufgaben lösen müßten. Diese Idee, *Lehre und Forschung* institutionell zu verbinden, wurde von dem Historiker Herbert Baxter Adams (1850–1901) an der 1876 gegründeten John-Hopkins-Universität zum ersten Male voll und ganz verwirklicht.

Die Teilnahme von Wissenschaftlern am institutionalisierten politischen Leben der Vereinigten Staaten stellt keine Besonderheit dar, obwohl diese Entwicklung in größerem Umfang erst nach dem zweiten Weltkrieg einsetzte. Es begann mit der Dienstverpflichtung von Wissenschaftlern für die Lösung von neuartigen organisatorischen und technischen Aufgaben der modernen Kriegsführung, welche die Möglichkeiten der Militärs und der Ingenieure überschritten. Die Entwicklung des Radars, Probleme der Logistik, die Planung neuer Strategien und des dazugehörigen Kriegsmaterials warfen Entscheidungsprobleme auf, die nach herkömmlicher Art nicht mehr mit hinreichend hoher Erfolgssicherheit gelöst werden konnten. Aus diesen Arbeiten resultierten nicht nur neue Technologien (Datenverarbeitung, Astronautik u.a.), sondern es ergaben sich auch neue, eigenständige Disziplinen, die zu wichtigen und notwendigen Werkzeugen der Politik geworden sind. Die auf diesen Gebieten tätigen Wissenschaftler zählen heute bereits nach Zehntausenden; jährlich werden einige hundert Millionen Dollar für die Förderung und vor allem für die Anwendung dieser Techniken ausgegeben. Forschungsinstitute, die derartige Analysen und Beratungen, Systementwicklungen und Grundlagenforschungen in staatlichem und privatem Auftrag durchführen, beschäftigen oft die bekanntesten Wissenschaftler des Landes. Auf den in diesen *Denkfabriken* (Rand Corporation, System Development Corporation, Mitre Corporation u.a.) entwickelten Kapazitäten und erzielten Forschungsergebnissen fußt in der Gegenwart zu einem nicht unwesentlichen Teil die amerikanische Weltmachtstellung. Der Start eines sowjetischen Erdsatelliten im Oktober 1957 trug wesentlich und schockartig zu der allgemeinen Erkenntnis bei, daß dem Einfluß der Wissenschaft auf die Politik — und umgekehrt — nur mit einem verstärkten und ständigen Ausbau der amerikanischen Wissenschaft begegnet werden könne. Heute unterhält der Bund 35 wissenschaftliche Beratungsinstitute ('scientific agencies'), die eine Art Dauerkommunikation zwischen Wissenschaftlern und Politikern gewährleisten.

Im Unterschied zur Finanzierung des Erziehungswesens, wo die Gemeinden, Städte und Einzelstaaten immer noch die überragende Rolle spielen, trägt die *finanziellen Lasten für die Wissenschaft und Forschung* überproportional der Bund. Betrug der Anteil des Bundes am Forschungs- und Entwicklungsaufwand im Jahre 1930 noch knapp 15%, so ist dieser inzwischen auf 65% gestiegen. Daneben ist die amerikanische Privatwirtschaft heute zum wichtigsten finanziellen Träger für Forschungs- und Entwicklungsaufgaben geworden.

Seit über zwanzig Jahren haben die Weltkonflikte die staatliche Finanzierung und Lenkung der Forschungs- und Entwicklungsarbeiten in den USA immer stärker stimuliert. Deswegen ist es teilweise zu einer einseitigen Entwicklung des Wissenschaftsgebäudes und seines Wachstums gekommen. Naturgemäß wurden die Naturwissenschaften gegenüber der Medizin und den Geistes- und Sozialwissenschaften stark bevorzugt. Aber auch innerhalb der Naturwissenschaften gab es einseitige Verlagerungen auf Gebiete, die größte militärische Bedeutung haben, wie die Atomphysik und die Raumforschung.

Die *Stiftungen* ('foundations') bilden eine weitere Einrichtung, die das amerikanische vom europäischen Wissenschaftsleben unterscheidet. Sie können aus der Entwicklung der letzten hundert Jahre nicht weggedacht werden. In neuerer Zeit haben die Stiftungen zu einem entscheidenden Teil die Umwandlung der Colleges und Universitäten von bloßen Ausbildungsstätten zu Forschungsinstitutionen beschleunigen können. Heute liegt ihre Bedeutung darin, daß sie in die Lücken einspringen und die von der Wirtschaft und staatlichen Organen vernachlässigten, unrentablen Wissenschaftsgebiete fördern. Insgesamt gibt es in den USA etwa 4500 Stiftungen; darunter fallen allerdings eine große Zahl von kleineren Stiftungen, die nur eine begrenzte Rolle spielen. Zu den größten zählen die Ford Foundation, die Rockefeller Foundation, die Carnegie Corporation of New York und die Kellog Foundation. Diese Stiftungen fördern die

Wissenschaft im wesentlichen dadurch, daß sie konkrete Forschungsvorhaben von Hochschulen, Gesundheitsorganisationen und Einzelpersonen finanziell ermöglichen. Eindrucksvoll ist immer wieder die Höhe der Beträge, die sie zur Verfügung stellen können. Die imponierenden Zahlen erklären sich teilweise daraus, daß die öffentliche Hand den Stiftungen als 'non-profit-corporations' weitreichende steuerliche Vergünstigungen einräumt.

Wirtschaftlicher und sozialer Aufstieg innerhalb einer freien Gesellschaftsordnung wie der amerikanischen ist undenkbar ohne den ungehinderten Zugang zu allen Ausbildungsstätten der Nation. Die Notwendigkeit füt tiefgreifende Schul- und Universitätsreformen ist eine seit langem unbestrittene Erkenntnis, die in ihren Konsequenzen jedoch erst in allerjüngster Zeit voll ausgewertet wird. Die zuständigen Gesetzgeber und die intermediären Gewalten haben begonnen, das wirtschaftliche und soziale Wachstum des Landes zu einem wesentlichen Teil durch gezielte Investitionen für die Zukunft auf den Gebieten des Erziehungs- und Bildungswesens vorauszuplanen. Ohne eine solche Rücksichtnahme auf wissenschaftliche wie pädagogische Erfordernisse würden die Vereinigten Staaten eines Tages eine der Grundlagen entbehren, welche die unumgängliche Voraussetzung für einen kontinuierlichen Fortschritt ist.

MASSENMEDIEN

Wenngleich es heute in den Vereinigten Staaten eine gefestigte literarische Tradition von beträchtlicher Bedeutung gibt, so erfreuen sich doch volkstümliche und gekürzte Fassungen in Digests und Zeitschriften, ja sogar als gezeichnete Bildserien (Comics), besonderer Beliebtheit. Noch deutlicher wird diese Entwicklung, wenn man die Anzahl der heute gefragten Fachbücher mit jener der in den zwanziger Jahren gelesenen vergleicht. Beispielsweise sind 70% der derzeit in den Vereinigten Staaten gelesenen BÜCHER Fachliteratur wie Anleitungen, Unterweisungen, Popularwissenschaft, politische Kommentare und Biographien, während um 1925 fast 80% der gelesenen Literatur aus Prosadichtung bestand. Diese neuzeitliche Tendenz spiegelt sich auch in zahlreichen *Buchklubs* der Vereinigten Staaten wider, die Bücher zu herabgesetzten Preisen im Postversand verkaufen. Der bekannteste und erfolgreichste unter ihnen ist der auf Prosawerke spezialisierte «Book-of-the-Month Club», dessen Vermögensanteile sogar an der New Yorker Börse gehandelt werden. Die meisten anderen Buchgemeinschaften befassen sich mit Fachliteratur. Zur Erleichterung und Beschleunigung der Lektüre gibt es Zusammen- oder Kurzfassungen von beliebten Büchern: *Readers' Digest* ist in dieser Sparte der führende Verlag. Dem jungen Leser werden bekannte Werke in Bildserienform schmackhaft gemacht; die *Classic Comics* bestimmen auf diesem Gebiet den Markt. Einen von heftigem Konkurrenzkampf geprägten Verlagsbereich stellen die Bücher für den Schul- und Hochschulbedarf dar; denn ein erfolgreiches Schulbuch darf bei über zweitausend höheren Lehranstalten (davon fast siebenhundert Hochschulen und Universitäten) in den Vereinigten Staaten mit dem Verkauf von mehr als 20 000 Bänden im Jahr rechnen. Die Buchproduktion ist insgesamt eine bedeutende Geschäftsbranche, und der Verfasser eines Bestsellers kann — bei Einbeziehung möglicher Taschenbuchausgaben — mit Auflagenhöhen von mehr als einer Million Exemplaren rechnen. Früher hatte das Verlagswesen auch in Amerika Männer mit besonderen schriftstellerischen Fähigkeiten angezogen, etwa William Dean Howells und Mark Twain oder später Maxwell Perkins (bei Scribners). Heute finden sich nur selten solche Talente unter den Verlegern. Eine der wenigen Ausnahmen ist Bennet Cerf, der Leiter von Random House.

Literarische ZEITSCHRIFTEN, die sich gegen Ende des 19. Jahrhunderts überall durchgesetzt hatten, sind heute weniger gefragt. *Atlantic Monthly* und *Harper's Magazine* haben sich jedoch neben einigen wenigen anderen Periodika von literarischer Bedeutung — etwa *Sewanee Review* oder *Kenyon Review* — bis heute halten können. Eine der renommiertesten Kulturzeitschriften ist der *New Yorker*, dessen Beiträge und Karikaturen den amerikanischen Geschmack widerspiegeln und stark beeinflussen. Als rein literarkritisches Blatt besteht praktisch nur noch *The Saturday* Review, das sich neben Literatur auch mit bildender Kunst, Musik ,Tanz und anderen Kulturerscheinungen befaßt. Unter den Mitarbeitern der Vergangenheit und Gegenwart befinden sich einflußreiche Kritiker wie Norman Cousins, John Mason Brown, John Ciardi, Cleveland Amory und Granville Hicks.

Eine wichtige Rolle für die Entwicklung und Ausprägung kultureller Neigungen in Nordamerika spielt die Lektüre für weibliche Leser schon seit der zweiten Hälfte des vorigen Jahrhunderts, als *Godey's Ladies Book* plötzlich zum festen Bestandteil jedes guten, amerikanischen Hauses gehörte. Im 20. Jahrhundert sind es *Ladies Home Journal, Harper's Bazaar, Redbook, Cosmopolitan, House and Garden* und zahlreiche andere, die Ratschläge über Mode, Haushalt, Kindererziehung, Innenausstattung, Ehefragen und dergleichen Alltagsprobleme erteilen.

Auch auf den Geschmack des männlichen Lesers zugeschnittene Zeitschriften wie etwa *The Police Gazette* gab es bereits im 19. Jahrhundert. Das renommierteste Herrenmagazin mit aktuellen Beiträgen und Bildteil *Esquire* ist schon vor langen Jahren von dem gesellschaftskritischen und betont freizügigen *Playboy* in den Schatten gedrängt worden, der die Neigungen und Interessen der jungen Amerikaner wie kein anderes Blatt zum Ausdruck bringt.

Auf dem Gebiet der Satire gibt es in Amerika eigentlich nichts, das dem englischen 'Punch' vergleichbar wäre; denn die amerikanische Satire scheint sich im Gegensatz zum englischen Esprit, der sich vornehmlich im Wort ausdrückt, eher visuell zu manifestieren. Neben Artikeln aus der Feder weithin bekannter Journalisten (z.B. Art Buchwald) liefert die Karikatur den Hauptanteil der amerikanischen satirischen Presse. Die bekannte Zeitschrift *Mad* bringt Satiren über das amerikanische Kulturleben und nimmt besonders gern Film- und Fernsehprogramme aufs Korn. Ernsthaft politische und moralische Satire findet man in Herblocks und Mauldins Karikaturen, die in verschiedenen Zeitungen erscheinen, während amerikanische

Sitten und Gebräuche am besten und treffendsten von Peter Arno, George Price, Charles Addams, James Thurber und Helen Hokinson karikiert worden sind.

Mit zunehmender Intensivierung der Berichterstattung durch Rundfunk und Fernsehen, besonders seit der fünfziger Jahre, hat sich die Anzahl der in den Vereinigten Staaten publizierten ZEITUNGEN* verringert. Dennoch erscheinen in den USA immer noch rund 1700 Tageszeitungen (davon etwa 300 Morgen- und 1400 Abendblätter) mit einer Gesamtauflagenhöhe von 60 Millionen sowie 575 Sonntagsblätter mit einer Auflage von insgesamt 50 Millionen Exemplaren. Zu den anspruchsvolleren Tageszeitungen mit teilweise weltweiter Verbreitung gehören *Christian Science Monitor* (Boston), *Tribune* (Chicago), *Plain Dealer* (Cleveland), *Times* (Los Angeles), *Times-Picayune* (New Orleans), *New York Post, The New York Times, Wall Street Journal, Staats-Zeitung und Herold* (New York), *Bulletin Inquirer* (Philadelphia), *Chronicle, Examiner* (San Francisco), *Post Dispatch* (St. Louis), *Washington Post, Evening Star* und *International Herald Tribune* (Washington). — Als Wochenschriften seien genannt: *Commonwealth, Nation, Newsweek, Time, The New Yorker* (New York), *U.S. News & World Report* und *TV Guide* (Washington).

Als Randerscheinungen des amerikanischen Pressewesens sind in jüngster Zeit verschiedene Publikationen des polemisierenden 'Underground' an die Öffentlichkeit gelangt; ihre Herausgeber stehen zumeist mit Protestbewegungen gegen das etablierte politische und gesellschaftliche Gefüge innerhalb der USA in Verbindung.

Trotz der rund 6000 ausschließlich von Privatunternehmen betriebenen, lokalen und regionalen Radiostationen, die bisweilen auch fremdsprachige Sendungen ausstrahlen, ist der amerikanische RUNDFUNK weitgehend auf durch Werbeeinschaltungen kommerzialisierte Nachrichten- und Unterhaltungsprogramme beschränkt; die Anzahl der in Gebrauch befindlichen Rundfunkempfänger beläuft sich auf etwa 280 Millionen Geräte (2/3 Haus- und 1/3 Autoradios).

Zu dem weitaus einflußstärksten Massenmedium hat sich in den letzten Jahrzehnten jedoch das FERNSEHEN entwickelt. Über 650 Fernsehanstalten — die größten unter ihnen sind *CBS* (Columbia Broadcasting System), *NBC* (National Broad-

---

* Im Jahre 1784 erschien mit dem *Pennsylvania Packet* & *General Adviser* die erste erfolgreiche Zeitung in den USA.

casting Company) und *ABC* (American Broadcasting Company) — strahlen Programme (seit 1960 auch nach dem NTSC-System in Farbe) für rund 85 Millionen Schwarzweiß- und 15 Millionen Farbfernsehempfangsgeräte aus.

Ebenso wie der Rundfunk ist auch das Fernsehen weitgehend kommerzialisiert, d.h. die gebotenen Informations- und Unterhaltungssendungen werden von bezahlten Werbespots getragen. Es sei jedoch auch auf die löblichen Bestrebungen gewisser Unternehmen und Stiftungen hingewiesen, die seit 1953 das *Bildungsfernsehen* vor allem in Form von Unterrichtsprogrammen (u.a. für Kinder im Vorschulalter) und anspruchsvollen Beiträgen aus Wissenschaft und Kunst fördern.

BIBLIOGRAPHIE

Geschichte

M. Mittler, *Eroberung eines Kontinents. Der große Aufbruch in den amerikanischen Westen*, Zürich 1968.

J. M. Blum, *The national experience. A history of the United States*, New York 1968.

J. D. Jennings, *Prehistory of North America*, New York 1968.

D. Perkins und G. G. Van Deusen, *The United States of America. A history* (2 Bände), New York 1968.

O. Handlin, *The history of the United States* (2 Bände), New York 1967/68.

A. Nevins, *Geschichte der USA*, Bremen 1967.

D. K. Adams, *America in the twentieth century. A study of the United States since 1917*, Cambridge (Mass.) 1967.

R. A. Billington, *Westward expansion. A history of the American frontier*, New York 1967.

H. E. Driver (Hrsg.), *The Americas on the eve of discovery*, New York 1967.

E. Angermann, *Die Vereinigten Staaten von Amerika*, München 1966.

W. Richter, *Die Geschichte der Vereinigten Staaten*, Frankfurt 1966.

E. S. Gaustad, *Religious history of America*, New York 1966.

J. B. Brebner, *The explorers of North America, 1492–1806. From Columbus to Lewis and Clark*, Magnolia (Mass.) 1965.

S. E. Morison, *The Oxford history of the American people*, New York 1965.

J. F. Bannon, *History of the Americas* (2 Bände), New York 1963.

J. Higham (Hrsg.), *The reconstruction of American history*, London 1962.

M. Curti, *Geschichte Amerikas*, Frankfurt a. M. 1959.

A. Siegried, *USA. Aufstieg zur Weltmacht*, Zürich 1955.

H. G. Dahms, *Geschichte der Vereinigten Staaten von Amerika*, 1953.

H. U. Faulkner und T. Kepner, *America. Its history and people*, New York 1950.

S. S. Morison und H. S. Commager, *Das Werden der amerikanischen Republik* (2 Bände), 1948.

J. T. Adams, *Der Aufstieg Amerikas vom Land der Indianer zum Weltreich*, Wien 1946.

Landeskunde

Allgemeines

W. von Hagen, *Der Ruf der Neuen Welt* (Deutsche bauen Amerika), München 1970.

N. Mühlen, *Die Amerikaner*, Frankfurt 1968.

R. Cartier, *50 mal Amerika* (Panoramen der modernen Welt), München 1966.

G. Gorer, *Die Amerikaner*, Berlin 1966

O. Schmeider, *Die Neue Welt*, 1963.

H. Peyret, *Les Etats-Unis* (Le monde à change), Paris 1961.

H. Boesch, *USA. Erschließung eines Kontinents*, Bern 1956.

F. Machatschek, *Allgemeine Länderkunde von Nordamerika*, 1928.

Geographie

A. Griffin, *A regional geography of the United States and Canada*, Geographisches Handbuch.

Rand/McNally, *USA geographical handbook*, Ortsverzeichnis, enthält alle Orte ab 100 Einwohner, Einwohnerzahlen.

J. W. Watson, *North America, its countries and regions*, London 1968.

I. Pohl und J. Zepp, *Amerika*, München 1966.

R. E. Murphy, *The American city. An urban geography*, New York 1966.

R. Knapp, *Die Vegetation von Nord- und Mittelamerika und der Hawaii-Inseln*, Stuttgart 1965.

A. Ferryday, *North America. A regional geography*, London 1965.

L. R. Jones und P. W. Bryan, *North America. An historical, economic and regional geography*, London 1963.

Bevölkerung, Gesellschaft

H. v. Borch, *Amerika, die unfertige Gesellschaft*, Frankfurt a. M. und Hamburg 1968.

R. Dahrendorf, *Die angewandte Aufklärung. Gesellschaft und Soziologie in Amerika*, Frankfurt a. M. 1968.

Ph. Olson (Hrsg.), *America as a mass society. Changing community and identity*, New York 1963.

R. Cartier, *Europa erobert Amerika. Eine Geschichte der Besiedlung*, München 1958.
C. F. Wittke, *Refugees of revolution. The German forty-eighters in America*, Philadelphia 1952.
A. B. Faust, *The German element in the United States with special reference to its political, moral, social and educational influence*, New York 1927.

Rassenfrage

J. Baldwin, *100 Jahre Freiheit ohne Gleichberechtigung oder The fire next time*, Reinbek 1968.
H. Gundolf, *Eines Tages werden wir siegen. Von der Sklaverei zum Bürgerrecht*, Wien 1968.
F. M. Binder, *The color problem in early National America as viewed by John Adams, Jefferson, and Jackson* (Studies in American history), Den Haag 1968.
K. B. Clark, *Schwarzes Getto*, Düsseldorf 1967.
G. Schlott, *Das Negerproblem in den USA. Trennung oder Verschmelzung der Rassen?* Opladen 1967.
H. A. Bailey (Hrsg.), *Negro politics in America*, Columbus (Ohio) 1967.
W. J. Brink und L. Harris, *Black and white. A study of U.S. racial attitudes today*, New York 1967.
P. H. Merkl und O. M. Scruggs, *Rassenfrage und Rechtsradikalismus in den USA*, Berlin 1966.
R. F. Spencer, *The native Americans*, New York 1965.
N. Mühlen, *Die schwarzen Amerikaner. Anatomie einer Revolution*, Stuttgart 1964.
G. Myrdal, *An American dilemma: The negro problem and modern democracy*, New York 1964.

Recht

K. H. Fulda, *Einführung in das Recht der USA*, Baden-Baden 1966.
R. Parker, *Das öffentliche Recht, Verfassungsrecht und allgemeine Verwaltungsrecht der Vereinigten Staaten von Amerika*, Wien 1963.
R. Parker, *Das Privatrecht der Vereinigten Staaten von Amerika*, Wien 1960.
K. Loewenstein, *Verfassungsrecht und Verfassungspraxis der Vereinigten Staaten*, Berlin und Göttingen 1959.

Staat und Verwaltung

E. Fraenkel, *Das amerikanische Regierungssystem, Eine politologische Analyse*, Köln und Opladen 1969.
J. Hepburn, *Die Verschwörung. Die Hintergründe des politischen Mords in den USA*, Düsseldorf 1968.
N. W. Polsby und A. Wildavsky, *Presidential elections, Strategies of American electoral politics*, New York 1968.
R. A. Dahl, *Pluralist democracy in the United States, conflict and consent*, Chicago 1967.
W. Ebenstein, *American democracy*, London 1967.
W. S. Fiser, *Government in the United States*, New York 1967.
Ch. G. Mayo und B. L. Crowe, *American political parties. A systematic perspective*, New York 1967.
F. Glum, *Die amerikanische Demokratie. Geschichte, Verfassung, Gesellschaft, Politik*, Bonn 1966.
R. Hofstadter, *American political tradition and the men who made it*, New York 1948.
W. E. Binkley, *Politisches Leben in Amerika. Die Entwicklung der politischen Parteien Amerikas von den Anfängen bis zur Gegenwart*, Wiesbaden 1947.

Außenpolitik

D. Oberndörfer, *Die amerikanische Außenpolitik vor dem Problem der Koexistenz. Theorien und Prinzipien*, Köln 1968.
S. Brown, *The faces of power. Constancy and change in United States foreign policy from Truman to Johnson*, London 1968.
W. S. Cole, *An interpretative history of American foreign relations*, Homewood (Ill.) 1968.
D. Horowitz, *From Yalta to Vietnam: American foreign policy in the cold war*, Harmondsworth 1967.
B. Rauch, *Roosevelt from Munich to Pearl Harbour. A study in the creation of a foreign policy*, New York 1967.
E.-O. Czempiel, *Das amerikanische Sicherheitssystem 1945–1949. Studie zur Außenpolitik der bürgerlichen Gesellschaft*, Berlin 1966.
B. M. Sapin, *The making of United States foreign policy*, New York 1966.
W. Besson, *Von Roosevelt bis Kennedy. Grundzüge der amerikanischen Außenpolitik. 1933–1963*, Frankfurt 1964.
K. Schoenthal, *Amerikanische Außenpolitik. Eine Einführung*, Köln 1964.

Militärwesen

E. Knoll und J. N. McFadden (Hrsg.), *American militarism*, New York 1970.
V. Pizer, *The United States army*, London 1967.
F. K. Kleinmann und R. S. Horowitz, *Modern United States army*, Princeton (N.Y.) 1964.

Wirtschaft

J. K. Galbraith, *Die moderne Industriegesellschaft*, München 1968.
G. Kolko, *Besitz und Macht. Sozialstruktur und Einkommensverteilung in den USA*, Frankfurt a. M. 1967.
R. M. Christen, *Die amerikanischen Auslandsinvestitionen in der Nachkriegszeit. Ihre Motive und Wirkungen*, Winterthur 1966.
A. Kozlik, *Der Vergeudungskapitalismus. Das amerikanische Wirtschaftswunder*, Zürich 1966.
C. Almon, *The American economy to 1975*, London 1966.
E. S. Woytinsky, *Profile of the U.S. economy. A survey of the growth and change*, New York 1966.
L. E. Davis, *American economic history. The development of a national economy*, Homewood (Ill.) 1965.
Th. C. Cochrain, *Wirtschaft und Gesellschaft in Amerika. Von der Jahrhundertwende bis zur Gegenwart*, Stuttgart 1964.
M. Harrington, *Das andere Amerika. Die Armut in den Vereinigten Staaten*, München 1964.
H. Ehmke, *Wirtschaft und Verfassung. Die Verfassungsrechtsprechung des Supreme Court zur Wirtschaftsregulierung*, Karlsruhe 1961.

Kultur

Philosophie

M. Curti, *The growth of American thought*, New York 1964.
R. Hofstadter, *Anti-intellectualism in American life*, New York 1963.
G. Mann, *Vom Geist Amerikas. Eine Einführung in amerikanisches Denken und Handeln im 20. Jahrhundert*, Stuttgart und Köln 1961.
M. Lerner, *Amerika, Wesen und Werden einer Kultur*, Frankfurt a. M. 1960.
J. L. Blau, *Philosophie und Philosophen Amerikas. Ein historischer Abriß*, Meisenheim 1957.

H. W. Schneider, *Geschichte der amerikanischen Philosophie*, Hamburg 1957.
H. S. Commager, *Der Geist Amerikas. Eine Deutung amerikanischen Denkens und Wesens von 1800 bis zur Gegenwart*, Zürich 1952.
M. E. Curti, *Das amerikanische Geistesleben*, 1947.

Bildungswesen

J. B. Conant, *Bildungspolitik im föderalistischen Staat. Beispiel USA*, Stuttgart 1968.
G. Willers, *Das Bildungswesen in den USA*, München 1965.
J. M. Hughes, *Education in America*, New York 1965.
A. M. Cartier (Hrsg.), *American universities and colleges*, Washington 1964.
F. Rudolph, *American college and university*, New York 1962.

Literatur

M. Schulze, *Wege der amerikanischen Literatur. Eine geschichtliche Darstellung*, Berlin 1968.
L. Fiedler, *Waiting for the end*, London 1967.
M. J. Herzberg, *The readers encyclopedia of American literature*, New York 1964.
M. Cowley, *Literatur in Amerika*, Olten und Freiburg i.B. 1963.
H. Lüdeke, *Geschichte der amerikanischen Literatur*, München und Bern 1963.
M. Cunliffe, *Amerikanische Literaturgeschichte* ,1961.
L. Howard, *Literature and the American tradition*, New York 1960.
H. Rosenberg, *Tradition of the new*, 1960.
R. E. Spiller (Hrsg.), *Literaturgeschichte der Vereinigten Staaten*, 1959.
D. Heiney, *Recent American literature*, New York 1958.
M. Cunliffe, *The literature and the American tradition*, London 1954.

Theater, Film

B. Harris and J. R. Brown, *American theatre*, London 1967.
A. Lewis, *American plays and playwrights of the contemporary theatre*, New York 1965.

H. Taubman, *The making of the American theatre*, London 1965.
L. Jacobs, *The rise of the American film. A critical history*, New York 1956.
J. Gassner, *The theatre in our times*, New York 1954.
A. H. Quinn, *A history of the American drama* (2 Bände), New York 1951.
A. H. Quinn, *A history of the American drama from the Civil war to the present day*, New York 1936.
R. A. Inglis, *Der amerikanische Film*, 1951.

Kunst

B. Rose, *American art since 1900*, London 1967.
J. W. McCoubrey, *American art 1700–1960. Sources and documents*, Englewood Cliffs (N.Y.) 1965.
O. Larkin, *Art and life in America*, New York 1964.
E. P. Richardson, *Painting in America*, New York 1963.
A. H. Barr, *Masters of modern art*, New York 1959.
S. Hunter, *Modern American painting and sculpture*, New York 1959.
A. H. Barr und A. Rüdlinger, *Die neue amerikanische Malerei*, 1958.
S. W. Cheney, *Amerikanische Malerei*, 1958.
J. Th. Flexner, *Amerikanische Malerei*, Hannover 1958.
A. Eliot, *300 years of American painting*, New York 1957.
J. Mellquist, *Die amerikanische Kunst der Gegenwart*, Berlin 1950.
A. D. Gruskin, *Painting in the USA*, New York 1946.
F. Watson, *American painting today*, New York 1939.
S. Hartmann, *A history of American art*, Boston 1932.

Architektur

M. Whiffen, *American architecture since 1780. A guide to the styles*, Cambridge (Mass.) 1969.
J. M. Fitch, *Im Spannungsfeld historischer Kräfte. 4 Jahrhunderte Bauen in USA*, Berlin 1968.
C. W. Condit, *American building. Materials and techniques from the beginnings of the colonial settlements to the present*, Chicago 1968.
J. Joedicke, *Geschichte der modernen Architektur*, 1961.

Musik, Jazz, Musical

H. W. Hitchcock, *Music in the United States*, New York 1969.
J. E. Berendt, *Das Jazzbuch. Von New Orleans bis Free Jazz*, Frankfurt a. M. und Hamburg 1968.
P. Krähenbühl, *Der Jazz und seine Menschen*, 1968.
A. C. Edwards und W. T. Marrocco, *Music in the United States*, Dubaque (Iowa) 1968.
J. T. Howard and G. K. Bellows, *A short history of music in America*, New York 1967.
J. Rublowsky, *Music in America*, New York 1967.
F. Ténot, *Dictionnaire du jazz*, Paris 1967.
S. Schmidt-Joos, *Das Musical*, München 1965.
L. Feather, *The book of jazz*, New York 1965.
L. Feather, *The new edition of the encyclopedia of jazz*, New York 1960.
L. Zenetti, *Peitsche und Psalm. Geschichte und Glaube, Spirituals und Gospelsongs der Neger Nordamerikas*, München 1963.
St. Green, *The world of musical comedy*, New York 1962.
H. Lilje, *Das Buch der Spirituals und Gospel Songs*, Hamburg 1961.
N. Henthoff, *The jazz life*, New York 1961.
G. Chase, *Die Musik Amerikas. Von den Anfängen bis zur Gegenwart*, Tutzing 1958.
S. Longstreet und A. M. Dauer, *Knaurs Jazzlexikon*, München und Zürich 1957.
S. Longstreet, *Real jazz old and new*, Louisiana 1956.
J. W. Johnson und J. Rosamond, *The books of American Negro Spirituals*, New York 1940.
E. Křenek, *Musik im goldenen Westen*, 1949.
H. Cowell, *New musical resources*, New York 1930.

Folklore

H. H. Flanders, *Ancient ballads traditionally sung in New England*, Philadelphia 1961.
A. Lomax, *The Folk song of North America in the English language*, London 1960.
T. P. Coffin, *The British traditional ballad in North America*, Philadelphia 1958 .
R. Bradford, *John Henry*, New York 1931.
Folklore in America, New York 1931.
C. Rourke, *American humor: A study of the national character*, New York 1931.

G. Seldes, *The seven lively arts*, New York 1924.
J. C. Harris, *Uncle Remus*, Boston 1880.

Presse, Rundfunk, Fernsehen

P. Hudson, *Journalism in the United States*, Grosse Point (Mich.) 1968.
W. Imhof, *Die amerikanische Presse*, Frauenfeld 1966.
«World Press», *Newspapers and news agencies*, UNESCO 1964.
F. L. Mott, *American journalism. A history 1690–1960*. New York 1962.
H. Zettl, *Television production handbook*, San Francisco 1961.
Broadcasting, Telecasting. The newsweekly of radio and television, Washington.

Sport

R. B. Weaver, *Amusements and sports in American life*, London 1968.
Ch. A. Peverelly, *The book of American pastimes, containing a history of the principal baseball, cricket, rowing, and yachting clubs of the United States*, New York 1966.
J. Durant und O. L. Bettermann, *Pictorial history of American sports*, New York 1965.
R. H. Boyle, *Sport, mirror of American life*, Toronto 1963.

Wörterbücher, Sprachlehren

R. Sühnel und D. Riesner (Hrsg.), *Grundlagen der Anglistik und Amerikanistik. Eine Handbuchreihe*, Berlin und München 1968.
H. Wentworth und S. B. Flexner (Hrsg.), *Dictionary of American slang*, New York 1967.
M. M. Mathews (Hrsg.), *Americanisms: A dictionary of selected Americanisms on historical principles*, Chicago 1966.
K. Wächtler, *Englisch mit Berücksichtigung der amerikanischen Besonderheiten*, Berlin und München 1965.
G. Frederici, *Amerikanistisches Wörterbuch und Hilfswörterbuch für den Amerikanisten*, Berlin 1960.
H. Galinsky, *Die Sprache des Amerikaners* (2 Bände), Berlin 1959.
K. Wittig, *Phonetik des amerikanischen Englisch*, Heidelberg 1956.

J. N. Hook und E.G. Mathews, *Modern American grammar and usage*, New York 1956.

M. M. Schröer und P. L. Jaeger, *Englisches Handwörterbuch... mit phonetischen Aussprachebezeichnungen und Berücksichtigung des Amerikanischen und der Eigennamen* (3 Bände) Heidelberg 1952.

Atlanten, Karten, Pläne

Falk, *Road Atlas*, Autokarte 1:3,8 Mill., klassifizierte Straßen, Entfernungsangaben in Miles.

Grosset, *The new Grosset road atlas of the US, Canada, and Mexico*, klassifizierte Straßen, Entfernungstabellen.

Hag, *United States*, 1:5 Mill., klassifizierte Straßen, Entfernungsangaben in Miles, Grenzen, Ortsverzeichnis.

MIT, *USA urban atlas*, Stadtplanungsatlas, Bevölkerungsdichte, Einkommen, Industrieverteilung, Bodennutzung.

Ohm, *90×60 Relief map United States*, 1:5,38 Mill., physikalisch, Eisenbahn, Grenzen.

Rand/McNally, *50 State pocket maps*, mit detailliertem Straßennetz, Straßenzustand, Sehenswürdigkeiten, geographischen Merkmalen.

Rand/McNally, *132×88 cm Imperial map of the United States*, 1:4 Mill., politisch, Verkehrsnetz, Ortsverzeichnis mit Einwohnerzahlen.

Rand/McNally, *Interstate Road atlas*, enthält auch südliches Kanada, Alaska und Mexiko, klassifizierte Straßen, Entfernungsangaben in Miles, Stadtdurchfahrtspläne.

Rand/McNally, 1:4 Mill., *Recreational map of the US*, Nationalparks, Indianerreservate, Nationaldenkmäler, Straßennetz.

Rand/McNally, *Road atlas*, enthält auch südliches Kanada, Alaska, Mexiko, klassifizierte Straßen, Entfernungsangaben in Miles, Stadtdurchfahrtspläne.

US Highways, 1:8 Mill., klassifizierte Straßen, Entfernungsangaben in Miles, Fahrzeiten, Entfernungstabelle, Nationalparks, Sehenswürdigkeiten.

USA, 1:24 000, neues Kartenwerk, 3–5-farbig, Höhenlinien.

USA, 1:250 000, 6-farbig, Höhenlinien, detailliertes Verkehrsnetz, Vegetation.

USA, *Highway map*, 1:3 Mill., farbig, klassifizierte Straßen, Naturschutzgebiete.

USA, *National atlas of the United States*, topographische und thematische Karten der USA, Geographie, Geschichte, Klima,

Bevölkerung, Vegetation, Verwaltung, Wirtschaft, Energieerzeugung, Transport.
USA, *State Base Maps*, Staatenkarten: 1:5 000 000,
– Gelände (zweifarbig) reiche Ortsbeschriftung, Gewässernetz, Eisenbahn.
– Topographie, Straßen, Höhenlinien, Nationalparks, Indianerreservate, Stadtgebiete, Grenzen.
USMA, *United States atlas of landforms*, Diagramme, Luftaufnahmen, geologische Schnitte, Bibliographie.
WN, *American history atlas*, 120 Karten und Erläuterungstext.

Zu der vorgenannten Auswahl von kartographischen Werken kommt eine unübersehbare Zahl von *Gebiets- und Sonderkarten* sowie **Stadtplänen,** die im Lande allenthalben zum Verkauf angeboten werden. Empfehlenswert sind die meist jährlich neu erscheinenden, besonders auf die Bedürfnisse des Fremdenverkehrs abgestimmten Karten und Pläne der großen Mineralölgesellschaften.

Vereinte Nationen (UNO)

David, Cushman und Coyle, *The United Nations and How it Works*, New York und London 1969.

Beschreibung des Landes und seiner Sehenswürdigkeiten

Bundesstaaten und Außengebiete

DER NORDOSTEN

Connecticut
Delaware
Maine
Maryland
Massachusetts
New Hampshire
New Jersey
New York
Pennsylvania
Rhode Island
Vermont

CONNECTICUT (Conn.)

AUSDEHNUNG: Conn. ist mit einer Fläche von 12 974 qkm (5009 sq. mi.) der drittkleinste Staat der USA.

BEVÖLKERUNG: 2 959 000 Einw. (225 pro qkm); seiner starken Industrialisierung zufolge ist Conn. stark verstädtert; allein in den acht größten Städten leben 75% der Gesamtbevölkerung.

HAUPTSTADT: Hartford (162 000 Einw.); Sitz von zahlreichen amerikanischen Versicherungsgesellschaften. Das 'Wadsworth Atheneum' ist im Besitz bedeutender Kunstsammlungen und wertvoller Erinnerungsstücke an die frühe Siedlerzeit.

GEOGRAPHIE: Conn. ist der südlichste Staat Neuenglands; er liegt östlich des unteren Hudson River am Long Island Sund; das sich dem Long Island Sund anschließende Küstengebiet ist ein beliebtes Urlaubszentrum. Conn. ist ein Hügelland, unterbrochen von kleineren Talsenken. Der südwestliche Teil des Staates ist praktisch ein Einzugsgebiet der Stadt New York; 60% der Staatsfläche sind von Wald bedeckt.

KLIMA: Das K. ist von feuchtem und kontinentalem Charakter; die Sommertemperaturen schwanken zwischen 21,9 Grad C. (71,5 Grad F.) und 39,9 Grad C. (100 Grad F.); die durchschnittlichen Wintertemperaturen liegen bei –2,9 Grad C. (26,9 Grad F.).

GESCHICHTE: Der Name 'Connecticut' ist indianischen Ursprungs und bedeutet so viel wie 'Flußlandschaft'. Volkstümlicher Name: 'Constitution State'. Drei englische Siedlungsgemeinschaften gaben sich 1639 eine Art schriftliches Grundgesetz («Fundamental Orders of Connecticut»), das als die erste geschriebene Verfassung der Neuzeit bezeichnet worden ist. 1614 von Holländern entdeckt, wurde die spätere englische Kolonie 1662 durch die Besitzung 'New Haven' erweitert. Die Kolonie Conn. war unter den entschiedensten Verfechtern der amerikanischen Unabhängigkeitsbewegung; 1778 trat sie als 5. Staat der neugegründeten Union bei.

WIRTSCHAFT: Industrielle Fertigungsgüter bestimmen das wirtschaftliche Geschehen im Staate Conn., das zudem mit einem vorzüglichen Straßennetz versehen ist. Über die Hälfte der Bevölkerung arbeitet in der Industrie; die Waffenproduktion steht an erster Stelle; es folgen die Herstellung von Näh- und Schreibmaschinen, Flugzeugen, Motoren, Uhren und Messingwaren. Die Geflügelzucht und die Milchwirtschaft sind führend unter den landwirtschaftlichen Erzeugnissen; es folgen Tabak- und Gemüseanbau. Der Touristenverkehr bringt jährlich Einkünfte in Höhe von 200 Mio. Dollar.

WICHTIGE ZENTREN UND SEHENSWÜRDIGKEITEN:

Städte: *Bridgeport* (157 000 Einw.), die wichtigste Industriestadt des Staates (Feinmechanik); P.T. Barnum (Circus) Museum. *Hartford* (siehe Hauptstadt). *New Haven* (142 000 Einw.); sehenswert: das Winchester Gun Museum, 'Peabody Museum of Natural History' und die Yale-Universität (gegründet 1701); zusammen mit den Universitäten Harvard und Princeton gehört sie zu den 'efeuumrankten' und damit zu den angesehensten Bildungsinstitutionen in den USA.

Weitere Sehenswürdigkeiten: Das Hafenstädtchen *Old Lyme* (3000 Einw.) wurde 1685 gegründet und hat viele gut erhaltene Bauten im Kolonialstil.

AUSKUNFT: Connecticut Development Commission, State Office Building, Hartford 15, Conn. 06115.

DELAWARE (Del.)

AUSDEHNUNG: Del. ist mit einer Fläche von 5328 qkm (2057 sq. mi.) der zweitkleinste Staat der USA.

BEVÖLKERUNG: 534 000 Einw. (99 pro qkm); die größte Stadt des Staates, Wilmington, beherbergt mit ihren Außenbezirken über die Hälfte aller Einwohner (366 798).

HAUPTSTADT: Dover (14 814 Einw.), 112 km (70 mi.) südlich von Philadelphia. Das 'Old State House' aus dem Jahre 1787 ist ein prächtiges Zeugnis kolonialer Architektur; in der 'Old Presbyterian Church' (1790) und drei neueren Seitengebäuden ist das 'Delaware State Museum' untergebracht.

GEOGRAPHIE: Del. liegt etwa in der Mitte der atlantischen Küstenebene und bedeckt den nordöstlichen Teil der großen Halbinsel zwischen Delaware- und Chesapeake Bay. Das hügelige Gelände (höchste Erhebung: 60 m; 442 ft.) im N wird an der sumpfigen Atlantikküste fast eben.

KLIMA: Das K. ist feucht-gemäßigt; die durchschnittliche Jahrestemperatur bewegt sich um 13,3 Grad C. (56 Grad F.); Januar 2,2 Grad C. (36 Grad F.); Juli 25 Grad C. (77 Grad F.).

GESCHICHTE: Del. ist nach dem ersten Gouverneur der englischen Virginia Company, Lord De La Warre, benannt worden. Volkstümlicher Name: 'First State': 1787 hatte Del. als erster der dreizehn Ursprungsstaaten die neu geschaffene Bundesverfassung unterzeichnet. Del. war vor der Bundesstaatsgründung abwechselnd in englischen, schwedischen ('Neu-Schweden'), holländischen und ab 1664 wieder in englischem Besitz. 1682 in die Kolonie Pennsylvania eingegliedert, konnte Del. erst 1775 seine Eigenständigkeit erreichen. Obwohl sklavenhaltender Staat, trennte sich Del. während des Sezessionskrieges nicht von der Union.

WIRTSCHAFT: Die Stadt Wilmington ist das «Chemie-Zentrum der Welt»; begünstigt durch niedrige Steuerquoten, haben Konzerne wie die Du Pont de Nemours, Hercules und Atlas hier den Sitz ihrer Hauptverwaltungen eingerichtet. Industrieerzeugnisse umfassen die Herstellung von Maschinen, Werkzeugen und Metallwaren. Auf dem Agrarsektor sind Obst, Gemüse und Tabak führend. Del. hat an der Delaware Bay und am Atlantik gute Fischgründe.

WICHTIGE ZENTREN UND SEHENSWÜRDIGKEITEN:

Städte: *Dover* (siehe Hauptstadt). *Newark* (19 400 Einw.), Sitz der Staatsuniversität. *New Castle* (4700 Einw.), historisch einzigartig interessantes Städtchen, dessen Zentrum in den Bauten des 18. Jahrhunderts erhalten geblieben ist. *Wilmington* (85 700 Einw.), mit Abstand die größte Stadt des Staates. Das 'Winterthur-Museum' besitzt eine umfassende Sammlung von Möbeln, Stoffen, Keramiken und Gemälden aus dem 17., 18. und 19. Jahrhundert.

AUSKUNFT: Delaware State Development Department, 45 The Green, Dover, Del. 19901.

MAINE (Me.)

AUSDEHNUNG: Me., der nordöstlichste Staat, hat die Größe der fünf anderen Neuengland-Staaten zusammengenommen und ist mit einer Fläche von 86 027 qkm (33 215 sq. mi.) der neununddreißigstgrößte aller US-Bundesstaaten. Me. hat nur mit New Hampshire eine gemeinsame Grenze, ansonsten grenzt es an Kanada.

MAINE

BEVÖLKERUNG: 979 000 Einw. (11,3 Einw. pro qkm), davon (1960) 963 291 Weiße, 3318 Neger und 1879 Indianer. Me. ist der am schwächsten bevölkerte Neuengland-Staat.

HAUPTSTADT: Augusta (22 000 Einw.). Ursprünglich von Siedlern aus Massachusetts gegründet, war Augusta im 17. Jahrhundert ein Vorposten gegen Indianer und in dieser Gegend siedelnden Franzosen.

GEOGRAPHIE: Me. ist ein bergiges und seenreiches Rumpfland der nördlichen Appalachen Mountains. Von zehn Höhenrücken über 1333 m (4000 ft.) ist Mount Katahdin mit 1756 m (5268 ft.) der höchste. Me. hat 2500 Binnenseen (größter See: Moosehead Lake), 5000 Flüsse (wovon aber nur einige wenige schiffbar sind) und 13 000 einer zumeist durch fjordartige Buchten reich gegliederten, felsigen Atlantikküste vorgelagerte Inseln. 87% der gesamten Oberfläche sind bewaldet; 98% dieser Waldgebiete befinden sich in Privatbesitz.

KLIMA: Das K. ist über das Jahr hinweg mäßig-kontinental; die Wintermonate sind kalt und schneereich, in den Sommermonaten erwärmen sich die Temperaturen nur sehr langsam (gewöhnlich nicht über 20 Grad C, 68 Grad F.).

GESCHICHTE: Der Name 'Maine' ist französischen Ursprungs; ehemalige Bezeichnung für eine alte gleichnamige französische Provinz. Volkstümlicher Name: Pine Tree (= Fichte, Kiefer) State. Seit 1622 besiedelt, unterstand Me. von 1562 bis 1820 der Verwaltungshoheit von Massachussetts und wurde 1820 als selbständiger, dreiundzwanzigster Staat in die Union aufgenommen.

WIRTSCHAFT: Die ausgedehnten Wälder liefern große Mengen an Holz für die Papier- und Holzstoffindustrie. Die namhafte Fischerei liefert Schellfisch und Hummer. Weitere Erzeugnisse sind veredelte Lebensmittel und Schuhwerk. 1/8 der jährlichen US-Kartoffelernte und 90% der Blaubeeren kommen aus Me. Auf Grund der vielen landschaftlichen Schönheiten hat sich eine blühende Fremdenverkehrsindustrie entwickelt.

WICHTIGE ZENTREN UND SEHENSWÜRDIGKEITEN:

Städte: *Brunswick* (9450 Einw.). Die amerikanische Schriftstellerin Harriet Beecher Stowe schrieb hier ihren weltberühmten Roman «Onkel Toms Hütte». Der Schriftsteller Daniel Hawthorne und der Dichter H. Wadsworth Longfellow erfuhren ihre Ausbildung am Bowdoin College. *Portland* (72 566 Einw.).

Größte Stadt und Haupthafen von Me. Das W. Longfellow-Haus aus dem 18. Jahrhundert enthält persönliche Erinnerungsstücke des Dichters. *York Village* (4663 Einw.). Städtchen mit vielen aus der Kolonialzeit gut erhaltenen architektonischen Bauwerken. Das 'Old Gaol' ('Gefängnis') ist das älteste öffentliche Gebäude in Neu-England (1653).

Nationalparks: *Acadia.* Dieses an der Atlantikküste («Schoodic Point») und auf der Insel Mount Desert gelegene Naturschutzgebiet bildet eine großartige Fels- und Waldlandschaft mit abgelegenen Bergen, Seen und fischreichen Gewässern; das Gelände ist von steilen Felsküsten umgeben.

Nationaldenkmäler: *Saint Croix Island.* Erinnert an die erste französische Siedlung (1604) am Saint Croix River entlang der kanadischen Grenze. (Für die Öffentlichkeit nicht zugänglich!).

Urlaubsgebiete: *Moosehead Lake* und *Sebago Lake;* Badeorte (an der Atlantikküste): Bar Harbor, Ogunquit, Old Orchard Beach, Boothbay Harbor, Rockport. Ferner 15 State Parks sowie viele schöne Ferien- und Erholungsgebiete.

AUSKUNFT: Maine Department of Economic Development, State Office Building, Agusta, Maine 04330.

MARYLAND (Md.)

AUSDEHNUNG: Md., in der Mitte der amerikanischen Atlantikküste gelegen, ist mit einer Fläche von 27 394 qkm (10 577 sq. mi.) der neuntkleinste US-Bundesstaat.

BEVÖLKERUNG: 3 757 000 Einw. (171 Einw. pro qkm), davon 14% Farbige.

HAUPTSTADT: Annapolis (26 500 Einw.); Sitz der US-Marine-Akademie (seit 1845). Im Marine-Museum ist eine große Sammlung historischer Schiffsbauten zu besichtigen. Annapolis verfügt über eine stattliche Anzahl an sehr gut erhaltenen Gebäuden aus dem 18. Jahrhundert, u.a. das 'State House Annapolis', das älteste dieser Art in den Vereinigten Staaten.

GEOGRAPHIE: Md. gehört mit seinem östlichen Teil zur atlantischen Küstenebene; die reich gegliederte Chesapeake Bay zieht sich weit in das Inland hinein und teilt den Staat in zwei ungleiche Hälften: in ein teilweise stark gewelltes Hügelland (Piedmont) und teilweise Bergland (höchste Erhebung:

Backbone Mountain 1008 m, 3360 ft.), das sich nach W hin ausdehnt. Hauptflüsse: Susquehanna- und Potomac River.

KLIMA: Im nordwestlichen Teil des Staates ist das K. kontinental (kalte Nordwinde im Winter), während es im südlichen Teil einen subtropischen Charakter annimmt (feucht-warme Südwinde im Sommer). Die jährliche Durchschnittstemperatur beträgt 12,2 Grad C. (53,9 Grad F.), wobei Extremwerte von 42,8 Grad C. (109 Grad F.) im Juli und –40 Grad C. (–40 Grad F.) im Januar/Februar auftreten können. 148 Tage im Jahr sind wolkenlos.

GESCHICHTE: Lord Baltimore erhielt im Jahre 1632 einen Freibrief vom englischen König für eine Kolonie am Potomac River, die er zu Ehren der Frau Karl. II., Königin Henrietta Maria, Maryland nannte. Volkstümlicher Name: 'Free State'. 1649 wurde in Md. bereits die Glaubensfreiheit garantiert. Von 1691–1715 eine Kronkolonie, dann wieder im Besitz der Familie Baltimore, wurde Md. nach dem Unabhängigkeitskrieg einer der Gründerstaaten der USA. 1790 trat Md. 181 qkm Bodenfläche an die Zentralregierung für die neu zu gründende Bundeshauptstadt Washington ab. Im Sezessionskrieg stand es auf Seiten der Nordstaaten (Union).

WIRTSCHAFT: In dem zu 50% bewaldeten Staat spielt die Landwirtschaft eine wesentliche Rolle, zumal die Bundeshauptstadt Washington (District of Columbia) ihre hauptsächlichen Nahrungsmittel aus Md. bezieht: Weizen, Mais, Kartoffeln, Tabak, Gemüse, Obst und Milchprodukte. Um die Chesapeake Bay herum ist die Austernzucht und der Fischfang von Bedeutung. Hauptzweige der Industrie sind der Bergbau, die Herstellung von Zement, elektronischen Ausrüstungsgegenständen und der Bootsbau.

WICHTIGE ZENTREN UND SEHENSWÜRDIGKEITEN:

Städte: *Annapolis* (siehe Hauptstadt). *Baltimore* (s.S. 266).

Nationaldenkmal: *Fort McHenry*.

Urlaubsgebiete: *Antietam National Battlefield Site*, Schauplatz einer blutigen Schlacht zwischen Unions- und Konföderationstruppen im Jahre 1862. *Hampton National Historic Site*, geographisches Landhaus aus der zweiten Hälfte des 18. Jahrhunderts mit schöner Gartenanlage. — Außerdem eine große Anzahl State Parks sowie viele Ferien- und Erholungsgebiete.

AUSKUNFT: Maryland Department of Economic Development, State Office Building, Annapolis, Md. 21401.

MASSACHUSETTS (Mass.)

AUSDEHNUNG: Mass., einer der geschichtsträchtigen Neuengland-Staaten im NO der USA, ist mit einer Fläche von 21 386 qkm (8257 sq. mi.) der sechstkleinste amerikanische Bundesstaat.

BEVÖLKERUNG: 5 437 000 Einw. (245 pro qkm), davon 2% Farbige; durch die massive Einwanderung von Iren, Italienern, Polen, Tschechen und Franko-Kanadiern im 19. und 20. Jahrhundert ist die B. überwiegend katholisch.

HAUPTSTADT: Boston (siehe dort).

GEOGRAPHIE: Über die reich gegliederte, sandige Flachküste am Atlantik erhebt sich nach W hin ein flachhügeliges Vorland, das im Inneren des Staates von den Höhenrücken der nördlichen Appalachen Mountains abgelöst wird. Hauptflüsse: Connecticut- und Merrimac River.

KLIMA: Mass. hat ein feucht-kontinentales K., gekennzeichnet durch rauhe und kalte Winter- und warme Sommermonate: Boston: Januar 2,8 Grad C. (37 Grad F.), Juli 21,8 Grad C. (71,2 Grad F.). Die jährliche Niederschlagsmenge beträgt 1168 mm (46 inches), wobei die Hälfte auf die Sommermonate entfällt.

GESCHICHTE: Der Name 'Massachusetts' ist indianischen Ursprungs. Volkstümlicher Name: 'Bay (= Bucht) State': die ersten Siedlungen nördlich von Virginia entstanden entlang der Massachusetts Bay; auch 'Old Colony': so genannt wegen vieler historischer Pionierleistungen auf dem nordamerikanischen Kontinent. Im Jahre 1620 gingen englische Puritaner («Pilgerväter») an der Stelle des heutigen Ortes Plymouth an Land und gründeten zehn Jahre später die erste Kolonie «Massachusetts Bay». In den zwei Jahrzehnten vor dem Revolutionskrieg spielte das streng puritanische Mass. eine führende Rolle in der Unabhängigkeitsbewegung. 1878 ratifizierte es als sechster Staat die US-Bundesverfassung. Die ehemalige Provinz Maine wurde 1820 als selbständiger Staat abgetrennt.

WIRTSCHAFT: Mass. ist nach Pennsylvanien führend in der Fabrikation von Schuhwerk. Von den anderen Industriezweigen steht vor allem die Herstellung von Textilien, Papierwaren, elektronischen Ausrüstungsgegenständen und Werkzeugmaschinen vornan. Sieben Großstädte — darunter Boston — sind wichtige Binnen- und Außenhandelszentren der Vereinigten Staaten. Einen außerordentlich wichtigen Wirtschaftsfaktor stellt immer noch die Hochseefischerei dar, deren Einnahmen — nach Alaska und Kalifornien — die drittgrößten sind. Die Haupternten der Landwirtschaft sind Tabak, Mais, Kartoffeln, Äpfel und Preiselbeeren. Mass. verfügt über eine Anzahl von traditionsreichen akademischen Ausbildungsstätten (Harvard-Universität; Massachusetts Institute of Technology; Brandeis-Universität, Amherst College etc.).

WICHTIGE ZENTREN UND SEHENSWÜRDIGKEITEN:

Städte: *Boston* (s.S. 271). *Worchester* (186 587 Einw.). Zentrum einer bedeutenden Textilfabrikation.

Nationalparks (Küsten-): *Cape Cod.* 500 km langer Küstenstreifen, eine sichelförmige Nehrung am Atlantischen Ozean, beliebtes Sommerferiengebiet; wichtigste Ortschaften: *Hyannis*, größter und eleganter Kurort. *Sandwich*, Stätte alter Glasmanufakturen. *Provincetown*, eine Künstlerkolonie.

Historische Stätten: *Adams National Historic Site* in Quincy, mit dem Wohnhaus der Familie Adams, die im 18. und 19. Jahrhundert eine der bedeutendsten Familien der Vereinigten Staaten war: John Adams und John Quincy Adams bekleideten jeweils das Amt des amerikanischen Präsidenten; Charles Francis Adams war amerikanischer Botschafter in Großbritannien während des Sezessionskrieges; Henry Adams war ein bekannter Schriftsteller und Brooks Adams einer der bekanntesten Historiker im 19. Jahrhundert.

Weitere Sehenswürdigkeiten: *Plymouth Rock* bei Plymouth; hier landete 1620 die «Mayflower» der Pilgerväter. *Cape Ann* — in der Nähe von Gloucester (25 789 Einw.) — ist durch Kiplings Erzählung «Captain Courageous» berühmt geworden. Die malerische Gegend ist zugleich Ferienplatz, Fischerdorf und Künstlerkolonie. *Martha's Vineyard*, Insel südlich von Cape Cod mit vornehmen Erholungsorten und schöner wilder Küste. *Old Sturbridge Village:* ein wiedererstandenes, typisches Neuengland-Dorf aus dem ersten Jahrzehnt des 19. Jahrhunderts. *Nantucket:* 50 km (31 mi.) vom Festland entfernt gelegene Insel im Atlantik; ehemals bedeutendes Walfangzentrum, heute Segelparadies und Künstlerzentrum. *Salem*, alte Stadt und 1692 Schauplatz eines Hexenprozesses, der mit der Hinrichtung von 20 Personen endete. — Außerdem eine große Anzahl an State Parks und Forests.

AUSKUNFT: Massachusetts Department of Commerce, State Office Building, Boston, Mass. 02202.

NEW HAMPHIRE (N.H.)

AUSDEHNUNG: N.H., einer der im NO gelegenen sechs Neuengland-Staaten, ist flächenmäßig der siebentkleinste Bundesstaat der USA (24 097 qkm; 9 304 sq. mi.).

BEVÖLKERUNG: 702 000 Einw. (28 Einw. pro qkm), eine fast ausschließlich weiße B.

HAUPTSTADT: Concord (30 200 Einw.), ehemals wichtiger Kutschenbau.

GEOGRAPHIE: N.H. ist ein hügeliger bis gebirgiger Staat; ein Drittel liegt über 635 m (2000 ft.); im NO erheben sich die White Mountains bis zu 2096 m (6288 ft., Mount Washington). Lake Winnipesaukee ist der größte von 1300 Seen; sieben Achtel des Staates sind bewaldet; mit Ausnahme der Stadt Portsmouth bietet die nur kurze Atlantikküste wenige Hafenplätze.

KLIMA: Die Sommermonate sind kühl und angenehm; Julitemperatur: 24 Grad C. (75 Grad F.). Die Wintermonate sind hingegen äußerst kalt (bis zu −38,8 Grad C.; −38 Grad F.) und schneereich (381 cm; 150 inches).

GESCHICHTE: N.H. ist nach der gleichnamigen Grafschaft (Hamphire) in Großbritannien benannt worden (1629). Volkstümlicher Name: Granite State. Bis 1741 ein Teil der Kolonie Massachusetts, erklärte N.H. im Jahre 1776 als erster Staat seine Unabhängigkeit von England und trat 1788 als 9. Staat der Union bei.

WIRTSCHAFT: Hauptindustrieerzeugnisse sind Textilien, Granit, Papier- und Lederwaren. Die landwirtschaftlichen Produkte beschränken sich auf Molkereierzeugnisse und Obsternten. — Auf Grund seiner landschaftlich reizvoll gelegenen Seen und Wälder ist N.H. vor allem ein beliebtes Urlaubsgebiet.

WICHTIGE ZENTREN UND SEHENSWÜRDIGKEITEN:

Städte: *Hanover* (6000 Einw.); Sitz des berühmten Dartmouth College. *Portsmouth* (27 000 Einw.); 1623 gegründete Hafenstadt mit schönen Villenbauten aus dem 18. Jahrhundert; heute US-Marine Basis. *Manchester* (88 300 Einw.), größte Stadt des Staates.

Erholungsgebiete: *White Mountains:* eines der bekanntesten und beliebtesten Touristengebiete im O der Vereinigten Staaten. Hier sind besuchenswert der *Crawford Notch*, ein 5 km (3 mi.)

langer, auf beiden Seiten von den steilen Felswänden des Mount Willey und des Mount Webster umschlossener Engpaß, der romantische *Dixville Notch*, eine etwa 3 km (2 mi.) lange Schlucht, und der *Franconia Notch* mit dem Great Stone Face ('großes steinernes Gesicht'). Ferner 32 State Parks, sowie viele Ferien- und Erholungsplätze, darunter die bekannten Skigebiete von *Laconia* und *North Conway*.

AUSKUNFT: New Hampshire Department of Resources & Economic Development, 201 State House Annex, Concord, N.H. 03301.

NEW JERSEY (N.J.)

AUSDEHNUNG: N.J., der kleinste unter den mittel-atlantischen Staaten, ist flächenmäßig der fünftkleinste US-Bundesstaat (20 295 qkm; 7836 sq. mi.).

BEVÖLKERUNG: 7 078 000 Einw., davon (1960) 5,54 Mio. Weiße, 515 000 Neger und 2000 Indianer. Mit 893 Einw. pro qkm erreicht N.J. die größte Bevölkerungsdichte aller US-Bundesstaaten; 90% der B. lebt in Städten.

HAUPTSTADT: Trenton (114 167 Einw.), bekannt durch Washingtons Überraschungsangriff gegen die Briten im Jahre 1776.

GEOGRAPHIE: N.J. liegt zwischen dem Hudson- und Delaware River, südlich und westlich der Stadt New York City; im N hat N.J. Anteil an den Appalachen (höchste Erhebung: High Point, 601 m; 1803 ft.); der S ist leicht hügelig und die Atlantikküste flach.

KLIMA: An der Atlantikküste ist das K. das ganze Jahr über recht mild (Julitemperatur: 22,2 Grad C; 72 Grad F.), während im N die Wintermonate doch erhebliche Kältegrade aufweisen (bis zu −31,6 Grad C.; −25 Grad F.); die Sommermonate sind hingegen sehr heiß (Julitemperatur: 37,7 Grad C.; 100 Grad F.).

GESCHICHTE: Der Herzog von York überantwortete das Gebiet 1664 an Lord Berkeley und Sir George Carteret als gemeinsame Eigentümer mit der Auflage, die Kolonie 'Nova Caesaria' oder 'New Jersey' zu nennen. Volkstümlicher Name: Garden State. Seit dem frühen 17. Jahrhundert von Holländern und Engländern besiedelt, erklärte sich N.J. 1776 selbständig (von 1702–1776 war N.J. Kronkolonie) und trat 1787 als dritter Staat der neugegründeten Union bei.

WIRTSCHAFT: Die geographische Lage unmittelbar zwischen den Ballungszentren im O der USA (New York, Philadelphia, Baltimore und Washington) verschafft den zahlreichen und hochentwickelten Industrien N.J.s einen zentralen Standort und gibt ihnen einen sehr günstigen Markt. An führender Stelle steht die Produktion von Chemikalien, weitere führende Industrien sind die Metall- und Autoindustrie. Zahlreiche Ölraffinerien, Schiffswerften und Hafenanlagen (Teile des Seehafens von New York City) rangieren unter den größten der Welt. Obwohl ein hochgradiger Industriestaat, werden 35% des Bodens von der Landwirtschaft nutzbar gemacht; sie erzeugt Mais, Kartoffeln, Obst, Gemüse und Weizen; 43% der Oberfläche sind noch bewaldet.

WICHTIGE ZENTREN UND SEHENSWÜRDIGKEITEN:

Städte: *Jersey City* (276 000 Einw.); bedeutende Hafenstadt an der Atlantikküste. *Newark* (411 000 Einw.); größte Stadt N.J.s; Industriezentrum und Versicherungskapitale. *Princeton* (11 890 Einw.); Sitz der weltberühmten Princeton-Universität.

Nationalparks: *Morristown National Historical Park*, im Unabhängigkeitskrieg Schauplatz wichtiger militärischer Kämpfe mit englischen Truppen; 1779/80 Hauptquartier George Washingtons.

Historische Stätten: *Edison Home* in West Orange (39 895 Einw.). Bibliothek und Laboratorium des Erfinders Thomas A. Edison; enthält Originalmodelle von einigen seiner Erfindungen.

Urlaubsgebiete: Entlang der Atlantikküste liegen einige bekannte Seebäder: *Atlantic City*, *Asbury Park*, *Cape May*, *Long Branch*, *Ocean City* und *Wildwood*. 30 State Parks.

AUSKUNFT: New Jersey Department of Conservation & Economic Development, P.O. Box 1889, Trenton, N.J. 08625.

NEW YORK (N.Y.)

AUSDEHNUNG: N.Y., im NO der USA gelegen, ist mit einer Fläche von 128 402 qkm (49 576 sq. mi.) der dreißigstgrößte Bundesstaat.

BEVÖLKERUNG: 18 113 000 Einw. (143 Einw. pro qkm), davon 7½% Farbige. Von 1820 bis 1964 war N.Y. der volkreichste US-Bundesstaat; Ablösung folgte durch Kalifornien.

NEW YORK

HAUPTSTADT: Albany (129 726 Einw.), am Hudson River.

GEOGRAPHIE: N.Y. erstreckt sich von der schmalen Küste um die New York Bay bis zum Erie- und Ontario-See. Im O wird der Staat in NS-Richtung von den waldreichen Appalachen Mountains durchquert, die in den Catskill Mountains und den Adirondacks Höhen von 1281 m (4201 ft.) und 1638 m (5344 ft.) erreichen. Zwischen beiden Gebirgszügen verläuft die fördenartig vertiefte Furche des Mohawak- und des Hudson River; sie stellt die wichtigste Verkehrsverbindung (New York State Thruway/Autostraße; State Barge-Kanal = Binnenwasserstraße) zwischen der Küste und den Großen Seen dar. Der W ist eine wellige Moränenlandschaft mit den beiden «Fingerseen»; Lake Seneca und Lake Cayuga sowie mehreren kleineren Seen.

KLIMA: Wegen der unterschiedlichen Höhenlagen und der zahlreichen Binnengewässer weist der Staat N.Y. unterschiedliche Klimata auf; in den verschiedenen Landesteilen sind Temperaturen zwischen –45,5 Grad C. (–52 Grad F.) und 42,2 Grad C. (108 Grad F.) gemessen worden; dementsprechend verschieden sind auch die Niederschlagsmengen: mit Ausnahme der Dürreperiode in den Jahren 1961–1966 fallen durchschnittlich 1016 mm (40 inches) Regen; in den Wintermonaten sind es bis zu 4084 mm (160 inches); größere Niederschlagsmengen treten ansonsten nur in den Rocky Mountains auf.

GESCHICHTE: N.Y. ist nach dem Bruder des englischen Königs Karl II., dem Duke of York, benannt worden. Volkstümlicher Name: 'Imperial State'; so bezeichnet wegen der führenden Stellung unter den amerikanischen Bundesstaaten. Das Gebiet wurde seit 1624 zunächst von Niederländern besiedelt, ab 1664 von Engländern (Duke of York) erobert. 1777 gab sich die selbständige Kolonie eine erste Verfassung und trat elf Jahre später als elfter Staat der Union bei.

WIRTSCHAFT: N.Y. steht wirtschaftlich in vieler Hinsicht an erster Stelle unter allen amerikanischen Bundesstaaten: in der Industrie, im Handel, im Finanzwesen, im Buch- und Zeitschriftendruck und im kulturellen Leben. Die umfangreiche Industrieproduktion umfaßt die Kleider- und Pelzindustrie, die Herstellung von Chemikalien, Farben, Maschinen, Papier- und Holzwaren, Photogeräten und elektronischen Ausrüstungen. — Nicht minder wichtig sind die Erzeugnisse der Landwirtschaft: Molkereiprodukte und Gemüseanbau. — Die aus Tourismus und Tagungen erzielten Einnahmen stehen an fünfter Stelle der gesamten Staatseinnahmen.

WICHTIGE ZENTREN UND SEHENSWÜRDIGKEITEN:

Städte: *Buffalo* (s.S. 286). *Corning* (17 000 Einw.); berühmt wegen des 'Corning Glass Center', eine der größten Glasbläsereien der Welt. *Niagara Falls* (s.S. 288). *New York* (s.S. 360). *Rochester* (305 900 Einw.); Universitätsstadt. Stammsitz der weltbekannten George Eastman Kodak Company und der Xerox Corporation. *Syracuse* (213 000 Einw.); Universitätsstadt. *West Point*, weltbekannte Militärakademie am unteren Hudson River.

Nationalparks: *Saratoga National Historical Park*, berühmtes Schlachtfeld aus dem Unabhängigkeitskrieg (1777). *Fire Island National Seashore*.

Nationaldenkmäler: *Castle Clinton* (s. S. 449). *Fort Stanwix*. Im amerikanischen Unabhängigkeitskrieg eine strategisch wichtige Befestigungsanlage an der kanadischen Grenze; ebenfalls Ort eines Vertragsabschlusses mit den Iroquois-Indianern (1768). Dieses Nationaldenkmal ist für die Öffentlichkeit nicht zugänglich!

Historische Stätten: *Franklin D. Roosevelt Home* in Hyde Park. Haus und Grabstätte von Franklin D. Roosevelt. *Vanderbilt Mansion*, ein ausgedehntes Besitztum der bekannten amerikanischen Familie Vanderbilt (in der Nähe von Hyde Park).

Weitere Sehenswürdigkeiten: *Fort Ticonderoga*. Erbaut 1735; einstmals strategischer Schlüsselpunkt im Französisch-Indianischen Krieg und während des Unabhängigkeitskampfes (am Lake Champlain). *Sunnyside*. Die aus dem 19. Jahrhundert stammende, im romantischen Stil erbaute Wohnstätte des amerikanischen Schriftstellers Washington Irving in Tarrytown (11 280 Einw.); ferner die 'Old Dutch Church' aus dem 17. Jahrhundert (1685) und der *Sleepy Hollow Cemetery*. *Van Cortland Manor* in Croton-on-House (7039 Einw.). Ein sehr gut erhaltenes Herrenhaus aus dem 18. Jahrhundert. *Watkins Glen State Park*. Eine romantische und wilde Gegend mit kleineren Schluchten, Grotten und Wasserfällen, die während der Nacht illuminiert werden.

Erholungsgebiete: *Adirondack Mountains*, *Catskill Mountains*, *Finger Lakes*, *Great Lakes*, *Thousand Islands* (in der Mündung des St.-Lorenz-Stromes in den Lake Ontario), *Long Island* und die *Niagara-Fälle* (s.S. 288). — Außerdem etwa 120 State Parks.

AUSKUNFT: New York State Department of Commerce, 112 State Street, Albany, N.Y. 12207. New York Convention & Visitors Bureau, 90 East 42nd St., New York, N.Y. 10017.

PENNSYLVANIA (Pa.)

AUSDEHNUNG: Pa., einer der mittelatlantischen Bundesstaaten, ist mit einer Fläche von 117 412 qkm (45 333 sq. mi.) der dreiunddreißigstgrößte Staat der USA.

BEVÖLKERUNG: 11 712 000 Einw. (99 pro qkm), davon 7½% Farbige.

HAUPTSTADT: Harrisburg (80 000 Einw.), mit einem dem Petersdom zu Rom nachgebildeten Kapitolgebäude von 1906.

GEOGRAPHIE: Durch das Zentrum des Staates verläuft in NO-SW-Richtung das Appalachen-Gebirge (höchste Erhebung in Pa.; Mount Davis 1071 m; 3213 ft.); nur im NW (Erie-See) und im SO ist die Oberfläche ein Tafelland. An der Delaware-Bucht ist der einzige Zugang zum Atlantik. Hauptflüsse: Delaware-, Susquehanna- und die Quellflüsse des Ohio River.

KLIMA: Pa. hat ein feucht-kontinentales K.; auf Grund der unterschiedlichen topographischen Gegebenheiten gibt es jedoch größere lokale Klimaunterschiede. Im allgemeinen sind die Sommermonate warm (durchschnittliche Julitemperatur: 21,1 Grad C.; 70 Grad F.), die Wintermonate kalt (durchschnittliche Januartemperatur: 0 Grad C. (33 Grad F.); reichliche Niederschlagsmengen fallen während des ganzen Jahres: 1143 mm (inches).

GESCHICHTE: William Penn, von Karl II. von England 1681 zum Besitzer dieses Gebietes erklärt, nannte es zu Ehren seines Vaters Penn-Sylvania ('Penns Waldland'). Volkstümlicher Name: Keystone (= Schlüssel) State; auf Grund seiner ursprünglichen wirtschaftlichen und politischen Bedeutung. Pa. unterschrieb 1787 als zweiter der dreizehn Gründerstaaten die Bundesverfassung.

WIRTSCHAFT: Pa. ist einer der führenden Industrie- und Bergbaustaaten; rund ein Drittel der amerikanischen Stahl- und Eisenerzeugung erfolgt vorwiegend in und um die Stadt Pittsburgh; in der Erzeugung von Koks (und seinen Produkten) steht Pa. an erster Stelle; wertmäßig folgen die Erdöl-, Textil-, Lebensmittel-, Chemie-, Papier- und Tabakindustrie; daneben ist auch die Landwirtschaft sehr ertragreich; Haupternten: Tabak, Obst, Gemüse, Gerste und Weizen. Die Erträge aus der Forstwirtschaft belaufen sich jährlich auf 1 Mrd. Dollar.

WICHTIGE ZENTREN UND SEHENSWÜRDIGKEITEN:

Städte: *Philadelphia* (s.S. 500). *Pittsburgh* (s.S. 506). *Hershey* (7000 Einw.), Zentrum der größten Schokoladenfabrikation der Welt.

Nationalparks: *Gettysburg National Military Park*. Schauplatz einer entscheidenden Schlacht (1.–3. Juli 1863) zwischen Nord- und Südstaaten während des Sezessionskrieges; zahlreiche Erinnerungsstücke in Museen und auf dem ursprünglichen Schlachtfeld. *Fort Necessity National Battlefield*, 1754 Schauplatz der ersten großen Schlacht des damaligen Leutnants George Washington gegen die mit den Indianern verbündeten Franzosen. *Hopewell Village National Historic Site*, ein teils erhaltenes, teils restauriertes Dorf, in dem um die Wende vom 18. zum 19. Jahrhundert Eisen verhüttet wurde. *Johnstown Flood National Memorial*, Gedenkstätte an die Überschwemmungskatastrophe von 1889, bei der mindestens 2200 Menschen ums Leben kamen.

Weitere Sehenswürdigkeiten: *Valley Forge State Park*. Hauptquartier von General George Washington während des Unabhängigkeitskrieges im Winter 1777/78; Rekonstruktion der wichtigsten Anlagen. *Pennsylvania Dutch County*. Im 18. Jahrhundert bevorzugtes Siedlungsgebiet deutscher und schweizer Einwanderer. In Kultur (Bauweise, Küche, Kleidung) und Sprache (Pennsylvania Dutch) haben sich manche Reste erhalten (Germantown). *Pine Creek Gorge*. Der 'Grand Canyon' von Pa. (334 m; 1000 ft. tief).

AUSKUNFT: Pennsylvania Department of Commerce, Travel Development Bureau, 406 S. Office Building, Harrisburg, Pa. 17120.

RHODE ISLAND (R.I.)

AUSDEHNUNG: R.I. ist mit einer Fläche von 3144 qkm (1214 sq. mi.) der kleinste aller fünfzig Bundesstaaten. R.I. mißt nur 77 km (44,4 mi.) in NS- und 59 km (30 mi.) in WO-Richtung.

BEVÖLKERUNG: 913 000 Einw. (287 Einw. pro qkm), davon 290 Farbige. R.I. ist nach New Jersey der am dichtesten besiedelte amerikanische Bundesstaat.

HAUPTSTADT: Providence (188 000 Einw.), wurde 1636 als eine der ersten größeren Siedlungen in Amerika von Roger

Williams gegründet. Heute ist die Stadt ein bedeutendes Industriezentrum mit einem Hafen, in dem jährlich 9 Mio. Tonnen an Gütern umgeschlagen werden. — Die 'Rhode Island Historical Society' ist im Besitz vieler interessanter Gegenstände aus der Kolonialzeit.

GEOGRAPHIE: Das Gebiet umfaßt im wesentlichen nur einen hügeligen aber sehr reizvollen Landstrich, der im SO einen Teil der Naragansett Bay (mit mehreren Inseln; darunter auch Rhode Island) umschließt.

KLIMA: Das K. des Staates hat einen maritimen Charakter, mit durchschnittlichen Jahrestemperaturen um 0 Grad C. (32 Grad F.) und Julitemperaturen um 21,1 Grad C. (70 Grad F.). Die jährliche Niederschlagsmenge beläuft sich auf 1016–1270 mm (40–50 inches) und verteilt sich gleichmäßig auf das ganze Jahr. R.I. ist den letzten Jahrzehnten mehrmals (1938, 1944 und 1954) von orkanartigen Wirbelstürmen (Hurrikane) heimgesucht worden.

GESCHICHTE: Die erste Namensgebung stammte von einem Holländer, Adrian Block, der das Gebiet wegen seiner roten Erde 'Red Island' nannte. Roger Williams hatte die Bezeichnung 'Island of Rhodes' vorgeschlagen; ebenso 'Providence Plantations'. Heute noch gebräuchlicher offizieller Name: 'Rhode Island and Providence Plantations'. Volkstümlicher Name: 'Little Rhody': Spitzname wegen der Kleinheit des Staates. R.I. wurde um 1640 von Siedlern aus dem benachbarten Massachusetts gegründet, welche die dort herrschende Strenge der puritanischen Glaubenslehre abgelehnt hatten. Wegen der in R.I. geübten religiösen Toleranz wurde es in späteren Jahrzehnten Zufluchtsstätte anderer Sekten, darunter den Quäkern (1657) und holländischen Juden (1658). R.I. ratifizierte die Bundesverfassung als letzter der dreizehn Gründerstaaten (1790).

WIRTSCHAFT: Den Haupterwerbszweig bildet die Textilindustrie (Wolle, Kammgarn, Baumwolle). Bis etwa 1940 gab es in der Textilindustrie mehr Beschäftigte als in allen anderen Industriezweigen zusammengenommen. Seither hat sie jedoch starke Einbußen erfahren müssen; neue Arbeitsplätze konnten in der Maschinenbau-, Schmuck-, Gummiwaren- und Metallindustrie geschaffen werden; in letzter Zeit ist die elektronische Industrie von immer größerer Bedeutung geworden. — Nur etwa 1% der Arbeitnehmer sind in der Landwirtschaft beschäftigt. Molkereiprodukte und Geflügelzucht sind die wichtigsten Erzeugnisse; ferner ist die Fischerei ein bedeutender Erwerbszweig.

WICHTIGE ZENTREN UND SEHENSWÜRDIGKEITEN:

Städte: *Providence* (siehe Hauptstadt). *Newport* (35 900 Einw.); einstmals exklusives Meeresbad an der Atlantikküste; Platz vieler aufwendiger Sommer- und Landhäuser von Industrie-Magnaten aus der Zeit um die Jahrhundertwende; am bekanntesten «The Breakers», ein palastartiges Herrenhaus der Vanderbilt-Familie; die berühmten Strandpromenaden von Easton's Beach und Bailey's Beach haben ihre ehemalige Exklusivität eingebüßt. Segelregatten, Volksmusik- und Jazz-Festspiele sind heute besondere Attraktionen von Newport. *Wickfort Junction* (3074 Einw.); das Soul Country Museum enthält eine umfassende Ausstellung von Geräten, Werkzeugen und Maschinen aus der Kolonialzeit. *Pawtucket* (80 000 Einw.), zu beiden Ufern des Blackstone River gelegene Stadt. Hier entstand 1793 die erste erfolgreiche Baumwollspinnerei der Vereinigten Staaten (Old Samuel Slater Mill Museum; Vorführungen).

Historische Stätten: *Touro Synagogue* in Newport ist das älteste (1763) jüdische Gotteshaus in den Vereinigten Staaten.

Historische Denkmäler: *Roger Williams Memorial*. Gedenkstätte in Erinnerung an den Gründer von R.I. (Nicht zugänglich für die Öffentlichkeit!). — 19 State Parks.

AUSKUNFT: Rhode Island Development Council, Roger Williams Building, Providence, R.I. 02908.

VERMONT (Vt.)

AUSDEHNUNG: Vt. ist mit einer Fläche von 24 887 qkm (9609 sq. mi.) der dreiundvierzigstgrößte Staat der USA.

BEVÖLKERUNG: 422 000 Einwohner.

HAUPTSTADT: Montpellier (8800 Einw.), am Winooski River.

GEOGRAPHIE: Vt. ist einer der sechs Neuengland-Staaten im NO der Vereinigten Staaten ohne direkten Zugang zum Atlantischen Ozean. Der Staat wir in NS-Richtung von der Gebirgskette der Green Mountains (1100–1300 m hoch; 3608–4264 ft.) durchzogen; zwei Drittel der Gesamtfläche sind bewaldet.

KLIMA: Das K. zeichnet sich durch lange und strenge Winter- und milde Sommermonate aus; durchschnittliche

Temperaturen: –7,2 Grad C. (19 Grad F.) im Januar, 20,5 Grad C. (69 Grad F.) im Juli.

GESCHICHTE: Die Bezeichnung für Vermont ist von den französischen Wörtern 'vert' (= grün) und 'mont' (= Berg) abgeleitet. Volkstümlicher Name: 'Green Mountain State'. Vor 1776 ein umstrittenes Gebiet zwischen den englischen Kolonien New Hampshire und New York, erklärte sich Vt. während des Unabhängigkeitskrieges (1777) als ein selbständiger Staat. Vt. gab sich als erster Staat eine Verfassung (1777), die das allgemeine männliche Wahlrecht vorsah. 1791 wurde Vt. als 14. Staat, also als erster nach den dreizehn historischen Gründerstaaten, in die Union aufgenommen.

WIRTSCHAFT: Infolge der rauhen klimatischen Bedingungen sind die Voraussetzungen für die Erzeugung von landwirtschaftlichen Produkten wenig günstig; Molkereiprodukte, Gemüsebau und Geflügelzucht stehen oben an; in der Gewinnung von Ahornzucker liegt Vt. an erster Stelle aller amerikanischen Bundesstaaten. Hauptindustrieerzeugnisse sind Maschinen, Stein-, Holz- und Tonwaren. Ideale Wintersportmöglichkeiten in den Green Mountains haben den Touristenverkehr sprunghaft ansteigen lassen, der jährlich Einnahmen von 70 Mio. Dollar bringt.

WICHTIGE ZENTREN UND SEHENSWÜRDIGKEITEN:

Städte: *Barre* (10 500 Einw.); in der Umgebung große Granitsteinbrüche. *Bennington* (21 000 Einw.). Das 'Bennington Museum' enthält eine hervorragende Sammlung früher amerikanischer Glasarbeiten, Kleiderstücke und Gemälde; das Museum ist im Besitz der ältesten amerikanischen Bundesstaatsflagge («Stars and Stripes»). *Burlington* (35 000 Einw.), größte Stadt Vt.s, mit wichtigem Hafen am Lake Champlain. *Montpelier* (siehe Hauptstadt).

Weitere Sehenswürdigkeiten: Das *Shelburne Museum*, 11 km (7 mi.) südlich von Burlington, bewahrt 35 verschiedene Originalbauten aus der Kolonialzeit. Ferner das beliebte Sommerferiengebiet *Manchester Center* (auch Wintersport). — Im *Green Mountain National Forest* schöne Wandermöglichkeiten auf dem Long Trail, einem sich auf 362 km (225 mi.) Länge über den Kamm der Green Mountains von Massachusetts bis zur kanadischen Grenze hinziehenden Pfad. — Gutes Wintersportgelände am *Mount Mansfield*. — Außerdem 35 State Parks.

AUSKUNFT: Vermont Development Department, State Office Building, Montpelier, Vt. 05602.

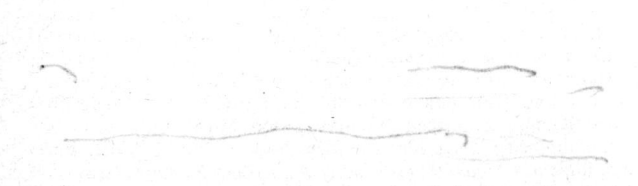

DER MITTLERE WESTEN

Illinois
Indiana
Iowa
Kansas
Michigan
Minnesota
Missouri
Nebraska
North Dakota
Ohio
South Dakota
Wisconsin

ILLINOIS (Ill.)

AUSDEHNUNG: Ill., einer der nordöstlichen Mittelstaaten, ist mit einer Fläche von 146 756 qkm (56 400 sq. mi.) der vierundzwanzigstgrößte Staat der USA.

BEVÖLKERUNG: 10 974 000 Einw. (73 Einw. pro qkm), davon 10% Farbige.

HAUPTSTADT: Springfield (89 200 Einw.); die wichtigste Sehenswürdigkeit ist der Oak Ridge-Friedhof mit der Grabstätte Abraham Lincolns.

GEOGRAPHIE: Ill. ist ein im S wesentlich flaches, im N schwach hügeliges Gebiet (höchste Erhebung: Charles Mound 371 m; 1235 ft.) zwischen dem Mississippi River und dem südlichen Michigan See. Der Boden ist sehr fruchtbar, vielfach mit Löß bedeckt.

KLIMA: Ill. hat ein feucht-kontinentales Klima. Die Sommermonate sind heiß; die Wintermonate — besonders im nördlichen Teil des Staates — sehr kalt. Extreme Temperaturen von 46,1 Grad C. (115 Grad F.) und –38,4 Grad C. (–35 Grad F.) sind gemessen worden.

GESCHICHTE: Der Name 'Illinois' ist die Ableitung von einem Indianerwort: 'Illini' oder 'Ilinievek', was so viel wie 'Person' bedeutet. Volkstümlicher Name: 'Prairie State'. Das Gebiet wurde von den Franzosen Jolliet und Marquette erforscht (1673); 1783 wurde es von Großbritannien als Teil des Nordwest-Territoriums an die Vereinigten Staaten abgetreten; seit 1800 ein Teil des Indiana-Territoriums, wurde es 1809 als eigenes Territorium organisiert und 1818 als 21. Staat in die Union aufgenommen.

WIRTSCHAFT: Durch seine zentrale Lage im Mittelwesten und als Bindeglied zwischen den Großen Seen, dem Mississippi- und dem Prairiegebiet, ist Ill. zu einem hochentwickelten Landwirtschafts- und Industriestaat geworden. Rindermast, Schweinezucht und Molkereiprodukte sind äußerst ertragreich auf dem Landwirtschaftssektor. Die hochentwickelten Industrien umfassen Stahl- und Eisenwerke, Ölraffinerien, die Herstellung von Eisenbahnzubehör und landwirtschaftlichen Maschinen. Durch seine zentrale Lage ist Chicago (s.S. 291) Verkehrspunkt von Eisenbahn und Luftfahrt geworden.

WICHTIGE ZENTREN UND SEHENSWÜRDIGKEITEN:

Städte: *Bloomington* (38 000 Einw.), kleine Universitätsstadt. *Cairo* (9400 Einw.); ehemals «Dampfschiff-Metropole» am Zusammenfluß des Ohio- und des Mississippi River; gut erhaltene Bauwerke aus dem vorigen Jahrhundert. *Chicago* (s.S. 291). *Peoria* (103 000 Einw.), am Illinois River gelegene, drittgrößte Stadt des Staates mit bedeutender Land- und Baumaschinenindustrie (Caterpillar, Westinghouse). *Urbana* (30 000 Einw.), Sitz der University of Illinois.

Sehenswürdigkeiten: *New Salem State Park* (32 km / 20 mi.) nordwestlich von Springfield; Wiederaufbau einer Grenzerstadt, in der Abraham Lincoln als Ladenbesitzer, Landvermesser und Postbeamter tätig war (1831–1837). — Außerdem über 40 weitere State Parks, darunter *Starved Rock*, bekannt für seine tragische Indianergeschichte.

AUSKUNFT: Illinois Information Service, 406 Capitol Building, Springfield, Ill. 62706.

INDIANA (Ind.)

AUSDEHNUNG: Mit einer Fläche von 93 963 qkm (36 291 sq. mi.) ist der südlich der Großen Seen gelegene Staat Ind. der achtunddreißigstgrößte Staat der USA.

BEVÖLKERUNG: 5 067 000 Einw. (51 Einw. pro qkm), davon 6% Farbige.

HAUPTSTADT: Indianapolis (s.S. 328).

GEOGRAPHIE: Der aus drei topographisch unterschiedlichen Abschnitten bestehende Staat Ind. liegt im oberen Mississippi- und Ohio-Becken: der nördliche Teil ist sandig, der Mittelabschnitt bildet eine teils ebene, teils wellige Moränenlandschaft, während der S gebirgig ist.

KLIMA: Das K. zeichnet sich im nördlichen Teil durch kalte Winter- und lange und warme Sommermonate aus (kontinental), während im S die Temperaturen selten unter den Gefrierpunkt fallen; auftretende Dürreperioden nehmen nur vereinzelt katastrophale Ausmaße an.

GESCHICHTE: Der Name 'Indiana' ist zurückzuführen an die Tatsache, daß das Gebiet ehemals Stammland von vielerlei Indianerstämmen war. Volkstümlicher Name: 'Hoosier State'. Seit 1732 besiedelt, fiel das Gebiet 1763 an Großbritannien und 1778 an die Vereinigten Staaten; seit 1787 ein Teil des Alten Nordwest-Territoriums, wurde Ind. 1800 als eigenes Territorium organisiert und 1816 als 12. Staat in die Union aufgenommen.

WIRTSCHAFT: Im Ackerbau, der die Hälfte des Bodens beansprucht, werden Getreide — besonders Mais und Weizen —, dann Kartoffeln, Tabak, Gemüse und vor allem Sojabohnen angebaut, die die Grundlage für eine beträchtliche Viehlliefwirtschaft abgeben. Ind. ist weiter der drittgrößte Stahllieferant in den Vereinigten Staaten. Im NW liegt einer der größten Industriekomplexe der Welt überhaupt. 60% der Bevölkerung arbeiten in der Schwerindustrie. Der Bergbau liefert Kohle, Erdöl, Erdgas und Eisenerze; 80% des USA-Bedarfs an Baukalkstein werden hier gewonnen.

WICHTIGE ZENTREN UND SEHENSWÜRDIGKEITEN:

Städte: *Bloomington* (42 000 Einw.); Sitz der Staatsuniversität. *Gary* (178 320 Einw.), 16 km (10 mi.) östlich von Chicago; größtes Stahlproduktionszentrum der Welt; Sitz der U.S. Steel Corporation. *Indianapolis* (s.S. 328). *South Bend* (135 000 Einw.), Universitätsstadt.

Sehenswürdigkeiten: *Indiana Dunes National Lakeshore:* ein aus Wald und Sanddünen bestehender Park am Lake Michigan (nahe Chesterton, 5000 Einw.) mit einer Fläche von 884 ha. *George Rogers Clark National Historical Park* an der Stelle des ehemaligen Fort Sackville. *Lincoln State Park*, in dem sich das «Lincoln Boyhood National Memorial» befindet, das daran erinnern soll, daß Abraham Lincoln hier seine Kindheit verbrachte. *Spring Mill State Park*, 5 km (3 mi.) östlich der Ortschaft Mitchell (3550 Einw.), enthält ein typisches Pionierdorf aus der Zeit um 1830. *Brown County Park:* das 6885 Hektar umfassende Gelände ist der größte Naturschutzpark in Ind. mit vielen Naturschönheiten. *French Lick*, Mineralquelle in der Nähe eines ehemaligen französischen Handelspostens. — Außerdem verschiedene Erholungsgebiete.

AUSKUNFT: Indiana Department of Commerce and Public Relations, 332 State House, Indianapolis, Ind. 46204.

IOWA (Ia.)

AUSDEHNUNG: Ia., zwischen den zwei großen Flüssen Mississippi- und Missouri River gelegen, ist mit einer Fläche von 145 791 qkm (56 290 sq. mi.) der fünfundzwanzigstgrößte Staat der USA.

BEVÖLKERUNG: 2 753 000 Einw. (19 Einw. pro qkm), davon 1% Farbige.

HAUPTSTADT: Des Moines (s.S. 318).

GEOGRAPHIE: Abgesehen von schwach hügeligen Gegenden ist Ia. ein fast ebener Staat. Die von Glazialablagerungen bedeckte Oberfläche — mit vielen kleinen Seen — bietet eine hervorragende landwirtschaftliche Nutzfläche. Der Lößboden gehört zu den fruchtbarsten der Welt.

KLIMA: Ia. ist ein sonniger Staat mit jährlich 215 wolkenlosen Tagen; tägliche Temperaturschwankungen von 10 Grad C. (50 Grad F.) sind nichts Außergewöhnliches; die Sommertemperaturen können bis auf 45 Grad C. (110 Grad F.) steigen. Ausgedehnte Hagelschauer und langanhaltende Dürreperioden haben wiederholt ganze Ernten zerstört. Die Wintermonate sind ziemlich kalt mit reichlichem Schneefall.

GESCHICHTE: Der Name 'Iowa' ist einem Wort aus der Sprache der Sioux-Indianer entliehen und bedeutet soviel wie: 'jemand, der schlafen geht'. Volkstümlicher Name: 'Hawkeye State'. Das Gebiet wurde zuerst von Frankreich beansprucht (erstmals besucht von den Franzosen Marquette und Jolliet), 1768 an Spanien abgetreten, 1800 an Frankreich zurückgegeben und 1803 als Teil des riesigen Louisiana-Territoriums an die Vereinigten Staaten verkauft. Im gleichen Jahr als Territorium organisiert, wurde Ia. 1846 als 29. Staat in die Union aufgenommen.

WIRTSCHAFT: Ia. ist einer der führenden landwirtschaftlichen Erzeugerstaaten der USA; 94,5% der Gesamtfläche sind nutzbar gemacht. Ia. ist führend im Maisanbau; die Erträge aus Futtermitteln macht Ia. zum größten Schweineproduzenten; in der Rinderzucht steht der Staat — hinter Texas — an zweiter Stelle. Wesentliche Industrieerzeugnisse bilden der Automobilzubehör, landwirtschaftliche Geräte und Fleischkonserven.

WICHTIGE ZENTREN UND SEHENSWÜRDIGKEITEN:

Städte: *Burlington* (33 285 Einw.); wichtige Industriestadt am Mississippi River. *Cedar Rapids* (103 545 Einw.); hübsche

Industriestadt und Sitz mehrerer Colleges. *Council Bluffs* (53 000 Einw.); ein Denkmal im Lincoln Park erinnert an das Treffen der Forscher Lewis und Clark mit den Indianern im Jahre 1804. *Davenport* (95 800 Einw.); das 'Public Museum' enthält eine bedeutende Sammlung von Erinnerungsstücken an die Mount Builder-Indianer. Auf Rock Island, südlich der Stadt im Mississippi das Arsenal sowie die Gräber Tausender, während des Bürgerkrieges im Gefängnis gestorbener Konföderierter. *Des Moines* (s.S. 318).

Nationaldenkmäler: *Effigy Mounds* ist der Platz einer prähistorischen Begräbnisstätte von Indianern.

Weitere Sehenswürdigkeiten: *West Branch:* Geburtsort und Bibliothek des früheren Präsidenten Herbert Hoover. — Außerdem 89 State Parks.

AUSKUNFT: Iowa Development Commission, 250 Jewett Building, Des Moines, Iowa 50309.

KANSAS (Kan.)

AUSDEHNUNG: Kan., einer der westlichen Mittelstaaten im westlichen Teil der Mississippi-Ebene, rangiert mit einer Fläche von 213 095 qkm (82 264 sq. mi.) an 28. Stelle aller amerikanischen Bundesstaaten.

BEVÖLKERUNG: 2 200 000 Einw. (10,1 pro qkm, davon 4,5% Farbige. Fremdstämmige Minderheiten bilden Deutsche, Mexikaner, Engländer, Russen und Kanadier.

HAUPTSTADT: Topeka (149 000 Einw.); das Kongreß-Gebäude ('State Capitol') weist eindrucksvolle Wandgemälde und Statuen aus der Pionierzeit auf. Die 'Kansas State Historical Society' verfügt über eine riesige Zeitungssammlung zum Studium der Geschichte des amerikanischen Mittel-Westens.

GEOGRAPHIE: Kan. liegt im geographischen Zentrum der 48 einander angrenzenden Staaten. Das Land steigt stufenartig von 208 m (680 ft.) nach W über die baumlose Prärietafel bis zum Mount Sunflower (1229 m; 4039 ft.) an. Der an den Waldbeständen in den letzten Jahrhundert getriebene Raubbau hatte eine starke Bodenerosion zur Folge; das Land verwandelte sich teilweise in eine trockene Steppenlandschaft.

KLIMA: Das K. hat kontinentalen Charakter: heiße Sommer wechseln mit kalten Wintern; Dürreperioden, verschärft durch

Staubstürme, sind nicht selten; typisch sind die rapiden Temperaturschwankungen, besonders in den Winter- und Frühjahrsmonaten; die Extreme können zwischen 49,4 Grad C. (121 Grad F., August) und –40 Grad C. (–40 Grad F.) liegen.

GESCHICHTE: Der Name 'Kansas' ist indianischen Ursprungs (Sioux) und bedeutet: die Menschen, die im Gebiet der südlichen Winde (Blizzards und Tornados) leben. Volkstümlicher Name: 'Sunflower State' (Sonnenblumen-Staat). Zwischen 1763 und 1800 gehörte das Gebiet vorübergehend zu Spanien, wurde dann schließlich 1803 als Teil des gewaltigen 'Louisiana-Territoriums' von Frankreich an die Vereinigten Staaten verkauft. Nachdem Kan. 1954 als Territorium organisiert worden war, kam es in den darauffolgenden Jahren zu blutigen Auseinandersetzungen zwischen Anhängern und Gegnern der Sklaverei («Bleeding Kansas»). Kurz vor Ausbruch des Bürgerkrieges wurde Kan. 1861 als 34. (sklavenfreier) Staat in die Union aufgenommen.

WIRTSCHAFT: 95% der benutzbaren Fläche sind Farmland; Kan. ist der größte Getreide-Produzent der USA; in der Gegenwart ist Kan. aber auch immer mehr ein Industrie-Staat geworden; große Reserven an Naturgas sind bislang unerschlossen geblieben; Kan. ist der Welt größter Helium-Produzent In der Rohölproduktion steht es an 5. Stelle aller amerikanischen Bundesstaaten. Die Stadt Wichita ist bedeutend in der Flugzeugproduktion.

WICHTIGE ZENTREN UND SEHENSWÜRDIGKEITEN:

Städte: *Kansas City* (130 000 Einw.). Teil der mit Kansas City im Staate Missouri zusammengehörenden Doppelstadt; der Stadtteil in Kan. ist eine wichtige Zentrale (mit riesigen Schlachthäusern) für die Verpackung von Fleischwaren (vgl. auch Kansas City, Missouri). *Wichita* (391 000 Einw.); Industriestadt (Flugzeug-Produktion).

Historische Stätten: *Fort Larned*, in der Nähe des Städtchens Larned (5000 Einw.), einzig vollständig erhaltene Festung aus der Zeit der Indianerkriege (1859). *Fort Leavenworth*, bei Leavenworth (23 800 Einw.), ehemals berühmter Vorposten aus der Pionierzeit; heute Sitz von US-Armeekommando und Generalstabs-Akademie. Das Museum verfügt über eine riesige Sammlung alter Fahrzeuge, Waffen und anderer Gegenstände aus der Pionierzeit.

Weitere Sehenswürdigkeiten: *Dodge City* (14 000 Einw.); einstmals berühmte Viehzüchterstadt aus der Mitte des 19. Jahrhunderts («Cowboy-Hauptstadt der Welt»). *Eisenhower-Center* in dem Städtchen Abilene (7500 Einw.). Geburts- und Beerdigungsstätte des ehemaligen Präsidenten Dwight D. Eisenhower. — Außerdem 49 State Parks.

AUSKUNFT: Kansas Department of Economic Development, State Office Building, Topeka, Kansas 66612.

MICHIGAN (Mich.)

AUSDEHNUNG: Mich., einer im NO der Vereinigten Staaten gelegener, an vier von den fünf 'Great Lakes' (Lake Superior, Lake Michigan, Lake Huron, Lake Erie) grenzender Bundesstaat steht unter den Staaten der Union mit einer Fläche von 150 779 qkm (58 216 sq. mi.) größenmäßig an 23 Stelle.

BEVÖLKERUNG: 8 740 000 Einw. (57 Einw. pro qkm), davon 8% Farbige.

HAUPTSTADT: Lansing (169 325 Einw.). Eines der Zentren der Automobilproduktion in Mich.

GEOGRAPHIE: Mich. liegt auf zwei Halbinseln («Upper Michigan», und «Lower Michigan»), die durch die 'Straße von Mackinac', die den Lake Michigan mit dem Lake Huron verbindet, getrennt sind. Beide Landesteile sind durch die Mackinac Bridge verbunden, der drittgrößten Hängebrücke in den Vereinigten Staaten. — Upper Michigan ist hügelig bis bergig (höchste Erhebung: Mount Curwood 660 m; 1980 ft.) mit ausgedehnten Beständen von Fichtenwäldern. Lower Michigan ist ein niedriges, zum größten Teil aus fruchtbarem Moränenboden bestehendes Gebiet mit Laub- und Nadelwäldern. Über 11 000 Inlandseen bedecken beide Teile von Mich.; Flüsse mit einer Gesamtlänge von 57 600 km (36 000 mi.) durchziehen das Land; wichtigste Flüsse: Saginaw-, Grand-, Kalamazoo- und St. Josephs' River.

KLIMA: Obwohl Mich. in der Zone eines feucht-kontinentalen Klimagürtels liegt, sind die dafür typisch extremen Temperaturen nur im Inneren anzutreffen, während das K. der Randgebiete vorwiegend von den Great Lakes beeinflußt wird; bes. Lake Michigan erwärmt die Temperaturen im Winter (reichliche Schneefälle) und kühlt sie im Sommer ab (Detroit: Januar –4,2 Grad C., 24,5 Grad F.; Juli 22 Grad C., 71,8 Grad F.; Jahresdurchschnitt 8,9 Grad C., 48 Grad F.).

GESCHICHTE: Der Name 'Michigan' ist indianischen Ursprungs; in der Sprache der Chippewa-Indianer hieß das Gebiet 'michi gami', was soviel bedeutete wie 'große Gewässer'. Volkstümlicher Name: 'Wolverine (= Vielfraß) State'. Mich. wurde im 17. Jahrhundert zunächst von Franzosen erforscht und besiedelt (erste Siedlungen: Fort Detroit, 1701 und Sault Ste. Marie); 1763 von Frankreich an England und 1783 von England an die Vereinigten Staaten abgetreten. Danach zunächst ein Teil des Nordwest-Territoriums, wurde das Gebiet 1805 als selbständiges Territorium organisiert, um dann 1837 als 26. Bundesstaat in die Union aufgenommen zu werden.

WIRTSCHAFT: Das nördliche Mich. ist Wald- und Bergland. 13% des amerikanischen Eisenerzes werden im Gebiet des Lake Superior gefördert; hinzu kommen große Mengen an Kupfer. Die riesigen Waldbestände haben sich die Holz-, Möbel- und Papierindustrie nutzbar gemacht. — Im südlichen Teil sind Schwerindustrie und Landwirtschaft führend. In der Umgebung von Detroit befinden sich der Welt größte Produktionsanlagen für die Herstellung von Automobilfahrzeugen (Ford und General Motors). Andere Industrien sind führend in der Herstellung von Flugzeugteilen, Dieselmotoren und Hebemaschinen. Die Mehrzahl aller Kühlschränke in den USA werden in Mich. hergestellt. — Die Landwirtschaft erzeugt Getreide, Hülsenfrüchte, Kartoffeln, Wein und Obst. — In beiden Teilen Mich.s ist der Verkehr auf den Seen und den sie verbindenden Wasserstraßen äußerst lebhaft. Der Ste. Marie (Soo) Ship Canal ist eine der meist befahrendsten Wasserstraßen der Welt.

WICHTIGE ZENTREN UND SEHENSWÜRDIGKEITEN:

Städte: *Ann Arbor* (74 200 Einw.). Sitz der Staatsuniversität und Zentrum eines bedeutenden Druck- und Verlagsgewerbes. *Detroit* (s.S. 319). *Flint* (196 940 Einw.), eines der zahlreichen Produktionszentren von Automobilen in Mich. *Grand Rapids* (202 379 Einw.). Führend in den USA in der Herstellung von Möbeln. *Kalamazoo* (82 089 Einw.). Zentrum der amerikanischen Papierfabrikation. *Lansing* (siehe Hauptstadt). *Battle Creek* (45 000 Einw.), Sitz des Kornflockenherstellers Kellogg.

Nationalparks: *Isle Royale*, eine im Lake Superior gelegene Insel von landschaftlich einzigartiger Schönheit. *Picture Rocks National Lakeshore*, geschützter Küstenstreifen mit prächtigen Felsformationen.

Weitere Sehenswürdigkeiten: *Insel Mackinac*, Inselkurort im Lake Huron mit interessanten Rekonstruktionen von Bauten aus dem 19. Jahrhundert. *Lake Michigan*, der einzige der Great Lakes, der vollständig in den Vereinigten Staaten liegt. Die Sanddünen am Michigan See stellen ein interessantes geologisches Phänomen dar; sie verändern laufend ihre Form und erreichen Höhen bis zu 146 m (438 ft.). *Holland* (25 000 Einw.), recht rein erhaltene Holländersiedlung mit einer Holzschuhfabrik und Tulpenfest (Mitte Mai). — Außerdem 4 National Forests, 76 State Parks sowie viele Sommer- und Wintererholungsgebiete.

AUSKUNFT: Michigan Tourist Council, 138 Stevens T. Mason Building, Lansing, Mich. 48926.

MINNESOTA (Minn.)

AUSDEHNUNG: Minn., einer der im Norden der Vereinigten Staaten gelegenen, an Kanada grenzenden Mittelstaaten, ist mit einer Fläche von 217 736 qkm (84 068 sq. mi.) der zwölftgrößte US-Bundesstaat.

BEVÖLKERUNG: 3 646 000 Einw. (16 Einw. pro qkm), davon 1% Farbige.

HAUPTSTADT: St. Paul (s.S. 346).

GEOGRAPHIE: Minn. ist ein größtenteils von Moränen durchzogenes, beiderseits des Minnesota River gelegenes Hügelland. In Minn. liegen 15 291 größere Seen («Land der zehntausend Seen») und ausgedehnte Torfmoore. Im N bedecken dicht bewaldete Höhenzüge (höchste Erhebung: Eagle Mount 767 m, 2301 ft.) etwa ein Drittel des Staates. Ferner hat er im N Anteil an der Seenkette 'Lake of the Woods' und im NO am Lake Superior.

KLIMA: Minn. hat ein typisch kontinentales K., wobei jedoch der Lake Superior einen mäßigenden Einfluß auf die an ihn grenzenden Gebiete nimmt. Die Wintermonate sind gewöhnlich

MINNESOTA

lang, kalt und sehr trocken; die durchschnittliche Temperatur ist im Januar −16 Grad C. (3 Grad F.). Die Sommermonate sind kurz, mäßig warm und trocken; die durchschnittliche Temperatur im Juli ist 20 Grad C. (68 Grad F.).

GESCHICHTE: Der Name 'Minnesota' ist der Sprache der Dakota-Sioux-Indianer entlehnt und bedeutet soviel wie «getrübt», womit ursprünglich das Wasser des Minnesota River gemeint war. Volkstümlicher Name: 'Gopher (= Erdeichhörnchen) State'. Minn. wurde erstmals 1655 von zwei französischen Pelzhändlern, Radisson und Groseilliers, erforscht. Nach 1783 war das östliche Gebiet ein Teil des neu gebildeten Nordwest-Territoriums, während der größere Teil westlich des Mississippi River zum Louisiana-Territorium zählte. 1849 als selbständiges Territorium organisiert, wurde Minn. 1858 als 32. Bundesstaat in die Union aufgenommen.

WIRTSCHAFT: In Minn. werden 60% des gesamten US-Bedarfs an Eisen- und Manganerzen gefördert. Mit den Erträgen aus der Landwirtschaft steht Minn. an fünfter Stelle aller amerikanischen Bundesstaaten; führend in der Buttererzeugung steht der Staat mit der Zahl seiner Milchkühe hinter Wisconsin an zweiter Stelle; weitere Produkte: Mais, Hafer, Leinsamen und Sojabohnen. – Als ideales Ferienparadies empfängt Minn jährlich 4 Mio. Urlauber.

WICHTIGE ZENTREN UND SEHENSWÜRDIGKEITEN:

Städte: *Duluth* (106 884 Einw.). Wichtiger Binnenhafen am Lake Superior zur Verschiffung von Eisenerz und Getreide. *Minneapolis* (s.S. 346). *Rochester* (47 797 Einw.), Sitz der weltberühmten Majo-Klinik. *St. Paul* (s.S. 346).

National Monuments: *Pipestone*. Eine Anzahl aus seltenem rotem Gestein bestehender Steinbrüche, aus dem die dort ansässigen Indianer seit alters her ihre Pfeifen herstellen. *Grand Portage National Monument*, ein 1778 als erste Europäersiedlung des Staates gegründeter Pelzhandelsposten.

Weitere Sehenswürdigkeiten: *North Shore Drive*, eine 255 km (150 mi.) lange Autostraße entlang des Lake Superior, die zu den landschaftlich am schönsten angelegten Straßen in den USA zählt. – Außerdem zwei National Forests und nahezu 80 State Parks.

AUSKUNFT: Minnesota Department of Tourist Development, State Capitol, St. Paul, Minn. 55101.

MISSOURI (Mo.)

AUSDEHNUNG: Mo., einer der mittel-westlichen Staaten, ist mit einer Fläche von 180 455 qkm (69 686 sq. mi.) der neunzehntgrößte US-Bundesstaat.

BEVÖLKERUNG: 4 627 000 Einw. (25,5 Einw. pro qkm), davon (1960) 3,9 Mio Weiße und 390 853 Neger.

HAUPTSTADT: Jefferson City (30 000 Einw.), auf halbem Wege zwischen Kansas City und St. Louis gelegen, seit 1826 Hauptstadt des Staates.

GEOGRAPHIE: Mo. ist eine gegen W ansteigende Prärielandschaft beiderseits des unteren Missouri River und westlich des mittleren Flußteils vom Mississippi. Der SO bildet eine sumpf- und seenreiche Wiesenlandschaft; der S und SW sind bergig (Ozark-Bergland: höchste Erhebung: Taum Sauk Mountain 590 m; 1772 ft.).

KLIMA: Mo. hat ein feucht-gemäßigt-subtropisches K.: kurze und heiße Sommer-, lange und milde Herbst- und kurze, aber kalte Wintermonate. Die jährliche Durchschnittstemperatur liegt bei 8,4 Grad C. (55,1 Grad F.), mit gemessenen Extremwerten von 47,7 Grad C. (118 Grad F.) und –40 Grad C. (–40) Grad F.). Die jährliche Niederschlagsmenge beträgt 1027 mm, davon 432 mm Schneefall im Winter. Orkanartige, große Sachschäden verursachende Wirbelstürme (Hurrikane) treten in den Monaten April, Juni und Juli auf.

GESCHICHTE: Der Name Missouri ist indianischen Ursprungs; ursprünglich auf den Missouri River angewandt, bedeutet er soviel wie 'Schlammfluß'. Volkstümlicher Name: 'Show Me State'. Ursprünglich ein Teil des Louisiana-Territoriums, wurde Mo. von westwärts ziehenden Pionieren erschlossen und besiedelt. 1812 als selbständiges Territorium organisiert, wurde es 1821 als 24. Staat in die Union aufgenommen.

WIRTSCHAFT: Ehemals fast ausschließlich ein Agrarstaat, hat sich Mo. zu einem bedeutenden Industriestaat entwickelt. Hauptzweige der Produktion sind Herstellungsgüter für die Weltraumfahrt, die Maschinenbau- und Motoren-Produktion, Mühlen- und Fleischkonserven-Industrie und chemische Erzeugnisse. Der Bergbau liefert Kohle, Zement, Blei und Zink. — Inmitten des fruchtbaren Maisgürtels gelegen, erzeugt die Landwirtschaft Weizen, Baumwolle, Mais, Tabak, Wein, Obst und verfügt über eine ausgedehnte Molkereiwirtschaft und bedeutende Viehzuchtbestände. Die Städte Kansas City und St. Louis sind wichtige Umschlagplätze für Schlachtvieh und Getreide. — Mit einer jährlichen Besucherzahl von 20 Mio. ist der Tourismus der drittgrößte Erwerbszweig.

WICHTIGE ZENTREN UND SEHENSWÜRDIGKEITEN:

Städte: *Kansas City* (s.S. 329). *St. Louis* (s.S. 513).

Nationaldenkmäler: *Wilson's Creek National Battlefield Park*, bedeutendes Schlachtfeld aus dem Bürgerkrieg. *George Washington Carver*. Geburtsstätte des bekannten gleichnamigen Neger-Agronomen.

Weitere Sehenswürdigkeiten: *Samuel L. Clemens House* — Museum in Hannibal (20 028 Einw.). Haus, in dem Mark Twain (Samuel L. Clemens) seine Kindheit verbrachte. *Harry S. Truman Library* in Independence (84 771 Einw.). Alterssitz des gleichnamigen ehemaligen Präsidenten mit Bibliotheksbeständen aus seiner Regierungszeit (1945–1952). *Bolduc House* in Ste. Genevieve (4443 Einw.) ist ein aus der ersten Siedlungsphase — westlich des Mississippi River — rekonstruiertes französisches Haus aus dem 18. Jahrhundert.

Erholungsgebiete: *Ozark National Scenic Riverways* mit den Ozark Mountains und dem reizvollen Lake of the Ozarks. — Außerdem zwei National Forests und über 30 State Parks.

AUSKUNFT: Missouri Division of Commerce and Industrial Development, Jefferson Building, Jefferson City, Mo. 65102.

NEBRASKA (Nebr.)

AUSDEHNUNG: Nebr., einer der nordwestlichen Mittelstaaten, ist mit einer Fläche von 198 553 qkm (77 227 sq. mi.) der fünfzehntgrößte amerikanische Bundesstaat.

BEVÖLKERUNG: 1 437 000 Einw. (7,3 Einw. pro qkm), davon (1960) 1,4 Mio. Weiße, 29 262 Neger und 5545 Indianer.

HAUPTSTADT: Lincoln (141 000 Einw.), Universitätsstadt.

GEOGRAPHIE: Nebr. liegt beiderseits des in WO-Richtung verlaufenden (N) Platte River und grenzt im W an die Vorgebirge der Rocky Mountains, im O an den Missouri River. Mit Ausnahme der leichten Bodenwellen im Ostteil und leicht bergigem Gebiet im W ist Nebr. größtenteils eben.

KLIMA: Das K. zeigt typisch kontinentalen Charakter: heiße Sommer- (185 wolkenlose Tage) und kalte, schneereiche Wintermonate; Extremwerte: 47,7 Grad C. (118 Grad F.) und –43,9 Grad C. (–47 Grad F.). Nebr. hat zu den verschiedenen Jahreszeiten Anteil an der vom Golf von Mexico einströmenden feucht-warmen Luft, der heiß-trockenen Luft des amerikanischen Südwestens und der kalt-trockenen Luft Kanadas.

GESCHICHTE: Der Name Nebr. ist indianischen Ursprungs und wurde erstmals als Kennzeichnung des Platte River benutzt; bedeutet soviel wie 'flach'. Volkstümlicher Name: 'Cornhusker State' (= Maisschälerstaat). Ursprünglich ein Teil des gewaltigen Louisiana-Territoriums, wurde Nebr. — gleichzeitig mit Kansas — 1854 als Territorium organisiert und 1867 als 37. Staat in die Union aufgenommen.

WIRTSCHAFT: Die Bevölkerung lebt hauptsächlich von der Landwirtschaft; 45% des Bodens werden bestellt, davon 1/10 durch künstliche Bewässerung. Die Haupternten bilden Mais und Weizen. In der Aufzucht von Rindern steht Nebr. hinter Texas und Iowa an dritter, in der Schweinezucht an sechster Stelle. — Die Industrie verarbeitet vorwiegend landwirtschaftliche Erzeugnisse (Fleischkonserven).

WICHTIGE ZENTREN UND SEHENSWÜRDIGKEITEN:

Städte: *Omaha* (332 000 Einw.), am Westufer des Missouri River gelegen, der größte Viehmarkt der USA und Zentrum der weiterverarbeitenden Fleischindustrie. Sitz des US-Strategic Air Command. *Lincoln* (siehe Hauptstadt).

Nationaldenkmäler: *Homestead National Monument of America*. Stätte eines der ersten von Siedlern vorgebrachten Rechtsanspruches nach dem Homestead Act (der Homestead Act war ein im Jahre 1862 vom amerikanischen Kongreß verabschiedetes Heimstättengesetz über den Verkauf von öffentlichem Land an Siedler im Westen). *Scottsbluff National Monument*, in der Nähe der Stadt Scottsbluff (13 400 Einw.); eine 250 m (820 ft.) emporragende Felssäule am ehemaligen Origon-Trail, auf dem zwischen 1843 und 1869 die Pioniere nach Westen zogen. *Chimney Rock National Historic Site*, eine 152 m (500 ft.) hohe, weithin sichtbare, schornsteinförmige Felsspitze.

Weitere Sehenswürdigkeiten: *Ogallala* (5000 Einw.), «Cowboy-Zentrum des Westens»; zahlreiche Rodeo-Veranstaltungen und Indianerspiele während der Sommermonate. — Außerdem ein National Forest, ein National Grassland und etwa 40 State Parks.

AUSKUNFT: Nebraskaland, State Capitol, Lincoln, Nebr. 68509.

NORTH DAKOTA (N.D.)

AUSDEHNUNG: N.D., einer der an Kanada grenzenden nord-westlichen Mittelstaaten, ist mit einer Fläche von 183 022 qkm (70 665 sq. mi.) der siebzehntgrößte Staat der USA.

BEVÖLKERUNG: 625 000 Einw. (3,5 Einw. pro qkm), davon (1960) 11 736 Indianer.

HAUPTSTADT: Bismarck (33 150 Einw.), am Mississippi River gelegen; das State Historical Society-Museum zeigt eine interessante Sammlung indianischer Gegenstände und Erinnerungsstücke aus dem Leben der Pioniere.

GEOGRAPHIE: N.D. ist die Mitte des nordamerikanischen Kontinents, das geographische Zentrum liegt bei der Ortschaft Rugby (3000 Einw.). Der Staat liegt beiderseits des Missouri River, als wellige Prärielandschaft im O und als wildes Felsengebirgsland («Badlands») im W und SW.

KLIMA: Weite Teile von N.D. haben ein feucht-kontinentales K., das sich durch lange, extrem kalte Winter- und kurze, aber sehr warme Sommermonate auszeichnet. Die Januartemperaturen können unter –40 Grad C. (–40 Grad F.) fallen, im Juli jedoch über 37,8 Grad C. (100 Grad F.) ansteigen. Die Niederschlagsmengen sind das Jahr über mäßig: 406 mm (16 inches).

GESCHICHTE: 'Dakota' ist ein Wort aus der Sprache der Sioux-Indianer und bedeutet soviel wie 'Verbündeter' oder 'Freund'. Volkstümlicher Name: 'Sioux State' (Stammlande der Sioux-Indianer). Das Gebiet wurde 1889 — zusammen mit dem Zwillingsstaat South Dakota —, nachdem beide 28 Jahre lang das Dakota-Territorium gebildet hatten, als 39. und 40. Staat in die Union aufgenommen.

WIRTSCHAFT: N.D. ist hauptsächlich ein Agrarstaat; 93% der Gesamtfläche werden von der Landwirtschaft nutzbar gemacht; Weizen und Roggen bilden die Haupternten; in der Viehzucht gehört N.D. zu den führenden US-Bundesstaaten. — Erdöl, Naturgas und Braunkohle werden in kleineren Mengen gefördert.

WICHTIGE ZENTREN UND SEHENSWÜRDIGKEITEN:

Städte: *Fargo* (50 000 Einw.), die größte Stadt N.D.s, liegt im Tal des Red River.

Nationalparks: *Theodore Roosevelt National Memorial Park;* inmitten dieser rauhen Landschaft liegen die zerklüfteten «Badlands».

Weitere Sehenswürdigkeiten: *International Peace Garden;* diese in die kanadische Provinz Manitoba hineinreichende Park- und Gartenlandschaft demonstriert das friedliche Nebeneinander der Vereinigten Staaten und Kanadas.

Erholungsgebiete: *Garrison Reservoir Recreation Area;* der am Missouri River durch den riesigen Garrison-Staudamm gebildete Lake Sakakawea bietet ein weiträumiges Erholungsgebiet mit abwechslungsreichen Sport- und Bademöglichkeiten. — Außerdem 9 State Parks.

AUSKUNFT: North Dakota Travel Department, State Capitol, Bismarck, N.D. 58501.

OHIO (O.)

AUSDEHNUNG: Ohio, einer der nördlichen Mittelwest-Staaten, ist mit einer Fläche von 106 765 qkm (41 222 sq. mi.) der fünfunddreißigstgrößte Staat der USA.

BEVÖLKERUNG: 10 591 000 Einw. (98 Einw. pro qkm), davon 7% Farbige.

HAUPTSTADT: Columbus (581 883 Einw.); wichtiges Industriezentrum und Sitz der Ohio State University.

GEOGRAPHIE: Ohio ist ein fruchtbares und welliges Gebiet (150–200 m hoch; 492–656 ft.) zwischen dem Erie-See im N und dem Ohio Fluß im SO. Wichtige Wasserstraßen sind der Ohio River, Lake Erie und der Ontario-Erie-Kanal.

KLIMA: Ohio hat ein feucht-kontinentales K. mit langen Sommermonaten; die Januar-Temperaturen bewegen sich um 0 Grad C. (32 Grad F.), während die Werte in den Sommermonaten um 26,7 Grad C. (80 Grad F.) liegen; im N. des Staates nimmt der Erie-See einen mäßigenden Einfluß auf das K.; die durchschnittliche jährliche Niederschlagsmenge bewegt sich um 889 mm (35 inches).

OHIO

GESCHICHTE: Der Name Ohio ist indianischen Ursprungs und bedeutet soviel wie 'groß'; ehemals auf den Ohio River angewandt. Volkstümlicher Name: 'Buckeye State'. Zunächst in französischem und englischem Besitz, kam Ohio als Teil des Nordwest-Territoriums 1783 an die Vereinigten Staaten; in jener Zeit war Ohio Schauplatz heftiger Auseinandersetzungen mit den Indianern. 1803 wurde Ohio als 17. Staat in die Union aufgenommen.

WIRTSCHAFT: Ohio steht in der industriellen Produktion an dritter Stelle aller US-Bundesstaaten. Es führen Eisen- und Stahlerzeugung, Maschinen-, Flugmotoren- und Kraftfahrzeugbau, Gummi- und Textilwarenerzeugung. Von den zahlreichen Bodenschätzen ist die Förderung von Kohle, Erdgas, Erdöl, Kalk, Salz und Kieselerde besonders bedeutungsvoll. — Auf dem fruchtbaren Boden gedeihen vorwiegend Mais, Hafer, Sojabohnen, Zuckerrüben, Kartoffeln, Tabak und Obst; hinzu kommt eine bedeutende Rinder- und Schweinezucht.

WICHTIGE ZENTREN UND SEHENSWÜRDIGKEITEN:

Städte: *Akron* (299 500 Einw.), «Gummihauptstadt der Welt»; Sitz dreier großer Autoreifenfabriken. *Cincinnati* (s.S. 308). *Columbus* (siehe Hauptstadt). *Cleveland* (s.S. 310). *Dayton* (262 000 Einw.); wichtige Industriestadt und bedeutendes Verwaltungszentrum. *Toledo* (393 000 Einw.), am Erie-See gelegen; bedeutende Hafen- und Industriestadt, vor allem bekannt durch ihre Glasindustrie und die zahlreichen Ölraffinerien. *Zanesville* (40 000 Einw.), Geburtsort des Autors zahlreicher Wildwestgeschichten, Zane Grey (1873–1939).

Nationaldenkmäler: *Mound City Group National Monument;* eine Gruppe von Erdhügeln verweist auf Überreste einer prähistorischen Indianerkultur. *Perry's Victory and International Peace Memorial National Monument:* Ein eindrucksvolles, in rosa Farbe gehaltenes Denkmal erinnert an die von amerikanischer Seite unter Commodore Perry gewonnene Schlacht am Lake Erie während des «Zweiten Unabhängigkeitskrieges» gegen Großbritannien (1812).

Weitere Sehenswürdigkeiten: *Ohio Caverns;* eine Reihe von unterirdischen Tropfsteinhöhlen mit Stalaktiten in ungewöhnlichen Farbkombinationen. — Außerdem 55 State Parks.

AUSKUNFT: Ohio Development Department, P.O. Box 1001, Columbus, Ohio 43215.

SOUTH DAKOTA (S.D.)

AUSDEHNUNG: S.D., einer der nordwestlichen Mittelstaaten, rangiert flächenmäßig (199 552 qkm; 77 047 sq. mi.) an 16. Stelle aller amerikanischen Bundesstaaten.

BEVÖLKERUNG: 680 000 Einw. (3,4 Einw. pro qkm), davon u.a. 28 000 Indianer des Sioux-Stammes, die in einer Vielzahl von Reservationen leben.

HAUPTSTADT: Pierre (10 500 Einw.), im Zentrum des Staates.

GEOGRAPHIE: Der Staat S.D. hat die Form eines Rechtecks, das durch den Missouri River in zwei Hälften geteilt wird. Der östliche Teil — die schluchtenreichen «Bad Lands» ausgenommen — ist hügelig; er zieht sich als wellige Prairielandschaft zum Mississippi River hin. Die westliche Hälfte ist gebirgig; Harney Peak in den «Black Hills» ist die höchste Erhebung (2350 m; 7242 ft.) östlich der Rocky Mountains.

KLIMA: In den Wintermonaten werden durchschnittliche Kältegrade bis zu –11,1 Grad C. (12 Grad F.) gemessen; der Schneefall ist beträchtlich. Die Sommermonate hingegen sind heiß (teilweise über 37,8 Grad C.; 100 Grad F.) mit mäßigen Niederschlägen.

GESCHICHTE: 'Dakota' ist ein Wort aus der Sprache der Sioux-Indianer und bedeutet soviel wie 'Verbündeter' oder 'Freund'. Volkstümlicher Name: 'Sunshine State' oder 'Coyote State'. Das Gebiet wurde 1889 — zusammen mit dem Zwillingsstaat North Dakota —, nachdem beide 28 Jahre lang das Dakota-Territorium gebildet hatten, als 39. und 40. Staat in die Union aufgenommen.

WIRTSCHAFT: Mit 55 000 Landwirtschaftsgütern (Farmen), die 95% der Bodenfläche beanspruchen, und 75% der Bevölkerung beschäftigen, bildet die Landwirtschaft (hauptsächlich Getreide und Viehzucht) den Hauptwirtschaftszweig; dementsprechend sind Bergbau und Industrie gering. In der Goldproduktion nimmt S.D. dennoch mit 40% Anteil den 1. Platz ein.

WICHTIGE ZENTREN UND SEHENSWÜRDIGKEITEN:

Städte: *Pierre* (siehe Hauptstadt). *Rapid City* (42 500 Einw.), alte Goldgräberstadt. *Sioux Falls* (69 000 Einw.); die größte Stadt S.D.s mit bedeutenden Schlachthöfen und Fleischkonservenfabriken. *Vermillion* (6100 Einw.), Sitz der Staatsuniversität.

Nationalparks: *Wind Cave National Park*, nahe des Städtchens Hot Springs (5000 Einw.) gelegen — eine wellige Prairielandschaft an der östlichen Seite der Black Hills, wird heute noch von riesigen Büffelherden bevölkert. Der Park ist nach einer riesigen Höhle benannt, die sich kilometerlang unter der Erdoberfläche erstreckt und die schönsten Fels- und Kristallbildungen der Welt aufweist.

Nationaldenkmäler: *Badlands National Monument*, 100 km (62,5 mi.) östlich von Rapid City (42 400 Einw.), ist ein wüstenähnlicher Landstrich mit einzigartigen Sandsteinformationen ohne jeden Baumwuchs. *Mount Rushmore National Monument* in den Black Hills ist eine Galerie von in Felsgestein eingemeißelten Köpfen (in Riesenproportionen) großer amerikanischer Staatsmänner: George Washington, Thomas Jefferson, Abraham Lincoln und Theodore Roosevelt. *Jewel Cave National Monument*, Höhle, ebenfalls in den Black Hills gelegen.

Weitere Sehenswürdigkeiten: *Custer State Park*, in der Nähe der Ortschaft Custer. Eine riesige Parklandschaft mit in freier Wildbahn gehaltenen Büffelherden. *Deadwood* (3000 Einw.); ein aus der Zeit des «Wilden Westens» (um 1830) gut erhalten gebliebenes Goldsucherstädtchen mit Gräbern von bekannten Wildwest-Gestalten. *Crazy Horse Memorial*, bei Custer (2100 Einw.), das noch unvollendete, 172 m (563 ft.) hohe und 195 m (641 ft.) lange monumentale Reiterstandbild des gleichnamigen Siouxhäuptlings. *Great Lakes of South Dakota:* vier durch Stauungen des Missouri River gebildete Seen am Oahe-, Big Bend-, Fort Randall- und Gavins Point Damm bilden ein ideales Feriengebiet. — Außerdem 32 weitere State Parks.

AUSKUNFT: South Dakota State Highway Commission, State Capitol, Pierre, S.D. 57501.

WISCONSIN (Wis.)

AUSDEHNUNG: Im nördlichen Mittelwesten gelegen, ist Wis. mit einer Fläche von 145 439 qkm (56 194 sq. mi.) der sechsundzwanzigstgrößte Staat der Vereinigten Staaten.

BEVÖLKERUNG: 4 213 000 Einw. Wis. wurde um die Mitte des 19. Jahrhunderts vorwiegend von schweizer, deutschen und skandinavischen Einwanderern besiedelt.

HAUPTSTADT: Madison (159 000 Einw.). Sitz der Staatsuniversität von Wis.; die Umgebung von Madison ist mit ihren vier Seen landschaftlich äußerst reizvoll; in der Nähe befinden sich 'Cave of the Mountains': achtzehn Höhlenräume mit bunten Kalksteinformationen.

GEOGRAPHIE: Im N und O grenzt Wis. an die 'Große Seenplatte': Lake Superior und Lake Michigan; die Grenze zum W bilden der Mississippi und der St. Croix River. Die Oberfläche ist im wesentlichen hügelig; sie steigt wellenförmig vom Michigan-See zu den Penokee Mountains im N an. 8500 Seen sind in das zu weiten Teilen bewaldete Gelände eingebettet.

KLIMA: Das K. ist von kontinentalem Charakter. In den Wintermonaten strömt polare Luft aus der Arktis (extreme Wintertemperatur: –54,4 Grad C.; –66 Grad F.), während in den kurzen Sommermonaten heiße Luft aus den Südwest- und Südstaaten Wis. erreicht. Die Niederschlagsmengen sind im südlichen Landesteil gering; im N fällt während der Wintermonate reichlich Schnee.

GESCHICHTE: Der Name 'Wisconsin' ist indianischen Ursprungs; das Gebiet wurde von frühen Chronisten «Ouiscounsin» und «Misconsing» genannt. Volkstümlicher Name: 'Badger (= Dachs) State'. Ursprünglich von Franzosen erforscht, fiel das Gebiet 1763 an Großbritannien und kam 1783 an die Vereinigten Staaten. 1836 als selbständiges Territorium organisiert, wurde Wis. 1848 als 30. Staat in die Union aufgenommen.

WIRTSCHAFT: Wis. ist der 'Milchstaat der USA' («America's Dairyland'); in der Zahl der Milchkühe steht der Staat an 1. Stelle: führend in der Milch- und Käseerzeugung; weitere Hauptprodukte der Landwirtschaft: Obst (besonders Kirschen und Preiselbeeren) und verschiedene Gemüsesorten.

WICHTIGE ZENTREN UND SEHENSWÜRDIGKEITEN:

Städte: *Green Bay* (63 000 Einw.), die älteste Stadt des Staates mit schönem Hafen, ist Zentrum der Käseproduktion. *La Crosse* (47 600 Einw.), am Mississippi River gelegen; Zentrum der Milchwirtschaft. *Lake Geneva* (10 000 Einw.), südwestlich von Milwaukee gelegen; bekannter Ferienort am See gleichen Namens. *Madison* (siehe Hauptstadt). *Milwaukee* (s.S. 344). *Spring Green* (1200 Einw.); bekannt ist hier das Wohnhaus von Frank Lloyd Wright, «Taliesin», heute Architekturschule.

Weitere Sehenswürdigkeiten: *Wisconsin Dells*, 173 km (108 mi.) nördlich von Madison: bizarre Felsformationen am Ufer des Wisconsin River (Indianer-Schauspiele). *Lac du Flambeau-Indianerreservation* (nahe des Lac du Flambeau: in den Sommermonaten (Juli/August) Treffpunkt der Chippewa-Indianer mit feierlichen Zeremoniellen. *Door County*, von Green Bay im Westen und Michigan See im Osten umgebene hübsche Halbinsel mit schöner Kirsch- und Apfelblüte Ende Mai. — Außerdem der *Nicolet National Forest*, ein vorzügliches Jagdgebiet, 47 State Parks sowie eine Anzahl Ferienorte mit guten Wintersportmöglichkeiten.

AUSKUNFT: Wisconsin Vacation and Travel Service, Box 450, Madison, Wisc., 53701.

DER SÜDOSTEN

Alabama
Arkansas
Florida
Georgia
Kentucky
Louisiana
Mississippi
North Carolina
South Carolina
Tennessee
Virginia
West Virginia

ALABAMA (Ala.)

AUSDEHNUNG: Ala. rangiert mit einer Fläche von 134 669 qkm (51 609 sq. mi.) an 29. Stelle aller amerikanischen Bundesstaaten.

BEVÖLKERUNG: 3 566 000 Einw.; davon 31% Farbige; in 12 von 67 Counties (Verwaltungsbezirke) bilden Neger eine Mehrheit. Fremdstämmige Minderheiten bilden v.a. Deutsche, Engländer, Kanadier und Italiener.

HAUPTSTADT: Montgomery (207 000 Einw.). Erste Hauptstadt der Konföderations-Staaten während des Sezessionskrieges; daran erinnert in M. heute noch das 'Greek Revival Capitol'-Gebäude. Es enthält persönliche Erinnerungsstücke und Möbel des Konföderations-Präsidenten Jefferson Davis.

GEOGRAPHIE: Ala. ist ein Teil des ehemaligen Baumwollgürtels («cotton belt») im alten Süden («Old South»). Als einer der südöstlichen Mittelstaaten der USA grenzt Ala. im S an den Mexikanischen Golf. Die Ostgrenze mit Georgia verläuft in den südlichen Alleghany-Bergen. Grenzen im SO mit Florida, im W mit Mississippi, im N mit Tennessee.

KLIMA: Das K. ist warm und feucht; subtropische Vegetation.

GESCHICHTE: Der Name 'Alabama' ist indianischen Ursprungs; Ala. war ein ehemaliges Zentrum der Creek Indianer. Volkstümlicher Name: 'Heart of Dixie' ('Dixie' gilt als Spottname für den amerikanischen Süden); ferner: 'Cotton State' (Baumwollstaat). Ursprünglich ein Teil des riesigen Louisiana-Territoriums, wurde Ala. 1817 als eigenes Territorium organisiert und 1819 als 22. Staat in die Union aufgenommen. Im Sezessionskrieg stand Ala. auf seiten der 'konföderierten Staaten'. Als bekanntester Politiker des Staates gilt der ehemalige Gouverneur und Präsidentschaftskandidat von 1968, George C. Wallace.

WIRTSCHAFT: Die frühere Monokultur der Baumwolle ist inzwischen der Schwerindustrie gewichen. Eisen, Stahl und Sägemühlenerzeugnisse sind zu wichtigen Industrieprodukten geworden. Birmingham, die größte Stadt von Ala. ist das «Pittsburgh des amerikanischen Südens».

WICHTIGE ZENTREN UND SEHENSWÜRDIGKEITEN:

Städte: *Birmingham* (735 000 Einwohner), Alabamas bedeutendstes Schwerindustriezentrum. *Mobile* (385 000 Einw.),

Haupthafen und -handelsplatz von Ala. *Huntsville* (224 000 Einw.). Weltraumzentrum der NASA ('George C. Marshall Space Flight Center'). Das 'Space Orientation Center' zeigt die vollständige Entwicklung der amerikanischen Weltraumerforschung. *Montgomery* (siehe Hauptstadt).

Nationaldenkmäler: *Russell Cave National Monument* (bei Bridgeport). Archäologische Ausstellungen in der Höhle zeigen, wie sie vor 8000 Jahren von Indianern bewohnt wurde. *Horseshoe Bend National Military Park*, Schlachtfeld am Tallapoosa River, auf welchem 1814 amerikanische Truppen einen entscheidenden Sieg über die mit England verbündeten Indianer des oberen Flußgebietes errangen.

Andere Sehenswürdigkeiten: *Dauphin Island*. Halbtropisches Erholungszentrum mit kilometerlangen Stränden. Hochsee-Angeln und Vogelschutzgebiet (in der Nähe von Mobile). Außerdem mehrere National Forests, 32 State Parks sowie verschiedene Erholungsgebiete.

AUSKUNFT: Alabama Bureau of Publicity and Information, State Capitol, Montgomery, Ala. 36104.

ARKANSAS (Ark.)

AUSDEHNUNG: Ark. rangiert mit 138 132 qkm (53 104 sq. mi.) flächenmäßig an 27. Stelle aller amerikanischen Bundesstaaten.

BEVÖLKERUNG: 2 012 000 Einw. (14,2 je qkm); davon bilden ½ Mio. Farbige (Neger und Mulatten) eine beträchtliche Minorität. Eine starke fremdstämmige Minderheit bilden v.a. Deutsche.

HAUPTSTADT: Little Rock (129 000 Einw.); Sehenswürdigkeit: 'The Three Capitols' — drei Gebäude, die den Fortschritt dieses Bundesstaates dokumentieren. 'Arkansas Territorial Capitol Restauration', gebaut im Jahre 1820, erinnert an die Tage vor der Staatsgründung; 'The Old State House,' ein Gebäude im neo-griechischen Stil, wurde von 1863 bis 1912 benutzt; das dritte ist das heutige Kongreßgebäude, in dem das Parlament von Ark. tagt.

GEOGRAPHIE: Ark. ist einer der südwestl. Mittelstaaten der USA; er hat Anteil an der westl. Golfküstenebene und der östl. an sie grenzenden breiten, alluvialen Stromaue des Mississippi; den Westteil von Ark. nehmen die aus der Prärieebene aufsteigenden Bergzüge der Ozark- und Quachita-Mountains ein (ein Paradies für Sportliebhaber). Ein Drittel des Staates ist bewaldet — im Gebirge mit Eichen-, Hickory- und Kiefernwäldern, in den Niederungen mit Sumpfzypressen.

KLIMA: Das K. ist mäßig warm und feucht.

GESCHICHTE: Der Name für Ark. leitet sich von der französischen Übersetzung eines Sioux- (Indianer-) Wortes ab 'Strom abwärts'. Volkstümlicher Name: 'Land of Opportunity' ('Land der Hoffnung'). Das Gebiet wurde zunächst von Spaniern und Franzosen kolonisiert, bis es England übernahm. Ark. wurde 1836 als 25. Staat in die Union aufgenommen; in der Vergangenheit bildete er wiederholt das Zentrum von Rassenkrawallen.

WIRTSCHAFT: Ark. liefert rd. 95% des Bauxits für Aluminium der USA und besitzt das einzige Diamantenwerk; in den fruchtbaren Flußtälern werden Baumwolle (Ark. steht an 4. Stelle in den USA), Weizen, Mais, Reis, Hafer, Kartoffeln und Obst angebaut; 8 Mio. ha (20 Mio. acres) Wald liefern wertvolle Rohstoffe für die Holzindustrie. Das Pro-Kopf-Bruttoeinkommen lag 1967 um das 2½fache höher als 1950.

WICHTIGE ZENTREN UND SEHENSWÜRDIGKEITEN:

Städte: *Little Rock* (siehe Hauptstadt).

Nationalparks: *Hot Springs National Park:* inmitten eines malerischen Hochlandes liegt dieser Nationalpark, der Bad und Erholungsort zugleich ist. Die heißen Quellen, über deren Ursprung keine vollständige Klarheit herrscht, liefern täglich ca. 5 Mio. Liter Wasser mit einer beständigen Durchschnittstemperatur von mehr als 62 Grad; sehr geeignet für medizinische Bäder. *Pea Ridge National Military Park:* ein berühmtes Schlachtfeld aus dem Sezessionskrieg, das in seinen ursprünglichen Zustand von 1862 zurückversetzt wurde.

Historische Stätten: *Fort Smith*, ein Ausgangspunkt für Planwagenzüge während des kalifornischen Goldrausches im 19. Jahrhundert. 'Old Commissary' (1839) ist ein Museum der Pionierzeit.

Weitere Sehenswürdigkeiten: Mehrere National Forests, vierzehn State Parks sowie verschiedene Erholungsgebiete.

AUSKUNFT: Arkansas Publicity & Parks Commission, State Capitol, Little Rock, Ark. 72 201.

FLORIDA (Fla.)

AUSDEHNUNG: Fla., der südlichste Atlantikstaat der USA, rangiert mit einer Fläche von 151 670 qkm (58 560 sq. mi.) an 22. Stelle aller amerikanischen Staaten.

BEVÖLKERUNG: 5 996 000 Einw. (39 pro qkm), davon 20% Farbige. Die relative Bevölkerungszunahme von 48% während der letzten zwanzig Jahre ist die stärkste in allen US-Bundesstaaten gewesen. In zunehmenden Maße wird Fla. als Alterswohnsitz von amerikanischen Bürgern bevorzugt. Fremdstämmige Minderheiten bilden v.a. Kubaner, mit Abstand gefolgt von Engländern, Kanadiern, Deutschen, Russen, Italienern, Österreichern und Ungarn.

HAUPTSTADT: Tallahassee (83 000 Einw.); in dieser Handelsmetropole geben zahlreich erhaltene Herrenhäuser aus der Zeit vor dem Sezessionskrieg einen guten Eindruck von der Atmosphäre des «alten amerikanischen Südens» («Old South»).

GEOGRAPHIE: Die 800 km (500 mi.) in das Meer hineinragende Halbinsel grenzt im Osten an den Atlantik und im Westen an den Golf von Mexiko. Die Küste von Fla., mit vielen Kilometern weißem Standstrand, ist die längste aller amerikanischen Staaten. Die fast ebene Fläche (höchste Erhebung: 104 m; 345 ft.) ist von ca. 30 000 Seen durchbrochen; der Okeechobee-See ist das viertgrößte natürliche Binnengewässer in den Vereinigten Staaten. Der S Fla.s besteht aus Sumpfland («Everglades») mit üppiger Vegetation. Vor der Südspitze Fla.s liegt eine Kette von Koralleninseln ('Florida Keys'), die sich halbkreisförmig in den Golf von Mexiko hinein erstreckt.

KLIMA: Fla. ist ein das ganze Jahr hindurch sonniger Staat; sowohl die Winter- als auch die Sommertemperaturen sind gemäßigt; im äußersten S ist das K. im Sommer tropisch; die durchschnittliche Jahrestemperatur beträgt 21 Grad C. (71 Grad F.); viel Regen fällt besonders in den Spätsommer- und Herbstmonaten.

GESCHICHTE: Der Name 'Florida' (lat.: blühend) wurde der Halbinsel von dem spanischen Entdecker Ponce de Leon gegeben, als er 1513 hierher kam, um nach der «Quelle der ewigen Jungfrau» zu suchen. Volkstümliche Namen: 'Peninsula State', 'Sunshine State' und 'Everglade State'. Zunächst von Spanien beansprucht, trat es Fla. 1763 (Frieden von Paris) an Großbritannien ab, erhielt es 1783 zurück und verkaufte es 1819 an die USA. Danach zunächst als Territorium organisiert, wurde Fla. nach dem Indianer-Aufstand der Seminolen (1835-42) als 27. Staat in die Union aufgenommen.

WIRTSCHAFT: Fla. lebt hauptsächlich vom Fremdenverkehr; als Touristenzentrum («Playground of the Nation») ist der Staat weltbekannt geworden. Jährlich kommen 18 Mio. Besucher und geben 4,3 Mrd. Dollar aus; aber auch Land- und Forstwirtschaft (Möbel- und Papierindustrie) sind von Bedeutung; in der Ernte von Zitrusfrüchten (besonders Orangen und Pampelmusen) steht der Staat an erster Stelle. Ebenso haben die metallverarbeitenden und chemischen Industrien in den letzten Jahrzehnten einen rapiden Aufschwung erfahren. Fla. hat seine Bewohner von der Einkommenssteuer befreit.

WICHTIGE ZENTREN UND SEHENSWÜRDIGKEITEN:

Städte: *Miami* (s.S. 339); *Miami Beach* (s.S. 342); *Fort Lauderdale* (ehemals Festung), mit *Hollywood* (zusammen 445 000 Einwohner) zwei zu einer Einheit verwachsende Ferienorte (Kanäle, Lagunen, Bootshäfen, Wassersport); *Daytona Beach* (37 500 Einw.; Autorennstrecke); *Gainesville* (55 000 Einwohner), Sitz der 1853 gegründeten University of Florida (20 000 Studierende) und vieler anderer höherer Lehranstalten. *Jacksonville* (500 000 Einwohner), Hafenstadt und Handelszentrum; *Key West* (siehe Umgebung von Miami); *Palm Beach* (6000 Einwohner), Ferienort und Winterrefugium für Prominente. *Sarasota* (40 000 Einwohner), beliebter Touristenort mit schönem Strand; *St. Augustine* (15 000 Einwohner), älteste, bis heute ununterbrochen bewohnte Stadt der USA, deren Beginn bis in die zweite Hälfte des 16. Jahrhunderts reicht; stimmungsvolle Altstadt; *Tampa* (317 000 Einwohner) mit bekannter Zigarrenfabrikation; *St. Petersburg* (216 000 Einwohner), besonders auch als Alterswohnsitz bevorzugte Touristenstadt. *Tallahassee* (siehe Hauptstadt).

Nationalpark: *Everglades National Park*, an der Südspitze der Halbinsel Florida gelegenes, 536 987 ha (1 325 895 acres) großes, vorwiegend sumpfiges Gelände mit reicher Tier- (Alligatoren, Schlangen, Rotwild, Bären u.a.) und Pflanzenwelt (Mangroven-Sümpfe und Zypressen-Urwald). Das Gebiet ist seit 1947 Nationalpark und enthält mehrere hochinteressante Lehrpfade. Einen Besuch lohnt auch das westlich vom Nordeingang gelegene *Tiger's Miccosukee Indian Village*, ein bis heute bewohntes Indianerdorf.

Nationaldenkmäler: *Fort Jefferson; Fort Matanzas; Castillo de San Marcos* in St. Augustine (älteste Stadt der Vereinigten Staaten, gegr. 1565), ist eine gut erhaltene, von den Spaniern erbaute Festung (1672–1696).

Andere Sehenswürdigkeiten: *Cape Kennedy:* Raketen-Abschußzentrum der amerikanischen Luftwaffe. *John Pennekamp Coral Reef State Park* (bei Key Largo): in Booten mit Glasboden führen Besichtigungsfahrten zu tropischen Fischen und Korallenriffen. *Sebring* (7000 Einw.): bekannt wegen des jährlich einmal ausgetragenen internationalen 'Grand-Prix' 12-Stunden-Sportwagen-Rennens (Ende März). — Außerdem mehrere National Forests und 62 State Parks.

AUSKUNFT: Florida Development Commission, 107 W. Gaines Street, Tallahassee, Fla. 32 304.

GEORGIA (Ga.)

AUSDEHNUNG: Ga., flächenmäßig der größte Staat östlich des Mississippi River, rangiert unter allen amerikanischen Bundesstaaten an 21. Stelle (145 489 qkm; 58 876 sq. mi.).

BEVÖLKERUNG: 4 588 000 Einw., davon 35% Farbige.

HAUPTSTADT: Atlanta (s.S. 265).

GEOGRAPHIE: Ga. liegt an der südlichen, sandigen atlantischen Küstenebene. Die Blue-Ridge-Appalachen durchqueren den NO, Ausläufer der Alleghenies (mit dem Piedmont-Plateau) den NW.

KLIMA: Auf Grund ihrer Nähe zu großen Wasserflächen und ihrer niedrigen Erhebungen haben große Teile von Ga. ein feucht-subtropisches K.; die durchschnittliche Jahrestemperatur bewegt sich um 17,8 Grad C. (64.1 Grad F.). Die Sommermonate sind im allgemeinen feucht-warm, mit Temperaturen über 26,6 Grad C. (80 Grad F.); auch die Wintertemperaturen fallen gewöhnlich nicht unter den Gefrierpunkt.

GESCHICHTE: Der Name Georgia wurde dem Gebiet zu Ehren des englischen Königs George II. durch James E. Oglethorpe (königlicher Kolonialbeamter) im Jahre 1732 verliehen. Volkstümlicher Name: 'Peach (= Pfirsich) State'. 1540 war das Gebiet erstmals von dem Spanier Hernando de Soto erforscht worden. Ga. erklärte 1776 seine Unabhängigkeit von England und trat 1788 als vierter der dreizehn Ursprungsstaaten dem neu gegründeten Bundesstaat bei. Als Konföderationsstaat hatte Ga. während des Bürgerkrieges schwer unter den militärischen Pressionen der Unionsstaaten zu leiden. 1870 wurde Ga. wiederum in die Union aufgenommen.

WIRTSCHAFT: Ga. ist ein typisches Beispiel für die sich in den Südstaaten vollziehende industrielle Revolution, wo sich in der Gegenwart der Schwerpunkt von der Landwirtschaft auf die Industrie verlagert hat. Der Wert der Industrieerzeugnisse konnte seit dem zweiten Weltkrieg um ein Neunfaches gesteigert werden. Der Schwerpunkt liegt hierbei auf der Baumwoll-, Holz- und Nahrungsmittelverarbeitung. Die Landwirtschaft erzeugt auf 30% der Gesamtfläche Getreide, vielerlei Obstsorten, Zuckerrohr und Baumwolle. Ausgedehnte Nadelwälder liefern mehr als die Hälfte der US-Gesamtproduktion an Terpentin und Harz; sehr wertvoll ist ferner die Kaolin-Gewinnung.

WICHTIGE ZENTREN UND SEHENSWÜRDIGKEITEN:

Städte: *Macon* (122 900 Einw.); Verteiler-Zentrum der berühmten Georgia-Pfirsiche. *Savannah* (149 500 Einw.); 1733 gegründete und großzügig geplante Hafenstadt — mit umfangreichen Befestigungsanlagen aus dem Sezessionskrieg — im S des Staates.

Nationalparks: *Chickamauga and Chattanooga National Military Park*, der größte Park dieser Art in den USA, war während des Sezessionskrieges Schauplatz bedeutender Schlachten. *Kennesaw Mountain National Battlefield Park* (3 km/2 mi. nördlich von Marietta), 1864 Schauplatz wichtiger Schlachten im Bürgerkrieg.

Nationaldenkmäler: *Fort Frederica National Monument*, eine der größten von den Engländern in Amerika errichtete Festungsanlage (von 1734). *Fort Pulaski National Monument*, Festungsanlage (von 1829–1847) auf fünfeckigem Grundriß, zum Schutze der Mündung des Savannah River auf einer kleinen, vorgelagerten Insel erbaut. *Ocmulgee National Monument* (1,6 km bzw. 1 mi. östlich von Macon), Ausgrabungsstätte von Indianerstätten von sechs aufeinanderfolgender Kulturen, deren älteste bis ins 8. Jahrtausend v. Chr. zurückreicht (Museum).

Weitere Sehenswürdigkeiten: *Okefenokee Swamp State Park*, ein riesiges Sumpfgebiet im südlichen Ga. und im nördlichen Florida; einzigartige Fauna und Flora. *Little White House* in Palm Springs, lange Zeit Residenz des an spinaler Kinderlähmung leidenden Präsidenten Franklin D. Roosevelt. —

Ferner *Chattahoochee* und *Oconee National Forests* sowie 20 State Parks.

AUSKUNFT: Georgia Departement of Industry & Trade, Box 38097, Atlanta 3, Ga. 30334.

KENTUCKY (Ky.)

AUSDEHNUNG: Ky. gehört zu den südöstlichen Mittelstaaten der USA und steht mit einer Fläche von 104 123 qkm (40 395 sq. mi.) an 37. Stelle aller amerikanischen Bundesstaaten.

BEVÖLKERUNG: 3 229 000 Einw. (29 pro qkm), davon 6,5% Farbige. Fremdstämmige Minderheiten bilden Deutsche, Engländer und Kanadier.

HAUPTSTADT: Francfort (23 000 Einw.); das 'Old State House' (Capitol) beherbergt das 'Kentucky State Historical Society'-Museum.

GEOGRAPHIE: Von den Cumberland- und Pine Mountains im O und SO erstreckt sich Ky. über die im N hügelige und allmählich nach W hin abfallende 'Blaugrasprärie' bis an die Stromebene des Mississippi. Im Bereich von Kalkhochflächen gibt es Karsterscheinungen. Zwei der größten, künstlich angelegten Seen der Welt, 'Kentucky Lake' und 'Lake Barkley' liegen im W des Staates.

KLIMA: Das K. ist kontinental: heiße Sommer wechseln mit kalten Wintern. Extreme Temperaturschwankungen liegen zwischen 45,5 Grad C. (114 Grad. F.) und −34,4 Grad C. (−30 Grad F.).

GESCHICHTE: Der Name 'Kentucky' ist indianischen ('Wyandot') Ursprungs und bedeutet: 'Ebene'. Volkstümlicher Name: 'Blue Grass State': so bezeichnet nach der bläulichen Färbung der im N gelegenen Prärielandschaft. Ky. war ursprünglich eine Grafschaft («county») des Bundesstaates Virginia, wurde jedoch 1792 als selbständiger 15. Staat in die Union aufgenommen. Im Sezessionskrieg verblieb Ky. — obwohl sklavenhaltender 'Randstaat' («border state») in der Union.

WIRTSCHAFT: Durch ein großzügig angelegtes Bewässerungsprojekt während der 30er Jahre ('New Deal'), dem 'Tennessee Valley Project', ist der Boden Ky.s. fruchtbar gemacht worden. Die Landwirtschaft ist damit auch zum gewinnträchtigsten Erwerbszweig geworden; hierbei führt der Anbau von Tabak, der 25% der gesamten Ernte der Vereinigten Staaten ausmacht. An Bodenschätzen sind die Förderung von Erdöl und Kohle bedeutend. Die Industrie verarbeitet hauptsächlich verschiedene Harthölzer (Hickory, Eiche, Esche, Ahorn) der Laubwälder im O von Ky.

WICHTIGE ZENTREN UND SEHENSWÜRDIGKEITEN:

Städte: *Louisville* (384 000 Einw.); bekannt durch das alljährlich stattfindende 'Kentucky Derby' (Pferderennen) und die Bourbon-Whisky-Brennereien. *Lexington* (159 000 Einw.); Sitz großer Tabakfabriken.

Nationalparks: *Mammoth Cave*, besonderer Anziehungspunkt für Touristen. Höhlengänge und Schluchten von mehr als 240 km (150 mi.) Länge; mit archäologischen Sehenswürdigkeiten und farbenprächtigen Kalkstein-Formationen; der größte unterirdische Raum hat einen 60 m (197 ft.) hohen Kuppelbogen; Bootsfahrten auf unterirdischen Flüssen und Seen.

Historische Stätten: *Hodgenville*, (vermutlich) Geburtsstätte von Abraham Lincoln (Blockhütte).

Weitere Sehenswürdigkeiten: *Old Fort Harrod State Park* in Harrodsburg (6 000 Einw.); *Fort Harrod*, die erste ständige weiße Siedlung westlich der Allegheny-Berge (1774). *Fort Knox*, Depot, in dem die US-Goldreserven aufbewahrt werden; das 'Patton Museum' zeigt erbeutetes Kriegsmaterial aus dem Zweiten Weltkrieg. — Außerdem ein National Historical Park, 23 State Parks, ein National Forest, schöne Erholungsgebiete.

AUSKUNFT: Kentucky Department of Public Information, Division of Travel, Capitol Annex Building, Francfort, Ky. 40601.

LOUISIANA (La.)

AUSDEHNUNG: La., ein im Deltagebiet des Mississippi River gelegener südwestlicher Mittelstaat der USA, ist mit einer Fläche von 125 675 qkm (48 523 sq. mi.) der einunddreißigstgrößte amerikanische Bundesstaat.

BEVÖLKERUNG: 3 732 000 Einw. (29 pro qkm), davon (1960) 2,2 Mio. Weiße, 1,05 Mio. Neger und Mulatten (Kreolen) und 3 587 Indianer.

LOUISIANA

HAUPTSTADT: **Baton Rouge** (167 800 Einw.); prunkvolles 'State Capitol Building' (Sitz der Staatsregierung) aus der Zeit vor dem Sezessionskrieg.

GEOGRAPHIE: La. ist ein überwiegend tief gelegenes (teilweise 1,5 m; 6 ft. unter Meereshöhe) und sumpfiges, längs der zahlreichen Flüsse durch Deiche geschütztes, alluviales Flachland, das nur im N leichte Erhebungen aufweist. Fast ein Sechstel der Gesamtoberfläche steht unter Wasser. Die reich gegliederte Flachküste am Golf von Mexiko wird von vielen Deltaarmen des Mississippi River durchzogen. Die Pflanzenwelt ist subtropisch.

KLIMA: Das K. ist durch verhältnismäßig kalte, aber kurze Winter- und lange heiße Sommermonate gekennzeichnet; durchschnittliche Jahrestemperatur von New Orleans 20,1 Grad C. (68 Grad F.), Januar 11,7 Grad C. (53 Grad F.), Juli 27,4 Grad C. (81,3 Grad F.). Wirbelstürme (Hurrikane) und Springfluten verursachen nicht selten große Schäden.

GESCHICHTE: La., ein Teil des ehemals zu Frankreich gehörenden Louisiana-Territoriums, erhielt seinen Namen von dem französischen Forscher La Salle zu Ehren Ludwigs XIV. Volkstümlicher Name: 'Pelican State'. Das Gebiet wurde 1803 von Napoleon I. samt dem riesigen, sich im N und NW anschließenden Hinterland (Louisiana-Territorium) an die Vereinigten Staaten verkauft. 1812 wurde La. als 18. Staat in die Union aufgenommen. Im Sezessionskrieg gehörte es zu den Konföderierten-Staaten und hatte nach dem Krieg (Rekonstruktions-Periode) schwer zu leiden. — La. ist der einzige Bundesstaat, in dem noch das auf dem Code Napoléon fußende römische Recht (Code Civil) gilt. La. ist traditionsreich an Überresten spanischer und französischer Kultur. Spuren beider Sprachen haben sich in verschiedenen, noch heute gesprochenen örtlichen Dialekten erhalten.

WIRTSCHAFT: La. ist ein hochentwickelter Industrie- und Agrarstaat. Das Schwemmland der Flußniederungen im Deltagebiet des Mississippi River ist besonders fruchtbar. La. ist führend im Anbau von Baumwolle, Zuckerrohr, Reis und Mais; daneben gedeihen Erdbeeren, Tabak, Süßkartoffeln und vielerlei Gemüsesorten. — La. steht nach Texas an zweiter Stelle in der Erdöl- und Erdgasgewinnung. Riesige Erdölreserven liegen unter der La. vorgelagerten Küste im Golf von Mexiko. — Der reiche Süßwasser- und Seefischfang, Austernzucht und Perlenfischerei sind wirtschaftlich von hohem Ertragswert. Die in den ausgedehnten Sumpfgebieten lebenden Bisamratten, Nutria, Opposum, Otter und Nerz liefern hochwertige Felle.

WICHTIGE ZENTREN UND SEHENSWÜRDIGKEITEN:

Städte: *Baton Rouge* (siehe Hauptstadt). New Orleans (s.S. 348).

Nationale militärisch-historische Parkanlage: *Chalmette* (siehe New Orleans). — Außerdem 12 State Parks und der *Kisatchi National Forest*.

AUSKUNFT: Louisiana Tourist Development Commission, State Capitol, Baton Rouge, La. 70804.

MISSISSIPPI (Miss.)

AUSDEHNUNG: Miss., einer der südöstlichen, am unteren Mississippi gelegenen Mittelstaaten, ist mit einer Fläche von 123 583 qkm (47 716 sq. mi.) der zweiunddreißigstgrößte US-Bundesstaat.

BEVÖLKERUNG: 2 342 000 Einw. (18 pro qkm), davon 38% Fabige.

HAUPTSTADT: Jackson (145 000 Einw.). Industriezentrum. Die 'Governor's Mansion', seit 1842 die Residenz der Gouverneure von Miss., enthält viele Erinnerungsstücke der ehemaligen Amtsinhaber.

GEOGRAPHIE: Miss. ist ein in vielen Gegenden sumpfiges, alluviales Tiefland — im NO nur etwas über 250 m (750 ft.) hoch — mit einer für Hafenanlagen ungünstigen Flachküste am Golf von Mexiko.

KLIMA: Miss. hat ein feucht-subtropisches K. mit durchschnittlichen Sommertemperaturen um 27,3 Grad C. (81 Grad F.), in den Wintermonaten um 9 Grad C. (48 Grad F.), die jedoch durch oft eintretende Kälteeinbrüche bis auf den Gefrierpunkt zurückgehen können. Größere Regenmengen fallen nur während der Wintermonate (Dezember bis März).

GESCHICHTE: Der Name 'Mississippi' ist eine Ableitung von zwei Wörtern der Chippewa-Indianersprache: 'mici' groß und 'zibi' Fluß; Mississippi = 'Vater der Gewässer'. Volkstümlicher Name: 'Magnolia State'. Miss. wurde schon sehr früh von Spaniern erforscht und von Franzosen besiedelt; die erste französische Siedlung (1699) war Fort Maurepas in der Gegend von Biloxi. Mit Ausnahme eines kleinen Teils wurde das Gebiet 1763 von Frankreich an Großbritannien abgetreten. 1817 wurde es 20. US-Bundesstaat, trennte sich jedoch zu Beginn des Sezessionskrieges (1861) von den Vereinigten Staaten und wurde erst wieder 1870 in die Union aufgenommen.

WIRTSCHAFT: «Baumwolle ist König» («cotton is king») in Miss. und steht in der Produktion hinter Texas an zweiter Stelle. Bis zur Mitte dieses Jahrhunderts waren mehr als 50% der Bevölkerung in der Landwirtschaft beschäftigt, deren weitere Hauptprodukte Erdnüsse, Mais, Zuckerrohr und Hafer sind. Infolge des einseitigen Baumwollanbaus in der Vergangenheit entstand eine starke Bodenerosion, der erst durch die Einführung von Vieh-, Weide- und Forstwirtschaft Einhalt geboten werden konnte. — Miss. hat keine bedeutende Industrie. Erst 1967 wurden größere Industrieanlagen von der amerikanischen Weltraumbehörde NASA zur Erprobung von Raketentriebwerke geschaffen. — Miss. war 1966 der letzte amerikanische Bundesstaat, der das Verbot des Verkaufs von alkoholischen Getränken aufhob. — Die Zahl der jährlich Miss. besuchenden Touristen beläuft sich auf 17 Mio.; ihre Ausgaben in der Höhe von 160 Mio. Dollar sind eine wesentliche Einnahmequelle für die einheimische Bevölkerung, die — am Lebensstandard gemessen — zu den ärmsten Schichten in den USA zählt.

WICHTIGE ZENTREN UND SEHENSWÜRDIGKEITEN:

Städte: *Columbus* (24 771 Einw.). Stattliche Landsitze erinnern an die Zeit der Großplantagen im 19. Jahrhundert und sind zugleich aussagekräftig für das kulturelle Leben in jener Zeit. *Jackson* (siehe Hauptstadt). *Natchez* (23 791 Einw.). Eine Anzahl ausgesprochen schöner Herrenhäuser aus der Zeit vor dem Sezessionskrieg («ante bellum») stehen dem Besucher zur Besichtigung offen.

Nationalparks: *Vicksburg National Military Park*. Strategisch bedeutsamer Befestigungspunkt und Schlachtfeld (am Zusammenfluß von Yazoo- und Mississippi River) während des Sezessionskrieges. *Natchez Trace Parkway*, der ehemalige Indianer- und spätere Händler- und Pionierpfad zwischen Nashville (Tenn.) und Natchez. *Tupelo National Battlefield*, Schlachtfeld von 1864. *Brices Crossroads National Battlefield Site;* im Juni 1864 trugen hier Truppen der Konföderation einen glänzenden Sieg über die Unionstruppen davon.

Weitere Sehenswürdigkeiten: *Golfküste*. Der feinsandige Strand am Golf von Mexiko und die ganzjährigen günstigen klimatischen Bedingungen haben entlang der Südgrenze von Miss. eine Reihe malerischer und beliebter Ferienorte entstehen lassen: *Bay St. Louis* (9500 Einw.), *Biloxi* (44 053 Einw.), *Gulfport* (33 500 Einw.), *Pass Christian* (5500 Einw.). — 6 National Forests und 14 State Parks.

AUSKUNFT: Mississippi Agricultural & Industrial Board, 1540 State Office Building, Jackson, Miss. 39201.

NORTH CAROLINA (N.C.)

AUSDEHNUNG: N.C., einer der mittel-südlichen Atlantikstaaten, ist mit einer Fläche von 136 514 qkm (52 586 sq. mi.) der achtundzwanzigstgrößte Staat der USA.

BEVÖLKERUNG: 5 135 000 Einw. (36,1 Einw. pro qkm), davon 1990 Farbige.

HAUPTSTADT: Raleigh (105 800 Einw.); bedeutender Umschlagplatz von Tabak und Baumwolle.

GEOGRAPHIE: Von der flachen Küstenebene mit vorgelagerten Inseln steigt N.C. landeinwärts über das Piedmont-Plateau im W zu den malerischen Blue Ridge und Great Smoky Mountains an. Mt. Mitchell ist mit 2228 m (6 684 ft.) die höchste Erhebung östlich des Mississippi-Flusses.

KLIMA: N.C. hat ein feucht-subtropisches Klima mit langen heißen Sommer- und milden Wintermonaten; Januar: 5,5 Grad C. (42 Grad F.); Juli: 26,6 Grad C. (80 Grad F.); jährliches Temperaturmittel 15 Grad C. (59 Grad F.). Die Niederschlagsmenge verteilt sich gleichmäßig über das Jahr (1270 mm; 50 inches).

GESCHICHTE: 1629 wurde das damals eine Einheit bildende Gebiet von N.C. und Süd-Carolina durch ein Patent des englischen Königs Charles II. an Sir Robert Heath mit der Auflage überlassen, es 'Provinz von Carolina' zu nennen. Der Name Carolina ist abgeleitet von dem lateinischen Namen Carolus (= Charles). Volkstümlicher Name: 'Tar Heel State'. 1585 und 1587 wurden in N.C. die ersten englischen Siedlungen gegründet, die jedoch bald wieder verfielen; ab 1660 gab es dann die ersten ständigen englischen Niederlassungen. 1710 wurde das Gebiet in die Kolonien Süd- und Nord Carolina geteilt. N.C. gehört zu den dreizehn Gründerstaaten der Union (1789). Im Sezessionskrieg schloß sich der Staat der Konföderation an (1861), widerrief 1865 den Austritt und wurde 1868 wieder in die Union aufgenommen.

WIRTSCHAFT: N.C. gehört zu den wirtschaftlich führenden Südoststaaten; der Tabakanbau steht an erster Stelle, gefolgt von Baumwolle, Mais und Erdnüssen. — Die Industrie erzeugt vorwiegend Tabak- und Textilwaren; ferner Haushaltsmobilar. — Da N.C. mit seinen vielen sommer- und winterlichen Erholungsmöglichkeiten ein ganzjähriges Ferienland ist, hat der Touristenverkehr ständig zugenommen.

WICHTIGE ZENTREN UND SEHENSWÜRDIGKEITEN:

Städte: *Charlotte* (250 000 Einw.); größte Stadt N.C.s, Zentrum der Textilindustrie. *Durham* (78 000 Einw.); Universitätsstadt und Zentrum der Zigarettenindustrie. *Asheville* (60 000 Einw.), in bergiger Umgebung gelegene Stadt; sehenswert das Wohnhaus des Schriftstellers Thomas Wolfe (1900–1938) sowie die Bildmore Mansion mit schönem Garten. *Chapel Hill* (13 000 Einw.), Sitz der Staatsuniversität (gegr. 1795).

Nationalpark: *Great Smoky Mountains National Park*, im Westen von North Carolina und zu einem kleineren Teil sich auf das Gebiet von Tennessee erstreckender Gebirgskamm der Appalachen von Mittelgebirgscharakter mit einer überaus reichen Tier- und Pflanzenwelt. Das heute 275 qkm (512 655 acres) umfassende Gelände ist seit 1930 als Nationalpark geschützt.

Historische Stätten: *Fort Raleigh*, der erste englische (gescheiterte) Versuch, eine ständige Besiedlung des nordamerikanischen Kontinents zu erreichen.

Nationale Denkmäler: *Wright Brothers National Memorial*, Erinnerungsstätte an den ersten, von den Gebrüdern Wright 1903 unternommenen Flugversuch. *Guilford Courthouse National Military Park;* hier wurde 1781 eine blutige Schlacht ausgetragen, bei welcher die amerikanischen Truppen zwar unterlagen, die Engländer jedoch entscheidende Verluste hinnehmen mußten. *Moores Creek National Military Park*, 1776 Schauplatz einer blutigen Schlacht zwischen Revolutionären und Königstreuen.

Weitere Sehenswürdigkeiten: *Cape Hatteras National Seashore*, 113 km (71 mi.) Dünen und Strand (mit seltener Tier- und Pflanzenwelt) entlang der atlantischen Küste. *Cherokee*, aus dem 18. Jahrhundert stammendes, wiederaufgebautes Oconaluftee-Indianer-Dorf, direkt am Rande des Great Smoky Mountain National Park gelegen. — Außerdem 4 National Forests und 11 State Parks.

AUSKUNFT: North Carolina Department of Conservation & Development, Travel Information Division, Raleigh, N.C. 27603

SOUTH CAROLINA (S.C.)

AUSDEHNUNG: S.C., einer der südlichen Atlantikstaaten, ist mit einer Fläche von 78 392 qkm (30 280 sq. mi.) der vierzigstgrößte Staat der USA.

BEVÖLKERUNG: 2 692 000 Einw. (33 Einw. pro qkm), davon 32% Farbige.

HAUPTSTADT: Columbia (100 700 Einw.) mit Staatsuniversität aus dem Jahre 1801.

GEOGRAPHIE: Von den Höhen der Blue Ridge Mountains im NW (bis zu 1070 m; 3 560 ft.) fällt das Land allmählich zum Piedmont-Plateau hin ab und erreicht an der 300 km (187,5 mi.) langen atlantischen Küstenebene Meereshöhe.

KLIMA: S.C. zeichnet sich durch ein feucht-subtropisches K. aus, das innerhalb des Staates — auf Grund der unterschiedlichen Höhenlagen — sehr unterschiedlich ist. Die Sommermonate sind gewöhnlich heiß (26,7 Grad C.; 80 Grad F.) und lang, während die Wintermonate kurz und mild (—6,1 Grad C.; 43 Grad F.) sind. Die durchschnittliche Niederschlagsmenge beträgt etwa 1 125 mm (45 inches) im Jahr; die regenreichsten Monate sind Juli und August mit 350 mm (14 inches).

GESCHICHTE: 1629 wurde das damals eine Einheit bildende Gebiet von S.C. und North Carolina durch ein Patent des englischen Königs Charles II. an Sir Robert Heath mit der Auflage überlassen, es 'Provinz von Carolina' zu nennen. Der Name für Carolina ist abgeleitet von dem lateinischen Namen Carolus (= Charles). 1710 wurde das Gebiet in die Kolonien Süd- und Nord Carolina geteilt. S.C. war einer der dreizehn Gründerstaaten der Union, trat jedoch 1860 als erster Sezessionsstaat aus der Union aus; 1868 erfolgte die Wiederaufnahme. Volkstümlicher Name: Palmetto State.

WIRTSCHAFT: Bis vor wenigen Jahrzehnten noch ein Agrarstaat (Pfirsiche und Baumwolle), konnte in letzter Zeit die industrielle Produktion — besonders von Textilien — große Fortschritte verzeichnen; der Touristenverkehr nahm einen wesentlichen Aufschwung.

WICHTIGE ZENTREN UND SEHENSWÜRDIGKEITEN:

Städte: *Aiken* (11 250 Einw.), vornehmer Ferienort. *Charleston* (80 900 Einw.), am Atlantischen Ozean gelegen, ist «America's most Historic City». Die Stadt ist für ihre prachtvollen Gärten und Parkanlagen berühmt. Die Straßen der Innenstadt sind voller architektonischer Sehenswürdigkeiten aus dem 18. Jahrhundert. *Columbia* (siehe Hauptstadt). *Georgetown* (12 300 Einw.), malerische Hafenstadt an der Atlantikküste. *Greenville* (66 200 Einw.), im äußersten NW gelegen, ist eines der bedeutendsten Textilzentren des amerikanischen Südens.

Nationaldenkmäler: *Fort Sumter National Monument*, im Hafen von Charleston gelegen, ist jene Festung, durch deren Beschießung am 12./13. April 1861 der Sezessionskrieg ausgelöst wurde. *Kings Mountain National Military Park*, 1780 Schauplatz einer Schlacht, bei der die britischen Truppen eine schwere Niederlage hinnehmen mußten. *Cowpens National Battlefield Site;* 1781 errang hier General Daniel Morgan einen glänzenden Sieg über die Engländer.

Andere Sehenswürdigkeiten: 22 State Parks.

AUSKUNFT: South Carolina State Development Board, Box 927, Columbia, S.C. 29202.

TENNESSEE (Tenn.)

AUSDEHNUNG: Tenn., einer der südöstlichen Mittelstaaten, ist mit einer Fläche von 109 412 qkm (42 344 sq. mi.) der vierunddreißigstgrößte Staat der USA.

BEVÖLKERUNG: 3 976 000 Einw. (33 Einw. pro qkm), davon 15% Farbige.

HAUPTSTADT: Nashville (440 000 Einw.); bedeutende Industriestadt und Sitz der Vanderbilt-Universität. Besuchenswert ist die *Hermitage*, der 18 km (11 mi.) östlich gelegene, einstige Wohnsitz des Generals und späteren siebenten Präsidenten der Vereinigten Staaten Andrew Jackson (1767–1845).

GEOGRAPHIE: Die Great Smoky Mountains im O (höchste Erhebung: Clingman's Dome 2214 m; 6643 ft.) bilden den südlichen Ausläufer des Appalachen-Gebirges. Im Zentrum des Staates liegt das Becken um Nashville, ein rd. 600 m (200 ft.) hohes Plateau, das zum Mississippi River hin langsam abfällt.

KLIMA: Warme Sommer und milde Winter prägen das K. von Tenn.; durchschnittliche Juli-Temperatur 24 Grad C. (75 Grad F.); Januar-Temperatur 5,5 Grad C. (42 Grad F.).

GESCHICHTE: Der Name Tenn. ist abgeleitet von dem Wort 'Tanasi'. 'Tanasi' war ursprünglich die Bezeichnung für Ortschaften der Cherokee-Indianer am Little Tennessee River. Volkstümlicher Name: 'Volunteer State'. Tenn., vor dem amerikanischen Unabhängigkeitskrieg ein Teil von North Carolina, wurde 1796 als 16. Staat in die Union aufgenommen. Als sklavenhaltender Staat schloß sich Tenn. 1861 der Konföderation an, wurde aber 1870 wieder in die Union aufgenommen.

WIRTSCHAFT: Seitdem der Tennessee- und der Cumberland-River durch das gigantische Tennessee Valley-Project aus den dreißiger Jahren regulierbar gemacht werden konnten (29 Stauwerke am Tennessee- und drei am Cumberland River) und Tenn. (und sechs Nachbarstaaten) mit reichlicher Elektrizität versorgt werden konnte, hat die industrielle die landwirtschaftliche Produktion überholt. Chemikalien, Textilien, Holzverarbeitung, Druckereierzeugnisse und Lebensmittelverarbeitung machen den Hauptteil der industriellen Produktion aus. Haupterzeugnisse der Landwirtschaft sind Baumwolle, Mais, Tabak, Geflügel und Schlachtvieh.

WICHTIGE ZENTREN UND SEHENSWÜRDIGKEITEN:

Städte: *Chattanooga* (130 000 Einw.). Während des Sezessionskrieges war die Stadt Schauplatz von vielerlei Schlachten zwischen den Armeen der Nord- und Konföderationsstaaten; heute ein modernes Industriezentrum. Die Nachbildung des Parthenon im Centennial Park enthält ein bedeutendes Kunstmuseum. Vom südlich gelegenen Lookout Mountain (648 m bzw. 2126 ft.; Zufahrt mit Zahnradbahn) schöner Rundblick. *Knoxville* (185 000 Einw.). Sitz der Tennessee Valley Authority (TVA) sowie der Universität des Staates Tennessee. *Memphis* (s.S. 337).

Nationalparks: *Great Smoky Mountains* (siehe North Carolina). *Shiloh National Military Park*, auf diesem einstmaln strategisch wichtigen Platz wurden einige der bedeutendstes Schlachten während des Sezessionskrieges ausgefochten. *Fort Donelson National Military Park;* die guterhaltenen Festungs- und Wallanlagen des Forts dienten 1862 General Ulysses S.

Grant als Ausgangspunkt für eine bedeutende Aktion, welche die Konföderationsstaaten schließlich zur bedingungslosen Kapitulation zwang.

Weitere Sehenswürdigkeiten: *Norris Dam* (am Tennessee River), größtes Teilstück des Tennessee-Valley-Unternehmens aus den dreißiger Jahren; zugleich beliebtes Feriengebiet. *Reelfoot Lake*, landschaftlich einzigartig gelegener See im NW von Tenn. — Außerdem 20 State Parks.

AUSKUNFT: Tennessee Department of Conservation, 264 Cordell Hull Building, Nashville, Tenn. 37219.

VIRGINIA (Va.)

AUSDEHNUNG: Va., einer der mittelatlantischen Staaten der USA, erstreckt sich über eine Fläche von 105 711 qkm (40 817 sq. mi.); der sechsunddreißigstgrößte Bundesstaat.

BEVÖLKERUNG: 4 600 000 Einw. (38 pro qkm), davon 20% Farbige. Fremdstämmige Minderheiten bilden u.a. Deutsche, Engländer, Kanadier und Italiener.

HAUPTSTADT: Richmond (217 000 Einw.), die «Tabak-Hauptstadt der Welt». Im klassizistischen 'State Capitol' (1785), entworfen von Thomas Jefferson und Vorbild für alle weiteren amerikanischen Regierungsbauten,, tagt die älteste Repräsentativversammlung der westlichen Hemisphäre (ehemals 'House of Burgesses'). Richmond war im Sezessionskrieg die Hauptstadt der von der Union abgefallenen konföderierten Staaten.

GEOGRAPHIE: Va. hat Anteil an der Küstenebene ('Tidewater') längs der Chesapeake Bay. Im W steigt das Piedmont-Plateau allmählich zu den Blue Ridge Mountains (bis 1700 m; 4576 ft.) an, die den Alleghany Mountains (Teil der Appalachen Mountains) vorgelagert sind.

KLIMA: Das K. ist in den Küstengebieten feucht und subtropisch: heiße Sommer mit viel Regen und hoher Luftfeuchtigkeit; der Winter ist mild. Westlich des Piedmonts sind die jährlichen Temperaturunterschiede wesentlich extremer (besonders kalte Winter).

GESCHICHTE: Der Name 'Virginia' wurde der ehemals britischen Kolonie vom englischen Seefahrer Sir Walter Raleigh zu Ehren der jungfräulichen ('virgin') Königin Elisabeth I.

von England verliehen (1584). Volkstümlicher Name: 'Old Dominion': weist auf den ehemaligen Status unter der englischen Krone als älteste Kolonie hin. Va. ist wegen seiner kolonialen Vergangenheit, seinen historischen Stätten und seiner Schlachtfelder aus dem 17. und 18. Jahrhundert berühmt. In Va. wurden acht amerikanische Präsidenten geboren: Washington, Jefferson, Monroe, Madison, Tyler, William H. Harrison, Jeffer- und Wilson. Die Kolonisierung Va.s. begann 1607 durch die englische Handelsgesellschaft 'London Company'. 1619 gingen an der Küste Va.s. die ersten Negersklaven (aus Afrika und der Karibischen See) an Land. Neben Massachussetts hatte Va. an der Unabhängigkeitsbewegung von England einen hervorragenden Anteil; 1776 erließ es die 'Virginia Declaration of Rights, die auf die Formulierungen der Unabhängigkeitserklärung (1776) und der französischen Menschenrechtserklärung (1791) stark einwirkte. Va. trat 1788 als 10. Staat der neugegründeten Union bei. Während des Sezessionskrieges hatte es als abgefallener Südstaat und als Hauptkriegsschauplatz erheblich unter den Zerstörungen zu leiden.

WIRTSCHAFT: Va., berühmt für seinen Schinken («Smithfield Schinken») — ist vor allem ein Agrarstaat; Anbauprodukte sind: Obst, Baumwolle, Gemüse und vor allem Tabak (an 5. Stelle in den USA); weiterhin sind die Geflügelzucht und die Molkereiwirtschaft stark verbreitet. Hauptbodenschätze sind Zink und Kohle; Hauptindustrien sind Zigarettenherstellungsbetriebe.

WICHTIGE ZENTREN UND SEHENSWÜRDIGKEITEN:

Städte: *Richmond* (siehe Hauptstadt). *Norfolk* (322 000 Einw.), Hafenstadt und Marinestützpunkt von Flugzeugträgern und Atom-U-Booten. *Charlottesville* (37 000 Einw.); Sitz der Staatsuniversität von Va.; 'Monticello', der Wohnsitz Präsident Jeffersons.

Nationalparks: *Shennandoah*. Entlang dem Kamm der Blue Ridge Mountains führen zwei landschaftlich reizvolle Autostraßen ('Skyline Drive' und 'Blue Ridge Park Way'), die einen herrlichen Ausblick auf den Piedmont im O und das Shennandoah River Valley im W gewähren.

Nationaldenkmäler: *Appomattox Court House;* am 9. April 1865 erfolgte hier die Kapitulation der südstaatlichen konföderierten Armee unter General Lee. *George Washington Home* (Mount Vernon); prachtvoller Landsitz des ersten amerikanischen Präsidenten.

Weitere Sehenswürdigkeiten: *Colonial Williamsburg*, die Hauptstadt von Va. im 18. Jahrhundert; nach den Originalplänen vollständig rekonstruiert. *Jamestown*, die erste ständige angelsächsische Siedlung auf dem nordamerikanischen Kontinent (1607). Im 'Festival Park' sind Nachbildungen der drei winzigen Schiffe zu sehen, welche die ersten Kolonisten nach Amerika brachten. *Yorktown:* Befestigungsanlagen und Ausstellungsstücke von der letzten großen Schlacht des Unabhängigkeitskrieges und der Kapitulation der britischen Streitkräfte unter Lord Cornawallis (1781).

Erholungszentren: *Warm Springs* (Gebirgskurort); *Hot Springs* (Kur- und Erholungsort an der Grenze zu West Virginia); *Virginia Beach* (100 000 Einw.), Meeresbad am Atlantischen Ozean. — Außerdem 4 National Military Parks, 2 National Historical Parks, 2 National Forests und 14 State Parks.

AUSKUNFT: Virginia Travel Service, 911E. Broad Street, Richmond, Va. 23 219. Virginia Department of Conservation and Economic Development, 808 State Office Building, Richmond, Virginia 23 219.

WEST VIRGINIA (W.Va.)

AUSDEHNUNG: W.Va., einer der gebirgigen mittelatlantischen Staaten, rangiert mit einer Fläche von 62 629 qkm (24 181 sq. mi.) an 41. Stelle aller amerikanischen Bundesstaaten.

BEVÖLKERUNG: 1 805 000 Einw. (28 Einw. pro qkm), davon 590 Farbige.

HAUPTSTADT: Charleston (245 000 Einw.), im Zentrum eines ausgedehnten Kohlegebietes gelegen.

GEOGRAPHIE: Der O des Staates ist sehr gebirgig (von den Blue-Ridge-Bergen bis zum Appalachen-Gebirge); nach W hin fällt das Gelände zum Tal des Ohio Flusses ab.

KLIMA: Das K. ist auf Grund der unterschiedlichen Höhenlagen recht verschieden. Für den gesamten Staat sind jedoch im allgemeinen angenehme Sommer- und mäßig kalte Wintermonate — mit reichhaltigen Niederschlagsmengen (bis zu 152 cm, 60 inches) in den Gebirgsgegenden — charakteristisch.

GESCHICHTE: W.Va. war ursprünglich ein Teil des Staates Virginia. Bei Ausbruch des Sezessionskrieges trennten sich die vierzig westlichen Bezirke («counties») von dem übrigen Virginia und bildeten als W.Va. einen neuen Staat, der 1863 als 35. Staat in die Union aufgenommen wurde. Volkstümlicher Name: 'Mountain State'.

WIRTSCHAFT: Im 'Bergstaat' W.Va. erzielt die Förderung von Kohle allein 80% der Gesamtproduktion des Staates. Auf Grund der gut ausgenutzten Wasserkraft hat die Herstellung von Stahl, Aluminium, Glaswaren und Chemikalien viele neue Arbeitsplätze schaffen können. In der Landwirtschaft steht die Rinder- und Geflügelzucht an erster Stelle; weitere landwirtschaftliche Erzeugnisse sind Obst, Tabak und Weizen. Der Tourismus, der jährlich um 8% zunimmt, ist in den letzten zwei Jahrzehnten zu einem Haupterwerbszweig geworden.

WICHTIGE ZENTREN UND SEHENSWÜRDIGKEITEN:

Städte: *Charleston* (siehe Hauptstadt). *Huntington* (83 600 Einw.), Zentrum für die Produktion von Glaswaren. *White Sulphur Springs* (3500 Einw.) ist seit über einem Jahrhundert ein luxuriöser Kurort mit heilenden Mineralquellen.

Nationaldenkmäler: *Harper's Ferry*, Schauplatz eines bekannten Negeraufstandes gegen die Sklaverei unter der Führung von John Brown (1859).

Erholungszentren, 1 National Forest und 29 State Parks und State Forests.

AUSKUNFT: West Virginia Department of Commerce, State Capitol, Charleston, W. Va. 25 305.

DER SÜDWESTEN

Arizona
New Mexico
Oklahoma
Texas

ARIZONA (Ariz.)

AUSDEHNUNG: Ariz. ist mit einer Fläche von 295 134 qkm (113 909 sq. mi.) der sechsgrößte Staat der Union.

BEVÖLKERUNG: 1 670 000 Einw. (5,5 Einw. pro qkm). Ariz. beheimatet den größten Teil der Indianerbevölkerung (80 000 Hoapis, Navajos und Apachen) in den USA; sie ist auf 19 Reservate (25% der Staatsfläche) verteilt. Fremdstämmige Minderheiten bilden Mexikaner, Kanadier, Deutsche, Italiener, Russen, Polen, Österreicher und Chinesen.

HAUPTSTADT: Phoenix (s.S. 505).

GEOGRAPHIE: Ariz. ist einer der südwestlichen Gebirgsstaaten der USA. Der Staat erstreckt sich von dem bis 2200 m (6600 ft.) hohen Colorado-Plateau (mit dem vulkanischen San-Francisco-Gebirge und dem tief eingeschnittenen Grand Canyon) südwärts über niedriges, vom Gila River durchzogenes Stufenland mit weiten Kies- und Salzwüsten zum Arizona-Hochland, in dem die Grenze zu Mexiko verläuft. Die Großartigkeit der Landschaft, eigentümliche Wüstenvegetation (Säulenkakteen) und prähistorische Indianersiedlungen gaben Anlaß zur Errichtung zahlreicher Landschaftschutzgebiete (die US-Bundesregierung ist im Besitz von 44% der gesamten Staatsfläche).

KLIMA: Im Norden von Ariz. ist das K. im wesentlichen heiß und sehr trocken; daher überwiegen Steppen und Wüsten (65% der Staatsfläche). Das sonnige, trockene, wintermilde K. hat Süd-Ariz. hingegen zu einem beliebten Ferienland gemacht (jährlich 4 Mio. Touristen).

GESCHICHTE: Der Name für Ariz. ist indianischen Ursprungs: 'Arizonac' = 'kleine Quelle'. Volktümlicher Name: 'Grand Canyon State' oder auch: 'The Sunset State'. Zunächst war Ariz. im 16. Jahrhundert von Spaniern besiedelt worden; im Krieg mit Mexiko (1845–48) wurde das Gebiet an die USA abgetreten und 1833 durch den 'Gadsden Purchase' (Gebiet südlich des Gila Flußes) erweitert. 1863 als Territorium organisiert, wurde Ariz. 1912 als 48. Staat in die Union aufgenommen.

WIRTSCHAFT: Die Förderung von Kupfer (56% der Gesamtproduktion der USA), Gold, Vanadium, Uran und Silber haben Ariz. zu einem der reichsten Staaten der USA werden lassen. Die Prosperität Ariz.s. erklärt sich aber auch durch neu entstandene, rapide wachsende Industrien (bes. Flugzeug- und Raketenbau). Die oasenhaften, blühenden Landwirtschaftskulturen (Baumwolle, Weizen, Alfalfa und Südfrüchte) sind durch ein grandioses Irrigationssystem ermöglicht worden. Zu den gewaltigsten Staudämmen der Welt zählen am Colorado River das Glen Canyon Reservoir und der Hoover-Damm, am Gila River der Collidge-Damm und am Salt River der Roosevelt-Damm.

Städte: *Phoenix* (s.S. 505). *Flagstaff* (25 000 Einw.). Das Museum of Northern Arizona, 5 km (3 mi.) nördl. von Flagstaff, hat eine interessante archäologische und geologische Sammlung. Tucson (307 000 Einw.). Sehenswert sind hier die schöne spanische Mission San Xavier Del Bac aus dem Jahre 1783 (restaur.), das sehr umfassende Arizona State Museum für Archäologie und Ethnologie, das Pionier Society Historical Museum der «Frontier»-Zeit und die berühmte Wild-West-Goldgräber- und Viehzüchterstadt Tumbstone.

Nationalparks: *Grand Canyon* (s.S. 615). *Petrified Forest National Park*, ein im Norden Arizonas gelegenes, 38 109 qkm (94 189 acres) großes Gebiet und Teil der sogenannten *Painted Desert* mit weiten, von versteinerten Baumstümpfen und -stämmen triassischer Wälder bedeckten Flächen (seit 1962 Nationalpark).

Nationaldenkmäler: *Canyon de Chelly:* drei besonders sehenswerte Canyons mit über 400 vorgeschichtlichen Indianerbehausungen. *Chiricahua National Monument*, eine unberührte Gebirgsgegend mit eindrucksvollen Felsformationen. *Casa Grande Ruins National Monument*, bereits 1694 entdeckte Reste einer vierstöckigen, um 1450 n. Chr. verlassenen indianischen Bauanlage. *Montezuma Castle:* Eine kleine, fast vollständig erhaltene prähistorische Indianersiedlung. *Navajo:* drei der größten vorgeschichtlichen Ruinen Ariz.s. *Pipe Spring National Monument*, ehemalige mormonische Befestigung von 1870. *Saguaro National Monument*, Kaktuswüste mit mächtigen, im späten Mai blühenden Saguaro-Kakteen (cereus giganteus). *Sunset Crater National Monument*, ein farbenprächtiger, 348 m (1000 ft.) hoher Vulkankegel. *Tonto National Monument*, guterhaltene Höhlenwohnungen aus dem 14. Jahrhundert. *Tumacacori National Monument*, Reste einer Missionsstation vom Ende des 17. Jahrhunderts mit restaurierter Kirche. *Tuzigoot National Monument*, Ruinen eines von etwa 1100 bis 1450 bewohnten Indianerdorfes. *Walnut Canyon National Monument*, hübsches Tal mit rund 800 Jahre alten Höhlenwohnungen. *Monument Valley:* Bizarre Säulen aus rotem Sandstein erheben sich bis zu Höhen von 300 Meter. *Wupatki National Monument*, bemerkenswerte Reste einer zwischen 1100 und 1775 bewohnten Indianersiedlung.

Historische Stätten: *Coronado:* Route der Spanier im 16. Jahrhundert.

Weitere Sehenswürdigkeiten: *Grady Gammage Memorial Auditorium* (von Frank Lloyd Wright, 1964) der Arizona State University in Tempe. Englands historische *London Bridge,* die 1968 nach Ariz. verkauft wurde, um in Lake Havasu City, 230 km (150 mi.) nordwestlich von Tucson, wieder aufgebaut zu werden. — Außerdem verschiedene Erholungsgebiete, National Forests, vier State Parks und fünf State Historical Parks.

AUSKUNFT: Arizona Development Board, 1500 West Jefferson St., Phoenix, Arizona 85007.

NEW MEXICO (N.M.)

AUSDEHNUNG: N.M., im SW der Vereinigten Staaten — an der Grenze zu Mexiko — gelegen, ist mit einer Fläche von 315 115 qkm (121 666 sq. mi.) der fünftgrößte US-Bundesstaat.

BEVÖLKERUNG: 1 003 000 Einw. (3,1 Einw. pro qkm), davon (1960) 875 763 Weiße, 17 063 Neger und 56 225 Indianer (in vier ausgedehnten Reservationen).

HAUPTSTADT: Santa Fe (s.S. 548).

GEOGRAPHIE: N.M. bildet ein durchschnittlich 1700 m (5576 ft.) hohes, überwiegend wüstenhaftes, von kurzen Bergketten (höchste Erhebung: Wheeler Peak 4387 m; 13 161 ft.) durchzogenes und von Canyons tief zerklüftetes Fels- und Hochplateau, mit den Hauptflüssen Rio Grande, San Juan, Pecos, Canadian, Cimarron, Gila und San Francisco.

KLIMA: N.M. hat ein größtenteils trockenes, mildes, sonniges und daher auch sehr gesundes Klima; durchschnittliche Jahrestemperatur 15,5 Grad C. (60 Grad F.), wobei die Temperaturen in den Sommermonaten über 37,7 Grad C. (100 Grad F.) steigen können; die jährliche Niederschlagsmenge ist sehr gering, 381 mm (15 inches).

GESCHICHTE: Während der spanischen Besetzung von Mexiko im 16. und 17. Jahrhundert bekam das Gebiet nördlich und westlich des Rio Grande River den Namen 'New Mexiko'. Volkstümlicher Name: 'Land of Enchantment' (= Bezauberndes

Gebiet) auf Grund der kontrastreichen Landschaften und der Überreste vergangener (indianischer und spanischer) Kulturen. Das Land wurde im 16. und 17. Jahrhundert von den Spaniern erforscht und besiedelt. Von 1821 bis 1848 war das Gebiet eine nördliche Provinz von Mexiko, wurde dann an die Vereinigten Staaten abgetreten, bekam 1850 den Status eines selbständigen Territoriums und wurde 1912 als 47. Staat in die Union aufgenommen.

WIRTSCHAFT: Auf Grund der jährlich sehr geringen Niederschlagsmenge ist die Landwirtschaft größtenteils von künstlicher Bewässerung abhängig, im O werden vorwiegend Baumwolle, Mais, Weizen und Sorghum (Hirseart angebaut, während im westlichen Teil die Rinder- und Schafzucht vorherrschend sind. — Im Abbau von Uranerzen ist N.M. führend unter allen amerikanischen Bundesstaaten (65%). Erdöl, Naturgas, Gold, Silber, Zink, Blei und Molybdän sind weitere wertvolle Bodenschätze. — N.M. ist als sommerliches und winterliches Urlaubsziel sehr geschätzt; dementsprechend groß ist auch der jährliche Touristenstrom.

WICHTIGE ZENTREN UND SEHENSWÜRDIGKEITEN:

Städte: *Albuquerque* (212 000 Einw.), die größte Stadt N.M.s; noch in der Gegenwart typisch für die (spanische) Atmosphäre des «alten Westens» (Old West). *Santa Fe* (s.S. 548).

Nationalpark: *Carlsbad Caverns* (s.S. 609).

Nationaldenkmäler: *Aztec Ruins.* Ruinen einer großen Indianer-Stadt aus dem 12. Jahrhundert; die Gemeinschafts-Wohnhäuser bestehen aus festem Mauer- und Holzwerk. *Bandelier* (s. S. 551). *Capulin Mountain.* Ein 2700 m (8100 ft.) hoher Vulkan mit symmetrischem Krater. *Chaco Canyon.* Neben dreizehn Ruinen prähistorischer Pueblo-Zivilisation finden sich mehere Überreste von Hunderten von kleineren Ruinen. *El Morro.* Dieser aus leichtem Sandstein geformte Felshügel trägt Inschriften von Indianern, spanischen Entdeckern und frühen amerikanischen Siedlern. *Fort Union.* Überreste eines ehemals (1851–1891) strategisch wichtigen Forts während der Besiedlung des amerikanischen Südwestens. *Gila Cliff Dwellings.* Gut erhaltene ehemalige indianische Felswohnungen unter überhängenden Bergklippen. *Gran Quivira.* Überreste zweier spanischer Missionsstätten aus dem 17. Jahrhundert. *Pecos* (s.S. 552). *White Sands.* Eine 585 qkm große und seltene Wildnis aus mächtigen weißen Sanddünen und Kalksand, die im Lichte der auf- und untergehenden Sonne in herrlichen Farbkombinationen leuchten.

Weitere Sehenswürdigkeiten: *Gallup* (15000 Einw.), die «Indianer-Hauptstadt» des amerikanischen Südwestens; indianisches Handelszentrum mit jährlich stattfindender Handelsmesse im Monat August. — Außerdem 5 National Forests, 1 National Grassland und 20 State Parks. *Taos.* (s. S. 550).

AUSKUNFT: New Mexico Department of Development, State Capitol Building, Santa Fé, N.M. 87 501.

OKLAHOMA (Okla.)

AUSDEHNUNG: Okla., einer der mittleren Südstaaten, ist mit einer Fläche von 181 080 qkm (69 919 sq. mi.) der achtzehntgrößte Bundesstaat der USA.

BEVÖLKERUNG: 2 518 000 Einw. (13,3 Einw. pro qkm), davon 6% Neger. Okla. hat — nach Arizona — die zahlreichste Indianer-Bevölkerung: 64 689; dreißig Stämme (bes. die Cherokee-, Choctaw-, Chickasaw-, Creek- und Seminolen-Indianer) leben in 27 (115 qkm) Reservaten.

HAUPTSTADT: Oklahoma City (325 000 Einw.); Öl-, Industrie- und Agrarzentrum.

GEOGRAPHIE: Große Teile von Okla. bilden eine baumlose Prairie-Ebene mit einer mittleren Erhebung von 433 m (1300 ft.). Die Ozarks Mountains im NO, die Boston Mountains im O und die Ouachita Mountains im SO sind hingegen stark bewaldet. Gegen W steigt das Gelände stark an und erreicht im Black Mesa die höchste Erhebung (1654 m; 4793 ft.).

KLIMA: Okla. liegt entlang der Teilungslinie zwischen einer feucht-subtropischen und trocken-kontinentalen Klimazone. Die Wintermonate sind vielfach sehr mild (4,44 Grad C.; 40 Grad F.) — mit Ausnahme des nordwestlichen Gebietes —, während die Sommertemperaturen 37,8 Grad C. (100 Grad F.) übersteigen können; der westliche Teil wird oft von Dürreperioden heimgesucht. Die Regenfälle sind sehr unterschiedlich: an bestimmten Orten beträgt die Niederschlagsmenge nur 475 mm (19 inches), an anderen Orten mehr als 1118 mm (44 inches).

GESCHICHTE: Der Name für Okla. ist ein dem Wortschatz der Choctaw-Indianer entliehenes Wort und bedeutet soviel wie 'roter Mann'. Volkstümlicher Name: 'Sooner State' Okla. war ursprünglich ein Teil des riesigen Louisiana-Territoriums, das die USA im Jahre 1803 von Frankreich erwarben. Danach dem Indianer-Territorium zugehörig (ohne jedoch eine territoriale Selbstverwaltung zu erhalten), wurde es ab 1889 weißen Siedlern zugänglich gemacht. 1809 als Bundes-Territorium organisiert, wurde Okla. 1907 als 46. Staat in die Union aufgenommen.

WIRTSCHAFT: Die Förderung von Erdöl hat Okla. zu einem der reichsten Bundesstaaten gemacht (an vierter Stelle der US-Gesamtproduktion); ferner werden Erdgas, Kohle, Zink, und Blei gewonnen. — Die Landwirtschaft findet im O günstige Bedingungen vor, im W erfordert sie künstliche Bewässerung. Die wichtigsten landwirtschaftlichen Ernten sind Weizen, Roggen, Baumwolle, Mais und Sorghum (Hirseart). Die Zahl der in Okla. gehaltenen Rinder ist die siebentgrößte in den USA.

WICHTIGE ZENTREN UND SEHENSWÜRDIGKEITEN:

Städte: *Norman* (33 500 Einw.); Sitz der Staatsuniversität. *Oklahoma City* (siehe Hauptstadt). *Tulsa* (261 800 Einw.), «Ölstadt der Welt»; in Tulsa haben viele amerikanischen Ölgesellschaften ihren Geschäftssitz.

Nationalpark: *Platt National Park*. In dem kleinen Park (4 qkm) liegen wertvolle Mineralquellen.

Weitere Sehenswürdigkeiten: *Will Rogers Memorial* (in der Nähe des Städtchens Claremore, 6639 Einw.) erinnert an den berühmten Cowboy-Humoristen Will Rogers. *Woolaroc Museum,* nahe Bartlesville (27 893 Einw.), zeigt 55 000 Ausstellungsstücke aus der Geschichte des amerikanischen Südwestens (Westernkunst und indianische Erinnerungsstücke). *Wichita Mountains Wildlife Refuge* bei Lawton (61 800 Einw.) ist eine groß angelegte Wildreservation für Hirsche, Elche, Langhornrinder, vielerlei Vogelarten sowie Truthähne. — Außerdem 35 State Parks.

AUSKUNFT: Oklahoma Planning & Resources Board, 500 Will Rogers Memorial Building, Oklahoma City, Olka. 73105.

TEXAS (Tex.)

AUSDEHNUNG: Tex., «the big country», ist mit einer Länge von 1240 km (769 mi.), einer Breite von 1282 km (801 mi.) und einer Gesamtfläche von 692 407 qkm (267 339 sq. mi.) nach Alaska der zweitgrößte Staat der USA; er nimmt ungefähr 9% der Gesamtfläche der Vereinigten Staaten ein. Der Rio Grande River fließt 1280 km (800 mi.) entlang der Grenze mit der Republik Mexiko.

BEVÖLKERUNG: 10 972 000 Einw., davon 11% Farbige.

HAUPTSTADT: Austin (212 000 Einw.); der Gouverneurspalast ist ein architektonisch gut erhaltenes Bauwerk aus der Zeit vor dem Sezessionskrieg.

GEOGRAPHIE: Die Küstenebene am Golf von Mexiko ist flach; allmählich steigt das Land gegen N und NW — bis zu den Rocky Mountains — an. Der mittlere Teil wird von einer weiten Prärietafel («Great Plains») eingenommen. Der SW von Texas ist eine Hochebene.

KLIMA: Entsprechend seiner großen Ausdehnung ist Tex. von klimatischer Vielfalt. Ost-Tex. weist gewöhnlich subtropische Temperaturen auf; in Zentral-Tex. herrscht ein kontinentales K. vor, während der SW von einem wüstenähnlichen Steppenklima geprägt wird. Die Temperaturen steigen hier in den Sommermonaten weit über 37,7 Grad C. (100 Grad F.); die Küstengebiete werden in den Herbstmonaten oftmals von schweren Schäden verursachenden Wirbelstürmen heimgesucht.

GESCHICHTE: Der Name 'Texas' ist die Variante eines Indianerwortes, das soviel bedeutet wie 'Freunde' oder 'Verbündete'; so bezeichneten die Spanier die ehemals im O von Texas lebenden Indianer. — Volkstümlicher Name: 'Long Star State'.

Das Gebiet wurde im 16. Jahrhundert von den Spaniern entdeckt und erobert; Mitte und Ende des 17. Jahrhunderts wurden spanische Missionen gegründet. Ab 1821 ein Teil von Mexiko, erlangte Tex. 1836 seine Unabhängigkeit von Mexiko und wurde von den Vereinigten Staaten als selbständige Republik anerkannt, trat aber 1845 als 28. Staat der Union bei. Während des Sezessionskrieges kämpfte Tex. auf der Seite der Südstaaten, trat der Union 1870 jedoch wieder bei.

WIRTSCHAFT: Tex. ist auf dem wirtschaftlichen Sektor führend in vielen Bereichen, so in der Vieh- und Schafzucht; 85% sind Farmland, wovon 17% abgeerntetes Kulturland —

große Gebiete werden künstlich bewässert — bilden; der Rest ist größtenteils Weideland. In der Baumwoll- und Reiserzeugung (an der Golfküste) steht Tex. ebenfalls an erster Stelle. — Die Erdgas- und Erdölförderung machte die Hälfte der Jahresförderung der gesamten Vereinigten Staaten aus. Die Gegend um Houston/Galveston ist das größte Chemie-Zentrum der Welt; zudem werden so hochwertige Metalle wie Magnesium, Blei, Zinn, Kupfer, Helium und Antimon in großen Mengen gewonnen

WICHTIGE ZENTREN UND SEHENSWÜRDIGKEITEN:

Städte: *Austin* (siehe Hauptstadt). *El Paso* (280 000 Einw.), im äußersten Westen von Texas am Rio Grande gelegene, stark von Mexiko beeinflußte Stadt mit starker spanischsprachiger Minderheit. Wichtigste Wirtschaftszweige sind die Textilindustrie und die Kupferverarbeitung. *Fort Worth* (356 268 Einw.); die «texanischste» aller Städte von Texas. Zentrum der Viehzucht und Ölindustrie. *Houston* (s. S. 323). *San Antonio* (s. S. 525).

Nationalparks: *Big Bend*. Im SW von Tex. in einer 170 km (110 mi.) langen Schleife des Rio Grande River an der mexikanischen Grenze gelegen, ist dieser Naturschutzpark mit einer einzigartigen Pflanzen- und Tierwelt ausgestattet; der Park umfaßt Wüstengelände, bizarre Bergformationen und tief eingeschnittene Canyons. *Guadelupe Mountains*. Ein massiver, aus interessanten geologischen Verwerfungen bestehender Gebirgszug, der sich mitten aus einer Wüstenlandschaft erhebt; enthält einen der bedeutensten Zechstein-Bestände der Welt. Die Tier- und Pflanzenwelt ist von ungewöhnlicher Vielfalt. (Der Park ist für die Öffentlichkeit nicht zugänglich!). *Padre Island National Seashore*, ein 129 qkm (80 mi.) langer, unberührter Sandstrand,

Nationaldenkmäler: *Alibates Flint Querries*. Steinbrüche, wo vor mehr als 10 000 Jahren prähistorische Pueblo-Indianer das Gestein Dolomit schlugen, woraus sie Projektile, Messer, Schabeisen und andere Gebrauchswerkzeuge anfertigten. (Dieses Nationaldenkmal ist für die Öffentlichkeit nicht zugänglich!). *Fort Davis National Historic Site*, zwischen 1854 und 1891 wichtiger Militärposten zum Schutz von Hänflern und Reisenden, die auf dem Overland Trail zwischen San Antonio und El Paso verkehrten. — Außerdem 4 National Forests, 3 National Grasslands und etwa 40 State Parks.

AUSKUNFT: Texas Highway Department, P.O. Box 5064, Capitol Station, Austin Tex. 78 703.

DIE GEBIRGSSTAATEN

Colorado
Idaho
Montana
Nevada
Utah
Wyoming

COLORADO (Colo.)

AUSDEHNUNG: Colo. rangiert mit einer Fläche von 270 000 qkm (104 247 sq. mi.) an achter Stelle aller amerikanischen Bundesstaaten.

BEVÖLKERUNG: 2 048 000 Einw. (7,3 Einw. pro qkm); nur 3,5% der B. sind Farbige. Der Anteil der Stadtbevölkerung hingegen beträgt 75%; allein in den Städten Denver, Pueblo und Colorado Springs leben 70% der B. Fremdstämmige Minderheiten bilden Deutsche, Russen, Engländer, Mexikaner, Italiener, Kanadier, Schweden, Österreicher und Japaner.

HAUPTSTADT: Denver (s. S. 314).

GEOGRAPHIE: Colo. gehört zu den westlichen Bundesstaaten der USA und ist der höchstgelegene Staat, mit durchschnittlichen Erhebungen von 1980 m (6800 ft.). Im W umfaßt Colo. ein großes Gebiet der über 4000 m (12 000 ft.) hohen Gebirgszüge: Colorado Range und West Mountains, Park Range, Mosquito Range, Elk Mountains, Sawatch und Sangre de Cristo Range, die durch steppenhafte Senkungsfelder voneinander getrennt sind. Der O Colo.s. hat Anteil an der riesigen steppenartigen Prärietafel ('Great Plains') des nordamerikanischen Kontinents. Die Flüsse gehen von der kontinentalen Wasserscheide zum Mississippi oder Missouri (Arkansas River, South Platte River, North Platte River), direkt in den Golf von Mexiko (Rio Grande) oder zum Golf von Kalifornien (Colorado River).

KLIMA: Das K. ist je nach der geographischen Länge gemäßigt (W) bis kontinental (O).

GESCHICHTE: Der Name 'Colorado' ist spanischen Ursprungs und heißt 'rot'. Diese Farbbezeichnung wurde erstmals wegen der rötlichen Färbung für den 'Colorado River' verwandt. Volkstümlicher Name: 'Centennial State'. Colo. wurde nach genau 100 Jahren nach der Unabhängigkeitserklärung (1776) in die Union aufgenommen. Ursprünglich war der O Colo.s. ein Teil des gewaltigen, zu Spanien – später zu Frankreich – gehörenden Louisiana-Territoriums, das 1803 von den USA erworben wurde; den westlichen und südlichen Teil trat Mexiko 1848 ab; 1861 als selbständiges Territorium organisiert, wurde Colo. 1876 als 38. Staat in die Union aufgenommen.

WIRTSCHAFT: Colo. gehört nicht nur zu den stark industrialisierten amerikanischen Bundesstaaten, sondern auch zu den kräftig entwickelten Landwirtschaftsgebieten der USA. Die industrielle Entwicklung (Uran-, Vanadium-, Molybdän-, Zinn-, Kupfer- und Ölgewinnung; Waffen- und Raketenindustrie) wurde durch die erheblich gesteigerte Elektrizitätgewinnung ermöglicht. Die reiche agrarische Produktion (Weizen, Bohnen, Mais, Kartoffeln) ist durch ein weit verzweigtes Bewässerungssystem erreicht worden (Anlage vieler Staudämme). Wegen der vielen Naturschönheiten hat der Fremdenverkehr einen bedeutenden Umfang angenommen.

WICHTIGE ZENTREN UND SEHENSWÜRDIGKEITEN:

Städte: *Boulder* (38 000 Einw.), wegen seines milden, trockenen Klimas zu allen Jahreszeiten gern besuchter Ferienort und Sitz mehrerer bedeutender Forschungsstätten. *ColoradoSprings* (s. S. 315). *Denver* (s. S. 314). *Pueblo* (101 000 Einw.; das «Pittsburgh des amerikanischen Westens»).

Nationalparks: *Mesa Verde National Park*, im äußersten Südwesten Colorados gelegenes Tafelland, dessen Südrand in tiefe Täler und Schluchten abstürzt. In diesem Gebiet bestanden von der Zeitenwende bis zum 13. Jahrhundert hochentwickelte Indianerkulturen, deren eindrucksvolle Überreste hier in Form von Pueblos, Höhlenwohnungen und ausgegrabenen Gebrauchsgegenständen zu sehen sind. Das (20 870 ha) (51 525 acres) umfassende Gebiet ist seit 1906 Nationalpark. *Rocky Mountain National Park;* zahlreiche Gletscher, 65 Berggipfel über 3000 m (9000 ft.), 700 Arten von Blumen und zahllose Familien von wilden Tieren machen diesen 1000 qkm großen Nationalpark zu einem landschaftlich reizvollen Gebiet.

Nationaldenkmäler: *Black Canyon of the Gunnison National Monument:* ein Canyon von 80 km (50 mi.) Länge, im Durchschnitt 610 m (1830 ft.) tief und 396 m (1188 ft.) breit. *Colorado National Monument:* 72 qkm (45 mi.) großer Canyon mit freistehenden Felssäulen. *Dinosaur National Monument* (siehe Utah). *Great Sand Dunes National Monument*, bis zu 183 m (600 ft.) hohe Sanddünen am Westrand der Sangre de Cristo Mountains. *Hovenweep National Monument*, die Überreste historischer Indianersiedlungen. *Yucca House National Monument*, Überreste indianischer Bauten (nicht zugänglich).

Andere Sehenswürdigkeiten: *Aspen*, ehemalige Silberminen-Stadt, heute in erster Linie Wintersportparadies. *Durango* (10 000 Einw.): Mit der letzten in den USA noch in Betrieb befindlichen Schmalspureisenbahn fährt man durch den landschaftlich schönen 'Animas Canyon' nach Silverton (72 km;

45 mi.). *Cripple Creek:* Besichtigung einer Goldmine, die seit 1894 ständig in Betrieb ist. *Leadville* (4000 Einw.), 3107 m (10 188 ft.) hoch gelegene Silberbergbaustadt aus der Zeit um 1870. *Mount Evans Highway:* die höchste Autostraße in den USA führt auf den 4348 m (13044 ft.) hohen Gipfel. *Steamboat Springs*, beliebter Winterkurort. — Außerdem viele National Forests und 32 State Parks sowie zahlreiche Ferien- und Erholungsgebiete.

AUSKUNFT: Colorado Visitors Bureau, 225 W. Colfax Avenue, Denver, Colo. 80 202.

IDAHO (Id.)

AUSDEHNUNG: Id., im NW der Vereinigten Staaten gelegen, ist flächenmäßig (217 261 qkm; 83 557 sq. mi.) der dreizehntgrößte Staat der USA.

BEVÖLKERUNG: 705 000 Einw. (3 Einw. pro qkm).

HAUPTSTADT: Boise (72 000 Einw.); sehenswert das Pioneer-Village im Julia Davis Park.

GEOGRAPHIE: Der teilweise noch recht unwegsame östliche Teil von Id. liegt in den waldreichen Rocky Mountains (1200–1800 m; 3916–5704 ft.); der W und SW steppenhafte Hochplateaus; das südöstliche Columbia-Plateau wird vom Snake River in einem tief von ihm zerschnittenen Canyon durchflossen. Im N liegen der Cœur d'Alène- und der Pend Oreille See.

KLIMA: Die Höhenlage Id.s ist bestimmend für Temperatur und Niederschlag. Die Sommermonate sind warm mit täglichen Temperaturschwankungen bis zu 20 Grad C. (68 Grad F.); Niederschläge in dieser Jahreszeit spärlich. Die Wintermonate sind hingegen kalt und schneereich (bis 5,84 m; 230 inches).

GESCHICHTE: Der Name 'Idaho' ist indianischen (Shoshone-) Ursprungs und bedeutet so viel wie «das Licht auf den Bergen». Volkstümlicher Name: 'Gem (= Edelstein) State'. Das Gebiet wurde erstmals 1805 durch die Expedition von Lewis und Clark erforscht. Ursprünglich ein Teil des Oregon-Territoriums, gehörte es seit 1853 zum Washington-Territorium und wurde während des Sezessionskrieges 1863 als eigenes Territorium organisiert. 1890 wurde Id. als 43. Staat in die Union aufgenommen.

WIRTSCHAFT: Die Landwirtschaft ist in den letzten Jahrzehnten durch zahlreiche Bewässerungsanlagen (Hells Canyon, Brownlee und Owlox Dam) sehr erweitert worden. Id. ist der größte Kartoffelproduzent in den USA. Zu den beachtlichen Bodenschätzen gehören u.a.: Silber, Wolfram, Blei, Zink, Antimon und Kupfer. Auf Grund der vielen Naturschönheiten ist der Fremdenverkehr zum drittgrößten Erwerbszweig geworden. 1967 besuchten den Staat 6,1 Mio. Touristen.

WICHTIGE ZENTREN UND SEHENSWÜRDIGKEITEN:

Städte: *Boise* (siehe Hauptstadt). *Idaho Falls* (36 000 Einw.); zweitgrößte Stadt des Staates inmitten eines weiten Agrargürtels (v.a. Kartoffeln). *Nampa* (21 000 Einw.); bekannt wegen seiner Rodeos, die jährlich während der dritten Juli-Woche veranstaltet werden. *Twin Falls* (21 000 Einw.), am Snake River gelegen; die nahe gelegenen Shoshone-Fälle bilden ein 65 m (213 ft.) hohes Hufeisen.

Nationalparks: *Crater of the Moon National Monument;* ein etwa 200 qkm großes Gebiet mit bizarren Naturformationen; die Landschaft ist der der Mondoberfläche nicht unähnlich.

Weitere Sehenswürdigkeiten: *Grand Canyon of the Snake River;* die tiefste Schlucht Nordamerikas, bis zu 2,5 km (7900 ft.) tief und bis zu 16 km (10 mi.) breit. — Außerdem 15 National Forests, ein weit ausgedehntes National Grassland, mehrere State Parks sowie schöne Erholungsgebiete.

Erholungsorte: *Sandpoint* (4400 Einw.), am Lake Pend Oreille gelegen. *Sun Valley*, bekannter und exklusiver amerikanischer Wintersportplatz; für europäische Touristen kaum erschwinglich.

AUSKUNFT: Department of Commerce and Development, Capitol Building, Boise, Id. 83 707.

MONTANA (Mont.)

AUSDEHNUNG: Mont., einer der an Kanada grenzenden Kordilleren-Staaten, ist flächenmäßig der viertgrößte US-Bundesstaat (381 087 qkm; 147 138 sq. mi.).

BEVÖLKERUNG: 693 000 Einw. (1,8 Einw. pro qkm), davon 25 500 Indianer, die in sieben Reservationen leben.

HAUPTSTADT: **Helena** (21 600 Einw.), eine 1864, seit der Entdeckung von Gold in ihrer Umgebung entstandene Stadt.

GEOGRAPHIE: 40% des Staatsgebietes liegt in den Rocky Mountains (höchste Erhebung: Granite Peak 4300 m; 12 799 ft.); das übrige Gebiet ist eine hochgebirgige Prärietafel, die nach O allmählich abfällt.

KLIMA: Mont. weist sehr unterschiedliche Tages- und Jahrestemperaturen auf, deren jährliche Extremwerte zwischen 47,2 Grad C. (117 Grad F.) und −51 Grad C. (−61 Grad F.) liegen können; der jährliche Schneefall beträgt 132 cm (52 inches).

GESCHICHTE: Montana ist das lateinische Wort für bergig. Volkstümlicher Name: 'Treasury (= Schatz) State', zurückzuführen auf die Goldfunde im Jahre 1858, die zahlreiche Siedler anlockten.

Ursprünglich ein Teil des heutigen Staates Idaho, wurde Mont. im Zuge der Entdeckung von Gold 1864 als selbständiges Territorium organisiert und 1889 als 41. Staat in die Union aufgenommen.

WIRTSCHAFT: Die wesentlichste Einnahmequelle stammt aus der landwirtschaftlichen Produktion, wobei die Viehzucht, der Obst- und Gemüseanbau und vor allem die Weizenernten (die drittgrößten in den USA) von Bedeutung sind. Im Bergbau werden Kupfer, Gold, Blei, Zink, Silber, Aluminium, Wolfram und Uran gefördert; dadurch ist auch die Hüttenindustrie ein hauptsächlicher Wirtschaftszweig geworden. — Auf Grund der vielen Naturschönheiten, Jagd und Fischerei sind die Einkünfte aus der Fremdenindustrie sehr beträchtlich.

WICHTIGE ZENTREN UND SEHENSWÜRDIGKEITEN:

Städte: *Great Falls* (58 500 Einw.), größte Stadt Mont.s. und Zentrum der Erzeugungs- und Verhüttungsindustrie. *Butte* (27 900 Einw.), mit montanistischer Hochschule, Bergbaumuseum und Mineralienmuseum.

Nationalparks: *Glacier National Park*, im Nordwesten Montanas gelegene und sich bis über die kanadische Grenze ausdehnende 4091 qkm (1 010 936 acres) umfassende Gebirgslandschaft von ausgesprochen alpinem Charakter. Zwischen zackigen Bergkämmen und wilden Felsnasen ziehen sich Gletscher von beachtlichem Ausmaß hin. Neben einer reichen Tier- und Pflanzenwelt bietet sich dem Besucher eine große Auswahl landschaftlich lohnender Wanderwege. Das Gebiet wurde 1932 zum Nationalpark erklärt. *Big Hole National Battlefield*, 1877 Schauplatz einer tragischen Schlacht gegen Nez-Percé-Indianer, die nach Kanada flüchten wollten, kurz darauf 8 km (5 mi.) vor der Grenze von US-Truppen festgehalten und mit Frauen und Kindern niedergemacht wurden. *Fort Union Trading Post National Historic Site*, 1828 beim Zusammenfluß von Yellowstone River und Missouri River angelegter Pelzhandelsposten.

Nationaldenkmäler: *Custer Battlefield National Monument*. Berühmtes Schlachtfeld von Little Bighorn, wo am 25./26. Juni 1876 Sioux- und North Cheyenne-Indianer amerikanischen Truppen unter Führung von George L. Custer eine vernichtende Niederlage beifügten.

Weitere Sehenswürdigkeiten: *Fort Reservoir*. Nach dem Garrison Reservoir in North Dakota der zweitgrößte künstlich angelegte See in den Vereinigten Staaten. *Virginia City*. Typische Goldgräberstadt aus dem 19. Jahrhundert, die so restauriert wurde, wie sie zu ihrer Glanzzeit aussah. — Außerdem 10 National Forests, 9 National Wilderness Areas sowie 22 State Parks.

AUSKUNFT: Montana State Highway Commission, Helena, Mont. 59 601.

NEVADA (Nev.)

AUSDEHNUNG: Nev., im W der Rocky Mountains gelegen, ist flächenmäßig der siebentgrößte amerikanische Bundesstaat (28 279 qkm; 110 540 sq. mi.)

BEVÖLKERUNG: 453 000 Einw. (1,2 Einw. pro qkm), davon 4% Farbige.

HAUPTSTADT: Carson City (10 700 Einw.); kleinste Hauptstadt von allen Hauptstädten amerikanischer Bundesstaaten. Das Nevada State Museum hat das Modell eines Bergwerkes in Betrieb; ferner Ausstellung von Erinnerungsstücken an die Indianer- und Pionierzeit.

GEOGRAPHIE: Nev. liegt im wesentlichen im Gebiet des Großen Beckens («Great Basin»), einem zerklüfteten und wüstenhaften Hochplateau, das von in NS-Richtung verlaufenden Gebirgsketten durchbrochen wird. Im O grenzt Nev. an die Rocky Mountains, im W an die Kalifornische Sierra Nevada und das Kaskaden-Gebirge (höchste Erhebung: 4380 m; 13 140 ft.).

KLIMA: Während die Wüstengebiete angenehm milde Winter- und sehr heiße Sommermonate haben, ist der Winter in den Gebirgen sehr kalt, der Sommer hingegen kühl und trocken; daher resultieren die Extremwerte von 50 Grad C. (122 Grad F.) im Juli und −45,5 Grad C. (−50 Grad F.) im Januar. 193 Tage im Jahr sind wolkenlos; die jährliche Niederschlagsmenge ist gering: 230 mm (9,05 inches).

GESCHICHTE: Das Wort Nevada ist spanischen Ursprungs und bedeutet «mit viel Schnee bedeckte Berggipfel». Volkstümlicher Name: 'Silver State'. Nev. wurde 1848 von Mexiko an die Vereinigten Staaten abgetreten, bildete seit 1850 Teil des Utah-Territoriums; 1861 als eigenes Territorium organisiert, trat Utah 1864 als 36. Staat der Union bei.

WIRTSCHAFT: Das trockene Wüstenland ist für die Landwirtschaft fast ungeeignet; wichtig sind hingegen die in Nev. geförderten — sonst sehr seltenen — Bodenschätze: Silber, Gold, Kupfer, Zink, Wolfram, Antimon, Litium, Barium und Blei. — Der jährliche Touristenverkehr (über 20 Mio. Besucher) bildet die größte Einnahmequelle des Staates.

WICHTIGE ZENTREN UND SEHENSWÜRDIGKEITEN:

Städte: *Reno* (70 100 Einw.), «größte Kleinstadt der Welt»; bekannt als Ehescheidungsparadies und Glücksspielzentrum; in der Umgebung von Reno liegen ausgedehnte Skigebiete. *Las Vegas* (s. S. 331).

Nationaldenkmäler: *Lehman Caves National Monument*, Kalksteinhöhlen in gräulicher und weißer Tönung mit sehenswerten Stalaktiten und Stalagmiten.

Weitere Sehenswürdigkeiten: *Hoover Dam* (s. S. 332).

Erholungsgebiete: *Lake Mead* (s. S. 332). *Lake Tahoe* (in der Nähe der Stadt Reno) und *Lake Mohave* (am Davis Dam). — 2 National Forests und 8 State Parks.

AUSKUNFT: Nevada Department of Economic Development, Blasdel Building, Carson City, Nev. 89 701.

UTAH (Ut.)

AUSDEHNUNG: Utah, flächenmäßig der elftgrößte Bundesstaat (219 932 qkm; 84 916 sq. mi.) ist einer der westlichen Felsengebirgsstaaten der USA.

BEVÖLKERUNG: 1 035 000 Einwohner, davon 3% Farbige. Etwa 70% der Gesamtbevölkerung gehören der Sekte der

Mormonen an. Fremdstämmige Minderheiten bilden v.a. Deutsche, Engländer, Holländer und Kanadier.

HAUPTSTADT: Salt Lake City (s. S. 517).

GEOGRAPHIE: Utah ist größtenteils ein Gebirgsstaat, durchzogen von durch Bewässerung fruchtbar gemachten Tälern. Der O des Staates wird von dem Gebirgsmassiv der Rocky Mountains beherrscht (höchste Erhebung: King's Peak 4110 m; 13 528 ft.), der W gehört zum Großen Becken mit einer durchschnittlich 1800 m (5904 ft.) hoch gelegenen Wüste. Der im N in 1270 m (4200 ft.) Höhe gelegene abflußlose Große-Salz-See ('Great Salt Lake') ist durch den Jordan River mit dem Utah-See verbunden. Mit einem Salzgehalt von 20–25% wird der 'Great Salt Lake' nur noch vom Toten Meer übertroffen. Der durch den Bau des Glen Canyon Dammes am Colorado River künstlich geschaffene 'Lake Powell' (298 km, 196 mi. lang) liegt im Süden Utahs — im Grenzgebiet zu Arizona.

KLIMA: Der Sommer bringt heiße Tage und zur Nacht ein jeweiliges Absinken der Temperatur um fast 20 Grad C. (68 Grad F.); Sommer- und Herbstmonate sind besonders trocken; das ganze Jahr über fällt sehr wenig Regen.

GESCHICHTE: Der Name für Utah ist dem Wortschatz der Navajo-Indianer entliehen und bedeutet soviel wie 'hoch oben'; die spanische Form heißt 'Ytta'; im Englischen 'Uta' oder 'Utah'. Volkstümlicher Name: 'Beelhive State'. Ursprünglich ein Teil des 1848 von Mexiko an die Vereinigten Staaten abgetretenen Gebietes, wurde Utah seit 1847 von den Mormonen besiedelt. 1850 als Territorium organisiert, wurde es — nach dem Verbot der Vielweiberei (1895) — als 45. Staat 1896 in die Union aufgenommen.

WIRTSCHAFT: Nur 20% der Gesamtfläche (vorwiegend im östlichen Landesteil) konnten durch künstliche Bewässerung kulturfähig gemacht werden; landwirtschaftlich von Bedeutung ist die Vieh- und Geflügelzucht. Wertvolle Bodenschätze (Uran- und Eisenerz, Blei, Zink, Öl und Silber) werden gefördert. Im letzten Jahrzehnt ist Utah zu einem wichtigen Zentrum der Forschung und Produktion von Interkontinentalraketen, festen Treibstoffen und komplizierten elektronischen Ausrüstungen geworden. Mehr als 5 Mio. Touristen besuchen jährlich den Staat.

WICHTIGE ZENTREN UND SEHENSWÜRDIGKEITEN:

Städte: *Salt Lake City* (s. S. 517). *Ogden* (120 000 Einw.); Industriestadt mit großen Hüttenwerken.

Nationalparks: *Bryce Canyon National Park*, eine im Südwesten Utahs gelegene, wildzerklüftete, in das weite Paunsaugunt Plateau eingefressene Talschüssel, deren durch Erosion entstandene, filigrane Kalksteinformationen in Pastelltönen von eierschalen- über lachsfarben bis rot leuchten. Lohnend sind Fußwanderungen oder Ausflüge mit Maultieren zum Canyonboden. Das 1928 zum Nationalpark erklärte Gelände umfaßt ein Gebiet von 146 qkm (36 010 acres). *Canyonlands*, an der Mündung des Green River in den Colorado River gelegen. *Zion National Park*, das im Südwesten Utahs gelegene, tief in das Markagunt Plateau eingeschnittene, gewundene Tal des Virgin River mit mehr als 900 m (3000 ft.) hohen, fast senkrechten Felsabstürzen und gewaltigen, farbenprächtigen Sandsteinformationen. Der 1929 gegründete Nationalpark erstreckt sich über eine Fläche von 551 qkm (136 271 acres).

Nationaldenkmäler: *Arches:* ein Gebiet mit 89 durch Erosion gebildeten Gesteinsbögen. *Capitol Reef:* Felsengebiet aus Sandstein. *Cedar Breaks:* ein durch Witterungseinflüsse (Erosion) ausgehöhltes Felsplateau in Form eines Amphitheaters. *Natural Bridges:* ehemalige Felswohnungen von Indianern mit drei durch die Natur geschaffenen Steinbrücken. *Rainbow Bridge:* die größte (in Form eines Regenbogens) bekannte Naturbrücke; 124 m (407 ft.) hoch, aus lachsfarbenem Gestein. *Hovenweep* (siehe Colorado). *Timpanogos Cave:* Höhle mit rosa und weißen kristallinen Stalagmiten und Stalaktiten. *Dinosaur National Monument*, der Welt größte Fundstätte an Skeletten von Dinosauriern und anderen urzeitlichen Tieren.

Historische Stätten: *Golden Spike*, Treffpunkt der jeweils im O und W begonnenen Gleisstränge der ersten transkontinentalen Eisenbahn (1869).

Weitere Sehenswürdigkeiten: *Bonneville Salt Flats*, ein ausgetrockneter See mit einer völlig ebenen Salzschicht, auf der Motorrad- und Automobil-Geschwindigkeitstests gefahren werden (vgl. S. 524).

Erholungsgebiete: *Glen Canyon National Recreation Area* — Außerdem 9 National Forests, 2 National Recreation Areas und 15 State Parks.

AUSKUNFT: Utah Travel and Publicity Council, State Capitol, Salt Lake City, Utah 84 114.

WYOMING (Wyo.)

AUSDEHNUNG: Wyo., einer der Felsgebirgsstaaten im W der USA, ist mit einer Fläche von 253 597 qkm (97 914 sq. mi.) der neuntgrößte Staat der Union.

BEVÖLKERUNG: 315 000 Einw. (1,4 pro qkm), davon 2% Farbige. Eine fremdstämmige Minderheit bilden v.a. Engländer. Trotz der landschaftlichen Schönheit des Staates nimmt die Bevölkerung seit 1960 ständig ab.

HAUPTSTADT: Cheyenne (49 000 Einw.); die «Frontier Days Celebration» in Cheyenne sind das größte Rodeo der USA (während der letzten Juli-Woche eines jeden Jahres).

GEOGRAPHIE: Wyo. ist nach Colorado der zweithöchstgelegene Staat (mittlere Höhe: 1800 m, 5904 ft.). Im W von den Bergketten der Rocky Mountains bedeckt, ist das östliche Wyo. Teil der Präriezone.

KLIMA: Steppenhaftes K. im O; im W wechseln angenehme Sommer mit strengen Wintern.

GESCHICHTE: Der Name 'Wyoming' ist indianischen Ursprungs und bedeutet: 'große Prärie-Landschaft' («large prairie place»). Volkstümlicher Name: 'Equality State'. Wyo. war bahnbrechend in der Gewährung des Wahlrechts für Frauen (1869).

Ursprünglich gehörte Wyo. größtenteils zu dem von den Vereinigten Staaten 1803 von Frankreich erworbenen Louisiana-Territorium; 1868 als Territorium organisiert, wurde Wyo. 1890 als 44. Staat in die Union aufgenommen.

WIRTSCHAFT: 65% der Bevölkerung sind in der Landwirtschaft beschäftigt. In der Schafzucht steht Wyo. — hinter Texas — an 2. Stelle. Wyo. besitzt große unterirdische, noch nicht erschlossene Kohle- und Naturgasvorkommen. In der Gewinnung von Uranerzen steht Wyo. ebenfalls an 2. Stelle aller amerikanischen Bundesstaaten. Große Bedeutung hat in den letzen Jahrzehnten die Fremdenverkehrsindustrie erlangt.

WICHTIGE ZENTREN UND SEHENSWÜRDIGKEITEN:

Städte: *Cheyenne* (siehe Hauptstadt). *Casper* (39 000 Einw.). *Laramie* (21 000 Einw.). Dieser Ort bietet gute Wintersportmöglichkeiten.

Nationalparks: Grand Teton National Park, im Nordwesten von Wyoming, südlich des Yellowstone National Park und etwa im Mittelbereich der Rocky Mountains gelegener, 1929 gegründeter Nationalpark, der auf einer Gesamtfläche von 1227 qkm (303 174 acres) einen etwa 56 km (35 mi.) langen Gebirgsstock von alpinem Charakter mit dem 4196 m (13 766 ft.) hohen Grand Teton als höchster Erhebung umfaßt; an seinem Fuße liegt im Osten der langgestreckte, vom Snake River durchflossene Jackson Lake. In der als Cascade Corner bezeichneten Südwestecke des Parkes finden sich verschiedene Wasserfälle. Das pflanzen- und wildreiche Gebiet birgt schöne Wander- und Erholungsmöglichkeiten. *Yellowstone* (s. S. 621).

Nationaldenkmäler: *Devil's Tower* (in der Nähe von Moorcroft). Hier befinden sich Säulen aus Vulkan-Gestein.

Historische Stätten: *Fort Laramie*, um 1830 ein Zentrum für Pelztierfänger; später strategische Festung am berühmten 'Oregon Trail'.

Weitere Sehenswürdigkeiten: *Fort Bridger;* einst Pelzhandelszentrum und Nachschubposten auf dem 'Oregon Trail'. Das *Buffalo Bill Historical Center* in Cody (5000 Einw.) ist Geburtsort des berühmten Buffalo Bill; heute Museum.

Erholungszentren: *Jackson Hole*, südlich des Grand Teton National Park, als Sommerfrische beliebter und zum Wintersport gern besuchter Ferienort.

AUSKUNFT: Wyoming Travel Commission, State Capitol Building, 2320 Capitol Avenue, Cheyenne, Wyo.

DER PAZIFISCHE WESTEN

California
Oregon
Washington

CALIFORNIA (Calif.)

AUSDEHNUNG: Calif. nimmt als größter Staat der amerikanischen Westküste die Hälfte dieses Gebietes ein. Mit 409 973 qkm (158 693 sq. mi.) rangiert Calif. flächenmäßig an 3. Stelle — nach Alaska und Texas — aller amerikanischen Bundesstaaten.

BEVÖLKERUNG: 19 221 000 Einw., davon 8% Neger und 4% Farbige (vorwiegend Asiaten). Calif. hat die meisten Einw. von allen Bundesstaaten. Fremdstämmige Minderheiten bilden Mexikaner, Kanadier, Engländer, Italiener, Deutsche, Russen, Filipinos, Chinesen, Japaner und Schweden. Los Angeles beheimatet die zahlenmäßig stärkste jüdische Bevölkerung aller US-amerikanischen Städte.

HAUPTSTADT: Sacramento (s. S. 511).

GEOGRAPHIE: Calif. grenzt im N an Oregon, im O an Nevada und Arizona, im S an die Republik Mexiko und im W an den Stillen Ozean. Calif. hat Anteil an den Gebirgsketten entlang der Küste, der Sierra Nevada, dem Kaskadengebirge und dem Großen Becken. In einer Entfernung von nur 135 km (85 mi.) befindet sich der tiefste und höchste Punkt der aneinander angrenzenden 48 Staaten: 'Death Valley' (85 m/282 ft. ü. M.) und Mount Whitney (4348 m / 14494 ft. ü. M.).

KLIMA: Das K. ist je nach der geographischen Breite gemäßigt bis subtropisch, gegen S immer trockener und heißer, jenseits der Küstengebirge wüstenhaft.

GESCHICHTE: Der Name 'California' ist spanischen Ursprungs; ehemals die Bezeichnung für eine imaginäre Insel am Rande der Welt. Volkstümlicher Name: 'Golden State' (auf Grund der einst berühmten Goldfunde). Calif. ist im 17. Jahrhundert erstmals von Spaniern besiedelt worden; 1821 eine mexikanische Provinz geworden, erklärte es sich 1846 – während des mexikanisch-amerikanischen Krieges (1845–1848) — als unabhängiger Staat; 1850 wurde Calif. als 31 Staat in die Union aufgenommen.

WIRTSCHAFT: Die Landwirtschaft erzeugt auf 10% der Fläche alle Getreidearten, mit ausgedehnter und in steter Erweiterung befindlicher Irrigation alle Obst- und Gemüsearten der gemäßigten und subtropischen Zone. An erster Stelle unter den zahlreichen Bodenschätzen steht die Gewinnung von Erdöl. Nach Alaska hat Calif. die ertragreichste See- und Flußfischerei. Die hochentwickelten Industrien von Flugzeugbau,

Weltraumfahrt und Elektronik beschäftigen 1,5 Mio. Menschen. Durch die zahlreichen Naturschönheiten ist die Touristik in den letzten Jahrzehnten zu einem bedeutenden Erwerbszweig geworden. 1 Mio. Gäste besuchen jährlich Calif.

WICHTIGE ZENTREN UND SEHENSWÜRDIGKEITEN:

Städte: *Fresno* (410 000 Einw.), im San Joaquin Valley gelegen, einem der reichsten Landwirtschaftsgebiete des Landes; Stadt mit wichtiger Lebensmittelindustrie (Obst- und Gemüsepackereien, Weinkellereien). *Monterey* (25 000 Einw.), ruhige, stark von spanischer Kultur geprägte Fischereihafenstadt mit Konservenfabriken. *Oakland* (s. S. 547). *Los Angeles* (s. S. 333). *Sacramento* (s. S. 511). *San Diego* (s. S. 528). *San Francisco* (s. S. 531). *San José* (s. S. 547).

Nationalparks: *Lassen Volcanic National Park*, im Nordosten des Staates California gelegenes Gebiet von 42 997 ha (106 277 acres) um den 3189 m (10 457 ft.) hohen, 1914–1921 nach rund 400-jähriger Ruhezeit vorübergehend wieder aktiv gewordenen *Lassen Peak* (seit 1916 Nationalpark). *Sequoia National Park* (156 092 ha bzw. 385 413 acres Fläche) liegt im Osten Mittelkaliforniens auf den langgestreckten Gebirgszügen der Sierra Nevada und umschließt auch deren höchste Erhebung, den 4421 m (14 495 ft.) hohen *Mount Whitney*, der zugleich höchster Punkt der USA mit Ausnahme von Alaska ist. Der Sequoia National Park bildet mit dem nördlich anschließenden *Kings Canyon National Park* (18 6085 ha bzw. 459 468 acres Fläche eine gemeinsam verwaltete Einheit. Während den Besucher im nördlich gelegenen Kings Canyon (seit 1940 Nationalpark) schroffe, glaziale Granitformationen und tiefe Schluchten erwarten, stehen im Sequoia-Gebiet (südlich; seit 1890 Nationalpark) die weithin berühmten Mammutbäume (sequoia gigantea) in ihrer größten noch überlebenden Art als letzte Reste einst ausgedehnter Wälder. *Yosemite National Park* (sprich 'Jossémiti'), das im östlichen Mittelkalifornien gelegene, von steilen Granitabstürzen umgebene Wiesental des *Merced River*, das vor rund 1 Million Jahren durch eiszeitliche Gletscher gebildet wurde. Eindrucksvoll sind, neben der Vielzahl markanter Felsformationen wie 'El-Capitan' im Südwesten, der 'Half Dome' im Norden des Tales, die vielen Wasserfälle, v.a. aber die im Frühling zu prächtiger Fülle anschwellenden zweistufigen *Yosemite Falls* mit einer Gesamthöhe von 679 m bzw. 2425 ft. Der seit 1890 eingerichtete Nationalpark erstreckt sich über eine Fläche von 307 427 ha (759 080 acres).

Nationaldenkmäler: *Cabrillo National Monument* (s. S. 530). *Channel Island National Monument*, umschließt Anacapa Island, Nistplatz des braunen Pelikans sowie einer großen Zahl von Kormoranen, und *Santa Barbara Island* mit einer Seelöwenkolonie. *Death Valley National Monument*, schöne Wüsten- und Gebirgslandschaft im Süden des Staates. Der tiefste Punkt — 85 m (282 ft.) unter dem Meeresspiegel — liegt am Fuße des 3353 m (10 059 ft.) hohen Telescope Peak. *Devil's Postpile National Monument* mit bis zu 19 m (60 ft.) hohen blaugrauen Basaltsäulen. *Joshua Tree National Monument*, einzigartiges Blütenmeer während der Frühjahrsmonate (März–Mai). *Lava Beds National Monument* mit Aschenkegeln, Spalten und Höhlen vulkanischen Ursprungs. *Muir Woods National Monument* (s. S. 547). *Pinnacles National Monument*, die durch Erosion zerklüfteten Überreste eines ehemaligen Vulkans.

Historische Stätten: *John Muir National Historical Site*, in Martinez (4202 Alhambra Avenue), das Wohnhaus von John Muir (1838–1914), dem Begründer des National Park Service. *Columbia State Historical Park*, die am besten erhaltene Stadt aus der Zeit des Goldrausches von 1849.

Weitere Sehenswürdigkeiten: Filmzentrum *Hollywood* (s. S. 335). Drei der Welt größten Observatorien befinden sich auf dem *Mount Palomar*, dem *Mount Hamilton* und dem *Mount Wilson*. *Mission Trail:* Spanische Mönche gründeten in der zweiten Hälfte des 18. Jahrhunderts eine Reihe von Missionsstationen zwischen San Diego und Sonoma, nördlich von San Francisco. Unter den interessanteren Missionen, die in oder in der Nähe von Städten gleichen Namens liegen, sind von Süden nach Norden die folgenden zu nennen: San Diego, San Juan Capistrano, San Gabriel Arcangel, San Gernando Rey, Santa Barbara, San Luis Obispo, San Miguel, San Antonio de Padua, San Carlos Borromeo, San Juan Bautista, Santa Clara und San Jose de Guadelupe. — Außerdem viele Ferien- und Erholungsgebiete, National Forests, eine National Seashore und 88 State Parks.

AUSKUNFT: Kein staatliches Reiseinformationsbüro. Am besten wendet man sich an folgende Organisationen: San Diego Convention and Tourist Bureau, 330 A Street, San Diego, Calif. 92101. — All-Year Club of Southern California, 628 West 6th Street, Los Angeles, Calif. 90017. — California Mission Trails Association, 25 West Anapamu Street, Santa Barbara, Calif. 93104. — Redwood Empire Association, 476 Post Street, San Francisco, Calif. 94102. — Shasta-Cascade Wonderland

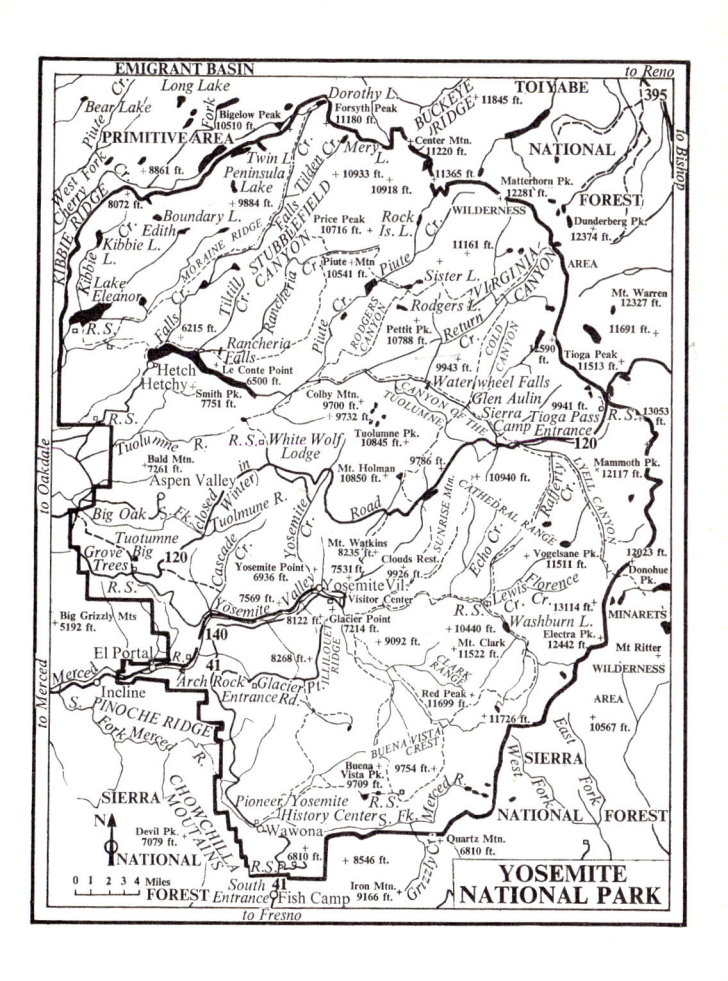

CALIFORNIA

YOSEMITE NATIONAL PARK

Association, Inc., Box 1988, Redding, Calif. 96002. — California State Chamber of Commerce, 455 Capitol Hall, Sacramento, Calif. 95814. — San Francisco Convention and Visitors Bureau, Fox Plaza, San Francisco, Calif. 94103. — Division of Beaches and Parks, 1416 9th Street, Sacramento, Calif. 95811.

OREGON (Ore.)

AUSDEHNUNG: Ore. liegt im äußersten NW der USA und ist mit einer Fläche von 251 175 qkm (96 981 sq. mi.) der zehntgrößte Bundesstaat der Union.

BEVÖLKERUNG: 2 008 000 Einw., davon 1½% Farbige.

HAUPTSTADT: Salem (67 000 Einw.), im fruchtbaren Willamettetal gelegen mit bedeutender Holz- und Papierindustrie.

GEOGRAPHIE: Ore. gehört im größeren östlichen Teil zum steppenhaften Columbia-Plateau, im W zum Kaskaden- und Küstengebirge (höchste Erhebung: Mount Hood 3745 m; 11 235 ft.); dazwischen liegen tief eingeschnittene Bergschluchten und breite fruchtbare Talsenken (bes. das Willamette-Tal). Die nördliche Grenze bildet der Columbia-Fluß, im O bildet größtenteils der Snake River die Grenze zu Idaho.

KLIMA: Durch das in NS-Richtung verlaufende Kaskaden-Gebirge hat Ore. an zwei Klimazonen Anteil; die Küstengebiete am Pazifik weisen ein feucht-mildes K. auf, während die Gebiete östlich des Kaskaden-Gebirges einen steppenartigen Charakter annehmen. Im Kaskaden-Gebirge hängen die Temperaturen weitgehend von den jeweiligen Höhenlagen ab.

GESCHICHTE: Der Name 'Oregon' ist indianischen Ursprungs: 'Ouragon' oder 'Wauregan'; gleichbedeutend wie 'herrliche Wasser'. Volkstümlicher Name: 'Beaver (= Biber) State'. Ore. wurde ursprünglich von Franco-Kanadiern besiedelt und war bis 1846 ein Teil des von Großbritannien und den USA gemeinsam verwalteten Oregon-Territoriums; 1846 wurde das Gebiet entlang des 46. Breitengrades geteilt. Der den Vereinigten Staaten zugehörige Teil wurde 1848 als selbständiges Territorium organisiert und nach dem Abtrennung des Washington-Territoriums (1859) unter dem Namen Ore. als 33. Staat in die Union aufgenommen.

WIRTSCHAFT: Da die Gebirgsgegenden über ausgedehnte und geschlossene Waldbestände verfügen, beruht die Industrie vorwiegend auf der Holzwirtschaft. Riesige Staudämme — wie der Bonneville-Damm — haben die Stromerzeugung sehr verbilligen helfen und damit die Industrieproduktion stark ansteigen lassen; die Herstellung von Papier, Textilien, Maschinen und Chemikalien steht obenan. Die Landwirtschaft konzentriert sich auf den Anbau von Weizen, Gerste, Kartoffeln, Zuckerrüben, Obst und Nüssen. Ideale Jagdgründe an der Pazifikküste und in den Flußtälern haben die Fischereiindustrie (Lachs, Thun- und Schellfisch) zu einem ertragreichen Wirtschaftszweig gemacht. Ein ausgedehntes Kanalisationssystem verbindet den Columbia- mit dem Snake River.

WICHTIGE ZENTREN UND SEHENSWÜRDIGKEITEN:

Städte: *Astoria* (11 300 Einw.); eine ehemals dem aus Deutschland gebürtigen Kaufmann Johann Jakob Astor gehörende Pelzhandelsstation; gegründete 1811. *Eugene* (72 600 Einw.); Sitz der Staatsuniversität. Zentrum des 'Willamette National Forest'. *Portland* (s. S. 508).

Nationalpark: *Crater Lake National Park*, das im Südwesten Oregons gelegene, 1902 zum Nationalpark erklärte, 649 qkm (160 290 acres) große Gebiet um die wassergefüllte Caldera (in sich zusammengestürzter Vulkankraterkegel) des ehemaligen etwa 3660 m (12 000 ft.) hohen Vulkans Mount Mazama; im Westteil des im Durchmesser etwa 9½ km (6 mi.) messenden, fast kreisrunden Sees von maximal 589 m (1932 ft.) Tiefe erhebt sich die kleine Insel Wizard Island, der Kegel eines späteren Vulkanausbruches.

Nationaldenkmal: *Oregon Caves National Monument*, ausgedehntes Areal von Sandsteinhöhlen.

Historische Denkmäler: *Fort Clatsop National Memorial* in Astoria war die erste Ansiedlung der USA an der Pazifikküste; wiederaufgebautes Winterquartier der im Auftrage des Präsidenten Jefferson dorthin entsandten Expedition von Lewis und Clark (1805).

Weitere Sehenswürdigkeiten: 14 National Forests, ein National Grassland, rund 100 State Parks, prächtige Küstenszenerien sowie viele schöne Ferien- und Erholungsgebiete. Lohnend sind ferner geführte Touren durch die großen Holzverarbeitungsbetriebe.

AUSKUNFT: Oregon State Highway Department, 101 State Highway Building, Salem, Ore. 97310.

WASHINGTON (Wash.)

AUSDEHNUNG: Im äußersten NW der Vereinigten Staaten gelegen, ist der Bundesstaat Wash. mit einer Fläche von 176 613 qkm (68 192 sq. mi.) der zwanzigstgrößte Staat der Union.

BEVÖLKERUNG: 3 276 000 Einw. (17 pro qkm), davon 9% Farbige (14 000 Indianer in 18 Reservaten). Fremdstämmige Minderheiten bilden Kanadier, Engländer, Norweger, Deutsche, Schweden, Russen, Italiener, Japaner, Finnen, Filipinos, Mexikaner, Holländer, Dänen und Chinesen.

HAUPTSTADT: Olympia (19 500 Einw.). Im Capitol (Sitz des Parlamentes) ständige historische, wissenschaftliche und indianische Ausstellungen.

GEOGRAPHIE: Das Kaskaden-Gebirge durchläuft den westlichen Teil des Staates (mit dem höchsten Berg: Mt. Rainier, 4400 m, 14 410 ft.). Das Küstengebirge (Olympic Mts., bis 2400 m, 7872 ft.) verläuft auf der Landzunge zwischen dem Stillen Ozean und dem 160 km (100 mi.) langen Puget-Sound. Der Columbia River durchfließt in einem Zick-Zack-Kurs den Staat; an seiner Grenze zu Oregon fließt er westwärts zum Pazifik.

KLIMA: Das K. ist im N gemäßigt und an Niederschlägen besonders reich (dichte Bewaldung: 55% der Fläche); der O ist trocken und steppenhaft.

GESCHICHTE: Der Staat ist nach dem ersten amerikanischen Präsidenten, George Washington, benannt worden. Volkstümlicher Name: 'Evergreen State'. Ursprünglich ein Teil des von den USA und Großbritannien gemeinsam verwalteten Oregon-Territoriums, wurde Wash. 1853 als US-Territorium organisiert und 1889 als 42. Staat in die Union aufgenommen.

WIRTSCHAFT: Auf dem durch künstliche Bewässerung fruchtbar gemachten Farmland werden Getreide, Mais und Futterpflanzen angebaut. Die Hopfen- und Obsternten (bes. Stachel- und Blaubeeren, Äpfel) sind die größten in den USA. Auf Grund der am Grand-Coulee Damm und am Bonneville Damm erzeugten Elektrizität ist eine bedeutende Aluminium-Industrie entstanden. Große Unternehmen der Flugzeugindustrie haben in Wash. ihre Produktionsstätten errichtet. Ein Atomenergieversuchszentrum befindet sich bei Hanford.

WICHTIGE ZENTREN UND SEHENSWÜRDIGKEITEN:

Städte: *Seattle* (s. S. 552). *Tacoma* (152 000 Einw.); hier befindet sich ein 32 m (105 ft.) hoher Totempfahl, der von Alaska-Indianern aus Holz einer Zeder geschnitzt wurde; ferner die «Narrows Bridge», die fünftgrößte Hängebrücke der Welt; im Washington State Historical Society-Museum befinden sich alaskische, indianische und fernöstliche Ausstellungsstücke.

Nationalparks: *Mount Rainier National Park*, daß sich südöstlich von Seattle auf einer Fläche von 978 qkm (241 781 acres) erstreckende Berg- und Waldland um den 4392 m (14 410 ft.) hohen erloschenen Vulkankegel des mit ewigem Schnee bedeckten Mount Rainier. Der seit 1899 bestehende Nationalpark bietet dem Besucher vielfältige Möglichkeiten für Wanderungen (Lehrpfade) und Wintersport. *Olympic National Park*, erstreckt sich auf der im Nordwesten Washingtons gelegenen, vom Pazifik im Westen, dem Puget Sound im Osten und der San-Juan-de-Fuca-Straße im Norden begrenzten Olympic Peninsula. Der seit 1938 bestehende Nationalpark bedeckt eine Fläche von 3597 qkm (888 927 acres) hochwüchsigen Regenwaldes mit überaus reichem Wildbestand und schönen Erholungsgebieten.

Historische Stätten: *Walla Walla* (25 500 Einw.), Museum und Ruinen der 'Whitman-Mission' (1836), erste Erziehungs- und Arzt-Mission im NW der USA.

Weitere Sehenswürdigkeiten: Der *Grand-Coulee Damm*, der den 243 qkm großen Roosevelt-See staut, ist fast 1,5 km (0,9 mi.) lang. *Ginko Petrified Forest* (in der Nähe des Ortes Vantage) enthält über 2000 Arten von versteinerten Bäumen. — Außerdem 1 National Historical Park, 2 National Historical Sites, 7 National Forests, 3 National Recreation Areas, 73 State Parks sowie prächtige Erholungs- und Feriengebiete.

AUSKUNFT: Washington State Department of Commerce & Economic Development, General Administration Building, Olympia, Wash. 98502.

Alaska
Hawaii
Puerto Rico
Virgin Islands
Guam
American Samoa
U.S. Trust Territory
    of the Pacific

ALASKA

AUSDEHNUNG: Mit 1 519 000 qkm (586 412 sq. mi.) ist Alaska 2½ mal so groß wie Texas und somit bei weitem der größte Bundesstaat der USA!

BEVÖLKERUNG: Die 277 000 Einwohner zählende Bevölkerung (6 qkm pro Einwohner) nahm in den letzten 8 Jahren wie in sonst keinem US-Bundesstaat um ¼ zu; dies ist wesentlich durch die rapide wirtschaftliche Entwicklung (Bodenschätze) und den Ausbau militärischer Stützpunkte zu erklären. Die eingeborene Bevölkerung gliedert sich in Aleuten (vorwiegend auf den *Aleuten* aber auch in den Küstengebieten des Nordpolarmeeres), andere *Eskimos* (an den Küsten des Nordpolarmeeres, der Beringsee und am Golf von Alaska) sowie Indianer; Hauptstämme der letzteren sind die *Tlingits* (an der Südostküste), die *Tinnehs* (zwischen der Mackenzie-Wasserscheide und dem Yukon-Delta), die *Athabasken* (im Yukon-Becken) und die *Thinkit* (an der nordwestlichen Pazifikküste). Fremdstämmige Minderheiten sind v.a. Kanadier, Deutsche, Norweger und Schweden. Durch die Zuwanderung von US-Negern und Asiaten (Japaner und Chinesen) wurde die Zusammensetzung noch heterogener.

HAUPTSTADT: Juneau (7500 Einwohner), eine lebhafte Hafenstadt; im Governor's Mansion ein beachtenswerter Totempfahl.

GEOGRAPHIE: Alaska liegt im obersten NW des nordamerikanischen Kontinents, nördlich des 51. Breitengrades. Im N grenzt es an das Nördliche Eismeer und im O besteht eine gemeinsame Grenze zu Kanada. Der zur Beringstraße, Beringsee und an den Pazifik stoßende Küstenstreifen erstreckt sich über eine Länge von 10 624 km (6640 mi.); einschließlich der vorgelagerten Inseln über eine Länge von 54 246 km (33 904 mi.). Die beiden Stränge der nordamerikanischen Kordilleren durchziehen ganz Alaska. Das in zwei Ketten gegliederte pazifische Gebirgssystem ist stark vergletschert. An der Küste des Nordpolarmeeres dehnt sich niedriges, von Tundra überzogenes Tafelland aus.

KLIMA: Das K. ist arktisch, mildert sich jedoch im SO — unter dem Einfluß der warmen Japanströmung — erheblich. Die pazifische Küste ist wind-, regen- und wolkenreich; das K. des Landesinneren ist kontinental und trocken; obwohl die Höchsttemperaturen am Polarkreis noch 37 Grad (99 Grad F) erreichen, taut der ständig gefrorene Boden nur oberflächlich auf.

GESCHICHTE: Alaska wurde 1867 vom zaristischen Rußland für 7,2 Mio. Dollar erworben. Im Jahre 1912 als Territorium organisiert, wurde Alaska 1959 als 49. Staat in die Union aufgenommen. 98% der gesamten Fläche Alaskas sind bundesstaatliche Reservate.

WIRTSCHAFT: An erster Stelle steht die Fischerei mit einem jährlichen Produktionswert von 81 Mio. Dollar. Reiche Bodenschätze (Eisen, Kupfer, Zinn, Chromit, Quecksilber, Erdgas) sind noch — wegen der bestehenden Transportschwierigkeiten — wenig erschlossen. Eine große Bedeutung hat der Staat jedoch in strategischer Hinsicht erlangt, verläuft doch die Grenze zur Sowjet-Union in einem nur 4 km breiten Meeresarm der Bering-Straße.

WICHTIGE ZENTREN UND SEHENSWÜRDIGKEITEN:

Städte: *Anchorage* (44 500 Einw.); größte Stadt Alaskas. *Fairbanks* (13 500 Einw.) beheimatet die nördlichste Universität Amerikas; hier endet auch der 'Alaska Highway'.

Nationalpark: *Mount McKinley*. In diesem Park, der sich über eine 785 179 ha (1 939 493 acres) große Fläche ausdehnt, ragt die höchste Erhebung des nordamerikanischen Kontinents auf, der 6193 m (20 320 ft.) hohe Mount McKinley.

Nationaldenkmäler: *Glacier Bay National Monument*, eine von eindrucksvollen Gletscherabstürzen umgebene Meeresbucht mit gewaltigen Eisbergen. *Sitka National Monument:* hier befindet sich eine große Sammlung von Totempfählen der Haida-Indianer. *Katmai National Monument*, Ort einer gewaltigen vulkanischen Eruption im Jahre 1912, von der eine gewisse Aktivität verblieben ist; sehenswert das Valley of Ten Thousand Smokes.

AUSKUNFT: Alaska Travel Division, Box 2391, Juneau, Alaska 99801.

HAWAII

AUSDEHNUNG: Die Hawaii-Inseln bestehen aus acht größeren (davon sieben bewohnt) und 114 kleineren (davon vier bewohnt) Inseln; die Fläche beträgt 16 635 qkm (6415 sq. mi.). Die zwei größten bewohnten Inseln sind Hawaii mit 10 438 qkm (4021 sq. mi.) und Oahu mit 1564 qkm (595 sq. mi.) Fläche.

BEVÖLKERUNG: Die Hawaii-Inseln haben die heterogenste B. aller Staaten der USA; dabei treten erstaunlich geringe rassische Spannungen auf. Die rassemäßige Verteilung der

778 000 Einwohner ist wie folgt: Japaner 23,2%, Kaukasier 32%, Polynesier 15,5%, Filipinos 10,8%, Chinesen 6%, Hawaiianer 1,7%, Neger 0,8% und Indianer 0,1%.

HAUPTSTADT: Honolulu (auf Oahu; s. S. 321).

GEOGRAPHIE: Geographisch liegen die Hawaii-Inseln im nördlichen Pazifik zwischen Nordamerika, Ostasien und Australien; fünf Flugstunden (3823 km; 2395 mi.) in südwestlicher Richtung von San Francisco entfernt. Die Oberfläche der Inseln besteht aus Korallen oder aus Rumpfresten einstiger Vulkane. Die im NW liegende Insel Kanai ist stark zerklüftet, so daß man vom 'Grand Canyon' des Pazifik spricht. Auf der namengebenden Insel Hawaii erheben sich fünf großartige Schildvulkane über 9000 m vom Tiefseeboden. Der höchste Vulkan ist der Mauna Kea mit 4201 m (13 796 ft.) ü.M. Breite Küstenebenen finden sich nur auf den Inseln Oahu und Niihau.

KLIMA: Das K. ist subtropisch mild; die Temperaturen liegen im Jahresmittel bei 23,7 Grad.

GESCHICHTE: Der Name 'Hawaii' ist höchstwahrscheinlich abgeleitet von einem einheimischen Wort für Heimat. Volkstümlicher Name: 'Aloha State'. Die Inselgruppe wurde 1778 von dem englischen Seefahrer James Cook entdeckt. Im 19. Jahrhundert entwickelte sie sich zu einem internationalen Schiffskreuzpunkt; der Anschluß an die USA erfolgte 1898. 1900 als Territorium organisiert, wurde Hawaii 1959 als 50. Staat in die Union aufgenommen. Durch den japanischen Angriff auf die amerikanische Marinebasis 'Pearl Harbor' auf Hawaii begann hier 1941 der Pazifische Krieg.

WIRTSCHAFT: In der W. kommt den Ausgaben der amerikanischen Militärverwaltung und der stationierten Truppen für Dienste, Güter und Bauten ein außerordentliches Gewicht zu. Die Erzeugung von Zuckerrohr (1,2 Mio. t.) bildet die ökonomische Grundlage der Inseln. Die Verarbeitung von Ananasfrüchten (Jahresernte 1 Mio. t.) beansprucht den 3. Platz in der gewerbetreibenden W. Die vorzüglichen Schiffs- und Flugzeugverbindungen mit den festländischen USA haben stark dazu beigetragen, den Fremdenverkehr zu einer der Haupteinnahmequellen der Inselwirtschaft werden zu lassen. Im Jahre 1966 wurden die Inseln von ca. 710 000 Gästen besucht.

WICHTIGE ZENTREN UND SEHENSWÜRDIGKEITEN:

Hauptstadt *Honolulu* (s. S. 321).

Nationalparks: *Haleakala National Park*, auf der Insel Maui. Der Haleakala-Krater ist ein riesiger erloschener Vulkan, der den Ostteil der Insel bildet. Der Krater ist 12 km lang, 4 km breit und hat einen Umfang von 34 km. Etwa 600 Meter unter dem Rand liegt in einer Ausdehnung von 50 qkm der Boden des Kraters. *Hawaii Volcanoes National Park*, auf der Insel Hawaii. Zwei noch nicht erloschene Vulkane, der Kilauea und der Mouna Loa prägen diesen Park. Dieses vulkanische Wunderland ist voller seltsamer Vögel, Urwälder und tropischer Blumen.

AUSKUNFT: Hawaii Visitors Bureau, 2270 und 2285 Kalakaua Avenue, Honolulu, Hawaii 96815. — 609 Fifth Avenue, New York, N.Y. 10017. — Room 809, 3440 Wilshire Boulevard, Los Angeles, Calif. 90005. — 400 Michigan Boulevard, Chicago, Ill. 60611.

PUERTO RICO

AUSDEHNUNG: Puerto Rico ist mit 8897 qkm (3435 sq. mi.) die kleinste der vier 'Großen Antillen' Inseln (Kuba, Hispanola, Jamaica).

BEVÖLKERUNG: Ca. 2 713 000 Einw.; obwohl die kleinste Insel der 'Großen Antillen' ist Puerto Rico die am dichtesten besiedelte. (282 Einw. je qkm); etwa 75% der B. gelten als Weiße, vorwiegend spanischer Herkunft; 5% sind Neger; die restlichen 20% sind Mulatten. Annährend 95% der B. gehören der römisch-katholischen Kirche an. Als offizielle Landessprache konnte sich das Spanische behaupten; als Amtssprache gilt das Englische; 20% der B. ist bilingual.

HAUPTSTADT: San Juan (600 000 Einw.); das gebiet um 'Old San Juan' erscheint fast so wie in den Tagen der spanischen Kolonisation — umgeben von ausgedehntern Befestigungsanlagen, einschließlich der Festung 'El Morro' (1540).

GEOGRAPHIE: Puerto Rico bildet ein in Ost-West-Richtung gestrecktes 168 km (105 mi.) und 56 km (35 mi.) Rechteck; die Insel findet ihre Begrenzung im Norden durch den Atlantik, im Süden durch die Karibische See. In Längsrichtung wird Puerto Rico von einem breiten, tropischen Regenwald tragenden Gebirgsmassiv (bis 1540 m) durchzogen. Die regenreichen Küstenebenen erweisen sich für größere Hafenanlagen als ungeeignet.

KLIMA: Das K. ist subtropisch; die Temperaturen schwanken zwischen 23,6 (Februar) und 26,8 Grad (September) im Norden und 24,1 (Januar) und 27,5 Grad (August) im Süden des Landes.

GESCHICHTE: Der Name der Insel leitet sich aus dem Spanischen ab: 'reicher Hafen'. Infolge des spanisch-amerikanischen Krieges wurde Puerto Rico 1898 von Spanien an die USA abgetreten und 1900 als ein nicht der Union zugehöriges Territorium («unincorporated territory») organisiert; seit 1952 ist die Insel mit den Vereinigten Staaten in einem 'Commonwealth'-ähnlichen Verhältnis verbunden (engl.: 'Commonwealth of Puerto Rico'; span.: Estado Libre Asociado de Puerto Rico); 1967 bestätigte eine Volksabstimmung die bisherige Verbindung mit den USA.

WIRTSCHAFT: Puerto Rico hat seine Wirtschaft in den letzten Jahren durch ein äußerst erfolgreiches Entwicklungsprogramm erheblich modernisieren können; die Landwirtschaft steht immer noch im Vordergrund, verliert aber ständig an Bedeutung. Hingegen haben die Einnahmen aus dem Fremdenverkehr ständig das Bruttosozialprodukt der Insel steigern können; 1968 wurden 819 000 Touristen registriert; im gleichen Zeitraum standen 7987 Hotelzimmer zur Verfügung.

WICHTIGE ZENTREN UND SEHENSWÜRDIGKEITEN:

Städte: *San Juan* (s. Hauptstadt). *Ponce* (130 000 E.); sehenswert das Ponce Museum of Art. *Mayaguez* (100 000 Einw.), unweit davon das alte San Germân mit einer der ältesten Kapellen der neuen Welt sowie Sitz der Inter-American University. *Arecibo* (50 000 Einw.), Sitz eines katholischen Bischofs sowie Standort der größten Beobachtungsstation für Ionosphärenforschung.

AUSKUNFT: Puerto Rico Department of Tourism, 666 Fifth Avenue, New York, N.Y. 10019.

VIRGIN ISLANDS (V.I.)

AUSDEHNUNG: Die amerikanischen Jungferninseln (Virgin Islands) setzen sich aus insgesamt 65 Inseln mit einer Gesamtfläche von 333 qkm (133 sq. mi.) zusammen, von denen St. Croix (82 sq. mi.), St. Thomas (32 sq. mi.) und St. John (18 sq. mi.) die größten sind; die restlichen Eilande sind zusammen nur wenig mehr als 3 qkm (1,1 sq. mi.) groß.

BEVÖLKERUNG: 94 000 Einw. (St. Thomas: 62 000, St. Croix: 30 000, St. John: 2000); die B. besteht zu 92% aus Farbigen; der hohe Anteil der Negerbevölkerung resultiert aus der starken Einwanderung während des 17. Jahrhunderts. Die dauernd hier Wohnhaften sind amerikanische Staatsbürger ohne die Berechtigung, Vertreter in den amerikanischen Kongreß zu wählen.

HAUPTSTADT: Charlotte Amalie auf St. Thomas (23 000 Einw.).

GEOGRAPHIE: Die Inseln liegen östl. von Puerto Rico — im Randgebiet der nördlichen Kleinen Antillen.

KLIMA: Die Temperaturen halten sich fast das ganze Jahr um 26 Grad; dank der ständig wehenden Nordostpassate sind die V.I. zu einem beliebten Touristengebiet für Nordamerikaner geworden.

GESCHICHTE: Die V.I. waren im 17. Jahrhundert eine Zufluchtstätte für Piraten; ursprünglich im Besitz von Dänemark, wurden die V.I. 1917 für 25 Mio. an die USA verkauft. In der Gegenwart haben sie als Kontrollstation für die Raketenabschußbasen auf Kap Kennedy (Fla.) eine wichtige strategische Bedeutung erlangt.

WIRTSCHAFT: Zucker-Wirtschaft und Erholungsorte bilden heute die ökonomische Grundlage dieser Inseln.

WICHTIGE ZENTREN UND SEHENSWÜRDIGKEITEN:

Nationalparks: *Virgin Islands National Park* auf St. John erstreckt sich über 75% der Fläche der Insel; er hat in der Karibischen See nicht seinesgleichen. Die Insel ist von imposanten Korallen-Bänken umgeben; schließlich gehört der Strand auf St. John zu den schönsten an der Karibischen See.

Historische Stätten: *Christiansted National Historical Site* auf St. John schließt ein Fort aus dem 18. Jahrhundert ein, das von den Dänen erbaut wurde; ferner sind auf St. Croix viele der ehemaligen Zuckerplantagen-Herrensitze noch erhalten.

AUSKUNFT: Virgin Islands Tourist Office, 16 West 49th Street, New York, N.Y. 10020.

GUAM

AUSDEHNUNG: Guam ist mit 534 qkm (212 sq. mi.) die größte Insel der Marianen-Gruppe (Pazifik).

BEVÖLKERUNG: Ca. 120 000 Einwohner; die Hälfte der Bewohner besteht aus US-Soldaten, den Bodentruppen für die amerikanischen Marine- und Luftstützpunkte; der Teil der einheimischen Bewohner ist mikronesischer Herkunft.

HAUPTSTADT: Agana (2500 Einw.); Verwaltungssitz für die pazifischen Treuhandgebiete der USA.

GEOGRAPHIE: Guam liegt ostwärts der Philippinen zwischen Australien und Japan; 8085 km (5053 mi.) von San Francisco entfernt. Die Oberfläche der Insel bildet im nördlichen Teil ein Korallenplateau, im Süden eine Kette vulkanischer Hügel, deren höchster, Mount Lamlam, sich 407 m erhebt.

KLIMA: Das Klima ist tropisch-maritim mit Temperaturen zwischen 21 und 32 Grad sowie einer durchschnittlichen Niederschlagsmenge von 2000 mm.

GESCHICHTE: Die Insel wurde 1521 durch den spanischen Seefahrer Magellan entdeckt. Seit 1898, als die Abtretung der Insel von Spanien an die Vereinigten Staaten erfolgte, scheidet sie eine politische Grenze von den übrigen Marianen. Im Zweiten Weltkrieg und im Vietnamkrieg hat sich Guam als ein wichtiger Marine- und Luftstützpunkt der USA zum Fernen Osten und nach Südost-Asien erwiesen. In der Gegenwart bildet die Insel ein amerikanisches Territorium, ohne jedoch wie andere Territorien in den Staatsverband ganz eingegliedert worden zu sein («unincorporated territory»). Die Bürger sind Staatsangehörige der USA, jedoch auf nationaler Ebene nicht wahlberechtigt.

WIRTSCHAFT: Die wirtschaftliche Leistungsfähigkeit ist durch die Stationierung amerikanischer Truppen, die für ihre Zwecke und den Ausbau von Befestigungen ein Drittel der Landfläche beanspruchen, äußerst gering. Mit Ausnahme von landwirtschaftlichen Produkten werden fast alle gewerblichen Gebrauchsgüter aus den USA zollfrei eingeführt.

AMERICAN SAMOA

AUSDEHNUNG: Amerikanisch-Samoa ist mit 197 qkm (76 sq. mi.) und einer Reihe benachbarter Inseln die südlichste Besitzung der Vereinigten Staaten.

BEVÖLKERUNG: Ca. 26 500 Einwohner; nach Volkstum und Sprache sind die Samoaner Polynesier, den Bewohnern der Tonga-Inseln nahe verwandt. Sie sind Staatsangehörige, jedoch nicht Bürger der USA.

HAUPTSTADT: Pago Pago auf der Insel Tutuila (8000 Einw.).

GEOGRAPHIE: Amerikanisch-Samoa liegt zwischen 14.10 und 14.32 Grad südl. Br. sowie zwischen 171 und 172.46 westl. Lä.; 3700 km (2300 mi.) südwestlich von Hawaii.

KLIMA: In dem immermilden Südseeklima bewegen sich die Temperaturen gleichmäßig zwischen 24 und 26 Grad.

GESCHICHTE: Seit 1899 ist Amerikanisch-Samoa ein US-Territorium. Die entstehenden Verwaltungskosten werden fast ausschließlich von den Vereinigten Staaten getragen.

WIRTSCHAFT: Für die Selbstverwaltung sind vor allem Baum- und Wurzelfrüchte von Bedeutung; alle anderen Versorgungsgüter kommen aus den USA sowie aus Australien und Neuseeland.

U.S. TRUST TERRITORY OF THE PACIFIC

AUSDEHNUNG: Das pazifische Treuhandgebiet der USA besteht aus 2141 Inseln Mikronesiens mit ca. 1700 qkm (687 sq. mi.); sie bilden 3 Archipele: die Karolinen-, die Marshall- und die Mariana Inseln (außer Guam, s. S. 259). Das gesamte Treuhandgebiet erstreckt sich jedoch auf einen über 9 Mio. qkm (3,5 Mio. sq. mi.) großen Meeresraum zwischen den Philippinen, Japan, Hawaii und Neuguinea.

BEVÖLKERUNG: Durch die Isolierung der Inseln voneinander ist die B. ethnisch vielfältig gegliedert; in dem gesamten Gebiet leben ca. 93 000 Menschen. Die Karolinen sind von Molynesiern bewohnt; die Bewohner der Marshall-Inseln nähern sich im Typ und in der Kultur den Gilbert-Insulanern; die Chamorros der Marianen sind den Filipinos ähnlich.

HAUPTSTADT: Der Sitz der Treuhandverwaltung wurde 1954 von Honolulu (Hawaii) nach Agana auf Guam verlegt, der regionale Hauptort jedoch ist auf *Saipan*.

GEOGRAPHIE: Die Oberfläche der Inseln liegt oft nur wenige Meter über dem Meeresspiegel (Atolle); einige hingegen — meistens vulkanischen Ursprungs — steigen bis zu 1000 m (3281 ft.) auf.

KLIMA: Das tropische K. zeigt nur geringe monatliche Temperaturschwankungen (zwischen 26 und 28 Grad); die jährlichen Niederschläge liegen zwischen 2000 und 4000 mm; im Herbst jeden Jahres bilden sich in diesen Gebieten Wirbelstürme («Taifune»).

GESCHICHTE: Als UNO-Treuhandgebiet der USA (seit 1947) ist das amerikanische Innenministerium verwaltungstechnisch für die Inseln verantwortlich. Die Inseln *Bikini* und *Eniwetok* sind durch die von den Amerikanern nach dem Zweiten Weltkrieg dort durchgeführten Atombombenversuche bekannt geworden.

WIRTSCHAFT: Außer den Selbstversorgungsprodukten — Bananen, Gemüse und Brotfrüchten — kommen alle weiteren Versorgungsgüter zu 80% aus den USA.

Beschreibung des Landes und seiner Sehenswürdigkeiten

Städte

ATLANTA, Georgia

Atlanta (320 m bzw. 1050 ft.), im *Piedmont*, den hügeligen Ausläufern der *Blue Ridge Mountains*, gelegene Stadt von 500 000 Einwohnern (45% Farbige) und Hauptstadt des Bundesstaates Georgia, ist als wichtiger Verkehrsknotenpunkt und Zentrum von Handel, Industrie (Eisen- und Stahlverarbeitung, Automobil- und Flugzeugbau, Chemie, Textil- und Lebensmittelerzeugung) und Nachrichtenwesen wirtschaftlicher und geistiger (mehrere Universitäten und Colleges; Erzbistum) Brennpunkt des Südostens der USA.

Um den als *Zero Mile Post* (Meilenstein 0) markierten ursprünglichen Endpunkt der Western and Pacific Railroad bildete sich rasch eine *Terminus* genannte Siedlung, unweit derer 1837 eine andere Eisenbahnstrecke vorübergeführt wurde. Der Ort begann sich durch seine günstige Verkehrslage schnell auszudehnen und erhielt im Jahre 1843 kurzfristig den Namen *Marthasville*, wurde jedoch 1845 in *Atlanta* umbenannt. Im Sezessionskrieg (1864) wurde die Stadt von den Truppen des Unionsgenerals Sherman fast völlig niedergebrannt.

GESCHICHTE

In Atlanta wurde am 5. April 1968 der baptistische Negerführer, Kämpfer für eine friedliche Rassenintegration und Friedensnobelpreisträger (1964) *Martin Luther King* (geb. 1929) vermutlich von einem Weißen ermordet.

SEHENSWÜRDIGKEITEN

Georgia State Capitol (Capitol Square), ein 1884–1889 erstellter Bau mit vergoldeter Turmspitze; im vierten Stock das *Georgia State Museum of Science and Industry*.

High Museum of Art (1280 Peachtree Street, N.E.), ein beachtenswertes Kunstmuseum (Kress-Sammlung).

Thorton House (von 1780), ein für die Südstaaten typisches Haus (restauriert) mit ursprünglicher Einrichtung.

Atlanta Historical Society (3099 Andrews Drive, N.W.), mit der *Margaret Mitchell Memorial Library* und dem *Atlanta Civil War Round Table Museum*.

Cyclorama (im Grant Park, Ecke Cherokee Avenue und Boulevard, S.E.), Rundgemälde der Schlacht von Atlanta und Kriegsmuseum.

United States Penitentiary (Ecke McDonough Boulevard und Boulevard, S.E.), große Bundesstrafanstalt (unzugänglich).

Atlanta Coca-Cola Bottling Company (864 Spring Street, N.W.), kostenlose Besichtigung der Stammfirma des weltberühmten Erfrischungsgetränkes an Werktagen außer Donnerstag.

Auskunft:

Atlanta Chamber of Commerce, 1320 Commerce Building.
Pan American World Airways, 1203 Fulton National Bank Building.

Unterkunft und Restaurants: siehe Verzeichnis am Ende des Buches.

UMGEBUNG

Historic Stone Mountain Park (28 km bzw. 16 mi. östlich von Atlanta). Der *Stone Mountain*, der größte bekannte Granitmonolith, ragt etwa 280 m (800 ft.) aus dem umliegenden Gelände auf. An einer Seite die in den Stein gemeißelten Figuren von drei berühmten Männern der Konföderation: Robert E. Lee, Stonewall Jackson und Jefferson Davis. Dabei mehrere Erinnerungsstätten an die Zeit vor dem Bürgerkrieg; großes Glockenspiel, Automobilmuseum u.a. Auf dem Berg (Schwebebahn) ein Aussichtsturm mit kleinem Museum.

BALTIMORE, Maryland

Baltimore (0—150 m bzw. 500 ft.), im Bundesstaat Maryland gelegene bedeutende Hafenstadt von rund 1 Million Einwohnern (40% Farbige), wurde dank seiner bevorzugten Verkehrslage an der breiten Mündung des *Patapsco River* in die *Chesapeake Bay* und durch die zweifache Zufahrtmöglichkeit zum Atlantik, entweder über die *Chesapeake Bay* oder über den *Chesapeake and Delaware Canal* nach New York, zum zweitgrößten Überseehafen der USA. An den mehr als 72½ km (45 mi.) Kaianlagen werden jährlich annähernd 50 Millionen Tonnen Fracht umgeschlagen, wobei u.a. Erz und Automobile eingeführt, dagegen Weizen und Agrarprodukte aus dem Mittleren Westen ausgeführt werden. Die vielseitige Industrie umfaßt u.a. Schiff-, Eisenbahn- und Flugzeugbau, Schwerindustrie (Eisenverhüttung mit Kohle aus den Appalachen), die Herstellung von elektronischen Geräten, chemische Industrie und die Erzeugung von Lebensmittelkonserven (v.a. Obst und Gemüse. — Baltimore ist Sitz eines katholischen Erzbischofs, beherbergt mehrere berühmte Universitäten und ist die Heimatstadt des bekannten Baltimore Symphony Orchestra.

GESCHICHTE

Die Stadt wurde im Jahre 1729 durch die Provinzialversammlung der Kolonie Maryland, einer Besitzung der Nachkommen des *Cecil Calvert Lord Baltimore*, als Hafen für den Umschlag von Tabak und Getreide gegründet. Das Toleranzedikt von 1649 machte Baltimore zur ersten Stadt mit gänzlicher Konfessionsfreiheit. Während der Revolutionszeit und im Kriege von 1812 gegen die Engländer wurden jedoch von hier auch Kommandos ausgesandt, die britische Schiffe aufbringen sollten. Als die Fertigstellung des Eriekanals nach New York die Bedeutung Baltimores einzuengen drohte, begegnete man dieser Gefahr mit dem Bau der Baltimore and Ohio Railroad, die den direkten Zugang zum Mittleren Westen garantierte. Im Jahre 1904 zerstörte ein Großbrand weite Teile der Altstadt von Baltimore, die in Anlehnung an die ursprünglichen Gegebenheiten wiederaufgebaut wurde.

SEHENSWÜRDIGKEITEN

Ford McHenry National Monument and Historical Shrine, am Ostende der Fort Avenue). Die ursprünglich von 1776 stammende Befestigung des inneren Hafens wurde im Krieg von

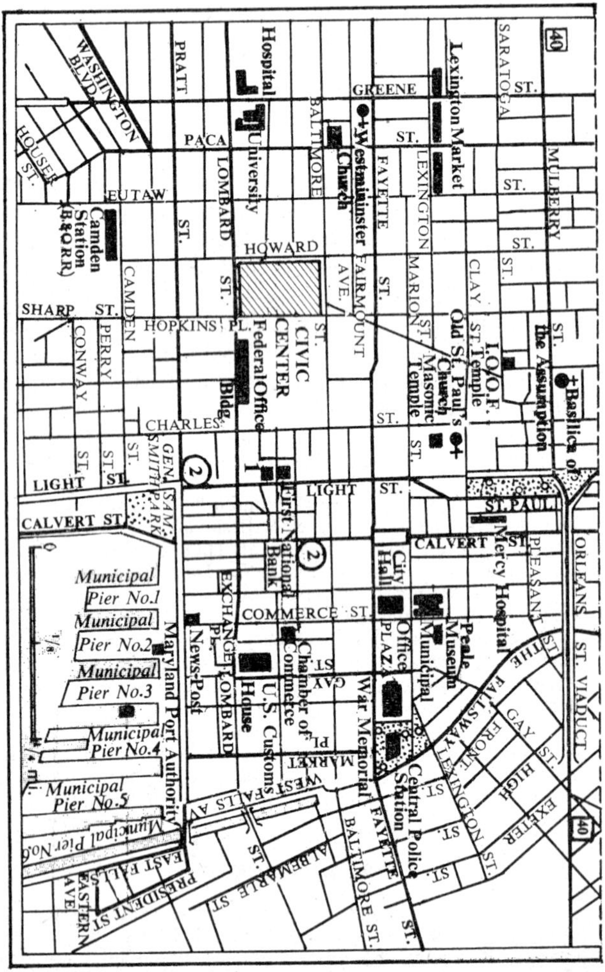
Lexington Market
Hospital
University
Westminster Church
Camden Station (B.&O.R.R.)
CIVIC CENTER
Federal Office Bldg.
Basilica of the Assumption
I.O.O.F. Temple
Old St. Paul's Church
Masonic Temple
First National Bank
City Hall
Mercy Hospital
Peale Museum
Municipal Office
PLAZA
War Memorial
Central Police Station
Chamber of Commerce
U.S. Customs House
News-Post
Maryland Port Authority
GEN. SAM SMITH PARK
Municipal Pier No.1
Municipal Pier No.2
Municipal Pier No.3
Municipal Pier No.4
Municipal Pier No.5
Municipal Pier No.6
1/8
1/4 mi.
40
2
WASHINGTON BLVD.
HOUSER ST.
PRATT
PACA
EUTAW
GREENE
BALTIMORE
FAYETTE
LEXINGTON
SARATOGA ST.
MULBERRY ST.
ST.
LOMBARD ST.
HOWARD ST.
FAIRMOUNT AVE.
MARION ST.
CLAY ST.
SHARP ST.
CAMDEN
HOPKINS PL.
CONWAY ST.
PERRY ST.
CHARLES ST.
LIGHT ST.
CALVERT ST.
ST. PAUL
PLEASANT
ORLEANS ST. VIADUCT
COMMERCE ST.
EXCHANGE PL.
GAY ST.
MARKET PL.
WEST FALLS AV.
EAST FALLS AV.
THE FALLSWAY
FRONT
HIGH
EXETER
PRESIDENT ST.
ALBEMARLE ST.
EASTERN AVE.
BALTIMORE ST.
FAYETTE ST.

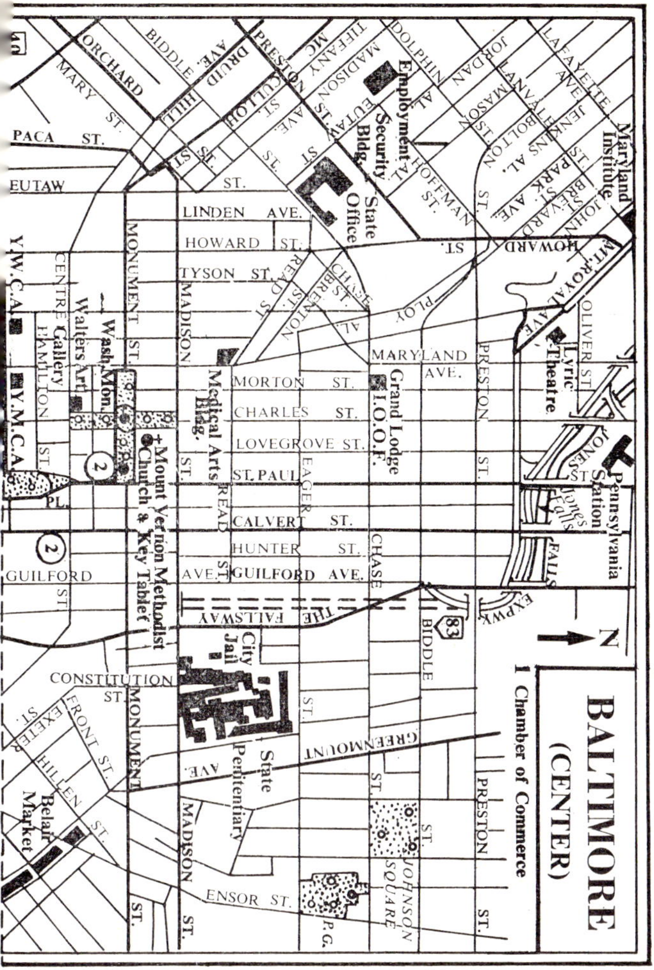
BALTIMORE (CENTER)
1 Chamber of Commerce
N
Maryland Institute
Employment Security Bldg.
State Office
Lyric Theatre
Pennsylvania Station
Grand Lodge I.O.O.F.
Medical Arts Bldg.
Walters Art Gallery
Wash. Mon.
Mount Vernon Methodist Church & Key Tablet
Y.W.C.A.
Y.M.C.A.
City Jail
State Penitentiary
Belair Market
JOHNSON SQUARE
P.G.
Jones Falls
THE FALLSWAY
EXPWY.
83
PACA ST.
EUTAW
MARY ST.
ORCHARD
BIDDLE
HILL
DRUID
AVE.
PRESTON
MC CULLOH ST.
TIFFANY AL.
MADISON ST.
EUTAW ST.
DOLPHIN AL.
JORDAN AL.
MASON ST.
LANVALE ST.
BOLTON ST.
LAFAYETTE AVE.
JENKINS AL.
PARK AVE.
BREVARD ST.
ST. JOHN
HOFFMAN ST.
LINDEN AVE.
HOWARD ST.
TYSON ST.
READ ST.
BRENTON
CHASE ST.
PLOY AL.
MT. ROYAL AVE.
OLIVER ST.
MARYLAND AVE.
MORTON ST.
CHARLES ST.
LOVEGROVE ST.
ST. PAUL
CALVERT ST.
HUNTER ST.
GUILFORD AVE.
JONES ST.
FALLS
CENTRE
HAMILTON
MONUMENT ST.
MADISON ST.
PRESTON ST.
EAGER ST.
CHASE ST.
BIDDLE ST.
GUILFORD ST.
PL.
CONSTITUTION ST.
EXETER ST.
FRONT ST.
HILLEN ST.
GREENMOUNT AVE.
ENSOR ST.

1812 während 25 Stunden von einem britischen Schiff unter Beschuß genommen. Als der auf jenem Schiff gefangengehaltene Rechtsanwalt *Francis Scott Key* sah, daß die Festung dem Angriff widerstand, schrieb er die Worte zu 'The Star-Spangled Banner', der späteren Nationalhymne der USA. Die heutige Anlage stammt von 1812.

U.S. Frigate 'Constellation' (Pier 4; Pratt Street), das 1797 vom Stapel gelaufene erste Schiff der amerikanischen Bundesmarine.

Washington Monument, das erste zwischen 1815 und 1842 errichtete größere Denkmal für George Washington.

Old Flag House, mit dem *1812 War Museum* (844 East Pratt Street), Erinnerungsstücke an den Krieg von 1812.

Edgar Allan Poe House (203 North Amity Street), Haus von etwa 1830, in dem der Dichter von 1832 bis 1835 lebte; sein Grab auf dem Friedhof der Westminster Church.

Shot Tower (Ecke Fayette Street und Front Street); durch den 71 m (234 ft.) hohen Schaftturm ließ man heißes Blei in kaltes Wasser tropfen, um so Gewehrkugeln zu gewinnen.

Battle Monument (Courthouse Square), Denkmal von 1815 für die während des britischen Angriffs von 1814 auf Baltimore gefallenen Soldaten.

Walters Art Gallery (600 North Charles Street), bedeutende Sammlungen zu Kunst und Archäologie aus nahezu allen Epochen und Kulturkreisen der Welt.

Baltimore Museum of Art (Art Museum Drive), Kunstmuseum mit Sammlungen europäischer sowie orientalischer Kunst v.a. des 19. und 20. Jahrhunderts.

Mount Clare Station (Ecke Pratt Street und Poppleton Street), 1830 errichteter, erster Eisenbahnhof des USA; von hier ging 1884 Samuel F. B. Morses erstes Telegramm ab.

Baltimore and Ohio Transportation Museum (bei der Mount Clare Station), Ausstellung alter Eisenbahnen und Fahrzeuge.

Museum of Natural History (im Maryland Building), Ausstellung zur Naturgeschichte des Staates Maryland.

Peale Museum (225 North Holliday Street), Exponate zur Stadtgeschichte.

Maryland Historical Society (201 West Monument Street), Sammlungen zur Geschichte des Staates Maryland (u.a. das Manuskript zur Nationalhymne).

Johns Hopkins University (Charles and 34th Street).

University of Maryland (Greene und Redwood Streets).

Basilica of the Assumption of the Blessed Virgin Mary (Ecke Cathedral Street und Mulberry Street), 1806–1821 erbaut, war diese Kathedrale Sitz des ersten und lange Zeit einzigen Erzbischofs der USA.

Old Otterbein United Brethren Church (124 West Conway Street); diese älteste Kirche der Stadt wurde von 1785–1786 von deutschen Siedlern im georgianischen Stil erbaut.

Auskunft:

Baltimore Visitor Information Center, 22 Light Street.
Pan American World Airways, 101 North Charles Street.

Unterkunft und Restaurants: siehe Verzeichnis am Ende des Buches.

Flughafen:

Friendship International Airport, 13 km (8 mi.) südwestlich der Stadt.

BOSTON, Massachusetts

Das für die Geschichte der Vereinigten Staaten traditionsreiche, alte **Boston** (sprich 'Boßtn'; 0–115 m bzw. 330 ft.) liegt als größte Stadt und wichtigster Hafen der Neuenglandstaaten sowie Hauptstadt des Bundesstaates Massachusetts an dessen nördlicher Atlantikküste, wo der *Charles River* in die *Boston Bay*, den inneren Teil der *Massachusetts Bay*, mündet, auf 42° nördlicher Breite (etwa wie Barcelona) und 71° westlicher Länge.

Das Stadtgebiet bedeckte anfänglich nur die birnenförmige hügelige Halbinsel (283 ha bzw. 700 acres) zwischen dem Charles River und dem später zum *Boston Harbor* ausgebauten Meeresarm. Die Stadtgrenzen sind jedoch heute weit darüber hinausgewachsen und umschließen einen Bereich von 111 qkm (43 sq mi.), auf dem rund 700 000 Menschen (15% Farbige) leben. Greater Boston erstreckt sich über 2643 qkm (1057 sq. mi.) und hat 2,7 Millionen Einwohner. Fremdstämmige Minderheiten bilden Iren, Polen, Italiener und Juden. Die einstige Puritanerstadt ist heute vorwiegend katholisch (Erzbistum); die sich auf die ersten englischen Kolonisten ('Pilgerväter') zurückleitenden, vornehmen Bostoner Familien bilden noch immer die soziale Oberschicht.

Die wirtschaftliche Entwicklung der Stadt war zunächst einzig vom Handel und Umschlagverkehr des Seehafens bestimmt (jährlich 25 Millionen Tonnen), nahm in neuerer Zeit jedoch auch stark industriellen Charakter an. So findet man in Boston bedeutende Textil-, Schuh-, Maschinen- und Uhrenfabriken, zahlreiche Betriebe des graphischen Gewerbes und Produktionsstätten für Leder- und Gummiwaren sowie elektrische und elektronische Ausrüstungen; besondere Erwähnung verdient ferner das bedeutende Fischereiwesen. Etliche einflußreiche Geld- und Versicherungsinstitute sind in Boston etabliert; der 'Boston Banker' ist das Symbol für den seriösen amerikanischen Bankfachmann.

Gemeinsam mit der benachbarten Stadt **Cambridge,** wo sich die weltberühmte Harvard University und das nicht minder bekannte Massachusetts Institute of Technology (Technische Hochschule) befinden, stellt Boston als 'amerikanisches Athen' mit mehreren Universitäten, Hoch- und Fachschulen, Colleges sowie zahlreichen wissenschaftlichen Gesellschaften ein angesehenes Erziehungs- und Bildungszentrum Neuenglands und darüber hinaus der gesamten Vereinigten Staaten dar. Ferner ist die Stadt Sitz eines katholischen Erzbischofs sowie der Häupter anderer großer Glaubensgemeinschaften. Das *Boston*

Symphony Orchestra gehört in die Reihe der 'großen' Orchesterensembles der Welt. Der in Boston erscheinende *Christian Science Monitor* ist eine der besten amerikanischen Tageszeitungen.

Mit seinen für amerikanische Verhältnisse schmalen und unregelmäßig angelegten, in der Altstadt z.T. verwinkelten Straßen strahlt Boston eine gewisse europäische Atmosphäre aus, wenngleich einige Wolkenkratzer eine neue 'Skyline' (Horizontlinie) andeuten und die City großzügig modernisiert wird.

GESCHICHTE

Die einst hier ansässigen Indianer nannten die jetzige Bostoner Stadthalbinsel *Shawmut* ('Süßwasser'), und die ersten Siedler gaben ihr den von den drei alten Stadthügeln, heute *Beacon Hill*, *Copp's Hill* und *Fort Hill*, hergeleiteten Namen *Trimountains* oder *Tremont*. Als vermutlich erster Weißer hat sich hier 1623 der englische Geistliche *William Blackstone* oder *Blaxton* niedergelassen und bis 1630 allein gelebt, als *John Winthrop*, der spätere Gouverneur von Massachusetts, mit etwa 800 puritanischen Kolonisten aus dem nördlich benachbarten Charlestown zuwanderte. Um 1634 soll Blackstone den Siedlern die Halbinsel für 30 Pfund Sterling überlassen haben und nach Rhode Island gezogen sein. Die neuen Siedler nannten den Ort zu Ehren der englischen Geburtsstadt einiger ihrer Führer *Boston*, und Winthrop erhob ihn zur Hauptstadt der Kolonie. Im Jahre 1632 wurde die erste Kirche errichtet, 1637 entstand der erste Hafenkai. Die Stadt entwickelte sich stetig (Fischfang, Pelz- und Holzhandel) und wurde zu einem wichtigen Hafen für den Überseehandel. 1704 erschien mit dem 'Boston News Letter' die erste amerikanische Zeitung.

Um die Mitte des 18. Jahrhunderts war Boston bereits die bedeutendste Stadt in Nordamerika (1750: 15 000 Einwohner). Seit dem Regierungsantritt des englischen Königs Karl II. (1660) sammelten sich in Boston die politischen Kräfte der Opposition gegen das britische Mutterland, und die Stadt wurde zum Ausgangspunkt des amerikanischen Befreiungskampfes. Am 5. März 1770 geschah das berüchtigte *Boston Massacre* (Bostoner Blutbad), als von der aufgebrachten Menge herausgeforderte britische Soldaten das Feuer auf diese eröffneten, wobei mindestens 3 Menschen getötet und 8 verletzt wurden. Zu einem weiteren Höhepunkt der gespannten Situation kam es am 16. Dezember 1773 bei der berühmten *Boston Tea Party:* aus Protest gegen die von den englischen Stadthaltern erlassenen Beschränkungen für den Handel mit den Kolonien warfen beherzte Bostoner Bürger als Indianer verkleidet eine Ladung ostindischen Tees in das Hafenwasser, was als Vergeltungsmaßnahme der Engländer die Schließung des Hafens zur Folge hatte.

Im April 1775 wollte der englische General *Thomas Gage* die Vorräte des amerikanischen Revolutionsheeres im nahen Concord beschlagnahmen. In der Nacht vom 18. auf den 19. April gelang es jedoch *William Dawes, Samuel Prescott* und dem Kunstschmied *Paul Revere* die ruchbar gewordene Schreckensnachricht nach Lexington und Concord zu melden; so prallten an diesen Orten erstmals britische Soldaten und amerikanische Freischärler aufeinander. In der Schlacht am Bunker's Hill erfochten die Briten ihren letzten Sieg, am 17. März 1776 räumten sie jedoch die Stadt, nachdem George Washington den Charles River überschritten und die Dorchester Heights besetzt hatte.

Im Jahre 1800 zählte Boston 25 000, 1850 bereits 137 000 Einwohner. In den fünfziger Jahren des vergangenen Jahrhunderts begann man damit, weite Flutgebiete rings um die Halbinsel, besonders aber am Charles River (Back Bay), aufzufüllen und die bebaubare Oberfläche somit erheblich zu vergrößern. Am 9. November 1872 verheerte ein Großfeuer 27 ha (67 acres) und rund 750 Häuser des Hauptgeschäftsviertels der Stadt. Nach dem Wiederaufbau und der Eingemeindung der Vororte Brighton, Charleston und West Roxbury stieg die Bevölkerungszahl im Jahre 1880 auf 363 000 und überschritt um die Jahrhundertwende die Halbmillionengrenze.

Neben seiner politischen Bedeutung als 'Wiege der amerikanischen Revolution' und seinem wirtschaftlichen Reichtum konnte sich Boston auch eines gehobenen kulturellen Lebens erfreuen, das zahlreiche Literaten wie Longfellow, Lowell, Hawthorne, Bancroft, Prescott oder Aldrich anzog und bis heute in den bedeutenden Bildungsstätten und guten Buchhandlungen der Stadt und ihrer Umgebung fortlebt. Boston ist Geburtsort des Erfinders (Blitzableiter), Schriftstellers und Staatsmannes *Benjamin Franklin* (1706–1790); im heutigen Vorort Charlestown wurden 1791 der Portraitmaler und Erfinder des elektromagnetischen Telegraphen *Samuel Morse* (†1872), im nahen Brookline 1917 der spätere 35. Präsident der USA *John Fitzgerald Kennedy* (1963 ermordet) geboren.

SEHENSWÜRDIGKEITEN

Das alte Boston erschließt ein *FREEDOM TRAIL* ('Freiheitspfad') genannter, markierter Rundgang durch die Stadt, der folgende historische Stätten berührt.

BOSTON COMMON, Bostons wohlbekannter, fünfeckiger von Tremont Street, Boylston Street, Charles Street, Beacon Street und Park Street umzogener öffentlicher Stadtpark, dessen 20 ha (50 acres) große Grundfläche man 1634 dem ersten Bostoner Siedler William Blackstone (siehe S. 273) abkaufte und zu Gemeinbesitz erklärte. Gemäß der ursprünglichen Abmachung dürfte der Park auch heute noch von Bostoner Bürgern als Exerzierplatz und Viehweide benutzt werden; auf dem Gelände ist absolute Redefreiheit gewährt.

Im nördlichen Teil des Stadtparkes befindet sich der FROG POND (Froschteich); dabei ein *Kriegerdenkmal* (von A. Saint-Gaudens) für das erste im amerikanischen Bürgerkrieg aufgebotene Farbigenregiment unter dem Obersten Robert Gould Shaw sowie ein *Gründerdenkmal*. Nahe der Park Street der *Brewer Fountain*, ein in Paris gegossener Bronzebrunnen. Auf dem FLAGSTAFF HILL, der einstigen britischen Artilleriestellung, steht das *Crispus Attucks Monument*, ein Denkmal für den am 5. März 1770 bei dem 'Boston Massacre' (siehe S. 273) umgekommenen Neger Crispus Attucks und die anderen Opfer des Blutbades. In der Nähe erhob sich einst die berühmte 'Old Elm' oder 'Great Elm', eine Ulme aus der Zeit vor der europäischen Besiedlung, die 1875 bei einem Orkan niederbrach. An der Südseite des Parkgeländes der 1756 angelegte **Central Burial Ground,** der ehemalige städtische Hauptfriedhof, u.a. mit dem Grab des Portraitsmalers *Gilbert Charles Stuart* (1755-1828). An der Westseite des Parkes eine unterirdische Garage für etwa 1500 Kraftfahrzeuge.

Südwestlich jenseits der Charles Street schließen als Pendant zum Boston Common die **Boston Public Gardens** an; diese gepflegte Gartenanlage stammt aus dem Jahre 1859 und bedeckt eine rechteckige Grundfläche von 9 ha (22 acres) zwischen Charles Street, Boylston Street, Arlington Street und Beacon Street; in der Mitte ein großer gelappter *Teich* (im Sommer Bootsfahrten, im Winter Eislauf). *Denkmäler* für Washington, Sumner, Everett, Channing und Kościuszko.

Massachusetts State House (an der Nordecke des Boston Common, gegenüber der Einmündung der Park Street in die Beacon Street), auf dem Beacon Hill (zunächst Tremont Hill, später Sentry Hill; nach Errichtung eines Leuchtturmes im Jahre 1635 so benannt) ursprünglich von Charles Bulfinch im Jahre 1795 vollendeter und mehrfach erweiterter Monumentalbau mit pseudoklassischem Säulenportikus und vergoldeter Kuppel (46 m bzw. 150 ft.) für das Abgeordnetenhaus und die Regierung des Bundesstaates Massachusetts. Im INNERN (Sa. und So. geschl.; gratis) bemerkenswert die *Memorial Hall* (Gedächtnishalle) mit den Feldfahnen der Massachusetts-Regimenter aus dem Bürgerkrieg, dem Spanisch-amerikanischen Krieg und dem ersten Weltkrieg, zahlreiche Büsten und Portraits von Politikern sowie das elliptische *House of Representatives*, der in weißem Mahagoni gehaltene Abgeordnetensaal mit dem 172 cm (4 ft. 11½ inches) langen und maximal 25 cm (10 inches) dicken 'Sacred Codfish' ('geheiligter Stockfisch') als Symbol für die einstige Hauptwirtschaftsquelle des Staates. Das *Archives Museum* enthält die wertvolle 'History of Plymouth Plantation', das auch 'Logbuch der Mayflower' genannte eigenhändige Manuskript von William Bradford (1589–1657), dem Gouverneur der Kolonie Plymouth. Vor dem Gebäude die *Standbilder* der Staatsmänner *Horace Mann* (1796–1859) und *Daniel Webster* (1782–1852).

Park Street Church (Ecke Park Street und Tremont Street), nach Plänen von Peter Banner erbaute und im Jahre 1810 geweihte protestantische Trinitarierkirche (frei zugänglich).

Old Granary Burial Ground (nordöstlich hinter der Park Street Church, an der Tremont Street), nach der Old Granary (altes Kornhaus) an der Stelle der heutigen Park Street Church (vgl. dort) benannter, im Jahre 1660 angelegter Kirchhof mit den Gräbern berühmter Bostoner Bürger, darunter *John Hancock* (1737–1793), *Samuel Adams* (1722–1803), *Paul Revere* (1735–1818), *James Otis* (1725–1783) und *Peter Faneuil*, ferner der Opfer des 'Boston Massacre' von 1770 (siehe S. 273) und der Eltern von Benjamin Franklin. Das älteste Grab (Hannah Allen) stammt aus dem Jahre 1667.

King's Chapel (Ecke Tremont Street und School Street), im Jahre 1686 von Robert Ratcliffe gegründete erste Episkopalkirche von Boston, ab 1787 erstes unitarisches Gotteshaus in Amerika (heutiges Gebäude von 1754; frei zugänglich); bemerkenswert sind der Kommunionstisch von 1686 und die Kanzel von 1717. Der Kirchhof wurde bereits 1630 angelegt;

hier das Grab des britischen Gouverneurs *John Winthrop* (1588–1649; siehe S. 273).

Am Hotel Parker House (60 School Street, Ecke Tremont Street) erinnert eine Gedenktafel an die einst dort befindliche *Boston Public Latin School*, die 1634 gegründete erste öffentliche Schule.

Im Garten der **Old City Hall** (Altes Rathaus; an der School Street) stehen Standbilder von *Josiah Quiney* (von Th. Ball) und *Benjamin Franklin* (von R. S. Greenough; 1856). — Erwähnenswert ist in der School Street auch der *Old Corner Book Store*, ein Ziegelbau von 1712–1715, wo sich einst Dichter und Denker trafen.

Old South Meeting House oder *Old South Church* (Ecke Miller Street und Washington Street), im Jahre 1729 an der Stelle des früheren 'Cedar Meeting House' errichtetes, eigentlich sakrales Versammlungsgebäude mit angebautem Turm, das später vornehmlich politischen Zusammenkünften diente. Hier trafen sich am 16. Dezember 1773 mehrere Tausend Bürger der Stadt zur Vorbereitung der berühmten 'Boston Tea Party' (siehe S. 274). Das Haus ist heute als Museum zugänglich (So. geschl.) und enthält u.a. ein interessantes historisches Modell der Stadt. 1775 installierten die britischen Besatzer eine Reitschule mit Erfrischungsstand auf der Empore.

Old State House (206 Washington Street, Ecke State Street), im Jahre 1713 auf dem ältesten Bostoner Marktplatz an der Stelle des ersten Bostoner *Town House* (1657–1711) errichtetes und nach einem Brand wiederaufgebautes, dreistöckiges Gebäude mit Ziergiebel und kleinem Turm, das bis zur amerikanischen Revolution Sitz der britischen Gouverneure war. Hier wurde 1776 die Unabhängigkeitserklärung der Vereinigten Staaten verlesen und John Hancock zum ersten amerikanischen Gouverneur von Massachusetts bestellt. Von 1830 bis 1841 diente das Haus als Bostons erste *City Hall* (Rathaus). Im Innern unterhält die Bostonian Society ein historisches und Seefahrtsmuseum (So. geschl.; gratis) mit Bibliothek und Photoarchiv. — Auf dem Platz vor dem Old State House (30 State Street) bezeichnet ein rundes Pflastersteinfeld die Stelle des 'Boston Massacre' (siehe S. 273).

Faneuil Hall (Merchants Row), auch 'Cradle of Liberty' ('Wiege der amerikanischen Freiheit') genanntes, rechteckiges Gebäude mit Spitzdach und kleinem Turm, ursprünglich 1740–1742 von dem hugenottischen Kaufherrn *Peter Faneuil* (sein

Grab auf dem Old Granary Burial Ground, s. S. 276) als Markthalle erbaut und 1805 von Charles Bulfinch erweitert; vor und nach der amerikanischen Revolution fanden hier zahlreiche bedeutsame politisch-patriotische Versammlungen statt. Im ERDGESCHOSS wird nach wie vor Markt abgehalten: im ERSTEN STOCK die eigentliche Halle, wo von 1775 bis 1776 vor englischen Offizieren Theater gespielt wurde; im ZWEITEN STOCK ein Militärmuseum der 1683 gegründeten Offiziersschule 'Ancient and Honorable Artillery Company' (Sa. und So. geschl.; gratis).

Paul Revere House (19 North Square), ein ursprünglich um 1676 gebautes, inzwischen mehrfach restauriertes, zweistöckiges Holzhaus, in dem *Paul Revere* (sprich 'Riwihr') von 1770 bis 1780 wohnte; im Innern die zeitgenössische Einrichtung und Andenken an den für die Stadtgeschichte (s. S. 273) wichtigen Kunstschmied und Metallstecher. — Daneben steht das *Moses Pierce Highborn House* (von 1680).

Old North Church (189 Salem Street, am Ende der Hull Street), älteste erhaltene Bostoner Kirche, 1723 von Thomas Tippin und Thomas Bennett in Ziegelbauweise mit 58 m (190 ft.) hohem Spitzturm errichtet, von dem am 18. April 1775 Paul Revere das Signal zum Aufbruch nach Concord erhalten haben soll (siehe S. 274). In dem hellen INNERN fällt außer den Emporen das Kastengestühl auf; ferner sind die Metalleuchter (von 1724), eine Wanduhr (von 1726) und die Orgel (von 1759) bemerkenswert. — Hinter der Kirche ein *Reiterdenkmal* (von C. E. Dallin) des *Paul Revere*.

Copp's Hill Burying Ground (Ecke Snow Hill Road und Hull Street), um 1660 angelegter, zweitältester Friedhof der Stadt auf dem Copp's Hill, dem niedrigsten der drei ursprünglichen Stadthügel, benannt nach *William Copp*, der in der Nähe wohnte und hier begraben liegt. Auf dem Friedhof befinden sich 225 Gräber, das älteste von 1717.

Am **BEACON HILL** befinden sich noch zahlreiche, zum Teil mehrstöckige alte Häuser im Kolonialstil mit schönen Balkons, Gittern und Türen. Nennenswert ist das **Nichols House** (55 Mount Vernon Street), ein von Charles Bulfinch entworfenes Gebäude mit zeitgenössischer Einrichtung (Museum; unregelmäßige Öffnungszeiten).

Boston Athenaeum (10½ Beacon Street), Bildungsstätte mit einer rund ½ Million Bücher umfassenden Bibliothek (darin George Washingtons Privatbibliothek, zahlreichen Drucken und wertvollen Gemälden (So. geschl.; gratis).

LOUISBURG SQUARE, stimmungsvoller von historischen Ziegelhäusern umgebener Platz.

Otis House (141 Cambridge Street), im Jahre 1795 vermutlich von Charles Bulfinch erbautes Haus für den Rechtsanwalt und Politiker *Harison Gray Otis;* heute als historisches Museum zugänglich (Sa. und So. geschl.).

Das die Altstadt nordwestlich fortsetzende Stadtgebiet um die hier einen Bogen beschreibende CAMBRIDGE STREET, besonders aber nördlich dieser bis zum HAYMARKET SQUARE, ist in Umgestaltung (Architekt: H. A. Stubbins). In diesem Gebiet entsteht ein vorwiegend Verwaltungsgebäude (z.T. Hochhäuser) für die Stadt Boston, den Staat Massachusetts und die Bundesbehörden umfassendes **GOVERNMENT CENTER** (Regierungszentrum); wegen ihrer eigenwilligen Architektur verdient die **New City Hall** (Neues Rathaus) besondere Erwähnung. Untergrundbahn im Bau.

Museum of Science (im Science Park auf dem Charles River Dam), großes technisches und naturwissenschaftlich-medizinisches Museum mit anschaulichen Sammlungen, Exponaten und Demonstrationsobjekten; dem das *Charles Hayden Planetarium* angeschlossen ist.

United States Customs House (Ecke India Street und State Street), 151 m (486 ft; 32 Stockwerke) hoher Turmbau mit Pyramidendach für die Bundeszollbehörde.

New England Aquarium (Central Wharf), 1968 eröffnetes großes Seeaquarium.

Franklin Park Zoo (Ecke Blue Hill Avenue und Columbia Road), schöner Tiergarten mit Kinderzoo.

United States Ship 'Constitution' (in Charlestown; Boston Naval Shipyard, am Nordufer des Charles River), das 'Old Ironsides' genannte, 1797 in Boston gebaute und vom Stapel gelaufene Flaggschiff der US-Kriegsmarine, eine 2250 Tonnen schwere und 62 m (204 ft.) lange, dreimastige Fregatte mit 52 Kanonen; seit 1881 außer Dienst, 1956 restauriert (Besichtigung gratis).

Bunker Hill Monument (in Charlestown; Monument Square, Kreuzung von High Street und Lexington Street), ein an der Stelle eines früheren, hölzernen Denkmals 1825–1842 errichteter 67 m (221 ft.) hoher Granitobelisk zum Gedächtnis an die am 17. Juni 1775 (siehe S. 274) auf dem nahen *Breed's Hill* ausgefochtene Schlacht zwischen britischen Truppen und dem letztlich unterlegenen amerikanischen Revolutionsheer; im

Innern führt eine beschwerliche Wendeltreppe 294 Stufen zur Spitze hinan, von wo sich eine umfassende Aussicht öffnet. Dabei ein Museum mit Kriegsandenken; auf dem Zugangsweg eine *Bronzestatue* (von W. W. Story) des damaligen amerikanischen Truppenbefehlshabers, Oberst *William Prescott*.

John Hancock Building (200 Berkeley Street, Ecke James Avenue), 26-stöckiges Hochhaus (151 m bzw. 495 ft.) für die gleichnamige Lebensversicherungsgesellschaft; Ausstellungsräume, Aussichtsplattform im obersten Stockwerk (Sa. und So. geschl.; gratis). Ein neuer 60-stöckiger Wolkenkratzer (241 m bzw. 790 ft.) ist im Bau.

COPLEY SQUARE, nach dem amerikanisch-englischen Porträt- und Historienmaler *John Singleton Copley* (1737–1815) benannter Platz in dem neueren, BACK BAY genannten Aufschüttungsgebiet des Charles River (siehe S. 274).

An der Ostseite des Platzes steht die von 1873 bis 1877 nach Plänen von *Henry Hobson Richardson* in Anlehnung an romanische Vorbilder aus Südfrankreich und Spanien erbaute episkopalische **Trinity Church** (Dreifaltigkeitskirche); die reich gezierte Portalgruppe (von Mora und Cairns) sowie die beiden Westtürme stammen von 1896–1898. Das INNERE des in Form eines lateinischen Kreuzes mit einem 64 m (210 ft.) hohen, mächtigen Mittelturm konzipierten Gotteshauses wurde zum größten Teil von *John La Farge* ausgestaltet; schöne Glasfenster.

An der Westseite des Platzes die **Boston Public Library** (Öffentliche Bibliothek; 1852 gegründet), ein nach der Pariser Bibliothèque Sainte-Geneviève nachahmenden Entwürfen der Architektengruppe *McKim, Mead & White* in den Jahren 1888 bis 1895 im Stil der italienischen Renaissance erstellter Monumentalbau mit reichem Schmuck (u.a. Skulpturen von Saint-Gaudens) und offenem Innenhof. Im INNERN sehenswert die *Bates Hall*, der nach einem der Bibliotheksgründer benannte, 66 m (214 ft.) lange, 13 m (43 ft.) breite und 15 m (49 ft.) hohe Hauptlesesaal im ersten Stock. Unter den 2½ Millionen Büchern befinden sich kostbare alte Bände und Manuskripte; vortreffliche Sammlung historischer Stiche.

An der Nordwestseite des Platzes erhebt sich die 1874–1875 im Stil der italienischen Gotik aufgeführte **New Old South Church** mit reicher Innenausstattung und 76 m (248 ft.) hohem Turm. — Die Südseite des Platzes nimmt das große Hotel *Sheraton Plaza* ein.

Cathedral of the Holy Cross (Ecke Washington Street und Malden Street), die um 1890 im gotischen Stil erbaute, 111 m (364 ft.) lange und 51 m (170 ft.) breite Heiligkreuzkathedrale des Bostoner katholischen Erzbistums mit zwei 92 m (300 ft.) bzw. 62 m (200 ft.) hohen Türmen und schönem Innern.

PRUDENTIAL CENTER (800 Boylston Street), 13 ha (31 acres) großer Bebauungskomplex mit zwölf Wohn-, Geschäfts- und Verwaltungsgebäuden; darunter der 228 m (750 ft.; 52 Stockwerke) hohe **Prudential Tower** der gleichnamigen Versicherungsgesellschaft auf quadratischem Grundriß; vom *Skywalk* ('Himmelsspazierweg') im 50. Stockwerk prächtige Aussicht (So. geschl.). *Municipal Auditorium*, dreistöckiges städtisches Veranstaltungs- und Ausstellungsgebäude (6000 Sitzplätze).

CHRISTIAN SCIENCE CHURCH CENTER (an der Massachusetts Avenue, im Bereich der Back Bay), auf einer dreieckigen Grundfläche von 6 ha (15 acres) im Aufbau befindliches Zentrum der 1876 von *Mary Eddy* (geb. *Baker*) gegründeten Glaubensgemeinschaft 'Christian Science' ('Christliche Wissenschaft', Szientismus; die Szientisten halten die Materie für Illusion, glauben an eine wahre göttliche Metaphysik und versuchen 'mental' zu heilen) um die 1894 erbaute **First Church of Christ, Scientist** oder **Mother Church** (Mutterkirche; 105 Falmouth Street) für zahlreiche Zweigkirchen in aller Welt und das **Publishing House** (1 Norway Street), das 1933 vollendete mächtige Verlagsgebäude der 1908 gegründeten und renommierten Tageszeitung 'Christian Science Monitor' sowie anderer kircheneigener Veröffentlichungen; im Innern (Sa. und So. geschl.; kostenlose Führungen) ein *Mapparium* genannter, durchsichtiger und betretbarer Erdglobus von 9 m (30 ft.) Durchmesser mit den politischen Grenzen von 1935.

Derzeit entstehen das *Administration Building*, ein nach modernsten architektonischen Vorstellungen konzipiertes Verwaltungsgebäude (Scheibenhochhaus mit 26 Stockwerken), das *Colonnade Building*, ein langgestreckter Kolonnadenbau für öffentliche Leseräume und die Herstellung von Filmen und Tonbändern, das *Sunday School Building*, ein Gebäude mit geschwungener Fassade für die Sonntagsschule der Sekte, ferner ein großer von Bäumen und Gartenanlagen umgebener *Reflecting Pool* (Wasserzierbecken) mit einem 25 m (80 ft.) hohen Springbrunnen und darunter einer unterirdischen Parkgarage für 550 Kraftfahrzeuge.

Symphony Hall (Ecke Huntington Avenue und Massachusetts Avenue), im Jahre 1900 vollendete Heimstätte des berühmten, 1880 gegründeten *Boston Symphony Orchestra*. — Östlich gegenüber steht die **Horticultural Hall** (Gartenbauhalle), ein Ausstellungsgebäude (u.a. Blumenschau).

Museum of Fine Arts (465–479 Hunting Avenue), bemerkenswertes Kunstmuseum mit reichen Sammlungen aus Europa (Antike und Neuzeit), dem Vorderen Orient, dem Fernen Osten und Amerika ferner mit Silberarbeiten, Musikinstrumenten, historischen Hauseinrichtungen und Schiffsmodellen.

Isabella Stewart Gardner Museum (280 The Fenway), in dem unter Verwendung venezianischer Bauteile (z.B. Balkon vom Ca' d'Oro) um einen schönen Hof erstellten Wohnhaus der Mäzenatin *Isabella Stewart Gardner* († 1924) eingerichtetes Kunstmuseum mit einer hervorragenden Gemäldesammlung alter europäischer Meister (u.a. Raffael, Botticelli, Tizian, Cellini; Rubens, van Dyck, Holbein) sowie moderner amerikanischer und europäischer Künstler, altgriechischer Plastiken und Gefäße sowie asiatischer Jadearbeiten (unregelmäßige Öffnungszeiten; gratis).

Boston University (an der Commonwealth Avenue, nahe dem Kenmore Square), im Jahre 1839 gegründete Stadtuniversität (heute 22 000 Studierende) mit Gebäuden im neugotischen Stil.

John F. Kennedy Birthplace (in der nordwestlichen Vorstadt Brookline), das Geburtshaus des 1963 im texanischen Dallas (s. S. 311) ermordeten fünfunddreißigsten Präsidenten der Vereinigten Staaten *John Fitzgerald Kennedy* (geb. 1917).

Forbes House (südlich außerhalb in Milton; 215 Adams Street), im Jahre 1833 für den Kapitän der Handelsmarine *Robert Bennett Forbes* im klassisch-griechischen Stil erbautes Landhaus mit zeitgenössischer Einrichtung und Reiseandenken vor allem aus Asien.

CAMBRIDGE

Am nördlichen Ufer des gewundenen Charles River und mit Boston durch 9 Straßenbrücken verbunden erstreckt sich die rund 120 000 Einwohner zählende, eigenständige Vorstadt **Cambridge** (1630 gegründet), die ihren Namen im Jahre 1638 nach der berühmten englischen Universitätsstadt erhielt. Sie selbst ist weltweit bekannt für ihre Bildungsstätten, v.a. die Harvard-Universität sowie die Technische Hochschule von

Massachusetts, und verfügt als Forschungszentrum auch über beträchtliche Industrie.

HARVARD UNIVERSITY, die im Jahre 1636 als theologisches *Harvard College* vom Staate Massachusetts gegründete, älteste und berühmteste Universität der Vereinigten Staaten.

Nachdem der puritanische Geistliche *John Harvard* (1607–1638) dem College eine Schenkung von etlichen Hundert Pfund Sterling hinterlassen hatte, wurde es nach diesem benannt, von 1869 bis 1909 unter *Ch. E. Eliot* (1834–1926) zu einer neuzeitlichen Universität mit allen Fakultäten ausgebaut und genießt heute auf der ganzen Erde hohes Ansehen als fortschrittliche Lehranstalt, an der nunmehr rund 15 000 Studierende eingeschrieben sind. — Die 1913 gegründete *Harvard University Press* ist ein führender Verlag für wissenschaftliche Literatur.

Die zahlreichen Universitätsgebäude (ca. 300) und -anlagen bilden eine 'Stadt in der Stadt' etwa im Schwerpunkt von Cambridge, erstrecken sich aber mit der School of Business Administration (Wirtschaftshochschule) und dem hochschuleigenen, hufeisenförmigen Sportstadion (eines der ersten in den USA) auch auf das südliche (Bostoner) Ufer des Charles River (medizinische und zahnmedizinische Fakultäten ebenfalls in Boston). — Das ursprüngliche Universitätsgelände *(Campus)* ist der annähernd quadratische, baumbestandene HARVARD YARD, ein großes, von Peabody Street, Cambridge Street, Quincy Street und Harvard Street umzogenes Geviert, auf dem sich eine größere Anzahl ansehnlicher, meist mit 'Boston Ivy' (eine Art wilder Wein) bewachsener Ziegelbauten im georgianischen Stil befinden:

An der Westseite des Harvard Yard steht die **Massachusetts Hall** (von J. Leverett; 1720), das älteste erhaltene Gebäude und architektonische Vorbild für etliche andere hiesige Universitätsbauten. In der Platzmitte die **University Hall,** ein 1813–1815 von Charles Bulfinch erstellter Granitbau. An der Südseite des Platzes die große **Widener Library** (2½ Millionen Bücher) mit gewaltigem Portikus, an die sich südöstlich die Bibliotheken *Houghton Library* und *Lamont Library* anschließen.

Sehenswert sind die Kunstsammlungen des an der Ostseite der Quincy Street gelegenen **William Hayes Fogg Art Museum** (gratis); frühe italienische Maler, französische Meister des 19. Jahrhunderts; dekorative Kunst aus Griechenland, dem Vorderen Orient und China; Plastiken.

Nördlich jenseits der Cambridge Street liegt die **Memorial Hall,** eine in eklektischem Phantasiestil aufgeführte Gedächtnishalle für die im Bürgerkrieg gefallenen Universitätsangehörigen, mit einem 65 m (200 ft.) hohen Turm und dem *Sanders Theatre* (Promotionssaal); westlich davor eine ohne Vorbild geschaffene *Statue* (von D.C. French; 1882) des *John Harvard.*

Unweit nördlich vom Harvard Yard steht an der Ecke Kirkland Street und Divinity Avenue das **Busch-Reisinger Museum** oder **Germanic Museum** (Germanisches Museum; gratis) mit deutschen Kunstwerken (v.a. Plastiken; vielfach in Nachbildungen) aus dem Mittelalter und der Renaissance.

Zwischen Oxford Street und Divinity Avenue befindet sich das umfangreiche **University Museum** (Universitätsmuseum; gratis); hierin das *Peabody Museum* für Archäologie und Ethnologie (v.a. Indianer), geologische, mineralogische und zoologische *(Agassiz Museum)* Sammlungen sowie eine botanische Abteilung mit der eindrucksvollen *Glasblumenkollektion* (1887–1936; Eintrittsgebühr) von Leopold und Rudolph Blaschka aus Hosterwitz bei Dresden. — Erwähnenswert ist auch das *Semitic Museum* (Jüdisches Museum; gratis) an der Ostseite der Divinity Avenue.

Etwa 500 m (1500 ft.) westlich vom Harvard Yard liegt das 1897 gegründete, der Harvard-Universität angeschlossene und weiblichen Studierenden (1300) vorbehaltene **Radcliff College.**

MASSACHUSETTS INSTITUTE OF TECHNOLOGY (*M.I.T.;* am Charles River, gegenüber der Bostoner Back Bay), im Jahre 1861 gegründete **Technische Hochschule** des Staates Massachusetts, eine der besten und am fortschrittlichsten ausgerüsteten ihrer Art (8000 Studierende).

Auf dem 90 ha (220 acres) großen Hochschulgelände stehen Gebäude im pseudoklassischen Stil neben solchen moderner Architektur wie etwa das dreieckige *Kresge Auditorium* oder die *Andachtskapelle* von Eero Saarinen (beide an der Nordseite der Amherst Street, unweit abseits von der Massachusetts Avenue).

Einen Besuch lohnen das *Hart Nautical Museum* (im Hauptgebäude an der Massachusetts Avenue) mit schönen Schiffsmodellen sowie die *Hayden Memorial Library* (südöstlich vom Hauptgebäude, am Memorial Drive) mit einem großen Relieferdglobus, ferner der *Cambridge Electron Accelerator* (Elektronenbeschleuniger; 42 Oxford Street).

Christ Church (an der Garden Street, gegenüber der Südspitze des Cambridge Common), die 1761 von Peter Harrison im georgianischen Kolonialstil erbaute episkopalische Christuskirche, das älteste Gotteshaus in Cambridge.

Entlang der vom Gelände der Harvard-Universität südwestlich nach Watertown führenden BRATTLE STREET sei auf einige schöne alte Anwesen hingewiesen: **Craigie-Longfellow House** (Nr. 105), im Jahre 1759 erbaut, 1775–1776 Hauptquartier von *George Washington* und 1837–1882 Wohnhaus des Dichters *Henry Wadsworth Longfellow* (1807–1882; sein Grab auf dem nahen Mount Auburn Cemetery), heute Museum mit Büchern, Möbeln und anderen Andenken; *Riedesel House* (Ecke Riedesel Avenue); *Lee-Nichols House* (Ecke Kennedy Road); *Fayerweather Merriam House* (zwischen Channing Place und Fayerweather Street); ferner unweit südlich abseits der Brattle Street **Elmwood** (Ecke Elmwood Avenue und Fresh Pobd Parkway), einst das Haus des Schriftstellers *James Russell Lowell* (1819–1891).

Cooper-Frost-Austin House (21 Linnaean Street), vermutlich das älteste Haus in Cambridge (von 1680; Museum).

Auskunft:

Convention and Visitors Bureau, 80 Federal Street.
Visitors Information Center, Tremont Street, am Boston Common.
Greater Boston Chamber of Commerce, 125 High Street.
Harvard University Information Center, 1350 Massachusetts Avenue (im Sommer Führungen).
Massachusetts Institute of Technology Guide Service, 77 Massachusetts Avenue (werktags Führungen).
Pan American World Airways, 150 Federal Street.

Unterkunft und Restaurants: siehe Verzeichnis am Ende des Buches.

Hauptpost: *United States Post Office*, Ecke Devonshire Street und Milk Street.

Autobushöfe:

Greyhound Bus Terminal, James Avenue.
Union Bus Terminal, am Park Square.

Bahnhöfe:

North Station, nahe dem Charles River, Causeway Street.
South Station, nahe dem Fort Point Channel, Summer Street.
Back Bay Station, unweit östlich vom Prudential Center.

Flughafen:

Logan International Airport, 5 km (3 mi.) östlich vom Stadtzentrum.

Stadtbesichtigungsfahrten:

Gray Line Tours, im Sheraton-Plaza Hotel am Copley Square.

Bootsfahrten:

Massachusetts Bay Lines, im Sommer Hafenrundfahrten und nach Nantasket; Auskunft und Abfahrt an der Rowes Wharf. Im Sommer täglich 3-stündiger Ausflug mit dem Segler *Spray;* Auskunft und Abfahrt an der India Wharf (320 Atlantic Avenue).

UMGEBUNG

Revere Beach (10 km bzw. 6 mi. nordöstlich), schöner Badestrand an der Massachusetts Bay (Atlantik) mit großem Vergnügungspark.

Saugus (15 km bzw. 9 mi. nordöstlich), im Jahre 1630 gegründeter Ort (22 000 Einwohner) mit den ursprünglich 1646 erbauten, restaurierten *Saugus Ironworks* (244 Central Street), der ersten amerikanischen Eisenhütte (Museum mit Vorführungen; nur im Sommer geöffnet).

Die auch wegen ihrer landschaftlichen Anmut gern besuchten Ortschaften **Lexington** und **Concord** (ca. 24 km bzw. 15 mi. nordwestlich) teilen sich in den Namen 'Birthplace of American Liberty' ('Geburtsstätte der amerikanischen Freiheit'); hier und in der Umgebung trafen am 19. April 1775 erstmals amerikanische Revolutionäre und britische Soldaten aufeinander.

Cape Cod, *Martha's Vineyard* und *Nantucket Island* (s. S. 165).

BUFFALO, New York

Buffalo (185 m bzw. 600 ft.), Stadt von 500 000 Einwohnern (20% Farbige), liegt im Westen des Bundesstaates New York, am Ausfluß des *Niagara River* aus dem *Eriesee*, und gehört zu den wichtigsten Verkehrsknotenpunkten der Vereinigten Staaten. Durch den Eriekanal mit dem Saint Lawrence Seaway verbunden und durch seinen Binnenhafen am Eriesee zu den Großen Seen nach Kanada hin geöffnet, entwickelte sich hier ein wichtiges Industriezentrum, das durch die Nutzung der Wasserkraft des Niagara River einen wesentlichen Aufschwung erlebte. Neben Schwerindustrie, Flugzeugbau und chemischer Industrie befindet sich in Buffalo der größte Mühlenbetrieb der Welt. — Buffalo ist Sitz eines katholischen Bischofs und beherbergt mehrere Universitäten und Colleges.

Im Jahre 1784 als *New Amsterdam* gegründet, fiel die kleine Siedlung 1813 Brand zum Opfer, wurde später unter ihrem heutigen Namen wiederaufgebaut und erhielt 1832 Stadtrechte.

SEHENSWÜRDIGKEITEN

Albright-Knox Art Gallery (1285 Elmwood Avenue), Sammlungen zur alten orientalischen und europäischen Kunst sowie modernen Malerei.

Buffalo Museum of Natural Science, naturwissenschaftliches Museum.

Historical Museum (*Buffalo and Erie County Historical Society;* in Elmwood, 25 Nottingham Court), Exponate zur Geschichte der Stadt und ihrer Umgebung; Kunst der Irokesen.

City Hall (133 m bzw. 378 ft.; 32 Stockwerke), als mächtiger Turmbau ein markanter Punkt der Skyline (Horizontlinie).

Kleinhaus Music Hall, ein 1938 von Eliel Saarinen erbautes Konzerthaus.

Guarantee Building (von 1898), von den Architekten Adler und Sullivan gebautes bemerkenswertes Beispiel früher Hochhausbauweise der Chicagoer Schule (vgl. s. S. 109).

Auskunft:

Buffalo Area Convention and Visitor's Bureau, 155 Franklin Street.

Unterkunft und Restaurants: siehe Verzeichnis am Ende des Buches.

Stadtrundfahrten:

Gray Line, 200 Broadway.

NIAGARA FALLS (*Niagarafälle;* 38 km bzw. 24 mi. nordwestlich), die von dem 58 km (36 mi.) langen, nordwärts fließenden, an mehreren Stellen zur Elektrizitätsgewinnung genutzten *Niagara River* (indianisch 'donnernde Wasser') 35 km (22 mi.) hinter dessen Ausfluß aus dem Eriesee und 23 km (14 mi.) vor dessen Einmündung in den Ontariosee gebildeten gewaltigen, meist von Gischtnebel umhüllten und weithin tosenden Wasserfälle. Ihre westliche Seite liegt mit dem größten Teil der auf 762 m (2500 ft.) Breite 57 m (186 ft.) in die Tiefe stürzenden **Horseshoe Falls** *(Hufeisenfälle)* auf kanadischem Territorium, während sich die 59 m (193 ft.) hohen und 305 m (1000 ft.) breiten **American Falls** *(Amerikanische Fälle)* auf dem Gebiet der USA befinden; zwischen beiden die durch die schmalen *Bridal Veil Falls* voneinander getrennten Inseln *Goat Island* (südlich) und *Luna Island* (nördlich).

Die Geologen sehen den Beginn der Fälle vor 500 000 Jahren, als die überlaufenden Wasser des Eriesees in den 99 m (325 ft.) tiefer liegenden Ontariosee spülten. Der sich mit der Zeit bildende *Niagara River* grub sich nur zögernd ein breites Bett in der etwa 35 m (116 ft.) mächtigen, härteren oberen Kalkschicht, während die damals noch am Rande des Ontariosees gelegenen Fälle mit ihrer Gewalt die darunterliegenden weicheren Schichten auswuschen und die Kalkdecke unterhöhlten. Die überhängenden Felsmassen brachen fortschreitend unter der Last der über sie hinwegstürzenden Wasser ab, wodurch sich die Fälle allmählich flußaufwärts verlagerten und stromabwärts eine tiefe, schroffwandige Schlucht hinterließen. Es läßt sich abschätzen, daß die Fälle unter gleichbleibenden Bedingungen in etwa 20 000 Jahren im Eriesee verschwunden sein werden.

Die Niagarafälle wurden bereits in vorgeschichtlicher Zeit von den Indianern der Umgebung bewundert und verehrt. Alljährlich sollen sie — nach indianischer Sage — zwei Menschenopfer fordern. Als erster Europäer beschrieb der französische Franziskanerpater *Louis Hennepin* ihre gewaltige

Schönheit, als er 1678 hierher gelangte (Gedenktafel beim Hennepin View, unterhalb des Prospect Park). Die Gewalt der Fälle hat in den vergangenen 1½ Jahrhunderten eine große Zahl von Abenteurern herausgefordert, sich in Fässern, Booten und Kisten über die Kataraktschwelle in die Tiefe zu stürzen. Viele dieser 'Daredevils' (Wagehälse) mußten ihr Leben lassen und nur wenige erlangten den erhofften zweifelhaften Ruhm.

Die Besichtigung der zu den berühmtesten Naturschauspielen der Welt zählenden Katarakte erfolgt auf amerikanischem Boden von der wenig ansprechenden Fabrikstadt (v.a. Chemie) **Niagara Falls** (New York; 183 m bzw. 600 ft.; 90 000 Einwohner), Aussicht und Aufenthalt sind jedoch am kanadischen Ufer lohnender.

Am Ende der FALLS STREET liegt der Eingang des am nordöstlichen Flußufer gelegenen, anlagegezierten **PROSPEKT PARK** (Informationsbüro). Auf guten Fußwegen gelangt man südwestlich zum **Prospekt Point,** einem bis zum Rand der American Falls reichenden Felsvorsprung; von hier bietet sich ein prächtiger Blick über den größten Teil der Fälle sowie auf Goat Island (Ziegeninsel). Nördlich in die Flußschlucht hinausgebaut und über eine Brücke zu erreichen steht der **Observation Tower** (Beobachtungsturm, von 1961; 93 m bzw. 307 ft. hoch), dessen Aufzüge den Besucher auf 35 m (116 ft.) Höhe über den American Falls aber auch hinab zum Talboden bringen. Am Fuße des Turmes die Anlegestelle des möglichst nahe an die Fälle heranführenden Rundfahrtbootes «Maid of Mist»; von hier führen ziemlich feuchte Wege zu den American Falls. — Südlich vom Prospect Park gelangt man auf einer kleinen Brücke zu der zwischen den American Falls und den Horseshoe Falls gelegenen, 750 m (½ mi.) langen und etwa 400 m (¼ mi.) breiten Insel **GOAT ISLAND** (Rundfahrten mit 'Viewmobil').

Diese einst von den Indianern als heilig verehrte Stelle war lange Zeit die bevorzugte Beerdigungsstätte ihrer Häuptlinge und den Fällen geopferter Jungfrauen; vom **Terrapin Rock,** einem Felsvorsprung an der Schwelle der Horseshoe Falls, ausgezeichnete Sicht auf die kanadischen Fälle. Die verschiedenen anderen Aussichtspunkte der Insel bieten stets neue Blicke auf die Fälle, die Upper Rapids und hinab in die Schlucht bis zum Whirlpool.

Von Goat Island verkehren Fahrstühle hinab in die Nähe der Stelle der einstigen **Cave of the Winds** *(Windhöhle)* am Fuße der American Falls und der Bridal Veil Falls (Führung; wasserdichte Kleidung wird gestellt). Holzstege führten ursprünglich durch die vom Wasser ausgewaschenen Höhlungen hinter den tosenden Fällen. Im Jahre 1927 stürzten jedoch die unterwaschenen, überhängenden Felsmassen ein, wobei vier Menschen ums Leben kamen. Seither hat der nurmehr sehr nahe an die Fälle heranführende Weg viel von seinem atemberaubenden Reiz verloren.

Südlich von Goat Island liegt die kleine, von dieser durch die schmale **Bridal Veil Falls** *(Brautschleierfälle)* getrennte **Luna Island** *(Luna-Insel)*, das Ziel vieler Hochzeitsreisender. Von hier bietet sich ein höchst eindrucksvoller Blick. — Nördlich von Goat Island liegen die drei über Holzstege erreichbaren kleinen Inseln **Three Sister Islands** *(Drei Schwestern)*, die einen schönen Blick auf die **Upper Rapids** *(Obere Strom-, schnellen)* gewähren. Jenseits der letzten Insel liegt ein weiteres, *Little Brother* (Kleiner Bruder) genanntes Felseiland, das nie durch eine Brücke mit den übrigen Inseln verbunden war, jedoch in wasserarmen Zeiten zu Fuß erreichbar werden kann.

Sehr empfehlenswert ist ein Spaziergang zum kanadischen Ufer über die aussichtreiche **Rainbow Bridge** (von 1941; Zoll- und Paßkontrolle an den Brückenköpfen; vor dem Verlassen der USA vergewissere man sich, ob mit dem erteilten Visum die Rückkehr möglich ist). Von dem gepflegten VICTORIA PARK der kanadischen Stadt **Niagara Falls** (Ontario) öffnen sich prächtige Ausblicke auf die gesamte Breite der Fälle (abends farbige Beleuchtung; 4 Aussichtstürme). Äußerst lohnend ist der Abstieg (auch Fahrstuhl) zur *Observation Plaza* auf dem **Table Rock** unterhalb der Horseshoe Falls, die von hier einen höchst eindrucksvollen Anblick bieten.

5 km (3 mi.) nördlich der Niagarafälle bildet der Niagara River hinter den turbulenten **Whirlpool Rapids** (Strudeltopfschnellen) in einem Flußknie den **WHIRLPOOL** (Strudeltopf). Das mit starker Strömung auf die Schluchtwand auftreffende Wasser bewirkt einen reißenden Wirbel ehe es die geänderten Richtung des Flußbettes folgt; darüber eine Luftseilbahn.

An der Einmündung des Niagara River in den Ontariosee liegt auf dessem westlichen Ufer das 1679 unter La Salle gegründete, ursprünglich französische **Old Fort Niagara** mit restaurierten Festungsanlagen von 1726 (Museum).

CHICAGO, Illinois

Nach New York City und vor Los Angeles ist **Chicago** (sprich 'Schekohgou', erstes o offen, zweites o geschlossen), eindeutschend auch *Chikago* (180 m bzw. 590 ft.), die zweitgrößte Stadt und der größte Verkehrsknotenpunkt der Vereinigten Staaten von Amerika. Sie liegt auf 42° nördlicher Breite (etwa wie Rom) und auf 87° westlicher Länge in der Nordostecke des Bundesstaates Illinois (ist jedoch nicht dessen Hauptstadt, sondern Springfield, Ill., s.S. 178) 4,5–22,5 m (15–75 ft.) über dem äußersten Südwestufer des meerartigen *Lake Michigan* (Michigansee; 58 016 qkm bzw. 20 944 sq. mi., bis 281 m bzw. 922 ft. tief) an der Mündung des *Calumet River* und des *Chicago River*, dessen Arme die Stadt in drei Hauptteile gliedern: South Side, West Side und North Side.

Das ursprünglich regelmäßig gitterförmig angelegte, später von großen Alleen vielfach diagonal durchkreuzte *Stadtgebiet* erstreckt sich über 47 km (29 mi.) entlang dem Seeufer und bedeckt eine fast ebene Gesamtfläche von rund 545 qkm (210 sq. mi.), auf der 3,8 Millionen Menschen (30% Farbige, vorwiegend in Sozialbauten und Slums der südlichen 'Bronzeville') leben. Die 'Metropolitan Area' schließt außer der County (Kreis) Cook, deren Hauptstadt Chicago selbst ist, die Counties Lake, McHenry, Du Page, Kane und Will des Staates Illinois sowie die Counties Lake und Porter des Staates Indiana ein und zählt rund 8 Millionen Einwohner; als fremdstämmige Bevölkerungsgruppen seien vor allem Deutsche, Iren und Polen, ferner Skandinavier, Tschechen und Slowaken, Italiener, Litauer und Juden genannt, die sich jedoch hier besonders stark an die amerikanischen Verhältnisse assimiliert haben.

Das *Klima* der 'Windy City' (windige Stadt) ist zwar oft von heftigen Winden bestimmt, das hervorstechende Wettermerkmal Chicagos sind aber die häufigen, meist beträchtlich heftigen Temperaturschwankungen (bis zu 15°C bzw. 30°F innerhalb von 24 Stunden). Kalte Winter und heiße Sommer sind die Regel; vielfach lastet 'Smog', ein schmutzigdunstiger Nebel, über der Stadt.

Als 'Stadt der Superlative' ist Chicago nicht nur das bedeutendste *Eisenbahnzentrum* (6 Endbahnhöfe; 20 Linien), sondern besitzt neben zwei Flugplätzen für den inneramerikanischen Verkehr auch den größten und geschäftigsten *Flughafen* der Welt. Auch in Bezug auf die Wasserwege und den Straßenverkehr trägt Chicago die oft gebrauchte Bezeichnung 'Crossroads of the Continent' (Kreuzungspunkt des nordamerikanischen Kontinents) zu Recht. Nach der Schaffung des Illinois Waterway zum Mississippi und damit zum Golf von Mexiko, besonders aber nach der Öffung des Saint Lawrence Seaway zum Atlantischen Ozean ist Chicago auch zum größten *Binnenlandhafen* der Welt (100 Schiffahrtslinien) geworden.

Es erübrigt sich fast, auf die über ein Dutzend Fernautobahnen hinzuweisen, die diesen trotz seiner weltoffenen Verkehrsgegebenheiten eher isolationistisch nach innen gekehrten Stadtgiganten — im übrigen die bevorzugte *Kongreßstadt* der USA (große Parteikongresse zur Aufstellung von Präsidentschaftskandidaten; jährlich bis zu 1000 Messen und Ausstellungen) — mit dem übrigen Nordamerika verbinden.

Die wichtigsten Wirtschaftszweige sind einerseits die *stahlerzeugende* sowie die *metallverarbeitende Industrie* (vor allem Eisenbahnwagen und -ausrüstungen, Landmaschinen und Motoren) und andererseits der Umschlag von *Getreide* und *Fleischprodukten* sowie deren Herstellung (Schlachthöfe) und Verpakkung (Konservenfabriken). Seitdem modernere Kühlanlagen und bessere Transportmöglichkeiten eine weitgehende Dezentralisierung der Viehschlachtung ermöglichten, haben Chicagos berühmte *Stock Yards* heute nicht mehr jene Bedeutung, die ihnen im 19. und zu Beginn des 20. Jahrhunderts als 'Schlachthof der Nation' für die Fleischversorgung der USA zukam, und werden nunmehr von den Schlachtanlagen der Stadt Omaha im Staate Nebraska (s.S. 190) übertroffen. Bedeutend ist ebenso die Erzeugung von anderen Lebens- und Genußmitteln. Eine führende Stellung nimmt Chicago für die USA bei der Produktion von *Telefoneinrichtungen*, Rundfunk- und Fernseh- sowie Haushalts- und Sportgeräten ein. Andere wichtige Industriebereiche sind die Herstellung von Seifen, Kosmetika und anderen Chemikalien sowie die Fertigung von Konfektionskleidung. Ferner ist Chicago in bezug auf die Auflagenhöhe der hier produzierten *Druckerzeugnisse* das leistungsfähigste Zentrum des amerikanischen graphischen Gewerbes und Verlagswesens. Auf dem Gebiet des Warenhaus- und des Versandhausgeschäftes hat Chicago seine traditionelle Vorrangstellung noch immer inne. Mit einer Getreide-, einer Viehprodukten- und einer Wertpapierbörse sowie zahlreichen Banken und Versicherungsgesellschaften ist die Stadt auch das *Finanzzentrum des Mittleren Westens*, dieses weiten fruchtbaren Flachlandes zwischen den Gebirgszügen der Alleghenies und der Rocky Mountains.

GESCHICHTE

Die von den einst dort ansässigen Indianern *Checagua*, *Checagou* oder *Chicagou* (vermutlich von 'schi-kag-ong' =

Stelle, an der stark duftende wilde Zwiebeln, d.h. Knoblauch, wachsen, oder Iltisse leben) genannte Gegend um die Mündung des Chicago River in den Michigansee wurde wahrscheinlich 1673 von dem Frankokanadier *Louis Joliet* (1645–1700) und dem französischen Jesuitenpater *Jacques Marquette* (1637–1675) den Entdeckern des Mississippi, als ersten Weißen, später von dem Franzosen *Robert Cavelier Sieur de La Salle* (1643–1687) und anderen Entdeckungsreisenden besucht. Die Franzosen benutzten den Fluß als Transportweg nach Niederillinois. Am Ende des 17. Jahrhunderts wird von einer Indianersiedlung um die erste von einem Pater *Pinet* gegründete Missionsstation berichtet. Von 1763 bis 1794 beanspruchen die Engländer das nämliche Gelände, sind jedoch jeweils nur vorübergehend wirklich präsent. Im Jahre 1779 errichteten *Jean-Baptiste Point du Sable* eine erste Siedlung, 1804 die Vereinigten Staaten als Vorposten gegen die Indianer das *Fort Dearborn* in dem sumpfigen Ufergelände. 1812 überfielen Indianer das Fort, setzten es in Brand und machten Besatzung und Kolonisten nieder. 1816 war das Fort wiedererstellt, wurde jedoch 1837 endgültig aufgegeben.

Um das Jahr 1830 zählte das Dorf Chicago nur etwa 100 Einwohner, 1833 wurde es zur 'town' (Stadt) erhoben und erhielt 1837 als 'city' mit 4170 Einwohnern volle Stadtrechte. 1850 war die Bevölkerungszahl auf 30 000 angewachsen. Die Vollendung der ersten Eisenbahnverbindung mit dem Osten der Vereinigten Staaten im Jahre 1852 war ein wichtiger Markstein in der verhältnismäßig kurzen Entwicklungsgeschichte der Stadt, die von Anbeginn mit ungünstigen Bodenverhältnissen zu kämpfen hatte. Um eine beständige Trockenlegung der Seeufergegend zu erreichen, entschloß man sich 1855 zur Aufschüttung des den Überschwemmungen durch den See ausgesetzten Stadtgebietes um etwa 2 m (7 ft.). 1860 hatte Chicago rund 110 000 Einwohner, 1870 jedoch bereits annähernd 300 000 (!) und war mit seinem gewaltigen Hinterland zum führenden Handelszentrum der Neuen Welt geworden. Im Sezessionskrieg (1861–1865) diente das Chicagoer Camp Douglas als Internierungslager für Gefangene aus dem Heer der 'konföderierten' Südstaatler.

Ein vom 8. bis 10. Oktober des Jahres 1871 wütender *Großbrand* verheerte eine bebaute Fläche von 8½ qkm (3⅓ sq. mi.) und vernichtete rund 17 450 meist aus Holz erstellte Gebäude; 250 Tote waren zu beklagen und über 100 000 Menschen wurden obdachlos. Die ohnehin unheilvollen Zustände während und nach der Feuersbrunst wurden durch Plünderungen und anderes Verbrecherunwesen zu einem wahren Chaos, von dem sich Chicago jedoch erstaunlich rasch und dazu vollständig erholte. 1880 zählte die Stadt schon 503 000 Einwohner!

Beim Wiederaufbau nach dem Desaster von 1871 verfuhr man sowohl urbanistisch als auch architektonisch fortschrittlich und richtungsweisend. Der neue Bebauungsplan der Stadt sah eine großzügige Anordnung der Straßen und entlang dem Seeufer einen breiten Streifen unbebauten Geländes vor, der nach und nach mit schönen Parkanlagen ausgefüllte wurde und der Stadt zumindest von der Seeseite her ein freundliches und gepflegtes Aussehen verleiht. — Zur Errichtung jedweder Gebäude wurde hinfort die Verwendung von Holz zugunsten von Naturstein, Ziegel, Beton, Metall und Glas gänzlich untersagt. Mit der Entwicklung des Stahlskelettbaus hatte man einen Weg gefunden, in die Höhe zu bauen und die ersten 'Skyscraper' (Wolkenkratzer) der Geschichte zu errichten. Die herausragenden Vertreter dieser 'Chicagoer Schule' genannten neueren Architekturrichtung des letzten Viertels des 19. Jahrhunderts, die sich vor allem in zunächst schmuckreichen, später zunehmend funktionsbetonten kommerziellen Bauten manifestierte, waren *Louis Henry Sullivan* (1856–1924), *Daniel H. Burnham* (1846–1912) und der junge *Frank Lloyd Wright* (1869–1959).

In den späten achtziger Jahren des vorigen Jahrhunderts überschritt die Einwohnerzahl von Chicago die Millionengrenze; die bis zur Mitte des Jahrhunderts vorherrschende Wirtschaftsform der Verarbeitung von Rohstoffen zu Halbfabrikaten oder Fertigwaren (Säge- und Getreidemühlen, Gerbereien u.a.) verlagerte sich nach der Einrichtung der ersten Eisen- und Stahlwerke im Süden der Stadt auf die mittlere und Schwerindustrie: seit 1867 baute *George Mortimer Pullman* (1831–1897) neben Güter- und einfachen Personenwagen komfortable Durchgangs-, Speise- und Schlafwagen ('Pullmanwagen') für den Eisenbahnverkehr, und die aus den Einzelunternehmen *McCormick* und *Deering* fusionierte *International Harvester Company* wurde zum größten Landmaschinenproduzenten der Welt. — Der althergebrachte Viehmarkt sowie das damit verbundene Schlachterei- und Fleischkonservierungsgewerbe erfuhren parallel zur vorgenannten Entwicklung in der Metallindustrie einen nicht minder beachtlichen Auftrieb. Die weithin bekannten *Union Stock Yards* erstreckten sich um die Jahrhundertwende über eine Fläche von rund 200 ha (495 acres) und hatten einen jährlichen Auftrieb von 7–8 Millionen

Schweinen, je 3–4 Millionen Stück Rindvieh und Schafen sowie etwa 100 000 Pferden.

Mit der sprunghaften Zunahme von Arbeitskräften bildeten sich bald die ersten *Gewerkschaften*. Harte Arbeitskämpfe wurden ausgefochten; bei den großen Streiks der Jahre 1886 und 1894 kam es zu blutigen Arbeiteraufständen. — Die vierhundertste Wiederkehr des Jahres der Entdeckung Amerikas durch Christoph Kolumbus beging Chicago 1893 erfolgreich mit der von über 20 Millionen Menschen besuchten *World's Columbian Exposition* (Weltausstellung) auf einem 278 ha (686 acres) großen Gelände im Süden der Stadt.

Zur Jahrhundertwende wurde der zur Verhinderung der Verseuchung des Michigansees durch Abwässer den Lauf des Chicago River umkehrende und zum Illinois River führende *Chicago Sanitary and Ship Canal* eröffnet; Chicago zählte nunmehr 1,7 Millionen Einwohner.

Ein düsteres Kapitel der Stadtgeschichte setzte im Jahre 1919 mit der 'Prohibition', dem bundesgesetzlichen Alkoholverbot, ein und brachte Chicago in den bis heute noch nicht ganz unberechtigt auf ihr lastenden Verruf, eine von erbarmungslosen Verbrechern beherrschte Stadt zu sein. Besonders aus dem damals illegalen Alkoholhandel hervorgegangene 'Gangs' (Banden) gelangten zu immer größerem Einfluß und korrumpierten skrupellos das gesamte soziale Gefüge der Stadt einschließlich ihrer Verwaltung; die Kriminalität nahm kaum vorstellbare Formen und Ausmaße an. Während über zwanzig Jahren regierten in Wirklichkeit Gangster vom Schlage *Al* (phonse) *Capones* (1895–1947; vgl. ehem. Bundesstrafanstalt auf der Insel Alcatraz bei San Francisco) in Chicago. Erst Anfang der dreißiger Jahre konnte der tatkräftige Bürgermeister *Anton J. Cermak* (1933 versehentlich an Stelle des Präsidenten F. D. Roosevelt in Miami, s. S. 340, ermordet) durchgreifen und der Welle von Gewaltverbrechen Einhalt gebieten. Trotz dieser mißlichen Situation machte das Wirtschaftsleben Chicagos in dieser Zeit weitere beachtliche Fortschritte, die sich in einer atemberaubenden Bautätigkeit sowohl an Geschäftshäusern als auch an Verkehrsanlagen ausdrückte.

In die 'Roaring Twenties' (wörtlich = 'die brüllenden zwanziger Jahre') fällt das sogenannte *Jazz Age*, d.h. die Hochblüte der traditionellen Jazzmusik, die von New Orleans (s. S. 348) ausgehend vor allem in Chicago gepflegt wurde; unter dem 'Chicagostil' versteht man eine hier entstandene, meist von weißen Musikern verfolgte Spielrichtung, die dem ursprünglichen Jazz durch Sublimierung von Harmonie und Rhythmus sowie Betonung des solistischen Elementes eine künstlerische Überhöhung verlieh (Hauptvertreter der Kornettist L. B. Beiderbecke; 1903–1931).

In den Jahren 1933/34 feierte Chicago sein einhundertjähriges Bestehen als Kommunalwesen mit der *Century of Progress Exhibition* (Ausstellung 'Ein Jahrhundert Fortschritt'). 1936 und 1937 wird die Stadt abermals von schweren Arbeiteraufständen erschüttert.

Die Eröffnung des *Saint Lawrence Seaway* (Sankt-Lorenz-Seeweg) im Jahre 1959 war auch für Chicago ein bedeutsames Ereignis. Über die Kette der Großen Seen konnten nun auch Hochseeschiffe bis hierher gelangen. Der Warenumschlag des Chicagoer Hafens beträgt nun jährlich rund 45 Millionen Tonnen.

Von den amerikanischen Großstädten ist Chicago sicherlich die am meisten typische. Neben einem megalomanen Streben nach Superlativen in einem ausschließlich von Rentabilitätsüberlegungen bestimmten Wirtschaftsleben waren Stadtväter und Mäzene von jeher bemüht, der Stadt auch einen *kulturellen Hintergrund* zu geben. So verfügt Chicago über mehrere Universitäten, eine bekannte technische Hochschule sowie zahlreiche Colleges und Fachschulen. Chicago ist Sitz einer katholischen Erzdiözese sowie der Häupter anderer großer Religionsgemeinschaften (2700 Sakralbauten). Sein altbekanntes 'Art Institute' gehört zu den vornehmsten Kunstgalerien der Neuen Welt. Mehrere große Museen, ein Planetarium, ein Aquarium, zoologische und botanische Gärten, prächtige Parkanlagen, etliche Theater, eine städtische Oper sowie ein bereits 1891 von Theodor Thomas gegründetes Symphonieorchester prägen das kulturelle Gesicht dieser Stadt, der nichtsdestoweniger stimmungsvolle Atmosphäre und Ausstrahlung versagt ist. Eindrucksvoll sind die an der *Lakefront* (Seeufer) aufziehende 'Skyline' (Horizontlinie), aus der sich von weitem besonders einige Wolkenkratzer neueren Datums abheben (von Süden nach Norden: First National Bank Building, Prudential Building, John Hancock Center, Lake Point Tower), sowie die gepflegten großen Parkanlagen mit dem *Lake Shore Drive* (erste Autobahn; um 1920) entlang dem Wasser, unübersehbar das Knäuel von Eisenbahn- und Straßenverkehrsadern und die Weite der sich ins flache Land hineinschiebenden Vororte.

Die nach dem großen Brand von 1871 begonnene Bautradition, die sich in den zwanziger Jahren dieses Jahrhunderts mit großem Elan fortsetzte, ist bis in die jüngste Zeit bewahrt worden. Die neuen oft eigenwillig gestalteten Gebäude legen beredtes Zeugnis von der hervorragenden Stellung Chicagos als maßgebender Stätte für die moderne amerikanische Baukultur ab. Berühmte Architekten wie *Frank Lloyd Wright* (1869–1959), *Eero Saarinen* (1916–1961), *Walter Gropius* (1883–1969), *Ludwig Mies van der Rohe* (1886–1969) und *Edward Durrel Stone* (geb. 1902) haben zum Teil lange Jahre in Chicago gewirkt.

Der belebteste Bereich der Stadt ist der 'The Loop' genannte Stadtkern auf der Höhe des Chicago Harbour (Hafen, heute nur noch Jachthafen), dessen Beschreibung die Reihe der nachfolgend genannten Sehenswürdigkeiten anführt.

SEHENSWÜRDIGKEITEN

THE LOOP

Unter 'The Loop' (die Schleife) versteht man in Chicago streng genommen jenes zentrale Geschäftsviertel, das von der 'Elevated' (Hochbahn) im Zuge der Lake Street, der State Street, der Van Buren Street und der Wells Street umgrenzt wird; darüberhinaus findet diese Bezeichnung heute auch für das gesamte Kerngebiet von Chicago zwischen dem Chicago River (im Norden), dessen Südarm (im Westen), dem Congress Parkway (im Süden) und den Parkanlagen entlang dem Michigansee (im Osten) Anwendung. Wichtige Straßenzüge sind hier vor allem die vornehme *Michigan Avenue*, nördlich 'Magnificent Mile' (Prächtige Meile) genannt, die geschäftige *State Street* mit mehreren großen Warenhäusern sowie die *La Salle Street*, Chicagos 'Financial District' (Finanzviertel).

City Hall and County Building (im Geviert zwischen La Salle Street, Washington Street, Clark Street und Randolph Street), 1910 im pseudoklassischen Stil mit hohen korinthischen Säulen errichteter Monumentalbau für die Stadt- und Kreisverwaltung, die Stadtbibliothek, die Wahlkommission und andere Ämter.

Civic Center (Ecke Randolph Street und Clark Street), 198 m (648 ft.; 31 Stockwerke) hoher rostbrauner Wolkenkratzer für die Stadtverwaltung; davor eine figürliche *Picasso-Großplastik* (von 1967) aus oberflächlich oxydiertem Stahl (Modell im Art Institute).

Chicago Temple (*First Methodist Church of Chicago;* 77 West Washington Street), mit 173 m (568 ft.) höchster Sakralbau der Welt.

First National Bank of Chicago Building (Ecke Madison Street und Clark Street), 1969 mit heller Marmorverblendung vollendeter 80-stöckiger Wolkenkratzer (259 m bzw. 850 ft.), dessen Schmalseiten ein großes A formen.

Inland Steel Building (30 West Monroe Street), zu 70% aus Glas und 30% aus Stahl auf 14 äußeren Stahlpfeilern ohne innere Trennwände erbautes, 19-stöckiges Geschäftshaus für den gleichnamigen Stahlkonzern; alle technischen und sanitären Installationen sind in dem anschließenden 25-stöckigen Turmbau untergebracht.

Midwest Stock Exchange (120 South La Salle Street), nächst New York die größte Effektenbörse der USA (über 500 Mitglieder); Besuchergalerie unentgeltlich zugänglich.

Federal Building oder *United States Court House* (im Geviert zwischen Dearborn Street, Adams Street, Clark Street und Jackson Boulevard), 30-stöckiges, nach Plänen von Ludwig Mies van der Rohe in Stahl- und Glasbauweise errichtetes Hochhaus für die Bundesbehörden.

Board of Trade Building (141 West Jackson Boulevard, Ecke La Salle Street), massiver 44-stöckiger Turmbau (162 m bzw. 526 ft.) für der Welt größte Getreidebörse; obenauf eine 9,75 m (32 ft.) hohe *Statue der Ceres* (römische Göttin der Feldfrucht). Prächtige Aussicht vom *Observatorium Deck*. Besuchergalerie in den Börsenstunden gratis zugänglich; Filmvortrag.

Chicago Mercantile Exchange (110 North Franklin Street), sehenswerter Großmarkt für Landwirtschaftsprodukte, v.a. Meierei- und Feinkostwaren; Besuchergalerie (gratis).

Kemper Insurance Building (20 North Wacker Drive), ursprünglich von Samuel Insull als 'Chicago Civic Opera House' errichtetes 45-stöckiges Hochhaus (169 m bzw. 555 ft.) mit der *Lyric Opera* (Opernhaus, 3500 Zuschauerplätze) und dem *Civic Theater* (Bürgertheater) sowie Geschäftsräumen der Versicherungsgesellschaft Kemper.

United States Gypsum Building (Ecke Wacker Drive und Monroe Street), das 19-stöckige Verwaltungsgebäude eines Chemiekonzerns (Gips) auf achteckigem Grundriß mit hochaufstrebenden weißmarmornen Pfeilern.

Marshall Field & Co. (111 North State Street), 1852 gegründetes Warenhaus von gewaltigem Ausmaß; die öffentliche Uhr an der Ecke State Street und Randolph Street ist ein beliebter Treffpunkt im Geschäftsviertel.

Carson Pirie Scott & Co. (Südostecke der Kreuzung von State Street und Madison Street), 1854 gegründetes traditionsreiches Warenhaus in einem architekturhistorisch bedeutsamen Gebäude (Stahlskelett; von Louis Sullivan und dem jungen Frank Lloyd Wright) mit Stahlreliefschmuck an den beiden unteren Stockwerken.

Palmer House (Ecke State Street und Monroe Street), ursprünglich 1871 erbautes, sogleich bei dem Großfeuer desselben Jahres abgebranntes und danach wieder errichtetes sowie 1925 erneuertes vornehmes Großhotel mit luxuriöser Einrichtung (2160 Zimmer; heute zur Hilton-Kette gehörig) und Geschäften.

Prudential Building (130 East Randolph Street), 183 m (601 ft.) hoher, in rosa Granit gehaltener Wolkenkratzer (40 Stockwerke) der Versicherungsgesellschaft 'Prudential Insurance Company of America'. Vom *Observation Deck* prächtige Rundsicht; obenauf ein 95 m (311 ft.) hoher Antennenmast.

Chicago Public Library (78 East Washington Street), 1893–97 erstellter Bau aus Granit und Kalkstein für die öffentliche *Bibliothek* mit mehr als 3 Millionen Büchern und reicher Innenausstattung.

Orchestra Hall (220 South Michigan Avenue; von 1905), Heimstätte des bekannten, 1891 von Theodore Thomas gegründeten *Chicago Symphony Orchestra*.

Auditorium Theater (im Gebäude der 1945 gegründeten *Roosevelt University*, 430 South Michigan Avenue), in den Jahren 1887–1889 nach Plänen der berühmten Architekten Adler und Sullivan erbautes und neuerdings renoviertes Theater mit über 4000 Sitzplätzen und vortrefflicher Akustik.

Conrad Hilton Hotel (720 South Michigan Avenue), 1920 als *Stevens Hotel* erbautes gewaltiges Großhotel und Stammhaus der Hilton-Kette, mit rund 3000 Zimmern in 28 Stockwerken der Welt größtes Hotel (Gesellschaftsräume, Ballsäle, Kunsteisbahn, Restaurants).

GRANT PARK, ausgedehnte Parkanlagen entlang dem Seeufer vom 14th Boulevard bis zur Randolph Street; darin:

The Art Institute of Chicago (Ecke Michigan Avenue und Adams Street), weltbekanntes Kunstinstitut mit reichen Sammlungen (europäische und amerikanische Malerei und Skulptur — u.a. Rembrandt, El Greco, französische Impressionisten —, Kunst des Fernen Ostens, Drucke, Zeichnungen, dekorative und primitive Kunst, Möbel, Textilien, Glas, Schmuck sowie

Photographie), dem ein Jugendmuseum, eine Kunstschule sowie das *Goodman Theatre* angeschlossen sind.

Buckingham Fountain (am Ende der Congress Street), 1927 vollendeter gewaltiger Stufenbrunnen (Stifterin: Kate Sturges Buckingham) mit Becken aus rötlichem Georgia-Marmor und 133 einzelnen Fontänen, deren mittlere 41 m (135 ft.) hoch springt; die vier von dem Franzosen Marcel Loyau geschaffenen Seepferdgruppen symbolisieren die vier an den Michigansee grenzenden Bundesstaaten Michigan, Indiana, Illinois und Wisconsin; bei Dunkelheit wird die Fontäne angestrahlt.

NORTH SIDE

Die 'North Side' (Nordseite) von Chicago umfaßt das Stadtgebiet östlich und nördlich des Chicago River.

Merchandise Mart (am Nordufer des Chicago River, Eingang Wells Street; von 1928), Großhandelsmarkt für Möbel, Bodenbeläge, Inneneinrichtungen und Hausrat; werktags halbstündlich Führungen.

Marina City (am Nordufer des Chicago River, 300 North State Street), 1963 nach Plänen von Bertrand Goldberg erstelltes modernes Architekturensemble mit den beiden *Marina City Towers*, zwei je 168 m (550 ft.) hohen Rundwohntürmen (60 Stockwerke, davon die unteren 20 für Garagen; Westturm mit TV-Antenne, Ostturm zu besteigen), einem 20-stöckigen Geschäftshaus (hier auch das National Design Center für Inneneinrichtungen), einem Theater, einer Kunsteisbahn und einem Bootshafen.

Sun-Times — Daily News Building (am Nordufer des Chicago River, 401 North Wabash Avenue), eines der größten Zeitungshäuser der Vereinigten Staaten; werktags Führungen (gratis).

Wrigley Building (am Nordufer des Chicago River, 400 North Michigan Avenue), 1924 im Stil der französischen Renaissance vollendetes mit hellem Terrakottaschmuck verziertes Doppelgebäude für den Wrigley-Konzern (Kaugummi); auf dem südlichen Teil ein markanter Uhrturm. Das Gebäude wird bei Dunkelheit gleißend hell angestrahlt.

Equitable Building (am Nordufer des Chicago River, 401 North Michigan Avenue), 40-stöckiges, kastenförmiges Hochhaus aus grünlich schimmerndem Kupfer und Glas für die Versicherungsgesellschaft 'Equitable Life Insurance Society'; davor der brunnengezierte *Pioneer Court*.

Tribune Tower (435 North Michigan Avenue), 1925 mit gotischen Stilmerkmalen errichtetes Zeitungshochhaus ('Chicago Tribune'; 140 m bzw. 459 ft.); Besichtigung gratis.

Lake Point Tower, markantes 70-stöckiges Wohnhochhaus (197 m bzw. 645 ft.) auf Y-förmigem Grundriß mit abgerundeten Fassaden aus bläulich getöntem Glas.

Navy Pier 92 (am Ostende der Grand Avenue), 915 m (3000 ft.) in den Michigansee hinausragende Überseebrücke (von 1916); nördlich davon eine große Trinkwasserfiltrieranlage.

Holy Name Cathedral (Ecke Superior Street und State Street), pseudogotische Kathedrale der katholischen Erzdiözese von Chicago.

Water Tower (Ecke Chicago Avenue und Michigan Avenue), ein fortartiger Wasserturm, der den Brand von 1871 überdauert hat; die gegenüberliegende *Pumpstation* ist noch in Betrieb.

Palmolive Building (Ecke Michigan Avenue und Walton Street), 38-stöckiges Hochhaus (abends angestrahlt) des gleichnamigen Seifen- und Kosmetikkonzerns; auf dem Dach ein bei klarem Wetter noch aus 800 km (500 mi.) Entfernung sichtbares Flugwarnlicht.

Playboy Building (919 North Michigan Avenue), Verwaltungszentrale der Herrenzeitschrift und Cluborganisation 'Playboy'.

John Hancock Center (an der Michigan Avenue zwischen Chestnut Street und Delaware Street), 1969 vollendeter bemerkenswerter Wolkenkratzer (338 m bzw. 1107 ft.; 100 Stockwerke); die 44 unteren Etagen des sich konisch nach oben verjüngenden schwarzgrauen Hochhauses der Versicherungsgesellschaft 'John Hancock Mutual Life Insurance Company' sind gewerblich genutzt, darüber befinden sich Wohnungen, zuoberst Antennenanlagen. Vom *Observatorium Deck* prächtige Rundsicht.

Museum of Contemporary Art (237 East Ontario Street), Museum für zeitgenössische Kunst.

Holiday Inn (644 North Lake Shore Drive), das höchste Motelgebäude in den USA (600 Zimmer).

American Furniture Mart (666 Lake Shore Drive), riesiger Möbelmarkt für Großhändler.

Lake Shore Drive Apartment Towers (900–910 Lake Shore Drive), auch *Glass Houses* (Glashäuser) genannte, 1951 nach Entwürfen von Ludwig Mies van der Rohe erstellte Wohnhochhäuser am Seeufer.

1000 Lake Shore Plaza, auch *Needle* (Nadel) genanntes, 55-stöckiges Apartmenthochhaus (180 m bzw. 590 ft.).

Gold Coast (Lake Shore Drive, zwischen North Avenue und Oak Street), ehemals prächtige Anwesen wohlhabender Chicagoer Geschäftsleute und einflußreicher Persönlichkeiten; heute meist durch Apartmenthäuser ersetzt.

International College of Surgeons
Hall of Fame Museum (1524 Lake Shore Drive), medizinalhistorisches Museum (u.a. Sammlung alter chirurgischer Instrumente).

RUSH STREET, Vergnügungsviertel.

OLD TOWN (1300–1800 North Wells Street), bunter Straßenabschnitt mit zahlreichen Geschäften, Boutiquen, Buchhandlungen, Antiquariaten, Antiquitäten- und Kuriositätenläden, Restaurants, Trink- und Jazzlokalen.

Moody Memorial Church (1611 North La Salle Street), ungewöhnlicher Sakralbau mit 4000 Sitzplätzen und großer Orgel (4400 Pfeifen).

LINCOLN PARK, größte Parkanlage (über 400 ha bzw. 1000 acres) in Chicago entlang dem gesamten nördlichen Seeufer; ehemals Friedhof, 1864 als *Lake Park* gegründet; darin:

Chicago Historical Society (Ecke North Clark Street und North Avenue), 1856 gegründet, Gebäude von 1933; reichhaltige Sammlungen zur amerikanischen Geschichte, Andenken aus dem Bürgerkrieg und an Lincoln.

Academy of Sciences (2001 North Clark Street), 1856 gegründete Akademie der Wissenschaften mit naturgeschichtlichen und astronomischen Exponaten.

Lincoln Zoological Gardens (zwischen Dickens Avenue und Belden Avenue); großer Tiergarten mit Kinderzoo und *Musterfarm*.

Lincoln Park Conservatory (am Stockton Drive), große Gewächshäuser; Orchideenzucht.

Ferner zahlreiche *Denkmäler*, darunter für Lincoln, Goethe, Schiller, Beethoven, Shakespeare, Garibaldi, Grant, Linné u.a.

Elks National Memorial Building (am Nordende des Lincoln Park), 1926 errichtete Gedenkstätte für die im ersten Weltkrieg gefallenen Mitglieder der Vereinigung der Elks; beim Bau der Hauptrotunde wurden 26 Marmorsorten aus verschiedenen Ländern der Erde benutzt.

SOUTH SIDE

In dem folgenden Abschnitt 'South Side' (Südseite) wird auf Sehenswürdigkeiten in einem weiteren Bereich südwestlich bis südöstlich vom Congress Parkway hingewiesen.

Old St. Mary's Church (911 South Wabash Avenue), katholische Kirche von 1865, die den Großbrand von 1871 überstanden hat.

Chicago Police Department (1121 South State Street), Zentralstelle der Chicagoer Polizei mit Kriminallabor und Datenspeicheranlage (werktags unentgeltliche Führungen).

University of Illinois Circle Campus (750–800 South Halsted Street), 1965 vollendetes Universitätsgelände für 10 000 Studierende mit modernen Gebäuden (u.a. 28-stöckiger Verwaltungsbau); dabei das *Hull House*, das restaurierte Haus von Jane Addams, die hier 1889 eine soziale Fürsorgestätte einrichtete.

Field Museum of Natural History (Ecke Roosevelt Road und Lake Shore Drive), umfangreiches naturwissenschaftliches Museum (Anthropologie, Botanik, Zoologie, Geologie) mit einer bedeutenden Sammlung primitiver Kunst; tonbanderklärte Rundgänge.

John G. Shedd Aquarium (am Ende der Roosevelt Road, 1200 South Lake Shore), Großaquarium mit über 10 000 verschiedenen Wassertieren in 130 Becken.

Adler Planetarium and Astronomical Museum (an der Spitze der künstlichen Seeinsel NORTHERLY ISLAND, 900 East Achsah Bond Drive), 1930 von Max Adler gestiftetes Planetarium mit Exponaten zur Astronomie (historische Instrumente); vom *Observation Deck* prächtiger Blick auf die Skyline (Horizontlinie) von Chicago.

McCormick Place (am Ende der 23rd Street und South Lake, Shore Drive, im südlichen BURNHAM PARK), auch *Lakefront Exposition Center* genanntes großes Kongreßzentrum.

CHINATOWN (um Wentworth Avenue und Cermak Road) Chinesenviertel mit *On Leong Tong* (Rathaus; 2216 South Wentworth Avenue), Tempel, Museum, typischen Ladengeschäften und Restaurants.

Illinois Institute of Technology (3300 South Federal Street), 1892 gegründete berühmte technische Hochschule (8500 Studierende); der Gestaltungsentwurf der modernen Anlagen

(1942–1958) stammt von Ludwig Mies van der Rohe. Auf dem Hochschulgelände (35 West 33rd Street) die *John Crerar Library*, eine umfangreiche technisch-wissenschaftliche und medizinische Fachbibliothek mit Übersetzungsinstitut.

Museum of African American History (3806 South Michigan Avenue), Exponate zur Geschichte der Neger in den Vereinigten Staaten; afrikanische Kunst.

UNION STOCK YARDS (Ecke 42nd Street und Halsted Street), mit einer Fläche von 200 ha (500 acres) einst der Welt größter Schlachthof (heute Omaha, Neb.) mit eigenem Bankinstitut. Im *International Amphitheater* (an der South Halsted Street, nahe der West 43rd Street), einem großen Kongreßbau v.a. für politische Versammlungen, wird alljährlich in der letzten Novemberwoche eine internationale Viehausstellung abgehalten. Gute Restaurants.

WASHINGTON PARK (East 51st Street bis 60th Street zwischen South Park Avenue und Cottage Grove Avenue), gepflegte Parkanlage mit der *Fountain of Time* (Ecke Cottage Grove Avenue und Midway Avenue) von Lorado Taft.

University of Chicago (5801 South Ellis Avenue), im Jahre 1890 gegründete Stadtuniversität (10 000 Studierende) mit zahlreichen architektonisch fortschrittlichen Bauten von Frank Lloyd Wright, Eero Saarinen, Edward Durell Stone und Ludwig Mies van der Rohe; pseudogotische *Rockefeller Memorial Chapel* (1156 East 59th Street; 1910 dem Gründer der Universität John D. Rockefeller gewidmet) mit Glockenspiel (72 Glocken). Bemerkenswert ist das *Oriental Institute Museum* (1155 East 58th Street) mit vortrefflichen archäologischen Sammlungen aus dem Nahen Osten u.a. — An der Ellis Avenue (zwischen East 56th Street und 57th Street) das *Stagg Field* mit einer Skulptur von Henry Moore zum Gedenken an die am 2. Dezember 1942 ausgelöste erste kontrollierte nukleare Kettenreaktion.

JACKSON PARK (am Michigansee zwischen 5700 und 6700 South), 220 ha (542 acres) großes Parkgelände, einst Stätte der World's Columbian Exposition von 1893 (Weltausstellung); darin:

Museum of Science and Industry (Ecke 57th Street und South Shore Drive), reichhaltig ausgestattetes technisch-wissenschaftliches Museum mit eindrucksvollen Schaustücken zur Entwicklung in *Industrie* (u.a. ein Kohlebergwerk), *Medizin* (4,9 m bzw. 16 ft.) hohes Modell des menschlichen Herzens) und

Militärwesen (strategische Waffen; 1944 vor der nordafrikanischen Küste erbeutetes deutsches Unterseeboot U-505).

WEST SIDE

Als 'West Side' (Westseite) wird das sich vom Globus River westwärts erstreckende Stadtgebiet bezeichnet.

Chicago Fire Academy (558 West De Koven Street), Hauptfeuerwache mit bedeutender Ausbildungsstätte für Feuerwehrleute.

Polish Museum (984 Milwaukee Avenue), historisches Andenken an Polen, die der amerikanischen Nation gedient haben (u.a. an T. Kościuszko und I. J. Paderewski).

Chicago Stadium (Ecke Madison Street und Wood Street), Sportstadion mit über 20 000 Zuschauerplätzen.

GARFIELD PARK (300 North Central Park Avenue), Mustergärten und zahlreiche interessante Gewächshäuser.

CHICAGO ZOOLOGICAL PARK oder *Brookfield Zoo* (in Brookfield, Ecke 31st Street 1st Avenue), prächtiger Tierpark.

Auskunft:

Visitors Bureau, Chicago Association of Commerce and Industry, 30 West Monroe Street.
Tourism Council of Greater Chicago, im Civic Center.
Unterkunft und Restaurants: siehe Verzeichnis am Ende des Buches.

Hauptpost:

United States Post Office, 433 West Van Buren Street (werktags Führungen).

Autobushöfe:

Greyhound, Ecke Clark Street und Randolph Street.
Continental Trailways, 20 East Randolph Street.

Bahnhöfe:

Grand Central Station, Ecke Harrison Street und Wells Street.
Union Station, 210 South Canal Street.
Chicago & North Western Station, Ecke Madison Street und Clinton Street.
Dearborn Station, Ecke Polk Street und Dearborn Street.
La Salle Street Station, Ecke La Salle Street und Van Buren Street.

CHICAGO

Flughäfen:

O'Hare International Airport, 32 km (20 mi.) nordwestlich vom Loop; mit 2000 Flugbewegungen der Welt geschäftigster Flughafen.
Midway Airport, 18 km (12 mi.) südwestlich vom Loop.
Merrill C. Meigs Field, auf der künstlichen Seeinsel Northerly Island, 3²/² km (3 mi.) südöstlich vom Loop.

Fluggesellschaften:

Lufthansa, 81 East Monroe Street.
Swissair, 106 South Michigan Avenue.
Pan American World Airways, 30 South Michigan Avenue.

Konsularische Vertretungen:

Generalkonsulat der Bundesrepublik Deutschland, 104 South Michigan Avenue.
Generalkonsulat der Republik Österreich, 410 North Michigan Avenue.

Stadtbesichtigungsfahrten:

American Sightseeing Co., im Pick-Congress Hotel, 520 South Michigan Avenue.
Gray Line Tours, im La Salle Hotel, 10 North La Salle Street.

Bootsfahrten:

Skyline Sightseeing Boats, Ecke State Street und Wacker Drive.
Wendella Sightseeing Co., Inc., beim Wrigley Building, 400 North Michigan Avenue; werktags Pendelschnellverkehr zu und von den Bahnhöfen Chicago & North Western Station und Union Station.

Rundflüge mit Kleinflugzeugen oder Hubschraubern: Auskunft im Visitors Bureau (siehe oben).

UMGEBUNG

Evanstone (18 km bzw. 12 mi. nördlich, am Michigansee), ruhige freundliche Stadt von 80 000 Einwohnern mit mehreren Lehranstalten, darunter der 1851 gegründeten *Northwestern University;* Sitz des 1905 gegründeten internationalen Rotary-Verbandes und des nordamerikanischen Autobusgroßunternehmens 'Greyhound'.

Wilmette (26 km bzw. 16 mi. nördlich, am Michigansee), vornehmer Ort mit schönen Wohngegenden und feinem Sandstrand; bemerkenswert das neunseitige *Baha'i House of Worship* (Ecke

Linden Avenue und Sheridan Road), Zentralsitz der amerikanischen Baha'i-Sekte.

Im Süden von Chicago lohnen die bereits im Staate Indiana gelegenen **Stahlwerke** von *East Chicago* (Inland Steel Company) und *Gary* (United States Steel Corporation), einen Besuch (rechtzeitige Anmeldung ratsam).

CINCINNATI, Ohio

Cincinnati (214 m bzw. 700 ft.), im äußersten Südwesten des Bundesstaates Ohio am *Ohio River* gelegene Stadt von 500 000 Einwohnern (25% Farbige), ist der Wirtschafts- und Verkehrsknotenpunkt (bedeutender Binnenhafen) zwischen den Industriegebieten um die Großen Seen, den Südstaaten sowie der Ostküste jenseits der Appalachen. Die vielfältige Industrie umfaßt v.a. den Bau von Maschinen, Maschinenteilen und Düsentriebwerken. Daneben spielen die Lederverarbeitung, der Musikinstrumentenbau, die Waschmittel- und Kosmetikerzeugung sowie das Druckerei- und Verlagswesen eine wichtige Rolle.

Die 1788 in einer von Hügeln umgebenen Flußniederung des Ohio River zunächst als *Losantiville* gegründete und später in *Cincinnati* umbenannte Siedlung erlebte infolge ihrer günstigen Verkehrslage wegen einen raschen Aufschwung. In der ersten Hälfte des 19. Jahrhunderts wanderten hier zahlreiche Deutsche zu. Die Stadt ist Sitz eines katholischen Erzbischofs sowie von Häuptern anderer großer Religionsgemeinschaften.

SEHENSWÜRDIGKEITEN

Union Terminal (1301 Western Avenue), im Jahre 1933 technisch und architektonisch höchst fortschrittlich erbauter Hauptbahnhof.

CINCINNATI

Hamilton County Court House (1000 Main Street), im ionischen Stil errichtetes Gerichtsbäude; enthält heute u.a. eine bedeutende juristische Fachbibliothek.

City Hall (Rathaus; 801 Plum Street), beherbergt die Bezirks- und Stadtverwaltung.

Carew Tower (Ecke 5th Street und Vine Street) 29-stöckiges Hochhaus; von oben prächtiger Rundblick.

Cincinnati Art Museum (im Eden Park), Sammlungen zur darstellenden Kunst der großen Weltkulturen seit 5000 Jahren.

Taft Museum (316 Pike Street), Ausstellung von Emailarbeiten, Schmuck, vorwiegend chinesischem Porzellan und europäischer Malerei.

Cincinnati Museum of Natural History mit *Planetarium* (im Eden Park), Sammlungen zur Naturgeschichte des Ohio-Tales.

Harriet Beecher Stowe House (2950 Gilbert Avenue), Wohnhaus der Verfasserin des abolitionistischen Romans 'Onkel Toms Hütte' (1852).

University of Cincinnati (Clifton Avenue); in der medizinischen Abteilung wurde der Schluckimpfstoff gegen Kinderlähmung entwickelt.

Hebrew Union College (3101 Clifton Avenue), älteste Rabbinerschule der USA; im Museum Exponate zu Kunst, Religion und Geschichte des Judentums.

Parks: besonders erwähnenswert sind der EDEN PARK mit dem *Krohn Conservatory* (Treibhaus), dem *Art Museum* (siehe oben) und dem *Museum of Natural History* (siehe oben) sowie der AULT PARK.

Auskunft:

Convention and Visitors Bureau, 200 West 5th Street.
Chamber of Commerce, 55 Central Trust Building.
Pan American World Airways, 38 East 4th Street.

Unterkunft und Restaurants: siehe Verzeichnis am Ende des Buches.

Stadtbesichtigung:

Cincinnati Transit Company, 6 East 4th Street; Abfahrt Ecke 5th Street und Walnut Street.
Gray Line Tours, Sheraton-Gibson Hotel, 421 Walnut Street.

Bootsfahrten:

Greene Line Steamers, Inc., 300 Public Landing.

CLEVELAND, Ohio

Cleveland (244 m bzw. 800 ft.), im Nordosten des Bundesstaates Ohio am Südufer des *Eriesees* sowie zu beiden Seiten der Mündung des *Cuyahoga River* gelegene Hafenstadt von 900 000 Einwohnern (35% Farbige), wurde dank ihrer vorzüglichen Verkehrslage die größte Stadt des Staates und bietet einer vielseitigen Industrie günstige Voraussetzungen. Hauptzweige sind die Stahlerzeugung sowie die Metallverarbeitung; daneben seien der Bau von Elektromotoren und Meßinstrumenten sowie die Petrochemie (v.a. Farben und Gummi) erwähnt.

Die Stadt wurde 1796 von General *Moses Cleaveland* begründet, dessen vereinfachten Namen sie erhielt. Schon zu Anfang des 19. Jahrhunderts begann sich Cleveland stark auszudehnen, erlebte jedoch seinen entscheidenden Aufschwung erst in den Jahren nach dem ersten Weltkrieg. Heute ist es die größte Stadt an den Ufern des Eriesees. Neben verschiedenen Universitäten beherbergte Cleveland mehrere Colleges sowie Fachhochschulen und ist die Heimat des bekannten Cleveland Symphony Orchestra.

SEHENSWÜRDIGKEITEN

The Mall (in der Stadtmitte), Verwaltungszentrum mit der *City Hall* (Rathaus), dem *County Court and Administration Building*, den *Federal Buildings*, einer öffentlichen Bibliothek, einem Festsaal und dem *Cleveland Stadium*.

Terminal Tower (50 Public Square), mit 53 Stockwerken (216 m bzw. 708 ft.) das höchste Gebäude der Stadt.

Public Square, das Geschäftszentrum mit einem Denkmal für General Moses Cleaveland, den Begründer der Stadt.

High Level Bridge, Brücke über das Tal des Cuyahoga River.

General Electric Lighting Institute (im Nela Park); Vorführungen aus dem Gebiet der Beleuchtungstechnik.

Cleveland Museum of Art (am University Circle, 11150 East Boulevard), reiche Gemäldesammlung, Teile des Welfenschatzes.

Natural Science Museum (10600 East Boulevard), Ausstellung zur Natur- und Kulturgeschichte Nordamerikas; *Planetarium* und *Observatorium*.

Western Reserve Historical Society (10825 East Boulevard), Ausstellung zur Geschichte der Umgebung von Cleveland; dabei das *Frederick C. Crawford Auto-Aviation Museum*.

Howard Dittrick Museum of Historical Medicine (11000 Euclid Avenue), Sammlungen zur Geschichte der Medizin und Pharmazie.

Temple Museum of Jewish Religious Art and Music (am University Circle), Sammlungen und wechselnde Ausstellungen zur religiösen Kunst des Judentums.

Zahlreiche *Parks*, ein *zoologischer Garten* und ein *Aquarium*.

Auskunft:

Cleveland Convention and Visitors Bureau, 511 Terminal Tower.
Cleveland Chamber of Commerce, 690 Union Commerce Building.
Pan American World Airways, 15 Public Square.

Unterkunft und Restaurants: siehe Verzeichnis am Ende des Buches.

Flughafen:

Cleveland Hopkins International Airport (mit NASA-Versuchsgelände), 11 km (8½ mi.) südwestlich von der Stadtmitte.

Bootsfahrten:

Cuyahoga River Tours, im gewundenen, industriereichen Tal des Flusses aufwärts.

DALLAS, Texas

Dallas (183 m bzw. 600 ft.), aufstrebende Großstadt im Nordosten des Bundesstaates Texas mit 900 000 Einwohnern (21% Farbige) am linken Ufer des *Trinity River* in der Ebene gelegen, ist wirtschaftliches und kulturelles Zentrum von Nordtexas und Mittelpunkt für den Handel mit Agrarprodukten der Südstaaten. In früheren Zeiten vorwiegend auf

Handel mit Baumwolle konzentriert, kam in den dreißiger Jahren unseres Jahrhunderts jener mit Erdöl hinzu und zog rasch das Bank- und Versicherungsgeschäft nach sich. Nach dem zweiten Weltkrieg brachte der Aufbau einer Flugzeugindustrie in den Randgebieten der Stadt einen weiteren wirtschaftlichen Aufschwung. Dallas beherbergt mehrere Universitäten, Colleges und Fachhochschulen.

Im Jahre 1841 ließ sich hier, unweit des Zusammenflusses der drei Quelläufe des Trinity River ein gewisser *John Neely Bryan* nieder, um mit den in der Umgebung lebenden Indianern Handel zu treiben. Ihm folgten bald weitere weiße Siedler. Als im Jahre 1846 die County (Kreis) Dallas, benannt nach *George Mifflin Dallas*, gegründet wurde, gemeindete man die kleine Siedlung ein und gab ihr ihren heutigen Namen. Traurige Berühmtheit erlangte Dallas im Jahre 1963 durch die Ermordung des Präsidenten *John Fitzgerald Kennedy* anläßlich eines Besuches in der Stadt.

SEHENSWÜRDIGKEITEN

John F. Kennedy Memorial Plaza (umzogen von Main Street, Record Street, Market Street und Commerce Street). Am 22. November 1963 wurde der fünfunddreißigste Präsident der Vereinigten Staaten *John Fitzgerald Kennedy* (geb. 1917) bei einer Paradefahrt durch die Stadt vermutlich aus einem Fenster im 6. Stock des Texas School Book Depository Building (Ecke Elm Street und Houston Street) von tödlichen Schüssen getroffen; zwei bronzene Gedenktafeln auf der nahen Dealey Plaza berichten von dem tragischen Ereignis.

Texas State Fair, alljährlich während zwei Oktoberwochen abgehaltene Messe. Auf dem Messegelände befinden sich das *Hall of State Historical Museum* (Exponate zur Geschichte von Texas), das *Dallas Museum of Fine Arts* (europäische und amerikanische, zum Teil antike Malerei und Skulpturen), das *Museum of Natural History* (Sammlungen zur Naturgeschichte des Südwestens der USA), das *Health and Science Museum* mit *Planetarium* (Ausstellungen zu Biologie und Hygiene des Menschen), das *Aquarium*, das *Dallas Garden Center*, die *State Fair Music Hall* (Konzerthaus) und die *Cotton Bowl* (Sportstadion).

Dallas Market Center Complex mit den *International Sculpture Gardens* (moderne Bildhauerei) und dem *Museum of Fashion* (Moden vom 19. Jahrhundert bis zur Gegenwart).

Southland Center; von der Plattform im 41. Stock prächtiger Rundblick.

First National Bank Observation Terrace (1401 Elm Street); von der verglasten Aussichtsterasse im 50. Stockwerk schöner Blick.

Old Courthouse (Ecke Commerce Street und Houston Street); im Garten die Rekonstruktion der von dem Stadtgründer John Neely Bryan errichteten Holzhütte.

Dallas Theater Center, einziges von Frank Lloyd Wright entworfenes Theatergebäude.

SMU's Owens Fine Arts Center, Gemälde- und Skulpturensammlung.

Auskunft:

Chamber of Commerce, Fidelity Union Tower Building.
Pan American World Airways, 108 South Ervay Street.

Unterkunft und Restaurants: siehe Verzeichnis am Ende des Buches.

DENVER, Colorado

Denver (1607 m bzw. 5270 ft.), die 'One Mile High City' (1 Meile hoch gelegene Stadt) am Westrand der Ebene zu Füßen der *Rocky Mountains* gelegene Hauptstadt des Bundesstaates Colorado zählt 600 000 Einwohner (10% Farbige). Als Ausgangspunkt für vielerei Touren und Wintersport in die verhältnismäßig nahen Berge und wegen seines trockenen, milden Klimas ist Denver eine gernbesuchte Touristenstadt. Die Stadt beherbergt eine reiche, vorwiegend von Abgasen freie Industrie, darunter die Herstellung von Bergbaumaschinen, Waffen und Gummiwaren und die Lederverarbeitung. Denver verfügt über mehrere Universitäten und Colleges und ist Sitz eines katholischen Erzbischofs.

Im Jahre 1858 als Ausgangspunkt für Goldsucher gegründet, dehnte sich die Stadt seit den siebziger Jahren des 19. Jahrhunderts durch den ertragreichen Edelmetallbergbau (besonders Silber) rasch aus.

Olympische Winterspiele 1976.

SEHENSWÜRDIGKEITEN

Colorado State Capitol (Ecke East 14th Street und Broadway); die Kuppel ist mit 28-karätigem Blattgold belegt.

United States Mint (320 West Colfax Avenue), größte Münzprägeanstalt der USA (werktags zu besichtigen).

Larimer Square, wiederhergestellte Straße des alten Denver.

Civic Center (westlich vom Capitol), mit der *Public Library* (1357 Broadway; über 1 Million Bände), dem *Denver Art Museum* (Ecke 13th Avenue und Acoma Street; europäische Kunst), dem *Denver City and County Building* (Stadt- und Kreisverwaltung) und dem *Creek Theater* (Freilichtbühne).

First National Bank Building (Ecke 17th Street und Welton Street); vom *Sky Deck* des 28. Stockwerkes (113 m bzw. 365 ft.) prächtige Rundsicht.

Cheesman Memorial (im Cheesman Park), Denkmal mit prächtigem Blick zu den Rocky Mountains.

Denver Union Stockyards, 1886 gegründeter Schafmarkt, heute der größte seiner Art (Schafauktionen).

Brooks Towers (1020 15th Street), mit 128 m (420 ft.; 42 Stockwerke) das höchste Haus der Stadt.

Auskunft:

Convention and Visitors Bureau, 225 West Colfax Avenue.
Chamber of Commerce, 1301 Welton Street.
Pan American World Airways, 804 17th Street.

Unterkunft und Restaurants: siehe Verzeichnis am Ende des Buches.

Flughafen:

Stapleton International Airport 11 km (7 mi.) nordöstlich von der Stadtmitte.

Stadtbesichtigung:

Gray Line, 1805 Broadway.

UMGEBUNG

Golden (28 km bzw. 18 mi. westlich), die ursprüngliche Hauptstadt von Colorado, Sitz einer Bergakademie; auf dem nahen Lookout Mountain das *Grab von Buffalo Bill* (Museum).

Colorado Springs (105 km bzw. 68 mi. südlich), wegen seines ausgeglichenen gesunden Klimas ganzjährig besuchte Kurstadt.

Unweit nördlich von Colorado Springs die **Air Force Academy,** eine Ausbildungsstätte für Luftwaffenoffiziere; auf dem Gelände ein eindrucksvoll gestalteter Sakralbau mit einem katholischen, einem protestantischen und einem israelitischen Andachtsraum.

Nordwestlich außerhalb von Colorado Springs der sogenannte *Garden of the Gods* mit bizarren Gesteinsformationen, die von den Indianern als Sitz der Götter verehrt wurden.

Westlich von Colorado Springs erhebt sich der kahle **Pikes Peak** (4300 m bzw. 14 110 ft.), auf dessen aussichtsreichen Gipfel sowohl eine Fahrstraße als auch eine Bergbahn führen.

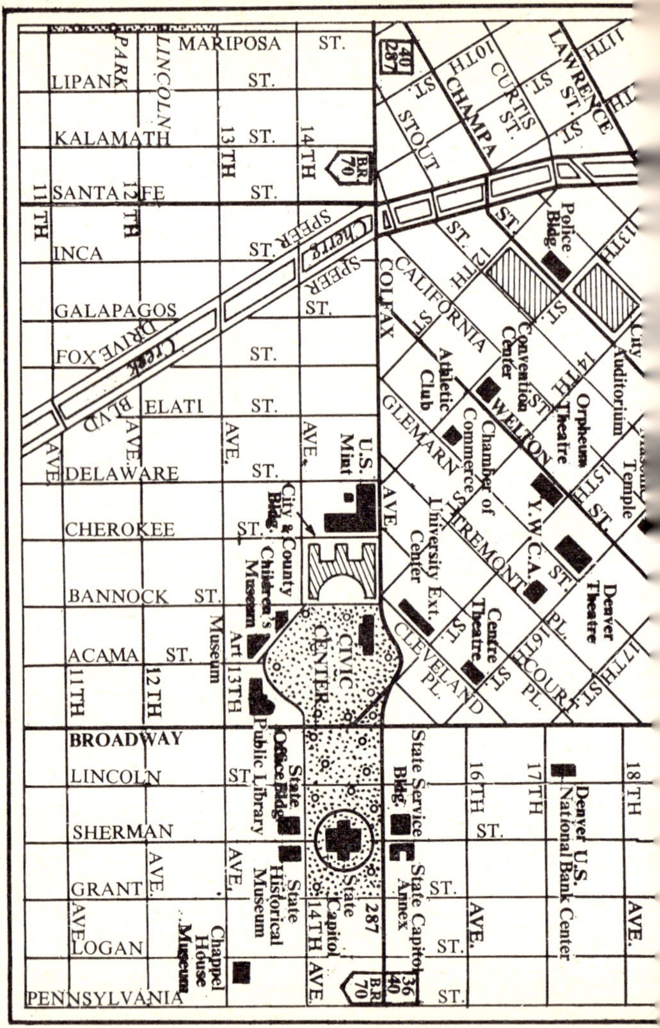
MARIPOSA ST.
LIPAN ST.
KALAMATH ST.
SANTA FE ST.
INCA ST.
GALAPAGOS ST.
FOX ST.
ELATI ST.
DELAWARE ST.
CHEROKEE ST.
BANNOCK ST.
ACAMA ST.
BROADWAY
LINCOLN ST.
SHERMAN ST.
GRANT ST.
LOGAN ST.
PENNSYLVANIA ST.
PARK AVE.
LINCOLN
11TH AVE.
12TH AVE.
13TH AVE.
14TH AVE.
Speer Blvd
Cherry Creek Drive
COLFAX AVE.
CALIFORNIA ST.
STOUT ST.
CHAMPA ST.
CURTIS ST.
LAWRENCE ST.
WELTON ST.
GLEMARN ST.
TREMONT PL.
CLEVELAND PL.
COURT PL.
10TH ST.
11TH ST.
12TH ST.
13TH ST.
14TH ST.
15TH ST.
16TH ST.
17TH ST.
18TH AVE.
16TH AVE.
17TH AVE.
BR 70
40 287
36 40
287
U.S. Mint
City & County Bldg.
Children's Museum
Art Museum
Public Library
State Office Bldg.
State Historical Museum
Chappel House Museum
CIVIC CENTER
State Capitol
State Service Bldg.
State Capitol Annex
Police Bldg.
Convention Center
City Auditorium
Orpheum Theatre
Athletic Club
Chamber of Commerce
Y.W.C.A.
Temple
Denver Theatre
University Ext. Center
Centre Theatre
Denver U.S. National Bank Center

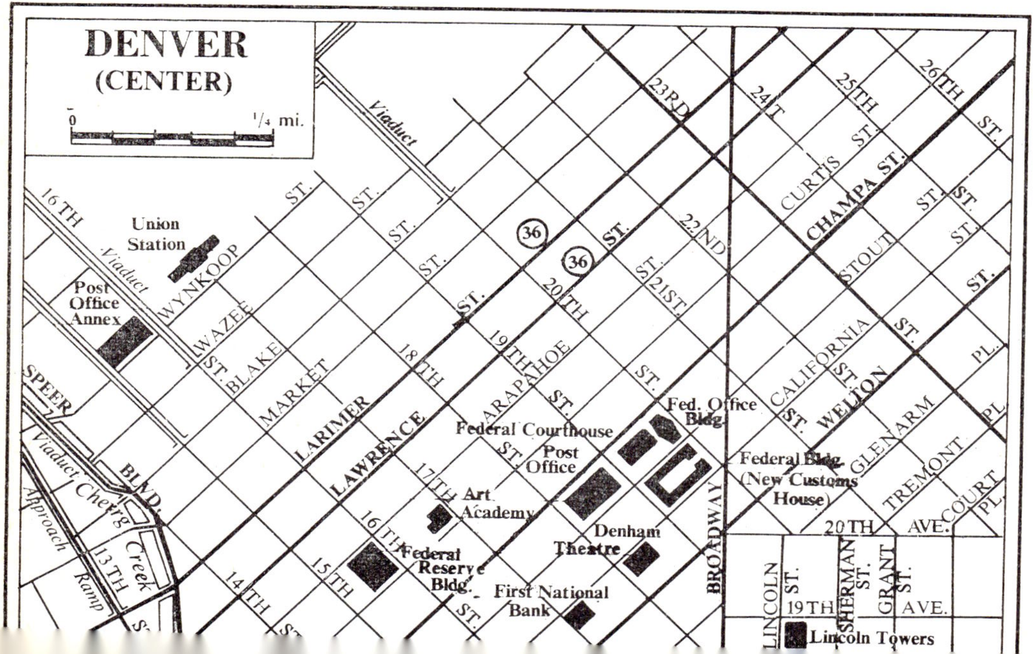
DENVER
(CENTER)
0
1/4 mi.
Union Station
Post Office Annex
Viaduct
16TH
WYNKOOP
WAZEE
ST.
BLAKE
MARKET
LARIMER
LAWRENCE
SPEER
BLVD.
Viaduct
Cherry Creek
Approach
Ramp
13TH
14TH
15TH
16TH
17TH
18TH
19TH
20TH
21ST.
22ND
23RD
24TH
25TH
26TH
ARAPAHOE
CURTIS
CHAMPA ST.
STOUT
CALIFORNIA
WELTON
GLENARM
TREMONT
COURT
PL.
BROADWAY
Federal Courthouse
Post Office
Art Academy
Federal Reserve Bldg.
First National Bank
Denham Theatre
Fed. Office Bldg.
Federal Bldg. (New Customs House)
20TH AVE.
19TH AVE.
LINCOLN ST.
SHERMAN ST.
GRANT ST.
Lincoln Towers
36

DES MOINES, Iowa

Des Moines (sprich 'Di Meun'; 244 m bzw. 800 ft.), Hauptstadt von Iowa mit 200 000 Einwohnern liegt am Zusammenfluß von *Des Moines River* und *Raccoon River* im Süden des Bundesstaates schön zwischen Hügeln und Wäldern. Neben der Verarbeitung und dem Handel mit Landwirtschaftsprodukten (Iowa State Fair), werden in der Stadt u.a. Landmaschinen und Gummiwaren hergestellt. Daneben spielt das Verlags- und Druckereiwesen eine gewisse Rolle. Des Moines und seine Umgebung beherbergen mehrere Universitäten und Colleges.

Die Stadt wurde 1843 als Militärposten gegründet, der bald Siedler in seine Nähe zog und sich rasch ausweitete. 1947 löste man die Festung auf und zehn Jahre später wurde Des Moines Hauptstadt von Iowa. Erst 1902 entstand abermals ein Kavallerieposten in der Stadt; heute sind hier Reserveeinheiten des Heeres stationiert.

SEHENSWÜRDIGKEITEN

Iowa State Capitol (Ecke East 9th Street und Grand Avenue); die Kuppel des mächtigen Gebäudes ist mit 22-karätigem Blattgold belegt.

Des Moines Art Center (Ecke Grand Avenue und Polk Boulevard); von Eliel Saarinen entworfenes Gebäude; beherbergte Ausstellungen zeitgenössischer bildender Kunst.

Iowa State Department of History and Archives (gegenüber dem Capitol), naturgeschichtliches und -wissenschaftliches Museum.

Iowa State Fair, alljährlich im August stattfindende große landwirtschaftliche Ausstellung.

Auskunft:
Greater Des Moines Chamber of Commerce, Ecke 8th Street und High Street.

Unterkunft und Restaurants: siehe Verzeichnis am Ende des Buches.

DETROIT, Michigan

Detroit (214 m bzw. 610 ft.), im Südosten des Bundesstaates Michigan am rechten Ufer des *Detroit River* sowie am Südwestufer des *Lake St. Clair* zwischen Huronsee und Eriesee gelegene Industrie- und Grenzstadt gegen Kanada mit 1,7 Millionen Einwohnern (35% Farbige). In der wegen ihrer höchst bedeutenden Automobilindustrie (Ford, General Motors, Chrysler u.v.a.) bekannten Stadt werden nahezu ¼ der in den USA produzierten Kraftfahrzeuge hergestellt. Daneben nimmt die Fertigung von Autozubehörteilen einen wichtigen Platz ein. Ferner umfaßt die Industrie verschiedenste Art von Metallverarbeitung sowie die Erzeugung von Büromaschinen, ferner von Arzneimitteln und Farben. Detroit beherbergt mehrere Universitäten und Colleges und ist Sitz einer katholischen Erzdiözese.

Die Stadt wurde im Auftrage Ludwigs XIV. im Jahre 1701 als Grenz- und Handelsposten von dem Franzosen *Antoine de la Mothe Cadillac* als **Fort Pontchartrain d'Etroit** gegründet und fiel 1760 an die Briten. Im Jahre 1796 kam es an die USA zurück und wurde nach verheerenden Cholera- und Malaria-Epidemien 1805 von einem Brand völlig zerstört. Nach seinem Wiederaufbau geriet es 1812 während eines Jahres abermals in britische Hand. Die Fertigstellung des Eriekanals (1825) brachte der Stadt einen raschen Aufschwung als Handelszentrum. Auch begann die eisenverarbeitende Industrie (v.a. Waggon- und Lokomotivbau), die später zur Grundlage der Autofabrikation wurde, schnell an Bedeutung zu gewinnen. Im Jahre 1899 errichtete E. R. Olds Detroits erste Automobilfabrik ('Oldsmobile') und im selben Jahr gründete hier auch Henry Ford seine erste Firma. Heute ist Detroit die fünftgrößte Stadt der Vereinigten Staaten.

SEHENSWÜRDIGKEITEN

CIVIC CENTER (Ecke Woodward Avenue und Jefferson Avenue), mit der **Cobo Hall-Convention Arena** (Versammlungs- und Ausstellungshalle), dem **City-County Building** (Verwaltungsgebäude für Stadt und Kreis), dem **Henry and Edsel Ford Auditorium** (Konzertsaal des Detroit Symphony Orchestra), dem *Veteran's Memorial Building* (an der Landungsstelle der ersten Siedler), der *Mariners' Church* (1848 erbaute älteste Steinkirche der Stadt; bei Errichtung des Civic Center um 245 m bzw. 800 ft. versetzt) und dem *Glasgebäude* der 'Michigan Consolidated Gas Company'.

Detroit Institute of Arts (5200 Woodward Avenue), reichhaltige Kunstsammlungen, v.a. holländische und flämische Malerei.

Detroit Historical Museum (5401 Woodward Avenue), Exponate zur Stadtgeschichte.

Fort Wayne Military Museum (6053 West Jefferson Avenue); in den 1843–1848 errichteten gut erhaltenen Festungsanlagen Ausstellungen zur Militärgeschichte des Gebietes um die Großen Seen.

International Institute (111 East Kirby Avenue), Ausstellung zu Kunst und Handwerk aus über 40 Ländern. Neben vielen gepflegten Parks, dem *Zoologischen Garten* und dem *Aquarium* ist besonders die *Belle Isle*, ein Inselpark im Detroit River zu erwähnen.

Auskunft:

Convention Bureau, 626 Book Building.
Greater Detroit Board of Commerce, 150 Michigan Avenue.
Pan American World Airways, 1231 Washington Boulevard.

Unterkunft und Restaurants: siehe Verzeichnis am Ende des Buches.

Stadtbesichtigung:

Gray Line, Cobo Hall, 401 Washington Boulevard.

Industriebesichtigungen:

General Motors, Cadillac Motor Car Division, 2860 Clark Avenue.
Chrysler, Jefferson Assembly Plant, 1220 East Jefferson Avenue, und *Dodge Division*, 7700 Jos. Campau Avenue.

Bootsfahrten (auf dem Detroit River und zu den Großen Seen):
Georgian Bay Lines, Abfahrt am Ende der Woodward Avenue.

UMGEBUNG

DEARBORN (16 km bzw. 10 mi. westlich), Geburtsort des 'Automobilkönigs' *Henry Ford* (1863–1947).

Ford Motor Company, *Rouge Plant* (Ecke Michigan Avenue und Southfield Road); die ausgedehnten Anlagen dieser riesigen Automobilfabrik können besichtigt werden.

Henry Ford Museum (unweit außerhalb auf dem US Highway Nr. 12 zwischen Southfield Road und Oakwood Boulevard), Sammlungen zu Kunst und Kultur Amerikas, Technik und Fahrzeugbau sowie Handel und Handwerk. Dabei befindet sich auch das *Greenfield Village* mit nahezu 100 aus allen Teilen der USA hierhergebrachten Häusern des 17. bis 19. Jahrhundert.

Dearborn Inn and Colonial Homes (20301 Oakwood Boulevard), nach Vorstellungen Henry Fords angelegtes und geführtes Hotel, bestehend aus fünf Gebäuden im Kolonialstil.

HONOLULU, Hawaii

Honolulu (0–600 m bzw. 2000 ft.), Hauptstadt und -hafen des US-Inselgruppenstaates Hawaii mit 400 000 Einwohnern, zieht sich entlang der Südküste der Insel *OAHU* am Fuße der *Koolau Range* (926 m bzw. 3100 ft.), einer der beiden parallel zueinander verlaufenden felsigen Gebirgsketten des Eilandes. Als typisch amerikanische Stadt mit geringem exotischem Einschlag lebt Honolulu zu einem nicht unwesentlichen Teil vom Tourismus, der dank des hier vorwiegend schönen Wetters und der das ganze Jahr bestehenden Bademöglichkeit jährlich mehr als 1 Million Reisende in die Stadt bringt. An Industrie ist die Zuckerverarbeitung sowie die Herstellung von Ananaskonserven bedeutend. Beträchtliche Einkünfte verdankt die Stadt den militärischen Einrichtungen des Marinestützpunktes *Pearl Harbor*, 10½ km bzw. 7 mi. nordwestlich der Stadt, dem Hauptquartier der US-Pazifik-Flotte, sowie der Hickham Air Force Base.

Acht Jahre nach der Entdeckung der Inselgruppe Hawaii durch den englischen Kapitän *James Cook* wurde das kleine

Eingeborenendorf **Waikiki,** am heutigen Strand der Stadt, von englischen Schiffen erkundet. Mit Beginn des 19. Jahrhunderts entwickelte sich der Ort zum bevorzugten Hafen der Walfänger im Pazifik. Anfang des 20. Jahrhunderts wählte man Honolulu zum Hauptquartier der Pazifikflotte der USA, was ihm im zweiten Weltkrieg als einziger amerikanischer Stadt einen japanischen Bombenangriff eintrug. Die Stadt beherbergt die für ihre Forschungen auf dem Gebiet der Meeresbiologie bekannte University of Hawaii sowie mehrere Colleges und Fachschulen.

SEHENSWÜRDIGKEITEN

Jolani Palace, mit bemerkenswertem Thronsaal; im Archiv Schallplattensammlungen hawaiianischer Musik sowie Dokumente zur Geschichte der Inselgruppe.

Königsmausoleum (Nuuanu Avenue, nahe der Judd Street).

Ulu Mau Village (im Ala Moana Park), Nachbildung eines Eingeborenendorfes.

Queen Emma Museum (2913 Nuuanu Avenue); im ehemaligen königlichen Sommerpalast; Gegenstände aus dem persönlichen Bereich der Königin Emma.

Bernice Pauahi Bishop Museum (1335 Kalihi Street), Kunsthandwerk aus dem pazifischen Raum.

Honolulu Academy of Arts, Sammlungen asiatischer und westlicher Kunst.

Robert Louis Stevenson's Grass Hut (auf dem Gelände der Heilsarmee), Andenken an den schottischen Schriftsteller (1850–1894; 'Die Schatzinsel').

Standbild des Königs Kamrhameha (in der Innenstadt).

Aloha Tower, mit prächtigem Rundblick über Hafen und Stadt.

Foster Gardens, Gartenanlagen mit tropischen Pflanzen.

Waikiki Beach, der lange Badestrand von Honolulu zwischen der Mündung des Ala Wai Canals und dem Diamond Head; dort auch das *Waikiki Aquarium.*

Auskunft:

Hawaii Visitors Bureaus, 2270 und 2285 Kalakaua Avenue.
Pan American World Airways, 2341 Kalkaua Avenue.

Unterkunft und Restaurants: siehe Verzeichnis am Ende des Buches.

Flughafen:
Honolulu International Airport, 14 km (9 mi.) vom Stadtzentrum.

Bootsrundfahrten auf dem Ala Wai Canal (Auskunft im Visitors Bureau, siehe oben), und durch das Gebiet von Pearl Harbor (Auskunft beim Navy Public Information Office).

UMGEBUNG

Diamond Head Crater (238 m bzw. 750 ft.), Vulkankegel südöstlich der Stadt, das Wahrzeichen von Honolulu.

Punchbowl (153 m bzw. 500 ft.), erloschener Vulkankrater; von oben prächtiger Rundblick.

Hawaiian Paradise Park, Vogelschutzgebiet.

Heeia (nördlich am Westufer der Kaneohe Bay); von hier lohnende Fahrt im Glasbodenboot über die Korallengärten der Bucht.

Nuuanu Pali; vom Aussichtsturm prächtiger Rundblick über die Insel Oahu.

Koko Head Park, mit den beiden Vulkanen *Koko Head* und *Koko Crater*.

Sea Life Park (32 km bzw. 20 mi. östlich am Makapuu Point), Glastunnel führen am Meeresgrund entlang.

Laie (64 km bzw. 40 mi. nördlich), polynesisches Kulturzentrum mit den Nachbildungen sechs inselpazifischer Eingeborenendörfer verschiedener Gebiete.

HOUSTON, Texas

Houston (0–25 m bzw. 83 ft.; sprich 'Justen'), die bedeutendste Industriestadt der Südstaaten mit 1,3 Millionen Einwohnern (25% Farbige), liegt im Südosten des Bundesstaates Texas, etwa 110 km (70 mi.) vom *Golf von Mexiko* entfernt und ist mit diesem durch den in die *Galveston Bay* mündenden 80 km (50 mi.) langen, schiffbaren *Houston Ship Channel* verbunden.

Houston ist v.a. als Erdölmetropole bekannt. Neben zahlreichen Raffinerien sind in der Stadt andere, verschiedenartige Industriezweige beheimatet; so etwa der Bau von Erdölförder- und verarbeitungsanlagen, die Erzeugung von Chemikalien, Holz- und Zelluloseprodukten sowie elektronischen Geräten, oder die Lebensmittelproduktion. Houston ist in bezug auf das Volumen des Güterumschlages der drittgrößte Hafen der USA; von ihm werden v.a. Agrarprodukte (Baumwolle) und Raffinerieausrüstungen ausgeführt.

Die Stadt ist von einer reichen Landwirtschaftsregion (Getreide- und Futtermittelanbau sowie Viehzucht) umgeben. Ferner finden sich in der Umgebung Erdöl und -gas, Schwefel, Salz und Kalk. Houston ist als Sitz des 'NASA Manned Spacecraft Center' (siehe Umgebung) weltweit bekannt geworden.

Nach der Niederschlagung der Mexikaner durch General *Sam Houston* und der Schaffung der Republik Texas, wurde die Stadt im selben Jahr 1836 gegründet und nach ihrem Befreier benannt. Seither hat sich Houston stetig entwickelt und ist heute die sechstgrößte Stadt der USA, mit mehreren, z.T. berühmten Universitäten (Rice University) und Forschungsstätten (Texas Medical Center) sowie zahlreichen Colleges und Fachschulen.

SEHENSWÜRDIGKEITEN

Houston Civic Center (zwischen Bagby Street, Milan Street, Walker Avenue und Texas Avenue), mit dem *Sam Houston Coliseum und Music Hall* (Konzerthaus), der *Jesse H. Jones Hall* (Theater) und der *Albert Thomas National Space Hall of Fame* (Ausstellungs- und Kongreßhalle).

Museum of Fine Arts (1001 Bissonnet Street), Sammlungen zur Kunst der italienischen und spanischen Renaissance; afrikanische, australische, mittel- und nordamerikanische Kunst.

Contemporary Arts Museum (6945 Fannin Street), Sammlungen moderner Kunst.

Texas Medical Center, 1945 gegründetes hervorragendes medizinisches Institut (Herzverpflanzungen).

One Shell Plaza Building, 213 m (700 ft.) hoher Wolkenkratzer mit 50 Stockwerken.

Humble Building, ESSO (800 Bell Avenue; 185 m bzw. 606 ft.), Aussichtsplattform im 44. Stockwerk.

Zoologischer Garten mit naturwissenschaftlichem Museum und dem *Burk Baker Planetarium*.

Hafen (im Osten der Stadt); Aussichtsplattform auf Werft 9.

Auskunft:

Houston Chamber of Commerce, Chamber of Commerce Building.
Pan American World Airways, 1219 Main Street.

Unterkunft und Restaurants: siehe Verzeichnis am Ende des Buches.

Stadtbesichtigung:

Gray Line, 516 Crawford Street.

Bootsfahrten (auf dem Houston Ship Channel):

Auskunft im Chamber of Commerce, siehe oben; rechtzeitige Vorbestellung erforderlich.

UMGEBUNG

Astrodome, eigentlich *Harris County Domed Stadium* (10 km bzw. 6 mi. südlich außerhalb, Ecke Kirby Drive und Murworth Street), gewaltiges überdachtes Sportstadion mit bis zu 60 000 Zuschauerplätzen.

NASA Manned Spacecraft Center (35 km bzw. 22 mi. südöstlich am Clear Lake), 1961 gegründetes Forschungszentrum zum Raumflug mit bemannten Fahrzeugen; umfaßt Forschungsstätten sowie einschlägig orientierte Industriezweige (Elektronik, Treibstoffraffination u.v.a.). Im Bereich dieser Anlagen leben etwa 40 000 Menschen.

San Jacinto Battleground (32 km bzw. 20 mi. östlich); ein 174 m (570 ft.) hohes Denkmal erinnert an die 1836 unter General Sam Houston erfolgreich gegen Mexiko geführte Schlacht, die der Gründung der Republik Texas voranging; dabei ein Museum.

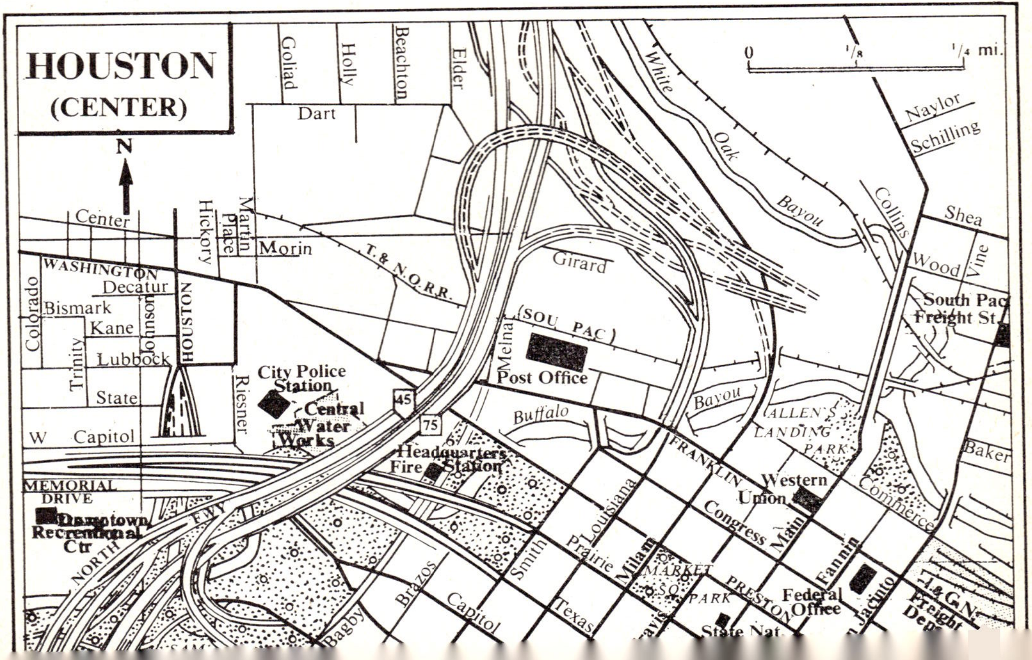
HOUSTON
(CENTER)
N
0
1/8
1/4 mi.
Goliad
Holly
Beachton
Elder
Dart
White
Oak
Bayou
Naylor
Schilling
Collins
Shea
Wood
Vine
South Pac
Freight St
Center
Hickory
Martin
Place
Morin
T. & N.O.R.R.
Girard
WASHINGTON
Decatur
Colorado
Bismark
Kane
Johnson
HOUSTON
Trinity
Lubbock
State
W Capitol
City Police
Station
Central
Water
Works
Riesner
Melnar
(SOU PAC)
Post Office
45
75
Buffalo
Bayou
ALLEN'S
LANDING
PARK
Baker
Headquarters
Fire Station
MEMORIAL
DRIVE
Recreational
Ctr
NORTH
FWY
FRANKLIN
Western
Union
Commerce
Congress
Main
Louisiana
Smith
Prairie
Milam
MARKET
SQ.
PARK
PRESTON
Fannin
Federal
Office
Brazos
Capitol
Texas
Bagby
State Nat.

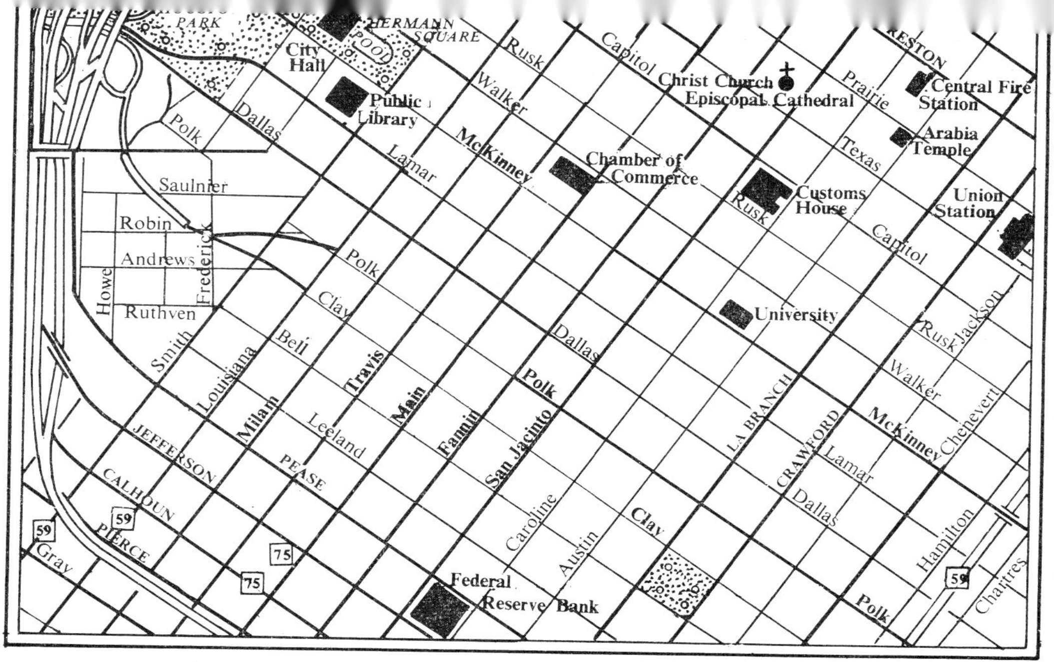
PARK
HERMANN SQUARE
POOL
City Hall
Public Library
Rusk
Capitol
Christ Church Episcopal Cathedral
Prairie
Central Fire Station
Arabia Temple
Texas
Walker
McKinney
Lamar
Dallas
Polk
Chamber of Commerce
Customs House
Rusk
Union Station
Capitol
Saulnier
Robin
Frederick
Andrews
Howe
Ruthven
Polk
Clay
University
Rusk
Jackson
Walker
Chenevert
McKinney
Smith
Louisiana
Bell
Travis
Main
Milam
Leeland
Fannin
San Jacinto
Polk
Dallas
LA BRANCH
CRAWFORD
Lamar
Dallas
JEFFERSON
PEASE
CALHOUN
PIERCE
Gray
59
59
75
75
Caroline
Austin
Clay
Federal Reserve Bank
Hamilton
59
Chartres
Polk

INDIANAPOLIS, Indiana

Indianapolis (229 m bzw. 750 ft.), Hauptstadt und zugleich größte Stadt des Bundesstaates Indiana mit 520 000 Einwohnern (25% Farbige), liegt etwa im Mittelpunkt von Indiana, am Zusammenfluß von *Fall Creek* und *White River*. Neben dem Handel mit Landwirtschaftsgütern (Getreide und Vieh) aus der reichen Umgebung, sind in der Stadt verschiedene Industriezweige vertreten, darunter der Bau von Transportgeräten und Flugtriebwerken, die Chemie, die Holzverarbeitung sowie die Herstellung von Elektrogeräten.

Zu Beginn des 19. Jahrhunderts von Siedlern, die aus dem Südosten kamen, gegründet, wurde der Ort wegen seiner zentralen Lage im Staate 1821 zu dessen Hauptstadt bestimmt und erhielt seinen heutigen Namen. Die sternförmige Anlage der Stadt wurde von *A. Ralston*, einem Schüler des Washington-Planers Pierre L'Enfant entworfen. Obgleich Sitz der Stadtverwaltung, entwickelte sich Indianapolis zunächst nur zögernd, da ihr der Zugang zu einem schiffbaren Wasserweg fehlte. Mit dem Bau eines ersten Eisenbahnanschlusses (1847) allerdings gewann die Stadt rasch auch an wirtschaftlicher Bedeutung. Heute ist Indianapolis Sitz mehrerer Universitäten und Colleges sowie einer katholischen Erzdiözese.

SEHENSWÜRDIGKEITEN

Indiana State Capitol (zwischen Washington Street, Ohio Street, Avenue Capitol und Senate Avenue), ein 1878–1888 im korinthischen Stil aus Kalkstein errichtetes Bauwerk.

Indianapolis Motor Speedway (4700 West 16th Street), rechteckig angelegte 4 km (2½ mi.) lange Rennstrecke, auf der alljährlich am 30. Mai das berühmte 500-Meilen-Automobilrennen von Indianapolis ausgetragen wird. Dabei ein Rennwagen-Museum.

Herron Museum of Art (110 East 16th Street), Sammlungen europäischer und amerikanischer Malerei des 19. Jahrhunderts, holländische Meister, asiatische Gemälde, Skulpturen, Keramik und Glas, Jadeschnitzereien und Schmuck.

Soldiers and Sailors Monument (auf dem Monument Circle im Zentrum der Innenstadt); an dem spitzen Ende des Platzes ein 1901/02 errichtetes, 87 m (284 ft.) hohes Kriegerdenkmal (Aussichtsplattform).

World War Memorial Plaza (zwischen Meridian Street, New York Street, St. Clair Street und Pennsylvania Street) ein langgestreckter Platz mit Gedenkstätten zu Ehren der in den beiden Weltkriegen gefallenen Soldaten des Staates Indiana (Kriegsmuseum).

State Library and Historical Building (140 North Senate Avenue), Dokumente zur Geschichte Indianas.

Auskunft:

Convention and Visitor's Bureau, 1201 Roosevelt Building.
Chamber of Commerce, 320 North Meridian Street.
Pan American World Airways, 144 North Pennsylvania Street.

Unterkunft und Restaurants: siehe Verzeichnis am Ende des Buches.

Industriebesichtigung:

General Motors Corporation, Allison Powerama (4700 West 10th Street), Flugzeugmodelle, Düsentriebwerke, Panzer.

UMGEBUNG

Conner Prairie Museum (16 km bzw. 10 mi. nordöstlich bei Noblesville), getreue Rekonstruktion einer Siedlung aus der Pionierzeit.

KANSAS CITY, Missouri

Kansas City (220 m bzw. 780 ft.), inmitten der weiten Landwirtschaftsgebiete des Mittleren Westens an der Einmündung des *Kansas River* in den *Missouri River* gelegen, ist mit 600 000 Einwohnern (23% Farbige) das bedeutendste Handelszentrum für Landwirtschaftsprodukte (Getreide, Vieh) sowie wichtiger Verkehrsknotenpunkt seiner Umgebung. Neben einer reichen

Lebensmittelindustrie beherbergt die Stadt andere vielseitige Wirtschaftszweige, darunter Erdölraffination, Kraftfahrzeugmontage, Waffen- und Verkaufsautomatenbau, Textilindustrie sowie graphisches Gewerbe. Die westlich, jenseits des Kansas River, im Staate Kansas gelegene gleichnamige Stadt von 150 000 Einwohnern ist zwar politisch getrennt, bildet jedoch mit der in Missouri befindlichen eine enge wirtschaftliche Einheit.

Um das Jahr 1825 gelangten französische Trapper in das Mündungsgebiet des Kansas River und errichteten hier einen Handelsposten, der mit dem Aufblühen der Landwirtschaft zunehmend an Bedeutung gewann. Während des Bügerkrieges in ihrem Aufwärtsstreben stark beeinträchtigt, erholte sich die Stadt dank ihrer glücklichen Verkehrslage am Missouri rasch und gelangte durch den Ausbau des Eisenbahnnetzes bald zu bedeutendem Wohlstand. Heute ist Kansas City Sitz mehrerer Universitäten, Colleges und Forschungsstätten sowie einer katholischen Erzdiözese.

SEHENSWÜRDIGKEITEN

Liberty Memorial (100 West 26th Street), Denkmal für die Gefallenen des ersten Weltkrieges; von der Spitze schöner Rundblick (Ausstellung von Kriegsandenken).

William Rockhill Nelson Gallery of Art and Mary Atkins Museum of Fine Arts (4525 Oak Street), kostbare Sammlungen zur Kunst- und Kulturgeschichte von den Sumerern bis zur Neuzeit, darunter eine besonders hervorragende Kollektion chinesischer und orientalischer Kunstgegenstände.

Kansas City Museum of History and Science (3218 Gladstone Boulevard), Schaustücke zur Natur- und Kulturgeschichte der Region; indianische Kunst.

Im Stadtgebiet liegen zahlreiche gepflegte Parkanlagen, darunter der schöne *Swope Park* mit Zoo.

Auskunft:

Greater Kansas City Chamber of Commerce, 920 Main Street.

Unterkunft und Restaurants: siehe Verzeichnis am Ende des Buches.

Flughafen:

Kansas City International Airport, 24 km (15 mi.) nordwestlich der Stadt.

UMGEBUNG

Kansas City Livestock Exchange and Stockyards (3½ km bzw. 2 mi.) westlich zwischen 23th Street und 12th Street sowie von der Genesee Street bis zum Kansas River), Viehmarkt und Schlachthof für Rinder, Schweine und Hammel. Versteigerungen. Alljährlich findet im Herbst im American Royal Building die *American Royal Livestock and Horse Show* statt.

Shawnee Mission (8 km bzw. 5 mi. südwestlich), mit den Gebäuden der *Kansas Indian Mission* von 1830, dem *First Territorial Jail* von 1843 u.a. (Museum).

Indian Cemetery (im Huron Park von Kansas City, Kansas), Beerdigungsstätte der Wyandot-Indianer bis zur Mitte des 19. Jahrhunderts.

LAS VEGAS, Nevada

Las Vegas (span. 'die Wiesen'; 610 m bzw. 2000 ft.), im äußersten Südosten des Bundesstaates Nevada inmitten der Wüste gelegene, mondäne Vergnügungsmetropole mit 150 000 Einwohnern, verdankt ihren Wohlstand allein dem Umstand, daß in Nevada als einzigem US-Staat das Glücksspiel gestattet ist. Von 'Slotmachines' (Spielautomaten) und Unterhaltungsstätten geprägt, gleicht Las Vegas einem hochtechnisierten, stehenden Jahrmarkt, einer schillernden Seifenblase.

Als Mormonensiedlung um die Mitte des 19. Jahrhunderts gegründet, blieb der abgeschiedene Ort bis zur Jahrhundertwende unbedeutend und diente lediglich den nach Westen ziehenden Händlern und Abenteurern als Rastplatz. Erst mit dem Anschluß an das Eisenbahnnetz zu Beginn dieses Jahrhunderts nahm die Stadt einen zunächst gemächlichen, in den letzten Jahrzehnten jedoch stürmischen Aufschwung. Heute lebt Las Vegas fast ausschließlich vom Glücksspiel; dank seines trockenen Wüstenklimas wird es mehr und mehr als Kurort besucht. Die im Staate Nevada lockere Zivilgesetzgebung hat der Stadt den Ruf eines «Heirats- bzw. Scheidungsparadieses» eingetragen.

SEHENSWÜRDIGKEITEN

The Strip *(Las Vegas Boulevard)*, auch 'Glitter Gulch' (Glitzerschlucht) genannte Hauptachse der Stadt, entlang derer sich Spielsäle, Luxushotels und Vergnügungsetablissements reihen.

Convention Center (Paradise Road), Tagungszentrum mit 8000 Sitzplätzen.

Auskunft:

Las Vegas Chamber of Commerce, 2301 East Sahara Avenue.

Unterkunft und Restaurants: siehe Verzeichnis am Ende des Buches.

UMGEBUNG

Hoover (Boulder) Dam (40 km bzw. 25 mi. südöstlich), 221 m (726 ft.) hoher Staudamm des *Colorado River;* ein Aufzug führt 161 m (528 ft.) hinab zum Kraftwerk (geführte Besichtigungstouren).

Lake Mead, Stausee des von Hoover Dam und Davis Dam aufgestauten Colorado River.

Valley of Fire State Park (86 km bzw. 54 mi. nordöstlich), bizarre Felsformationen; in den Sandsteinwänden finden sich alte eingravierte Indianerzeichen (Indianermuseum in Overton).

Death Valley ('Tal des Todes'; ca. 130 km bzw. 80 mi. westlich im Staate Utah), 84 m (280 ft.) unter dem Meeresspiegel gelegener, besonders schöner Wüstenstrich, durch welchen einst Goldsucher auf ihrem Weg nach Westen zogen.

LOS ANGELES, California

Los Angeles (0–1546 m bzw. 5074 ft.), im Südwesten des Bundesstaates California an der Pazifikküste gelegene Industrie-, Handels- und Hafenstadt von 3 Millionen Einwohnern (18% Farbige). Mit einer Ausdehnung des Stadtgebietes über 11 910 qkm (460 sq. mi.) ist Los Angeles der Kern eines gewaltigen Siedlungsraumes von 10 356 qkm (4000 sq. mi.), der rund 7 Millionen Menschen beherbergt. Die äußerst verschiedenartigen Industriezweige reichen vom Bau elektrischer Geräte über Raffinerien, Petrochemie, Flugzeugbau, Waffenkonstruktion und Holzverarbeitung bis zum Druckerei- und Verlagswesen; daneben bestehen im Raum von Los Angeles außerordentlich viele mittlere und kleine Betriebe. Im Hafen werden jährlich 26 Millionen Tonnen Ware von und nach 30 Staaten, v.a. im pazifischen Raum, umgeschlagen. Neben Industrie und Gewerbe beherbergt Los Angeles etwa 90 Versicherungs- und 800 Geldinstitute und gehört damit zu den wichtigsten Finanzzentren der Vereinigten Staaten. Als Sitz von mehr als 600 Film- und Fernsehproduktionsbetrieben hat Los Angeles, besonders aber der Stadtteil *Hollywood*, Weltruhm als Filmmetropole erlangt. Ferner findet sich eine große Zahl an Kleinkunstbühnen und Unterhaltungsstätten. Los Angeles ist Sitz mehrerer berühmter Universitäten (Teil der University of California; University of Southern California), Forschungsstätten (Institute of Technology, Pasadena; Chapman Institute) und Colleges, einer katholischen Erzdiözese sowie der Häupter anderer großer Religionsgemeinschaften.

Bereits 1542 gelangten spanische Schiffe in die Bucht von San Pedro; jedoch erst 1781 gründete der spanische Gouverneur von Kalifornien *Don Felipe de Neve* in der sumpfigen Ebene den

Ort **El Pueblo de Nuestra Señora la Reina de los Angeles de Porciuncula** am Ufer des Porciuncula River. Mit den ersten Goldfunden im nördlich gelegenen Placerita Canyon des Jahres 1842 und dem daran anschließenden Goldrausch nahm die Stadt einen raschen Aufschwung. Nach einem unblutigen Streich gelangte Los Angeles 1846 an die USA. Der Bau des Hafens (1899) in der Bucht von San Pedro brachte der Stadt weiteren wirtschaftlichen Auftrieb.

SEHENSWÜRDIGKEITEN

DOWNTOWN

The Pueblo de Los Angeles State Historical Monument, in der Gegend der ursprünglichen Siedlungsgründung mit der Kirche *Nuestra Señora la Reina de Los Angeles* (Unsere Liebe Frau, Königin von den Engeln), erstes Gotteshaus (von 1818) der Stadt.

Olivera Street, mexikanische Marktstraße; Nr. 14 das *Avila Adobe* (von 1818), das älteste erhaltene Haus der Stadt.

Civic Center mit der *City Hall* (200 North Spring Street; vom Rathausturm schöne Aussicht), der *Hall of Justice* (211 West Temple Street; Gericht), dem *Police Administration Building* (150 North Los Angeles Street; modernst eingerichtete Polizeiverwaltung) sowie dem *Music Center* (Los Angeles Symphony Orchestra).

Angels Flight, kurze Standseilbahn am Bunker Hill.

Little Tokyo (an der 1st Street zwischen San Pedro Street und Main Street), japanisches Viertel.

Chinatown (North Broadway, nahe der College Street), Chinesenviertel.

The Stack, Verkehrskreisel in vier Ebenen, von dem Hollywood Freeway, Harbour Freeway, Santa Ana Freeway, San Bernardino Freeway und Pasadena Freeway ausgehen.

Memorial Coliseum (im Exposition Park), für die Olympischen Spiele von 1932 erbautes Stadion mit über 100 000 Zuschauerplätzen.

Griffith Park, nordwestlich der Innenstadt gelegener über 1620 ha (4000 acres) großer bergiger Park mit *Sternwarte* und *Planetarium*, dem städtischen *Zoologischen Garten*, einem

Naturkundemuseum, Verkehrsmuseum, Freilichtbühne sowie Spiel- und Sportplätzen.

Los Angeles County Museum of Natural History (900 Exposition Boulevard), naturgeschichtliches Museum (u.a. Fossilienfunde).

California Museum of Science and Industry (700 State Drive), technisches Museum.

HOLLYWOOD

Hollywood Boulevard, Hauptstraße der Filmwelt mit *Graumans Chinese Theatre,* dem bekannten Premieren-Filmtheater; davor Fußabdrücke berühmter Filmstars im Zement des Bodens.

Sunset Boulevard, südlich parallel zum Hollywood Boulevard verlaufende, ebenso bekannte Straße von Hollywood, mit dem Vergnügungsviertel *Sunset Strip.*

Filmstudios können nur auf geführten, lohnenden Touren besichtigt werden (Universal City Studio Tours, 100 Universal Plaza); Besuch der *Fernsehstudios* ABC, CBS und NBC nach vorheriger Anmeldung.

Hollywood Cemetery (Ecke Santa Monica Boulevard und Gower Street), Friedhof mit Gräbern berühmter Filmschauspieler.

Hollywood Bowl (Highland Avenue), Freilichtbühne vorwiegend für Musikveranstaltungen (30 000 Plätze).

Beverly Hills vornehmstes Wohngebiet; Villen berühmter Filmstars.

Farmers Market (3rd Street und Fairfax Avenue), besuchenswerter Großmarkt mit erstaunlicher Auswahl an Lebensmitteln, besonders Obst und Gemüse; zahlreiche Imbißstände.

Wilshire Boulevard, Hollywood südlich begrenzende Prachtstraße, die Los Angeles mit dem Pazifikort Santa Monica verbindet (50 km bzw. 30 mi. lang); an dem 8 km (5 mi.) langen 'Miracle Mile' (Wundermeile) genannten Abschnitt Geschäftshäuser, Hotels (im 'Ambassador' wurde am 6. 6. 1968 Robert F. Kennedy ermordet) und elegante Geschäfte. — An der Nordseite zwischen Curson Avenue und Odgen Drive der *Hancock Park* mit den *La Brea Fossil Pits* (reiche Fossilienfundstätte) und das *Los Angeles County Museum of Art* (Kunstmuseum).

AUSSENBEZIRKE

San Fernando Rey de España Mission (nordwestlich in San Fernando; 15 151 San Fernando Mission Boulevard), von 1797, restauriert; im Innern Sammlung indianischer Kunst und Holzschnitzereien.

Viele große und gepflegte Parks, darunter der **U.C.L.A. Botanical Garden** (westlich).

Mulholland Drive (westlich), entlang dem Höhenzug der Santa Monica Mountains verlaufende Straße mit prächtiger Sicht auf Los Angeles und in das San Gernando Valley.

Santa Monica (westlich), an der Santa Monica Bay gelegener selbständiger Ort mit Flugzeugfabrik (Douglas); entlang der Küste vornehme Wohnviertel und Badestrände.

Simon Rodia Towers (südlich in Watts; 1765 East 107th Street), 8 aus Stahl und Zement gefertigte und mit Scherben und Muscheln belegte Türme, von dem italienischen Einwanderer Simon Rodia in über dreißigjähriger Arbeit erbaut.

Los Angeles Harbour (südlich in San Pedro), der größte künstliche Hafen der Welt.

Cabrillo Beach Marine Museum (südlich in San Pedro; 3720 Stephen White Drive), Aquarium und Schiffahrtsmuseum.

Long Beach Harbour (südlich), mit langer, im Halbrund führender Hafenmole; in der so gebildeten Lagune die Insel *Alpha* mit verkleideten Ölbohrtürmen. Ozeanriese «Queen Mary» als Museum für Meereskunde, Ausstellungsstätte, Hotel und Restaurant.

Catalina Island (südlich; 2-stündige Bootsfahrt vom Catalina Terminal in Wilmington); prächtiger Badestrand; in Glasbodenbooten kann man die *Undersea Gardens* (Unterwassergärten) besichtigen; Vogelschutzgebiet.

San Gabriel Mission (nordöstlich in San Gabriel), von 1771; enthält eine reiche Sammlung indianischer Kunst, spanischer Schnitzereien und mehrere alte Glocken.

Disneyland (südlich in Anaheim); gigantischer Vergnügungspark, 1955 nach Vorgabe des Trickfilmzeichners Walter Elias (Walt)Disney (1901–1966) eingerichtet. *Fantasyland* (Land der Phantasie): Motive aus Disney-Märchenfilmen; *Adventureland* (Land der Abenteuer): Dschungelszenen, Fahrten auf Schiffsgroßmodellen; *Main Street* (Hauptstraße): getreue Nachbildung einer typisch amerikanischen Innenstraße um die Jahrhundertwende (Pferdebahn); *Tomorrowland* (Land der Zukunft): Technik, Raumfahrt.

Auskunft:

Los Angeles Area Chamber of Commerce, 404 South Bixel Street.
Southern California Visitors Council, 705 West 7th Street.
Travellers Aid Society, 108 West 6th Street.
Pan American World Airways, 609 South Grand Avenue.

Unterkunft und Restaurants: siehe Verzeichnis am Ende des Buches.

Stadtbesichtigungsfahrten:

American Sightseeing System Tours, in Hollywood, 1351 1/2 North Highland Avenue.
Gray Line Tours, 1207 West 3rd Street.

Hafenrundfahrten (im Long Beach Harbour):
Auskunft beim Chamber of Commerce, siehe oben.

MEMPHIS, Tennessee

Memphis (79 m bzw. 258 ft.), auf dem felsigen Ostufer des *Mississippi River* im äußersten Südwesten des Bundesstaates Tennessee gelegen, ist mit 550 000 Einwohnern (40% Farbige) ein wichtiges Handelszentrum für weite Teile der Staaten Tennessee, Arkansas, Mississippi, Missouri und Alabama. Gehandelt werden vor allem Hartholz (Möbel- und Fußbodenfabrikation) und Baumwolle (Textil- und Kurzwarenindustrie), ferner Landwirtschaftsprodukte (Reis, Gemüse, Futtermittel und Vieh) sowie Eisenwaren. Im Hafen schlägt man jährlich annähernd 10 Millionen Tonnen Güter um. Die Stadt beherbergt mehrere Universitäten, Colleges und Forschungsstätten.

Bereits *De Soto* machte 1541 in der Gegend Halt, als er den Mississippi entdeckte, doch erst 1797 begann die Stelle an Bedeutung zu gewinnen, als hier der Militärposten **Fort Adams** errichtet wurde. Im Jahre 1801 entstand unweit des Flußufers eine weitere Festung, **Fort Pickerwick,** dessen Namen noch heute der Stadtteil um diese ehemalige Anlage trägt. Dennoch begann erst 1818, nachdem die Vereinigten Staaten den Chickasaw-Indianern West-Tennessee abgehandelt hatten, die Besiedlung des Ortes, der wegen seiner ähnlichen Flußlage nach dem ägyptischen Memphis benannt wurde. Die Siedlung wuchs sehr rasch, bis eine schwere Gelbfieberepidemie im Jahre 1878 die Bevölkerung stark dezimierte und damit auch zu einem beträchtlichen wirtschaftlichen Rückschlag führte. Dennoch erholte sich Memphis bis zu der Jahrhundertwende von diesem schweren Schicksal und entwickelte sich zu einem bedeutenden Handelsplatz. Trotz seiner vorwiegend modernen Prägung hat Memphis manches von seiner alten Ausstrahlungskraft bewahren können.

SEHENSWÜRDIGKEITEN

Beale Street, stimmungsvolle Altstadtstraße, die durch den hier geborenen Blues weltweit berühmt geworden ist. Hier wohnte u.a. William Christopher Handy (1873–1958) und komponierte den 'Memphis Blues' und den 'St. Louis Blues'.

Front Street, Zentrum des Baumwollhandels; an der Ecke Union Street die *Memphis Cotton Exchange* (Baumwollbörse).

Magevney Home (189 Adams Avenue), Haus von 1831 mit ursprünglicher Innneneinrichtung.

Brooks Memorial Art Gallery (im Overton Park), Kunstausstellung.

Pink Palace Museum of Memphis (232 Tilton Road), Sammlungen zur Naturgeschichte; afrikanische Kunst.

Auskunft:

Memphis Area Chamber of Commerce.

Unterkunft und Restaurants: siehe Verzeichnis am Ende des Buches.

Stadtbesichtigungsfahrten:

Gray Line Tours, im Sheraton-Peabody Hotel, 149 Union Avenue.

Bootsfahrten (auf dem Mississippi):
vom Ende der Monroe Avenue.

Cotton Carnival:
alljährlich in der zweiten Maiwoche stattfindender 'Baumwollkarneval' mit Umzügen und Bällen.

UMGEBUNG

Chucalissa (16 km bzw. 10 mi. südwestlich), um 900 n.Chr. gegründetes und um 1600 verlassenes Indianerdorf; Ausgrabungen mehrerer Häuser, einer Kultstätte sowie von Gräbern (Museum).

MIAMI, Florida

Miami (0–7½ m bzw. 25 ft.) zieht sich an der Südostspitze des Bundesstaates Florida entlang der Atlantikküste sowie am Westufer der *Biscayne Bay* hin. Die wegen ihres durch den nahen Golfstrom ausgeglichenen warmen Klimas während des ganzen Jahres, besonders aber im milden Winter gern besuchte Stadt (Winterwohnsitz vieler Millionäre) hat 350 000 ständige Einwohner (darunter viele geflüchtete Kubaner), ist jedoch nur der Kern eines Siedlungsgroßraumes von etwa 1¼ Millionen Menschen, der mit 25 Gemeinden auch den Strandort *Miami Beach* umfaßt. Neben dem Tourismus (Erholung, Schwimmen, Wasserski, Sportfischerei, Bootssport, Golf u.a.), der alljährlich mehrere Millionen Besucher in die Stadt bringt, entfaltet sich in Miami mehr und mehr ein reges Geschäftsleben, da es einen günstigen Ausgangspunkt für den Verkehr mit den mittelamerikanischen Staaten darstellt. Immer mehr Großunternehmen und Konzerne (Dow Chemical, Eastman Kodak), darunter mehrere Flugesellschaften (Pan Am) haben hier ihren Sitz für die Abwicklung internationaler Geschäfte.

Vom Dodge Island Seaport wird vor allem der Passagierverkehr nach den Bahamas und Jamaica bedient. Die Stadt beherbergt eine Universität, mehrere Colleges und Forschungsstätten.

An der von den Indianern 'Miami' (= süßes oder großes Wasser) genannten Stelle wurde 1835 das **Fort Dallas** errichtet, welches als Garnisonslager während der Seminolenkriege diente, 1838 aber wieder aufgelöst wurde und dadurch nur vereinzelten Siedlern Obdach bot. Erst als im Jahre 1895 der Magnat *Henry Flagler* seine Eisenbahnlinie von West Palm Beach nach Miami verlängerte, setzte ein ungeahnter Zuwanderungsstom ein (1896: 480, 1900: 1681, 1910: 5471, 1920: 29 471, 1930: 110 637, 1950: 250 000 Einwohner). Im Jahre 1926 wurde die Stadt und ihre weitere Umgebung von einem verheerenden Hurrican heimgesucht, der gewaltige Schäden verursachte.

SEHENSWÜRDIGKEITEN

Fort Dallas (im Lummus Park, Northeast 3rd Avenue und 3rd Street), ursprünglich an der Stelle des heutigen Fort Dallas Park 1835 gegen die Seminolen errichtete Befestigung. Nach einem Brand, der den Großteil der Anlage vernichtete, wurde ein verbleibendes Steingebäude hierher verbracht.

Biscayne Boulevard, ein Teil des US-Highway Nr. 1 führt in vier mehrspurigen, durch drei Palmenreihen voneinander getrennten Verkehrsadern unweit der Küste entlang. An ihm der BAYFRONT PARK (östlich), in dem 1933 bei einem Attentatsversuch auf den Präsidenten Franklin D. Roosevelt der Chicagoer Bürgermeister Anton J. Cermak erschossen wurde (Gedenktafel). In dem 16 ha (38 acres) umfassenden blumenreichen Gelände das *Bayfront Park Auditorium* (Veranstaltungshalle), die *Miami Public Library* (Stadtbücherei) sowie die *Torch of Friendship* (Freundschaftsfackel), eine Würdigungsstätte der panamerikanischen Beziehungen mit einer Gedenktafel für den ermordeten Präsidenten John F. Kennedy. An der Westseite des Boulevards drei markante Hochhäuser: im Süden das 16-stöckige *Du Pont Building*, in der Mitte das *Ponce Product Building*, mit 30 Stockwerken (107 m bzw. 350 ft.) das höchste Gebäude der Stadt, im Norden der Brücke zum neuangelegten Hafenarsenal, das 17-stöckige *Freedom Tower Building* (Empfangsstätte für Kubaflüchtlinge).

Government Center (12th Avenue), neuer Verwaltungskomplex mit dem *Municipal Court* (Stadtgericht), dem Polizeigebäude, dem *Metro Justice Building* (Kreisgericht), dem *Public Safety Building* (Strafanstalt) und dem *State Office Building* (Staatsverwaltungsämter).

Miami Orange Bowl, 1937 eröffnetes Sportstadion, auch für Unterhaltungsveranstaltungen.

Hialeah (indianisch: 'schöner Fluß'), Pferderennbahn in prächtigem Park (Flamingos, Aquarium).

Seaquarium (an der Südwestspitze des Virginia Key; vom Festland über den Rickenbacker Causeway zu erreichen), in schönem Park gelegene Freibecken mit Meeresfauna und -flora (Delphinvorführungen, Einschienenbahn).

Parrot Jungle (11000 South Red Road), schöner Park mit vielen z.T. im Freien lebenden Papageien.

Serpentarium (12 655 South Dixie Highway), Schlangenzuchtanstalt zur Serum- und Ledergewinnung.

Museum of Science and Natural History (3280 South Miami Avenue), naturwissenschaftliches Museum mit *Planetarium* und *Observatorium*.

Historical Museum of Southern Florida (2010 North Bayshore Drive), Sammlungen zur Geschichte Südfloridas, der Keys sowie der Antillen.

Miami Museum of Modern Art (381 North East 20th Street), bedeutende Sammlungen moderner Kunst.

Temple Beth Sholom, moderne Synagoge mit israelitischem Gemeindezentrum.

Coconut Grove, nach den hier reichlich wachsenden Kokospalmen benannte, 1870 gegründete älteste Siedlung des Gebietes. 1925 zu Miami eingemeindet, hat der Ortsteil viel Stimmung mit hübschen älteren Anwesen bewahrt und birgt ein reges Kunstleben (Coconut Grove Playhouse).

Viscaya, ein 1914–1916 für den Chicagoer Landmaschinenproduzenten *James Deering* im Stil der italienischen Renaissance und des Barock erbautes schloßartiges Anwesen mit kleinem Hafen und schiffförmiger Anlegeinsel (Wellenbrecher) und prächtigen Gärten; im Innern das *Dade County Art Museum* mit Originalteilen europäischer Bauwerke, Stilmöbeln, Gemälden u.a.

Brickell Avenue, unweit der Küste führende Verbindungsstraße zwischen dem Ortsteil Coconut Grove (s. oben) und der Mündung des Miami River. Hier liegen die Anwesen vieler prominenter Millionäre. Brickell Point Nr. 501 das Haus der Pionierfamilie Brickell (von 1871).

Coral Gables, von Solomon G. Merrick geplante Siedlung für Menschen, die wie er durch das milde Klima Südfloridas gesundheitliche Linderung erfahren. Sein Sohn George realisierte das Vorhaben und erbaute in den zwanziger Jahren dieses Jahrhunderts den heute zu Miami gehörenden Ort in der von ihm als 'Mittelmeerstil' bezeichneten Bauweise, einer Mischung aus spanischen und italienischen Stilelementen der Renaissance und des Barock. Ältestes Gebäude des Ortes ist das 1906, wie hier die meisten Gebäude aus Korallenkalk errichtete *Solomon G. Merrick Manor*. Die Grube, aus der man zum Bau der Stadt den Kalk förderte, wurde später als Schwimmbecken verwendet und bildet heute den von prächtigen Gartenanlagen und Gebäuden mit Arkaden im 'Mittelmeerstil' umgebenen *Venetian Pool* (venezianisches Bad). Beachtenswert ist ferner die *City Hall* (Rathaus), deren Turmspitze eine Kopie des Rathausturmes von Sevilla darstellt. Coral Gables ist der Sitz der modernen *University of Miami* mit dem *Joe and Emily Lowe Art Gallery*, (1301 Miller Drive; bedeutende Sammlungen orientalischer, dekorativer und Volkskunst, Indianertrachten).

Biscayne Key, Miami südöstlich vorgelagerte Insel (durch den Rickenbacker Causeway über den Virginia Key mit dem Festland verbunden) mit Vergnügungspark.

MIAMI BEACH, auf der Miami jenseits der Biscayne Bay nordöstlich vorgelagerten Landzunge und mit dem Festland durch 6 Causeways (Dammbrücken; von N nach S: Sunny Isles C., Broad C., North Bay C., Julia Tuttle C., Venetian C. und General Mac Arthur C.) verbundene Ferien- und Badestadt von 75 000 ständigen (im Winter 750 000) Einwohnern mit gewaltigen Hotelbauten (z.T. Hochhäuser; Gesamtkapazität um 35 000 Räume) und Appartementhäusern von etwa gleich großer Zahl an Wohneinheiten. Die Stadt ist u.a. im Norden von mehreren z.T. malerischen Wasserläufen durchzogen, wobei verschiedene Inseln entstehen, auf welchen prominente Millionäre ihre als Wintersitz dienenden Prachtvillen und Bungalows errichten ließen. Unweit der Atlantikküste durchzieht die *Collins Avenue* als Haupthotelstraße die ganze Stadt von Norden nach Süden. In ihrem südlichen Teil zweigt nach Westen die *Lincoln Road*, eine Fußgänger- und Einkaufsstraße, ab.

Auskunft:

Greater Miami Chamber of Commerce, 330 Biscayne Boulevard.
Pan American World Airways, 2 Biscayne Boulevard.

Unterkunft und Restaurants: siehe Verzeichnis am Ende des Buches.

Flughafen:

Miami International Airport (12 km (7½ mi.) nordwestlich der Stadt.

Stadtbesichtigungs- und Bootsfahrten:

Gray Line Tours, 1740 North West 1st Avenue.

UMGEBUNG

Orchid Jungle (40 km bzw. 25 mi. südlich), Orchideenzucht im Freien.

Monkey Jungle (35 km bzw. 22 mi. südlich), Urwaldpark mit vielen freilebenden Affen. Die Besucher werden vor den teilweise aggressiven Tieren durch käfigartige Gänge geschützt.

AUSFLÜGE

The Keys, Tagestour über die sich nach Süden hinziehende Korallenriffinselkette über zahlreiche, den Atlantik vom Golf von Mexiko trennende Dammbrüche nach *Key West*, dem südlichsten Punkt der kontinentalen USA (kleine Stadt und Marinestützpunkt). Bis 1926 verkehrte auf dieser Strecke eine Eisenbahn, die von Key West auf einer Fähre bis nach Havanna auf Kuba führte. Während des verheerenden Hurricans von 1926 wurden die Gleisanlagen zum großen Teil unterspült, zerstört und seither nicht wieder instandgesetzt. An ihre Stelle trat eine gut ausgebaute Straßenverbindung (südlichster Teil des nach Norden bis zur kanadischen Grenze führenden US Highway Nr. 1).

John Pennekamp Coral Reef State Park (südöstlich von Miami; Tagestour), erster Unterwassernaturschutzpark der USA (Glasbodenboote über dem Korallenriff).

Allsommerlich wiederkehrendes Ereignis ist die Wahl der *Miss Universum* in Miami Beach.

Everglades National Park (Tagestour) siehe seite 204.

MILWAUKEE, Wisconsin

Milwaukee (sprich 'Milwohki'; 198 m bzw. 650 ft.), mit 800 000 Einwohnern (12% Farbige) die größte Stadt des Bundesstaates Wisconsin, liegt in dessen südöstlicher Ecke an der Mündung von *Milwaukee River*, *Menomonee River* und *Kinnickinnic River* in die Milwaukeebucht des südlichen *Lake Michigan* (Michigansee) und ist durch diesen an den Saint Lawrence Seaway angeschlossen. Der aufstrebende Seehafen verbindet die mittleren US-Staaten mit Übersee. Die vielseitigen Industriezweige umfassen vor allem Maschinen- und Schiffsmotorenbau, Elektrotechnik, Chemie, Textilienerzeugung, Metallverarbeitung, Kraftfahrzeugmontage, Motorradbau, besonders aber das Brauereiwesen. Daneben blüht ein erheblicher Getreidehandel. Milwaukee besitzt ein reges Kulturleben, ist Sitz mehrerer Universitäten, Colleges und Hochschulen sowie eines katholischen Erzbischofs, beherbergt ein stehendes Theater und verfügt über ein städtisches Symphonieorchester.

Im Jahre 1818 von dem Franzosen *Solomon Juneau* an der von den Indianern 'Mahanawaukee-Seepe' (Versammlungsplatz an den Flüssen) genannten Stelle gegründet, diente der Ort zunächst als Handelsposten, bis mit Beginn der dreißiger Jahre des 19. Jahrhunderts ein wachsender Zustrom an Siedlern aus den mittel- und nordeuropäischen Ländern zu einer raschen Ausdehnung Milwaukees führte. Besonders aber prägte die große Zahl an deutschen Einwanderern das Gesicht der Stadt, die zur Hochburg des Deutschtums in den Vereinigten Staaten wurde.

SEHENSWÜRDIGKEITEN

Civic Center, um einen weiten Platz gruppiert liegen die Verwaltungsgebäude der Stadt und das *Auditorium* mit acht Sitzungs- und Versammlungssälen sowie einer Sporthalle.

MILWAUKEE

Court of Honor (südlich vom Civic Center), eine Gebäudegruppe, benannt zu Ehren der Toten des Bürgerkrieges; hier stehen u.a. die *Public Library* (Stadtbücherei), das *Milwaukee Public Museum* (800 West Wells Street; städtisches Museum mit Sammlungen zu Stadtgeschichte und Technik) und mehrere Kirchen.

Lincoln Memorial Drive, entlang dem Ufer des Michigansees sich hinziehende Uferpromenade; an dieser befinden sich das *Milwaukee War Memorial* (Entwurf von Eero Saarinen), ein Denkmal zu Ehren der im zweiten Weltkrieg sowie während des Koreakonfliktes gefallenen Bürger der Stadt, das *Milwaukee Art Center*, Gemäldegalerie mit Werken französischer und deutscher Impressionisten, amerikanischer Maler bis zur Moderne sowie Wechselausstellungen, ferner der Badestrand und ein Jachthafen.

St. Joan of Arc Chapel, eine aus Frankreich stammende Kapelle des 15. Jahrhunderts wurde hierher gebracht und wieder aufgebaut.

Annunciation Greek Orthodox Church (9400 West Congress Street), ein von Frank Lloyd Wright entworfener Kuppelbau für die griechisch-orthodoxe Gemeinde.

Hafen, mit dem von den drei Flüssen Menomonee River, Milwaukee River und Kinnickinnic River gebildeten *inneren Hafen* und dem sich am Seeufer hinziehenden *äußeren Hafen.*

Auskunft:

Milwaukee Convention and Visitors Bureau, 828 North Broadway.
Pan American World Airways, 111 East Wisconsin Avenue.

Unterkunft und Restaurants: siehe Verzeichnis am Ende des Buches.

Industriebesichtigungen:

Großbrauereien *Schlitz* (235 West Galena Street), *Pabst* (901 West Juneau Avenue) und *Miller* (4000 West State Street).
Harley-Davidson Motor Co. (Motorräder; 3700 West Juneau Avenue).
Evinrude (Außenbordmotoren; 4143 North 27th Street).

MINNEAPOLIS/ST. PAUL
Minnesota

Minneapolis (260 m bzw. 850 ft.), im südöstlichen Minnesota zu beiden Seiten des *Mississippi River* an dessen *St. Anthony Falls* gelegene und zusammen mit ihrer östlich anschließenden Zwillingsstadt **St. Paul** (287 m bzw. 940 ft.), der Hauptstadt des Bundesstaates Minnesota, etwa 1,7 Millionen Einwohner (5% Farbige) zählende Wirtschaftsmetropole mit bedeutenden Müllereibetrieben, holzverarbeitender und Elektronik-Industrie, Lebensmittelproduktion, Elektromaschinenbau, Metallverarbeitung und Kraftfahrzeugmontage. Daneben blüht der Handel mit Weide- und Ackerland, das Druckereigewerbe sowie die chemische Industrie (v.a. Düngemittel). Während St. Paul bereits seit 1823 über einen Flußhafen verfügt, soll ein weiterer geplanter Anlegeplatz auch Minneapolis Vorteile besonders beim Transport von Agrarprodukten bringen. Minneapolis ist Sitz einer der größten nordamerikanischen Universitäten (University of Minnesota; 1869 gegr.) und beherbergt mit St. Paul (katholische Erzdiözese) mehrere Colleges und Fachschulen.

Während die Stelle des heutigen Minneapolis (von indianisch 'minne' = Wasser und griechisch 'polis' = Stadt) bereits um 1680 von dem französischen Franziskanerpater *Louis Hennepin* erwähnt wird und im beginnenden 19. Jahrhundert französischen Pelztierjägern als Handelsposten diente, wurde das benachbarte St. Paul erst 1807 an der Einmündung des Minnesota River in den Mississippi River zu militärischen Zwecken gegründet und 1819 unter dem Namen **Fort Snelling** zur Festung ausgebaut. Schon bald entwickelte sich Minneapolis zum bevorzugten Lieferanten von Müllereiprodukten und Holz für das benachbarte Fort und verschmolz mit diesem nach und nach zu einer wirtschaftlichen Einheit. Seit 1849 ist St. Paul Staatshauptstadt.

SEHENSWÜRDIGKEITEN

MINNEAPOLIS

St. Anthony Falls (Ecke Main Street South East und Central Avenue), den schiffbaren Teil des Mississippi River abschließende wirtschaftlich genutzte (Getreidemühlen) Wasserfälle mit Schleusenanlagen.

Foshay Tower (Marquette Avenue), mit 32 Stockwerken (136 m bzw. 447 ft.) das höchste Gebäude der Stadt; Aussichtsplattform.

Minneapolis Grain Exchange (400 4th Street), Getreidebörse.

Minneapolis City Hall (5th Street), 1891 erbautes Rathaus; im Innenhof die aus einem einzigen Carrara-Marmorblock gehauene Statue 'Father of Waters'.

Walker Art Center (1710 Lyndale Avenue South), Sammlungen zeitgenössischer Malerei, Bildhauerei und Graphik; orientalische Keramik.

Minneapolis Institute of Arts (201 East 24th Street), Kunstwerke besonders aus Asien, Europa und Amerika von 2000 v.Chr. bis zur Gegenwart; darunter Gemälde von Rembrandt, El Greco und Renoir.

Christ Lutheran Church, 1949/50 von dem Architekten Eliel Saarinen entworfenes Gotteshaus.

Neben zahlreichen Seen und Parks verdient der bereits von Longfellow besungene *Minnehaha Park* mit seinen *Minnehaha Falls* Erwähnung.

ST. PAUL

Minnesota State Capitol (Ecke University Avenue und Park Avenue), 1898 von Cass Gilbert nach dem Vorbild des Petersdoms in Rom erbauter Sitz der Staatsregierung; um die CAPITOL PLAZA gruppieren sich u.a. das *State Office Building*, das *Historical Building*, die *National Guard Armory* (Arsenal der Nationalgarde) und das *State Veterans Service Building*.

City Hall (14 West Kellogg Boulevard), das Rathaus mit Gerichtsgebäude.

Fort Snelling State Park, 1819 erbaute Festungsanlagen; in dem runden Wartturm heute ein Militärmuseum.

Indian Mounds Park (Ecke Earl Street und Mound Boulevard), ehemalige Begräbnisstätte für Sioux-Indianerhäuptlinge.

Minnesota Historical Society (690 Cedar Street), Exponate zur Geschichte des Staates Minnesota.

St. Paul Arts and Science Center (Ecke 10th Street und Wabasha Street), Veranstaltungsgebäude für Theater, Oper und Konzert; darin das *Science Museum* mit Sammlungen zu Wissenschaft und Geschichte.

Auskunft:

Minneapolis Chamber of Commerce, Lutheran Brotherhood Building.
St. Paul Area Chamber of Commerce, Osborn Building, Suite 300.
Pan American World Airways, 533 Marquette Avenue.

Unterkunft und Restaurants: siehe Verzeichnis am Ende des Buches.

Flughafen:

Minneapolis – St. Paul International Airport, 14 km (9 mi.) südöstlich vom Geschäftszentrum.

Stadtbesichtigungsfahrten:

Gray Line Tours, 3118 Nicollet Avenue (Greyhound Terminal).

UMGEBUNG

Lake Minnetonka (16 km bzw. 10 mi. westlich von Minneapolis), in reizvoller Hügellandschaft gelegener, langgestreckter fischreicher See, der zum Angeln, Bootsfahren und Baden gern besucht wird.

NEW ORLEANS, Louisiana

New Orleans (sprich 'Njuh Olihns', französisch *La Nouvelle Orléans;* 0–3 m bzw. 10 ft.), Hafenstadt und bedeutendstes Handels-, Industrie- und Finanzzentrum der Südstaaten, liegt auf 30° nördlicher Breite (etwa wie Kairo) und 90° westlicher Länge im Südosten von Louisiana, etwa 160 km (100 mi.) nordwestlich der Deltamündung des hier brückenüberspannten *Mississippi River* in den *Golf von Mexiko*. In einer engen Flußschleife (daher auch der Name 'Crescent

City' = 'Halbmondstadt'), dehnt es sich über eine Gesamtfläche von 945 qkm (365 sq. mi.) nach Norden und Nordosten bis zu dem großen *Lake Pontchartrain* aus und zieht sich mit vornehmen Wohnvierteln an dessen Südostufer hin. In der 675 000 Einwohner (davon 45% Farbige; Greater New Orleans: 2,1 Millionen) zählenden, auf ehemals sumpfigem Gelände unter der Hochwassermarke und teilweise sogar unter dem Meeresspiegel angelegten und gegen Überflutung durch *Bayous* (heute meist überbaute Regulierungskanäle) sowie die 10 km (6,2 mi.) lange, 4½ m (14 ft.) breite und fast ebenso hohe *Levée* (Flußdeich) geschützten Stadt herrscht ein äußerst feuchtheißes Klima, und noch vor dem zweiten Weltkrieg waren Gelbfieberepidemien sowie Malaria häufig. Zu den Besonderheiten der Stadt gehört ihre sehr lebhafte Atmosphäre, die sie nicht zuletzt der Lebensweise der Kreolen (in Amerika geborene Nachfahren von Einwanderern aus romanischen Ländern) verdankt. Von ihnen ist auch die *Küche* beeinflußt, die deutlich französische Merkmale trägt und vor allem eine reiche Auswahl an wohlschmeckenden Meerestieren bietet. New Orleans ist zudem die Geburtsstätte des Jazz.

Dank seiner wirtschaftlich glücklichen Lage am Rande des fruchtbaren Mississippitales sowie seiner verkehrsgünstigen Situation an Nordamerikas wichtigster Wasserader einerseits und unweit des offenen Meeres andererseits ist New Orleans von jeher eine äußerst wohlhabende Stadt. Wichtigste Einkommensquelle ist der nach New York zweitgrößte *Hafen* der USA, in dem jährlich über 100 Millionen Tonnen Waren umgeschlagen werden. Außerdem gewinnen der Handel mit landwirtschaftlichen Produkten (v.a. Zucker, Getreide, Kaffee, Bananen, Baumwolle), der Tourismus, das Fischereiwesen sowie die petrochemische und die Aluminiumindustrie zunehmend an Bedeutung. Ferner sind folgende Industriezweige vertreten: Raketen- (Saturn), Schiffs- und Bootsbau, Elektronik u.a. New Orleans ist Sitz eines katholischen Erzbischofs sowie mehrerer Universitäten, Hochschulen und Colleges.

GESCHICHTE

New Orleans wurde 1718 von *Jean Baptiste le Moyne, Sieur de Bienville*, als französische Kolonie gegründet und nach dem damaligen französischen Regenten, dem Herzog von Orléans, benannt. Die neue Siedlung fand zunächst von Seiten des französischen Mutterlandes wenig Unterstützung, da die in Paris residierende Obrigkeit die geographische Lage für wenig vorteilhaft erachtete. So war es erklärlich, daß 1722 der Pater Charlevoix über den Ort zu berichten wußte, daß er aus nur knapp 100 Holzhütten und einigen Zelten bestehe. Im gleichen Jahr gelang es le Moyne jedoch, den Sitz der Hauptstadt Louisianas von Biloxi hierher zu verlegen, was New Orleans einen ungemeinen Aufschwung verlieh und den Grundstein zu seiner bewegten Geschichte setzte.

Sogleich wurde der königliche Ingenieur *Adrien de Pauger* mit der Anlage der neuen Stadt beauftragt, der sie nach rein französischen Gesichtspunkten plante. Kernpunkt wurde der zentrale *Place d'Armes* (Waffenplatz; heute Jackson Square) am Ufer des Mississippi, um welchen sich die wichtigsten öffentlichen Gebäude gruppierten. An ihn schlossen sich im Nordosten, Nordwesten und Südwesten die regelmäßig angelegten Wohn- und Geschäftsbezirke an, die das heutige French **Quarter** oder **Vieux Carré** (altes französisches Viertel) bilden. Die ersten Bauwerke entstanden noch unter dem Eindruck einer gewissen politischen, aber auch naturbedingten Unsicherheit und wurden daher nicht besonders dauerhaft erstellt. So ist nicht zu verwundern, daß aus den ersten Tagen von New Orleans keine architektonischen Denkmäler überkommen sind und nur vereinzelte Gebäude bis frühestens 1726 zurückdatieren. In dieser Zeit hatte die Stadt noch keine festen Grenzen; erst in der Mitte des 18. Jahrhunderts wurde mit der endgültigen Vermessung begonnen und auf der Höhe von Esplanade Avenue, Rampert Street und Canal Street ein Wall sowie der Stadtgraben errichtet.

Im Jahre 1762 trat Frankreich New Orleans an Spanien ab, und als die gegen die neue Herrschaft rebellierenden Bürger eine eigene Regierung einsetzten, wurde die Stadt mit Waffengewalt unterworfen. 1800 kam New Orleans nochmals kurzfristig an Frankreich, bis Napoleon I. es 1803 an die USA verkaufte (Louisiana Purchase). Die bisher stark romanisch geprägte Stadt geriet nunmehr in einen neuen, vorwiegend angelsächsischen Einflußbereich, welcher zunächst zu einer starken räumlichen Ausdehnung der Wohngebiete über die alten Stadtgrenzen hinaus mit sich brachte. Während des Krieges von 1812 kam New Orleans vorübergehend auch politisch unter britische Herrschaft und wurde bis zu seiner Befreiung durch General Andrew Jackson 1815 zum wichtigsten englischen Kontrollpunkt für das Mississippital.

In den nun folgenden Jahren des Friedens nahm New Orleans dank seiner günstigen Lage am Mississippi und der fruchtbaren Umgebung einen ungewöhnlich raschen wirtschaftlichen Aufschwung, dessen Glanz noch heute in den prächtigen Villen und Wohnhäusern des Garden District unverkennbar erhalten ist. Die Bevölkerungszahl betrug im Jahre 1850 rund 116 000 und erreichte zur letzten Jahrhundertwende 300 000 Einwohner. Obgleich in den frühen Jahren seines Bestehens New Orleans auch bevorzugter Landungsplatz für Sklavenschiffe war, bildete sich dank des großen Reichtums der Stadt sogar eine unabhängige, vermögende farbige Oberschicht, die selbst in der Lage war, sich Sklaven zu halten. Heute gehört New Orleans zu denjenigen Städten der USA, die bemerkenswerte Schritte auf dem Gebiet der Sozialisierung der Farbigen unternommen haben. Bis in unsere Tage ist New Orleans eine wohlhabende, stimmungsvolle und für die Vereinigten Staaten untypische Stadt geblieben.

SEHENSWÜRDIGKEITEN

French Quarter oder **Vieux Carré** (altes französisches Viertel) heißt die älteste Gegend der Stadt um den rechteckigen JACKSON SQUARE, die in für die Vereinigten Staaten ungewöhnlich hohem Maße ihren eigentümlichen, romanischen Reiz bewahrt hat. Eindrucksvoll ist die Geschlossenheit der hier vorherrschenden Architektur, eine glückliche Mischung aus französischen und spanischen Stilelementen mit spezifischen, durch das feuchtheiße Klima bedingten Merkmalen. Die eher strengen Fassadenzüge haben weit umlaufende Balkongänge mit zierlichen, filigranen Schmiedeeisengeländern. Im Innern tragen

NEW ORLEANS (CENTER)

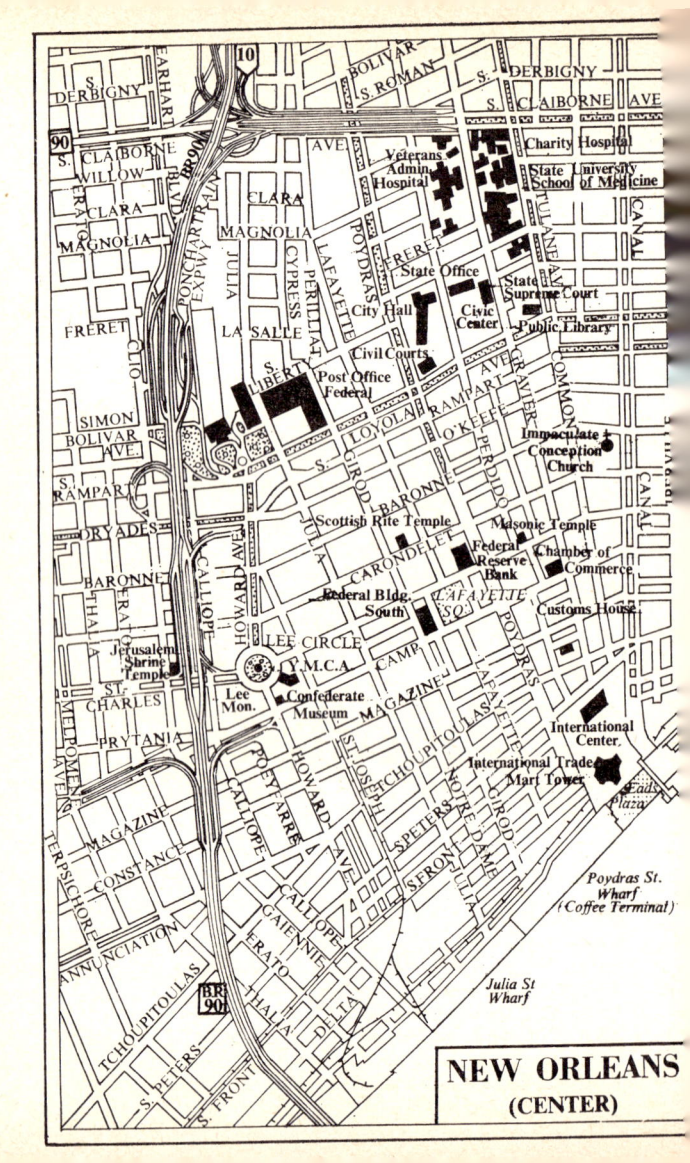

Legend

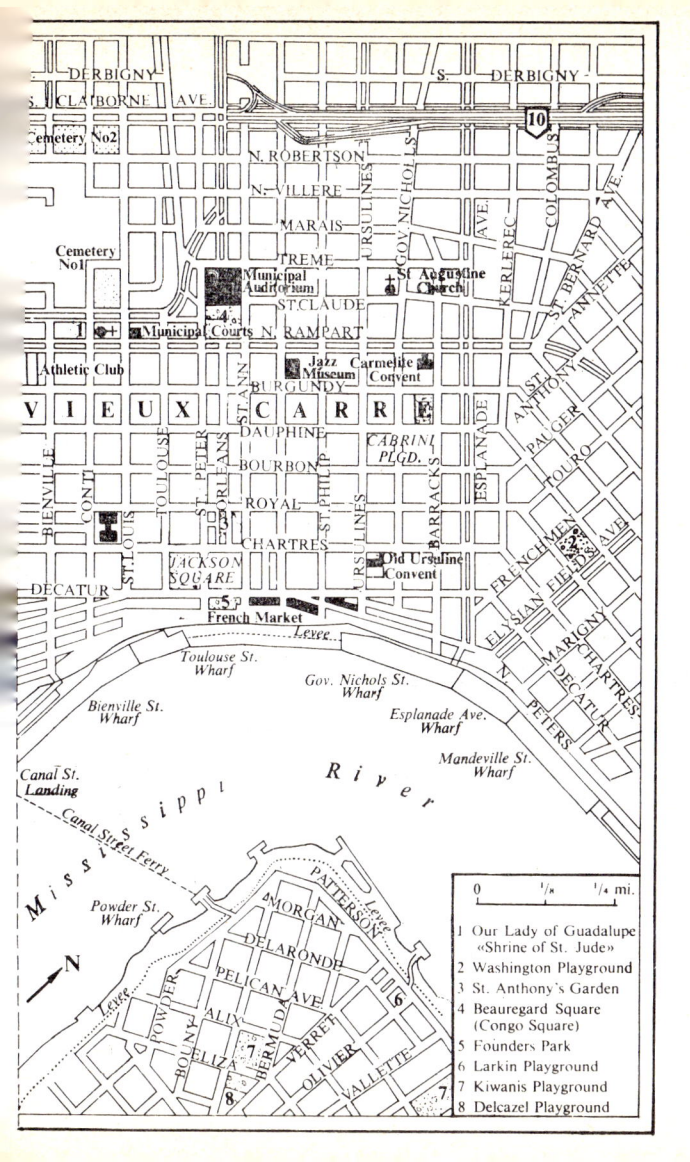

1. Our Lady of Guadalupe «Shrine of St. Jude»
2. Washington Playground
3. St. Anthony's Garden
4. Beauregard Square (Congo Square)
5. Founders Park
6. Larkin Playground
7. Kiwanis Playground
8. Delcazel Playground

schmucke, blumengezierte Patios (Lichthöfe) und hohe Räume den klimatischen Gegebenheiten Rechnung.

Ursprünglich Zentrum der Stadt und Mittelpunkt des kulturellen und wirtschaftlichen Geschehens, begann mit dem Anschluß Louisianas an die USA (Louisiana Purchase) 1803 die Bedeutung des French Quarter allmählich zu schwinden. Einerseits standen die hier lebenden, beschwingten Kreolen den kühlen, vom Norden zugewanderten angelsächsischen Amerikanern reserviert gegenüber, andererseits bevorzugten es jene, meist rasch zu Reichtum gelangt, sich von diesen getrennt in den äußeren Bezirken jenseits der Stadtbefestigungen anzusiedeln. Immer mehr verlagerten sich die Geschäftsviertel in die neueren Gebiete der Stadt und selbst die angestrengten Bemühungen reicher Kreolen, das Vieux Carré erneut zum Mittelpunkt der Stadt zu machen, scheiterten und konnten sein allmähliches Absinken nicht verhindern.

So begann bereits zu Beginn des 19. Jahrhunderts das French Quarter seine Prägung als unterhaltendes, lockeres Viertel zu erhalten und zu vertiefen. Dem sich mehr und mehr breitmachenden leichten, unkontrollierten Treiben suchte schließlich der puritanische Ratsherr *Sydney Storyville* ein Ende zu bereiten, indem er 1897 Vergnügungsetablissements nur in einem kleinen, 'red light district' (Rotlichtbezirk), später spöttisch nach seinem Urheber 'Storyville' genannten Bereich zuließ. Hier entwickelte sich unter den verschiedenartigsten Einflüssen der sich zusammenfindenden Menschen vieler Rassen und Länder der **Jazz,** eine aus rhythmischen afrikanischen Grundzügen gebildete Musik mit starken, instrumentalen und melodischen europäischen Zügen. Als schließlich 1917 die amerikanische Marinebehörde auch alle Vergnügungslokale von 'Storyville' schließen ließ, mußten sich die ortsansässigen Jazzmusiker nach neuen Arbeitsplätzen umsehen. Viele verpflichteten sich als Orchestermusiker auf den flußaufwärts ziehenden Mississippidampfern und kamen auf diesem Wege zunächst nach St. Louis, später auch nach Kansas City, Chicago und New York, wo sich vielfach auch Weiße der neuen Musikrichtung anschlossen, sie weiterentwickelten und in Kennerkreisen weltweit berühmte Orchester und Werke schufen. Das 1961 gegründete *New Orleans Jazz Museum* befindet sich in der Dumaine Street (Nr. 1017; Mo. geschl.).

Heute ist das Vieux Carré ein Unterhaltungsviertel für jedermann mit Darbietungen vom billigen Striptease bis zur kultivierten Show, von der Diskothek bis zum exklusiven Nachtclub. Oft recht guter Jazz wird u.a. an der Bourbon Street, aber auch in mancher Seitengasse in meist kleinen Räumen konzertant geboten (z.B. *Preservation Hall*, St. Peter Street Nr. 726). Eine große Zahl an Antiquitätengeschäften, Kunstgewerbeläden und Bildergalerien finden sich im gesamten Stadtteil; um den Jackson Square haben sich zahlreiche Maler und Zeichner unter freiem Himmel etabliert, die u.a. Portraits auf Bestellung fertigen.

Ein **RUNDGANG** durch das French Quarter geht am zweckmäßigsten von der Canal Street aus:

In Höhe der Häuserblocks mit den Nummern 700 und 800 beginnt die bekannte BOURBON STREET mit ihren vielen Jazz- und Nachtlokalen. An der rechten Straßenseite (Nr. 238) das **Old Absinthe House** ein altes Trinklokal (um 1806); an den Wänden zahllose Widmungen und Visitenkarten von Besuchern, darunter auch berühmter Persönlichkeiten. Etliche Häuserblocks weiter, auf der linken Straßenseite (Nr. 941) der *Lafitte's Blacksmith Shop*, eines der ältesten Gebäude des Vieux Carré, heute ein Nachtlokal. Die Bourbon Street endet bei der ESPLANADE STREET, die das French Quarter im Nordosten begrenzt. Bei der URSULINE STREET biegt man bereits nach rechts in diese ein; an der Ostecke der Kreuzung mit der ROYAL STREET (Nr. 1140) steht das *Haunted House* (verwunschenes Haus; von 1832) in dem sich Louis Philippe von Frankreich und Lafayette aufgehalten haben sollen. Von hier lohnt ein kleiner Abstecher in südöstlicher Richtung zu dem **Old Ursuline Convent** (Chartres Street Nr. 1114), eines der ältesten Bauwerke der Stadt; das 1734 von den Ursulinerinnen errichtete Klostergebäude beherbergte schon frühzeitig ein Waisenhaus und eine Schule für Neger und Indianer. Heute ist in dem Bau das Pfarramt der nebenan gelegenen **St. Mary's Italian Church** (1116 Chartres Street) untergebracht, die 1826 an Stelle der ursprünglich von 1780 stammenden Ursulinenkirche errichtet wurde. — Vom Haunted House folgt der Rundgang der Royal Street in südwestlicher Richtung; an der Ecke DUMAINE STREET (Royal Street Nr. 902-910) das *Heine House* (ursprünglich *Miltenberger Home;* von 1838) mit rings umlaufendem Balkon an den beiden oberen Stockwerken. Wenig abseits (Dumaine Street Nr. 632) *Madame John's Legacy Home*, das bis 1726 zurückdatierende älteste Haus der Stadt (im Innern z.T. Originaleinrichtung). — Drei Häuserblocks südwestlich vom Heine House zweigt nach links die PIRATE'S ALLEY (eigentlich ORLEANS ALLEY) ab, eine Gasse, durch welche Verbrecher einst zum Gefängnis des Cabildo (siehe unten) geführt wurden. Links der St. **Anthony Garden** oder *Cathedral* Garden, eine umzäunte Parkanlage (ehem. Duelliergelände) an der Rückseite der St. Louis Cathedral (siehe unten); in der Mitte ein Obelisk als Denkmal für 28 hier begrabene französische Seeleute.

Die Pirate's Alley mündet auf den von Chartres Street, St. Ann Street, Decatur Street und St. Peter Street begrenzten **JACKSON SQUARE,** den 1721 als *Place d'Armes* angelegten Hauptplatz des historischen Stadtkerns. Inmitten des blumengeschmückten Platzes ein *Reiterstandbild* des Generals *Andrew Jackson* (von C. Mills; 1856). An der Nordwestseite steht die **St. Louis Cathedral,** die 1794 an Stelle einer von 1723 stammenden, 1788 bei einem Großbrand zerstörten Kirche wiedererrichtete und seither mehrfach umgebaute Kathedrale des katholischen Erzbistums von New Orleans. Südwestlich daneben, jenseits der Pirate's Alley, der **Cabildo,** das 1795 von Don Andres Almonester y Roxas errichtete Sitzungs- und Amtsgebäude für den damals spanischen Stadtrat (heute Teil des Louisiana State Museum); in der *Sala Capitular* (Kapitelsaal) des 1. Stockwerkes trafen 1803 die Abgesandten Frankreichs und der Vereinigten Staaten zusammen, um die Übergabe des Territoriums von Louisiana an die USA (Louisiana Purchase) zu unterzeichnen.

Nordöstlich der St. Louis Cathedral und jenseits der schmalen Père Antoine Alley steht das dem Cabildo nachempfundene, mit ihm begonnene, jedoch erst 1817 fertiggestellte **Presbytery** (Pfarrhaus). Es diente niemals seinem eigentlichen Zwecke, sondern beherbergte lange Zeit hindurch den Obersten Gerichtshof sowie das Appellationsgericht des Staates Louisiana und dient heute der naturhistorischen Abteilung des Louisiana State Museum. — Die Nordostseite des Jackson Square flankieren die **Pontalba Apartments,** zwei vierstöckige Mehrfamilienhäuser, die 1849 als erste ihrer Art in den USA erbaut wurden. Bemerkenswert sind die feinen Kunstschmiedegeländer entlang der Balkonumgänge. — Im Südosten des Jackson Square (Decatur Street Nr. 800–900) erstreckt sich der **FRENCH MARKET** (französischer Markt), die stimmungsvollen Markthallen des Vieux Carré, in welchen eine reiche und bunte Auswahl an Obst, Gemüse, Geflügel, Fisch und anderen Meerestieren feilgehalten wird. Diese Stelle wurde bereits von den einstmals hier lebenden Choctaw-Indianern als Marktflecken benutzt.

NEW ORLEANS

Folgt man bei der Abzweigung der Pirate's Alley (siehe oben) der Royal Street weiterhin in südwestlicher Richtung, so gelangt man alsbald zu dem linkerhand (Nr. 700) gelegenen *La Branche House* (von 1835) mit feinen schmiedeeisernen Balkongeländern in den beiden oberen Etagen. Südöstlich davon (St. Peter Street Nr. 615) das **Spanish Arsenal,** 1839 als Gefängnis errichtet und heute ein Teil des Louisiana State Museum; diesem schräg gegenüber (St. Peter Street Nr. 616) **Le Petit Théatre du Vieux Carré,** 1797 als Kammertheater errichtet und seither stets demselben Zwecke dienend. — Zu beiden Seiten der Royal Street folgen nun verschiedene bemerkenswerte Gebäude, darunter (Nr. 401) die *Old Bank of Louisiana*, 1821 nach Plänen des Architekten Benjamin Latrobe für die 'Banque de l'Etat de la Louisiana' errichtet. — Einen Besuch verdient ferner *Napoleon's House* (Chartres Street Nr. 503–509), in welchem Napoleon I. nach seiner geplanten Flucht von der Insel Helena unterkommen sollte.

Besuchenswert sind die **Friedhöfe** der Stadt, auf denen wegen des hohen Grundwasserspiegels die Toten oberirdisch in Sarkophagen begraben werden müssen, wo dann wegen des heißen Klimas ein trocknender Verwesungsprozeß eintritt. Die Anlagen tragen den Charakter von Nekropolen, auf welchen sich beachtliche Mausoleen wohlhabender Bürger und Familien der Stadt sowie Gräber befinden, die bis ins 18. Jahrhundert zurückdatieren. Besondere Erwähnung verdienen der große *Metairie Cemetery* und der *Greenwood Cemetery* unweit südwestlich vom City Park sowie der *St. Louis Cemetery* nordwestlich vom French Quarter.

CANAL STREET (Kanalstraße), die das French Quarter im Südwesten begrenzende, 5½ km (3½ mi.) lange, breite und lebhafte Hauptverkehrs- und -geschäftsader der Stadt zwischen Mississippi und Lake Montchartrain; Nr. 423 (Ecke Decatur Street) und das 1848 erbaute stattliche **United States Custom House** für die Bundeszollbehörde.

International Trade Mart (am Mississippi, Canal Street Nr. 2), internationales Handelszentrum mit dem *Rivergate Exhibition Center* (Warenausstellung) und dem 125 m (407 ft.; 33 Stockwerke hohen *International Trade Mart Tower* auf kreuzförmigem Grundriß (oben eine rotierende Aussichtskanzel; gratis).

Hibernia Tower (812 Gravier Street, im Gebäude der Hibernia National Bank; 110 m bzw. 355 ft.); von der Aussichtsplattform im 23. Stockwerk schöner Rundblick (gratis).

CIVIC CENTER (zwischen Loyola Avenue, Poydras Street, La Salle Street und Gravier Street), modernes Stadtverwaltungszentrum auf einer Fläche von 5½ ha (14 acres) mit der **City Hall** (Rathaus), dem *Civil Courts Building* (Zivilgericht), dem *State Supreme Court Building* (Oberster Staatsgerichtshof) und dem 159 m (516 ft.; 45 Stockwerke) hohen **State Office Building** (Staatsbehörden).

Lee Circle, Verkehrskreisel an der Kreuzung von Howard Avenue und St. Charles Avenue; in der Mitte auf einer hohen Säule das *Bronzestandbild* (von A. Doyle) des Bürgerkriegsgenerals *Robert Edward Lee* (1807–1870), einst Kommandant der Streitkräfte der Südstaaten.

Greater New Orleans Mississippi River Bridge, 1958 vollendete Straßenhochbrücke (Mittelstück in Gitterträgerbauweise) über den Mississippi mit einer Spannweite von 585 m (1575 ft.) und weit ausholenden Zufahrtsrampen (Benutzungsgebühr).

GARDEN DISTRICT, im Südwesten der Innenstadt gelegenes Wohngebiet der in der Mitte des 19. Jahrhunderts hinzugewanderten Nordamerikaner. Hier befinden sich in prächtigen subtropischen Gärten hervorragende Beispiele von im Kolonialstil errichteten Wohnhäusern. Der Besuch dieses Viertels ist sehr zu empfehlen.

CITY PARK (im Norden der Stadt, zwischen Orleans Avenue, Wisner Boulevard, R. E. Lee Boulevard und City Park Avenue) ausgedehnte Parkanlage mit schönen Blumengärten (Blumenuhr), Tennis- und Golfplätzen, Musikpavillon, Teichen, dem hufeisenförmigen *City Park Stadium* und dem bemerkenswerten **Isaac Delgado Museum of Art** (antike und moderne Kunstschätze aus Europa und Amerika; Mo. geschl.; gratis).

LAKE PONTCHARTRAIN, 8 km (5 mi.) nördlich der Stadtmitte sich bei einer Maximaltiefe von 4½ m (15 ft.) über eine Fläche von 1631 qkm (630 sq. mi.) erstreckende Lagune mit schönen Uferanlagen, Badestrand, Vergnügungspark, Wassersporteinrichtungen, Jachthäfen, der *Louisiana State University in New Orleans* (1958 gegründet; 8000 Studierende) und dem *New Orleans Lakefront Airport*. Den See überquert in seiner Mitte von Norden nach Süden der **Lake Pontchartrain Causeway,** eine 38½ km (24 mi.) lange Straßenbrücke (auf halbem Wege Wendemöglichkeit; Benutzungsgebühr).

Loyola University (6300 St. Charles Avenue), 1912 gegründete Universität (heute rund 5000 Studierende) mit roten Backsteingebäuden im Tudorstil. Unmittelbar nordwestlich anschließend liegt das 40½ ha (100 acres) große Gelände der 1834 gegründeten **Tulane University** (heute rund 9000 Studierende) mit dem *Sugar Bowl Stadium*, einem hochschuleigenen Sportstadion.

AUDUBON PARK (im Südwesten, vom Mississippi River bis zur St. Charles Avenue sowie zwischen Exposition Boulevard und Walnut Boulevard), langgestreckte, 1915 nach Plänen von Olmstead angelegte Grünfläche mit schönen Eichen, Gewächshäusern, Teichen, kleinem *Zoo* und *Aquarium*.

Chalmette National Historical Park (9½ km bzw. 6 mi. östlich) am Nordufer des Mississippi gelegenes Schlachtfeld, wo General *Andrew Jackson* (1767–1845) am 8. Januar 1815 den entscheidenden Sieg über die britischen Truppen davontrug. Denkmal (Obelisk), Ehrenfriedhof; Besucherzentrum und Museum (gratis).

Auskunft:

Greater New Orleans Tourist and Convention Commission, 400 Royal Street.
Chamber of Commerce of the New Orleans Area, International House, 607 Gravier Street.
Pan American World Airways, 709 Common Street.

Unterkunft und Restaurants: siehe Verzeichnis am Ende des Buches.

Hauptpost:

United States Post Office, Ecke Julia Street und South Rampart Street.

Autobushöfe:

Greyhound, Ecke Tulane Avenue und Derbigny Street.

Hauptbahnhof:

Union Passenger Terminal, Place Bienville.

Flughäfen:

New Orleans International Airport (Moisant Field), 18 km (11 mi.) nordwestlich der Stadt.
Lakefront Airport, 13 km (8 mi.) nordöstlich am Lake Pontchartrain.

Stadtbesichtigungsfahrten:

Gray Line Tours, 1600 Annunciation Street.

Schiffsverkehr:
Täglich 2½-stündige Hafen- und Flußrundfahrten mit *SS President* und täglich 5-stündige Bayou- und Flußfahrten mit *MV Mark Twain* oder *Voyageur;* Auskunft und Abfahrt am Canal Street Dock.
Canal Street Ferry (Flußfähre; gratis).

Alljährlich wiederkehrende Veranstaltungen:
Mardi Gras oder *Shrove Tuesday,* ausgelassenes Treiben mit Umzügen und Maskenbällen der Karnevalsvereine (seit 1857) am Fastnachtsdienstag.
Jazzfest im Juni.

NEW YORK CITY, N.Y.

Die Weltstadt **New York,** eindeutschend auch *Neuyork* (0–131 m bzw. 430 ft.; im Durchschnitt 16½ m bzw. 54 ft.) liegt im äußersten Südostzipfel des gleichnamigen US-Bundesstaates auf 40° nördlicher Breite (etwa wie Madrid oder Neapel) sowie auf 74° westlicher Länge an der Mündung des hier einen vortrefflichen natürlichen Hafen bildenden *Hudson River* in den *Atlantischen Ozean.* Das Stadtgebiet erstreckt sich sowohl auf dem Festland als auch auf von Meeresbuchten und Flußarmen umgebenen Inseln und entstand aus der 1898 erfolgten Verschmelzung zum Großstadtraum *Greater New York* der bis dahin selbständigen Boroughs (Stadtbezirke) MANHATTAN, KINGS (Brooklyn), QUEENS, THE BRONX und RICHMOND (Staten Island), die gleichzeitig fünf Counties (Kreise) des Staates New York darstellen. Die Stadt bedeckt eine Grundfläche von 829 qkm oder 320 sq. mi. (inkl. Wasserflächen rund 3200 qkm bzw. 1235 sq. mi.); ihre räumliche Ausdehnung erreicht in der größten Länge von Südwesten nach Nordosten etwa 56 km (35 mi.) und in der größten Breite 30 km (18½ mi.). Greater New York hat derzeit eine Einwohnerzahl von über 8 Millionen (davon rund 20% Farbige), zu denen etwa 1 Million Berufstätige hinzuzurechnen sind, die werktags zwischen den näheren Vororten und der Stadt hin und herpendeln. — Die *Metropolitan Area* schließt zahlreiche angrenzende Counties der Staaten New York, New Jersey sowie Connecticut ein und hat etwa 12 Millionen Einwohner. — Unter der *Consolidated Area* versteht man einen noch weiteren Raum, in den u.a. auch die Städte Newark, Jersey City und Paterson im Staate New Jersey einbezogen sind. In diesem Wirtschaftsgroßraum leben rund 16 Millionen Menschen, der somit als das größte Siedlungsballungsgebiet der Erde anzusehen ist.

New York wird mit Recht als ein *Melting pot* (Schmelztigel) der Alten und der Neuen Welt bezeichnet. Die Zusammensetzung der Bevölkerung ist äußerst heterogen und umfaßt als größte Gruppe im Ausland geborener US-Bürger etwa 350 000 Italiener, 220 000 Russen und Ukrainer, 200 000 Deutsche, 188 000 Polen, 120 000 Iren, 106 000 Engländer, 96 000 Österreicher, 34 000 Tschechen und Slowaken, 30 000 Kubaner, 27 000 Rumänen, 25 000 Norweger, 24 000 Franzosen, 22 000 Chinesen und 10 000 Schweizer. Außerdem leben hier etwa 800 000 Puertoricaner; der jüdische Bevölkerungsanteil beträgt rund 2 Millionen. — Die Stadt New York hat dem Staat New York zwar seinen Namen gegeben, ist jedoch nicht dessen Hauptstadt (Albany, N.Y.). Wird hier eine Unterscheidung notwendig, so spricht man von der Stadt als New York City.

An der Spitze der New Yorker *Stadtverwaltung* steht ein Mayor (Bürgermeister) sowie ein von der Bürgerschaft für vier Jahre gewählter Council

(Stadtrat). Die Durchführung der Verwaltungsarbeiten obliegt dem Board of Estimate, in dem neben dem Bürgermeister und dem Finanzpräsidenten der Vorsitzende des Stadtrates und die Verwaltungspräsidenten der fünf Stadtbezirke vertreten sind. Die Stadtexekutive leitet ein Polizeipräsident, dem rund 25 000 Polizeibeamte unterstehen.

Das New Yorker *Wirtschaftsleben* ist in erster Linie von den mannigfaltigen Aktivitäten des Hafens und dem international einflußreichen Finanzwesen mit seinen Banken, Börsen und Versicherungsgesellschaften bestimmt. — Die industriellen Einrichtungen bestehen vorwiegend aus mittleren Betrieben, die Textilien, Lederwaren, Modeartikel, Maschinen und elektrotechnische Geräte sowie Mineralstoffe, Farben und Pharmazeutika herstellen; eine wichtige Stellung nehmen daneben Schiffswerften, das graphische Gewerbe, die Papier- und die Nahrungsmittelindustrie ein. Desgleichen müssen in diesem Zusammenhang die Verwaltungssitze zahlloser Industriegesellschaften, der Groß- und der Einzelhandel aller Branchen, die stark kommerzialisierten Presse-, Rundfunk- und Fernsehanstalten sowie die Werbeagenturen genannt werden.

Die New Yorker *Baugeschichte* beginnt — wenn man von den Behausungen der Indianer absehen will — mit den hölzernen Hütten der holländischen Handelsniederlassung der 17. Jahrhunderts. — Von einer eigenständigen Architektur kann man jedoch erst im 18. und im 19. Jahrhundert sprechen, als die englische Kolonie ihre Häuser in dem sogenannten georgianischen oder Kolonialstil in Holz -oder Ziegelbauweise meist mit einem Eingangsportikus errichtete; hiervon sind nur wenige Beispiele erhalten. — Während des 19. Jahrhunderts kamen zunehmend jene die klassische griechische Tempelbauart und die mittelalterlichen Sakralarchitekturen nachahmenden Bauweisen, besonders des Greek Revival und des Gothic Revival, aber auch anderer eklektizistischer Stilrichtungen in Mode, wofür eine Vielzahl von anschaulichen Beispielen anzutreffen ist. — Um die Wende vom 19. zum 20. Jahrhundert baute man vielfach einheitliche zwei- bis dreistöckige, Brownstones genannte Bürgerhäuser aus rötlichbraunem Stein mit steilen metallenen Außentreppen, die noch oft, besonders in den älteren Stadtteilen, zu finden sind. — Infolge des sprunghaften Bevölkerungszuwachses und des ebenso raschen Ansteigens der Grundstückspreise entschloß man sich zu Beginn dieses Jahrhunderts, bei der weiteren Bebauung systematisch nach einer fortschrittlich konzipierten Stadtplanung vorzugehen und nunmehr vor allem in die Höhe zu bauen. Die epochemachende Stahl- und Betonbauweise erlaubte es den Architekten, jenes höchst eindrucksvolle Meer von Skyscrapers (Wolkenkratzer) entstehen zu lassen, das die weltberühmte Skyline (etwa 'Horizontlinie') von New York bildet. Zunächst tragen die Hochhäuser noch Fassadenverzierungen verschiedenster Stilarten, später geht man zu schlichteren Turmformen über. Als die immer zahlreicher und höher werdenden Hausriesen sich allmählich gegenseitig und auch den Straßenschluchten zwischen ihnen Licht und Luft fortnehmen, erläßt die Stadtverwaltung im Jahre 1916 das sogenannte Zoning Law, eine Bauvorschrift, die bei Neukonstruktionen ein restriktives Verhältnis zwischen der Höhe senkrecht aufstrebender Fassaden und zugehöriger Straßenbreite andererseits sowie zwischen Grundfläche und sich nach oben verringerndem Bauraum gesetzlich festlegte. So entstanden jene noch heute vielfach und in den verschiedensten Stufungsarten anzutreffenden markanten Terrassenbauten. In jüngerer Zeit sind bei stetig zunehmender Bautätigkeit (zunächst vor allem im Mittelbereich, neuerdings auch im südlichen Teil der Insel) Aluminium und Glas zu vielbenutzten Bauelementen geworden; zudem hat die Verwendung vorfabrizierter Fertigteile eine erhebliche Verkürzung der Bauzeit mit sich gebracht. Die seit etwa 1950 auf im Verhältnis zum jeweiligen gesamten Grundstück kleineren Flächenteilen erstellten Scheibenhochhäuser gestatten die Anlage von unbebauten, erholsamen Plazas (Vorplätze mit Brunnen, Zierbecken, Beeten, Sitzbänken usw.).

New York ist Sitz der *Vereinten Nationen* (UNO) sowie der Oberhäupter zahlreicher Religionsgemeinschaften. Mehrere Universitäten und eine Vielzahl von Colleges sowie rund 900 Schulen dienen dem Bildungswesen. Im Hinblick auf das *kulturelle Leben* nimmt die Stadt in den Vereinigten Staaten eine führende Stellung ein und kann als Weltmetropole der modernen Kunst angesprochen werden. Kaum überschaubar ist die Anzahl der Museen, Kunstgalerien, Theater, Konzertsäle und Lichtspielhäuser. Straßenparaden, Kongresse, Freilicht- und Sportveranstaltungen ziehen gleichermaßen Einheimische und Fremde an, denen sich darüberhinaus vielfältigste Einkaufsmöglichkeiten und eine schwerlich zu übertreffende Fülle von Unterhaltungsstätten und Restaurants bieten. Viele Länder der Erde unterhalten in New York diplomatische und touristische Vertretungen. Groß ist die Zahl der in- und ausländischen Handelsniederlassungen, der Banken und der Büros der Flug-, Schiffahrts- sowie sonstiger Verkehrsgesellschaften und Transportunternehmen.

DATEN AUS DER STADTGESCHICHTE

1524   Der im Dienste des französischen Königs Franz I. stehende florentinische Seefahrer *Giovanni da Verrazano* erkundet auf der Suche nach einer Durchfahrt nach Indien als vermutlich erster Europäer die Mündung des heutigen Hudson River und nimmt die von friedlichen Indianern bewohnte Insel Manhattan unter dem Namen *Terre d'Abgoulême* in französischen Besitz.

1609   Der englische Kapitän *Henry Hudson* (1550–1611) fährt im Auftrage der Niederländisch-Ostindischen Gesellschaft den später nach ihm benannten Hudson River bis nach Albany hinauf und landet dabei auch auf Manhattan.

1610   Beginn regelmäßiger *Handelsseefahrten* zwischen Holland und dem Hudson River.

1613   Die neugegründete Niederländisch-Westindische Gesellschaft eröffnet eine *Handelsniederlassung* an der Mündung des Hudson River. *Adriaen Block* baut die ersten Häuser.

1614   Die Holländer erforschen das Gebiet um den Long Island Sound und nennen es *Neuholland*.

1623   Die ersten *Wallonen* wandern nach Neu Holland aus.

1626   *Peter Minnewit* (alias *Minuit*), ein aus Wesel stammender Holländer und erster Gouverneur der nun **Neuamsterdam** (niederländisch 'Nieuw Amsterdam') genannten Niederlassung kauft den Indianern die Insel Manhattan für Perlen, Knöpfe und ähnliches im Gegenwert von etwa 60 holländischen Gulden ab.

1628   Die nun bereits *befestigte Siedlung* zählt etwa 250 Einwohner.

1633   Im *Fort Neuamsterdam* wird die *erste Kirche* gebaut und geweiht.

1639   *Jonas Bronck* erwirbt Land in der Gegend des heutigen Stadtteils The Bronx.

1640   Nach Ausbruch eines Konfliktes mit den Indianern *teilweise Zerstörung* der Niederlassung durch die Eingeborenen.

1644   Längs des nördlichen Grenzwalles der Siedlung wird die *Wall Street* gezogen.

1646   Anfänge der Siedlung *Breuckelen* (niederländisch 'Bruchland'), des heutigen Brooklyn.

1647	*Peter Stuyvesant* (1592–1672) übernimmt als letzter der vier holländischen Gouverneure sein Amt und ordnet die Ansiedlung neu.
1650	Die Niederlassung hat jetzt etwa 800 Einwohner, die sich vorwiegend aus der eigenen *Landwirtschaft* ernähren und *Pelz- und Tabakhandel* treiben.
1653	Neuamsterdam erhält *Stadtrechte;* Bürgerschaftsvorsitzender wird der einbeinige Peter Stuyvesant.
1656	*Indianerüberfall* auf die Stadt, bei dem viele Einwohner umgebracht werden.
1658	Bildung erster Einheiten von *Polizei* und *Feuerwehr*.
1659	Anlage der *Stone Street*, der ersten gepflasterten Straße.
1660	Die Einwohnerzahl beträgt nun etwa 1500.
1664	Nach dem zweiten englisch-holländischen Seekrieg belehnt König Karl II. von England seinen Bruder, den *Herzog von York und Albany*, mit den holländischen Besitzungen in Nordamerika. Unter Oberst *Nicholls* wird Neuamsterdam von den Engländern besetzt und nimmt zu Ehren des Herzogs den Namen **New York** (Neu-York) an; *Thomas Willett* wird erster englischer Gouverneur.
1665	Die Stadtverwaltung übernimmt *englische Einrichtungen*.
1667	Im Frieden von Breda tritt Holland die Kolonie in Austausch gegen das südamerikanische Surinam an England ab und New York wird *britischer Verwaltung* und Gerichtsbarkeit unterstellt.
1670	New York hat etwa 3000 Einwohner.
1672	*Tod Peter Stuyvesants*, der auf dem Friedhof bei der Kirche St. Mark's-in-the-Bouwery beigesetzt wird.
1673	Die Holländer erobern New York kurzfristig zurück und nennen es zu Ehren des Prinzen von Oranien *Neuoranien* (niederländisch 'Nieuw Oranje').
1674	Nach Beendigung des dritten englisch-holländischen Seekrieges wird die Stadt wieder an England zurückgegeben und heißt erneut *New York*.
1680	New York erhält ein Monopol für *Getreideexporte*.
1683	Fortschrittliche Neuerungen in der Gesetzgebung; Gewährung der *Religionsfreiheit*.
1689	*Aufstand* des aus Frankfurt am Main stammenden *Jakob Leisler*, der als Führer der holländischen Partei die Bevölkerung nach dem Sturz des Hauses Stuart in England zum Widerstand gegen die Engländer aufruft. Wilhelm von Oranien läßt den Aufruhr jedoch niederschlagen; Leisler wird hingerichtet.

1693	Die *erste Druckerpresse* wird aufgestellt.
1698	Errichtung der *Trinity Church*, der ersten anglikanischen Stadtkirche; ferner Einweihung der ersten *Straßenbeleuchtung* (alle sieben Häuser eine Laterne).
1700	Das *erste Rathaus* wird gebaut. — New Yorks Einwohnerzahl beträgt jetzt etwa 6000; starke Hugenotteneinwanderung.
1703	An der Südspitze von Manhattan wird eine Kanonenbatterie aufgestellt, die der Stelle den Namen *Battery* verleiht.
1709	Einrichtung eines *Sklavenmarktes* in der Wall Street.
1713	Einrichtung eines *Fährbetriebes* zwischen Manhattan und Staten Island.
1725	Die *erste Zeitung* wird gedruckt und verbreitet.
1732	An der Maiden Lane wird das *erste Theater* eröffnet.
1741	Die zahlreichen farbigen Sklaven rebellieren in einem blutigen *Negeraufstand*.
1754	Einrichtung des King's College, des Vorläufers der *Columbia University* (ursprünglicher Sitz in der Nähe des heutigen Woolworth Building); ferner Gründung der *ersten Bibliothek*.
1765	Protestzusammenkunft der Abgeordneten von neun der dreizehn Kolonialstaaten gegen die *Stempelakte* (Stempelmarkenpflicht für alle Urkunden und Zeitungen).
1767	Die Stadt erstreckt sich etwa bis zum heutigen Civic Center.
1768	Einrichtung der New Yorker *Handelskammer*.
1770	Blutiger *Zusammenstoß* am Golden Hill (nahe der heutigen John Street) zwischen königstreuen Soldaten und revolutionären Demokraten. — Die Bevölkerung ist auf etwa 22 000 Einwohner angewachsen.
1776	Das Kolonialheer besetzt unter Führung seines Oberkommandierenden *George Washington* die Stadt, muß sie aber nach Gefechten auf Long Island und bei Harlem Heights wieder verlassen; darauf *Plünderung* durch die Engländer. Ein *Großbrand* vernichtete etwa 500 New Yorker Häuser. — Der Patriot *Nathan Hale* wird von den Engländern als Spion hingerichtet. — Auf dem Broadway (bei der heutigen Hausnummer 319) entsteht das *erste Krankenhaus* der Stadt.
1777	Auf einer in New York abgehaltenen Bundesversammlung wird die *Bundesflagge* ausgewählt.

1783	Nach dem Abschluß des Friedens von Versailles, der den dreizehn Urbundesstaaten die *Unabhängigkeit* bringt, erfolgt der endgültige *Abzug der Engländer*. General George Washington hält darauf eine Siegesfeier in der bekannten Fraunces' Tavern ab.
1784	New York nimmt sein noch heute bestehendes *Stadtwappen* an und wird **Bundeshauptstadt** der Vereinigten Staaten. Bis 1798 tagen der von Philadelphia hierher verlegte Kongreß, bis 1790 auch die Bundesregierung in New York. — Gründung der *ersten Bank*.
1788	Die in der Wall Street gelegene City Hall wird als *Federal Hall* zum Versammlungsort des Kongresses.
1789	*George Washington* wird als erster *Präsident* der Vereinigten Staaten von Amerika in der Federal Hall vereidigt; erste Sitzung des *Obersten Gerichtshofes*. — Gründung des *ersten Museums* der Stadt sowie der *Börse*, die zuerst aus etwa einem Dutzend Kaufleuten bestand, die sich bei einem Baum vor dem Haus Nr. 68 der Wall Street zu treffen pflegten.
1790	Die erste amtliche *Volkszählung* in den USA ergibt für New York rund 33 000 Einwohner.
1799	Der New Yorker *Sklavenmarkt* wird *aufgehoben*.
1800	Die Stadt hat nunmehr bereits etwa 60 000 Einwohner und dehnt sich rasch zunehmend weiter nach Norden aus.
1807	Das von Robert Fulton (1765–1815) entwickelte *erste Dampfschiff* ('Clermont') macht eine erfolgreiche Versuchsfahrt auf dem Hudson River.
1809	Feierlichkeiten zum 200. Jahrestag der Ankunft Henry Hudsons auf Manhattan.
1812	Der zweijährige *Krieg* gegen Großbritannien und die damit verbundene *Blockade* der amerikanischen Häfen fügt auch New York großen Schaden zu.
1814	Nach dem Frieden von Gent, bei dem der Vorkriegszustand wiederhergestellt wird, setzt ein starker *Einwandererstrom* aus Europa ein, den besonders die neu in Dienst gestellten Dampfschiffe begünstigen.
1820	Die Einwohnerzahl ist auf etwa 125 000 angestiegen.
1825	Eröffnung des für Handel und Verkehr wichtigen *Erie-Kanals* zwischen Albany am Hudson River und dem Erie-See. — Einführung des *Gaslichtes*.
1831	Eröffnung der *ersten Eisenbahnlinie* ('Harlem Railroad').
1840	New York hat jetzt schon rund 315 000 Einwohner.
1853	*Weltausstellung* in New York.

1858	In der Nähe des Gramercy Park wird *Theodore Roosevelt* († 1919), der spätere sechsundzwanzigste Präsident der USA geboren.
1860	Die Stadt zählt nunmehr etwa 830 000 Einwohner.
1861	Beginn des *Sezessionskrieges*, in dem New York auf der Seite der Nordstaaten kämpft.
1863	Beim *Draft Riot*, einem gegen die Soldateneinberufung gerichteten Aufstand, kommen etwa 1000 Menschen um.
1865	Ende des Bürgerkrieges und *Aufblühen* des wirtschaftlichen und kulturellen Lebens; dank großzügigen Mäzenatentums Gründung zahlreicher Museen.
1867	Eröffnung der *ersten Hochbahnlinie*.
1870	Vollendung des *Central Park*.
1880	Die Einwohnerzahl hat die Millionengrenze überschritten (ca. 1,2 Mill.).
1881	Einführung des *elektrischen Lichtes*.
1886	Einweihung der *Freiheitsstatue*.
1888	Ein mehrere Tage andauernder *Blizzard* (Schneesturm) richtet gewaltige Schäden an.
1890	New York beherbergt jetzt rund 1,5 Millionen Einwohner.
1898	Die fünf Boroughs (Bezirke) Manhattan, Kings (Brooklyn), Queens, The Bronx und Richmond (Staten Island) werden als **Greater New York** (Großraum New York) mit etwa 3,4 Millionen Einwohnern zur damals *größten Stadt der Erde*, deren bauliche Entwicklung im Zuge des schwunghaften Wirtschaftsaufstieges, der auch durch den Ersten Weltkrieg kaum gebremst wird, gigantische Ausmaße annimmt.
1904	Inbetriebnahme der *ersten Untergrundbahn*.
1920	Nach dem Ersten Weltkrieg nimmt die Zuwanderung Farbiger aus den Südstaaten erheblich zu. Die Stadt hat jetzt etwa 5,6 Millionen Einwohner. — Eine Sprengstoffexplosion in der Wall Street fordert 30 Todesopfer.
1929	Der *Black Friday* ('schwarzer Freitag') des 24. Oktobers an der New Yorker Börse leitet die *Weltwirtschaftskrise* ein.
1931	Fertigstellung des *Empire State Building* (448 m bzw. 1472 ft.).
1939/40	*Weltausstellung* in New York.

1950	Die Einwohnerzahl ist auf rund 7,9 Millionen angestiegen und stagniert in den folgenden Jahren, da ein starker Zug in die Wohngegenden der weiteren Umgebung zu beobachten ist.
1952	Eröffnung der exterritorialen Anlagen der Organisation der **Vereinten Nationen** am East River.
1958	Einsatz verstärkter *Bautätigkeit* im Rahmen großer Stadtplanungsprojekte (darunter Lincoln Center, World Trade Center u.a.).
1960	Die Bevölkerungszahl beträgt 7,8 Millionen.
1964/65	*Weltausstellung* in New York.
1970	Greater New York hat rund 8 Millionen Einwohner, die sogenannte Metropolis etwa 16 Millionen, was letztere zum *meistbesiedelten Großstadtraum der Erde* macht.

STADTBESCHREIBUNG

Das Kerngebiet und Nervenzentrum von New York bildet die 25½ km (16 mi.) lange und im Durchschnitt nur etwa 3 km (2 mi.) breite Insel **Manhattan** (indianisch 'hügelige Insel' oder auch 'himmlische Gegend'), die westlich von dem hier etwa 1 km (¾ mi.) breiten *Hudson River* oder *North River* und östlich vom *East River*, einem Fortsatz des Long Island Sound, umspült wird sowie nordöstlich durch den schmalen *Harlem River* und nördlich durch den *Spuyten Duyvil Creek* vom Festland getrennt ist. Mit einer Grundfläche von rund 57 qkm (22 sq. mi.) ist Manhattan der kleinste Borough der fünf Stadtbezirke und zugleich identisch mit der County of New York, die außerdem die Inseln Randalls Island, Wards Island, Mill Rock und Welfare Island im East River sowie Governors Island gegenüber der Südspitze von Manhattan einschließt. — Der Untergrund der Insel besteht bis auf den südlichen Teil aus felsigem Boden; vom *Murray Hill*, einem längsverlaufenden Hügelgrat, senkt sie sich nach allen Seiten zu den sie umgebenden

Gewässern hin. Besonders steil erhebt sich das Gelände im nordwestlichen Teil vom Hudson River zu den *Morningside Heights* (80 m bzw. 240 ft.), um von dort ebenso abrupt zu den *Harlem Flats* abzufallen. — Die Besiedlung der ursprünglich von Indianern bewohnten Insel erfolgte fortschreitend von Süden nach Norden; so erklärt sich die unregelmäßige, enge und teilweise verwinkelte Bebauung an der Südspitze; erst nördlich der 13th Street beginnt die regelmäßige Stadtanlage in Gitterform. Auf Manhattan leben etwa 1¾ Millionen Menschen verschiedenster Herkunft, Rasse und Hautfarbe, deren Zahl wegen der ständig zunehmenden Ausdehnung kommerziell genutzten Raumes allmählich zurückgeht. Hier stehen die höchsten Gebäude der Welt, in den z.T. schwindelerregenden Straßenschluchten flutet am Tage ein nicht endenwollender Verkehrsstrom, und das mannigfaltige Straßenbild strahlt allenthalben betriebsame Geschäftigkeit aus. — Ein besonderes Merkmal dieser kosmopolitischen Riesenstadt sind die charakteristischen eigenen Stadtviertel der verschiedenen Volksgruppen.

Die Orientierung wird durch die vorwiegend gleichförmige Straßenführung erleichtert. Die in nordöstlich-südwestlicher Richtung verlaufenden *Avenues* werden rechtwinklig von den *Streets* geschnitten, wobei Häuserblocks von fast überall gleicher Größe entstehen. Die endlos erscheinenden Avenues tragen meist Ordnungszahlen (von Osten nach Westen ansteigend), haben jedoch in manchen Gegenden auch Buchstabenkennzeichnung oder Namen. Im zentralen Bereich der Midtown und im nördlichen der Uptown sind die Straßen mit Zahlen bezeichnet (von Süden nach Norden ansteigend), während sie in der südlichen alten Downtown oder (Lower Manhattan) Eigennamen führen. Das System der Streets unterscheidet zudem zwischen Straßen westlich und solchen östlich der 5th Avenue. Um die topographische Lage näher zu bestimmen, tragen alle Querstraßen zusätzlich zu ihrer Numerierung die meist abgekürzte Bezeichnung E. (= East) bzw. W. (= West), z.B. 90 E. 42nd St. Diese starre Gliederung wird lediglich durch das große Rechteck des *Central Park* und den einem alten Indianerpfad folgenden *Broadway* unterbrochen. Letzterer durchzieht als belebte Verkehrsader annähernd diagonal die gesamte Länge der Insel Manhattan, kreuzt mehrere Avenuen sowie den größten Teil der Querstraßen und formt an mehreren Stellen geräumige Squares (Plätze). Ganz Manhattan ist von breiten, teilweise auf Viadukten und durch Tunnelanlagen geführte Autoschnellstraßen umzogen.

Der allgemein dichte Straßenverkehr, der mittels elektronisch gesteuerter Lichtsignalanlagen geregelt wird, ist besonders zu den «rush hours» (Spitzenverkehrszeiten) beschwerlich und fließt nur langsam, so daß der Fußgänger bei kürzeren Entfernungen oft schneller vorankommt als der Autofahrer. — Die in großer Menge vorhandenen *Taxis* haben keine festen Standplätze; man winkt die orangefarbenen 'Cabs' vom Straßenrand heran. — *Buses* (Omnibusse) verkehren entlang den meisten Avenuen wie auch — mit der Aufschrift 'cross town' — in vielen Querstraßen (Einstieg und Entrichtung des bereitgehaltenen Fahrgeldes vorn beim Fahrer). — Das schnellste und billigste, wenn auch nicht gerade das bequemste städtische Verkehrsmittel ist jedoch die mit Ausnahme von Staten Island in allen Boroughs verkehrende *Subway* (Untergrundbahn).

Bereits im Jahre 1867 wurde die erste, noch mit Dampflokomotiven betriebene Hochbahnlinie eröffnet. Um die Jahrhundertwende bestanden schon vier Linien einer *Elevated Rail-*

roads, kurz *L* oder *El* genannten elektrischen Hochbahn, die bis 1904 durch 35 km (21 mi.) vorwiegend unterirdisch verlaufender Gleisanlagen erweitert wurde. Im Laufe der Zeit verschwanden die oberirdischen Gleiskörper fast gänzlich zugunsten der **Subway** *(Untergrundbahn)*, deren Netz heute eine Gesamtlänge von rund 380 km (237 mi.) aufweist. Ergänzungslinien durch die *Hudson Tubes* (Hudson-Tunnel) verbinden Manhattan mit den Fernbahnhöfen am rechten Ufer des Hudson River im Staate New Jersey. Seit dem Jahre 1940 sind die drei großen Verkehrsunternehmen IRT (Interborough Rapid Transit), BMT (Brooklyn–Manhattan Transit) und IND (Independent Rapid Transit) in der *New York City Transit Authority* mit Sitz in Brooklyn zusammengeschlossen, haben aber ihre Eigennamen nicht abgelegt. — Zur BENUTZUNG der Untergrundbahn orientiere man sich gründlich nach dem von der New York City Transit Authority herausgegebenen und an öffentlichen Auskunftsstellen erhältlichen Plan. Vor Fahrtantritt steckt man einen zu einem Einheitspreis am Schalter gelösten 'token' (Münzmarke) in die herfür vorgesehene Öffnung an einem der Türautomaten, der dann den Weg zum Bahnsteig freigibt. Züge mit der Aufschrift 'local' halten an allen Haltestellen, 'express'-Züge nur an etwa jeder fünften. Auf 'free transfer stations' kann ohne Mehrkosten umgestiegen werden. Man meide die Untergrundbahn geflissentlich zu den Hauptverkehrszeiten.

Einen wichtigen Platz im Verkehrswesen der Stadt nehmen neben den eindrucksvollen *Brücken* und *Tunneln* auch die zahlreichen *Fähren* über den Hudson River und den East River ein (s.S. 487). — Ein unentbehrliches Transportmittel in den Hochhäusern stellen die *Elevators* (Fahrstühle) dar, die allenthalben ausreichend vorhanden sind. Man erreicht die durchweg gut gekennzeichneten Lifthäuser von den in den Untergeschossen der Gebäude üblichen Eingangshallen. Die normalen Fahrstühle, die auf jeder Etage angehalten werden können, unterscheiden sich von den Expressliften, die nur gewisse Etagengruppen bedienen und sich oftmals mit erregend hohen Geschwindigkeiten bewegen. Nicht selten muß innerhalb eines Gebäudes von einem Aufzug in einen anderen umgestiegen werden, um zu einem bestimmten Stockwerk zu gelangen.

MIDTOWN

Unter der Midtown (mittlere Stadt) von Manhattan versteht man den rechteckigen Inselabschnitt zwischen dem Central Park im Norden und dem Union Square im Süden oder, anders ausgedrückt, zwischen der 14th Street und der 59th Street. Die fast zentral verlaufende Längsachse dieses mittleren Stadtgebietes ist die über die Grenzen Amerikas hinaus bekannte, die Insel in East Side und West Side scheidende Fifth Avenue, deren nordsüdlicher Einbahnverkehrsrichtung die nachstehende Beschreibung zunächst folgt.

Fifth Avenue

Die im nördlichen Teil Manhattans am Harlem River beginnende und dann die gesamte östliche Begrenzung des Central Park (s.S. 452) bildende elegante FIFTH AVENUE (kurz 5th Ave. = Fünfte Avenue) erreicht an des letzteren Südostecke die langgestreckte, anlagengezierte GRAND ARMY PLAZA mit einem *Reiterstandbild* (von A. Saint-Geudans; 1903) des Bürgerkriegsgenerals *William T(ecumseh) Sherman* (1820–1891) in ihrer Nordhälfte; dabei befinden sich die Standplätze der Fiaker für Spazierfahrten durch den nahen Central Park. An der Westseite des Platzes das stattliche, altberühmte Hotel *Plaza;* davor die *Pulitzer Fountain* (von 1915), ein dem aus Ungarn stammenden Journalisten, Verleger und Stifter mehrerer nach ihm benannter Kunstpreise

Joseph Pulitzer (1847-1911) gewindmeter mehrstufiger Brunnen. An der Ostseite der Grand Army Plaza erhebt sich an der Stelle des früheren Hotels Savoy die hellgraue Front des modernen fünfstöckigen *General Motors Building* (215 m bzw. 705 ft.; altes Gebäude am Columbus Circle, s.S. 415); nördlich gegenüber das turmförmige *Hotel Sherry-Netherland* (171 m bzw. 560 ft., 40 Stockwerke) und neben diesem in der 59th Street der *Playboy Club*.

An der Südseite der Grand Army Plaza quert die 5th Avenue die 58th Street; hinter der Kreuzung auf der linken Seite (Nr. 745) *F.A.O. Schwarz*, ein führendes Geschäft für ausgefallene Spielwaren, gegenüber das Modehaus *Bergdorf Goodman* und neben diesem (Nr. 744) die Juweliere *Van Cleef & Arpels*. Hinter der Kreuzung mit der 57th Street links (Nr. 727) das weltberühmte Juwelierhaus **Tiffany** mit wert- und geschmackvollen Auslagen. Daran anschließend folgt das Damenmodehaus *Bonwit Teller*.

Im Häuserblock zwischen 56th Street und 55th Street steht rechts die **Fifth Avenue Presbyterian Church,** eine 1875 erbaute presbyterianische Kirche mit einem spitzen Turm und eigenwilligem theaterartigem Inneren. Auf der gegenüberliegenden Straßenseite ragt das achtundzwanzigstöckige **Corning Glass Building** auf, dessen Fassaden in farbig getöntem Glas gehalten sind; darin unten das Glas-, Kristall- und Porzellangeschäft *Steuben Glass* mit konvexen, Spiegelung verhindernden Schaufensterscheiben.

Im nächsten Straßenblock, zwischen 55th Street sind bemerkenswert links das im dekorativen Stil der Jahrhundertwende errichtete Hotel *St. Regis* (von 1904; heute zur Sheraton-Gruppe gehörig), der Schönheitssalon *Elizabeth Arden* (Nr. 601) und das Schuhmodehaus *I. Miller* sowie rechts das *Hotel*

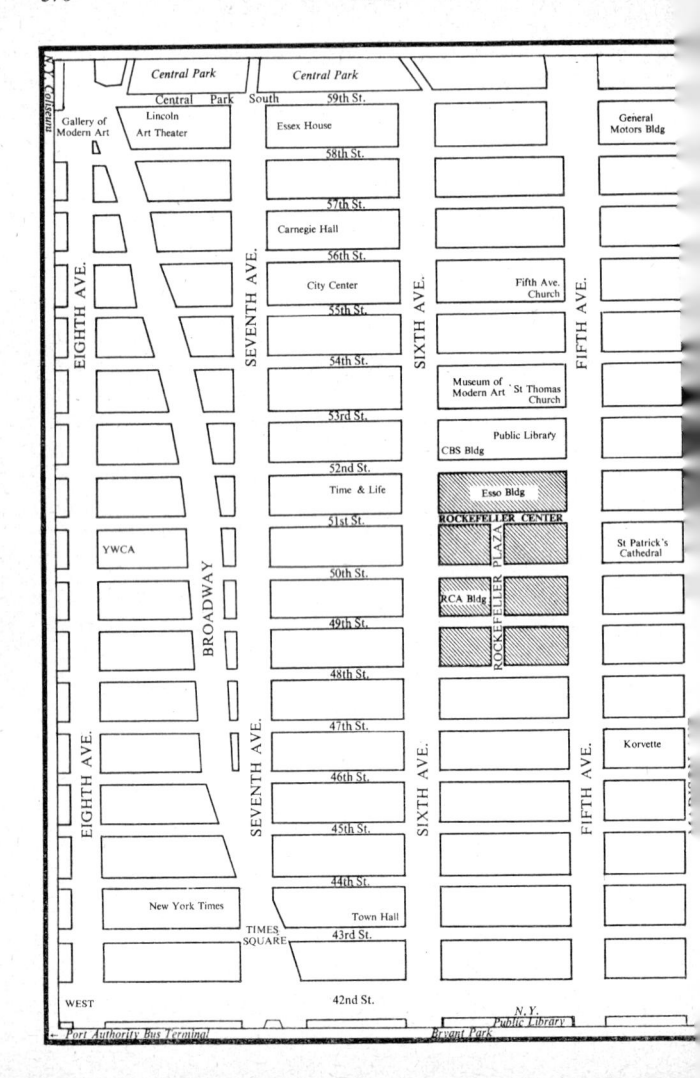

USA

Central Park | **Central Park**
Central Park South | 59th St.

- Coliseum
- Gallery of Modern Art
- Lincoln Art Theater
- Essex House
- General Motors Bldg
- 58th St.
- 57th St.
- Carnegie Hall
- 56th St.
- City Center
- Fifth Ave. Church
- 55th St.
- 54th St.
- Museum of Modern Art — St Thomas Church
- 53rd St.
- CBS Bldg — Public Library
- 52nd St.
- Time & Life — Esso Bldg
- 51st St.
- **ROCKEFELLER CENTER** — ROCKEFELLER PLAZA
- YWCA
- St Patrick's Cathedral
- 50th St.
- RCA Bldg
- 49th St.
- 48th St.
- 47th St.
- Korvette
- 46th St.
- 45th St.
- 44th St.
- New York Times
- Town Hall
- TIMES SQUARE — 43rd St.
- WEST — 42nd St. — N.Y. Public Library
- Port Authority Bus Terminal — Bryant Park

EIGHTH AVE. · BROADWAY · SEVENTH AVE. · SIXTH AVE. · FIFTH AVE.

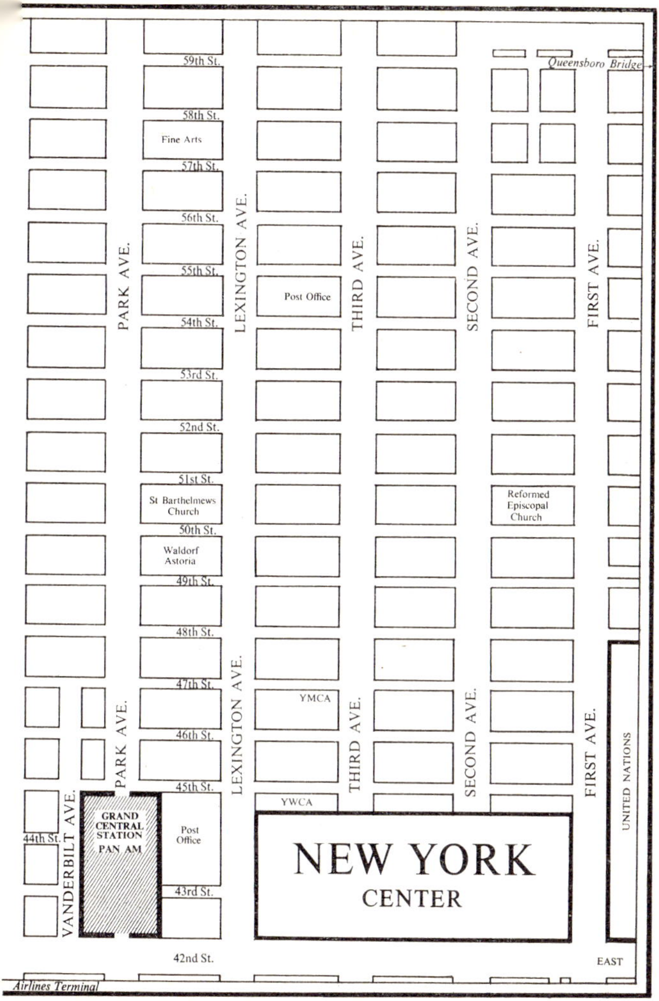
59th St.
Queensboro Bridge
58th St.
Fine Arts
57th St.
56th St.
55th St.
54th St.
53rd St.
52nd St.
51st St.
50th St.
49th St.
48th St.
47th St.
46th St.
45th St.
44th St.
43rd St.
42nd St.
PARK AVE.
LEXINGTON AVE.
THIRD AVE.
SECOND AVE.
FIRST AVE.
VANDERBILT AVE.
Post Office
St Barthelmews Church
Waldorf Astoria
Reformed Episcopal Church
YMCA
YWCA
GRAND CENTRAL STATION PAN AM
Post Office
NEW YORK CENTER
UNITED NATIONS
EAST
Airlines Terminal

Gotham (Nr. 700; von 1905) und der exklusive *University Club* (von 1899), die beiden letzteren von den Architekten McKim, Mead und White im Stil der italienischen Renaissance aufgeführt. Im gleichen Block, 15 W. 54th Street, das **Museum of Primitive Art** (Di.-Sa. 12-17, So. ab 13 Uhr) mit Sammlungen zur Eingeborenenkunst Afrikas, Amerikas und Ozeaniens sowie zur frühgeschichtlichen Kunst in Europa und Asien, ferner mit wechselnden Ausstellungen.

Weiter südlich, an der Ecke 53rd Street, steht auf der rechten Seite der 5th Avenue die **St. Thomas Church,** eine zu Beginn dieses Jahrhunderts im gotischen Stil erbaute protestantische Episkopalkirche mit reich ausgestalteter Fassade; im Inneren bemerkenswert ein großer Steinaltar von Auguste Saint-Gaudens, französische und flämische Gobelins des 16. und 17. Jahrhunderts, Glasmalereien in den Fenstern und die besonders wegen der guten Akustik des Kirchenraumes wohlklingende Orgel auf geschnitzter Empore.

An die Thomaskirche schließt westlich (11 W. 53rd Street) das hochinteressante **Museum of Modern Art,** kurz 'Moma' genannt, an.

Dieses einzigartige Museum moderner Kunst wurde 1929 als Privatunternehmen gegründet und war zunächst provisorisch in einigen ehemaligen Büroräumen untergebracht. Erst 1939 wurde der an der jetzigen Stelle befindliche Bau vollendet, den der Architekt Philip Johnson 1963-64 umgestaltete sowie ausdehnte und der eine noch weitere Vergrößerung erfahren soll. Den Unterhalt bestreitet die Museumsgesellschaft aus den Beiträgen und Stiftungen ihrer rund 40 000 z.T. prominenten Mitglieder, den Eintrittsgeldern und dem Erlös des Verlagshauses. Dem vornehmlich den bildenden Künsten gewidmeten Museum sind ferner eine kunstwissenschaftliche Fachbibliothek, eine Photothek und ein bedeutendes Filmarchiv sowie ein internationales Kunststudienzentrum und eine Kunstschule angeschlossen. Es bildet mit regelmäßigen Vorträgen, Vorführungen, Kursen und Wechselausstellungen zu Entwicklung und Stand der zeitgenössischen Kunstrichtungen für die Intelligenz besonders der jüngeren Generation ein wichtiges kulturelles Zentrum. — Die Sammlungen des Museums umfaßten ursprünglich nur die Sachgebiete Malerei, Drucke und Bildhauerei, wurden ab 1932 jedoch durch die der Architektur und der Photographie, seit 1933 die der Industriezeichnung und der Dekoration sowie ab 1935 auch durch jene des Filmwesens bereichert. Heute zählen die verschiedenen Abteilungen etwa 25 000 Katalogtitel, von denen jedoch nur ein geringer Bruchteil in den Schauräumen ausgestellt ist. Die Magazine können Interessenten auf Anfrage zugänglich gemacht werden.

Die MUSEUMSRÄUME (Mo.–Sa. 11–18, Do. bis 21, So. 12–18 Uhr) sind wie folgt eingerichtet: Durch den Haupteingang erreicht man den **GROUND FLOOR** oder **FIRST FLOOR** (Erdgeschoß), der neben der Kasse, einer *Auskunftsstelle*, Verwaltungsräumen und der *Museumsbuchhandlung* hauptsächlich Säle für *wechselnde Ausstellungen* aufweist. Durch die **Main Hall** (Haupthalle mit einigen großflächigen Gemälden) gelangt man in den von Terrassen umgebenen Innenhof des **Abby Aldrich Rockefeller Sculpture Garden**, einen 1953 von Philip Johnson entworfenen baumbestandenen Skulpturengarten mit zwei Wasserbecken (Springbrunnen), in dem Bildhauerwerke von Rodin, Renoir, Maillol, Matisse, Picasso, Richier, Lipchitz, Moore, Marini, Calder, Lachaise und Smith aufgestellt sind; an die westliche Terrasse schließt sich ein Restaurant mit Schnellimbiß an. Im **LOWER LEVEL** (Untergeschoß) befindet sich ein *Auditorium* genannter Vortrags- und Lichtbild- bzw. Filmvorführungssaal sowie die **Auditorium Gallery** mit Wechselausstellungen zu aktuellen Kunsterscheinungen oder von Neuerwerbungen, ferner Beispielen zur Geschichte des Films und Thomas Wilfreds Skulptur 'Lumia Suite'.

Die Säle des **SECOND FLOOR** (1. Stock) sind Malerei, Bildhauerei, Architektur und Industriezeichnung gewidmet, wobei in etwa eine chronologische Ordnung der Kunstströmungen befolgt ist. — **Saal 1:** *Begründer der modernen Malerei* (Rousseau). — **Saal 2:** *Französische Impressionisten als Vorläufer der modernen Malerei* (Cézanne, Renoir, Degas, Monet). — **Saal 3:** *Anti-Impressionisten* (Gauguin, Van Gogh), *Neo-Impressionismus* (Seurat), *Realismus* (Toulouse-Lautrec), *Visionäre* (Redon, Ensor). — **Saal 4:** *Die Jahrhundertwende* (Bonnard, Vuillard, Denis, Prendergast, Sickert, Klimt, Corinth); an der Westwand die *Fauves* (Derain, Matisse, Rouault, Vlaminck, Dufy, Van Dongen). — **Saal 5:** *Die Entwicklung eines Malers* (Matisse). — Vom Saal 5 gelangt man in einen ungleichmäßig viergeteilten Großraum, der die **Philip L. Goodwin Galleries for Architecture and Design** beherbergt; zu den Ausstellungsstücken gehören Modelle, Photographien und Zeichnungen von architektonisch bemerkenswerten Gebäuden, Plakate, Bucheinbände und -schutzumschläge, Briefköpfe u.ä., ferner technische Zeichnungen verschiedenster Geräte sowie Möbelentwürfe bekannter Architekten (Le Corbusier, Mies van der Rohe, Guimard, Aalto Saarinen, Frank Lloyd Wright, Eames u.a.), außerdem bemerkenswerte Gläser von Tiffany und Modeentwürfe von Matisse. — **Saal 6:** *Französische und italienische Expressionisten* (Derain, Soutine, Rouault, Modigliani, Morandi). — **Saal 7:** *Deutsche und österreichische Expressionisten* (Nolde, Kirchner, Beckmann; Kokoschka). — **Saal 8:** *Amerikanische Expressionisten* (Weber, Kuniyoshi, Dove, Hopper, Feininger, Dickinson u.a.). — **Saal 9:** *Kubismus* 1907–14 (Picasso 'Demoiselles d'Avignon', Braque). — **Saal 10:** *Europäische Kubisten* 1914–21 (Picasso, Braque, Léger, Gris). — **Saal 11:** *Amerikanische Kubisten* (Feininger, Weber, Davis). — **Saal 12:** *Aquarelle* (Marin, Klee, Graves u.a.). — **Saal 13:** *Mrs. Simon Guggenheim Gallery* (Monet 'Wasserlilien'); vom Saal 13 bietet sich ein schöner Blick auf den Skulpturengarten im Erdgeschoß. — **Saal 14:** *Kubismus* (Léger). — **Saal 15:** *Italienische Futuristen* 1909–12 (Boccioni, Severini u.a.). — **Saal 16:** *Frühe abstrakte Expressionisten* (Kandinsky, Delaunay, Kupka). — **Saal 17:** *Frühe geometrisch-abstrakte Kunst aus den Niederlanden* (Mondrian, Van Doesburg u.a.). — **Saal 18:** *Frühe geometrisch-abstrakte Kunst aus Rußland* (Malewitsch, Gabo, Pewsner). — **Saal 19:** *Reaktion auf Kubismus und Abstraktion;* soziale Realisten (Blume, Gropper, Grosz, Lawrence, Orozco, Siqueiros, Shahn), objektive Realisten (Sheeler, Balthus), romantische Realisten (Bérard, Berman, Leonid).

In den Sälen des **THIRD FLOOR** (3. Stock) werden die Sammlungen des First Floor fortgesetzt und dazu Ausstellungen von Zeichnungen, Drucken und Photographien gezeigt. — **Saal 1:** *Frühe Dadaisten* (Duchamp, Picabia). — **Saal 2:** *Vorläufer des Surrealismus* (Klee, Chagall, de Chirico). — **Säle 3 und 3 A:** *Dadaisten* (Duchamp, Ray, Arp, Ernst, Schwitters, Grosz), *abstrakte Surrealisten* (Arp, Miró, Masson), *phantastische Surrealisten* (Tanguy, Dalí, Magritte, Delvaux). — **Saal 4:** *Synthese von Expressionismus, Kubismus und Surrealismus* (Picasso nach 1925; an der Westwand 'Guernica' von 1937, ferner Studien hierzu). — **Saal 5:** *Realisten und Romantiker nach 1940* (Tschelitschew, Wyeth; de Kooning, Bacon). — **Saal 6:** *Europäische abstrakte Expressionisten* (Wols, de Staël, Soulage, Hartung, Manessier u.a.). — **Saal 7:** *Amerikanische abstrakte Expressionisten* (Hofmann, Gorky, Still, Rothko, Pollock, de Kooning, Kline, Motherwell, Tobey, Matta). — **Saal 8:** *Gegenüberstellung* (Lippold – Segal). — **Säle 9, 10 und 11:** *Jüngste Entwicklung* ('Pop Art'); Collagen und Montagen (Burri, Rauschenberg, Nevelson, Johns, Warhol u.a.), Farb- und Formverfremdungen (Vasarely, Reinhardt, Kelly, Anuszkiewicz). — Die westliche Schmalseite dieses Stockwerkes nehmen die **Sculpture Galleries** (Skulpturensäle 12–16) ein. — **Saal 12:** *Absolute Abstraktion* (Brancusi). — **Säle 13 und 14:** *Verschiedene Kunstrichtungen* (Rodin, Bourdelle, Rosso, Maillol, Lehmbruck, Nadelmann, Epstein, Lachaise, Marini, Giacometti). — **Saal 15:** *Kubismus und abstrahierende Skulptur* (Duchamp-Villon, Gonzalez, Lipchitz, Epstein, Moore, Hepworth, Noguchi). — **Saal 16:** *Nachkriegszeit* (Roszak, Kohn, Higgins, Armitage, Butler, Paolozzi, César, Nagare u.a.). — Skulpturen stehen ferner im Skulpturengarten und in der Auditorium Gallery (beides siehe S. 379) sowie bildhauerische Werke von Matisse, Picasso, Boccioni, Arp, Giacometti, Pewsner und Gabo in den Bildergalerien. — Im nördlichen Drittel des zweiten Geschosses (Zugänge vom Saal 6) befinden sich die **Paul S. Sachs Galleries for Drawings and Prints** (ausgewählte Handzeichnungen und Drucke u.a. von Rouault, Serat, Toulouse-Lautrec und Dalí) sowie die **Galleries of The Edward Steichen Photography Center**, eine vorwiegend dem 20. Jahrhundert gewidmete Photoausstellung.

Im **FOURTH FLOOR** (3. Stock) des Museumsgebäudes sind folgende, für interessierte Besucher nach Anmeldung zugängliche Institutionen untergebracht: die **Library** (eine kunstwissenschaftliche Fachbibliothek mit rund 25 000 Titeln und über 100 000 Rezensionen künstlerischer Ereignisse), der *Abby Aldrich Rockefeller Print Room* (eine Sammlung von etwa 8000 Stichen und Drucken), die *Louis E. Stern Collection of Illustrated Books* (eine Sammlung von mehreren Hundert illustrierten Büchern) und das **Department of Film** (die Filmabteilung des Museums mit Vorführraum für alle Filmarten).

Der **FIFTH FLOOR** (4. Stock) beherbergt neben Verwaltungsbüros den Katalog und das Magazin der Museumsabteilung *Architecture and Design* (u.a. mehrere Tausend Abbildungen von Architekturbeispielen seit dem ausgehenden 19. Jahrhundert).

Die Abteilung *Visual and Photographic Services* (Sichtarchiv und Photodienst mit über 100 000 Photographien und etwa 25 000 Diapositiven; auch Verkauf) hat ihre Räume im dritten Stock des Gebäudes 21 W. 53rd Street und steht Studienzwecken zur Verfügung.

Unweit vom Museum of Modern Art bestehen ebenfalls in der 53rd Street zwei weitere Museen, nämlich in Nr. 29 das *Museum of Contemporary Crafts* (Mo.-Sa. 12–18, So. ab 14 Uhr; zeitgenössische Handwerkskunst) und in Nr. 49 das *Museum of Early American Folk Arts* (Di.-So. 10.30–17.30 Uhr, Mo. geschl.; frühe nordamerikanische Volkskunst); auf der Gegenseite in Nr. 20 das *Donnell Library Center*, eine wichtige Abteilung der New York City Public Library (s.S. 389) besonders für ausländische Literatur (auch Ton- und Filmarchiv), und in Nr. 44 das *America House* (Amerika-Haus).

An der 5th Avenue folgt hinter ihrer Kreuzung mit der 53rd Street rechts (Nr. 666) das eindrucksvolle **Tishman Building 666,** (147 m bzw. 483 ft.), bei dessen Bau vornehmlich Aluminium verwendet wurde; im obersten, neununddreißigsten Stockwerk das Restaurant *Top of the Six's* mit prächtigem Blick auf Manhattan. Auf der gegenüberliegenden Straßenseite (Nr. 667) unterhält die Firma *Georg Jensen* ein Spezialgeschäft für meist skandinavische Geschenkartikel (Metallwaren, Porzellan, Keramik, Glas u.a.); weiterhin (Nr. 665) der Kosmetiksalon *Helena Rubinstein*.

Im nächsten Block, ebenfalls auf der linken Seite, sind nennenswert der Juwelier *Cartier* (Ecke 52nd Street) und das Modehaus *Best* (Ecke 51st Street) mit der reichhaltigen Kinderabteilung 'Lilliputian Bazaar'.

Den folgenden Block zwischen 51st und 50th Street nimmt auf der Ostseite **St. Patrick's Cathedral,** die römisch-katholische Bischofskirche von New York, ein.

Nach Plänen des Architekten James Renwick und dem Vorbild des hochgotischen Kölner Doms wurde dieses Gotteshaus zwischen 1858 (damals noch außerhalb der städtischen Bebauung!) und 1888 aus ursprünglich weißem Marmor mit zwei schlanken Spitztürmen von je 101 m (332 ft.) errichtet (Weihe 1910) und dem irischen Schutzheiligen Patrick gewidmet.

Während sich die äußeren Maße der Kathedrale heute im Vergleich mit den sie umstehenden Hochhäusern eher bescheiden ausnehmen, strahlt das INNERE (tägl. 6–21 Uhr zugänglich) eindrucksvolle Würde aus. Die Innenmaße betragen 122 m (400 ft.) in der Länge, 38 m (125 ft.) in der Breite und 34 m (112 ft.) in der Höhe. Die mächtigen, das Bogengewölbe tragenden Marmorsäulen sind 10½ m (35 ft.) hoch. Erwähnenswert sind außer den drei *Bronzetüren* und der großen *Fensterrose* (Durchmesser 8 cm bzw. 26 ft.) über dem Portal, die achtzehn marmornen *Altäre*, die marmorne *Kanzel* und die siebzig vorwiegend in tiefblauem Ton gehaltenen *Glasfenster* (z.T. von französischen Künstlern). Am Eingang links in einem Glasschrein das lebensgroße, wächserne Sitzbild Papst Pius' XII. (1839–1958). — An der zur Madison Avenue weisenden östlichen Stirnseite wurde in den Jahren 1903–07 die *Lady Chapel* (Marienkapelle) angebaut.

Jenseits der 50th Street bildet das elegante Damenbekleidungshaus *Saks Fifth Avenue* die gesamte Front des nächsten Häuserblocks. An die gegenüberliegende Seite der Fifth Avenue grenzt das **Rockefeller Center.**

Auf einem ursprünglich 6 ha (15 acres) großen Gelände zwischen 48th Street und 51st Street sowie zwischen 5th Avenue and 6th Avenue (of the Americas) entstand in den dreißiger Jahren dieses Jahrhunderts vorwiegend nach Plänen des Architekten Wallace K. Harrison eine mehr oder weniger zusammenhängende Gruppe von Hochhäusern, die unter dem Namen Rockefeller Center (Rockefeller-Zentrum) bekannt wurde und nach Erweiterungen in nördlicher und westlicher Richtung ein in sich geschlossenes Stadtgebilde im Herzen von Manhattan darstellt. — Um die Wende des 18. zum 19. Jahrhundert unterhielt der aus Schottland stammende Mediziner und Pharmazeut *David Hosack* als Professor an der Columbia-Universität in dieser Gegend vornehmlich zu Forschungszwecken Gewächshäuser und einen botanischen Garten. Im Jahre 1811 vermachte er das Grundstück der Universität, die es zur Pacht ausschrieb. Um die Mitte des vorigen Jahrhunderts setzte eine rege Bautätigkeit ein, und es entwickelte sich hier eine Wohngegend für gehobenes Publikum, das jedoch durch den Bau des 'Elevated' (Hochbahn) entlang der 6th Avenue (of the Americas) um die letzte Jahrhundertwende verärgert die Gegend wieder verließ. Mitte der zwanziger Jahre dieses Jahrhunderts bestanden ernsthafte Pläne zum Bau eines großen Opernhauses, und *John Davisow Rockefeller junior* (1874—1960) pachtete zu diesem Zweck im Jahre 1927 das vorher beschriebene Terrain langfristig für einen jährlichen Zins von 3 Millionen Dollar. Nach dem Börsenkrach von 1929 entschloß sich Rockefeller jedoch zu dem wirtschaftlich verheißungsvolleren Bauprojekt eines Gebäudeareals für Geschäftsräume und gründete mit diesem Ziel die *Rockefeller Center Corporation*. Zur Vorbereitung der Bauarbeiten (beteiligte Architektengemeinschaften: Corbett, Harrison & McMurray; Reinhard & Hofmeister; Hood & Fouilhoux) mußten über 200 alte Häuser abgerissen werden, und nach rund zehnjähriger Bauzeit vollendete man 1940 den Kernkomplex. In der Folgezeit sind in unmittelbarer Nähe weitere Wolkenkratzer errichtet worden, so daß das Rockefeller-Zentrum heute weit über seine anfänglichen Ausmaße hinausgewachsen ist.

Die verschiedenen Hochhäuser beherbergen rund 1400 Unternehmen, darunter Rundfunk- und Fernsehanstalten, Verlage, Industrieverwaltungen, Flug- und Eisenbahngesellschaften, Reedereien, Reisebüros, Banken, Konsulate u.a. Mehr als 200 Ladengeschäfte sind vorwiegend in den die Gebäude verbindenden unterirdischen Passagen untergebracht. Ein eigenes Postamt, eine U-Bahnstation, Parkgaragen sowie über 20 Restaurants dienen dem Publikumsverkehr. — Führungen siehe R.C.A. Building (S. 385).

Im Block zwischen 50th Street und 49th Street stehen gegenüber dem Sakssschen Warenhaus (s. S. 383) an der Westseite der 5th Avenue zwei durch eine Gartenanlage getrennte sechsstöckige Gebäude: Nr. 610 das Frankreich repräsentierende *Maison Française* mit zwei die Eintracht zwischen 'Paris' und 'New York' darstellenden Skulpturen (von A. Janniot) und schönem Dachgarten; Nr. 620 das Großbritannien vertretende *British Empire Building* mit neun die Grundindustrien Englands symbolisierenden Bronzefiguren (von C. P. Jennewein). Der die beiden Häuser trennende Raum wird wegen seiner Lage zwischen den Vertretungen Englands und Frankreichs 'The Channel' (Ärmelkanal) genannt und führt westwärts als anlagengeschmückte Fußgängerstraße ('Channel Gardens') zur LOWER PLAZA oder SUNKEN PLAZA, einem tiefergelegenen Platz (Gartencafé-Restaurant; im Winter Eisbahn) mit einem rechteckigen Fontänenbrunnen an der Westseite und darüber der vergoldeten Bronzefigur (von P. Manship) eines *Prometheus*. An der oberhalb des Platzes parallel zur 5th Avenue verlaufenden ROCKEFELLER PLAZA (kurz 'Feller Plaza'), einer Privatstraße, die — um nicht in öffentlichen Besitz überzugehen — an einem Tag im Jahr gesperrt wird, stehen zahlreiche Masten mit den Flaggen vieler Länder (allwinterlich Weihnachtsbaum aus Norwegen).

An der Westseite der Rockefeller Plaza erhebt sich in der Flucht der Channel Gardens die Stirnseite des hoch aufragenden, siebzigstöckigen **R.C.A. Building** (R.C.A. = Radio Corporation of America), des mit 259 m (850 ft.) höchsten Gebäudes des Rockefeller-Zentrums, das wegen der hier etablierten Rundfunkgesellschaften auch 'Radio City' (Rundfunkstadt) genannt wird. Die Fassadenschmalseite des in Stahlbetonbauweise errichteten Wolkenkratzers gibt den Eindruck senkrecht aneinandergefügter Scheiben, deren unvermittelt emporstrebende Linienführung durch mehrere, gegen das Gebäudeinnere leicht versetzte Stufen harmonisierend gegliedert ist. — Durch den Haupteingang (30 Rockefeller Plaza) gelangt man in die weiträumige HAUPTHALLE mit Wandgemälden des aus Spanien stammenden Künstlers José María Sert (geb. 1902); hier befindet sich der *Kassenschalter* für Liftkarten zur Dachaussichtsterrasse (tägl. 9–19 Uhr, im Sommer bis Mitternacht) bzw. für Teilnehmerkarten an Rundgängen durch die wichtigsten Teile des Rockefeller Center (tägl. 9.30–17.30 Uhr alle 20 Minuten einstündige Führungen; Sammelpunkt: Warteraum im Untergeschoß) bzw. durch die Räume der N.B.C. (tägl. 9–18.45 Uhr alle 20 Minuten einstündige Führungen; Sammelraum: Warteraum im Zwischenstock). — In dem weitverzweigten UNTERGESCHOSS, das mit den umliegenden Gebäuden durch unterirdische Passagen in Verbindung steht, sind zahlreiche Ladengeschäfte und Ausstellungsräume eingerichtet. — Im ERSTEN STOCKWERK bietet das *Control Center* einen interessanten Einblick in den Überwachungsmechanismus des Gebäudes bzw. des gesamten Hochhauszentrums. — Die *National Broadcasting Company*, kurz *N.B.C.*, verfügt mit Verwaltungs- und Redaktionsräumen sowie vor allem Rundfunk- und Fernsehstudios über mehrere Etagen (Führungen siehe Haupthalle). — Im 11. STOCKWERK des Hochhauses ist eine bemerkenswerte *Gartenterrasse* angelegt. — Im 65. STOCKWERK verdient die Aussichtsbar *Rainbow Room* einen Besuch. — Auf dem 70. STOCKWERK befindet sich eine *Observation Roof* genannte Dachterrasse, die im Rahmen einer Gebäudeführung oder auch unabhängig mit einem direkten Schnellfahrstuhl zu erreichen ist (siehe Haupthalle) und die eine prächtige Rundsicht über Manhattan gewährt. — R.C.A. Exhibition Hall siehe Eastern Airlines Building (s. unten).

An den Turm des R.C.A. Building schließt im Westen das sechzehnstöckige **R.C.A. Building West** an, dessen Front zur 6th Avenue (of the Americas) weist; hier zeigt die *Chase Manhattan Bank* (Hauptgebäude im Financial District, s. S. 439) in ihrem *Money Museum* (Di.–Sa. 10–17 Uhr; gratis) mehr als 75 000 verschiedene historische und gültige Zahlungsmittel aus aller Welt.

Den südlichsten Block des Rockefeller-Zentrums nimmt eine Reihe von fünf Gebäuden ein: an der 5th Avenue nebeneinander das *Goelet Building* und das *Sinclair Oil Building*, westlich dahinter das ursprünglich als 'Time and Life Building' (neues Gebäude s. S. 387) erbaute, sechsunddreißigstöckige (150 m bzw. 490 ft.) **General Dynamics Building** (Eingang: 9 Rockefeller Plaza; in der Halle die Holzskulptur 'Mensch und Natur' von C. Milles) und abermals westlich davon, jenseits der Rockefeller Plaza (Nr. 10), das **Eastern Airlines Building** (Eingang: 48th Street), in dessen 16 Stockwerken hauptsächlich Büroräume der namengebenden Fluggesellschaft sowie eine große Parkgarage untergebracht sind; hier auch die *R.C.A. Exhibition Hall* (Eingang: 40 W. 49th Street; tägl. 11–19.45 Uhr, gratis), eine Ausstellung vorwiegend rundfunk- und fernsehtechnischer Geräte. Noch weiter westlich, mit der Front zur 6th Avenue (of the Americas; Nr. 1230), das zwanzigstöckige **United States Rubber Building,** das Bürohochhaus eines großen Gummiwarenkonzerns; der östliche Längsanbau steht an der Stelle des früher bekannten Center Theater.

An der 5th Avenue stehen gegenüber der St. Patrick's Cathedral (s. S. 382) zwei sechsstöckige Häuser mit schönen Dachgärten: Nr. 626 der Italien vertretende *Palazzo d'Italia* und Nr. 636 das *International Building North;* auf dem die Gebäude trennenden kleinen Vorplatz die 14 m (46 ft.) hohe Bronzefigur eines die Weltkugel tragenden Atlanten (von L. Lawrie). Dahinter (Nr. 630) ragt mit 41 Stockwerken das für Vertretungen des Auslandes erbaute **International Building** (156 m bzw. 512 ft.) auf. Die Säulen und Wände der Haupthalle sind in griechischem Marmor gehalten, die Decke mit hauchdünner Kupferfolie belegt; im Untergeschoß zahlreiche Luxusgeschäfte. Weitere Gebäudeeingänge von der 51st Street und von der 50th Street (beachtenswertes Steinrelief 'Geschichte der Menschheit').

An der Nordwestseite der Rockefeller Plaza (Nr. 10) befindet sich das **Associated Press Building,** ein fünfzehnstöckiges Bürohochhaus für die große Nachrichtenagentur (über dem Eingang eine aus rostfreiem Stahl gefertigte Skulptur). Westlich folgt die 1932 vollendete **Radio City Music Hall,** ein luxuriös ausgestatteter Saalbau für ganztägig durchgehende Lichtspiel- und Varietéveranstaltungen (allabendlich Show der 36 Revuetänzerinnen 'The Rockettes') mit dem größten gedeckten Theaterzuschauerraum der Welt (6200 Sitzplätze) sowie 44 m (145 ft.) breiter und mit zahlreichen technischen Raffinessen ausgestatteter Bühne (Besichtigung der Theaterräume nur beim Besuch der Vorstellungen oder teilweise bei der Führung durch das Rockefeller Center, siehe Haupthalle R.C.A. Building, S. 385). Den Abschluß des Blocks bildet an der 6th Avenue (of the Americas) das *American Metal Climax Building* (ehemals R.K.O. Building, ein einunddreißigstöckiges Bürohaus.

Die Hälfte des dem American Metal Climax Building an der 6th Avenue (of the Americas) westlich gegenüberliegenden Häuserblocks nimmt das 1960 in Aluminium- und Glasbauweise erstellte, schlank aufragende neue **Time & Life Building** (ursprüngliches Gebäude siehe General Dynamics Building, S. 386) ein, dessen 47 Etagen eine Höhe von 179 m (587 ft.) erreichen (Mo.–Fr. 9–17, Sa. und So. 11–19 Uhr, gratis; Führungen nur im Rahmen des Rockefeller-Center-Rundganges, siehe Haupthalle des R.C.A. Building, S. 385) und vor allem die Großverlage der zur Luce-Gruppe gehörenden Zeitschriften 'Time' und 'Life' beherbergen. An den Seiten des Hochhauses sind marmorgepflasterte Wandelgänge und Wasserzierbecken angelegt. Bemerkenswert ist die *Haupthalle* mit einem großen Wandgemälde (von F. Glarner), Marmorfußboden und Stahltäfelung an den Wänden; im Hintergrund das lateinamerikanische Spezialitätenrestaurant *La Fonda del Sol*. Im *Reception Room* werden vielfach wechselnde Ausstellungen gezeigt (gratis). Ferner sind nennenswert die umfangreiche *Bibliothek* des Hauses sowie ein *Leseraum*, in dem die großen Tageszeitungen und Zeitschriften der ganzen Welt aufliegen.

In der nördlich nächsten Blockreihe zwischen 5th Avenue und 6th Avenue (of the Americas) sind das 1947 erbaute *ESSO Building* (Eingang: 15 W. 51st Street) und das *Sperry Rand Building*, beides ausschließlich für Bürozwecke der namengebenden Konzerne bestimmte Hochhäuser, zu nennen. Dem letzteren westlich gegenüber, jenseits der 6th Avenue (of the Americas) das mit abwechselnd schwarzer und weißer Glasfassade aufstrebende *Equitable Life Building*, ein Verwaltungshochhaus der Lebensversicherungsgesellschaft Equitable Life Insurance Society.

An der Ostseite der 6th Avenue (of the Americas), zwischen 52nd Street und 53rd Street, steht das nach Plänen des aus Finnland stammenden Architekten Eero Saarinen (1910–61) in Stahlbetonfertigteilbauweise und schwarzer Marmoraußenverkleidung errichtete **C.B.S. Building** (150 m bzw. 491 ft.; 38 Stockwerke), mit Verwaltungs-, Redaktions- und Studioräumen der Rundfunk- und Fernsehanstalt Columbia Broadcasting System (kurz C.B.S.). An der gegenüberliegenden Straßenseite das sechsundvierzigstöckige *J. C. Penney Building* (186 m bzw. 609 ft.), der Verwaltungssitz einer bedeutenden Ladenkette.

Abschließend seien hier noch zwei beachtliche Hotelhochhäuser genannt, die zwar nicht eigentlich zum Rockefeller-Zentrum gehören, sich jedoch in dessen unmittelbarer Nähe befinden und wegen ihrer fortschrittlichen Bauanlage und erheblichen Ausmaße bemerkenswert sind: den größeren Teil der Westseite des Häuserblocks zwischen der 6th Avenue (of the Americas) und der 7th Avenue sowie zwischen 52nd Street und 53rd Street nimmt das 1962 in Stein- und Glasbauweise vollendete Hotel **Americana** (153 m bzw. 501 ft.; Eingang: 7th Avenue) ein, das bei längs leicht abgewinkelter Grundfläche mit 51 Etagen und rund 2000 wabenförmig angeordneten Zimmern den derzeit höchsten Hotelbau der Erde darstellt (in den unteren Geschossen zahlreiche Ladengeschäfte). Nordöstlich gegenüber, zwischen 53rd Street und 54th Street, das 1963 eröffnete Hotel **New York Hilton** (149 m bzw. 487 ft.; Eingang: 6th Avenue), das auf 46 Stockwerken über etwa 2150 Zimmer verfügt. Das in Stahl- und Farbglasbauweise erstellte und im Innern aufwendig eingerichtete Hochhaus besteht aus vier unteren Servicegeschossen und dem sich darüber erhebenden eigentlichen Hotelturm.

An der Ostseite der 5th Avenue folgt gegenüber dem Sinclair Oil Building (s.S. 386) des Rockefeller-Zentrums die altbekannte Buchhandlung *Scribner;* an der Westseite, jenseits der 48th Street, die ebenfalls wohlbekannte Buchhandlung *Brentano* und das italienische Büromaschinenhaus *Olivetti.* — Der die 5th Avenue mit der 6th Avenue (of the Americas) verbindende Abschnitt der 47th STREET wird wegen der hier in großer Zahl und meist nur in kleinen Läden etablierten Edelsteingroß- und einzelhändler auch **Diamond Row** (Diamantenstraße) genannt.

Im südlich nächsten Häuserblock ist an der linken Seite der 5th Avenue das große Warenhaus *E.J. Korvette* zu nennen; im anschließenden Block, ebenfalls links (Nr. 562), das interessante japanische Warenhaus *Takashimaya* mit dem Mikimoto-Perlensalon.

An der Ecke der 43rd Street steht auf der rechten Straßenseite das **Manufacturers Hanover Trust Building,** ein Bankhaus, dessen Geschäftsbetrieb durch die gläsernen Wände betrachtet werden kann (an der Decke eine Drahtkomposition von R. Lippold). Südlich daneben das von der Architektengruppe Shreve, Lamb & Harmon konzipierte, 213 m (699 ft.) hohe *500 Fifth Avenue Building*.

Die 5th Avenue quert dann die breite 42nd Street (s.S. 403); jenseits der Kreuzung steht rechts die **New York City Public Library.**

An der Stelle eines 1899 abgetragenen Wasserreservoirbeckens entstand die 1911 eingeweihte New Yorker Städtische Öffentliche Bibliothek (Mo.–Sa. 9–22, So. 13–22 Uhr; gratis), ein nach Plänen der Architekten Hastings und Carrère im klassizistischen Stil errichteter Prachtbau mit von zwei majestätischen Steinlöwen (von E. C. Potter) flankierter Freitreppe.

Die Magazine der nach ihrem Stifter als *Astor Library* gegründeten und seit 1895 in städtischem Besitz befindlichen Bibliothek, enthalten annähernd 8 Millionen Bücher, etwa 100 000 Stiche, rund 200 000 Landkarten, mehrere Millionen photographische Aufnahmen sowie eine Briefmarken- und eine Gemäldesammlung. Wechselnde Ausstellungen zeigen besonders interessante Schaustücke aus dem Bibliotheksbesitz (u.a. eine Gutenbergbibel und ein Brief des Kolumbus). Außerdem unterhält die Stadtbibliothek mehr als 80 Außenstellen, darunter das *Donnel Library Center* (s. S. 378), eine *Blindenbücherei* (166 6th Avenue) mit über 50 000 Titeln in Blindenschrift, die *Schomburg Collection* (103 W. 135th Street) mit Sammlungen von Büchern, Schriften sowie photographischen und Tonaufnahmen zur Kunst der Neger wie auch zur Geschichte und Literatur Afrikas, ferner die *Lincoln Center Library for the Performing Arts* (s. S. 464).

Im **GROUND FLOOR** (Untergeschoß) des großzügig ausgestalteten Gebäudes sind die *Leihstelle* und eine *Kinderbücherei* untergebracht. — Im FIRST FLOOR (Erdgeschoß) besticht die große *Marmorhalle;* ferner sind hier die Ausstellung amerikanischer *Briefmarken* seit 1845 sowie Anschauungsmaterial aus dem Bereich des *graphischen Gewerbes* erwähnenswert. — Im THIRD FLOOR (2. Geschoß) befinden sich neben einer *Auskunftsstelle* der umfangreiche *Bibliothekskatalog* sowie die *Hauptlesesäle*, die von einer mit Holzschnitzereien sowie Wand- und Deckengemälden gezierten Halle zu erreichen sind. In den Wandelgängen historische Abbildungen aus der *New Yorker Stadtgeschichte;* außerdem ist hier die *Berg Collection*, eine Porträtsammlung amerikanischer Maler, beachtenswert.

Westlich hinter der New York City Public Library erstreckt sich an der Stelle des anläßlich der ersten New Yorker Weltausstellung von 1853 errichteten und bald darauf durch Brand zerstörten Crystal Palace der nach dem amerikanischen Dichter William Cullen Bryant (1794–1878) benannte BRYANT PARK, eine größere, rechteckige Grünanlage (im Sommer Mo. 12-14 Uhr Konzertmusik aus dem Tonarchiv der Stadtbibliothek; gratis) mit terrassenförmig von Baumreihen umgebenen Rasenflächen, Blumenbeeten und Brunnen. — Gegenüber der Südostecke des Parkes erhebt sich an der Südseite der 40th Street das *American Radiator Building*, das reichen Fassadenschmuck trägt. In den südwärts bis zur 34th Street anschließenden Häuserblöcken sind besonders viele *Hutgeschäfte* zu finden.

An der 5th Avenue seien zwischen 42nd Street und 34th Street mehrere bedeutende Warenhäuser genannt; an der Ostseite: *Lane Bryant* (Ecke 40th Street, gegenüber der Stadtbibliothek), südlich gegenüber *Arnold Constable* (seit 1825) und neben diesem *F.W. Woolworth*, ferner *B. Altman* (Ecke 34th Street); an der Westseite: *S.H. Kress* (Ecke 39th Street), *Lord & Taylor* (Ecke 38th Street; seit 1826) und *Ohrbach* (34th Street, gegenüber dem Empire State Building). — Jenseits der 34th Street erhebt sich an der Westseite der 5th Avenue das berühmte **Empire State Building.**

Auf noch um 1800 als Ackerland genutztem Boden erstellte der Geschäftsmann *William Astor* in den sechziger Jahren des vergangenen Jahrhunderts sein Privathaus im Brownstone-Stil, das 1893 dem ersten Hotel *Waldorf Astoria* (heutiges Gebäude s. S. 400) weichen mußte. Nach Entwürfen der Architekten Shreve, Lamb & Harmon wurde dann an derselben Stelle bis 1931 in einer Bauzeit von weniger als zwei Jahren und unter Anwendung fortschrittlichster Baumethoden (Kosten: ca. 40 Mill. Dollar) das Empire State Building errichtet, das seinen Namen nach der volkstümlichen Bezeichnung des Staates New York erhielt und heute noch das höchste Haus der Erde darstellt (vgl. World Trade Center, S. 438). Nach dem Aufbau einer Antennenanlage weist der ausschließlich kommerziellen Zwecken dienende Wolkenkratzer eine Gesamthöhe von 448 m (1472 ft.) auf und verfügt über 102 Etagen, die über 1860 Treppenstufen erreicht werden können, normalerweise aber insgesamt 72 Aufzüge bedienen. Das Äußere dieses riesigen Turmhauses ist in hellem Kalkstein und Granit aus dem Staate Indiana mit metallenen Fensterführungen gehalten; beim Bau sind 60 000 Tonnen Stahl für das Trägersystem verwendet worden. Rund 5600 km (3500 mi.) Telefon- und Telegrafenkabel sowie 96 km (60 mi.) Wasserleitungen wurden verlegt. Mit der Instandhaltung des Baues sind etwa 750 Personen (davon 200 Raumpflegerinnen) beschäftigt; die rund 6500 Fenster werden monatlich zweimal gereinigt. — Die oberen dreißig Stockwerke sind allabendlich bis Mitternacht angestrahlt.

Der Wolkenkratzer ruht auf einem 17 m (55 ft.) tiefen, seinerseits auf felsigem Untergrund aufgebauten Fundament. In den beiden Kellergeschossen sind neben Lagerräumen die Aggregate der gewaltigen Klimaanlage untergebracht. — Durch Eingänge (tägl. 9.30–24 Uhr) von der 33rd Street und von der 34th Street erreicht man die mit europäischem Marmor ausgekleidete *Lobby* (Halle) mit den Modellen des Empire State Building sowie der Sieben Wunder der Alten Welt. Im 2. *Stock* die Ausstellung 'Introduction to New York' mit Modellen der wichtigsten Kirchen, Museen und Universitätsbauten der Stadt. — Von der Lobby befördern eine Reihe von Fahrstühlen (Fahrkarten im 'Ticket Office Observatory') die Besucher (bis zu 35 000 täglich) zu den beiden Observatories (Aussichtsplattformen). Eine erste Gruppe von Schnellaufzügen verbindet das Erdgeschoß in knapp einer Minute mit dem 80. Stockwerk; nach Umsteigen erreicht man mit einem zweiten Fahrstuhl in 320 m (1050 ft.) Höhe das *86th Floor Observatory*, einen verglasten Aussichtsraum mit Erfrischungs- und Andenkenständen, der auf allen Seiten von einer zugänglichen, offenen Plattform umgeben ist. Ein einzelner dritter Aufzug (oft Wartezeiten) fährt von hier in dem nun erheblich verjüngten oberen Turmteil weiter aufwärts zu dem *102nd Floor Observatory*, einer ebenfalls verglasten Aussichtskanzel in 381 m (1250 ft.) Höhe.

Von beiden Aussichtsstellen öffnet sich eine eindrucksvolle Fernsicht, die bei klarem Wetter bis 130 km (80 mi.) in die Staaten New Jersey, Pennsylvania, Connecticut, Massachusetts und New York reichen kann. Nicht minder prächtig und besonders aufschlußreich ist am Tage wie auch bei Dunkelheit der Blick auf die nähere Umgebung, besonders über die langgestreckte Insel Manhattan; *markante Sichtpunkte* sind nach NORDEN: die New York City Public Library mit dem Bryant Park, das Rockefeller Center mit der gestuften Breitseite des R.C.A. Building, St. Patrick's Cathedral, der Central Park mit dem Metropolitan Museum of Art und das Yankee Stadium, ferner die Columbia University, die Riverside Church und die Washington Bridge über den Hudson River; nach NORD-

OSTEN: der Grand Central Terminal, das Pan Am Building, das Lever House, das Seagram Building, die Triboro Bridge, das unverwechselbare Chrysler Building und die Queensboro Bridge sowie das Socony Mobil Building und die UNO-Gebäude; nach OSTEN: der East River, die Einfahrt in den Queens Midtown Tunnel und das Bellevue Hospital; nach SÜDOSTEN: Peter Cooper Village und Stuyvesant Town, ferner die Williamsburg Bridge, Manhattan Bridge und Brooklyn Bridge über den East River; nach SÜDEN: die Little Church Around The Corner, das New York Life Insurance Building, die beiden Metropolitan Life Insurance Buildings, der Madison Square Park mit dem Flatiron Building und dem Toy Center, der Washington Square Park mit dem Washington Arch, ferner Chinatown und der Financial District mit dem Chase Manhattan Bank Building, dem Marine Midland Building und dem Woolworth Building sowie die Upper Bay und im Hintergrund die Verrazano Narrows Bridge; nach SÜDWESTEN: Greenwich Village, die Statue of Liberty und Ellis Island in der Upper Bay, das World Trade Center und die Hafenanlagen am Hudson River sowie das Port Authority Building; nach WESTEN: die schräge Flucht des Broadway, die Warenhäuser Gimbel, Korvette und Macy, die Pennsylvania Station mit dem neuen Madison Square Garden Center und das General Post Office; nach NORDWESTEN: die Einfahrt in den Lincoln Tunnel, der Port Authority Bus Terminal, das McGraw Hill Building, die Überseebrücken am Hudson River, der Times Square und der Theater District, das New York Coliseum sowie das Lincoln Center for the Performing Arts.

Über dem 102. Stockwerk erhebt sich ein 1951 errichteter, 68 m (222 ft.) hoher und rund 60 Tonnen schwerer, dreistufiger *Antennenmast*, der von allen New Yorker Rundfunk- und Fernsehanstalten gemeinsam benutzt wird und mit weittragenden Leuchtfeuern ausgerüstet ist.

Die 5th Avenue kreuzt etwa 600 m (2000 ft.) südlich vom Empire State Building den Broadway. Annähernd auf halbem Wege steht links abseits an der Nordseite der 29th Street die kleine protestantische *Church of the Transfiguration* (Kirche der Verklärung; Zutritt 8–18 Uhr), die seit 1870 unter dem volkstümlichen Namen **Little Church Around The Corner** bekannt ist, nachdem der Geistliche einer anderen Kirche der Umgebung es in jenem Jahr abgelehnt hatte, einen Schauspieler zu beerdigen und die Trauergemeinde an die 'Kleine Kirche um die Ecke' verwiesen hatte; seither wird dieses um die Mitte des vergangenen Jahrhunderts aus rotem Sandstein erbaute Kirchlein besonders von Bühnenkünstlern geschätzt und dient bevorzugt Hochzeitsgottesdiensten. Der Traualtar und die Glasmalereien der Fenster sind beachtenswert.

An der Ostseite der langgezogenen Kreuzung der 5th Avenue mit dem Broadway erstreckt sich der zu Ehren des vierten Präsidenten der USA James Madison (1751–1836) benannte MADISON SQUARE, eine ausgedehnte öffentliche Parkanlage auf annähernd schildförmiger Grundfläche mit mehreren Standbildern (u.a. des Admirals D.G. Farragut, 1801–70, von A. Saint-Gaudens) und einem Brunnen. 1845 wurden hier vom Knickerbocker Club die ersten Baseballspiele ausgetragen.

An der Nordostecke des Platzes befand sich um die letzte Jahrhundertwende an der Stelle des heutigen, 188 m (615 ft., 40 Stockwerke) hohen **New York Life Insurance Building** (Eingang: 51 Madison Avenue; Besichtigung nach Voranmeldung möglich) des Architekten Cass Gilbert der ursprüngliche Madison Square Garden, ein großer Saalbau, dessen gleichnamige Nachfolgegebäude sich heute an der 8th Avenue befinden (s.S. 417 und S. 418). An der Ostseite des Parkes der 1899 im korinthinschen Stil nach Plänen von J.B. Lord aus hellem Marmor und ornamental reich geschmückt aufgeführte Bau des **Appellate Court House,** des obersten Berufungsgerichtshofes des Staates New York. Auf dem Dach freiplastische

Figuren der großen historischen Gesetzgeber; das Innere ist prächtig ausgestaltet. Südlich neben dem Gerichtsgebäude die beiden wuchtigen **Metropolitan Life Insurance Buildings,** deren Turmbau (50 Etagen; 214 m bzw. 700 ft.) bereits 1908 nach Entwürfen von Le Brun vollendet wurde.

Besondere Beachtung verdient an der Südseite des Madison Square, zwischen den auseinanderstrebenden Straßenfluchten des Broadway und der 5th Avenue, das bereits 1902 nach einem Entwurf von Daniel H. Burnham mit Renaissance-Stilmerkmalen errichtete zwanzigstöckige *Fuller Building* (88 m bzw. 290 ft. hoch), das von Norden aus einiger Entfernung betrachtet einem Schiffsbug ähnelt und wegen seiner dreieckigen Form und Grundfläche unter dem Namen **Flatiron Building** (Plätteisengebäude) als einer der ersten New Yorker Wolkenkratzer bekannt wurde.

Der nördliche Teil der Kreuzung der 5th Avenue mit dem Broadway heißt WORTH SQUARE; auf der Straßeninsel ein *Obelisk* zum Gedenken an den *General Worth* (1794–1849), der sich im Krieg gegen Mexiko hervorgetan hat. Im nördlichen Kreuzungsdreieck das *Toy Center*, ein Spielwarenhaus mit großen Ausstellungsräumen (Modelleisenbahnen u.v.a.).

Die 5th Avenue zieht vom Madison Square weiter in südlicher Richtung und endet nach etwa 1½ km (1 mi.) am Washington Square (s.S. 428). — An der Nordwestecke der Kreuzung mit der 10th Street steht die 1841 im pseudogotischen Stil errichtete und 1885–1889 von Stanford White überarbeitete anglikanische *Church of the Ascension* (Himmelfahrtskirche) mit einem Fresko der Auffahrt Christi von John La Farge und skulptierten Engeln von Auguste Saint-Gaudens.

Madison Avenue

Die östlich nächste Parallelallee zur 5th Avenue ist die vom Madison Square (s.S. 394) ausgehende und sich von dort wie jene bis zum Harlem River erstreckende MADISON AVENUE, entlang derer von Süden nach Norden auf etliche Sehenswürdigkeiten hinzuweisen ist. Im Midtown-Bereich der Madison Avenue haben sich viele der großen marktbestimmenden *Werbeagenturen* etabliert; dem Besucher werden jedoch vor allem die zahllosen *Einzelhandelsgeschäfte* auffallen.

In dem Häuserblock auf der Ostseite zwischen 36th Street und 37th Street befindet sich die **Pierpont Morgan Library,** ein 1906 für den Industriellen, Finanzier und Kunstfreund *John Puerpont Morgan senior* (1837–1913) im Stil der italienischen Renaissance errichtetes Gebäude, das heute als Museum zugänglich ist (Mo.–Sa. 9.30–17 Uhr, im Juni und Juli Sa., im August gänzlich geschl.; gratis) und äußerst wertvolle Sammlungen von Drucken, Stichen, Zeichnungen und Gemälden sowie Manuskripten, Inkunabeln, Briefen und seltenen Büchern, ferner von anderen Kunstgegenständen beherbergt. Morgans einstiges Arbeitszimmer wie auch seine Privatbibliothek sind besonders luxuriös eingerichtet.

Nordwestlich neben dem Bibliotheksgebäude das ehemalige *Morgansche Wohnhaus* im Brownstone-Stil, heute Verwaltungsgebäude der United Lutheran Church. Auf der Gegenseite der 37th Street das Haus des *National Democratic Club* mit einem bemerkenswerten Treppenaufgang.

Weiter nördlich steht zwischen 43rd Street und 44th Street auf der rechten Seite der Madison Avenue das Hotel *Biltmore* mit den **Grand Central Art Galleries** (Eingang: 40 Vanderbilt Avenue), die in wechselnden Ausstellungen Werke vorwiegend amerikanischer Künstler zeigen (sonn- und feiertags, im Sommer auch samstags geschl.; gratis). — Weiterhin, auf der Gegenseite (Ecke 44th Street) das altbekannte und vornehme Herrenmodenhaus *Brooks Brothers* (seit 1818). Im nächsten Block (Ecke 45th Street), ebenfalls links, das zwölfstöckige, wohlsortierte Sporthaus *Abercrombie & Fitch* (gegr. 1902).

Dem Chor der St. Patrick's Cathedral (s.S. 382) gegenüber ließ sich der Eisenbahnbauer Henry Villard (1835–1900) gegen Ende des 19. Jahrhunderts ein Haus bauen, das heute zur Hauptsache der New Yorker römisch-katholischen *Erzdiözese* zu Verwaltungszwecken dient. — An der westlichen Straßenseite seien das *Look Building* des Verlagshauses Cowles (Nr. 488) sowie das **I.B.M. Display Center** (Nr. 590) erwähnt, ein interessantes Ausstellungszentrum (Mo.-Fr. 15–16 Uhr; gratis) für die Erzeugnisse des bedeutenden Büromaschinen- und Rechenautomatenkonzerns International Business Machines Corporation; dabei die *I.B.M. Gallery* (Eingang: 16 E. 57th Street) mit wechselnden Ausstellungen zu Kunst, Wissenschaft und Photographie (Mo.-Fr. 9.30–17, außer Juli und August Sa. ab 10 Uhr; gratis). Unweit nordöstlich, 201 E. 58th Street, das *Scalamandré Museum of Textiles* (Textilmuseum; Mo.-Fr. 9–17 Uhr, gratis). — Weiteren Uptown-Verlauf der Madison Avenue s.S. 469.

Park Avenue

Einen Häuserblock östlich der Madison Avenue (s.S. 396) verläuft die PARK AVENUE, deren südlicher Teil FOURTH AVENUE (kurz 4th Ave. = Vierte Avenue) heißt. Sie beginnt im Norden am Harlem River und durchzieht auf der Höhe des Central Park (s.S. 452) ein geschlossenes Viertel vornehmer *Wohnhäuser* aus der ersten Hälfte dieses Jahrhunderts. Zwischen der 60th Street und der Grand Central Station (s.S. 402) sind in neuerer Zeit eine Reihe bemerkenswerter *Hochhäuser* entstanden. Nach der letzten Jahrhundertwende verbannte man die vom Hauptbahnhof nordwärts verlaufenden unansehnlichen Eisenbahnanlagen unter die Erde und legte darüber eine breite Alleestraße an, deren Fahrbahnen zwischen den Kreuzungen mit den Querstraßen durch freundliche Grüninseln getrennt sind, so daß die Park Avenue beide Bestandteile ihres Namens zu recht trägt. Folgt man dieser Avenue in nord-südlicher Richtung, so öffnet sich etwa von der 60th Street ein eindrucksvoller Blick durch eine Hochhausschlucht auf das markante Pan Am Building (s.S. 401) über der Grand Central Station, deren ausgedehnter Komplex die Straßenflucht unterbricht.

An der Westseite der Park Avenue steht bei der Kreuzung mit der 59th Street der 1960 vollendete, elfstöckige Glasbau des **Pepsi-Cola Building.** Weiterhin an der Gegenseite, Ecke 57th Street, das von den Architekten Roth, Carrère und Hastings konzipierte Apartment-Haus *Ritz Tower* (165 m bzw. 540 ft.) mit 41 Etagen. Dann rechts, Ecke 56th Street, die von Frank Lloyd Wright erworfene Ausstellungshalle der deutschen Automobilwerke *Daimler-Benz A.G.* ('Mercedes'). Unweit südlich davon befindet sich zwischen 54th Street und 53rd Street, abermals rechts, das **Lever House** (sprich 'Liewer-Haus'), ein 1952 nach Plänen von Gordon Bunshaft in schlichter Stahl- und Farbglasbauweise ohne jedes Mauerwerk fertiggestelltes, vierundzwanzigstöckiges Bürohochhaus für den Chemiekonzern 'Lever Brothers Company', das über einem pfostengetragenen Flachbau emporragt, der sich an der Südseite fortsetzt, dort einen atriumartigen Hof umschließt und im Aufriß ein symbolisches «L» bilden soll. — Dem Lever House gegenüber erhebt sich mit 41 Etagen das 1961 ebenfalls in Glasbauweise aufgeführte **First National City Bank Building** (157 m bzw. 515 ft.), das ausschließlich Geschäftszwecken des namengebenden Bankhauses dient.

In dem südlich nächsten Block, zwischen 53rd Street und 52nd Street, ist an der Ostseite der Park Avenue (Nr. 375) das **Seagram Building** bemerkenswert.

Die Pläne dieses auch *House of Seagram* genannten, 1958 für den Spirituosenkonzern Seagram Company (besonders Whisky) errichteten und durch seine ausnehmend klare Linienführung bestimmten Hochhauses entwarf der aus Deutschland stammende Architekt Ludwig Mies van der Rohe. Der achtunddreißigstöckige, in rosa und grauem Glas sowie Bronze aufgeführte Turmbau (160 m bzw. 525 ft.) ist leicht blockeinwärtsversetzt und wird allabendlich von innen und außen beleuchtetsdavor ein Wandelplatz mit Wasserzierbecken, die im Winter zur Verhinderung von Eisbildung geheizt werden.

Das beachtenswerte INNERE (Di. und Do. 15 Uhr etwa halbstündige Führungen; gratis) wurde von Philip C. Johnson ausgestaltet. Sowohl die Klimaanlagen wie auch das Beleuchtungssystem werden vollautomatisch gesteuert und halten Temperatur und Licht stets gleichmäßig. In der Halle eine Ballettdekoration von Picasso; in dem vornehmen Hausrestaurant *Four Seasons* zwei abstrakte Kupferkompositionen von Richard Lippold.

Gegenüber dem Seagram Building das 1911 im Stil der italienischen Renaissance erbaute Haus des *Racquet & Tennis Club*. — Weiter südlich, im linken Block zwischen 51st Street und 50th Street, steht die 1918 nach Entwürfen von B.G. Goodhue im byzantinischen Stil vollendete protestantische **St. Bartholomew's Church** (Bartholomäuskirche; im Winter nachmittags Kirchenmusikkonzerte). Am Portal der den provenzalisch-romanischen Stil der französischen Abteikirche Saint-Gilles nachahmenden Fassade beachtenswerte Bronzeflachreliefs (von A. O'Connor). Das Innere ist reich geschmückt. — Nordöstlich hinter der Bartholomäuskirche, Ecke Lexington Avenue und 51st Street, erhebt sich das fünfzigstöckige *General Electric Building*, ein älteres Turmhaus (188 m bzw. 616 ft.) mit gotischen Stilmerkmalen.

An der Westseite der Park Avenue, zwischen 52nd Street und 51st Street steht das 35 Stockwerke hohe Bankhaus *Manufacturers Hanover Trust Building*. Im nächsten Block (Nr. 437) das vierzigstöckige **I.T.T. Building** (156 m bzw. 512 ft.) des Fernmelde- und Rechentechnikkonzerns International Telephone and Telegraph und noch einen Block weiter das gläserne *Colgate Palmolive Building*, ein fünfundzwanzigstöckiges Bürohochhaus des bekannten Chemiekonzernes (Zahnpflegemittel; Seifen, Kosmetika u.a.). Dem letztgenannten Gebäude gegenüber erhebt sich das mächtige Hotel **Waldorf Astoria**.

Nach Abbruch des ursprünglichen Hauses für den Bau des Empire State Building (s. S. 391) wurde das renommierte Großhotel 1931 nach Plänen von Schultze und Wearer an dieser Stelle neu errichtet und erreicht mit seinem Zwillingsturm (47 Etagen; ca. 2000 Zimmer), an den sich die unteren Gebäudeteile symmetrisch angliedern, eine Höhe von 191 m (625 ft.). Der Name dieses besonders wegen seiner prominenten Gäste aus aller Welt wohl bekanntesten New Yorker Luxushotels leitet sich von dem Geburtsort *Walldorf* bei Heidelberg des in New York zu großem Reichtum gelangten Kaufmanns *Johannes Jacob Astor* (1763–1848) her. Die aufwendige Ausstattung der großen Empfangshalle (u.a. Wandgemälde von J. M. Sert) und der verzweigten Gänge und Nebenräume des Erdgeschosses strahlen das Wohlstandsempfinden einer überlebten Zeit aus.

In dem Block zwischen 48th Street und 47th Street stehen sich an der Park Avenue zwei ähnlich geformte Hochhäuser mit niedrigeren Fortsetzungsbauten gegenüber: rechts (Nr. 270) mit 52 Etagen das 1957–60 nach Plänen des Architekten Will Burtin auf Stahlstützen erbaute **Union Carbide Building** (216 m bzw. 707 ft.) mit Wechselausstellungen zu Technik (Atomenergie), Kunst und Photographie (Mo.–Fr. 9–18, Sa. 10–17 Uhr; gratis); links das fünfzigstöckige **Chemical Bank of New York Building** (210 m bzw. 687 ft.). — Danach folgen rechts das *Marine Midland Trust Building* und links das *American Tobacco Building*. — Jenseits der 46th Street schließt das 1928 nach Entwürfen von Warren & Wetmore erbaute *New York Central Building* (172 m bzw. 565 ft.; 35 Stockwerke) die Park Avenue mit seinem schmuckreichen Mittelturm quer ab; die Fahrbahnen werden in Tunnelführungen unter diesem hindurchgeleitet und verlaufen dahinter bis zur 42nd Street getrennt um das Bahnhofsareal.

An der Südseite der 45th Street ragt über den Gleisanlagen des Hauptbahnhofes zwischen Vanderbilt Avenue und Depew Place das imposante **Pan Am Building** empor.

Über einem ausladenden Unterbau erhebt sich dieses in den Jahren 1960 bis 1963 nach Entwürfen des aus Deutschland stammenden Architekten Walter Gropius errichtete Bürohochhaus (Baukosten ca. 100 Mill. Dollar; 1700 Werktätige) der weltweit operierenden Luftverkehrsgesellschaft Pan American World Airways. Der 246 m (808 ft.) hohe Wolkenkratzer hat den Grundriß (1²/₅ ha bzw. 3½ acres) eines zur Park Avenue quer gestreckten Achtecks und verfügt in drei durch ringsumlaufende Galerien unterteilten Gebäudeabschnitten über 59 Stockwerke, die von mehr als 60 Aufzügen bedient werden; auf dem Dach ein *Heliport* genannter Hubschrauberlandeplatz.

In das INNERE gelangt man durch Eingänge von der 45th. Street, der Vanderbilt Avenue oder von der Hauphalle der Grand Central Station (s. unten). Das Aussehen des *Street Floor* (Erdgeschoß) bestimmen mächtige helle Granitsäulen; an der Westseite die 'Clipper Hall' mit Exponaten zur Flugpioniergeschichte sowie das 'Hospitality Center', besonders eindrucksvoll eine Messingdrahtkomposition von Richard Lippold, ferner eine Skulptur von Naum Gabo. Im *Mezzanine* (Zwischengeschoß) zahlreiche Ladengeschäfte und Restaurants; im obersten Stockwerk das Aussichtsrestaurant *Copter Club*.

Südlich hinter dem Pan Am Building und mit diesem in direkter Verbindung schließt in gleicher Blockbreite bis zur 42nd Street die **Grand Central Station** an.

Der auch *Grand Central Terminal* genannte New Yorker **Hauptbahnhof** wurde 1853 an der heutigen Stelle errichtet, nachdem die vorher weiter südlich etwa in Höhe der 23rd Street gelegenen Bahnhofseinrichtungen den wachsenden Verkehrsansprüchen nicht mehr genügten. Zu Beginn der sechziger Jahre des vergangenen Jahrhunderts erwarb der Großindustrielle und spätere Eisenbahnmagnat *Cornelius Vanderbilt* (1794–1877) die Bahnanlagen und weitete das zunächst auf die nähere Umgebung New Yorks beschränkte Streckennetz bis nach Chicago aus. Um die letzte Jahrhundertwende wurde der Hauptbahnhof nach Plänen von Whitney Warren neu aufgebaut und erhielt 1913 sein heutiges Aussehen mit grauen stuckverzierten Fassaden im klassizistischen Stil und einem von Metallstreben getragenen Glasdach.

Die heute gänzlich unterirdisch verlaufenden 123 Gleise sind von 48 auf zwei Etagen verteilten Bahnsteigen zugänglich und werden von zwei großen Eisenbahngesellschaften benutzt: die unlängst aus der Fusion von The Pennsylvania Railroad Company und The New York Central Railroad Company hervorgegangene *Penn Central Transportation Company* versieht den Verkehr in Richtung Chicago, während *The New York, New Haven and Hartford Railroad Company* New York mit den Neuenglandstaaten verbindet. Trotz der erheblichen Frequenz von täglich rund 550 Zugeinheiten, steht der Hauptbahnhof, unter dem sich zudem noch zwei Linien der *Subway* (Untergrundbahn) kreuzen, im Verkehrsaufkommen merklich hinter der Pennsylvania Station (s. S. 419) zurück.

Durch den Haupteingang an der 42nd Street gelangt man in den großräumigen *Grand Concourse*, eine 83 m (272 ft.) lange, 37 m (120 ft.) breite und 38 m (125 ft.) hohe, auch *Central Concourse* genannte Wartehalle, an deren weitgespannter Deckenwölbung der Sternenhimmel dargestellt ist; Rolltreppen führen abwärts zu den Bahnsteigen und aufwärts zum Zwischenstock des Pan Am Building (s. S. 401). An den Seiten und längs der zahlreichen Gänge eine Vielzahl von Geschäften; unterirdische Passagen verbinden den Bahnhof mit umliegenden Gebäuden (besonders Hotels). – An der Nordostseite des Hauptbahnhofes ein großes *Postamt*.

Dem Bahnhofshaupteingang schräg gegenüber befindet sich an der 42nd Street (Nr. 90) das *New York Convention and Visitors Bureau*, dessen mehrsprachiges Personal täglich von 9–18 Uhr für touristische Auskünfte und Belange zur Verfügung steht.

Die Park Avenue verläuft jenseits der 42nd Street weiter als Alleestraße (bis zur 33rd Street auch Tunnelführung) und wird nun auch als Park Avenue South oder als Fourth Avenue bezeichnet. Sie erreicht dann den sich zwischen 17th Street und 14th Street erstreckenden Union Square (s.S. 420), winkelt dahinter nach Südosten ab und endet am Cooper Square, dem Ausgangspunkt der Bowery (s.S. 425).

42nd Street

Als eine der wichtigsten Querachsen in Manhattans 'Midtown' ist die 42nd STREET zu nennen, die in einer Länge von rund 3¼ km (2 mi.) von den Hafenanlagen am Ostufer des Hudson River in westöstlicher Richtung am Hauptbahnhof vorüber über den Murray Hill zum UNO-Gelände am Westufer des East River führt.

Jenseits des am äußersten Westrand von Manhattan als kreuzungsfreie Hochstraße verlaufenden West Side Elevated Highway befindet sich in Höhe der 43rd Street am PIER 83 die Anlegestelle der *Circle Line*, der führenden New Yorker Schiffahrtsgesellschaft für Ausflugs- und Besichtigungsfahrten. Unweit südöstlich nimmt die 42nd Street an der 11th Avenue ihren Anfang und führt jenseits der 10th Avenue an dem auf der rechten Straßenseite gelegenen *West Side Airlines Terminal* vorüber, dem Omnibusbahnhof für die Zubringerfahrzeuge zum Flughafen von Newark im Staate New Jersey. Weiterhin ebenfalls rechts, im Häuserblock zwischen 9th Avenue und 8th Avenue, das *McGraw Hill Building* (Nr. 333; 142 m/464 ft. hoch, 33 Etagen; von Raymond Hood), ein mächtiges Bürohochhaus des namengebenden Großverlages. Den gesamten südlich nächsten Block (zwischen 41st Street und 40th Street) nimmt der **Port Authority Bus Terminal** ein, dessen Haupteingang an der 8th Avenue liegt.

Dieser größte Omnibushof der Erde wurde im Auftrag der Hafen- und Verkehrsbehörde 'Port of New York Authority' erbaut und 1951 in Betrieb genommen. Hier werden täglich mehr als 7000 Autobusse von über 30 Unternehmen des Nah- und Fernverkehrs abgefertigt; eine eigene Rampenstraße verbindet das Gebäude mit der Einfahrt in den unter dem Hudson River hindurchführenden *Lincoln Tunnel*. — Von der langgestreckten *Wandelhalle*, in der sich außer den Vertretungen der Busgesellschaften auch Ladengeschäfte und Restaurants befinden, gelangt man über Rolltreppen zu den im Untergeschoß gelegenen 'Bussteigen'. Unterirdische Fußgängerpassagen führen zu den nahegelegenen Untergrundbahnstationen. Auf dem Dach des 250 m (820 ft.) langen Gebäudes ist ein Parkplatz für mehrere Hundert Fahrzeuge angelegt.

An der 42nd Street folgen hinter der Kreuzung mit der 8th Avenue zu beiden Seiten mehrere *Boulevardtheater*. Dann überquert man die 7th Avenue und kurz darauf den Broadway, deren Zusammentreffen unweit nördlich den Times Square (s.S. 416) bildet. — Jenseits der 6th Avenue (of the Americas) rechts der Bryant Park und an der Ecke 5th Avenue die New York City Public Library sowie letzterer gegenüber das 500 5th Avenue Building (beide s.S. 389). — Weiterhin kreuzt die 42nd die Madison Avenue (s.S. 396). Im nächsten Block rechts, gegenüber der Einmündung der Vanderbilt Avenue, das mit 53 Stockwerken 204 m (675 ft.) hohe *Lincoln Building* von 1930, östlich anschließend das mehreren Fluggesellschaften dienende *Airlines Building* und daneben das New York Convention and Visitors Bureau (s.S. 405). Auf der Gegenseite der hier von einem Viadukt der Park Avenue überspannten Straße ist die Front des Grand Central Terminal (s.S. 402) nicht zu übersehen.

An der Straßenecke vor der Kreuzung mit der Lexington Avenue steht rechts das 1929 nach Entwürfen von Sloan und Robertson mit fein verzierten Fassaden erbaute **Chanin Building,** das mit seinen 56 Etagen eine Höhe von 208 m (680 ft.) aufweist; von der 'Observation Gallery' (= Aussichtsgalerie; direkte Fahrstühle) an der Spitze bieten sich vortreffliche Blicke auf die nahestehenden Hochhäuser sowie nach Süden auf Manhattans 'Downtown'. Auf der Gegenseite das östlich an den Hauptbahnhof grenzende *Hotel Commodore.* — Am Schnittpunkt der 42nd Street mit der Lexington Avenue erhebt sich nordöstlich gegenüber dem Chanin Building das hoch aufstrebende **Chrysler Building.**

Der an seiner charakteristischen Spitze erkennbare Turmbau des 'Chrysler Building' (sprich: Kreisler) wurde in den Jahren 1928 bis 1930 nach Plänen des Architekten *William van Alen* für den bedeutenden Detroiter Automobilkonzern 'Chrysler Motors Corporation' erbaut, beherbergt jedoch auch Büros anderer Firmen. Das auf einem 21 m (70 ft.) tiefen Fundament in Stein- und Metallbauweise errichtete und nach oben unregelmäßig abgestufte Hochhaus zählt 77 Etagen, hat eine Gesamthöhe von 320 m (1046 ft.) und ist damit nach dem World Trade Center und dem Empire State Building (s. S. 391) das höchste Gebäude der Erde. Seine Form ist der Kühlerfigur der ersten Chrysler-Fahrzeuge nachgebildet. Bemerkenswert sind der metallene Skulpturenschmuck an den Fassaden sowie die reiche Verwendung von verschiedenen Marmorarten bei der Gestaltung des Inneren. Den im Grundriß quadratischen Turm krönt eine 38 m (125 ft.) hohe, eigenwillig geformte *Haube*, deren schuppenartig übereinandergefügte Bögen aus rostfreiem Stahl sich von allen vier Seiten zusammenlaufend zu einem hohen Dorn verjüngen. An der Spitze ein abends beleuchteter Stern; in Höhe des Haubensockels (71. Stock) eine Aussichtskanzel. Durch unterirdische Passagen steht das Gebäude mit dem Hauptbahnhof in Verbindung. — Nach Osten schließt der kontrastierende Glasbau des dreißigstöckigen *Chrysler Junior Building* odjer *Chrysler East Annex Building* an.

Dem Chrysler Building an der 42nd Street gegenüber steht das **Socony Mobil Building,** ein 1955 fertiggestelltes modernes Geschäftshochhaus (45 Stockwerke) für die namengebende Mineralölgesellschaft. Das Gebäude besteht aus einem nüchternen, fünfundvierzigstöckigen Turmtrakt, der sich auf rechteckiger Grundfläche zwischen zwei niedrigen Seitenbauten erhebt. — Die 42nd Street quert dann die 3rd Avenue; weiterhin rechts (Nr. 220) der 1930 vollendete, sechsunddreißigstöckige Turmbau des **Daily News Building** für die 1919 gegründete und heute auflagenstärkste Tageszeitung der Vereinigten Staaten (3 Mill. Exemplare; tägl. 9–22 h bedingt kostenloser Auskunftsdienst); die östlichen Anbauten stammen aus neuerer Zeit. In der in weißem Marmor gehaltenen

Halle ein etwa 2 Tonnen schwerer Globus, Landkarten, am Boden eine Windrose, ferner die neuesten Pressephotographien sowie ein stets aktueller Wetterdienst.

Jenseits der 2nd Avenue durchzieht die 42nd Street grabenartig den um 1920 zu beiden Seiten auf einem Hügel angelegten Wohnbezirk der **Tudor City,** die mit zwölf bis zu zweiunddreißigstöckigen, von ruhigen Grünanlagen umgebenen Backsteingebäuden im reich gezierten englischen Tudor-Stil das Terrain bis zur 1st Avenue zwischen 43rd Street und 40th Street bedeckt. Im östlichen Teil überquert die TUDOR CITY PLAZA die 42nd Street auf einer aussichtsreichen Brücke. — Hinter der Kreuzung mit der 1st Avenue bzw. hier United Nations Plaza (auch Tunnelführung) mündet die 42nd Street in den am äußersten Ostrand der Insel Manhattan kreuzungsfrei ausgebauten Franklin Delano Roosevelt Drive, der für die Länge des sich von hier nach Norden ausdehnenden UNO-Geländes (s.S. 410) unterirdisch geführt wird. Etwa auf derselben Höhe südlich das Kraftwerk 'Edison Consolidated' verläuft der den East River unterquerende *Queens Midtown Tunnel,* dessen Einfahrt sich südwestlich in der Nähe des für die Verbindung mit den Flughäfen Idlewild und La Guardia wichtigen Omnibusbahnhofes *East Side Airlines Terminal* (645 1st Avenue) befindet. — Einen beachtlichen Komplex umfassen weiter südöstlich am East River zwischen Franklin Delano Roosevelt Drive und 1st Avenue die Anlagen des *New York University Bellevue Medical Center* (vgl. N.Y.U.), eines medizinischen Universitätsforschungszentrums, und des bereits 1795 gegründeten **Bellevue Hospital,** des New Yorker Stadtkrankenhauses (2700 Betten). — Im Südosten der 'Midtown' von Manhattan sind besonders im Bereich der 3rd Avenue viele *Armenier* ansässig. —

An der Kreuzung der 2nd Avenue mit der 35th Street die 1968 geweihte *Armenische Kathedrale*, deren Stahlstützen ein vergoldetes Kegeldach tragen. — 155 E. 34th Street: *Astro Gallery of Gems and Minerals*, eine Edelstein und Mineraliensammlung.

United Nations Headquarters

Am Westufer des East River erstreckt sich zwischen der 42nd Street und der 48th Street sowie begrenzt durch die Flucht der 1st Avenue das exterritoriale Gelände der UNITED NATIONS HEADQUARTERS, dem Versammlungs- und Verwaltungssitz der **UNO,** dessen interessanter Besuch zu empfehlen ist.

Als Nachfolgeinstitution des *Völkerbundes* ('League of Nations'; Genf 1919–46) wurde am 26. Juni 1945 in San Francisco, Cal., die **UNITED NATIONS ORGANISATION**, kurz **UNO** oder **UN**, zur Erhaltung des Weltfriedens, zur Wahrung der Menschenrechte und zur Förderung der internationalen Zusammenarbeit gegründet. Ursprünglich gehörten der supranationalen und überparteilichen **ORGANISATION DER VEREINTEN NATIONEN** 51 Mitgliedstaaten an, deren Zahl inzwischen auf 124 angestiegen ist (weder die Schweiz noch die beiden deutschen Staaten sind Mitglied). — Verfassung und Tätigkeit der UNO sind in den siebzig Artikeln der *Charta der Vereinten Nationen* festgelegt, die sechs konstituierende Hauptorgane vorsieht: die zumindest einmal jährlich ordentlich zusammentretende **General Assembly** *(Vollversammlung)*, den von Vertretern der USA, der UdSSR, Großbritanniens, Frankreichs und Nationalchinas gebildeten und ständig amtierenden **Security Council** *(Sicherheitsrat)*, den **Economic and Social Council** *(Wirtschafts- und Sozialrat)*, den für Protektoratsgebiete zuständigen **Trusteeship Council** *(Treuhandschaftsrat)*, den **International Court of Justice** (*Internationaler Gerichtshof* mit Sitz in Den Haag) und das geschäftsführende **Secretariat** *(Sekretariat)*, dem ein von der Vollversammlung jeweils für eine Amtszeit von fünf Jahren gewählter *Secretary General* (Generalsekretär) vorsteht. Von diesen Institutionen hängen wiederum zahlreiche z.T. eigenständige und in der Mehrzahl nicht in New York etablierte Unterorganisationen ab; z.B. die auf kulturellem

Gebiet tätige UNESCO (*United Nations Educational, Scientific and Cultural Organisation*; Paris), die für Fragen der Ernährung und Landwirtschaft zuständige FAO (*Food and Agriculture Organisation*; Rom), die Weltgesundheitsbehörde WHO (*World Health Organisation*; Genf), das Internationale Arbeitsamt ILO (*International Labor Organisation*; Genf), die Internationale Atomenergiebehörde IAEA (*International Atomic Energy Agency*; Wien), der Weltpostverein UPU (*Universal Postal Union*; Bern) u.v.a.

Bis 1950 war die UNO provisorisch zunächst in London, später in den New Yorker Stadtteilen The Bronx (Hunter College) und Queens (Flushing Meadow) sowie zuletzt im Vorort Lake Success auf der Insel Long Island untergebracht. Auf Anregung zur Geländesanierung des New Yorker Maklers *William Zeckendorf* erwarb der Großindustrielle *John Davis Rockefeller 3rd* (geb. 1906) ein 7⅓ ha (18 acres) großes wenig ansprechendes Grundstück mit abbruchreifen Fabrikanlagen an der sogenannten TURTLE BAY (= 'Schildkrötenbucht') des East River, um es der New Yorker Stadtverwaltung für den Bau des UNO-Hauptsitzes zu überlassen. Von den wenigen greifbaren stadtgeschichtlichen Angaben über diese Gegend am East River sei erwähnt, daß hier 1776 die Hinrichtung durch Erhängen des von den Engländern angeblich als Spion entlarvten amerikanischen Patrioten *Nathan Hale* stattgefunden haben soll (vgl. S. 367) und sich am Ostende der heutigen 42nd Street in den zwanziger Jahren des 19. Jahrhunderts der zum Gießen von Gewehrkugeln benutzte und nach seinem Besitzer benannte *Youle Tower* befand.

1947 billigte die UNO-Vollversammlung den Entwurf zur Errichtung der Anlage, an deren Ausführungen mit einem zinslosen Darlehen der US-Regierung von 65 Millionen Dollar unter Leitung von *Wallace K. Harrison* namhafte Architekten aus elf Ländern (darunter Le Corbusier, Oscar Niemeyer, Max Abramovitz und Sven Markelius) beteiligt waren. Das Gros der Bauarbeiten war 1952 beendet, so daß im Oktober jenes Jahres die erste Generalversammlung in dem neuerstellten General Assembly Building abgehalten werden konnte. Erweiterungen bis 1974 vorgesehen.

Die Einrichtungen des New Yorker UNO-Hauptquartiers unterstehen der gemeinsamen Verwaltung der Mitgliedstaaten. In den verschiedenen Abteilungen sind über 4000 Mitarbeiter aus mehr als 100 Ländern beschäftigt. Etwa 170 Personen versehen den internen Sicherheitsdienst und rund 100 Hostessen betreuen jährlich über 1 Million Besucher. Die offiziellen *Amtssprachen* der UNO sind Englisch, Spanisch, Französisch, Russisch und Chinesisch, von denen die ersten drei die üblichen Arbeitssprachen darstellen.

Das Gelände der UNO wird im Westen von der 1st Avenue gesäumt, die hier den Namen UNITED NATIONS PLAZA trägt (auch unterirdische Fahrbahnführung) und an deren Ostseite von Norden nach Süden die Flaggen aller UNO-Mitgliedstaaten in der Reihenfolge des englischen Alphabets aufgezogen sind. Der beste Überblick bietet sich etwa von der Einmündung der 45th Street: im Vordergrund die bewegten Formen des General Assembly Building, rechts dahinter das flachgestreckte Conference Building, noch weiter rechts das hoch aufstrebende Secretariat Building und in der äußersten rechten Ecke die Dag Hammarskjöld Library. — Durch das *Haupttor* an der Ostseite der United Nations Plaza, gegenüber der Einmündung der 46th Street, betritt man das täglich von 9–18 h frei zugängliche UNO-Areal. Zwischen 9.15 und 16.45 finden in verschiedenen Sprachen geführte, etwa einstündige Rundgänge statt. Auskunft in der Halle des General Assembly Building; ebendort kostenlose Besucherkarten für öffentliche Sitzungen (rechtzeitige Besorgung wegen der großen Nachfrage ratsam). — Man gelangt zunächst auf eine langgestreckte ESPLANADE: links Gartenanlagen mit einer von Jugoslawien gestifteten *Friedensstatue*, geradeaus Blick über weitere Grünflächen auf den East River und die Insel Welfare Island, rechts die feingegliederte nördliche Schmalseite des **General Assembly Building.**

Das 50 m (165 ft.) lange, 36 m (120 ft.) breite, 23 m (75 ft.) hohe und auf einer Grundfläche von annähernd bikonkaver Linsenform mit nach Süden abfallendem Dach errichtete

'General Assembly Building' wurde 1952 als Kernstück der UNO-Anlagen für die Sitzungen der Vollversammlung fertiggestellt. — Durch den aus sieben, von Kanada gestifteten Türen geformten *Besuchereingang* an der Nordseite (Delegierteneingang von der United Nations Plaza) erreicht man die LOBBY, eine große, künstlerisch ausgestaltete Wandelhalle, in deren Mitte ein *Information Desk* (= Auskunftsstand) steht. Beachtenswert sind die durchscheinende Außenmauer sowie nach innen die geschwungene Wandführung des Großen Sitzungssaales; in der rechten Ecke ein *Meditation Room* genannter Aufenthaltsraum. — Den Mittelpunkt des Gebäudes bildet die von einer flachen Kuppel überwölbte **Meeting Hall,** auch *Auditorium* genannt, der Große Sitzungssaal der UNO-Vollversammlung, dessen elliptischer Raum maximale Achsenmaße von 50×35 m (165 $\times$ 115ft.) aufweist; an den Seiten zwei abstrakte Wandmalereien von Fernand Léger. Über der Rednertribüne und den Plätzen des Versammlungspräsidenten sowie des Generalsekretärs ist das Emblem der Vereinten Nationen angebracht, seitlich befinden sich die Kabinen für die Dolmetscher und die Nachrichtenübertragung. Von der Bestuhlung sind den Delegierten rund 900, der Presse etwa 400 Plätze vorbehalten; auf den oberen Sitzreihen finden nahezu 1000 Besucher Platz. Die Sitzungen der Vollversammlung finden in der Regel von Ende September bis Mitte Dezember statt. An allen Sitzplätzen sind Wählschalter mit Kopfhörern installiert, mit denen man die simultan gedolmetschten Worte der Redner nach Wunsch in einer der fünf offiziellen Sprachen des Hauses mithören kann. — Im BASEMENT (Untergeschoß) eine umfangreiche *Buchhandlung* für Veröffentlichungen der UNO, ein *Andenkengeschäft* mit Erzeugnissen aus den Mitgliedstaaten sowie das *UNO-Postamt* mit Briefmarkenverkauf (die UNO-Postwertzeichen haben nur für Sendungen Gültigkeit, die vom UNO-Gelände abgeschickt werden!).

Unmittelbar am Ufer des East River, weiter nach Süden versetzt und sowohl mit dem General Assembly Building als auch mit dem Secretariat Building in direkter Verbindung erstreckt sich das 168 m (550 ft.) lange, verhältnismäßig flache **Conference Building.**

In dem fünfstöckigen, künstlerisch bemerkenswert ausgeführten 'Conference Building' befinden sich drei annähernd gleich große KONFERENZSÄLE: im nördlichen Teil der von

Schweden und dem schwedischen Architekten Sven Markelius in dem funktionsbetonten Baustil des Brutalismus eingerichtete *Sitzungssaal des Wirtschafts- und Sozialrates;* in der Mitte der von Dänemark beigesteuerte und vom dänischen Künstler Per Krogh vorwiegend in Edelhölzern gehaltene *Sitzungssaal des Treuhandschaftsrates;* nach Süden der von Norwegen gespendete und von dem Norweger Finn Juhl in blauen und goldenen Grundtönen gestaltete *Sitzungssaal des Sicherheitsrates.* Das Gebäude umschließt außerdem mehrere *Konferenzzimmer* sowie eine vornehme *Lounge* (= Foyer) und besitzt ein öffentlich zugängliches *Terrassenrestaurant* mit schönem Blick über den East River. — Vor der Westseite des Conference Building ist im Winkel zwischen dem die beiden vorher beschriebenen Gebäude verbindenden Übergangstrakt und der nördlichen Schmalseite des Secretariat Building unter einem Pagodendach eine von Japan gestiftete *Friedensglocke* aufgestellt.

Als augenfälligstes der UNO-Gebäude erhebt sich an der Südwestseite des Conference Building das 1950 vollendete, neununddreißigstöckige und in seiner Gestalt an eine gewaltige, aufrecht stehende Streichholzschachtel erinnernde **Secretariat Building.**

Das 155 m (550 ft.) hohe, 85 m (280 ft.) lange und nur 21 m (70 ft.) breite, für den Besucherverkehr nicht zugängliche 'Secretariat Building' ist der Amtssitz des Generalsekretärs der Vereinten Nationen und das Verwaltungszentrum der Weltorganisation. Das sachlich-elegante Hochhaus (39 Stockwerke) besticht durch seine klare und ungebrochene Linienführung, die keinerlei auffällige Gliederung erfährt. Während die Schmalseiten des wuchtigen Stahlgerüstbaues mit weißem geädertem Marmor verkleidet sind, bestehen die nach Osten bzw. Westen weisenden Breitseiten fast zur Gänze aus insgesamt 5400 aluminiumgefaßten und versiegelten Fenstern, deren blaugrün schimmerndes Filterglas extremen Temperaturentwicklungen entgegenwirkt. 18 Aufzüge und zahlreiche Rolltreppen erleichtern den Verkehr innerhalb des Gebäudes; den UNO-Bediensteten stehen ferner zwei Restaurants, eine Buchhandlung, eine Krankenstation und eine zweigeschossige Tiefgarage zur Verfügung. — Den westlichen Vorplatz schmückt ein von Spendengeldern amerikanischer Kinder errichteter *Zierbrunnen.*

Die Südwestecke des UNO-Geländes schließt der helle Marmorbau der seit 1961 eingeweihten **Dag Hammarsköld Library** ab.

Die 'Dag Hammarsköld Library' wurde aus Stiftungsmitteln der amerikanischen 'Ford Foundation' als Arbeitsbibliothek für die UNO-Delegierten und -Angestellten eingerichtet und trägt ihren Namen zu Ehren des 1961 während einer UNO-Mission im Kongo-Gebiet bei einem nicht eindeutig geklärten Flugzeugunglück ums Leben gekommenen schwedischen Diplomaten und späteren zweiten Generalsekretärs der Vereinten Nationen (ab 1953) *Dag Hammarskjöld* (geb. 1905). Die Bibliothek enthält neben Mikrofilm- und Tonbandmaterial etwa 300 000 Bücher und rund 60 000 Landkarten.

An oder nahe der Westseite der United Nations Plaza sei auf folgende Gebäude und Einrichtungen hingewiesen: Zwischen 42nd Street und 43rd Street steht der 1967 in Glas-, Stahl- und Granitbauweise vollendete Bau des **Ford Foundation Building** für die namengebende, besonders die Wissenschaft fördernde Stiftung des berühmten Detroiter Automobilkonzerns. Das von Kevin Roche John Dinkeloo konzipierte Gebäude ist um einen atriumartigen, gärtnerisch gestalteten Innenhof aufgeführt und berherbergt außer Verwaltungs- und Versammlungsräumen eine Arbeitsbücherei mit etwa 20 000 Bänden (kostenlose Gebäudeführungen Mo.–Fr. 10–15 h; Anmeldung 320 E. 43rd Street). — unweit nördlich, Ecke 44th Street, das **Church Center for the United Nations,** eine nach Plänen des aus der Schweiz stammenden Architekten Pierre Lescaze gebaute suprakonfessionelle Andachtsstätte; in dem schlichten Inneren ein gezielt beleuchteter Altarstein. — Drei Häuserblocks weiter nördlich (345 E. 46th Street) das *United Nations Foreign Policy Association Communication Center* mit instruktiven Beiträgen zur weltweiten Arbeit der Vereinten Nationen (Mo. – Fr. 9.30–17 h; gratis).

An das UNO-Gelände schließt sich nach Norden bis zur 59th Street ein ausgedehntes *Wohngebiet* an, dessen ansprechendste Teile sich um die östlich parallel zur 1st Avenue verlaufenden Beekman Place und Sutton Place gruppieren.

BROADWAY

Der BROADWAY kann wohl guten Gewissens als die bekannteste New Yorker Straße bezeichnet werden. Über eine Strecke von rund 30 km (19 mi.) durchzieht er in langen Geraden, die in unregelmäßigen Abständen von Krümmungen unterbrochen sind, ganz Manhattan vom Spuyten Duyvil Creek im Norden bis zum Bowling Green nahe der Südspitze der Stadtinsel. Sein für die überwiegend regelmäßige Anlage der Stadt ungewöhnlicher Verlauf erklärt sich aus dem Umstand, daß es sich ursprünglich um einen indianischen Pirschpfad handelte, den die holländischen Siedler zu ihrem *Breetweg* (breiter Weg) ausbauten; der heutige Name 'Broadway' ist die englische Adaption dieses Namens.

Während der Broadway im nördlichen Teil von Manhattan (siehe 'Uptown') durch den Fremden weniger interessierende Bezirke führt, bildet er im Bereich der ‚Midtown' eine allzeit heftig durchpulste Verkehrsader und stellt nach Süden eine ungezwungene Verbindung mit der nicht weniger geschäftigen 'Downtown' (siehe dort) her. Im folgenden werden der belebteste Abschnitt des Broadway zwischen Columbus Circle und Union Square sowie die unweit abseits in seinem Bereich gelegenen Sehenswürdigkeiten beschrieben. Dieser abends von unzähligen Leuchtreklamen erhellte Straßenzug, an dem sich zu beiden Seiten und in der unmittelbaren Umgebung Theater, Kleinkunstbühnen, Lichtspielhäuser, Vergnügungslokale, Hotels, Restaurants, Bars, Imbißstuben, Cafés u.a. in kaum unterbrochener Folge aneinanderreihen, wird im Volksmund auch 'The Great White Way' (der große weiße Weg) genannt.

An der Südwestecke des Central Park (s.S. 452) trifft der Broadway auf die 8th Avenue sowie die 59th Street, deren gemeinsame Kreuzung der ringförmig ausgebaute COLUMBUS CIRCLE bildet.

In der Mitte des Columbus Circle steht eine 1892 anläßlich der vierhundertsten Wiederkehr des Jahres der Entdeckung Amerikas errichtete *Rostrensäule* mit einem *Kolumbus-Standbild* (insgesamt 23,5 m bzw. 77 ft.; von G. Russo). An der Westseite des Platzes erhebt sich der 1956 eröffnete Kongreß- und Ausstellungspalast **New York Coliseum** (8000 Plätze) mit einem 20-stöckigen Verwaltungsgebäude. — An der Südseite des Columbus Circle befindet sich die neunstöckige **Gallery of Modern Art.**

Das nach Plänen des Architekten *Edward Durrel Stone* aufgeführte Gebäude dieser 'Galerie der modernen Kunst' (Di.–Sa. 11–19 h, So. 12–18 h), dessen mit hellem Marmor verkleidete Fassaden in den beiden unteren Dritteln fensterlos und insgesamt von mehrfarbigen Verzierungen umrahmt sind, inspiriert sich mit stilisierten Arkaden zu ebener Erde sowie hohen Bogenreihen im oberen Drittel an der venezianischen Bauart. — Den Hauptteil der in wechselnden Ausstellungen gezeigten Kunstwerke aus Malerei und Skulptur des 19. und 20. Jahrhunderts bildet die Sammlung Huntington-Hartford (u.a. Courbet, Corot, Monet, Toulouse-Lautrec und Dalí.

Südlich hinter der Gallery of Modern Art das von Albert Kahn erbaute alte *General Motors Building* (vgl. neues Gebäude an der Grand Army Plaza).

Der Broadway zieht vom Columbus Circle in leichter Biegung nach Südosten; bis zur Kreuzung mit der 53rd Street findet man hier Vertretungen und Ausstellungsräume großer *Automobilfirmen* (z.B. an der Südostecke der Kreuzung mit der 57th Street die legendäre Marke 'Cadillac'). — Unweit östlich vom Broadway, an der Südseite der altmodisch eleganten 57th Street (Südostecke der Kreuzung mit der 7th Avenue), steht die besonders den Freunden der Musik bekannte **Carnegie Hall,** eine von dem 'Stahlkönig' Andrew Carnegie (1835–1919) gestiftete, nach Plänen von W.B. Tuthill im Stil der italienischen Renaissance erbaute und 1891 mit einem von Peter Tschaikowski dirigierten Konzert eingeweihte Konzerthalle mit 2750 Sitzplätzen und vorbildlicher Akustik.

Südlich der 53rd Street durchzieht der Broadway bis jenseits des Times Square (s. unten) den sogenannten **Theater District,** im weiteren Sinne ein Unterhaltungs- und Vergnügungsviertel mit einer großen Zahl von Theatern, Kabaretts, Kinos, Jazz- und Tanzlokalen, Schießständen, Spielhallen, Andenkenläden, Gaststätten u.ä., wobei sich die Mehrheit der oft unmittelbar nebeneinander befindlichen, ausschließlich aus privater Initiative betriebenen *Bühnentheater* sowie die großen *Filmtheater* westlich etwas abseits vom Broadway um die 45th Street konzentrieren. Als 'Herz' der New Yorker Broadway-Theaterwelt gilt die kleine SHUBERT ALLEY zwischen der 44th Street und der 45th Street. Etwa auf gleicher Höhe östlich vom Broadway befinden sich besonders viele kleine und mittlere *Stadthotels*.

Am TIMES SQUARE, dessen nördlicher Teil den Namen *Duffy Square* (Standbild des Broadway-Komponisten George M. Cohan, 1878–1942) trägt, schneidet der Broadway die 7th Avenue und im

Mittelpunkt (Informationszentrum) kreuzen beide gemeinsam die 45th Street. Dieser langgestreckte, ursprünglich 'Longacre Square' genannte und einst von Pferdehaltereien und Sattlereien gesäumte Platz erhielt seinen jetzigen Namen nach dem 1905 in seinem südlichen Teil errichteten *Times Building*, einem einst 26stöckigen Turmhaus (114 m bzw. 363 ft; 1964 umgebaut) der 1851 gegründeten, unabhängigen Tageszeitung «The New York Times», deren Geschäftsräume nunmehr unweit westlich in einem Gebäude der 43rd Street untergebracht sind. Auf dem Stahlskelett des alten Times Building wurde 1964 der **Allied Chemical Tower** mit heller Marmorverkleidung aufgeführt; in drei Etagen (Di.–Sa. 11–20 h; gratis) popularwissenschaftliche Ausstellungen zu Weltraumforschung und Chemie sowie Modevorführungen. — An der Westseite des Platzes stand bis 1966 an der Stelle des heutigen Bürogebäudes zwischen 45th Street und 44th Street das altberühmte *Hotel Astor*, eines der ältesten New Yorker Hotels.

Etwa 500 m (1500 ft.) nordwestlich vom Times Square steht an der Westseite der 8th Avenue zwischen 50th Street und 49th Street der bekannte **Madison Square Garden** (vgl. Madison Square), eine 1925 von Tex Rickard eigentlich als Boxkampfstätte hier neu erbaute Veranstaltungshalle (18 000 Plätze) für sportliche, politische und andere Massenversammlungen, die jedoch heute hinter dem neuen Madison Square Garden Center über der Pennsylvania Station (siehe dort) zurücksteht (Abbruch erwogen).

Vom Times Square führt der Broadway weiter in südöstlicher Richtung, hinter der Kreuzung mit der 40th Street an einem Bürohaus der östlichen Straßenseite vorüber, der Stelle des ehemals dort befindlichen, unscheinbaren Ziegelbaues der weltberühmten *Metro-*

politan Opera, im Volksmund «Met» (1883 eröffnet, 1893 nach einem Brand wiederhergestellt, 1966 abgerissen; jetzt im Lincoln Center for the Performing Arts, siehe dort).

Zwischen 6th Avenue (of the Americas) und 8th Avenue sowie 40th Street und 30th Street erstreckt sich das GARMENT CENTER, ein Stadtviertel, in dem von etwa 200 000 Werktätigen vor allem Konfektionskleidung in großem Umfang hergestellt wird.

Weiter südöstlich schneidet der Broadway die 6th Avenue (of the Americas) und die 34th Street. Der nördliche Teil dieser Großkreuzung heißt HERALD SQUARE, so benannt nach der heute nicht mehr existierenden Tageszeitung 'New York Herald' (auf dem Platz ein Standbild W.E. Dodges, von J.Q.A. Ward), der südliche GREELEY SQUARE nach dem Zeitungsverleger Horace Greeley, (1811–1872; sein Denkmal, von A. Doyle, auf dem Platz). An der Westseite dieser Kreuzung befinden sich (von Norden nach Süden gesehen) die Großwarenhäuser *Macy*, *Korvette* (ehem. 'Saks') und *Gimbel*. Weiter südwestlich zwischen 7th Avenue und 8th Avenue sowie zwischen 33rd Street und 31st Street über der gänzlich unter die Erde verlegten Pennsylvania Station liegt das neue **Madison Square Garden Center,** eine 1968 vollendete Bauanlage für Großveranstaltungen, die größte und jüngste ihres bekannten Namens (vgl. Madison Square und 50th Street).

Nachdem die Anlagen des älteren dritten Madison Square Garden (siehe dort) nicht mehr den modernen vielseitigen Anforderungen genügten, bemühte sich der Unternehmer *Irving Mitchell Felt* um ein auf Manhattan verkehrsgünstig gelegenes Grundstück, um dort einen neuen Veranstaltungspalast zu errichten. So entschloß man sich die altbekannte Pennsylvania

Station (s. unten) abzureißen, ihre Einrichtungen vollends unter die Erde zu verlegen und darüber nach Plänen von *Charles Luckman* ein 29-stöckiges Bürohochhaus sowie ein mächtiges Rundgebäude — das 'Madison Square Garden Center' — zu errichten.

Die Haupthalle für sportliche Veranstaltungen aller Art (auch Kunsteisbahn) und Ausstellungen bildet die *Arena* mit 20 000 Zuschauerplätzen, deren Decke nach dem Prinzip des Rades von oben an 48 Speichenkabeln aufgehängt ist und somit die Sicht der Zuschauer durch keinerlei tragende Elemente beeinträchtigt wird. Außerdem befinden sich in dem Rundbau eine *Felt Formum* genannte Konzerthalle mit 5000 Sitzplätzen, eine *Bowling-Anlage* mit 48 Kegelbahnen, ein 500 Zuschauer fassender *Lichtspielsaal*, ein Bankettraum für 300 Gäste im *Penn Plaza Club*, eine Kunstausstellung des *National Art Museum of Sports* (Gemälde und Skulpturen von Sportlern), die *Garden's Hall of Fame* zum Andenken an große Sportler, die sich in den verschiedenen Madison Square Gardens produziert haben sowie ein Rotundenraum für Handelsausstellungen. — Führungen.

Das einstige Hauptgebäude der **Pennsylvania Railroad Station** (früher kurz 'Penna. Station', heute 'Penn. Station') wurde von 1904 bis 1910 nach Entwürfen der Architektengruppe *McKim, Mead & White* auf einer Grundfläche von annähernd 25 000 qm (6 acres) nach dem Vorbild römischer Thermen erstellt und 1966 durch die Bauten des Madison Square Garden Center (s. S. 417) ersetzt.

Der nunmehr gänzlich unterirdisch angelegte Durchgangsbahnhof 'Pennsylvania Station', dessen Gleisanschlüsse sowohl unter der Stadt als auch unter dem Hudson River sowie unter dem East River in Tunneln verlegt sind, hat heute ein Aufkommen von täglich etwa 750 Zugeinheiten der Eisenbahngesellschaften 'Penn Central' (in den Süden und Westen der USA) sowie 'Long Island Rail Road' und ist damit noch vor dem Grand Central Terminal (s. S. 402) der verkehrsreichste Bahnhof von New York. Zu den Untergrundbahnen der 7th Avenue und der 8th Avenue sowie zu den umliegenden Hotels führen unterirdische Passagen.

Dem Madison Square Garden Center westlich gegenüber liegt auf gleicher Höhe zwischen der 8th

Avenue und der 9th Avenue und noch über den Bahnanlagen der Pennsylvania Station das Gebäude des **General Post Office,** ein von *McKim, Mead & White* im pseudoklassischen Stil entworfener Riesenbau für das *New Yorker Hauptpostamt* (Führungen) mit breiter Freitreppe. — Unweit nördlich davon, an der Nordwestecke der Kreuzung von 8th Avenue und 34th Street, das 1930 eröffnete Großhotel **The New Yorker,** ein sich stufenweise nach oben verjüngender Turmwolkenkratzer (143 m bzw. 470 ft.) mit 42 Stockwerken und 2500 Zimmern das an Beherbergungskapazität immer noch größte New Yorker Hotel.

Der Broadway verläuft vom Greeley Square (s. S. 418) weiter südostwärts, gerade diagonal zwischen 6th Avenue (of the Americas) und 5th Avenue bis zum Worth Square bzw. zum Madison Square (siehe dort). Westlich erstrecken sich zwischen 28th Street und 25th Street der FUR MARKET (Pelzmarkt), das Viertel der Rauchwarenhändler, wo die Geschäftsabschlüsse oftmals auf offener Straße getätigt werden, sowie besonders an der 38th Street der FLOWER MARKET (Blumenmarkt), wo in den frühen Morgenstunden frische wie auch künstliche Blumen und Zierpflanzen en gros gehandelt werden. An der Nordseite der 25th Street, im ersten Block westlich vom Broadway, steht die *Serbian Cathedral of Saint Saviour*, die 1855 im neogotischen Stil errichtete Kathedrale der serbisch-orthodoxen Gemeinde.

Weiter südöstlich trifft der Broadway auf den traditionsreichen UNION SQUARE, einen schildförmig gestreckten, mit Grünanlagen bestandenen Platz, der von der 4th Avenue (Park Avenue South, siehe dort), der 17th Street sowie der 14th Street begrenzt wird.

In der Mitte des Union Square, auf dem zwischen 1880 und 1930 häufig Kundgebungen und Massenveranstaltungen stattfanden, ein 1924 auf einem Betonsockel errichteter *Liberty Pole* genannter Flaggenmast. An der Südostecke des Platzes ein *Reiterdenkmal George Washingtons*, bei der Südwestecke ein *Standbild Abraham Lincolns* (beide Denkmäler von H. K. Browne); in der südlichen Mitte eine *Bronzestatue Lafayettes* (von A. Bartholdi), an der Westseite die *James Fountain*, ein bronzener Zierbrunnen von Donndorf.

Etwa auf halbem Wege zwischen Madison Square und Union Square liegt zwei Blocks östlich vom Broadway der von vornehmen alten meist in Ziegelbauweise erstellten und mit verschnörkelten Treppenaufgängen, Balkonen und Straßenlaternen geschmückten Wohnhäusern umstandene **Gramercy Park** mit gepflegten Blumenrabatten und Grünflächen, dessen Bezeichnung sich von dem holländischen Namen 'Krom Moeraije' (krummes kleines Moor) für eine hier bis etwa 1830 befindliche moorige Stelle herleitet; er ist von einem eisernen Zaun umgeben und nur den Anwohnern zugänglich.

Um die Mitte des 19. Jahrhunderts wurde die Gegend des Gramercy Park zur bevorzugten Wohngegend von hochgestellten Persönlichkeiten und Künstlern; so wohnten hier der Schauspieler und Bruder des Lincoln-Mörders (vgl. Lincoln Theater in Washington, D.C.) *Edwin Booth* (1833–1893; sein Standbild – in der Rolle des Hamlet – in der Mitte des Parkes) oder der Schriftsteller und Historiker *Washington Irving* (1783–1859).

Unweit westlich vom Gramercy Park befindet sich an der 20th Street (Nr. 28) der denkmalgeschützte

Theodore Roosevelt Birthplace (tägl. 9–16 h), das restaurierte Geburtshaus des 26. Präsidenten der USA *Theodore Roosevelt* (1858–1919) mit dem ursprünglichen Mobiliar und persönlichen Andenken.

Südöstlich vom Union Square erhebt sich am IRVING PLACE, zwischen 15th Street und 14th Street, das *Consolidated Edison Building*, der Verwaltungssitz des namengebenden Unternehmens für Energieversorgung des größten Teils der Stadt New York (vgl. Consolidated Edison Control Center). Südlich gegenüber (14th Street Nr. 110) das altberühmte deutsche Restaurant *Lüchow's* (gegr. 1882).

Noch weiter südöstlich vom Union Square erstreckt sich der von der 2nd Avenue halbierte STUYVESANT SQUARE auf dem Gelände des ehemaligen Anwesens des holländischen Gouverneurs Peter Stuyvesant (1592–1672; sein Bronzestandbild im Westteil des Parkes). Beide Hälften des Parkes sind umzäunt, von schönen Anlagen mit je einem Zierbrunnen geschmückt, von Kirchen, Krankenhäusern und Schulen umgeben. An dem die Westseite des Parkes begrenzenden *Rutherford Place* das 1860 im klassizistischen Stil erbaute *Friends Meetinghouse* der Quäker sowie die *St. George's Church*, eine an der Stelle einer älteren Kirche von 1752 im Jahre 1867 in Backsteinbauweise erstellte protestantische Episkopalkirche mit zwei pseudoromanischen Türmen.

Vom Stuyvesant Square blickt man in östlicher Richtung auf die sich bis zum Ufer des East River hin ausdehnenden Wohngebiete von STUYVESANT TOWN und nördlich davon PETER COOPER VILLAGE, die beide in den vierziger Jahren dieses Jahrhunderts angelegt wurden.

DOWNTOWN

Als 'Downtown' (untere Stadt) von Manhattan bezeichnet man den südlichen Teil der Stadtinsel etwa von der 14th Street im Norden bis zum Battery Park im Süden. Die für den Besucher interessanten Sehenswürdigkeiten dieses ältesten Bereiches von New York sind in und um Zentren wie East Village, Greenwich Village, Civic Center, Chinatown, Financial District oder Battery gruppiert und werden im folgenden unter diesen Überschriften erklärt.

East Village

Etwa zwischen der den Union Square südlich begrenzenden 14th Street im Norden und der Houston Street im Süden bildet der Broadway die westliche Grenze eines 'East Village' ('Ostdorf') genannten altneuyorker und weniger städtisch anmutenden Viertels mit heterogener Bevölkerung, das durch den Zuzug von Intellektuellen und Künstlern eine gewisse Aufwertung erfahren hat. Hier sind in jüngster Zeit als Gegengewicht zu dem Showbusineß der Broadway-Theater die sogenannten Off-Broadway-Theater und Off-Off-Broadway-Theater der Avantgarde entstanden.

Zunächst sei noch die an der Ostseite des Broadway (Nr. 802) zwischen 11th Street und 12th Street gelegene **Grace Church** erwähnt, eine 1843–1846 nach Plänen von James Renwick im pseudogothischen Stil aus hellem Kalkstein mit zierlicher Turmspitze erbaute protestantische Episkopalkirche mit alter Chorschule. Im Innern beachtenswerte Glasmalereien; im Vorgarten eine römische Urne.

Jenseits der 8th Street zweigt der ASTOR PLACE vom Broadway ostwärts ab und kreuzt zunächst die

Lafayette Street; an dieser unweit südlich (Nr. 428–434) die bemerkenswerte *Colonnade Row*, eine Reihe von noch vier (ehemals acht) 1836 erbauten Häusern mit korinthischer Säulenfront. Das gegenüberliegende Gebäude beherbergte einst die 1854 eröffnete Astor Library, einer der Grundstöcke der heutigen New York City Public Library (s.S. 389), und dient heute als Verwaltungssitz des *New York Shakespeare Festival* (im Innern zwei Theaterräume).

Der Astor Place erreicht weiterhin den gemeinsamen Endpunkt von 4th Avenue und 3rd Avenue am COOPER SQUARE mit den beiden Gebäuden der **Cooper Union.**

Der 1859 von dem Erfinder, Konstrukteur (erste amerikanische Dampflokomotive) und späteren Industriellen *Peter Cooper* (1791–1883; sein Bronzedenkmal von A. Saint-Gaudens auf der Südspitze des Platzes) ursprünglich als Redeforum gegründeten Schule für Kunst, Wissenschaft und Technik 'Cooper Union for the Advancement of Science and Art' (kostenloser Unterricht; etwa 1500 Studierende) ist das zur Washingtoner Smithsonian Institution (s. S. 581) gehörige *Cooper-Hewitt Museum of Design* (Sa. und So. geschl.) in der vierten Etage des Cooper Union Hewitt Building angeschlossen. Es beherbergt Lehrausstellungen mit kunsthandwerklichen Erzeugnissen (Holz, Tapeten, Porzellan, Textilien, Möbel, Uhren, Silber, Bronze, Eisen u.a.).

Die Stuyvesant Street setzt den Astor Place nach Osten fort und führt am *Renwick Triangle*, einem an der Nordseite der Straße gelegenen, geschlossenen Wohnhauskomplex des Architekten James Renwick aus der Mitte des 19. Jahrhunderts, vorüber zur 10th Street, die kurz darauf die 2nd Avenue kreuzt. An der Nordwestecke der Kreuzung von 10th Street und 2nd Avenue steht die kleine Kirche **St. Mark's-in-the-Bouwerie** (vgl. Bowery).

Das protestantische Episkopalkirchlein wurde 1795–1799 (Portikus 1835 angebaut) an der Stelle einer bereits 1660 von Peter Stuyvesant in der Nähe von dessen Wohnhaus errichteten Kapelle im Kolonialstil erbaut. In dem baumbeschatteten Kirchhof u.a. das Grab sowie ein 1915 von der holländischen Königin Wilhelmina gestiftetes Standbild Stuyvesants.

Am Cooper Square beginnt der nach Süden durch die Lower East Side von Manhattan bis zum Chatham Square (s. S. 435) verlaufende breite Straßenzug der BOWERY, die wie der Broadway aus einem alten Indianerpfad erwachsen ist und daher unregelmäßig verläuft.

Peter Stuyvesant besaß während seiner Gouverneurszeit zwischen 1647 und 1664 ein holländisch 'Bouwerie' genanntes ländliches Anwesen, das sich ungefähr über jene Fläche erstreckte, die heute vom Broadway, dem East River, der 5th Street und der 17th Street umgrenzt wird. Als Zufahrt zu seinem Besitz ließ er eine breite, annähernd gerade zwischen den weiter südlich gelegenen holländischen Anwesen verlaufende Allee anlegen, die heute den adaptierten Namen 'Bowery' (sprich 'Baueri') trägt. In der zweiten Hälfte des 18. Jahrhunderts wurde sie zu einer beliebten Wohngegend wohlhabender Bürger sowie zum Zentrum des Theater- und Konzertlebens der Stadt. Zu Beginn des 19. Jahrhunderts waren die dort zahlreichen Schenken bevorzugter Aufenthaltsort neu angekommener Einwanderer und die Gegend sank langsam zur verrufensten von New York ab. In den nunmehr zweifelhaften Tanz- und Vergnügungslokalen verkehrten die berüchtigsten Gangster; Überfälle und Bluttaten waren auf der «Skid Row» (schiefe Bahn) nicht selten.

Die zum Bild der 'alten' Bowery gehörigen, auf Stützen verlaufenden Gleisanlagen der 'Elevated' (Hochbahn) wurden 1955 entfernt. In den letzten Jahrzehnten hat die Straße ihre zweifelhafte Ausstrahlung verloren und erscheint fast ausgestorben. Zurückgeblieben sind ein paar Pfand- und Leihhäuser, armselige Kneipen, billige Vergnügungsstätten und unansehnliche, oft durch davorliegenden Unrat verunzierte Häuser in alter Backsteinbauweise mit einigen von karitativen Organisationen unterhaltenen 'Flop Houses' (Asyle), in denen Asoziale (Gelegenheitsarbeiter, Vagabunden, Süchtige u.a.) notdürftige

Betreuung erfahren und gegen geringes Entgelt Unterkunft finden. Die *Bowery Mission* (Nr. 217) ist zu besichtigen. Als eine Art 'Kabarett im Elend' sei das Etablissement 'Sammy's Bowery Follies' (Nr. 267) genannt. Ein Besuch der Bowery ist deprimierend und kaum lohnend sowie Damen nur in Begleitung angeraten.

Im Bereich der Bowery sei noch auf zwei Sehenswürdigkeiten hingewiesen: An der 4th Street (Nr. 29) steht das *Old Merchant's House* (So. nachm. und im Aug. geschl.), ein 1830 im Stil der italienischen Renaissance erbautes Bürgerhaus mit zeitgemäßer Einrichtung. An der Ostecke der Kreuzung von Prince Street und Mulberry Street befindet sich die 1809 von Jean-François Mangin (vgl. City Hall) als erste römisch-katholische Kathedrale (vgl. St. Patrick's Cathedral) erbaute **Old St. Patrick's Church,** die 1866 ausbrannte (Teile der Fassade erhalten) und danach wiederaufgebaut wurde.

Westlich der Bowery erstreckt sich das ITALIENERVIERTEL 'Little Italy' (Klein Italien) mit seinem Schwerpunkt entlang der Mulberry Street; östlich der Bowery zwischen Delancy Street und Canal Street das JUDENVIERTEL. — Chinatown siehe dort.

Greenwich Village

Das mit dem hektischen Großstadtleben der Midtown und des Financial District kontrastierende Künstlerviertel 'Greenwich Village' (Greenwich-Dorf; sprich 'Grenitschwillidsch') erstreckt sich ungefähr zwischen Broadway und Greenwich Street sowie 14th Street und Spring Street, wobei der Schwerpunkt unweit südwestlich vom Washington Square liegt. In dieser oft malerischen Gegend von Manhattan überwiegen alte niedere Häuser an teilweise verwinkelten Straßen, die am Tage meist ruhig daliegen, sich aber am Wochenende schon nachmittags beleben, um abends zu einem internationalen Tummelplatz von Intellektuellen, Künstlern, Studenten und Touristen zu werden. Kunst und Kitsch bestimmen den Charakter dieser Bohemiensinsel auf der Insel Manhattan mit Kunstgalerien und -handlungen, Antiquariaten, Boutiquen, Theatern, Restaurants, Läden und mehr oder weniger stimmungsvollen Lokalen in Hinterhöfen, Kellern und Gewölben.

Zu Beginn des 17. Jahrhunderts war diese Gegend bewaldet und von fischreichen Bächen durchzogen. An der Stelle einer alten Indianersiedlung richtete der zweite Gouverneur von Neu Amsterdam, Wouter van Twiller, eine Tabakpflanzung ein. Mit der englischen Besetzung bevölkerte sich das Gebiet und wurde zu einem Dorf, das seit 1696 unter dem Namen 'Greenwich' (nach dem englischen Ort bei London) benannt und zunächst von reichen Bürgern bewohnt wurde. Als zu Anfang des 19. Jahrhunderts die Pocken und das Gelbfieber New York heimsuchten, flüchteten sich die Einwohner aus den südlichen Stadtteilen nach 'Greenwich Village', das allmählich zu einem vornehmen Viertel der Stadt avancierte. Zahlreiche Literaten und Erfinder nehmen hier ihren Wohnsitz, die ersten kulturellen Institutionen von New York etablieren sich hier. Erst zu Beginn dieses Jahrhunderts nimmt Greenwich Village den heute noch vorherrschenden Boheme-Aspekt an, als den reichen Bürgern die Gegend nicht mehr vornehm genug erscheint und sie weiter nach Norden verziehen. Die mehr und mehr freiwerdenden Wohnungen sind zu verhältnismäßig geringen Kosten zu mieten, was Intellektuelle, Studenten und Künstler anzieht. Besonders nach dem ersten Weltkrieg sammeln sich hier Nonkonformisten und Exzentriker, später auch Freunde des Jazz. Nach dem zweiten Weltkrieg verbürgerliche Greenwich Village zunehmend, so daß sich die entwicklungsbewußte Avantgarde in Richtung East Village (siehe dort) absetzte. Nichtsdestoweniger sind es auch heute noch vorwiegend jüngere Leute, die hier nach den Regeln der jeweils neuesten Mode bzw. den Richtlinien der herrschenden Sozialauffassung leben.

Den exzentrischen Schwerpunkt von Greenwich Village bildet der weite WASHINGTON SQUARE, ein an der Stelle einer früheren Hinrichtungsstätte mit Armenfriedhof und späterem Exerziergelände angelegter rechteckiger parkartiger Platz, in dessen nördlicher Breitseite der **Washington Arch** gleichsam ein Tor zu der von hier nach Norden ausgehenden 5th Avenue (siehe dort) bildet.

Der 'Washington Centennial Memorial Arch' ist ein anläßlich der einhundertsten Wiederkehr der Wahl *George Washingtons* (1732–1799) zum ersten Präsidenten der Vereinigten Staaten (1789) in hellem Marmor aufgeführter pseudoklassischer Triumphbogen, dessen 26 m (85 ft.) hoher Bau 1892/3 nach Plänen von Stanford White vollendet wurde. An der Nordseite zwei Standbilder Washingtons, eines in Generaluniform (von A. St. Calder), das andere in Zivil.

In der Mitte des anlagengeschmückten, meist von studentischem Leben erfüllten Platzes ein runder Zierbrunnen; in der Osthälfte eine *Bronzestatue* (von Turini) des italienischen Freiheitshelden *Giuseppe Garibaldi* (1807–1882), der 1850 in New York weilte. Rings um den Platz befinden sich Gebäude der **New York University.**

Die 1831 von dem aus dem westschweizerischen Genf stammenden damaligen Finanzminister der USA *Albert Gallatin* (1761–1849) als private Lehranstalt gegründete 'New York University' etablierte sich 1837 am Washington Square und verlegte bereits in den 90iger Jahren des vorigen Jahrhunderts Teile an die University Heights über dem Harlem River im Stadtteil The Bronx (s. S. 492). Die New York University, der das Medical Center beim Bellevue Hospital (s. S. 407) angeschlossen ist, wird heute von etwa 50 000 Studierenden besucht; die fünf universitätseigenen Bibliotheken verfügen über insgesamt 1½ Millionen Bücher und Schriften. Bemerkenswert sind ferner zwei der Universität gehörende Forschungsschiffe. Am Washington Square befinden sich die Fakultäten für Naturwissenschaft, Philosophie, Recht, Pädagogik und Wirtschaft.

An der Nordostecke des Washington Square steht das **Main Building** der New York University, das 1894 an der Stelle eines ursprünglich 1837 errichteten Baues aufgeführte Hauptgebäude mit dem Rektorat und der Universitätsverwaltung. An der Südseite des Platzes die katholische *Holy Trinity Chapel* und die baptistische *Judson Memorial Church*. Die gesamte Nordseite des Platzes ist von alten Backsteinbauten im klassizistischen Stil bestanden; dahinter verlaufen östlich der 5th Avenue die *Washington Mews* und westlich der 5th Avenue die *MacDougal Alley*, zwei malerische abgeschiedene Gassen.

Rundgang durch Greenwich Village

Man verläßt den Washington Square an dessen Südwestecke auf der MACDOUGAL STREET; im ersten Block rechts (Nr. 133) das **Provincetown Theater,** an dessen Gründung der amerikanische Dramaturg Eugene O'Neill (1888–1953) Anteil hatte. Dann kreuzt man die von Gaststätten und Läden gesäumte 3rd STREET und erreicht danach die BLEECKER STREET, eine der Hauptstraßen des Italienerviertels (viele Obst- und Gemüseläden, Cafés und Konditoreien), der man nach rechts folgt, überquert die 6th Avenue (of the Americas); rechts abseits die stille MINETTA STREET und MINETTA LANE über dem überbauten Minetta Creek.

Weiterhin kreuzt die Bleecker Street die 7th Avenue und erreicht die GROVE STREET, mit der man sich nach links wendet; rechts (Nr. 17, Ecke Bedford Street) ein altes Holzhaus. Jenseits der Bedford Street links der malerische **Grove Court,** ein von alten Holz- und Backsteinhäusern aus der Mitte des vorigen

Jahrhunderts umgebener Hofplatz. Dahinter trifft die Grove Street auf die HUDSON STREET; gegenüber der Einmündung steht die *St. Luke's Chapel*, ein Kirchlein von 1922.

Nun südlich weiter auf der Hudson Street bis zur LEROY STREET, in die man nach links einbiegt; hier wiederum links eine Reihe einheitlicher Häuser im klassizistischen Stil vom Anfang des 19. Jahrhunderts. Nach Überquerung der 7th Avenue und der Bedford Street kehrt man zurück in die Bleecker Street, zu der als nächste Straße parallel die 4th STREET mit zahlreichen Kunstgewerbeläden (Schmuck; Handschuhe), Restaurants und Nachtlokalen verläuft sowie weiter westlich zum Sheridan Square führt. Unweit westlich des Platzes die *St. John's Evangelic Lutheran Church;* östlich das dreieckige *Northern Dispensary*, ein Backsteinbau von 1837. — Rückkehr zum Washington Square auf dem Washington Place oder dem Waverley Place.

Civic Center

Nachdem der Broadway in Höhe der 10th Street einer letzten Krümmung gefolgt und von dort südwärts gerade, gleichsam als Grenzlinie zwischen Greenwich Village und East Village verlaufen ist, erreicht er mit der Houston (sprich: 'Hauston') Street den ersten nicht numerierten Straßenzug und damit das älteste Siedlungsgebiet auf Manhattan, wo das Straßennetz nicht nach einem künstlich regelmäßigen Plan angelegt sondern organisch gewachsen ist.

Etwa ¾ km (½ mi.) südlich der Houston Street kreuzt der Broadway die CANAL STREET, eine die Rampe der Manhatten Bridge über den East River mit dem Holland Tunnel unter dem Hudson River verbindende Querstraße, die nach einem bis zum Anfang des 19. Jahrhunderts längs ihrem heutigen Verlauf befindlichen Kanal benannt ist und an der zahlreiche Juweliere und Edelsteinhändler zu finden sind.

Östlich des Broadway, ungefähr zwischen Canal Street und Fulton Street, erstreckt sich das New York **Civic Center.**

Das sich um den FOLEY SQUARE ausbreitende 'Civic Center' (städtisches Verwaltungszentrum) umfaßt eine Reihe von öffentlichen Verwaltungs- und Gerichtsgebäuden. An der Westseite des Platzes das 1968 vollendete **Federal Office Building** (Erweiterungsbau geplant), ein 41stöckiges Scheibenhochhaus (179 m bzw. 587 ft.) mit gitterartig gemusterter Fassade für die Bundesbehörden; östlich davor das im Verhältnis kleine, 8-stöckige *United States Custom Court Building* für die Zollgerichtsbehörde.

An der Nordseite des Foley Square das *Health Department Building* für die Gesundheitsbehörde; weiter nördlich dahinter das *Civil and Municipal Court Building*, ein 1957 errichteter 14-stöckiger Kastenbau für das Stadtgericht und den Zivilgerichtshof.

An der Nordostecke des Platzes steht das **New York State Office Building,** ein breitgestrecktes, im Jahre 1931 im pseudoklassischen Stil erstelltes Gebäude für die Behörden des Staates New York; nördlich dahinter das in vier Turmtrakte gegliederte *Criminal Courts Building*, ein Ziegelbau (von 1941) im Renaissancestil nach Plänen von C.B. Mayer für das Strafgericht, an den sich die neue *City Prison* anschließt, das Stadtgefängnis an der Stelle des berüchtigten düsteren Untersuchungsgefängnisses 'The Tombs' (die Gräber) früherer Zeiten.

Noch weiter nördlich, an der Ostseite der Baxter Street, im Häuserblock zwischen Hester Street, Grand Street und Broom Street befinden sich derzeit noch die **New York Police Headquarters** (Verlegung in einen Neubau östlich vom Municipal Building geplant (siehe dort), die den gesamten New Yorker Polizeiapparat (22 000 Mann) steuernde Hauptwache.

An der Ostseite des Foley Square steht das sechseckige **New York County Court House,** ein mächtiger, von G. Lowell 1912 im pseudoklassischen Stil errichteter Granitbau mit korinthischer Säulenvorhalle für das Kreisgericht der County of New York. Südlich gegenüber erhebt sich der nach Entwürfen von Cass Gilbert 1936 aufgeführte Turmbeau des *United States Court House* oder **Federal Courts Building** (Bundesgericht) mit korinthischer Fassade und einer blattgoldverzierten Pyramidenspitze.

Die Südseite des Foley Square schließt das breit ausladende, 1908–1914 erbaute 40-stöckige **Municipal Building** (174 m bzw. 571 ft.) für städtische Behörden und Ämter (u.a. Standesamt und Stadtbibliothek) ab. Auf dem Turmaufsatz über dem Mitteltrakt, durch den die Chambers Street in einer Tunnelgalerie geführt ist, eine 8½ m (28 ft.) hohe Statue der 'Gloria Civica' (Bürgerruhm). Westlich gegenüber dem Municipal Building die **Hall of Records,** ein im Stil der französischen Renaissance reich verziertes Gebäude von 1911 für das *Stadtarchiv* (ältestes Dokument von 1643).

Südwestlich vom Foley Square dehnt sich zwischen Chamber Street, Broadway und Park Row der CITY HALL PARK aus, der von der Murray Street in zwei ungleiche Teile getrennt wird.

Der 'City Hall Park' (Rathaus-Park) war ursprünglich eine mit Obstbäumen bestandene Wiesenfläche, auf der man im Jahre 1776 in Anwesenheit von George Washington die Unabhängigkeitserklärung der Vereinigten Staaten (siehe National Archives, Washington, D.C.) verlas. Jedoch nur wenige Wochen später wurde der Platz zur Hinrichtungsstätte, als die nochmals siegreichen Engländer am 22. September desselben Jahres den damals einundzwanzigjährigen Hauptmann *Nathan Hale* (vgl. S. 367) hier als Spion henkten; sein in Paris gegossenes *Standbild* (von Fr. McMonnies; 1893) an der Nordostecke der Kreuzung von Broadway und Murray Street. Der 1811 in seiner heutigen Art angelegte Park wurde später zu einem viel und gern besuchten Promenadengarten.

In der Mitte des City Hall Park steht an der Murray Street die **City Hall,** ein im Vergleich zu den umstehenden Gebäuden niederes Bauwerk, das als **Rathaus** der Stadt New York die Amtsräume des Bürgermeisters und der Stadtverwaltung beherbergt.

Das erste, aus holländischer Zeit stammende *Stadhuis* befand sich in der Pearl Street; es wurde im 18. Jahrhundert von der englischen *Town Hall* am Broadway (siehe Federal Hall National Memorial) abgelöst. Die heutige 'City Hall' ist nach Plänen von *Joseph-François Mangin* und *John McComb* 1803–1812 erbaut. Das Äußere des im Stil der französischen Renaissance mit zentralem Säulenportikus und vorspringenden Flügeltrakten aufgeführten Gebäudes zeigt klare Linien und wurde 1956 gründlich restauriert. Es mag erwähnt sein, daß die nach Süden weisende Vorderseite zwar in Marmor, die Hinterseite aber aus Sparsamkeitsgründen lediglich in Sandstein gehalten ist; zur Zeit der Erstellung dachte noch niemand daran, daß sich die Stadt über das am äußersten Nordende der Stadt befindliche Rathaus hinaus entwickeln würde. Den kuppelgedeckten Mittelturm krönt eine Justitia-Statue (von J. Dixey).

Über eine Freitreppe und durch den Portikus gelangt man in das INNERE, wo aus der Vorhalle eine schöne gewundene Treppe aufsteigt. Im ersten Stock der *Mayor's Room* (Bürgermeistersaal), im zweiten der *Governor's Room* (Gouverneurssaal) mit der ursprünglichen Einrichtung; beachtenswert der Schreibtisch und Sessel George Washingtons sowie Portraits britischer Gouverneure und Persönlichkeiten.

Nördlich hinter der City Hall steht ein massiges Gerichtsgebäude.

Unweit nordwestlich vom Civic Center, Duane Street Nr. 104, befindet sich das **Fire Department Museum** (Mo.–Fr. 9–16, Sa. bis 13 h; gratis), ein Feuerwehrmuseum mit Löschgeräten und Fahrzeugen des 19. und 20. Jahrhunderts.

Die südöstliche Begrenzung des City Hall Park bildet die PARK ROW (Parkreihe), eine ehemals bei den New Yorkern beliebte Promenade, an der sich das Park Theatre, eines der ältesten New Yorker Theater, befand. Bis etwa 1920 waren an der Park Row zahlreiche Zeitungen und Großdruckereien etabliert, weshalb dieser Straßenzug auch 'Newspaper Row' (Zeitungsreihe) oder 'Printing House Square' (Druckereiplatz) genannt wurde. Auf der kleinen dreieckigen Straßeninsel zwischen Park Row, Nassau Street und Spruce Street ein *Bronzestandbild* (von Plassman) *Benjamin Franklin* als Drucker darstellend.

Das Gelände östlich des City Hall Park, das von den in sich verschlungenen Zufahrten und der Rampe der Brooklyn Bridge (siehe dort) bestimmt ist, befindet sich in Umgestaltung: Östlich gegenüber dem Municipal Building (s.S. 432) entsteht ein neues 15-stöckiges Gebäude für die *New York Police Administration* (Polizeiveraltung, vgl. Seite 432), weiter nordöstlich wurden 1962–1965 zwei große Wohnkomplexe erstellt: nördlich der Park Row die beiden *Chatham Towers*, zwei 25-stöckige Wohntürme; südlich der Park Row der schmale, in Schlangenlinie gestreckte, 21-stöckige Wohnriegel *Chatham Green*. Südlich der Brückenrampe entstehen die Wohntürme *Southbridge Tower* sowie die ausgedehnten Anlagen des *Pace College Campus*.

Chinatown

Die vom Broadway auf der Höhe des City Hall Park ausgehende Park Row endet etwa ¾ km (½ mi.) weiter nordöstlich am CHATHAM SQUARE, auf den von Norden die Bowery (s.S. 425) mündet. Hier (Bowery Nr. 6) steht die *Olliffe Pharmacy*, vermutlich die älteste Apotheke der Vereinigten Staaten. Unweit südlich des Platzes befindet sich der älteste New Yorker Friedhof, auf dem seit der Mitte des 17. Jahrhunderts vor allem portugiesische Juden begraben wurden.

Das von Bowery, Canal Street, Baxter Street und Worth Street umzogene Viertel ist das Kerngebiet von **Chinatown,** der Chinesenstadt. Dieses kleinste aller New Yorker Ausländerviertel hat trotz aller amerikanischer Assimilation ihrer Bewohner (etwa 6 000 Chinesen) eine gewisse fernöstliche Ausstrahlung bewahrt, die sich besonders in dem vielfältigen Aspekt der Geschäfte für chinesische Lebensmittel, Zutaten und Gewürze, Teelokale und Restaurants, Apotheken und Andenken- sowie Kuriositätenläden manifestiert. Als Wahrzeichen gelten auch die mit Pagodendächern verzierten Telefonhäuschen; verwirrend sind die häufigen chinesichen Aufschriften.

Die ersten Chinesen kamen nach dem Sezessionskrieg meist aus Kanton nach New York, um dort vor allem mit Rauschgift zu handeln. Im Jahre 1882 wurde der anschwellenden Welle chinesischer Einwanderer gesetzlich Einhalt geboten. Um die letzte Jahrhundertwende herrschten im Chinesenviertel ungute soziale Verhältnisse; chinesische Gangsterbanden bekämpften sich untereinander. Nach radikalem Durchgreifen der Behörden im Jahre 1910 traten Ruhe und Ordnung ein; heute gilt Chinatown als eines der sichersten Viertel der Stadt!

Die gegen Abend, an Wochenenden, besonders aber an chinesischen Feiertagen — etwa zu dem mit großen Umzügen, Paraden und Feuerwerk begangenen Neujahrsfest (je nach Mondstand Ende Januar oder Anfang Februar) — belebtesten und interessantesten Gassen sind Doyers Street, Pell Street, Elisabeth Street, Mott Street, Bayard Street und Mulberry Street. In der Mott Street (Nr. 7–9) das **Chinese Museum** (tägl. 10–22 h) mit Exponaten zu Sitten und Kultur Chinas (u.a. Altäre, Musikinstrumente, Münzen, Gewänder, Drucke und Schriften, Lebensmittel; 6 m langer, 1,5 t schwerer Drache). Ferner bemerkenswert ist der *Buddhist Temple* (Mott Street Nr. 64), ein kleines buddhistisches Bethaus.

Vom Civic Center zur Fulton Street

Dem Südteil des City Hall Park gegenüber steht zwischen Murray Street und Park Place an der Westseite des Broadway das 1963 in schlichter, massiver Treppenform mit 30 Stockwerken errichtete Geschäftshaus *250 Broadway Building;* südlich daneben erhebt sich das einst als 'Kathedrale des Handels' bezeichnete **Woolworth Building.**

In den Jahren 1910–1913 ließ der Gründer der weltweit bekannten Einheitsgeschäfte *Frank Winfield Woolworth* (1852–1919) von den Architekten *Cass Gilbert* das 'Woolworth Building' errichten, das mit einer Höhe von 241½ m (792 ft.) und bis zu 40 m (130 ft.) tiefen Fundamenten bis 1931 (Vollendung des Chrysler Building, siehe dort) das höchste Haus der Welt war. Trotz seiner für ein Bürogebäude fragwürdigen Kirchenform mit pseudogotischen Stilmerkmalen besticht dieses Bauwerk durch Wucht und Geschlossenheit. Mit kühnem Elan erhebt sich der 60-stöckige Turmbau direkt am Broadway über dem 30-stöckigen Hauptbau. Die noble Eingangshalle ist mit Skulpturen, Mosaiken und Fresken ausgeschmückt.

Im südlich nächsten Block (Broadway Nr. 225) steht das 1927 innerhalb von 42 Tagen errichtete

Transportation Building (166 ½ m bzw. 546 ft. hoch; 45 Stockwerke).

An der Südostecke der Kreuzung von Church Street und Barclay Street die kleine *St. Peter's Church* (urspr. von 1785; 1836 neu erbaut), die älteste katholische Kirche von New York.

In dem Block zwischen Broadway, Vesey Street, Church Street steht die **St. Paul's Chapel,** der älteste Sakralbau von New York.

Der aus Schottland stammende Architekt *Thomas McBean* erbaute die St. Paul's Chapel in den Jahren 1764-1766 nach dem Vorbild der Londoner Kirche St. Martin-in-the-Fields. Der vor den zum Broadway weisenden Chor gesetzte Portikus sowie der Turm wurden erst 1794 angefügt. Mit ihrem alten Friedhof an der Westseite bildet die Kirche ein friedliches und malerisches Architekturensemble georgianischen Kolonialstils inmitten des sie umgebenden, sie fast erdrückenden Hochhausgewirrs. In dem von Emporen umzogenen Kirchenschchiff beachtenswert der Kirchenplatz George Washingtons (Nordseite, links) sowie 14 Kristalleuchter (von Waterford; 1802). Die Innenausstattung wurde 1796 von *Pierre L'Enfant* überholt.

Gegenüber der St. Paul's Chapel erhebt sich am Broadway (Nr. 222) das 31-stöckige *Western Electric Building*.

Die belebte FULTON STREET durchquert den südlichen Teil von Manhattan vom East River bis zum Hudson River; an ihr befinden sich zahllose Ladengeschäfte (v.a. Lebensmittel), Buchhandlungen und Antiquariate sowie Trinklokale; die Fulton Street erhielt als eine der ersten Straßen von New York im Jahre 1830 eine Gasbeleuchtung. Beachtenswert mehrere alte Häuser aus der ersten Hälfte des 19. Jahrhunderts (Nr. 12–18). — Nahe am East River befand sich an der Nordseite der Fulton Street bis zu seiner Auflösung 1968 der *Fulton Fish Market*, der ehemals größte Umschlagplatz für Fisch und Meerestiere aus dem Atlantischen Ozean (Gebäude erhalten; Meereskundliches Museum geplant); in der Umgebung auch jetzt noch viele Fischrestaurants.

Westlich vom Broadway führt die Fulton Street zu den beiden **Hudson Terminal Buildings,** der New Yorker Endstation der Hudson und Manhattan Railroad Tunnels (Eisenbahntunnel unter dem Hudson River). Die Zwillingsanlage gliedert sich in zwei von den Architekten Clinton und Russel mit je 22 Stockwerken gleichförmig aufgeführte Gebäude: das *Fulton Building* (zwischen Fulton Street und Dey Street) und das *Cortlandt Building* (zwischen Dey Street und Cortlandt Street). — Unweit nördlich vom Westende der Fulton Street (West Street Nr. 140, zwischen Vesey Street und Barclay Street) erhebt sich der mächtige Bau des mit 34 Stockwerken 146 m (179 ft.) hohen **New York Telephone Company Building** (von 1926) aus braunem Backstein mit sparsamer Kalksteinverzierung.

Auf einer Grundfläche von rund 93 ha (230 acres) etwa zwischen Vesey Street, Church Street bzw. Trinity Place und Liberty Street entsteht nahe dem Ufer des Hudson River unter der Leitung der Port of New York Authority und nach Plänen der Architekten Minoru Yamasaki und Emery Roth & Sons (Planung seit 1962; Baubeginn 1966) das **World Trade Center,** ein durch weite Grünanlagen aufgelockertes Welthandelszentrum, das zukünftige Nervenzentrum der amerikanischen Handelswelt und internationaler Treffpunkt für Handel und Industrie. Neben vier niederen Gebäulichkeiten aus vorfabrizierten Betonelementen werden zwei Zwillingsturmwolkenkratzer mit schlichten Aluminiumfassaden und je 420 m (1378 ft.) Höhe — nach ihrer Fertigstellung (etwa 1973) vermutlich die höchsten Häuser der Welt (je 104 Aufzüge) — die Hauptattraktion dieses neuen Handelskomplexes sein. Vertretungen aller Herren Länder sowie ein neuzuschaffendes World Trade Institute (Institut für Welthandel), ein Schulungszentrum, ein Informationszentrum mit Datenbank, ein Großhotel, Geschäfte u.v.a. werden hier etwa 50 000 neue Arbeitsplätze schaffen.

Im Zusammenhang mit dem Bau des World Trade Center wird der Hudson River zwischen den Piers 1 und 19 auf einer Fläche von 9½ ha (23½ acres) mit dem Fundamentaushub der zu erstellenden Gebäude aufgeschüttet und auf dem neu gewonnenen Land die BATTERY PARK CITY errichtet, ein nach fortschrittlichen urbanistischen Gesichtspunkten abwechslungsreich mit freien Grünräumen zu gestaltender Stadtteil. Besondere Aufmerksamkeit wird hier das aus mit allen Installationen vorgefertigten Einheiten auf Betonschäften und an Stahlträgerhängewerken zusammengesetzte **Zentrum der graphischen Künste** erwecken. Diesen von der Buchdruckergewerkschaft in Auftrag gegebenen Baukomplex hat der Architekt *Paul Rudolf* mit sich von einem Bootshafen mit Geschäftszentrum am Hudson River gebirgeartig bis zu 62–Stockwerken auftürmenden Wohnzellen und mehreren Verbindungstrakten für Nutzräume entworfen.

Financial District

Wegen der massiven Konzentration von Geldinstituten, Versicherungsunternehmen, Börsen und Maklerbüros wird die dicht bebaute Gegend an der Südspitze der Insel Manhattan südlich der Fulton Street und östlich vom Broadway 'Financial District' (Finanzbezirk) genannt, dessen Hauptbetrieb an der weltbekannte Wall Street; siehe dort) konvergiert.

Im Verlauf des Broadway sei zunächst noch auf verschiedene markante Hochhäuser hingewiesen: An der Südwestecke der Kreuzung mit der Fulton Street (Broadway Nr. 195) steht das harmonisch gegliederte **American Telephone and Telegraph Company Building,** ein 127 m (417 ft.) hoher Turmbau mit 27 Stockwerken; obenauf eine 'Statue der Elektrizität'. Weiterhin an der Westseite des Broadway (Nr. 165) entsteht zwischen Cortlandt Street, Trinity Place und Cedar Street an der Stelle u.a. des ehemaligen Singer Building ein 54-stöckiges Turmhochhaus für die **United States Steel Corporation** mit einer anlagengezierten Plaza. An der Ostseite des Broadway (Nr. 140) wurde 1967 ein 52-stöckiger Wolkenkratzer mit dunkler Fassade für die *Marine Midland Bank* fertiggestellt. Jenseits der Cedar Street (Broadway Nr. 120) ragt der monumentale Doppelbau des **Equitable Building** auf, ein Hochhaus (180 m bzw. 590 ft.; 40 Stockwerke über, 3 unter der Erde) von 1912 für die große Versicherung 'Equitable Life Insurance' mit prächtiger Ausstattung (Marmorhallen). Letzterem gegenüber befinden sich nördlich das von Francis H. Kimball erbaute *United States Realty Building* und südlich das 92 m (302 ft.) hohe *Trinity Building*.

Gegenüber der Einmündung der Wall Street steht an der Westseite des Broadway die **Trinity Church** (Dreieinigkeitskirche) einst das weithin sichtbare Wahrzeichen von Manhattan, heute ringsum von Wolkenkratzern hoch überragt.

An der Stelle der Trinity Church wurde 1696/97 unter König Wilhelm III. von England die erste protestantische New Yorker Pfarrei gegründet. Das ursprüngliche, auf 1705 von Königin Anna gestiftetem Land errichtete Gotteshaus brannte 1776 ab und wurde später in der gleichen Art wiederaufgebaut. Nach einem Dacheinsturz im Jahre 1830 gestaltete *R. M. Upjohn* die

Kirche im pseudogotischen Stil (1846 vollendet; Sakristei und Turm erst 1877); ihr spitzer Turm (Glocken von 1797) ist 85 m (279 ft.) hoch. Die Bronzetüren (von dem Wiener Karl Bitter) sind jenen des Florenzer Baptisteriums nachempfunden.

Das durch farbenfrohe Glasfenster erhellte INNERE schmükken Mosaiken und Marmor; beachtenswert der hellmarmorne Altar von 1845. — Auf dem Kirchhof die Gräber zahlreicher berühmter Männer (u.a. von Robert Fulton, dem Erbauer des ersten Dampfschiffes, und von dem Politiker und Bankier Alexander Hamilton).

In den Jahren 1965/66 wurde der Kirche der dreistöckige *Manning Wing* (Sakristei, Übungs- und Ausstellungsräume) angefügt.

Unweit nordwestlich der Trinity Church, Trinity Place Nr. 86, befindet sich die **American Stock Exchange** (Besuchergalerie gratis zugänglich), die zweitgrößte Effektenbörse (vgl. New York Stock Exchange, S. 442) der Stadt (nur für ausländische Papiere).

Auf der Höhe der Trinity Church öffnet sich jenseits des Broadway nach Osten bis zum East River die eindrucksvolle tiefe Häuserschlucht der **Wall Street** (Einbahnstraße in der Gegenrichtung), wo an Werktagen den ganzen Tag über reger Passantenverkehr, abends und an Wochenenden jedoch fast gespenstische Ruhe herrschen.

Im Jahre 1653 ließ der letzte holländische Gouverneur von New York, Peter Stuyvesant, als Schutz gegen Indianerüberfälle einen Palisadenwall vom East River zum Hudson River ziehen, der 1699 von den Engländern niedergerissen und zwischen East River und Broadway durch die 'Wall Street' (Mauerstraße) ersetzt wurde und an der sie ihr Rathaus (siehe Federal Hall National Memorial) errichteten. Im 18. Jahrhundert wird die Wall Street mit Verwaltungs- und vornehmen Wohnhäusern im georgianischen Stil zu einer der Hauptstraßen der Stadt. Nachdem die Vereinigten Staaten unabhängig geworden waren, entstanden am östlichen Teil der Straße zahlreiche Kaffeelagerhäuser und Tavernen. In dem 1792 an der Ecke Water Street erbauten *Tontine Coffee House* konstituierte sich im gleichen

Jahre die älteste New Yorker Börse (siehe New York Stock Exchange). Nach einem Brand im Jahre 1835, der viele Hundert Häuser des Viertels vernichtete, setzte an der Wall Street eine rapide Bautätigkeit ein: es entstanden vor allem Geschäfts- und Bankhäuser sowie Lager und Läden. Mit dem berühmt-berüchtigten 'Goldrausch' der sechziger Jahre des vorigen Jahrhunderts beginnt die Ära der Börsenspekulation. Bereits 1920 ist die Wall Street der mächtigste Finanzmarkt der Welt, überwindet den Börsenkrach von 1929 und hält bis heute die absolute Spitze.

Im folgenden sind die bemerkenswertesten Gebäude der Wall Street von Westen nach Osten gesehen aufgeführt: Nr. 1 (Südseite, Ecke Broadway) der 1931 von der Architektengruppe Voorhees, Gmelin und Walter im Jahre 1931 erbaute 50–stöckige Turm des **Irving Trust Company Building** (198 m bzw. 650 ft.) mit südlichem Anbau von 1965/66. Ebenfalls an der Südseite der Wall Street steht zwischen New Street und Broad Street, mit der Fassade gegen letztere (Eingang Nr. 18–20), die weltberühmte **New York Stock Exchange,** der Welt wichtigste Effektenbörse. Dem im Jahre 1903 nach Plänen von George B. Post aus weißem Georgia-Marmor im pseudogriechischen Stil mit sechs korinthischen Riesensäulen und einem den Handel und das Geldwesen symbolisierenden Relief am Tympanon errichteten 'Finanztempel' wurde 1920–1923 ein 23–stöckiger Vertikalbau angegliedert.

Die 'New York Stock Exchange' ist die älteste New Yorker Vereinigung von Börsenmaklern, von denen sich erstmals am 17. Mai 1792 hier im Freien 24 zusammenfanden, um Staats- und Privataktien zu handeln. Heute zählt die New Yorker Wertpapierbörse rund 1400 Mitglieder; nur diese sind zum Effektenhandel zugelassen.

Im Erdgeschoß der sogenannte *Floor*, ein 42 × 24 m langer und 24 m hoher, ausschließlich den Börsenmitgliedern vorbehaltener Saal mit 18 hufeisenförmigen Pulten, in dem während der Börsenstunden (Mo.–Fr. 10–15.30 h) die Geschäfte abgewickelt werden. Von den zu beiden Seiten befindlichen breiten Galerien (Zutritt gratis) kann man das oft fieberhaft geschäftige Treiben auf dem größten und wichtigsten Wertpapiermarkt der Welt verfolgen. Eine 'Ticker' genannte Projektionstafel zeigt in Abständen die aktuellen Kurswerte an und telegraphiert diese unmittelbar zu den großen Finanzzentren der Erde. Mehrere Nebenräume dienen Ausstellungen und Vorführungen.

Der New York Exchange an der Wall Street nördlich gegenüber steht an der Ecke Nassau Street das *Bankers Trust Company Building* (39 Stockwerke) von 1912 mit einem pyramidenförmigen Spitzdach. Diesem wiederum östlich gegenüber, jenseits der Nassau Street, befindet sich das **Federal Hall National Memorial,** ehemals Bundeshaus, heute nationale Gedenkstätte.

Im Jahre 1699 verlegten die Engländer die Stadtverwaltung von dem ersten (holländischen) Rathaus in der Pearl Street hierher in ihre *Town Hall* auf einem Grundstück, das Bürgermeister Abraham de Peyster zu diesem Zweck gestiftet hatte. Sie war zugleich Gerichtsgebäude und Schuldgefängnis; davor befand sich der öffentliche Pranger. Im Jahre 1788 wurde das Gebäude von Pierre L'Enfant umgestaltet und diente ab 1789 als *Federal Hall* (Bundeshaus) den Tagungen des neu konstituierten Kongresses der Vereinigten Staaten, deren Hauptstadt zunächst New York war. Nach der Übersiedlung der Bundesregierung nach Philadelphia (siehe S. 500) veräußerte man das Gebäude 1812 zum Abbruch, errichtete es aber 1842 aus Massachusetts-Marmor im pseudogriechischen Stil mit dorischen Säulen neu. Es beherbergte nunmehr die Zollverwaltung und seit 1862 das *United States Sub-Treasury* (Unterschatzamt der Vereinigten Staaten), einst die größte Schatzkammer. Auf den Zugangsstufen eine große *Bronzestatue* (von J. Q. A. Ward; 1883) *George Washington* im Gebet darstellend. Im Innern des Gebäudes (Mo.–Fr. 9–16 h; gratis) eine Rundhalle mit historischen Exponaten, über der sich eine von acht Marmorsäulen getragene Kuppel wölbt.

Südlich gegenüber dem Federal Hall National Memorial der unscheinbare, nur zweistöckige, 1914 im Renaissancestil errichtete Bau der **Morgan Guaranty Trust Company** (Nr. 23), eines von John Pierpont Morgan 1871 gegründeten einflußreichen Bankhauses. An der mit hellem Marmor verkleideten Fassade sind noch Beschädigungen festzustellen, die im Jahre 1920 die Explosion einer Höllenmaschine verursachte: bei einem Attentat auf den Bankier John Pierpont Morgan Junior, der selbst nicht getroffen wurde, kamen hierbei 38 Menschen ums Leben. In der Eingangshalle ein großer Kristalleuchter.

Östlich neben dem Federal Hall National Memorial schließen der 12-stöckige Bau (von 1955) der *Seamen's Bank* (Nr. 30) sowie dahinter das **Manufacturers Hanover Trust Company Building** (Nr. 40) an, ein 282,5 m (900 ft.) hoher Wolkenkratzer mit 71 Stockwerken und Pyramidendach der Architekten H. Craig Severance und Yatsuo Matsui, ehemals Sitz der 1799 von Aaron Burr gegründeten 'Bank of Manhattan Company' (vgl. Chase Manhattan Bank).

Weiterhin steht an der Südseite der Wall Street (Nr. 45) (Ecke William Street) das 1959 fertiggestellte 27-stöckige Hochhaus der Versicherungsgesellschaft *Atlantic Mutual*. Östlich gegenüber (Nr. 55), jenseits der William Street, das mächtige **First National City Bank Building.**

Der massive Turmbau stammt im unteren Teil aus dem Jahre 1842 und wurde 1908 von der Architektengruppe McKim, Mead und White im pseudoklassischen Stil erweitert (vgl. neues Gebäude Nr. 111). Der Vorläufer der First National City Bank war das erste, von Alexander Hamilton gegründete, Bankhaus von New York.

Auf der Gegenseite (Nr. 50) die *Bank of New York*, ein 34-stöckiges, sich nach ober verjüngendes Hochhaus. Im weiteren unteren Verlauf der Wall Street seien noch der 29-stöckige Bau der *National Sugar Refining* (Nr. 100; von 1969), das *110 Wall Street Building* (27 Stockwerke; von 1965) der Rudin Management Company und das neue Gebäude der **First National City Bank** (Nr. 111; vgl. altes Hauptgebäude Nr. 55), ein 1968 vollendeter, 24-stöckiger Bau, genannt.

Unweit nördlich der Wall Street, im Geviert zwischen Pine Street, Nassau Street, Liberty Street und William Street, liegt die anlagengeschmückte CHASE MANHATTAN PLAZA mit dem gewaltigen **Chase Manhattan Bank Building,** dessen markante Kastensilhouette sich deutlich von den umliegenden Hochhäusern abhebt.

Die aus den beiden Geldinstituten *Bank of Manhattan Company* (1799 von A. Burr, A. Hamilton u.a. gegründet) und *Chase National Bank of New York* (1877 von J. Thompson und dessen Söhnen gegründet und zu Ehren von S.P. Chase benannt, der 1863 das bundeseinheitliche Geldwesen durchsetzte) fusionierte 'Chase Manhattan Bank' ließ in den Jahren 1956–1961 von dem Architektenbüro Skidmore, Owings und Merrill ein 247 m (813 ft.) hohes Scheibenhochhaus aus Aluminium und Glas über einem Stahlgerüst errichten, dessen Fundamente 30 m (90 ft.) unter die Erde auf festen Felsen gelegt sind. Die Hauptverwaltung der Bank nimmt 35 der insgesamt 65 Stockwerke (5 unterirdisch) ein; im ganzen Hause sind rund 15 000 Personen beschäftigt.

Besondere Aufmerksamkeit verdient das aufwendig gestaltete und mit zeitgenössischen Kunstwerken reich geschmückte INNERE (Mo.–Fr. 9.30–15.30 h; auch einstündige Führungen, gratis). Rechts hinten in der *Haupthalle* eine strahlungsgetriebene Atomuhr, die das genaue Alter des Gebäudes anzeigt; links Bankschalter um ein *Atrium* mit Wasserspielen (nur im

Sommer). Im 17. Stock befinden sich die feudal ausgestatteten Direktionsräume des Bankhauses. Von den mit Kostbarkeiten bestückten Repräsentationsräumen des *60. Stock* öffnen sich prächtige Ausblicke. — Ferner beachtenswert in den Kellergeschossen eine ununterbrochen tätige Datenverarbeitungsanlage, die täglich über 2 Millionen Bankoperationen ausführt. Im 5. Kellergeschoß ein riesiger *Tresorraum*, dessen sechs Türen eine Stärke von je ½ m haben (die größte wiegt 45 t.); hier werden vor allem Effekten und nur verhältnismäßig wenig Bargeld aufbewahrt. — Money Museum im Rockefeller Center (s. S. 386).

An der Südwestecke der Chase Manhattan Plaza steht das 20–stöckige Gebäude (von 1962) der *Chemical Bank New York Trust Company*. Nördlich hinter dem Chase Manhattan Bank Building (Liberty Street Nr. 33) die **Federal Reserve Bank of New York** in einem weitausladenden, nur fünfstöckigen Gebäude von 1924 im Stil der italienischen Renaissance mit tiefen Kellergeschossen zur Aufbewahrung u.a. von Goldbarren (Besichtigung nach Anmeldung möglich, gratis).

Wiederum nördlich jenseits der Federal Reserve Bank erhebt sich zwischen Nassau Street, John Street und William Street an der Maiden Lane (Nr. 59) der beachtliche Baukomplex der Versicherungsgesellschaft **Home Insurance Company** mit einem 44–stöckigen Turmhaus; hierin das *Fire-Fighting Museum*, ein Feuerwehrmuseum (Mo.–Fr. 10–16 h; gratis).

Ebenfalls nördlich der Wall Street sei noch an der Pine Street (Nr. 70) der hochragende und zu einer Spitze auslaufende **60 Wall Tower** erwähnt, der 1932 nach Plänen der Architekten Clinton und Russell erbaut wurde, mit einer Gesamthöhe von 294 m (950 ft.; 67 Stockwerke) zu den höchsten Häusern von New York zählt und den 'Cities Service' beherbergt. Diesem steht östlich das gewaltige, sich stufenweise zu einem rechteckigen Turmteil verjüngende *80 Pine Street Building* gegenüber.

Südlich der Wall Street verdient die Gegend um den HANOVER SQUARE Beachtung, eine baumbestandene Insel in der Pearl Street auf der Höhe Pier 9 des East River, dessen Wasser im vorigen Jahrhundert noch über den Old Slip hinauf stieg. An der Südseite des kleinen Platzes steht das 1837 vollendete **India House,** an der Nordwestseite (an der Stelle, wo sich einst William Bradfords Druckerei der ersten New Yorker Zeitung befand) die **New York Cotton Exchange** (Baumwollbörse; Mo.–Fr. 10.30–15.30 h; gratis), die *Coffee Exchange* (Kaffeebörse), die *Sugar Exchange* (Zuckerbörse) sowie weiter nördlich die *Cocoa Exchange* (Kakaobörse).

Die Schlucht des Broadway zieht von der Einmündung der Wall Street bei der Trinity Church (siehe dort) weiter schnurgerade südwärts. In seinem untersten Teil seien noch drei bemerkenswerte Bauwerke erwähnt: Nr. 65 das 32-stöckige Hauptgebäude des weltweit vertretenen Reisebüros **American Express,** Nr. 25 das imposante **Cunard Building,** ein 1921 nach Entwürfen von B.W. Morris im Stil der italienischen Renaissance errichteter 24-stöckiger Bau für die britische Schiffahrtsgesellschaft 'Cunard Steamship Company'; in der großen Halle Wandgemälde (Entdeckungsreisen) von Ezra Winter und Exponate zur Geschichte des Hauses Cunard. Nr. 1 das *Washington Building.*

Battery

Der Broadway endet — oder besser gesagt beginnt — am BOWLING GREEN, dem ältesten Platz der Stadt.

Hier soll der holländische Gouverneur Peter Minnewit im Jahre 1626 den Indianern die Insel Manhattan für einen Spottpreis abgehandelt haben; den ersten Siedlern diente der Platz als Kugelspielfeld, von 1637–1648 wurde dort Viehmarkt abgehalten, später benutzten die holländischen Soldaten des nahen Fort Neu Amsterdam ihn als Exerzierplatz, im 18. Jahrhundert war er eine Erholungsstätte vornehmer New Yorker Bürger.

Inmitten der von Bäumen und einem Gitter (von 1771) gesäumten Grünfläche zwischen den Mündungen von Beaver Street und Battery Place stand anfänglich eine Statue König Georgs III. von England, die am Tage der Unabhängigkeitserklärung der Vereinigten Staaten (4. Juli 1776) entfernt und zu Kanonenkugeln umgeschmolzen sowie später durch ein *Standbild* (von G.E. Bissell) des New New Yorker Bürgermeisters *Abraham de Peyster* (1657–1728) ersetzt wurde.

An der Südostseite des Bowling Green steht an der Stelle des einst von Peter Minnewit erbauten Fort Neu Amsterdam das 1901–1907 nach Entwürfen von Cass Gilbert im Stil der italienischen Renaissance aufgeführte und reich ornamentierte **United States Custom House** für die Bundeszollbehörde; an der Nordwestfassade des um einen großen Innenhof errichteten Gebäudes die Erdteile und die Seemächte symbolisierende Statuen (von Daniel C. French). An der Ostseite des Platzes (Broadway Nr. 2) ein 1959 mit 32 Stockwerken erstelltes mächtiges Bürohochhaus der Uris Building Corporation mit der 1861 gegründeten *New York Produce Exchange* (Produktenbörse) an der Stone Street.

Die Südspitze von Manhattan bedeckt der 8½ ha (21 acres) große BATTERY PARK, unter dem jene die ganze Insel umziehende autobahnartige Schnellstraße und die Einfahrt in den Brooklyn-Battery-Tunnel hindurchführen.

Bis zum 18. Jahrhundert endete Manhattan etwa an einer längs der Greenwich Street und der Pearl Street geführten Linie. Später erstellte man auf einem kleinen Felseiland am Zusammenfluß von Hudson River und East River ein **(West) Battery** (Kanonenbatterie) genanntes Fort, nach dem die Gegend ihren Namen erhielt. Erst 1870 wurde der das Eiland von der Hauptinsel trennende Wasserarm zugeschüttet. Die heutige von breiten Alleen durchzogene Parkanlage hat ihren Schwerpunkt im unweit vom Ufer gelegenen **Castle Clinton**.

Schon in früherer Zeit hatten die Holländer eine kleine, dem Ufer vorgelagerte Insel befestigt. Diesen provisorischen Anlagen folgte um 1810 ein ringförmiger Wehrbau, der nach dem New Yorker Gouverneur (1817–1821) *De Witt Clinton* benannt wurde. Bereits 1823 gestaltete man das Fort zu einer Unterhaltungsstätte um und gab ihr den Namen **Castle Garden** (Schloßgarten), die wiederholt zum Schauplatz festlicher Ereignisse werden sollte; die Verbindung nach Manhattan gewährte damals ein gedeckter Brückensteg. Von 1855 bis 1890 diente die Anlage dann als Immigrantenempfangsstation; später errichtete man dort das New York Aquarium (bis 1941; heute auf Coney Island, siehe dort). Nach äußerlicher Restaurierung der Fortmauern wird nun auch das Eingangsgebäude an der Nordseite zu einer musealen Stätte hergerichtet.

Unweit östlich vom Fort Clinton befindet sich ein *Standbild* (von 1909) von *Giovanni da Verrazano*, der 1524 Manhattan vermutlich als erster Weißer entdeckt hat. Unweit westlich vom Fort Clinton das *Emma Lazarus Memorial*, ein Denkmal für die Dichterin E. Lazarus (1849-1887). Ferner wird im Battery Park das von Louis Kahn entworfene *Monument to the Six Million Jewish Martyrs*, ein Mahnmal für die Opfer der nazistischen Judenverfolgung errichtet: auf einer gitterförmigen Grundfläche umstehen 3½ m (11 ft.) hohe massive Glaspfeiler auf Granitgrund einen hohlen Kern, in dem sich ein Andachtsraum befindet.

Von der äußersten Südspitze der Insel Manhattan öffnet sich ein weiter Panoramablick auf den Hafenbetrieb in der Upper New York Bay und (von Westen nach Osten gesehen) Jersey City, Ellis Island, Liberty Island (Freiheitsstatue; Abfahrt der Fähre hier), Governors Island und Brooklyn im Vordergrund sowie in der Ferne auf Bayonne mit seinen Erdöltanks, das hügelige Staten Island und die vom Governors Island z.T. verdeckte Verrazano-Brücke über die Narrows; im Rückblick die gewaltig aufsteigende Front der Wolkenkratzer des Financial District.

Die Nordwestseite des Battery Park wird vom BATTERY PLACE begrenzt; Nr. 17, zwischen den Tunneleinfahrten, das 34-stöckige, 125 m bzw. 313 ft. hohe *Whitehall Building* (von 1911). Seine Nordostseite säumt die STATE STREET; Nr. 24, zwischen Bridge Street und Pearl Street, ein 35-stöckiges Bürohochhaus (von 1970), das mit den es umgebenden Grünanlagen den gesamten Block bis zur Whitehall Street einnimmt. Östlich gegenüber jenseits der Pearl Street, in einer Straßenkrümmung das 1968 fertiggestellte *New Seamen's Church Institute* mit einem 23-stöckigen Wohnturm für Seeleute; anschließend die kleine Kirche *Our Lady of the Rosary* (Unsere Liebe Frau vom Rosenkranz) und daneben das *Watson House* vom Ende des 18. Jahrhunderts.

An der Südostecke des Battery Park befinden sich die *United States Coast Guard Base* (Küstenwache; von 1960), die **South Ferry Station** (Anlegestelle für die Fährschiffe nach Staten Island; von 1956) sowie militärische Hafenanlagen.

Die östliche Fortsetzung des Battery Park bildet die PETER MINUIT PLAZA, jenseits derer sich zwischen South Street (am East River) und Water Street ein großer Baukomplex in Neugestaltung befindet. Nach Vollendung dieses NEW YORK PLAZA genannten, durch Grünflächen und Anlagen aufgelockerten Areals wird durch dessen neuentstandene Hochhäuser die gewohnte Silhouette der Südspitze von Manhattan beträchtlich bereichert.

In dem von Whitehall Street, Water Street, Broad Street und South Street begrenzten Geviert (New York Plaza Nr. 1) erhebt sich das 1970 vollendete **Atlas-McGrath Building** (50 Stockwerke), das etwa zur Hälfte von der Chase Manhattan Bank langfristig gemietet ist. Im nördlich nächsten Block, zwischen Broad Street, Water Street, Coenties Slip West und South Street (New York Plaza Nr. 4), steht ein 22-stöckiger Ziegelbau (von 1968) mit ungewöhnlicher Anordnung der Fenster in Form von langen Schlitzen für das elektronische Buchungszentrum der Bankorganisation **Manufacturers Hanover Trust Company**; auf dem Gelände davor (New York Plaza Nr. 2) entsteht ein weiteres 35-stöckiges Hochhaus.

Unweit nördlich von dieser jüngsten städtebaulichen Anlage Südmanhattans befindet sich mit der historischen **Fraunces Tavern** eines der ältesten erhaltenen Gebäude der Stadt: Dieses um 1720 im Kolonialstil mit balkontragendem Portikus erbaute Haus gehörte ursprüglich einem französischen Hugenotten, diente später als Ladengeschäft und wurde 1762 zum Gasthaus, dessen Wirt ein Karibe mit französichem Einschlag namens *Samuel Fraunces* war. Während des Unabhängigkeitskrieges verkehrten hier die amerikanischen Revolutionäre, und George Washington gab nach dem Abzug der Engländer am 4. Dezember 1783 seinen Offizieren hier ein Abschiedsbankett.

Das gänzlich restaurierte Gebäude liegt an der Nordostecke der Kreuzung von Broad Street und Pearl Street und enthält heute neben einem renommierten Restaurant ein kleines historisches Museum.

(M.–Sa. 10–16 h) mit Erinnerungsstücken aus dem Unabhängigkeitskrieg (u.a. ein Hut Washingtons).

Einen Hinweis verdient in dieser Gegend die berühmte Wirtschafts- und Finanzzeitung *The Wall Street Journal* (1,3 Mill. Exemplare werktägliche Auflage), deren Redaktions- und Geschäftsräume in der Broad Street Nr. 30 untergebracht sind.

Ebenso wie entlang dem Ufer des Hudson River (vgl. Battery Park City) besteht auch für den Uferbereich am East River vom Pier 4 bis zur Washington Bridge ein langfristiges Projekt zur Landgewinnung durch Aufschütten der Wasserflächen zwischen den bestehenden Landestegen. Auf dem Pier 6 befindet sich der Hubschrauberlande- und startplatz *Downtown Heliport*.

UPTOWN

'Uptown' (obere Stadt) von Manhattan nennt man den Inselbereich nördlich der 59th Street, der sich jenseits der 125th Street zu einer langgestreckten Landzunge verschmälert und zum Ufer des Hudson River hin vorwiegend steil abfällt. Als markantestes Merkmal auf der Landkarte von Manhattan fällt das hohe Rechteck des Central Park ins Auge, mit dessen Beschreibung dieses Kapitel beginnt und in dem die Sehenswürdigkeiten im großen und ganzen nach ihrer topographischen Lage von Süden nach Norden behandelt werden.

Central Park

Der oft die 'Lunge von New York' genannte 'Central Park' (Zentralpark) erstreckt sich bei einer Länge von 4 km (2½ mi.) und einer Breite von 800 m (2625 ft.) über eine Fläche von rund 340 ha (840 acres), die im

Süden von der 59th Street (hier Central Park South), im Westen von der 8th Avenue (hier Central Park West), im Norden vom Park Way West bzw. der 110th Street und im Osten vom nördlichen Abschnitt der 5th Avenue umgrenzt wird.

Die Anlage eines ausgedehnten Parkes im nördlichen Manhattan zur Erbauung der Stadtbevölkerung geht auf eine Initiative der Schriftsteller *William Cullen Bryant*, *Washington Irving* und *George Bancroft* zurück, welche die Stadtverwaltung dazu veranlaßten, zu Beginn des 19. Jahrhunderts das damals nur von Viehweiden und einigen Hütten bestandene, teilweise felsige Gelände des heutigen Parkes für annähernd 8 Millionen Dollar zu erwerben, um hier einen öffentlichen Park anzulegen. Im Jahre 1857 begann man dann nach Plänen von *Frederick Law Olmsted* und *Calvert Vaux* mit der Bautätigkeit, und um 1870 hatte der Central Park in etwa sein heutiges Aussehen erlangt.

Das von Felshügeln, mehreren Teichen und trotz kargen Bodens weithin begrünten sowie busch- und baumbestandenen Partien geprägte Aussehen dieses Großparkes kontrastiert in reizvoller Weise mit den ihn säumenden, z.T. hohen und wuchtigen Häuserfronten. Zahllose, allesamt befestigte Fahr-, Reit- und Spazierwege sowie mehrere durch Über- oder Unterführungen gesicherte Querverkehrsstraßen (65th/66th, 79th, 85th/86th und 97th Street) durchziehen das Parkareal, dessen interessanter Teil sich mit vielen Spiel- und Sportplätzen südlich des großen Receiving Reservoir ausdehnt.

Neben zahlreichen Zugängen rund um das Gelände befinden sich die **Haupteingänge** des täglich ½ Stunde vor Sonnenaufgang bis Mitternacht geöffneten und unentgeltlich zugänglichen Parkes in der Südostecke an der *Grand Army Plaza* (Fiakerstandplatz für Rundfahrten) sowie in der Südwestecke am *Columbus Circle;* bei letzterem ein 1912/13 zum Gedenken an die 1898 mit dem Schlachtschiff 'Maine' vor Havanna untergegangenen Offiziere und Mannschaften errichtetes Mahnmal (von A. Piccirilli).

Im südlichen Teil des Parkes THE POND, ein zweiarmiger Teich, an dessen nördlichem Ausläufer der *Wollmann Memorial Rink* (je nach Jahreszeit Tanzfläche, Rollschuh- oder Eisbahn) steht; östlich gegenüber ein **Zoo** und das alte *Arsenal* (von 1848) des Staates New York, in dem heute die Verwaltung der New Yorker Parks untergebracht ist. Vom Zoo führt die ulmenbestandene schnurgerade MALL an der *Bandshell* (Musikpavillon, rechts; u.a. eine Beethoven-Büste) vorüber zur *Bethesda Fountain*, einem Brunnen am LAKE, einem größeren zerlappten Teich (Bootsfahrten vom Loeb Boat House am Ostende). — Im südwestlichen Teil des Parkes liegt der HECKSCHER PLAYGROUND sowie eine nach ihrer früheren Verwendung SHEEP MEADOW (Schafweide) benannte Grünfläche.

Nördlich jenseits des Lake erstreckt sich ein RAMBLE genanntes Labyrinth von Felsen, Schluchten und Waldwegen, auf dessen höchster Erhebung das **Belvedere Castle** steht, eine schloßartig gestaltete Wetterstation mit schönem Blick über den kleinen NEW LAKE, an dessen Westende wiederum die Freilichtbühne des *Delacorte Theater* und der *Shakespeare Garden* (kleiner botanischer Garten mit in des Dichters Werken vorkommenden Pflanzen) liegen; nördlich die weite Rasenfläche des GREAT LAWN bis zum 1862 als Wasserspeicher angelegten RECEIVING RESERVOIR (früher *Croton Reservoir*), jenseits dessen sich der Central Park weniger kunstvoll ausgestaltet bis zum HARLEM MEER erstreckt, einer weiteren Wasserfläche, in deren Nähe sich die großen **Conservatory Gardens** (Gewächshäuser) befinden.

Neben verschiedenen im Central Park verstreut stehenden Denkmälern (Standbilder u.a. von Schiller, A.v. Humboldt, Bolivar, D. Webster, A. Hamilton, Morse; Büsten, Tiergruppen u.a.) erhebt sich unweit nordöstlich vom New Lake, auf halbem Wege zum Metropolitan Museum die sogenannte **Cleopatra's Needle.**

Die 'Nadel der Kleopatra' ist ein etwa 20 m (65 ½ft.) hoher altägyptischer Obelisk aus Rosengranit mit eingravierten Hieroglyphen (u.a. aus der Zeit Ramses' II.), der früher in Heliopolis bei Kairo stand, wo er um 1500 v.Chr. von Thutmosis III. errichtet worden war. Im Jahre 1877 vermachte der Khedive Ismail Pascha das Denkmal der Stadt New York; ein Jahr später wurde es auf Kosten von William H. Vanderbilt dorthin gebracht und im Central Park aufgestellt.

An der mittleren Ostseite des Central Park, etwa auf der Höhe zwischen den Mündungen der 80th Street und der 84th Street in die 5th Avenue und mit der Front zu letzterer gewandt, steht der breit ausladende Gebäudekomplex des **Metropolitan Museum of Art,** des größten Kunstmuseums der Vereinigten Staaten, das mit seinen reichen, vorwiegend aus Privatstiftungen stammenden Sammlungen der verschiedensten Kunstrichtungen aus rund fünf Jahrtausenden von der Frühzeit bis in die Mitte des 20. Jahrhunderts neben dem Londoner British Museum und dem Pariser Louvre zu den 'großen' Kunstgalerien der Welt gehört.

Im Jahre 1870 rief eine Gruppe wohlhabender New Yorker Bürger diese Kunstinstitution ins Leben, deren erste provisorische Ausstellungsräume die von ihrem Direktor, General Graf *Luigi Palma di Cesnola*, in seiner Eigenschaft als amerikanischer Generalkonsul auf Zypern zusammengetragenen Kunstschätze sowie etwa 170 Gemälde vornehmlich holländischer und flämischer Meister beherbergte. In den Jahren 1879–1898 errichtete man dann auf einem von der Stadt zur Verfügung gestellten Grundstück einen ersten größeren Ziegelbau um vier kleinere Höfe, den heutigen hinteren Teil der Museumsanlage. 1902 wurde nach Plänen von *Richard M. Hunt* ein Flügelbau mit monumentaler Renaissancefassade und vier Zwillingssäulen aus grauem Indiana-Kalkstein hinzugesetzt, in dessen Mitte sich gegenüber der 82nd Street der Haupteingang befindet. Andere Erweiterungsbauten folgten, weitere sind für die Zukunft zu erwarten.

Das umgänglich auch kurz als 'Met' bezeichnete Metropolitan Museum besitzt heute über 350 000 Kunstgegenstände aus Europa, Asien und Amerika, die jeweils nur in einer Auswahl ausgestellt werden können. Dem Museum angegliedert ist der Klosterkomplex 'The Cloisters' (siehe dort) an der Nordspitze von Manhattan.

Öffnungszeiten: Mo.–Sa. 10–17, So. 13–17 h, Eintritt gratis; in regelmäßigen Abständen geführte Rundgänge oder mit 'Acoustiguide'. Restaurant und Erfrischungsstand.

GROUND FLOOR (Untergeschoß)

Europäische Keramik, Gläser und Metallarbeiten; reiche Sammlungen von Kostümen und Musikinstrumenten; Jugendmuseum.

MAIN FLOOR (Erdgeschoß)

Ägyptische Sammlung: am Eingang das Grabmal des Perneb (V. Dynastie; um 2650 v.Chr.) aus Akkasa; im 'Golden Room' Skarabäen und Schmuck, u.a. der goldene Kopfputz der Prinzessin Sat-hathor-uinut (XII. Dynastie; um 1900 v.Chr.). Im großen Saal rekonstruierte und ergänzte Königsgräber; in den angrenzenden Räumen Mumien, Sarkophage und Grabbeigaben.

Griechische und römische Kunst: bemerkenswerte Sammlung früher zyprischer Kunstgegenstände; Wandmalereien (um 50 v.Chr.) aus dem Schlafgemach einer Villa bei Boscoreale am Vesuv, unweit von Pompeji.

Mittelalterliche Kunst: Sammlungen zur frühen christlichen Kunst, hervorragende byzantinische Elfenbein-, Gold-, Silber- und Emailarbeiten, flämische und burgundische Wandteppiche des 14.–16. Jahrhunderts, Stein- und Holzskulpturen aus Gotik und Renaissance, besonders hervorzuheben das Chorgitter (17.–18. Jahrhundert) aus der Kathedrale von Valladolid (Spanien); im Schatzraum kultische Gegenstände, sakraler Schmuck, Reliquiare, romanische und gotische Email- und Elfenbeinarbeiten; italienischer Altar aus geschnitztem Bein (15. Jahrhundert).

Französische Abteilung: dekorative Kunst, besonders Möbel und Innenausstattungen; Uhrensammlung.

Spanische Abteilung: Renaissancepatio des Schlosses von Veléz-Blanco (Andalusien); Fayencen.

Italienische Abteilung: Einrichtungsgegenstände v.a. der Renaissance; Skulpturen.

Englische Abteilung: Raumgestaltung des 16.–18. Jahrhunderts.

Waffen und Rüstungen: spätmittelalterliche Ritterrüstungen, Helme (darunter Paradehelm und -schild Ludwigs IV.), Degen, Dolche, Handfeuerwaffen, ferner eine außergewöhnliche Sammlung asiatischer Waffen.

AMERICAN WING (Seitenflügel): amerikanische dekorative Kunst des 17.–19. Jahrhunderts, v.a. Innenausstattungen.

FIRST FLOOR (Zwischengeschoß)

Fernöstliche Abteilung: frühes chinesisches Porzellan, asiatische Keramik, buddhistische Skulpturen.

Kunst des Islam: Kultgegenstände, Gebetsteppiche, persische Miniaturen, Glas und Keramik.

Griechische Vasen: z.T. reich verzierte Gefäße des 6. (schwarz; Attika) und 5. Jahrhunderts v.Chr. (rot).

Etruskische Kunst: fast vollständig erhaltener bronzener Triumphwagen aus Monteleone (Italien; 6. Jahrhundert v.Chr.).

SECOND FLOOR (Erster Stock)

Auf der Galerie über der Eingangshalle moderne französische Bildhauer, darunter Bronzen von *Degas* und *Rodin* (u.a. «Der Denker», «Adam» und «Eva»).

Malerei und Drucke:

Italienische Schule (14.–16. Jahrhundert):

SAAL 1

Raphaels «Thronende Madonna mit Heiligen» (Altargemälde; 1504–1505, vom Künstler mit 21 Jahren gemalt).

SAAL 2

Tizian «Venus und der Lautenspieler» (um 1560); Tintoretto «Dogenbildnis» (um 1570); Veronese «Mars und Venus» (1576).

SAAL 3 und 4

Altmann Sammlung: Fra Angelico «Kreuzigung»; Memling «Verlobung der hl. Katharina», «Bildnis eines alten Mannes»; Botticelli «Letztes Abendmahl des hl. Hieronymus»; Dürer «Hl. Anna Selbdritt»; Benvenuto Cellini «Rospigliosibecher» (Goldschmiedearbeit).

SAAL 11

Frühe italienische Schule: Giotto «Epiphanias» (frühes 14. Jahrhundert); Spinello Aretino «Die hl. Maria Magdalena» (frühes 15. Jahrhundert).

SAAL 12

Crivelli «Madonna mit dem Kinde» (um 1480).

SAAL 28

Mantegna «Die Anbetung der Hirten» (um 1460).

SAAL 27

Botticelli «Wunder des hl. Zenobius» (1490); Piero di Cosimo «Jagdszene» (um 1490); Giovanni Bellini «Madonna mit dem Kind» (um 1490); Carpaccio «Meditation über die Passion» (um 1490).

SAAL 26

Andrea del Sarto «Die Heilige Familie» (um 1525).

Nordeuropäische Schulen:

Pieter Breughel d. Ä. «Die Schnitter» (1565); Lucas Cranach d. Ä. «Urteil des Paris» und «Martyrium der hl. Barbara».

SAAL 8 und 9

23 Rembrandt-Gemälde: darunter «Aristoteles betrachtet die Büste des Homer» (1653), «Toilette der Bathseba» (1645), «Selbstbildnis» (1660), «Alte Frau im Lehnstuhl» (1635), «Hendrickje Stoffels», «Dame mit Fächer» (1633); Frans Hals «Portrait eines Mannes» (2. Hälfte 17. Jahrhundert).

SAAL 16

Memling; Gerhard David (religiöse Motive); Holbein (Portraits); Rembrandt «Der Bannerträger» (1654).

SAAL 18 und 19

Rubens «Venus und Adonis» (um 1630); van Dyck (Portraits); Breughel.

SAAL 20

Vermeer «Junge Frau mit Krug» (um 1660); J. van Ruysdael «Landschaft», «Aalfang»; Maes «Weibliches Bildnis».

Spanische Maler des 17. Jahrhunderts:

SAAL 21

El Greco «Ansicht von Toledo» (um 1610), «Kardinal Don Fernando Niño de Guevara», «St. Johannes» (um 1614); Velasquez «Philipp IV.»; Ribera «Hl. Familie» und «Hl. Katharina».

Französische Maler des 17. Jahrhunderts:

SAAL 22

Poussin «Raub der Sabinerinnen» (vor 1637), «Der blinde Riese Orion sucht die aufgehende Sonne»; de la Tour «Wahrsagerin» (vor 1633); Claude Lorrain «Die Furt».

SAAL 23

Caravaggio, Magnasco, Rosa.

Venezianer des 18. Jahrhunderts:

SAAL 25

Tiepolo, Longhi, Guardi, Pannini.

Englische Maler des 18. Jahrhunderts:

SAAL 24

Portraits von Lawrence, Gainsborough, Reynolds, Raeburn; Constable (Landschaften); Turner «Venedig, Canale Grande» (1835).

Französische Maler des 18. Jahrhunderts:

SAAL 29 und 31

Fragonard «Italienische Familie»; Watteau «Mezzetin» (um 1720), Corot «Ville d'Avray» (um 1870), «Zigeuner»; Greuze «Zerbrochene Eier», Portraits; Boucher «Toilette der Venus»; Matier; Drounais (Portraits); Chardin.

Europäische Meister des 19. Jahrhunderts:

SAAL 30, 32 und 33

Goya «Don Tiburcio Perez» (1820), «Majas am Balkon» (Anfang 19. Jahrhundert); Ingres «Monsieur et Madame Leblanc» (1822); Canova «Amor und Psyche»; Delacroix «Entführung der Rebecca» (1846); David «Der Tod des Sokrates» (1787); Daumier «Wagen 3. Klasse» (1856); Corot; Daubigny; Millet; Turner; Fromentin; Géricault.

SAAL 34 und 35

Corot; Bonheur «Pferdemarkt» (1853–1855); Bastien-Lepage «Jeanne d'Arc» (1879).

Impressionisten:

SAAL 37 und 38

Degas (Portraits, Tänzerinnen, Akte).

SAAL 39

Manet «Gitarrenspieler» (1860), «Mlle Victorine» (1862), «Frau mit Papagei» (1866).

SAAL 40

Degas «Frau mit Chrysanthemen» (1865), «Schmollende» (etwa 1875/76), «Tanzschule» (etwa 1872); Renoir «Mme Charpentier und ihre Kinder» (1878), «An der Küste» (1883), «Tilla Durieux» (1914).

SAAL 41

Monet «Kathedrale von Rouen» (1894), «La Grenouillère» (1869), «Der Park Monceau» (1876), Landschaften; Pissaro (Landschaften).

SAAL 42

Cézanne «Landschaft mit Brücke» (1885–1887), «Madame Cézanne» (1880); Van Gogh «Cypressen» (1889), «L'Arlésienne» (1888); Gauguin «La Orana Maria» (1891); Seurat «Die Parade» (1888); Toulouse-Lautrec; Utrillo.

Moderne europäische Maler:

SAAL 43

Picasso «Portrait der Gertrude Stein» (1906), «Frau in Weiß» (1923); Kandinsky; Modigliani (Portraits); Dali.

AMERICAN WING

Amerikanische Maler des 18. Jahrhunderts:

Copley; Stuart «George Washington»; Vanderlyn; Sully «Die Frau des Künstlers».

Amerikanische Maler des 19. Jahrhunderts:

Cole; Kensett; Sargent «Madame X», «Der Maler»; Whistler «Cremorne Gardens»; Mary Cassatt; Winslow Homer «Der Golfstrom», Bilder aus dem Bürgerkrieg.

Amerikanische Maler des 20. Jahrhunderts:

Hopper; Pollock.

Unweit westlich vom unteren Central Park liegt an der Kreuzung des Broadway mit der 9th Avenue (dort Columbus Avenue) das sich aus Philharmonic Hall, New York State Theater, Metropolitan Opera House, Library and Museum of the Performing Arts, Vivian Beaumont Theater und Julliard Building konstituierende **Lincoln Center for the Performing Arts.**

Im Jahre 1955 wurde erstmals in New York intensiv von der notwendigen Schaffung eines großen Kulturzentrums für Theater, Oper und Ballett gesprochen, zu dessen Verwirklichung *John D. Rockefeller III.* 1956 einen Ausschuß bildete, der die Stadt New York dazu veranlaßte, 1957 ein Gelände von etwa 5 ha (14 acres) zu erwerben, die darauf befindlichen Häuser zu entfernen und die Einwohner umzusiedeln. Im Jahre 1958 wurde der Architekt *Wallace K. Harrison* mit der Ausführung des Bauvorhabens beauftragt, dessen Arbeitsgemeinschaft die Anlage nach eingehenden Vorbereitungsstudien von 1959 bis 1966 erbaute, wozu etwa ¾ der notwendigen Kapitalien von privater Hand, der Rest aus öffentlichen Mitteln aufgebracht wurden.

Der architektonische Stil der Gebäude orientiert sich mit rechteckigen Grundrissen, Stufendächern, Arkaden und Peristylen an klassischen Bauformen, was auch die Verwendung von italienischem Travertin zur Fassadenverkleidung betont. Die strengen Linien der Bauwerke werden durch die zwischen ihnen angelegten freien, z.T. baumbestandenen Plätze, die überdachten Wandelgänge, vor allem aber durch eine Vielzahl von allenthalben aufgestellten plastischen Kunstgewerben sowie durch die eklektische Innenausstattung der Räume gebrochen.

Das trotz seiner Vielgestaltigkeit harmonisch zu einem Ganzen gefügte Lincoln Center ist nach Abraham Lincoln (1805–1865), dem republikanischen 16. Präsidenten der USA, benannt und umschließt folgende Einrichtungen (täglich mehrere Führungen vom Philharmonic Theater):

Die an drei Seiten von Hauptgebäuden gesäumte LINCOLN CENTER PLAZA bildet mit der offenen Seite zur 8th (Columbus) Avenue den Schwerpunkt der Anlage; in ihrer Mitte ein großer, flachrandiger Fontänenbrunnen aus schwarzem Marmor. — An der Nordseite der Plaza steht die 1962 nach Entwürfen von Max Abramovitz als erstes Gebäude des Center nach Art eines griechischen Tempels mit einem Peristyl von 44 hohen, verhältnismäßig dünnen Säulen vollendete **Philharmonic Hall.**

Der akaziengetäfelte Konzertsaal, dessen Akustik durch verstellbare Tonreflektoren an der Decke den jeweiligen Bedürfnissen angepaßt werden kann, hat mit drei Rängen eine Kapazität von 2836 Sitzplätzen und ist mit einer Orgel (5500 Pfeifen) ausgerüstet; die Philharmonic Hall ist die Heimstätte des weltbekannten *New York Philharmonic Orchestra*. Im Foyer Büsten von Ludwig van Beethoven (von Bourdelle) und Gustav Mahler (von Rodin); im Obergeschoß zwei große Metallkompositionen aus Messingblechstreifen («Orpheus und Apollo», von Richard Lippold).

An der Südseite der Plaza, der Philharmonic Hall gegenüber, steht das **New York State Theater,** das nach Plänen von Philip Johnson erbaut und 1964 fertiggestellt wurde.

Hinter einer Säulenreihe und einer Glaswand an der Eingangsfront öffnet sich eine eindrucksvolle Foyerhalle, die von drei Balkongalerien umzogen und deren Decke mit Blattgold belegt ist. Der in Rot und Gold gehaltene Zuschauerraum faßt mit fünf umlaufenden Rängen 2700 Personen; ihn schmückt ein riesiger Lüster. Im New York State Theater gelangen hauptsächlich Ballette, Operetten und Musicals zur Aufführung (New York City Ballet, New York City Opera, Music Theater of Lincoln Center).

An der Westseite der Plaza erhebt sich mit einer stilisierten Kolonnade aus weißem Marmor und einer Glasfront aus unregelmäßig unterteilten Rechtecken das **Metropolitan Opera House,** der 1966 nach Entwürfen von Wallace K. Harrison vollendete Nachfolgebau der berühmten alten Metropolitan Opera (volkstümlich kurz 'Met' genannt) am Broadway (Ecke 39th Street; siehe dort).

Das Metropolitan Opera House beherbergt eine der traditionsreichen großen Opernbühnen der Welt, sein Zuschauerraum (mit vergoldeter Decke und golddurchwirktem Vorhang) bietet 3800 Personen Sitzgelegenheit, und seine bühnentechnischen Einrichtungen tragen den modernsten Erkenntnissen auf diesem Gebiete Rechnung. Im Innern sind ferner bemerkenswert der kühne Schwung der Treppen- und Balkonpartien, die sternförmigen (von Österreich gestifteten) Kristallüster sowie Skulpturen von Maillol und Wandgemälde von Chagall; in der Founder's Hall eine Büste des italienischen Tenors Enrico Caruso (1873–1921).

Auf dem freien Raum zwischen den Längsseiten des New York State Theater und des Metropolitan Opera House wurde der DAMROSCH PARK, eine Grünanlage mit einem rechteckigen Wasserzierbecken (dabei zwei Bronzen von H. Moore), geschaffen, an deren äußerem Ende (Ecke 62nd Street und 10th bzw. Amsterdam Avenue) sich die *Guggenheim Bandshell* befindet, ein Freilichttheater mit 3500 Plätzen und muschelförmig überdachter Bühne.

An die hintere Nordseite des Metropolitan Opera House schließt ein Verbindungsbau zum Vivian

Beaumont Theater (siehe unten) an: **Library und Museum of the Performing Arts** (Mo.–Fr. 10–21, Sa. 10–18; gratis), eine Kombination von Bibliothek, Museum und Kulturhaus mit unentgeltlichen Film- und Tonbandvorführungen sowie Ausstellungen.

Das von der Architektengemeinschaft Skidmore, Owings und Merrill entworfene Gebäude beherbergt vor allem eine zur New Yorker City Public Library (siehe S. 389) gehörige Fachbücherei der Bühnenkünste, ferner einen Lichtspielraum für experimentelle Filme, eine Ausstellung zur New Yorker Theatergeschichte, ein Kindertheater für Puppenspiele, Jugendfilme und Märchenvorträge, eine Kunstgalerie und einen Vortragssaal sowie Sonderräume für Film- und Schallplattenvorführungen; vor dem Eingang links die abstrakte Metallskulptur 'Le Guichet' (von Calder).

Nordwestlich neben dem Metropolitan Opera House und mit diesem durch das Kulturhaus (Library and Museum, siehe dort) verbunden steht das **Vivian Beaumont Theater.**

Der Entwurf zu diesem der Sprechbühne gewidmeten und 1965 eingeweihten Theaterbaus mit weitausladendem Terrassendach stammt von dem aus Finnland gebürtigen Architekten Eero Saarinen. Im Innern ein großer Saal mit dunklen Wänden und verstellbaren Sitzeinheiten für 1140 Zuschauer sowie ein wesentlich kleineres 'Forum'.

Jenseits der 66th Street (Fußgängerbrücke) ist 1969 das breitgestreckte **Juilliard School Building** mit vier Sälen und zahlreichen Übungsräumen vollendet worden. Hierin befindet sich eine bekannte Ausbildungstätte für Musiker, Sänger, Tänzer und Schauspieler.

Südlich vom Lincoln Center ein neues Architekturensemble für die **Fordham University** (vgl. The Bronx). — An der Ecke 61st Street und Broadway das *Bible*

House der amerikanischen Bibelgesellschaft mit einer Ausstellung wertvoller alter Bibeln (Mo.–Fr. 9–16.30; gratis).

Unweit nordwestlich vom Lincoln Center befindet sich an der 11th (West End) Avenue Nr. 128 (zwischen 65th Street und 66th Street) das **Consolidated Edison Energy Control Center** mit Exponaten und Filmen zur Energieversorgung der Stadt New York (Di.–Sa. nachmittags stündlich Führungen; gratis).

An der mittleren Westseite des Central Park erstreckt sich zwischen 8th Avenue (Central Park West) und 9th (Columbus) Avenue sowie zwischen 77th Street und 81st Street der MANHATTAN SQUARE, das Gelände des **American Museum of Natural History.** Mit der Front zum Central Park steht im südlichen Teil der massige Gebäudekomplex des 1869 vom Staate New York gegründeten Amerikanischen Museums für Naturgeschichte, des größten Museums seiner Art. Der langgestreckte (229 m bzw. 802 ft. Fassadenlänge), fünfstöckige Kolossalbau aus rötlichem Stein wurde von 1874 bis 1899 nach Plänen der Architekten Olmsted & Vaux sowie Cady, Berg & See im pseudoromanischen Stil mit einer Prunkfassade und Ziertürmen erstellt und später mehrfach vergrößert.

Der Besuch des Museums (Mo.–Sa. 10–17, So. ab 13 h, gratis; mindestens 2 Std.) gewährt einen ausgezeichneten Überblick über die Welt der Säugetiere und Vögel in ihrem jeweiligen Milieu sowie der prähistorischen Tiere (u.a. Fossiliensammlung, Dinosauruseier), ferner über die Entwicklungsgeschichte und primitiven Behausungen des Menschen, die Erdölgewinnung u.v.a. Besondere Erwähnung verdient die Edelsteinsammlung mit dem 463-karätigen Saphir 'Star of India'.

Nördlich schließt an das Museum der Observatoriumsbau mit dem **Hayden Planetarium** (Eingang 81st Street) an, in dem die astronomische Abteilung des American Museum of Natural History untergebracht ist. Anhand eines Raummodells des Sonnensystems, eines Planetariums, von Projektionen und Exponaten zur Raumforschung u.a. wird dem Besucher die Sternenwelt eindrucksvoll veranschaulicht.

Im südöstlich nächsten Straßenblock, zwischen 76th und 77th Street, steht ebenfalls an der 8th Avenue (Central Park West Nr. 170) das **New York Historical Society Building,** ein Gebäude im pseudoklassischen Stil von 1908 für die Bibliothek und das Museum der bedeutenden, 1804 gegründeten New Yorker Historischen Gesellschaft. Die eklektischen Sammlungen (Di.–Fr. und S. 13–17, Sa. ab 10 h; im August geschl.; gratis) umfassen Schaustücke zur Geschichte Amerikas, der Vereinigten Staaten und des Staates sowie der Stadt New York, Aquarelle von Jean-Jacques Audubon, Spielzeug, Gläser, kunsthandwerkliche Gegenstände, Modepuppen, Plakate, Möbel u.v.a.

Im Bereich westlich der 9th (Columbus) Avenue, wo man noch ältere Backsteinbauten antrifft, sind besonders viele PUERTORICANER ansässig, deren Leben sich vielfach im Freien abspielt.

Östlich vom Central Park ist auf einige bedeutsame Sehenswürdigkeiten hinzuweisen. Hier haben die Avenuen und Straßenzüge zum großen Teil ihren alten Charakter mit Bauten im historisierenden Stil eines wohlhabenden Wohnviertels bewahrt, wenngleich die Modernisierung durch Apartmenthochhäuser stetig fortschreitet.

An der Ecke 5th Avenue und 61st Street erhebt sich neben dem *Metropolitan Club* (Ecke 60th Street) der 1930 erbaute 40-stöckige Turmbau des **Hotel Pierre,** eines der vornehmsten Unterkunftshäuser der Stadt; dahinter, an der Ecke Madison Avenue und 61st Street, das *Getty Building* des Erdölmagnaten Jean Paul Getty (geb. 1892). Weiter nördlich, jenseits der Einmündung der 65th Street (Nr. 1), der israelitische **Temple Emanu-El,** die nach Plänen von Kahn, Buttler & Stein im pseudoromanisch-byzantinischen Basilikastil erbaute Hauptsynagoge der 1845 gegründeten reformjüdischen Gemeinde. Das große, reich und farbenprächtig ausgestaltete Innere dieses größten israelitischen Gotteshauses der USA kann 2500 Gläubige aufnehmen.

Weiter nördlich an der 5th Avenue, zwischen 70th Street und 71st Street liegt das Anwesen des Pittsburger Koks- und Stahlindustriellen Henry Clay Frick (1849–1919), dessen private Kunstsammlung, die heutige bekannte **Frick Collection,** im Jahre 1935 der Öffentlichkeit nach baulichen Erweiterungen im Erdgeschoß von Fricks Wohnhaus als bemerkenswertes Kunstmuseum zugänglich gemacht wurde.

Jenseits eines ausgedehnten Vorgartens steht an der Stelle der ehemals dort befindlichen Lenox Library eine 1913/14 (Erweiterungen bis 1935) nach Plänen von *Thomas Hastings* unregelmäßig, zum Teil um einen überdachten Innenhof angelegte vornehme Gebäudegruppe, in deren mit Kunstschätzen angefüllte Räume man durch den Haupteingang an der 70th Street (Mo. geschl., ansonsten wechselnde Eintrittszeiten; gratis) gelangt.

Ein empfohlener RUNDGANG beginnt in der *Entrance Hall* (marmorbelegte Eingangshalle; in einer Nische die Büste H. C. Fricks) und führt durch folgende Räume:

Boucher Room (Boucher-Zimmer): Einrichtung im französischen Stil des 18. Jahrhunderts mit Holztäfelung (8 Gemälde von François Boucher, 1703–1770, für die Pompadour aus Schloß Crécy, 'Künste und Wissenschaft' darstellend), Stilmöbel und Sèvres-Porzellan.

Anteroom (Vorzimmer): Wechselnde Ausstellungen, meist Drucke und Zeichnungen aus der Frickschen Sammlung.

Dining Room (Speisezimmer): Englische Malerei des 18. Jahrhunderts: Hogarth, Gainsborough, Reynolds, Romney.

West Vestibule (Westvestibül): 'Die Vier Jahreszeiten' von François Boucher, 1755 für die Pompadour gemalt.

South Hall (Südsaal): Gemälde von Vermeer und Renoir; Kalenderuhr im Louis-XV-Stil von Caffieri; Sekretär im Louis-XVI-Stil von Riesener für Marie Antoinette; Konsolentisch von Bélanger und Gouthière.

Fragonard Room (Fragonard-Zimmer): Eine dem Thema 'Liebe' gewidmete Bilderfolge von Fragonard (die vier größten für die Dubarry gemalt); Marmorbüste der Comtesse du Cayla von Houdon; schöne Stilmöbel (Louis XV, Louis XVI) mit Stücken von Riesener, La Croix und Carlin; Sèvres-Porzellan.

Living Hall (Salon): Gemälde des 16. Jahrhunderts von El Greco ('Hl. Hieronymus'; über dem Kamin), Giovanni Bellini ('Hl. Franziskus'), Tizian ('Mann mit roter Mütze', Portrait des Aretino) und Holbein (Portraits des Thomas More und des Thomas Cromwell); italienische Renaissancebronzen, darunter ein 'Herkules' von Pollaiolo; Möbel von André Charles Boulle; kostbarer Isfahan-Teppich; chinesisches Porzellan.

North Hall (Nordsaal): 'Marie mit dem Kinde' von Jan van Eyck (15. Jh.); weibliche Marmorbüste von Laurana; Drucke und Zeichnungen.

Library (Bibliothek): Portraits gemalt von Gainsborough, Lawrence, Romney, Reynolds, Stuart (George Washington) und Johansen (H. C. Frick); Landschaften von Turner und Constable; italienische und französische Renaissancebronzen; chinesische Vasen mit schwarzem Grund.

West Gallery (Westgalerie): Gemälde von Rembrandt (Selbstbildnis, Portrait des Nicolas Rust, 'Der polnische Reiter'), Veronese, Goya, El Greco, Velázquez, Van Dyck, Hobbema, Hals, Bronzino, Ruisdael, Constable, Georges de la Tour, Turner; italienische Renaissancemöbel; persische Teppiche.

Enamel Room (Emailzimmer): Schöne Sammlung farbenfroher französischer Emailmalerei (Limoges); Gemälde von Piero della Francesca (15. Jh.) und Duccio; französische Pieta (15. Jh.); Skulpturen; italienische und provenzalische primitive Malerei.

Oval Room (Ovales Zimmer): Portraits gemalt von Van Dyck und Gainsborough; an der Außenwand Terrakottafigur 'Diana' von Houdon (18. Jh.; nach einem Original für die russische Zarin Katharina II.).

East Gallery (Ostgalerie): Gemälde verschiedener Epochen und Schulen von Lorrain, Cuyp, Ingres, Jacob Ruysdael, Chardin, Tiepolo, Goya, Drouais, Greuze, David, Whistler; zwei Schränke von Carel.

Court (Hof): Säulengesäumter, überdachter Patio mit Marmorboden, Grünanlagen, Zierbecken und Fontänenbrunnen; Bronzeengel von Jean Barbet; Portraitskulpturen (u.a. von Houdon).

Täglich Konzerte auf der Hausorgel; im Winter sonntags nachmittags Kammerkonzerte sowie an mehreren Wochentagen Vorträge zu Kunst und Kultur.

An der Südostecke der Kreuzung von Madison Avenue (Nr. 945) und 75th Street steht das **Whitney Museum of American Art** (Mo.–Sa. 11–17, So. ab 12 h).

Dieses der modernen amerikanischen Kunst gewidmete Museum wurde bereits vor dem ersten Weltkrieg von der Bildhauerin *Gertrude Vanderbilt-Whitney* gegründet und war bis 1964 dem Museum of Modern Art (siehe dort) angeschlossen. Im Jahre 1966 eröffnete man ein eigenes, nach Plänen von *Marcel Breuer* errichtetes Haus. Der an der Eingangsfront stufenweise überhängende futuristische Bau mit unregelmäßiger Anordnung eigenwillig vorstehender Fensterkästen beherbergt vor allem Werke zeitgenössischer amerikanischer Künstler (Gemälde, Zeichnungen, Skulpturen).

In Höhe des Central Park finden sich an der MADISON AVENUE zahlreiche Kunst- und Antiquitätenhandlungen; Nr. 980 das bekannte Auktionshaus *Parke – Bernet Galleries* (Mo.–Fr. 10–17 h; gratis).

Den Block zwischen 88th Street und 89th Street an der Ostseite der 5th Avenue (Nr. 1071) erfüllt das in seinem Aussehen ungewöhnliche **Salomon R. Guggenheim Museum.**

Bereits um das Jahr 1930 entschloß sich der Kupferindustrielle und Kunstsammler *Salomon R. Guggenheim* zur Gründung eines Museums für Kunstwerke der Moderne. Eine von ihm 1937 ins Leben gerufene Stiftung beauftragte 1943 den wohl berühmtesten amerikanischen Architekten *Frank Lloyd Wright* (1869–1959) mit der Planung eines geeigneten Museumsgebäudes, das in seiner heutigen Form 1959 vollendet wurde und den einzigen Museumsbau des Architekten darstellt.

Über dem geduckten Eingangsbereich des leicht nach hinten versetzten und ganz in beige gehaltenen Baus liegt ein gestreckter, etwa 50 m (152½ ft.) langer und ein Stockwerk höher, am Südende abgerundet hervorspringender Trakt, aus dem an der Nordseite das Verwaltungsgebäude ähnlich einer zweistufigen Schiffskommandobrücke herausragt. Auf der Südseite erhebt sich in Form eines umgedrehten Kegelstumpfes mit vier fensterlosen Mauerringen das 28 m (92 ft.) hohe eigentliche Museumsgebäude.

Das INNERE (Mo. geschl.) ist eigenwillig als stufenlos ansteigende (3%) Spiralrampe von ca. 400 m (1416 ft.) Länge angelegt, die bis unter eine zentrale Glaskuppel emporführt. In seitlichen Buchten und Nischen sind die blendfrei beleuchteten Exponate zu besichtigen. Der Grundstock der nunmehr 3000 Kunstgegenstände des ausgehenden 19. und 20. Jahrhunderts umfassenden Sammlungen ist die Schenkung des Stifters Salomon R. Guggenheim. 1965 kam die bedeutende Justin K. Thannhauser Collection hinzu. Die wichtigsten hier vertretenen Künstler (Malerei, Zeichnung, Plastik) sind im folgenden alphabetisch aufgeführt:

Appel, Archipenko, Arp, Bacon, Bonnard, Brancusi, Braque, Burri, Callahan, Cézanne, Chagall, Davis, Degas, De Kooning, Delaunay, Dubuffet, Du Casse, Feininger, Gabo, Gauguin, Giacometti, Gleizes, Gottlieb, Gris, Guston, Kandinsky (umfangreichste Sammlung seiner Werke), Klee (170 Bilder), Kline, Kokoschka, Larionov, Léger, Lipchitz, Louis, Manessier, Manet, Mathieu, Matisse, Mave, Metlevitch, Metzinger, Miró, Modigliani, Mondrian, Moore, Noguchi, Chada, Pevsner, Picabia, Picasso (besonders aus seiner 'klassischen' Periode), Pissarro, Pollock, Renoir, Rousseau, Seurat, Soulages, Stuart, Toulouse-Lautrec, Van Doesburg, Van Gogh, Villon, Vuillard, Wonner.

Weiter nördlich vom Guggenheim-Museum, Ecke 5th Avenue (Nr. 1109) und 92nd Street, befindet sich das **Jewish Museum** (*Jüdisches Museum;* Sa. geschl.) in einem älteren Gebäude französischen Baustils mit interessanten Sammlungen sakralen Charakters (Thorabänder, Zeigehände, siebenarmige Leuchter, Beschneidungsgerät, Gewürzbehälter und Schmuck u.a.). — Noch weiter nördlich an der 5th Avenue (Nr. 1220), zwischen 103rd Street und 104th Street, das **Museum of the City of New York.**

Das New Yorker Stadtmuseum (Mo. geschl.; gratis) ist in einem 1932 im Kolonialstil errichteten Gebäude untergebracht; seine Schaustücke zeichnen ein Geschichtsbild der Stadt und des Hafens von dem vermutlich ersten Besuch durch Verrazano bis in die jüngste Zeit. Die verschiedenen Abteilungen zeigen u.a. historische Pläne und Modelle der Stadt (Sonderausstellung gegen Eintrittsgebühr: New York zu holländischer Zeit), Schiffsmodelle, Wohnungs- und Ladeneinrichtungen, Goldschmiedekunst, Exponate zur Geschichte der Effektenbörse sowie Geräte zur Feuerbekämpfung.

Die etwa auf halbem Wege zwischen dem Metropolitan Museum (siehe dort) und dem Guggenheim Museum (siehe dort) in die 5th Avenue mündende, auch 'German Broadway' genannte **86th Street** ist die Hauptstraße von YORKVILLE, dem New Yorker Deutschenviertel (auch viele Österreicher, Schweizer, Tschechen, Slowaken und Ungarn), das sein Zentrum etwa zwischen 3rd Avenue und 2nd Avenue hat. Die Gegend zwischen 59th Street und 96th Street zeichnet sich durch einen deutlichen Hang zu Ordnung und Sauberkeit aus. Man findet hier viele typisch deutsche Einzelhandelsgeschäfte (v.a. Feinkost) und Lokale.

An ihrem Ostende erreicht die 86th Street den CARL SCHURZ PARK mit schöner Aussicht über den East River. Im nördlichen Teil des Parkes steht die **Gracie Mansion,** ein apartes Landhaus aus der zweiten Hälfte des 18. Jahrhunderts, das heute dem Bürgermeister der Stadt als Wohnsitz dient (unzugänglich).

Harlem

Der heute fast ausschließlich von Farbigen (400 000 Neger) bewohnte Stadtteil Harlem erstreckt sich nördlich jenseits des Central Park bis zum Harlem River mit der Lenox Avenue und der 125th Street als belebtesten Hauptstraßen.

Im 17. Jahrhundert gründete der holländische Gouverneur Peter Stuyvesant in der Gegend der heutigen Kreuzung der 1st Avenue bzw. 2nd Avenue mit der 124th Street und der 125th Street ein Dorf namens *Nieuw Haarlem* (nach der niederländischen Stadt). In der zweiten Hälfte des 19. Jahrhunderts wurde das Gebiet zu einer besseren Wohngegend mit vornehmen Einzelhäusern. Als zu Beginn dieses Jahrhunderts die Farbigen aus den Südstaaten in den damals toleranten Norden strömten, bildete sich um die 125th Street eine erste Negersiedlung, die sich sehr bald zu jenem bunten und beschwingten Harlem der zwanziger Jahre ausweitete, das man vor allem aus der Entwicklungsgeschichte des Jazz kennt. Die städtischen Sanierungsprogramme nahmen jedoch Harlem zunächst aus und überließen die Neger, zu denen sich besonders an der 4th (Park) Avenue und an der 10th (Amsterdam) Avenue zahlreiche Puertoricaner ('Spanish Harlem') sowie um die 115th Street viele Italiener gesellten, mehr oder weniger sich selbst. So bietet Harlem heute insgesamt einen ärmlichen Eindruck mit vorwiegend düsteren Mietskasernen im Ziegelbaustil des vorigen Jahrhunderts neben einigen größeren Apartmenthäusern. – Ein Besuch der Gegenden abseits der Hauptstraßen dieser weißenfeindlichen Farbigenenklave ist zwar aufschlußreich jedoch nicht ungefährlich. Risikofrei ist der Besuch des sehenswerten PARK AVENUE MARKET, eines unter dem Eisenbahnviadukt der Park Avenue etwa zwischen 111th Street und 116th Street abgehaltenen in den Morgenstunden besonders belebten Marktes, auf dem in buntem Durcheinander alle erdenklichen Waren (besonders Obst und Gemüse) feilgehalten werden.

Morningside Heights

Nordwestlich jenseits des Central Park steigen die Morningside Heights auf, ein Hügelgelände, das unter dem Namen 'Harlem Hights' historische Bedeutung erlangte, als hier im Jahre 1776 die amerikanischen Truppen unter der Führung von George Washington den Engländern erstmals erfolgreich widerstehen konnten. Die nach Osten steil abfallende Höhe ist mit den Anlagen der **Columbia University** bestanden (Gelände und Gebäude frei zugänglich; Auskunft über Führungen an der Low Memorial Library).

Die 'Columbia University' wurde im Jahre 1754 von dem englischen König Georg II. ursprünglich in der Trinity Church auf Südmanhattan als *King's College* oder *Royal College* gegründet, nach der Erlangung der Unabhängigkeit der USA im Jahre 1784 zu Ehren Kolumbus' in *Columbia College* umbenannt und 1857 an der Ecke Madison Avenue und 49th Street eingerichtet. Gegen Ende des vergangenen Jahrhunderts erhielt sie ihren heutigen Namen und installierte sich auf den Morningside Heights. Die Columbia-Universität ist somit eine der ältesten Lehranstalten der USA. Als wohlhabendes Privatinstitut (Besitzerin des Geländes des Rockefeller Center), an dem zahlreiche amerikanische Persönlichkeiten studiert haben (u.a. S. Johnson, A. Hamilton, F.D. Roosevelt, H. C. Urey, D. D. Eisenhower), unterhält sie ein breites Lehrprogramm, aus dem besonders die juristische, die pädagogische und die sprachwissenschaftliche Abteilung hervorragen. Derzeit sind etwa 30 000 Studierende an den verschiedenen Fakultäten eingeschrieben.

Die Gebäude gruppieren sich um die an der Nordseite der 116th Street gelegene **Columbia Library** oder **Low Memorial Library.** Der von McKim im pseudoromanischen Stil mit Portikus gestaltete Kuppelbau (42 m bzw. 138 ft.) der ehemaligen Universitätsbibliothek dient heute als Verwaltungsgebäude; sehenswert ist der alte *Lesesaal* und die Rotunde mit der *Sackler*

Collection (asiatisches Kunsthandwerk). Auf den Stufen der breiten Freitreppe ein bronzenes Sitzbild der *Alma Mater*.

An der Südseite der 116th Street dehnt sich die weite Rasenfläche des CAMPUS bis zur **Nicholas Murray Butler Library,** der über 3 Millionen Bücher umfassenden Universitätsbibliothek, aus. Westlich daneben die der studentischen Freizeitgestaltung dienende *Ferris Booth New Hall*.

Zu Seiten der Low Memorial Library stehen westlich die *Earl Hall* und östlich die *St. Paul's Chapel*, zwei Sakralbauten für protestantische, katholische und israelitische Universitätsgottesdienste. — Der Low Memorial Library nördlich gegenüber befindet sich die *University Hall* mit dem Rektorat, Sekretariaten und Sporteinrichtungen. — Südwestlich von der Low Memorial Library liegt ebenfalls an der Nordseite der 116th Street das **Law Building,** ein 1960 fertiggestelltes Gebäude für die juristische Fakultät. — Zwischen 120th Street und 121st Street das 1889 gegründete **Teacher's College,** die pädagogische Fakultät.

Westlich gegenüber dem eigentlichen Universitätsgelände befindet sich jenseits des Broadway das *Barnard College*, eine 1889 gegründete Hochschule für weibliche Studierende.

In nördlicher Verlängerung der 9th (Columbus) Avenue verläuft am oberen Rand des in Stufen bis hin zur Manhattan Avenue bzw. Morningside Avenue abfallenden und terrassenartig angelegten **Morningside Park** (darin die Denkmalgruppe 'Lafayette und Washington' von F. A. Bartholdi) der MORNINGSIDE DRIVE mit schöner Aussicht nach Osten über das Häusermeer von Harlem und den East River.

Am Morningside Drive steht zwischen 114th Street und 115th Street die katholische Kirche *Notre-Dame de Lourdes* (von 1915), deren Chor der Grotte von Lourdes (Südfrankreich) nachgebildet ist. Den südlichen nächsten Block füllt das palastartige **St. Luke's Hospital** mit 500 Krankenbetten. Weiter südlich erhebt sich die unvollendete **Cathedral of St. John the Divine.**

Die protestantische Episkopalkathedrale 'St. Johannes der Göttliche' wurde in der zweiten Hälfte des vergangenen Jahrhunderts als größtes Gotteshaus der Vereinigten Staaten konzipiert und 1892 begonnen. Die ursprünglichen Architekten *Heins & La Farge* sowie *Ralph A. Cram* hatten den Bau im romanischen Stil begonnen, nach 1910 fuhr man jedoch gotisch fort. Zur Vollendung des 183 m (600 ft.) langen und 44 m (145 ft.) breiten, fünfschiffigen Sakralbaues fehlen noch die beiden Glockentürme (80 m bzw. 266 ft.) an der Westfassade, ein nadelpitzer Vierungsturm von 144 m (450 ft.), das Querhaus sowie die Skulpturen am Portal.

Die über dem Hauptportal befindliche Fensterrose hat einen Durchmesser von 12 m (36½ ft.). In dem gewaltigen INNERN zahlreiche Kunstwerke: Wandteppiche, Gemälde, Ikonen und Plastiken verschiedenster Herkunft, ein böhmischer Kristallleuchter u.v.a.; hinter dem Hauptaltar das Grab des Bischofs *Horatio Potter*, des gedanklichen Vaters der Kathedrale. Von der Vierung gelangt man rechts zu einem Ausstellungssaal mit dem Modell der vollendeten Kathedrale und einem Andenkenverkaufsstand.

Südlich der Kirche schließen die von schönen Gärten umgebenen Verwaltungsgebäude der Diözese mit dem Wohnhaus des Bischofs an.

Riverside

Zwischen 72nd Street und 15th Street erstreckt sich entlang dem Ufer des Hudson River der verhältnismäßig schmale **Riverside Park,** den der autobahnartig ausgebaute Henry Hudson Parkway durchzieht und der auf der Stadtseite vom RIVERSIDE DRIVE, einer landschaftlich prächtigen Villenstraße, begrenzt wird, von der man schöne Blicke über den Hudson River nach New Jersey hat.

Im Riverside Park sind folgende Denkmäler beachtenswert: in Höhe der 88th Street ein *Standbild Washingtons;* an der 89th Street das *Soldier's and Sailor's Monument*, ein 27 m (86 ft.) hoher hellmarmorner Turm mit Peristyl zum Gedenken an die im Sezessionskrieg gefallenen New Yorker Sodaten und Seeleute; in der Höhe der 106th Street ein *Reiterstandbild* des aus Deutschland stammenden Generals *Franz Sigel* (1824–1862), der sich im Bürgerkrieg verdient gemacht hat. — Am Flußufer mehrere Bootshäuser.

An der Südostecke der Einmündung der 122nd Street in den Riverside Drive steht die 1931 von Allen, Pelton & Collens erbaute, der Kathedrale von Chartres (Frankreich) nachempfundene **Riverside Church,** ein interkonfessionelles Gotteshaus mit Kulturzentrum und eigener Rundfunkstation. Der 120 m (384 ft.) hohe Turm enthält das *Laura Spelman Rockefeller Carillon*, ein Glockenspiel mit 74 Glocken. Im Narthex sieht man Glasmalereien aus der Kathedrale von Brügge (Belgien), in einem Nebenraum Wandteppiche aus der Kathedrale von Reims (Frankreich).

Unweit nordwestlich von der Riverside Church erhebt sich auf einer freien Anhöhe oberhalb des Riverside Park das **General Grant National Memorial** oder **Grants Tomb** genannte Mausoleum für den bekannten Bürgerkriegsgeneral und späteren 18. Präsidenten der Vereinigten Staaten *Ulysses Simpson Grant* (1822–1885).

Der an einer Esplanade westlich vom Riverside Drive befindliche 1891–1897 erstellte graue Granitbau (45 m bzw. 144 ft.

hoch) ahmt die Form eines römischen Mausoleums nach: auf einem 30 × 30 m (96 × 96 ft.) bedeckenden Unterbau, zu dessen Portikus eine von zwei Adlerfiguren flankierte Freitreppe führt, erhebt sich ein säulengetragener Kuppelbau mit einer inneren und einer äußeren Galerie (schöne Rundsicht).

In dem lichtgedämpften INNERN (tägl. 9–17 h; gratis) an den hellmarmornen Wänden Hochreliefs mit Darstellungen aus dem Leben des Generals. Die zentrale Rundkrypta birgt die Porphyrsarkophage des Generals und seiner Gemahlin; in zwei Nebenräumen Andenken aus dem Sezessionskrieg.

Weiter nördlich, zwischen Amsterdam Avenue und St. Nicholas Avenue sowie zwischen 130th Street und 140th Street, erstrecken sich die Gebäude des **College of the City of New York** oder **City College of New York,** einer 1847 gegründeten Lehranstalt, die von der Stadt New York unterhalten wird und deren Besuch (35 000 Studierende) unentgeltlich ist.

Folgt man dem Broadway weiter nordwärts, so erreicht man an dessen Westseite zwischen 155th Street und 156th Street eine **Washington Heights Museum Group** bezeichnete Ansammlung von fünf Museen, die sich um die AUDUBON TERRACE gruppieren, einen Hof an der Stelle eines ehemaligen Landhauses des Zeichners *John James Audubon* (1785–1851). Die heutigen Gebäude wurden zu Anfang dieses Jahrhunderts im Stil der italienischen Renaissance errichtet und beherbergen folgende Institutionen:

Das **Museum of American Indian** (So., Mo, und im August geschl.; gratis) ist ein aus der Heye-Stiftung hervorgegangenes Museum mit reichhaltigen und anschaulichen Sammlungen zur Lebensweise der Indianerstämme Nord-, Mittel- und Südamerikas.

Die **Hispanic Society of America** (Mo. geschl.; gratis) gibt mit ihren Exponaten einen breiten Überblick über die Entwicklung der spanischen Zivilisation seit dem Mittelalter. Beachtenswert sind die *Gemäldesammlung* mit Werken von El Greco, Velazquez, Sorolla, Goya u.a. sowie andere Kunstwerke (Skulpturen, Metallarbeiten, Keramik, Textilien, Möbel), ferner die Bibliothek.

Die **American Numismatic Society** (Mo. geschl.; gratis) zeigt eine umfangreiche Sammlung von Münzen und Medaillen.

Die **American Geographical Society** (Sa. und So. geschl.; gratis) verfügt über eine wertvolle Kollektion geographischer Werke (über 100 000 Karten, 2000 Atlanten, Globen).

Die **American Academy of Arts and Letters** (So. und Mo. geschl.; gratis), die 1904 gegründete Akademie für Kunst und Literatur, gedenkt mit Ausstellungen großer Künstler und Schriftsteller.

Südlich der Audubon Terrace erstreckt sich in malerischer Lage zu beiden Seiten des Broadway zwischen 153rd Street und 155th Street der *Trinity Church Cemetery* (Friedhof).

Äußerster Norden

Eines der letzten Häuser aus der New Yorker Kolonialzeit befindet sich am nördlichen Rande von Harlem an der Südwestecke der Einmündung der 160th Street in die Edgecombe Avenue oberhalb des Harlem River: die leicht verträumt gelegene und von einem Garten umgebene **Jumel Mansion** wurde 1765 im traditionellen Ziegelbaustil mit Säulenvorbau erstellt und 1810 von dem aus Frankreich stammenden Weinhändler *Etienne Jumel* (1754–1832) für dessen Frau erworben. Im Jahre 1776 befand sich hier der Befehlsstand George Washingtons. Das mit seiner zeitgenössischen Einrichtung erhaltene Haus kann als Museum der Revolutionszeit besichtigt werden (Mo. geschl.; gratis).

Etwa auf der Höhe der Jumel Mansion hat sich die Insel Manhattan zu einer verhältnismäßig schmalen Landzunge verjüngt und zieht sich in annähernd gleicher Breite bedeckt von einem Hügelrücken bis zum Spuyten Duyvil Creek hin. Am Ufer des Hudson River befinden sich in diesem nördlichsten Teil von Manhattan ausgedehnte Parkterrains.

Im unteren Teil dehnt sich der 25 ha (62 acres) große hügelige **Fort Tryon Park** mit dem nach dem letzten englischen Gouverneur von New York benannten *Fort Tryon* im Mittelbereich und zugleich auf der höchsten Erhebung (80 m bzw. 256 ft.) von ganz Manhattan aus. Von dem ursprünglich 1776 angelegten Befestigungswerk sind nur die Fundamente erhalten; von einer Aussichtsplatte öffnen sich prächtige Blicke über den Hudson River und den East River.

Im nördlichen Teil des Fort Tryon Park liegt abgeschieden hoch über dem Ufer des Hudson River die eindrucksvolle, zum Metropolitan Museum (siehe dort) gehörige Klosteranlage **The Cloisters** (Mo. geschl.; gratis).

Den Grundstock zu diesem Museum sakraler Kunst legte der Bildhauer *George Grey Barnard* (1863–1938) mit seiner Sammlung mittelalterlicher Plastiken, die er in Europa (vor allem in Südfrankreich) zusammengetragen hatte und in einem Ziegelgebäude an der Fort Washington Avenue ausstellte. *John D. Rockefeller Junior* nahm sich seit 1925 dieser Barnard-Kollektion an, unterstützte sie finanziell und ließ sie dem Metropolitan Museum angliedern. Von 1930 bis 1938 wurden die heutigen Gebäude im Fort Tryon Park nach Plänen des Bostoner Architekten *Charles Collens* höchst vorbildgetreu erstellt; die Kunstsammlung erfuhr seither erhebliche Bereicherungen.

Obwohl die Gebäudeteile verschiedensten Stilrichtungen und Epochen angehören, bieten sie dennoch den einheitlichen Eindruck einer geschlossenen Klosteranlage. Um einen quadratischen Turm sind Bauteile von Klöstern, Kapellen, Arkaden, Säulen, Hausteile, Brunnen u.a. vorwiegend aus Frankreich, Spanien und Italien angeordnet. Dieses außerordentliche Klostermuseum umschließt folgende Kunstwerke:

Ground Floor (Erdgeschoß): Zwillingssäulen und Kapitelle (13./14. Jh.) aus der ehemaligen Zisterzienserabtei *Bonnefonten-Comminge* in den französischen Pyrenäen; Kreuzgang (15. Jh.) aus dem französischen *Kloster Trie;* gotische Kapelle nach dem Vorbild der ehemaligen Kathedrale *St-Nazaire in Carcasson* mit interessanten Grabdenkmälern aus Frankreich (13. Jh.) und Katalonien (13./14. Jh.); Glasmalereien und Statuen des 15. und 16. Jahrhunderts sowie ein geschnitztes Treppenwerk aus Frankreich vom Beginn des 16. Jahrhunderts. — In drei kleineren Räumen sind wertvolle Kirchenschätze ausgestellt, darunter ein *Kelch von Antiochia* (4. oder 5. Jh.), der älteste bekannte christliche Abendmahlskelch, eine weiterer Kelch aus dem 13. Jahrhundert, ein deutscher Rosenkranz mit winziger Passionsdarstellung auf einer der Perlen (15. Jh.) sowie Emailarbeiten aus Limoges (13. Jh.); ferner Chorgestühl aus der Normandie (16. Jh.), zwei Engelsfiguren aus Reims (Frankreich) und deutsche Bronzestatuetten (12.–13. Jh.).

Main Floor (Erster Stock): Teile vom Kreuzgang der im 9. Jahrhundert gegründeten, ehemaligen Benediktinerabtei *St-Michel-de-Cuxa* in den französischen Pyrenäen; die restlichen Teile wurden aus rötlichem Pyrenäenmarmor nachgebildet.

Kreuzgang mit den Originalsäulen und -kapitellen (romanisch; Anfang 13. Jh.) der 804 gegründeten, ehemaligen Benediktinerabtei *St-Guilhem-le-Désert* im Languedoc; Bauteile anderer südfranzösischer Kirchen.

Kapitelsaal des Klosters *Notre-Dame de Pontaut* bei St-Sever in den französischen Landes.

Fuentidueña-Kapelle mit der Apsis (12. Jh.) der Kirche San Martín de Fuentidueña bei Segovia; Kruzifix (12. Jh.); Wandmalerei aus der katalonischen Kirche San Juan de Tredós; romanisches Kreuz aus England (12. Jh.); Kirchentür (12. Jh.) aus der italienischen Toscana.

Bauteile der romanischen Kirche *Notre-Dame du Bourg* in Langon bei Bordeaux (Frankreich); Ziborium (12. Jh.) aus Italien.

Romanische Galerie mit Teilen aus französischen Kirchen.

Frühgotischer Saal mit verschiedenen Statuen, darunter einer Madonna (13. Jh.) aus dem Straßburger Münster (Frankreich).

Spätgotische Galerie nach Art eines Refektoriums mit vier Fenstern aus dem französischen Dominikanerkloster zu Sens; Flügelaltarteile (14./15. Jh.).

Boppard-Saal mit sechs Glasfenstern (Ende 15. Jh.) aus der deutschen Karmeliterkirche von Boppard am Rhein; spanischer Altar aus geschnitztem Alabaster (15. Jh.).

Spanisches Zimmer aus einem spanischen Palast mit mittelalterlicher Einrichtung; hier auch das 1964 erworbene Mérode-Triptychon.

Saal der Neun Helden mit kostbaren Wandteppichen des 14. Jahrhunderts, die zu den ältesten bekannten zählen. Die im Mittelalter beliebte Reihe der 'neun Helden' umfaßte drei jüdische (David, Josua und Judas Macchabäus), drei heidnische (Hektor, Alexander und Cäsar) sowie drei christliche (Artur, Karl d. Gr. und Gottfried v. Bouillon). Auf den gezeigten Gobelins sind David, Josua, Alexander, Cäsar und Artur dargestellt.

Galerie der Einhorn-Gobelins mit Wandteppichen (Einhornjagd) des 15./16. Jahrhunderts aus dem französischen Schloß Verteuil en Charente.

Man verläßt das Klostermuseum durch die gotischen Arkaden des lothringischen Benediktinerklosters *Froville*. — Von dem Rundweg um die Anlage nach allen Seiten schöne Ausblicke.

An der äußersten Nordspitze von Manhattan dehnt sich der vom Fort Tryon Park durch einige Häuserblocks getrennte **Inwood Hill Park** aus. Dieser hügelige Waldpark ist von Felsschluchten zerfurcht, in denen sich einst die Indianer verbargen, und nur an den Wochenenden vom Ausflugsverkehr belebt. Nordöstlich schließt sich am Harlem River das *Baker Field* genannte Sportgelände der Columbia-Universität an.

Unweit östlich vom Inwood Hill Park steht an der Kreuzung des Broadway mit der 204th Street das **Dyckman House** (Mo. geschl.; gratis), ein restauriertes Bauernhaus aus holländischer Zeit (1783 erbaut) mit zeitgenössischer Einrichtung und schönem Garten.

Hafen

Der **Port of New York** ist gemessen am Volumen der umgeschlagenen Waren (jährlich über 160 Millionen Tonnen) nächst dem niederländischen Rotterdam der zweitgrößte Hafen der Erde. Ursprünglich am Westufer des East River in Höhe der Fulton Street eingerichtet, dehnten sich die Hafenanlagen im 18. Jahrhundert auch entlang dem Manhattaner Hudson-Ufer aus und griffen dann auf die anderen Flußufer nach Brooklyn, Jersey City und Hoboken sowie auf weite Küstenbereiche der Upper Bay und der Newark Bay über.

Der trotz Ozeannähe stets eis- und fast immer nebelfreie Naturhafen, dessen felsiger Untergrund Versandung und hierdurch notwendig werdende Ausbaggerung praktisch gänzlich vermeidet, hat eine Gesamtausdehnung von 455 qkm (175 sq. mi.) Wasserfläche; davon entfallen rund 50 qkm (19 sq. mi.) auf die Hafenbecken mit etwa 965 km (600 mi.) Kaianlagen und insgesamt 10 Eisenbahnlinienanschlüssen. Bei einem Tidenhub von durchschnittlich 1½ m (5 ft.) und einer Mindesttiefe von 13½ m (44 ft.) verfügt der New Yorker Hafen über etwa 400 Schiffsanlegeplätze; allein 170 Passagierschiffahrtslinien laufen New York regelmäßig an, jährlich erfolgen insgesamt 28 000 Schiffsbewegungen.

Der Hafen wird von der 1921 durch die Staaten New York und New Jersey ins Leben gerufene **Port of New York Authority** verwaltet, der darüberhinaus das gesamte Verkehrswesen sowie dessen Betrieb und Verbesserung im Umkreis von 40 km (25 mi.) um die Freiheitsstatue unterstehen; hierzu gehören u.a. etwa 4000 Hafenschlepper, sechs Brücken und Tunnel, die Eisenbahntunnellinie Port Authority Trans Hudson (PATH) zwischen Manhattan und New Jersey, der Autobushof Port Authority Bus Terminal sowie zwei Hubschrauberplätze und die vier Flughäfen Kennedy International, La Guardia, Newark und Teterboro, ferner das im Aufbau begriffene World Trade Center.

Inseln

Etwa 3 km (1 5/8 mi.) südwestlich der Südspitze von Manhattan erhebt sich im New Yorker Hafen auf der kleinen Insel Liberty Island die weltberühmte, bei Dunkelheit angestrahlte **Statue of Liberty** oder **Freiheitsstatue,** das Symbol für Freiheit und Demokratie. — Vollstündlich Personenfähre in 15 Min. vom Battery Park.

Die im nördlichen Teil der Upper Bay 600 m (3/8 mi.) vor der Küste von New Jersey gelegene Insel **Liberty Island** (*Freiheitsinsel;* ca. 5 ha bzw. 12 acres) trug macheinander die Namen *Minnissais* (indianisch 'klare Insel'), *Great Oyster* ('große Auster'), *Love Island* ('Liebesinsel'), *Bedloo's Island* (nach ihrem holländischen ersten Besitzer), *Kennedy's Island*, *Corporation Island* und *Bedlow's Island* (eine anglizierte Form), dann *Bedloes's Island* (eine unerklärte Schreibweise des ursprünglichen Besitzernamens) sowie zuletzt 'Liberty Island', diente zunächst lange Zeit als Quarantänestation und wurde mit den beiden anderen Inseln im Bereich des Zusammenflusses von East River und Hudson River (Governors Island und Ellis Island) in den ersten Jahren des 19. Jahrhunderts militärisch befestigt. Im Ostteil der Insel entstand das sternförmige *Fort Worth*. Im Jahre 1877 wählte man Bedloe's Island als Ort für die Errichtung der Freiheitsstatue, deren Sockelbau von 1884 bis 1886 auf den Fundamenten des alten Fort Wood erstellt wurde.

Im Jahre 1865 kam anläßlich eines Empfanges im Hause von *Edouard de Laboulaye* bei Versailles der Gedanke auf, Amerika, dem Vorbild der demokratischen Freiheit, in Erinnerung an das franko-amerikanische Bündnis während des Freiheitskrieges ein Freundschaftsgeschenk zum hundertsten Jahrestag der Erlangung der Unabhängigkeit zu machen, das die beiden Nationen für immer symbolisch verbinden solle. In jenem Kreise befand sich auch der aus Colmar stammende Bildhauer *Frédéric Auguste Bartholdi* (1834–1904), den de Laboulaye veranlaßte, sich nach Amerika zu begeben, um an Ort und Stelle über die Errichtung eines entsprechenden Denkmals zu verhandeln. Als Bartholdi des Hafens von New York ansichtig wurde, war sein Plan gefaßt, die von ihm bereits zuvor entworfene Freiheitsstatue dort aufstellen zu lassen.

Es wurde sodann beschlossen, bei der Schaffung des Denkmals so zu verfahren, daß Frankreich die Kosten für die Herstellung der Statue und den Transport derselben nach New York und die Vereinigten Staaten jene für die Errichtung des Sockels übernehmen. Im Jahre 1882 war in Frankreich das notwendige Kapital durch spontane Spenden aufgebracht, in den USA drohte das Projekt jedoch zu scheitern; schließlich gelang es aber *Joseph Pulitzer* (1847–1911) durch Pressekampagnen in seiner eigenen Zeitung 'New York World' die nötigen Fondgelder aufzutreiben.

Nach seiner Rückkehr aus Amerika hatte Bartholdi sogleich mit der Erstellung verschiedener Studienmodelle der Statue begonnen. Auf dem Wege über Teilvergrößerungen gelangte man schließlich zur Ausformung über Holzmodeln der 3/32 Zoll starken Kupferplatten der Außenhaut, für deren Stützung der französische Ingenieur und Erbauer des Pariser Eiffelturmes *Gustave Eiffel* (1832–1923) ein Stahlskelett entwarf.

Am 4. Juli 1884 wurde das Denkmal formal von dem Grafen Ferdinand de Lesseps, dem Erbauer des Suezkanals, an die Vereinigten Staaten übergeben. Am 17. Juni 1885 traf das französische Schiff 'Isère' mit der in 214 Kisten verpackten Freiheitsstatue im Hafen von New York ein. Am 28. Oktober wurde das Denkmal als **Statue of Liberty Enlightening the World** ('die die Welt erleuchtende Freiheitsstatue') in Anwesenheit Bartholdis, de Lesseps' und des damaligen amerikanischen Präsidenten Grover Cleveland offiziell eingeweiht. Sowohl die Gesamtstruktur als auch besonders das Beleuchtungssystem mußten inzwischen mehrfach verbessert werden. Im Jahre 1924 wurde das Denkmal zu einem 'National Monument' erklärt, 1956 der heutige Inselname 'Liberty Island' eingeführt.

Die zur Hafeneinfahrt blickende Freiheitsstatue ist eine in ein wallendes Gewand gehüllte, strahlenbekrönte Frauengestalt (Göttin der Freiheit), die in der Rechten an hoch aufgestrecktem Arm eine Fackel und in der Linken eine Tafel mit der Unabhängigkeitserklärung der USA hält; zu ihren Füßen die (von unten nicht sichtbare) zerrissene Kette der Knechtschaft.

Wissenswerte Daten des Denkmals

Gesamthöhe	93 m (305 ft.)
Höhe der Statue	37 m (111 ft.)
Länge des rechten Armes	13 m (42 ft.)
Durchmesser des rechten Armes	4 m (12 ft.)
Oberfläche eines Fingernagels	13 × 10 Zoll
Gewicht der Statue	225 Tonnen.

Zur Besichtigung (9–16 h) bzw. Besteigung gelangt man durch den Eingang sowie einen Korridor im Basisbereich des alten Fort Wood (hier auch das *American Museum of Immigration* mit Dokumenten zur Einwanderungsbewegung) zum Fahrstuhl, der im Sockel zum Fuß der Statue fährt (auch Treppenaufgang mit mehreren Gedenkplaketten). Von hier führt eine recht beschwerliche Wendeltreppe über 168 Stufen bis in den Kopf der Statue hinauf; in der Krone gewähren 25 Fenster in den Juwelenfeldern zwischen den sieben Diademstrahlen gute Sicht über die Upper Bay, die man jedoch freier von der umlaufenden Aussichtsgalerie am Statuenfuß genießen kann (bei klarem Wetter bis zu 24 km bzw. 15 mi. weite Rundsicht;) besonders eindrucksvoll nach Nordwesten die Skyline der Stadtinsel Manhattan mit den Brücken über den East River. — Im rechten Arm führt eine für das Publikum gesperrte Leiter bis zur Fackel hinan.

Etwa in der Mitte des EAST RIVER CHANNEL zwischen der Südspitze von Manhattan und Brooklyn liegt die für Besucher unzugängliche Insel **Governors Island,** die in der Kolonialzeit Residenz des britischen Gouverneurs war und aus dieser Zeit ihren Namen trägt. Die Holländer nannten sie zuvor wegen der dort häufig vorkommenden Nußbäume 'Nußinsel'. Auf der 70 ha (173,35 acres) großen Insel befinden sich das 1807–1811 von Jonathan Williams erbaute malerische *Fort Castle Williams*, das einen Durchmesser von 61 m (300 ft.) aufweist, sowie das 1798–1806 errichtete *Fort Jay*, bis 1966 Hauptquartier der 1. US-Armee, seither größter Stützpunkt der amerikanischen Küstenwacht.

Unweit nordöstlich von Liberty Island und nahe den Hafenanlagen von Jersey City liegt im äußeren Mündungsbereich des Hudson River die 11 ha (27 acres) große Insel **Ellis Island.** Von 1892 bis 1954 befand sich hier in der Nachfolge des Castle Garden im Battery Park die zentrale Empfangsstelle für Einwanderer, die aus aller Welt in die Vereinigten Staaten strömten.

Brücken und Tunnel

Die wichtigsten Brücken und Tunnel, welche die Insel Manhattan mit den umliegenden Inseln bzw. dem Festland verbinden, sind im folgenden von Süden nach Norden aufgeführt und gegebenenfalls erklärt.

Hudson River

Hudson Tubes, zwei sich im letzten Drittel vereinigende Vortortbahntunnel für die Port Authority Trans Hudson (PATH) zwischen Hudson Terminal und Jersey City.

Holland Tunnel, 1920–1927 von Clifford M. Holland (gest. 1924) konzipierter Straßendoppeltunnel mit je einer Tunnelröhre von 6 m (20 ft.) Spurbreite und 4,05 m (13 ft.) Höhe für jede Fahrtrichtung zwischen Broome Street (Einfahrt) bzw. Canal Street (Ausfahrt) und Jersey City. Benutzungsgebühr.

Eisenbahntunnel zwischen der Morton Street und Hoboken.

Eisenbahntunnel, zwischen Pennsylvania Station und Hoboken.

Lincoln Tunnel, wichtiger Straßentunnel (3 Fahrspuren) zwischen 38th Street bzw. 39th Street und Weehawken. Benutzungsgebühr.

George Washington Bridge, große Straßenbrücke (auch für Fußgänger) im Zuge der 179th Street nach Fort Lee. Nach Plänen des Architekten Cass Gilbert und des aus der Schweiz stammenden Ingenieurs O.H. Amman wurde diese, zunächst *Hudson River Bridge* genannte, achtspurige Hängebrücke (78 m bzw. 256 ft. über dem Fluß) im Jahre 1931 vollendet. Ihre Gesamtlänge beträgt 2651 m (8695 ft.), die größte Spannweite zwischen den beiden 194 m (636 ft.) hohen Brückentürmen 1068 m (3503 ft.). Die vier, je 86 cm (33½ inches) starken Stahlkabel setzen sich aus jeweils 26 000 einzelnen Drahtseilen zusammen. In den Jahren 1959 bis 1962 wurden auf einer niederen Etage sechs weitere Fahrspuren sowie weitreichende Zufahrtsrampen und Anschlußstellen geschaffen. Benutzungsgebühr.

East River

Brooklyn-Battery Tunnel, 1946–1950 erbauter, 2797 m (9174 ft.) langer Straßentunnel; für die Klimaanlage wurde nahe Governors Island eine künstliche Insel geschaffen. Benutzungsgebühr.

Vier Untergrundbahntunnel zwischen Battery und Brooklyn Bridge.

Brooklyn Bridge, von Johann August Roebling konstruierte und seinem Sohn Washington Roebling 1883 vollendete monumentale Straßenbrücke (auch für Fußgänger), die sich mit einer Länge von 1052 m

(3450 ft.), mit Rampen 1834 m (6015 ft.), und einer Fahrbahnbreite von 20 m (98½ ft.) in 42 m (138 ft.) Höhe über den East River spannt. Die Trageseile haben einen Durchmesser von 39 cm (14¼ inches), die in Senkkästen aufgemauerten Brückentürme sind 260 m (853 ft.) hoch. Von der Brücke prächtige Aussicht auf Manhattan und die Upper New York Bay mit der Freiheitsstatue.

Manhattan Bridge, von Gustav Lindenthal entworfene und 1909 fertiggestellte Straßenbrücke (auch U-Bahn) zwischen Canal Street bzw. Bowery und Flatbush Avenue (Brooklyn) mit Rampen von Carrère und Hastings. Spannweite: 448 m (1469 ft.).

Untergrundbahntunnel.

Williamsburg Bridge, 1903 von L.L. Buck vollendete Straßenbrücke (auch U-Bahn) zwischen Delancey Street und Broadway (Brooklyn) mit einer Spannweite von 488 (1590 ft.) und einer Fahrbahnbreite von 36 m (118 ft.).

Untergrundbahntunnel.

Zwei Eisenbahntunnel.

Queens-Midtown Tunnel, wichtiger moderner Straßentunnel. Benutzungsgebühr.

Zwei Untergrundbahntunnel.

Queensboro Bridge, 2271 m (7449 ft.) lange, auf vier Zwillingstürmen ruhende Straßenbrücke in drei Abschnitten von 360 m (1181 ft.), 192 m (630 ft.) und 300 m (984 ft.) zwischen 59th Street über Welfare Island zur Queensboro Plaza.

Untergrundbahntunnel.

Fußgängerbrücke in Höhe der 103rd Street zum War's Island Park auf der gleichnamigen Insel.

Triborough Bridge, 1936 fertiggestellte Straßenbrücke, die den Stadtteil Queens mit Ward's Island und Randall's Island sowie letztere Insel wiederum mit den Stadtteilen Bronx und Manhattan (125th Street) verbindet. — Seit 1917 bestand bereits in der *Hell Gate Bridge* eine Brückenverbindung zwischen Queens und Ward's Island. Benutzungsgebühr.

Harlem River

Willis Avenue Bridge. *Second Avenue Bridge.* **3rd Avenue Bridge.** *Untergrundbahntunnel. Park Avenue Bridge.* **Madison Avenue Bridge. 145th Street Bridge. Macombs Dam Bridge.** *Putnam Bridge.* **High Bridge. Hamilton Bridge. Washington Bridge. University Heights Bridge.**

Spuyten Duyvil Creek

Marble Hill Bridge. Henry Hudson Bridge. *Eisenbahnbrücke.*

Brooklyn

Die von 1816 bis 1898 selbständige Stadt **Brooklyn** bildet heute als 'Borough of the Kings' mit einer Fläche von 196 qkm (76 sq. mi.) den zweitgrößten Stadtteil von New York. Er liegt im Südwestausläufer der Insel LONG ISLAND, stößt im Norden und Osten an den Stadtteil Queens (siehe dort) und wird im Südosten von der Jamaica Bay, im Süden vom Atlantischen Ozean, im Südwesten von der Lower Bay, im Westen von den Narrows und der Upper Bay sowie im Nordwesten vom East River begrenzt.

In den dreißiger Jahren des 17. Jahrhunderts kauften holländische Siedler den Indianern Ländereien an der Gowanus

Bay und an der Wallabout Bay ab und gaben ihrer Niederlassung den Namen *Breuckelen* (wörtlich 'Bruchland') nach dem holländischen Ort bei Utrecht, woraus später 'Brooklyn' entstand. Mit dem Bau der diesen Stadtteil mit Manhattan verbindenden Brücken und Tunnel erlebte Brooklyn einen gewaltigen Bevölkerungszuwachs. Hafenbetrieb und Schiffsbau (New York Shipyard) sind die wesentlichen Wirtschaftszweige. Brooklyn ist als 'Schlafzimmer von New York' vornehmlich Wohngebiet (zahlreiche Parkanlagen, Friedhöfe; rund 1500 Kirchen) für in Manhattan werktags Berufstätige. Von den etwa 2⅔ Millionen Einwohnern, die besonderen Stolz auf die Eigenheiten ihrer 'Stadt in der Stadt' hegen, sind fast ½ Million Farbige und ebenso groß ist die Zahl der italienischstämmigen Bevölkerung, gefolgt von Juden, Griechen, Polen, Skandinaviern u.a.

SEHENSWÜRDIGKEITEN

BROOKLYN HEIGHTS (früher *Columbia Heights*), ein Hügelzug über dem Ostufer des East River mit vornehmen Wohnstraßen der Mitte des 19. Jahrhunderts; prachtvoller, besonders gegen Abend stimmungsvoller Blick auf die Wolkenkratzer von Manhattan.

PROSPECT PARK, im westlichen Mittelbereich von Brooklyn südlich der GRAND ARMY PLAZA gelegener Naturpark von über 210 ha (520 acres) weiten, baumbestandenen ebenen Grünflächen und Hügeln sowie mehreren Teichen und Seen. An der Nordspitze des Parkes das weite Oval der GRAND ARMY PLAZA mit dem imposanten, 1892 errichteten 22 m (80 ft.) hohen *Soldiers' and Sailors' Arch,* einem Triumphbogen (von McMonnies, in der Quadriga eine Siegesgöttin) zum Gedenken an die im Bürgerkrieg gefallenen Soldaten und Seeleute. Unweit südöstlich steht das 1941 vollendete *Ingersol Building* mit der **Brooklyn Public Library** (8 Millionen Bände). Weiter östlich das **Brooklyn Museum** (188 Eastern Parkway), eines der führenden kunst- und kulturgeschichtlichen Museen der USA. Das nach Plänen der Architektengruppe McKim, Mead and White im pseudoklassischen Monumentalstil errichtete Museumsgebäude (tägl. geöffnet; gratis) enthält folgende Sammlungen:

First Floor (Erdgeschoß): Primitive Kunst aus Afrika, Ozeanien und der amerikanischen Indianer.

Second Floor (Erster Stock): Stiche und Zeichnungen; chinesische Bronzen und Porzellane; japanische Malerei.

Third Floor (Zweiter Stock): Altägyptische Sammlung (v.a. Sarkophage); assyrische Flachreliefs; Schmuck und Mosaiken aus der griechischen und römischen Antike.

Fourth Floor (Dritter Stock): Wohnungseinrichtungen (Möbel, Glas, Keramik, Email, Zinn, Gold- und Silbergeschirr).

Fifth Floor (Vierter Stock): MALEREI, Meister der italienischen Renaissance (Crivelli, Sano di Pietro u.a.), französische Impressionisten (Toulouse-Lautrec, Degas, Monet, Pissarro, Sisley), Portraits und Landschaften amerikanischer Künstler (v.a. Mary Cassatt); SKULPTUREN, kleine Sammlung mittelalterlicher Werke; moderne Plastiken von Modigliani, Rodin, Nielsen, Lipchitz; ferner Aquarelle von Malern des 19. und 20. Jahrhunderts sowie im Skulpturengarten Bauteile von nicht mehr bestehenden Gebäuden aus dem New Yorker Stadtbereich.

An der Nordostseite des Prospect Park erstreckt sich der etwa 20 ha (50 acres) große **Brooklyn Botanic Garden** (gratis) mit Rosengarten, Kräutergarten, Steingarten, japanischem Garten, Blindengarten (Leitgeländer mit Erklärungen in Blindenschrift), Holzapfelallee und Gewächshäusern. Südwestlich anschließend ein kleiner wohlausgestatteter *Zoo*. — Ferner im Prospect Park *Lefferts Homestead*, ein 1918 hier aufgestelltes holländisches Bauernhaus von 1776 mit zeitgenössischer Einrichtung, sowie die *Litchfield Mansion*, das 1855 erbaute Haus des Parkstifters.

Den Süden des Prospect Park erfüllt der 25,5 ha (63 acres) große *SWAN LAKE* (Schwanensee; im Sommer Schwäne und Boote, im Winter Eisbahn).

Brooklyn Children's Museum (nordöstlich vom Prospect Park, 185 Brooklyn Avenue; gratis), Museum mit für Kinder verständlich erklärten Sammlungen zu Erdkunde, Naturkunde, Geschichte und Technik.

CONEY ISLAND, vielbesuchte, Brooklyn südlich vorgelagerte, breitgestreckte, einst nur durch den heute verschwundenen Coney Island Creek von Long Island getrennte Insel mit etwa 8 km (5 mi.) langen schönen Sandstränden (Brighton Beach, Manhattan Beach) am Atlantischen Ozean sowie einem riesigen Rummelplatz, Restaurants und Hotels.

An der Strandpromenade (Boardwalk; Ecke West 8th Street) das sehenswerte bis 1941 im Battery Park an der Südspitze von Manhattan (siehe dort) befindliche und seit 1957 hier eingerichtete **New York Aquarium** mit Außenbecken für Seelöwen, Walrosse, See-Elephanten, Pinguine, Schildkröten und Delphine;

im Innern u.a. weiße Wale, Aale, Haie sowie über 200 andere Fischarten.

Die das östliche Coney Island von Brooklyn trennende SHEEPSHEAD BAY ('Schafskopfbucht') dient Fischereifahrzeugen als Schutzhafen (gute Fischrestaurants).

Die **Verrazano-Narrows Bridge** überspannt die engste Stelle (ca. 1⅔ km bzw. 1 mi.) der 'The Narrows' genannten Hafeneinfahrt ('Tor der Neuen Welt') zwischen Lower New York Bay und Upper New York Bay und verbindet damit die Stadtteile Brooklyn und Staten Island. Benutzungsgebühr.

Diese 1964 nach Plänen des aus der Schweiz stammenden Ingenieurs *Othmar H. Amman* vollendete längste Hängebrücke der Welt ist zum einen zu Ehren des einst in französischen Diensten stehenden italienischen Seefahrers *Giovanni da Verrazano*, der 1524 als erster Europäer die Gewässer des heutigen New Yorker Hafens entdeckt haben soll (am Brückenkopf ein Denkmal), und zum anderen nach dem von ihr überspannten Gewässer benannt. Die Spannweite der zwischen zwei 230 m (760 ft.) hohen Türmen von 90 cm (35 inches) starken Stahlseilen gehaltenen, doppelgeschossigen Straßenbrücke (zweite Etage 1969 fertiggestellt) beträgt 1299 m (4260 ft.), ihre Gesamtlänge mit den Rampen 4178 m (13 700 ft.), ihre Breite 31½ m (103 ft.).

The Bronx

Der 110 qkm (42½ sq. mi.) große 'Borough of the Bronx', der nördlichste und zugleich der einzige auf dem Festland gelegene Stadtteil von New York, wird im Westen vom Hudson River, im Südwesten vom Harlem River, im Süden vom East River und im Osten vom Long Island Sound umgrenzt und ist mit etwa 1½ Millionen Einwohnern hauptsächlich Wohnstadt sowie reich an bewaldeten Hügeln und großen Parkanlagen.

Die Bezeichnung 'The Bronx' rührt von *Johannes Bronck* her, einem skandinavischen Siedler, der sich nach 1637 als erster nordöstlich jenseits des Harlem River niederließ. Die Gegend wurde aber erst in der zweiten Hälfte des 19. Jahrhunderts dichter besiedelt.

SEHENSWÜRDIGKEITEN

BRONX PARK, etwa in der Mitte des Borough gelegen und vom *Bronx River* durchzogen; die nördliche Hälfte nimmt der **New York Botanical Garden** ein.

Der 1891 begonnene Städtische Botanische Garten bedeckt eine Fläche von etwa 100 ha (250 acres) und lohnt besonders zur Blumenblüte im Frühjahr und Frühsommer einen Besuch; Rosen-, Wildblumen-, Steingarten, Herbarium, Tropengewächshaus, botanisches Museum; originelles Restaurant.

Die südliche Hälfte des Bronx Park füllt der **New York Zoological Park** oder **Bronx Zoo,** der Ende des vorigen Jahrhunderts angelegte größte Tierpark der USA (etwa gleiche Ausdehnung wie der Botanische Garten (siehe oben).

In den vorbildlich eingerichteten Tierhäusern und Freigehegen leben annähernd 3000 Tiere (über 1100 Arten); bemerkenswert ist der 'Red Light Room' für Nachttiere.

New York University (vgl. Washington Square, Manhattan) auf den UNIVERSITY HEIGHTS über dem Harlem River; hier auch die *Hall of Fame,* eine Ruhmeshalle in Form einer Granitkolonnade mit Nischen für Gedenktafeln und Büsten verdienstvoller Amerikaner. Uhrenmuseum.

Poe Cottage (Ecke Jerome Avenue und Fordham Road), 1810 erbautes Holzhaus, in dem *Edgar Allan Poe* (1809–1849) die drei letzten Jahre seines Lebens verbrachte; im Innern Andenken an den Schriftsteller (gratis).

Fordham University (unmittelbar westlich vom Botanischen Garten; Ecke 3rd Avenue und Fordham Road; vgl. Uptown Manhattan), 1841 gegründete katholische Universität mit über 10 000 Studierenden; seit 1923 Erdbebenwarte.

Yankee Stadium (im Südwesten, nahe dem Harlem River; Ecke 161st Street und River Avenue), New Yorks bekanntestes Sportstadion (hauptsächlich Baseball und Football) für 70 000 Zuschauer.

Van Cortlandt House (im südlichen VAN CORTLANDT PARK), ein 1748 im Kolonialstil erbautes Steinhaus mit restaurierter Einrichtung (Möbel, Delfter Porzellan; Andenken an George Washington).

PELHAM BAY PARK (an der Ostküste des Borough), mit 857 ha (2118 acres) Grundfläche (1654 von Thomas Pell den Indianern abgehandelt) der größte Park von New York; schöner Badestrand am *Orchard Beach.* Auf dem vorgelagerten CITY

ISLAND zahlreiche Bootshäuser; die *Bartow-Pell Mansion* (von 1830) kann besichtigt werden.

Die 1939 erbaute **Bronx-Whitestone Bridge** (701 m bzw. 2300 ft. Spannweite) und die 1961 vollendete **Throgs Neck Bridge** (549 m bzw. 1800 ft. Spannweite) verbinden The Bronx mit dem Stadtteil Queens.

Hunter College (an der Südwestseite des Jerome Park Reservoir); in einem Gebäude dieser ausschließlich weiblichen Studierenden vorbehaltenen Lehranstalten tagte 1946 erstmals der Sicherheitsrat der Organisation der Vereinten Nationen.

Queens

Der 'Borough of the Queens' ist mit 313 qkm (121 sq. mi.) bei weitem der ausgedehnteste Stadtteil von New York. Er erstreckt sich am Westende der Insel LONG ISLAND, stößt im Südwesten an den Stadtteil Brooklyn sowie im Osten an die County of Nassau und wird im Nordwesten wie im Norden vom East River, im Süden von der Jamaica Bay begrenzt. Die Bevölkerungszahl dieses aus zahlreichen kleineren Ortschaften zusammengewachsenen und zur Hauptsache von Wohngebieten gebildeten Borough erreicht die 2-Millionen-Grenze. In *Long Island City* am East River konzentrieren sich Fabriken, Lagerhäuser und Hafenbetrieb.

SEHENSWÜRDIGKEITEN

John Fitzgerald Kennedy International Airport, im äußersten Südosten von Queens gelegener, in erster Linie für den Transatlantikverkehr wichtiger Großflughafen.

Im Jahre 1942 begann man, auf dem ehemaligen Golfplatz von *Idlewild* mit der Errichtung dieser gewaltigen Verkehrsanlage, die heute auf einer Grundfläche von annähernd 2000 ha (4950 acres) über 48 km (30 mi.) Start- und Landepisten verfügt und deren Flugzeugfrequenz stetig zunimmt.

Im Mittelfeld die sogenannte TERMINAL CITY, ein in etwa oval angelegtes Terrain mit Parkplätzen, Springbrunnen und Andachtsstätten, um das sich die Flughafengebäude gruppieren; bemerkenswert das langgestreckte **International Arrival Building,** das Ankunftsgebäude mit einem 45 m (147 ft.) hohen *Kontrollturm*, der **TWA Terminal** (von Eero Saarinen) sowie der **Pan Am Terminal.**

La Guardia Airport, Flughafen für den inneramerikanischen Verkehr im Norden von Queens an der Flushing Bay, benannt nach dem New Yorker Bürgermeister *Fiorello La Guardia* (1882–1947).

FLUSHING, älteste Wohngegend im Norden von Queens, die auf die 1643 von Holländern gegründete Siedlung *Vlissingen* zurückgeht; an der Bowne Street (Ecke Fox Land) das *John Bowne House*, ein ursprünglich im 17. Jahrhundert erbautes Haus der Quäker-Familie Bowne. Das *Old Quaker Meeting House* (Northern Boulevard, nahe Main Street) wurde gegen Ende des vergangenen Jahrhunderts erbaut und dient noch heute den Quäkern als Versammlungsstätte.

In dem 262 ha (647 acres) großen und langgestreckten FLUSHING MEADOW PARK wurden die New Yorker Weltausstellungen von 1939/40 bzw. 1964/65 abgehalten; ferner tagte hier von 1946 bis 1949 die Vollversammlung der Vereinten Nationen in einem heute nicht mehr bestehenden Gebäude.

Im Park befinden sich auch die *Hall of Science of the City of New York* (Technisches Museum mit Exponaten zur Raumfahrt; gratis), eine 42 m (138 ft.) hohe, *Unisphere* genannte Weltkugel sowie das *Shea Stadium*, ein 80 000 Zuschauer fassendes Sportstadion.

Zu den bekannten **Sportstätten** von Queens zählen ferner das Tennisstadion von *Forest Hill* (13 300 Plätze) sowie die Pferderennbahnen *Aqueduct Race Track*, *Jamaica Track* und *Belmont Park Track; Rockaway Beach* am Atlantik bietet gute Bademöglichkeiten.

Staten Island

Die 150 qkm (58 sq. mi.) große hügelige Moräneninsel **Staten Island** (sprich: 'Stättn Ailänd') ist als 'Borough of Richmond' mit nur 270 000 Einwohnern (zahlreiche Italiener und Griechen) der weitaus geringst besiedelte Stadtteil von New York und hat seinen ländlichen Charakter bewahrt. Er liegt von allen am

weitesten südlich, erstreckt sich südwestlich von
Manhattan jenseits der Upper New York Bay und
wird im Norden von der Newark Bay sowie dem
Kill van Kull, im Nordosten von den Narrows, im
Südosten von der Lower New York Bay, im Süden
vom Atlantik und im Westen vom Arthur Kill gegen
den Staat New Jersey begrenzt. Die höchste Erhebung
der Insel, der *Todt Hill* (125 m bzw. 410 ft.), ist zugleich
der höchste Punkt von ganz New York.

Der Name der Insel leitet sich von den holländischen
Generalstaaten (niederländisch 'Staten-General') des
17. Jahrhunderts, jener der County von dem Herzog
von Richmond, dem Sohn des englischen Königs
Karl II., her.

Zum Besuch von Staten Island empfiehlt sich die
Benutzung der von der South Ferry Station an der
Battery in Südmanhattan abfahrenden **Staten Island
Ferry** (Wagen- und Personenfähre; Tag und Nacht
in 20 Minuten bei geringer Gebühr), die auf ihrem
Trajekt nach St. George eindruckvolles Aussichten
auf den Hafen, die Freiheitsstatue und Manhattan
gewährt. Die erste Fährverbindung zwischen Man-
hattan und Staten Island richtete 1890 Cornelius
Vanderbilt ein.

SEHENSWÜRDIGKEITEN

St. George, kleine Stadt an der Nordostspitze von Staten
Island; hier das *Staten Island Institute of Arts and Sciences*
(75 Stuyvesant Place, Ecke Wall Street; gratis) mit interessanten
Exponaten zu Naturgeschichte, indianischer Archäologie, Kunsthandwerk, Kunst und Photographie.

West New Brighton (westlich von St. George) mit dem *Staten
Island Zoo* im BARRETT PARK (614 Broadway; gratis),
dessen Reptiliensammlung Beachtung verdient, und dem *Sailor's
Snug Harbor* (Richmond Terrace), einem 1801 von Kapitän
Robert Richard Randall gegründeten Altersheim für Seeleute
(etwa 50 Gebäude für rund 1000 Pensionäre).

RICHMOND, etwa im Schwerpunkt der Insel gelegener Hauptort; hier: **Staten Island Historical Society Museum** (Ecke Court Place und Center Street; gratis), Heimatmuseum in einem Haus des 19. Jahrhunderts mit Sammlungen zur Inselgeschichte und Bibliothek; angeschlossen sind unter dem Sammelnamen 'Richmondtown Restoration' eine Reihe restaurierter Gebäude aus der Zeit vor der amerikanischen Revolution, darunter das *Voorlezer's House* (63 Arthur Kill Road), vermutlich das älteste Schulhaus der USA (um 1696).

Jacques Marchais Center of Tibetan Art (340 Lighthouse Avenue) mit einem tibetanischen Tempel, einer Sammlung buddhistischer Sakralbilder, einer Fachbibliothek und einem Terrassengarten (Skulpturen).

Moravian Cemetery, nordöstlich von Richmond gelegener Friedhof der Sekte der Mährischen Brüder mit dem aufwendigen Mausoleum der Familie Vanderbilt.

Conference House (in Tottenville, Hylan Boulevard; Mo. geschl.), 1680 an der äußersten Südwestspitze von Staaten Island erbautes Haus, in dem 1776 nach der Schlacht von Long Island die Friedensverhandlungen zwischen den Engländern und den Amerikanern geführt wurden.

Verrazano-Narrows Bridge siehe Brooklyn.

Auskunft:

Visitors Information Center, New York Convention and Visitors Bureau, 90 East 42nd Street.
Information Center, Times Square.
Cultural Information Center (kulturelle Veranstaltungen), 148 West 57th Street.
New York State Travel Center, 6 East 48th Street.
New York City Transit Authority (öffentliche Verkehrsmittel), 370 Jay Street (Brooklyn).
American Automobile Association (A.A.A., sprich 'Triple A'), 750 3rd Avenue.
Automobile Club of New York, Ecke Madison Avenue und 78th Street.
New Yorker Staats-Zeitung und Herold, 60-20 Broadway, Woodside 77 (Queens).

Unterkunft und Restaurants: siehe Verzeichnis am Ende dieses Buches.

Hauptpost:

New York City General Post Office, Ecke 8th Avenue und 33rd Street.
Travelers Aid Society, 204 East 39th Street.

Autobushöfe:

Port Authority Bus Terminal, 8th Avenue zwischen 40th Street und 41st Street.
East Side Airlines Terminal, 645 1st Avenue.
West Side Airlines Terminal, Ecke 10th Avenue und 42nd Street.
Brooklyn Airlines Terminal, 200 Livingston Street (Brooklyn).

Bahnhöfe:

Grand Central Terminal Station, Park Avenue zwischen 42nd Street und 45th Street.
Pennsylvania Railroad Station, Ecke 7th Avenue und 33rd Street.
Port Authority Trans Hudson (PATH), Ecke Church Street und Cortlandt Street; Ecke 6th Avenue (of the Americas) and 33rd Street.

Flughäfen:

John F. Kennedy International Airport, 25 km (16 mi.) südöstlich von Midtown Manhattan in Idlewild.
La Guardia Field, 14½ km (9 mi.) östlich in Queens.
Newark Airport, 21 km (13 mi.) westlich in New Jersey.
Teterboro Airport, 26 km (16 mi.) nordwestlich in New Jersey.

Hubschrauberplätze:

Port Authority Midtown Heliport, Ecke 12th Avenue und 30th Street, am Hudson River.
Pan Am Heliport, Ecke Park Avenue und 44th Street, auf dem Pan Am Building.
Downtown Wallstreet Heliport, Pier 6 am East River.

Fluggesellschaften:

Airlines Ticket Office, 80 East 42nd Street.
Lufthansa, 52 Broadway; East Side Airlines Terminal, 645 1st Avenue.
Swissair, Swiss Center, 608 5th Avenue; 26 Broadway; East Side Airlines Terminal, 645 1st Avenue.
Austrian Airlines (AUA), Ecke 5th Avenue und 45th Street.

Pan American World Airways
MANHATTAN: Pan Am Building; 80 East 42nd Street; 120 Broadway; East Side Airlines Terminal, 645 1st Avenue; West Side Airlines Terminal, Ecke 10th Avenue und 42nd Street; 64 West 52nd Street.
BROOKLYN: 200 Livingston Street.
WHITE PLAINS: 35 Mamaroneck Avenue.

Konsularische Vertretungen:

Generalkonsulat der Bundesrepublik Deutschland, 460 Park Avenue.
Generalkonsulat der Republik Österreich, 444 Madison Avenue.
Generalkonsulat der Schweizerischen Eidgenossenschaft, 31 East 69th Street.

Stadtbesichtigungsfahrten:

Crossroads Sightseeing Tours, 1572 Broadway (Ecke 47th Street).
Short Line Tours, 168 West 46th Street.
Manhattan Sightseeing Tours, 150 West 49th Street.
Gray Line Tours, 900 8th Avenue.
Penny Sightseeing Co. (Harlem-Rundfahrten), 303 West 42nd Street.

Schiffsverkehr:

Circle Line (rings um Manhattan), vom Pier 83 am Hudson River (Westend 43rd Street).
Hudson River Day Line (auf dem Hudson River nach Bear Mountain, West Point und Poughkeepsie), vom Pier 81 am Hudson River (Westend 41st Street).
Wilson Line, vom Pier 1 am Hudson River.
Keansburg Steamboat Co., vom Battery Park.
Panorama Sightseeing Boats (rings um Manhattan), vom Battery Park.
Statue of Liberty Ferry (Circle Line; zur Freiheitsstatue), vom Battery Park.
Staten Island Ferry, von der South Ferry Station.

Rundflüge:

Hel Air Copters, mit Hubschrauber vom Port Authority Midtown Heliport (siehe dort).
New York Airways, mit Kleinflugzeugen vom La Guardia Airport (siehe dort).

Alljährlich wiederkehrende Veranstaltungen:

Chinesisches Neujahrsfest (nach Mondstand Ende Januar – Anfang Februar), Umzüge und Feuerwerk in Chinatown.
St. Patrick's Day Parade (17. März), großer Straßenumzug.
Easter Parade (am Ostersonntag).
Sommerkonzerte im Central Park (Philharmonie, Oper, Jazz, Pop; gratis).
Columbus Day Parade (12. Oktober), Fest der Italiener.
Washington Square Art Show, Anfang Juni und Anfang Sept.
Weihnachten, Weihnachtsbaum Rockefeller 5th Ave. geschmückt.

PHILADELPHIA, Pennsylvania

Philadelphia (134 m bzw. 440 ft.), im äußersten Südosten des Bundesstaates Pennsylvania am rechten Ufer des *Delaware River* sowie zu beiden Seiten des hier in diesen mündenden *Schuylkill River* in einer weiten Ebene gelegene 'Geburtsstadt der Nation' mit 2,1 Millionen Einwohnern (32% Farbige), ist der wirtschaftliche und kulturelle Kern eines 4,5 Millionen Menschen zählenden Siedlungsraumes. Die in ihrer Vielfalt bemerkenswerte Industrie umfaßt v.a. die Erdölraffination (größtes Zentrum der amerikanischen Ostküste), den Maschinen- und Elektromaschinenbau, die Schwerindustrie und Metallverarbeitung, die Textilerzeugung, Papierfabrikation, das Druckerei- und Verlagswesen, die chemische Industrie sowie die Erzeugung und Verarbeitung von Nahrungsmitteln. In dem 155 km (96 mi.) vom Atlantik landeinwärts gelegenen Hafen werden jährlich etwa 50 Millionen Tonnen Waren aus allen Teilen der Welt umgeschlagen. Neben dem Sitz für mehrere Universitäten, Colleges und Forschungsstätten ist Philadelphia die Heimstätte des weltbekannten Philadelphia Orchestra sowie Sitz der Häupter großer Religionsgemeinschaften (katholische Erzdiözese).

Im Jahre 1682 von dem englischen Quäker *William Penn* gegründet und nach dem biblischen, kleinasiatischen Philadelphia benannt, erreichte die Stadt gleichzeitig mit Boston im 18. Jahrhundert seine kulturelle, politische und wirtschaftliche Blütezeit, die ihr bis heute eine besondere Prägung verliehen hat. Als Tagungsort (seit 1774) des ersten amerikanischen Kongresses wurde die Stadt zum politischen Brennpunkt des Amerikas der Revolutionszeit. Am 4. Juli 1776 wurde hier die Unabhängigkeitserklärung unterzeichnet und später die Verfassung der Vereinigten Staaten ausgearbeitet. Zwischen 1777 und 1778 gelangte Philadelphia vorübergehend erneut unter englische Herrschaft. Von 1790 bis 1800 war es die Hauptstadt der Vereinigten Staaten von Amerika.

SEHENSWÜRDIGKEITEN

Independence National Historical Park

Independence Hall (an der Chestnut Street zwischen 5th Street und 6th Street), im Brennpunkt einer Gruppe von Bauwerken um den INDEPENDENCE SQUARE, ursprünglich von 1732, endgültig 1759 als *State House* für die Assembly des Staates Pennsylvania vollendet; seit 1775 tagte hier der Zweite Kontinentalkongreß. Hier wurde am 4. Juli 1776 die Unabhängigkeitserklärung unterzeichnet sowie 1787 die Verfassung der USA angenommen. Im Innern wird die wegen eines Sprunges heute nicht mehr benutzte **Freiheitsglocke** aufbewahrt, die nach der Erklärung der Unabhängigkeit als erste Glocke geläutet haben soll. Den westlichen Flügel der Independence Hall bildet die **Congress Hall** (Ecke 6th Street; von 1787), in welcher der Kongreß bis zu seiner Übersiedelung ins Kapitol von Washington D.C. von 1790 bis 1800 tagte. Der östliche Flügel, die **Old City Hall** oder **The Court House** (Ecke 5th Street; von 1790), wurde ursprünglich für den Municipal Court (Bezirksgericht) errichtet, diente dann aber von 1791 bis 1800 dem United States Supreme Court (Oberstes Bundesgericht). Nordöstlich der Independence Hall liegt die **Library Hall** (5th Street, nahe der Chestnut Street), die Bibliothek mit mehr als 50 000 Bänden der 1743 von Benjamin Franklin gegründeten American Philosophical Society, der ältesten amerikanischen Gelehrtengesellschaft. Folgt man der Chestnut Street östlich in Richtung Delaware River, so liegt an der Südseite das Gebäude der **Second Bank of the United States** bzw. **Old Custom House** (von 1819–1824; im Innern Portraits berühmter amerikanischer Offiziere). Weiter östlich (Nr. 320) die **Carpenter's Hall,** wo 1774 der Erste Kontinentalkongreß zusammentrat. Weiterhin östlich (Ecke 4th Street) die rekonstruierte **New Hall,** die das *Museum of Marine Corps* beherbergt. Bei der Kreuzung mit der 3rd Street verfolgt man diese nach rechts; etwa in der Mitte zwischen Chestnut Street und Walnut Street das Gebäude der **First Bank of the United States,** im Jahre 1795 als ältestes Bankgebäude der Vereinigten Staaten errichtet. An der Kreuzung der 3rd Street mit der Walnut Street das **Bishop White House** (309 Walnut Street), das Wohnhaus des Begründers der protestantischen Episkopalkirche Amerikas. Von hier folgt man der Walnut Street nach rechts; Nr. 325 die **Pennsylvania Horticultural Society** (Gartenbaugesellschaft), die älteste amerikanische Vereinigung ihrer Art, mit einer Gartenanlage aus dem 18. Jahrhundert und einer 10 000 Bände umfassenden Fachbibliothek. An der Ecke Walnut Street und 6th Street das **Penn Mutual Life Building;** auf dem 114 m (375 ft.) hohen *Observation Tower* eine Aussichtsterrasse, die einen prachtvollen Überblick über die Gebäude des historischen Philadelphia bietet. — Zum Independence National Historic Park gehören ferner noch das nordöstlich der Independence Hall auf dem *Kirchhof* (Ecke 5th Street und Arch Street) der südöstlich gelegenen *Christ Church* (Ecke 2nd Street zwischen Market Street und Church Street; von 1727–1754) gelegene **Grab Benjamin Franklins** (1706–1790), das nördlich in Germantown befindliche **Deshler-Morris House** (5442 Germantown Avenue; von 1772/73), das 1793–1794 George Washington als Wohnhaus diente, sowie der südwestlich gelegene **Mikveh Israel Cemetery** (Ecke 8th Street und Spruce Street) mit den Gräbern des Finanziers der Revolutionszeit Haym Solomon und der vermutlich als Vorlage zu Scott Ivanhoes 'Rebecca' dienenden Rebecca Gratz.

Betsy Ross House (239 Arch Street), das Wohnhaus der Betsy Ross, die hier die erste Flagge der USA gefertigt haben soll.

Elfreth's Alley, die älteste Wohnstraße der USA mit 30 alten Häusern; im *Elfreth House* (Nr. 126; von 1762) heute ein Museum.

Washington Square, ehemals Beerdigungsstätte für gefallene Soldaten des Revolutionskrieges mit Denkmal für den Unbekannten Soldaten.

United States Mint (Ecke 16th Street und Spring Garden Street), eine der beiden (vgl. Denver) Münzanstalten der Vereinigten Staaten; hier werden Geldstücke und Medaillen jeder Art geprägt.

United States Ship Olympia (am Pier 11), das restaurierte Schlachtschiff des Commodore *Dewey* aus dem spanisch-amerikanischen Krieg (Marinemuseum).

Philadelphia Naval Shipyard (südlich auf League Island), restaurierte Schlachtschiffe.

Edgar Allan Poe House (530 North 7th Street), ehem. Wohnhaus des Schriftstellers.

A Man Full of Trouble Tavern (125 Spruce Street), Gebäude von 1759 (restauriert), heute Museum für dekorative Kunst.

City Hall Tower (Ecke Broad Street und Market Street), 167 m (548 ft.) hohes Turmgebäude; obenauf eine *Statue William Penns*.

Fairmount Park, nordwestlich vom Stadtzentrum entlang dem Schuylkill River und dem Wissahickon Creek von dessen Mündung in den Schuylkill River bis zur Stadtgrenze ziehendes Parkgelände, auf dem 1876 anläßlich der 100. Wiederkehr der Unterzeichnung der Unabhängigkeitserklärung die Centennial Exposition (Weltausstellung) abgehalten wurde. Die Gartenanlagen bestehen heute aus den *Rock Gardens* (Steingärten) um das Art Museum (siehe dort), den *Cherry Trees* (Kirschbäume) entlang dem East River Drive, einem mehr als 200 Arten umfassenden *Azalea Garden* (Azaleengarten) sowie dem *Zoologischen Garten*. Sehenswert außerdem entlang dem Ufer des Schuylkill River die *Boathouse Row*, eine Reihe von malerischen Bootshäusern. An der Ostseite des Pennypack Creek ein *Vogelschutzgebiet* und mehrere Wohnhäuser im Kolonialstil des 18. Jahrhunderts in ihrer ursprünglichen Verfassung, darunter *Mount Pleasant* (von 1761), *Cedar Grove* (von 1721), *Woodford* (von 1756), *Strawberry Mansion* und *Seetbrier* (beide von 1797) sowie das *Japanese Exhibition House* nach dem Vorbild japanischer Wohnkultur des 17. Jahrhunderts mit Teehaus und japanischem Garten.

Academy of Music (Ecke Broad Street und Locust Street; von 1856), Heimstätte des weltberühmten *Philadelphia Orchestra;* der Konzertsaal ist der Mailänder Scala nachgebildet.

Philadelphia Museum of Art (im Fairmount Park, Ecke 26th Street und Franklin Parkway), reiche Sammlungen europäischer und asiatischer Kunst aller Epochen (Malerei, Skulptur, Kunstgewerbe).

Rodin Museum (Ecke 22nd Street und Franklin Parkway), mit einer umfangreichen Sammlung von Skulpturen, Zeichnungen und Aquarellen des Franzosen Auguste Rodin.

Franklin Institute (Ecke 20th Street und Franklin Parkway), mit dem *Science Teaching Museum* (Ausstellungen zu Wissenschaft und Forschung), dem *Fels Planetarium* und dem *Science Theater* (Filmvorführungen zu naturwissenschaftlichen Themen) und einer mehr als 250 000 Bände umfassenden Fachbibliothek.

Pennsylvania Academy of Fine Arts (Ecke Broad Street und Cherry Street), die älteste Kunstschule der Vereinigten Staaten; dieser angeschlossen sind die *Peale House Galleries* (1811 Chestnut Street).

Academy of Natural Science (Ecke 19th Street und Franklin Parkway; von 1812 mit dem ältesten naturhistorischen Museum der USA.

Atwater Kent Museum (15 South 7th Street), Sammlungen zur Stadtgeschichte; Indianerkunst.

Rosenbach Museum (2010 Delancey Place), Sammlungen von Gemälden, Möbeln, Silber u.a.

Walnut Street Theater (Ecke Walnut Street und 9th Street; von 1808), das älteste Theater der Stadt.

Old Swede's Episcopal Church (*Gloria Dei;* 916 Swanson Street, Ecke Delaware Avenue und Washington Avenue), älteste Kirche der Stadt (von 1700).

Beth Sholom (Ecke Foxcroft Road und Old York Road), von Frank Lloyd Wright entworfene Synagoge.

Auskunft:

Visitors Center, 1525 John F. Kennedy Boulevard.
Chamber of Commerce, 121 South Broad Street.
Pan American World Airways, 30 North 17th Street.

Unterkunft und Restaurants: siehe Verzeichnis am Ende des Buches.

Flughafen:

Philadelphia International Airport, 12 km (7½ mi.) südwestlich von der Stadtmitte.

Stadtbesichtigungsfahrten:

Gray Line Tours, Visitors Center.

Hafenrundfahrten mit *Good Ship Lollipop* oder *Showboat* vom Pier 11.

PHOENIX, Arizona

Phoenix (sprich 'Fihnix'; 336 m bzw. 1100 ft.), Hauptstadt und zugleich größte Stadt des Bundesstaates Arizona mit 550 000 Einwohnern (5% Farbige), liegt inmitten einer weiten von Bergen umgebenen Wüstenniederung, die durch künstliche Bewässerung teilweise in ein fruchtbares Agrargebiet für Gemüse, Baumwolle und Südfrüchte verwandelt wurde. Wichtigste Industriezweige der Stadt sind Elektrotechnik, Elektronik und der Bau von Flugzeugteilen. Daneben wird Phoenix wegen seines heißen und trockenen Klimas besonders im Winter gern von Touristen besucht.

Als erster Weißer gelangte *John Y. T. Smith* 1866 bei der Versorgung der Truppen von Ford McDowell in dieses Gebiet und bereits ein Jahr später begann man die hier vorhandenen Kanalanlagen früherer Hohokam-Kulturen vom Erdreich zu befreien und wieder zur Bewässerung der Wüste zu nutzen.

SEHENSWÜRDIGKEITEN

Arizona State Capitol (Ecke West Washington Street und 17th Avenue).

Arizona Museum (1002 West Van Buren Street), Sammlungen zur Stadtgeschichte.

Phoenix Art Museum (im Civic Center; 1625 North Central Avenue), Gemälde und Kunstgewerbe.

Heard Museum of Anthropology and Primitive Arts (22 East Monte Vista Road), Sammlungen zur Geschichte und Kultur der Indianer; alljährlich findet hier Anfang April die *Indian Fair* (Indianermesse) statt.

Taliesen-West, ehemaliges Wohnhaus von Frank Lloyd Wright, heute Architektenschule unter Leitung seiner Witwe.

Auskunft:

Phoenix Chamber of Commerce, 805 North 2nd Street.
Pan American World Airways, im Financial Center, 3443 North Central Avenue.

Unterkunft und Restaurants: siehe Verzeichnis am Ende des Buches.

Stadtbesichtigungsfahrten:

Gray Line Tours, 612 North 1st Street.

UMGEBUNG

Pueblo Grande Museum (9½ km bzw. 6 mi. östlich), Ausgrabungsstätte der Ruinen einer Hohokam-Siedlung (um 1000 n.Chr.).

Desert Botanical Garden (13 km bzw. 8 mi. östlich) 60⅔ ha (150 acres) mit Wüstenvegetation aus aller Welt.

Arizona State University (24 km bzw. 15 mi. östlich in *Tempe*), 1885 gegründete staatliche Universität (20 000 Studierende) mit dem von Frank Lloyd Wright entworfenen *Grady Gammage Memorial Auditorium* (von 1964).

PITTSBURGH, Pennsylvania

Pittsburgh (235 m bzw. 771 ft.; eindeutschend auch Pittsburg), eine der bedeutendsten Industiestädte der Vereinigten Staaten (Stahlwerke, Kohlengruben) mit 650 000 Einwohnern (20% Farbige), liegt in hügeliger Umgebung auf einer Landzunge zwischen dem *Monongahela River* und dem *Allegheny River*, die sich hier zum *Ohio River* vereinen, und bildet den Kern eines von etwa 2½ Millionen Menschen bewohnten Siedlungs- und Wirtschaftsraumes. Neben der Schwerindustrie (1/5 der Stahlproduktion der USA) sind vor allem die Glaserzeugung sowie die Gewinnung und und Erforschung von Kernenergie (die ersten Atomtriebwerke wurden hier gebaut) besonders hervorzuheben. In den verschiedenen Anlagen des bedeutenden Binnenhafens werden jährlich etwa 55 Millionen Tonnen Güter umgeschlagen. Pittsburgh ist Heimat mehrerer Universitäten (darunter die 1787 gegründete University of Pittsburgh), Colleges und Forschungsstätten.

Bereits zu Beginn des 18. Jahrhunderts sollen Jäger in dieses Gebiet vorgedrungen sein, wo französische Truppen 1754 das **Fort Duquesne** errichteten, das 1758 beim Anmarsch der Engländer unter General *John Forbes* aufgegeben und durch einen Brand zerstört wurde. An seiner Stelle entstand später das nach dem englischen Staatsmann *William Pitt d. Ä.* (1708–1778) benannte **Fort Pitt,** in dessen Schutz die ersten Siedler dank der natürlichen Schätze und der Fruchtbarkeit der Umgebung als Bauern und Handwerker rasch zu Wohlstand gelangten. Schon bald wuchs der Ort zu einer Industriestadt heran, die bereits zu Beginn des 19. Jahrhunderts den Ruf der 'Smoky City' (in Rauch gehüllte Stadt) hatte. Im zweiten Weltkrieg brachte die Waffenindustrie der Stadt ungeahnten Reichtum, aber auch ein völliges Herabsinken in rußige, industrielle Traurigkeit und Verödung. Heute ist Pittsburgh durch ein großangelegtes Luftreinigungs- und Sanierungsprogramm von seinem ehemals unerfreulichen Aussehen befreit.

SEHENSWÜRDIGKEITEN

Golden Triangle, das in dem vom Monongahela River und vom Allegheny River gebildeten Dreieck gedrängt gelegene Geschäftsviertel der Stadt. An seiner Spitze im Westen der POINT STATE PARK, eine gepflegte Parkanlage mit den rekonstruierten Wallanlagen des *Fort Pitt* und dem *Blockhouse* (von 1764), einem teilweise erhaltenen und wiederhergestellten Holzbau, der außerhalb der Festungsanlagen gestanden hatte. Östlich anschließend das *Gateway Center,* eine mehrere Büro- (u.a. IBM) und Hotelhochhäuser umfassende Gebäudeanlage. Ferner befindet sich hier das *Civic Auditorium* (Stadthalle), dessen Kuppeldach in wenigen Minuten aufgeklappt werden kann, so daß ein Freilichttheater entsteht.

Allegheny County Courthouse and Jail (Ecke Grant Street und 5th Avenue), wuchtiges, neoromanisches Gerichtsgebäude mit Gefängnis.

Mount Washington (im Süden der Stadt); von hier prächtige Aussicht auf das 'Golden Triangle'; zwei Standseilbahnen (Monongahela Inclined Plan und Duquesne Inclined Plan) verkehren von zwei verschiedenen Stationen an der West Carson Street zum Gipfel.

Carnegie Institute Museum of Natural History (4400 Forbes Avenue), naturhistorisches Museum; dabei das *Museum of Art* mit Sammlungen aus dem Bereich der bildenden Künste.

Buhl Planetarium (Ecke West Ohio Street und Federal Street); popularwissenschaftliche Vorträge und Führungen.

United States Steel Building, mit 294 m (841 ft.) Höhe und 64 Stockwerken das höchste Gebäude der Stadt.

Golf Building (7th Avenue und Grant Street), 44-stöckiges Hochhaus (178 m bzw. 582 ft.); von der Aussichtsplattform prächtige Aussicht.

Alcoa Building (425 6th Avenue), 125 m (410 ft.; 30 Stockwerke) hohes, in fortschrittlicher Leichtmetallbauweise von innen nach außen und daher ohne Hilfe eines Gerüstes errichtetes Hochhaus.

Auf dem Stadtgebiet von Pittsburgh befinden sich mehrere gepflegte *Parks* sowie ein *Zoologischer Garten* mit *Aquarium*.

Auskunft:

Chamber of Commerce of Greater Pittsburgh, Chamber of Commerce Building.
Pan American World Airways, im Lawyer Building, 428 Forbes Avenue.

Unterkunft und Restaurants: siehe Verzeichnis am Ende des Buches.

Industriebesichtigungen:

H. J. Heinz Co. (Lebensmittel und Konserven), 1062 Progress Street.

Bootsrundfahrten:

Monongahela Wharf am Ende der Wood Street.

PORTLAND, Oregon

Portland (0–327 m bzw. 1073 ft.), im Nordwesten des Bundesstaates Oregon zu beiden Seiten des *Willamette River* südlich von dessen Einmündung in den *Columbia River* in einer von Gebirgen umgebenen Niederung gelegene Industrie- und Hafenstadt von 400 000 Einwohnern, ist die größte Stadt Oregons

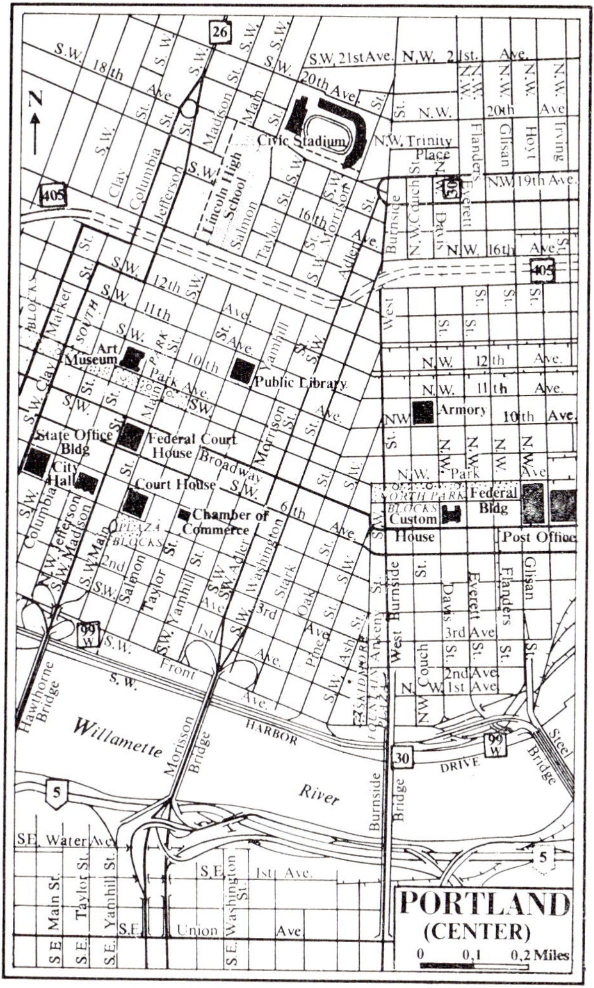
PORTLAND
(CENTER)
0 0,1 0,2 Miles
Civic Stadium
Lincoln High School
Art Museum
Public Library
State Office Bldg
City Hall
Federal Court House
Court House
Chamber of Commerce
Armory
Federal Bldg
Custom House
Post Office
Willamette River
Hawthorne Bridge
Morrison Bridge
Burnside Bridge
Steel Bridge
HARBOR DRIVE
SOUTH PARK BLOCKS
NORTH PARK BLOCKS
PLAZA BLOCKS
SKIDMORE FOUNTAIN PLAZA

und Kern eines etwa 1 Millionen Menschen zählenden Siedlungsgroßraumes. Für den Touristen ist Portland ein günstiger Ausgangspunkt zu reizvollen Ausflügen in die umliegenden Berge. Auf Grund seiner günstigen Lage am Ausgang des Willamette-Tales und seiner Nähe zum Pazifik (der Hafen kann auch von seegängigen Schiffen angelaufen werden), wurde die Stadt zu einem wichtigen Schwerpunkt für den Handel mit den Seehäfen der amerikanischen Westküste und Asiens. Die bedeutendsten Industriezweige sind Metallerzeugung (Aluminium, Stahlverarbeitung), Elektronik, Holzverarbeitung (Bauhölzer) sowie Textil- und Papierproduktion. Dank seines mildfeuchten und ausgeglichenen Klimas ist Portland eines der größten Rosenzuchtgebiete ('City of Roses') der Vereinigten Staaten. Neben einer Universität beherbergt die Stadt mehrere Colleges (Reed College: von 1911) und ist Sitz eines katholischen Erzbischofs.

Bereits um 1825 sollen sich in diesem Gebiet die ersten Siedler niedergelassen haben; 1844 erhielt der Ort seinen Namen nach der Stadt *Portland* im Staate Maine und wurde 1851 als Stadt eingetragen. Seither nahm Portland einen stetigen Aufschwung, bis es sich nunmehr zu einem bedeutenden Wirtschaftszentrum der Westküste entwickelte.

SEHENSWÜRDIGKEITEN

Lloyd Shopping Center (North East Broadway), eines der größten Einkaufszentren der Vereinigten Staaten.

Portland Art Museum (Ecke South West Park Avenue und Madison Street), Gemälde der Renaissance, nordamerikanische, europäische und asiatische Malerei und Skulptur; präkolumbische Kunst.

Oregon Historical Society (1230 South West Park Avenue), Sammlungen zur Geschichte der Stadt und ihrer Umgebung.

Oregon Museum of Science and Industry (4015 South West Canyon Road), Ausstellungen zu Wissenschaft und Forschung; Planetarium.

Auf dem Gebiet der Stadt befinden sich viele gepflegte *Parkanlagen* und ein *Zoologischer Garten*. Alljährlich findet im Mai das *Rose Festival* (Rosenfest) statt.

Auskunft:

Visitors Information Center, 824 South West 5th Avenue.
Pan American World Airways, 512 South West 5th Avenue.

Unterkunft und Restaurants: siehe Verzeichnis am Ende des Buches.

Flughafen:

Portland International Airport 14½ km (9 mi.) nördlich der Stadt.

Stadtbesichtigungsfahrten:

Gray Line Tours, 628 North West 6th Avenue.

Industriebesichtigungen:

Jantzen Inc. (Wirkwarenfabrik, besonders Badeanzüge). 411 North East 19th Street.

UMGEBUNG

Crown Point State Park (40 km bzw. 25 mi. östlich), mit prächtigem Blick in die *Columbia Gorge*, die 610 m (2000 ft.) tiefe Felsschlucht des Columbia River.

Multnomah Falls (51 km bzw. 32 mi. östlich), zweistufiger Wasserfall von 189 m (620 ft.) Höhe.

Bonneville Dam (67 km bzw. 41 mi. östlich), die mächtigen Schleusenanlagen des *Columbia River;* bemerkenswert die Fischleitern für wandernde Lachse (Lachsenzucht).

SACRAMENTO, California

Sacramento (9 m bzw. 30 ft.), die Hauptstadt des pazifischen Bundesstaates California mit 275 000 Einwohnern, liegt etwa im Zentrum von dessen nördlicher Hälfte im fruchtbaren Tal des *Sacramento River* am östlichen Ufer des Flusses, wenig südlich der Einmündung des *American River*. Dank ihres milden Klimas und des natürlichen Reichtums ihrer Umgebung bietet die Stadt vielfältigen Industriezweigen günstige Bedingungen. Besonders wichtig sind die

Lebensmittelverarbeitung, Kosmetika sowie der Bau von Luftfahrtzubehör. Außerdem bilden die beiden nicht weit gelegenen Luftwaffenstützpunkte McClellan und Mather einen nicht unwesentlichen Wirtschaftsfaktor. Für den Verkehr von großer Bedeutung ist der neue Hafen, der durch einen selbst für Hochseeschiffe befahrbaren 67 km (43 mi.) langen Kanal direkt mit dem Pazifik verbunden ist. Sacramento hat ein reges Kulturleben und verfügt über eine Universität, mehrere Colleges sowie Fachschulen.

Der schweizerische Hauptmann *Johann August Sutter* ließ sich hier im Jahre 1839 nieder und errichtete unweit unterhalb der Einmündung des American River in den Sacramento River ein Fort, um das sich alsbald neue Siedler einfanden, die sich zunächst von den Erträgen der fruchtbaren Talschaft wohl ernährten. Als 1848 *James Wilson Marshall* 56 km (35 mi.) nordöstlich von Fort Sutter in Coloma bei Placerville am American River Gold entdeckte (Marshall Gold Discovery State Historic Parc), setzte ein gewaltiger Zuwandererstrom ein. Im Jahre 1849 ließ Sutters Sohn am Ufer des Sacramento River die Stadt *Sacramento City* anlegen, die bereits nach einem halben Jahr 10 000 Einwohner zählte und 1854 zur Hauptstadt Californias gewählt wurde.

SEHENSWÜRDIGKEITEN

California State Capitol (Ecke 10th Street und Capitol Avenue), ein Kuppelbau (von 1874) mit vergoldeter Kugel an der Spitze; östlich ein in jüngerer Zeit angefügter Teil.

Sutter's Fort State Historical Monument (im Fort Sutter; Ecke 27th Street und L Street), zu Beginn dieses Jahrhunderts wiederhergestelltes Fort des J. A. Sutter (Ausstellungen zur Geschichte des Forts; Indianermuseum).

Governor's Mansion (Ecke 16th Street und H Street), von 1903 bis 1966 Dienstwohnung des amtierenden Gouverneurs von California.

E. B. Crocker Art Gallery (216 O Street), Gemälde, Zeichnungen, Keramik; europäisches und asiatisches Kunstgewerbe.

Sacramento City and County Museum (1009 7th Street), Sammlungen zur Stadtgeschichte.

Auskunft:

Sacramento Metropolitan Chamber of Commerce, 917 7th Street.

Unterkunft und Restaurants: siehe Verzeichnis am Ende des Buches.

Industriebesichtigungen:

California Almond Growers Exchange (eine der größten Fabriken für Mandelverwertung), Ecke 18th Street und C Street.

ST. LOUIS, Missouri

St. Louis (120–150 m bzw. 392–492 ft.) liegt am westlichen Ufer des den Staat Missouri nach Osten begrenzenden und hier über 1 km (2/3 mi.) breiten *Mississippi River* 22 km (14 mi.) südlich der Einmündung des *Missouri River* und ist mit 750 000 Einwohnern (40% Farbige) der Kern eines sich auch in den Bundesstaat Illinois ausdehnenden Großraumes von 2½ Millionen Menschen. Wichtigste Industriezweige sind die Metallerzeugung (Eisen, Zink, Kupfer, Blei, Aluminium und Magnesium), der Handel mit landwirtschaftlichen Gütern wie Getreide, Wolle, Holz und Vieh (Schweine), das Brauereiwesen, der Automobil- und Flugzeugbau, der Bau von Raumflugzubehör (Kapseln der Raumfahrtprogramme 'Mercury' und 'Gemini') sowie die Schuherzeugung. St. Louis ist ferner ein bedeutender Eisenbahnknotenpunkt und besitzt nach New Orleans und Baton Rouge den aktivsten Hafen am Mississippi mit jährlich 10 Millionen Tonnen Umschlag. Die Stadt beherbergt mehrere Universitäten und Colleges und ist Sitz eines katholischen Erzbischofs.

Im Jahre 1764 ließ sich hier der französische Pelzhändler *Pierre Laclède* nieder und gründete unter Ludwig XV. das nach dem Franzosenkönig Ludwig IX., dem Heiligen, benannte St. Louis als eine der ersten Siedlungen des Mississippitales.

Zunächst wurde die Stadt fast ausschließlich von Franzosen bewohnt, was ihren Charakter unverkennbar bis in unsere Tage geprägt hat. Zu Beginn des 19. Jahrhunderts entwickelte sich die Stadt zum Ausgangspunkt für unzählige Siedler und Abenteurer, die nach dem Westen strebten und erhielt daher den Beinamen 'The Gateway to the West' (Tor zum Westen). 1849 wurden weite Teile der Stadt besonders entlang dem Flußufer von einem verheerenden Brand vernichtet. Mit den fünfziger Jahren des vergangenen Jahrhunderts setzte ein reger Zustrom an deutschen Einwanderern ein. Zum Andenken an den 100. Jahrestag der Eingliederung Louisianas in die Vereinigten Staaten wurde 1904 die 'Louisiana Purchase Exposition' (Weltausstellung) abgehalten, die der Stadt weltweites Interesse einbrachte. Bis heute konnte St. Louis einen guten Teil seiner reizvoll altmodischen und oft malerischen Atmosphäre bewahren.

SEHENSWÜRDIGKEITEN

JEFFERSON NATIONAL EXPANSION MEMORIAL (am Flußufer zwischen Whard Street, 3rd Street, Poplar Street und Washington Avenue, mit einem von Market Street, Chestnut Street und Broadway begrenzten Seitenteil; gegründet 1935); dazu gehören der **Gateway Arch,** ein 192 m (630 ft.) hoher von 1959–1965 nach einem Entwurf von Eero Saarinen errichteter Stahltorbogen, der die Bedeutung von St. Louis als Ausgangspunkt für die Ausdehnung nach dem Westen des Kontinents symbolisieren soll (unterirdisches Besucherzentrum und Ausstellungsräume; Aufzüge in den Bogenarmen zur Aussichtsplattform an der höchsten Stelle), das **Old Courthouse** (11 North 4th Street, am Westrand des alten Geschäftsviertels), ein in klassischen griechischen Stil gehaltener heller Kuppelbau (von 1839–1864), heute Sitz der Denkmalverwaltung (Ausstellung zur Wanderung nach dem Westen), ferner die **Old Cathedral** (*Basilica of St. Louis of France;* Ecke 3rd Street und Walnut Street), eine 1831–1834 errichtete klassizistische Kirche, die den Brand von 1849 überstanden hat.

FOREST PARK (Lindell Boulevard, zwischen Skinker Boulevard und Kingshighway Boulevard), Gelände der Weltausstellung von 1904 mit dem **Zoologischen Garten,** dem zur Ausstellung gegründeten **City Art Museum** (Gemälde der westlichen Welt, darunter Holbein und Rembrandt sowie frühchinesische Bronzen; hölzerne Treppe des 16. Jahrhunderts aus Frankreich; europäische und amerikanische Möbel), dem **Jefferson Memorial** (von 1866; Sammlungen zur Geschichte der Westwärts-

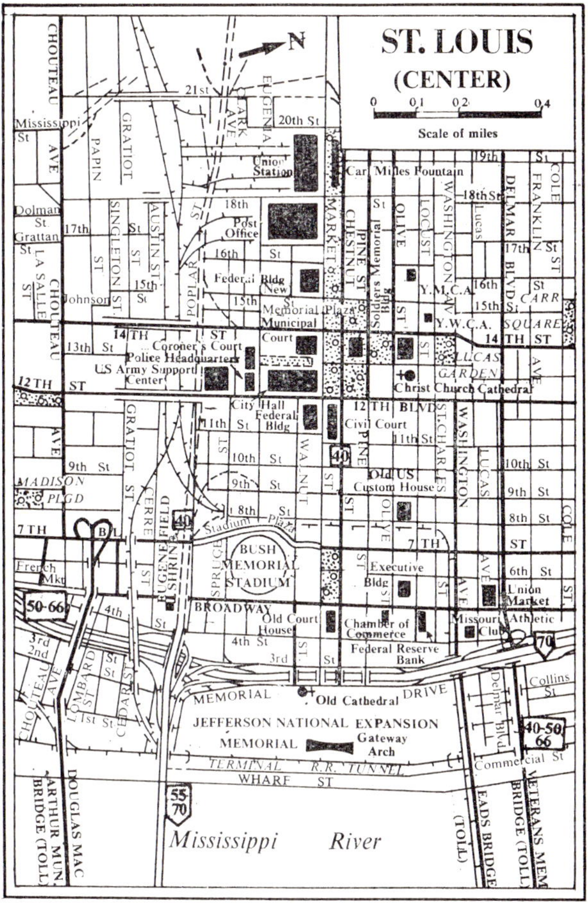
ST. LOUIS
(CENTER)
0 0.1 0.2 0.4
Scale of miles
N
CHOUTEAU AVE
Mississippi St
PAPIN
GRATIOT
21st
CLARK AVE
EUGENIA
20th St
Union Station
Carl Milles Fountain
19th St
18th St
18th St
COLE
FRANKLIN
DELMAR BLVD
WASHINGTON AV
LOCUST
OLIVE
PINE ST
CHESTNUT
MARKET
Soldiers Memorial Bldg
Lucas
Dolman St
Grattan St
17th St
SINGLETON ST
AUSTIN ST
Post Office
16th St
17th St
15th St
Federal Bldg (New)
Y.M.C.A.
16th St
15th St
CARR SQUARE
LA SALLE ST
Johnson
POPLAR ST
Memorial Plaza
Municipal Court
Y.W.C.A.
14TH ST
14TH ST
13th St
Coroner's Court
Police Headquarters
US Army Support Center
LUCAS GARDEN
Christ Church Cathedral
12TH ST
City Hall
Federal Bldg
12TH BLVD
11th St
Civil Court
11th St
ST. CHARLES
WASHINGTON
LUCAS AVE
10th St
10th St
9th St
9th St
9th St
MADISON PLGD
Old US Custom House
WALNUT ST
CERRE ST
EUGENE FIELD SHRINE
8th St
8th St
7TH
Stadium Plaza
7TH ST
BUSH MEMORIAL STADIUM
SPRUCE
Executive Bldg
6th St
French Mkt
Union Market
50-66
BROADWAY
4th
Old Court House
Chamber of Commerce
Missouri Athletic Club
70
3rd
2nd
4th St
3rd St
Federal Reserve Bank
LOMBARD ST
CEDAR ST
1st St
MEMORIAL DRIVE
Old Cathedral
Collins St
Delmar Blvd
JEFFERSON NATIONAL EXPANSION MEMORIAL
Gateway Arch
40-50 66
Commercial St
TERMINAL R.R. TUNNEL
WHARF ST
55 70
Mississippi River
DOUGLAS MAC ARTHUR MUN. BRIDGE (TOLL)
EADS BRIDGE (TOLL)
VETERANS MEM BRIDGE (TOLL)

bewegung und des Flußtales; Lindbergh Trophäen), der **Municipal Opera** (Freilichtbühne), der **Jewel Box** (Gewächshaus), dem **McDonnell Planetarium** (von 1963) und dem **Steinberg Skating Rink** (Kunsteisbahn).

Milles Fountain (auf der ALOE PLAZA zwischen Market Street, Chestnut Street, 18th Street und 20th Street), mit der 1930 von dem schwedischen Bildhauer Carl Milles (1875–1955) geschaffenen Brunnengruppe *Meeting of the Waters*, Symbol des Zusammenflusses von Mississippi und Missouri.

Gaslight Square (Ecke Olive Street und Boyle Street), Vergnügungsviertel.

Falstaff Museum of Brewing (1923 Shenandoah Street), Brauereimuseum im *Falstaff Inn*.

Gay 90's Melody Museum (320 South Broadway), Sammlungen alter Musikautomaten.

Missouri Botanical Garden *(Shaw's Garden)*, prächtige Park- und Gartenanlagen mit *Climatron*, einem kuppelüberspannten Gewächshaus, dessen Klimatisierung eine äußerst vielseitige Zucht von exotischen Gewächsen aus aller Welt erlaubt, und dem *Henry Shaw Mansion*, dem Wohnhaus (Innenausstattung im viktorianischen Stil) des Botanikers Henry Shaw (1800–1889), der die Gärten der Stadt vermachte.

Alljährlich findet am ersten Samstag im Oktober die *Veiled Prophet Parade* (Umzug der verschleierten Propheten) mit geschmückten Wagen und festlichem Ball statt.

Auskunft:

Convention and Tourist Board of Greater St. Louis, 911 Locust Street.

St. Louis Council on World Affairs, im Chase-Park Plaza Hotel, 212 North Kingshighway.

Chamber of Commerce of Metropolitan St. Louis, 224 North Broadway.

Pan American World Airways, 515 Olive Street.

Unterkunft und Restaurants: siehe Verzeichnis am Ende des Buches.

Stadtbesichtigungsfahrten:

Gray Line Tours, 1601 Delmar Boulevard.

Industriebesichtigung:

Anheuser-Busch, Inc. (eine der größten Brauereien der USA), 610 Pestalozzi Street.

Bootsfahrten (auf dem Mississippi River):
Streckfus Steamer Cruises, vom Ende der Washington Avenue.

UMGEBUNG

National Museum of Transport (32 km bzw. 20 mi. westlich; 3015 Barretts Station Road), Verkehrsmuseum (Eisenbahnen, Kutschen, Kraftfahrzeuge).

SALT LAKE CITY, Utah

Salt Lake City ('Salzseestadt'; 1316 m bzw. 4 327,27 ft. am Temple Square), Hauptstadt und wirtschaftliches sowie geistiges Zentrum des Bundesstaates Utah mit 220 000 Einwohnern, liegt in der weiten Niederung des *Great Salt Lake* (Großer Salzsee) etwa 24 km (15 mi.) östlich von dessen Südostufer am Fuße der felsigen *Wasatch Range*, einem Gebirgszug der sich östlich hinziehenden Rocky Mountains. Aufgrund seiner prächtigen Lage am Rande der Salzwüste, aber auch unweit der waldigen, seenreichen Berge, sowie seines trockenen warmen Klimas bietet die Stadt dem Tourismus vielerlei Möglichkeiten für reizvolle Ausflüge und Erholung. Wichtigste Industrie ist die Metallerzeugung und -verarbeitung (v.a. Kupfer). Die Stadt hat ein reges Kulturleben, ist Sitz der University of Utah, mehrerer Colleges und Fachschulen sowie religiöser Mittelpunkt der Mormonen. — Salzige Bonbons sind eine lokale Spezialität.

Im Juli des Jahres 1847 gelangte *Brigham Young* (1801–1877) mit 148 mormonischen Sektierern (143 Männern, 3 Frauen und 2 Kindern) nach langer, gefahrvoller Wanderung durch die Rocky Mountains an den Rand der weiten Ebene des Großen Salzsees und beschloß, angeblich mit den berühmt gewordenen Worten 'This is the Place' (dies ist die Stelle) sich hier niederzulassen. In der Folgezeit kamen Tausende aus anderen Teilen der Vereinigten Staaten vertriebene Mormonen hierher, verwandelten die Öde in mühevoller Arbeit in ein blühendes Land und gründeten 1850 den Staat Utah mit Brigham Young als erstem Gouverneur. Als hier wenig später die Polygamie als bevölkerungspolitische Maßnahme religiös untermauert legalisiert wurde, begannen erhebliche Spannungen zwischen dem Mormonenstaat und der Bundesregierung, die diese Einrichtung selbst mit Waffengewalt zu bekämpfen suchte. Heute besteht auch in Utah allein die Monogamie als gesetzliche Form der Ehe.

SEHENSWÜRDIGKEITEN

Temple Square (Tempelbezirk; zwischen Main Street, North Temple Street, West Temple Street und South Temple Street) von einer 4½ m (15 ft.) hohen Mauer umgebener, 4 ha (10 acres) großer Bereich, der das Zentrum des Mormonentums, d.h. der 'Church of Jesus Christ of Latterday Saints' (Kirche Jesu Christi der Heiligen der letzten Tage), symbolisieren soll. Der Bezirk wurde vor der Auslegung der Stadt abgesteckt und zu ihrem Mittelpunkt bestimmt. Alle Straßenbezeichnungen richten sich nach ihrer geographischen Lage zum Temple Square.

Dem *Joseph Smith*, 1805 in Sharon (Vermont), als Sohn eines Bauern geboren und nahe Palmyra (New York) aufgewachsen, sollen eines sonnigen Frühlingsmorgens des Jahres 1820 Gott und Jesus Christus erschienen sein und ihm die Weisung erteilt haben, sich keiner der bestehenden Sekten seines Heimatortes zuzuwenden, um so Kräfte für die Lösung großer Aufgaben in himmlischem Auftrage zu schöpfen. Im Herbst des folgenden Jahres, so gab er vor, sei ihm abermals ein göttlicher Abgesandter namens 'Moroni' erschienen, welcher ihm befahl, an dem unweit seines Heimes gelegenen Hügel Cumorah zu graben, wo in einer steinernen Kassette ein Buch mit z.T. goldenen Blättern und fremden Schriftzeichen vergraben läge, das von den Angehörigen einer vergangenen großen Völkerschaft herrühre und vor 1400 Jahren von Moroni selbst dort hinterlegt worden sei. Smith folgte der Weisung und fand angeblich die goldenen Tafeln, die außer ihm auf göttlichen Befehl keiner sehen durfte, und mit ihnen als Übersetzungshilfen den 'Urim' und den 'Thumin'. Mit den heiligen Büchern, die nicht vorweisbar sind, da Gott sie wieder zu sich genommen habe, und seinem Gehilfen *Oliver Cowdery* zog sich der des Schreibens unkundige Smith zurück, um in strenger Abgeschiedenheit seinen Übersetzungsauftrag zu erfüllen. Vermutlich diente Smith als Vorlage das Manuskript eines unveröffentlichten biblischen Romans eines Presbyterianerpredigers. Smiths Machwerk erschien erstmals 1830 als 'The Book of Mormon' (Das Buch Mormon, die hl. Schrift der Ureinwohner Amerikas) in Palmyra. Am 6. April desselben Jahres gründete Smith mit sechs Anhängern die 'Church of Jesus Christ of Latter-day Saints', die rasch zahlreiche Gläubige fand. Bald war die neue Sekte schweren Verfolgungen ausgesetzt, die ihre Mitglieder zwang, nach und nach westwärts zu ziehen; 1844 wurde Smith auf der Flucht in Carthage (Illinois) wegen verschiedener Delikte festgehalten und im Gefängnis mit seinem Bruder *Nyrum* von einer aufgebrachten Menschenmenge erschossen. Nach Smith übernahm *Brigham Young* die Führung der Mormonen und zog mit ihnen in die Gegend des heutigen Salt Lake City.

Gemäß den im Jahre 1841 angenommenen Glaubensregeln erkennen die rund 2 Millionen Anhänger der Mormonischen Kirche die 'richtige' übersetzte Bibel als Wort Gottes an und glauben an eine fortwährende Offenbarung Gottes sowie an eine bevorstehende Endphase des Weltgeschehens, in der Jesus Christus den 'Heiligen der letzten Tage' erscheinen und der ein tausendjähriges Reich folgen wird. Im Zeichen ihres traditionsbewußten Aufbauwillens und Fleißes ist den Mormonen jeglicher Genuß von Stimulanzien (etwa Rauschgift, Alkohol, Kaffee, Tee, Tabak u.ä.) untersagt; die Vielehe ist seit 1890 offiziell abgeschafft.

Mittelpunkt des Temple Square ist der wuchtige, weithin sichtbare zwischen 1853 und 1893 aus Granit errichtete sechstürmige Bau des **Temple** mit einer Länge von 57 m (186½ ft.) und einem östlichen Mittelturm von 64 m (210 ft.) Höhe; an seiner Spitze die vergoldete Statue des Propheten und Engels *Moroni* (siehe oben). Das Innere ist ausschließlich erwählten hohen Mitgliedern der Kirche zu besonderen Anlässen vorbehalten. — Westlich des Temple steht der von einem gewölbten Dach überspannte Ovalbau des **Tabernacle** (von 1863–1867), ein für seine hervorragende Akustik bekannter Konzertsaal mit 8000 Sitzplätzen. Der 375 Mitglieder zählende *Mormon Tabernacle Choir* (Chor) sowie die nahezu 11 000 Pfeifen umfassende *Orgel* (werktags 12.00, sonntags 16.00 h Orgelkonzert; gratis) sind weithin berühmt. — Nördlich von Tabernacle das **Information Center** mit naivem Anschauungsmaterial zum Mormonentum. — In der Südwestecke des Temple Square befindet sich die **Assembly Hall,** ein 1882 in mit gotischen Elementen durchwirktem Stil errichteter Granitbau, in welchem die Gottesdienste

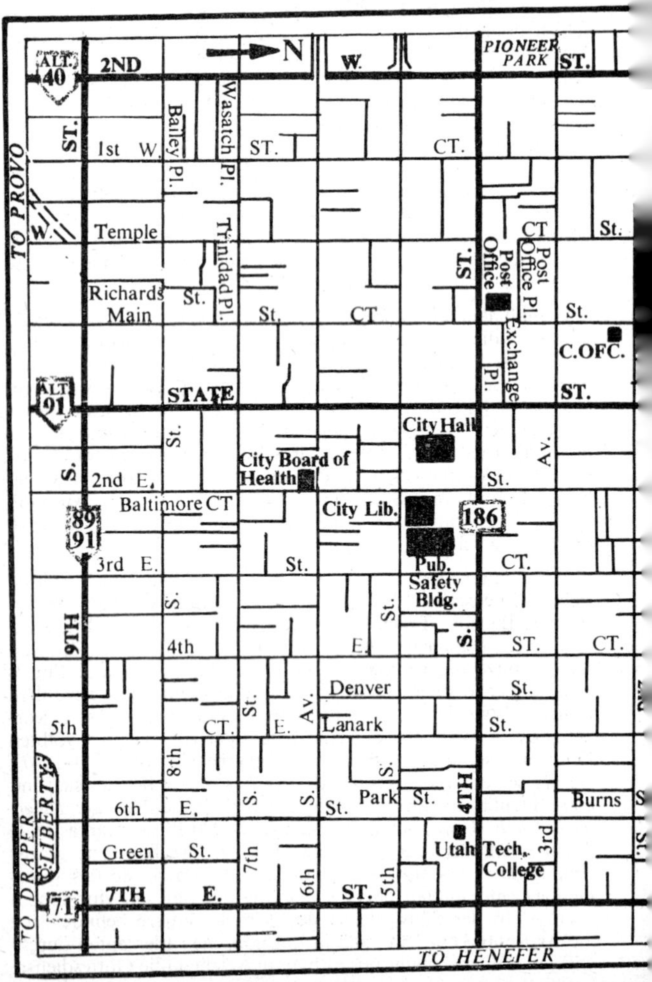
N
TO PROVO
TO DRAPER
TO HENEFER
ALT. 40
ALT. 91
89
91
71
186
LIBERTY
2ND W. ST.
1st W. ST.
Temple
Richards
Main
STATE ST.
2nd E. St.
3rd E. St.
4th E. St.
5th E. St.
6th E. St.
7th E. ST.
8th E. St.
9TH S.
4TH S.
3rd
Bailey Pl.
Wasatch Pl.
Trinidad Pl.
Baltimore CT
Denver
Lanark
Av.
Park St.
Green St.
PIONEER PARK
Post Office
Post Office Pl.
Exchange Pl.
C.OFC.
City Hall
City Board of Health
City Lib.
Pub. Safety Bldg.
Utah Tech. College
Burns
CT.
St.
ST.

SALT LAKE CITY

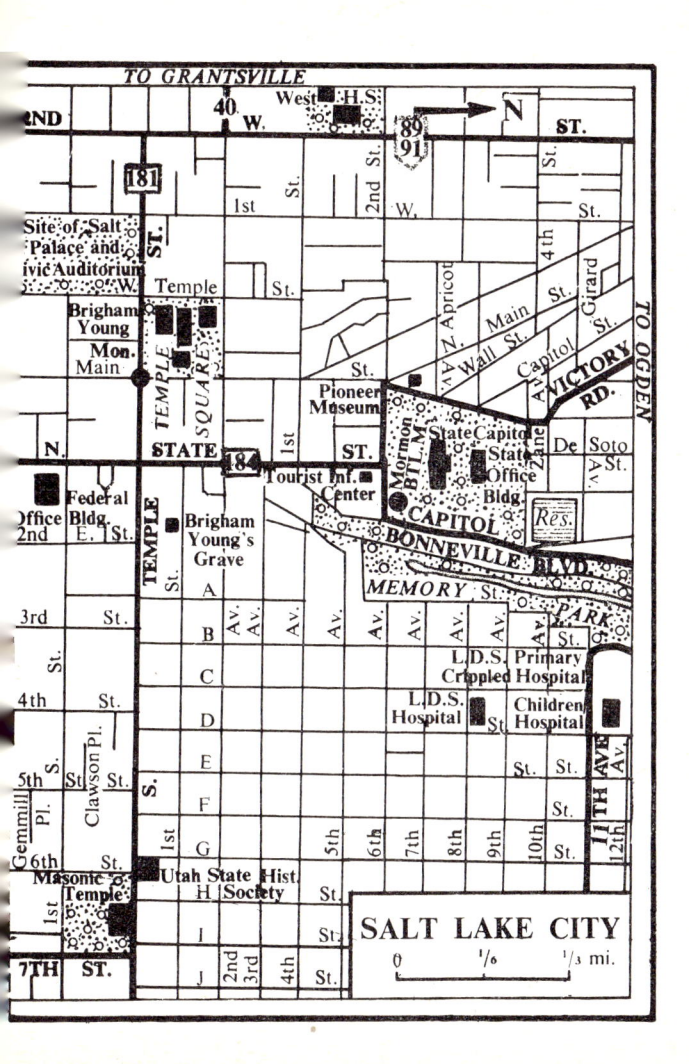

abgehalten werden. — In der Südostecke steht unter einer massiven, säulengetragenen Überdachung *The Old House*, das älteste erhaltene, 1847 erbaute Haus der Stadt. — Im *Church Museum* Erinnerungsstücke an die Gründungszeit sowie aus dem religiösen Bereich der Sekte. — Auf dem parkartigen Gelände befinden sich ferner mehrere Denkmäler, darunter das östlich vor der Assembly Hall befindliche, von Mohonri Young, dem Enkel Brigham Youngs, entworfene **Sea Gull Monument** (von 1913), zu Ehren der Möven, die im Jahre 1848 die ersten Siedler von einer verheerenden Grillenplage befreiten. Zwischen Temple und Church Museum stehen drei weitere Denkmäler: das eine, zu Ehren des Buches Mormon, soll durch die in Bronze gegossenen Schriftzüge dreier Anhänger des Joseph Smith die Authentizität des Buches beweisen, die beiden anderen mit den Statuen des Joseph Smith und dessen Bruder Hyrum. Ferner befindet sich auf dem Temple Square das *Handcart Pioneers Monument*, eine frühe Siedler auf ihrem Weg nach dem Westen darstellende Bronzegruppe.

Utah State Capitol (am Ende der State Street), ein auf einer Anhöhe nördlich 91½ m (300 ft.) dominierend über der Stadt gelegenes, im klassisch griechischen Stil gehaltenes Granitgebäude (von 1914), das von einem Rotundenbau mit Kupferkuppel gekrönt ist. Im Innern befinden sich Fest- und Sitzungssäle, eine Rundhalle mit den Büsten berühmter Bürger des Staates sowie im Erdgeschoß eine sehenswerte Ausstellung zur Geschichte und Wirtschaft (besonders Bergbau) Utahs. Von den Säulenarkaden an der Südseite prächtiger Blick über die Stadt.

Council Hall (*Old Salt Lake City Hall*; Ecke State Street und 2nd North Street). Dieses 1864–1866 ursprünglich an der East First South Street errichtete Gebäude diente während 29 Jahren als Sitz der Stadtverwaltung und als Versammlungsort der gesetzgebenden Instanz des Territoriums Utah; der Bau wurde 1962 abgetragen und auf dem Kapitolshügel wieder errichtet, wo er heute dem *Utah Travel Council* mit dem staatlichen Informationszentrum als Amtssitz dient.

Beehive House (Ecke State Street und South Temple Street), 1854/55 von Brigham Young im Kolonialstil erbautes, bis 1918 als Amtssitz des Präsidenten der Mormonischen Kirche dienendes Haus; den Fleiß symbolisierende Bienenstock (engl. 'beehive') findet sich auch im Staatswappen von Utah.

Eagle Gate, in der Höhe der South Temple Street über die State Street gespannter, von einem Adler gekrönter, rekonstruierter Torbogen, der ursprünglich den Eingang des Anwesens von Brigham Young zierte.

City Complex (Ecke 4th South Street und State Street; von 1894), der Londoner City Hall nachempfundenes Verwaltungsgebäude für die Stadt sowie die Salt Lake County (Kreis).

Brigham Young Monument (an der Südostecke des Temple Square Ecke Main Street und South Street), gewaltige Bronzegruppe; in der Mitte Brigham Young, zu beiden Seiten Indianer und Trapper.

Brigham Youngs Grab (an der 1st Street, zwischen North State Street und A Street).

Pioneer Museum (westlich vom Kapitol; 300 North Main Street), Sammlungen von Andenken aus der Pionierzeit; indianische Kunst.

Auskunft:

Utah Travel Council, Council Hall, Capitol Hill.
Salt Lake Area Chamber of Commerce, 146 South Main Street.

Unterkunft und Restaurants: siehe Verzeichnis am Ende des Buches.

Stadtbesichtigungsfahrten:

Gray Line Tours, 29 West South Temple Street.

UMGEBUNG

University of Utah (am östlichen Stadtrand), 1850 gegründete älteste Hochschule des Staates (besonders für Bergbauingenieure) auf einem geschlossenen, Teile des alten *Fort Douglas* umfassenden Gelände. Hier befindet sich u.a. das *Utah Museum of Fine Art* (im Park Building, dem Hauptverwaltungsgebäude; vorwiegend Gemälde), das *Geology Museum* (südwestlich des Park Building im Geology Building; reiche mineralogische und paläontologische Sammlungen) sowie das *Museum of Anthropology* (beim Fort Douglas Campus).

This is the Place Monument (östlich der Stadt, am Eingang des Emigration Canyon), Denkmal zur Erinnerung an die Ankunft der ersten Siedler, von Brigham Youngs Enkel Mahonri Young 1947 gefertigte stattliche Bronzegruppe (Besucherzentrum); das unscheinbare ursprüngliche Denkmal (ein kleiner grauer Obelisk) steht unweit abseits.

Pioneer Village (am südöstlichen Stadtrand), Freilichtmuseum mit Gebäuden (darunter Gefängnis, Wohnhäuser, Kirche u.a.), Fahrzeugen und Geräten aus der Pionierzeit.

Utah Copper Mine (Kennecott-Konzern) im **Bingham Canyon** (43 km bzw. 27 mi. südwestlich), zu den größten im Tagebau abgebauten Kupferminen Nordamerikas gehörende Grube (seit 1906). Hier werden derzeit 30% des in den USA gewonnenen Kupfers gefördert. In dem höchst eindrucksvollen etwa 900 m (3000 ft.) tiefen 'Amphitheater' mit 15–20 m (49–66 ft.) hohen und bis zu 36 m (118 ft.) breiten 'Bänken' sind rund 400 km (248½ mi.) Schienenstränge verlegt. Lohnende Besichtigung; werktags nachmittags Sprengungen!

Great Salt Lake (27 km bzw. 17 mi. westlich; 1200 m bzw. 3937 ft. ü.d.M.), der 120½ km (75 mi.) lange und 80½ km (50 mi.) breite *Große Salzsee*, Überrest des sich einstmals weiter nach Westen über die Fläche der *Great Salt Lake Desert* ausdehnenden vorgeschichtlichen *Lake Bonneville*, eines Süßwassersees mit einer mittleren Tiefe von 3 m (9½ ft.). Der abflußlose, vom *Jordan River* u.a. gespeiste See konzentriert seinen Mineral- und Salzgehalt durch die Verdunstung an der verhältnismäßig großen, in der Wüste starker Sonnenbestrahlung ausgesetzten Wasseroberfläche des Sees. Die Ausdehnung des Sees und sein Salzgehalt von gewöhnlich 25% (v.a. Kochsalz, Magnesium und Pottasche) können starken, niederschlagsbedingten Veränderungen unterliegen. Der hohe Salzgehalt des Wassers bewirkt, daß Personen ohne ihr Zutun auf der Wasseroberfläche getragen werden (es ist angeraten, Mund und Augen vor der Sole zu schützen). An verschiedenen Stellen wird aus dem See Kochsalz gewonnen. Badestrände sind *Black Rock Beach* und *Sunset Beach*.

Bonneville Race Track (160 km bzw. 100 mi. westlich), eine sich über 16 km (10 mi.) auf den ideal flachen, zementharten kristallinen Salzablagerungen des Lake Bonneville hinziehende Autorenn- und Versuchsstrecke für extrem hohe Geschwindigkeiten (Weltrekord seit 1965 960 km/h bzw. 600 mi. p.h.).

Big Cottonwood Canyon, das größte sich nach Süden zum Salt Lake hin öffnende Tal mit prächtigen Felsformationen; es endet im *Brighton Resort*, einem als Sommerfrische und Wintersportort besuchten Talkessel.

SAN ANTONIO, Texas

San Antonio (214 m bzw. 700 ft.), im Süden von Zentraltexas zu beiden Seiten des die Stadt von Norden nach Süden durchziehenden ruhigen *San Antonio River* gelegen, gehört zu den an echten historischen Denkmälern reichsten Städten der USA. Die 750 000 Einwohner (nahezu die Hälfte Lateinamerikaner und 8% Farbige) zählende Stadt ist das Finanz- und Handelszentrum der weiten, sie umgebenden Viehzucht- und Ackerbaugebiete. Einen wesentlichen Wirtschaftsfaktor stellen die um San Antonio gelegenen Luftwaffenstützpunkte (Lackland, Kelly, Brooks, Randolph und Fort Sam Houston) dar. Die Stadt ist Sitz mehrerer Universitäten und Colleges, der University of Texas Medical School, verschiedener Forschungsstätten sowie eines katholischen Erzbischofs.

Der im Jahre 1718 als Missionsstation *San Antonio de Valero* (Alamo) gegründete Ort wurde schon bald zur Hauptstadt der mexikanischen Provinz Texas erklärt und stand somit bis 1821 unter spanischer, bis 1836 unter mexikanischer Herrschaft. Mit der 1845 erfolgten Eingliederung der Republik Texas in den nordamerikanischen Staatenbund gelangte die Stadt schließlich an die USA (zahlreiche deutsche Einwanderer). Seinen 250. Geburtstag beging San Antonio 1968 mit der internationalen Ausstellung «Hemis Fair 68».

SEHENSWÜRDIGKEITEN

The Alamo (Alamo Plaza), die einstige Kapelle der 1718 gegründeten Missionstation *San Antonio de Valero*, diente während des texanischen Unabhängigkeitskrieges 1836 etwa 200 Soldaten der abtrünnigen Provinz als Unterschlupf und Festung. Sie alle starben durch die anstürmenden mexikanischen Truppen. Im Innern Gedenktafeln sowie Ausstellungsstücke zur Geschichte des Alamo und von Texas; hinter dem Gebäude ein schöner

Park. Am Nordende der Alamo Plaza ein von Pompeo Coppini entworfener Zenotaph für die 1836 Gefallenen.

Paseo del Rio (Uferpromenade am San Antonio River), ein malerischer von subtropischer Vegetation umrahmter Fußweg.

Arneson River Theater (in der Südostecke der San-Antonio-Flußschleife), Freilichttheater mit durch den Fluß von den Zuschauern getrennter Bühne.

La Villita (südlich der San-Antonio-Flußschleife), um die Mitte des 18. Jahrhunderts angelegte spanische Siedlung, eines der ältesten Wohnviertel der Stadt (Kunstgewerbeläden, Glasbläserei); besonders hervorzuheben das **Cos House,** ein altes restauriertes Adobehaus, die **Public Library** (210 West Market Street) mit der *Hertzberg Circus Collection*, die **Little Church of La Villita** (von 1876) sowie das **Fiesta House** (Ecke Villita Street und South Alamo Street; von 1850) mit dem *San Antonio Museum* (Sammlungen zur Stadtgeschichte).

Spanish Governor's Palace (105 Military Plaza), einziges in Texas erhaltenes spanisches Gebäude eines Adeligen. Auf dem Schlußstein über dem Eingang die Jahreszahl 1749 sowie der habsburgische Doppeladler. Im Innern alte Einrichtungsgegenstände, eine verzierte Wendeltreppe und die Hauskapelle.

Witte Museum (3800 Broadway), Sammlungen indianischer, indonesischer, asiatischer und afrikanischer Kunst, Naturgeschichte und Gemäldegalerie, Verkehrsmuseum.

McNay Art Institute (Eingang: 755 Austin Highway oder 6000 North New Braunfels Avenue), in einem prächtigen Garten mit subtropischen Pflanzen gelegenes Kunstmuseum: flämische und italienische Meister des 14. und 15. Jahrhunderts, mittelalterliche Skulpturen, moderne französische Malerei, amerikanische Aquarelle.

San Fernando Cathedral (westlich des San Antonio River), ursprünglich von 1749, nach einem Brand im Stil der französischen Gotik 1873 wiederaufgebaut; unter dem Altar ruhen Überreste der Alamo-Opfer.

Messegelände (im Südosten der Stadt), anläßlich der «Hemis Fair '68» ausgebaut mit großem *Convention Center*, dem 190 m (622 ft.) hohen *Tower of the Americas* (Aussichtskanzel, rotierendes Restaurant), Ausstellungshallen, Pavillons, Vergnügungspark und kleinen Wasserflächen.

Auf dem Stadtgebiet befinden sich mehrere gepflegte Parks sowie ein **Zoologischer Garten** mit *Aquarium*.

CENTRAL SAN ANTONIO

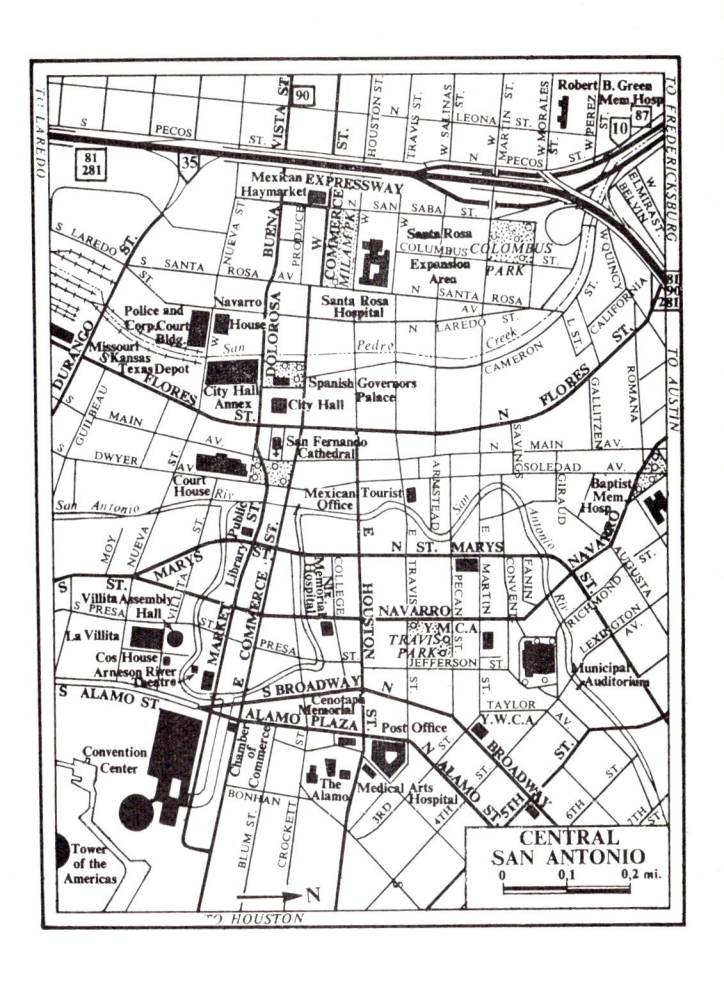

Auskunft:

San Antonio Chamber of Commerce, Tourist Department, 202 Commerce Street.

Unterkunft und Restaurants: siehe Verzeichnis am Ende des Buches.

Flughafen:

San Antonio International Airport, 11 km (7 mi.) nördlich der Stadt.

Stadtbesichtigungsfahrten:

Gray Line Tours, Tower Life Building.

UMGEBUNG

Mission Conception (807 Mission Road), von 1731. — Weiter südlich an der Roosevelt Avenue der MISSION SAN JOSE STATE PARK mit der vorzüglich bewahrten historischen **Mission San José** (von 1720) der Franziskaner (vollständig erhaltene Umfassungsmauer mit den daranstehenden Indianerhäusern; bemerkenswerte Fensterrosette in der mit Steinmetzarbeiten verzierten Kirche). — Südlich, an der Espada Road, der **Spanish Aqueduct,** eine 1740 von Franziskanern angelegte und bis heute zur Bodenbewässerung benutzte Wasserleitung. — Östlich, an der South Presa Street, die **Mission San Francisco de la Espada** (von 1731) mit drei Glockentürmen; im Innern alte Christus- und Marienstatuen aus Maisstengelmark.

SAN DIEGO, California

San Diego (252 m bzw. 825 ft.), im äußersten Südwesten des Bundesstaates California—und damit der USA—an der Pazifikküste gelegene Hafenstadt von 700 000 Einwohnern (9% Farbige), die wegen ihres ausgeglichenen warmen Klimas und ihrer bereits mexikanisch anmutenden Atmosphäre von Touristen jederzeit gern besucht wird. Die Umgebung eines reichen Landwirtschaftsgebietes macht die Lebensmittelverarbeitung (Tomaten, Orangen, Avocados u.a.) zu einem der wichtigsten Wirtschaftszweige der Stadt. Daneben bestehen eine bedeutende Flugzeug- und neuerdings auch Raketenindustrie sowie Schiffbau und Elektronikindustrie. Mehrere große Universitäten, Colleges und Forschungsstätten (v.a. der Ozeanographie) haben ihren Sitz in San Diego.

Bereits 1542 landete auf Point Loma der Portugiese *Juan Rodriguez Cabrillo*, jedoch erst über zwei Jahrhunderte später gründete 1769 der spanische Franziskanerpater *Junipero Serra* die Missionsstation **San Diego** und mit ihr die erste europäische Siedlung an der nordamerikanischen Westküste.

SEHENSWÜRDIGKEITEN

OLD TOWN (zwischen North San Diego Bay und Mission Bay), die Altstadt um den WASHINGTON SQUARE mit alten Adobehäusern. An seiner Südostseite **Ramona's Marriage Place** (4000 Mason Street; von 1825), eine durch den Roman 'Ramona' von *Helen Hunt Jackson* (1831–1885) bekannt gewordene Hochzeitskapelle. — Südöstlich der **Old Spanish Cemetery** (San Diego Avenue, südlich Conde Street). — Nordöstlich der Altstadt der PRESIDIO PARK, wo 1769 der Ort San Diego gegründet wurde (Gedenktafeln), mit dem **Junipero Serra Museum** (Sammlungen zur Geschichte der Stadt und Südkaliforniens). — Erwähnenswert sind ferner das **Whaley House** (2482 San Diego Avenue), ein Backsteinbau von 1857, der vorübergehend auch als *San Diego County Courthouse* (Bezirksgericht) diente, die **Casa de Lopez** (3890 Twiggs Street; von 1834) mit Kerzenmuseum sowie das **Derby-Pendleton House** (4017 Harney Street), das 1851 für George H. Derby aus Neuengland auf dem Seewege am Kap Hoorn hierher verfrachtet wurde.

BALBOA PARK (zwischen 6th Street, Russ Boulevard, 28th Street und Upas Street), nordöstlich der Innenstadt gelegenes ausgedehntes Parkareal; darin befinden sich das **International Visitors Center** (im United Nations Building, etwa in der Mitte des Parks), das nahebei gelegene **Natural History Museum** (naturhistorisches Museum), die **Fine Arts Gallery** (alte europäische Malerei; asiatische Kunst) und die **Timken Art Gallery** (alte europäische Kunst; Ikonen), ferner der *Zoologische Garten* (nördlich), das *United States Naval Hospital* (Marinekrankenhaus) und verschiedene Sportanlagen.

Cabrillo National Monument (nahe der Südspitze von Point Loma, am Ende des Catalina Boulevard) mit dem **Old Lighthouse** (Leuchtturm; von 1855), Denkmal zur Erinnerung an die Entdeckung der nordamerikanischen Westküste durch den portugiesischen Seefahrer in spanischen Diensten *Juan Rodriguez Cabrillo;* von hier prächtiger Rundblick. Alljährlich im Winter kann man vom Leuchtturm aus die Wanderung der nur im Pazifik vorkommenden jagdgeschützten Grauwale (Eschrichtius glaucus) beobachten.

Mission Bay Aquatic Park (im Nordwesten der Stadt, um die vielarmig verzweigte Mission Bay) mit *Oceanarium* (Tiefseeaquarium).

Nördlich der North San Diego Bay, östlich der South San Diego Bay und auf der Coronado-Nehrung sowie auf Point Loma befinden sich ausgedehnte **Militäranlagen** der Marine sowie im Nordwesten von Coronado Island ein Luftwaffenstützpunkt. Nordöstlich der North San Diego Bay liegen der internationale Flughafen *Lindbergh Field* der Stadt sowie südlich anschließend die Anlagen des natürlichen Handelshafens; 1306 North Harbor Drive ist *The Star of India* (von 1863; heute Seefahrtsmuseum) festgemacht. Im Nordwesten der Bay ein Jachthafen.

Auskunft:

San Diego Convention and Visitors Bureau, 330 A Street.
Chamber of Commerce, 233 A Street.
Pan American World Airways, 209 Broadway.

Unterkunft und Restaurants: siehe Verzeichnis am Ende des Buches.

Flughafen:

Lindbergh Field, 1½ km (1 mi.) nordwestlich vom Geschäftszentrum.

Stadtbesichtigungsfahrten:

Sightseeing San Diego, Inc., im Hotel El Cortez, 7th and Ash Streets.
Visitours, Inc., 5606 El Cajon Boulevard.
Gray Line Tours, 326 Broadway.

Hafenrundfahrten:

Star & Crescent Boat Co., vom Broadway-Pier.

UMGEBUNG

La Jolla (16 km bzw. 10 mi. nordwestlich), auf einer Halbinsel gelegene selbständige Stadt mit der zur University of California at San Diego gehörenden *Scripps Institution of Oceanography* (T. Wayland Vaughn Aquarium-Museum) sowie schönen Badestränden.

Mission San Diego de Alcala (11 km bzw. 7 mi. nordöstlich), erste, 1769 gegründete, heute noch der Kirche dienende Missionsstation Kaliforniens (Museum zur Geschichte San Diegos und seiner Umgebung).

Mission San Luis Rey de Francia (40 km bzw. 25 mi. nordwestlich) 1798 gegründete Missionsstation.

Mission San Antonio de Pala (80 km bzw. 50 mi. nördlich; auf dem Gebiet der Pala Indian Reservation), ursprünglich von 1816, dient sie noch heute der Betreuung von Indianern; alljährlich am Sonntag nach Pfingsten die mit Prozessionen aber auch Tanz und Unterhaltung begangene *Corpus Christi Fiesta*.

Tijuana (südöstlich im mexikanischen Staate Baja California; 25 km bzw. 15 mi.), von San Diego aus gern besuchter Ausflugsort mit viel Lokalkolorit.

SAN FRANCISCO, Cal.

Die Pazifikhafenstadt **San Francisco** (früher kurz 'Frisco', eindeutschend auch *San Franzisko;* 0–286 m bzw. 938 ft.) liegt auf 37° nördlicher Breite (etwa wie Sizilien) und 122° westlicher Länge ungefähr in der Mitte des Bundesstaates California am nördlichen Ende einer 48 km (32 mi.) langen und etwa 10 km (6 mi.) breiten hügeligen Halbinsel zwischen dem *Stillen Ozean* und der 1165 qkm (540 sq. mi.) großen *San Francisco Bay*, die hier das *Golden Gate* (Goldenes Tor), ein an seiner engsten Stelle 1½ km (1 1/8 mi.) breiter und seit 1937 brückenüberspannter Meeresarm, verbindet, so daß die Stadt von drei Seiten (über die Hälfte der gesamten Stadtgrenzen) von Wasser umspült ist. Der Schwerpunkt der Stadt befindet sich zur Bucht gerichtet in der Nordostecke der Halbinsel; das insgesamt 120 qkm (46,6 sq. mi.) bedeckende Stadtgebiet, zu dem auch die in der Bucht gelegenen Inseln *Angel Island*, *Alcatraz Island*, *Yerba Buena Island* und *Treasure Island* (künstlich) sowie die drei *Fallaron Islands* 51 km (32 mi.) westlich im Pazifischen Ozean gehören, dehnt sich jedoch über etwa vierzig z.T. steile Hügel — darunter *Mount Davison* (286 m bzw. 938 ft.), *Twin Peaks*, *Nob Hill*, *Russian Hill* und *Telegraph Hill* — bis zum Meer hin aus.

Das durch die temperierende Wirkung des Stillen Ozeans bedingte feuchte *Seeklima* von San Francisco ist das ganze Jahr über verhältnismäßig ausgeglichen, meist frühlingshaft frisch, wobei die Temperaturen nur selten über 24°C (75°F) steigen oder unter 6°C (45°F) fallen. Die durchschnittliche Jahrestemperatur liegt bei 13°C (55°F); September und Oktober sind die wärmsten (16,5°C bzw. 62°F) Monate, der Januar der kühlste (10°C bzw. 50°F) des Jahres. Die Niederschlagsmengen bleiben niedrig; im Winter regnet es häufiger als zu allen anderen Jahreszeiten, Schneefall ist jedoch äußerst selten. Charakteristische Wettererscheinungen sind während des ganzen Jahres besonders nachmittags steife Seewinde sowie häufige Morgen- und Abendnebel, die vom Meer her aufziehend die Stadt in einen dichten Dunstschleier tauchen. Zu allen Zeiten ist ein leichter Mantel von Nutzen.

Die heterogene *Bevölkerung* der bei Fremden wie Amerikanern gleich beliebten Stadt trägt als 'Tor zum Fernen Osten' ausgeprägt kosmopolitische Züge. Die Einwohnerzahl beträgt derzeit etwa 750 000 (15% Farbige; 11% Asiaten); die wichtigsten fremdstämmigen Gruppen bilden Italiener, Deutsche, Iren, Chinesen, Engländer, Russen, Mexikaner, Japaner und

Philippiner. In der Oakland und die umliegenden Counties (Kreise) einschließenden 'Metropolitan Area' leben rund 4½ Millionen Menschen.

Als reger *Handelsplatz* mit einem in der Bucht vorzüglich geschützten Naturhafen ('Port of Gold'; bedeutender Umschlagplatz für den Asienhandel mit jährlich 5 Mill. t sowie einer beträchtlichen Industriewirtschaft (v.a. Nahrungsmittel), Maschinen- und Schiffbau, Petrochemie, graphische Betriebe, Elektronik) ist 'The City' — wie San Francisco von den Kaliforniern genannt wird — das *Finanzzentrum* (Börse; größte Bank Amerikas; alte Münzstätte) des amerikanischen Westens sowie ein bedeutender Verkehrsknotenpunkt (Seehafen mit 9½ km bzw. 6 mi. Kaianlagen, internationaler Großflughafen, drei transkontinentale Eisenbahnlinien, zwei Buchtbrücken, Fernautobahnanschlüsse).

Das *Straßennetz* der Stadt ist bis auf die Gegend um die höchsten Hügel in regelmäßig angelegte Abschnitte gegliedert, wobei oft erhebliche Niveauunterschiede auf extrem steilen Geraden (bis 40%) überwunden werden. Wenngleich Hochhäuser — etwa das mit 52 Stockwerken 237 m (778 ft.) hohe Bank of America Building — bisher nur im Gebiet des alten Stadtkerns zu finden sind, kann man auch in San Francisco von einer aufstrebenden *Skyline* (Horizontlinie) sprechen, der durch die bewegte Hügelstruktur des Untergrundes schon immer ein malerischer Aspekt anhaftete. So hat man die Stadt auch mit anderen stimmungsvollen Weltstädten verglichen und sie etwa das 'Paris des amerikanischen Westen' genannt, ein zwar gesuchter Vergleich, dem hier jedoch auch ein in den USA sonst wenig ausgeprägtes *Modebewußtsein* entgegenkommt.

Das *soziale und kulturelle Leben* in San Francisco ist von zahlreichen Bildungsanstalten (Universitäten, Colleges), Theatern, Museen, einem regen Musikleben (Oper, Sinfonieorchester), einem aktiven Pressewesen (25 Zeitungen und Zeitschriften in mehr als zehn Sprachen) sowie durch eine Fülle von Einkaufs-, Unterkunfts-, Gast- und Unterhaltungsstätten bestimmt. Die Stadt ist Sitz eines katholischen Erzbischofs sowie der Häupter etlicher anderer großer Religionsgemeinschaften (über 500 Gottes- und Versammlungshäuser). Alljährlich finden internationale Filmfestspiele statt.

Nach einer Meinungsumfrage ist San Francisco jene Stadt der Vereinigten Staaten, welche die Mehrzahl der Befragten als Wohnort bevorzugen würde; so ist es nicht verwunderlich, daß auch antibürgerlich orientierte Jugendliche ('Hippies') hier in großer Zahl anzutreffen sind. Nicht zuletzt verleiht der anhaltende Touristenstrom aus dem In- und Ausland zu allen Jahreszeiten der Stadt ein besonders buntes Aussehen. Die malerische Gesamtlage, die aussichtsreichen Stadthügel, die fernöstliche Exotik des Chinesenviertels, die stimmungsreiche Hafengegend, die mit Bedacht erhaltene und nunmehr denkmalgeschützte seilgezogene Straßenbahn oder die ungezählten Möglichkeiten des gastronomischen und Vergnügungssektors schlagen den Besucher sicher mehr in Bann als die öffentlichen Gebäude und kulturellen Institutionen dieser noch recht jungen Weltstadt.

Zu Beginn des 16. Jahrhunderts sollen ein portugiesischer Seefahrer, 1579 der englische Seeheld *Francis Drake* bei seiner Weltumsegelung und 1763 der spanische Gouverneur von Niederkalifornien *Gaspar de Portola* die heutige Bucht von San Francisco gesichtet haben, deren eigentliche Entdeckung man jedoch gemeinhin dem Spanier *Juan Manuel de Ayala* im

Jahre 1775 zuschreibt. Nachdem die Spanier 1776 einen militärischen Vorposten (Presidio) am Goldenen Tor errichtet hatten, gründete ein Jahr später der mexikanische Franziskanerpater *Junipero Serra* mit anderen Mönchen südlich abseits des Militärlagers die Missionsstation *San Francisco de Asís* (hl. Franz von Assisi); westlich davon entstand in der Gegend der heutigen Chinesenstadt bald darauf ein *Yerba Buena* (wörtlich 'gutes Kraut' = Minze) genanntes Dorf, das aber erst mit der Ausdehnung des Hafens zu einem wichtigen Güterumschlagplatz seit etwa 1835 an Bedeutung gewann. Zu Beginn des 19. Jahrhunderts versuchten die Russen erfolglos, auf der Halbinsel einen Stützpunkt zu errichten. Das Gebiet kam 1821 unter mexikanische Herrschaft, und 1846 wurde es von der Besatzung des amerikanischen Kriegsschiffes 'Portsmouth' in Besitz genommen. Im darauffolgenden Jahr erhielt der Ort den Namen *San Francisco*. Als 1848 in Kalifornien Goldvorkommen entdeckt wurden, zählte die Ansiedlung nur etwa 500 Einwohner. Der *Goldrausch* ließ die Bevölkerung jedoch rasch zunehmen (1852: 34 500, 1860: 56 000, 1870: 150 000 Einwohner) und brachte einen ungeahnten wirtschaftlichen Aufschwung, dessen Auswüchse die Verwaltung kaum zu zügeln vermochte. Mit der Eröffnung der ersten transkontinentalen Eisenbahnlinie im Jahre 1869 machte die Stadt einen weiteren mächtigen Schritt voran, der sich nach dem Abklingen der oft gesetzlosen Goldgräberzeit auch im kulturellen und politischen Bereich abzeichnete (1880: 234 000, 1890: 300 000, 1900: 343 000 Einw.). Erhebliche Mühen und Mittel wurden im letzten Viertel des vergangenen Jahrhunderts aufgewendet, um das unwegsame Hügelland der Halbinsel und die schlammigen Buchtufergegenden für die Anlage einer Großstadt zu ebnen bzw. trockenzulegen. Das von einer drei Tage lang wütenden *Feuersbrunst* gefolgte *Erdbeben vom 18. April 1906* fügte der aufblühenden Pazifikmetropole jedoch einen schweren Rückschlag zu: auf einer Fläche von über 10 qkm (4 sq. mi.) wurden rund 28 000 Häuser des Hauptgeschäftsviertels (auch große Teile der Chinesenstadt) vernichtet, und mehr als 450 Menschen mußten ihr Leben lassen. Der Wiederaufbau war bereits nahezu vollendet, als man 1915 die *Panama-Pacific International Exposition* (Weltausstellung anläßlich der Eröffnung des Panamakanals) abhielt. Seither erlebte die Stadt eine stete wirtschaftliche und soziale Aufwärtsentwicklung (1910: 417 000, 1920: 507 000, 1930: 634 000 Einw.). Durch den Bau der beiden großen Buchtbrücken (San Francisco–Oakland Bay Bridge, 1936; Golden Gate Bridge, 1937) wurden die rings um die Bucht gelegenet-

Städte noch enger mit San Francisco zu einer Wirtschaftseinheit verbunden. Auf Treasure Island, der größten künstlichen Insel der Welt, fand 1939 die *Golden Gate International Exposition* (Weltausstellung) statt. Am Ende des Zweiten Weltkrieges trat San Francisco als *Gründungsort der Organisation der Vereinten Nationen* (26. Juni 1945; siehe UNO New York) in den Mittelpunkt des Weltgeschehens. Ebenfalls in San Francisco wurde am 8. September 1951 der *Friedensvertrag* zwischen den Vereinigten Staaten von Amerika und *Japan* geschlossen.

SEHENSWÜRDIGKEITEN

CABLE CAR (wörtlich 'Kabelwagen'), eines der Wahrzeichen von San Francisco, seit 1964 unter Denkmalschutz gestelltes öffentliches Verkehrsmittel in Form einer seilgezogenen Straßenbahn; verkehrt mit drei Linien bei Steigungen bis zu 21% von der Market Street über den Nob Hill oder den Russian Hill zur Fisherman's Wharf bzw. im Zuge der California Street von der Van Ness Avenue über den Nob Hill und durch Chinatown bis zum Finanzviertel.

Der aus England stammende Ingenieur *Andrew Hallidie* führte 1873 erstmals die von ihm konstruierte Cable Car am Nob Hill vor. Im Jahre 1880 gab es bereits 8 Linien, die von insgesamt 180 km (112 mi.) Seil gezogen wurden.

Die motorlosen verkehrsbevorrechtigten (Signal: heftiges Läuten) Straßenbahneinzelwagen sind mit einem zentralen Greifmechanismus ausgerüstet, der das Fahrzeug zur Bewegung an ein zwischen den Gleisen in einem Schienenschacht geführtes, 17 km (10,5 mi.) langes endloses und von nur einem Motor in Umlauf (15 km/h bzw. 9½ mi. p.h.) gehaltenes Stahlseil von 3,2 cm (1¼ ") Durchmesser hängt; zum Anhalten und an Linienkreuzungen wird das Seil losgelassen. Da die Cable Cars erhebliche Steigungen bzw. Gefälle überwinden, sind die Wagen mit vier z.T. überdimensionierten Bremsanlagen versehen, die einen abenteuerlichen jedoch gefahrlosen Betrieb sichern. Wenn auch die Wagen oft überfüllt sind, sollte der Besucher eine Fahrt mit der Cable Car nicht versäumen. Geringes Fahrgeld.

Im **Cable Car Barn** (wörtlich 'Kabelwagenschuppen') an der Ecke Washington Street und Mason Street, einem 1967 renovierten Ziegelbau, können das Antriebsaggregat mit dem über mehrere Wendewinden geführten Stahlseil sowie historische Wagen und Andenken besichtigt werden; ferner ist hier das Funktionieren des Seilgreifers und der Bremsen demonstriert (tägl. 9–24 h; gratis).

Market Street (Marktstraße), San Franciscos breite Hauptverkehrsader; beginnt am Ferry Building (siehe dort) und endet etwa 8 km (5 mi.) weiter südwestlich unweit der beiden Twin Peaks (siehe dort). Nr. 555 das *Standard Oil Company of California Building* (von 1965) mit anlagengeschmückter Plaza und einer Dauerstellung zur Geschichte des Erdöls ('A World of Oil'; Sa. und So. geschl.; gratis).

CIVIC CENTER, Städtisches Verwaltungszentrum unweit nordöstlich des Schnittpunktes von Van Ness Avenue und Market Street; umfaßt die stattliche **City Hall** (Rathaus, urspr. von 1896; 92 m bzw. 301 ft. hoch), das *Exposition Auditorium* oder *Civic Auditorium* (Vortragssaal mit 8000 Plätzen), das **War Memorial Opera House** (Opernhaus, von 1932; 3300 Plätze), in dem 1945 die UNO (vgl. New York) gegründet und 1951 der amerikanisch-japanische Friedensvertrag abgeschlossen wurde, die *Public Library* (Stadtbibliothek mit mehr als 1 Mill. Bänden), das **Museum of Art** (Kunstmuseum im vierten Stock des Veterans' Memorial Building mit Sammlungen zeitgenössischer Malerei und Bildhauerei; Mo. geschl., gratis), das *Society of California Pioneers Museum* (Pioniermuseum; Sa., So. und im August geschl.; gratis), die *Brooks Hall*, eine große Ausstellungshalle unter der CIVIC CENTER PLAZA, sowie die beiden *Federal Buildings* und das *State Building* für die Bundesbzw. die kalifornischen Staatsbehörden.

Mission Dolores (Ecke Dolores Street und 16th Street), im Jahre 1776 von mexikanischen Mönchen ursprünglich unter dem Namen *San Francisco de Asía* (hl. Franz von Assisi) gegründete Missionsstation, deren später üblich werdender Name sich von der nahen Laguna de Nuestra Señora de los Dolores (Lagune Unserer Lieben Frau von den Schmerzen) herleitet. Der Grundstein zu der im spanischen Kolonialstil aus Adobe-Ziegeln erstellten Missionsstätte wurde im Jahre 1782 gelegt; auf dem kleinen Kirchhof liegen zahlreiche Pioniere aus den Anfängen von San Francisco begraben.

Josephine D. Randall Junior Museum (Ecke Museum Way und Roosevelt Way; gratis), Jugendmuseum mit Exponaten zu den Lebensgewohnheiten der nord- und mittelkalifornischen Indianer, ferner zu Geschichte und Naturkunde, einer Mineraliensammlung und einer Miniatureisenbahnanlage.

Twin Peaks (früher *Mission Peaks*), zwei parkbestandene Zwillingshügel von etwa 275 m (900 ft.) Höhe, nach Westen, Norden und Osten jeweils rund 6½ km (4 mi.) vom Wasser entfernt, mit prächtiger Rundsicht über die Stadt; an den Abhängen Villen und Bungalows.

Union Square, mitten im Geschäftsviertel gelegener, von Stockton Street, Post Street, Powell Street und Geary Street umzogener Platz mit schönen Anlagen und in der Mitte dem *Naval Monument*, einem 30 m (98 ft.) hohen Säulendenkmal zur Erinnerung an die Eroberung der Philippinen durch die amerikanische Flotte unter dem Kommodore *George Dewey* (1837–1917) im Jahre 1898; unter dem 1 ha (2,6 acres) großen Platz seit 1940 eine vierstöckige Tiefgarage für 1700 Fahrzeuge. — Von der Ostseite des Union Square geht die malerisch schmale MAIDEN LANE (Jungfernstieg) aus; Nr. 140 ein von Frank Lloyd Wright gestaltetes gelbes Ziegelhaus (Ausstellung von Glas- und Silberwaren).

Nob Hill (von 'noble' = vornehm), über einen Hügelkamm (104 m bzw. 340 ft.) verlaufender Abschnitt der CALIFORNIA STREET zwischen Powell Street und Leavenworth Street, einst beste Wohngegend der Stadt; an der höchsten Stelle das altberühmte Hotel *Fairmont* mit feudalen Gesellschaftsräumen und einem dreißigstöckigen Turmanbau (100 m bzw. 330 ft.; vom Dachrestaurant prachtvoller Ausblick), das Hotel *Mark Hopkins* (einst Kunstinstitut; ebenfalls mit schöner Aussicht) sowie der traditionsreiche *Pacific Union Club*. Westlich von HUNTINGTON PARK die pseudogotische *Grace Cathedral* und der *California Masonic Memorial Temple* (Freimaurerloge).

Cathedral Hill, neuerlich saniertes Wohnviertel mit bis zu 104 m (340 ft.) hohen Apartment-Häusern um die 1970 vollendete *St. Mary's Cathedral* am GEARY BOULEVARD jenseits der Gough Street.

Japanese Cultural and Trade Center, 1968 eingeweihtes japanisches Kultur- und Handelszentrum (in San Francisco leben etwa 12 000 Japaner) im Bereich der Kreuzung von Geary Boulevard und Fillmore Street, mit einem Kabuki-Theater, zahlreichen Geschäften und Kunstgalerien, einer Pagode, dem Miyako-Hotel, Restaurants sowie dem japanischen Konsulat.

CHINATOWN, etwa von Bush Street, Powell Street, Broadway und Kearny Street umschlossenes Chinesenviertel östlich unterhalb des Nob Hill (siehe dort) mit der GRANT AVENUE als Hauptstraße. Mit rund 65 000 Chinesen (seit 1840 eingewandert) ist dieses Stadtviertel die größte chinesische Ansiedlung außerhalb Asiens. Pagodenhäuser, Tempelbauten, Theater, Kandelaber, Laternen, Apotheken, Kuriositäten- und Andenkenläden, Geschäfte für Lebensmittel, Gewürze und Zutaten sowie Restaurants und Vergnügungsstätten bestimmen das exotisch bunte Leben der Chinesenstadt, deren Besuch man nicht versäumen sollte, wenngleich kaum ein ursprüngliches Gebäude den Großbrand nach dem Erdbeben von 1906 überstanden hat.

Besondere Erwähnung verdienen der um 1850 gegründete **Kong Chow Temple** (520 Pine Street; rote Tür) mit reicher Innenausstattung, der *Kwan Yin Temple* (Ecke Spofford Place und Washington Avenue, gegenüber der Old Chinatown Lane), der *T'ien Hou Temple* an dem mit bunt bemalten Balkons geschmückten Waverly Place, die *Buddha's Universal Church* (720 Washington Street; Besichtigung nach vorheriger Anmeldung), der größte buddhistische Tempel der USA mit Kloster und Lotusteich, die *Stahlstatue* (von Beniamino Bufano) des Gründers der ersten chinesischen Republik *Sun Yat-sen* (1866-1925) im ST. MARY'S PARK (Tiefgarage) bei der 1853/54 aus chinesischem Granit erbauten katholischen *Old St. Mary's Church* sowie das **Chinesische Historical Society Museum** (17 Adler Street; gratis) mit interessanten Exponaten zur Geschichte der Chinesen in Amerika. Einen Besuch lohnt auch die *Lotus Fortune Cookie Co.* (Sa. und So. geschl.; gratis), wo traditionelle chinesische Glücksküchlein mit eingebackenen Horoskop- und Sinnspruchzetteln hergestellt werden. — Ferner ist bemerkenswert, daß sich die Stelle des ersten Hauses (von 1836) der Kolonistensiedlung *Yerba Buena* an der Westseite der Grant Avenue etwa gegenüber der Einmündung der Commercial Street befindet (Tafel). Auf dem heutigen PORTSMOUTH SQUARE wurde im Juli 1846 erstmals das Sternenbanner gehißt.

Montgomery Street, nord-südlich vom Hafen bis zur Market Street (siehe dort) verlaufende 'Wall Street des amerikanischen Westens', Straßenschlucht mit Hochhäusern für Banken, Versicherungsgesellschaften, Maklerbüros und Industrieverwaltungen. Nr. 420 das *Wells Fargo Bank Building* (43 Stockwerke, 171 m bzw. 561 ft.) mit Wild-West-Requisiten aus der zweiten Hälfte des vorigen Jahrhunderts im 'Wells Fargo Bank's History Room' (Sa. und So. geschl.; gratis).

Jackson Square, Gegend um Jackson Street, Washington Street und Pacific Street zwischen Montgomery Street und Sansome Street mit seit 1951 restaurierten Häusern von der letzten Jahrhundertwende; heute Geschäftszentrum für Erzeugnisse der häuslichen Inneneinrichtung (Möbel, Tapeten,

Stoffe, Lampen usw.) mit kunsthandwerklichen Galerien und Restaurants.

Pacific Coast Stock Exchange (301 Pine Street), eine der größten und geschäftigsten Effektenbörsen der Vereinigten Staaten; Zuschauergalerie (werktags 7–14.30; gratis).

Embarcadero (span. = Landungssteg), vom China Basin bis zur Fisherman's Wharf (siehe dort) an den Hafenbecken und Piers entlangführende breite Buchtuferstraße (unvollendet); hier beachtenswert das EMBARCADERO CENTER und das GOLDEN GATEWAY CENTER mit Luxuswohnungen, Geschäfts- und Bürohäusern (bis zu 173 m bzw. 569 ft. hoch), Brunnen und Parkanlagen.

San Francisco–Oakland Bay Bridge, mit ihren Rampen insgesamt 13 km (8¼ mi.) lange doppelstöckige Straßenbrücke mit je fünf bis sechs Fahrspuren (Einbahnverkehr auf jeder Etage; Brückenzoll) von der Nordostspitze der Stadthalbinsel über die San Francisco Bay nach Oakland.

Die 1936 vollendete Brückenkonstruktion gliedert sich in drei Hauptteile: der westliche besteht aus zwei von jeweils zwei 158 m (519 ft.) bzw. 144 m (474 ft.) aus dem Wasser ragenden Metallpylonen gehaltenen und in der Mitte von einem mächtigen Betonverankerung gestützten *Hängebrücken* mit einer Gesamtspannweite von 3185 m (10 450 ft.) und einer minimalen Durchfahrthöhe bei Hochwasser von 56–69 m (185–227 ft.); den mittleren Teil bildet ein ebenfalls zweistöckiger *Tunnel* (165 m bzw. 540 ft. lang, 23 m bzw. 76 ft. breit, 17,5 m bzw. 58 ft. hoch) durch die hügelige Buchtinsel Yerba Buena Island, von wo der dritte Teil als Folge von 20 *Bogenbrücken* (5913 m bzw. 19 400 ft.) zur Toll Plaza am Ostufer der Bucht hinüberführt.

Ferry Building, am Ausgangspunkt der Market Street (siehe dort) gelegenes einstiges Fährhaus für den Schiffspendelverkehr über die Bucht; beherbergt heute im Hauptgebäude (mit 75 m bzw. 235 ft. hohem Turm) die *Port Authority* (Hafenbehörde) und das *California Division of Mines* & *Geology Mineral Exhibit*, eine reichhaltige Mineraliensammlung (Sa. und So. geschl.; gratis), sowie im Nordflügel das *World Trade Center* mit Exponaten und Büchern zur Weltwirtschaft (gratis). Neubau der United States Steel Corp. geplant.

Telegraph Hill, nach einem um 1850 dort befindlichen Leuchtfeuer, mit dem die Ankunft von Schiffen im Goldenen Tor signalisiert wurde, an der Nordostspitze der Stadthalbinsel aufsteigender markanter Hügel (84 m bzw. 275 ft.) mit dem 64 m

(210 ft.) hohen *Coit Memorial Tower*, einem zu Ehren der freiwilligen Feuerwehr in Form einer Druckdüse errichteten, hellen Aussichtsturm (Fahrstuhl). Die Abhänge waren früher ein beliebtes Künstlerviertel und gelten heute als vornehme Wohngegend.

North Beach, Gegend zwischen Telegraph Hill (siehe dort) und Russian Hill (siehe dort) um die diagonal verlaufende Columbus Avenue; als LATIN QUARTER vornehmlich von Italienern und Lateinamerikanern bewohntes Viertel mit zahlreichen Gaststätten und Vergnügungslokalen.

Russian Hill (Russischer Hügel), Stadthügel westlich vom Telegraph Hill (siehe dort) mit ländlich anmutenden Straßenzügen. Sehenswert ist die zwischen Hyde Street und Leavenworth Street in engen steilen (40%) Windungen verlaufende LOMBARD STREET, die von freundlichen Grünanlagen eingefaßt ist; ferner bemerkenswert in diesem Viertel das *Art Institute* (800 Chestnut Street; gratis) mit einer feinen Sammlung europäischer und amerikanischer Malerei und Skulptur des 19. und 20. Jahrhunderts.

Fisherman's Wharf (Fischerkai), San Franciscos altbekannter Fischereihafen mit süditalienischem Einschlag am Nordostende der Stadthalbinsel; zahlreiche Spezialitätenrestaurants für Fisch und Meerestiere (bes. Krebse); Kuriositäten- und Wachsmuseum. Am Pier 43 ist die *Balclutha*, ein 1886 vom Stapel gelaufener Kap-Horn-Segler, als Schiffsmuseum verankert; am Pier 43½ liegen Buchtrundfahrtschiffe.

The Cannery (Jefferson Street, in Höhe des East Basin), ehemalige Fruchtkonservenfabrik der Firma Del Monte, seit 1968 mit Geschäften, Marktständen, Restaurants, Cafés und Unterhaltungsstätten sowie einem 'Oceanarium'. Westlich daneben das alte Haslett Warehouse mit dem *Western Transportation Museum* (Verkehrsmuseum); noch weiter westlich, jenseits der Hyde Street die VICTORIAN PLAZA, ein im Stil der Jahrhundertwende hergerichteter Platz mit Gaslaternen und Drehscheibe der 'Cable Car' (siehe dort; Power-Hyde-Linie).

Hyde Street Pier, handförmig verzweigte Hafenmole, auf welcher der *Maritime State Historic Park* mit restaurierten Wasserfahrzeugen eingerichtet ist: Dreimastschoner *C. A. Thayer* (von 1885), Schaufelradfähre *Eureka* (von 1890), Fährschiff *Alma* (von 1891) und Dampfschiff *Wapama* (von 1915).

Maritime Museum, in Höhe der Polk Street im AQUATIC PARK gelegenes Schiffahrtsmuseum (gratis) mit Schiffsmodellen,

Galionsfiguren, nautischem Gerät, Ziermuscheln und anderen Seefahrtsandenken.

Municipal Pier (Stadtpier), 56 m (185 ft.) lange, sichelförmig in die Bucht hinausragende Hafenmole mit schöner Rundsicht; nördlich voraus die Insel Alcatraz (siehe dort).

Ghirardelli Square, südöstlich hinter dem Maritime Museum (siehe dort) gelegener Komplex mit Läden, Galerien, Restaurants und Theater in und um die einstige Schokoladefabrik, Kaffeerösterei und Gewürzmühle Ghirardelli mit einem Uhrturm, der jenem des französischen Schlosses von Blois nachgebildet ist.

Alcatraz Island, 2 km (1¼ mi.) nördlich der Stadthalbinsel 42 m (135 ft.) aus der San Francisco Bay ragende Felseninsel von 5 ha (12 acres) Ausdehnung mit ehemaliger (bis 1963) für seine Ausbruchssicherheit bekannte Bundesstrafanstalt (Zuchthaus; ursprünglich Festung, später Militärgefängnis), in dem unter anderen der berüchtigte Gangster der Chicagoer Unterwelt Al(phonse) Capone (1895–1947) einsaß. — Der Inselname ist eine verstümmelte Form des spanischen *Isla de los Alcatraces* (Insel der Pelikane) der Entdeckungszeit. Über die Verwendung des für Besucher unzugänglichen Eilandes besteht Unklarheit; die Errichtung eines Gründungsdenkmals der Organisation der Vereinten Nationen (vgl. War Memorial Opera House) ist geplant. 1969 nahm eine Gruppe von Indianern die Insel in Beschlag, um dort eine Schule zu gründen.

Cow Hollow (Kuhloch), Abschnitt der UNION STREET zwischen Van Ness Avenue und Steiner Street. Der Name 'Kuhloch' stammt von der ursprünglichen Verwendung dieser Gegend als Weideland für Milchkühe, die später zum Molkereizentrum der Stadt wurde. Restaurierte Häuser im viktorianischen Stil mit Kunstgalerien. — An der Kreuzung mit der Gough Street (Nr. 2645) das 1961 erbaute und mehrfach restaurierte *Octagon House*, ein kleiner Ziegelbau auf achteckigem Grundriß mit Einrichtung, Kunstgegenständen und Andenken aus dem vorigen Jahrhundert.

California Historical Society (2090 Jackson Street), Gedenkbücherei und kleines Heimatmuseum in einem 1896 im viktorianischen Stil aus rotem Sandstein erbauten Palais (So. und Mo. geschl.; gratis).

Marina, an den *Yacht Harbor* (Jachthafen) grenzender Stadtteil zwischen *Fort Mason* und dem Presidio (siehe dort) mit schönen, *Marina Green* genannten Ufergrünanlagen.

Palace of Fine Arts, im Norden der Stadt am Jachthafen (Marina, siehe dort) westlich abseits der Baker Street befindliche 1965-1967 wiederhergestellte, von Zierteichen umgebene Rotunde im pseudoklassischen Stil mit Terrakottaschmuck, ehemals eines der Hauptgebäude der 1915 anläßlich der Eröffnung des Panamakanals hier abgehaltenen Panama-Pacific International Exposition (Weltausstellung).

Presidio (sprich 'Pressídio', span. = Festung), 1776 von den Spaniern unter Juan Bautista de Anza befestigtes, teilweise bewaldetes Militärgelände von 607 ha (1500 acres) am Nordwestausläufer der Stadthalbinsel, seither stets militärischen Zwecken dienend, heute Hauptquartier der 6. US-Armee; mit Kasernen, Krankenhaus, Friedhof, Flugplatz sowie aussichtsreichen Fahr- und Spazierwegen (z.T. unzugänglich). Das Adobe-Haus, in dem heute das Offizierskasino untergebracht ist, gilt als das älteste Gebäude von San Francisco.

Golden Gate Bridge, weltberühmte Straßenbrücke (Brückenzoll auch für Fußgänger) über das GOLDEN GATE (Goldenes Tor) vom Fort Point an der äußersten Nordspitze der Stadthalbinsel zur Südspitze der Marin Peninsula.

Die zwischen zwei 227 m (746 ft.) über dem Flutpegel des Goldenen Tores aufragenden durchbrochenen Stahlpylonen, 67 m (220 ft.) über dem Wasser elegant gespannte (Spannweite 1280 m bzw. 4200 ft.) 1933-1937 — als damals der Welt längste — erbaute Hängebrücke hat eine Gesamtlänge (mit Rampen) von 2700 m (1,7 mi.) und verfügt über eine 18 m (60 ft.) breite Fahrbahn (3 Spuren in jeder Richtung) sowie über zwei 4½ m (10½ ft.) breite Fußgängersteige. Sowohl der Anblick der mit einem roten Schutzanstrich versehenen und abends angestrahlten Brücke als auch der Ausblick von dieser auf die Stadt sind prachtvoll.

James D. Phelan Beach State Park (28th Avenue und Sea Cliff Avenue), 183 m (600 ft.) langer Sandstrand am Pazifik.

Lincoln Park, 110 ha (270 acres) hügelige Parkanlagen am Stillen Ozean zwischen 33rd Avenue und Clement Street (schöne Blicke auf die Golden Gate Bridge (s. dort), besonders vom Kap 'Lands End'); darin der städtische *Golfplatz* (18 Löcher) sowie der *California Palace of the Legion of Honor*, eine Nachbildung des Pariser Palais de la Légion d'Honneur, mit europäischen Kunstgegenständen vor allem des 18. und 19. Jahrhunderts (u.a. Skulpturen von Rodin; gratis).

Seal Rocks (Robbenfelsen), unmittelbar vor der äußersten Westspitze der Stadthalbinsel gelegene, von Hunderten von kalifornischen Seelöwen bevölkerte Klippen und Felseilande; besonders gute Aussicht von dem altbekannten Restaurant *Cliff House* (1090 Point Lobos Avenue; seit 1858). Oberhalb erstrecken sich die schönen *Sutro Gardens*, einst Privatbesitz des reichen Bürgermeisters Adolph Sutro.

GOLDEN GATE PARK, ursprünglich eine Düneneinöde, heute mit 411 ha (1017 acres) Grünfläche die größte Parkanlage von San Francisco, die sich in einem langgestreckten Rechteck von $5 \times 0,8$ km ($3 \times \frac{1}{2}$ mi.) zwischen Lincoln Way und Fulton Street bzw. Stanyan Street und dem Pazifik (Point Lobos Avenue) im nördlichen Westen der Halbinsel ausdehnt.

Der seit 1887 von dem Botaniker und Landschaftsgestalter *John McLaren* geschaffene Park enthält über 5000 verschiedene Pflanzenarten, ein Arboretum, ein Gewächshaus, Windmühlen, ein Büffelgehege, zahlreiche Denkmäler und mehrere Spiel- und Sportplätze sowie folgende besonders bemerkenswerte Einrichtungen in der östlichen Hälfte der Anlage:

California Academy of Sciences (Akademie der Wissenschaften des Staates California; Zutritt gratis) mit dem *Steinhart Aquarium* (Fische, Amphibien, Reptilien), dem *Morrison Planetarium*, der *North American Hall* und der *African Hall* sowie einer *Fossilien*- und einer *Mineraliensammlung*.

M. H. de Young Memorial Museum mit Kunstsammlungen von der Antike (Ägypten, Griechenland, Rom) bis um 1850 sowie der 1966 eingerichteten, bemerkenswerten *Avery Brundage Collection of Oriental Art* (rund 6000 asiatische Kunstgegenstände; benannt nach ihrem Stifter, dem langjährigen Präsidenten des Internationalen Olympischen Komitees).

Japanese Tea Garden, ein bereits 1894 angelegter, etwa 1¼ ha (3 acres) großer japanischer Kunstgarten mit Kirschbäumen, Ziersträuchern, Blumen, Teehaus, Laternen, Pagoden, Buddha-Statuen, Toren, Teichen, Bächen und Brücken.

Kezar Stadium, Sportstadion für 60 000 Zuschauer an der Südostecke des Parkes.

Ocean Beach, Sandstrand am Pazifik (Schwimmen verboten!) südwestlich vom Golden Gate Park (siehe dort) mit Blick auf die Seal Rocks (siehe dort); nördlich der Vergnügungspark 'Playland'.

Zoological Gardens, städtischer zoologischer Garten am Pazifik und Südwestende des Stadtgebietes mit Kinderzoo, dem

Fleishhacker Pool (305 × 46 m bzw. 1000 × 150 ft. großes Freiluft-Meerwasser-Schwimmbecken), Vergnügungspark und Märchengarten.

Lake Merced (span. 'Laguna de Nuestra Señora de la Merced'), große Lagune südöstlich vom Zoologischen Garten (siehe dort), zum Bootsfahren und Forellenfang besucht; in der Umgebung mehrere Golfplätze.

Sigmund Stern Memorial Grove (Sloat Boulevard und 19th Street), etwa auf halbem Wege zwischen dem Zoologischen Garten (s. dort) und dem Mount Davidson gelegenes, von Eukalyptusbäumen umschlossenes natürliches Freilichttheater, das vornehmlich musikalischen Veranstaltungen dient.

Cow Palace (Kuhpalast), im VISITACION VALLEY (Geneva Avenue), südöstlich unmittelbar jenseits der Stadtgrenze in der San Mateo County gelegener, auch *Livestock Pavilion* genannter Ausstellungsbau (17 500 Zuschauerplätze), in dem allherbstlich eine große Viehausstellung sowie ansonsten andere Großveranstaltungen abgehalten werden.

Candlestick Park, Grünanlage im äußersten Südosten der Stadt (Gilman Avenue), mit ovalem Baseball-Stadion (45 000 Plätze).

San Francisco Bay Naval Shipyard, ausgedehntes Marinewerftgelände am HUNTERS POINT, dem südöstlichen Zipfel der Stadt, mit einem 335 m (1100 ft.) langen Trockendock und einem 630 t. hebenden Kran.

Auskunft:

San Francisco Convention & *Visitors Bureau*, Fox Plaza, Ecke Market Street und Polk Street (Tel. 626–5500).
San Francisco Chamber of Commerce, 420 Montgomery Street.
American Automobile Association (kurz A.A.A.; sprich 'Triple A'), 1500 Van Ness Avenue.
Lufthansa, 295 Geary Street, Union Square (Tel. EX 7–6969).
Swissair, 185 Post Street (2. Stock; Tel. 982–7667).
Pan American World Airways, 222 Stockton Street und 1 California Street (Tel. 397–5200).

Unterkunft und Restaurants: siehe Verzeichnis am Ende des Buches.

Hauptpost:

Ecke 7th Street und Mission Street.

Bahnhöfe:

Southern Pacific Railroad, Ecke 3rd Street und Townsend Street.
Atchison, Topeka & Santa Fe Railway, 44 4th Street.

Autobushöfe:

Greyhound, 7th Street, gegenüber der Hauptpost.
Transbay Transit Terminal (Nahverkehr), Ecke Mission Street und 1st Street.
Air Terminal (Flughafenzubringer), Ecke Taylor Street und O'Farrel Street.

Flughäfen:

San Francisco International Airport, 23 km (14 mi.) südöstlich an der San Francisco Bay.
Metropolitan Oakland International Airport, am Ostufer der Bucht.

Konsularische Vertretungen:

Generalkonsulat der Bundesrepublik Deutschland, 601 California Street.
Konsulat der Republik Österreich, 235 Marina Boulevard.
Konsulat der Schweizerischen Eidgenossenschaft, 235 Montgomery Street, Russ Building.

Besichtigungsfahrten:

Der durch blau-weiße Wegweiser mit einer Möve gekennzeichnete 79 km lange *49-Mile-Scenic-Drive* ist ein empfehlenswerter Rundfahrweg zu den interessantesten Sehenswürdigkeiten und Aussichtspunkten der Stadt.
Gray Line of San Francisco, 375 O'Farrell Street (Tel. 771–4000); Abfahrt vom Transbay Transit Terminal, Ecke Mission Street und 1st Street.
J × J Walking Tours, 33 Cervantes Boulevard; geführte Spaziergänge durch Chinatown.

Tonband-Führungen:

Auto Adventures, Fairmont Hotel.
Auto-Tape Tour, 325 Mason Street, Downtown Center Garage.
Info-Tape (auch deutsch, französisch, spanisch, japanisch), 1841 Powell Street.

Schiffsverkehr:

Hafen- und Buchtrundfahrten von der Fisherman's Wharf (Pier 43½ bzw. 45).

Hubschrauberrundflüge:

Helicopter Airlines, Metropolitan Oakland International Airport (Tel. 626–7700).

UMGEBUNG

Sausalito (16 km bzw. 10 mi. nördlich), malerischer Hafenort und Künstlerkolonie an der Francisco Bay nördlich jenseits der Golden Gate Bridge; hydraulisches Modell der Bucht.

Muir Woods National Monument (27 km bzw. 17 mi. nordwestlich), 206 ha (510 acres) großer Redwood-Wald mit bis zu 73 m (240 ft.) hohen, im Durchmesser bis zu 6 m (20 ft.) starken und über 2000 Jahre alten immergrünen Mammutbäumen (sequoia sempervirens).

Mount Tamalpais (32 km bzw. 20 mi. nordwestlich), Aussichtsberg (794 m bzw. 2605 ft.) auf der Marin Peninsula; Naturschutzgebiet.

San Rafael (32 km bzw. 20 mi. nördlich), Kreisstadt von 30 000 Einwohnern mit der ursprünglich 1817 erbauten und 1949 restaurierten Missionsstation *San Rafael Arcángel* (span. Erzengel Rafael).

Sonoma (24 km bzw. 15 mi. nördlich der San Pablo Bay), 1823 im SONOMA VALLEY gegründete Missionsstation, mit **Napa** (16 km bzw. 10 mi. westlich davon) einer der Schwerpunkte des kalifornischen Weinbaus (seit 1825).

Berkeley, am Nordostufer der San Francisco Bay gegenüber dem Goldenen Tor gelegene Industriestadt von 125 000 Einwohnern; Hauptsitz der bekannten *University of California* (1873 gegr.; 30 000 Studierende).

Oakland, Hafen- und Industriestadt von rund 400 000 Einwohnern östlich gegenüber San Francisco, jenseits der Bucht, am Fuße der Coast Range; im Stadtgebiet ein 65 ha (160 acres) großer Salzwassersee. Regionalmuseum. Großer Flughafen.

Mount Diablo (in der Coast Range; 45 km bzw. 28 mi. Luftlinie östlich), höchster Berg (1173 m bzw. 3849 ft.) in der Umgebung von San Francisco mit trefflicher Fernsicht; Naturschutzgebiet.

San José (80 km bzw. 50 mi.) südöstlich jenseits der Bucht gelegene Stadt (1777 gegr.) von 220 000 Einwohnern mit bedeutender Lebensmittelindustrie (v.a. Trockenfrüchte), neuerdings auch Raumfahrtzentrum mit Elektronikindustrie; beachtenswertes ägyptologisches Museum im Rosicrucian Park.

Palo Alto (span. = 'hoher Baum'; 56 km bzw. 35 mi. südöstlich), Stadt von 60 000 Einwohnern am südwestlichen Buchtufer mit der berühmten *Leland Stanford Junior University* (1885 gegr.; 12 000 Studierende; Gebäude im spanischen Kolonialstil nachempfunden) und Elektronikindustrie.

Redwood City (40 km bzw. 25 mi. südöstlich), aufstrebende Hafenstadt am Südwestufer der Bucht mit dem 35 ha (86 acres) großen Unterhaltungsgelände *ABC Marine World* (Aquarien, Lagunen, Kanäle u.v.a.).

SANTA FE, New Mexico

Santa Fe (2135 m bzw. 7000 ft.), die pittoreske Hauptstadt des Bundesstaates New Mexico und Handelszentrum für Holz und landwirtschaftliche Produkte mit 45 000 Einwohnern (davon die Hälfte spanischer Abstammung; bis 1932 Spanisch zweite Amtssprache) liegt zu beiden Seiten des *Santa Fe River* inmitten den schönen *Sangre de Cristo Mountains* und bietet dem Reisenden bei angenehmem, mildem Klima dank vieler historischer Stätten und der reichen, von indianischer und spanischer Kultur geprägten Atmosphäre mannigfaltige interessante Sehenswürdigkeiten. Die industriefreie Stadt ist Sitz eines katholischen Erzbischofs sowie eines Colleges und hat zahlreiche Künstler angezogen.

Als 1609 die Spanier an diese Stelle gelangten, fanden sie bereits ein ansehnliches Indianerdorf vor. Schon 1610 wurde der Ort zur neuen Hauptstadt der spanischen Provinz Neu Mexiko bestimmt und mit dem Bau der Casa Real für den Gouverneur begonnen. Während der schweren Indianeraufstände von 1680 gelangte Santa Fe vorübergehend wieder in die Hände der Pueblo-Indianer, wurde jedoch 1693 von *Diego de Vargas* endgültig zurückerobert und kam 1846 an die Vereinigten Staaten. Mit der Eröffnung (1822) des *Santa Fe Trail*, einer bis 1880 benutzten Fahrstraße nach Independence (Kansas City) im Staate Missouri, entwickelte sich Santa Fe zu einem wichtigen Güterumschlagplatz.

SEHENSWÜRDIGKEITEN

The Plaza (im Stadtzentrum), baumbestandener Platz, ehemals Marktplatz; in der Mitte ein *Obelisk* von 1862 zu Ehren der im Kampf gegen die Indianer gefallenen amerikanischen Soldaten.

Palace of the Governors (Gouverneurpalais; an der Nordseite der Plaza); ursprünglich 1610 als *Casa Real* für den Amts- und Wohnsitz des spanischen Gouverneurs von Neu Mexiko errichtet und festungsartig ausgebaut, bot er in Kriegszeiten auch vielen Siedlern und deren Habe Schutz und Raum. Während der Aufstände von 1680 wurde der Bau von Indianern aus Taos eingenommen, teilweise zerstört und von ihnen darauf nach Pueblo-Art umgebaut. Erst 1693 gelang es den Spaniern, den Palast zurückzuerobern. Seither diente er bis 1900 als State Capitol. Seit 1909 ist das *Museum of New Mexico* mit sehenswerten, reichhaltigen Sammlungen zur Kulturgeschichte der nordamerikanischen Indianer darin untergebracht. An Sonntagen bieten unter den Holzarkaden des Gouverneurpalais die Indianer der Umgebung ihre kunsthandwerklichen Waren (Silber und Türkis) feil. Dem Museum ist das *Fine Arts Building* (zeitgenössische amerikanische Malerei) angeschlossen.

The Mission of San Miguel (*Oldest Church;* Ecke College Street und De Vargas Street), die älteste erhaltene Kirche der Vereinigten Staaten (vermutlich von 1610, sicher aber von vor 1628). Das ursprüngliche, 1955 freigelegte Mauerwerk wurde mit Sicherheit von Indianern errichtet, die unter der Anleitung von Franziskanermönchen standen. Im Innern ein einfacher geschnitzter und bemalter Holzaltar von 1798 sowie unter Glas sichtbar die ursprünglichen Fundamente. In einem Seitenraum u.a. die *San José Bell* (von 1356), die von den Spaniern aus dem andalusischen San José mitgebracht worden sein soll.

The Oldest House (gegenüber der Oldest Church), das vermutlich schon vor der Ankunft der Spanier von Tigua-Indianern errichtete älteste Gebäude am Ort.

Rosario Chapel (3¼ km bzw. 2 mi. nordwestlich; Jefferson Street), angeblich 1692 unter De Vargas errichtete Rosenkranzkapelle.

Cathedral of St. Francis of Assisi (am Ende der San Francisco Street), 1869 an Stelle einer älteren Kirche erbaut; unter dem Hochaltar die Gräber mehrerer Erzbischöfe.

The Miraculous Staircase (in der Kapelle der Loretto Academy; Eingang College Street), Ende des 19. Jahrhunderts von einem unbekannten Zimmermann gefertigte hölzerne Wendeltreppe mit zwei Windungen ohne Mittelstütze.

Cristo Rey Church (südwestlich an der Canyon Road), gewaltiger Adobebau; im Innern der von 1761 stammende, geschnitzte Altaraufsatz der alten St. Francis Cathedral.

New Mexico State Capitol (südwestlich), 1966 in Anlehunng an den Pueblo-Stil erbaut.

United States American Indian Art School (3¼ km bzw. 2 mi. südwestlich an der Cerrillos Road), Kunstgewerbeschule für junge Indianer.

Old Canyon Road (südwestlich), alter Indianer-Handelspfad entlang dem Santa Fe River, heute von Künstlern bevorzugte Wohnstraße (Kunstgewerbeläden).

Alljährlich findet während des Wochenendes um den Labor Day die **Santa Fé Fiesta** mit Prozessionen, Indianertänzen und Unterhaltungsveranstaltungen statt.

Auskunft:

Santa Fe Chamber of Commerce, 119 South Castillo Street.

Unterkunft und Restaurants: siehe Verzeichnis am Ende des Buches.

Stadtbesichtigungsfahrten:

Santa Fe Tours Inc., 126–133 Water Street.

UMGEBUNG

Taos (112 km bzw. 70 mi. nordöstlich; 2135 m bzw. 7000 ft.), inmitten prächtiger Gebirgsgegend (Wintersport) gelegene Künstlerkolonie von 2500 Einwohnern mit stark indianischer Prägung. Sehenswert sind die zahlreichen Kunstgewerbeläden, das *Kit Carson Home and Museum* (East Kit Carson Street) sowie v.a. das 5 km (3 mi.) nordöstlich gelegene Indianerdorf Taos Pueblo (siehe unten).

Taos Pueblo (117 km bzw. 73 mi. nordöstlich), seit mindestens 800 Jahren ununterbrochen bewohntes Indianerdorf von etwa 1450 ausschließlich indianischen Einwohnern. Der Hauptplatz des aus zwei vier-, bzw. fünfstöckigen Gemeinschaftshäusern bestehenden Dorfes wird vom *Rio Pueblo de Taos* durchflossen.

Vermutlich hat sich das Aussehen des Dorfes im Laufe der Jahrhunderte nicht wesentlich verändert. Die aus Adobe geformten Wohneinheiten sind terrassenförmig über- und aneinandergefügt und waren ursprünglich nur über mit beweglichen Leitern erreichbare Eingänge im Dach zu betreten. Mit der Zeit hat sich jedoch die seitliche Tür als Eingang fast allgemein durchgesetzt, doch müssen auch heute noch die Bewohner der oberen Stockwerke über die Dächer der darunterliegenden Zellen in ihre Räume gelangen. Die von Ackerbau, Viehzucht und auch von Industriearbeit in den umliegenden Orten lebenden Dorfbewohner gestatten Touristen die Besichtigung nur während des Tages (bis 18 h) und auf Widerruf. Wie auch in den anderen Pueblos ist das Photographieren von Gebäuden nur mit Genehmigung gestattet, Personen müssen um Erlaubnis gefragt werden.

Weitere besuchenswerte Indianer-Pueblos sind **Tesuque** (13 km bzw. 8 mi. nördlich), **Nambe** (32 km bzw. 20 mi. nordöstlich), **San Ildefonso** (35 km bzw. 22 mi. nordwestlich), **Santa Clara** (43 km bzw. 27 mi. nordwestlich), **San Juan** (45 km bzw. 28 mi. nordwestlich); erste Hauptstadt von Neu Mexiko), **Cochiti** (43 km bzw. 30 mi. südwestlich; feine Töpfer- und Silberwaren), **Santo Domingo** (50 km bzw. 31 mi. südwestlich; Türkisschmuck und Webwaren) und **San Felipe** (54 km bzw. 34 mi. südlich; eine der ältesten Siedlungen am Rio Grande).

Bandelier National Monument (74 km bzw. 46 mi. westlich), nach dem Schweizer Adolphe F. A. Bandelier, der sich große Verdienste um die Erforschung von Geschichte und Lebensweise der Pueblo-Indianer erwarb, benannte Ausgrabungsstätte des im engen FRIJOLES CANYON gelegenen, vermutlich im 12. Jahrhundert n.Chr. gegründeten und bis um die Mitte des 16. Jahrhunderts bewohnten Indianerdorfes *Tyuonyi*. Es bestand aus einem kreisförmig angelegten, mehrstöckigen Gemeinschaftshaus, zu dessen Innenplatz (mit Kiwa, der indianischen Kultstätte) nur zwei enge und daher leicht zu verteidigende Zugänge führten. Da die Räume keinerlei Fenster hatten und Eingänge nur in den Dächern besaßen, welche mittels einziehbaren Leitern erreicht werden konnten, war das Dorf wie eine Festung geschützt. In die Felsen des nordöstlichen Talhanges sind außerdem zahlreiche, teils ausgemalte Höhlenwohnungen eingehauen, deren Besichtigung lohnt, jedoch beschwerlich ist. Nördlich des Hauptdorfes liegt das sogenannte *Long House* (langes Haus), die sich etwa 3 km (2 mi.) hinziehenden Reste einer Reihe unter einem Felsvorsprung eng aneinandergefügter Häuser. — 18 km bzw. 11 mi. nordöstlich befinden sich die noch nicht ausgegrabenen Ruinen des großen Pueblos *Tsankawi* aus etwa der gleichen Zeit.

Pecos Ruins (26 km bzw. 16 mi.; südöstlich), die Ruinen eines großen, aus dem Mittelalter (um 1100) stammenden und zu Beginn des 19. Jahrhunderts verlassenen Pueblos mit mehrstöckigem Gemeinschaftshaus; dabei die Reste einer frühen spanischen Missionsstation.

Los Alamos (67 km bzw. 42 mi. nordwestlich), Kernforschungszentrum mit Museum des *Los Alamos Scientific Laboratory*.

Santa Fe Ski Basin (26 km bzw. 16 mi. nordöstlich), Wintersportgelände auf 3111 m (10 200 ft.) Höhe.

SEATTLE, Washington

Seattle (sprich ‚Siätl'; 0–158 m bzw. 520 ft.), landschaftlich reizvoll im Nordwesten des Bundesstaates Washington zu Füßen des majestätischen, schneebedeckten *Mount Rainier* (4395 m bzw. 14 410 ft.) auf einer langgestreckten Landbrücke zwischen *Puget Sound* und *Lake Washington* gelegene Hafenstadt von 600 000 Einwohnern (8% Farbige). Seattles bedeutendste Industriezweige sind der Flugzeugbau (Boeing Co.), die Holzverarbeitung, der Schiffsbau und das Fischereiwesen. In dem um die *Elliott Bay* gelegenen natürlichen Hafen der Stadt werden vorwiegend Waren von und nach Asien und Alaska umgeschlagen. Erst der Bau des Panamakanals brachte der Stadt auch eine gewisse Bedeutung im Verkehr mit den übrigen Kontinenten ein. Neben mehreren Universitäten beherbergt die Stadt verschiedene Colleges und Fachschulen sowie das Seattle Symphony Orchestra und ist Sitz einer katholischen Erzdiözese.

Im Jahre 1851 gegründet und auf sieben Hügeln erbaut, erhielt die Stadt ihren Namen nach dem Indianerhäuptling *Sealth* oder *Seattle*, der den frühen Siedlern in Freundschaft zugetan war. Ein schwerer Brand zerstörte 1889 weite Teile der Stadt. Mit dem Ende des letzten Jahrhunderts einsetzenden Goldrausch in Alaska gewann Seattle als nächster großer Hafen besondere

Bedeutung. Die 1962 hier abgehaltene *Century 21 Exposition* (Weltausstellung) brachte der Stadt weltweites Interesse ein.

SEHENSWÜRDIGKEITEN

SEATTLE CENTER (5th Avenue North), Gelände der Century 21 Exposition (Weltausstellung von 1962) mit der **Space Needle** ('Weltraumnadel'), einem 185 m (608 ft.) hohen Aussichtsturm (Außenaufzüge; rotierendes Restaurant auf 153 m bzw. 500 ft. Höhe), dem **Seattle Art Museum Pavilion** (zeitgenössische Kunst), dem **Pacific Science Center** (Ausstellungen zu Wissenschaft und Forschung), dem *Opera House*, dem *Coliseum* (Veranstaltungshalle) u.a. sowie einem Vergnügungspark. Die 1⅔ km (1 mi.) lange Strecke zwischen dem Geschäftszentrum von Seattle und dem Ausstellungsgelände bedient eine **Monorail** genannte Einschienenbahn in 96 Sekunden.

Hiram M. Chittendem Locks, Schleusenanlagen am Lake Washington Ship Canal zwischen Lake Union und Puget Sound.

Lake Union, zwischen Elliott Bay und Lake Washington südlich des Lake Washington Ship Canal gelegener See mit Jachthaven.

Green Lake, nördlich des Lake Union in einem Park gelegener See (Bademöglichkeit, Spiel und Sport).

Floating Bridges, 2 km (6560 ft.) lange und 18½ m (60 ft.) breite Pontonbrücke über den Lake Washington zwischen Seattle Downtown und Mercer Island.

Ye Olde Curiosity Shop (601 Alaskan Way; Pier 51), Andenken- und Kuriositätenladen von reichhaltiger Warenauswahl (besonders aus Asien importierte kunstgewerbliche Gegenstände).

Seattle Public Aquarium (am Pier 56).

SHILSHOLE BAY, an der Einmündung des Washington Ship Canal in den Pazifik mit Jacht- und Fischereihafen. Hier befinden sich auch die **Undersea Gardens** (7041 Seaview Avenue North West), Unterwassergänge, durch deren Fenster der Besucher die Meeresfauna und -flora in ihrer natürlichen Umgebung betrachten kann.

Fishermen's Terminal, Winterhafen der Alaska-Fischereiflotte.

Chinatown (zwischen 5th Avenue, 8th Avenue, Main Street und Weller Street), Chinesenstadt (auch Japaner) mit Geschäften, Restaurants und buddhistischem Tempel.

Seattle Art Museum (14th Avenue East), europäische, orientalische und asiatische Kunst (Jadesammlung); amerikanische Malerei; Deckengemälde von Tiepolo.

Museum of History and Industry (2161 East Hamlin Street), Ausstellungen zur Geschichte der Stadt und des Nordwestens (u.a. eine Boeing B 1).

Henry Gallery (auf dem Gelände der University of Washington), zeitgenössische Malerei und Skulptur, Druckerzeugnisse, japanische Keramik; dabei auch das *Thomas Burke Museum*, natur- und kulturgeschichtliches Museum des Pazifikraumes.

Charles and Emma Frye Art Museum (704 Terry Avenue), europäische Malerei des ausgehenden 19. und des beginnenden 20. Jahrhunderts.

Smith Tower Observatory (502 2nd Avenue), 153 m (500 ft.) hohes, 42-stöckiges Hochhaus mit Aussichtsterrasse.

Seattle-First National Bank Building, mit 155 m (509 ft.) und 52 Stockwerken das höchste Haus der Stadt.

In der Stadt liegen mehrere prächtige, wegen des milden, feuchten Klimas stets sattgrüne und blumenreiche *Parks*, ein *Zoologischer Garten* sowie das *University of Washington Arboretum*.

Auskunft:

Seattle Visitors Bureau, 215 Columbia Street.
Pan American World Airways, 1300 4th Avenue.

Unterkunft und Restaurants: siehe Verzeichnis am Ende des Buches.

Flughäfen:

Seattle-Tacoma International Airport, 24 km (15 mi.) südlich der Stadt.
Boeing Field (Firmenflugplatz der Boeing-Werke), 13 km (8 mi.) südlich der Stadt.

Stadtbesichtigung:

Gray Line Tours, 802 South Dearborn Street.
Bill Speidels' Underground Tour, ein Rundgang durch den ältesten, einst vom Feuer 1889 vernichteten und später auf alten Fundamenten und Mauerteilen wiederaufgebauten Teil der Stadt; noch erhaltene Fassaden- und Geschäftsfronten sind unter dem Straßenniveau zu besichtigen. Auskunft im Visitors Bureau, siehe oben.

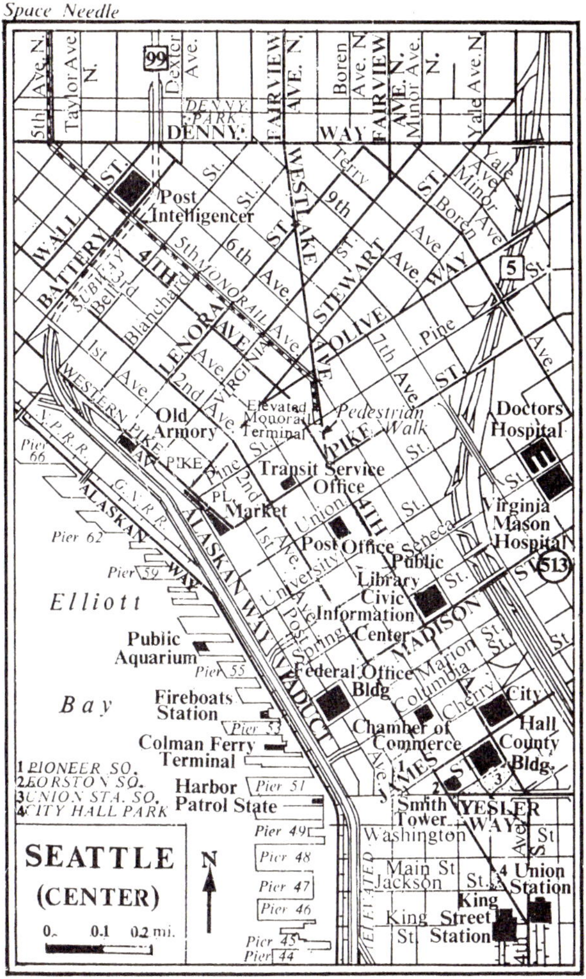
Space Needle
SEATTLE
(CENTER)
0 0.1 0.2 mi.
N
1 PIONEER SQ.
2 FORSTON SQ.
3 UNION STA. SQ.
4 CITY HALL PARK
Elliott
Bay
Post Intelligencer
Old Armory
Elevated Monorail Terminal
Pedestrian Walk
Transit Service Office
Market
Post Office
Public Library
Civic Information Center
Federal Office Bldg
Chamber of Commerce
Doctors Hospital
Virginia Mason Hospital
City Hall
County Bldg.
Smith Tower
Union Station
King Street Station
Public Aquarium
Fireboats Station
Colman Ferry Terminal
Harbor Patrol State
Pier 66
Pier 62
Pier 59
Pier 55
Pier 53
Pier 51
Pier 49
Pier 48
Pier 47
Pier 46
Pier 45
Pier 44
ALASKAN WAY
ALASKAN WAY VIADUCT
DENNY WAY
YESLER WAY
DENNY PARK

UMGEBUNG

Mount Rainier National Park, 96 km (60 mi.) südöstlich, siehe dort.

Olympic Peninsula, Halbinsel zwischen Puget Sound und Pazifik, mit den von dichtem Regenwald bedeckten felsigen *Olympic Mountains* (Indianerreservat; siehe Olympic National Park).

San Juan Islands, 172 in der Strait of Juan de Fuca gelegene Inseln, deren größte *Orcas*, *Lopez*, *San Juan* und *Shaw* sind.

Victoria (auf dem kanadischen *Vancouver Island;* Fährverbindung in 4 Std.), reizvolle Stadt, bekannt für seine blumenreichen Parkanlagen und den englischen Charakter seiner Stadtanlage; besuchenswert sind die *Butchart's Gardens* und das *Volkskundemuseum*.

WASHINGTON, D.C.

Im Jahre 1790 stellten die Staaten Maryland und Virginia der Bundesregierung ein anfänglich 260 qkm (100 sq. mi.) großes Gebiet für die Gründung einer Bundeshauptstadt zur Verfügung. Der Anteil Virginias wurde jedoch 1846 wieder zurückgegeben, so daß der heutige **Federal District of Columbia,** kurz **D.C.,** ein kommissarisch verwaltetes Territorium, nur 178 qkm (69 sq. mi.) umfaßt. Dieser Bundesdistrikt ist identisch mit der Stadt Washington, D.C.

Washington (0–125 m; 0–410 ft.), die Bundeshauptstadt der Vereinigten Staaten von Amerika, liegt etwa 300 km (185 mi.) östlich landeinwärts vom Atlantischen Ozean, am linken Ufer des *Potomac River* ('Potomac' = indianisch 'fischreich') sowie nördlich der Mündung des hier von Nordosten zufließenden *Anacostia River* und hat eine Einwohnerzahl von etwa 850 000 (davon 55% Farbige, 1900 nur 2%). Die Anlage der nach George Washington (1732–99), dem ersten Präsidenten der USA, benannten Stadt, die ursprünglich 'Federal City' (= 'Bundesstadt') heißen sollte, erfolgte nach den Plänen des aus Frankreich stammenden Ingenieurs und Majors *Pierre-Charles L'Enfant*. Als Mittelpunkt sah er das Kapitol vor, von dem Avenuen und Straßen ausgehen. Während die das gitterförmige Straßennetz diagonal durchkreuzenden 'Avenues' Namen verschiedener Unionsstaaten tragen, sind die von Norden nach Süden verlaufenden 'Streets' in beiden Richtungen numeriert, die von Osten nach Westen führenden hingegen alphabetisch mit Buchstaben bezeichnet. So entstehen die vier Stadtbezirke Northwest, Northeast, Southwest und Southeast, deren Abkürzungen (N.W., N.E., S.W., S.E.) die jeweils doppelt vorkommenden Straßennamen als lokalisierende Zusatzbezeichnungen erhalten. Die Stadt erhält ihr besonderes Gepräge durch die großzügige Anordnung der oft baumbestandenen Alleen, Straßen und Plätze sowie der zahlreichen Repräsentativbauten und Denkmäler, besonders aber durch die weiten Parkanlagen (1/6 des Stadtgebietes ist Grünfläche). Das Leben der Stadt ist vor allem von der staatlichen Verwaltungsarbeit bestimmt. In den Ministerien und Ämtern sind rund 300 000 Beamte beschäftigt. Hinzu kommen die rege diplomatische Tätigkeit der ausländischen Vertretungen und ein das ganze Jahr hindurch anhaltender Besucherstrom aus dem In- und Ausland. Mehrere Universitäten und Fachschulen bilden die Foren pädagogischer und wissenschaftlicher Arbeit. — Washington ist Sitz eines katholischen Erzbischofs sowie eines anglikanischen Bischofs. Bei der Vielzahl echter Sehenswürdigkeiten sollte der Besucher einen mehrtägigen Aufenthalt vorsehen. Wegen der erheblichen Ausdehnung des Stadtgebietes kann man bei der Besichtigung schwerlich auf ein Fahrzeug verzichten. — Untergrundbahn im Bau.

STADTBESCHREIBUNG

Capitol Hill

Auf einer CAPITOL HILL ('Kapitolshügel') genannten Anhöhe (30 m; 97 ft.) zwischen Independence Avenue und Constitution Avenue erhebt sich inmitten 53 ha (130 acres) gepflegter Parkanlagen das **United States Capitol** (Kapitol), ein eindrucksvoller, breit gegliederter Baukomplex (229 m bzw. 750 ft. lang, 107 m bzw. 350 ft. breit; 540 Räume) im klassizistisch-korinthischen Stil. Über dem Mitteltrakt ragt ein 79 m (258 ft.) hoher Kuppelbau empor, den eine Freiheitsstatue (6 m bzw.; 19 ft.; von Th. Crawford) krönt und der als Vorbild für den Bau vieler amerikanischer Staatskapitole diente. — Am 18. September 1793 legte Präsident George Washington den Grundstein zu einer ersten Anlage, die 1814 von den Engländern niedergebrannt wurde. 1827 waren der mittlere Hauptteil nach Plänen von *William Thornton* mit einer zunächst flachen Kuppel erneut fertiggestellt, 1857 die Flügel und 1863 die zweite, jetzige Kuppel vollendet. Die Bauausführung stand nacheinander unter der Leitung der Architekten *Benjamin H. Latrobe*, *Charles Bulfinch* und *Thomas U. Walter*. Erst 1959–62 wurden wieder bauliche Veränderungen (an der Ostseite) vorgenommen. — Das Kapitol ist der Versammlungsort des *Kongresses*, der sich aus dem Senat (100 Senatoren) und dem Repräsentantenhaus (535 Abgeordnete) zusammensetzt.

Das INNERE (tägl. Sommer 9–22 h, Winter 9–16.30 h; Führung ratsam, ungeführte Besichtigung gratis) erreicht man über eine Freitreppe und durch den zentralen Haupteingang auf der Ostseite. Die Reliefs der schweren *Bronzetüren* wurden

1850 nach Entwürfen von Randolph Rogers in München gegossen und zeigen 12 Episoden aus dem Leben des Kolumbus.

Die 'Kolumbustüren' führen in die **Rotunda** (Rotunde), eine Rundhalle von 30 m (100 ft.) Durchmesser unter der Kuppelwölbung (55 m bzw. 180 ft. hoch) mit dem *Freskogemälde* 'die Apotheose George Washingtons' von Constantino Brumidi. Ringsum acht *Wandgemälde* mit Szenen aus der nordamerikanischen Geschichte; nordöstlich und nordwestlich vier Motive aus dem Unabhängigkeitskrieg: 'Die Unterzeichnung der Unabhängigkeitserklärung in Philadelphia, 1776', 'Die Kapitulation General Burgoynes in Saratoga, 1777', 'Die Kapitulation der britischen Armee unter Lord Cornwallis in Yorktown, 1781' und 'Washington legt den Oberbefehl der amerikanischen Armee nieder, Annapolis 1783', alle vier von John Trumbull; gegenüber 'Die Landung des Kolumbus in San Salvador, 1492' (von J. Vanderlyn), 'Die Entdeckung des Mississippi durch De Soto, 1541' (von W. H. Powell), 'Die Taufe der Indianerprinzessin Pocohantas in Jamestown, 1613' (von J. G. Chapman) und 'Die Einschiffung der Pilgerväter in Delfthaven, 1620' (von R. W. Weir). Über diesen Wandbildern läuft ein *Freskofries* von Constantino Brumidi, Filippo Costaggini und Allyn Cox um, der ebenfalls geschichtliche Ereignisse darstellt. An der Westseite der Rotunde steht die lebensgroße *Statue Abraham Lincolns* (von der jungen V. Ream, der späteren Mrs. Hoxie). — Unter der Rotunde befindet sich eine *Krypta*, die ursprünglich als Grab George Washingtons vorgesehen war und heute der Aufbewahrung des Katafalkes dient, auf dem große Tote hier aufgebahrt werden.

Der südlich an die Rotunde anschließende halbrunde Raum war von 1807 bis 1857 der Sitzungssaal des Repräsentantenhauses. 1864 wurde er zur **Hall of Statuary** (Statuensaal) erklärt. Hier stehen von den einzelnen Bundesstaaten gestiftete Standbilder großer Söhne des Landes. — Den durch einen Korridor mit dem Statuensaal verbundenen Südtrakt des Kapitols nimmt das schlichte **Chamber of the House of Representatives,** der holzgetäfelte Sitzungssaal des Repräsentantenhauses, ein. Hinter der Rednerbühne steht der Tisch des Speaker (Vorsitzender). Die Abgeordneten nehmen ihre Plätze gemäß der Parteizugehörigkeit ein: links vom Speaker die 'Republikaner', rechts die 'Demokraten'. An der Rückwand zwei Porträts: rechts George Washington (von J. Vanderlyn), links Lafayette (von A. Scheffer). — Die Galerien sind außer bei Sitzungen zugängclih.

Von der Rotunde gelangt man nördlich in die *Small Senate Rotunda* (Kleine Senatsrotunde); dahinter folgt das *Old Senate Chamber,* der einstige Senatssaal (1810–60) und von 1860 bis 1935 der Sitzungssaal des Obersten Gerichtshofes. Weiter nördlich der *Senate Conference Room* (Konferenzraum des Senates) und im Nordflügel das **Senate Chamber,** der Sitzungssaal des Senates, dessen Anlage dem des Repräsentantenhauses gleicht, jedoch reicher ausgestaltet aber kleiner ist als jener.

Von der oberen Terrasse an der Westseite des Kapitols führt eine zweigeteilte Freitreppe in die Parkanlagen hinab. Auf der unteren Terrasse das *Sitzbild* des amerikanischen Juristen und langjährigen Obersten Bundesrichters *John Marshall* (1755–1835). Westlich unterhalb des Kapitolhügels erstreckt sich auf dem UNION SQUARE ein 1968 angelegter Teich (auch unterirdischer Straßenverlauf). An seiner Ostseite das *Ulysses Simpson Grant Memorial,* ein bewegtes Reiterstandbild (von H.S. Shrady und E.R Amateis; 1922) des bekannten Bürgerkriegsgenerals (1822–85); unweit südöstlich ein *Standbild* (von J.Q.A. Ward; 1887) von *James Abrany Garfield,* dem zwanzigsten Präsidenten der USA (1831 geb., 1881 in Washington ermordet; sein Grab in New York), weiter nordöstlich das *Peace Memorial* oder *Naval Memorial,* ein Friedensdenkmal für die im Bürgerkrieg gefallenen Seeleute (von F. Simmons; 1877). Gegenüber der Südseite des Teiches der **Botanic Garden** (Botanischer Garten; So.–Fr. 9–16 h, Sa. 9–12 h; gratis) mit einer Vielzahl subtropischer und tropischer Pflanzen (u.a. Orchideen) und dem bereits 1842 eingerichteten *Botanic Garden Conservatory,* einer botanischen Forschungsstelle (u.a. Abteilung zur Pflanzenbestimmung; Gebäude von 1933); dabei der nach seinem Gestalter Frédéric A. Bertholdi, dem Schöpfer der New Yorker Freiheitsstatue, benannte Brunnen *Bertholdi Fountain* (von 1877).

Südlich vom Kapitol liegen in der Independence Avenue die drei **House Office Buildings,** die Amtsgebäude des Repräsentantenhauses: an der Ecke 1st Street das mit dem Kapitol durch einen unterirdischen Fußgängertunnel verbundene *Old House Office Building* oder *Cannon House Office Building* (1908–13 erbaut), an der Ecke New Jersey Avenue das *Longworth House Office Building* (von 1933) und an der Ecke South Capitol Street das *Rayburn House Office Building* (1965 bezogen).

Nordöstlich vom Kapitol stehen an der Constitution Avenue die beiden mit dem Kapitol durch eine kleine Untergrundbahn ('Senators' Subway') verbundenen **Senate Office Buildings,** die Amtsgebäude des Senates: an der Westseite der 1st Street das *Old Senate Office Building* (1906–09 erbaut, 1931 erweitert) und an der Ostseite derselben das *New Senate Office Building* (1956–58 errichtet).

Gegenüber der Ostfront des Kapitols erheben sich zwei stattliche Bauwerke: an der Nordseite der East Capitol Street das **Supreme Court Building,** ein 1932–35 nach Plänen von Cass Gilbert im korinthischen Stil erstelltes, schlichtes weißmarmornes Gebäude für den Obersten Gerichtshof der Vereinigten Staaten von Amerika (Mo.–Fr. 9–16.30 h, Sa. 9–12 h; Eintritt und halbstündige Führung gratis; beschränkte Zahl an Zuschauerplätzen bei öffentlichen Verhandlungen) und an der Südseite der East Capitol Street das **Library of Congress Building,** der mächtige, nach Entwürfen von Smithmeyer, Pelz und Casey im Stil der Hochrenaissance aufgeführte Bau der ursprünglich nur den Senatoren und den Abgeordneten zum Repräsentantenhaus zugänglichen Kongreßbibliothek, die zusammen mit dem östlich gegenüber gelegenen, 1939 fertiggestellten *Annex Building* (Ergänzungsbau) derzeit etwa 43 Millionen Katalogtitel enthält, davon allein rund 13 Millionen Bücher (u.a. ein Exemplar der Gutenberg-Bibel von 1455) und Zeitschriften, ferner zahlreiche Handschriften, Drucke, Landkarten, Notenschriften, Photographien, Filme sowie Mikrofilme. Die heute öffentlich zugängliche Kongreßbibliothek (Mo.-Sa. 9–22 h, So. 11.30–22 h; gratis) gilt als die umfangreichste Bibliothek der Welt und zeichnet sich durch hervorragende Organisation aus (z.B. automatische Magazinierung). Sehenswert der prächtig mit verschiedenen Marmorarten ausgeschmückte Hauptlesesaal. In den *Exhibit Halls* (Schauräume) finden auch Wechselausstellungen statt. Ferner ist die Kongreßbibliothek Sitz des *United States Copyright Office*, des amerikanischen Urheberrechtsschutzamtes für Druckerzeugnisse, Musik und Film. — Nordöstlich hinter der Kongreßbibliothek bzw. nördlich gegenüber dem Annex befindet sich das 1929–32 errichtete Gebäude der **Folger Shakespeare Library** (Mo.-Fr. 10–16.30 h; gratis), einer Sammlung englischen Schrifttums vom 15. bis zum 18. Jahrhundert (ca. 145 000 Bände Shakespeare-Literatur); im Innern ein Theater im elisabethanischen Stil des 16. Jahrhunderts. — Weiter nordöstlich (316–318 A Street N.E. das *Frederick Douglass Institute of Negro Arts and History* mit dem *Museum of African Art* (Sammlungen zur Geschichte der Neger; afrikanische Kunst; Mo.-Do. 11–17.30 h, Sa., So. 14–17.30 h, Fr. geschl.).

Vom Kapitol führt die East Capitol Street ca. 1½ km (1 mi.) ostwärts zum LINCOLN PARK, einer rechteckigen Grünanlage im Schnittpunkt mehrerer Streets und Avenues; in der Mitte die *Emancipation Statue* (von Th. Ball; 1876), eine Bronzegruppe mit dem Standbild Abraham Lincolns, der, in der rechten Hand die Sklavenbefreiungserklärung, die linke über einen knienden befreiten Sklaven hält. — Auf der Maryland Avenue gelangt man vom Kapitol nordostwärts nach etwa 800 m (½ mi.) zum STANTON PARK, einer ebensolchen rechteckigen Anlage mit dem Reiterstandbild (von H.K. Brown; 1977) des Generals *Nathanael Greene* (1742–86).

Die Delaware Avenue verbindet das Kapitol mit der annähernd nördlich gelegenen **Union Station,** dem 1907 nach dem Vorbild des Großen Saals der Diokletian in Rom und Plänen von Daniel H. Burnham erbauten stattlichen Washingtoner Hauptbahnhof (wegen Einschränkung des Eisenbahnverkehrs z.T. als Parkplatz genutzt; Empfangs- und Informationszentrum geplant), mit einer 230 m (750 ft.) langen und 40 m (130 ft.) breiten Haupthalle, deren gewölbtes Dach nur auf den Seitenwänden ruht, sowie 30 Gleisen; 7 weitere Gleise dienen dem Postverkehr des dem Bahnhof nordwestlich gegenüber gelegenen *City Post Office* (Stadtpostamt; von 1914). In der Grünanlage vor dem Hauptbahnhof ein *Kolumbus-Denkmal* (von L. Taft; 1912) umgeben von einem halbkreisförmigen Fontänenbrunnen. — Nordwestlich vom Stadtpostamt, in der North Capitol Street (Ecke G Street) die Gebäude des *Government Printing Office* (Regierungsdruckerei; unzugänglich) mit einer Buchhandlung, die mehr als 25 000 amtliche Veröffentlichungen bereithält.

Nordwestlich vom Kapitol, in dem von der Constitution Avenue, der Louisiana Avenue und der New Jersey Avenue gebildeten Straßendreieck, erhebt sich das *Robert A. Taft Memorial*, ein 30 m (100 ft.) hoher Marmorturm für ein Glockenspiel, dessen 27 Glocken in der französischen Stadt Annecy gegossen wurden; davor das 3 m (10 ft.) große Bronzestandbild des Politikers Robert A. Taft (1889–1953). Weiter nordwestlich bilden die 4th Street und die 5th Street sowie die G Street und die D Street bzw. Indiana Avenue ein JUDICIARY SQUARE ('Justizplatz') genanntes Rechteck mit mehreren von Parkanlagen umgebenen Gerichtsgebäuden, darunter an der Südseite der *United States District Court;* vor diesem eine lebensgroße Marmorstatue, das erste *Standbild Abraham Lincolns* (von L. Flannery; 1868). In der Mitte des Judiciary Square das 1925 hier aufgestellte *Reiterstandbild* des argentinischen Generals und Freiheitskämpfers *José Francisco de San Martín* (1783–1850), eine Kopie des in Buenos Aires befindlichen Originals; in der Südwestecke ein *Marmorbrunnen* (Bronzegruppe 'Mädchen mit Reh'; von C.P. Jennewein, 1923) zu Ehren des Rechtsanwalts und Pädagogen *Joseph Darlington*. — In der Gabelung der Indiana Avenue und der D Street nahe der Südostecke des Judiciary Square ein *Bronzestandbild* des Generals der Südstaaten im Bürgerkrieg und Freimaurers *Albert Pike* (von G. Trentanove; 1901); am Fuß des hohen Granitsockels die bronzene Figur der Göttin der Freimaurerei. — Wendet man sich von dem vorher genannten Taft-Denkmal nach Westen, so gelangt man auf der Constitution Avenue — vorbei an dem auf der rechten Straßenseite gelegenen *United States Court House* (Gerichtsgebäude), vor dem das Standbild des englischen Juristen *Sir William Blackstone* (1723–80) steht — zu dem sogenannten Federal Triangle.

Federal Triangle

Als FEDERAL TRIANGLE ('Bundesdreieck') bezeichnet man das große, im Nordosten von der Pennsylvania Avenue (wegen der hier abgehaltenen Paraden zur Amtseinführung der Präsidenten auch

'Avenue of the Presidents' genannt), im Süden von der Constitution Avenue und im Westen von der 15th Street umschlossene Dreieck, in dem sich vorwiegend Gebäude der Bundesverwaltung befinden

In der Grünanlage an der äußersten östlichen Spitze des Dreiecks die *Mellon Fountain*, ein Granitbecken mit dreistufigem Bronzebrunnen (von S. Waugh; 1952) zum Gedächtnis an den Kunstmäzen Andrew W. Mellon (1855–1937). — Den nach Westen folgenden Gebäudeblock nimmt das wegen seiner Form und Lage auch *Apex Building* (apex = Spitze) genannte, 1938 errichtete Gebäude der **Federal Trade Commission** (Bundeskartellamt) ein, eine 1915 gegründete Regierungskommission zur Überwachung der Handelspraktiken und Preisbildung. Westlich dahinter der säulenumgebene graue Kalksteinbau der **National Archives** (von 1935; Haupteingang mit bemerkenswerten Bronzeschiebetüren von der Constitution Avenue); hier werden die wichtigsten Dokumente der politischen Geschichte der USA aufbewahrt. In den vorbildlich abgesicherten Ausstellungsräumen (Mo.–Sa. 9–22 h, So. 13–22 h; gratis) sind u.a. die Originale der amerikanischen Unabhängigkeitserklärung, der Verfassung der Vereinigten Staaten und der Bill of Rights, die Kapitulationsurkunden Japans und des Deutschen Reiches nach dem Zweiten Weltkrieg sowie der Vertrag über die Einstellung oberirdischer Atomsprengversuche zu sehen. Vor der Rückseite des Nationalarchives (Pennsylvania Avenue) ein schlichter *Gedenkstein* (von 1965) für *Franklin Delano Roosevelt* (1882–1945), den zweiunddreißigsten Präsidenten der USA. Auf der gegenüberliegenden Straßenseite, vor der Einmündung der Indiana Avenue, das *Reiterstandbild* (von H.J. Ellicott; 1896) des Unionsgenerals

Winfield Scott Hancock (1834–86) sowie die sogenannte *Temperance Fountain* und das *Grand Army of the Revolution Monument* (kurz G.A.R. von 1909).

Den nächsten, westlich im Federal Triangle gelegenen Block bilden die 1934 erstellten, zusammenhängenden Gebäude des **Department of Justice** (Justizministerium; Eingang Constitution Avenue, davor die Statue des 1776 von den Engländern in New York als Spion hingerichteten Patrioten Nathan Hale) sowie des berühmten **Federal Bureau of Investigation,** kurz **F.B.I.** (Eingang Pennsylvania Avenue; Verlegung geplant), der Zentrale der amerikanischen Bundeskriminalpolizei (17000 Beamte), einer Abteilung des vorher genannten Justizministeriums. Interessant ist der von F.B.I.-Beamten geführte einstündige Rundgang (Mo.–Fr. 9.15–16.15 h alle 10 Min.; gratis) durch die Ausstellungsräume mit Detektivmuseum, Waffensammlung, Kriminallabor u.a., den eine eindrucksvolle Schießvorführung abschließt (Patronenhülsen können als Andenken mitgenommen werden). Die außerhalb (Ecke 2nd Street und D Street, S.W.) untergebrachte *F.B.I. Identification Division* verfügt über annähernd 200 Millionen verschiedene Fingerabdrücke. — Westlich vom Justizministerium steht das **Internal Revenue Building,** ein 1935 fertiggestellter Bau für das Bundessteueramt (Eingang 10th Street). Nordwestlich daneben das im Federal Triangle baulich ungewöhnliche **Old Post Office Building** (Altes Postamt; Eingang Pennsylvania Avenue), ein schloßartiges Gebäude von 1899 mit 90 m (295 ft.) hohem Mittelturm. — Auf der Höhe des Bundessteueramtes, an der Nordseite der Pennsylvania Avenue bei der Einmündung der D Street, ein *Marmorstandbild* (von J. Jouvenal; 1889) des Staatsmannes und Gelehrten *Benjamin Franklin* (1706–90).

Im Federal Triangle folgt westlich der Alten Post ein größerer Gebäudekomplex, der aus folgenden Teilen besteht: an der 12th Street der 1934 errichtete Bau für das **Post Office Department** (Postministerium) mit einer sehenswerten Philatelie-Ausstellung (Mo.-Sa. 9–17 h, gratis; Originalbogenentwürfe sämtlicher amerikanischer Postwertzeichen seit 1847) und Briefmarkenverkaufsraum (Verkauf bzw. Versand nur bogenweise je nach Vorrat); südlich an das Postministerium schließt sich eine dreigeteilte Bauanlage von 1934 an (Front zur Constitution Avenue), welche, — von Osten nach Westen gesehen — die **Interstate Commerce Commission** (interstaatliche Aufsichtsbehörde für Verkehrstarife), das **Departmental Auditorium** (Kongreßhalle mit ca. 1300 Plätzen) und das **Department of Labor** (Arbeitsministerium) beherbergt. Nördlich hinter letzterem ein *Denkmal* für den amerikanischen Kaufmann und Diplomaten *Oscar A. Strauss*. — An der Pennsylvania Avenue, nordwestlich hinter dem Postministerium, steht das Verwaltungsgebäude der **United States Coast Guard** (Küstenwacht); nördlich gegenüber, auf einer Straßeninsel das bronzene *Reiterstandbild* (von K. Chodzinski; 1901) des polnischen Grafen *Casimir C. Mulaski* (1748–79), der als Kommandeur der französischen und amerikanischen Kavallerie bei der Belagerung von Savannah fiel. Westlich gegenüber der Küstenwacht das **District of Columbia Municipal Building** (von 1908) mit den Amtsräumen der Distriktverwaltung; vor dem Haupteingang eine grün-goldene Glocke, das Geschenk des thailändischen Bangkok, der Schwesterstadt Washingtons; nördlich gegenüber dem Gebäude das *Bronzestandbild* von *Alexander R. Shepherd*, dem zweiten Distriktgouverneur, der in der zweiten Hälfte des 19. Jahrhunderts eine großzügige und kostspielige Sanierung Washingtons einleitete.

Fast die ganze westliche Basis des Federal Triangle nimmt der breit ausladende Bau des **Department of Commerce** (Handelsministerium; von 1932) ein. Diesem Ministerium unterstehen nicht nur der Innen- und Außenhandel, die Industrie, die Handelsmarine und das Fischereiwesen sondern auch die Vergabe von Patenten und Warenzeichen sowie der Wetterdienst. In der Haupthalle (unweit vom Eingang) die sogenannte *Census Clock*, eine Uhr, die ständig die annähernden Veränderungen der Bevölkerungszusammensetzung wie Geburten, Immigrationen, Todesfälle, Emigrationen anzeigt; im Untergeschoß ein 1934 eingerichtetes *Aquarium* (Mo.–Fr. 8.30–17 h, Sa. und So. ab 9h; gratis).

Nördlich abseits vom Federal Triangle steht das 1863 errichtete **Ford's Theater** (511 10th Street, N.W.), im dem der Schauspieler John Wilkes Booth am 14. April 1865 einen Mordanschlag auf den damaligen Präsidenten Abraham Lincoln verübte. Das nach seinem ersten Besitzer John A. Ford benannte Gebäude diente seither verschiedenen Zwecken, bis 1932 darin ein *Lincoln Museum* eingerichtet wurde. Nach Restaurierungsarbeiten (1964–68), die dem Bau sein ursprüngliches Aussehen zurückgaben, wird hier wieder Theater gespielt. Lincolns Loge ist als Gedenkstätte hergerichtet. Der Präsident starb am Morgen des auf den Anschlag folgenden Tages in dem dem Theater gegenüberliegenden *Petersen House* (Nr. 516; geschwungener Treppenaufgang); im ersten Stock das Sterbezimmer, in den übrigen Räumen Lincoln-Andenken (tägl. 9–21 h). Lincolns Grab befindet sich in Springfield (Illinois; siehe dort). — Weiter nördlich (Ecke 10th Street und G Street) die **St. Patrick's Church,** die 1884 erbaute Kirche der 1794 gegründeten ältesten katholischen Gemeinde Washingtons. — Einen Block östlich der Kirche, im *Old Patent Office Building* (Ecke 8th Street und G Street im griechischen Stil; restaur.), die 1968 eröffnete **National Collection of Fine Arts,** eine der Smithsonian Institution (siehe dort) zugehörige Kunstgalerie mit Sammlungen amerikanischer Malerei, Skulpturen, Drucke, dekorativer und Volkskunst (tägl. 9–16.30 h; gratis) sowie die 1962 eingerichtete *National Portrait Gallery* (Porträt-Galerie).

Das Weiße Haus

Die Fluchtlinie der das Kapitol in nordwestlicher Richtung mit dem alten Stadtteil Georgetown verbindenden Pennsylvania Avenue verläuft etwa auf halbem Wege durch das **Weiße Haus** bzw. **White House,** dem Amts- und Wohnsitz des Präsidenten der USA und seiner Familie. Aus der wechselvollen Baugeschichte seien folgende Daten genannt: 1792 Grundsteinlegung für den ersten, nach Plänen des aus Irland stammenden *James Hoban* zu gestaltenden Bau; 1800 von Präsident John Adams bezogen; 1814 von den Engländern niedergebrannt und bis 1818 wiederaufgebaut; 1902–03 von den Architekten *McKim*, *Mead*, und *White* umgebaut und erweitert; 1948–52 von Grund auf erneuert. Nachdem das Gebäude zunächst Namen wie 'President's Palach', 'President's House' oder 'Executive Mansion' geführt hatte, gab ihm Präsident Theodore Roosevelt die jetzige, auf dem weißen Farbanstrich beruhenee, bereits 1809 und nach der Wiedererrichtung von 1818 bekannte Bezeichnung. Die schlohweiße, von 7 ha

(18 acres) Park umgebene Bauanlage besteht aus einem dreistöckigen Hauptgebäude (Wohnräume) mit einem Portikus auf der Nordseite und einem Säulenhalbrund auf der Südseite sowie zwei flach gestreckten Flügelbauten, deren westlicher (Amtsräume des Präsidenten) von 1902 und deren östlicher von 1942 stammt. Die Gestaltung und Verwendung des z.T. prunkvollen Inneren (rund 100 Räume, davon ca. 10 zugänglich) geschieht nach den Vorstellungen des jeweiligen Präsidenten bzw. der First Lady. Hervorzuheben sind die gediegenen *Repräsentationsräume*, besonders der East Room, der Red Room, der Green Room, der Blue Room und der State Dining Room. Kostenfreie Besichtigung (Besuchereingang am Ostflügel; oft lange Wartezeiten) Di.–Sa. 10–12 h, im Sommer Sa 10–14 h.

Westlich vom Weißen Haus erhebt sich das **Executive Office Building,** ein 1888 nach Entwürfen von A.D. Mullet vollendetes, massives Gebäude auf rechteckigem Grundriß mit zwei Innenhöfen, das ursprünglich das Außen-, Kriegs- und Marineministerium beherbergte, heute aber ausschließlich dem Mitarbeiterstab des Präsidenten dient. Südlich gegenüber das *First Division Memorial* (von D. Ch. French; 1924), ein Denkmal für die im Ersten Weltkrieg gefallenen Soldaten der Ersten Division. Auf der 24 m (80 ft.) hohen Marmorsäule eine bronzene Siegesfigur; am Sockel eine Tafel mit den 5500 Namen der Gefallenen.

Östlich vom Weißen Haus das Gebäude des **Department of the Treasury,** ein 1836–69 im klassizistischen Stil nach Plänen von R. Mills und Th. U. Walter in Granit und Sandstein rechteckig um zwei Innenhöfe aufgeführter Bau für das Schatzamt (Münzausstellung Mo.–Fr. 9–17 h; gratis), dem umfangreichsten Ministerium der Bundesregierung; *Annex-Gebäude* nördlich gegenüber. Vor der Nordseite des Hauptgebäudes ein bronzenes *Standbild* des aus Genf stammenden Finanziers und Politikers Abraham Alphonse *Albert Gallatin*, (1761–1849), vor der Südseite ein *Standbild* des ersten Bundesschatzkanzlers *Alexander Hamilton*, beide Statuen von James E. Fraser. In der Parkanlage südlich gegenüber dem Schatzamt ein *Reiterdenkmal* (von C.R. Smith), für den Unionsgeneral *William Tecumseh Sherman* (1820–91).

Nördlich vom Weißen Haus erstreckt sich der sogenannte LAFAYETTE SQUARE, eine rechteckige Parkanlage (Lafayette Park), um die sich eine Reihe traditionsreicher Bauten gruppiert. Nach den ursprünglichen Abrißplänen führte der Architekt John C. Warnecke unter der Präsidentschaft J.F. Kennedys eine gründliche Rekonstruktion dieses Viertels durch (¾–stündige geführte Rundgänge Mo.–Fr. 10 und 13.30 h).

Nördlich gegenüber dem Executive Office Building (1651 Pennsylvania Avenue, N.W.) steht das wohlbekannte **Blair House,** ein auch *Blair-Lee Houses* genanntes vierstöckiges, in gelbem Anstrich gehaltenes Doppelhaus, dessen linker Teil (das eigentliche Blair House) ursprünglich 1824 von dem Militärstabsarzt Joseph Lovell erbaut wurde und seinen Namen nach dem zweiten Besitzer, dem Zeitungsverleger Francis C. Blair erhielt. Es wurde später von verschiedenen hohen Staatsbeamten (u.a. 1948–52 während der Restaurierung des Weißen Hauses von Präsident H.S. Truman) bewohnt und dient heute als Repräsentationsgästehaus für Staatsbesuche (unzugänglich). Westlich daneben der *Court of Claims* (Beschwerdegerichtshof).

In der Mitte des Lafayette Park ein bronzenes *Reiterdenkmal* (das erste seiner Art in Washington; 1853) für den erfolgreichen Unionsgeneral und späteren siebenten Präsidenten der USA *Andrew Jackson* (1767–1845). Rechts davon eine 'Bernard Baruck's Office' genannte Parkbank (silberne Tafel), auf welcher der Finanzier und Präsidentenberater Bernard Mannes Baruch (1870–1965) in den dreißiger und vierziger Jahren dieses Jahrhunderts bei schönem Wetter seine Verhandlungen zu führen pflegte. — An den Ecken des Lafayette Park vier Standbilder von ausländischen Heerführern, die Amerika in seinem Kampf um die Unabhängigkeit dienten: in der Nordwestecke Baron *Friedrich Wilhelm von Steuben* (1730–94; von A. Yeagers, 1910), der Adjutant Friedrichs des Großen und spätere Militärberater George Washingtons; in der Nordostecke der polnische General *Tadeusz Kosciuszko* (1746–1817; von A. Popiel, 1910), Held der Schlacht von Saratoga; in der Südwestecke der französische Marschall *Jean Baptiste Donatien de Vimeur, Graf von Rochambeau* (1725–1807; Nachbildung der Statue im französischen Vendôme, dem Geburtsort von Rochambeaus, von F. Hamar, 1902), der die französischen Truppen im Unabhängigkeitskrieg von 1780 befehligte; in der Südostecke *Marie Joseph Paul Yves Roch Gilbert Motier, Marquis de La Fayette* (1757–1834), nach dem der Platz seit 1834 benannt ist.

Die Westseite des Lafayette Square begrenzt der baumbestandene JACKSON SQUARE; hier reihen sich von Süden nach Norden u.a. das dreistöckige ziegelrote *Rathbone House* (Nr. 712), das *Sickles House* (ursprünglich Ewell House; Nr. 722), weiter das

Marcy House und das 1819 für den Kommodore Stephen Decatur nach Plänen von Benjamin H. Latrobe erbaute **Decatur House** (Nr. 740; tägl. 9.30–16.30 h); in den ehemaligen Stallungen das *Truxton-Decatur Naval Museum* (Seegeschichte). — Vom Lafayette Square führt die Connecticut Avenue nordwestlich zu einem kleineren, von der 17th Street gebildeten Anlagenrechteck mit der *Statue* (von V. Ream bzw. Mrs. Hoxie; 1881) des ersten Admirals der USA und Bürgerkriegskämpfers *David Glasgow Farragut* (1801–70).

Die Nordseite des Lafayette Square beschließt die H STREET; hier seien von Westen nach Osten genannt: das **Chamber of Commerce Building** (Nr. 1615) für die Zentralverwaltung der örtlichen Verkehrsbüros der USA an der Stelle einst stadtbekannter Bürgerhäuser, u.a. des *Webster House* und des *Slidell House*. Anschließend das *Hotel Manger Hay-Adams*, wo früher die Wohnhäuser des Politikers John M. Hay (1838–1905) und des Historikers Henry Adams (1838–1918) standen. Weiterhin, jenseits der 16th Street, die 1816 als erstes Gebäude am Lafayette Square errichtete **St. John's Episcopal Church,** eine ursprünglich von Benjamin H. Latrobe entworfene und später vergrößerte Kirche, die auch 'Church of the Presidents' genannt wird (für den Präsidenten und seine Familie ist die Kirchenbank Nr. 54 reserviert). Daneben (Haus Nr. 1525) das *St. John's Parish House*, 1836 als Privathaus erbaut und erst seit 1954 Pfarrhaus der Gemeinde St. John. Den Blockabschluß bildet das große Gebäude der *Veterans Administration* (Behörde für ehemalige Kriegsteilnehmer). — Vom Lafayette Square führt die Vermont Avenue zu einem kleineren, von der 15th Street gebildeten Anlagenrechteck mit dem *Reiterstandbild* (von L. Rebisso;

1876) des Bürgerkriegsgenerals *James Birdseye McPherson*.

Die östliche Begrenzung des Lafayette Square bildet der MADISON PLACE; hier sind — von Norden nach Süden — bemerkenswert: an der Ecke H Street das *Dolley Madison House* (von 1820), in dem Rorothea Madison (genannt Dolley; 1768–1849), die Gattin und spätere Witwe des vierten Präsidenten der USA James Madison mit Unterbrechungen von 1828 bis zu ihrem Tode lebte und hier beliebte Gesellschaften gab. Daneben (Nr. 21) das 1828 von Benjamin Ogle Taylor erbaute *Taylor House*. Weiterhin ein *Belasco Theater* genanntes Gebäude, das im Laufe der Zeit verschiedenste Verwendung fand, in der zweiten Hälfte des 19. Jahrhunderts jedoch eines der beliebtesten und vornehmsten Theater der Stadt war. Den Abschluß bildet das Annex Building des Bundesschatzamtes (siehe dort). — Vom Weißen Haus führt die New York Avenue nordöstlich etwa 800 m (½ mi.) bis zu dem anlagengeschmückten MOUNT VERNON SQUARE mit der **District of Columbia Central Public Library** (Stadtbibliothek, von 1903; So geschl., gratis); annähernd auf halben Wege links (Nr. 1313, Ecke H Street) die **New York Presbyterian Church,** eine auch als 'Lincoln Church' — wegen dessen häufigem Besuch — bekannte presbyterianische Kirche (ursprünglich von 1859; 1951 erneuert).

Südlich des Parkgeländes um das Weiße Haus, das im Halbkreis von der Executive Avenue und von einem hohen Eisenzaun umzogen ist, erstreckt sich ein weiteres Anlagenfeld, dessen Hauptteil ein '**THE ELLIPSE**' genanntes Parkoval formt, das oft zu öffentlichen Freilichtveranstaltungen benutzt wird. Am Nordrand der Ellipse der *Zero Milestone*, ein 1923 hier aufgestellter 1,20 m (4 ft.) hoher Granitblock, der den Ausgangspunkt für die Vermessung aller amerikanischen Straßen kennzeichnet. An der Ostseite der Ellipse zwei Denkmäler: nördlich das *Original Patentee Memorial* für die ursprünglichen Landspender vor 1800, südlich das *Boy Scout Memorial* für die Pfadfinder (von 1964). An der Südwestseite der Ellipse, nahe der Constitution Avenue, das *Second Division Memorial*, ein 1936 von den Angehörigen der Zweiten Division errichtetes und 1961 erweitertes Kriegermahnmal (von J.E. Fraser) für die Gefallenen der beiden Weltkriege sowie des Korea-Krieges.

Zwischen dem Gelände des Weißen Hauses bzw. der Ellipse und dem Potomac River, zugleich nördlich des West Potomac Park (siehe dort) dehnt sich ein Stadtgebiet aus, das keinen spezifischen Namen trägt, jedoch mehrere Gebäudegruppen einschließt, die Erwähnung finden sollten. Im Südwesten des Weißen Hauses (Ecke 17th Street und E Street) das 1894–97 von E. Flagg errichtete Gebäude der **Corcoran Gallery of Art,** einer nach ihrem Stifter William Wilson Corcoran benannte Kunstgalerie mit einer hervorragenden Gemäldesammlung amerikanischer sowie europäischer Meister (besonders Niederländer und Franzosen; Di.–Fr. 10–16.30 h, Sa. 9–16.30 h, So. 14–17 h, Mo. geschl.); darin auch die Kunstschule der George Washington University. — Unweit nordwestlich (1735 New York Avenue, N.W., Ecke 18th Street) das **Octagon House,** eines der ersten Wohnhäuser der Bundeshauptstadt (1798–1800 nach Plänen von W. Thornton erbaut). Hier unterzeichnete Präsident James Madison 1815 den Vertrag von Gent (Beendigung des Krieges gegen England, 1812–14). Später stand das Haus lange Zeit leer, da man darin Geisterspuk wähnte; heute beherbergt es das American

Institute of Architects (Architektenkammer; Di.–Sa. 9–17 h, So. ab 14 h, Mo. geschl., gratis). Südwestlich davon folgt der Rawlins Square mit dem *Standbild* des Bürgerkriegsgenerals *John Aaron Rawlins* (von J.A. Bailey; 1883). — Südlich gegenüber der Corcoran-Kunstgalerie stehen, ebenfalls an der 17th Street, die weißmarmornen pseudoklassischen Bauten des **American National Red Cross** (Amerikanisches Rotes Kreuz). Noch weiter südlich der Gebäudekomplex der **National Society of the Daughters of the American Revolution** (kurz D.A.R.), einer 1890 gegründeten Frauenorganisation zur Förderung der Bildung, Unabhängigkeit und Vaterlandsliebe; die *Memorial Continental Hall* (Eingang 17th Street) enthält u.a. eine genealogische Bibliothek, das *Administration Building* (von 1923; Eingang D Street) neben Verwaltungsbüros ein Museum (u.a. dekorative Kunst und Spielzeug, besonders Puppen) und die *Constitution Hall* (von J.R. Pope; Eingang 18th Street) einen Vortragssaal mit über 3500 Sitzplätzen (Heim des Washington Symphony Orchestra). Besichtigung der Räume Mo.–Fr. 9–16 h (gratis). — An der Ecke 17th Street und Constitution Avenue das Gebäude der **Pan American Union,** der Hauptsitz der 1890 zur Erhaltung von Frieden und Sicherheit gegründeten Organisation der Amerikanischen Staaten (21 Mitglieder). Der prunkvolle weiße Marmorbau ist im spanischen Kolonialstil gehalten und von schönen Gärten im aztekischen Stil umgeben. Im Innern (Mo.–Sa. 8.30–16 h) ein Patio mit in Südamerika beheimateten Gewächsen, dessen Glasdach bei schönem Wetter geöffnet werden kann, sowie eine Gemäldegalerie mit Werken junger lateinamerikanischer Künstler, ferner der neue Ratssaal; im zweiten Stock u.a. der ursprüngliche, in reichem amerikanisch-spanischem Stil dekorierte Sitzungssaal, und die Hall of Heroes mit den Statuen der großen Befreier und Nationalhelden Amerikas sowie den Fahnen der in der Gemeinschaft zusammengeschlossenen amerikanischen Länder. Vor dem Eingang *Standbild* (von J.L. Sanchez; 1966) der Königin *Isabella von Kastilien* (1451–1504), die die Entdeckungsfahrten des in ihren Diensten stehenden Kolumbus förderte. Am Westende der Gärten steht das Generalsekretariat der **Organisation of American States** (kurz O.A.S.; Organisation der Amerikanischen Staaten), das mit dem Gebäude der Pan American Union durch einen 146 m (480 ft). langen Fußgängertunnel (Wandgemälde 'Wurzeln des Friedens') verbunden ist. Zwischen den beiden Gebäuden, in der Gabelung von Constitution Avenue und Virginia Avenue, ein *Bronzestandbild* (von J.M. Blanes; 1948) des uruguayischen Unabhängigkeitskämpfers *José Gervasio Artigas* (1764–1850).

An der Südseite der Constitution Avenue, im Winkel mit der 17th Street, befindet sich das unscheinbare *Old Lock House*, ein altes Schleusenhaus für den ehemals hier verlaufenden Washington Canal oder Tiber Creek Canal, der einst vom Potomac River quer durch die Stadt in den Anacostia River floß und bereits 1901 zugeschüttet wurde. Westlich vom Old Lock House, entlang der Constitution Avenue, die ausgedehnten Bauten der *Munitions and Navy Buildings* (Militäranlagen). Auf der gegenüberliegenden Straßenseite folgen von Osten nach Westen die Organisation der Amerikanischen Staaten (siehe dort), dann das **Bureau of Indian Affairs** (Amt für Angelegenheiten der Indianer; 1824 gegründet), weiterhin das *Federal Reserve System* (1913 gegründete Bankaufsichtsbehörde; Gebäude von 1937), dahinter die **National Academy of Sciences** (Akademie der Wissenschaften, 1863 gegründet) mit dem *National Research Council* (Forschungsrat, 1916 gegründet) und zuletzt die **American Pharmaceutical Association,** ein 1934 nach Plänen von John Russel Pope in weißem Vermont-Marmor aufgeführter Monumentalbau für die 1852 gegründete Pharmazeutische Gesellschaft (Laboratorium, Fachbibliothek).

Von der Ellipse (siehe dort) ausgehend gelangt man westlich hinter den Gebäuden des Amerikanischen Roten Kreuzes bzw. der D.A.R. zum **Department of the Interior,** einem wuchtigen, regelmäßig gegliederten Bau von 1936 für die verschiedenen Ämter des Innenministeriums. Es enthält eine Ausstellung zur Tätigkeit des Ministeriums, eine öffentliche Fachbibliothek und einen Verkaufsraum für indianisches Kunstgewerbe. (Mo.–Fr. 8–16 h; gratis). Südöstlich davor bronzene *Reiterstatue* (von F. de Weldon; 1959) des südamerikanischen Freiheitskämpfers *Simon Bolivar* (1783–1830); dabei ein Brunnen, dessen sechs Wasserstrahlen die von Bolivar befreiten Staaten Venezuela, Peru, Bolivien, Ekuador, Kolumbien und Chile symbolisieren.

Die größte zusammenhängend bebaute Grundfläche in diesem Stadtteil nimmt der in den fünfziger Jahren dieses Jahrhunderts errichtete Gebäudekomplex des **Department of State** (Außenministerium) zwischen 21st und 23rd Street sowie D und C Street ein (Rundgänge nach vorheriger Anmeldung möglich). — Weiter im Westen, jenseits der verwirrenden Straßenzuführungen zu der an das rechte Ufer des Potomac River nach Arlington führenden, siebenbogigen THEODORE ROOSEVELT BRIDGE, vom Flußufer nur durch den Rock Creek & Potomac Parkway getrennt, liegt das **John Fitzgerald Kennedy Center for the Performing Arts,** ein bereits 1958 vom

Kongreß bewilligter und 1964–71 nach Entwürfen von Edward Durell Stone erstellter, 192 m (630 ft.) langer, 91 m (300 ft.) breiter und 30 m (100 ft.) hoher Konzert- und Theaterbau mit drei akustisch wohlausgewogenen Hauptsälen: *Symphony Hall* (ca. 2758 Plätze; das erste Washingtoner Opernhaus), *Opera* (ca. 2174 Plätze) und *Theater* (ca. 1142 Plätze); ferner mit einem Studiotheater (ca. 500 Plätze), das auch als Filmvorführungsraum dienen kann, sowie Probe- und Verwaltungsräumen sowie mehreren Dachrestaurants. Verschiedene Länder haben Ausstattungsteile beigesteuert, so z.B. Japan den handgewobenen rotseidenen und golddurchwirkten Vorhang der Oper, Italien weißen Marmor und die Bundesrepublik Deutschland die Bronzeportale. In der sechsstöckigen Eingangshalle ein bemerkenswerter Fahnenhimmel. — Vom John F. Kennedy Center öffnet sich der Blick nach Nordwesten auf das nahe THEODORE ROOSEVELT ISLAND (tägl. 9.30–17.30 h, gratis; Fußgängerbrücke vom George Washington Memorial Parkway in Arlington, im Sommer auch Bootsverbindung von der Wisconsin Avenue in Georgetown), eine früher 'Analostan Island' oder 'Mason's Island' genannte, 35 ha (88 acres) große, naturbelassene Insel im Potomac River, die seit 1931 ihren heutigen Namen trägt und ein lebendes Denkmal für Theodore Roosevelt (1858–1919), den sechsundzwanzigsten Präsidenten der USA, darstellen soll; im nordwestlichen Teil das 1966 vollendete *Theodore Roosevelt Memorial*, ein Denkmal (von E. Gugler) mit Roosevelts 5,20 m (17 ft.) hohem Bronzestandbild vor einem großen Steinblock; dabei zwei Brunnen sowie weitere Granitblöcke mit Aussprüchen des Präsidenten.

Nördlich und nordwestlich vom Außenministerium (siehe dort) erstreckt sich ein FOGGY BOTTOM ('nebliger Boden') genanntes Wohnviertel, das seinen Namen von dem ehemals dort befindlichen Sumpfgelände erhielt; nachdem zunächst undurchsichtiges Publikum die Gegend bewohnt hatte, wurde sie Mitte des 19. Jahrhunderts, besonders wegen der Nähe zum Weißen Haus, erheblich aufgewertet. Heute leben in den z.T. altertümlichen Häusern zahlreiche Studenten der **George Washington University,** deren Gebäude in der Hauptsache zwischen 19th und 24th Street sowie F Street und Pennsylvania Avenue gelegen sind. An der 1821 als Columbian College gegründeten und seit 1906 ihren heutigen Namen tragenden Hochschule sind derzeit etwa 13 000 Studierende eingeschrieben.

The Mall

Zwischen dem Kapitol und dem Washington-Obelisken zieht sich ein breites, THE MALL (sprich 'mal'; 'schattiger Weg') genanntes, von mehreren Straßen regelmäßig durchkreuztes Parkareal hin, in dem die wichtigsten Museen der Stadt liegen.

An der Nordostecke der Mall das 239 m (785 ft.) lange, 1941 nach Plänen von John Russel Pope aus rosaweißem Tennessee-Marmor pseudoklassisch aufgeführte Bauwerk der **National Gallery of Art** (Mo.–Sa. 11–16 h, So. 16–19 h, im Sommer Mo.–Sa. 11–20 h, So. 12–19.30 h, gratis; auch Rundgänge mit Tonbanderklärungen oder Führungen), der Nationalen Kunstgalerie mit über 30 000 Werken der bildenden Kunst aller europäischen Schulen vom ausgehenden Mittelalter bis zur Moderne sowie amerikanischer Meister. Die Verwaltung des Gebäudes obliegt der Smithsonian Institution (siehe dort).

Von der Mall gelangt man durch den Haupteingang in die flach überwölbte Rotunde des Hauptgeschosses. In ihrer Mitte steht ein Brunnen aus schwarzem Marmor, den eine bronzene Merkurstatue des flämisch-florentinischen Bildhauers *Giovanni da Bologna* (alias Giambologna; 1529–1608) krönt. In den von der Rotunde ausgehenden Flügeltrakten befinden sich die *Skulpturensammlungen.* Die Werke der Malerei sind nach Schulen und innerhalb dieser nach Epochen zusammengestellt. Besonders erwähnenswert ist hier das Bild 'Ginevra de' Benci', das einzige in den USA befindliche Werk von *Leonardo da Vinci* (1452–1519). Die Galerien des Erdgeschosses dienen den Sammlungen *dekorativer Kunst* und *Renaissance-Bronzen* sowie wechselnden und Sonderausstellungen.

Im westlichen Teil der Mall gruppieren sich die verschiedenen Gebäude der **Smithsonian Institution,** deren Hauptabteilungen im folgenden zusammenhängend beschrieben werden.

Der englische Wissenschaftler *James Smithson* (1765–1829), ein natürlicher Sohn des Herzogs von Northumberland, vermachte den Vereinigten Staaten — er war selbst nie dort — ein Vermögen von rund 500 000 Dollars mit der Bestimmung, in Washington ein Institut zu gründen, das der Vertiefung und Verbreitung wissenschaftlicher Erkenntnisse dienen und seinen Namen tragen solle. 1846 wurde die 'Smithsonian Institution' ('Smithsonsches Institut') kraft eines Kongreßbeschlusses gegründet und untersteht seither der Bundesregierung. Das im Laufe der Zeit ständig ausgebaute und erweiterte Institut dient vor allem der wissenschaftlichen Forschung und Lehre auf kulturellem, naturwissenschaftlichem, soziologischem sowie technologischem Gebiet und unterhält heute folgende Einrichtungen: das sich aus dem Museum of Natural History und dem Museum of History and Technology konstituierende *United States National Museum,* die Ausstellungen im *Arts and Industries Building* und im *Air and Space Building* sowie die *Freer Gallery of Art.* Außerdem unterstehen ihm die *National Collection of Fine Arts* und der *National Zoological Park* (beide siehe dort), ferner das *Joseph Hermann Hirsh Museum* für moderne Skulptur und amerikanische Malerei (noch im Aufbau) und das *Astrophysical Observatory* in Cambridge (Massachusetts).

Im südlichen Teil der Mall, am Jefferson Drive, das **Original Smithsonian Building** (tägl. 9–16.30 h; gratis), ein 1850–85 nach einem Entwurf von J.

Renwick jr. im Stil eines mittelalterlichen Schlosses erstellter roter Ziegelbau mit neun Türmen (bis 44 m bzw. 145 ft.) für die Stiftungsverwaltung. Es beherbergt neben dem Sekretariat, dem Verlag und der Finanzabteilung auch das *Bureau of Ethnology* (Abteilung für Völkerkunde), den *International Scientific Exchange Service* (Internationaler Wissenschaftlicher Austauschdienst) sowie die *Division of Radiation* (Abteilung zur Erforschung von Strahlungen). In einer Krypta seit 1904 das Grab des Stifters James Smithson. — Vor dem Gebäude ein bronzenes *Standbild* (von W.W. Story; 1882) des Physikers und ersten Institutssekretärs *Joseph Henry* (1799–1878).

Südwestlich des Original Smithsonian Building das 1881 im Phantasiestil eines Märchenschlosses aus farbigem Backstein ursprünglich als Nationalmuseum auf einer quadratischen Grundfläche von rund 90 m (300 ft.) Seitenlänge erbaute **Arts and Industries Building** (Eingang Nordseite; tägl. 9–16.30 h, im Sommer bis 22 h, gratis) mit Schaustücken zu Aeronautik (u.a. Charles Lindberghs 'Spirit of Saint Louis'), Fahrzeug- und Maschinenbau, Handwerk, Medizin, Hygiene, Photographie und Geschichte; außen an der Westseite verschiedene Weltraumraketen, darunter eine Atlas-Trägerrakete, deren Typ im Dezember 1958 den ersten 'sprechenden Satelliten' sowie die erste Weltraumkamera in Umlauf setzte, ferner eine Vanguard- (= Vorhut) und eine Polaris-Rakete sowie eine Raketenabwehr-Rakete vom Typ Snipe (to snipe = aus dem Hinterhalt schießen). Westlich daneben, an der Independence Avenue, daflache, werkhallenartige **Air and Space Building** (tägl. 9–16.30 h; gratis), das 1917 als Maschinensversuchswerkstatt erbaut, 1919 von der Smithsonian Institution erworben und 1920 als öffentliches Museum eingerichtet wurde. 1946 gründete man das 'National Air Museum' (Luftfahrtmuseum), dessen Exponate und Sammlungen bis zur geplanten Errichtung eines eigenen Gebäudes im Air and Space Building (z.T. auch im vorher genannten Arts and Industries Building) aufbewahrt werden. Beachtenswert u.a. historische Flugmaschinen, das erste Überschallflugzeug, ein DC-6-Passagierflugzeug sowie Weltraumkapseln vom Typ Mercury, Gemini und Apollo .— Weiterhin, westlich vom Air and Space Building und südwestlich hinter dem Original Smithsonian Building, steht die nach seinem Stifter Charles L. Freer benannte, 1921 vollendete **Freer Art Gallery** (tägl. 9–16.30 h; gratis) mit einer umfangreichen Gemäldesammlung amerikanischer Meister (bes. J.A.M. Whistler, George Catlin und W. Homer) sowie orientalischen Kunstwerken.

Etwa im nördlichen Mittelfeld der Mall liegt das **Museum of Natural History** (tägl. 9–16.30 h, im Sommer bis 22 h; gratis), ein stattlicher, im Hauptteil 1911 nach Plänen der Architekten Marshall und Hornblower fertiggestellter heller Granitbau, dessen Ostflügel 1963 und dessen Westflügel 1965 angefügt wurden, so daß das Gebäude jetzt eine Länge von 171 m (561 ft.) und eine Breite von 111 m (365 ft.) aufweist. Über dem zur Mall gerichteten Eingangstrakt wölbt sich eine Kuppel, unter der sich eine achteckige, von vier Steinpfeilern getragene Rotunde (Durchmesser 24 m bzw. 80 ft.) befindet.

Die drei Hauptabteilungen dieses naturgeschichtlichen Museums sind der Erforschung und der Veranschaulichung der Sachgebiete *Anthropologie*, *Zoologie* und *Botanik* sowie *Geologie* gewidmet. In der Haupthalle ein ausgestopfter, 1955 in Afrika erlegter annähernd 4 m (13 ft.) hoher *Elefant*. Zu den besonders nennenswerten Ausstellungsstücken gehören ferner ein etwa 80 Millionen Jahre alter fossiler *Xiphactinus-Fisch*, ein 28 m (92 ft.) langer *Blauwal* sowie der berühmte 44,5-karätige

Hope-Diamant, einer der Welt größten blauen Diamanten und Glanzstück der Edelsteinsammlung.

Die Nordwestecke der Mall nimmt das mächtige, 1964 vollendete und in rosa Marmor gehaltene Gebäude des **Museum of History and Technology** ein (Eingänge Mall und Constitution Avenue; tägl. 9–16.30 h, im Sommer bis 22 h, gratis); ringsum die Flaggen der 50 Bundesstaaten und vier Territorien der USA.

Dieses Museum für Geschichte und Technologie will die nordamerikanische Geschichte an Hand von Beispielen aus der technologischen Entwicklung des Landes verständlich machen. Die vier Hauptgebiete populärwissenschaftlicher Darstellung sind: *Wissenschaft* und *Technologie, Kunst, Handwerk* und *Industrie, politische* und *Militärgeschichte*. Neben der Vielzahl von Ausstellungsgegenständen wie Maschinen, Werkzeuge, Fahrzeuge, Möbel und Textilien seien die Sonderabteilungen über die Entwicklung der Medizin, der Landwirtschaft, des Transportwesens und der Petrochemie genannt. Aufmerksamkeit verdienen ferner *Samuel F. B. Morses* (1791–1872) *Telegraph*, das *Foucault-Pendel*, mit dem der französische Physiker und Erfinder Léon Foucault (1819–68) die Erdrotation veranschaulichte, die *Hall of the First Ladies* mit Originalkleidung von Präsidentengattinnen, *George Washingtons* 20 Tonnen schweres *Kolossalsitzbild* (von H. Greenough, 1840; früher östlich vor dem Kapitol), das den ersten Präsidenten der USA als togabekleideten Römer darstellt, und das ursprüngliche *Star-Spangled Banner* ('Sternenbanner') mit 15 Sternen und 15 Streifen (später aus Platzmangel nur 13 Streifen für die 13 Urstaaten und für jeden Staat ein Stern), die Garnisonsflagge von Fort McHenry während der Beschießung von Baltimore durch die Engländer im Jahre 1812, auf die der Text der amerikanischen Nationalhymne gedichtet wurde (siehe Francis Scott Key Memorial Bridge).

Vom Original Smithsonian Building bzw. vom Arts and Industries Building gelangt man an der Südseite der Mall (Independance Avenue) ostwärts zum **Medical Museum of the Armed Forces Institute of**

Pathology (tägl. 9–17 h; gratis), einer 1862 von dem Militärarzt William A. Hammond als 'Army Medical Museum' gegründete Einrichtung zur Erforschung von Kriegsverletzungen und zur Herabsetzung der durch Seuchen verursachten Sterbefälle im Bürgerkrieg. Das Gebäude stammt von 1887 und enthält nur die Sammlungen des Institutes, während die Forschungsabteilung seit 1955 in der Nähe vom Walter Reed Hospital (ca. 8 km bzw. 5 mi. nördlich) in einem besonderen Gebäude untergebracht ist. Zu den Exponaten zählen medizinisch-technische Geräte, Mikroskope und chirurgische Instrumente sowie Knochenteile von Kriegsverletzten und Anschauungsmaterial zu verschiedenen Krankheitsauswirkungen. Das Institut verfolgt ähnlich erkenntnisfördernde Ziele wie die Smithsonian Institution, gehört jedoch nicht in den Rahmen dieser Stiftung. — In den Anlagen nordwestlich hinter dem Gebäude ein *Denkmal* (von J.S. Hartley; 1890) für *Louis Jacques Mandé Daguerre* (1787–1851), den französischen Maler und Erfinder der nach ihm benannten Daguerreotypie (eine Vorstufe zur Photographie), und das *Standbild* (von A.S. Calder; 1897) des Chirurgen *Samuel D. Gross* (1805–84).

An der Südseite der die Mall südlich begrenzenden INDEPENDANCE AVENUE finden sich weitere Bauten der Bundesverwaltung. Vom Kapitol her beginnend (zwischen 3rd Street und 4th Street) zunächst das **Department of Health, Education and Welfare** (Ministerium für Gesundheit, Erziehung und Wohlfahrt); im zweiten Stock der bekannte vielsprachige Rundfunksender '*Voice of America*' ('Stimme Amerikas'; Mo.–Fr. 9–16 h stündlich Führungen, gratis). Westlich gegenüber ein weiteres Gebäude des gleichen Ministeriums, das z.T. aber auch Büros der

National Aeronautics and Space Administration, kurz **N.A.S.A.**, beherbergt, einer Zivilorganisation, die 1958 zur Koordinierung aller Projekte der Weltraumforschung gegründet wurde und deren Hauptgebäude abermals westlich gegenüber dem vorher genannten steht. — Dann folgt das **Department of Transportation and Federal Aviation Agency** (Ministerium für Transportwesen und Bundesluftfahrtbehörde). — Südlich abseits, jenseits der Eisenbahn, das 1965 nach Entwürfen des französischen Architekten Marcel Breuer gänzlich aus vorfabrizierten Stahlbetonfertigteilen in der Form zweier an den Grundflächen aneinandergefügter Ypsilons erstellte **Department of Housing and Urban Development** (Ministerium für Wohnungsbau und Stadtplanung). — In dem Bebauungsfeld zwischen 9th Street und 12th Street entsteht an der Independance Avenue das *Forrestal Building*. — Den Abschluß setzt das weit ausladende, zu beiden Seiten der Independence Avenue (zwei Verbindungsbögen über die Straße) gelegene **Department of Agriculture** (Ministerium für Landwirtschaft; Mo.–Fr. 9–17.30 h, gratis, Informationszentrum).

Potomac Park

Die Fortsetzung der Mall bildet der nur von wenigen Fahrstraßen durchzogene, sich westlich bis zum Ufer des Potomac River erstreckende und südlich das Tidal Basin umschließende WEST POTOMAC PARK. In diesem Bereich befinden sich die großen Denkmalbauten der Stadt.

Vom Kapitol etwa 2 km (1½ mi.) entfernt und in genauer westlicher Fluchtlinie mit diesem erhebt sich zum Gedenken an George Washington (1732–99), den ersten Präsidenten der USA, das schlank aufragende **Washington Monument.**

Der Grundstein zu diesem 169 m (555 ft.) hohen, aus hellem Maryland-Marmor erbauten *Obelisken* wurde 1848 gelegt; zwischen 1854 und 1876 unterbrach man den Bau jedoch wegen der Bürgerkriegsunruhen, stellte ihn 1885 fertig und machte ihn 1888 dem Publikum zugänglich. — Die Spitze krönt ein 1,52 m (5 ft.) hoher, pyramidenförmiger Schlußstein mit einer Aluminiumkappe. In dem mit 190 *Gedenksteinen* verschiedener Länder und Organisationen bestückten Inneren führen 898 Stufen über 50 Treppenabsätze in den obersten Turmteil (152 m bzw. 500 ft.; ca. 20 Min., auch Aufzug in 70 Sek., abwärts gratis), von wo sich durch die *acht Aussichtsfenster* ein prächtiges Panorama über den District of Columbia und seine weitere Umgebung bietet. Zugang täglich 8–17 h, im Sommer bis 23 h.

In dem das Washington Monument umgebenden Parkgelände unweit südöstlich des Obelisken die von japanischen Kirschbäumen umgebene Freilichtbühne *Sylvan Theater*, südlich der *Jefferson Pier Marker*, ein ursprünglich 1804 von Thomas Jefferson (1743–1826), dem dritten Präsidenten der USA, gesetzter Markstein zur Bezeichnung des Ersten Meridians der Stadt Washington (siehe Meridian Hill Park), ferner südwestlich, am Ende der 17th Street, das 3 m (10 ft.) hohe *Standbild* (von Ch. Niehaus; 1912) des in den amerikanischen Revolutionskriegen erfolgreichen Seeoffiziers *John Paul Jones* (1741–92).

Westlich jenseits des Washington-Obelisken bzw. der 17th Street setzen sich die Grünanlagen des West Potomac Park mit dem *Rainbow Pool*, ('Regenbogenbecken'), einem kleineren Fontänenbrunnen, und dem schmalen, etwa 800 m (2000 ft.) langen *Reflecting Pool* ('Spiegelbecken') fort und enden bei dem nahe am Ufer des Potomac River gelegenen **Lincoln Memorial,** einem dem Athener Parthenon nachempfundenen Bauwerk zu Ehren Abraham Lincolns (1809–65), des sechzehnten Präsidenten der USA.

Bereits zwei Jahre nach der Ermordung Lincolns im Jahre 1865 (siehe Ford's Theater) wurde die Errichtung eines Denkmals für den großen Präsidenten beschlossen, doch konnte es erst 1922 nach langwieriger Trockenlegung bzw. Aufschüttung des Geländes und einer siebenjährigen Bauzeit eingeweiht werden (Architekt: H. Bacon). Auf einer Grundfläche von 57 m (188 ft.) × 36 m (118 ft.) steht der 30 m (99 ft.) hohe, außen in weißem Colorado-Yule-Marmor gehaltene und allseitig von einer *Kolonnade* mit 36 die damals zur Union gehörenden Staaten (Namen im Fries) symbolisierenden dorischen Säulen umgebene Tempelbau; die Säulen und Wände wurden mit leichter Innenneigung errichtet, um dem optischen Eindruck der Dachlastigkeit vorzubeugen. — Das durch sechs ionische Säulen in drei Räume aufgeteilte **Innere** erreicht man über eine 40 m (130 ft.) breite Freitreppe, deren 46 Stufen die Zahl der Bundesstaaten zur Zeit der Erstellung des Denkmals versinnbildlichen. In dem größeren Innenraum ein *monumentales Sitzbild* des Sklavenbefreiers (5,80 m bzw. 19 ft. hoch; von D. Ch. French); an der Südwand Lincolns berühmte 'Gettysburg Address', an der Nordwand seine 'Second Inaugural Address'. — Das Denkmal wird abends angestrahlt und ist von 8–24 h frei zugänglich.

Unmittelbar westlich hinter dem Lincoln Memorial befinden sich zwei jeweils von zwei Reiterstandbildern flankierte Brückenrampen; nordwestlich die Einfahrt in den Rock Creek & Potomac Parkway, eine Parkstraße entlang dem Ufer des Potomac River und später des Rock Creek, südwestlich der Beginn der 1926 als Symbol der Verbindung zwischen Nord- und Südstaaten errichteten ARLINGTON MEMORIAL BRIDGE, einer elfbogigen Straßenbrücke, die den hier etwa ½ km (1/3 mi.) breiten Potomac River überspannt und zu dem über dessen Südufer bereits im Staate Virginia gelegenen Ehrenfriedhof von Arlington (siehe dort) führt. Die vergoldeten *Bronzereiterstatuen* wurden nach Plänen der amerikanischen Bildhauer James E. Fraser und Leo Friedlander in verschiedenen italienischen Städten gegossen und sind ein Geschenk Italiens an die Stadt Washington. Die 1951 enthüllten Figuren verkörpern Krieg und Frieden: 'Heldenmut' und 'Opferbereitschaft' (Arlington Bridge), 'Musik und Harmonie' und 'Wissensdrang und Literatur' (Parkway). — Zwischen den beiden vorher genannten Rampen führt eine 1931 angelegte, sich abwärts verjüngende Freitreppe von 40 Granitstufen zum Ufer des Potomac hinab. Diese Anlage ist unter dem Namen *Watergate* ('Wassertor') bekannt und wurde anfänglich als Empfangsstätte für in Washington zu Wasser ankommende Ehrengäste benutzt. Heute dient sie als Freilichtbühne hauptsächlich öffentlichen Veranstaltungen (Juni-August 20.30 h Konzert; gratis). — Südlich vom Lincoln Memorial, fast am Ufer des Potomac River, ein *Denkmal* (von J.E. Fraser; 1926) für *John Ericsson* (1803–89), den aus Schweden stammenden Ingenieur und Erfinder der Schiffsschraube, mit seinem Sitzbild und drei allegorischen Figuren um den skandinavischen Lebensbaum 'Yggdrasill'.

Südöstlich vom Lincoln Memorial bzw. südwestlich vom Washington Monument gelangt man zum TIDAL BASIN, einem aus mehreren Flutteichen entstandenen Gezeitenausgleichsbecken annähernd in Form eines vierblättrigen Kleeblattes (1 km bzw. 2/3 mi. diagonale Ost-West-Breite), das südlich mit dem Potomac River sowie südöstlich mit dem Washington Channel Verbindung hat und dessen nördlicher Ausläufer von der *Kutz Memorial Bridge* überquert wird. Nahe dem Nordufer des Beckens das *District of Columbia War Memorial* (von 1931), ein den aktiven Teilnehmern am Ersten Weltkrieg der Stadt Washington gewidmeter Pavillon in Gestalt eines Rundtempels mit säulengetragener Kuppel. — Rings um das Tidal Basin wurden 1912 mehrere Hundert von der Stadt Tokio gestiftete *Yoshino-Bäume* (weiße, fruchtlose japanische Kirsche) angepflanzt und 1920 durch rosa blühende *Akebonos-Kirschbäume* ergänzt, die alle Anfang April etwa zwei Wochen lang in prächtiger Blüte stehen (Kirschblütenfest). Die an der nordwestlichen Beckenausbuchtung nahe der Rampe der Kutz Memorial Bridge befindliche *Japanese Lantern* ist eine 1651 in Japan geschaffene Steinlaterne, die 1954 als Geschenk Japans hier aufgestellt wurde.

Am Südufer des Tidal Basin und damit bereits im Bereich des sich als zungenförmige Halbinsel zwischen dem Potomac River und dem Washington Channel etwa 3 km (2 mi.) nach Südosten bis zum *Hains Point* (Washington-Informationszentrum; tägl. 9–16.30 h) erstreckenden EAST POTOMAC PARK (133 ha bzw. 328 acres; ab Mitte April doppelfarbig blühende Kwanzan-Kirschbäume, Golf- und Tennisplätze, ein Schwimmbad) steht das **Thomas Jefferson Memorial,** ein runder, kuppelgedeckter und kollonnadenumzogener Denkmalbau für Thomas Jefferson (1743–1826), den Verfasser der Unabhängigkeitserklärung, Gründer der Demokratischen Partei und späteren dritten Präsidenten der USA. Die Architekten John Russel Pope, Otto R. Eggers und Daniel P. Higgins schufen die Pläne nach Motiven Jeffersons eigener Architekturvorstellungen. Das 37 m (121 ft.) hohe, außen in weißem Vermont-Marmor aufgeführte Bauwerk hat einen Durchmesser von 46 m (152 ft.); an der zum Weißen Haus gerichteten Nordseite eine Säulenvorhalle. Es wurde 1939 nach nur elfmonatiger Bauzeit fertiggestellt, jedoch erst 1943 eingeweiht. Im Innern *Jeffersons Bronzestandbild* (5,80 m bzw. 19 ft. hoch; von R. Evans) auf einem Sockel aus schwarzem Minnesota-Granit. An den Wänden Aussprüche des Staatsmannes. Freier Zugang von 8h bis Mitternacht.

Nahe dem Ostufer des Tidal Basin und südwestlich gegenüber dem Landwirtschaftsministerium (siehe dort) liegt zwischen 14th Street und 15th Street das **Bureau of Engraving and Printing** mit dem ursprünglichen Gebäude (Ecke Independence Avenue und 14th Street) von 1880, den Erweiterungsbauten südlich von jenem) von 1914 und dem Annex Building (östlich gegenüber an der 14th Street) von 1938. In der amerikanischen Bundesdruckerei (5500 Angestellte) beschäftigt man sich in erster Linie mit dem Neudruck des Gesamtbedarfes der USA an *Papiergeld* (täglicher Ausstoß bis zu einem Gegenwert von 40 Millionen Dollars) und mit der Vernichtung der aus dem Verkehr gezogenen Scheine (Münzprägung in Denver, Philadelphia und San Francisco; siehe dort). Ferner druckt man hier *Briefmarken* (im Annex Building), Wertpapiere, Steuerbanderolen u.a.; die verwendeten Druckstöcke und Farben werden an Ort und Stelle hergestellt. Der halbstündige Rundgang mit Tonbanderklärungen durch das Hauptgebäude (Eingang 14th Street; Mo.–Fr. 8–14.30 h, gratis) verfolgt die vier wichtigsten Herstellungsstufen des Papiergeldes: Bilddruck, Prüfung, Numerierung und Aufdruck von Unterschriften und Siegeln, Beschnitt und Verpackung.

Massachusetts Avenue

Mit etwa 16 km (10 mi.) ist die MASSACHUSETTS AVENUE Washingtons längste Durchgangsstraße. In südöstlich-nordwestlicher Richtung verlaufend bildete sie einst den nördlichen Abschluß des bebauten Geländes der Stadt, hat heute jedoch zentrale Lage und Bedeutung als Verkehrsachse zwischen dem Hauptbahnhof und dem Diplomatenviertel nordwestlich vom Weißen Haus. Besondere Beachtung verdient aber der meist baumbestandene und von prächtigen Villen gesäumte Abschnitt vom Thomas Circle (ca. 800 m bzw. ½ mi. nordöstlich vom Weißen Haus) bis zum Tal des Rock Creek im Nordwesten der Stadt. — Die Beschreibung der nicht immer unmittelbar an der Massachusetts Avenue gelegenen Sehenswürdigkeiten dieses Bereiches nimmt zur besseren Orientierung jeweils die in gewissen Abständen die Avenue unterteilenden anlagengezierten Circles zum Ausgangspunkt.

Etwa zwischen der 15th Street und der 20th Street spricht man wegen der hier zahlreich vertretenen wissenschaftlichen Institutionen und Gesellschaften von der 'Egghead Row' (egghead = Eierkopf, d.i. amerikanischer Spitzname für Wissenschaftler.) Nennenswert sind u.a. die *American Association for the Advancement of Science* (Nr. 1515), eine annähernd 100 000 Mitglieder umfassende Gesellschaft zur Förderung der Wissenschaft (Herausgeber der Wochenschrift 'Science'), die *Brookings Institution* (Nr. 1775), eines der führenden sozialwissenschaftlichen Forschungsinstitute der USA (1927 gegründet), die *Johns Hopkins School of Advanced International Studies* (gegenüber der Brookings Institution), eine der Johns Hopkins University in Baltimore zugehörende Hochschule für internationale Studien, sowie der *American Council on Education* (Nr. 1785), der Amerikanische Erziehungsrat in einem Gebäude von 1916; ferner die wohlbekannte **National Geographic Society** (südlich abseits, Ecke 17th Street und M Street), eine 1880 entstandene wissenschaftliche Gesellschaft zur Förderung und Verbreitung geographischer Erkenntnisse; in dem 1964 erstellten Gebäude die besuchenswerte *Explorers Hall* mit einer anschaulichen Ausstellung (Mo.–Fr. 9–18 h, Sa. bis 17 h, So. 12–17 h, gratis;

auch Filmvorträge) zur Erkundung von Land, Meer und Weltraum sowie zur Kartographie (Riesenglobus von 3,35 bzw. 11 ft. Durchmesser).

Auf dem THOMAS CIRCLE, dem Schnittpunkt der Massachusetts Avenue mit der Vermont Avenue, die bronzene *Reiterstatue* (von J.Q.A. Ward; 1879) des Generalmajors der Union im Bürgerkrieg *George H. Thomas* (1816–76). Unweit nordöstlich an der Vermont Avenue die **Luther Place Memorial Church,** eine 1871–75 mit spitzem Turm erbaute lutherische Kirche; davor das vermutlich älteste *Luther-Denkmal* in den USA (Kopie des Wormser Originals von E. Rietschel). Weiter nordöstlich führt die Vermont Avenue zum Logan Circle mit dem bronzenen *Reiterdenkmal* (von F. Simmons; 1901) für den Bürgerkriegsgeneral *John A. Logan* (1826–86).

Auf dem SCOTT CIRCLE, wo sich Massachusetts Avenue und Rhode Island Avenue schneiden, das aus dem Metall von Kanonenkugeln gegossene *Reiterstandbild* (von H.K. Brown; 1874) des Generals *Winfield Scott* (1786–1866), der sich in der ersten Hälfte des 19. Jahrhunderts in den Kriegen gegen England und Mexiko und später im Bürgerkrieg verdient gemacht hat; ferner an den Seiten des Scott Circle Denkmäler östlich für den deutschen Arzt und Vater der Homöopathie *Samuel Hahnemann* (1755–1843; von Ch. Niehaus, 1900) und westlich für den amerikanischen Politiker und hervorragenden Redner *Daniel Webster* (1782–1800; von G. Trentanove, 1900). — Südwestlich am Scott Circle (1600 Rhode Island Avenue, N.W.) die **National Rifle Association,** eine 1871 in New York gegründete Gesellschaft zur Pflege des Schießsportes (interessante Waffensammlung; Mo.–Fr. 9–16.30 h). Weiter südwestlich (1640 Rhode Island Avenue, N.W., Ecke 17th Street) das **B'nai B'rith Building** für den Sitz einer 1843 gegründeten jüdischen Organisation mit der *Klutznick Exhibit Hall* (jüdische Kunst; Mo.–Fr. 13.30–17 h, So. 10–17 h, gratis). Noch weiter südwestlich (1725 Rhode Island Avenue, N.W.) die **St. Matthews Cathedral,** eine der ältesten katholischen Kirchen der Stadt, die 1939 zur Bischofskirche erhoben wurde. Südöstlich gegenüber das *Nuns of the Battlefield Memorial* (von J. Connor; 1924), ein Denkmal zu Ehren der Nonnen verschiedener Orden, die im Bürgerkrieg Krankenpflege geleistet haben. In der Mitte der Kreuzung von Rhode Island Avenue und Connecticut Avenue sowie M Street und 18th Street ein *Sitzbild* (von W. Couper; 1906) für den amerikanischen Dichter *Henry Wadsworth Longfellow* (1807–82). — Westlich vom Scott Circle, in der Mitte der Kreuzung von Connecticut Avenue, N Street und 18th Street, das *Bronzestandbild* (von W. Couper; 1909) des aus Schottland stammenden *John Witherspoon* (1723–94), dem Begründer der amerikanischen Presbyterianischen Kirche.

Die am Lafayette Square beginnende und schnurgerade nach Norden verlaufende SIXTEENTH STREET wird in einer Straßenunterführung unter dem Scott Circle hindurchgeleitet, führt weiter nördlich am *Jewish Community Center* (Nr. 1529), dem religiösen, kulturellen und sozialen Zentrum der Washingtoner Bevölkerung jüdischen Glaubens, vorüber sowie an dem eindrucksvollen **Scottish Rite Temple,** vorbei an einem 1911 nach Plänen von John Russell Pope dem Mausoleion von Halikarnassos nachgebildeten Bau für den 'Obersten Rat der Freimaurer', und steigt zum MERIDIAN HILL PARK (rechts zwischen W Street und Euclid Street) an, einem mauerumgebenen, etwa 5 ha (12 acres) großen schönen Terrassenpark im italienischen Stil auf einer ehemals 'Peter's Hill' genannten Anhöhe mit weitem Blick über die Stadt. Der Name ist auf den an der Westseite des Parkes entlang der 16th Street verlaufenden

Ersten Meridian der Stadt Washington zurückzuführen (siehe Jefferson Pier Marker). Etwa in der Mitte des langgestreckten Geländes die *Serenity Statue* für den Seeoffizier William Henry Scheutze. Im südlichen Teil vier weitere Denkmäler: auf der Höhe der nach Osten wegführenden Belmont Street *Jeanne d'Arc*, die Jungfrau von Orleans (Kopie des Reimser Originals von P. Dubois, 1896; 1922 enthüllt); unweit südöstlich davon *Dante Alighieri* (von E. Ximenes; 1921); am Südrand des Parkes die sogenannte *Armillary Sphere* (= Armillarsphäre oder Ringkugel; von C. P. Jennewein, 1935) für Edith Noyes; in der Südostecke *James Buchanan* (von H. Schuler; 1930), Politiker, Diplomat und fünfzehnter Präsident der USA (1791–1868).

Auf dem DU PONT CIRCLE (vor 1884 'Pacific Circle'), dem Schnittpunkt von Massachusetts Avenue und New Hampshire Avenue, ein von Daniel Chester French gestalteter und 1921 enthüllter *Brunnen* an der Stelle eines ehemals dort befindlichen Denkmals (heute in Wilmington, Delaware) für den Konteradmiral der Unionsflotte *Samuel F. Du Pont* (1803–65). — Die nordwestliche Fortsetzung der Massachusetts Avenue trägt den inoffiziellen Namen 'Embassy Row', da sich hier beiderseits der Allee die Mehrzahl der diplomatischen Vertretungen aus allen Teilen der Welt aneinanderreihen. In diesem Bereich befinden sich außerdem zwei besuchenswerte Kunstmuseen: südlich abseits der Massachusetts Avenue (1503 21st Street, N.W.) die **Washington Gallery of Modern Art** mit Wechselausstellungen zeitgenössischer Kunst (Di.–Sa. 10–17 h, 14–18 h); einen Block weiter westlich, am Ostrand des Rock-Creek-Tales ein *Standbild* (von L. Mol; 1964) des ukrainischen Dichters *Taras Schewtschenko* (1814–61). An der Nordseite der Massachusetts Avenue (Ecke 21st Street) die **Duncan Phillipps Collection** (Di.–Sa. 10–17 h, So. 14–19 h; gratis), eine auch 'A Museum of Modern Art and Its Sources' genannte Privatausstellung von Werken moderner europäischer und amerikanischer Künstler.

Am SHERIDAN CIRCLE münden von Süden die Q Street und von Osten die R Street in die Massachusetts Avenue. In der Mitte des Platzes das bronzene *Reiterstandbild* (von G. Borglum; 1908) des Bürgerkriegsgenerals *Phillip Sheridan* (1831–88). Weiter nordwestlich an der Einmündung der S Street in die Massachusetts Avenue (2340 S Street N.W.) das *Woodrow Wilson House*, in dem der Vorkämpfer einer weltweiten Friedensordnung und achtundzwanzigste Präsident der USA Thomas Woodrow Wilson (1856–1924) von 1921 bis zu seinem Tode wohnte (sein Grab in der Washington National Cathedral, siehe dort). Unweit östlich davon (2320 S Street, N.W.) das **Textile Museum** (Di.–Sa. 13–17 h; gratis) mit seltenen alten Stoffen und Teppichen u.a. aus dem Orient und Südamerika. — An der Massachusetts Avenue nordwestlich weiter außerhalb, rechts vor der Brücke über den Rock Creek, das **Islamic Center,** ein mohammedanisches Kulturzentrum mit einer Moschee (49 m bzw. 160 ft. hohes Minarett), Museum, Bibliothek, Vortrags- und Büroräumen (tägl. 10–18 h; gratis). Jenseits der Brücke, in einem kreisrunden Gelände das **United States Naval Observatory,** ein 1830 gegründetes Marine-Observatorium mit Einrichtungen zur Zeitbestimmung u.a. (tägl. 14 h einstündige Führung; gratis). Noch weiter nordwestlich, auf dem **Mount Saint Alban,** der höchsten Erhebung im District of Columbia (125 m bzw. 410 ft.) die als **Washington National Cathedral** bekannte protestantische *Episkopalkirche St. Peter und St. Paul*, an deren Fertigstellung im hochgotischen Stil bereits seit 1907 gearbeitet wird; im Innern neben anderen Gedenkstätten das Grab Woodrow Wilsons (siehe Woodrow Wilson House); der 92 m (201 ft.) hohe Turm enthält ein Geläut mit zehn sowie ein Glockenspiel mit 53 Glokken. Täglich bis zum Einbruch der Dunkelheit Führungen durch die Kirche. — Südlich gegenüber der Episkopalkirche steht die 1955 als Nachbildung der Hagia Sophia in Istanbul außen fertiggestellte **Saint Sophia's Greek Orthodox Cathedral,** der Sitz des Washingtoner griechisch-orthodoxen Erzbischofs. Die in Arbeit befindliche Innendekoration wird nach byzantinischen Vorbildern in Freskomalerei gehalten (Kuppelmosaik).

Georgetown

Der sich westlich vom Rock Creek erstreckende, seit 1871 zu Washington eingemeindete, malerische alte Stadtteil GEORGETOWN wurde erstmals 1608 von Kapitän John Smith erkundet und hatte anfänglich den indianischen Namen 'Tohagee'. Im 17. Jahrhundert siedelten sich hier vor allem schottische Einwanderer an. Wahrscheinlich nach zwei bekannten Landstiftern — George Beall und George Gordon — wurde die Ansiedlung später 'George Town' genannt und entwickelte sich im 18. Jahrhundert zu einem wichtigen Seehafen am Potomac River, von dem hauptsächlich Tabak verschifft wurde. Im 19. Jahrhundert konnte die Stadt einem wirtschaftlichen Zusammenbruch jedoch nur durch die Eingliederung in die neue Bundeshauptstadt entgehen; dennoch hat Georgetown mit seinen im Kolonialstil, meist aus Ziegelsteinen und Holz erbauten Bürgerhäusern seine eigene, altertümliche Atmosphäre bewahrt, die es noch heute von dem monumentalen Washington abhebt. In den dreißiger Jahren dieses Jahrhunderts wurde der gesamte Bezirk renoviert.

Die Pennsylvania Avenue führt vom Weißen Haus nordwestlich zum WASHINGTON CIRCLE mit der bronzenen *Reiterstatue George Washingtons* (von

C. Mills; 1860) und weiter (nördlich abseits das Wetteramt) über den Rock Creek nach Georgetown; unweit westlich ihres Zusammentreffens mit der **M STREET** steht an der Nordseite dieser (Nr. 3049) das **Old Stone House** (Mi.–So. 11–17 h; Eintritt und Führung gratis), das vermutlich älteste noch stehende Haus des Ortes (von 1765; 1950 restauriert). Südöstlich davon, abseits der 30th Street, an Schleuse 3 die Abfahrtsstelle für Fahrten in von Maultieren getreidelten Booten auf dem hier annähernd parallel zum Potomac River verlaufenden, alten und stimmungsvollen, niemals vollendeten *Chesapeak & Ohio Canal*. — Nordwestlich vom Old Stone House (3240 O Street, N.W., Ecke Potomac Street) die **Old St. John's Church,** die 1794 gegründete und damit älteste Episkopalkirche in Georgetown. — Außerdem sind nennenswert der im nördlichen Stadtteil gelegene *Tudor Place* (1644 31st Street, N.W.; nicht zugänglich), ein prächtiges Villenanwesen von 1816 (nach Plänen des Kapitol-Architekten W. Thornton), sowie *Dumbarton Oaks* (1703 32nd Street, N.W.), ein ursprünglich 1801 als Privatwohnsitz erbautes Landhaus, das seit 1940 eine Kunstforschungsabteilung der Harvard University (Boston, Massachusetts) beherbergt. Im Institutsmuseum Sammlungen byzantinischer und präkolumbianischer Kunst (Di.–So. 14–17 h; gratis); östlich davon der *Montrose Park* mit schönen Rosengärten. Ferner sei im Nordosten (2517 Q Street, N.W.) das *Dumbarton House* genannt, ein wohlerhaltenes Bürgerhaus im typischen Kolonialstil (um 1750); nördlich davon der *Oak Hill Cemetery*.

Im westlichen Teil von Georgetown, über dem linken Ufer des Potomac River, die ausgedehnten Anlagen und weithin sichtbaren Gebäude der 1789 als Jesuitenschule gegründeten **Georgetown University** mit derzeit etwa 8 000 Studierenden. — Die rund 500 m (1650 ft.) lange, 1923 an Stelle einer älteren Aquäduktbrücke erbaute FRANCIS SCOTT KAY MEMORIAL BRIDGE verbindet Georgetown mit dem am rechten Ufer des Potomac River in der Arlington County (Staat Virginia) gelegenen Vorstadtgebiet *Rosslyn*. Sie wurde nach Francis Scott Key (1780–1843), einem als Dichter der amerikanischen Nationalhymne (siehe 'Sternenbanner' im Museum of History and Technology) bekannt gewordenen Juristen benannt.

Äußere Stadtgebiete

Im Nordwesten der Stadt, an der Massachusetts Avenue, jenseits der Washington National Cathedral, das Gelände der 1893 gegründeten methodistischen **American University** mit etwa 12 000 Studierenden. — Östlich davon (Ecke Nebraska Avenue und Van Ness Street) entsteht die neue *National Presbyterian Church*, deren altes Gebäude sich in der 18th Street südöstlich vom Du Pont Circle befand. — Entlang dem in den Potomac River einfließenden Rock Creek erstrecken sich nordwärts langgezogene Grünanlagen, die sich rund drei km (2 mi.) nordwestlich vom Weißen Haus zu dem prächtigen ROCK CREEK PARK (743 ha bzw. 1835 acres) ausweiten, dessen südlichen Teil der zu der Smithsonian Institution gehörende, sehenswerte **National Zoological Park** einnimmt. Dieser wegen seiner fortschrittlichen Tierhäuser und Freigehege bemerkenswerte zoologische Garten beherbergt etwa 5 000 Tiere und kann täglich bis zum Einbruch der Dunkelheit unentgeltlich besucht werden. Im Rock Creek Park des weiteren ein *Nature Center* (u.a. Planetarium), das *Carter Berron Amphitheater* (im Sommer Freilichtveranstal-

tungen), ein Golfplatz (18 Löcher) sowie Tennisplätze.
— An der Ostseite des Parkes, zwischen 16th Street und Georgia Avenue sowie zwischen Aspen Street und Fern Street bzw. Alaska Avenue, das **Walter Reed Army Medical Center,** ein 1909 gegründetes, zu Ehren des bei der Bekämpfung des Gelbfiebers erfolgreichen Militärarztes Walter S. Reed (1851–1902) benanntes Militärkrankenhaus.

Etwa 3 km (2 mi.) nördlich vom Kapitol liegt die 1867 als theologische Schule für befreite Sklaven eingerichtete und seit 1950 erheblich ausgebaute **Howard University** (ca. 13 000 vorwiegend farbige Studierende, darunter viele Ausländer); auf dem Universitätsgelände die *Gallery of Art* mit Sammlungen afrikanischer, präkolumbischer und italienischer Kunstwerke (Mo.–Fr. 9–17 h, Sa. bis 12 h, So. und im August geschl.; gratis). — Nordöstlich hinter dem Universitätsgelände das *McMillan Reservoir* und anschließend eine weite Parkanlage mit dem *Washington Hospital Center* sowie am Nordende dem **United States Soldiers Home** (3700 North Capitol Street, N.E.), dem ältesten Soldatenheim der USA (von 1851; zugänglich). Weiterhin nördlich der *Rock Creek Cemetery;* auf dem Grab einer Mrs. Henry Adams die feine 'Grief' (= 'Gram') betitelte Bronzefigur von Augustus Saint-Gaudens (1848–1907). Nahe dem Friedhof die *St. Paul's Episcopal Church* (1775 gegründet), die älteste Kirche Washingtons. — Gegenüber der Ostseite des Parkes die **Catholic University of America,** eine 1888 als Theologenschule gegründete, direkt der päpstlichen Kurie unterstellte Universität mit etwa 7 000 Studierenden. An der Südwestecke des 57 ha (142 acres) großen, auf einer Anhöhe gelegenen Universitätsgeländes der 1920–59 in byzantinischem und romanischem Stil erbaute **National Shrine of the Immaculate Conception** („Nationales Heiligtum der Unbefleckten Empfängnis') die gegenwärtig größte katholische Kirche der USA (140 m bzw. 459 ft. lang, 73 m bzw. 240 ft. breit; halbstündlich Führungen); in dem 100 m (329 ft.) hohen Campanile ein Glockenspiel mit 56 Glocken. — Etwa 1½ km (1 mi.) nordöstlich von der katholischen Universität (1400 Quincy Street, N.E.) das **Franciscan Monastery**, ein auch 'Holy Land of America' genanntes Franziskanerkloster (1899 geweiht) mit einer Kirche im byzantinischen Stil sowie Nachbildungen heiliger Stätten der Christenheit. — Rund 2½ km (1½ mi.) nordöstlich vom Kapitol befindet sich der Gebäudekomplex des **Gallaudet College,** eine 1864 als erste der Welt gegründete Taubstummenanstalt.

Vom Kapitol erreicht man auf der East Capitol Street gut 3 km (2 mi.) ostwärts das Ufergelände des im District of Columbia von insgesamt sieben Brücken überspannten Anacostia River. Vor der Rampe der East Capitol Street Bridge über den Fluß steht das moderne, John Fitzgerald Kennedy gewidmete *District of Columbia Stadium* ein Sportstadion mit bis zu 50 000 Zuschauerplätzen; südwestlich gegenüber das *District of Columbia National Guard Armory*, das Hauptquartier der Nationalgarde des Bundesdistriktes mit einem überwölbten Hallenbau für Großveranstaltungen. Flußaufwärts an beiden Ufern und auf den vom Fluß gebildeten Inseln erstreckt sich der weite ANACOSTIA PARK mit verschiedenen Sportanlagen, einem Vogelreservat und dem besuchenswerten *Kenilworth Aquatic Garden*, einem Wassergarten mit Wasserlilien, Lotusblumen und anderen Wasserblumen (Hauptblütezeit von Mitte Juni bis Anfang August); nach Norden schließt das 168 ha (415 acres) große

National Arboretum an, ein Forschungspark mit wechselnden Pflanzen- und Blumenausstellungen.

Fast 3 km (2¾ mi.) südöstlich vom Kapitol liegt nahe am Ufer des Anacostia River der *Washington Cemetery* oder *Congressional Cemetery* mit den Gräbern zahlreicher amerikanischer Politiker. Westlich davon, zwischen M Street und Anacostia River der ausgedehnte **Navy Yard** ('Marinehof') mit Marinewaffenfabriken; im *United States Navy Memorial Museum* (Ecke M Street und 8th Street) Modelle, Dioramen und andere Exponate zur Seegeschichte und Marinewaffenentwicklung (Mo.–Sa. 9–16 h, im Sommer auch Sa. und So. 10–17 h; gratis). Am gegenüberliegenden Ufer des Anacostia River und vor allem weiter südlich entlang dem Ostufer des Potomac River ein raumgreifendes *Militärgelände* mit einem Flugplatz, der oft von hohen Regierungsbeamten benutzt wird. — Gut 1½ km (1 mi.) südwestlich vom Kapitol ist am Pier Nr. 3 des Washington Channel die naturgetreue Nachbildung des Kolumbus-Flaggschiffes *Santa Maria* festgemacht (Besichtigung täglich 9–23 h;) am Pier Nr. 4 die Abfahrtsstelle der auf dem Potomac River verkehrenden *Wilson Line*.

Arlington County

Die Washington gegenüber, am rechten Ufer des in diesem Bereich von sechs Brücken überspannten Potomac River gelegene und anfänglich zum District of Columbia gehörende ARLINGTON COUNTY (ca. 200 000 Einwohner) wurde 1846 wieder an den Spenderstaat Virginia zurückgegeben. Die Hauptsehenswürdigkeit ist der seit 1864 oberhalb des Potomac-Ufers angelegte **Arlington National Cemetery,** der bedeutendste und größte amerikanische Ehrenfriedhof (nach vorgesehenen Erweiterungen 244 ha bzw. 603 acres Grundfläche; tägl. 8–17 h, im Sommer bis 19 h, gute Orientierung vor dem Besuch ratsam).

Über die Arlington Memorial Bridge (siehe dort) gelangt man zum *Columbia Island*, einer langgestreckten Insel im Potomac River, und von dort auf der breiten AVENUE OF THE HEROES zum *Arlington Memorial Gateway*, dem Haupttor des Friedhofes auf dem bisher etwa 160 000 z.T. berühmte Soldaten und Diener des Staates ruhen, darunter mehrere Hundert Generäle und zwei Präsidenten. — Die großzügige Friedhofsanlage ist von zahlreichen Fahrwegen durchzogen, zwischen denen sich weite hügelige Parkflächen erstrecken. Die eingeebneten Gräber sind nur an den Grabsteinen zu erkennen. Jeder Bürger der USA, der Wehrdienst geleistet hat, kann hier begraben werden; sein Grab erhält einen einheitlich geformten weißen Marmorstein. Ehemaligen Offizieren können Grabdenkmäler nach Wahl gesetzt werden.

In der südlichen Hälfte des Friedhofs steht auf einer Anhöhe das *Arlington Memorial Amphitheater*, ein 1920 vollendetes Freilichtoval für Gedenk- und Trauerfeiern (4000 Plätze), im Vorraum zahlreiche Ehrengeschenke und Auszeichnungen besonders des Auslandes für die **Unbekannten Soldaten,** deren Grab (von L. Rich, Skulpturen von T. H. Hudson; 1932) sich unmittelbar östlich vor dem Amphitheater befindet (bei Tageslicht stündlich zeremonielle Wachablösung). — Nicht weit westlich vom Amphitheater ein *Denkmal* für die 1898 bei der Explosion des Schlachtschiffes *Maine* im Hafen von Havanna auf Kuba umgekommenen Seeleute. Über einem Gruftbau ist der untere Teil des Schiffsmastes der 'Maine' aufgerichtet; in der Gruft auch das Grab des polnischen Komponisten, Pianisten und Staatsmannes *Ignacy Jans Paderewski* (1860–1941). — Etwa auf gleicher Höhe, nahe der Westgrenze des Friedhofes, das *Confederate Memorial*, ein Ehrenmal (von M. Ezekiel; 1914) für die Bürgerkriegskämpfer der Südstaaten.

In der nördlichen Hälfte des Friedhofsgeländes, ebenfalls auf einer Anhöhe 61 m (200 ft.) über dem Potomac River mit schönem Blick auf Washington und in Fluchtrichtung der Arlington Memorial Bridge gelegen, die **Custis-Lee Mansion,** ein hier ursprünglich 1802/3–17 als *Arlington House* von George Washington Parke Custis (einem Pflegesohn G. Washingtons) auf Custis' Plantagenbesitz erbautes und später erweitertes Landhaus mit sechssäuligem Portikus, das in den dreißiger und vierziger Jahren des 19. Jahrhunderts eines der bekanntesten Anwesen in der Umgebung von Washington war. Durch Heirat ging es an den späteren General der Südstaaten Robert E. Lee über, wurde im Sezessionskrieg von der Bundesregierung enteignet, mußte aber 1882 an Lees Sohn zurückgegeben werden, der sich später entschloß, es der Bundesregierung als Gedenkstätte für seinen Vater zu überlassen (tägl. 9.30–16.30 h, im Sommer bis 18 h). Davor das Grab für Washingtons Stadtplaner *Pierre-Charles L'Enfant* (1754–1825), das erst 1908 von einem anderen Ort hierher verlegt wurde; auf dem tischförmigen Grabstein sein berühmter Stadtplanungsentwurf.

Unweit östlich der Custis-Lee Mansion die 1964–67 von John C. Warnecke entworfene Grabstätte für den am 22. November 1963 in texanischen Dallas unter nicht eindeutig geklärten Umständen ermordeten fünfunddreißigsten Präsidenten der USA **John Fitzgerald Kennedy** (geb. 1917). Ein kreisförmiger Zugangsweg führt hügelaufwärts zu einer elliptischen Übersichtsplattform (auf den flachen Granitwänden Aussprüche des Präsidenten), an die sich seitlich die eigentliche *Grabanlage* anschließt. Mittelpunkt ist eine Ewige Flamme in einem dreiarmigen Bronzebecken auf niederem Marmorsockel; davor die schlichte Schieferplatte mit Namen und Lebensdaten des Toten. Zu beiden Seiten die Grabplatten seiner beiden früh verstorbenen Kinder Baby Girl Kennedy und Patrick Bouvier Kennedy. Um die Gräber führt im Rechteck ein Umgang. Unmittelbar südwestlich abseits das Grab des am 6. Juni 1968 in Los Angeles ermordeten Präsidentenbruders Robert Francis Kennedy (geb. 1925). — Unweit nordwestlich vom Arlington Memorial Gateway das Grab des siebenundzwanzigsten Präsidenten der USA *William Howard Taft* (1857–1930).

An dem schmalen Nordrand des Friedhofes das *Netherlands Carillon*, ein Gerüstturm für ein die niederländisch-amerikanische Freundschaft symbolisierendes Glockenspiel (werktags 15.45 h). — Nördlich außerhalb des Arlington Memorial Cemetery das **Iwo Jima Memorial,** ein auch *United States Marine Corps War Memorial* genanntes, eindrucksvolles Denkmal zu Ehren aller für die USA gefallenen Seesoldaten. Es stellt sechs Marinesoldaten beim Wiederaufrichten der amerikanischen Flagge am 23. Februar 1945 auf dem Berg Suribachi der kleinen japanischen Insel Iwo Jima dar. Die von Felix de Weldom nach einer Pressephotographie entworfene und größte jemals in einem Stück gegossene Bronzegruppe ist fast 24 m (78 ft.) hoch (Figuren 9,70 m bzw. 32 ft.) und wurde 1945 hier aufgestellt.

Etwa 1½ km (1 mi.) südöstlich vom Arlington-Friedhof und nicht weit vom Potomac River liegt das **Pentagon,** (Spr. Péntagon), eine gewaltige, 1941–43 auf einer fünfeckigen Grundfläche von annähernd 14 ha (34 acres) mit großem Innenhof errichtete Bauanlage für das *Department of Defense.* In dem fünfstöckigen Gebäudekomplex (28 km bzw. 17,5 mi. Korridore) sind 32 000 Beschäftigte für das Verteidigungsministerium tätig. — Noch weiter südöstlich, unmittelbar am Potomac River und in dessen aufgeschüttetem Flußbett der **Washington National Airport,** der Washingtoner Flughafen für den inneramerikanischen Verkehr.

Von Washington empfehlen sich ferner Ausflüge zum *Fort Washington,* nach **Alexandria** und zu George Washingtons ehemaligem Landsitz **Mount Vernon**; Beschreibung siehe jeweils dort.

Auskunft:

Washington Convention and Visitors Bureau, 1616 K Street, N.W. (Tel. ST 3–3535).

International Visitors Service Council, 801 19th Street, N.W. (Tel. DI 7–4554).

United States Chamber of Commerce, 1615 H Street, N.W.

Foreign Students Service Council, 1860 19th Street, N.W.

American Automobile Association (kurz A.A.A.; sprich 'Triple A'), 1712 G Street, N.W. (Tel. 23 2–4979).

Air Transport Association of America, 1000 Connecticut Avenue, N.W.

Pan American World Airways, World Center Building, 16th and K Streets, N.W. (Tel. RE 7–8900).

Unterkunft: siehe Hotel -und Gaststättenverzeichnis im letzten Teil dieses Buches.

Post:

City Post Office, nordwestlich gegenüber der Union Station.

Autobushöfe:

Greyhound, an der Südseite der New York Avenue, zwischen 11th Street und 12th Street.

Continental Trailways, an der Nordseite der New York Avenue, zwischen 12th Street und 13th Street.
Air Terminal (Flughafenzubringer), an der Nordseite der K Street, zwischen 12th Street und 13th Street.

Hauptbahnhof:

Union Station, 800 m (½ mi.) nordöstlich vom Kapitol.

Flughäfen:

Washington National Airport (nur für Inlandflüge), 6½ km (4 mi.) südlich am Potomac River.
Dulles International Airport, 51 km (32 mi.) westlich (von E. Saarinen).
Baltimore Friendship Airport, 42 km (26 mi.) nördlich.

Diplomatische Vertretungen:

Botschaft der Bundesrepublik Deutschland (Gebäude von E. Eiermann), 4645 Reservoir Road, N.W., nordwestlich außerhalb von Georgetown.
Botschaft der Republik Österreich, 2343 Massachusetts Avenue, N.W.
Botschaft der Schweizerischen Eidgenossenschaft, 2900 Cathedral Avenue, N.W.

Besichtigungsfahrten:

Washington Sightseeing Tours Inc., 1101 K Street, N.W. Ecke 11th Street (Tel. 7 37–4467).
District of Columbia Transit System, 1422 New York Avenue, N.W. (Tel. FE 3–5200).
White House Sightseeing Corp., 519 6th Street, N.W. (Tel. 39 3–1616).
Gray Line of Washington, D.C., Washington House, 1010 Eye Street, N.W. (Tel. DI 7–0600).
Heritage Cavaliers Guide Service (Autobegleiter), 2062 14th Street, N., Arlington, Va. (Tel. 703–52 7–4700).

Schiffsverkehr:

Wilson Line, Pier 4 (Washington Channel), Maine Avenue and N Street, S.W. (Tel. 39 3–8300).

Beschreibung des Landes und seiner Sehenswürdigkeiten

Nationalparks

CARLSBAD CAVERNS NATIONAL PARK

Der um eines der größten Kalkhöhlensysteme der Welt errichtete **Carlsbad Caverns National Park** liegt in der Südostecke des Bundesstaates New Mexico, nahe der texanischen Grenze. Die überwältigenden Ausmaße sowie die großartigen, bizarren *Tropfsteinbildungen* der noch nicht gänzlich erforschten Grotten machen den Besuch des das ganze Jahr über geöffneten Nationalparks äußerst lohnend.

ANREISE

Autobus bis direkt zum Höhleneingang oder bis Carlsbad, N.M., und von dort mit lokalem Zubringer.

Eisenbahn bis Carlsbad, Carrizozo, Alamogordo, N.M., El Paso oder Van Horn, Tex.; von dort jeweils Zubringerdienst.

Flugzeug bis Carlsbad, N.M.; von dort Zubringerdienst.

ZUFAHRT

Zu den Höhlen von Carlsbad gelangt man zweckmäßigerweise von der am *Pecos River* gelegenen Stadt **Carlsbad,** N.M. (reiche Kali-, Erdöl- und Erdgasvorkommen) ausgehend in südwestlicher Richtung (U.S. Highway Nr. 180) über *White's City* (nach 29 km bzw. 18 mi.), eine kleine, nach dem Höhlenentdecker und -kenner James (Jim) L. White benannte Siedlung (Motels; Kuriositätenmuseum) und nach weiteren 11 km (7 mi.) durch das bereits zum Nationalparkgelände gehörende WALNUT CANYON, das seinen Namen den hier besonders entlang dem Bett des meist trockenen *Walnut Creek* vorkommenden, wegen der geringen Feuchtigkeit jedoch zwergwüchsigen Walnußbäumen verdankt.

GESCHICHTE

Schon früh war den Siedlern der Umgebung die Höhle als Übertagungsort einer gewaltigen Schar Fledermäuse bekannt; auch hatte man bereits 1883 an einem Seil ein Kind hinabgelassen, das aber wenig sah. Erst im Jahre 1901 begann unter Führung von *James (Jim) L. White* die systematische Erkundung der Grotten. Dabei stieß man in der Vorhöhle auf erhebliche Mengen von Guano, den die Fledermäuse hinterlassen hatten, und betrieb dessen Abbau von 1902 bis 1923. Die in diesem Zeitraum gewonnenen ca. 100 000 Tonnen Fledermauskot gelangten als Düngemittel für Südfruchtplantagen hauptsächlich nach Kalifornien. Der speläologische Gesichtspunkt trat erst in der Folgezeit in den Vordergrund. Eine sechsmonatige Erforschung durch die *National Geographic Society* im Jahre 1924 machte die Höhlen berühmt, nachdem das Gelände bereits 1923 unter dem Namen 'Carlsbad Cave' zum National Monument erklärt worden war. 1930 begründete Präsident Coolidge den Carlsbad Caverns National Park, der heute eine Fläche von rund 19 000 ha (47 000 acres) bedeckt.

GEOLOGIE

Die geologische Entstehung des aus dem Randriff eines Ausläufers des Golfes von Mexiko gebildeten Kalkplateaus, innerhalb dessen sich die Höhlen befinden, reicht rund 200 Millionen Jahre in die Perm-Zeit zurück. *Erdbewegungen* hoben das Gebiet empor, so daß das Riff freigelegt wurde und *Erosion* einsetzen konnte. Regen- und Schmelzwasser sank in den Boden ein, wo es Kohlendioxyd aufnahm und eine schwache Kohlensäure bildete, die weiter zum Grundwasserspiegel hinabsickerte. Dort, nahe der gesättigten Zone, konnte das Wasser das Gestein besonders gut zersetzen und bildete so immense Hohlräume und große Gänge. Als der Wasserspiegel sich allmählich senkte und Luft nachdrang, brachen die mürben Felsmassen zusammen, wodurch sich die Hohlräume noch mehr vergrößerten. Mineralhaltiges Wasser sank nun weiterhin in den Boden ein und erreichte die lufterfüllten Höhlungen, wo die Feuchtigkeit verdunstete und die sich dabei ablagernden Mineralstoffe **Tropfsteine** in Form von *Stalaktiten* (hängend und hohl) und *Stalagmiten* (stehend und massiv) bildeten. Heute sind die Höhlen zum überwiegenden Teil trocken, und die Tropfsteinbildungen zeigen nur selten das gewohnte helle Aussehen von feuchten (aktiven) Formationen.

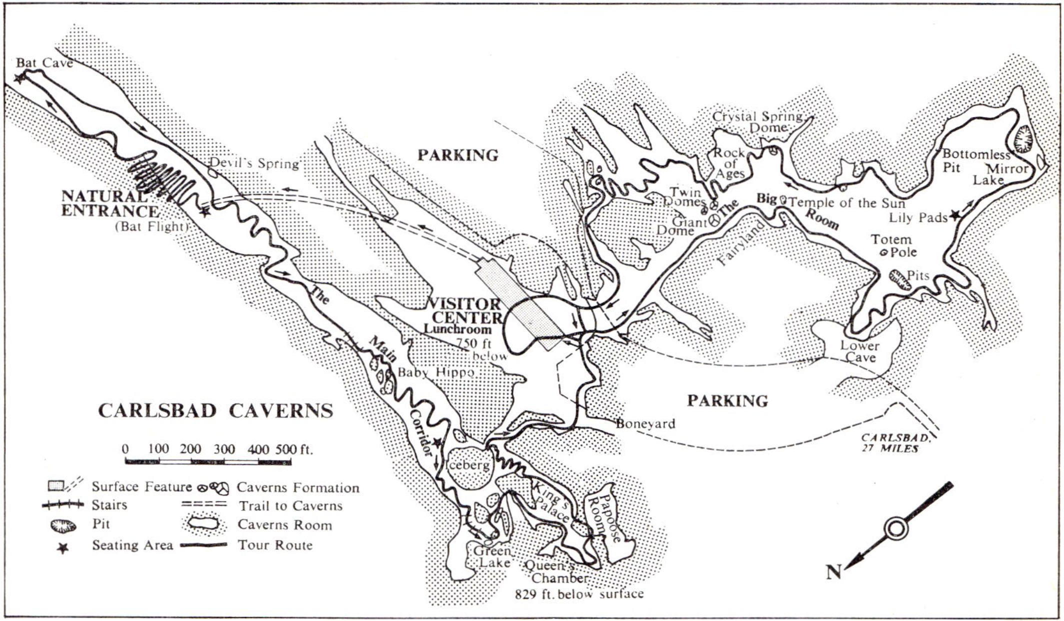
CARLSBAD CAVERNS
0 100 200 300 400 500 ft.
Surface Feature
Caverns Formation
Stairs
Trail to Caverns
Pit
Caverns Room
Seating Area
Tour Route
Bat Cave
NATURAL ENTRANCE
(Bat Flight)
Devil's Spring
PARKING
The Main Corridor
VISITOR CENTER
Lunchroom
750 ft below
Baby Hippo
Iceberg
King's Palace
Papoose Room
Green Lake
Queen's Chamber
829 ft. below surface
Boneyard
PARKING
CARLSBAD, 27 MILES
Lower Cave
Twin Domes
Giant Dome
Rock of Ages
Crystal Spring Dome
The Big Room
Temple of the Sun
Fairyland
Bottomless Pit
Mirror Lake
Lily Pads
Totem Pole
Pits
N

RUNDGANG

Die wenig beschwerliche **Walk-in-Tour,** ein etwa 5 km (3 mi.) langer, geführter Rundgang (im ersten Teil Photographieren verboten) auf asphaltierten und meist trockenen Wegen (festes Schuhwerk dennoch empfehlenswert) dauert ca. 3½ Stunden (geringe Abkürzung möglich, jedoch wegen Auslassung schöner Passagen nicht ratsam), wovon ½ Stunde für einen Lunch-Aufenthalt im Mittelbereich des Höhlenbodens beim Lifthaus vorgesehen ist. Die Rückkehr zur Oberfläche erfolgt von dort mit Aufzügen. — Wegen der verhältnismäßig niedrigen, stets gleichbleibenden Höhlentemperatur von 13°C (56°F) ist auch bei heißem Wetter wärmere Kleidung angebracht.

Vom **Visitor Center** ('Besucherzentrum'); 1343 m bzw. 4406 ft.) führt ein Lehrpfad einige Hundert Meter abwärts durch einen *Kaktusgarten* mit Pflanzen des umliegenden Wüstengebietes und vorbei an einem kleinen *Freilichttheater* zum **Natural Entrance** ('natürlicher Eingang') der Höhle, wo die Führungen (im Sommer 7–14 h stündlich, im Winter 8.30–13 h 1½-stündlich; auch Liftfahrt vom Visitor Center zum Lunch Room am Höhlenboden) beginnen. — Über dem Höhleneingang rechts bisher ungeklärte *Indianerzeichen;* außer diesen fand man keine weiteren Hinweise auf frühere menschliche Anwesenheit im Höhlensystem. Der Weg windet sich zunächst in vielen Serpentinen zu der sogenannten **Bat Cave** ('Fledermaushöhle'), die sich nach links in östlicher Richtung weiter ausdehnt; sie bleibt unbeleuchtet, da sich dort während des Tages etwa 1 Million Fledermäuse aufhalten, die bei Sonnenuntergang in riesigem Schwarm zum Insektenfang ausfliegen und erst bei Tagesanbruch in die Höhle zurückkehren. Das

Beobachten des *'Bat Flight'* ('Fledermausflug'; dabei Erklärungen eines Park Ranger, gratis) vom Freilichttheater vor dem Höhleneingang ist lohnend, jedoch nur während der Sommermonate möglich, da die Tiere weiter südlich in frostfreien Gegenden überwintern.

Von der Bat Cave wendet sich der Weg nach Westen und führt mit eindrucksvollen Tiefblicken z.T. steil abwärts an vereinzelten größeren Tropfsteinbildungen vorüber zu dem **Green Lake Room** mit dem 2,40 m (8 ft.) tiefen, kristallklaren und grün schimmernden *Green Lake* ('grüner See'), der ausschließlich von Tropfwasser gespeist wird. — Nach weiteren Windungen gelangt man zu dem südwestlich vom Green Lake Room gelegenen, prächtigen **King's Palace** ('Königspalast'), einer reich mit vielfältigen Tropfsteingebilden erfüllten Grotte, und deren westlichen Seitenräumen, dem **Queen's Chamber** ('Gemach der Königin'; mit 253 m bzw. 829 ft. unter der Oberfläche die tiefste Stelle der Höhle) mit seltenen, gestrüppähnlich verschlungenen, kleinen Heliktitbildungen aus Aragonit (kohlensaurer Kalk) an der Decke und dem niedrigen **Papoose Room** ('Zimmer des Indianerkindes'). — Von dort zieht der Rundweg in engen Windungen und durch einen langen, schmalen Korridor in eine große Höhlenhalle, den **Lunch Room** (229 m bzw. 750 ft. unter der Oberfläche), wo außer Verkaufsständen ein gut organisierter Schnellimbiß eingerichtet ist. Hier endet die Führung.

Der Besucher sollte jedoch von hier noch nicht direkt mit dem Fahrstuhl zum Besucherzentrum zurückkehren, sondern alleine auf einem rund 2 km (1¼ mi.) langen *Trail* ('Pfad') die mannigfaltigen Schönheiten des besonders durch seine großräumigen Hallen und gewaltigen Einsturzfelder beeindruckenden, fast ebenen **Big Room** ('großer Raum'; ca. 5½ ha bzw. 14 acres Grundfläche, 76 m bzw. 250 ft. hoch) bewundern (Photographieren hier erlaubt). Von der Vielzahl der in diesem Höhlenteil vorkommenden Tropfsteinformationen sei etwa in der Mitte des langgestreckten Saales der sogenannte *Giant Dome* ('Riesendom') hervorgehoben, der bei einem Durchmesser von 4,90 m (16 ft.) eine Höhe von 19 m (62 ft.) erreicht. — Der Pfad führt zurück zum Lunchroom, von wo man mit dem Aufzug in ca. 2 Minuten wieder an die Oberfläche fährt. Hier befindet sich im Visitor Center eine aufschlußreiche Ausstellung zur Geschichte der Höhlen und ein Restaurant; es besteht jedoch keine Übernachtungsmöglichkeit.

Auskunft:
Superintendent, Carlsbad Caverns National Park, New Mexico 88220.

Unterkunft:
Siehe Hotel- und Gaststättenverzeichnis am Ende des Buches.

GRAND CANYON
NATIONAL PARK

Im Nordwesten des Bundesstaates Arizona gelegen, gehört das **Grand Canyon of the Colorado River** zu den überragendsten Naturerscheinungen dieser Erde. Es ist nicht nur als Schulbeispiel für die Erosion von außerordentlicher Anschaulichkeit sondern bezaubert auch durch die große Schönheit seiner in warmen Pastelltönen von ockergelb bis violett leuchtenden bizarren Kalk- und Sandsteinformationen.

ANREISE

Autobus entweder direkt bis Grand Canyon Village am South Rim oder bis Cedar City, Utah, und von dort mit lokalem Zubringer.

Eisenbahn bis Williams, Ariz., bzw. Cedar City, Utah; von dort jeweils Zubringerdienst.

Flugzeug bis zum Grand Canyon Airport oder nach Cedar City, Utah; von dort jeweils Zubringerdienst.

ZUFAHRT

Zu dem Gebiet des Grand Canyon National Park gelangt man auf drei Zufahrtsstraßen, von denen zwei von Süden kommend zum Südrand und eine von Norden kommende zum Nordrand führen. Die beiden südlichen Routen gehen von der kleinen, vorwiegend von Holzverarbeitung und Fremdenverkehr lebenden Stadt **Flagstaff** (Arizona; 2115 m bzw. 6935 ft.; 25 000 Einwohner) aus; von dort entweder zunächst nordöstlich, später nördlich zu dem am *Little Colorado River*, einem linken Nebenfluß des Colorado River, gelegenen, von Indianern bewohnten Ort **Cameron** und dann westlich zur **EAST EN-**

TRANCE STATION (Osteingang) oder zunächst nordwestlich, später nördlich über die **SOUTH ENTRANCE STATION** (Südeingang) zum unmittelbar am Canyonrand gelegenen Touristenort **Grand Canyon Village** (Parkverwaltung, Hotels, Ferienhäuser, Campingplätze). — Zur **NORTH ENTRANCE STATION** (Nordeingang) gelangt man zweckmäßigerweise von dem im Bundesstaate Utah, inmitten prachtvoller Berglandschaft gelegenen Ort **Kanab** aus.

GESCHICHTE

Der geologische Beginn des Grand Canyon liegt etwa 7 bis 9 Millionen Jahre zurück, als sich das den Fluß umgebende Kaibab-Plateau allmählich anzuheben begann und die hierdurch stets reißender werdenden Wasser ihren Weg immer tiefer in den Grund einschnitten. So gewinnt der heutige Beschauer einen eindrucksvollen Einblick in die geologischen Schichten der Erde von azoischen Formationen bis hinauf zum Perm, wobei hie und da in die Schichten eingelagerte Fossilien von der zu allen Zeiten reichen Tier- und Pflanzenwelt zeugen. Während vieler Jahrhunderte war das Gebiet um das Grand Canyon, aber auch seine schwer zugänglichen Steilwände von verschiedenen Indianerstämmen bewohnt, die vielfach Spuren in Form von Höhlenwohnungen und in den Stein geritzten Symbolzeichen hinterlassen haben. Noch heute leben in diesem Gebiet die fünf Indianerstämme Navajo, Hopi, Havasupai, Paiute und Hualpai. Vermutlich als erster Weißer gelangte 1540 der Spanier *Don Lopez de Cardenas*, ein Mitglied der Goldsucherexpedition des *Coronado*, in dieses Gebiet; doch erst 1869 wagte es der Geologe und Kartograph *John Wasley Powell*, in tollkühner Fahrt über die reißenden Schnellen des Stromes das Innere der Schlucht zu erforschen. Im Jahre 1919 wurde ein 2848 qkm (1100 sq. mi.) umfassender Teil des Grand-Canyon-Gebietes zum Nationalpark erklärt, an den westlich ein als Grand Canyon National Monument geschütztes Gebiet anschließt. Dem heutigen Besucher bietet sich eine große Zahl von lohnenden Möglichkeiten, die vielfältige Schönheit des 349 km (217 mi.) langen, 6–28 km (4–18 mi.) breiten und bis zu 1403 (4600 ft.; am South Rim) bzw. 1769 m bzw. 5800 ft.; am North Rim) tiefen Canyons zu erkunden.

BESICHTIGUNG

Die Besichtigung des Grand Canyon erfolgt am *SOUTH RIM* Südrand; 2100 m bzw. 6886 ft.; ganzjährig zugänglich) am besten von dem Touristenort Grand Canyon Village aus. Von hier zieht sich nach Westen der etwa 13 km (8 mi.) lange WEST RIM DRIVE zunächst in nördlicher Richtung zu dem sich weit in das Canyon hinausschiebenden **Maricopa Point** (auch Fußweg von Grand Canyon Village) mit schöner Aussicht. Danach in starken Windungen entlang dem Canyonrand und vorbei am abseits an der Talwand gelegenen unscheinbaren Förderturm des ertragreichen Uranbergwerkes *Orphan-Uranium*. Links der **Hopi Fire Lookout,** ein Feuerbeobachtungsturm. Wenig später rechts abseits das *Powell Memorial* für Major Powell, den ersten Erforscher der Canyons. Die Straße führt nun vorüber an mehreren Aussichtspunkten mit schönem Blick bis zum Ende des Westrim Drive bei **Hermit's Rest** (2040 m bzw. 6690 ft.).

Vom Grand Canyon Village zieht in östlicher Richtung der 38 km (24 mi.) lange EAST RIM DRIVE zunächst zu dem links abseits gelegenen aussichtsreichen **Yavapai Point** (auch Fußweg von Grand Canyon Village; Museum). Von hier weiter zum **Yaki Point,** dem Ausgangsort des Kaibab Trail (siehe dort) hinab ins Canyon. Nun führt die Straße meist in einiger Entfernung vom Talrand dahin mit gelegentlichen schönen Blicken, erreicht nun zunächst den 1,6 km (1 mi.) abseits gelegenen **Grand View Point,** von welchem sich ein überragender Blick in das Canyon öffnet; danach vorbei an dem ebenfalls aussichtsreichen **Moran Point** und zu der rechts abseits gelegenen **Tusayan Ruin,** den Resten eines ausgegrabenen, bereits vor der Ankunft der Weißen verlassenen

Indianerdorfes (Museum). Der East Rim Drive zieht von hier weiter, vorüber am Aussichtspunkt **Lipan Point,** bis an seinem Ende, dem **Desert View Point** (2272 m bzw. 7450 ft.) mit dem *Indian Watchtower*, der von 1932 stammenden, freien Nachbildung eines indianischen Beobachtungsturmes mit hervorragendem Weitblick nach Westen und Norden hinab ins Canyon bis zum Talboden, nach Nordosten und Osten in das Tal des *Little Colorado River* sowie über die weite Ebene der in mannigfaltiger Farbenpracht leuchtenden **Painted Desert** (‚bunte Wüste'). Unweit südöstlich vom Indian Watchtower die East Entrance Station.

Vom Grand Canyon Village führt ein besonders eindrucksvoller TRAIL (Lehrpfad) unmittelbar am Canyonrand entlang, nordwestlich zum Powell Memorial beim Hopi Point (siehe dort) sowie östlich zum Yavapai Point (siehe dort).

Bei längerem Aufenthalt lohnt sich die anstrengende WANDERUNG (auch mit Maultieren) zum Canyonboden. Organisierte ein- oder zweitägige Touren führen auf dem 15 km (12 mi.) langen BRIGHT ANGEL TRAIL abwärts zu dem einfachen Rastplatz **Indian Garden** (1182 m bzw. 3876 ft.); von hier zweigt ein kurzer Fußweg nach links ab zum *Plateau Point* mit freiem Blick in die Tiefe der Schlucht. Der Hauptweg führt vom Indian Garden weiter abwärts zu dem reißenden **COLORADO RIVER** und zieht dann unweit von dessen linkem Ufer weiter flußaufwärts bis zur Einmündung des von Norden kommenden *Bright Angel Creek*. Dahinter trifft der Bright Angel Trail auf den südlich vom Yaki Point ausgehenden, bis hier 10 km (7 mi.) langen südlichen Teil des KAIBAB TRAIL, dessen weiterem Verlauf nach Norden er von nun an folgt. Der Weg überquert alsbald auf der schmalen **Suspension Bridge** den Colorado River und erreicht dahinter die unmittelbar am Ufer des Bright Angel Creek gelegene **Phantom Ranch** (Hotel).

Für den Fußmarsch vom Grand Canyon Village bis hierher benötigt man (abwärts) 2½ bis 3 Stunden, für den Rückweg (aufwärts) jedoch mindestens 8 Stunden (auf dem Wege zwei Wasserstellen). Als Wanderausrüstung sind gegen Sonne schützende, langärmelige Kleidung, Sonnenhut sowie festes Schuhwerk unerläßlich; pro Person sind 5 l Wasser mitzuführen. Bei dem zu bewältigenden großen Höhenunterschied sollten sich nur kräftige und völlig gesunde Personen zu diesem Unternehmen entschließen. Auch ist von niederer gelegenen Punkten anreisenden Touristen vor Antritt der Wanderung eine ein- bis zweitägige Gewöhnung an die Höhenlage geraten.

Empfehlenswert sind die vom Grand Canyon Airport ausgehenden RUNDFLÜGE mit Kleinflugzeugen oder Hubschraubern. Außerdem können begleitete einwöchige, abenteuerliche SCHLAUCH-BOOTFAHRTEN auf dem Colorado River von *Lees Ferry* am Ausfluß des Glen-Stausees bis zum *Lake Mead* (Teilfahrten bis oder von der Phantom Ranch möglich) unternommen werden.

Obgleich der NORTH RIM (Nordrand 2516 m bzw. 8250 ft.; Mai-Oktober zugänglich) des Grand Canyon den Südrand um 416 m (1364 ft.) überragt, ist der Blick von Norden im allgemeinen weniger überwältigend, die näher gelegenen Felsformen minder bizarr, jedoch die Farben des Gesteins satter und leuchtender. Vom Haupttouristenpunkt am Nordrand, der **Grand Canyon Lodge,** von welcher sich ein schöner Blick in das BRIGHT ANGEL VALLEY öffnet, führt eine Fahrstraße in nördlicher Richtung, die nach 10 km (7 mi.) eine Gabelung erreicht, bei der rechts die 16 km (10 mi.) lange, über das sich weit in die hier vom Fluß gebildete Canyonbiegung vorschiebende Walhalla Plateau verlaufende CAPE ROYAL ROAD zum **CAPE ROYAL** (2402 m bzw. 7876 ft.; Fußpfad zur äußersten Kapspitze) abzweigt; nach links führt eine 3 km (2 mi.) lange Zufahrt zum Aussichtspunkt **Point Imperial** 2802 m bzw. 8861 ft.) mit weitem Blick über das Canyon hinweg zur Painted Desert (siehe dort). Von der Grand Canyon Lodge geht ein kurzer, reizvoller Gratweg aus zu dem weit ins Bright-Angel-Tal hinausragenden **Bright Angel Point.**

Von der North Rim Ranger Station geht der nördliche, 20 km (14 mi.) lange Teil des KAIBAB TRAIL aus, zieht im Bright-Angel-Tal abwärts vorbei an den **Ribbon Falls** und erreicht wie sein südlicher Teil bei der Phantom Ranch (siehe dort) den Canyonboden.

Auskunft:
Superintendent, Grand Canyon National Park, Arizona 86023.

Unterkunft:
Siehe Hotel- und Gaststättenverzeichnis am Ende des Buches.

YELLOWSTONE NATIONAL PARK

Der zum überwiegenden Teil im Nordwesten des Bundesstaates Wyoming gelegene und sich nur unwesentlich nach Südwesten in das Staatsgebiet von Idaho sowie im Nordwesten und Norden nach Montana erstreckende **Yellowstone National Park** zählt zu den bekanntesten und meistbesuchten Nationalparks der USA. Als besondere touristische Attraktionen gelten die zahlreichen Quellen und *Geysire* ('Old Faithful'), das wegen der gelblichen Färbung namengebende Grand Canyon und die hohen Wasserfälle des *Yellowstone River*, die schönen Bergseen sowie die reiche *Tierwelt* (Bären). — Die Hauptsaison fällt in die Monate Mai bis Oktober; das Parkgelände bleibt jedoch auch im Winter durch den Nord- bzw. den Nordosteingang zugänglich und lohnt dann besonders wegen der bizarren Eisbildungen in den Quellgebieten einen Besuch. — Außer den im folgenden beschriebenen, gut ausgebauten Fahrstraßen steht dem Besucher ein Netz von rund 960 km (600 mi.) Reit- und Wanderwegen zur Verfügung.

ANREISE

Autobus   bis West Yellowstone, Bozeman, Livingston, Billings, Mont., Deaver oder Jackson, Wyo.; von dort jeweils lokale Anschlüsse.

Eisenbahn   bis Idaho Falls, Ida., Gardiner, Red Lodge oder Billings, Mont.; von dort jeweils Zubringerdienst.

Flugzeug   bis West Yellowstone (auch Jets), Bozeman, Billings, Mont., Cody oder Jackson, Wyo.; von dort jeweils Zubringerdienst.

ZUFAHRTSWEGE

In das Gelände des Yellowstone National Park kann man durch einen seiner fünf Eingänge gelangen, von denen drei im Staate Montana, die beiden anderen in Wyoming liegen:

Den Osteingang des Parkes erreicht man auf dem U.S. Highway Nr. 14, 83 km (52 mi.) östlich von **Cody,** Wyo., einer 1896 von William Frederick Cody (1846–1914), genannt 'Buffalo Bill', gegründeten Stadt (u.a. Buffalo-Bill-Museum und -Reiterdenkmal sowie das von Le Caire, Ja., hierher versetzte Geburtshaus des Eisenbahnpioniers, Büffeljägers und späteren Schaustellers; Erdölraffinerie). Die Straße führt von Cody aufwärts über dem SHOSHONE CANYON, dem engen Tal des *Shoshone River*, der etwa 13 km (8 mi.) westlich von Cody durch den Buffalo-Bill-Damm aufgestaut wird, und weiter durch den wildreichen SHOSHONE NATIONAL FOREST, den ersten Nationalforst der USA (1891 gegr.), zum EAST ENTRANCE (Osteingang, 2119 m bzw. 6951 ft.; Mai bis Oktober geöffnet). Von hier durch meist urwaldbestandenes Bergland mit z.T. prächtigen Ausblicken über den *Sylvan Pass* (2605 m bzw. 8541 ft.); dahinter teilweise in Windungen wieder abwärts. Später zieht die Straße in mehr oder weniger großer Entfernung vom Nordostufer des YELLOWSTONE LAKE hin, überquert den *Yellowstone River* auf der Fishing Bridge und mündet nach 43 km (27 mi.) bei der **Lake Junction** in die Rundfahrtstraße (siehe dort).

Die Zufahrt zum Nordosteingang des Parkes ist zwar gut ausgebaut, jedoch im Winter nicht passierbar. Aus dieser Richtung kamen bereits John Colter im Jahre 1807 und die ihm folgenden Pelztierjäger und

Goldsucher in das Yellowstone-Gebiet. Heute führt der U.S. Highway Nr. 212 ('Beartooth Highway') von dem Bergwerks- und Touristenort **Red Lodge,** Mont., auf reizvoller Bergstrecke 109 km (68 mi.) in südwestlicher Richtung über den *Beartooth Pass* (3334 m bzw. 10 940 ft.), den *Colter Pass* (2462 m bzw. 8066 ft.), den ehemaligen Goldbergwerksort **Cooke City** und den vorwiegend zur Versorgung der Parkbesucher errichteten Ort *Silver Gate* zum **NORTHEAST ENTRANCE** (Nordosteingang, 2240 m bzw. 7351 ft.; ganzjährig geöffnet). Von hier folgt die Straße zunächst dem *Soda Butte Creek* bis zu dessen Mündung in den *Lamar River,* an dessen Lauf sie sich weiterhin abwärts entlangzieht. Unweit des Zusammenflusses des Lamar River mit dem *Yellowstone River* und nach Überquerung des letzteren mündet die Zufahrtstraße nach 46 km (29 mi.) bei der **Tower Junction** in die Rundfahrtstraße (siehe dort).

Zum Nordeingang des Parkes gelangt man auf dem U.S. Highway Nr. 89, 83 km (55 mi.) südlich von **Livingston,** Mont. Die Straße führt in dem anmutigen Waldtal des *Yellowstone River* mäßig aufwärts über den 1883 gegründeten und nach dem Pelztierjäger Johnson Gardner benannten Ort **Gardiner** (Fremdenverkehr; in der Nähe Travertinbrüche) und erreicht an dessen südlichem Ende den **NORTH ENTRANCE** (Nordeingang, 1620 m bzw. 5314 ft.; ganzjährig geöffnet), den der 1903 von Präsident Th. Roosevelt seiner Bestimmung übergebene *Theodore Roosevelt Arch* überspannt. Am Architrav des 15 m (50 ft.) hohen, basaltenen Torbogens eine Inschriftplatte mit den der Gründungsurkunde für den Park entnommenen Worten 'For the Benefit and Enjoyment of the People' (,Zum Wohl und zur Erbauung des Volkes'). Die Straße zieht von hier südlich weiter über den

GARDNER CANYON, dem engen Flußtal des *Gardner River* (links), vorbei an einem jenseits des Flusses aufragenden Felsdorn, dem *Eagle Nest Rock* (auf der Spitze ein bisher allsommerlich bewohnter Fischadlerhorst), und mündet nach 8 km (5 mi.) bei der **Mammoth Springs Junction** in die Rundfahrtstraße (siehe dort).

Um zum Westeingang des Parkes zu gelangen, kann man zwischen zwei Hauptzufahrten wählen: entweder von **Idaho Falls,** Ida., 176 km (110 mi.) auf dem U.S. Highway Nr. 20 nordwestwärts oder von Bozeman, Mont., 115 km (92 mi.) auf dem U.S. Highway Nr. 191 im Tal des *Gallatin River* südlich aufwärts erreicht man die kleine Touristenstadt **West Yellowstone** (Urtierfreilichtmuseum) und unweit deren östlichem Rand den **WEST ENTRANCE** (Westeingang, 2032 m bzw. 6667 ft.; Mai bis Oktober geöffnet). Von dort zieht die Straße zunächst in dem waldigen Tal des *Madison River*, später über dem steilen MADISON CANYON entlang und mündet nach 22 km (14 mi.) an dessen Ausgangspunkt, dem Zusammenfluß von *Firehole River* und *Gibbon River*, bei der **Madison Junction** in die Rundfahrtstraße (siehe dort).

Der Südeingang des Parkes empfiehlt sich besonders jenen Besuchern, die auf der Anreise auch die hochalpine Bergwelt der Grand Tetons erleben möchten. Von **Jackson,** Wyo., führt der U.S. Highway Nr. 89, 96 km (60 mi.) in dem malerischen Tal des *Snake River* durch den Grand Tetons National Park (siehe dort) über *Moran*, Wyo., und am Nordostufer des JACKSON LAKE entlang zum **SOUTH ENTRANCE** (Südeingang, 2099 m bzw. 6886 ft.; Mai bis Oktober geöffnet). Von hier zieht die Straße weiterhin nördlich in dem z.T. cañonartig eingeschnittenen Tal des *Lewis River* aufwärts, vorüber an den *Moose Falls* (rechts) und den *Lewis Falls* (links) sowie am Ostufer des LEWIS LAKE (an der Südspitze sowie am Nordwestufer einige kleinere Thermalquellen) entlang, passiert die *Continental Divide* (Wasserscheide zwischen Atlantik und Pazifik) und erreicht dann nach 32 km (20 mi.) die Abzweigung (rechts) einer Stichstraße (2½ km bzw. 1½ mi.) zu der Touristenstation *Grant Village* (Bootsanlegestellen für Rundfahrten auf dem Yellowstone-See). Die Hauptstraße führt nun zum Ufer des YELLOWSTONE LAKE und mündet nach weiteren 3 km (2 mi.) bei der **West Thumb Junction** in die Rundfahrtstraße (siehe dort).

GESCHICHTE

Das Gebiet des heutigen Naturschutzparkes verdankt seine gegenwärtige Gestalt einer vor rund 60 Millionen Jahren einsetzenden und in Abständen bis zur Gegenwart stets wiederkehrenden, starken vulkanischen Tätigkeit. Im Laufe der Zeit entstand ein bis zu 300 m (1000 ft.) mächtiges Plateau vulkanischen Ursprungs auf kalkigem Untergrund, das während der drei Eiszeiten zerschnitten und zerfurcht wurde. Die so entstandenen Niveauunterschiede und die Tatsache, daß sich die das Mittelplateau mit seiner Durchschnittshöhe von 2400 m (8000 ft.) umgebenden Gebirgszüge im Südosten bis zu einer Höhe von annähernd 3700 m (12 000 ft.) erheben, schufen die Voraussetzungen für die überaus reiche und unter verschiedenartigsten Lebensbedingungen auftretende Tier- und Pflanzenwelt, die zu einem wesentlichen Teil den Weltruhm des Nationalparks begründet haben.

Es ist bekannt, daß verschiedene Indianerstämme das Gelände schon früher durchstreiften und stellenweise besiedelten. Jedoch erst im Winter 1807–08 durchzog der Pelztierjäger *John Colter* auf der Jagd das Gebiet als erster Weißer. Ihm folgten weitere Jäger und Goldsucher, deren wunderliche Erzählungen ein lebhaftes Interesse für diese Gegend weckten. Die Mitglieder der *Washburn-Langford-Doane-Expedition*, die 1870 zur Erkundung des Geländes ausgezogen war, kehrten von ihren Entdeckungen so beeindruckt zurück, daß sie unverzüglich für die Erhaltung der Region als naturgeschützter öffentlicher Park eintraten. Bereits 1872 unterzeichnete Präsident Ulysses S. Grant die Gründungsurkunde für den *ersten Nationalpark der Welt*, der heute eine annähernd quadratische Fläche von nahezu 9000 qkm (3500 sq. mi.) umfaßt und somit der größte Nationalpark der Vereinigten Staaten ist.

NATUR

Zu den bemerkenswertesten **Naturerscheinungen**, die das Yellowstone-Gebiet weltweit berühmt gemacht haben, gehören die hier reichlich vorkommenden Thermal- und periodischen Springquellen. Sie sind in ihrer Aktivität einzigartig und übertreffen in dieser Eigenschaft jene in Island und Neuseeland. Es ist selbst mit den heutigen Mitteln schwierig, einen schlüssigen Nachweis über die Art der Entstehung solcher Quellenerscheinungen zu erbringen; jedoch ist die schon von dem deutschen Chemiker Robert Wilhelm Bunsen (1811–99) gegebene Erklärung wahrscheinlich, daß Regen- und Schmelzwasser in die poröse Erddecke dringen und dabei auf eine Schicht heißer Gase treffen, die von vulkanischen Massen geheizt werden. Diese Gase — vorwiegend Kohlendioxyd, Schwefelwasserstoff und Wasserdampf — erhitzen die absinkenden Wasser, die gesammelt als *heiße Quellen* an der Erdoberfläche hervorbrechen. Dabei steigen auch Gasblasen nach oben, was den Anschein erweckt, als ob das Wasser koche. — Ist der durch Oxydation von Schwefelwasserstoff verursachte Säuregehalt des Quellwassers besonders hoch, so wird das vulkanische Gestein des Quellbeckens angegriffen und gelöst; die dabei entstehenden feinen Gesteinspartikel schwimmen in Form von grauem Schlamm obenauf. Aus der Tiefe aufsteigende Gase bilden an der Oberfläche solcher *Schlammvulkane* häufig größere Blasen. — Trifft das in die Erde einsickernde und mit Kohlendioxyd eine leichte Kohlensäure bildende Wasser auf eine Kalkschicht, so wird diese zersetzt, wobei der mit dem Quellwasser an die Oberfläche kommende Kalk sich hier als Sinter abgelagert und mit der Zeit *Sinterterrassen* bildet.

Während bei Thermalquellen die Weite des Quellganges einen gewissen Austausch zwischen in der Tiefe überhitztem und an der Oberfläche bereits abgekühltem Wasser erlaubt und dadurch ein relatives Temperaturgleichgewicht im ganzen System entsteht, sind die Durchbruchskanäle (Diatreme) der seltenen, in Abständen ausbrechenden *Geysire* (isländisch 'heiße Springquelle'; eindeutschend auch 'Geiser') so eng, daß eine Temperaturangleichung durch Zirkulation nicht mehr möglich ist. Es bildet sich daher nach oben hin eine Schicht kühleren Wassers, das tieferstehende Wasser kann dagegen durch ständige Wärmezufuhr und den erheblichen Druck der darüberstehenden Wassersäule bis zu einer Temperatur von 170° C (338° F) erhitzt werden. Mit zunehmender Erwärmung entstehen stets größer werdende Dampfblasen, die mit immer stärkerer Gewalt nach oben steigen, bis sie schließlich zu zahlreich werden, um zur Oberfläche hochdringen zu können. Der im Erdinnern nunmehr gewaltig angewachsene Druck preßt dann Dampf und Wasser durch das Quellrohr explosionsartig nach oben aus. Nach einer solchen Eruption gelangt überhitztes Wasser aus der Tiefe nach oben, kühlt sich ab, und der beschriebene Prozeß beginnt von neuem. Es hängt von der Beschaffenheit des Untergrundes, von der Zufuhr neuen Wassers und anderen Faktoren ab, ob sich solche Ausbrüche in regelmäßigen oder unterschiedlichen Abständen wiederholen. Die Höhe der Eruption wird u.a. auch von Luftdruck und Windverhältnissen beeinflußt. — Ist bei heißen Quellen die Wasserzufuhr ausgeblieben oder so weit zurückgegangen, daß kein Wasser mehr zur Oberfläche dringt, so bleiben die Quellöffnungen als *Fumarolen* zurück, aus denen Dampf und Gase emporsteigen.

Die Erscheinungen der Quellgebiete sind von großer Unbeständigkeit und verändern sich laufend. Insbesondere aber hat das schwere Hebgen-Lake-Erdbeben des Jahres 1959 zu erheblichen Verschiebungen geführt, wobei einzelne Quellen und Geysire plötzlich versiegten, andere neu entstanden und viele Rhythmus und Ausmaß ihrer Tätigkeit veränderten. Eine anschauliche Vorstellung von den recht wechselhaften unterirdischen Vorgängen vermitteln die an vielen Stellen im Park zu findenden abgestorbenen Sträucher und Bäume, deren Stämme im unteren Teil oft bereits versintert sind. Es kann jedoch mit Sicherheit angenommen werden, daß die Gesamtaktivität im Nationalpark zumindest seit seiner Gründung unverändert geblieben ist.

Neben den Geysiren und heißen Quellen bilden die reiche Flora und Fauna des Yellowstone-Parks eine besondere Attraktion. Die verhältnismäßig großen Höhenunterschiede im Park und der durch die vulkanische Bodenbeschaffenheit bedingte häufige und oft unvermittelte Wechsel zwischen dichten Nadelwäldern, Wiesen, kahlen Bergkuppen und Hochebenen bilden die Grundlage für eine vielgestaltige Vegetation und bieten den verschiedensten **Tierarten** die ihnen angemessenen Lebensbedingungen. Besonders im Nordosten des Nationalparks leben vielfach *Bären* (bear); Braun- und Schwarzbär verlassen bei schönem Wetter gern die Wälder und kommen an die Wege und Straßen, während der menschenscheue, aber gefährliche Grizzly sich in der Regel verborgen hält. Bei der Begegnung mit jeder Art von Bären sind unter allen Umständen Abstand und Vorsicht geboten. Im Gebiet um den Mount Washburn findet man allgemein das amerikanische *Bergschaf* (Dickhornschaf; bighorn), und auf den Hochebenen im Norden ist die *Gabelantilope* (pronghorn) verbreitet. *Elche* (moose) bevölkern vorwiegend das Zentralplateau; *Wapitihirsche* (elk), gewohntes *Rotwild* (deer), *Hasen* und *Wildkaninchen* (hare, rabbit), *Eichhörnchen* (squirrel, chipmunk) sind im ganzen Nationalparkgebiet anzutreffen. *Büffel* (bison) werden nicht regelmäßig beobachtet, doch zeigen sich häufig im Frühjahr und Herbst kleinere Herden im Lamar Valley, östlich der Tower Junction und im Lower Geyser Basin. *Koyoten* (coyote) leben im Hayden Valley und im Lamar Valley. An den Gewässerrändern des ganzen Parkes findet man zahlreiche *Biber* (beaver). Weniger häufig sind *Füchse* (fox), *Dachse* (badger). *Luchse* (lynx), *Stinktiere* (shunk), *Murmeltiere* (marmot), *Marder* (marten), *Wiesel* (weasel), *Nerze* (mink), *Bisamratten* (muskrat) und *Otter* (otter), während *Pumas* (cougar, mountain lion) und *Wölfe* (wolf) hier nur äußerst selten gesehen wurden. — Die Bäche, Flüsse und Seen des Parkareals beherbergen reichlich Fische, vor allem *Forellen* (trout), die viele Angler anziehen. Ferner bewohnt eine Vielzahl von Vögeln den Park, darunter *Adler* (eagle), *Fischadler* (osprey), *Eulen* (owl), *Möwen* (gull), *Pelikane* (pelican), *Wildgänse* (goose), *Wildenten* (duck) und der seltene *Trompeterschwan* (trumpet swan). — Schlangen sind in dem für diese Tiere zu hoch gelegenen Gebiet nicht anzutreffen.

Aus dem Bereich der **Pflanzenwelt** sei vor allem auf den üppigen Waldbestand hingewiesen, der sich zu vier Fünfteln aus Nadelhölzern wie *Kiefern, Pinien* (spruce, pine), *Fichten, Tannen, Föhren* (fir) und *Zedern* (cedar) zusammensetzt, jedoch auch vielfach von *Espen* (aspen) durchwirkt ist. Weit verbreitet ist der *Beifuß* (sage-brush), besonders als Artemisia tridentata, dessen getrocknete Blätter früher als Heiltee verwendet wurden. In weniger feuchten Niederungen gesellt sich zu diesem vielfach der Pricklypear cactus, eine *Feigenkaktee* (Opuntia). Im Unterholz der Wälder findet man oft die *Bärentraube* (kinnikinnick; Arctostaphylos), ein Strauch, dessen gedörrte Blätter mit Tabak vermischt von den Indianern geraucht wurden. Aus der großen Zahl der hier vorkommenden Blumen seien erwähnt das *Ver-*

gißmeinicht (forget-me-not; Myosotis), die nach Europa als Zierpflanze eingeführte *Nachtkerze* (evening primrose; Oenothera), *Krokus* und *Primel*, die *Glockenblume* (harebell; Campanula), verschiedene *Rachenblütler* (Scrofulariaceae), die *Lupine*, der äußerst giftige *Rittersporn* (larkspur; Delphinium), *Akelei* (columbine; Aquilegia), *Enzian* (gentian) und *Phlox*.

RUNDFAHRT

Die im folgenden beschriebene und empfohlene Rundfahrt (226 km bzw. 142 mi., mit Abstechern 274 km bzw. 172 mi.; im Sommer regelmäßiger Linienverkehr mit Autobussen oder Großtaxis, auch geführte Touren) folgt dem äußeren Ring der annähernd in Form einer 8 durch das Parkgelände verlaufenden GRAND LOOP ROAD, wobei West Thumb als Ausgangspunkt gewählt ist.

Die im südlichen Mittelbereich des Nationalparks gelegene Touristenstation **West Thumb** ('westlicher Daumen') ist benannt nach der hier befindlichen westlichen Ausbuchtung des schönen, vom Yellowstone River durchflossenen und bis zu 90 m (300 ft.) tiefen **YELLOWSTONE LAKE,** des Parkes größter Bergsee (360 qkm bzw. 139 sq. mi. Wasserfläche), der etwa die Gestalt einer mit den Fingern nach Süden weisenden Hand hat, und etwa in der Mitte vier kleine Inseln aufweist. — An der nahen **West Thumb Junction** mündet die vom Südeingang des Parkes kommende Zufahrtstraße in die Grand Loop Road. Zwischen Straße und Seeufer erstreckt sich das WEST THUMB GEYSER BASIN, ein verhältnismäßig kleines Quellgebiet mit heißen Sprudeln, Schlammvulkanen und Geysiren; besonders beachtenswert sind die großen Farbtöpfen ähnelnden Schlammquellen der *West Thumb Paint Pots* und der *Fishing Cone*, ein unweit des Ufers im See gelegener stattlicher Quellkegel. —

Die Rundfahrtstraße führt von der West Thumb Junction zunächst in nordöstlicher Richtung an dem waldreichen Ufer des Yellowstone-Sees hin; rechts schöne Ausblicke auf die östlich des Sees bis zu 3350 m (11 000 ft.) Höhe aufsteigende Bergkette der *Absaroka Range*. Nach 26½ km (16½ mi.) links die Abzweigung einer Nebenstraße (1,8 km bzw. 1,2 mi.) zur *Natural Bridge*, einem vom Bridge Creek aus dem Gestein gewaschenen, natürlichen Brückenbogen. — Die Hauptstraße überquert kurz darauf die BRIDGE BAY, eine kleine, zu einem Bootshafen ausgebaute Seebucht, und erreicht nach weiteren 4 km (2,5 mi.) die Hotelsiedlung **Lake**. 2½ km (1½ mi.) weiter nordöstlich mündet bei der **Lake Junction** rechts die vom Osteingang des Parkes kommende Zufahrtstraße, nachdem sie kurz zuvor den unweit oberhalb den See verlassenden Yellowstone River auf der zu beiden Seiten von Anglerstegen gesäumten *Fishing Bridge* überquert hat.

Von der Lake Junction führt die Rundstrecke nordwärts am linken Ufer des **Yellowstone River** entlang. Nach 9 km (5½ mi.) links ein Parkplatz am Ausgangspunkt des interessanten **Mud Volcano Trail,** einem Lehrpfad durch ein wechselhaftes Schlammvulkangelände.

Der sichere und in Anbetracht des unberechenbaren Terrains einzuhaltende, befestigte RUNDWEG (ca. 20 Min.) beginnt zwischen den beiden seltsamen Schlammbecken des **Mud Geyser** ('Schlammgeysir'; links) und des **Mud Caldron** ('Schlammkessel'; rechts) und führt dann nach links vorbei an den beiden ebenfalls rechts liegenden Quellen *Sizzling Basin* ('zischendes Becken') und *Churning Caldron* ('schäumender Kessel'), deren Wasser zu kochen scheinen. Weiterhin gelangt man zu der brodelnden Schlammquelle **Black Dragon's Caldron** ('Kessel des schwarzen Drachen'; links), die erst seit 1948 besteht und seither ihre Lage bereits um etwa 60 m (200 ft.) verändert hat.

In unmittelbarer Nähe der *Sour Lake*, ein ruhiger Quellsee, dessen Wasser sauer schmeckt; die im Wasser stehenden Baumreste zeigen, daß sich der See in letzter Zeit ausgedehnt hat. Hier wendet sich der Pfad nach rechts, zieht an der *Grizzly Fumarole* (links) und dem *Mud Volcano* (links), einem blasigen Schlammvulkan, vorüber zu dem weithin hörbar grollenden und brausenden **Dragon's Mouth** ('Drachenmaul'), einer Felsöffnung, aus der in kurzen Abständen Dampf und heißes Wasser heftig ausgestoßen werden, und kehrt zurück zum Parkplatz, in dessen Umgebung sich weitere kleine Schlammquellen und gasspeiende Erdlöcher befinden.

Die Grand Loop Road folgt nun weiterhin dem Tal des Yellowstone River, das hier den Namen HAYDEN VALLEY (nach dem Parkforscher Ferdinand Vandiveer Hayden, 1829–87) annimmt; nach ½ km (1/3 mi.) rechts der hochgradig schwefelhaltige *Sulphur Caldron* ('Schwefelkessel'); östlich jenseits des Flusses der **Sulphur Mountain** ('Schwefelberg'; 2419 m bzw. 7937 ft.) und die niederen *Crater Hills* mit der *Sulphur Spring*, einer fast ununterbrochen aktiven heißen Schwefelquelle. — Nach weiteren 12 km (7½ mi.) erreicht man auf der Hauptstraße den westlichen Brückenkopf (rechts) der den Yellowstone River überspannenden und zu Ehren des einst im Park tätigen Militäringenieurs Hiram Martin Chittenden (1858–1917) benannten **Chittenden Memorial Bridge** (1962 erneuert), über die eine lohnende Seitenstraße (2½ km bzw. 1½ mi.) zu dem aussichtsreichen *Artist Point* über dem Südrand des großartigen, 240–420 m (800–1200 ft.) tiefen **GRAND CANYON of the YELLOWSTONE** führt, dessen schroffe Erosionseinschnitte in lebhafter Färbung von Hellgelb über Orange bis zu dunklem Rot leuchten, worauf der Name 'Yellowstone' ('gelber Stein') zurückzuführen ist. Nach Westen fällt der Blick auf die meist wasserreichen **Lower Falls** (Untere Fälle; 94 m bzw. 308 ft. Fallhöhe) des Flusses, während die etwa

1½ km (1 mi.) cañonaufwärts gelegenen kleineren Oberen Fälle (siehe unten) verdeckt sind. Das Flußbett, die Wasserfälle und einige unregelmäßig tätige Geysire am Cañonboden sowie andere Aussichtspunkte sind auf z.T. beschwerlichen Fußpfaden zu erreichen. — Die Rundfahrtstraße entfernt sich dann von dem über Stromschnellen und die beiden vorgenannten Wasserfälle in den Großen Cañon stürzenden Yellowstone River. Nach 1 km (2/3 mi.) zweigt rechts eine kurze Stichstraße zu einer Aussichtsplattform an den **Upper Falls** (Obere Fälle; 33 m bzw. 109 ft. Fallhöhe) und nach weiteren 2 km (1 1/3 mi.) ebenfalls rechts die lohnende Zufahrt (3 km bzw. 2 mi.) entlang dem Nordrand des Großen Cañons zum *Inspiration Point*, einem bekannten Aussichtspunkt. — An der Hauptstraße folgt dann nach 2 km (1⅓ mi.) die Touristenstation **Canyon Village** (u.a. Besucherzentrum) mit der **Canyon Junction,** von wo westwärts eine 19 km (12 mi.) lange Verbindungsstraße zur Norris Junction (siehe dort) führt.

Die Rundstrecke zieht von der Canyon Junction durch schönen Wald nördlich 9 km (5 2/3 mi.) aufwärts zum *Dunraven Pass* (2700 m bzw. 8859 ft.; benannt nach dem Earl of Dunraven, dem Leiter der Parkexpedition von 1874); von der Paßhöhe führt rechts ein Fußweg (6 2/3 km bzw. 4 mi.) auf den Mount Washburn (siehe unten). — Jenseits des Dunraven-Passes wieder abwärts. Nach 8 km (5 mi.) zweigt rechts ein für Privatfahrzeuge gesperrter Fahrweg (6 2/3 km bzw. 4 mi.; im Sommer Autobusdienst) auf den **Mount Washburn** (3122 m bzw. 10 243 ft.) ab; vom Gipfelturm des nach Henry Dana Washburn, dem Leiter der Expedition von 1870 benannten Berges, prächtiger Rundblick über weite Teile des Nationalparks: im Süden der Yellowstone Lake und die dahinter aufragenden Grand Tetons, im Osten die Absaroka Range und im Norden die Gallatin Range. — Nach weiteren 9 2/3 km (6 mi.) über den nach den seine Ufer säumenden Basalttürmen benannten *Tower Creek* und vorbei an dem rechts abseits der Straße 40 m (132 fr.) in die Tiefe stürzenden **Tower Fall** (Parkplatz; Fußweg zu den Fällen). Danach folgt ein besonders reizvoller Straßenabschnitt, der zunächst unter dem *Overhanging Cliff*, einer etwa 45 m (150 ft.) hohen, leicht überhängenden Säulenbasaltwand und dann am Westrand des sich zunehmend verengenden Yellowstone-Cañons mit schönen Blicken in die Schlucht (rechts) entlangführt; 1 km (2/3 mi.) weiter, rechts unterhalb der Straße, die *Needle*, eine 79 m (260 ft.) hohe, nadelförmige Brekziensäule. Kurz darauf erreicht man bei den **Narrows** die engste Stelle des Cañons (schöner Ausblick vom nahen Calcite Springs Overlook); dahinter wendet man sich vom Talrand ab, fährt in einiger Entfernung von diesem an der links abseits gelegenen *Roosevelt Lodge* (Kutschfahrten, Reitpferde) vorüber und gelangt nach weiteren 3 km (2 mi.) zur **Tower Junction,** wo die vom Nordosteingang des Parkes kommende Zufahrtstraße mündet.

Die Grand Loop Road zieht von der Tower Junction in westliche Richtung; nach etwa 2 km (1 1/3 mi.) zweigt links eine Sackstraße (¾ km bzw. ½ mi.) zu dem interessanten *Petrified Tree* ab, dem größten in der Umgebung bekannten Rest eines versteinerten Baumstammes. — Die Hauptstraße führt dann durch offenes Gelände mit schönen Weitblicken (halblinks der Bunsen Peak, siehe dort; halbrechts der Electric Peak, 3350 m bzw. 10 992 ft.) und überquert mehrere Bäche sowie nach 24 ½ km (15 ¼ mi.) auf der **Sheepeater Canyon Bridge,** einer 1939 errichteten 246 m

(805 ft.) langen Straßenbrücke, den *Gardner River*. 3 km (2 mi.) westlich davon erreicht man den altbekannten Touristenort **Mammoth Village** (1900 m bzw. 6240 ft.; Besucherzentrum, Unterkunft), wo sich die Verwaltung des Nationalparks befindet und bei der **Mammoth Springs Junction** die vom Nordeingang des Parkes kommende Zufahrtstraße mündet.

Südwestlich des auf einer fast kahlen Hochfläche gelegenen Ortes Mammoth erhebt sich der *Terrace Mountain* (2432 m bzw. 8011 ft.), an dessen Ostabhang die zahlreichen **MAMMOTH HOT SPRINGS** ('heiße Mammutquellen') ausgedehnte **Sinterterrassen** gebildet haben. Wenngleich die Thermalquellen derzeit wenig aktiv erscheinen, muß doch angenommen werden, daß sich ihr Verhalten im Laufe der Zeit nicht wesentlich geändert hat. Man ist heute der Ansicht, daß hier jeweils vereinzelte Quellen Sinterstufen abgelagert haben, die dann nach Versiegen der Quellen von Sintern neu ausgebrochener Quellen überlagert wurden, und sich so allmählich die gewaltigen, vorwiegend in hellen Farben schimmernden Terrassen aufbauten. — Lebendige Eindrücke von der wechselvollen Quelltätigkeit und Versinterung in diesem Bereich vermitteln die Terrace Loop Road (siehe dort) im oberen Teil sowie der **Terrace Nature Trail,** ein den besonders malerischen unteren Teil der Terrassen erschließender Lehrpfad.

Ein sicherer Fußweg beginnt am Südwestrand von Mammoth Village bei der rechts der hier den Ort in Richting Norris Junction verlassenden Grand Loop Road einzelnstehenden **Liberty Cap** ('Freiheitsmütze'), dem 11 m (37 ft.) hohen und an seiner Basis einen Durchmesser von 6 m (20 ft.) aufweisenden Travertinkegel einer versiegten Thermalquelle; nahebei der gleichartige aber kleinere *Devil's Thumb* ('Teufelsdaumen'). Links der Straße, am Fuße des *Capitol Hill* (45 m bzw. 145 ft. über der Straße), auf dem von 1879 bis 1909 das erste Gebäude der Parkverwaltung stand, die **Opal Terrace** mit verschiedenen Quellöffnungen und opalenen Sintern. — Von der Liberty Cap gelangt man entweder nach rechts direkt zur Minerva Terrace (siehe dort) oder nach links, zunächst entlang der Fahrstraße, zur **Cavern Spring** (links), einer Höhlenquelle, deren ursprüngliche Öffnung bereits durch Sinterablagerungen verschlossen ist und die nunmehr eine kleine Terrasse ausbildet; die Reste abgestorbener Bäume geben Zeugnis von der verhältnismäßig raschen Versinterung.

Unweit oberhalb der Cavern Spring trifft man auf einen RUNDWEG (ca. ½ Std.), dem man nach links auf der heute trockenen **Pulpit Terrace** ('Kanzelterrasse'), an der *Reservoir Spring* ('Reservoirquelle'; links) und einer links der Straße hinabführenden Abzweigung vorüber bis zu einer Gabelung folgt: nach links führt ein kurzer Sackweg in Richtung Jupiter Terrace (siehe dort), nach rechts wendet sich der Rundweg zur **Jupiter Spring** (links oben) und zieht dann an der **Mound Terrace** ('Hügelterrasse') und an der malerischen, algengefärbten **Naiad Spring** ('Najadenquelle'; links) vorbei zu der prächtigen, in vielen Farben glänzenden **Minerva Terrace** ('Minervaterrasse'). Von hier kann man weiter aufwärts zur Main Terrace (siehe dort) gelangen. Der Rundweg führt jedoch nach rechts abwärts weiter und entweder direkt oder über die Cavern Spring zurück zum Ausgangspunkt an der Liberty Cap.

Die Rundfahrtstraße durch den Nationalpark zieht von Mammoth Village zunächst in südwestlicher Richtung vorbei an der *Liberty Cap* (rechts; siehe dort) und der *Opal Terrace* (links; siehe dort) sowie weiterhin am Fuße des Terrace Mountain (siehe dort) entlang mit eindrucksvoller Sicht auf die sich rechts der Straße (Parkplätze) übereinanderschichtenden SINTERTERRASSEN der MAMMOTH HOT SPRINGS (siehe dort). Nach 2 km (1 1/3 mi.) wendet sich die Straße bei der Einmündung (links) der Bunsen Peak Loop Road (Einbahnstraße in Gegenrichtung; siehe dort) in einer Rechtskehre aufwärts nach Norden und erreicht bei der nächsten Kurve das Niveau der **Jupiter Terrace** ('Jupiterterrasse') und der **Main Terrace** ('Hauptterrasse'; rechts) mit der *Main*

Spring ('Hauptquelle') und der *Blue Spring* ('blaue Quelle') sowie nach 1¼ km (¾ mi.) die Abzweigung (rechts) der **Terrace Loop Road,** einer lohnenden Ringstraße durch das obere Terrassengefilde.

Die RUNDSTRECKE (2½ km bzw. 1⅔ mi.; Einbahnstraße) führt von der Abzweigung an der Grand Loop Road nördlich aufwärts vorbei an der schönen *Cupid Spring* ('Cupidoquelle'; rechts) zur **Esplanade,** einer Plattform mit reizvollem Blick über die Terrassen hinweg auf den Ort Mammoth; halblinks im Vordergrund die heute nicht mehr aktive *Cleopatra Terrace* mit der gleichnamigen Quelle. — Weiterhin rechts der *Cheops Mound* ('Cheopshügel') und die **Narrow Gauge Terrace** ('Schmalspurterrasse'), links die *Prospect Terrace* ('Aussichtsterrasse') und die *Buttress* ('Strebe') sowie später der *Orange Spring Mound* ('Hügel der Orangenquelle'); dann folgen rechts der heute versiegte *Old Bath Lake* ('alter Badesee'), die **Poison Cave** ('Gifthöhle'), in der ein besonders für Tiere todbringendes Gas ausströmt, die *Soda Spring* ('Sprudelquelle') und die **Stygian Caves** (stygische' oder 'schauerliche Höhlen), aus denen ebenfalls schädliche Gase entweichen, sowie links die ausgedehnte **Highland Terrace** ('Hochlandterrasse') mit der darunter abseits der Straße gelegenen **Devils Kitchen** ('Teufelsküche'), der *White Elephant Back* ('Rücken des weißen Elefanten') und zuletzt, kurz vor der Einmündung in die Grand Loop Road, die **Angel Terrace** ('Engelsterrasse').

Die Parkrundfahrtstraße führt unweit der Abzweigung der Terrace Loop Road an der Wiedereinmündung vorüber, steigt allmählich in dem malerischen GOLDEN GATE CANYON des *Glen Creek* an und passiert nach 2½ km (1 2/3 mi.) das **Silver Gate** ('silbernes Tor'), einen Engpaß mit *Hoodoos* (Umweg rechts) genannten, großen, von vorzeitlichen Quellen abgelagerten Travertinblöcken. Dann durch das **Golden Gate,** eine weitere Talenge, die ihren Namen dem goldgelben Flechtenbewuchs der Felsen verdankt; nach 1½ km (1 mi.) erreicht man den **Kingman Pass** (2210 m bzw. 7250 ft.; benannt nach dem Parkingenieur D.C. Kingman) mit Blick (links zurück) auf die 15 m (47 ft.) hohen *Rustic Falls* des Glen Creek. Kurz hinter der Paßhöhe zweigt nach links die **Bunsen Peak Loop Road** ab.

Die lohnende aber schmale, steile (z.T. Kehren) BERGSTRASSE (überwiegend Einbahnstraße), die den nach dem deutschen Chemiker Robert Wilhelm Bunsen (1811–99) benannten **Bunsen Peak** ('Bunsen-Spitze; 2610 m bzw. 8564 ft.) auf einer aussichtsreichen Strecke von 9⅔ km (6 mi.) umzieht, führt u.a. an den 46 m (150 ft.) tief hinabstürzenden **Osprey Falls** ('Fischadlerfälle') des *Gardner River* vorüber und mündet bei den Sinterterrassen der Mammoth Hot Springs wieder in die Grand Loop Road ein.

Jenseits des Kingman-Passes senkt sich die Grand Loop Road in eine Niederung um den kleinen **Swan Lake** ('Schwanensee'; rechts) mit Nistplätzen des seltenen Trompeterschwans und überquert nach 5 1/3 km (3 1/3 mi.) den *Gardner River*. Dahinter vorwiegend durch schönen Wald; nach 5¼ km (3¼ mi.) links die nach dem bekannten deutschen Sprudel benannte **Apollinaris Spring,** eine stark mineralhaltige Quelle. Darauf weiter durch das Engtal des *Obsidian Creek* vorbei an der *Crystal Spring*, einer kalten Quelle, und nach 2½ km (1½ mi.) vorüber am **Obsidian Cliff** (links), einer mächtigen Felsmasse aus Vulkanglas (Obsidian), dessen sich die Indianer dieser Gegend einst zur Herstellung von Werkzeugen und Waffen bedienten. Dahinter führt die Strecke am **Beaver Lake** ('Bibersee', rechts; Umweg) entlang, der seinen Namen den hier vielfach vorkommenden Bibern verdankt; im Wasser ein langer Biberdamm. — Nach 5 km (3 mi.) rechts die *Clearwater Springs*, eine Gruppe heißer Quellen und Fumarolen. Später über eine Paßhöhe (2309 m bzw. 7575 ft.; Wasserscheide); dahinter links ein wegen seines gelbgrünen Wassers *Lemonade Lake* ('Limonadensee') genannter

Teich und hinter diesem der *Roaring Mountain* ('grollender Berg'; 2478 m bzw. 8130 ft.) mit zahlreichen Fumarolen. Wenig später, rechts die beiden bereits nach Süden entwässernden **Twin Lakes** ('Zwillingsseen'), dahinter ebenfalls rechts eine Reihe Quellen und Teiche, von denen die heißen *Roadside Springs* ('Quellen am Straßenrand'), die *Bijah Spring*, der *Nymph Lake* ('Nymphensee') und die flachen **Frying Pan Springs** ('Bratpfannenquellen'), deren heißes Wasser durch aufsteigende Gase zum Brodeln gebracht wird, erwähnt seien. — Nach 8 km (5 mi.) erreicht die Rundfahrtstraße die nach dem Parkvorsteher (1877–82) Philetus W. Norris benannte **Norris Junction,** wo ostwärts zur Canyon Junction (siehe dort) eine 19 km (12 mi.) lange Verbindungsstraße führt, an der im ersten Drittel (kurzer Umweg in Einbahnrichtung) die schönen *Virginia Cascades* des Gibbon River einen Besuch verdienen.

Die Hauptstraße verläßt die Norris Junction in südwestlicher Richtung und erreicht nach 1 km (2/3 mi.) das **Norris Visitor Center** (Besucherzentrum, Museum). Von hier führen mehrere gesicherte Wege, wegen des brüchigen Bodens z.T. auf Holzstegen, durch das eindrucksvolle, unheimlich wirkende **NORRIS GEYSER BASIN,** eine weithin versinterte und meist von Dampfschwaden erfüllte Beckensenke mit einer Unzahl heißer Springquellen verschiedenster Aktivität und vielen abgestorbenen Bäumen.

Ein lohnender FUSSWEG (ca. 15 Min.) geht von dem kleinen Museum nach Nordosten aus, überquert die Fahrstraße und durchzieht in einer Schleife das PORCELAIN BASIN ('Porzellanbecken'), den oberen Teil des Norris Geysir Basin, wobei er an etlichen Quellen und Geysiren unmittelbar vorüberleitet; besonders bemerkenswert ist hier der mehrmals in der Stunde 5–10 Sekunden lang und bis zu 12 m (40 ft.) hoch ausbrechende **Constant Geyser** ('stetiger Geysir').

Ein nicht minder interessanter RUNDWEG (ca. 1 Std.) führt vom Museum nach Südwesten zunächst zu dem Krater des seit 1913 ruhenden, einst bis zu 60 m (200 ft.) hoch aufschießenden *Monarch Geyser*, dann weiter südlich zu dem äußerst unterschiedlich aktiven *Vixen Geyser* ('verhexter Geysir') und an mehreren kleineren Quellen vorüber zu den beiden GRAY LAKES ('graue Seen'), an deren Ufer weitere Geysire liegen. Von dort wieder nordwärts und in weiten Windungen durch das Quellgebiet zum **Steamboat Geyser** ('Dampfschiffgeysir'), einer normalerweise alle 10–60 Sekunden 5–10 m (20–30 ft.) hoch und einige Sekunden lang ausbrechenden Springquelle; gelegentlich haben die Eruptionen jedoch schon Höhen bis zu 120 m (400 ft.) erreicht, wobei die Ausbruchstätigkeit (Wasser- und Dampfphase) manchmal mehrere Stunden andauerte. Somit kann dieser Geysir als der höchste und gewaltigste des Yellowstone-Gebietes angesehen werden. — Der Rundweg kehrt dann zurück zum Ausgangspunkt am Besucherzentrum.

Vom Norris Visitor Center zieht die Grand Loop Road südwestlich im Tal des *Gibbon River* abwärts. Nach 5 km (3 mi.) rechts, an beiden Ufern des Flusses, die *Chocolate Pots* ('Schokoladentöpfe'), deren eisenhaltige Quellwasser seltene braune Sinter abgelagert haben. Dann überquert man den Gibbon River und durchfährt das GIBBON GEYSER BASIN mit verstreut liegenden Geysiren, Thermalquellen und Fumarolen. Nach 3 km (2 mi.) zweigt rechts ein beschwerlicher Fußweg (ca. 2 Std.) zu dem nördlich abseits gelegenen MONUMENT GEYSER BASIN mit verschiedensten Thermalerscheinungen ab. — Nach ¾ km (½ mi.) rechts die prachtvolle, siedend heiße **Beryl Spring** ('Beryllquelle'); dabei ein fast ununterbrochen zischendes Dampfloch. Später fährt man durch das GIBBON CANYON, überquert zweimal den Gibbon River und wendet sich danach westwärts. Weitere 5 2/3 km (3½ mi.) später links die 25 m (84 ft.) hohen **Gibbon Falls** des gleichnamigen Flusses. Die Straße zieht dahinter an der *Terrace Spring* ('Terrassenquelle'; rechts), einem größeren

heißen Quellsee, vorüber und erreicht nach 7¼ km
(4½ mi.) die zu Ehren des vierten Präsidenten der
USA James Madison (1751–1836) benannte **Madison
Junction** (Besucherzentrum), wo die vom Westeingang
des Parkes kommende Zufahrtstraße mündet. Hier,
beim Zusammenfluß von Gibbon River und Firehole
River, die den nach Westen abfließenden *Madison
River* bilden, wurde während einer von der Umgebung
inspirierten Unterhaltung zwischen den Mitgliedern
der Expedition von 1870 die Idee der Errichtung und
Betreuung von Nationalparks geboren.

Die Rundfahrtstraße durch den Nationalpark
verläßt die Madison Junction in südöstlicher Richtung
und überquert zunächst den *Gibbon River*. Kurz hinter
der Brücke teilt sich die Strecke: halbrechts führt
die alte, nach 4 km (2½ mi.) wieder in die Grand Loop
Road einmündende Straße (Einbahn) durch das reizvolle FIREHOLE CANYON aufwärts und an den
12 m (40 ft.) hohen Wasserfällen sowie dahinter den
Stromschnellen des forellenreichen *Firehole River*
(rechts) vorbei; geradeaus steigt die neuere Durch-
bruchstraße in waldigem Gelände bergan. Nach
12 km (7½ mi.) erreicht man das **LOWER GEYSER
BASIN** ('unteres Geysirbecken'), den nördlichen
Teil (ca. 35 qkm bzw. 14 sq. mi.) eines weitreichenden
Gebietes von Quellen und Geysiren, dem bedeutendsten der Erde. Etwa 1 km (2/3 mi.) weiter, rechts der
meist dampfende **Fountain Paint Pot,** ein großes
Kesseloval, in dem mehrere recht verschiedenfarbige
Schlammquellen geräuschvoll Blasen treiben; in der
Nähe außerdem südöstlich die *Silex Spring* ('Kiesel-
quelle'), südlich der bläuliche *Celestine Pool* ('Zöle-
stinteich'), der *Morning Geyser* ('Morgengeysir'),
der *Clepsydra Geyser* ('Klepsydra-' oder 'Wasseruhr-
geysir'), der *Kaleidoscope Geyser*, der *Jet Geyser*

('Düsengeysir'), der *Spasm Geyser* ('Krampfgeysir') und der *Jelly Geyser* ('Geleegeysir'). — Beim Fountain Paint Pot zweigt links die später wieder auf die Hauptstraße stoßende **Firehole Lake Loop Road** ab.

Auf dieser RINGSTRASSE (5⅓ km bzw. 3⅓ mi.) gelangt man am *Hot Lake* ('heißer See'; rechts) vorüber zum **Firehole Lake,** aus dessen Tiefe Gasblasen aufsteigen, und von dort an verschiedenen kleineren Springquellen vorbei zu dem stündlich mehrmals kurzzeitig bis zu einer Höhe von 9 m (30 ft.) ausbrechenden **White Dome Geyser** ('weißer Dom') mit einem auffallend großen Kraterhügel; weiterhin der heftige **Great Fountain Geyser** ('großer Brunnengeysir'), der alle 6–10 Stunden etwa 1 Stunde lang bis zu 30 m (100 ft.) hoch springt. Zuletzt an einigen heißen Quellen vorüber und zur Wiedereinmündung in die Grand Loop Road.

Die Hauptstraße zieht vom Fountain Paint südwärts weiter; alsbald links die Einmündung der Firehole Loop Road (siehe dort). Nach 3 km (2 mi.) erreicht man einem Parkplatz am Nordrand des sich entlang dem Westufer des Firehole River erstreckenden **MIDWAY GEYSER BASIN** ('mittleres Geysirbecken'), von wo verschiedene Fußwege zu den markantesten Thermalerscheinungen der nahen Umgebung ausgehen; genannt seien hier der gewaltige *Excelsior Geyser Crater*, ein wassergefüllter Krater, dessen Springquelle seit 1890 ruht, einst aber bis zu 90 m (300 ft.) hoch ausbrach, der schöne, blaugrüne **Turquoise Pool** ('Türkisteich'), der bunte *Opal Pool* ('Opalteich') und die **Grand Prismatic Spring** ('große Prismenquelle'), ein großer, flacher Quellsee, dessen Farben sich in dem aufsteigenden Dampf spiegeln. — Die Straße überquert nach 2 km (1¼ mi.) den hier von Osten in den Firehole River mündenden **Rabbit Creek** ('Kaninchenbach'), an dessen Lauf eine Vielzahl kleinerer, oft farbenprächtiger Schlammvulkane, Geysire und Sinterstufen zu finden sind.

Vom Midway Geyser Basin folgt die Parkrundfahrtstraße weiterhin dem *Firehole River* (rechts) talaufwärts. Nach 4¼ km (2 2/3 mi.) rechts das kleine BISCUIT BASIN („Biskuitbecken'; nach den Kieselsinter- und Geyseritbildungen an den Quellrändern) mit dem in jüngster Zeit bis zu 30 m (100 ft.) hoch ausbrechenden **Sapphire Pool** ('Saphirteich'), dem *Jewel Geyser* ('Juwelengeysir'), der *Shell Spring* ('Muschelquelle'), der *Mustard Spring* ('Senfquelle') u.v.a. — Danach gelangt man in das wegen seiner Vielfalt an thermalen Phänomenen einzigartige **UPPER GEYSER BASIN** ('oberes Geysirbecken'), das sich vorwiegend am rechten Ufer das Firehole River über eine Fläche von etwa 10 qkm (4 sq. mi.) erstreckende, aktivste Quellgebiet des Parkes mit allein mehr als 60 Geysiren. — Die Strecke führt zunächst an mehreren rechts der Straße gelegenen Springquellen vorüber: am *Gem Pool* ('Gemmenteich'), am *Artemisia Geyser* und am *Atomizer Geyser* ('Zerstäubergeysir') sowie an den beiden stets brodelnden *Sentinel Geysers* ('Schildwachengeysire', zu beiden Seiten des Flusses). — Nach 1 ¼ km (3/4 mi.) ebenfalls rechts der große Quellkrater des prächtigen **Morning Glory Pool** ('Trichterwindenteich'), dessen klares Wasser bei günstigen Lichtverhältnissen in tiefem Blau erstrahlt, und bald darauf der *Fan Geyser* ('Fächergeysir') und der *Mortar Geyser* ('Mörsergeysir'). Wenig später überquert man den *Firehole River* und erreicht kurz hinter der Brücke einen großen Parkplatz (links), von wo ein lohnender Fußweg durch das Geysirgelände zum Touristenort Old Faithful ausgeht (Beschreibung siehe dort). Unmittelbar am rechten Flußufer der kräftige **Riverside Geyser** ('Flußufergeysir'), der seine Wassersäule alle 8–6 Stunden bis zu 25 m (80 ft.) schräg in die Höhe über das Flußbett ausstößt. —

Auf der Grand Loop Road fährt man kurz hinter dem oben genannten Parkplatz an den *Chain Lakes* ('Kettenseen') und dem *Link Geyser* ('Gliedergeysir'; alle rechts) sowie dem *Rocket Geyser* und dem *Grotto Geyser* (beide links; siehe dort) vorüber. Nach ¾ km (½ mi.) zweigt rechts die **Black Sand Basin Loop Road** ab.

Diese lohnende UMWEGSTRECKE (3 km bzw. 2 mi.) führt zunächst westwärts an einer Reihe rechts der Straße (Ausweichstelle) befindlicher, vorwiegend ruhender Quellen vorübert *Bonita Pool* (aktiv), *Daisy Geyser* ('Gänseblümchengeysir'), *Comet Geyser* ('Kometengeysir'), *Splendid Geysir* ('herrlicher Geysir'), *Brilliant Pool* ('glänzender Teich') und *White Pyramid Geysir* ('weißer Pyramidengeysir'; Kegel nordwestlich abseits). Später, ebenfalls rechts, auf einem Quellhügel die eigentümliche **Punch Bowl Spring** ('Punschschüsselquelle'). — Etwa auf halbem Wege gelangt man zu einem Parkplatz, von dem gesicherte Fußsteige in das sich zu beiden Seiten des später in den Firehole River fließenden *Iron Creek* ('Eisenbach') ausdehnende **BLACK SAND BASIN** ('Schwarzsandbecken'; zahlreiche versinterte Baumreste) ausgehen: nach rechts zu dem fast ununterbrochen lebhaft Wasser speienden *Spouter Geyser* und dem nahen *Opalescent Pool* ('opalisierender' oder 'bunt schillernder Teich'); geradeaus in die Nähe des am anderen Bachufer gelegenen **Cliff Geyser,** dessen unregelmäßige Ausbrüche explosionsartig bis zu 15 m (50 ft.) Höhe erreichen; nach links vorbei an der wenig aktiven *Green Spring* ('grüne Quelle'; links) und über den Iron Creek zu einer Gabelung: links zu dem prächtigen grünen Quelltopf **Emerald Pool** ('Smaragdteich') und rechts zu den beiden größeren Quellseen **Rainbow Pool** ('Regenbogenteich'; meist inaktiv) und **Sunset Lake** ('See des Sonnenunterganges'), dessen Becken schöne Färbungen aufweist.

Die Fahrstraße wendet sich vom Parkplatz in einer Kehre nach Osten; alsbald links der selten ausbrechende *Whistle Geyser* ('Pfeifgeysir'), später rechts die **Three Sister Springs** ('Dreischwesternquelle') mit dem *Little Brother Geyser* ('kleiner Bruder'), eine in jüngster Zeit recht aktive, teichartige Gruppe heißer Quellen. Kurz dahinter und unweit des Old Faithful Inn (siehe dort) mündet die Black Sand Basin Loop Road wieder in die Parkrundfahrtstraße ein.

Die Hauptstraße zieht unweit vom Ufer des Firehole River (links) weiter, zuletzt am *Castle Geyser* (links, siehe dort) vorüber, und erreicht nach 1½ km (1 mi.) jenseits der Wiedereinmündung der Rundfahrtstraße durch das Black Sand Basin (siehe dort) die Touristenstation **Old Faithful** (2245 m bzw. 7367 ft.) mit dem großen, im Hauptteil 1904 ganz in Holzbauweise erstellten Hotelgasthof *Old Faithful Inn* (bemerkenswerte Haupthalle), der Old Faithful Lodge, einem Besucherzentrum, Postamt, Läden u.a.m.

Zwischen dem bebauten Gelände und dem Firehole River befindet sich der kahle Sinterhügel des weltbekannten **OLD FAITHFUL GEYSER** ('alter treuer' oder 'zuverlässiger Geysir'), der seinen Namen den in regelmäßigen Abständen von etwa einer Stunde (seltene Schwankungen zwischen 32 und 98 Minuten) stattfindenden Eruptionen verdankt. Diese schöne und sehr beliebte Springquelle (abends angestrahlt) stößt während einer jeweils etwa 2–5 Minuten andauernden Aktionsphase einen dicken, bis zu 55 m (180 ft.) hohen, von dichtem Dampf umhüllten Wasserstrahl (ca. 40 000 l bzw. 10 000 gallons) aus. Die voraussichtlichen Ausbruchszeiten dieses und anderer großer Geysire der Umgebung sind im Besucherzentrum und bei den Hotelrezeptionen angeschlagen.

Vom Ort Old Faithful bieten sich mannigfaltige Möglichkeiten zu FUSSWANDERUNGEN (1–3 Stunden, im Sommer Führungen; Auskunft im Besucherzentrum) auf gefahrlosen und ordentlichen aber oft nassen Wegen (festes Schuhwerk ratsam) durch das überaus interessante obere Geysirbecken. Mehrere Pfade führen nördlich auf einen HAUPTWEG, der zunächst in angemessener Entfernung den Geysirhügel des **Old Faithful** (siehe dort) umzieht und sich dann an einer Gabelung teilt: nach links gelangt man am linken Ufer des Firehole River entlang und an der *Blue Star Spring* ('Blausternquelle') sowie an der derzeit ruhenden *Chinaman Spring* ('Chinesenquelle;

beide rechts) vorüber zum Crested Pool (siehe dort); rechts neigt sich der Weg in weitem Bogen abwärts, überquert den in den versinterten Boden eingesenkten *Firehole River* und steigt wiederum an. Kurz hinter der kleinen Brücke zweigt nach rechts ein schmaler Waldpfad den *Geyser Hill* hinan zu dem 30 m (100 ft.) über dem Beckengrund gelegenen **Observation Point** ('Beobachtungspunkt'), der einen eindrucksvollen Überblick über das dampfende Quellgebiet gewährt; von hier zieht ein ebenso schmaler Weg nordwestlich zu der wegen ihrer isolierten Lage **Solitary Geyser** ('einsamer Geysir') genannten Springquelle, die in Abständen von nur wenigen Minuten bis zu 8 m (25 ft.) hoch ausbricht.

Der Hauptweg mündet bald darauf in einen RUNDWEG; diesem folgend findet man zunächst rechts die kleine *Sulphide Spring* ('Sulfidquelle'), dann links den *Anemone Geyser*, eine Doppelquelle, die mehrfach in der Stunde aufsprudelt. Dahinter rechts der **Plume Geyser** ('Federgeysir'), dessen kleine Quellöffnung jedoch während der Ruhephasen nur schwerlich auszumachen ist; dieser Geysir erreicht bei seinen äußerst regelmäßigen, etwa halbstündlich wiederkehrenden Ausbrüchen eine Höhe von 8–10 m (25–30 ft.). — Weiterhin, links etwas abseits, der an seinem bienenstockförmigen Kraterkegel erkenntliche **Beehive Geyser,** der mit recht unregelmäßigen Ausbrüchen bis zu 60 m (200 ft.) zu den höchsten Springquellen des Parkes gehört; während der Eruption wirkt der hohe Quellkegel als Düse, die den Wasserstrahl bündelt.

Der Rundweg führt vom Beehive Geyser an verschiedenen kleineren Quellen und Geysiren vorüber zu den vier auffälligen Kratern der **Lion Group** ('Löwengruppe'; links abseits, bestehend aus dem *Lion Geyser* ('Löwe'), dem *Lioness Geyser* ('Löwin'), dem *Big Cub Geyser* ('großes Löwenjunges') und dem *Little Cub Geyser* ('kleines Löwenjunges'), die alle miteinander in unterirdischer Verbindung stehen. Der Lion Geyser ist mit dem größten Krater zugleich der aktivste der Gruppe; er tritt etwa alle 7–10 Tage in eine rund 2 Tage andauernde Tätigkeitsphase, während der in Abständen von 1–2 Stunden von tiefem Grollen begleitete 15–18 m (50–60 ft.) hohe Eruptionen erfolgen. — Wenig später links die *Goggles Spring* ('Brillenquelle'); nach links führt von hier der Hauptweg weiter in das Gebiet des Grand Geyser (siehe dort).

An dem nach Norden weiterziehenden Rundweg folgt alsbald rechts die *Ear Spring*, eine heiße Quelle, deren türkisblau strahlendes Wasser ein ohrförmiges Becken füllt. Dann an einigen unbenannten Quellen vorüber zu einer Abzweigung (links), die später in einen schmalen und wenig bequemen Pfad zum Solitary Geyser (siehe dort) übergeht. — Der Rundgang wendet sich darauf nach rechts, passiert den *Aurum Geyser* ('Goldgeysir'; links) und den teilweise von waagerechten Sinterablagerungen verdeckten *Doublet Pool* ('Dublettenteich'; rechts) und beschreibt bei dem schwammförmigen *Sponge Geyser* eine Kehre nach links. Weiterhin vorüber am *Pump Geyser* ('Pumpengeysir'; links) sowie am *Vault Geyser* ('Gewölbegeysir'; rechts). Dahinter, in respektabler Entfernung vom Weg, der heftige **Giantess Geyser** ('Riesin'); seine nur ein- bis zweimal jährlich eintretende aktive Phase von 12–36 Stunden führt zu etwa 5 Minuten andauernden, sich in Abständen von 15–30 Minuten wiederholenden und bis zu 60 m (200 ft.) hohen Eruptionen, denen das umliegende Gelände erschütternde unterirdische Explosionen vorausgehen. — Beim *Infant Geyser* (rechts) wendet man sich nach rechts und gelangt wieder zum Ausgangspunkt des Rundweges, von wo man auf dem in Gegenrichtung beschriebenen Weg über den Firehole River zum Old Faithful zurückkehren kann.

Folgt man dem bei der Goggles Spring (siehe dort) nach links weiterführenden HAUPTWEG, so durchquert man zunächst ein offenes, meist grasbewachsenes Gelände und kommt in das thermalaktive Areal um den **Grand Geyser** ('großer' oder 'erhabener Geysir'; rechts). Dieser zu den höchsten Springquellen des Upper Geyser Basin zählende Geysir bricht in Abständen von 8–12 Stunden aus und erreicht eine Höhe von 60 m (200 ft.). Die Eruptionen erfolgen in kurzen kraftvollen Stößen, die sich während den 12–20 Minuten andauernden aktiven Phasen in kurzen Abständen wiederholen. Unweit nördlich liegt der mit dem Grand Geyser verbundene und daher in entsprechenden Abständen, jedoch weit weniger heftig ausbrechende *Turban Geyser* ('Gewindegeysir'). Außerdem sind in der Nähe bemerkenswert der *Spasmodic Geyser* ('spasmodischer' oder 'krampfartiger Geysir'), der *Bulger Geyser* ('schwellender Geysir'), der *Churn Geyser* ('schäumender Geysir'), der *Sawmill Geyser* ('Sägemühlengeysir') und der *Tardy Geyser* ('langsamer Geysir').

Aus dem Gebiet um den Grand Geyser führt ein kürzerer VERBINDUNGSWEG südwärts zur Grand Loop Road. Auf halbem Wege überquert man den *Firehole River* und erreicht darauf den von einem wulstigen Sinterrand umgebenen **Crested Pool**, einen schönen, meist ruhigen Quellteich, um den der Weg im Kreis herumführt; ʌon hier kann man auf einem Fußweg am linken Flußufer zum Old Faithful zurückkehren. — Unweit südlich vom Crested Pool, nahe der Parkrundfahrtstraße, der **Castle Geyser** ('Schloß-' oder 'Burggeysir'). Diese vermutlich älteste Springquelle des Parkes ist wegen ihres gewaltigen Sinterkegels besonders erwähnenswert. Den bis zu 30 m (100 ft.) hohen und sich in der Regel alle 3–10 Stunden wiederholenden Wasserausbrüchen folgt jeweils eine längere Dampfphase.

Vom Quellgebiet um den Grand Geyser setzt sich der HAUPTWEG in nordwestlicher Richtung fort; später an den beiden rechts gelegenen Quellen *Beauty Pool* ('Schönheitsteich') und *Chromatic Pool* ('farbenreicher Teich') vorüber, die in mehrwöchigen Abständen wechselweise reichlich Wasser spenden. Dahinter über den *Firehole River* und vorbei an den unweit vom linken Flußufer gelegenen Krater des **Oblong Geyser** ('länglicher Geysir'), der einst mit einer Eruptionshöhe von über 60 m (200 ft.) zu den größten und machtvollsten Springquellen des Parkes gehörte; sein über der Erde eingebrochener Quellkrater ist von siedendem Wasser erfüllt. — Weiterhin, bereits in unmittelbarer Nähe der Grand Loop Road, kommt man zu dem großen Krater des **Grotto Geyser** ('Grottengeysir'; rechts), der seine seltsame Ausformung Sinterablagerungen um die Stümpfe von Bäumen verdankt, die einst an dieser Stelle standen. Seine täglich mehrmals stattfindenden und mehrere Stunden andauernden Ausbrüche erreichen eine Höhe von 5–10 m (20–30 ft.). Nördlich daneben der *Rocket Geyser* ('Raketengeysir'), der mit dem Grotto Geyser in Verbindung steht und so in gleichen Intervallen springt. Noch weiter nördlich der in unregelmäßigen Abständen kurzzeitig heftig aufwallende und bis zu 12 m (40 ft.) hoch ausbrechende **Spa Geyser** ('Sprudelgeysir'); östlich abseits der unberechenbare *Surprise Geyser* ('Überraschungsgeysir'), der gelegentlich bis zu 20 m (65 ft.) hoch springt. — Der Fußweg endet bei dem Parkplatz an der Grand Loop Road in der Nähe des Riverside Geyser (siehe dort).

Die Rundfahrtstraße durch den Nationalpark verläßt den Ort Old Faithful in südöstlicher Richtung, überquert alsbald den *Firehole River* und führt zunächst an dessen rechtem Ufer aufwärts bis zu den **Kepler Cascades,** einer Reihe schöner Wasserfälle und Schnellen des Flusses. Nach 2½ km (1 2/3 mi.) zweigt nach rechts ein Fahrweg zu dem 4 km (2 ½ mi.) südlich abseits gelegenen **Lone Star Geyser** ('einsamer Stern') ab, dessen Krater einen Durchmesser und eine Höhe von je etwa 3 m (10 ft.) hat. Von dort führt ein etwa 9 2/3 km (6 mi.) langer Fußweg zu dem weiter südlich gelegenen **SHOSHONE GEYSER BASIN** im Westen des reizvollen SHOSHONE LAKE, der ebenfalls nur zu Fuß oder Pferd erreicht werden kann. Von den hier zahlreich vorkommenden Quellgebilden ist der **Union Geyser** besonders bemerkenswert, dessen drei Krater, der *Northern Cone* (,Nordkegel'), der *Center Cone* (,Mittelkegel'), und der *Southern Cone* ('Südkegel') unregelmäßig und selten, jedoch stets gemeinsam ausbrechen. — Die Hauptstraße wendet sich hinter der vorgenannten Abzweigung allmählich nach Osten und führt 8 km (5 mi.) am *Spring Creek* (rechts) talaufwärts zum **Craig Pass** (2518 m bzw. 8261 ft.), wo sie die *Continental Divide* (Wasserscheide zwischen Atlantik und Pazifik) überschreitet; von hier führt ebenfalls ein Fußweg südwärts zum Shoshone Lake (siehe dort). An der Paßhöhe rechts der kleine von Wasserpflanzen bedeckte *Isa Lake*. — Nun in Windungen abwärts durch meist waldiges Gelände, wobei sich stellenweise prächtige Weitblicke nach Süden zum Shoshone Lake und die dahinter aufziehenden Bergspitzen der Grand Tetons sowie später nach Osten auf den West Thumb des Yellowstone Lake auftun. — Nachdem die Strecke nach 9 2/3 km (6 mi.) abermals die kontinentale Wasserscheide überquert hat, zieht sie schließlich an dem kleinen *Duck Lake* ('Entensee'; links) vorüber und erreicht nach weiteren 7 km (4 1/3 mi.) an der Touristenstation **West Thumb** (siehe dort) den Ausgangspunkt der beschriebenen Rundfahrt durch den Yellowstone National Park.

Auskunft:
Superintendent, Yellowstone National Park, Wyoming 83020.

Unterkunft:
Siehe Hotel- und Gaststättenverzeichnis im letzten Teil dieses Buches.

Praktische
Hinweise

PRAKTISCHE HINWEISE
ÜBERSICHT

Seite

Allgemeines 653
   Auskunftsquellen 653
   Reisezeit 656
   An- und Rückreise 656
   Ein- und Ausreise 660
   Reisen im Lande 662
   Entfernungstabelle 656/657
   Reisehöhepunkte 669

Stichwörter 670

Sprache 687
   Wörterliste 687
   Abkürzungen 692

Gastronomie 696

Unterkunft 706

Unterkunfts- und Gaststättenverzeichnis 709

ALLGEMEINES

AUSKUNFTSQUELLEN

Diplomatische und konsularische Vertretungen der USA in der Bundesrepublik Deutschland

BOTSCHAFT:	*Bad Godesberg*, Mehlemer Aue
GESANDTSCHAFT:	*Berlin-Dahlem*, Clayallee 170
GENERALKONSULAT:	*Bremen*, Kennedy-Platz 1
	Hamburg, Alsterufer 27/28
	Düsseldorf, Cecilienallee 5
	Frankfurt am Main, Siesmayerstr. 21
	Stuttgart, Urbanstraße 7
	München, Königinstraße 5

in Österreich

BOTSCHAFT:	*Wien*, Boltzmanngasse 16
KONSULATE:	*Wien*, Friedrich-Schmidt-Platz 2
	Salzburg, Paracelsusstraße 3

in der Schweiz

BOTSCHAFT:	*Bern*, Jubiläumstraße 93
GESANDTSCHAFT:	*Genf*, Rue de Lausanne 80
GENERALKONSULAT:	*Zürich*, Talacker 35

Informationsstellen der USA in Europa

Amerikanisches fremdenverkehrsamt, Frankfurt am Main, Börsenstraße 1 (zuständig für die Bundesrepublik Deutschland, West-Berlin, Österreich und die deutschsprachige Schweiz). Tel.: 29 10 56,

Amerikanisches Handelszentrum, Frankfurt am Main, Bockenheimer Landstraße 2-4 (Zürich-Haus).

United States Travel Service, London W.1, 22–25 A Sackville Street (zuständig für Großbritannien, Irland, und alle skandinavischen Länder).

Office du Tourisme des Etats-Unis, 123, avenue Charles-de-Gaulle, 92-Neuilly-sur-Seine; Tél.: 624 05 45, 624 09 16 (zuständig für Frankreich, die Benelux-Länder, die romanische Schweiz, Spanien und Portugal).

Informationen allgemeiner Art über die Vereinigten Staaten vermitteln zudem die in vielen Großstädten anzutreffenden *Amerika-Häuser* (Adressen im Telefonbuch; Bibliotheken, Vorträge).

Passagebüros der Pan American World Airways *(Pan Am)*

Hamburg, Colonnaden 1
Bremen, Bahnhofstraße 25
Berlin, Europa Center und Hilton Hotel
Hannover, Thielenplatz 3
Düsseldorf, Königsallee 82
Köln, Hohe Straße 117–119
Bonn, Wesselstraße 16
Frankfurt am Main, Am Hauptbahnhof 12
Nürnberg, Bahnhofstraße 1 (Grand-Hotel)
München, Lenbachplatz 3
Wien, Kärntnerring 5 (Hotel Bristol)
Zürich, Bahnhofstraße 80
Kopenhagen, Vester Farimagsgade 7
Oslo, Kronprinsesse Marthas Plass 1
Stockholm, Jakobstorg 1
Helsinki, Aleksanterinkatu 40 (Kop Bank)
Amsterdam, Hirschgebouw Leidseplein 25
Brüssel, Cantersteen 55
Paris, Champs Elysées 90 und Rue Scribe 1
London, Piccadilly 193, W.1 und Cheapside 120
Rom, Via Bissolati 46
Prag, Pařížská 11
Tel Aviv, Hayarkon Street 104

Greyhound

Frankfurt am Main, Bethmannstraße 58, Kaiserplatz
London, Lower Regent Street 18–20 (Dorland House)
Paris, Rue du Helder 2–5

Continental Trailways

London, Jermyn Street 130

Vertretungen der American Automobile Association *(AAA)*

London, Grosvenor Square 32
Paris, Rue de la Paix 9

Schiffahrtslinien

Cunard, 15 Lower Regent Street, W.1 (Tel. 930 7890)

French Lines, 20 Cockspur Street, S.W.1 (Tel. 839 9040)

Hamburg-Atlantic. E.H. Mundy Ltd, 87 Jermyn Street, S.W.1 (Tel. 839 1321)

Holland America, 120 Pall Mall, S.W.1 (Tel. 930 1972)

North German Lloyd, E.H. Mundy Ltd, 87 Jermyn Street, S.W.1 (Tel. 839 1321)

United States Lines, 50 Pall Mall, S.W.1 (Tel. 930 5454)

P & O. Orient Lines, 14 Cockspur Street, S.W.1 (Tel. 283 8000)

Informationen für Automobilisten

Prospekte, Routenvorschläge, Straßenkarten, Stadtpläne u.v.a. sind bei folgenden Mineralölgesellschaften kostenlos erhältlich:

Chevron Travel Service, 225 Bush Street, San Francisco, California

Esso Touring Services, 15 West 51st Street, New York City

Gulf Tourguide Bureau, P.O. Box 8056, Philadelphia, Pennsylvania

Humble Touring Service, Humble Buildings, Houston, Texas

Sinclair Auto Touring Service, 155 North Wacker Drive, Chicago, Illinois

Standard Oil Touring Service, 536 Third Street, Louisville, Kentucky

Texaco Touring Service, 135 East 42nd Street, New York City

Die **in den USA** für die einzelnen Bundesstaaten sowie die in diesem Buch behandelten Städte und Nationalparks kompetenten Auskunftsinstanzen sind jeweils am Ende der entsprechenden Beschreibungen genannt. Ansonsten wende man sich an das örtliche *Convent & Visitors Bureau* (Beratungsstelle für Geschäftsreisende und Touristen) oder an das *Chamber of Commerce* (Handelskammer), die für kommerzielle und touristische Fragen zuständig ist. An Flughäfen, in Häfen, großen Autobushöfen und Bahnhöfen gibt es meistens eine *Travellers Aid* genannte Beratungsstelle für Reisende.

In allen Teilen der festländischen Vereinigten Staaten (mit Ausnahme von Alaska) erteilt das «*VISIT USA Desk*», eine Einrichtung des United States Travel Service in Zusammenarbeit mit der TraveLodge Corporation unter der Telefonnummer 800–255–3050 (im Staate Kansas 1–800–332–4350) gebührenfrei und in mehreren Fremdsprachen (darunter Deutsch, Französisch und Spanisch) Auskünfte zu Fragen und Problemen des Fremdenverkehrs.

REISEZEIT

Bei der Planung einer Reise in oder durch die Vereinigten Staaten sollte man sich unbedingt die klimatischen Gegebenheiten des nordamerikanischen Kontinentes vor Augen halten (siehe Kapitel 'Klima').

Die günstigste Reisezeit ist zweifelsohne der lang andauernde *Herbst* (Ende August bis Ende November), während das ebenfalls angenehme *Frühjahr* im allgemeinen nur kurz anhält und meist unvermittelt von drückender Sommerhitze abgelöst wird, die dem Reisenden in den zum Atlantik und zum Golf von Mexiko ausgerichteten Landesteilen wegen des hohen Feuchtigkeitsgehaltes der Luft erheblich zu schaffen macht. Die in weiten Gebieten des Landes strengen Winter sind dagegen auf der Halbinsel Florida besonders mild.

AN- UND RÜCKREISE

Mit dem Flugzeug

Etwa zwanzig Luftverkehrsgesellschaften stellen täglich regelmäßig Flugverbindungen zwischen Europa und den Vereinigten Staaten her; im Direktverkehr über den Atlantik werden in erster Linie die Flughäfen von New York, Washington, Boston und Chicago sowie auf der Polroute auch Los Angeles, San Francisco und Seattle angeflogen.

Flugpreise (unverbindliche IATA-Tarife in $, einschließlich Mahlzeiten und Getränke; Hin- und Rückflug das Doppelte) für die gängigsten Verbindungen sind der nachstehenden Übersichtstabelle zu entnehmen:

PRAKTISCHE HINWEISE

zwischen und		Frankfurt/Main Zürich Genf Kopenhagen	Wien	Amsterdam Paris	London
New York	F	433	464	413	391
	Y	268	293	248	226
Washington	F	457	488	437	415
	Y	284	309	264	242
Boston	F	424	455	404	382
	Y	263	288	243	221
Chicago	F	487	518	467	445
	Y	311	336	291	269
Los Angeles	F	612	643	592	570
San Francisco	Y	411	436	391	369
Seattle	F	605	636	585	563
	Y	399	424	379	357

F = Erste Klasse
Y = Touristenklasse

Im Zuge einer intensiven Aktivierung des Reiseverkehrs nach den USA haben sich die Verkehrsträger dazu entschlossen unter verschiedenen Bedingungen spürbare **Preisermäßigungen** zu gewähren:

Bringt man beispielsweise den *Familientarif* in Anwendung, so zahlt ein Familienmitglied den vollen Flugpreis, während für ein weiteres nur die Hälfte der normalen Kosten aufgebracht werden muß (besondere Bestimmungen für Kinder).

Noch günstigere Gelegenheiten (bis zu 40% Reduktion) für die Hin- und Rückreise bieten zahlreiche Fluggesellschaften (darunter die Pan American World Airways), Reise- und

Passagebüros, Speditionsunternehmen, Touring- und Automobil- sowie anderen Klubs, Studenten-, Schüler- und kirchlichen Reisediensten sowie Vereinen und Organisationen im Rahmen von sogenannten *Group Inclusive Tours* (GIT) mit Linien- oder Charterflügen, wobei allerdings Reisezeit- und -dauer nicht frei gewählt werden können und die Buchung von Pauschalarrangements, zwar vielfältiger Kombinationsmöglichkeiten, zum Besuch des Landes (s. S. 663) meist Bedingung ist.

Bei der Kostenberechnung einer Flugreise bedenke man im übrigen die *Nebenkosten* für den Transport nach bzw. von den normalerweise außerhalb der Städte gelegenen Flughäfen sowie die obligatorischen Flughafengebühren. Ferner ist im Luftverkehr die Mitnahme von Reisegepäck auf ein Minimum zu beschränken, da die Grenze für kostenlose Gepäckbeförderung bei nur 30 kg (66 pounds) für die erste Klasse und 20 kg (44 pounds) für die Touristenklasse liegt. Personen- und Gepäckversicherung möglich.

Nützliche Dienste bei der Reiseplanung und -vorbereitung leisten das Weltluftfahrtkursbuch *ABC World Airways Guide* (Thomas Skinner & Co., Publishers Limited, St. Alphage House, Fore Street, London E.C.2, England) oder das über alle Verbindungen von und nach Europa Auskunft gebende Flugplanbuch *Air Europa* (Air-Europa Timetable Limited, 49 Trinity Road, London, S.W.17, England). Alle Luftfahrtgesellschaften geben zudem kostenlos *Flugplanhefte* für das von ihnen beflogene Netz oder Einzelstrecken aus.

Zu Schiff

Durch die rasante Entwicklung des internationalen Flugverkehrs hat die traditionelle Überseeschiffahrt für die Beförderung von Passagieren trotz angestrengter Bemühungen weitgehend ihre einstige Bedeutung verloren. Nur noch eine verhältnismäßig geringe Anzahl von Reedereien unterhält regelmäßig Passagierlinien nach den USA; allerdings verfügen heute die meisten Frachtschiffe über Fahrgastkabinen.

Die Dauer der Überfahrt von europäischen Häfen schwankt selbstredend je nach Größe und Kurs der Schiffe; die schnellsten benötigen für die Nordatlantikroute etwa 5 Tage und Nächte. Bevorzugt angelaufene US-Häfen sind im Transatlantikverkehr New York, Miami, New Orleans und Houston/Galveston (Cleveland, Toledo, Detroit und Chicago auf dem Sankt-Lorenz-Seeweg über Montreal) sowie im Transpazifikverkehr San Francisco, Los Angeles und Seattle.

Die **Passagierpreise** variieren naturgemäß einerseits nach der Wahl der Ausgangs- und Zielhäfen, andererseits nach jener der Schiffsart und der Schiffsklasse (1. oder Luxus-, 2. oder Kabinen-, 3. oder Touristenklasse) und sind zudem saisonabhängig. In der nachstehenden Übersichtstabelle sind einige unverbindliche Minimalrichtpreise (in $; einschließlich Mahlzeiten aber ohne Getränke und Trinkgeld) aufgeführt:

von	Bremerhaven			Southampton			Cherbourg		
nach	VNS	ZS	HS	VNS	ZS	HS	VNS	ZS	HS
New York	230	240	250	210	220	230	215	225	235
Miami	275	285	295	265	275	285	260	270	280
New Orleans Houston/ Galveston	290	300	310	270	280	290	275	285	295
San Francisco		560			540				545
Los Angeles		530			510				515
Seattle		650			630				635

VNS = Vor- und Nachsaison (Spätherbst bis Frühjahrsbeginn)
ZS = Zwischensaison (Frühjahr und Herbst)
HS = Hochsaison (Sommer)

Nach San Francisco, Los Angeles und Seattle sind die Preise das ganze Jahr über gleich.

Mit Ausnahme der sommerlichen Hochsaison werden in etwa folgende *Preisermäßigungen* eingeräumt: 5% der tariflichen Überfahrtkosten bei gleichzeitiger Buchung der Rückreise und bei kombinierten See-Luft-Reisen (1 Jahr), 10% für Auswanderer und 15–20% für Studenten-, Firmen- und Reisegruppen mit Mindestteilnehmerzahl, gemeinsamem Ziel und beschränkter Aufenthaltsdauer in den USA (meist bis 21 Tage).

Bei der Erstellung eines Kostenvoranschlages für eine Schiffsreise ziehe man aber auch die *Nebenkosten* für die Reise vom Wohnort zum Einschiffungshafen und zurück, die Hafengebühren sowie die Ausgaben für Getränke und Trinkgelder an Bord in Betracht. Abgesehen von der geruhsameren Atmosphäre auf einem Überseeschiff liegt die Grenze für den kostenlosen Gepäcktransport mit gewöhnlich 125 kg oder 25 Kubikfuß um ein Vielfaches höher als im Flugverkehr; zudem besteht die Möglichkeit des Kraftfahrzeugtransportes.

Zuverlässige Auskünfte über den internationalen Seeverkehr erteilen namhafte Passagebüros. Ein wertvoller Helfer bei der Reiseplanung ist der *World Shipping Guide*.

EIN- UND AUSREISE

Ausweispapiere

Zur Einreise in das Hoheitsgebiet der Vereinigten Staaten von Amerika benötigen Staatsbürger der Bundesrepublik Deutschland, der Republik Österreich und der Schweizerischen Eidgenossenschaft einen mindestens noch sechs Monate über die Dauer des beabsichtigten Besuches hinaus gültigen **Reisepaß** sowie ein **Besuchervisum,** das jede diplomatische oder konsularische Vertretung der USA auf schriftlichen oder mündlichen Antrag gegen Vorlage eines aktuellen Lichtbildes (Paßfoto) und auf die glaubwürdige Zusicherung hin, die Vereinigten Staaten nach dem beabsichtigten Besuch wieder zu verlassen, erteilt. Ein Besuchersichtvermerk hat in der Regel vom Ausstellungsdatum gerechnet vier Jahre lang Gültigkeit und berechtigt während dieser Zeit zu einer unbeschränkten Anzahl von Ein- und Ausreisen.

Ferner bedarf es des Nachweises einer nicht länger als drei Jahre zuvor erfolgten **Pockenschutzimpfung** (gelbe *internationale Impfbescheinigung* der Weltgesundheitsbehörde, die Amts- und Privatärzte ausstellen). Andere Präventivvakzinationen oder Quarantänemaßnahmen können vorgeschrieben werden, wenn die Einreise aus infizierten Gebieten erfolgt.

Einfuhrvorschriften

Die obligatorische **Zollerklärung** kann bei gewährter Abgabenfreiheit (s. unten) mündlich, muß jedoch ansonsten schriftlich auf einem vorgeschriebenen Formular erfolgen.

Zollfreiheit genießt der Reisende ohne ständigen Wohnsitz in den USA für Gegenstände des persönlichen Bedarfes (Kleidung, Toilettenartikel, Schmuck, photo- und phonographische Utensilien, Schreibmaschine, Fernglas), Tabakwaren (höchstens 300 Zigaretten oder 50 Zigarren oder 1,36 kg bzw. 3 lbs. Pfeifentabak nicht-kubanischer Herkunft), Spirituosen oder Wein zum eigenen Verbrauch (0,95 l bzw. 1 quart pro erwachsene Person), Sport- und Berufsausrüstung (Bücher, Werkzeug, Apparate), Kinderwagen, Krankenfahrzeuge und Geschenke (höchstens 3,78 l bzw. 1 Gallone Spirituosen und 100 Zigarren) bis zu einem Gegenwert von 100 $ sowie Fahrzeuge (Kraftwagen, Motorräder und -roller, Boote, Flugzeuge), deren Verkauf jedoch erst ein Jahr nach der Einfuhr zollfrei erfolgen darf. — Durchreisende Ausländer dürfen zollpflichtige Waren bis zu einem Gegenwert von 200 $ mitführen.

Individuell festgelegte *Einfuhrbeschränkungen* (für manche US-Bundesstaaten gelten auch im Inlandsverkehr verschärfte Bestimmungen) bestehen für geschützte Markenartikel (Verzeichnis in den offiziellen US-Vertretungen oder beim Commissioner of Customs in Washington, D.C.), Haustiere (Hunde, Katzen, Affen, Vögel); Auskunft beim Foreign Quarantine Program, U.S. Public Health Service, Silver Spring, Maryland), Nutztiere, Fleisch (frisch oder konserviert) und ungegerbte Häute sowie Felle (Auskunft bei der Animal Health Division, Agricultural Research Service, Department of Agriculture, Washington, D.C.), Obst, Gemüse, Pflanzen, Ableger, Samen und unverarbeitete pflanzliche Erzeugnisse (Auskunft bei der Import & Permit Section, Plant Quarantine Division, 209 River Street, Hoboken, New Jersey), gemünztes oder ungeprägtes Gold (Verkauf verboten; Auskunft beim Office of Domestic Gold & Silver Operations, Treasure Department, Washington, D.C.), Schußwaffen und Munition (mehr als 3 Waffen und 1000 Schuß; Auskunft beim Office of Munitions Control, U.S. Department of State, Washington, D.C.).

Striktes *Einfuhrverbot* gilt für Rauschmittel und -gifte wie Haschisch, Marihuana, Morphine, Kokain und alle Opiate, Veröffentlichungen obszönen Inhalts oder Charakters (Pornographie) sowie Erzeugnisse gewisser kommunistischer Länder (Volksrepublik China, Nordkorea, Nordvietnam, Kuba; Auskunft beim Office of Foreign Assets Control, Treasury Department Washington, D.C.).

Devisenverkehr und Geldwechsel

Für die Ein- und Ausfuhr sowohl ausländischer Währungen als auch US-amerikanischen Geldes bestehen keine Beschränkungen.

Der Umtausch von Devisen in US-Dollar (s. S. 685) kann, wenn nicht empfohlenermaßen bereits vor Antritt der Reise geschehen, in einer der zahlreichen Banken (Mo.–Fr. 9–14 oder 15 Uhr, Sa.–So. und an Feiertagen geschlossen!) oder selteneren Wechselstuben (an internationalen Flughäfen, in Grenzorten oder Häfen), nicht aber in Hotels vorgenommen werden.

Auf Dollar-Beträge ausgestellte *Reiseschecks* (travellers cheques) US-amerikanischer Banken werden allenthalben wie Bargeld in Zahlung genommen. Es ist jedoch ratsam, bei der Einreise mindestens 10 $ Kleingeld (Banknoten und vor allem Münzen) für örtliche Verkehrsmittel (oft abgezähltes Fahrgeld notwendig), Telefonautomaten, Trinkgeld oder kleinere Einkäufe bei sich zu haben. — Weit verbreitet (besonders unter Geschäftsleuten) ist die Benutzung von *Kreditkarten* (credit cards).

Ausreisebestimmungen

Für Reisende, deren Aufenthalt in den Vereinigten Staaten nicht länger als 90 Tage gedauert hat, und die während dieser Zeit keine Einkünfte aus US-amerikanischen Erwerbsquellen gehabt haben, sind bei der Ausreise in der Regel praktisch keine Formalitäten zu erfüllen.

Personen, die sich länger als 90 Tage in den USA aufgehalten haben und solche, die dort unabhängig von der Aufenthaltsdauer Einkünfte aus US-amerikanischen Erwerbsquellen gehabt haben, müssen bei der Ausreise nachweisen, daß sie «ihren» steuerlichen Abgabeverpflichtungen ordnungsgemäß nachgekommen sind. Den hierzu notwendigen 'Sailing Permit' erteilt das zuständige District Office des Internal Revenue Service.

REISEN IM LANDE

Mit Unterstützung der amerikanischen Bundesregierung und in Zusammenarbeit zahlreicher Industrie- und Transportgesellschaften (Luft, Schiene, Straße, Wasser), mehrerer großer Autoverleihfirmen, einiger Warenhäuser sowie vieler Unternehmen des Hotel- und Gaststättengewerbes wurde in den Vereinigten Staaten unter den Werbeschlagwörtern «DISCOVER AMERICA», «SEE AMERICA», «VISIT THE USA» oder «WELCOME TO THE USA» ein umfangreiches Programm von *Sondervergünstigungen für ausländische Touristen* aufgestellt. Praktisch alle preisgünstig angebotenen Reisearrangements profitieren von den bis zu 50% herabgesetzten Preisen für Verkehrsmittel, Unterkunft, Verpflegung, Fremdenführung, Unterhaltung und Verbrauchsgüter, deren Anwendung aber auch Einzelreisenden zusteht. — Die Pan American World Airways geben regelmäßig ein Verzeichnis all jener Firmen (mit Adressen an den einzelnen Orten) heraus, die Touristen aus Übersee Preisnachlässe (mit %-Angaben) einräumen.

Für die Erlangung von Preisreduktionen für inneramerikanische Flug-, Eisenbahn-, Autobus- und Schiffsverbindungen wie auch zur Umgehung der bis zu 15%igen Transportsteuer ist ebenfalls vor der Abreise im Heimatland ein *Voucher* (Gutschein) oder *Exchange Order* zu erwerben, gegen dessen Vorlage in Verbindung mit dem Reisepaß die Transportunternehmen gültige Beförderungsausweise ausstellen.

Bevor auf die einzelnen Reisemöglichkeiten im Lande eingegangen wird, sei darauf hingewiesen, daß Touristikunternehmen sowohl im Heimatland als auch in den USA eine Unzahl von Programmen und Vorschlägen zu organisierten oder zumindest arrangierten Reisen bereithalten. Die folgenden Hinweise mögen vor allem jenen Touristen dienen, die ihre Reise nach eigenen Wünschen und Vorstellungen gestalten möchten.

FERNVERKEHR

Dem Besucher der Vereinigten Staaten bietet sich ein weitverzweigtes Netz verschiedener Lokomotionsmittel innerhalb des Landes:

Flugzeug

Das Flugzeug (air craft) ist fraglos das schnellste Verkehrsmittel zur Bewältigung weiter Entfernungen, wie sie gerade in den USA in großem Maße vorkommen. Rund 8500 über das ganze Land verteilte Flughäfen, -plätze und -felder werden regelmäßig von den Flugzeugen (Jets zwischen großen Verkehrszentren, Propellermaschinen und Hubschrauber für Zubringer- und Pendelverkehr) einer beträchtlichen Anzahl von privaten einheimischen Luftverkehrsgesellschaften angeflogen, die allenthalben eigene Passagebüros oder Vertretungen unterhalten.

Die normalen **Flugpreise** (zwei Klassen wie im internationalen Verkehr; Hin- und Rückflug das Doppelte; Kinder ermäßigt, einige Beispiele s. S. 667) sind verhältnismäßig niedrig und können unter gewissen Bedingungen (Voucher-Kauf im Ausland, s. oben; vorgegebene Streckenführung, begrenzter Aufenthalt, vorgeschriebene Anzahl von Unterbrechungen u.a.)

für ausländische Touristen bis zu 50% ermäßigt werden. Als besonders günstiges Angebot sei eine *Flugnetzkarte* genannt, mit der man *21 Tage für 150* $ die sich über die festländischen USA (außer Maine und Florida) einschließlich Alaska (nicht aber Hawaii) ausdehnenden regulären Flugverbindungen von insgesamt zwölf Gesellschaften unbeschränkt benutzen kann.

Die Freigrenze für *Reisegepäck* liegt wie im internationalen Verkehr bei 30 kg (66 pounds) für die erste Klasse und 20 kg (44 pounds) für die Touristenklasse. Die Flugplätze sind in der Regel von *Air Terminals* (Abfahrtsstellen für Flugreisende; oft auch direkt von den großen Hotels) mit Zubringerbussen oder Gemeinschaftstaxi ('limousines') zu erreichen; Vorausbestellung der Buchung ratsam. Gelegenheit zur Personen- und Gepäckversicherung in den Flughäfen.

Ein wertvoller Ratgeber für die Reisevorbereitungen ist der den nordamerikanischen Flugverkehr behandelnde *Official Airline Guide* (dito, 209 West Jackson Boulevard, Chicago, Ill.). Einzelflugpläne sowie detaillierte Auskünfte bei den Flugbüros.

Eisenbahn

Die Personenbeförderung mit der in Nordamerika traditionsreichen und oft sagenumwobenen Eisenbahn (railroad) ist seit dem Aufkommen des Flug- und dem Zunehmen des Straßenverkehrs im Gegensatz zum Gütertransport mehr und mehr ins Hintertreffen geraten. Der Hauptgrund für die rückläufige Entwicklung sind die naturgemäß erheblich langen Fahrzeiten bei großen Entfernungen. Für Distanzen bis zu 500 km (300 mi.) ist jedoch die Eisenbahnfahrt merklich preisgünstiger und bequemer als der Flug, und auch für längere Strecken (etwa zwischen Chicago und der Pazifikküste) kann sie empfohlen werden, zumal man bei genügender Zeit auf diese Weise weite, landschaftlich lohnende Gegenden des Landes kennenlernt, die man mit dem Flugzeug meist in großer Höhe überfliegt.

Das im Osten der Vereinigten Staaten besonders dichte Schienennetz (Nord-Süd-Verbindungen bleiben weit hinter Ost-West-Strecken zurück) erstreckt sich insgesamt über rund 560 000 km (350 000 mi.) und wird von einigen Hundert fast ausschließlich privaten Eisenbahngesellschaften ('Amtrak' = staatlich) befahren. Der Reisende hat die Wahl zwischen den etwa der europäischen 2. Wagenklasse entsprechenden *Coaches* (verstellbare Sitze, Toiletten; Platzreservierung nicht üblich), den nur von Fernzügen mitgeführten *Parlor Cars* (Einzelsessel, Gratisgetränk; Platzreservierung obligatorisch und den nach ihrem ursprünglichen Erbauer genannten *Pullman Cars* (individuelle Abteile mit Sitz-Bett-Kombinationen, Waschtisch und Toilette). Viele Züge verfügen über Speisewagen (dining cars, grill cars), manche Expreßzüge der Gesellschaften Amtrak (mit Hostessendienst), Penn-Central, Atlantic Coast Line, Union Pacific, Santa Fe, Chicago, Burlington & Quincy u.a. über glasverkleidete Aussichtswagen ('vistadomes').

Die regulären **Fahrpreise** (Rückfahrkarten das Doppelte; Kinder ermäßigt, einige Beispiele s. S. 667) liegen nur für die Coach-Klasse unter den Flugkosten (Parlor und Pullman Cars 1.-Klasse-Tarif plus Komfortzuschläge), können jedoch für ausländische Touristen bei Erwerb eines Gutscheines (s. S. 663) im Heima land bis zu 25% *ermäßigt* werden. Außerdem bieten viele Gesellschaften Sondertarife für Familien- und Wochenendpreisen. *Reisegepäck* wird im gewohnten Maße kostenlos transportiert (Aufbewahrung in den Bahnhöfen; Versicherung möglich). Die nach Gesellschaften unterschiedenen *Bahnhöfe* (stations) liegen zumeist im Stadtzentrum. Für große Fernzüge ist die Platzreservierung — wenn nicht ohnehin vorgeschrieben — ratsam.

Als umfassendes Kursbuch empfiehlt sich *The Official Guide of the Railways* (National Railway Publication Company, 424 West 33rd Street, New York, N.Y.), das über Eisenbahnverbindungen in den festländischen USA und Puerto Rico (auch Kanada, Mexiko und Kuba) Auskunft gibt. Detaillierte Informationen und Einzelpläne auf den Bahnhöfen.

Autobus

Das von auf Sparsamkeit bedachten in- und ausländischen Reisenden wohl am meisten benutzte Verkehrsmittel ist der Autobus ('bus' oder 'motor coach'). Unzählige Fahrzeuge (alle ähnlichen Bautyps mit Leichtmetallkarrosserien, Heckmotoren, verstellbaren Sitzen, Klimaanlagen, zuweilen Bordtoiletten) mehrerer Hundert Unternehmen verkehren Tag und Nacht auf den Land- und Fernstraßen sowie Autobahnen und schaffen Verbindungen zwischen praktisch allen bewohnten Orten des Landes.

Neben der Verkehrsgesellschaft *Continental Trailways* unterhält der unter dem Namen **Greyhound** (Windhund) weltbekannte, sowohl in den USA als auch in Kanada operierende Autobuskonzern das ausgedehnteste und verzweigteste Streckennetz.

Die normalen **Fahrpreise** (Hin- und Rückfahrt das Doppelte; Kinder bis 5 Jahre gratis, darüber voller Preis; einige Beispiele

s. S. 667) sind mit rund 3 ¢ pro 1,6 km (1 mi.) niedriger als jene
für die Eisenbahnfahrt oder gar den Flug. Ausländischen
Touristen bietet sich zudem die außergewöhnlich günstige
Möglichkeit, mit einer Busnetzkarte alle Greyhound-Linien
während *1 Monat für 99* $ (2 Monate 132 $, 3 Monate 165 $,
max. 4 Monate 198 $) uneingeschränkt benutzen zu können,
vorausgesetzt, die entsprechenden Gutscheine (s. S. 663) wurden
außerhalb der USA, Kanadas oder Nordmexikos erworben.
Bei den Greyhound-Büros der großen Verkehrszentren erhält
man gegen Vorlage von Anrechtsschein und Reisepaß ein erstes
Fahrscheinheft mit mehreren heraustrennbaren Abschnitten
(coupons; Beginn der Gültigkeitsperiode), die jeweils vor der
geplanten Fahrt am Fahrkartenschalter für die vermerkte
Strecke validiert und vom Fahrer des Busses als Fahrtausweis
einbehalten oder für Teilstrecken durch Lochen entwertet
werden.

Für längere Reisen sind normalerweise weitere Fahrschein-
hefte notwendig. Man achte peinlich darauf, sich vor Ausgeben
der Abschnitte bei einem größeren Greyhound-Büro (kleinere
haben oft keine Formulare oder sind nicht informiert) ein neues
Fahrscheinheft ausstellen zu lassen (altes Heft mit mindestens
einem noch unbenutzten Abschnitt und Reisepaß müssen vor-
gewiesen werden) und bestehe auf der jedem Inhaber eines
solchen Heftes zustehenden Fortsetzungsausstellung, da es durch
unvorhergesehene Unterbrechungen der Reise dazu kommen
kann, daß die Abschnitte eher als geplant für Teilstrecken aufgebracht sind und man gezwungen ist, den vollen Fahrpreis bis
zur nächsten größeren Greyhound-Vertretung zu entrichten
(Rückerstattung äußerst langwierig).

Infolge der allenthalben auf den Straßen vorgeschriebenen
Geschwindigkeitsbegrenzungen ist die Reise mit dem Autobus
zeitraubend, jedoch selbst bei Nachtfahrten verhältnismäßig
bequem und gibt ausgezeichnet Gelegenheit, Land und Leute
kennenzulernen. *Reisegepäck* wird bis zu einem Gewicht von
68 kg (150 pounds) kostenlos befördert; Versicherung möglich.
Da das zuständige Personal beim Verladen der Gepäckstücke
meist nicht eben vorsichtig zu Werke geht und die Stauräume
sowohl in den Fahrzeugen als auch auf den Autobushöfen
nicht sonderlich sauber gehalten werden, empfiehlt es sich
dringend, nur strapazierfähige Behältnisse mitzuführen. Unerläßlich ist das augenscheinliche Überprüfen, ob das eigene
Gepäck wirklich in jenes Fahrzeug verladen ist, mit dem man
fahren wird; nur so kann unerquickliches Warten auf verschol-
lenes Gepäck vermieden werden.

Die *Bus Terminals* (Autobushöfe; dort auch Gepäckaufbewahrung und Imbißlokale) befinden sich in der Regel im Innern der Städte oder Ortschaften.

Über die Autobusverbindungen in den USA (auch Kanada, Mexiko und Mittelamerika) gibt das Kursbuch *Russell's Official National Motor Coach Guide* (Russell's Guides, Inc., 817 2nd Avenue, S.E., Cedar Rapids. Io.) erschöpfende Auskunft. Detaillierte Informationen (auch über organisierte Busreisen) und Einzelfahrpläne bei den Busgesellschaften in den Autobushöfen.

Unverbindliche Richtpreise (ohne Ermäßigung) und ungefähre Reisezeit für einfache Fahrten

zwischen New York und	FLUGZEUG (Economy)		EISENBAHN (Coach)		AUTOBUS	
	$	Stunden	$	Stunden	$	Stunden
Atlanta	53	2	33	18	32	22
Boston	20	¾	12	4½	9	4½
Buffalo	30	1	23	7½	12	8
Dallas	87	3¼	72	58	51	44
Denver	99	4	74	42	58	45
Detroit	38	1½	36	13	29	15
Chicago	51	2	47	14	33	15
Los Angeles	142	5½	110	70	93	70
Miami	72	2½	54	26	48	28
New Orleans	76	2½	50	23	47	30
San Francisco	142	5½	110	70	93	70
Seattle	142	5½	107	70	93	70
Washington, D.C.	22	¾	12	4	10	4

Personenkraftwagen

Trotz der genannten, erstaunlich preiswerten Angebote für Flug-, Bahn- oder Busreisen wird mancher Tourist die Benutzung eines Privatwagens bevorzugen, um unabhängig von vorgegebenen Reisewegen und ohne Gepäcksorgen zu sein. Fahrzeugunterhalt und Verkehr siehe unter 'Straßenverkehr' (S. 679).

Wer seinen **eigenen Wagen** mit in die Vereinigten Staaten bringt (kostspielig; Auskunft bei Schiffsagenturen), kann diesen für ein Jahr zollfrei einführen und uneingeschränkt benutzen, sofern man dessen Besitz und ordnungsgemäße Zulassung im Heimatland — am besten mit einem *internationalen Zulassungsschein* (Ausstellung durch die heimatliche Zulassungsstelle) — nachweisen kann; ferner muß er das ovale Nationalitätskennzeichen des Herkunftslandes tragen. Obwohl zum Lenken eines Automobils grundsätzlich nur der nationale Führerschein erforderlich ist, ist es ratsam, auch einen *internationalen Fahrerausweis* mitzuführen (Ausstellung durch die zuständige Heimatbehörde). Wenngleich in vielen Bundesstaaten kein Zwang zur *Haftpflichtversicherung* besteht, so ist es doch unerläßlich, bereits im Heimatland mit seiner Versicherungsgesellschaft einen entsprechenden Vertrag für die USA abzuschließen und die nötigen Ausweispapiere bei sich zu haben.

Die Gelegenheiten, sich vorübergehend einen **Wagen** zu **mieten** sind mannigfach. Allenthalben findet man zahlreiche Autoverleihunternehmen ('Rent-a-car'; Avis, Budget, Hertz, Kinney und National sind die größten), die Fahrzeuge aller Typen und Marken zu verschiedensten Bedingungen anbieten. Der Verleih von Kraftfahrzeugen ist nur an Personen gestattet, die das 25. Lebensjahr erreicht haben und im Besitze eines gültigen nationalen Führerscheines sind. Als unverbindliche *Richtpreise* für Pauschalmieten (einschließlich Kraftstoff) seien folgende Beispiele genannt:

    ab 13 $ pro Tag
    ab 65 $ pro Woche   plus ca. 13¢/mi.
    ab 260 $ pro Monat

Unter 7 $ pro Tag plus 7¢/mi. (ohne Treibstoff) wird man jedoch kaum Angebote finden. Die großen Verleihfirmen gewähren ausländischen Touristen gegen Vorlage ihres Reisepasses eine *10%ige Preisermäßigung*. Bei Übernahme des Fahrzeuges ist die Hinterlegung der voraussichtlichen Gesamtkosten plus 20% Kaution üblich. Oft braucht der Wagen nicht an den Ausgangsort zurückgebracht werden, sondern kann bei einer Niederlassung des Vermieters andernorts abgeliefert werden.

Eine weitere Möglichkeit, in den USA mit einem Privatwagen zu reisen, ist der **Erwerb eines Neu- oder Gebrauchtwagens,** den man nach der Reise wieder verkauft. Auch für dieses Vorhaben stehen allerorts unzählige fabrikneue oder gebrauchte Fahrzeuge bereit. Es empfiehlt sich jedoch, bei dem risikoreichen Kauf eines Gebrauchtwagens ('used car') einen branchen- und ortskundigen amerikanischen Verwandten, Bekannten oder Freund zu Rate zu ziehen. Unter 300 $ wird man kaum ein brauchbares Auto auftreiben.

NAHVERKEHR

Zur Fortbewegung in den Städten und deren näherer Umgebung stehen dem Reisenden je nach Gegebenheiten die gewohnten **öffentlichen Verkehrsmittel** wie Eisenbahn (Vorortbahn), Hochbahn ('Elevated'), Untergrundbahn ('Subway'), Autobus, Kleinbus oder Gemeinschaftstaxi ('Limousine'), Fähren und andere Wasserfahrzeuge zu recht *günstigen Fahrpreisen* (meist Einheitstarife; vielfach muß abgezähltes Fahrgeld bereitgehalten werden) zur Verfügung. Die Fahrten im **Taxi** sind im Vergleich zu anderen Dienstleistungen *nicht sonderlich teuer*, fallen für den europäischen Touristen dennoch merklich ins Gewicht. Trinkgeld siehe S. 683.

In der Rubrik 'Nahverkehr' darf die nationale Einrichtung der **Sightseeing** genannten, organisierten *Besichtigungsfahrten* nicht fehlen. In jeder größeren Stadt und an jedem Fremdenverkehrsziel der USA bieten etliche Firmen Fremdenführungen (nur selten mit fremdsprachlicher Betreuung) per Autobus, Kleinbus, Privatwagen oder Wasserfahrzeug an, die sich bei Amerikanern höchster Beliebtheit erfreuen und an denen zur Reisesaison oft nur bei Vorausbestellung teilgenommen werden kann. Für den eiligen Reisenden sind sie ein probates Mittel, einen möglichst umfassenden Eindruck des besuchten Ortes oder Gebietes zu erhalten. Die *Teilnahmepreise* sind jedoch nicht unerheblich. Das größte und am weitesten verbreitete Sightseeing-Unternehmen ist *The Gray Line* (Hauptsitz: 1 Rockefeller Plaza, New York, N.Y.), die alljährlich einen 'Official Sightseeing Tariff' mit allen Preisen herausgibt. Ausländischen Touristen wird gegen Vorlage des Reisepasses *bis zu 25% Preisermäßigung* gewährt. Abfahrten vom Gesellschaftsbüro, individuell verschiedenen Sammelpunkten oder den großen Hotels.

REISEHÖHEPUNKTE

Die von ausländischen Touristen traditionsgemäß am meisten besuchten Reiseziele in den Vereinigten Staaten sind die eindrucksvollen **Großstädte** des Landes: an der Ostküste vor allem das kosmopolitische *New York* mit dem Wolkenkratzermeer von Manhattan und seinen hervorragenden Museen, die Bundeshauptstadt *Washington* mit ihren zahlreichen Monumentalbauten und Parks und das Vornehmheit und Kulturbewußtsein ausstrahlende *Boston* mit der weltberühmten Harvard-Universität im nahen Cambridge; im Mittleren Westen das typisch amerikanische *Chicago*, die 'Stadt der Superlative'; im 'tiefen'

Süden das stimmungsvolle *New Orleans*, die Wiege des Jazz; und schließlich am Pazifik das prächtige *San Francisco* mit der exotischen Chinatown sowie das unendlich ausgedehnte *Los Angeles* mit dem Film-Mekka Hollywood.

Daneben gewinnen jedoch die Reisenden zunehmend auch an den landschaftlichen Sehenswürdigkeiten der USA Interesse. Eine Vielzahl von vorbildlich eingerichteten und betreuten **Nationalparks** führen den Touristen die geologischen und zoologischen Eigenheiten gewisser Landstriche einprägsam vor Augen: unvergeßliche Ausblicke bietet das weltberühmte *Grand Canyon* des *Colorado River*, unwirklich scheint die Quellenwelt des *Yellowstoneparks*, immens ausgedehnt ist das Tropfsteinhöhlenlabyrinth der *Carlsbad Caverns*.

Die den Wünschen und Neigungen des einzelnen überlassene Kombination schon dieser wenigen touristischen Höhepunkte dürfte den Erfolg einer Amerikareise garantieren. Immer wieder wird der Besucher jedoch von der unendlichen Weite und zugleich der Vielfalt der **Landschaftsformen** in den Bann geschlagen: Industrielandschaft mit vorwiegend bergigem Charakter im *Atlantischen Osten;* unermeßliche Sümpfe und unabsehbare Strände auf der Halbinsel *Florida;* Getreideäcker und Prärien von fast beängstigender Ausdehnung im *Mittleren Westen;* prachtvolle und bizarre Gebirgslandschaften — allerdings kaum mit alpinem Charakter — in den *Rocky Mountains;* weite Erdölfelder und wüstenähnliche Einöden im *Südwesten;* frische, vom Pazifikwind bestrichene Obstkulturen in *Kalifornien;* unendliche Wälder im *Nordwesten;* zudem die Gletscher und Eiswüsten von *Alaska* und die vulkanische Traumlandschaft der *Hawaii-Inseln*.

STICHWÖRTER

In diesem Abschnitt findet der Leser jeweils unter der Überschrift *alphabetisch* geordneter Stichwörter eine Reihe von nützlichen *Angaben und Erklärungen*, die anderweitig nur schwerlich eingegliedert werden können. Wörterverzeichnis häufig vorkommender amerikanischer Ausdrücke s. S. 687.

Amerikaner zu Hause: Besuche in amerikanischen Privathäusern und Familien vermittelt der U.S. Travel Service unter dem Motto 'Americans at Home' ('Amerikanische Familien laden ein'). Eine Broschüre mit detaillierten Angaben erhält man bei den Auslandsvertretungen der USA oder direkt beim

Handelsministerium (U.S. Department of Commerce, Washington, D.C.).

Ante Bellum: Mit diesem Ausdruck kennzeichnet der Amerikaner die Zeit vor dem Sezessionskrieg.

Archeological: Als 'archäologisch' bezeichnet der Amerikaner Ausgrabungen oder Funde nicht nur aus vor- oder frühgeschichtlicher sondern auch aus jüngster Zeit (z.B. der Brunnenschacht eines im Sezessionskrieg zerstörten Forts o.ä.).

Clubs: Einen wichtigen Platz im gesellschaftlichen Leben des Amerikaners nimmt sein Club ein. Das einigende Band waren ursprünglich die gemeinsamen Interessen der Mitglieder für Spiel, Sport und andere Freizeitgestaltung; heute ist die Clubzugehörigkeit im wesentlichen zu einem Statussymbol geworden. In exklusiver Runde unter seinesgleichen vor allem hinsichtlich Gesinnung, Vermögen und Rasse werden hier Beziehungen angeknüpft und Bekanntschaften gepflegt. Um an Clubveranstaltungen teilnehmen oder im Clubrestaurant speisen zu können, bedarf es der eigenen Mitgliedschaft oder der Einführung und Begleitung durch ein Mitglied. Da in diesen Kreisen vorwiegend Geschäftsleute verkehren, werden Rechnungen fast ausschließlich mit Kreditkarten reguliert.

Conventions: Unter dieser Bezeichnung versteht der Amerikaner die weit verbreiteten und oft abgehaltenen Zusammenkünfte wissenschaftlichen (Fachkongresse), politischen (Partei- und Wahlversammlungen), religiösen (Kirchen- und Sektentreffen), sozialen (Wohltätigkeitsveranstaltungen; Versehrtentreffen), kommerziellen (Handelsmessen) und anderen Charakters. Conventions finden meist in Großhotels statt, die oft im Hinblick auf solche Veranstaltungen errichtet werden.

Drive-in: Bezeichnung für Einrichtungen verschiedenster Art, die dem Autofahrer zugänglich sind, ohne daß er sein Fahrzeug verlassen muß. So gibt es etwa Freilichtkinos und -theater, Restaurants oder Bankschalter für den 'Drive-in'-Betrieb.

Drugstore: Diese typisch amerikanisch und allenthalben anzutreffende Einrichtung ist eine seltsame Mischung aus Apotheke (approbierter Apotheker), Drogerie, Papiergeschäft, Tabakladen sowie Trink- und Imbißstube (kein Spirituosenausschank), wo man zudem telefonieren und Briefmarken erwerben kann. Drugstores sind über die üblichen Geschäftszeiten hinaus und auch sonntags geöffnet; dafür werden im Durchschnitt etwas höhere Preise als etwa in Warenhäusern verlangt.

Einkäufe: Aus dem überreichen Warenangebot aller nur erdenklichen Konsumgüter eignen sich jedoch aus transport- und zolltechnischen Gründen nur wenige zur Mitnahme auf die Heimreise. Wenn die Preise für amerikanische Einkommensverhältnisse auch günstig sein mögen, so muß der ausländische Käufer jedoch stets den *Wechselkurs* seiner Heimatwährung zugrunde legen. In den meisten Bundesstaaten wird auf den angezeigten Ladenpreis eine mehrprozentige *Verkaufssteuer* erhoben. Importwaren sind stets als solche gekennzeichnet und meist teurer als einheimische Produkte.

Die bei Amerikanern sehr beliebten und überall in fast erschreckender Vielfalt feilgehaltenen *Souvenirs* sind durchweg von zweifelhaftem Wert und zudem meist in asiatischen oder europäischen Ländern hergestellt. Wer ein echtes Reiseandenken mitbringen will, halte sich an einheimische Erzeugnisse, in deren Fertigung die USA führend sind. Hierzu gehören insbesondere *Textilien* aus Kunst- und Naturfasern (Baumwolle; Frottierwaren, Konfektionskleidung), Papierwaren (Hallmark), Seifen und Kosmetika (reizvolle Geschenkpackungen), Schallplatten, Kunstblumen, technische Geräte aller Art sowie Schußwaffen und Munition (für Erwachsene vielfach ohne jegliche Formalität erhältlich), ferner im Westen des Landes *Leder- und Pelzbekleidung* sowie erstaunlich eigenständiges *indianisches Kunstgewerbe* (schwerer Silber- und meist naturbelassener Edelsteinschmuck; feine, z.T. alte Perlenstickerei auf Leder; Mokassins und Lederkleidung mit typischem Fransenbehang; Töpferwaren).

Fotografisches Material ist überall erhältlich und verhältnismäßig preiswert; amerikanische *Tabakwaren* (Virginia) und *Spirituosen* (Whisky, Gin; s. 'Gastronomie') genießen Weltruf. *Bücher* werden außer in den Buchhandlungen der großen Städte vorwiegend in Warenhäusern, Drugstores und Supermärkten angeboten.

Die *Ladenöffnungszeiten* sind örtlich verschieden. Einzelhandelsgeschäfte und Warenhäuser bleiben in der Regel werktags von 9 bis 18 Uhr, letztere an einem oder zwei Abenden in der Woche bis 21 Uhr oder gar 22 Uhr geöffnet; Drugstores, Supermärkte und Delikatessen (siehe 'Gastronomie') halten auch sonntags offen.

Elektrizität: 110–115 Volt, Wechselstrom 60 Hz. Steckdosen können nur mit amerikanischen Steckern oder vor der Reise im Heimatland zu besorgenden Adaptern benutzt werden. Man achte vor Inbetriebnahme eines Gerätes auf dessen Spannungsschaltung.

PRAKTISCHE HINWEISE

Feiertage: Nationale, in allen Bundesstaaten der USA eingehaltene Feiertage sind:

New Year's Day (1. Januar): Neujahrstag.
Washington's Birthday (22. Februar): Geburtstag des ersten Präsidenten der USA, George Washington (1732–1799).
Memorial oder Decoration Day (30. Mai): Kriegsopfergedenktag.
Independence Day (4. Juli): festlich begangener Tag der Unabhängigkeit (4. 7. 1776).
Labor Day (erster Montag im September): Tag der Arbeit, inoffizielles Ende der Sommerferien.
Veterans Day oder Armistice Day (11. November): Tag der altgedienten Soldaten.
Thanksgiving Day (vierter Donnerstag im November): Tag der Danksagung, ursprünglich für das Überleben der Pilgerväter im Jahre 1621.
Christmas Day (25. Dezember): Weihnachtsfeiertag.

Außerdem werden in den einzelnen Staaten verschiedene andere Festtage begangen, u.a.:

Lincoln's Birthday (12. Februar): Geburtstag des Sklavenbebefreiers Abraham Lincoln (1809–1865).
St. Patrick's Day (17. März): Ehrentag des irischen Schutzheiligen (hauptsächlich in New York und Boston).
Patriot's Day (Mitte April): Feiertag zum Gedenken an den Ausbruch des amerikanischen Unabhängigkeitskrieges (1775; besonders in und um Boston).
Rosh Hashonah (jüdisches Neujahrsfest) und *Yom Kippur* (jüdisches Versöhnungsfest), zwei hohe israelitische Feiertage im September.

Fernsehen: Das Fernsehen ist in den Vereinigten Staaten selbstredend weitverbreitet. In vielen Hotel- und Motelzimmern findet man Geräte zum Empfang von schwarz-weißen oder farbigen Programmen, welche zahlreiche private Sendeanstalten den ganzen Tag über ausstrahlen. Ebenso wie im Rundfunk sind auch im Fernsehen sowohl die Nachrichten- als auch die Unterhaltungssendungen (sogar Filme) vielfach durch eingestreute Werbespots unterbrochen. Neuerdings werden Lehr- und Bildungssendungen (besonders für Kinder) beträchtliche Sendezeiten eingeräumt.

Flagge: Die heutige, wohlbekannte Staatsflagge der USA leitet sich von der ersten eigenständigen Flagge der dreizehn Urbundesstaaten ('Stars and Stripes'; 1777) her. In einer rechteckigen abwechselnd weiß und rot quer gestreiften Flaggenfläche (6 weiße und 7 rote Streifen) ist in der linken oberen Ecke ein großes dunkelblaugrundiges, ebenfalls rechteckiges Feld mit fünfzig, die Einzelstaaten symbolisierenden, in regelmäßigen Linien (ursprünglich kreisförmig) angeordneten, weißen Sternen ausgespart.

Fremdsprachen: Obwohl in den USA verschiedenste fremdstämmige Minderheiten leben, sind Fremdsprachenkenntnisse selbst in den großen Städten wenig verbreitet. Spanisch und Französisch werden am ehesten, Deutsch nur selten verstanden.

Höhenlage: Der Reisende sei daran erinnert, daß weite Gebiete des amerikanischen Kontinents sich in beträchtlicher Höhenlage befinden. Selbst Gesunden ist beispielsweise nach der Ankunft am Grand Canyon des Colorado (Südrand 2100 m bzw. 6886 ft.) vor anstrengenden Ausflügen ein gewisser Gewöhnungsaufenthalt angeraten.

Industriebesichtigungen: Zahlreiche Industrieunternehmen gestatten oder veranstalten geführte Besichtigungsrundgänge durch ihre oft sehenswerten Produktionsstätten. Hinsichtlich der vielfach wechselnden Möglichkeiten, Bedingungen und Zeiten wende man sich an die örtlichen Auskunftsstellen für Touristen (z.B. Convention & Visitors Bureau oder Chamber of Commerce).

Kleidung: Im allgemeinen ist in Amerika auch die in Europa übliche Kleidung angemessen; im Winter sollte sie gut wärmen, im Frühjahr und Herbst leichter und im Sommer sehr leicht sein. Man trage jedoch meist den überheizten bzw. unterkühlten Innenräumen Rechnung und berücksichtige die jeweilige Höhenlage des Reiseziels. In den Städten tragen Herren gewöhnlich Jackett und Krawatte, Damen meiden Extravaganzen; Abendgarderobe nur zu wirklich großen Anlässen. — *Wäschereien* (vielfach Automaten) und chemische *Reinigungen* sind allenthalben (auch in Hotels) reichlich vorhanden und arbeiten schnell und preiswert. Zerschlissene Kleidungsstücke werden kaum ausgebessert, sondern durch neue ersetzt. Konfektionsgrößen siehe S. 675. — *Schuhe:* Reinigungsautomaten im Hotel (vor die Türe gestellte Schuhe werden beseitigt); gelegentlich findet man Schuhputzläden, seltener Schuhputzer an den Straßen (25 ¢). Auf kleinere Reparaturen (etwa neue Absätze) kann man beim Schuhmacher warten; Pflegemittel und Zubehör im Drugstore oder Warenhaus.

Krankheit: In allen Städten sind *Ärzte* und *Krankenhäuser* in gewohnter Weise zu erreichen (Hotelvermittlung, Notruf,

Konfektionsgrößen

HERREN												
Oberbekleidung, Wäsche	USA Europa	34 44	36 46	38 46	40 50	42 52	44 54	46 56	48 58			
Hemden	USA Europa	14 36	$14^1/_2$ 37	15 38	$15^1/_2$ 39	16 40	$16^1/_2$ 41	17 42	$17^1/_2$ 43			
Hüte	USA Mitteleuropa Großbritannien	$6^7/_8$ 55 $6^3/_4$	7 56 $6^7/_8$	$7^1/_2$ 57 7	$7^1/_4$ 58 $7^1/_8$	$7^3/_8$ 59 $7^1/_4$	$7^1/_2$ 60 $7^3/_8$	$7^5/_8$ 61 $7^1/_2$	$7^3/_4$ 62 $7^5/_8$			
Schuhe	USA Mitteleuropa Großbritannien	$6^1/_2$ 39 6	7 40 $6^1/_2$	$7^1/_2$ 40 7	8 41 $7^1/_2$	$8^1/_2$ 42 8	9 43 $8^1/_2$	$9^1/_2$ 44 9	10 44 $9^1/_2$	$10^1/_2$ 45 10	11 45 $10^1/_2$	$11^1/_2$ 45 11	12 46 $11^1/_2$	$12^1/_2$ 46 12
DAMEN												
Kleider	USA Mitteleuropa Großbritannien	10 38 32	12 40 34	14 42 36	16 44 38	18 46 40	20 48 42	40 50 44	42 52 46	44 54 48	46 56 50		
Blusen, Pullover, Wäsche	USA Europa	32 40	34 42	36 44	38 46	40 48	42 50	44 52					
Strümpfe	USA Europa	8 0	$8^1/_2$ 1	9 2	$9^1/_2$ 3	10 4	$10^1/_2$ 5	9½ 6					
Schuhe	USA Mitteleuropa Großbritannien	5 35 $3^1/_2$	$5^1/_2$ 36 4	6 36 $4^1/_2$	$6^1/_2$ 37 5	7 38 $5^1/_2$	$7^1/_2$ 38 6	8 $38^1/_2$ $6^1/_2$	$8^1/_2$ 39 7	9 40 $7^1/_2$	$9^1/_2$ 41 8		
KINDER												
	USA Europa	2 40–45	4 50–55	6 60–65	8 70–75	10 80–85	12 90–95						

Für *Handschuhe* gelten in den USA gleiche Größenbezeichnungen wie in Europa.

Polizei). Die *Behandlungskosten* liegen im allgemeinen höher als in Europa und müssen in Ermangelung eines öffentlichen Gesundheitsdienstes privat beglichen werden. Man lasse sich vor der Abreise im Heimatland seine Krankenversicherung für den USA-Besuch erweitern, damit die Auslagen zurückerstattet werden können. Alle *Medikamente* sind nur gegen Vorlage eines von einem amerikanischen Arzt ausgestellten Rezeptes im Drugstore erhältlich; das gilt oft auch für Arzneimittel, die im Heimatland gegebenenfalls nicht verschreibungspflichtig sind (Vorrat mitnehmen!).

MESSEINHEITEN

Abweichend von den mitteleuropäischen Gepflogenheiten benutzt der Amerikaner im täglichen Leben eigenständige, vom englischen System geprägte Meßeinheiten für Maße, Gewichte, Temperaturen und Konfektionsgrößen; die wichtigsten sind in den folgenden synoptischen Vergleichstabellen aufgeführt.

Maße

Länge

1 inch	= 25,400 mm	(1 mm	= 0,039 inch)
1 foot	= 30,479 cm	(1 cm	= 0,033 foot)
1 yard	= 0,914 m	(1 m	= 1,094 yard)
1 mile	= 1,609 km	(1 km	= 0,621 mile)

Fläche

1 square inch	= 6,45 qcm	(1 qcm	= 0,152 square inch)
1 square foot	= 9,29 qdm	(1 qdm	= 0,108 square foot)
1 square yard	= 0,84 qm	(1 qm	= 1,197 square yard)
1 square mile	= 2,59 qkm	(1 qkm	= 0,386 square mile)

Raum

1 cubic inch	= 16,386 ccm	(1 ccm	= 0,061 cubic inch)
1 cubic foot	= 28,314 cdm	(1 cdm	= 0,036 cubic foot)
1 cubic yard	= 0,765 cbm	(1 cbm	= 1,309 cubic yard)

Flüssigkeit

1 gill	= 0,118 l	(1 l	= 8,454 gills)
1 pint	= 0,473 l	(1 l	= 2,113 pints)
1 quart	= 0,946 l	(1 l	= 1,057 quart)
1 gallon	= 3,787 l	(1 l	= 0,264 gallon)

Gewichte

1 ounce (oz)	= 28,35 g	(100 g	= 3,527 ounces)
1 pound (lb)	= 453,59 kg	(1 kg	= 2,205 pounds)
1 quarter	= 11,34 kg	(10 kg	= 0,882 quarter)
1 short ton	= 0,907 t	(1 t	= 1,102 short ton)
1 long ton	= 1,016 t	(1 t	= 0,984 long ton)

Temperaturen

Grad Fahrenheit (°F)		Grad Celsius (°C)
Siedepunkt	212°	100°
	122°	50°
	111°	45°
	104°	40°
Körpertemperatur ca.	100°	37°
	95°	35°
	86°	30°
	77°	25°
	68°	20°
	59°	15°
	50°	10°
	41°	5°
Gefrierpunkt	32°	0°
	23°	− 5°
	14°	−10°
	5°	−15°
	0°	ca. −18°
	− 4°	−20°
	−13°	−25°
	−22°	−30°

Temperatur-Umrechnungsformeln: $°C = (°F - 32) \times 5/9$
$°F = 9/5 \; °C \times 32$

Gradverhältnis: $C : F = 5 : 9$

Post: Die U.S. Post Offices sorgen ausschließlich für Transport und Zustellung von Postgut (Briefe, Postkarten, Päckchen) sowie den Verkauf von Postwertzeichen; sie unterhalten weder Telefon- noch Telegrafendienste (s. dort); auch führen sie keine Geldüberweisungen im Lande, wohl aber im internationalen Verkehr, durch.

Häufig vorkommende Postgebühren:

Postkarte	USA, Kanada, Mexiko	5¢
	ansonsten	8¢
Luftpostkarte	USA, Kanada, Mexiko	8¢
	ansonsten	13¢
Brief (1 oz.)	USA, Kanada, Mexiko	6¢
	ansonsten	13¢
Luftpostbrief	USA, Kanada, Mexiko	10¢
	Europa (½ oz.)	20¢
Aerogramme	überall	13¢

Im Postamt aus einem Automaten gezogene Briefmarken kosten lediglich ihren Gegenwert, während solche aus Markenspendern in Drugstores oder anderswo mit einem Aufgeld belegt sind. Die Postkästen sind blau mit weißer Aufschrift 'U.S. MAIL'.

Prehistoric: Unter 'prähistorisch' versteht der Amerikaner gemeinhin die Zeit vor der Entdeckung Amerikas durch Kolumbus.

Radio: Im ganzen Lande strahlen zahllose ausschließlich private Rundfunkanstalten bei meist kleinen Sendebereichen gemischte Programme mit Lokalnachrichten, Wetterberichten, Werbetexten und Musik aus; im Bereich der Großstädte findet man auch fremdsprachige Sendungen (u.a. in deutscher Sprache).

Rekonstruktion: Der Amerikaner neigt zu perfektionistischer Rekonstruktion seiner 'Historie'. Mit erheblichem Aufwand sind an vielen Stellen des Landes ganze Ortschaften minutiös genau nachgebildet, die als Touristenattraktionen von historisch kostümierten Personen belebt werden. Verstärkte Bemühungen für 1976 (200 Jahre Unabhängigkeitserklärung der USA).

Religion: Etwa ⅔ der amerikanischen Bevölkerung ist in rund 250 Glaubensgemeinschaften organisiert (55% Protestanten, 38% Katholiken, 5% Israeliten). Das Freimaurertum ist weit verbreitet. Gottesdienstzeiten siehe Sonntagspresse oder Aushang im Hotel.

Sauberkeit: Wenngleich der Amerikaner im persönlichen und häuslichen Bereich auf höchste Reinlichkeit bedacht ist (Unterkünfte fast ausschließlich mit Dusche oder Bad), so berühren ihn Schmutz und Unrat an öffentlich zugänglichen Lokalitäten wenig. Das stark gechlorte Wasser der vielfach anzutreffenden Trinkbrunnen kann dennoch bedenkenlos genossen werden.

Sport: Die Amerikaner treiben einerseits begeistert und viel aktiven Sport, sind andererseits aber auch enthusiastische

Zuschauer bei sportlichen Veranstaltungen und Vorführungen. Alle in Europa bekannten Sportarten, darunter vor allem *Golf* und *Tennis* sind weithin bekannt; darüber hinaus seien folgende typisch amerikanische genannt: *Baseball* (Schlagball), *Football* (eine Mischung aus englischem Rugby und europäischem Fußball), *Soccer* (europäischer Fußball), *Basketball* (Korbball), *Badminton* (Federball), *Lacrosse* (ursprünglich indianisches Ballspiel mit Netzschlägern), *Jai-Alai* (ursprünglich baskisches Ballspiel, eine Kombination aus Handball, Tennis und Lacrosse; besonders in den Südstaaten), *Bowling* (Kegeln), *Schießen* (Gewehr, Pistole, Bogen), *Horseshoe Pitching* (Hufeisenwerfen), *Hochseeangeln*, *Surf Boarding* (Wellenreiten auf einem Brett), *Windhund- und Pferderennen*, *Rodeos* (Cowboywettspiele).

Der *Wintersport* findet mit allen seinen Disziplinen in letzter Zeit immer mehr Anhänger (Felsengebirge, Kaskadengebirge, Sierra Nevada, Kalifornisches Küstengebirge, Appalachen).

Die *Automobilrennen* von Indianapolis (500 mi. / 800 km) und Daytona Beach (Florida) sind weltbekannt.

Straßenverkehr

Das immens ausgedehnte und sich besonders im Osten des Landes stark verdichtende **Straßennetz** der Vereinigten Staaten erstreckt sich über annähernd 6 Millionen km (3⅔ Mill. mi.), von denen etwa 4½ Millionen km (2¾ Mill. mi.) eine befestigte Decke besitzen.

Den Löwenanteil bilden die in der Regel zwei- oder dreibahnigen *Landstraßen* deren Benutzung gebührenfrei ist. Darüber hinaus gibt es mehrere Typen von autobahnartig mit mindestens doppelter Fahrspur getrennt in jeder Richtung und kreuzungsfrei ausgebauten *Fernverkehrs- und Schnellstraßen* (Interstate Highways, Turnpikes, Expressways und Toll Roads; Raststätten, für deren Befahren wie auch für das Überfahren von *Brücken* vielfach Maut (bis 2 $ pro mi.; z.T. automatische Kontrollschalter für abgezähltes Kleingeld). — Das recht komplizierte System der *Straßennummerierung* studiert man am besten an Hand eines Straßenatlanten (s. Bibliographie, S. 143).

Mit rund 95 Millionen **Kraftfahrzeugen** (davon etwa 80 Mill. PKW und 15 Mill. LKW und Autobusse) verfügen die USA über mehr motorisierte Verkehrsmittel als die ganze übrige Welt zusammen. Über 80% aller amerikanischen Familien besitzen einen, rund 30% bereits zwei oder mehr Privatwagen.

Die amerikanischen Automobile sind gemeinhin wesentlich größer, schwerer und stärker als in Europa (europäische und japanische Marken erfreuen sich zunehmender Beliebtheit!). Entsprechend höher ist daher auch der Treib- und Schmierstoffverbrauch. Die Preise für *Benzin* liegen unter den europäischen (1 US-Gallone = 3,79 l Normalbenzin um 35 ¢, Superbenzin um 40 ¢). *Motoröl* kostet zwischen 80 ¢ und 1 $ pro US-Quart (0,95 l).

Tankstellen (oft mit Toiletten; Verkauf von Erfrischungen), *Reparaturwerkstätten* und *Autowäschereien* sind in allen besiedelten Gegenden des Landes im Überfluß vorhanden.

Die **Verkehrsregeln** entsprechen im großen und ganzen den in Mitteleuropa gewohnten (Rechtsverkehr; Rechtsüberholen auf Autobahnen in manchen Bundesstaaten erlaubt). Das hervorstechendste Merkmal ist zweifellos die in fast allen Einzelstaaten rigoros vorgeschriebene und polizeilich streng kontrollierte *Geschwindigkeitsbegrenzung* (in geschlossenen Ortschaften 40 kmh bzw. 25 m.p.h., auf Landstraßen mit Gegenverkehr 80 kmh bzw. 50 m.p.h., auf Autobahnen 120 kmh bzw. 80 m.p.h.). Sofern nicht anders durch Verkehrszeichen (s. S. 681) vorgeschrieben, hat derjenige *Vorfahrt* (kein absolutes Recht!), der eine Kreuzung, Einmündung, einen Verkehrskreisel o.a. zuerst erreicht; bei gleichzeitiger Ankunft hat der von rechts Kommende den Vorrang. Jeglicher *Spurwechsel* ist überall anzuzeigen.

Die **Verkehrszeichen** unterscheiden sich zwar in Formen und Farben von den im Heimatland üblichen, sind jedoch bei Kenntnis der englischen Sprache leicht verständlich, da neben eindeutigen *Symbolen* die betreffende Vorschrift angeschlagen ist.

Das Lenken eines Kraftfahrzeuges unter Einfluß von *Alkohol* ist grundsätzlich verboten, die Strafverfolgung dieses Vergehens wird aber elastischer als in Europa gehandhabt (keine einheitliche Promillegrenze); Trunkenheit am Steuer wird in der Praxis erst ein Delikt, wenn sie zu einem Unfall geführt hat.

Nachdem das Automobil in den USA eine Wandlung von dem einstigen Wohlstandssymbol zum notwendigen Gebrauchsgegenstand für jedermann erfahren hat, zeichnet sich der amerikanische Autofahrer vor dem europäischen durch *disziplinierte Fahrweise*, Gelassenheit, Zurückhaltung und Hilfsbereitschaft aus. Die Rücksichtnahme auf *Fußgänger*, die praktisch alle zugleich Autofahrer sind, wird streng überwacht.

Ge- und Verbote

STOP — Halt

— Halt am Bahnübergang

YIELD — Querverkehr hat Vorfahrt

SPEED LIMIT 35 — Geschwindigkeitsbeschränkung auf 35 m.p.h. (55 km/h)

20 M.P.H. — scharfe Rechtskurve: Höchstgeschwindigkeit 20 m.p.h. (30 km/h)

NO U TURNS — Wenden verboten

NO PARKING — Parken verboten

Warnungen und Hinweise

CAUTION Vorsicht

— Kreuzung gleichberechtigter Straßen

— Straßeneinmündung von links

HILL — Unübersichtliche Hügelkuppe

SOFT SHOULDERS — Unbefestigte Bankette

— Kreuzung

PEDESTRIAN — Fußgängerüberweg

Vom *Signalhorn* (Hupe) ist nur im Notfall Gebrauch zu machen; die Einrichtung der *Lichthupe* ist wenig verbreitet.

Dem an die europäischen Verkehrsverhältnisse gewöhnten Autotouristen sei angeraten, bei ausgedehnten *Überlandfahrten* die Reise in angemessenen Abständen zu *unterbrechen*, um bei den großen Entfernungen und weithin gleichartigen Landschaftsformen nicht von Müdigkeit übermannt zu werden.

Die Probleme der *Verkehrsstauung* und der *Parkplatznot* stellen sich in den USA in noch weit drastischerem Ausmaße als in Europa.

Den Mitgliedern von nationalen Automobilklubs, die der FIA, der AIT oder der FITAG angehören, steht der hervorragende *Beratungsdienst* in allen Fragen des Automobilismus der *American Automobile Association* (AAA; Hauptsitz in Washington, D.C. 1712 G Street, N.W., europäische Vertretungen s. S. 655) mit ihren rund 800 Niederlassungen im ganzen Lande zur Verfügung. Zahlreiche *Mineralölgesellschaften* unterhalten tatkräftige Reisedienste (Adressen s. S. 655).

Straßenkarten siehe Bibliographie (S. 143).

Formalitäten für Fahrzeug und Fahrer siehe 'Reisen im Lande' (S. 662).

Telefon: Das Fernsprechwesen der USA untersteht nicht der staatlichen Post, sondern wird von mehreren privaten Gesellschaften (etwa 100 Millionen Sprechstellen) betrieben. Die häufige Benutzung des Telefons auch über weite Distanzen ist aus dem Leben des Amerikaners nicht fortzudenken. Die Handhabung der Apparate (mit Wählscheiben oder Tasten; Münzautomaten) entspricht jener in Mitteleuropa. Alle Ortsgespräche werden durch Selbstwahl automatisch, Ferngespräche (Achtung Zeitverschiebung!) zum Teil noch von Hand vermittelt. Neuerdings ist ein Netz von 'Fernsehtelefonen' im Aufbau. — Das örtliche *Telefonbuch* ist in Verbindung mit dem *Branchenregister* ein zugleich äußerst nützliches Adressbuch.

Gebührenbeispiele:	Ortsgespräch	10¢
	Ferngespräche (3 Min.)	
	New York–Chicago	1.70 $
	New York–Los Angeles	2.60 $
	Übersee	5–18 $

Die unverbindlich genannten Gebühren gelten werktags von 4.30 bis 18 Uhr; werktags von 18 bis 21 Uhr und sonntags von 4.30 bis 21 Uhr sind die Kosten ermäßigt. Zwischen 21 und 4.30 Uhr kann man an jedem Tag der Woche gewöhnliche 3-Minuten-Gespräche (ohne Voranmeldung) innerhalb der festländischen USA zu reduzierten Sondergebühren von höchstens 1 $ (plus Steuern) führen.

Telegraf: Ebenso wie das Telefon wird das Fernschreibwesen nicht von der staatlichen Post sondern von Privatfirmen (Western Union und I.T.T.) betrieben, die allenthalben Annahmestellen unterhalten.

Toiletten: Öffentliche Bedürfnisanstalten sind außer in Flughäfen, Bahn- und Autobushöfen sowie öffentlichen Gebäuden selten; Toiletten von Geschäfts- und Warenhäusern, vor allem aber von Hotels können von jedermann benutzt werden, auch wenn man nicht Kunde oder Gast ist. Hinweise (oft nur Symbole) sind mit größter Diskretion angebracht.

Trinkgelder: Im *Taxi* 25% bei Fahrpreisen bis zu 1 $, darüber 20% des auf dem Taxameter angezeigten Betrages; im *Hotel* 25 ¢ pro Gepäckstück, Zimmermädchen 1 $ pro Woche, Taxibesorgung 25 ¢, Liftbesorgung gratis; im *Restaurant* 15–20% des Rechnungsbetrages, Garderobebedienung 25 ¢; beim *Friseur* bis zu 1 $; *Fremdenführer* 10–15% des Tourenpreises; Autobusfahrer erwarten kein Trinkgeld.

Umgangsregeln: Der Amerikaner ist in der Regel *pünktlich* und erwartet auch von Fremden ein solches Verhalten; bei Verspätung oder Verhinderung entschuldige man sich rechtzeitig telefonisch.

Bei der im allgemeinen unförmlichen *Begrüßung* ist der Handschlag nicht üblich, wird aber angenommen.

Über *sprachliche Schwierigkeiten* oder Fehler seines Gesprächspartners sieht der Amerikaner großzügig hinweg.

Bei der *Unterhaltung* hält man sich weiter als gewohnt (etwa Armlänge) von seinem Gegenüber entfernt.

Bereits nach kurzer Bekanntschaft wird der Amerikaner vorschlagen, sich gegenseitig mit dem *Vornamen* anzusprechen; da die englische Sprache keinen formalen Unterschied zwischen Siezen und Duzen kennt, kommt die Anrede mit dem Vornamen dem Du gleich, wobei jedoch ein größerer Abstand gewahrt bleibt.

Bei *Gesprächen* mit Amerikanern wundere man sich nicht über Fragen, die den privaten Bereich tangieren (politische Meinung, Religion, Einkommen, Vermögen).

Bei *Besuchen* überreicht man der Gastgeberin eine Aufmerksamkeit (Blumen, Süßigkeiten, Wein, Andenken aus dem Lande des Gastes). Nicht selten wird dem Gast das ganze Haus oder die Wohnung einschließlich Schlaf- und Badezimmer vorgeführt. Der höfliche Gast verweilt nicht länger als zwei Stunden nach dem Essen und ergreift von selbst die Initiative zum Aufbruch, darf jedoch der Bitte, noch zu bleiben, nachkommen. Am Tage nach dem Besuch bedankt man sich möglichst schriftlich (vorgedruckte Karten gelten nicht als unhöflich) bei dem Gastgeber.

Vor den *Mahlzeiten* werden häufig Spirituosen (besonders Cocktails, siehe 'Gastronomie'), zum Essen selbst kaum Wein, sondern Bier, nichtalkoholische 'Soft Drinks' (Cola u.a.), Milch, Kaffee, Tee oder Eiswasser gereicht. Der Amerikaner benutzt das gewohnte *Eßbesteck*, das Tischmesser beim Essen jedoch lediglich zum Zerteilen des Fleisches, führt dann die Speisen auf der Gabel oder dem Löffel mit jener Hand zum Munde, in der er zuvor das Messer gehalten hat, während er die andere Hand in den Schoß legt. Kinder essen gemeinsam mit den Erwachsenen am gleichen Tisch und dürfen sich ungeniert am Tischgespräch beteiligen.

Kranke, *Gebrechliche* oder *Versehrte* üben in den USA keineswegs jene betonte Zurückhaltung, die man in dieser Hinsicht in Mitteleuropa gewöhnt ist, sondern nehmen vielmehr mutig am öffentlichen und gesellschaftlichen Leben teil.

Veranstaltungen: Für den Besuch von Theatervorstellungen, Opern- und Ballettaufführungen, Konzerten, Vorträgen, Filmvorführungen, Kleinkunstbühnen, Varietés, Tanz-, Nacht- und anderen Vergnügungslokalen, Spiel- und Sportveranstaltungen, Ausstellungen, Messen, Paraden, Volksfesten, ferner auch von Museen und Kunstgalerien gelten in den Vereinigten Staaten hinsichtlich Saison, Anfang- oder Öffnungszeiten, Besorgung von Eintrittskarten und -garderobe in etwa die gleichen Richtlinien wie man sie in Mitteleuropa kennt und befolgt. *Veranstaltungskalender* erscheinen regelmäßig in der örtlichen Presse oder können im Hotel sowie bei den touristischen Informationsstellen (s. S. 653) eingesehen werden.

Vorsicht vor Raubüberfällen ist in den großen Städten vor allem in unbelebten Straßen und Anlagen sowie Slums geboten. Man trage möglichst wenig Bargeld und Wertsachen bei sich.

WÄHRUNG

Die Währungseinheit der Vereinigten Staaten ist der **US-Dollar*** (Symbol: $), der sich in 100 *Cents* (Symbol: ¢) unterteilt.

Es gibt MÜNZEN (coins) zu 1 ¢ (penny), 5 ¢ (nickel), 10 ¢ (dime), 25 ¢ (quarter), 50 ¢ (half dollar) und 1 $ (silver dollar). Bis auf die in Kupfer geprägte Penny-Münze und die in Nickel geprägte 5-Cents-Münze bestehen alle Geldstücke aus einer Silberlegierung.

Die BANKNOTEN (bills) sind weder in Farbe (grün, daher 'greenbacks') noch im Format, sondern nur durch den Wert und den Bildaufdruck (Vorderseite: Präsidentenportrait / Rückseite: Gebäude bzw. Ornament) voneinander unterschieden:

1 $	(Washington/Wappen; 'buck' im Volksmund)
2 $	(Jefferson/Monticello; oft als Unglücksbringer angesehen)
5 $	(Lincoln/Lincoln Memorial)
10 $	(Hamilton/U.S. Treasury)
20 $	(Jackson/White House)
50 $	(Grant/U.S. Capitol)
100 $	(Franklin/Independence Hall)
500 $	(McKinley/Ornament)
1 000 $	(Cleveland/Ornament)
5 000 $	(Madison/Ornament)
10 000 $	(Chase/Ornament)
100 000 $	(Wilson/Ornament)**

Der Amerikaner, für den das Geld von jeher eine außergewöhnliche Bedeutung hat, geht daher im Umgang damit betont bedächtig vor: das Einlösen ein Bankschecks oder die Herausgabe von Wechselgeld nach einem Kauf beispielsweise geschieht im allgemeinen nur zögernd und nach genauem Überprüfen bzw. Nachzählen zu beiden Seiten des Schalters oder des Ladentisches. Kleinere Geschäfte verweigern oft die Annahme 'großer' Geldscheine.

Wappen: das 1782 angenommene, runde und in den Grundfarben Blau, Weiß und Rot gehaltene Große Staatswappen (Siegel) der Vereinigten Staaten zeigt einen heraldischen Adler

---

* Der Dollar leitet sich sprachlich vom deutschen 'Taler' (wiederum von der 'Joachimsthaler' Silbermünze) her und ist seit 1785 offizielles Zahlungsmittel in den USA (Münzen erst seit 1792 geprägt).
** Nur im Verehr zwischen Treasury Department und Federal Reserve System in Gebrauch.

mit wappenschildförmigem Körper und ausgebreiteten Schwingen, in den Fängen links einen Zweig, rechts ein Pfeilbündel, im Schnabel ein Spruchband (E PLURIBUS UNUM = etwa 'Einigkeit macht stark') haltend, darüber einen stilisierten Sonnenkranz. Außerdem haben alle Bundesstaaten eigene Wappensiegel.

ZEITRECHNUNG

Die festländischen USA erstrecken sich über vier Zeitzonen (von Osten nach Westen):

Eastern Time (MEZ minus 6 Stunden; von der Atlantikküste bis zu den Großen Seen).

Central Time (MEZ minus 7 Stunden; etwa von den Großen Seen bis zum 100. Grad westlicher Länge).

Mountain Time (MEZ minus 8 Stunden; etwa vom 100. Grad westlicher Länge bis zu den Rocky Mountains).

Pacific Time (MEZ minus 8 Stunden; etwa von den Rocky Mountains bis zur Pazifikküste).

Alaska dehnt sich über weitere drei Zeitzonen aus:
Yukon Time (MEZ minus 10 Stunden)
Alaska Time (MEZ minus 11 Stunden)
Bering Time (MEZ minus 12 Stunden)

Die Hawaii-Inseln richten sich nach der *Hawaii-Time* (= Alaska Time = MEZ minus 11 Stunden) und Puerto Rico sowie die Jungferninseln nach der *Atlantic Time* (MEZ minus 5 Stunden).

Beispiel:
Wenn es in New York oder Washington, D.C., 12 Uhr mittags ist, dann zeigen die Uhren

in Chicago oder Dallas erst	11 Uhr,
in Denver oder Phoenix	10 Uhr,
in Seattle oder San Francisco	9 Uhr,
in Ancorage oder Honolulu	7 Uhr,
in Nome	6 Uhr,

auf Puerto Rico oder den Jungferninseln aber bereits 13 Uhr und in Mitteleuropa 18 Uhr.

Alle genannten Zeitangaben werden als 'Standard Time' (Normalzeit) bezeichnet, von denen die in den meisten Staaten im Frühjahr und Sommer geltende 'Daylight Saving Time' (Sommerzeit zur Gewinnung von Tageslicht) jeweils um eine Stunde (später) abweicht.

Wenngleich im wissenschaftlichen und militärischen Bereich die **Uhrzeiten** mit den Zahlenangaben von 0 bis 24 Uhr angezeigt werden, so bedient man sich landläufig (z.B. auch bei Fahrplänen) der Bezeichnungen *a.m.* (für *a*nte *m*eridiem = vor Mittag) und *p.m.* (für *p*ost *m*eridiem = nach Mittag) in Verbindung mit den Zahlen von 1 bis 12 für die Stunden und den Ziffern 00 bis 59 für die Minuten.

Beispiel: 3:45 a.m. = 3.45 Uhr morgens
7:15 p.m. = 19.15 Uhr abends.

Zeitungen: Außer in den ganz großen Städten sind namhafte ausländische Tageszeitungen oder amerikanische mit internationalem Nachrichtenteil selten, Wochenschriften mit ausgiebigem Auslandsteil allerdings allenthalben erhältlich.

SPRACHE

Wer der englischen Sprache mächtig ist, kann sich auch in den Vereinigten Staaten von Amerika mühelos verständlich machen. Neben den bekannten Abweichungen in der *Aussprache* und einer Tendenz zu vereinfachender *Rechtschreibung* weist der amerikanische *Wortschatz* gegenüber dem europäischen Englisch namentlich in der gesprochenen Sprache Besonderheiten auf, die ihrerseits in den verschiedenen Regionen des immensen Staatsraumes wechseln.

Die folgende Gegenüberstellung gibt eine Auswahl häufig vorkommender amerikanischer Ausdrücke und ihrer europäisch-englischen Äquivalente mit deutscher Erklärung.

WÖRTERLISTE

Amerikanisches Englisch	*Britisches Englisch*	*Deutsch*
absorbent cotton	cotton wool	Watte
apartment	flat	Wohnung
baggage	luggage	Gepäck
balcony	gallery	Rang (Theater)
first balcony	upper circle	erster Rang
ball point	biro	Kugelschreiber
barette	hair slide	Haarspange
to go to the bathroom	to spend a penny	austreten

Amerikanisches Englisch	Britisches Englisch	Deutsch
bed-spread	coverlet	Bettdecke
biscuit	hot tea-rolls	Gebäck
blind	shutter	Fenster-, Rolladen
block	built up area bounded by four streets	Häuserblock
bobby pins	kirby grips	Haarnadeln
booth	kiosk	Kiosk
boss	person in authority, manager	Chef
bowl	basin	Schlüssel
bright	clever	klug
broil	grill	grillen
bug	beetle	Käfer
bureau	chest of drawers	Kommode
calico	printed cotton cloth	bedruckter Baumwollstoff
to call	to ring up	anrufen (Telefon)
call collect	reverse the charges	R-Gespräch
can	tin (of food)	Konservendose
candy	sweets and chocolate	Süßigkeiten
carom	cannon	Billardtreffer
chips	crisps	Chips
clerk	shopman	Verkäufer
comforter	eiderdown	Daunenkissen
cookies	biscuits	Biskuit
corn	Indian corn, maize	Mais
cracker	biscuit	Keks
cunning	neat	sauber
cute	attractive	attraktiv
date	appointment	Verabredung
diapers	nappies	Servietten
dirt	earth	Erdreich, Schmutz
to do the dishes	to wash up	aufwaschen
dish towel	tea towel	Geschirrtuch
dishwasher	washing up machine	Geschirrspülmaschine
drugstore	chemist	Drogerie
dry goods	dress materials	Kleiderstoff
dumb	stupid	dumm
elevator	lift	Aufzug
eraser	rubber	Radiergummi

Amerikanisches Englisch	Britisches Englisch	Deutsch
fabric	material (by yard)	Stoff
fall	autumn	Herbst
faucet	tap	Wasserhahn
fender	mudguard	Schmutzfänger
to fix	to arrange	in Ordnung bringen
flashlight	torch	Taschenlampe
fleshy	stout	kräftig
floor	floor	Geschoß, Etage
first floor	ground floor	erster Stock
second floor	first floor	zweiter Stock
third floor	second floor	dritter Stock
floorwalker	shopwalker	Ladenaufseher
freeway	motorway	Autobahn
French fries	chips	Pommes Frites
freshman	student in first college year	Student im ersten College-Jahr
garbage can	dustbin	Abfalleimer
garters	suspenders	Strumpfband
gasoline	petrol	Benzin
grade	form (school)	Klasse (Schule)
grip-sack	handbag	Handtasche
gums	overshoes	Überschuhe
to gun	to go shooting	auf die Jagd gehen
half slip	waist petticoat	Petticoat
hardware store	ironmonger's	Eisenwarenhandlung
help	servant	Gehilfe
to hitch up	to harness	aufziehen
hood	bonnet	Haube
to hunt	to go shooting	auf die Jagd gehen
jumper	pinafore dress	Schürzenkleid
junior	student in third college year	Student im dritten College-Jahr
lines	reins	Zügel
long distance call	trunk call	Ferngespräch
longshoreman	dockers	Hafenarbeiter
lovely	loveable	liebenswert
lumber	wood, timber	Holz
mad	vexed	böse, verärgert
mezzanine	dress circle	Rang (Theater)
movie theater	cinema	Kino
mucilage	liquid gum	Klebstoff

Amerikanisches Englisch	Britisches Englisch	Deutsch
muslin	cotton cloth	Musselin
nasty	disgusting	abscheulich
notions	small wares	Kleinigkeiten
observatory	view tower, belvedere	Aussichtsturm, Aussichtsstelle
one way ticket	single ticket	einfache Fahrt
orchestra	stalls	Sperrsitz
outlet	point	Spitze
overcoat	heavy overcoat	Mantel
pants	trousers	Hosen
panty hose	tights	Strumpfhosen
parlor	drawing room	Salon
pavement	road surface	Straßenpflaster
person-to-person call	personal call	Privatgespräch
piazza	veranda	Veranda
pie	tart	Torte, Kuchen
pitcher	jug	Krug
plaza	open square	offener Platz
pocketbook	purse	Notizbuch
purse	handbag	Handtasche
rapid transit	city and suburban traffic means	Nahverkehr
to ride	applied to any kind of transportation	fahren, ein Verkehrsmittel benutzen
right away	directly	direkt, unmittelbar
roast	joint (of meat)	Braten
roaster	cock	Hahn
rock	stone	Stein
round trip	return ticket	Rückfahrkarte
rubbers	galoshes	Überschuhe
to run	to manage	leiten, durchführen
runs	ladders	Laufmaschen
sack	jacket	Jackett
safe	larder	Speisekammer
senior	student in fourth college year	Student im vierten College-Jahr
to shine	to polish	putzen, polieren
to ship	to send by sea, rail, road and air	versenden, verschicken
shortage	deficiency	Mangel
sick	ill	krank

Amerikanisches Englisch	Britisches Englisch	Deutsch
sidewalk	pavement, footway	Gehsteig
slip	petticoat	Unterrock
snaps	press studs	Druckknöpfe
sophomore	student in second college year	Student im zweiten College-Jahr
stage	coach	(Pferde-) Wagen
stick shift	gear stick	Schalthebel (Auto)
store	shop	Laden, Geschäft
streetcar	tram	Straßenbahn
subway	underground	U-Bahn
suspenders	braces	Hosenträger
sweater	jumper	Wolljacke
telegraph blank	telegraph form	Telegrammformular
thread	reel of cotton	Rollengarn
thumb tacks	drawing pins	Reißzwecken
ties	low shoes	flache Schuhe
timber	heavy wooden logs	Holz (als Rohstoff)
topcoat	light overcoat	leichter Mantel
track	railway line	Eisenbahnschiene
trolley	electric tramway	elektr. Bus
truck	lorry	Lastwagen
trunk	boot	Stiefel
turnpike	motorway	Autobahn
turtle-neck sweater	polo-neck sweater	Rollkragenpullover
tuxedo	dinner jacket	Smoking
ugly	ill-tempered	böswillig
underpass	subway	Unterführung
undershirt	vest	Unterhemd
under waist	bodice	Mieder
vest	waistcoat	Weste
wagon	carriage	Wagen
waist	body	Körper
to wait on	to wait at	warten auf
washcloth	flannel	Waschlappen
to wash up	to wash your hands	sich waschen
wholewheat bread	brown bread	Vollkornbrot
wilt	fade	welken
window-shade	blind	Vorhang, Gardine
windshield	windscreen	Windschutzscheibe
wrench	spanner	Schraubenschlüssel
yard	garden	Garten

ABKÜRZUNGEN

AAA – American Automobile Association – (Automobilklub)
ABC – American Broadcasting Company – (Rundfunkgesellschaft)
A.C. – alternating current (electricity); area code (telephone) – Wechselstrom; Vorwahl (Telefon)
advt. – advertisement – Anzeige
Ala. – Alabama
Apr. – April
apt. – apartment – Wohnung
Ariz. – Arizona
Ark. – Arkansas
arr. – arrival (time of) – Ankunftszeit
Ass. – Association – Vereinigung
Aug. – August
Ave. – Avenue
b. – born – geboren
B. – basement, below ground level – Kellergeschoß
B.B.B. – Better Business Bureau – (Werbefirma)
Bldg. – Building – Gebäude
Blvd. – Boulevard
C – cold (water faucet) – kalt (Wasserhahn)
Calif., Cal. – California
CBS – Columbia Broadcasting System – (Rundfunkgesellschaft)
CD – diplomatic corps (on license plates) – Diplomatisches Corps (Autos)
CDT – Central Daylight Time – (Sommerzeitzone)
C.I.F. – cost, insurance and freight – Kosten, Versicherung und Fracht
Co. – Company – Gesellschaft
C.O.D. – cash on delivery – Barzahlung bei Lieferung
C. of C. – Chamber of Commerce – Handelskammer
Colo. – Colorado
Conn. – Connecticut
CST – Central Standard Time – (Zeitzone)
d. – died – gestorben
D – Down (elevator) – Abwärts (Aufzug)
D., Dem. – Democrat, Democratic – Demokrat, der Demokratischen Partei angehörig
D.C. – District of Columbia (Washington) – Bundesdistrikt
D.D.S. – doctor of dental science – Dr. der Zahnheilkunde
Dec. – December – Dezember
Del. – Delaware

dep. – departure (time of) – Abfahrtszeit
dept. – department
D.J. – Disc Jockey (radio)
doz. – dozen (12) – Dutzend
Dr. – Doctor
DST – Daylight Saving Time – (Sommerzeitzone)
E. – East – Ost
EDT – Eastern Daylight Time – (Sommerzeitzone)
EST – Eastern Standard Time – (Zeitzone)
ETA – estimated time of arrival – voraussichtliche Ankunftszeit
ETD – estimated time of departure – voraussichtliche Abfahrtszeit
F. – Fahrenheit
Feb. – February – Februar
Fla. – Florida
Fri. – Friday – Freitag
frwy. – freeway (speed highway) – Autobahn
ft.; Ft. – foot, feet; fort – Fuß (Meßeinheit)
G – ground floor (elevator) – Erdgeschoß (Aufzug)
gal., gals. – gallon, gallons – Gallone(n)
Ga. – Georgia
GPO – General Post Office – Hauptpostamt
H – hot (water faucet) – heiß (Wasserhahn)
hwy. – highway – Überlandstraße
Ia. – Iowa
Ida. – Idaho
Ill. – Illinois
in., ins. – inch, inches – Zoll (Meßeinheit)
Inc. – Incorporated – (Gesellschaftsform)
Ind. – Indiana
intl. – international
Is. – Island – Insel
Jan. – January – Januar
Jr. – Junior
Kans. – Kansas
K.C. – Kansas City
Ky. – Kentucky
L – Left; Lake; Large (size) – links; See; groß
La. – Louisiana
L.A. – Los Angeles
Lav. – lavatory, washroom, toilet – Toilette, Waschraum
lb., lbs. – pound, pounds – Pfund (Gewicht)
L.I. – Long Island
lv. – leave (departure time)– Abfahrtszeit

M – Medium (size); mezzanine (elevator) – mittelgroß; Zwischengeschoß (Aufzug)
Mar. – March – März
Mass. – Massachusetts
MBS – Mutual Broadcasting System – (Rundfunkgesellschaft)
M.C. – master of ceremonies – Zeremonienmeister
Md. – Maryland
M.D. – doctor of medicine – Dr. der Medizin
MDT – Mountain Daylight Time – (Sommerzeitzone)
Me. – Maine
Mich. – Michigan
Minn. – Minnesota
Miss. – Mississippi
Mo. – Missouri
Mon. – Monday – Montag
Mont. – Montana
mpg – miles per gallon – Meilen pro Gallone
mph – miles per hour – Meilen pro Stunde
MST – Mountain Standard Time – (Zeitzone)
Mt., Mts. – Mountain, Mountains – Berg, Gebirge
N – North – Nord
nat., natl. – national
NBC – National Broadcasting Company – (Rundfunkgesellschaft)
N.C. – North Carolina
N.D., N. Dak. – North Dakota
N.E. – Northeast – Nordost
Neb., Nebr. – Nebraska
NET – National Educational Television – (Anstalt für Bildungsfernsehen)
Nev. – Nevada
N.H. – New Hampshire
N.J. – New Jersey
NLT – night letter (telegram) – Nachtzustellung (Telegramm)
N.M. – New Mexico
Nov. – November
N.W. – Northwest
N.Y. – New York
NYC – New York City
O – operator (telephone) – Vermittlung (Telefon)
Occ. – occupied (toilet) – besetzt (Toilette)
Oct. – October
Okla. – Oklahoma
Ore. – Oregon

oz. – ounce, ounces – Unze
Pa., Penn. – Pennsylvania
pd. – paid – bezahlt
PDT – Pacific Daylight Time – (Sommerzeitzone)
Phila. – Philadelphia
pk.; Pk. – peck; Park; Peak – Zwei Gallonen; Park; Gipfel
pkwy. – parkway (landscaped highway) – landschaftlich schöne Straße
Pl. – Place (part of address) – Wohnort (Adresse)
PST – Pacific Standard Time – (Zeitzone)
qt., qts. – quart, quarts – ¼ Gallone
R., Rep. – Republican – Republikaner, der Republikanischen Partei angehöriger
R.C. – Red Cross; Roman Catholic – Rotes Kreuz; römisch-katholisch
rd. – road – Straße, Landstraße
R.I. – Rhode Island
rpm – revolutions per minute – Umdrehungen pro Minute
rps – revolutions per second – Umdrehungen pro Sekunde
r.r., rwy. – railroad, railway – Eisenbahn
R., rt. – Right – rechts
S – Small (size); South – klein; Süd
Sat. – Saturday – Samstag, Sonnabend
S.C. – South Carolina
S.D., S. Dak. – South Dakota
S.E. – Southeast – Südost
Sept. – September
Sq. – Square (part of address) – Platz (Adresse)
Sr. – Senior
S.R.O. – standing room only (theater) – nur Stehplätze (Theater)
St., Sts. – Street, Streets – Straße(n)
Sun. – Sunday – Sonntag
S.W. – Southwest – Südwest
t., tsp. – teaspoon – Teelöffel
T., Tbsp. – tablespoon (3 tbsps.) – Eßlöffel
temp. – temperature – Temperatur
Tenn. – Tennessee
Tex. – Texas
Thurs., Thu. – Thursday – Donnerstag
tpk. – turnpike (usually a toll road) – Autobahn (meist mautpflichtig)
Tues., Tue. – Tuesday – Dienstag
TV – television – Fernsehen
U – Up (elevator) – aufwärts (Aufzug)

U., Univ. – University – Universität
U.N. – United Nations – Vereinte Nationen
U.S. – United States – Vereinigte Staaten
USA – United States of America – Vereinigte Staaten von Amerika
Va. – Virginia
Vac. – vacant (toilet) – frei (Toilette)
Vt. – Vermont
W – West – Westen
Wash. – Washington (state) – (Staat)
Wed. – Wednesday – Mittwoch
WHO – World Health Organization – Weltgesundheitsbehörde
Wis., Wisc. – Wisconsin
wk. – week – Woche
W. Va. – West Virginia
Wyo. – Wyoming
XL – Extra Large (size) – extra groß
yd. – yard – (Längenmaß)

In diesem Zusammenhang sei auch auf die erklärte Vorliebe des Amerikaners für *Sprachspielereien* hingewiesen, die dem Besucher des Landes besonders häufig im Bereich der Werbung begegnen:

Eine 'Drive-in'-Gaststätte nennt sich 'Drive-Inn' (inn = Gasthof).
Texas, New Mexico und Arizona sind die '3 Bar-BQ-States' (drei Barbecue-Staaten).
'U-Haul' = you haul (wörtlich 'du ziehst'; Anhängerverleih).
'Xmas' = Christmas (Weihnachten).
'PedXing' = Pedestrian Crossing (Fußgängerüberweg).
'TraveLodge' = Firmenname einer Motelkette (aus travel lodge).
'Scenicruiser' heißen Aussichtsbusse (aus scenic cruiser).

GASTRONOMIE

Gaststätten

Der Amerikaner ist gewöhnt, seine Mahlzeiten möglichst rasch und ohne Umschweife (oft im Stehen) einzunehmen. Auf diese Grundeinstellung ist die Vielzahl von überall im Lande anzutreffenden **Schnellgaststätten** und **Imbißständen** zurückzuführen.

Am weitesten verbreitet ist die *Cafeteria* (sprich: käfitäria), ein tagsüber durchgehend geöffnetes Selbstbedienungslokal (es wird abgeräumt), in dem man für mäßige Preise unter einer mehr oder weniger großen Anzahl von fertigen Speisen und nichtalkoholischen Getränken wählen kann.

In *Drugstores* (s. S. 671) gibt es im allgemeinen eine Eßbar, an der vor allem billiges Frühstück, aber auch den ganzen Tag über Imbisse (Hamburger, Sandwiches, Hot Dogs u.a.), kleine Tellergerichte, Speiseeis sowie warme und kalte (alkoholfreie) Getränke erhältlich sind.

Hotels und auch Kontorhäuser verfügen oftmals über einen sogenannten *Coffee Shop*, in dem Frühstück und kleinere, preiswerte Tellergerichte serviert werden.

Andere Schnellrestaurants heißen *Snack Bar*, *Grill* (vorwiegend Fleischgerichte), *Quick Lunch*, *Luncheonette* (Mittagstisch) oder *Short-Order-Restaurant* (Tellergerichte). Auch seien hier die *Automatengaststätten* erwähnt, in denen man die fertig zubereiteten Speisen nach Geldeinwurf aus einem Sichtautomaten zieht. Zahllos sind auf bestimmte Spezialitäten ausgerichtete und nicht selten hochtrabende Namen führende Imbißstuben wie etwa Steak House, Beef Palace, Hot Doggery, Sandwich Shop, Pizza Parlor, Pancake House, Waffle Shop o.a.

An den Landstraßen findet man hin und wieder *Diners;* das sind ursprünglich in ausgedienten Speisewagen eingerichtete und meist als Familienbetrieb bewirtschaftete, kleine Eßlokale. Auf die Bedürfnisse des eiligen Autofahrers sind 'Drive-In-'Gaststätten eingestellt, welche die über eine Sprechanlage bestellten Gerichte auf einem vorübergehend am Fahrzeug befestigten Tablett servieren.

Ein *Carry-Out-Shop* verkauft Speisen 'über die Gasse'. Im *Delicatessen* kann man kleinere Imbisse einnehmen; im übrigen verproviantiert sich hier der Selbstversorger.

Wer anspruchsvoller essen möchte, wird ein **Restaurant** aufsuchen, wo die Preise jedoch merklich höher liegen als bei den vorgenannten Gaststätten. Großer Beliebtheit erfreuen sich Spezialitätenlokale mit Nationalküchen aus aller Herren Länder. Absolute Höchstpreise sind im sogenannten *Gastrodome* zu erwarten; hier wird die Mahlzeit in stimmungsvollem Rahmen geradezu als Show zelebriert. In Spitzenlokalen bedient ausschließlich männliches Personal. — Liste empfohlener Restaurants siehe Unterkunfts- und Gaststättenverzeichnis im letzten Teil dieses Buches.

An reinen **Trinklokalen** seien neben der althergebrachten *Soda Fountain* (Erfrischungsgetränke, Speiseeis; kein Alkohol) vor allem die wohlbekannte *Bar* oder *Tavern* sowie die *Cocktail Lounge* genannt, in welchen bei gedämpfter Beleuchtung alkoholische Getränke ausgeschenkt werden (wenig weibliche Bedienung). Ein Mittelding zwischen Bar und Cafeteria ist die fast ausschließlich von Männern besuchte *Working-Men's-Bar*, in der man zu den Spirituosen auch herzhafte Gabelbissen zu betont niedrigen Preisen reicht.

Wer die Absicht hat, in einem Restaurant zu speisen, tut gut daran, einen Tisch im voraus zu bestellen. Nicht selten wird auch in guten Lokalen zu den strikt eingehaltenen Essenszeiten geduldig Schlange gestanden, bis ein Platz frei wird; es ist daher üblich, nach dem Essen den Tisch umgehend nachfolgenden Gästen zu überlassen. Die Rechnung begleicht man meist an einem nahe dem Ausgang aufgestellten Kassentisch.

Wenn man eine Zeitlang in den Vereinigten Staaten herumgereist ist, wird man feststellen, daß sich nicht nur die Typen sondern vielfach auch die Firmennamen der Gaststätten wiederholen, was durch die Einrichtung zahlreicher landesweit vertretener Restaurantketten zu erklären ist.

Die etwa zu den gleichen Tageszeiten wie in Europa eingenommenen **Mahlzeiten** sind ein reichhaltiges und vorwiegend herbes *Breakfast* (Frühstück; 1–3 $), ein leichtes *Lunch* oder *Luncheon* (Mittagessen; 2–7 $) und ein ausgiebiges *Dinner* (Abendessen; 3–10 $ und darüber), das von Musik begleitet sein kann, zu der auch getanzt wird. Nach abendlichen Veranstaltungen wird gelegentlich ein *Supper* (kleines Nachtmahl) eingenommen. In jüngerer Zeit ist ein *Brunch* (= *br*eakfast *lunch*) genanntes Gabelfrühstück in Mode gekommen.

Manche Restaurants, besonders solche großer Lokalketten, gewähren ausländischen Gästen gegen Vorlage ihrer 'Hospitality Card' oder 'Discount Card' (s. S. 663) *fühlbare Preisnachlässe* (Adressen s. Discount Verzeichnis der Pan Am oder direkt Anfrage).

Speisen

Die nachstehend abgedruckte, typische Form einer amerikanischen **Speisekarte** (Menu) ist in allen Teilen der USA anzutreffen. Der Gast kann bei vorgegebenem Preis jeweils ein Gericht aus den einzelnen Gangvorschlägen wählen und so sein Menü selbst zusammenstellen. Dem des Englisch Kundigen ist es allgemein ohne Schwierigkeiten möglich, die Speisekarte zu verstehen, da nur selten 'Küchenausdrücke' verwendet werden.

Typische Speisekarte in den USA

Bread... Rolls... Celery... Olives

Appetizers[1]

Fresh Fruit Cocktail – Chilled Tomato Juice
Melon in Season – Shrimp Cocktail
Marinated Herring in Sour Cream

Soups[2]

Soup du Jour – Consommé
Onion Soup – Vichyssoise

Entrees[3]

Southern Fried Chicken
Calf's Liver with Bacon – Lamb Chop Mixed Grill
Sirloin Steak – Roast Prime Ribs of Beef
Broiled or Boiled Lobster – Jumbo Shrimp Salad
Fresh Fruit Salad with Cottage Cheese
Beef Stew with Vegetables
Roast Leg of Lamb with Mint Jelly

Vegetables[4]

Broccoli – String Beans
Peas and Carrots – Mashed, Boiled
Baked or French Fried Potatoes

Salads[5]

Hearts of Lettuce – Tossed Green Salad
Cole Slaw

Desserts[6]

Apple Pie with Cheddar Cheese
Fruit Jello with Whipped Cream
Devil's Food Cake – Ice Cream or Sherbet
Cheese with Crackers – Rice Pudding with Cream
Strawberry Shortcake with Whipped Cream
Chocolate Pudding

Beverages[7]

Coffee – Tea – Milk
Hot Chocolate – Iced Coffee – Iced Tea
Cocktails, Wines, Beers and Cordials

---

[1] Vorspeisen [2] Suppen [3] Hauptgerichte
[4] Gemüse [5] Salate [6] Nachspeisen [7] Getränke

Gemeinhin wird dem Amerikaner kulinarischer Feinsinn abgesprochen. In der Tat sind die Gerichte trotz in der Regel guter Zutaten wenig schmackhaft zubereitet und sollen vom Gast nachträglich mit verschiedenen, meist gemischten Gewürzen, die auf jedem Eßtisch bereitstehen, abgeschmeckt werden. Auffällig ist die Tendenz, herben Gerichten Früchte oder Kompotte beizugeben. Auch sind Salatsoßen in der Mehrzahl gezuckert, Nachspeisen und Gebäck vielfach übersüßt. Vom Genuß rohen Fleisches (etwa 'Beefsteak Tartar') ist abzuraten, da man in den Vereinigten Staaten keine amtliche Fleischbeschau kennt. Dennoch sei im folgenden auf die reiche Fülle regionaler Spezialitäten hingewiesen:

SÜDEN

Southern Breakfast	reichhaltiges Frühstück
Crab Stew	Krebseintopf
Shrimp Pie	Krevettenpastete
Virginia Ham	Schinken
Catfish	amerikanischer Wels
Southern Fried Chicken	Backhuhn
Brunswick Stew	Huhneintopf
Chicken Pilau	Huhn mit Reis
Barbecue	Braten, Gegrilltes
Hush Puppies Corn Fritters	Maispfannkuchen
Pecan Pie	Pekan-Nußauflauf
Key Lime Pie	Limonenauflauf
Lady Baltimore Cake	Mandelkuchen mit Rosinen und Nüssen
Papayas	melonenartige Papayafrüchte

Florida

Coquina-Consommé	Muschelsuppe
Shrimps	Krevetten
Crabs	Krebse
Pompano	Makrelenart
Red Snapper	Brassenart
Guacamole Salad	Salat aus Avocado- und Ananasscheiben
Grapefruits, Guavas, Kumquats, Mangos, Oranges, Papayas, Pineapples, Tamarinds	div. exotische Früchte

Kreolische Küche

Gumbo	dicke Okrasuppe mit Fisch oder Huhn
Jambalaya	eine Art Paella
Shrimp à la créole	Krevetten in Tomatensauce
Pompano en papillote	Fischfilets in Pergament gebacken
Chicken à la créole	Huhn mit Tomaten
Calas	Reiskuchen

ATLANTISCHER OSTEN

Neuengland

Clam Chowder	Muschelsuppe
Lobster	Hummer
Scrod	zarter Seefisch
Fish Cakes Fish Balls	fritierte Fischklöße
Turkey with Cranberry Sauce	Truthahnbraten mit Preiselbeersauce
New England Boiled Dinner	Fleisch- und Gemüseeintopf
Succotash	Mais und Limabohnen
Boston Baked Beans	braune Bohnen mit Speck und Sirup
Corn Chowder	Maissuppe
Indian Pudding	Maispudding
Boston Cream Pie	gefüllter Vanillekuchen
Pumpkin Pie	Kürbiskuchen
Boston Brown Bread	Sirupbrot
Acorn Squash	Kürbis
Maple Syrup	Ahornsirup

Mittlere Atlantikküste

Snapper Soup	Schildkrötensuppe
Waldorf Salad	Obstsalat mit Nüssen und Mayonnaise
Oyster Cocktail	Austern mit Tomatensauce
Bay Scallops	gebackenes Muschelfleisch
Soft Shell Crabs	weichschalige Krabben in Butter gebräunt
Shad an Shad Roe	Alse (eine Art Hering) und Alsenrogen

Chicken à la King	Hühnerbrust in würziger Rahmsauce
Long Island Duckling	Bratente mit Orangensauce
Philadelphia Pepperpot	würzige Gemüsesuppe mit Innereien
Philadelphia Scrapple	gebratene Scheiben aus Maismehlteig und Schweinefleisch
Cheese Cake	Käsekuchen
Lady Baltimore Cake	Mandelkuchen mit Rosinen und Nüssen

Pennsylvania Dutch

Flaish un Kais	Fleischpastetchen
Seven Sweets and Seven Sours	Obst, Käse, Marmelade, sauer Eingelegtes u.a.
Lebanon Sausage	geräucherte Wurst
Sauerbraten	in Essig gebeizter Rinderbraten mit scharfer Sauce
Schnitz un Knepp	Räucherschinken, Klöße und Dörrobst zusammengekocht
Geschmelzte Nudle	Butternudeln mit gerösteten Bröseln
Boova Shakel	Kartoffelklöße
Shoo-Fly Pie	Sirupkuchen
Schnitz Pie	Dörrobstauflauf
Fassnacht	Kartoffelpfannkuchen
Sausage Fruit	Nachspeise

MITTLERER WESTEN

Brook Trout	Bachforelle
Chicken Pot Pie	Huhn, Kartoffeln u.a. in Sahnesauce, überbacken
T-Bone Steak	gebratenes Steak mit T-förmigem Knochen
Swiss Steak	mit Tomaten und Gewürz gegartes Steak
Stuffed Peppers	gefüllte Pfefferschoten mit Tomatensauce
Stuffed Cabbage	gefüllter Kohl mit Tomatensauce
Wild Rice	seltene Reissorte
Potato Salad	Kartoffelsalat
Squash Pie	Kürbisauflauf

Upside-Down Cake	mit süßem Teig überbackenes Obst, das Untere zuoberst serviert
Angel Food Cake	lockerer Kuchen

Prärie

Trout	Forelle
Pheasant	Fasan
Wild Duck	Wildente
Steaks	Steaks
Buffalo	Büffel
Elk	Wapitihirsch
Antelope	Antilope
Squirrel	Eichhörnchen

Rocky Mountains

Trout	Forelle
Wild Turkey	wilder Truthahn
Pheasant	Fasan
Partridge	Rebhuhn
Snipe	Schnepfe
Elk	Wapitihirsch

SÜDWESTEN

Eggs Rancheros	scharf gewürzte Spiegeleier mit Tomatentunke
Chicken Guili	Hühnchen
Partridge	Rebhuhn
Barbecue	Braten, Gegrilltes
Beef Picadillo	Rindfleisch
Buffalo	Büffel
Bear	Bär
Antelope	Antilope
Chili Con Carne	Rindfleisch und Bohnen, scharf gewürzt
Tamale Pie	Auflauf aus Rind- und Schweinefleisch, Maismehl, Käse und Gewürz
Bean Dip (Pinto Beans)	gefleckte Bohnen mit Käse, Schweinefleisch, Maismehl, Käse und Gewürz
Enchiladas	scharf gewürzte Pastete

Tacos	Happen
Tortillas	Maisfladen
Jalapeños	Nachspeise
Banana Walnut Bread	Brot aus Bananen und Nüssen
Pineapple Sopaipillos	Ananaswaffeln

PAZIFISCHER WESTEN

Kalifornien

Abalone	Muscheln
Cioppino	Fischsuppe
Rex Sole	Seezunge
Sand Dab	Sandbutt
Peach Cobbler	überbackene Pfirsiche mit Schlagsahne
Grapefruits, Grapes, Mangos, Oranges, Peaches, Strawberries	div. Obst
Red Wine	Rotwein
White Wine	Weißwein
'Champagne'	Schaumwein

Nördliche Pazifikküste

Pacific Oyster	große Austern
Olympia Oyster	zarte, junge Austern
King Crab	Riesenkrebs
Clams	Muscheln
Dungeness Crab	Krebs
Salmon	Salm, Lachs
Trout	Forelle
Tillamook Cheese	Käse

ALASKA

Alaska King Crab	Riesenkrebs
Deviled Crab	Krabbenfleisch mit Bröseln, Sahne und Gewürz gebacken
Salmon	Salm, Lachs
Shee Fish	eine Art Hering
Reindeer	Rentier
Dall Sheep	Schaf
Sour Dough	Hefeteig mit Eiern und Sirup gebacken

HAWAII

Lomi-Lomi	rohe Fischhappen
Mahi-Mahi	Delphinsteak
Chicken in Coconut Milk	Huhn in Kokosmilch mit Taroblättern gekocht
Lau-Lau	Lachs, Schweinefleisch und Spinat zusammengekocht
Lilikoi Pie	Obstkuchen
Nut Bananas	in Zitronen-Honig-Sauce getauchte Bananen mit Nüssen

Zwischen den Mahlzeiten nimmt der Amerikaner gerne *Süßigkeiten* und *Naschwerk* (Nüsse, Chips, Pop Corn) sowie *Speiseeis* zu sich; der berüchtigte *Kaugummi*, wohlschmeckender Nachfahre des Kautabaks, erfreut sich nach wie vor größter Beliebtheit.

Getränke

Zu den Mahlzeiten genügt dem Amerikaner als Getränk üblicherweise meist eisgekühltes *Leitungswasser*, das in Lokalen anstandslos serviert wird. Darüber hinaus hat er eine Vielzahl von nichtalkoholischen, ebenfalls meist eisgekühlten Erfrischungsgetränken zur Auswahl, die oftmals auf chemischer Basis hergestellt sind; außer dem allgegenwärtigen *Orange Juice* und dem selteneren *Apple Juice* sind natürlich Fruchtsäfte wenig bekannt. Schwachem *Kaffee*, *Tee*, *Milch* und *Trinkschokolade* (alle auch eisgekühlt) wird eifrig zugesprochen.

Ausschank sowie Flaschenverkauf **alkoholischer Getränke** (ausnahmslos gekühlt serviert) unterliegen in den einzelnen Bundesstaaten unterschiedlichen und mancherorts eigenartig geregelten Lizenzvorschriften (sonntags überall Einschränkungen): Im Staate Washington etwa darf Damen an der Bar kein Alkohol kredenzt werden, während sie ihn im übrigen Lokal uneingeschränkt genießen können.

Die amerikanischen *Biere* sind leichter und im Geschmack weniger ausgeprägt als europäische, die im übrigen eingeführt werden und vielfach erhältlich sind. Wider Erwarten gut gepflegt sind die einheimischen *Weine* (besonders jene aus Kalifornien, wo die Spanier den Weinbau bereits vor Jahrhunderten einführten, oder solche aus dem Staate New York).

Die geschätztesten Spirituosen sind *Whisky* (vornehmlich aus Mais oder Roggen gebrannt), *Gin* und *Wodka* sowie die sehr beliebten und meist phantasievoll bezeichneten *Cocktails* (Mischgetränke).

UNTERKUNFT

Dem Besucher der Vereinigten Staaten bieten sich vielfältige Unterkunftsmöglichkeiten:

In den Städten gibt es eine begrenzte Anzahl von **Hotels,** die zuweilen gigantische Ausmaße aufweisen und oft Hotelketten angehören. In einem amerikanischen Hotelzimmer, das als 'Single' (1 Person in 1 Bett), 'Double' (2 Personen in 1 Bett) oder 'Twin' (2 Personen in 2 Betten) vermietet wird, findet man üblicherweise zwei breite Betten, ein Bad oder Dusche mit Toilette (Seife und Handtücher werden täglich erneuert), fließend heißes (oft kochendes) und kaltes Leitungswasser (überall trinkbar, da gechlort; manchmal gesonderter Hahn für Eiswasser), einen Abstellraum (oder Einbauschrank) für das Gepäck und als Kleiderablage, ein Telefon (auch für Dienstleistungswünsche im Hause zu benutzen), meist ein Radio-, oft auch einen Fernsehapparat, eine regulierbare Klimaanlage (Heizung bzw. Kühlung), einen Tisch und bequeme Sitzgelegenheiten sowie Schreibutensilien und fast immer eine Bibel. Auf den Gängen sind vielfach Automaten für Erfrischungsgetränke und Eiswürfel aufgestellt. Die nächtliche Schuhreinigung ist nicht bekannt (vor die Tür gestellte Schuhe werden beseitigt). Für die Inanspruchnahme der Hotelwäscherei und für die Bedienung im Zimmer (Frühstück, Sonderwünsche) sind nicht unerhebliche Aufpreise zu zahlen. Großen Hotels sind in der Regel Restaurants, Coffee Shops, Frisier- und Kosmetiksalons sowie Ladengeschäfte angeschlossen. Auskünfte aller Art erhält man am betreffenden 'Desk' in der Halle. Im übrigen gelten ähnliche Hausregeln (Schlüssel, Gepäck, Garage, Zimmerräumung) wie in Europa.

Die aus einfachen Übernachtungsstätten für Autofahrer weiterentwickelten **Motels** *(Motor Hotels, Motor Inns* oder *Motor Lodges)* sind Legion; solche großer Kettenunternehmen zeichnen sich durch einheitliche Bauweise und Einrichtung aus. Besonders in den Städten bieten sie kaum weniger Annehmlichkeiten als die Hotels. In einem Motel (Vorauskasse bei Ankunft üblich; Abreise ohne Abmeldung) parkt man seinen Wagen unmittelbar vor der Zimmertür und findet in dem Raum gewöhnlich ein Doppelbett, eine Dusche oder Bad, einen Schrank, einfache Sitz-, Schreib- und Lesegelegenheiten, ein Radio- oder Fernsehgerät und eine Klimaanlage. In der Regel verfügen Motels allerdings weder über Restaurants noch werden besondere Dienstleistungen geboten (Gepäck muß vom Gast selbst getragen werden). Nicht selten gibt es jedoch für Motelgäste Getränke- und Eiswürfelautomaten, vielfach sogar Swimmingpools.

Inns sind Gasthöfe in eher ländlichen Gegenden; sie pflegen gutbürgerliche Traditionen, bieten Hotelkomfort und haben stets ein Restaurant.

Für einfache und preiswerte Unterkunft sei auf die in vielen Großstädten anzutreffenden Hotels der kirchlich-suprakonfessionellen Organisationen **YMCA** (Young Men's Christian Association, Christlicher Verein Junger Männer) und **YWCA** (Young Women's Christian Association, Christlicher Verein Junger Mädchen) hingewiesen, in denen jedoch nur nach Geschlechtern getrennt übernachtet werden kann (vereinzelt auch Familienhotels).

Die Einrichtungen von etwa 120 **Youth Hostels** (Jugendherbergen) stehen Mitgliedern nationaler Jugendherbergsverbände (auch Erwachsenen mit Kindern) zur Verfügung.

Abseits der großen Verkehrszentren und -wege wird man vereinzelt noch billige *Tourist Homes* (Fremdenheime) mit schlichten Räumen und Gemeinschaftsbad antreffen.

Fremdenverkehrs- und Kurorte verfügen für längere Aufenthalte über sogenannte *Resort Hotels* (etwa Hotelpensionen), deren Kapazitäten und Leistungen höchst unterschiedlich sind und gerne von Reisegesellschaften benutzt werden.

Das amerikanische Landleben kann man als zahlender Gast im Familienkreis auf einer *Farm* (Bauernhof), einer *Ranch* (Viehhof) oder einer für den Fremdenverkehr eingerichteten *Dude Ranch* (Feriengut) kennenlernen.

Weiter Verbreitung und regen Zuspruchs erfreut sich in den USA das **Campingwesen** sowohl mit Zelten als auch mit Wohnwagen. Umsichtig eingerichtete Campingplätze (auch Wohnhütten) findet man vor allem in den Nationalparks und -forsten, den Staatsparks und -forsten und in einigen Indianerreservaten sowie auf kommunalen und privaten Grundstücken allenthalben im Lande.

Unverbindliche Minimalrichtwerte für **Übernachtungskosten** ('European Plan'):

in Hotels: Einzelzimmer ab 10 $, Doppelzimmer ab 12 $
in Motels: Einzelzimmer ab 8 $, Doppelzimmer ab 10 $
in YMCA/YWCA: pro Person etwa 5 $
in Jugendherbergen: pro Person 2 $.

Vorwiegend in Ferienorten übliche *Pensionsarrangements* tragen die Bezeichnung 'American Plan' (Vollpension: Übernachtung und alle Mahlzeiten(oder 'Modified American Plan' (Halbpension: Übernachtung, Frühstück und Abendessen).

Manche Hotels gewähren ausländischen Gästen bei Vorlage ihres Reisepasses *10–40%ige Preisnachlässe*. Für Hotels, Inns und Motels in Städten und Fremdenverkehrsorten ist die rechtzeitige Vorausbestellung der Zimmer ratsam. Kettenunternehmen angehörende Betriebe leiten z.T. Bestellungen für angeschlossene Häuser an anderen Orten weiter.

UNTERKUNFTS- UND GASTSTÄTTENVERZEICHNIS

Die Unterkunfte und Gaststätten der USA sind nicht offiziell klassifiziert. Die nachstehende Liste enthält eine Auswahl empfehlenswerter Hotels, YMCAs, YWCAs, Motels, Jugendherbergen und Restaurants jener Städte und Fremdenverkehrsorte, die in diesem Buch behandelt sind.

Für genauere Auskünfte sei auf folgende Verzeichnisse und Handbücher verwiesen:

Hotel Red Book, American Hotel Association, Directory Corporation (221 W. 57th Street, New York, N.Y.)

Motel Directory, American Motor Hotel Association (91 V.F.W. Building, Kansas City, Mo.)

YMCA-Verzeichnis, National Council of the YMCA, 291 Broadway New York, N.Y.

YWCA-Verzeichnis, National Board of the YWCA, 600 Lexington Avenue, New York, N.Y.

Farm and Ranch Vacation Guide, dito, 36 East 57th Street, New York, N.Y.

Camping in the National Park System,
National Forest Vacations,
Vacationing with the Indians,
alle drei beim Superintendent of Documents, U.S. Government Printing Office, Washington, D.C.

Handbook of Auto Camping and Motorist's Guide to Public Campinggrounds, Harper & Row, New York.

Abkürzungen: Ave. = Avenue – Bldg. = Building (Gebäude) – Blvd. = Boulevard – (r.) = rooms (Zimmer) – Rd. = Road (Straße) – St. = Street (Straße) – S, W, N, E = Süden, Westen, Norden, Osten.

Die Entfernungen sind in Meilen und Kilometern angegeben.

Die Spezialitäten der Restaurants sind in Klammern (z.B. italienische Küche, japanische Küche) folgendermaßen angegeben:

AL: alaskisch
AN: antillisch
AR: arabisch
ARM: armenisch
CA: karibisch
CH: chinesisch
CR: kreolisch
EUR: europäisch
FR: französisch
GB: englisch
GE: deutsch
GR: griechisch
IT: italienisch
JA: japanisch
KO: jüdisch (koscher)
LI: litauisch
ME: mexikanisch
PH: philippinisch
PO: polynesisch
POL: polnisch
RU: russisch
RUM: rumänisch
SC: skandinavisch
SP: spanisch
SW: schweizerisch
TU: türkisch
VI: wienerisch

ABILENE (Kan.)

MOTELS

Trails End (64 r.), 2½ km (1½ mi.) N.
White House Inn (52 r.), 101 N.W. 14 St.
Diamond (25 r.), 1407 N.W. 3 St.

RESTAURANT

Lena's, S. Van Buren.

AIKEN (S.C.)

Aiken Town House (47 r.), Augusta Rd.

AKRON (O.)

HOTEL

Sheraton Akron (400 r.). 259 S. Main St.

YMCA

80 W. Center St.

MOTELS

Akron Tower Motor Inn (200 r.), 50 W. State St.
Yankee Clipper Inn (240 r.), 19¼ km (12 mi.) N.
Holiday Inn Akron-Downtown (223 r.), 200 E. Exchange St.
Holiday Inn (144 r.), 3150 W. Market St.
Holiday Inn-Medina (144 r.), 25½ km (16 mi.) W.
Holiday Inn Akron-Cleveland (150 r.), 19¼ km (12 mi.) N.
Falls Akron (105 r.), 1520 State Rd.
Town & Country (94 r.), 1850 State Rd.
Midtown Motor Inn (90 r.), 219 E. Market St.
Imperial "400" (41 r.), 210 W. Market St.
Akron East Motor Inn (72 r.), 2677 Gilchrist Rd.
Bostonian (26 r.), 5891 Akron-Cleveland Rd.

RESTAURANTS

Embers, 1985 W. Market St.
Nick Yanko's (EUR), 846 W. Market St.
Marcel's (EUR), 5½ km (3½ mi.) N.
Iacomini's (IT), 321 W. Exchange St.
Tangier (EUR), 532 W. Market St.
Sanginiti's (IT), 207 E. Market St.

ALAMOGORDO (N.M.)

MOTELS

Holiday Inn (108 r.), 1401 S. Pennsylvania Ave.
Desert Aire (96 r.), 1026 S. Pennsylvania Ave.

Alamogordo Travelodge (28 r.), 508 S. Pennsylvania Ave.
Rocket (46 r.), 607 S. Pennsylvania Ave.
Frontier (23 r.), 2404 S. Pennsylvania Ave.
Ala (25 r.), 1101 S. Pennsylvania Ave.

ALBANY (N.Y.)

HOTELS

De Witt Clinton (400 r.), 142 State St., Eagle St.
Wellington (410 r.), 136 State St.

YMCA

423 State St.

MOTELS

Thruway Motor Inn (237 r.), 1375 Washington Ave.
Sheraton Inn Tower Motor Inn (150 r.), 300 Broadway.
Holiday Inn, 1614 Central Ave., 575 Broadway.
Howard Johnson's Motor Lodge (140 r.), Southern Blvd.
Howard Johnson's Motor Lodge (152 r.), 611 Troy-Schenectady Rd.
Schrafft's Motor Inn (100 r.), Route 9 W.
Town House (130 r.), 500 Northern Blvd., Shaker Rd.
Northway Inn (84 r.), 1517 Central Ave.
Tom Sawyer Motor Inn (88 r.), 1444 Western Ave.
Thunderbird (75 r.), 8 km (5 mi.) N.
Empire State (59 r.), 1606 Central Ave.
Latham (50 r.), 9½ km (6 mi.) N.
Governor's Motor Inn (40 r.), 2505 Western Ave.
Mt. Vernon (60 r.), 4¾ km (3 mi.) S.E.
Colonie (50 r.), 1901 Central Ave.
Albany Travelodge (60 r.), 1230 Western Ave.
Central (31 r.), 1384 Central Ave.
Blu-Bell (33 r.), 1907 Central Ave.

RESTAURANTS

L'auberge des Fougères (FR), 351 Broadway.
Jack's Sea Food & Steak House (EUR), 42 State St.
Keeler's State Street (EUR), 56 State St.
L'Epicure (EUR), 1547 Columbia Turnpike.
Petit Paris (FR), 1060 Madison Ave.
Joe's Delicatessen (KO), 851 Madison Ave.
Veeder's, 2020 Central Ave.

ALBUQUERQUE (N.M.)

HOTELS

Hilton (165 r.), 125 2 St. N.W., Copper Ave.
Alvarado (118 r.), 110 1 St. S.W.

YMCA

Central at 1 St.

MOTELS

Sheraton-Western Skies (200 r.), 13400 Central Ave. S.E.
White-Winrock (175 r.), 18 Winrock Center.
Holiday Inn (300 r.), 12901 Central Ave. N.E.
Ramada Inn (131 r.), 4501 Central Ave. N.E.
Downtowner (145 r.), 717 Central Ave. N.W.
Sundowner (120 r.), 6101 Central Ave. N.E.
Imperial "400" (70 r.), 701 Central Ave. N.E.
Rodeway Inn (75 r.), 5201 Central Ave. N.E.
American Motor Inn (52 r.), 12999 Central Ave. N.E.
Highway House Uptown (60 r.), 3200 Central Ave. S.E.
Albuquerque East Travelodge (53 r.), 3711 Central Ave. N.E.
Lorlodge West (62 r.), 1020 Central Ave. S.W.
Desert Inn (61 r.), 918 Central Ave. S.W.
Capri (36 r.), 12 St. & Central Ave. N.W.
Casa Grande Lodge (121 r.), 2625 Central Ave. N.W.
Trade Winds (81 r.), 5400 Central Ave. S.E.
Desert Sands (69 r.), 5000 Central Ave. S.E.
Hyatt Lodge (50 r.), 817 Central Ave. N.E.
Crossroads (33 r.), 1001 Central Ave. N.E.
Lorlodge East (33 r.), 801 Central Ave., N.E.
Albuquerque Downtown Travelodge (39 r.), 615 Central Ave. N.E.
Sahara (32 r.), 5915 Gibson Blvd. S.E.
Luna Lodge (28 r.), 9119 Central Ave. N.E.
Tropicana Lodge (28 r.), 8814 Central Ave. S.E.

RESTAURANTS

Hoyt's the Dinner Bell, 3900 Central Ave. S.E.
Katchina Dining Room & Sunport Coffee (EUR), Municipal Airport.
La Placita Dining Room (ME), Old Town Plaza.
La Hazienda Dining Room (ME), Old Town Plaza.
El Pinto (ME), 10500 4 St. N.W.

ALLENTOWN (Pa.)

HOTELS
Americus (333 r.), 6 & Hamilton Sts.
Traylor (120 r.), 15 & Hamilton Sts.

MOTELS
Holiday Inn (296 r.), 8¾ km (5½ mi.) W.
Allen Towne-House (32 r.), 647 Union Blvd.

RESTAURANTS
Walp's, 911 Union Blvd.
Cossie Snyder's, 802 N. 7 St.

ANACONDA (Mont.)

HOTEL
Marcus Daly (50 r.), 200 Main St.

MOTELS
Marcus Daly (20 r.), 200 Main St.
Anaconda Sky Lodge (10 r.), 3¼ km (2 mi.) E.
Vagabond Lodge (20 r.), 1421 E. Park.

RESTAURANT
"K" Supper Club, 1300 E. Commercial.

ANCHORAGE (Alaska)

HOTELS
Anchorage-Westward
Captain Cook

YMCA
6 & F Sts.

ANNAPOLIS (Md.)

HOTELS
Statler Hilton (150 r.), 90 Compromise St.
Maryland (50 r.), Church Circle & Main St.

MOTELS
Holiday Inn (100 r.), Riva Rd.
Howard Johnson's Motor Lodge (58 r.), 6½ km (4 mi.) E.
Annapolis Terrace (51 r.), 6½ km (4 mi.) E.

RESTAURANTS
Harbour House, City Dock.
Busch's Chesapeake Inn, 7¼ km (4½ mi.) E.
Cruise Inn, 66 State Circle.

ANN ARBOR (Mich.)

HOTEL

Sheraton Motor Inn (202 r.), 4 & Huron Sts.

MOTELS

Statler Hilton Inn (125 r.), 610 Hilton Blvd.
Holiday Inn-West (165 r.), 2900 Jackson Rd.
Holiday Inn-East (113 r.), 3750 Washtenaw Ave.
Howard Johnson's Motor Lodge (108 r.), 2380 Carpenter Rd.
Inn America (84 r.), 3250 Washtenaw Ave.
Arbor Lodge (43 r.), 3245 Washtenaw Ave.
Lamp Post (55 r.), 2424 E. Stadium Blvd.
University (50 r.), 1000 Broadway.
Stage Stop (30 r.), 2443 Carpenter Rd.

RESTAURANTS

Rubaiyat (EUR), 341 S. Main St.
Weber's, 3050 Jackson Rd.
Old German (GE), 120 W. Washington St.

ASBURY PARK (N.J.)

MOTELS

Howard Johnson's Motor Lodge (60 r.), 3½ km (2 mi.) E.
Park Lane (14 r.), 6½ km (4 mi.) E.

RESTAURANTS

Deauville Inn, Remesens Mill & Guly Rds.
Marine Grill, Ocean Ave. & Deal Lake.

ASHEVILLE (N.C.)

HOTELS

Jack Tar's Grove Park Inn (140 r.), Macon Ave.
Battery Park (225 r.), 1 Battle Square.

MOTELS

Holiday Inn (175 r.), 201 Tunnel Rd.
Horne's Motor Lodge (120 r.), Tunnel Rd.
Downtowner (92 r.), 120 Patton Ave.
Host of America (112 r.), 200 Tunnel Rd.
Quality Court-Redmon (90 r.), 501 Tunnel Rd.
Blue Ridge Motor Lodge (61 r.), 60 Tunnel Rd.
Howard Johnson's Motor Lodge (85 r.), 29 Tunnel Rd.

Quality Court-Intown (45 r.), 100 Tunnel Rd.
Mountainer Court (34 r.), 155 Tunnel Rd.
Buena Vista (23 r.), 1080 Hendersonville Rd.
Heart of Asheville (71 r.), 1 Flint St.
Ever Green (26 r.), 612 Merrimon Ave.
Skyway (76 r.), 135 Tunnel Rd.
Town Motor Lodge (20 r.), 820 Merrimon Ave.

RESTAURANTS

Buck's, Tunnel Rd.
Swiss Kitchen (EUR), 1320 Hendersonville Rd.
Chez Paul, 951 Merrimon Ave.
Redwood, 505 Tunnel Rd.

ASPEN (Col.)

HOTELS

Aspen Meadows (44 r.), ¾ km (½ mi.) W.
Heatherbed Lodge (20 r.), on Maroon Creek Rd.

MOTELS

Limelite Lodge (35 r.), Monarch Ave. at Cooper.
Skiers Chalet (25 r.), Aspen St.
The Smuggler (34 r.), 1 Main St.
The Nugget (32 r.), Garmisch & Main Sts.
St. Moritz Lodge (22 r.), 3 & Hyman Sts.
Aspen Manor (22 r.), 411 S. Monarch Ave.
Prospector Lodge (17 r.), Hyman St.
Christiana Lodge (12 r.), 4 & Main Sts.
The Lodge (20 r.), 1 & Cooper Sts.
Villa of Aspen (40 r.), 207 N. 7 St.
Cresthaus (15 r.), 1¼ km (¾ mi.) E.
Norway Lodge (25 r.), Aspen St.
Ski-Vu Lodge (25 r.), Cooper & Monarch Sts.
Applejack Inn (35 r.), 311 W. Main St.
Blue Spruce Ski Lodge (33 r.), 301 Durant St.

RESTAURANTS

Copper Kettle, Dean Ave.
Red Onion (EUR), 420 E. Cooper St.
Guido's Swiss Inn (EUR), 403 S. Galena.
Toklat in Aspen (AL), Monarch & Durant Sts.

ASTORIA (Ore.)

MOTELS

Thunderbird (40 r.), 400 Industry St.
Dunes (41 r.), 288 W. Marine Drive.
Lamplighter (29 r.), 131 W. Marine Drive.
Stardust (29 r.), 59 W. Marine Drive.
Lee City Center (22 r.), 495 Marine Drive.
Crest (24 r.), 5366 Leif Erikson Drive.
Bay View (18 r.), 783 W. Marine Drive.

RESTAURANTS

Sunset Empire Room, 2813 Marine Drive.
Sea North, North.
Thiel's Fine Foods, 1105 Commercial St.

ATLANTA (Ga.)

HOTELS

Regency Hyatt House (800 r.), Peachtree Center.
Dinkler Plaza (572 r.), 98 Forsyth St. N.W.
Georgian Terrace (250 r.), 659 Peachtree St. N.E.
Atlantan (267 r.), 111 Luckie St.

YMCA

145 Luckie St. N.W.

MOTELS

Marriott (500 r.), Cain & Courtland Sts.
Atlanta American (350 r.), Spring St., Carnegie Way.
Quality Courts Executive Park (250 r.), 1447 N.E. Expressway.
Parliament House Motor Inn (220 r.), 70 Houston St. N.E.
Air Host Inn (310 r.), 1200 Virginia Ave.
Heart of Atlanta (216 r.), 255 Courtland St. N.E.
Atlanta Cabana (202 r.), 870 Peachtree St. N.E.
Holiday Inn-Downtown (253 r.), 175 Piedmont Ave. N.E.
Holiday Inn-Central (163 r.), 1944 Piedmont Circle N.E.
Holiday Inn-Northwest (207 r.), 1810 Howell Mill Rd. N.W.
Holiday Inn-Northeast (112 r.), 4422 N.E. Expressway.
Holiday Inn-Airport (301 r.), Virginia Ave.
Howard Johnson's Motor Lodge-South (210 r.), 745 Washington St. S.W.
Howard Johnson's Motor Lodge-Northeast (160 r.), 2090 N. Druid Hills Rd.
Howard Johnson's Motor Lodge-Northwest (108 r.), 1701 Northside Drive N.W.

Downtowner (148 r.), 231 Ivy St. at Harris.
Mark Inn-West (112 r.), 4430 Frederick Drive S.W.
Ramada Inn (160 ı.), 2960 N.E. Expressway.
Mark Inn-Northwest (64 r.), 1848 Howell Mill Rd. N.W.
Mark Inn-East (51 r.), 277 Moreland Ave. S.E.
Mark Inn-South (105 r.), 2750 Forest Hills Drive S.W.
Sheraton Emory Inn (114 r.), 1641 Clifton Rd. N.E.
Albert Pick Motor Inn (210 r.), 1152 Spring St. N.W.
Atlanta Central Travelodge (70 r.), 311 Courtland St. N.E.
Rodeway Inn (80 r.), 144 14 St. N.W.
Rodeway Inn (116 r.), 3387 Lenox Rd. N.E.
Downtown (103 r.), 330 W. Peachtree St. N.W.
Atlanta Peachtree Travelodge (60 r.), 1641 Peachtree St. N.E.
Tech (84 r.), 120 N. Ave. N.W.
Hopkins (38 r.), 2865 Old Hapeville Rd. S.W.
Colonial Motor Lodge (30 r.), 2720 Stewart Ave. S.W.
Alamo Plaza Hotel Courts (155 r.), 2370 Stewart Ave.

RESTAURANTS

Chateau Fleur de Lis (FR), 2470 Cheshire Bridge Rd. N.E.
Justine's (FR), 3109 Piedmont Rd. N.E.
Top o'Peachtree, 34 Peachtree St.
Emile's (FR), 87 Fairlie St. N.W.
Diplomat, 230 Spring St. N.W.
Stouffer's Top of the Mart, 240 Peachtree St. N.W.
Dale's Cellar, 400 W. Peachtree St. N.W.
The Round Table, 2416 Piedmont Rd. N.E.
Yohannan's, 3393 Peachtree Rd. N.E.
The Farm, 3820 Roswell Rd. N.E.
Mammy's Shanty, 1480 Peachtree St. N.W.
Herren's, 84 Luckie St. N.W.
Caruso's (IT), 1893 Piedmont Rd. N.E.

ATLANTIC CITY (N.J.)

HOTELS

Chalfonte-Haddon Hall (1001 r.), N. Carolina Ave. & Boardwalk.
Dennis (450 r.), Michigan Ave. & Boardwalk.
Lafayette Motor Inn (227 r.), N. Carolina Ave.
Marlborough-Blenheim (558 r.), Boardwalk & Ohio Ave.
Claridge (400 r.), Park Place & Boardwalk.
Traymore (590 r.), Illinois Ave. & Boardwalk.

Shelburne (320 r.), Boardwalk & Michigan Ave.
Colton Manor (200 r.), 110 Pennsylvania Ave.

YMCA

1711 Active Ave.

MOTELS

Sheraton-Deauville (360 r.), Brighton Ave. & Boardwalk.
Holiday Inn (400 r.), Mission Ave. & Boardwalk.
Howard Johnson's Motor Lodge (338 r.), Arkansas & Pacific Aves.
Lombardy (247 r.), Kentucky Ave. & Boardwalk.
La Concha (168 r.), 3100 Boardwalk & Montpelier Ave.
Colony (275 r.), Indiana Ave., Boardwalk.
Seaside Motel & Tower (140 r.), Pennsylvania Ave. & Boardwalk.
White Sands (83 r.), 9010 Atlantic Ave.
Burgundy (88 r.), 112 N. Carolina Ave.
Mt. Royal (151 r.), Park Place & Pacific Ave.
4 Seasons (115 r.), Missouri & Pacific Aves.
Sands (57 r.), 6100 Boardwalk, Cornwall Ave.
Terrace (150 r.), Boardwalk, Pennsylvania Ave.
Coronet (91 r.), 139 N. Carolina Ave.
Islander Motor Inn (36 r.), S. 44 St. at Ocean.
Pageant Motor Inn (120 r.), Pacific & Mississippi Aves.
Algiers (102 r.), 2906 Pacific, Morris Ave.
Barbizon (100 r.), 142 N. Carolina Ave.
Barclay (75 r.), 121 N. Carolina Ave.
Dennis (100 r.), Michigan Ave. & Boardwalk.
Crillon (110 r.), Pacific & Indiana Aves.

RESTAURANTS

Knife & Fork Inn, Atlantic & Albany Aves.
Gene Reardon's Neptune Inn, Albany & Pacific Aves.
Alfred's Villa (IT), 3413 Pacific Ave.
The Flying Dutchman, 130 Chalfonte Ave.
Luigi's (IT), 2019 Pacific, Arkansas Ave.
Landerman's Luau (PO), Atlantic & Albany Aves.
Dutch Barn, 1468 White Horse Pike.

AUGUSTA (Me.)

HOTEL

Augusta House (175 r.), 170 State St.

YMCA

33 Winthrop St.

MOTELS

Holiday Inn (128 r.), Western Ave.
Memorial Bridge Motor Court (29 r.).
Grand View (18 r.), 12¾ km (8 mi.) N.E.
Fairway Motor Lodge (16 r.), 6½ km (4 mi.) W.
Capitol City (16 r.), 9 Western Ave.

RESTAURANT

Larson's Smorgasbord (SC), 12 km (7½ mi.) S.W.

AUSTIN (Tex.)

HOTELS

Sheraton Crest Inn (310 r.), Congress Ave.
Driskill (300 r.), 117 E. 7 St.
Stephen F. Austin (350 r.), 701 Congress Ave.
Commodore Perry (231 r.), 800 Brazos St.

MOTELS

Terrace (366 r.), 1201 S. Congress Ave.
Villa Capri (275 r.), 2300 N. Interregional Highway.
Chariot Inn (162 r.), 7300 N. Interregional Highway.
Downtowner (150 r.), San Jacinto & 11 Sts.
The Gondolier (120 r.), 1001 S. Interregional Highway.
Rodeway Inn (60 r.), 1201 N. Interregional Highway.
Cross Country Inn (50 r.), 6201 Highway 290.
Rodeway Inn (50 r.), 2900 N. Interregional Highway.
Imperial "400" (48 r.), 901 S. Congress Ave.
Ridgewood (41 r.), 4600 Interregional Highway.

RESTAURANTS

Polonaise (FR), 12 & Colorado Sts.
The Barn, 8611 Balcones Trail.
Casiraghi (IT), 1901 W. 10 St.
Victor's Italian Village (IT), 2910 Guadelupe.
El Chico (ME), 376 Hancock Center.

BALTIMORE (Md.)

HOTELS

Statler Hilton (350 r.), 101 W. Fayette St.
Lord Baltimore (700 r.), W. Baltimore & Hanover Sts.
Sheraton-Belvedere (271 r.), Chase & Charles Sts.
Sheraton-Baltimore Inn (163 r.), Broadway & Orleans St.

YMCA

24 W. Franklin St.

YWCA

128 W. Franklin St.

MOTELS

Holiday Inn-Downtown (384 r.), Howard & Lombard Sts.
Holiday Inn-West (178 r.), 6401 Baltimore National Pike.
Holiday Inn-East (151 r.), 3600 Pulaski Highway.
Holiday Inn-Northwest (108 r.), 1721 Reiserstown Rd.
Holiday Inn-South (98 r.), 6600 Ritchie Highway.
Rowntowner (201 r.), 501 W. Franklin St.
Hilltop Motor Inn (103 r.), 1660 Whitehead Court.
Howard Johnson's Motor Lodge (147 r.), 5701 Baltimore National Pike.
Town House Quality Court (122 r.), 5810 Reiserstown Rd
Mohawk Motor Inn (125 r.), 1701 Russell St.
Quality Court West (100 r.), 5801 Baltimore National Pike.
Sheraton-Warren Motor Inn (61 r.), 403 Reiserstown Rd.
Parkway Manor (82 r.), Baltowash Expressway.
Hawkins (26 r.), 9525 Pulaski Highway.

RESTAURANTS

Danny's (EUR), 1201 N. Charles St.
Chesapeake, 1701 N. Charles St.
The Eager House, 15 W. Eager St.
3900, 3900 Charles St.
Haussner's (GE), Eastern Ave. & Clinton St.
Pimlico (EUR), 5301 Park Heights Ave.
One West (EUR), 1 W. Eager St.
Marconti's (FR), 106 W. Saratoga St.
Old Court Inn, 1430 Reiserstown Rd.
Jimmy Wu's New China Inn (CH), 2430 N. Charles St.
Harvey House (EUR), 920 N. Charles St.
Anna May Calk's Candle-Light Lodge, Frederick & N. Rolling Rds.

BAR HARBOR (Me.)

MOTELS

Bar Harbor (74 r.), Newport Drive.
Wonder View Motor Lodge (70 r.), 1¼ km (¾ mi.) North.
Frenchman's Bay (70 r.), Eden St.
National Park (75 r.), Mt. Desert St., Eagle Lake Rd.
Highbrook (26 r.), Eden St.
Edenbrook (25 r.), Eden St.
Bar Harbor (44 r.), 100 Eden St.
Bluenose (20 r.), Eden St.

RESTAURANTS

Testa's (Italian), 53 Main St.
Young's Lobster Pot, 52 W. St.
High Seas, 8 km (5 mi.) N.

BARRE (Vt.)

MOTELS

The Hollow (26 r.), 278 S. Main St.
Sir Anthony (36 r.), 173 S. Main St.
Pierre (20 r.), 362 N. Main St.
The Heiress (24 r.), 573 N. Main St.
Arnholm's (6 r.), 891 N. Main St.

RESTAURANTS

Country House (IT), 276 N. Main St.
Bebe's, Vermont Shopping Center.

BARTLESVILLE (Okla.)

MOTELS

Holiday Inn (90 r.), 223 S.E. Washington Blvd.
Travelers (24 r.), 3105 E. Frank Phillips Blvd.

RESTAURANT

Denver House, 705 W. Frank Phillips Blvd.

BATON ROUGE (La.)

HOTELS

Jack Tar Capitol House (475 r.), Convention & Lafayette Sts.
Lakeshore Statler Hilton (350 r.), 1575 N. 3 St.

MOTELS

Bellemont (323 r.), 7370 Airline Highway.
Oak Manor (250 r.), 8181 Airline Highway.

Holiday Inn (188 r.), 5955 Airline Highway.
Howard Johnson's Motor Lodge (149 r.), 7271 Airline Highway.
Baton Rouge Travelodge (141 r.), 427 Lafayette St.
Metz (50 r.), 4750 Airline Highway.
Alamo Plaza Hotel Courts (96 r.), 4243 Florida Blvd.
Continental (97 r.), 5180 Airline Highway.
Shades (42 r.), 8282 Airline Highway.
Carriage House (30 r.), 7903 Florida Blvd.
Acadian (38 r.), 10466 Airline Highway.

RESTAURANTS

Village (IT), 8464 Airline Highway.
Mike & Tony's, 1934 Scenic Highway.

BATTLE CREEK (Mich.)

HOTELS

Post Tavern Motor Inn (72 r.), 67 W. Michigan Ave.
Hart (89 r.), 31 N. Washington Ave.

MOTELS

Holiday Inn (148 r.), Capital Ave. S.W.
Howard Johnson's Motor Lodge (89 r.), 2590 Capital Ave. S.W.

RESTAURANTS

Bill Knapp's, 2810 Capital Ave.
Countryside Inn, 1967 E. Michigan Ave.

BENNINGTON (Vt.)

YMCA
460 Main St.

MOTELS

Paradise (47 r.), 141 W. Main St.
New Englander (43 r.), 220 N. Bennington Rd.
Darling Kelly's (23 r.), 1½ km (1 mi.) S.
Monument View (22 r.), 207 N. Bennington Rd.
Hillbrook (17 r.), 9½ km (6 mi.) N.
Catamond (17 r.), 500 S. St.
The Vermonter (29 r.), 6½ km (4 mi.) W.

RESTAURANT

Four 21, 421 Main St.

BERKELEY (Calif.)

HOTELS

Claremont (300 r.), Claremont & Ashby Aves.
Shattuck (210 r.), 2086 Allston Way, Shattuck Ave.
Durant (140 r.), 2600 Durant Ave.

MOTELS

Berkeley House (111 r.), 920 University Ave.
Berkeley Plaza (50 r.), 1175 University Ave.
Golden Bear (45 r.), 1620 San Pablo Ave.
Bel Air (31 r.), 1330 University Ave.
Berkeley Travelodge (30 r.), 1820 University Ave.
California (42 r,). 1461 University Ave.
Flamingo (30 r.), 1761 University Ave.

RESTAURANTS

Pot Luck (EUR), 2400 San Pablo Ave.
Black Sheep (EUR), 2550 Bancroft Way.
Larry Blake's Anchor, 1013 University Ave.
Cruchon's (EUR), 1926 Shattuck Ave.
Kirby's (EUR), 10 El Plaza.
Larry Blake's Rathskeller, 2367 Telegraph Ave.
Spenger's Fish Grotto, 1919 4 St.

BIG BEAR LAKE (Calif.)

HOTEL

Fawn Lodge (14 r.), 4 km (2½ mi.) E.

MOTELS

Fuller's Guest Lodge (23 r.).
Town & Country Lodge (16 r.), 2½ km (1½ mi.) W.
Ski 'n' Swim Lodge (31 r.), Beaver Lane & Lynn Rd.
Shore Acres Lodge (11 r.), Lakeview Drive.
Thundercloud Lodge (16 r.).
Shangri-La Village (19 r.), 1 km (¾ mi.) W.

RESTAURANTS

Highlander Supper Club.
Swiss Chalet (SW).
Viking Smorgasbord (SC), ¾ km (½ mi.) W.
Log Cabin (GE), 1 km (¾ mi.) W.

BILLINGS (Mont.)

HOTELS

Northern (250 r.), 28 St. & 1 Ave.
Oxford, near Greyhound.
Lincoln, near Greyhound.
Floyd, 26 St. & 1 Ave.

MOTELS

Holiday Inn (105 r.), 339 Highway 10 E. at Lake Elmo Rd.
Rimrock Lodge (100 r.), 1200 N. 27 St.
Ponderosa Inn (83 r.), 2511 1 Ave. N.
Esquire (49 r.), 3320 1 Ave. N.
Imperial "400" (37 r.), 2601 4 Ave. N.
Dude Rancher Lodge (59 r.), 415 N. 29 St.
Cherry Tree Inn (40 r.), 832 N. Broadway.
Billings Travelodge (38 r.), 3311 2 Ave. N.
Westward Ho Lodge (22 r.), 1315 N. 27 St.
Stardust (10 r.), 3621 Montana Ave.
Town House (25 r.), 3420 1 Ave. N.

RESTAURANTS

4 B's Red Lion Supper Club, 2915 1 Ave. N.
Belnap Broiler, 2902 1 Ave. N.

BILOXI (Miss.)

HOTELS

Broadwater Beach (360 r.), W. Beach Blvd.
Edgewater Gulf (303 r.), in Edgewater Park.
Buena Vista Hotel & Motel (190 r.), 710 Central Beach Blvd.
Trade Winds (104 r.), 863 E. Beach Blvd.
White House (118 r.), W. Beach Blvd.

MOTELS

Admiral Benbow Inn (148 r.), W. Beach Blvd.
Holiday Inn (200 r.), 92 W. Beach Blvd.
Sun-n-Sand (175 r.), W. Beach Blvd.
Emerald Beach (62 r.), W. Beach Blvd.
Cabana Beach (60 r.), W. Beach Blvd.
Sun Tan Hotel Court (41 r.), 200 Central Beach Blvd.
Bungalow (38 r.), 613 Central Beach Blvd.
Sea Gull (40 r.), W. Beach Blvd.

RESTAURANTS

Mary Mahoney's Old French House, 138 Magnolia St.
Friendship House, W. Beach & De Buys Rd.
Gus Stevens, W. Beach Blvd.
Harbor Light, 201 Central Beach Blvd.
Baricev's (CR), 633 Central Beach Blvd.

BIRMINGHAM (Ala.)

HOTELS

Parliament House (237 r.), 420 S. 20 St.
Tutwiler (394 r.), 2005 5 Ave. N.
Thomas Jefferson (300 r.), 1631 2 Ave.
Sheraton Motor Inn (208 r.), 2040 Highland Ave.
Town House Motor Hotel (181 r.), 2008 8 Ave. S.

YMCA

526 N. 20 St.

MOTELS

Holiday Inn-West (110 r.), 15¼ km (9½ mi.) S.W.
Holiday Inn-Downtown (150 r.), 1313 3 Ave. N.
Holiday Inn-South (169 r.), 1548 Montgomery Highway.
Guest House Motor Inn (171 r.), 18 St., 10 Ave.
Birmingham Airport (120 r.), airport.
Holiday Inn-78 East (106 r.), 7941 Crestwood Blvd.
Birmingham (131 r.), 7905 Crestwood Blvd.
Downtowner (123 r.), 2224 5 Ave. N., 23 St.
Heritage House Motor Inn (100 r.), 1535 Montgomery Highway.
Ranch House (52 r.), 2125 7 Ave. S.
Birmingham Travelodge (80 r.), 821 S. 20 St.
St. Francis Motor Lodge (105 r.), 1930 29 Ave. S.
Shamrock Motor Lodge (33 r.), 8420 1 Ave. N.

RESTAURANTS

John's, 214 N. 21 St.
Dobb's House Luau (PO), 7929 Crestwood Blvd.
La Paree (GR), 2013 5 Ave. N.
Gold Nugget (IT), 2510 St. 18 St.
Charcoal Steak House, 2223 4 Ave. N.
Kings Inn, 2800 S. 20 St.
Twentieth Century, 20 St. & 1 Ave.
Loveman's Charl-Mont (Loveman's Dept. Store), 19 St., 3 Ave. N.

BISMARCK (N.D.)

HOTEL

G. P. Fantasy Inn (94 r.), 205 4 St.

MOTELS

Holiday Inn (167 r.), 1215 W. Main St.
Modern Frontier (51 r.), 3 km (2¼ mi.) W.
Fleck House (38 r.), 2 St. & Thayer Ave.
Colonial (36 r.), 3 km (2¼ mi.) W.
Bismarck (35 r.), 2301 E. Main St.
Nodak (16 r.), 210 20 St.

RESTAURANTS

Gourmet House, 4 km (2½ mi.) W.
Jerry's Supper Club, 4¾ km (3 mi.) W.
Ressler's Cafe, 2219 E. Main St.

BLOOMINGTON (Ill.)

YMCA

201 E. Washington St.

MOTELS

Howard Johnson's Motor Lodge (112 r.), 4¾ km (3 mi.) S.
Ramada Inn (131 r.), 2½ km (1½ mi.) W.
Holiday Inn (158 r.), 4 km (2½ mi.) E.
Prairie Traveler (54 r.), 4 km (2½ mi.) N.E.
Coachman (50 r.), 408 E. Washington St.
Campus Court (35 r.), 311 S. Main St.

RESTAURANTS

Ranch House, 704 S. McGregor Ave.
Sinorak Smorgasbord, 1720 S. Main St.

BLOOMINGTON (Ind.)

HOTEL

Indiana Motor Inn (70 r.), 205 N. College.

MOTELS

Holiday Inn (140 r.), 2¾ km (1¾ mi.) N.
Stony Crest (68 r.), 1300 N. Walnut St.
Bloomington Travelodge (60 r.), 2615 E. 3 St.
Van Orman Suburban (48 r.), 2¾ km (1¾ mi.) N.

RESTAURANT

The Fireside, 214 S. Walnut St.

BOISE (Ida.)

HOTELS
Owyhee Western (125 r.), 1109 Main St.
Boise (160 r.), 8 Bannock Sts.

YMCA
1104 Idaho St.

MOTELS
Downtowner (196 r.), 1901 Main St.
Holiday Inn (112 r.), 3300 Vista Ave.
Owyhee Motor Inn (75 r.), 1109 Main St.
Safari (63 r.), Grove & S. 11 St.
Stardust (100 r.), 1025 S. Capitol Blvd.
Boise Travelodge (50 r.), 1314 Grove St.
Capri (44 r.), 2600 Fairview.
Boisean Hyatt Lodge (80 r.), 1300 S. Capitol Blvd.
Thunderbird (80 r.), 111 College Blvd.
Sun-Liner (30 r.), 3433 Chinden Blvd.

RESTAURANTS
The Royal, 1112 Main St.
Mylo's Torch Cafe, 1826 Main St.

BOOTHBAY HARBOR (Me.)

MOTELS
Newagen Inn (100 r.), 9½ km (6 mi.) S.
Fisherman's Wharf Inn & Motel (51 r.), 42 Commercial St.
Ship Ahoy and Far East (38 r.), E. Rd.
Lake View (30 r.), Lake View Rd.
Topside (33 r.), McKown Hill.
Brown Bros. Wharf (24 r.), Atlantic Ave.
The Pines (29 r.), Sunset Rd.
Ocean Gate Motor Inn (20 r.), 6½ km (4 mi.) W.
Seagate (13 r.), 124 Townsend Ave.
Spruceworld Lodge & Cottages (29 r.), Crest Ave.
Spruce Point Inn (18 r.), Spruce Point.

BOSTON (Mass.)

HOTELS
Sheraton-Boston (1012 r.), Prudential Center.
Statler Hilton, Park Square.
Ritz-Carlton (263 r.), Arlington & Newbury Sts.
Logan International (360 r.), 75 Service Rd.
Madison (500 r.), Causeway & Nashua Sts.

Essex (359 r.), 695 Atlantic Ave.
Vendome, 160 Commonwealth Ave.
Eliot, 370 Commonwealth Ave.
Somerset (223 r.), 400 Commonwealth Ave.
Sheraton-Plaza (446 r.), Copley Square.
Lenox Motor Hotel (225 r.), 710 Boylston St.
Copley Square (200 r.), 47 Huntington Ave.
Bradford (350 r.), 275 Tremont St.
Avery (140 r.), 20 Avery St.
Broadway, 315 Tremont St.

YMCA

316 Huntington Ave.

YWCA

40 Berkeley St.

MOTELS

Ramada Inn (118 r.), 1234 Soldiers Field Rd.
Midtown Motor Inn (161 r.), 220 Huntington Ave.
Howard Johnson's Motor Lodge (100 r.), 5 Johnson Plaza.
Holiday Inn at Boston Charles River, 5 Blossom St.
Fenway-Commonwealth (151 r.), 575 Commonwealth Ave.
Fenway North (102 r.), 407 Squire Rd.
Nine Knox, 9 Knox St.
Fenway (94 r.), 1271 Boylston St.
Charles River (55 r.), 1800 Soldiers Field Rd.
Terrace (74 r.), 1650 Commonwealth Ave.
Park Square Motor Hotel, 7 Park Square.

YOUTH HOSTEL

1620 Dorchester Ave. at Dix St.

RESTAURANTS

Locke-Ober Cafe (EUR), 3–4 Winter Place.
Maitre Jacques on the Charles, 10 Emerson Place.
Joseph's, 279 Dartmouth St.
Jimmy's Harbor Side, 242 Northern Ave.
Top of the Hub, Prudential Building.
Les Tuileries (FR), 370 Commonwealth Ave.
Red Coach Grill, 43 Stanhope St.
Dinty Moore's (EUR), 22 Avery St.
Novak's, 1700 Beacon St.
Cafe Marliave (IT), 10 Bosworth St.
Warmuth's "The Port Side", 280 Devonshire St.

Au Beauchamp (FR), 99 Mt. Vernon St.
Cafe Amalfi (IT), 10A Westland Ave.
Chardas (HU), 1306 Beacon St.
Pattens, 173 Milk St.
Charles (IT), 75A Chestnut St.
Parker House Dining Room, 60 School St.
Stella (IT), 9 Fleet St.
Omonoia (GR), 164 Broadway.
Felicia's (IT), 145A Richmond St.
Hawaiian (CH), 146 Boylston St.
Cathay House, 70 Beach St.
Athens-Olympia Cafe (GR), 51 Stuart St.
Giro's (IT), 464 Hanover St.
Jacob Wirth's, 33 Stuart St.
Durgin-Park, 30 N. Market St.

BOULDER (Col.)

MOTELS
Harvest House (150 r.), 1345 28 St.
Holiday Inn (76 r.), 800 28 St.
Boulder Travelodge (38 r.), 1632 Broadway.
Golden Buff Motor Lodge (35 r.), 1725 28 St.
Lazy J. (35 r.), 1000 28 St.
Skyland (87 r.), 1100 28 St.
Highlander (75 r.), 970 28 St.
Crestwood (20 r.), 2800 Baseline Rd.
4 H (26 r.), 4777 N. Broadway.
Three Birches Lodge (22 r.), 3010 E. Arapahoe St.
Alpine (14 r.), 4645 N. Broadway.

YOUTH HOSTEL
1415 Broadway.

RESTAURANTS
Flagstaff House, Flagstaff Mountain.
Lamp Post (EUR), 2685 Arapahoe St.
Gourmet, 2625 Broadway.

BOULDER CITY (Nev.)

MOTELS
El Rancho Boulder (39 r.), 725 Nevada Highway.
Lake Mead Lodge (41 r.), N.E.
Black Canyon (25 r.), 800 Nevada Highway.
Vale (23 r.), 704 Nevada Highway.

BRIDGEPORT (Conn.)

HOTEL

Stratfield Motor Inn (250 r.), 1241 Main St.

YMCA

651 State St.

MOTELS

Fairfield Motor Inn (80 r.), 417 Post Rd.
Merritt Parkway (47 r.), Black Rock Turnpike.
Bridgeport Motor Inn (66 r.), 100 King's Highway.

RESTAURANT

Ocean Sea Grill, 1328 Main St.

BRUNSWICK (Me.)

MOTELS

Holiday Inn (80 r.), 4¾ km (3 mi.) E.
Siesta (36 r.), 130 Pleasant St.
Interstate Oasis (10 r.), 3¼ km (2 mi.) S
Mainline (12 r.), 133 Pleasant St.

RESTAURANTS

Stowe House, 63 Federal St.
Clare's, 117 Main St.

BRYCE CANYON NATIONAL PARK (Ut.)

MOTELS

Bryce Canyon Pines (10 r.), 9½ km (6 mi.) N.W.
Bryce Canyon Lodge (160 r.).
Bryce Canyon Inn (37 r.).

BRYSON CITY (N.C.)

HOTELS

Nantahala Village (20 r.), 14½ km (9 mi.) W.
Hemlock (22 r.), 4¾ km (3 mi.) N.

MOTELS

Down Town Court (26 r.), Main St.
Bennett's Court (14 r.), Main St.
Bryson City Motor Court (18 r.), Main St.
Myers Court (27 r.), Main St.
Highlander Motor Court (33 r.), Arlington St.

BUFFALO (N.Y.)

HOTELS

Statler Hilton (1065 r.), 107 Delaware Ave.
Sheraton Motor Inn (250 r.), 715 Delaware Ave.
Lafayette (400 r.), Lafayette Square.
Lenox (200 r.), 140 North St.

YMCA

45 Mohawk St.

YWCA

245 North St.

MOTELS

Maple Leaf (100 r.), 1620 Niagara Falls Blvd.
Charter House (100 r.), 6643 Transit Rd.
Howard Johnson's Motor Lodge, 4217 Genesee St. and 475 Dingens St.
The Executive (160 r.), 4243 Genesee St.
Lord Amherst (100 r.), 5000 Main St.
Sheraton-Camelot Motor Inn (100 r.), 4408 Mile Strip Rd.
Downtowner (86 r.), 84 Sweeney St.
Holiday Inn, 544 Camp Rd.; Rossler & Dingens St.; 620 Delaware Ave. and 1881 Niagara Falls Blvd.
Clinton-Aire Hotel (69 r.), 4237 Genesee St.
Airway Hotel (150 r.), 4230 Genesee St.
Kenton Manor (150 r.), 2075 Sheridan Drive.
Towne House (91 r.), 999 Main St.
Seaway Hotel (70 r.), Lake Shore Rd.
Imperial "400" (73 r.), 1159 Main St.
Mohawk Motor Inn (95 r.), 1640 Main St.
Continental Inn (69 r.), 3456 Delaware Ave.
Ontario, 253 Delaware Ave.
Holiday Motor Lodge (20 r.), 6615 Transit Rd.
Village Haven (25 r.), 9370 Main St.
3 Crown (25 r.), 10220 Main St.
El Carl, 1060 Niagara Falls Blvd.
Colonial Court, 1750 Niagara Falls Blvd.

RESTAURANTS

The Park Lane (EUR). 33 Gates Circle.
Esmond's (EUR), 804 Wehrle Drive.
The Cloister, 472 Delaware Ave.
Royal Host, 3485 Delaware Ave.

Old Post Road Inn, 31 51 Main St.
Oliver's (EUR), 2095 Delaware Ave.
Blacksmith Shop, 1375 Delaware Ave.
The Red Lobster, 2156 Sheridan Drive.
The Coachman's Inn, 10350 Main St.
Mac-Doel's, 600 Main St.
Quaker Bonnet, 431 Elmwood Ave.
The Hourglass (FR), 981 Kenmore Ave.

BURLINGTON (Ia.)
HOTEL

Burlington (130 r.), Valley & 3 Sts.

MOTELS

Holiday Inn (156 r.), 4½ km (2¾ mi.) W.
The Voyager Inn (47 r.), 4½ km (2¾ mi.) W.
American Motorlodge (30 r.), 2731 Mt. Pleasant St.
Lincolnville (41 r.), 1701 Mt. Pleasant St.

RESTAURANT

Arion, 208 N. Main St.

BURLINGTON (Vt.)
HOTELS

Vermont (151 r.), 131 Main St.
East O'Lake (23 r.), 1233 Shelburne Rd.

YMCA

266 College St.

MOTELS

Holiday Inn (174 r.), 1068 Williston Rd.
Sheraton Motor Inn (124 r.), 870 Williston Rd.
Howard Johnson's Motor Lodge (89 r.), 2½ km (1½ mi.) E.
Redwood (67 r.), 1016 Shelburne Rd.
Reed (24 r.), 1200 Shelburne Rd.
Grand View (25 r.), 12¾ km (8 mi.) N.
Handry's Town House (25 r.), 1330 Shelburne Rd.
Brown (23 r.), 165 Shelburne Rd.
Pierre (20 r.), 8 km (5 mi.) N.
North Star (30 r.), 2000 Shelburne Rd.
Sandman (39 r.), Shelburne Rd.

RESTAURANTS
Park, 139 Main St.
Homestead, 1475 Shelburne Rd.
Lincoln Inn, 4 Park St.

BUTTE (Mont.)

HOTEL

Finlen Hotel & Motor Inn (181 r.), Broadway & Wyoming.

MOTELS
Holiday Inn (135 r.), 2910 Harrison Ave.
Capri (68 r.), 220 N. Wyoming St.
Mile-Hi (30 r.), 3499 Harrison Ave.
Eddy's (26 r.), 1205 S. Montana St.

RESTAURANTS
Red Rooster, 3636 Harrison Ave.
Lydia's, 8 km (5 mi.) S.

CAIRO (Ill.)

MOTELS
Morse (30 r.), 307 Washington Ave.
Manor (23 r.), 18 & Washington Sts.
Garden Inn (14 r.), 1½ km (1 mi.) N.

CAMBRIDGE (Mass.)

HOTELS
Sheraton-Commander (177 r.), 16 Garden St.
Continental (150 r.), 29 Garden St.

YMCA
820 Massachusetts Ave.

YWCA
7 Temple St.

MOTELS
Charter House (200 r.), 5 Cambridge Parkway.
Holiday Inn (135 r.), 1651 Massachusetts Ave. at Wendell St.
Astor Motor Inn (92 r.), 215 Concord Turnpike.
Treadway Motor House (72 r.), 110 Mt. Auburn St.

RESTAURANTS
Chez Dreyfus (FR), 44 Church St.
Chez Jean (FR), 1 Shepard St.
Club Henry IV (FR), 96 Winthrop St.

The Window Shop, 56 Brattle St.
Joyce Chen (CH), 617 Concord Ave.
Yard of Ale, 9 Brattle St.

CAPE MAY (N.J.)

HOTEL
Congress Hall (92 r.), Perry St. & Beach Ave.

MOTELS
Colonial (50 r.), Beach Ave.
Stockholm (32 r.), 1008 Beach Ave.
Lafayette Inn (30 r.), Beach Ave. & Ocean St.
Golden Eagle (52 r.), Beach Ave., Philadelphia Ave.
Montreal (27 r.), Beach & Madison Aves.
Mayfield (30 r.), 809 Beach Ave.
Mt. Vernon (25 r.), Beach Ave., 1 Ave.

RESTAURANTS
Lobster House, Fisherman's Wharf.
Lepper's Merion Inn, 106 Decatur.
Washington Inn, 801 Washington St.

CARLSBAD (N.M.)

HOTEL
La Caverna Motor Inn (112 r.), Canal & Greene Sts.

MOTELS
Holiday Inn (122 r.), 3700 El Paso Highway.
Ramada Inn (120 r.), 601 S. Canal St.
Stevens (103 r.), 1829 S. Canal St.
Cavern Inn (62 r.), 32 km (20 mi.) S.
Park (57 r.), 1819 S. Canal St.
Royal Manor (28 r.), 2001 S. Canal St.
Lorlodge (30 r.), 2019 S. Canal St.
Carlsbad Travelodge (32 r.), 401 E. Greene St.

RESTAURANT
Mrs. Battiste's Dining Room, 208 N. Canyon St.

CARMEL (Calif.)

HOTELS
Quail Lodge (37 r.), Carmel Valley Rd. & Valley Greens Drive.
Highlanders Inn (100 r.), 6½ km (4 mi.) S.
La Playa (75 r.), el Camino Real, 8 St.

Cypress West (31 r.), 7 & Lincoln Sts.
Pine Inn (46 r.), Ocean Ave. & Lincoln St.

MOTELS

Holiday Inn (165 r.), Rio Rd.
Jade Tree (55 r.), Junipero.
Normandy Inn (47 r.), Ocean Ave.
Carmel Sands Motor Lodge (39 r.), San Carlos.
Tradewinds Studio Inn (29 r.), 3 & Mission Sts.
Dolphin Inn (25 r.), San Carlos & 4 Sts.
Hofsas House (30 r.), San Carlos.
Svensgaard's Lodge (34 r.), 4 & San Carlos.
Village Inn (33 r.), Ocean & Junipero.
Horizon Inn (19 r.), Junipero & 3 Sts.
Carmel Studio Lodge (19 r.), Junipero & 5 Sts.
Colonial Terrace Inn (26 r.), San Antonio.
Coachman's Inn (29 r.), San Carlos, 7 St.
Green Lantern (19 r.), 7 & Casanova Sts.

RESTAURANTS

L'Escargot (FR), Mission & 4 Sts.
French Poodle (FR), Junipero & 5 Sts.
Mark Thoma's Hearthstone, 6 & Junipero Sts.
Le Coq d'Or (FR), Mission St.
La Marmite (FR), San Carlos & 7 Sts.
Chrichton House, Mission St.
Scandia (SC), Ocean Ave.
Sans Souci (FR), Lincoln St.
Raffaello (IT), Mission.
Birgit & Dagmar Swedish Coffee & Tea Room (SC), Dolores St.

CARMEL VALLEY (Calif.)

MOTELS

Carmel Valley Inn (46 r.), Carmel Valley Rd.
Rancho Del Monte Hotel & Club (19 r.), Country Club Rd.
Canary Cottages (17 r.), Via Contenta.
Hide-a-Way of Carmel Valley (12 r.).
Valley Lodge (9 r.), Carmel Valley Rd.
Robles Del Rio Lodge (33 r.).

RESTAURANTS

Will's Fargo, Carmel Valley Rd.
Rippling River, 53 Carmel Valley Rd.

CARSON CITY (Nev.)

MOTELS

City Center (89 r.), 800 N. Carson St.
Frontier (50 r.), 1718 N. Carson St.
Carson City Travelodge (39 r.), 1400 N. Carson St.
Downtowner (34 r.), 801 N. Carson St.
Mill House Inn (24 r.), 3251 S. Carson St.
De Luxe (23 r.), 1931 N. Carson St.

RESTAURANTS

Bonanza Inn, 3700 N. Carson St.
Carson City Nugget, 507 N. Carson St.
Enrico's, 1801 N. Carson St.
Dutch Mill Coffee Shop, 1020 N. Carson St.

CASA GRANDE (Ariz.)

MOTELS

Francisco Grande Motor Inn (122 r.), W.
Western Sundown (41 r.), 602 W. 2 St.
Se-Tay (12 r.), 901 Pinal Ave.
La Siesta (15 r.), 502 W. 2 St.

CASPER (Wyo.)

HOTEL

Henning (122 r.), 104 S. Center St.

MOTELS

Holiday Inn (124 r.), 300 W. F St.
Ramada Inn (106 r.), 200 W.E. & Center Sts.
Imperial "400" (39 r.), 440 E. A St.
Uptown (39 r.), 310 N. Center St.
Westridge (28 r.), 955 Cy Ave.
Western (28 r.), 2325 E. Yellowstone.
Topper (19 r.), 728 E. A St.

RESTAURANT

Bennett's, 915 Cy Ave.

CATSKILL (N.Y.)

MOTELS

Catskill Motor Lodge (43 r.), 3¼ km (2 mi.) W.
Red Ranch (26 r.), 11¼ km (7 mi.) S.W.
Milroy-Olana (24 r.), Rip Van Winkle Bridge.
Peloke's (20 r.), ¾ km (½ mi.) E.

RESTAURANT
Skyline, Rip Van Winkle Bridge.

CEDAR CITY (Ut.)
MOTELS
Astromotel (30 r.), 323 S. Main St.
Imperial "400" (28 r.), 344 S. Main St.
Cedar City Travelodge (30 r.), 479 S. Main St.
Cedar Crest (51 r.), 583 S. Main St.
El Rey (33 r.), 80 S. Main St.
Knell (28 r.), 190 S. Main St.
Zion's (24 r.), 222 S. Main St.

RESTAURANTS
Hugh's Cafe, 155 S. Main St.
Sugar Loaf Cafe, 301 S. Main St.

CEDAR RAPIDS (Ia.)
HOTELS
Roosevelt (247 r.), 1 Ave. & 2 St. N.E.
Montrose (200 r.), 3 St. & 3 Ave. S.E.

MOTELS
Town House (165 r.), 4747 1 Ave. S.E.
Holiday Inn (139 r.), 2501 Williams Blvd. S.W.
Howard Johnson's Motor Lodge (72 r.), 3100 16 Ave. S.W.
Twin Poplar (27 r.), 3601 16 Ave. S.W.
Shady Acres (25 r.), 1719 16 Ave.

RESTAURANTS
Flame Room, 310 3 Ave. S.E.
Shorewood, Center Point Rd.
Ranch Supper Club ½ km (¼ mi.) W.

CHAPEL HILL (N.C.)
HOTELS
Carolina Inn (101 r.), 105 W. Cameron Ave.
Holiday Inn (100 r.), Eastgate.
University (67 r.), Raleigh Rd.

RESTAURANTS
Ranch House, Airport Rd.
Country Squire, Chapel Hill-Durham Blvd.
Ram's Head Rathskeller (IT), 153 E. Franklin.
Zoom Zoom, W. Franklin St.

CHARLESTON (S.C.)

HOTEL
Jack Tar Francis Marion (275 r.), King & Calhoun Sts.

YMCA
26 George St.

YWCA
76 Society St.

MOTELS
Heart of Charleston (118 r.), 200 Meeting St.
Downtowner (100 r.), 157 Calhoun St.
King Charles Inn (91 r.), 237 Meeting St.
Holiday Inn-Airport (152 r.), W. Aviation Ave.
Holiday Inn-South (139 r.), 6 ½ km (4 mi.) S.
Charleston Inn (130 r.), 35 Lockwood Drive.
Dorchester Lodge (112 r.), Dorchester Ave.
Castle Pinckney Inn (100 r.), 175 Cannon Drive.
Orvin Court (108 r.), 194 Calhoun St.
Howard Johnson's Motor Lodge (38 r.), 1540 Savannah Highway.
Lord Ashley (50 r.), 1501 Savannah Highway.

RESTAURANTS
Perditas (EUR), 10 Exchange St.
Colony House, 4 Vendue Range.
The Market Place (FR), 32 Market St.
Cavallaro, Savannah Highway.

CHARLESTON (W.Va.)

HOTEL
Daniel Boone (465 r.), Capitol & Washington Sts.

MOTELS
Holiday Inns' Charleston House (265 r.), 600 Kanawha Blvd. E.
Holiday Inn (200 r.), 2 Kanawha Blvd. E.
Heart o'Town (142 r.), Washington, Bread St.
Holiday Inn Airporter (32 r.), Kanawha County Airport.
Marvin Midtown (42 r.), 1316 Kanawha Blvd. E.
El Rancho (30 r.), 2848 MacCorkle Ave.
Town 'n' Country (21 r.), 7203 MacCorkle Ave.
John Smiley's (39 r.), 6210 MacCorkle Ave.

RESTAURANTS
Humphrey's Pine Room, 1600 Bigley Ave.
Vesuvio (IT), 421 Capitol St.

CHARLOTTE (N.C.)

HOTELS

Barringer (350 r.), 426 N. Tryon St.
White House (305 r.), 237 W. Trade, Poplar St.

MOTELS

Manger Motor Inn (202 r.), 631 N. Tryon St.
Red Carpet Inn (109 r.), 615 E. Morehead St.
Ramada Inn Coliseum (122 r.), 3501 E. Independence Blvd.
Ramada Inn East Boulevard (99 r.), 1223 E. Blvd.
Howard Johnson's Motor Lodge (114 r.), 2400 Wilkinson Blvd.
Howard Johnson's Motor Lodge (80 r.), 3931 Stateville Ave.
Holiday Inn (120 r.), 900 N. Tryon St.
Holiday Inn (133 r.), 2701 E. Independence St.
Holiday Inn (60 r.), 6045 Wilkinson Blvd.
Downtowner (100 r.), 319 W. Trade St.
Horne's Motor Lodge (100 r.), 1240 S. Interstate 85.
Charlotte Travelodge (125 r.), 1022 S. Tryon St.
Catalina Motor Lodge (109 r.), 2403 Wilkinson Blvd.
Heart of Charlotte Motor Inn (209 r.), 3815 N. Tryon St.
New Imperial (39 r.), 1025 S. Tryon St.
Golden Eagle Motor Inn North (155 r.), 701 N. Tryon St.
Golden Eagle Motor Inn South (148 r.), 601 N. Tryon St.
Golden Eagle Motor Inn East (109 r.), 2721 E. Independence Blvd.
Charlotte Airport (60 r.), Municipal Airport.
Alamo Plaza Hotel Courts (94 r.), 2309 N. Tryon St.
Lake Placid (20 r.), 5625 Wilkinson Blvd.
Bradley (19 r.), 4200 S. Interstate 85.

RESTAURANTS

Nixon Bros. Steak House, 4125 E. Independence Blvd.
Epicurean, 1324 East Blvd.

CHARLOTTE AMALIE (V.I.)

HOTELS

Virgin Island Hilton
Caravan
Galleon House
Bluebeard's Castle
Harborview Manor
Mafolie
Island Beachcomber
Caribbean Beach Hotel
Yacht Haven

Morningstar Beach Resort
Water Isle Colony Club
The Royal Mail Inn

MOTELS

Adams
Anne's
King's Cross Court
Miller Manor
Newtonville
Vialet's Villa

RESTAURANTS

Left Bank
Harbor View
Sebastian's
Lord Rumbottom's
The Mill
Pirate's Cove

CHARLOTTESVILLE (Va.)

HOTELS

Monticello (145 r.), 5 & E. Jefferson Sts.
Boar's Head Inn (58 r.), Ivy Rd.

MOTELS

Holiday Inn (205 r.), 3¼ km (2 mi.) N.
Howard Johnson's Motor Lodge (126 r.), 13 & W. Main Sts.
Downtowner (120 r.), 3¼ km (2 mi.) W.
Mount Vernon (110 r.), 3¼ km (2 mi.) N.
Executive Plaza (61 r.), 400 Emmett St.
Town & Country Motor Lodge (60 r.), 2½ km (1½ mi.) E.
White House (35 r.), 2¾ km (1¾ mi.) E.
Cardinal (22 r.), 3¼ km (2 mi.) N.

RESTAURANT

University Steak House, 1317 W. Main St.

CHATTANOOGA (Tenn.)

HOTELS

Read House & Motor Inn (384 r.), 2 W. 9 St.
Patten (350 r.), 11 St. & Georgia Ave.

YMCA

812 Georgia Ave.

MOTELS

Admiral Benbow Inn (142 r.), 101 E. 20 St.
Holiday Inn-Downtown (153 r.), 401 W. 9 St.
Holiday Inn-Southeast (1339 r.), 6700 Ringgold Rd.
Holiday Inn-South (134 r.), 2100 S. Market St.
Holiday Inn-East (108 r.), 5505 Brainerd Rd.
Downtowner (144 r.), 901 Carter St., 9 St.
Howard Johnson's Motor Lodge-Downtown (110 r.), 100 W. 21 St.
Howard Johnson's Motor Lodge-East Ridge (95 r.), 6616 Ringgold Rd.
Albert Pick (156 r.), 3210 Broad St.
Quality Courts-Cascades (67 r.), 3625 Ringgold Rd.
Quality Courts-Drake (71 r.), 3515 Broad St.
Alamo Plaza Hotel Courts (106 r.), 3008 S. Broad St.
Shamrock (20 r.), 5659 Brainerd Rd.

RESTAURANTS

Town and Country, 110 N. Market St.
Fehn's, 600 River St.
Rathskeller (GE), 618 Cherry St.
Gulas, 1516 McCallie Ave.

CHEROKEE (N.C.)

MOTELS

Boundary Tree Lodge (61 r.), 3¼ km (2 mi.) N.
Cool Waters (52 r.), 2½ km (1½ mi.) E.
Chief (41 r.), 1½ km (1 mi.) E.
Redskin (41 r.), W.
Pageant Hills (27 r.), on 441.
Wicki-up (15 r.), 1½ km (1 mi.) N.
Shady Lane (24 r.), ½ km (¼ mi.) E.
Teddy Bear (40 r.), 6½ km (4 mi.) W.
Warrior (30 r.), 8 km (5 mi.) W.
Newfound Lodge (55 r.), 1½ km (1 mi.) N.
Carriage Inn Resort (25 r.), 6½ km (4 mi.) W.
Cindy Villa (15 r.), 2½ km (1½ mi.) S.
Drama (18 r.), on 441.

RESTAURANTS

Sunset Farms, 8¾ km (5½ mi.) S.E.
Critzers, 2½ km (1½ mi.) E.

CHEYENNE (Wyo.)

HOTEL

Frontier Motor Hotel (100 r.), 19 & Central Ave.

MOTELS

Hitching Post Inn (135 r.), 1600 W. Lincolnway.
Holding's Little America (136 r.), 2½ km (1½ mi.) W.
Holiday Inn (105 r.), 5401 Woodson Ave.
Downtowner (88 r.), 18 & Central Ave.
Ramada Inn (70 r.), 3839 E. Lincolnway.
Sands (50 r.), 1000 W. 16 St.
Home Ranch (37 r.), 2414 E. 14 St.
Cheyenne (29 r.), 1601 E. Lincolnway.
Cimarron (23 r.), 2500 E. Lincolnway.
Fleetwood (21 r.), 4500 E. Lincolnway.
Firebird (20 r.), 1905 E. Lincolnway.

RESTAURANT

Sky Room, 300 E. 8 Ave.

CHICAGO (Ill.)

Loop

HOTELS

Palmer House (2159 r.), State & Monroe Sts.
Conrad Hilton (345 r.), 720 S. Michigan Ave., 7 St.
Bismarck (550 r.), 171 W. Randolph St.
Pick-Congress (1000 r.), 520 S. Michigan Ave.
Sheraton-Chicago (1000 r.), 505 N. Michigan Ave.
Sheraton-Blackstone (336 r.), 636 S. Michigan Ave.
Oxford House (175 r.), 225 N. Wabash Ave., Wacker Drive.
Executive House (512 r.), 71 E. Wacker Drive.
La Salle (813 r.), 10 N. La Salle St., Madison.
Sherman House (1450 r.), 112 W. Randolph St., Clark.
Midland, 172 W. Adams St.
Civic Center, 167 W. Washington St.
Atlantic, 316 S. Clark St.

YMCA

826 S. Wabash Ave.

MOTELS

Harrison Motor Hotel, 65 E. Harrison St.
Avenue (100 r.), 1154 S. Michigan Ave., 12 St.

RESTAURANTS

Cafe La Tour (FR), 400 E. Randolph St.
Hartford Plaza (EUR), 365 W. Monroe St.
Fritzel's (EUR), 201 N. State St., Lake.
Don Roth's Blackhawk, 139 N. Wabash Ave.
Top of the Rock, 120 E. Randolph St.
Club on 39, 1 E. Wacker Drive.
Epicurean (HU), 316 S. Wabash Ave.
Swiss Chalet (SW), 171 W. Randolph St.
Berghoff (GE), 17 W. Adams St.
Anita's Sunny Italy (IT), 62 E. Van Buren.
Shanghai (PH), 406 S. Clark St.
South Pacific (CH), 30 W. Randolph St.
Sage's (EUR), 1 N. La Salle St.
Wong's (CH), 426 S. Wabash Ave.

North Side

HOTELS

Ambassador East & West (600 r.), 1300 N. State Parkway.
Astor Tower (72 r.), 1300 N. Astor St.
Water Tower Hyatt House (300 r.), 800 N. Michigan Ave.
Continental Plaza (350 r.), 909 N. Michigan Ave.
The Drake (670 r.), 140 E. Walton Pl., Lake Shore Drive.
Holiday Inn (600 r.), 644 N. Lake Shore Drive.
Carriage House (150 r.), 215 E. Chicago Ave.
Hyatt House (360 r.), 4500 Touhy Ave., Lincolnwood.
Drake Oakbrook (175 r.), Germak & York Rds., Oak Brook.
Allerton (450 r.), 701 N. Michigan Ave.
Knickerbocker (400 r.), 163 E. Walton Pl.
Pearson (310 r.), 190 E. Pearson St.
Lake Shore Drive (400 r.), 181 E. Lake Shore Drive.
Maryland, 900 N. Rush St.
Park Lane, 2842 N. Sheridan Rd.
Commonwealth, 2757 N. Pine Grove Ave.
Lincoln Park Arms, 2738 N. Pine Grove Ave.
Eastgate, 162 E. Ontario St.
Bentmire, 601 W. Diversey Parkway.
Croydon, 616 N. Rush St.
Delaware Apartment, 211 E. Delaware Pl.

YMCA

31 E. Ogden Ave.

MOTELS

Lake Tower (250 r.), 600 N. Lake Shore Drive.
Mart Inn (150 r.), 545 N. La Salle St., Ohio.
Holiday Inn-Lawrence (98 r.), 4800 N. Marine Drive.
Sheraton-Chicago, 505 N. Michigan Ave.
La Salle Motor Lodge (472 r.), 720 N. La Salle St.
Sheridan Chase (48 r.), 7300 N. Sheridan Rd.
Weller's Motor Lodge (176 r.), 6450 W. Touhy Ave.
Chicago North Travelodge (140 r.), 5201 N. Sheridan Road.
Chicago-Niles Travelodge (52 r.), 7247 N. Waukegan Rd.
Acres, 5600 N. Lincoln Ave.
Heart o' Chicago (45 r.), 5990 N. Ridge Ave. at Peterson Ave.
Spa (88 r.), 5414 N. Lincoln Ave.
Ohio House (50 r.), 600 N. La Salle St.
Stars (55 r.), 6100 N. Lincoln Ave.
Tropicana, 5440 N. Sheridan Rd.
Edens, 6020 N. Cicero Ave.
Tip Top Motel, 6060 N. Lincoln Ave.
Rio, 6080 N. Lincoln Ave.

RESTAURANTS

The Bakery (EUR), 2218 N. Lincoln Ave.
Agostino's (IT), 7 E. Delaware Pl., State St.
L'Epuisette (FR), 21 W. Goethe St.
Jacques (FR), 900 N. Michigan Ave.
Maison Lafite (FR), 1255 N. State Parkway.
The Red Carpet (CA), 28 W. Elm St.
Kungsholm (SC), 100 E. Ontario St.
Mister Kelly's, 1028 N. Rush St.
New Orleans Shrimp House, 1019 N. Rush St.
Sasha's (RU), 914 N. Ernst Court.
The Embers, 67 E. Walton Pl.
Frank & Marie's (EUR), 5316 N. Sheridan Rd.
Wrigley Building, 410 N. Michigan Ave.
Zum Deutschen Eck, 2924 N. Southport Ave.
Casbah (ARM), 2430 N. Clark St.
Topkapi (TU), 1909 N. Lincoln Ave.
Cathay (CH), 115 E. Chicago Ave.
Scheherazade (AR), 163 E. Chicago Ave.
Stein's (RUM), 5356 N. Sheridan Rd.
Villa Sweden (SC), 5207 N. Clark St.
London House, 360 N. Michigan Ave.
Eli's (KO), 50 E. Oak.
Kiyo's (JA), 2827 N. Clark St.

Ireland's Oyster House, 500 N. La Salle St.
Milano (IT), 951 and 1169 N. State St.
La Strada (IT), 1531 N. Wells.
Ivanhoe (EUR), 3000 N. Clark St.
House of India (AN), 2048 N. Lincoln Ave.
Su Casa (ME), 49 E. Ontario St.
Hunter's Horn (HU), 3410 N. Clark St.
Brown Bear (GE), 6318 N. Clark St.
Maison Michele (FR), 2118 N. Clark St.
Le Coq au Vin (FR), 1400 N. Lake Shore Drive
Azuma Sukiyaki (JA), 5120 N. Broadway.
Le Petit Gourmet (EUR), 619 N. Michigan Ave.
Cafe La Margarita (ME), 688 N. Wabash Ave.
Cantonese Cafe (CH), 937 N. Rush St.
Golden Ox (GE), 1578 N Clybourn Ave.
Riccardo (IT), 437 N. Rush St.
Chez Paul, 660 N. Rush St.
Red Pagoda (CH), 5458 N. Broadway.
Naka-No-Ya (JA), 2100 Lincoln Park W.
Fred Harvey's Harlequin Room (EUR), 917 N. Michigan Ave.
Orange Garden (CH), 1942 W. Irvin g Park Rd.
Hessberger's (GE), 4300 N. Lincoln Ave.
Red Star Inn (GE), 1528 N. Clark St.

South Side

HOTELS

Shoreland (808 r.), 5454 S. Shore Drive.
Windermere (600 r.), 1642 E. 56 St. & Hyde Park Blvd.
Del Prado (379 r.), 5307 Hyde Park Blvd., 53 St.
Park Dearborn, 1260 N. Dearborn Parkway.
Country Club, 6930 S. Shore Drive.
Airliner, 6245 S. Cicero Ave.

YMCA
178 E. 155 St.
5000 S. Indiana Ave.
1400 E. 53 St.

MOTELS
Essex Inn (256 r.), 800 S. Michigan Ave.
Chicago-Downtown Travelodge (62 r.), 1240 S. Michigan Ave.
50th on the Lake (400 r.), 4900 S. Shore Drive, 50 St.
Chicago Midway House (240 r.), 5400 S. Cicero Ave.

Shore Drive (155 r.), S. Shore Drive & 56 St.
Southwest Inn (130 r.), 4501 S. Cicero Ave.
Ascot, 1100 S. Michigan Ave.
Downtown Travelodge, 1240 S. Michigan Ave.
Castle Acres (54 r.), 8600 W. 95 St.
Ranch (39 r.), 9201 S. Stony Island Ave.
Stock Yard Inn, 4178 S. Halsted St.
Avenue, 1154 S. Michigan Ave.

RESTAURANTS

Biggs (FR), 1150 N. Dearborn.
Beverly House (FR), 10247 S. Beverly, Vincennes.
La Chaumière (FR), 1161 N. Dearborn.
Ballantine's Old English (GB), 1207 N. Dearborn Parkway.
Club el Bianco (IT), 2477 W. 63 St.
Cafe Azteca (ME), 210 W. N. St.
Kushida (JA), 228 W. N. St.
William Tell (EUR), 5709 W. N. St.
Steak Joynt, 1610 N. Wells St.

West Side

YMCA

1515 W. Monroe St.

MOTELS

Howard Johnson's Motor Lodge (113 r.), 8201 W. Higgins Rd.
Ramada Imperial Inn (176 r.), 505 W. Harrison St.
Stouffer's Oakbrook Inn (180 r.), 2100 Spring Rd.
Mid America Inn (100 r.), 5001 W. 79 St.
Regency House (61 r.), 1150 Roosevelt Rd.

RESTAURANTS

Barney's Market Club, 741 W. Randolph & Hasted Sts.
Sharko's (LI), 6301 W. 63 St.
Cafe Bohemia (BO), Adams & Clinton Sts.
Segal's (KO), 76 W. Lake St.
Warsaw (POL), 820 N. Ashland Ave.
Jake's (POL), 4581 W. Fullerton Ave.
Little Village (BO), 2401 S. Pulawski Rd.
Topper's (EUR), 333 N. Austin Blvd.

O'Hare Field

MOTELS

Marriott (502 r.), Higgins Rd. & Cumberland Ave.
Sheraton-O'Hare (300 r.), 6810 N. Mannheim Rd.
O'Hare Inn (500 r.), Mannheim & Higgins Rd.
Ramada Inn-O'Hare (240 r.), 3939 N. Mannheim Rd.
Holiday Inn-O'Hare (148 r.), 3801 N. Mannheim Rd.
Embassy (100 r.), Mannheim Rd., Franklin Park.
O'Hare International Inn (100 r.), 4201 N. Mannheim Rd.
Lido (53 r.), 2415 N. Mannheim Rd.
L.P. (26 r.), 4605 N. Harlem Ave.

RESTAURANT

Seven Continents (EUR), O'Hare Field Airport.

CHRISTIANSTED (V.I.)

HOTELS

King Christian
Club Comanche
Old Quarter
Caravelle
Buccaneer
Tamarind Reef
Queen's Quarter
Grapetree Bay
Beach Hotel of St. Croix

RESTAURANTS

Pelican Cove Beach Club
Café de Paris
The Office
The Stone Balloon
Duke's Manor

CINCINNATI (O.)

HOTELS

Terrace Hilton (350 r.), 15 W. 6 St., Vine.
Netherland Hilton (800 r.), 35 W. 5 St., Race.
Sheraton-Gibson (1000 r.), 421 Walnut St.
Vernon Manor (450 r.), 400 Oak St., Burnet.
Holiday Inn-Downtown (250 r.), 800 W. 8 St.
Alms (287 r.), 2525 Victory Parkway.

YMCA

Central Parkway & Elm St.

YWCA

9 & Walnut Sts.

MOTELS

Carrousel Inn (325 r.), 8001 Reading Rd.
Howard Johnson's Motor Lodge (251 r.), 11440 Chester Rd.
Statler Hilton Motor Inn (225 r.), 1939 Dixie Highway.
Barkley House Airport Hotel (110 r.), Greater Cincinnati Airport.
Newport Travelodge (104 r.), 222 York St.
Holiday Inn-North (215 r.), 2235 Sharon Rd.
Holiday Inn-South (215 r.), 2100 Dixie Highway.
Holiday Inn-Northwest (104 r.), 10561 Mason-Montgomery Rd.
Imperial House North (114 r.), 1717 Glendale-Milford Rd.
Imperial House West (50 r.), 5510 Ryboldt Rd.
Mohawk Motor Inn (101 r.), 2880 Central Parkway.
Cincinnati Travelodge (75 r.), 3244 Central Parkway.
Drake (69 r.), 8109 Reading Rd.
Fireside (27 r.), 7580 Colerain Ave.
Sharon Exit (46 r.), 2301 Sharon Rd.
Red Carpet (36 r.), 8590 Colerain Ave.
Mayfair (57 r.), 10078 Reading Rd.
Town Center (55 r.), 3356 Central Parkway.
Wildwood Motor Inn (55 r.), 7809 Dixie Highway.
Shuller's (85 r.), 7749 Reading Rd.
Gateway (114 r.), 225 Scott St.
Camargo (25 r.), 8710 Montgomery Rd.

RESTAURANTS

Pigall's (FR), 127 W. 4 St.
Maisonette, 114 E. 6 St.
Fox & Crow (FR), 9769 Montgomery Rd.
La Normandie Taverne & Chop House, 118 E. 6 St.
Lenhardt's (VI), 7715 Reading Rd.
Windjammer, 11330 Chester Rd.
Swifton Colony, 315 Swifton Shopping Center.
Nikko Inn (JA), 11737 Seven Gables Rd.
Lookout House, 1721 Dixie Highway.
Glenn Schmidt's, 18 E. 5 St.
Town & Country, 1622 Dixie Highway.
The Colony, 420 Walnut St.

CLAREMORE (Okla.)

MOTEL

Long's Holiday (42 r.), 1000 W. Will Rogers.

CLEVELAND (O.)

HOTELS

Hollenden House (400 r.), E. 6 St. & Superior Ave.
Sheraton-Cleveland (816 r.), Public Square.
Statler Hilton (900 r.), E. 12 St. & Euclid Ave.
Pick-Carter (600 r.), 1012 Prospect Ave.
Auditorium (300 r.), E. 6 & St. Clair Sts.
Manger (400 r.), 1802 E. 13 St.
Alcazar (350 r.), Surrey & Derbyshire Rds.

YMCA

2200 Prospect Ave.

YWCA

1710 Prospect Ave.

MOTELS

Hopkins Airport Hotel (220 r.), Cleveland Hopkins Airport.
Stouffer's Somerset Inn (160 r.), 3550 Northfield Rd.
Parkbrook (130 r.), 14011 Brookpark Rd.
Howard Johnson's Motor Lodge (145 r.), Euclid Ave., E. 107 St.
Howard Johnson's Motor Lodge (115 r.), 4751 Northfield Rd.
Howard Johnson's Motor Lodge (90 r.), 27861 Euclid Ave.
Howard Johnson's Motor Lodge (79 r.), 5555 Brecksville Rd.
Howard Johnson's Lakefront Motor Lodge (200 r.), 55 St. & Memorial Shoreway.
Howard Johnson's Airport Motor Lodge (126 r.), 14043 Brookpark Rd.
Holiday Inn-Downtown (204 r.), 3614 Euclid Ave.
Holiday Inn-Rocky River (155 r.), 20375 Center Ridge Rd.
Holiday Inn-Airport (323 r.), 16501 Brookpark Rd.
Holiday Inn-Shaker Heights (150 r.), Chagrin Blvd.
Holiday Inn-South (150 r.), 4742 Cleveland-Massillon Rd.
Charter House (170 r.), 24800 Euclid Ave.
Sahara (150 r.), 3201 Euclid Ave.
Versailles Motor Inn (150 r.), 2901 Euclid Ave.
Downtowner (148 r.), 1800 Euclid Ave.
Sheraton Airport Inn (132 r.), 15541 Brookpark Rd.

Sheraton Motor Inn-East (84 r.), 33½ km (21 mi.) N.
Hospitality Motor Inn-West (160 r.), 1700 Bagley Rd.
Hospitality Motor Inn-East (104 r.), 6051 S.O.M. Center Rd.
Shaker House (150 r.), 3700 Northfield Rd.
Highlander Motor Inn (80 r.), 4353 Northfield Rd.
Turfside (110 r.), 4511 Northfield Rd.
Cleveland Airport Travelodge (90 r.), 16789 Brookpark Rd.
Airport International Inn (81 r.), 22115 Brookpark Rd.
Columbia Terrace Motor Inn (72 r.), 14½ km (9 mi.) S.W.
Charles House Motor Inn (88 r.), 6455 Pearl Rd.
Watson's (110 r.), 3333 Euclid Ave.
Lake Erie (100 r.), 1550 Superior Ave.
Buckeye (60 r.), 22989 Lorain Rd.
Cleveland Travelodge (81 r.), 1545 W. 25 St.
Eastown (62 r.), 15103 Euclid Ave.
Lakewood Manor (66 r.), 12019 Lake Ave.
Inn America (90 r.), 6287 Pearl Rd.
Valley View Travelodge (85 r.), 20495 Lorain Rd.
House of Luxembourg (62 r.), 14660 Euclid Ave.
Town House (49 r.), 15661 Euclid Ave.
Oakpark Motor Inn (43 r.), 4755 Pearl Rd.
University Center (50 r.), 9409 Euclid Ave.
Eldorado (42 r.), 13701 Broadway Garfield Heights.
Hillcrest (40 r.), 18510 Euclid Ave.
Noble (40 r.), 15740 Euclid Ave.

RESTAURANTS

Au Père Jacques (EUR), 34105 Chagrin Blvd.
Leonello (EUR), 16713 Chagrin Blvd.
Lion & Lamb (EUR), Chagrin Blvd. & Lander Rd.
Fred Harvey's English Oak Room, Union Terminal.
Jim's Steak House, 1800 Scranton Rd.
Pierre's (IT), 1524 Euclid Ave.
Pier W, 12700 Lake Ave.
Cacoli's (IT), 11517 Clifton Blvd.
Miller's Dining Room, 16707 Detroit Ave.
Kiefer's (GE), 2519 Detroit Ave.
Theresa's (IT), 2191 Murray Hill Rd.
Smith's, 22305 Lake Shore Blvd.
Stouffer's, 3030 Westgate Shopping Center; 725 Euclid Ave.; 1365 Euclid Ave.; 13215 Shaker Square; 55 Public Square; 1 Erieview Plaza.

CODY (Wyo.)

MOTELS

Sunset (65 r.), 1601 8 St.
Buffalo Bill Village (104 r.), 1603 Sheridan Ave.
Cedar Mountain Lodge (53 r.), 803 Sheridan Ave.
Big Bear (40 r.), W. Cody Strip.
Colonial Inn (38 r.), 1½ km (1 mi.) W.
Blue Haven (35 r.), 1407 8 St.
Skyline (26 r.), 1919 17 St.
Holiday (20 r.), 1807 Sheridan Ave.
Frontier (16 r.), Mountain View Rd.
Absaroka Lodge (12 r.), 1514 11 St.
Rainbow (18 r.), 1702 Sheridan Ave.

RESTAURANTS

Golden Eagle & Mayflower, 1219 Sheridan Ave.
Bronze Boot, 6½ km (4 mi.) W.

COLORADO SPRINGS (Col.)

HOTELS

Broadmoor (450 r.), 8 km (5 mi.) S.
Antlers Plaza (276 r.), Pikes Peak Ave.
Mayfair (60 r.), 120 E. Platte Ave.

YMCA

206 E. Bijou St.

YWCA

130 E. Kiowa St.

MOTELS

Holiday Inn (166 r.), 8 & Cimarron Sts.
Ramada Inn (155 r.), 4440 N. Highway 25.
Palmer House (150 r.), W. Fillmore St.
Albert Pick (104 r.), 5700 N. Nevada Ave.
Dravo Manor (82 r.), 1703 S. Nevada Ave.
Western Hills (52 r.), 1623 S. Nevada Ave.
Chateau (103 r.), 1201 S. Nevada Ave.
Travelers Uptown (48 r.), 220 E. Cimarron St.
Imperial "400", 714 N. Nevada Ave., 1231 S. Nevada Ave.
El Colorado Lodge (31 r.), 23 Manitou Ave.
La Fon (53 r.), 123 Manitou Ave.
McLaughlin Family Lodge (27 r.), Crystal Park Rd.
J's (50 r.), 820 N. Nevada Ave.

Circle S (24 r.), 1639 S. Nevada Ave.
Colorado Springs Travelodge (36 r.), 512 S. Nevada Ave.
Dale (28 r.), 620 W. Colorado Ave.
Range View (36 r.), 2712 E. Highway.
Embers (64 r.), 21 S. Wasatch Ave.
Panorama Lodge (24 r.), 3808 N. Nevada Ave.
Yucca Lane Lodge (33 r.), 3627 W. Colorado Ave.
The Ranch (19 r.), 3900 N. Nevada Ave.
Town House (15 r.), 5504 N. Nevada Ave.
Stagecoach (12 r.), 3844 N. Nevada Ave.

RESTAURANTS

Red Cloud Inn, 16 km (10 mi.) W.
Marretta & Dalpiaz (IT), 116 E. Fillmore St.
Craftwood Inn, 404 El Paso Blvd.
Schwyzer Alps (EUR), Woodland Park.
Flying W Ranch Chuck Wagon, 6100 Wilson Rd.
Ruth's Oven, 220 N. Tejon.
Michelle of Colorado Springs (EUR), 122 N. Tejon.
J. C. Chuck Wagon Dinners, Garden of the Gods.

COLUMBIA (S.C.)

HOTEL

Wade Hampton (325 r.), 1201 Main St.

YMCA

1420 Sumter St.

MOTELS

Downtowner (101 r.), Main & Lady Sts.
Capital Cabana (122 r.), 1901 Assembly St.
Holiday Inn (157 r.), 505 Knox Abbott Drive.
Holiday Inn-Northwest (150 r.), 8 km (5 mi.) S.
Howard Johnson's Motor Lodge West (70 r.), Knox Abbott Drive.
Howard Johnson's Motor Lodge North (64 r.), 4¾ km (3 mi.) N.
Golden Eagle Motor Inn (119 tr.), 2055 Main St.
Town House (100 r.), 1615 Gervais at Henderson St.
Fremont Motor Inn (100 r.), 111 Knox Abbott Drive.
Orvin Court of Columbia (102 r.), 821 Assembly St.
Quality Courts Forest (46 r.), 3111 Two Notch Rd.
Heart of Columbia (99 r.), 1011 Assembly St.
Laurel Hill Highway Hotel (50 r.), 1829 Assembly St.

RESTAURANT

Market, 1205 Assembly St.

COLUMBUS (Miss.)

MOTELS

Holiday Inn (100 r.), 5 Ave.
Downtowner (76 r.), 321 Main St.
Columbus (55 r.), 24 St.
Heritage (35 r.), 1½ km (1 mi.) N.

RESTAURANTS

Johnny & Helen's, 2 km (1¼ mi.) E.
Fountain, 1½ km (1 mi.) N.

COLUMBUS (O.)

HOTELS

Sheraton-Columbus Motor Hotel (400 r.), 50 N. 3 St.
Beasley-Deshler (300 r.), Broad & High Sts.
Neil House (570 r.), 41 S. High St.
Christopher Inn (140 r.), 300 E. Broad St.
Pick-Fort Hayes (300 r.), 31 W. Spring St.
Southern (80 r.), Main & High Sts.

YMCA

40 W. Long St.

MOTELS

Stouffer's University Inn (200 r.), 3025 Olentangy River Rd.
Holiday Inn-Downtown (250 r.), 4 & Town Sts.
Holiday Inn-West (142 r.), 4601 Broad St.
Holiday Inn-East (148 r.), 4801 E. Broad St.
Holiday Inn-Airport (100 r.), 4300 E. 17 Ave.
Nationwide Inn (250 r.), 4101 W. Broad St.
Hospitality Motor Inn (159 r.), 1000 E. Granville Rd.
Ohio Stater Inn (122 r.), 2060 N. High St.
Green Meadows Country Inn (75 r.), 9360 N. High St.
Howard Johnson's Motor Lodge East (155 r.), 5000 E. Main St.
Howard Johnson's Motor Lodge West (106 r.), 3833 W. Broad St.
Howard Johnson's Motor Lodge North (131 r.), 999 E. Granville Rd.
Imperial "400" (73 r.), 665 W. Broad St.
Imperial House North (114 r.), 900 E. Morse Rd.
Imperial House Arlington (160 r.), 1385 Dublin Rd.
Lincoln Lodge (135 r.), 4950 W. Broad St.
Olentangy Inn (116 r.), 1299 Olentangy River Rd.
Clarmont Motor Inn (60 r.), 650 S. High St.
Key Diville Motor Lodge (39 r.), 4444 E. Main St.

Homestead (22 r.), 4182 E. Main St.
Columbus Travelodge (98 r.), 1070 Dublin Rd.
Mid City (62 r.), 950 E. Broad St.
Brookside (35 r.), 3020 E. Main St.
Columbus Motor Lodge (18 r.), 1070 E. Main St.
A.B.C. Motor Court (50 r.), 5050 N. High St.
Village Inn (44 r.), 920 S. High St.
Coachman (34 r.), 3686 E. Main St.
Skyline (35 r.), 3840 E. Main St.

RESTAURANTS

Marzetti's (IT), 16 E. Broad St.
Jai Lai, 1421 Olentangy River Rd.
Danny Deeds Maramor, 137 E. Broad St.
Kuenning's Downtown, 19 N. High St.
Kuenning's Suburban, 3015 E. Main St.
Stouffer's University Inn, 3021 Olentangy River Rd.
Grandview Inn, 1127 Dublin Rd.
Kahiki (PO), 3583 E. Broad St.
Clarmont Steak House, 684 S. High St.
Ricardo's (IT), 1465 Oakland Park Ave.
Presutti's Villa (IT), 1692 W. 5 Ave.
The Top, 2891 E. Main St.
Suburban Steak House, 1130 Dublin Rd.
Explorers, 1080 Dublin Rd.

CONCORD (N.H.)

MOTELS

New Hampshire Highway Hotel (140 r.), E.
Concord Coach Motor Inn (40 r.), 3¼ km (2 mi.) S.
Howard Johnson's Motor Lodge (49 r.), Gulf St.
Brick Tower (30 r.), 414 S. Main St.

CORNING (N.Y.)

HOTEL

Treadway Baron Steuben (82 r.), Centerway & Market St.

MOTELS

Lodge on the Green (134 r.), Canada Rd.
Town (20 r.), 4 km (2½ mi.) E.
Evergreen (50 r.), 135 E. Corning Rd.

RESTAURANT

Turf Club, 131 E. Corning Rd.

COUNCIL BLUFFS (Ia.)

HOTEL

Chieftain (200 r.), Pearl St. & 1 Ave.

MOTELS

Howard Johnson's Motor Lodge (88 r.), 36 St. & W. Broadway.
Starlite (30 r.), 3320 W. Broadway.
Bart's (23 r.), 3¼ km (2 mi.) E. de S. Omaha Bridge.

CRATER LAKE NATIONAL PARK (Ore.)

Eemolo Lake (Cottage Colony) (4 chalets), 24 km (15 mi.).
Crater Lake Lodge (77 r.), Rim Village.
Diamond Lake (Cottage Colony) (46 r.), 6½ km (4 mi.).

CRAWFORD NOTCH (N.H.)

MOTEL

Crawford House (11 r.).

CRIPPLE CREEK (Col.)

HOTEL

Imperial (41 r.), 123 N. 3 St.

CUSTER (S.D.)

MOTELS

Hi-Ho (50 r.), ¾ km (½ mi.) W.
State Game Lodge (40 r.), 19¼ km (12 mi.), Custer State Park.
Chief (33 r.), 120 Mt. Rushmore Rd.
Custer (30 r.), 109 Mt. Rushmore Rd.
Trade Winds (28 r.), ¾ km (½ mi.) W.
Rocket (28 r.), 211 Mt. Rushmore Rd.
Sylvan Lake (29 r.), Custer State Park.
Legion Lake (25 r.), Custer State Park.
Blue Bell Lodge (11 r.), Custer State Park.

RESTAURANT

Skyway Cafe, 515 Mt. Rushmore Rd.

DALLAS (Tex.)

HOTELS

Statler Hilton (1001 r.), 1914 Commerce St.
Sheraton-Dallas (550 r.), Live Oak & Olive Sts.
Adolphus (900 r.), 1321 Commerce St.

Hilton Inn (400 r.), 5600 N. Central Expressway.
Melrose (306 r.), 3015 Oak Lawn, Cedar Springs Rd.
Baker (600 r.), 1400 Commerce St.
Stoneleigh Terrace (130 r.), 2927 Maple Ave.
Sotuland (250 r.), 102 Murphy St.
Crestpark, 4242 Lomo Alto.
Fairmont, Ross & Akard Sts.
White Plaza, 1933 Main St.
Mayfair, 723 N. St. Paul St.
Lawrence, Houston & Jackson Sts.
Whitmore, 1019 Commerce St.

YMCA

605 Ervay St.

YWCA

1709 Jackson St.

MOTELS

Mariott (500 r.), 2101 Stemmons Freeway.
Royal Coach Inn (526 r.), 3800 W. N.W. Highway.
Northpark Inn (250 r.), 9300 N. Central Expressway.
Executive Inn (310 r.), 3232 W. Mockingbird Lane.
Cabana (300 r.), 899 Stemmons Freeway.
Holiday Inn-Central (310 r.), 4070 N. Central Expressway.
Holiday Inn-Market Center (247 r.), 1955 N. Industrial Blvd.
Holiday Inn-North (202 r.), N. Central Expressway.
Holiday Inn-West (121 r.), 11¼ km (7 mi.) N.W.
Holiday Inn Northwest (108 r.), 22½ km (14 mi.) N.W.
Holiday Inn-Love Field (102 r.), 7800 Lemmon Ave.
Holiday Inn-East (119 r.), 3601 Highway 80 E.
Ramada Inn (206 r.), 6900 Cedar Springs Rd.
Ramada Inn (103 r.), 13900 N. Central Expressway.
Dallas Continental Inn (150 r.), 758 S. Central Expressway.
La Quinta Motor Inn (131 r.), Walton Walker Blvd.
Howard Johnson's Motor Lodge (112 r.), 10333 N. Central Expressway.
Howard Johnson's Motor Lodge (119 r.), 3111 Stemmons Freeway.
Hacienda Motor Inn (244 r.), 120 W. Carpenter Freeway.
Dallas Travelodge (125 r.), 4001 Live Oak St.
Sands (100 r.), 3722 N. Buchner Blvd.
Anchor (126 r.), 10230 Harry Hines Blvd.
Town House (107 r.), 2914 Hines Blvd.

Tropicana Inn (97 r.), 3939 N. Central Expressway.
Dallas Oak Cliff Travelodge (80 r.), 901 Ft. Worth Ave.
Rodeway Inn (84 r.), 2026 Industrial Blvd.
Rodeway Inn (66 r.), 4150 N. Central Expressway.
Rodeway Inn (42 r.), 3140 W. Mockingbird Lane.
Lynn (94 r.), 3401 Gaston Ave.
University House (60 r.), 6101 Hillcrest Ave.
Dallasite (58 r.), 4126 N. Central Expressway.
Country Club Inn (92 r.), 13155 N. Central Expressway.
Grande Lodge (84 r.), 1401 N. Zangs Blvd.
Lawnview (52 r.), 5405 Lawnview Ave.
Carousel (58 r.), 3211 Forest Lane.
Circle Inn, 2560 W. Northwest Highway.
Clayton House (80 r.), 3333 Marvin D. Love Freeway.
Downtown Travelodge, 4001 Live Oak St.
Four Winds, 6207 Harry Hines Blvd.
Globe Traveler, 8504 S. Central Expressway.
Meadow Brook, 6720 Harry Hines Blvd.
Lamplighter Motor Inn, 9033 Thornton Freedway.
Inn of the Six Flags, Turnpike & Highway 360.
Wayside Inn, 2600 S. Central Expressway.
Eastern Hills Motor Hotel, 3422 Samuell.
Roma, 5323 Greenville.

RESTAURANTS

Old Warsaw (FR), 3914 Cedar Springs Rd.
Mr. Peppe (FR), 5617 W. Lovers Lane.
Mario's (EUR), 4300 Lemmon Ave.
Marcel's (FR), 5721 W. Lovers Lane.
Arthur's (EUR), 3701 McKinney Ave.
Dominique (EUR), 7713 Inwood.
Chateaubriand (EUR), 2515 McKinney Ave.
Torch of Acropolis (GR), 3620 W. Davis St.
Southern Kitchen, 2356 W. N.W. Highway.
Sakura (JA), 5202 Maple Ave.
Port O'Call (EUR), 2100 Bryan St.
Little Bit of Sweden (SC), 254 Inwood Village.
La Tunisia (AR), 200 Exchange Park N.
House of Steaks, 9499 Garland Rd.
Canton (CH), 5519 W. Lovers Lane.
Blue Front (GE), 1105 Elm St.
Spanish Village (ME), 3839 Cedar Springs Rd.

DAVENPORT (Ia.)

HOTELS

Blackhawk (400 r.), 3 & Perry Sts.
Mississippi (50 r.), Brady & E. 3 Sts.

YMCA

606 W. Second St.

MOTELS

Clayton House (150 r.), 227 E. Le Claire St.
Holiday Inn (152 r.), 5200 N. Brady St.
Downtowner (100 r.), 6 & Main Sts.
Tall Corn (84 r.), 427 W. Kimberly Rd.
El Rancho-Tel (68 r.), 2205 Kimberly Rd.
Voyager Inn (66 r.), 4002 Brady St.
Iowa (45 r.), 4005 Brady St.
Crest (16 r.), 3917 Brady St.
Twin Bridges Motor Inn (33 r.), 221 15 St.
Motel "6" (100 r.), 6111 N. Brady St.

RESTAURANTS

El Rancho Villa, 2211 Kimberly Rd.
Saddle Club Barn, Brady St.

DAYTON (O.)

HOTELS

Statler Hilton Inn (235 r.), 3 & Ludlow Sts.
Mall Motor Inn (225 r.), 21 S. Jefferson Ave.
Stratford House (204 r.), 330 W. 1 St.
Sheraton-Dayton (432 r.), 210 N. Main St.

YMCA

117 W. Monument Ave.

MOTELS

Imperial House North (175 r.), 2401 Needmore Rd.
Imperial House South (101 r.), 3555 W. Centerville Pike Rd.
Holiday Inn (208 r.), 2301 Wagoner Ford Rd.
Howard Johnson's Motor Lodge (111 r.), 2221 Wagoner Ford Rd.
Quality Courts Red Horse (76 r.), 4625 S. Dixie Drive.
Stratford (66 r.), 225 W. 1 St.
Dayton Travelodge Downtown (94 r.), 222 E. 1 St.
Dayton Travelodge South (60 r.), 4503 S. Dixie Drive.
Dayton Travelodge North (38 r.), 2833 N. Dixie Drive.

Capri (76 r.), 2700 S. Dixie Drive.
Sheridan Gateway (53 r.), 5441 Springfield St.
South Dakota (51 r.), 3333 S. Dixie Drive.
Tipp City Travelodge (49 r.), 450 E. Highway 571.
Sheridan (46 r.), 5551 Springfield St.

RESTAURANTS

King Cole (FR), 32 W. 2 St.
Mayfair Room, 36 W. 1 St.
Servis & Buhl, 17 W. 1 St.
Shrimp Boat, 8 S. Main St.
Anticoli's (IT), 3045 Salem Ave.

DAYTONA BEACH (Fla.)

HOTELS

Desert Inn (322 r.), 900 N. Atlantic Ave.
Ridgewood (56 r.), 208 S. Ridgewood Ave.

MOTELS

Americano (199 r.), 1260 N. Atlantic Ave.
Daytona Plaza (660 r.), 600 N. Atlantic Ave.
Daytona Inn (100 r.), 730 N. Atlantic Ave.
Carnival Motor Inn (121 r.), 930 N. Atlantic Ave.
Hawaiian Inn (117 r.), 2301 S. Atlantic Ave.
Howard Johnson's Motor Lodge (79 r.), 2560 N. Atlantic Ave.
Howard Johnson's Motor Lodge-South (85 r.), 810 S. Ridgewood Ave.
Holiday Inn-Oceanside (108 r.), 905 S. Atlantic Ave.
Holiday Inn-West (128 r.), 1789 Volusia Ave.
Holiday Inn-North (106 r.), 1202 Ridgewood Ave.
Sheraton-Daytona Beach Motor Inn (100 r.), 839 S. Atlantic Ave.
Sea Dip (134 r.), 1233 S. Atlantic Ave.
Summit Motor Inn (99 r.), 301 S. Atlantic Ave.
Safari Beach (53 r.), 357 S. Atlantic Ave.
Casa Linda (34 r.), 1254 N. Atlantic Ave.
Castaway Beach (177 r.), 2075 S. Atlantic Ave.
Voyager Beach Quality Court (251 r.), 2424 N. Atlantic Ave.
Daytona Riviera Beach (154 r.), 219 S. Atlantic Ave.
King's Inn (126 r.), 1000 N. Atlantic Ave.
Daytona Cabana (122 r.), 816 N. Atlantic Ave.
Carousel Beach (93 r.), 1220 N. Atlantic Ave.
Ramada Inn (90 r.), 333 S. Atlantic Ave.
Diplomat (83 r.), 700 N. Athlatic Ave.

Hi Seas (50 r.), 1299 S. Atlantic Ave.
Thunderbird (97 r.), 500 N. Atlantic Ave.
Reef (32 r.), 921 S. Atlantic Ave.
Beau Rivage (35 r.), 1621 S. Atlantic Ave.
Talisman Lodge (28 r.), 3411 S. Atlantic Ave.
Grand Prix (40 r.), 2015 S. Atlantic Ave.
Holiday Shores (100 r.), 1015 S. Atlantic Ave.
Desert Isle (80 r.), 133 S. Ocean Ave.
New Frontier (78 r.), 1413 S. Atlantic Ave.
Perry's Ocean-Edge (40 r.), 2209 S. Atlantic Ave.
Rolya Hawaiian (64 r.), 925 S. Atlantic Ave.
Daytona Sands (51 r.), 2523 S. Atlantic Ave.
The Cove (40 r.), 1306 N. Atlantic Ave.
Hoehn's Imperial (57 r.), 1903 S. Atlantic Ave.
Nomad (25 r.), 3101 S. Atlantic Ave.
Sun'n Sand (85 r.), 1100 S. Ridgewood Ave.
Whitehall (68 r.), 640 N. Atlantic Ave.
Treasure Island (67 r.), 2025 S. Atlantic Ave.
Caribbean Beach (26 r.), 2427 S. Atlantic Ave.
Sahara (44 r.), 1215 N. Atlantic Ave.
Blue Waters Beach (41 r.), 2543 S. Atlantic Ave.
Daytona Beach Travelodge (38 r.), 749 Ridgewood Ave.
Capri (24 r.), N. Atlantic Ave.
Beacon by the Sea (26 r.), 1803 S. Atlantic Ave.
Dixie Moon (14 r.), 909 S. Ridgewood Ave.
Seaire Apartments, 922 Atlantic Ave.

RESTAURANTS

Chez Bruchez (FR), 304 Seabreeze Blvd.
San Remo (IT), 1290 S. Ridgewood Ave.
Bali, 607 Broadway.
Gaylord's, 4200 S. Atlantic Ave.
Creighton's, 200 Magnolia Ave.
Dutch Pantry (EUR), 1130 S. Ridgewood Ave.
Dino's (IT), 611 Seabreeze Blvd.
Ridgewood, 208 S. Ridgewood Ave.
Kay's, 734 Main St.

DEADWOOD (S.D.)

MOTELS

John's (30 r.), 137 Charles St.
Lariat (18 r.), 360 N. Main St.
El Rancho (11 r.), 103 Charles St.

RESTAURANT
Turgeon's Supper Club, 2½ km (1½ mi.) W.

DEARBORN (Mich.)
MOTELS
Dearborn Inn, Colonial Homes & Motor House (181 r.), 20301 Oakwood Blvd.
Holiday Inn (333 r.), 22900 Michigan Ave.
Presidential Inn (114 r.), 17201 Northline Rd.
Continental Congress Inn (154 r.), 12800 Michigan Ave.
Dearborn (75 r.), 25925 Michigan Ave.
Quality Courts Esquire (50 r.), 25911 Michigan Ave.
Mercury Motor Inn (40 r.), 22361 Michigan Ave.
Fairlane Inn (100 r.), 21430 Michigan Ave.
Dearborn Travelodge (78 r.), 23730 Michigan Ave.
White House Inn (30 r.), 26121 Michigan Ave.
Colonial House (48 r.), 10780 S. Telegraph Rd.
Melody Lane (32 r.), 9301 S. Telegraph Rd.
Allen Park Motor Lodge (65 r.), 14887 Southfield Rd.
Alpine (42 r.), 26131 Michigan Ave.

RESTAURANT
Meyers Sea Food, 22175 Michigan Ave.

DENVER (Col.)
HOTELS
The Brown Palace (600 r.), Tremont & 17 Sts.
Denver Hilton (880 r.), 1550 Court Place.
Western International's Cosmopolitan (400 r.), Broadway & E. 18 Ave.
Denver Hyatt House (275 r.), 1790 Grant, 18 St.
Albany (300 r.), Stout & 17 Sts.
Hampshire House (86 r.), 1000 Grant St.
Shirley-Savoy (126 r.), Broadway & E. 17 Ave.
Elms, Tremont Ave.

YMCA
25 E. 16 Ave.

YWCA
1545 Tremont Place.

MOTELS

Cherry Creek Inn (115 r.), 600 S. Colorado Blvd.
Writer's Manor (300 r.), 1730 S. Colorado Blvd.
Writer's International Airport Inn (100 r.), Smith Rd., Kearney St.
Holiday Inn-Colorado Blvd. (260 r.), 1400 S. Colorado Blvd.
Holiday Inn-Central (174 r.), 1975 Bryant St.
Holiday Inn-North (152 r.), 4849 Bannock St.
Holiday Inn-Airport (199 r.), 3535 Quebec St.
Holiday Inn-East (108 r.), 13800 E. Colfax Ave.
Sheraton-Malibu Airport Inn (137 r.), 6160 Smith Rd.
Continental Denver (165 r.), Valley Highway, N. Speer Blvd.
Capri (107 r.), 84 Ave. & Valley Highway.
The Diplomat (100 r.), 1840 Sherman St.
Howard Johnson's Motor Lodge (118 r.), 6300 E. Hampden.
Skyways (86 r.), 3855 Quebec St.
Four Winds (64 r.), 4600 W. Colfax Ave.
Royal Host (54 r.), 930 E. Colfax Ave.
Riviera (46 r.), 9100 E. Colfax Ave.
Mesa West Motor Inn (48 r.), 5600 W. Colfax Ave.
Belcaro (41 r.), 1025 S. Colorado Blvd.
De Ville (60 r.), 650 W. Colfax Ave.
Eddie Bohn's Pig'n Whistle Hotel-Motel (40 r.), 4801 W. Colfax Ave.
Aristocrat (28 r.), 4855 W. Colfax Ave.
Broadway (28 r.), 1600 S. Broadway, Iowa.
Spa Motor Inn (71 r.), 930 Valley Highway.
Sheridan (50 r.), 1065 Sheridan Blvd.
Quality Courts (112 r.), Chambers Rd.
Heart O' Denver (99 r.), 1150 E. Colfax Ave.
Ranch Manor Motor Inn (100 r.), 1490 S. Santa Fe Drive.
King's Inn (100 r.), 11800 E. Colfax Ave.
Ranger (54 r.), 11220 E. Colfax Ave.
Rockin' R (20 r.), 6051 W. Alameda Ave.
Mosko Holiday Village (48 r.), 10210 W. Colfax Ave.
Broadway Plaza (41 r.), Broadway, 11 Ave.
Colonial Manor (43 r.), 2615 E. 46 Ave.
Niagara House (32 r.), 6701 E. Colfax Ave.
Golden Hours (26 r.), 11080 W. Colfax Ave.
Driftwood (35 r.), 1443 Oneida St.
Brandin'Iron Motor Lodge (27 r.), 8600 E. Colfax Ave.
Essex House (54 r.), 5390 S. Santa Fe Drive.
Ramada Inn, 7150 W. Colfax Ave., 3737 Quebec St.
Centre Denver Motor Lodge (138 r.), 620 Federal Blvd.

Fountain Inn (52 r.), 3015 E. Colfax Ave.
Valli-Hi (50 r.), 7320 Pecos St.
The Cottage (36 r.), 1680 S. Colorado Blvd.
Denver Travelodge (35 r.), Valley Highway, N. Speer Blvd.
El Patio (25 r.), 8400 E. Colfax Ave.
Western Motor Inn (56 r.), 4757 Vasquez Blvd.
Alameda Inn (53 r.), 1101 W. Aladmea Ave.
Trail's End (31 r.), 9025 W. Colfax Ave.
Anchor (15 r.), 2323 S. Broadway.

YOUTH HOSTEL

Steinmetz Rd. & Kline Rd.

RESTAURANTS

Sperte's Laffite (EUR), 14 & Larimer Sts.
Normandy (FR), 4900 E. Colfax Ave.
Top of the Rockies (FR), Security Life Bldg.
The Fort, Star Rte.
Salt Water Dumas, 6100 Smith Rd.
Mario's (IT), 1747 Tremont Place.
Lutz's, 2651 S. Broadway.
Golden Ox, 3130 E. Colfax Ave.
Alpine Village Inn (GE), 1150 S. Colorado Blvd.
Baur's Original Store, 1512 Curtis.
Skychief, Stapleton Airport Terminal.

DES MOINES (Ia.)

HOTELS

Savery (425 r.), 4 & Locust Sts.
Fort Des Moines (400 r.), 10 & Walnut Sts.
Kirkwood (258 r.), 4 & Walnut Sts.

YMCA

101 Locust St.

MOTELS

Holiday Inn-South (202 r.), 2101 Fleur Drive.
Holiday Inn-North (148 r.), 3501 E. 14 St.
Johnny & Kay's (100 r.), 6215 Fleur Drive.
Clayton House (100 r.), 7625 Hickman Rd.
Des Moines Travelodge (120 r.), 2021 Grand Ave.
McNeal Hi-Way Hotel (118 r.), Urbandale Ave. & 57 St.
Howard Johnson's Motor Lodge (80 r.), 2525 Grand Ave.
Midtown Motor Inn (64 r.), 928 6 Ave.

Gilbert (35 r.), 5100 Hubbell Ave.
Rambler (34 r.), 2701 S.E. 14 St.
Fleur-de-Lis (32 r.), 6141 Fleur Drive.
Goode Motor Lodge (31 r.), 5020 N.E. 14 St.
Archer (32 r.), 5000 Broadway.
Redwood (15 r.), 3411 Hubbell Ave.
Motel "6" (100 r.), 4817 Fleur Drive.

RESTAURANTS

Vic's Tally Ho (IT), 5061 W. Douglas Ave.
Wimpy's Steak House (IT), 1604 S. Union.

DÉTROIT (Mich.)

HOTELS

Pontchartrain (450 r.), 2 Washington Blvd.
Sheraton-Cadillac (1200 r.), 1114 Washington Blvd.
Whittier (184 r.), 415 Burns Drive.
Statler-Hilton (900 r.), Grand Circus Park.
St. Regis (128 r.), 3071 W. Grand Blvd.
Howard Johnson's Motor Lodge-New Center (296 r.), 2921 W. Grand Blvd.
Howard Johnson's Motor Lodge-Downtown (290 r.), 321 Michigan Ave.
Metropolitan Airport (163 r.), Metropolitan Airport.
Pick-Fort Shelby (700 r.), 525 W. Lafayette Blvd.
Abington, 700 Seward.
Tuller, 521 Park Ave.
Madison Lenox, 246 Madison Ave.
American, Cass Ave., Temple.
Milner Highland, 1526 Centre.

YMCA

2020 Witherell St.

YWCA

2230 Witherell St.

MOTELS

Stouffer's Northland Inn (232 r.), 2100 Northwestern Highway.
Sheraton Motor Inn (158 r.), 11777 E. Eight Mile Rd.
Sheraton Motor Inn (130 r.), 21700 W. Rd.
Georgian Inn (112 r.), 31327 Gratiot Ave.

HOTELS UND RESTAURANTS

Cadillac House (100 r.), 500 W. Congress St.
Hilltop (16 r.), 10010 Telegraph Rd.
Harlan House (175 r.), 6500 John C. Lodge Expressway.
Hollander Motel, 13632 Dexter.
Kingsley Inn, 1475 Woodwards Ave.
Northland Inn, 2100 Northwestern Highway.
Gold Key Inn, 6500 John Lodge Expressway.
Dearborn Inn, 20301 Oakwood.
Ramada Inn (152 r.), 3000 Enterprise Drive.
Howard Johnson's Motor Lodge-Southfield (102 r.), 25100 Northwestern Highway.
London Inn (103 r.), 3455 Woodward Ave.
Cranbrook House (102 r.), 20500 James Couzens Highway.
Detroit Downtown Travelodge (78 r.), 1999 E. Jefferson Ave.
Crystal House (72 r.), 20490 Greenfield Rd.
Coach & Lantern Motor Inn (70 r.), 25255 Grand River Ave.
Quality Courts Hines Park (55 r.), 37001 Ann Arbor Rd.
Compton Village Motor Inn (56 r.), 28500 Schoolcraft.
Kingswood (40 r.), 2400 N. Woodward Ave.
Shorecrest (53 r.), 1316 E. Jefferson Ave.
Lincoln Inn (155 r.), 1901 Southfield.
Statler Hilton Executive Inn (151 r.), 29900 Van Dyke St.
Holiday Inn-Downtown (144 r.), 1331 Trumbull Ave.
Holiday Inn-Warren (139 r.), 32035 Van Dyke St.
Holiday Inn-Southfield (120 r.), 26555 Telegraph Rd.
Holiday Inn-Metro-Airport (162 r.), 31200 Detroit Industrial Expressway.
Holiday Inn-East (111 r.), 11560 Harper Ave.
Diplomat (88 r.), 5801 Woodward Ave.
Uptown (87 r.), 511 E. Eleven Mile Rd.
Howard Johnson's Motor Lodge-Belleville (72 r.), 45945 Willow Run Expressway.
Holiday Inn-Taylor Township (109 r.), 20777 Eureka Rd.
Pallister (85 r.), 7641 Woodward Ave.
Embassy (72 r.), 14380 W. Eight Mile Rd.
Parkcrest (51 r.), 2000 Harper Ave.
Suez (66 r.), 3333 E. Eight Mile Rd.
Continental Congress Inn, 12800 Michigan Dearborn.
Bon Lynn Motel, 4100 Woodward Ave.
McNichols-Riviera (47 r.), 21350 W. McNichols Rd.
Palmer (27 r.), 17500 Woodward Ave.
Monterey (141 r.), 12100 Woodward Ave.
Sagamore Motor Lodge (63 r.), 3220 N. Woodward Ave.
Telegraph House (60 r.), 23300 Telegraph Rd.

Crestwood (58 r.), 16221 W. Eight Mile Rd.
Holiday (47 r.), 2712 N. Woodward Ave.
Eastland (42 r.), 21055 Gratiot Ave.
Dorchester (35 r.), 26825 Grand River Ave.
Motorama (90 r.), 100 W. Eight Mile Rd.
Suburban House (52 r.), 16920 Telegraph Rd.
City (50 r.), 9939 Telegraph Rd.
Cavalier (58 r.), 12300 Woodward Ave.
Astor (46 r.), 3900 Woodward Ave.
Falcon Inn, 25125 Michigan Ave.
Civic Center (30 r.), 11 E. Larned St.
Colonial Inn (31 r.), 18850 Woodward Ave.
Shirberg (45 r.), 23040 Dequindre at Nine Mile Rd.
Sands (23 r.), 9430 Michigan Ave.
Bella (35 r.), 26251 Van Dyke Ave.

RESTAURANTS

London Chop House (EUR), 155 W. Congress St.
Act IV (FR), 2990 W. Grand Blvd.
Rostertail on the Waterfront, 100 Marquette Drive.
Cliff Bell's, 2030 Park Ave.
Laucus Club, 150 W. Congress St.
Larco's (IT), 7525 W. McNichols Rd.
Topinka's Country House, 24010 W. Seven Mile Rd.
Mario's (IT), 4222 2 Ave.
The Old Place, 15301 E. Jefferson Ave.
Huck's Lakeshore, 23722 Jefferson Ave.
Golden Lion (EUR), 22380 Moross Rs.
Lelli's (EUR), 7618 Woodward Ave.
Little Harry's, 2681 E. Jefferson Ave.
Victor Lim's (CH), 48 W. Adams Ave.
Carl's Chop House, 3020 Grand River Ave.
Top of the Flame, 1 Woodward Ave.
Topinka's, 2960 W. Grand Blvd.
Pontchartrain Wine Cellars (EUR), 324 W. Larned St.
Joe Muer's, 2000 Gratiot Ave.
Driscoll's Steak House, 24937 Jefferson Ave.
Capistrano (IT), 20600 Plymouth Rd.
Darby's (KO), 10020 W. Seven Mile Rd.
Schweizer's (GE), 260 Schweizer Place.
Joey's Stables, 8800 W. Jefferson Ave.
Stouffers, 1501 Washington Blvd.
Chung's (CH), 3177 Cass Ave.
Wabeek Dining Room, 2520 Biddle Ave.

DODGE CITY (Kan.)

MOTELS

Silver Spur Lodge (82 r.), 1510 W. Wyatt Earp Blvd.
Thunderbird (35 r.), 2300 W. Wyatt Earp Blvd.
Flamingo (40 r.), 2406 W. Wyatt Earp Blvd.
Astromotel (30 r.), 2200 W. Wyatt Earp Blvd.
Holiday (37 r.), 2100 W. Wyatt Earp Blvd.
Shangri-La (22 r.), 1210 W. Wyatt Earp Blvd.

DOVER (Del.)

HOTEL

Treadway Inn (55 r.), Lockerman St.

MOTELS

Holiday Inn (104 r.), 348 du Pont Highway.
Quality Courts South (82 r.), 222 S. du Pont Highway.
Towne Point (53 r.), 2½ km (1½ mi.) E.

RESTAURANTS

Dinner Bell Inn, 121 S. State St.
Wimbrow's Sea Food, 8 km (5 mi.) E.

DULUTH (Minn.)

HOTEL

Duluth (375 r.), 231 E. Superior St.

YMCA

302 W. 2 St.

MOTELS

Edgewater (78 r.), 2330 London Rd.
Lake-Aire (57 r.), 2416 London Rd.
Holiday Inn (147 r.), 250 S. 1 Ave. E.
Downtown (47 r.), 131 W. 2 St.
Buena Vista (24 r.), 1144 Mesabe Ave.
Sunrise (34 r.), 2765 Miller Trunk Highway.
London Road Court (23 r.), 2525 London Rd.

RESTAURANTS

The Flame, 353 S. 5 Ave. W.
London House, 2502 London Rd.
Jolly Fisher, 27 E. Superior St.
Highland Supper Club, 1301 Miller Trunk Highway.
Pickwick, 508 E. Superior St.
Shorewood Terrace, 25½ km (16 mi.) N.E.

DURANGO (Col.)

HOTELS

Strater (100 r.), 699 Main Ave.
General Palmer House (35 r.), 567 Main St.

MOTELS

Holiday Inn (100 r.), 800 Bypass.
Spanish Trails (53 r.), 3141 N. Main Ave.
La Plata (40 r.), 2002 N. Main Ave.
Durango Travelodge (38 r.), a50 E. 5 St.
Sun Set (31 r.), 2855 N. Main Ave.
Thunderbird Lodge (27 r.), 2701 N. Main Ave.
Alpine North (21 r.), 3515 Main Ave.
Mountain Shadows (28 r.), 3255 N. Main Ave.
Strater (20 r.), 634 8 Ave.
Siesta (22 r.), 3476 N. Main Ave.

YOUTH HOSTEL

32 km (20 mi.) N.

RESTAURANTS

Silver Spur, 3416 Main Ave.
Town House, 990 Main Ave.
The Chief, 2172 Main Ave.
Western Steak House, 658 Main Ave.

DURHAM (N.C.)

HOTELS

Jack Tar Durham (300 r.), Corcoran & Chapel Hill Sts.
Statler Hilton (145 r.), 2424 Erwin Rd.

MOTELS

Duke Motor Lodge (76 r.), Durham-Chapel Hill Blvd.
Holiday Inn-Downtown (132 r.), 605 W. Chapel Hill St.
Holiday Inn-West (103 r.), 5½ km (3½ mi.) N.W.
Eden Rock (61 r.), Durham-Chapel Blvd.
Howard Johnson's Motor Lodge (64 r.), 5¼ km (3¼ mi.) N.W.
Voyager (100 r.), 4¾ km (3 mi.) N.W.
Dutch Village (44 r.), Elder St.

RESTAURANT

Blair House, Durham-Chapel Hill Blvd.

EL PASO (Tex.)

HOTELS
Plaza Motor Hotel (289 r.), Mills & Oregon Sts.
Paso del Norte (225 r.), El Paso & San Antonio Sts.
Cortez (250 r.), 306 Mesa St., Mills.

YMCA
701 Montana St.

MOTELS
Holiday Inn (200 r.), Airway Blvd.
Hilton Inn (150 r.), 2027 Airport Rd.
Rodeway Inn (200 r.), 6201 Gateway W.
Desert Hills (100 r.), 4501 N. Mesa St.
Sheraton Motor Inn (144 r.), 4151 N. Mesa St.
Caballero (101 r.), 6400 Montana Ave.
Del Camino (140 r.), 5001 Alameda Ave.
Downtowner (125 r.), Kansas & Main Sts.
Howard Johnson's Motor Lodge (36 r.), 8877 Gateway W.
Missile Range Rodeway Inn (138 r.), 9487 Dyer St.
Ramada Inn-East (134 r.), 6099 E. Montana Ave.
Ramada Inn-West (121 r.), 6069 E. Montana Ave.
Beverly Crest Motor Inn (50 r.), 8709 Dyer St.
El Paso East Travelodge (70 r.), 6308 Montana Ave.
El Paso Downtown Travelodge (49 r.), 1301 N. Mesa St.
Imperial "400" (59 r.), 6303 Montana Ave.
Colonia (58 r.), 8601 Dyer St.
La Posta Motor Lodge (37 r.), 4111 N. Mesa St.
Coral (31 r.), 6420 Montana Ave.
Hawaiian Royale (31 r.), 8735 Dyer St.
Airport Inn (84 r.), 6701 Montana Ave.

RESTAURANTS
Ardovino's (IT), 4501 Anapra Rd.
Billy Crews, 3614 Doniphan Drive.
Beefeater's Inn (EUR), 1231 Magoffin St.
Gillespie's Steak House, 2810 Montana Ave.
Heins (GE), 5400 Montana Ave.
Griggs, 5800 Doniphan Drive.
Riviera (ME), 5218 Doniphan Drive.

EPHRATA (Pa.)

MOTELS
Foodergong Lodge (60 r.), 1166 S. State St.
Dutchmaid (21 r.), 22 N. Reading Rd.

EUGENE (Ore.)

HOTEL
Eugene (170 r.), 222 E. Broadway.

MOTELS
Holiday Inn (150 r.), 225 Coburg Rd.
Thunderbird (130 r.), 205 Coburg Rd.
Travel Inn (115 r.), 2121 Franklin Blvd.
The New Oregon (72 r.), 1655 Franklin Blvd.
Timbers (59 r.), 1015 Pearl St.
Country Squire (52 r.), 13 km (8 mi.) N.
Hyatt Lodge (42 r.), 1857 Franklin Blvd.
Continental (64 r.), 390 E. Broadway.
Eugene Travelodge (35 r.), 540 E. Broadway.
Flagstone (31 r.), 1601 Franklin Blvd.
City Center Lodge (48 r.), 476 E. Broadway.
Boon's Red Carpet (21 r.), 1055 W. 6 Ave.

RESTAURANTS
The Country Inn, 4100 Country Farm Rd.
Alpine Village Inn (GE), 260 River Rd.
Seymour's Riviera Room, 996 Willamette St.
Branding Iron, 579 E. Broadway.
Ford's, 1769 Franklin Blvd.

EVANSTON (Ill.)

MOTELS
Orrington (400 r.), 1710 Orrington Ave.
North Shore (350 r.), 1611 Chicago Ave., Davis St.

RESTAURANTS
Gerry's Tally-Ho, 1513 Chicago Ave.
Dominion Room, 501 Davis St., Hinman Ave.

EVERGLADES NATIONAL PARK (Fla.)

Flamingo Lodge (144 r.), Flamingo Station.

FAIRBANKS (Alaska)

HOTELS
Fairbanks Inn
Polaris
Sullivan
Traveler's Inn
Nordale
Tamarc

FARGO (N.D.)

HOTEL

Gardener (147 r.), 26 Roberts St.

MOTELS

Oak Manor (118 r.), 4 km (2½ mi.) South.
Town House (113 r.), 301 3 Ave. N.
Fargo Biltmore (102 r.), 3700 W. Main Ave.
Midway (20 r.), 643 E. Main St.

FLAGSTAFF (Ariz.)

HOTEL

Monte Vista (66 r.), 100 N. San Francisco.

MOTELS

Holiday Inn (120 r.), 1000 W. Highway 66.
Pony Soldier (86 r.), 3030 E. Santa Fe.
Imperial "400" (41 r.), 223 S. Sitgreaves.
Kings House (57 r.), 1560 E. Santa Fe.
Ramada Inn (68 r.), 601 Mike's Pike.
Flagstaff Travelodge (49 r.), 801 W. Highway 66.
Rodeway Inn (39 r.), 913 Milton Rd.
Autolodge Flagstaff (10 r.), 1313 Highway 89.
Time (42 r.), 914 S. Milton Rd.
Americana (150 r.), 2650 E. Santa Fe.
Wonderland (22 r.), 2000 E. Santa Fe.
French Quarters (40 r.), 1612 E. Santa Fe.
Western Hills (28 r.), 1612 E. Santa Fe.
Frontier (31 r.), 1700 E. Santa Fe.
Hyatt Lodge (30 r.), 1990 E. Santa Fe.
Park Plaza (97 r.), W.
Highway House (84 r.), 2610 E. Santa Fe.
Crown (42 r.), 3300 E. Santa Fe.
Flamingo (66 r.), 550 E. Highway 66.

RESTAURANTS

Senor Bob (ME), 914 E. Santa Fe.
Yiya's, 1000 Milton Rd.
Canton, N. Leroux St.

FLINT (Mich.)

HOTEL
Pick-Durant (240 r.), Detroit & N. Saginaw St.

MOTELS
Voyager Inn (144 r.), 401 Detroit St.
Howard Johnson's Motor Lodge (110 r.), G-3129 Miller Rd.
Autorama (105 r.), 2002 S. Dort Highway.
The Farm (50 r.), 3615 Clio Rd.
Drifter (56 r.), G-4186 Coruna Rd.
Imperial "400" (45 r.), 902 Stevens, E. Court St.
Elms Motor Lodge (45 r.), 2701 S. Dort Highway.
Scenic (15 r.), G-8308 S. Saginaw Rd.

RESTAURANTS
Cromer's, 500 N. Saginaw St.
El Rancho, G-4011 S. Dort Highway.
Bill Knapp's, G-3140 Miller Rd.

FORT LAUDERDALE (Fla.)

HOTELS
Pier 66 (258 r.), 2301 S.E. 17 St. Causeway.
Galt Ocean Mile (300 r.), 3200 Galt Ocean Drive.
Sheraton (210 r.), 403 N. Atlantic Blvd.
Lauderdale Beach (200 r.), 101 S. Atlantic Blvd.
Statler Hilton (240 r.), 4060 Galt Ocean Drive.
Sheraton Yankee Clipper (195 r.), 1140 Seabreeze Ave.
Beach Club (128 r.), 3100 N. Ocean Blvd.
Lago Mar Hotel & Apartments (85 r.), 1700 S. Ocean Lane.
Ocean Manor (196 r.), 4040 Galt Ocean Drive.
Jolly Roger (107 r.), 619 N. Atlantic Blvd.
Bahama (73 r.), 401 N. Atlantic Blvd.
Cavalier (72 r.), 505 N. Atlantic Blvd.
Ireland's (67 r.), 2220 N. Atlantic Blvd.
Lauderdale Biltmore (85 r.), 435 N. Atlantic Blvd.
Enquire (138 r.), 3400 Galt Ocean Mile.

MOTELS
Bahia Mar Motor Inn (115 r.), 600 Seabreeze Blvd.
Lauderdale Ruttger (95 r.), 4240 Galt Ocean Drive.
Howard Johnson's Motor Lodge, 700 N. Atlantic Blvd. and 5001 N. Federal Highway.
Mark 2100 (130 r.), 2100 N. Atlantic Blvd.
Sea Shore (93 r.), 1901 N. Atlantic Blvd.

Sand Castle (87 r.), 733 Breakers Ave.
Outrigger (40 r.), 4320 El Mar Drive.
Sun Tower (27 r.), 2030 N. Atlantic Blvd.
Princess Ann (16 r.), 2901 Belmar St.
Holiday Inn (126 r.), 3349 N. Federal Highway.
Marina Motor Inn (150 tr.), 2150 S.E. 17 St. Causeway.
Stouffer's Anacapri Inn (119 r.), 1901 N. Federal Highway.
King's Crown Inn (113 r.), 3001 N. Federal Highway.
Regent (47 r.), 4041 N. Ocean Blvd.
Fort Lauderdale Travelodge (50 r.), 1251 E. Surprise Blvd.
Sierra (127 r.), 1155 N. Federal Highway.
Sherwood (52 r.), 2201 N. Federal Highway.
Villa Serena & Sandy Shoes (62 r.), 45 Ocean Drive.
Silver Seas (36 r.), 101 N. Atlantic Blvd.
Merrimac (35 r.), 551 N. Atlantic Blvd.
Camelot (33 r.), 626 N. Birch Rd.
Bahama Seas (28 r.), 4445 N. Ocean Drive.
Carriage House Motor Inn (58 r.), 1180 N. Federal Highway.
Bali-Cove (29 r.), 2841 N. Ocean Blvd.
Ruttger's by-the-Sea (28 r.), 4660 El Mar Drive.
Park Lane Motor Lodge (35 r.), 2949 N. Federal Highway.
Lauderdale Lakes Golf Motor Lodge (35 r.), 3700 W. Oakland Park Blvd.
Coralido Inn (44 r.), 4011 N. Ocean Blvd.
Gold Coast (35 r.), 545 N. Atlantic Blvd.
Moby Dick (20 r.), 3100 Windamar St.
Sea Chateau (20 r.), 555 N. Birch Rd.
White Star (60 r.), 2851 N. Federal Highway.
Sea Isle (19 r.), 3003 Viramar St.
Trevers (15 r.), 552 N. Birch Rd.

RESTAURANTS

Le Cordon Bleu (FR), 1201 N. Federal Highway.
Le Dome of the Four Seasons (FR), 333 Sunset Drive (Penthouse).
Dante's (FR), 2871 N. Federal Highway.
Mai-Kai (CH), 3599 N. Federal Highway.
Red Coach Grill, 1200 N. Federal Highway.
Chateau Madrid, 3101 N. Federal Highway, Kennan Bldg.
Tony's Fish Market, 1819 S.E. 17 St.
Patricia Murphy's Candlelight, Bahia Mar Yacht Basin.
Creighton's, 2670 E. Sunrise Blvd.
The Bridge, 3200 E. Oakland Park Blvd.
Wenner's, 2525 N. Federal Highway.

Round Table, 3100 N. Federal Highway.
Heilman's, 1701 E. Sunrise Blvd.
Seven Pillars, 2727 E. Sunrise Blvd.
Wolfie's, 2501 E. Sunrise Blvd.

FORT SMITH (Ark.)

HOTELS

Ward Motor Hotel (200 r.), 523 Garrison Ave.
Goldman (142 r.), 1215 Garrison Ave.

MOTELS

Holiday Inn-Downtown (154 r.), 301 N. 11 St.
Holiday Inn-South (143 r.), 2301 Towson Ave.
Continental (54 r.), 1421 N. 11 St.
Sands (90 r.), 611 N. 11 St.
Holiday (24 r.), 815 Towson Ave.
Terry's (37 r.), 4020 Midland Blvd.
Flamingo Capri (23 r.), 1833 Midland Blvd.
Flamingo (23 r.), 1822 Midland Blvd.
Stonewall Jackson Inn (37 r.), 5715 Towson Ave.
Englander (20 r.), 2715 Towson Ave.
Magnolia Inn (20 r.), 1314 Highway 71 S.

RESTAURANT

Jan's, 809 S. Greenwood Ave.

FORT WORTH (Tex.)

HOTELS

Texas (450 r.), 8 & Main Sts.
Worth (230 r.), 7 & Taylor Sts.

YMCA

512 Lamar St.

MOTELS

Green Oaks Inn (302 r.), 6901 W. Freeway.
Holiday Inn-Northeast (150 r.), 15½ km (10 mi.) N.E.
Rodeway Inn (132 r.), 1111 W. Lancaster at Henderson.
Downtowner (121 r.), 10 & Houston Sts.
Howard Johnson's Motor Lodge (80 r.), 5825 S. Freeway.
Continental Inn (132 r.), 6855 E. Lancaster.
Ramada Inn Northeast (107 r.), 5645 E. Belknap St.
Ramada Inn South (100 r.), 4201 S. Freeway.

Clayton House (100 r.), 1551 S. University Drive.
South Loop (34 r.), 5840 S. Freeway.
Drummers Inn (40 r.), 2520 N.E. 28 St.
Rio (115 r.), 6600 Camp Bowie Blvd.

RESTAURANTS

Hester's on the Hill, 2020 N.W. Highway.
Cross Keys (EUR), 500 S. Summit Ave.
Fairway Steak House, 4801 Camp Bowie Blvd.
House of Mole, 2400 Park Hill Drive.
Jimmie Dip's (CH), 1500 S. University Drive.
Italian Inn (IT), Fairfield St.

FRANCONIA NOTCH (N.H.)

MOTEL

Mittersill Inn & Chalets (87 r.).

FRANKFURT (Ky.)

YMCA

102–106 Bridge St.

MOTELS

Holiday Inn (96 r.), 855 Louisville Rd.
Frankfort Travelodge (53 r.), 711 E. Main St.
Hines (21 r.), Louisville Rd.

FREDERIKSTED (V.I.)

HOTELS

Royal Dane.
Estate Carlton.
Clover Crest.
Sunset Beach Cottages.
Cottages-by-the-Sea.
Village at Cane Bay.
Diamond Fancy.

RESTAURANTS

Persian Virgin.
The Yardarm.
Magic Isle.
La Terrasse.

FRENCH LICK (Ind.)

HOTEL

French Lick-Sheraton Hotel (528 r.).

MOTEL

Lanes (15 r.), ¾ km (½ mi.) N.

FRESNO (Calif.)

HOTELS

Del Webb's Townehouse (181 r.), 2220 Tulare St.
California (240 r.), Kern & Van Ness.
Traveller, près de Greyhound.

MOTELS

Water Tree Inn (137 r.), 4141 N. Blackstone Ave.
Tropicana Lodge (115 r.), 4061 N. Blackstone Ave.
Fresno Hacienda (347 r.), Clinton Ave.
Tradewinds (112 r.), 2141 N. Parkway Drive.
Carousel (60 r.), 1444 W. White Ave.
Hyatt Lodge (60 r.), 4290 N. Blackstone Ave.
Golden Key (51 r.), 2425 Merced St.
Fresno Travelodge (110 r.), 888 H St.
Western Lodge (117 r.), Clinton Ave.
Manchester (53 r.), 3844 N. Blackstone Ave.
Villa (51 r.), 817 N. Parkway Drive.
Imperial "400" (49 r.), 2127 Inyo St.
Parkside Inn (46 r.), 1415 W. Olive Ave.
Vagabond (60 r.), 1807 Broadway.
Rep's (42 r.), 3876 N. Blackstone Ave.
London (30 r.), 797 N. Parkway Drive.
Queen (25 r.), 959 N. Parkway Drive.
Town House (68 r.), 1383 N. Motel Drive.
Americana (36 r.), 205 N. Blackstone Ave.
Bel Air (39 r.), 740 W. Olive Ave.
El Rancho (88 r.), 1265 N. Motel Drive.
Sequoia (29 r.), 4707 E. Kings Canyon Rd.
Fresno (88 r.), 1325 N. Motel Drive.
Motel "6", 949 N. Parkway Drive and 4242 Blackstone Ave.
Holiday (53 r.), 1407 N. Motel Drive.

RESTAURANTS

Faretta's, 703 E. Belmont Ave.
Hi-Life, 2814 N. Maroa Ave.
Rustigan's Iran (ARM), Tulare & U St.

Tokyo Garden (JA), 1711 Fulton St.
The Leilani (CH), 1425 Blackstone Ave.
Estrada's Spanish Kitchen (SP), 370 Blackstone Ave.
Esain's Villa Basque, 6584 N. Blackstone Ave.

GAINSVILLE (Fla.)
MOTELS

Ramada Inn (167 r.), 1250 W. University Ave.
Holiday Inn (140 r.), 1900 S.W. 13 St.
Holiday Inn (120 r.), 8 km (5 mi.) N.
Horne's Motor Lodge (100 r.), 8 km (5 mi.) W.
University Inn (99 r.), 1901 S.W. 13 St.
Howard Johnson's Motor Lodge (64 r.), Newberry Rd.
Howard Johnson's In-Town Motor Lodge (50 r.), 2820 N.W. 13 St.
Gainsville Travelodge (40 r.), 413 W. University Ave.
Tom Sawyer Motor Inn (39 r.), 4029 S.W. 13 St.
Bambi (40 r.), 2119 S.W. 13 St.
Ponderosa Motor Lodge (38 r.), 8 km (5 mi.) W.
Manor (60 r.), 2325 N.W. 13 St.
Gator Court (14 r.), 4170 S.W. 13 St.

GALLUP (N.M.)
MOTELS

Holiday Inn (124 r.), Winterchange.
Shalimar (120 r.), 2½ km (1½ mi.) W.
Gallup Travelodge (49 r.), 1½ km (1 mi.) W.
Ramada Inn (78 r.), 2 km (1¼ mi.) W.
El Capitain (31 r.), 1300 E. Highway 66.
El Rancho (84 r.), 1000 E. Highway 66.
Thunderbird Lodge (65 r.), 2 km (1¼ mi.) W.
Royal Holliday (50 r.), 1903 W. Highway 66.
Desert Skies (34 r.), 1½ km (1 mi.) W.
Road Runner Inn (31 r.), 3012 E. Highway 66.
Ambassador (31 r.), 2 km (1¼ mi.) W.
Ranchito (25 r.), 1009 Business 66 W.

GARDINER (Mont.)
MOTELS

Wilson (21 r.), E.
Jim Bridger Court (23 r.), N.
Westernaire (10 r.), N.
Mountain View (11 r.), N.
Flamingo Motor Lodge (6 r.), N.

GARY (Ind.)

HOTEL

Gary (100 r.), 4905 Melton Rd.

MOTELS

Holiday Inn (122 r.), 3030 E. 8 Ave.
Sheraton-Inn (100 r.), 4905 Melton Rd.
Gateway (32 r.), 8 W. 80 Ave.

RESTAURANTS

Palm Grove, 6859 Industrial Highway.
Jackson's, 5101 E. Dunes Highway.

GATLINBURG (Tenn.)

HOTELS

Riverside Motor Lodge (96 r.), Parkway.
Mountain View (78 r.), Parkway.
Gatlinburg Motor Inn (70 r.), 755 Parkway.
Greystone (51 r.), Parkway.

MOTELS

River Terrace (118 r.), River Rd.
Holiday Inn (138 r.), Airport Rd.
Howard Johnson's Motor Lodge (92 r.), Parkway.
Gatlinburg Travelodge Downtown (51 r.), 805 Parkway.
Gatlinburg Travelodge East (78 r.), Airport Rd.
Twin Islands (75 r.), 539 Parkway.
Brookside Motel & Ranch House (70 r.), Roaring Fork Rd.
Edgepark (60 r.), Parkway.
Smoky Mountain Plaza (46 r.), Airport Rd.
Williams (44 r.), Parkway.
Rocky Waters (40 r.), Parkway.
Whaley (37 r.), Parkway.
Smokyland (35 r.), 727 Parkway.
Edgewater (33 r.), River Rd.
Cox's Gateway Court (48 r.), Parkway.
Crossroads (51 r.), Parkway.
Bearskin (49 r.), Parkway.
Conner Motor Lodge (47 r.), Ski Mountain Rd.
Zoder's (36 r.), Parkway.
Highland (27 r.), 131 Parkway.
Gillette (29 r.), Cloverleaf Drive.
Chalet (26 r.), Sunset Drive.

Morgan (23 r.), Airport Rd.
Belle Aire (25 r.), 248 Airport Rd.
Alto (21 r.), 251 Airport Rd.

RESTAURANTS

Pioneer Inn, 373 Parkway.
Hays House, 458 Parkway.
Hobie's Little Brown Jug, 756 Parkway.
Smokies, Parkway.
Chimney House, 962 Parkway.

GEORGETOWN (S.C.)

MOTELS

Holiday Inn (80 r.), 1½ km (1 mi.) N.
Georgetonian (46 r.), 606 Church St.
Quality Courts Carolinian (41 r.), 706 Church St.
Deason's (22 r.), Church & St. James Sts.

GETTYSBURG (Pa.)

MOTELS

Holiday Inn (100 r.), 516 Baltimore St.
Gettysburg Motor Lodge (89 r.), 380 Steinwehr Ave.
Howard Johnson's Motor Lodge (77 r.), 401 Steinwehr Ave.
Three Crowns (29 r.), 205 Steinwehr Ave.
Stonehenge (23 r.), Baltimore Pike.
Gettysburg Travelodge (31 r.), 10 E. Lincoln Ave.
Colonial (30 r.), 157 Carlisle St.
Colton (23 r.), 232 Steinwehr Ave.
Suburban (30 r.), 1½ km (1 mi.) N.
Peace Light Inn (27 r.), Reynolds Ave.
Larson's (41 r.), 401 Buford Ave.

RESTAURANTS

Dutch Cupboard, 523 Baltimore St.
Hickory Bridge Farm, Jack Rd.
Lamp Post Tea Room, 301 Carlisle St.

GLACIER NATIONAL PARK (Mont.)

East Glacier Park

HOTELS
Many Glacier (234 r.), 19¼ km (12 mi.) W. Babb.
Glacier Park Lodge (154 r.).

MOTELS

Swiftcurrent Motor Inn (60 r.), 21 km (13 mi.) W. Babb.
Rising Sun Motor Inn (37 r.), 9½ km (6 mi.) W. St. Mary Park.
Mountain Pine (22 r.), ¾ km (½ mi.) N.

West Glacier

HOTEL

Lake McDonald Lodge (72 r.), Going-to-the-Sun Rd.

MOTELS

St. Mary Lodge (90 r.), Going-to-the-Sun Rd.
Village Inn (36 r.), 3¼ km (2 mi.) N. Apgar Village.
Highland (36 r.), on 2.
Lake McDonald (30 r.), Going-to-the-Sun Rd.
Vista (25 r.), ¾ km (½ mi.) W.
Apgar Village Lodge (29 r.), 3¼ km (2 mi.) N. Apgar Village.
West Glacier (18 r.), ½ km (¼ mi.) N. 2.
Skyline Lodge (16 r.), on N. Fork Rd.
River Bend (9 r.), ¾ km (½ mi.) N.W. 2.
Tamarack Lodge (8 r.), 13 km (8 mi.) W. 2.

GLOUCESTER (Mass.)

HOTELS

Rockaway (30 r.), 7 Rackcliff St.
Easterly Inn (10 r.), 87 Atlantic Rd.
The Anchorage (18 r.), 5 Hawthorne Lane.
White House (10 r.), Norman Ave.

MOTELS

Atlantis Motor Inn (41 r.), Atlantic Rd.
Twin Light Manor Motor Inn (30 r.), Atlantic Rd.
Bass Rocks Inn (48 r.), 89 Atlantic Rd.
Good Harbor Beach Inn (17 r.), Brier Neck.
Vista (20 r.), 22 Thatcher Rd.

RESTAURANTS

Captain Courageous, 25 Rogers St.
Finnerty's Lobster & Steak House, Rocky Neck Ave.
The Surf, 56 Raymond St.
Hakim's (EUR), Lexington Ave.
Gloucester House, Seven Seas Wharf.

GOLDEN (Col.)

MOTELS

Holiday Inn-West (100 r.), 14707 W. Colfax Ave.
Iron House (8 r.), 17115 W. 44 Ave.

GRAND CANYON NATIONAL PARK (Ariz.)

South Rim

HOTELS

Bright Angel Lodge (95 r.), W. Rim Drive.
El Tovar (94 r.), N.E.

MOTELS

Yavapai Lodge (160 r.), E. Rim Drive.
Grand Canyon Motor Lodge (187 r.).
Moqui Lodge (100 r.).
Red Feather Lodge (44 r.), 1½ km (1 mi.) S. Park.

North Rim

MOTELS

Grand Canyon Lodge (230 r.), canyon rim.
North Rim Inn (35 r.), canyon rim.
Kaibab Lodge (24 r.), 8 km (5 mi.) N. Park.

GRAND RAPIDS (Mich.)

HOTELS

Pantlind (750 r.), 187 Monroe Ave. N.W.
Morton House (400 r.), 72 Monroe Ave.

MOTELS

Mr. President Motor Inn (116 r.), 3221 Plainfield Ave. N.E.
Howard Johnson's Motor Lodge (104 r.), 28 St. & Division Ave.
Holiday Inn-North (164 r.), 270 Ann St. N.W.
Holiday Inn-South (157 r.), 250 28 St. S.W.
By-Pass 67r.), 3300 28 St. S.W.
Grand Rapids Travelodge (58 r.), 65 28 St. S.W.
Town House (53 r.), 525 Monroe Ave. N.W.
Beltline (83 r.), 171 28 St. S.E.
Gateway (21 r.), 2856 28 St. S.E.
Cascade (41 r.), 2865 Broadmoor S.E.
Avon Park (28 r.), 3955 28 St. S.E.

Riviera (25 r.), 4350 Remembrance Rd. N.W.
Jim Williams (40 r.), 3821 Division Ave. S.
Fred Harvey Airport Inn (35 r.), 55.00 44 St. S.E.
Swan Inn (28 r.), 5128 Alpine N.W.
Shangri-La (24 r.), 2691 E. Beltline S.E.

RESTAURANTS

Sayfee's, 645 Division Ave. S.
Scotties Trade Winds (PO), 1201 Division Ave. S.
Golden Eagle, Kent County Airport Terminal.
Finger's, 4981 Plainfield Ave. N.E.
Schnitzelbank (GE), 342 Jefferson Ave. S.E.
Holly's, 105 Jefferson Ave.
Granny's Kitchen, 613 28 St. S.E.

GRAND TETON NATIONAL PARK (Wyo.)

MOTELS

Colter Bay Village (175 r.), 12¾ km (8 mi.) N.W. Moran.
Jenny Lake Lodge (35 r.), Teton Park Rd.
Jackson Lake Lodge (40 r.), 6½ km (4 mi.) N.W. Moran.
The Highlands Lodge (15 r.), Teton Park Rd.
Flagg Ranch (150 r.), 6½ km (4 mi.) N. Park.
Triangle X Ranch (18 r.), 19¼ km (12 mi.) N. Moose.
Togwotee Mountain Lodge (35 r.), 25½ km (16 mi.) E. Park.

GREAT FALLS (Mont.)

HOTELS

Rainbow (200 r.), 20 3 St. N.
Falls.

YMCA

101 1 Ave. N.

YWCA

2 St.

MOTELS

Holiday Inn (110 r.), 1411 10 Ave. S.
O'Haire Manor (72 r.), 1 Ave. S. & 7St.
Wagon Wheel (23 r.), 2620 10 Ave.
Imperial "400" (31 r.), 601 2 Ave. N.
New Villa (15 r.), 726 10Ave. S.
Fergus (28 r.), 300 3 Ave. N.W..
Royal (24 r.), 1300 Central Ave.

RESTAURANT

4 B's Red Lion Supper Club, 3800 10 Ave. S.

GREEN BAY (Wis.)

HOTEL

Northland (300 r.), Pine & Adams Sts.

YMCA

235 N. Jefferson St.

MOTELS

Beaumont Motor Inn (100 r.), Washington & Main Sts.
Holiday Inn (107 r.), 6½ km (4 mi.) S.
Valley (56 r.), 116 N. Military Ave.
Downtowner (92 r.), 321 S. Washington St.
Bay (57 r.), 1301 S. Military Ave.
Imperial "400" (40 r.), 119 N. Monroe Ave.
Packer City (42 r.), 1957 Main St.
North Star (35 r.), 1111 N. Military Ave.

RESTAURANTS

Stratosphere Club, Humboldt Rd.
Lancer Supper Club, 704 Lime Kiln Rd.
Gene's Supper Club, 1745 Velp Ave.
Zuider Zee, 1860 Willow St.

GREENVILLE (S.C.)

HOTELS

Jack Tar Poinsett (243 r.), S. Main St.
Greenville (160 r.), 201 W. Washington St.

MOTELS

Downtowner (103 r.), Main & Oak Sts.
Howard Johnson's Motor Lodge (88 r.), 5½ km (3½ mi.) S.
Colonial Court Hotel (80 r.), Wade Hampton Blvd.
Holiday Inn (145 r.), 27 Pleasantburg Drive.
Cambana Inn America (77 r.), 407 N. Main St.
Greenville Travelodge (78 r.), 320 N. Church St.
Orvin Court (62 r.), 811 Laurens Rd.
Imperial "400" (52 r.), 607 E. N. St.
Wade Hampton (42 r.), 2800 Wade Hampton Blvd.
University Park (29 r.), 1403 Wade Hampton Blvd.

RESTAURANTS
Forum, 1 Antrim Drive.
Rib & Loin, 4¾ km (3 mi.) S.
Open Hearth Steak House, Wade Hampton Blvd.

GULFPORT (Miss.)
MOTELS
Alamo Plaza Hotel Courts (92 r.), 2232 E. Beach Blvd.
Sea Isles Hotel Court (38 r.), E. Beach Blvd.
Worth Motor Lodge (34 r.), 2252 E. Beach Blvd.
Moody's (34 r.), W. Beach Blvd.

RESTAURANTS
Angelo's, 3206 W. Beach Blvd.
San Beach Steak Inn, E. Beach Blvd.

HANNIBAL (Mo.)
MOTELS
Ahler's (46 r.), 3603 McMasters.
Town House (31 r.), 502 Mark Twain Ave.
Lori-Lynn (23 r.), 2309 Broadway.

HANOVER (N.H.)
MOTELS
Hanover Inn (108 r.), Main & E. Wheelock Sts.
Hanover Motor Lodge (39 r.), Lebanon St.

HARPERS FERRY (W.Va.)
HOTEL
Hilltop House (50 r.), 1¼ km (¾ mi.) N.

MOTEL
Chiffside (46 r.), 3¼ km (2 mi.) S.W.

YOUTH HOSTEL
Hilltop House Hotel.

HARRISBURG (Pa.)
HOTELS
Harrisburger (276 r.), 3 & Locust Sts.
Penn Harris (164 r.), 3 & Walnut Sts.
Governor (106 r.), 4 & Market Sts.
Georgian Hall Motor Lodge (24 r.), 4075 Market St.
Holiday Inn Town (275 r.), 2 & Chestnut Sts.

MOTELS

Schafft's Motor Inn (104 r.), 8 km (5 mi.) S.
Holiday West (300 r.), 10½ km (6½ mi.) S.W.
Holiday East (150 r.), 9½ km (6 mi.) S.E.
Penn Harris Motor Inn (101 r.), 3¼ km (2 mi.) W.
Howard Johnson's Motor Lodge (104 r.), 473 Eisenhower Blvd.
Nationwide Inn (125 r.), 525 S. Front St.
Congress Inn (62 r.), 9½ km (6 mi.) S.E.
Excellent Inn (59 r.), 4125 N. Front St.
Plantation Inn (32 r.), 10½ km (6½ mi.) S.W.
Capital (115 r.), 4646 Jonestown Rd.
Keystone (42 r.), 8 km (5 mi.) S.W.
Woodland Motor Court (13 r.), 7560 Allentown Blvd.

RESTAURANTS

Inn 22, 5390 Jonestown Rd.
Castiglia's (IT), 706 N. 3 Sts.

HARRODSBURG (Ky.)

HOTEL

Beaumont (33 r.), 638 Beaumont Drive.

MOTELS

Stone Manor (30 r.), 1½ km (1 mi.) S.
Bailey's (21 r.), 814 N. College.

HARTFORD (Conn.)

HOTELS

Hartford Hilton (450 r.), 10 Ford St.
America (304 r.), 5 Constitution Plaza.
Avon, 289 Asylum St.

YMCA

315 Pearl St.

YWCA

Ann St.

MOTELS

Shoreham (96 r.), 440 Asylum Ave.
Shoreham West (60 r.), 900 Farmington Ave.
Howard Johnson's Motor Lodge (80 r.), 7 Weston St.
Carville's Motor Lodge (100 r.), 29 Windsor Ave.
Madison Motor Inn (32 r.), 397 Main St.
Imperial "400" (47 r.), 927 Main St.

RESTAURANTS
The Hearthstone (EUR), 678 Maple Ave.
Adajian's, 297 Asylum St.
Ollie's Steak House, 466 Farmington Ave.
Valle's Steak House, 165 Brainard Rd.
Horniss Oyster House, 44 State St.
The South Seas (PO), 964 Farmington Ave.
Marco Polo (IT), 1250 Burnside Ave.

HELENA (Mont.)

MOTELS
Holiday (87 r.), 1714 11 Ave.
Imperial "400" (61 r.), 524 N. Last Chance Gulch.
Main (52 r.), 910 N. Last Chance Gulch.

RESTAURANTS
Golden Cache, 1200 Euclid.
Colonial Supper Club, 2½ km (1½ mi.) E.

HERSEY (Pa).

HOTEL
Cocoa Inn (100 r.), Chocolate & Cocoa Ave.

MOTELS
Hershey Motor Lodge (200 r.), Chocolate Ave. & University Drive.
Palmyra (30 r.), 6½ km (4 mi.) E.
Hersey "Colonial" (14 r.), 43 W. Areba Ave.

RESORT
Hersey (150 r.), 2½ km (1½ mi.) N.

HODGENVILLE (Ky.)

MOTELS
Lincoln Memorial (18 r.), 4¾ km (3 mi.) S.
Hodgenville (10 r.), 1½ km (1 mi.) S.

HOLLAND (Mich.)

MOTELS
Holiday Inn (80 r.), 482 E. 32 St.
Macatawa Inn (30 r.), 9½ km (6 mi.) W.
Wooden Shoe (29 r.), 3¼ km (2 mi.) E.
Lake Ranch (34 r.), 2226 Ottawa Beach Rd.
Bush's (18 r.), 3896 Washington Ave.
Speet's (16 r.), 5941 S. Washington Ave.

HONOLULU (Hawaii)

HOTELS

Queen Kapiolani (300 r.), 150 Kapiolani Ave.
Waikiki Grand Hotel (172 r.), 134 Kapahulu Ave.
Ala Moana, 404 Piikoi St.
Kaimana Beach Hotel (149 r.), 2863 Kalakana Ave.
Holiday Inn, Waikiki Beach.
Royal Aloha, 1909 Ala Wai Blvd.
Makaha Inn, Waikiki Beach.
Ilikai, Waikiki Beach.

HOT SPRINGS (S.D.)

MOTELS

El Rancho Court (36 r.), 640 S. 6 St.
Evans Heights (15 r.), 1½ km (1 mi.) N.

HOT SPRINGS (Va.)

MOTELS

The Homestead (550 r.), on 220.
Cascades Inn (51 r.), on 220.
Valley View Inn (22 r.), on 220.
Hillcrest (12 r.), on 220.

HOT SPRINGS NATIONAL PARK (Ark.)

HOTELS

The Arlington Hotel & Baths (560 r.), Central Ave., Fountain.
Velda Rose Tower (200 r.), 217 Park Ave.
Majestic Hotel, Apts. & Baths (348 r.), Park & Central Aves.
Aristocrat Motor Inn (138 r.), 240 Central Ave.
De Soto (150 r.), 201 Central Ave.

MOTELS

Downtowner (141 r.), 135 Central Ave.
Ramada Inn (124 r.), 400 W. Grand, Central Ave.
Holiday Inn (137 r.), 1125 E. Grand Ave.
Velda Rose (133 r.), 218 Park Ave.
Avanella Motor Lodge (88 r.), 1200 Central Ave.
Royale Vista Inn (126 r.), 2204 Central Ave.
Travelier (56 r.), 1045 E. Grand Ave.
Sands (55 r.), 1525 Central Ave.
Howard Johnson's Motor Lodge (24 r.), 2½ km (1½ mi.) E.
Anthony Island (35 r.), 8¾ km (5½ mi.) S.

Aloha Motor Lodge (128 r.), 2100 Central Ave.
Fountain (37 r.), 1622 Central Ave.
Taylor Rosamond (31 r.), 316 Park Ave.
Wheatley (46 r.), 811 Park Ave.
Parkway (39 r.), 815 Park Ave.
Shorecrest (24 r.), 230 Lakeland Drive.
Buena Vista (40 r.), 4 km (2½ mi.) S.

RESTAURANTS

Stute's Dinners (EUR), 2234 Malvern Rd.
Mayflower (KO), 366 Central Ave.

HOUSTON (Tex.)

HOTELS

Shamrock Hilton (1100 r.), Main & Holcombe Blvd.
Lamar (375 r.), Main St., Lamar Ave.
Astroworld, Interstate 610, Kirby.
America (323 r.), Smith, Jefferson.
The Warwick (323 r.), 5701 S. Main St.
Rice (1000 r.), 929 Texas Ave., Main St.
Sheraton-Lincoln (500 r.), 777 Polk St., Milam St.
Texas State (400 r.), 720 Fannin St.
Savoy-Field (310 r.), 1616 S. Main St.
The Towers (300 r.), 2130 W. Holcombe Blvd.
Plaza (175 r.), 5020 Montrose Blvd.
McKinney, 910 McKinney St.
Sam Houston, 1119 Prairie.
William Penn, 1423 Texas Ave.
Auditorium, 701 Texas Ave.

YMCA

1600 Louisiana St.

YWCA

1521 Texas Ave.

MOTELS

Houston Airport Inn (210 r.), 7777 Airport Blvd.
Royal Coach Inn (500 r.), 7000 S.W. Freeway.
Houstonaire Motor Inn (225 r.), 2929 S.W. Freeway.
Tidelands Motor Inn (233 r.), 6500 S. Main St.
Holiday Inn-West (122 r.), 9799 Katy Rd.
Holiday Inn-Midtown (212 r.), 2391 S. Wayside Drive.
Holiday Inn-Central (285 r.), 4640 S. Main St.

Holiday Inn-North (150 r.), 1500 N. Loop.
Holiday Inn (217 r.), S.W. Freeway.
White House (220 r.), 9300 S. Main St.
Field Inn (244 r.), 11211 Highway 75 N.
Surrey House (96 tr.), 8330 S. Main St.
Continental Houston (250 r.), 101 Main St.
Las Vegas (144 r.), 9604 S. Main St.
Ramada Inn (200 r.), 2121 Allen Parkway.
Ramada Inn (200 r.), 3815 Gulf Freeway.
Ramada Inn (130 r.), 6855 S.W. Freeway.
Ramada Inn (133 r.), 8700 S. Main St.
Ramada Inn-East, 10801 E. Freeway.
Mariott Motor Hotel, 2100 S. Braeswood.
King Motor Lodges, 9051 S. Main St.
Downtowner (144 r.), 1010 Texas Ave.
Howard Johnson's Motor Lodge, Interstate 610, Kirby.
Howard Johnson's Motor Lodge (120 r.), 7953 Katy Rd.
Town House (150 r.), 3011 Allen Parkway.
Coronada (200 r.), 310 S. Heights Blvd.
Carrousel (210 r.), 3330 Reveille Rd.
Rodeway Inn (84 r.), 3135 S.W. Freeway.
Rodeway Inn (77 r.), 7905 S. Main St.
Rodeway Inn (57 r.), 4115 Gulf Freeway.
Vagabond (85 r.), 4815 N. Freeway.
Mitchell Inn (52 r.), 10015 S. Main St.
Holiday House (40 r.), 10319 S. Main St.
Helena (110 r.), 2401 S. Wayside Drive.
Frontier Ranch (70 r.), 114 S. Richey St.
Sheriton Oaks, 7021 Main St.
Goiden Key Inn (160 r.), 17607 E. Freeway.
Grant (64 r.), 8200 S. Main St.
Houston Motor Lodge (36 r.), 6319 N. Freeway.

RESTAURANTS

Ye Old College Inn, 6545 S. Main St.
Maxim's (FR), 802 Lamar Ave.
Look's Sir-Loin House, 6112 Westheimer Rd.
Albert Gee's Poly-Asian (CH), 5138 Westheimer Rd.
Portofino's (EUR), 710 Berry, Louisiana.
Nicky's (FR), 2702 Kirby Drive.
Bill Bennett's Steak House in the Sky, 200 Crawford.
Safari (AN), 4902 Richmond Ave.
Bud Bigelow's Charcoal House, 7939 Westheimer Rd.
Chez Orleans (FR), 4088 Westheimer Rd.

Copenhagen (SC), 3804 Farnham St.
A la Carte, 666 Westbury Square.
Vargo's, 2401 Fondren Rd.
Swiss Chalet, 511 S. Post Oak Lane.
Red Lion (GB), 7315 S. Main St.
Pier 21, 7001 Fannin St.
Martini's Candlelight (GE), 1904 S. Shepherd Drive.
Alfred's (KO), 9123 Stella Link Rd.
Gaido's, 9200 S. Main St.

Lear Lake Area (NASA)

MOTELS

Nassau Bay (220 r.), 1622 Nasa Blvd.
Ramada Inn (179 r.), 2020 Nasa Blvd.
Holiday Inn-Nasa (155 r.), 1300 Nasa Blvd.
Sheraton King's Inn (150 r.), 1301 Nasa Blvd.

RESTAURANTS

Eric's Crown & Anchor, 5014 Nasa Blvd.
Flintlock, 810 Nasa Blvd.
Jimmie Walker Edgewater, E.
Luigi's (IT), S.W.

HUNTINGTON (W.Va.)

HOTELS
Prichard (300 r.), 6 Ave. at 9 St.
Frederick (105 r.), 4 Ave. at 10 St.

MOTELS

Up Towner (144 r.), 1415 4 Ave.
Holiday Inn (112 r.), 3325 Highway 60 E.
Stone Lodge (75 r.), 5600 Highway 60 E.
Quality Courts Colonial Inn (40 r.), 4644 Highway 60 E.
Gateway (36 r.), 6007 Highway 60 E.

RESTAURANT
French Tavern, 2349 Adams Ave.

HUNTSVILLE (Ala.)

HOTEL
Russel Erskine (120 r.), Clinton, Gallatin.

YMCA
203 Green St., S.E.

MOTELS

Carriage Inn (225 r.), 3811 University Drive N.W.
Sheraton Motor Inn (210 r.), 4404 University Drive N.W.
Sands (130 r.), 2700 Memorial Parkway S.
Club Lodge (101 r.), 3502 Memorial Parkway S.
Howard Johnson's Motor Lodge (80 r.), 2524 Memorial Parkway N.
Kings Inn (180 r.), 1220 Memorial Parkway N.
Jolly Inn (96 r.), 3305 Memorial Parkway S.
Tourway Inn (90 r.), 1304 Memorial Parkway N.
Albert Pick (125 r.), 2901 Memorial Parkway.
Town House Jolly Inn (77 r.), 2806 Memorial Parkway S.
Queen Motor Lodge (60 r.), 10013 Memorial Parkway S.
Barclay (75 r.), 2201 Memorial Parkway.
Frank-Ann (25 r.), 2101 Memorial Parkway S.

RESTAURANT

Michael's, 3312 Memorial Parkway S.

HUNTSVILLE (Tex.)

MOTELS

Rodeway Inn (60 r.), 1½ km (1 mi.) W.
Coachlight Inn (48 r.), 1½ km (1 mi.) W.
Center (30 r.), 1602 Ave. L.
Baker (22 r.), 1½ km (1 mi.) S.W.

HYANNIS (Mass.)

MOTELS

Yachtman Motor Inn (105 r.), 500 Ocean St.
Howard Johnson's Motor Lodge (72 r.), Main St.
Charles Motor Lodge (84 r.), 662 Main St.
Hyannis Country Squire Motor Lodge (80 r.), 206 Main St.
Hyannis Travel Inn (59 r.), 16 N. St.
Hyannis Holiday (40 r.), 131 Ocean St.
Candlelight Motor Lodge (42 r.), 447 Main St.
Rainbow (30 r.), Iyanough Rd.
Top o'the Morn Motor Lodge (56 r.), 1127 Iyanough Rd.
Port 'n' Starboard (36 r.), Iyanough Rd.
Presidential Motor Lodge (30 r.), Iyanough Rd.
Lamplighter (31 r.), Iyanough Rd.
Hyannis Town House Motor Lodge (26 r.), 33 Ocean St.
Country Lake (20 r.), Iyanough Rd.
The Angel (30 r.), Iyanough Rd.

RESTAURANTS
Red Coach Grill, Airport Rotary.
Priscilla Alden, 8 Barnstable Rd.
Hill's Dining Room, 530 W. Main St.
Flying Dutchman, Iyanough Rd.

IDAHO FALLS (Ida.)

MOTELS
Holiday Inn (135 r.), 850 Lindsay Blvd. & Taylor.
Westbank (119 r.), 475 River Parkway.
Driftwood (35 r.), 845 River Parkway.
Stardust (105 r.), 700 Lindsay Blvd.
Flamingo (80 r.), 888 N. Holmes Ave.
Idaho Falls Travelodge (40 r.), Shoup & E. Sts.
Falls View (23 r.), 575 River Parkway.
Haven (27 r.), 2480 S. Yellowstone Highway.

RESTAURANT
Leonard's Lounge & Dining Room, Fanning Field Air Terminal.

INDEPENDENCE (Mo.)

MOTELS
Ramada Inn (112 r.), 4201 S. Noland Rd.
Queen City (26 r.), 11402 E. Highway.
Moonlight (20 r.), 15810 E. Highway.

INDIANAPOLIS (Ind.)

HOTELS
Stouffer's Indianapolis (303 r.), 2820 N. Meridian St.
Sheraton-Lincoln (400 r.), 117 W. Washington St.
Claypool (425 r.), 14. N. Illinois St.
Marott (285 r.), 2625 N. Meridian St.
Harrison (113 r.), Capitol, Market St.
Warren (225 r.), 123 S. Illinois St.

YMCA
310 N. Illinois St.

MOTELS
Essex House (200 r.), 421 N. Pennsylvania St.
Howard Johnson's Motor Lodge-Downtown (237 r.), 501 W. Washington St.
Howard Johnson's Motor Lodge-Speedway (124 r.), 2602 N. High School Rd.

Howard Johnson's Motor Lodge-East (97 r.), 7339 E. Washington St.
Manager Motor Inn (178 r.), 1530 N. Meridian.
Ramada Inn (123 r.), 3525 N. Shadeland Ave.
Airport Hotel of Indianapolis (109 r.), 2500 S. High School Rd.
Quality Courts-North (151 r.), 1501 E. 38 St.
Meadows (77 r.), 2600 E. 38 St.
Holiday Inn-Downtown (129 r.), 500 W. Washington St.
Holiday Inn-East (153 r.), 6990 Pendleton Pike.
Holiday Inn-South (120 r.), 520 E. Thompson Rd.
Holiday Inn-Northwest (120 r.), 6330 Debonair Lane.
Holiday Inn-Airport (180 r.), 2501 S. High School Rd.
Holiday Inn-Speedway (93 r.), 4665 W. 16 St.
Speedway (96 r.), 4400 W. 16 St.
Drake (60 r.), 1415 N. Pennsylvania St.
Ace (40 r.), 7201 E. Washington St.
Imperial House (72 r.), 343 W. Washington St.
Indianapolis Travelodge-East (60 r.), 516 E. Washington St.
Indianapolis Travelodge-West (97 r.), 403 W. Washington St.
38th Street (50 r.), 5117 E. 38 St.
Arlington Inn (100 r.), 401 E. Washington St.
Catalina (28 r.), 8010 W. Washington St.
Capilano Inn (96 r.), 7550 E. Washington St.
Mayfair (60 r.), 2040 Lafayette Rd.
Mohawk Motor Inn (83 r.), 5855 E. Washington St.

RESTAURANTS
Keys, 1820 N. Meridian St.
King Cole (EUR), 7 N. Meridian St.
Brodey's, 21 St., Arlington Ave.
Rene's (FR), 5244 W. Washington St.
Key West Shrimp House, 2862 Madison Ave.
Sirloin Inn, 9610 E. Washington St.
Kendall Inn, 5750 E. 38 St.
Hollyhock Hill, 8110 N. College Ave.
Hawthorn, 1611 N. Meridian St.

JACKSON (Miss.)

HOTELS
Heidelberg (250 r.), 131 E. Capitol St.
New Royal Hotel, 125 E. Capitol St.

YMCA
610 High St.

MOTELS

Downtowner (215 r.), 225 E. Capitol St.
Sun-n-Sand (200 r.), 401 N. Lamar St.
Admiral Benbow Inn (124 r.), 905 N. State St.
Holiday Inn-Southwest (177 r.), 2649 Highway 80 W.
Holiday Inn-North (100 r.), 6½ km (4 mi.) N.
Ramada Inn (107 r.), 2275 Highway 80 W.
Jackson Travelodge (52 r.), 550 W. Capitol St.
Jacksonian Highway Hotel (104 r.), 6½ km (4 mi.) N.
Sheraton Inn (100 r.), 6½ km (4 mi.) N.
Stonewall Jackson Motor Lodge (74 r.), 3¼ km (2 mi.) S.W.
Alamo Plaza Hotel Court (90 r.), Terry Rd.

RESTAURANTS

Golden Horse-Primos Northgate (FR), 4330 N. State St.
King's Inn, 2912 Old Canton Rd.

JACKSON (Wyo.)

HOTELS

Wort Motor Hotel (55 r.), Broadway & Glenwood.
Alpenhof Chalet (30 r.), 19¼ km (12 mi.) N.W.
Sojourner Inn (30 r.), 19¼ km (12 mi.) N.W.
Sven Levels Inn (22 r.), 19¼ km (12 mi.) N.W.

MOTELS

Virginian (100 r.), 1¼ km (¾ mi.) W.
Parkway (39 r.), 115 N. Jackson Ave.
Grand Vu (44 r.), 305 W. Broadway.
Pony Express (42 r.), 171 W. Pearl St.
Western (31 r.), Glenwood & Simpson Sts.
Rawhide (21 r.), 216 W. Pearl St.
American Lodge (20 r.), 300 E. Broadway.
Wagon Wheel Village (70 r.), Cache St.

RESTAURANTS

The Open Range (EUR), 99 N. Cache Ave.
Chateau, 14 W. Broadway.
Pioneer, E. Broadway.
Silver Spur Cafe, 65 N. Cache St.

JACKSONVILLE (Fla.)

HOTELS

Robert Meyer (500 r.), 315 Julia St.
Sheraton-Jacksonville (300 r.), 565 S. Main St.
Roosevelt Motor-Hotel (300 r.), 33 W. Adams St.
George Washington (300 r.), Julia & Adams Sts.
Mayflower (202 r.), 10 Julia St.

MOTELS

Thunderbird (231 r.), 5865 Arlington Expressway.
Quality Courts Heart of Jacksonville (250 r.), 901 Main St.
Howard Johnson's Motor Lodge North (76 r.), 1055 Goldfair Blvd.
Howard Johnson's Motor Lodge West (64 r.), 6545 Ramona Blvd.
Howard Johnson's Motor Lodge (62 r.), 3007 Phillips Highway.
Arlington Motor Lodge (50 r.), 6300 Expressway.
Holiday Inn-Downtown (157 r.), 2300 Phillips Highway.
Holiday Inn-Alt 2 South (129 r.), 8016 Arlington Expressway.
Jacksonville Travelodge (125 r.), 925 Mary St.
Zanzibar (67 r.), 3155 Phillips Highway.
Rodeway Inn (60 r.), 3558 Phillips Highway.
Gator Lodge (86 r.), 4141 Phillips Highway.
Golden Sands Motor Lodge (50 r.), 10455 Phillips Highway.
Congress Inn (42 r.), 10464 Phillips Highway.
Coral Lodge (38 r.), 3032 Phillips Highway.
Monterey (27 r.), 5214 New Kings Rd.
Johnson Manor Motor Court (34 r.), 3114 Phillips Highway.
El Verano Motor Court (26 r.), 2415 Phillips Highway.

RESTAURANTS

Green-Turtle, 4175 Phillips Highway.
Embers, 25 W. Church St. (Universal Marion Bldg).
Stricklands Town House, 3510 Phillips Highway.
Sandy's Steer Room, 1780 W. Beaver St.
Patti's (IT), 7300 Beach Blvd., 4495 Roosevelt Blvd.
Quick Snak, 232 W. Forsythe St.

JEFFERSON CITY (Mo.)

HOTEL

Governor (167 r.), 200 Madison St.

MOTELS

Ramada Inn (250 r.), 3¼ km (2 mi.) S.W.
Holiday Inn-Downtown (169 r.), Monroe & Miller St.
Holiday Inn-South (83 r.), 5 km (3 mi.) S.W.

RESTAURANTS
Adcock's & Brass Rail, 214 Madison St.
Oscar's Steak House, 3¼ km (2 mi.) S.

JERSEY CITY (N.J.)

YMCA
60 Washington St.

MOTEL
Holiday Inn (150 r.), 12 St. & Grove St.

RESTAURANTS
Villa Capri (EUR), 1064 Westside Ave.
Bruno's (IT), 161 Summit Ave.

JUNEAU (Alaska)

HOTEL
Baronof-Western.

YOUTH HOSTEL
123 4 St.

KALAMAZOO (Mich.)

MOTELS
Kalamazoo Inn (111 r.), 200 N. Park St.
Ramada Inn (102 r.), 5300 S. Westnedge Ave.
Holiday Inn-Crosstown (150 r.), 220 E. Crosstown Parkway.
Holiday Inn-Expressway (103 r.), 3522 Sprinkle Rd.
Y-Master (50 r.), 5300 Portage Rd.
Southgate (124 r.), 5630 S. Westnedge Ave.
Kalamazoo-Travelodge (60 r.), 1211 S. Westnedge Ave.
Westnedge (34 r.), 5630 S. Westnedge Ave.

RESTAURANTS
Gull Harbor Inn (FR), 19¼ km (12 mi.) N.E.
Anchor Inn, 20 km (12½ mi.) N.E.
Bill Knapp's, 5135 Portage Rd.
Holly's, 645 W. Michigan Ave.

KANAB (Ut.)

MOTELS
Parry Lodge (43 r.), 99 E. Center St.
Treasure Trail (29 r.), 140 W. Center St.
Red Hills (28 r.), 125 W. Center St.
Brandon (28 r.), 221 W. Center St.
Aiken's Lodge (25 r.), 75 W. Center St.
Canyons Lodge (14 r.), 125 N. 300 W.

RESTAURANT
Chef's Palace, 150 W. Center St.

KANSAS CITY (Kan.)

HOTEL
Town House Motor Inn (250 r.), 7 St. & State Ave.

YMCA
900 N. 8 St.

MOTELS
Glenwood Manor (200 r.), 9200 Metcalf.
Holiday Inn-Downtown (206 r.), 5 & Minnesota Ave.
Holiday Inn-Mission (150 r.), 7240 W. 63 St.
Western Hills (116 r.), W. 67 St.
Mission Inn (100 r.), 7508 W. 63 St.
Colonial (70 r.), 3930 Rainbow Blvd.
White Haven Motor Lodge (76 r.), 8039 Metcalf.
Flamingo (48 r.), 4725 State Ave.
West Haven (20 r.), 5250 State Ave.

RESTAURANT
Yu-All, 3948 Rainbow Blvd.

KANSAS CITY (Mo.)

HOTELS
Muehlbach Hotel & Towers (785 r.), Baltimore, Wyandotte & 12 Sts.
President (400 r.), Baltimore & 14 Sts.
Continental (283 r.), Baltimore, 11 St.
Philips (350 r.), Baltimore & 12 Sts.
Aladdin (300 r.), 1213 Wyandotte St.
Bellerive (225 r.), 214 E. Armour Blvd., Warwick.

YMCA
404 E. 10 St.

YWCA

1903 Paseo Blvd.

MOTELS

Hilton Inn (189 r.), 610 Washington St.
Plaza Inn (250 r.), 45 & Main Sts.
Prom Sheraton Motor Inn (244 r.), 6 & Main Sts.
Downtowner (237 r.), 1234 Central St., 13 St.
Howard Johnson's Motor Lodge East (126 r.), 4200 S. Noland Rd.
Howard Johnson's Motor Lodge North (113 r.), 1600 Russell Rd.
Kansas City Downtown Travelodge (143 r.), 921 Cherry & 10 Sts.
Holiday Inn-East (125 r.), 13900 E. Highway 40.
Holiday Inn-Southeast (87 r.), 8500 Blue Parkway, 63 St.
Holiday Inn-South (100 r.), Truman Corners & Blue Ridge.
Holiday Inn-Airport (245 r.), Broadway & 1 St.
Ramada Inn (90 r.), 5000 E. Linwood Blvd.
U-Smile (100 r.), 7901 E. Highway 40.
Northway Inn (60 r.), 600 Pasea Blvd.
Kansas City Travelodge (52 r.), 3240 Broadway.
Executive (65 r.), 13 & Washington Sts.
Green Crest (53 r.), 15014 E. Highway 40.
Capri (50 r.), 1437 Independence Ave.
Skyline Inn (42 r.), 5100 N.W. Highway 71.
Admiral Paseo (41 r.), 1409 Admiral Blvd.

YOUTH HOSTEL

3142 Washington St.

RESTAURANTS

Putsch's 210 (EUR), 210 W. 47 St.
Westport Room (EUR), Pershing Rd. & Main St.
Bretton's (EUR), 1215 Baltimore St.
Plaza III, 4749 Pennsylvania St.
Stephenson's, Lees Summit Rd.
Carter's Cock 'n' Bull Steak House, 113 E. 10 St.
Top of the Tower (EUR), 911 Main St.
Golden Ox, 1600 Genesee (Livestock Exchange Bldg).
Gaetanos, 400 E. 5 St., Oak.
The Inn at the Landing, 6301 Troost Ave.
Wishbone, 4455 Main St.
Gold Buffet, 503 E. 18 Ave.
Bali Hai (CH), 1215 Baltimore St.
The Drumstick, 7835 State Line Rd.

KETCHIKAN (Alaska)

MOTELS
Ingersoll.
Mary Francis.

KEY WEST (Fla.)

MOTELS
Holiday Inn (129 r.), 1111 N. Roosevelt Blvd.
Key Wester (90 r.), S. Roosevelt Blvd.
Howard Johnson's Motor Lodge (50 r.), 3031 N. Roosevelt Blvd.
Santa Maria (50 r.), 1401 Simonton St.
Key Ambassador (65 r.), S. Roosevelt Blvd.
Sugar Loaf Lodge (55 r.), Sugar Loaf Key.
Southernmost (52 r.), S. & Duval Sts.
Sun 'n' Surf (30 r.), 508 S. St.
Blue Marlin (50 r.), 1320 Simonton St.
Key West Travelodge (43 r.), Simonton St., United.
Sunshine (17 r.), 1425 Alberta Ave.

RESTAURANTS
Dedek's Bon Vivant (FR), 1129 Simonton St.
Logun's, 1420 Simonton St.
7 Seas, 1000 S. Roosevelt Blvd.
Tony's Fish Market, 1 Duval St.
A & B Lobster House, 700 Front St.
Zarape, 3 Duval St.

KLAMATH FALLS (Ore.)

MOTELS
Maverick (68 r.), 1220 Main St.
Molatore's (67 r.), 100 Main St.
Cobo's City Center Lodge (49 r.), 11 Main St.
Braecrest (32 r.), 3006 Green Springs Drive.
Kimberly (12 r.), 2246 Union Ave.

RESTAURANTS
Pelican, 722 Main St.
Sari's (IT), 5327 S. 6 St.

KINGS CANYON NATIONAL PARK (Calif.)

MOTELS
Grant Grove Lodge (62 r.).
Life of Reilly Lodge (9 r.), 20¾ km (13 mi.) S.W.
Cedar Grove Camp.

KNOXVILLE (Tenn.)

HOTELS

Andrew Johnson (350 r.), 918 S. Gay St.
Farragut (300 r.), 530 Gay St.

YMCA

605 W. Clinch Ave.

YWCA

420 W. Clinch Ave.

MOTELS

Holiday Inn-Downtown (146 r.), 2000 Chapman Highway.
Holiday Inn-West (136 r.), 1315 Kirby Rd.
Holiday Inn-Northeast (184 r.), 4625 Ashville Highway.
Admiral Benbow Inn (128 r.), 317 Ramsey St.
Quality Courts University Inn (103 r.), 178 Clinch St.
Howard Johnson's Motor Lodge West (110 r.), 7723 Kingston Pike.
Howard Johnson's Motor Lodge (63 r.), 3400 Chapman Highway.
Host of America (80 r.), 6101 Kingston Pike.
Country Squire (59 r.), 7304 Kingston Pike.
Town Lodge (55 r.), 4001 Chapman Highway.
Terrace View Motor Lodge (48 r.), 6500 Kingston Pike.
Family Inn (40 r.), 4916 Chapman Highway.
Ranch House (35 r.), 3207 Magnolia Ave. N.E.
Tennessee Host (35 r.), Alcoa Highway.

RESTAURANTS

Rathskeller, 4509½ Kingston Pike.
Regas, 318 N. Gay St.
Sky Chef, Municipal Airport.

LA CROSSE (Wis.)

YMCA

7 & Main Sts

MOTELS

Holiday Inn (236 r.), Pettibone Island, Hoeschler Park Plaza.
Ivy (54 r.), 6 & Vine Sts
Bluff View (48 r.), 337 Mormon Coulee Rd.
Guest House (39 r.), 810 S. 4 St.
Redwood (32 r.), 115 Mormon Coulee Rd.
Welch (16 r.), 3643 Mormon Coulee Rd.

RESTAURANTS

Cerise, 1815 Ward Ave.
Maple Grove Country Club Dining Room, 16 km (10 mi.) E.
Walt's, 3 & Mississippi Sts.

LAKE DU FLAMBEAU (Wis.)

MOTELS

Dillman's Sand Lake Lodge (11 r.), 6½ km (4 mi.) N.E.
Tower (14 r.), 6½ km (4 mi.) S.

LAKE GENEVA (Wis.)

YMCA

864 Main St.

MOTELS

Shady Lawn (19 r.), 1½ km (1 mi.) S.
Lake Geneva (16 r.), 1¼ km (¾ mi.) S.
Arrowhead Lodge (13 r.), 2 km (1¼ mi.) N.W.

RESTAURANTS

The Gargoyle, 430 Broad St.
Rondo Manor, 3¼ km (2 mi.) N.E.
Danish Tea Room, 416 Wells St.
Glen Nelson's, 812 Main St.

LAKE TAHOE (Calif.)

Bijou

MOTELS

Tahoe Sands (107 r.), 1 km (¾ mi.) N.E.
Lakeview Arms (87 r.), Lakeside & Ski Run Blvd.
Tahoe Marina Inn (50 r.), N.
Villa Montreux (36 r.), Ski Run Blvd.
Fond-du-Lac Lodge (35 r.), Lower Ski Run Blvd.
Schofield's Tah-Chalet (25 r.), Ski Run Blvd.
South Shore Lodge (26 r.).
South Tahoe Travelodge (59 r.).
Villa del Mar (16 r.), W.

RESTAURANT

Pioneer Haus, Saddle & Keller Rd.

Kings Beach

MOTELS

Stevenson's Holliday Inn (32 r.) E.
Goldcrest Resort (25 r.) W.
Falcon Lodge (32 r.), W.
Lakepoint Beach Resort, W.
Evergreen Lodge & Cottages, E.
Woodvista Louge (18 r.), W.
Sun 'n' Sand Lodge (27 r.), W.

Stateline

HOTELS

Sahara-Tahoe (350 r.), N.E.
Harvey's Resort Hotel (200 r.), S. Lake Tahoe.

MOTELS

Cabana (124 r.), 3838 Lake Tahoe Blvd.
Royal Valhalla (55 r.), Stateline & Lakeshore Blvds.
Shamrock Inn (109 r.), Pine Blvd.
Tahoe Inn (216 r.), S.W.
Camelot Tahoe (64 r.), Park Ave. & Pine.
Continental Inn (66 r.), S.W.
Frontier (67 r.), S.E.
Flamingo Lodge (63 r.), S.W.
Hyatt Lodge (102 r.), S.
Four Seasons (58 r.), Cedar Ave.
Holiday Lodge (200 r.), Laurel Ave.
Pacific Lodge (51 r.), Park Ave.
Tahoe Driftwood Lodge (50 r.), Laurel & Poplar.
Kent (50 r.), S.W.
Thunderbird (54 r.), Laurel Ave.
Tahoe Tropicana (60 r.), Stateline Blvd.
Stardust Lodge (115 r.).
Red Carpet Inn (56 r.), S.W.

Tahoe City

HOTELS

Squaw Valley Inn (60 r.), Olympic Valley.
Olympic Village (320 r.), N.W.
Squaw Valley Lodge (111 r.), N.W.

MOTELS

Russel 'n Pines Tower Lodge (50 r.).
Tahoe City Travelodge (49 r.), 455 N. Lake Blvd.
Alpine Motor Inn (29 r.), N.W.
Alpine Chalet (10 r.), N.W.
Lake of the Sky Motor Inn (22 r.), N.E.

RESTAURANT

Pfeifer House (EUR), N.W.

Tahoe Valley

MOTELS

Tahoe Valley (22 r.), N.E.
Lazy S Lodge (21 r.), N.W.
Pine Cone Acre (20 r.), N.W.
El Nido (21 r.), N.E.

RESTAURANTS

Swiss Chalet (Swiss), N.E.
Han-Rica's (European), S.

Tahoe Vista

MOTELS

Horseshoe Lodge (22 r.), W.
Tahoe Klahoya (40 r.), N.
Cedar Glen Lodge (33 r.).
Fire Lite Lodge (25 r.), E.
Ludlow's Lodge and Cottages (61 r.), E.

LANCASTER (Pa.)

HOTEL

King Douglas (52 r.), 105 E. King St.

MOTELS

Holiday Inn (160 r.), 1492 Lititz Pike.
Howard Johnson's Motor Lodge (112 r.), 2100 Lincoln Highway E.
Landis Valley Motor Inn (78 r.), 2363 Oregon Pike.
Lancaster Travelodge (59 r.), 2101 Columbia Ave.
Host Town (200 r.), 30 Keller Ave.
Congress Inn (75 r.), 2316 Lincoln Highway.
Conestoga Motor Inn (40 r.), 8 km (5 mi.) N.
Deitsch Shier (33 r.), Queen St.

RESORT
Host Farm (350 r.), 2300 Lincoln Highway E.

RESTAURANT
Stock Yard Inn, 1147 Lititz Pike.

LANSING (Mich.)

HOTEL
Jack Tar (325 r.), 125 W. Michigan Ave.

MOTELS

Capitol Park (147 r.), Townsend Capitol & Lenawee St.
Holiday Inn-South (162 r.), 6501 S. Pennsylvania Ave.
Holiday Inn-East (107 r.), 3121 E. Grand River Ave.
Holiday Inn-Airporter (32 r.), Airport Blvd.
Horne's Motor Lodge (95 r.), 6501 S. Cedar St.
University Inn (202 r.), 1100 Trowbridge Rd.
Riverside Motor Inn (144 r.), 112 E. Main St.
Howard Johnson's Motor Lodge (100 r.), 6741 S. Cedar St.
Inn America (82 r.), 2736 E. Grand River Ave.
Imperial "400" (45 r.), 501 E. Kalamazoo St.

RESTAURANTS

Dines (CH), 321 E. Michigan Ave.
Fred Eyer's Steak House, 15643 N. E. St.
Warren's Poplars, 2758 E. Grand River Ave.
Tarpoffs, 124 E. Kalamazoo St.
Brauer's 1861 Rathskeller (GE), 213 S. Grand Ave.
Gallagher's Pagoda, 1824 E. Michigan Ave.
Jims (GR), 116 E. Michigan Ave.
Zieglers Charcoal House (PO), 326 Morgan Lane.

LARAMIE (Wyo.)

MOTELS

Holiday Inn (68 r.), 1½ km (1 mi.) S.
Circle (48 r.), 2440 Grand Ave.
Ranger (42 r.), 469 N. 3 St.
Wyo (30 r.), 1720 Grand Ave.
Downtown (30 r.), 165 N. 3 St.
Gas Lite (27 r.), 960 N. 3 St.
Laramie Travelodge (30 r.), 262 N. 3 St.

RESTAURANT
Village Inn Pancake House, 213 Fremont.

LARNED (Kan.)

MOTEL

Townsman (22 r.), 123 E. 14 St.

LASSEN VOLCANIC NATIONAL PARK (Calif.)

MOTELS

Manzanita Lake Lodge (118 r.).
Child's Meadow Resort (40 r.).
Drakesbad (13 r.).

LAS VEGAS (Nev.)

HOTELS

Caesar's Palace (700 r.), 3750 Las Vegas Blvd.
Sahara (1000 r.), 2535 Las Vegas Blvd. S.
Dunes Hotel & Country Club (1000 r.), 3650 Las Vegas Blvd. S.
Riviera (750 r.), Las Vegas Blvd. S.
Tropicana (564 r.), Las Vegas Blvd. S.
Desert Inn (550 r.), 3145 Las Vegas Blvd. S.
Stardust (1500 r.), 3000 Las Vegas Blvd. S.
Flamingo (800 r.), 1090 Las Vegas Blvd. S.
Sands (760 r.), 3355 Las Vegas Blvd. S.
Frontier (630 r.), 3120 Las Vegas Blvd. S.
Landmark (524 r.), 364 Convention Center Drive.
Aladdin (400 r.), 3667 Las Vegas Blvd. S.
The Mint (300 r.), 100 Fremont St.
Fremont (500 r.), 2 & Fremont Sts.
Showboat (200 r.), 2800 E. Fremont St.
Four Queens (115 r.), Fremont & Casino Center Blvd.
El Cortez (104 r.), 6 & Fremont Sts.

MOTELS

Golf Club (164 r.), 10 Tropicana Ave.
Holiday Inn (129 r.), 3740 Las Vegas Blvd S.
Lotus Inn (101 r.), 1213 Las Vegas Blvd. S.
Las Vegas Caravan Travelodge (161 r.), 3419 Las Vegas Blvd. S.
Las Vegas Strip Travelodge (100 r.), 2830 Las Vegas Blvd. S.
Tam O'Shanter (100 r.), 3317 Las Vegas Blvd. S.
Las Vegas Travelodge South (131 r.), 3735 Las Vegas Blvd. S.
Orbit Inn (147 r.), 707 E. Fremont St.
Somerset House (104 r.), 2994 Convention Center Drive.
El Morocco (110 r.), 2975 Las Vegas Blvd. S.
Westward Ho (131 and 320 r.), 2900 Las Vegas Blvd. S.
Westward Ho Satellite (76 r.), 2900 Las Vegas Blvd. S.

Jamaica (90 r.), 3745 Las Vegas Blvd. S.
Villa Roma (101 r.), 220 Convention Center Drive.
Bali Hai (97 r.), 336 Desert Inn Rd.
Sulinda (58 r.), 2035 Las Vegas Blvd. S.
Royal Palms (78 r.), 3660 Las Vegas Blvd. S.
Rodeway Inn (71 r.), 3786 Las Vegas Blvd. S.
Hyatt Lodge (57 r.), 79 E. Convention Center Drive.
Eastward Ho (200 r.), 1205 Las Vegas Blvd. S.
Imperial "400" (125 r.), 3265 Las Vegas Blvd. S.
Las Vegas Downtown Travelodge (58 r.), 2028 E. Fremont St.
Travel Inn (56 r.), 217 Las Vegas Blvd. N.
Empey's Desert Villa (57 r.), 3599 Las Vegas Blvd. S.
La Concha (100 r.), 2955 Las Vegas Blvd. S.
City Center (56 r.), 700 E. Fremont St.
Gold Key (80 r.), 3053 Las Vegas Blvd. S.
Monaco (70 r.), 3073 Las Vegas Blvd. S.
Holiday (42 r.), 2205 Las Vegas Blvd. S.
Mansion Manor (87 r.), 315 E. Convention Center Drive.
Algiers (106 r.), 2845 Las Vegas Blvd. S.
Kona Las Vegas (116 r.), 5191 Las Vegas Blvd. S.

RESTAURANTS

Alpine Village Inn (EUR), 4375 Las Vegas Blvd. S.
Four Fountains (IT), 3411 Las Vegas Blvd. S.
El Cholo Paradise, 3003 Paradise Rd.
Louigi's (IT), 3729 Las Vegas Blvd. S.
Fong's Garden (CH), 2021 E. Charleston Blvd.
Golden Nugget, 129 Fremont St.
Macayo Vegas (ME), 1741 E. Charleston Blvd.

LAWTON (Okla.)

HOTEL

Lawtonian Hotel & Cabanas (200 r.), 4 & E Sts.

MOTELS

Ramada Inn (102 r.), 601 N. 2 St.
Holiday Inn (120 r.), 3134 Cache Rd.
Ranch (31 r.), 1601 Cache Rd.

RESTAURANT

Martin's, 2107 Cache Rd.

LEADSVILLE (Col.)

HOTEL

Vendome, 701 Harrison Ave.

MOTELS

Silver King Inn (59 r.), 2020 N. Poplar St.
Timberline (15 r.), 216 Harrison Ave.

LEAVENWORTH (Kan.)

HOTEL

Cody (84 r.), 101 S. 4 St.

LEBANON (Pa.)

HOTELS

Tulpehocken Manor Farm (14 r.), 8 km (5 mi.) E.
Lebanon Treadway Inn (130 r.), 10 & Poplar Sts.

RESTAURANT

Fireside, 1800 E. Cumberland St.

LEXINGTON (Ky.)

HOTELS

Phoenix (321 r.), 120 E. Main St.
Campbell House Inn (146 r.), Harrodsburg Rd.

YMCA

239 E. High St.

MOTELS

Continental Inn (202 r.), 801 New Circle & Winchester Rds.
Imperial House (110 r.), 525 Waller Ave.
Holiday Inn-North (182 r.), Newtown Pike.
Holiday Inn-East (172 r.), 826 New Circle Rd.
Holiday Inn-West (80 r.), 925 Newtown Pike.
Howard Johnson's Motor Lodge-North (133 r.), 1987 N. Broadway.
Howard Johnson's Motor Lodge-South (75 r.), Nicholasville Rd.
Ramada Inn (154 r.), 232 New Circle Rd. N.W.
Embers Inn (72 r.), 588 New Circle Rd. N.E.
Quality Courts Northwest (107 r.), 1050 Newtown Pike.
Downtowner (155 r.), 347 E. Main St.
Center (64 r.), 900 S. Limestone.
Catalina (72 r.), 208 New Circle Rd. N.W.

Airport (40 r.), 13 km (8 mi.) W.
Congress (53 r.), 1700 N. Broadway.
Springs (106 r.), 2020 S. Broadway.
Lexington Motor Inn (34 r.), 1205 New Circle Rd.

RESTAURANTS
Levas, 119 S. Limestone St.
Little Inn, 1144 Winchester Rd.

LINCOLN (Neb.)
HOTELS
Cornhusker (287 r.), 13 & M Sts.
Clayton House (92 r.), 10 & O Sts.

YMCA
210 N. 13 St.

MOTELS
Holiday Inn (150 r.), 5250 Cornhusker Highway.
Quality Courts (103 r.), 5300 O St.
Colonial Inn (52 r.), 5600 Cornhusker Highway.
Town & Country (52 r.), 3245 Adams St.
Great Plains (39 r.), 2732 O St.
Sleepy Hollow (36 r.), 4848 O St.
Buffalo (44 r.), 347 N. 48 St.
Congress Inn (80 r.), 2001 W. O St.

RESTAURANTS
Tony & Luigi's (IT), 5140 O St.
Miller & Paine Tea Room, 13 & O Sts.

LITTLE ROCK (Ark.)
HOTELS
Albert Pick (200 r.), 7 & Scott Sts.
Marion (500 r.), Markham & Louisiana Sts.
Sam Peck Hotel-Motel (80 r.), 625 W. Capitol St.
Manning Motor Hotel (300 r.), Markham & Main Sts.
Lafayette (300 r.), Louisiana & 6 Sts.

YMCA
524 Broadway.

MOTELS

Coachman's Inn (125 r.), E. Capitol at Ferry St.
Holiday Inn-Southwest (132 r.), 8001 New Benton Highway.
Holiday Inn-South (83 r.), 2600 W. 65 St.
Howard Johnson's Motor Lodge (74 r.), 4115 New Benton Highway.
Downtowner (160 r.), 6 & Center Sts.
Magnolia Inn (113 r.), 3601 Roosevelt Rd.
Little Rock Travelodge (38 r.), 308 E. Capitol.
Heritage House Motor Inn (100 r.), 7500 New Benton Highway.
King (30 r.), 9200 New Benton Highway.
Arkansas Traveler (32 r.), 5620 New Benton Highway.
Alamo Plaza (105 r.), 3200 W. Roosevelt Rd.

RESTAURANTS

Embers, Markham & University Ave.
Hank's Dog House, 3614 Roosevelt Rd.
Charlie Brown's Cow Shed, 8000 Cantrell Rd.
Bruno's Little Italy (IT), 3400 W. Roosevelt Rd.
Browning's Mexican Food (ME), 5805 Kavanaugh.
Lido Inn, Main & Roosevelt Rd.

North Little Rock

MOTELS

Holiday Inn (120 r.), 2700 N. Main St.
Ramada Inn (64 r.), 200 Highway 67 N.

RESTAURANTS

Mexico Chiquito (ME), 1719 Old Jacksonville Highway.
Roy Fisher's Steak House, 1919 E. Broadway.

LIVINGSTONE (Mont.)

HOTEL

Murray (50 r.), 201 W. Park St.

MOTELS

Guest House (40 r.), Park & Main Sts.
Del Mar (18 r.), ¾ km (½ mi.) W.
Island Resort (20 r.), 9 St. Island.
Parkway (20 r.), 1½ km (1 mi.) S.

RESTAURANT
The Cave, 110½ S. 2 St.

LONG BRANCH (N.J.)

MOTELS
Holiday Inn (100 r.), Monmouth Parkway & Broadway.
North End (8 r.), Ocean & Avenel Blvd.

RESTAURANT
Joseph's (EUR), 123 Monmouth Rd.

LOS ALAMOS (N.M.)

MOTEL
Los Alamos Inn (84 r.), 2201 Trinity Drive.

LOS ANGELES (Calif.)

Midtown

HOTELS
Ambassador (526 r.), 3400 Wilshire Blvd.
Statler-Hilton (1258 r.), 930 Wilshire Blvd.
Biltmore (1500 r.), 515 S. Olive St.
Sheraton-Wilshire (410 r.), 3515 Wilshire Blvd.
Sheraton-West (300 r.), 2961 Wilshire Blvd.
Mayflower (350 r.), 535 S. Grand Ave.
Chancellor (114 r.), 3191 W. 7 St., Brendo.
Holiday Inn-Central (196 r.), 1020 S. Figueroa St.
Gaylord (125 r.), 3355 Wilshire Blvd.
Hayward International (460 r.), 206 W. 6 St.
Coliseum (105 r.), 457 W. Santa Barbara Ave.

YMCA
1006 E. 28 St.

MOTELS
Commerce Hyatt House (175 r.), 6300 Telegraph Rd., Washington Blvd.
Holiday Inn-Mission-Marengo (129 r.), 1640 Marengo St.
Gala (100 r.), 925 S. Figueroa St.
Olympian (180 r.), 1903 W. Olympic Blvd.
Park Plaza Lodge (50 r.), 6001 W. 3 St.
Wilshire Twilighter (63 r.), 4300 Wilshire Blvd.

Farmer's Daughter (42 r.), 115 S. Fairfax Ave.
Kent Inn (65 r.), 920 S. Figueroa St.
Vagabond, 3101 S. Figueroa St. and 1904 W. Olympic Blvd.
Vermont Sunset Travelodge (71 r.), 1401 N. Vermont Ave.
De Ville (62 r.), 1123 W. 7 St.
Oasis (50 r.), 2200 W. Olympic Blvd.
Downtowner (41 r.), 944 S. Georgia St.
Eagle Rock Travelodge (24 r.), 1840 Colorado Blvd.
City Center (42 r.), 1135 W. 7 St.
Cloud (120 r.), 3400 W. 3 St.
L.A. Downtown Travelodge (98 r.), 1710 W. 7 St.
Nutel (136 r.), 1906 W. 3 St.
Royal Host (54 r.), 901 W. Olympic Blvd.
Imperial "400" (32 r.), 900 W. Olympic Blvd.
Royal Viking (38 r.), 2025 W. 3 St.
Royal Pagoda (36 r.), 995 N. Boradway.
Royal Knight (32 r.), 6501 Wilshire Blvd.
Casa Lu-an (13 r.), 1045 Colorado Blvd.
Auto Lodge (20 r.), 930 W. Olympic Blvd.
Colony Motor Inn (30 r.), 1148 Crenshaw Blvd.
Starlite (66 r.), 250 Silver Lake Blvd.

RESTAURANTS

Perino's (EUR), 4101 Wilshire Blvd.
Windsor (EUR), 3198 W. 7 St.
The Tower (FR), 1150 S. Olive St. (Occidental Center).
Pavillion (EUR), 1 St. & Grand Ave.
Quo Vadis (EUR), 656 Crenshaw, Wilshire Blvd.
Curtain Call (EUR), 1 St. & Grand Ave.
Turner Inn Hofbrau (GE), 645 W. 15 St.
Sir Michael's (EUR), 6309 E. Washington Blvd.
Julie's (FR), 3730 S. Flower St.
Diamonds Jim's, 2400 Wilshire Blvd.
Robaire's (FR), 348 S. La Brea Ave.
Dublin's (EUR), 6220 W. 3 St.
Raffles, 43 10 Degnan Blvd.
Little Joe's (IT), 904 N. Broadway.

Hollywood

HOTELS

Century Plaza (800 r.), 1801 Ave. of the Stars.

Beverly Hills (310 r.), 9641 Sunset Blvd.
Beverly Wilshire (220 r.), 9500 Wilshire Blvd.
Beverly Hilton (700 r.), 9876 Wilshire Blvd.
Beverly Hillcrest (150 r.), Beverwil Drive at Pico Blvd.
Beverly Rodeo (89 r.), 360 N. Rodeo Drive.
Beverly Crest (54 r.), 125 S. Spalding Drive.
Beverly Carlton (90 r.), 944 W. Olympic Blvd.
Gene Autry's Hotel Continental (268 r.), 8401 Sunset Blvd.
Holiday Inn (109 r.), 9360 Wilshire Blvd.
Hollywood Roosevelt (450 r.), 7000 Hollywood Blvd.
Hollywood Sunset (150 r.), 8300 Sunset Blvd.
Hollywood Knickerbocker (300 r.), 1714 N. Ivar Ave.
Hollywood Plaza (176 r.), 1637 N. Vine St.
Beverly House (50 r.), 140 S. Lasky Drive.

YMCA

1553 N. Hudson Ave.
715 S. Hope St.

YWCA

206 W. 6 St.

MOTELS

Sands Sunset (70 r.), 8777 Sunset Blvd.
Hallmark House (74 r.), 7032 Sunset Blvd.
Carolina-Hollywood (53 r.), 1520 N. La Brea Ave.
Hollywood Premiere (42 r.), 5333 Hollywood Blvd.
Town & Country (20 r.), 3111 Cahuenga Blvd.
Bahia (37 r.), 5265 Sunset Blvd.
Coronet (60 r.), 5410 Hollywood Blvd.
Hollywood Travelodge (39 r.), 7370 Sunset Blvd.
Highlander (52 r.), 2051 N. Highland Ave.
Hollywood La Brea (30 r.), 7110 Hollywood Blvd.
Hyatt Lodge (82 r.), 2011 N. Highland Ave.
Beverly Laurel (52 r.), 8018 Beverly Blvd.
Hollywood Landmark (70 r.), 7047 Franklin Ave.
Hollywood-Vine (55 r.), 1133 Vine St.
Sunset-La Brea Travelodge (44 r.), 7051 Sunset Blvd.
Bevonshire Lodge (24 r.), 7575 Beverly Blvd.
Sunset "400" (29 r.), 6826 Sunset Blvd.
Park Sunset Motor Inn (102 r.), 8462 Sunset Blvd.
Hollywood Hawaiian (57 r.), 1801 Grace Ave.
Saharan (63 r.), 7212 Sunset Blvd.
Players (42 r.), 777 Vine St.

Hollywood Downtowner (30 r.), 5601 Hollywood Blvd.
Sun Ray Lodge (20 r.), 5313 Sunset Blvd.

RESTAURANTS
Captain's Table (EUR), 301 S. La Cienega Blvd.
Au Petit Jean (FR), 9474 Santa Monica Blvd.
Scandia (SC), 9040 Sunset Blvd.
Don the Beachcomber (CH), 1727 McCadden Place.
Marquis (EUR), 8240 Sunset Blvd.
Chasen's (EUR), 9039 Beverly Blvd.
Blue Boar Tavern (EUR), 848 N. La Cienega Blvd.
Innkeeper, 826 N. La Cienega Blvd.
La Scala (IT), 9455 Santa Monica Blvd.
Stefanino's Trattoria (IT), 9229 Sunset Blvd.
La Rue (FR), 8631 Sunset Blvd.
Lawry's The Prime Rib, 55 N. La Cienega Blvd.
Luau (PO), 421 N. Rodeo Drive.
Cock'n Bull (GB), 9170 Sunset Blvd.
Duke's Glen Cove (EUR), 10369 Santa Monica Blvd.
Rotisserie Frascati (EUR), 9501 Wilshire Blvd.
Ristorante Chianti (IT), 7383 Melrose Ave.
Islander (CH), 385 N. La Cienega Blvd.
Mediterranio (EUR), 134 N. La Cienega Blvd.
Smith Bros. Fish Shanty, 4 & La Cienega Blvd.
Tail o'the Cock (EUR), 477 S. La Cienega Blvd.
Cafe Swiss (EUR), 450 N. Rodeo Drive.
Bantam Cock (FR), 643 N. La Cienega Blvd.
James King, 170 N. La Cienega Blvd.
Edna Earle's Fog Cutter (EUR), 1635 N. La Brea Ave.
Small World, 1625 N. Cahuenga Blvd.
Diamond Jim's, 6751 Hollywood Blvd.
Frascati Inn (EUR), 1056 S. La Cienega Blvd.
Frascati Gourmet (EUR), 460 N. Cañon Drive.
Bentley's English Chop House (EUR), 9561 Wilshire Blvd.
Frascati Grill (EUR), 9131 Sunset Blvd.
Aware Inn (EUR), 8828 Sunset Blvd.
Scaratino's Italian Inn (IT), 1602 S. La Cienega Blvd.
Dino's Lodge (EUR), 8524 Sunset Blvd.
Michael's Los Feliz (EUR), 4500 Los Feliz Blvd.
Musso & Frank Grill (EUR), 6667 Hollywood Blvd.
Vienna Hofbrau (GE), 7213 Sunset Blvd.

Burbank

MOTELS
Golden State (63 r.), 2900 N. San Fernando Blvd.

El Rancho (55 r.), 1001 N. San Fernando Blvd.
Olive Manor (52 r.), 924 W. Olive Ave.
Tolucan (33 r.), 3910 Riverside Drive.
Safari (57 r.), 1911 Olive Ave.
Burbank Travelodge (29 r.), 112 N. Hollywood Way.

RESTAURANTS

Kings Arms (EUR), 4323 Riverside Drive.
Smoke House, 4420 Lakeside Drive.
China Trader (CH), 4200 Riverside Drive.
Sorrentino's Sea Food House (EUR), 4100 Riverside Drive.
Yankee Pedlar Inn (EUR), 3820 Riverside Drive.

Westwood

HOTEL

Bel-Air (80 r.), 701 Stone Canyon Rd.

MOTELS

Bel-Air Sands Hotel (169 r.), 11461 Sunset Blvd.
Cavalier Hotel (118 r.), 10724 Wilshire Blvd.
Del Capri Hotel (80 r.), 10587 Wilshire Blvd.
Royal Westwood (27 r.), 2352 Westwood Blvd.
L.A. West Travelodge (56 r.), 10740 Santa Monica Blvd.

Santa Monica

HOTELS

Miramar (400 r.), 1133 Ocean Ave.
Oceana Apartment Hotel (60 r.), 849 Ocean Ave.
Shore, 125 Broadway.

MOTELS

Holiday Inn (132 r.), 120 Colorado & Ocean Blvd.
Surf Rider Inn (105 r.), 1700 Ocean Ave.
Santa Ynez Inn (60 r.), 17310 Sunset Blvd.
Pacific Sands (57 r.), 1515 Ocean Ave.
Santa Monica Travelodge (29 r.), 1525 Ocean Ave.
Automotel of Santa Monica (22 r.), 1447 Ocean Ave.
Back (24 r.), 11625 Olympic Blvd.

Airport Area

HOTELS

International (650 r.), 6211 W. Century Blvd.
Cockatoo (128 r.), 4334 W. Imperial Highway.

MOTELS

Airport-Marina Hotel (500 r.), 8601 Lincoln Blvd.
Hacienda International (400 r.), 525 N. Sepulveda Blvd.
Holiday Inn-Airport (347 r.), 98 St. & Airport Blvd.
Hyatt House (150 r.), 5547 Century Blvd.
Ramada Inn (149 r.), 9620 Airport Blvd.
Manchester House (47 r.), 901 W. Manchester Blvd.
Skyways Hotel (71 r.), 9250 Airport Blvd.
Sojourn Motor Inn (75 r.), 4330 W. Century Blvd.
Caesar's (70 r.), 4652 W. Century Blvd.
Walker's Caravan (68 r.), 4307 W. Century Blvd.
Executive Inn (65 r.), 1030 W. El Segundo Blvd.
New Orleans Hotel (175 r.), 3900 W. Century Blvd.
Capri (51 r.), 8620 Airport Blvd.
Sky Villa (55 r.), 5001 W. Imperial Highway.
Sands (50 r.), 5330 W. Imperial Highway.
Skylark (40 r.), 11512 Aviation Blvd.

RESTAURANTS

Fox and Hounds (EUR), 2900 Wilshire Blvd.
The Masters Inn (EUR), 2001 Wilshire Blvd.

San Pedro

MOTELS

San Pedro Hacienda (80 r.), 301 S. Western Ave.
Imperial "400" (34 r.), 411 S. Pacific Ave.
Tasman Sea (31 r.), 29601 S. Western Ave.

YMCA

921 Beacon St.

RESTAURANT

Ports o'Call (Polynesian), Berth 76.

Anaheim

HOTEL

Grand (240 r.), 7 Freedman Way.

MOTELS

Disneyland Hotel (616 r.), 1441 S. W. St.
Howard Johnson's Motor Lodge (230 r.), 1380 S. Harbor Blvd.
Charter House Hotel (175 r.), 1700 S. Harbor Blvd.
Caravan Inn (120 r.), 130 W. Katella Ave.

Saga (100 r.), 1650 S. Harbor Blvd.
Marco Polo (40 r.), 1604 S. Harbor Blvd.
Peter Pan Motor Lodge (34 r.), 2029 S. Harbor Blvd.
Eden Roc (46 r.), 1830 S. W. St.
Whaler's Inn (44 r.), 1750 S. Harbor Blvd.
Anaheim Travelodge (57 r.), 1166 W. Katella Ave.
Musketeer (36 r.), 733 W. Katella Ave.
Twilight (150 r.), 1050 W. Katella Ave.
Cosmic Age (150 r.), 1717 S. Harbor Blvd.
Space Age Lodge (100 r.), 1176 W. Katella Ave.
Jolly Roger Inn (101 r.), 640 W. Katella Ave.
Galaxy (100 r.), 1735 S. Harbor Blvd.
Zaby's Motor Lodge (78 r.), 444 W. Katella Ave.
Fantasy (75 r.), 1734 S. Harbor Blvd.
Stardust Holiday (27 r.), 1057 W. Ball Rd.
Candy Cane (53 r.), 1747 S. Harbor Blvd.
Akua (63 r.), 1018 E. Orangethorpe.
Skyview (30 r.), 1126 W. Katella Ave.
Anaheim Town & Country (25 r.), 2740 W. Lincoln Ave.
Alamo Motor Lodge (20 r.), 1140 W. Katella Ave.
Top's (36 r.), 909 S. Harbor Blvd.
Anaheim Motor Lodge (46 r.), 1224 N. Harbor Blvd.
Pitcairn (82 r.), 11751 Harbor Blvd.
Magic Lamp (39 r.), 1030 W. Katella Ave.
Americana (44 r.), 130 S. Beach Blvd.
Broadway (28 r.), 300 N. Manchester Ave.
Alpine (30 r.), 715 W. Katella Ave.
Motel "6" (49 r.), 921 S. Beach Blvd.

RESTAURANTS

Water Wheel, 1154 W. Euclid St.
Chalet Pancake & Steak House, 721 W. Katella Ave.

LOUISVILLE (Ky.)

HOTELS

Stouffer's Louisville Inn (290 r.), 120 W. Broadway.
Brown (550 r.), 4 St. & Broadway.
Sheraton (450 r.), 500 S. 4 St.
Kentucky (600 r.), 5 & Walnut Sts.
Sherwyn (205 r.), 415 W. Walnut St.

YMCA

231 W. & Broadway.

YWCA

206 W. Broadway.

MOTELS

Executive Inn (400 r.), Freedom Way, Phillips Lane.
Quality Courts (163 r.), 735 S. 2 St.
Holiday Inn-Downtown (204 r.), 927 S. 2 St.
Holiday Inn-Midtown (174 r.), 200 E. Liberty.
Holiday Inn-Central (150 r.), Watterson Expressway, Newbury Rd.
Holiday Inn-Southeast (157r.), 3255 Bardstown Rd.
Holiday Inn-Northeast (165 r.), 4805 Brownsboro Rd.
Admiral Benbow Inn (126 r.), 3315 Bardstown Rd.
Louisville Travelodge (100 r.), 401 S. 2 St.
Standiford (200 r.), Watterson Expressway, Standiford Airport.
Howard Johnson's Motor Lodge-Downtown (105 r.), Jefferson St. 1.
Howard Johnson's Motor Lodge-East (93 r.), 4621 Shelbyville Rd.
Albert Pick (150 r.), 1620 Arthur St.
Brown Suburban (250 r.), 3304 Bardstown Rd.

RESTAURANTS

Old House (FR), 432 S. 5 St.
Embassy Supper Club (EUR), 4625 Shelbyville Rd.
Century Room (EUR), 425 W. Ormsby St. (Mayflower Apartments).
Kunz's the Dutchman, 526 S. 4 St.
Dobbs House Luau, Standiford Airport Terminal.
Hasenour's, 1028 Barret Ave.
Bill Roland's Dining Room, 3708 Bardstown Rd.
Bauer's since 1870, 3612 Brownsboro Rd.
Casa Grisanti (IT), 1000 Fehr Ave.
Hoe Ko (CH), Taylorsville Rd. Bowman, Field Airport.

MACKINAC ISLAND (Mich.)

HOTELS

Grand Hotel (300 r.).
Iroquois on the Beach (33 r.), Main St.
Chippe a (76 r.), On lake.

MACON (Ga.)

HOTEL

Dempsey Motor Lodge (252 r.), 3 & Cherry Sts.

MOTELS

Howard Johnson's Motor Lodge (122 r.), 2566 Riverside Drive.
East Inn (107 r.), 1440 Watson Blvd.
Holiday Inn (102 r.), 1044 Riverside Drive.
Quality Courst Alpine (91 r.), 1990 Riverside Drive.
Quality Courts South (52 r.), 16 km (10 mi.) S.
Town Pavilion (100 r.), Broadway & Walnut.
Ambassador (70 r.), 2772 Riverside Drive.
Heritage Drive (48 r.), 2690 Riverside Drive.
Pinebrook Inn (23 r.), 4420 Forsyth Rd.

MADISON (Wis.)

HOTELS

Loraine (340 r.), 123 W. Washington Ave.
Edgewater (103 r.), 666 Wisconsin Ave.

YMCA

207 W. Washington Ave.

MOTELS

Park Motor Inn (150 r.), 22 S. Carroll St.
National Motor Inn (100 r.), 350 W. Washington Ave.
Madison Inn (75 r.), 601 Langdon St.
Holiday Inn (208 r.), 4402 E. Washington Ave.
Holiday Inn (201 r.), 6301 E. Broadway.
Ramada Inn (200 r.), 3841 E. Washington Ave.
Quality Courts (127 r.), 4691 E. Broadway.
Midway Motor Lodge (95 r.), 3710 E. Washington Ave.
Howard Johnson's Motor Lodge (80 r.), 4822 E. Washington Ave.
Madison Travelodge (100 r.), 910 Ann St.
Town Campus (46 r.), State & Frances Sts.
Ivy Inn (60 r.), 2355 University Ave.
Aloha Inn (38 r.), 3177 E. Washington Ave.
Mayflower (25 r.), 2500 Perry St.
Capitol (45 r.), 881 W. Beltline Highway.

RESTAURANTS

Simon House (EUR), E. Main, Butler St.
Rohde's Steak House, 613 W. Main St.
Welch's Embers, 3520 E. Washington Ave.
New Pines Steak House, 2413 Permenter St.

MAMMOTH CAVE NATIONAL PARK (Ky.)

Mammoth Cave (38 r.), Mammoth Cave Park.

MANCHESTER (N.H.)

MOTELS

Sheraton-Wayfarer Motor Inn (116 r.), 4¾ km (3 mi.) S.
Holiday Inn (124 r.), 21 Front St.
Queen City (49 r.), Queen City Ave.
Pine Valley (25 r.), 1298 Hooksett Rd.
Bean Clair (18 r.), 1080 Hooksett Rd.
Lombardo's (17 r.), 1308 Hooksett Rd.
China Dragon Motor Inn (12 r.), 11¼ km (7 mi.) N.

RESTAURANTS

The 88, 88 Market St.
Tambini's (IT), 19 S. River Rd.

MANCHESTER (Vt.)

HOTELS

Stratton Mountain Inn (71 r.), Stratton Mountain Rd.
Wilburton Inn (36 r.), ¾ km (½ mi.) S.E.
The Equinox (225 r.).
Fundador (15 r.), 2½ km (1½ mi.) S.
Sky Line Inn (19 r.), 16 km (10 mi.) S.W.

MOTELS

Avalanche Motor Lodge (24 r.), 3½ km (2¼ mi.) E.
Liftline Lodge (20 r.), 6½ km (4 mi.) S.W.
Weathervane (20 r.), 2½ km (1½ mi.) S.
Palmer House (14 r.), ¾ km (½ mi.) N.
Toll Road Motor Inn (16 r.), 3½ km (2¼ mi.) E.
Four Winds (14 r.), 4 km (2½ mi.) N.
Erdman's Eyrie (12 r.), 11¼ km (7 mi.) N.
The Chalet (13 r.), 3¼ km (2 mi.) E.
The Marbledge (10 r.), 8¾ km (5½ mi.) N.

RESTAURANTS

Toll Gate Lodge (EUR), 6½ km (4 mi.) E.
L'Auberge (FR), 3¼ km (2 mi.) S.
Quality, 735 Main St.

MARIETTA (Ga.)

MOTELS

Georgian Oaks Motor Lodge (104 r.), 990 S. Fourlane Highway.
Quality Court Marietta (47 r.), 637 S. Fourlane Highway.
Thunderbird (30 r.), 545 S. Fourlane Highway.

Smith (63 r.), 9½ km (6 mi.) N.
Mayflower (40 r.), 519 S. Fourlane Highway.
Bon Air (40 r.), 859 S. Fourlane Highway.
Travelers Haven (36 r.), 801 S. Fourlane Highway.

RESTAURANTS

Joe's Steak House, 611 Fourlane Highway.
Trio (IT), N. Fourlane Highway.

MARTHA'S VINEYARD (Mass.)

HOTELS

Harborside Inn (103 r.), S. Water St.
Harbor View (92 r.), N. Water St.
Daggett Houses (28 r.), N. Water St.

MOTELS

Katama Shores Motor Inn (62 r.), 4¾ km (3 mi.) S. Edgartown
Carol Apartments (40 r.), Mill St.

RESTAURANTS

Seafood Shanty, Dock St.
Munro's, 122 Circuit St.
Louise Tate King, Main St.

MEMPHIS (Tenn.)

HOTELS

Sheraton-Peabody (625 r.), 149 Union Ave.
Claridge (400 r.), 109 N. Main, Adams.
King Cotton (180 r.), 69 Jefferson St.
Madison, 207 Madison Ave.

YMCA

254 S. Lauderdale St.

YWCA

200 Monroe Ave.

MOTELS

Holiday Inn-Rivermont (302 r.), 200 W. Georgia Ave.
Holiday Inn-Midtown (184 r.), 1262 Union Ave.
Holiday Inn-Downtown (120 r.), 24 N. 3 St.
Holiday Inn-Central (160 r.), McLean & Union Ave.
Holiday Inn-Riverbluff (100 r.), 340 W. Illinois Ave.

Holiday Inn-South (76 r.), 2300 S. Bellevue Blvd.
Holiday Inn-Southeast (180 r.), 3728 Lamar Ave.
Holiday Inn-East (116 r.), 4941 Summer Ave.
Holiday Inn-Southwest (162 r.), 980 S. 3 St.
Holiday Inn-North (103 r.), 4022 Thomas ZSt.
Holiday Inn-Poplar East (159 r.), 5679 Poplar Ave.
Sheraton Motor Inn (112 r.), 889 Union Ave.
Admiral Bebnow Inn-Midtown (190 r.), 1220 Union Ave.
Admiral Benbow Inn-Airport (128 r.), 2201 Winchester Rd.
Admiral Benbow Inn-Summer (105 r.), 4720 Summer Ave.
Howard Johnson's Motor Lodge Mid-Town (144 r.), 1318 Lamar Ave.
Howard Johnson's Motor Lodge (100 r.), 3280 Highway 51 S.
Quality Courts (152 r.), 271 W. Alston Ave.
Ramada Inn-East (150 r.), 5225 Summer Ave.
Ramada Inn (120 r.), 3265 Highway 51 S.
Chisca Plaza (100 r.), 272 S. Main, Lincoln.
Memphis Crump Boulevard Travelodge (84 r.), 180 E. Crump Blvd.
Memphis Downtown Travelodge (74 r.), 265 Union Ave.

RESTAURANTS

Justines (FR), 919 Coward Place, E. St.
Dobbs House Luau (PO), 3155 Poplar Ave.
Dobbs House Passport Dining Room, Metropolitan Airport.
Grisanti's on Central (IT), 1397 Central Ave.
Anderton's, 151 Madison Ave.
The Stable, 1850 Union Ave.
Harbor, 472 N. Watkins St.

MESA VERDE NATIONAL PARK (Col.)

Spruce Tree Lodge, Park Headquarters.

MIAMI (Fla.)
HOTELS

Dorald Hotel & Country Club (500 r.), 4400 N.W. 87 Ave.
Sheraton-Four Ambassadors (510 r.), 801 S. Bayshore Drive.
Dupont Plaza (325 r.), 300 Biscayne Blvd. Way.
Miami Springs Villas & Kings Inn (258 r.), 500 Deer Run.
Miami Lakes Inn & Country Club (102 r.), N.W. 164 St.
New Everglades (470 r.), 244 Biscayne Blvd.
The Columbus (300 r.), 312 N.E. 1 St.
Miami International Airport (270 r.), N.W. 20 St.

Parkleigh (250 r.), 500 Biscayne Blvd.
Schine McAllister (450 r.), 10 Biscayne Blvd.
Biscayne Terrace (200 r.), 340 Biscayne Blvd.

YMCA
40 N.E. 3 Ave.

MOTELS
Howard Johnson's Motor Lodge-North (150 r.), 16500 N.W. 2 Ave.
Howard Johnson's Motor Lodge-Airport (64 r.), 1980 Le Jeune Rd.
Howard Johnson's Motor Lodge-South (50 r.), 10201 S. Dixie Highway.
Miami Skyways (200 r.), Le Jeune Rd.
Holiday Inn (150 r.), 1111 S. Royal Poinciana Blvd.
Holiday Inn (50 r.), 2500 Brikell Ave.
Crossway Airport Inn (150 r.), 1850 N.W. Le jeune Rd.
Travellers (118 r.), 4767 N.W. St. 36
Mardi Gras (42 r.), 3400 Biscayne Blvd.
Vagabond (51 r.), 73 St., Biscayne Blvd.
Four Kings (118 r.), 10651 Biscayne Blvd.
Miami Airways (113 r.), 5055 N.W. 36 St.
Aloha (78 r.), 7500 Biscayne Blvd.
Airliner (120 r.), 4155 N.W. 24 St.
Key (25 r.), 2675 S. Bayshore Drive.
Shalimar (50 r.), 6200 Biscayne Blvd.
Gold Dust (64 r.), 770 Biscayne Blvd.
Waverly Inn (57 r.), 2665 S. Bayshore Drive.
Congress Voyager (104 r.), 12350 Biscayne Blvd.
Holly House (38 r.), 9011 Biscayne Blvd.
New Yorker (50 r.), 6500 Biscayne Blvd.

RESTAURANTS
Raimondo, 201 N.W. 79 St.
Ted Coach Grill, 1455 Biscayne Blvd.
Gallagher's, 12605 Biscayne Blvd.
Black Caesar's Forge, 6701 S.W. 152 St.
The Hasta (EUR), 2665 S.W. 37 Ave.
Casa Santino (IT), 12155 Biscayne Blvd.
Centro Visco (SP), 2235 S.W. 8 St.
Gulf Stream, 1501 Biscayne Blvd.
Dobbs House, 20 St. & Le Jeune Rd.
Hong Kong, 2 St. & 2 Ave. N.E.
Susanne's (CH), 13 3 Ave. N.E.
Walgren's Grill Rooms, 200 E. Flager St.

MIAMI BEACH (Fla.)

HOTELS

Americana (750 r.), 9701 Collins Ave., Bal Harbour.
Doral-on-the-Ocean (420 r.), 4833 Collins Ave.
Fontainebleau (1000 r.), 4441 Collins Ave.
Eden Roc (350 r.), 4525 Collins Ave.
The Carillon (620 r.), 6801 Collins Ave.
Di Lido (350 r.), 155 Lincoln Rd.
Shelborne (275 r.), 1801 Collins Ave.
Sans Souci (252 r.), 3101 Collins Ave.
Kenilworth (160 r.), 10205 Collins Ave., Bal Harbour.
Monte Carlo (191 r.), 6551 Collins Ave.
Sherry Frontenac (280 r.), 6565 Collins Ave.
Golden Strand (196 r.), 17901 Collins Ave.
Ivanhoe (204 r.), 10175 Collins Ave., Bal Harbour.
Bal Harbour Inn (120 r.), 10155 Collins Ave., Bal Harbour.
Sea Isle (251 r.), 3001 Collins Ave.
Delano (215 r.), 1685 Collins Ave.
Nautilus (253 r.), 1825 Collins Ave.
Sea Gull (150 r.), 100 21 St.
Allison (152 r.), 6261 Collins Ave.
Deauville (600 r.), 6701 Collins Ave.
Barcelona (500 r.), 4243 Collins Ave.
Shore Club (226 r.), 1901 Collins Ave.
Marco Polo (550 r.), 192 St.
Montmartre (300 r.), 4775 Collins Ave.
Seville (279 r.), 2901 Collins Ave.
Regency (163 (r.), 10101 Collins Ave.
Holiday Inn (277 r.), 8701 Collins Ave., Bal Harbour.
Promenade (123 r.), 2469 Collins Ave.
St. Moritz (132 r.), 1565 Collins Ave.
Sea View (214 r.), 9909 Collins Ave., Bal Harbour.
Harbor Island Spa (110 r.), 7900 Harbor Island.
Sorrento (145 r.), 4391 Collins Ave.
Versailles (275 r.), 3425 Collins Ave.
Balmoral (274 r.), 9801 Collins Ave., Bal Harbour.
Casablanca (268 r.), 6345 Collins Ave.
Algiers (258 r.), 2555 Collins Ave.
Lucerne (178 r.), 4101 Collins Ave.
Cadillac (277 r.), 3925 Collins Ave.

MOTELS

The Castaways (540 r.), 16375 Collins Ave.
Beau Rivage (300 r.), 9955 Collins Ave., Bal Harbour.

Singapore (238 r.), 9601 Collins Ave., Bal Harbour.
Thunderbird (170 r.), 18041 Collins Ave.
Holiday Inn-22 St. (360 r.), 2201 Collins Ave.
Holiday Inn-180 St. (120 r.), 18001 Collins Ave.
Holiday Inn-195 St. (94 r.), 19505 Collins Ave.
Holiday Inn-174 St. (54 r.), 17451 Collins Ave.
Howard Johnson's Motor Lodge (137 r.), 4000 Alton Rd.
Pan American (150 r.), 17875 Collins Ave.
Aztec (425 r.), 15901 Collins Ave., Bal Harbour.
Sahara (144 r.), 18335 Collins Ave.
Beachcomber (175 r.), 18925 Collins Ave.
Hawaiian Isle (210 r.), 17601 Collins Ave.
Chateau (162 r.), 19115 Collins Ave.
Dunes (170 r.), 17001 Collins Ave.
Monaco (110 r.), 17501 Collins Ave.
Desert Inn (207 r.), 17201 Collins Ave.
Golden Nugget (120 r.), 1855 Collins Ave., Bal Harbour.
Rowe Congress Inn (100 r.), 6600 Collins Ave.
Cavalier (100 r.), 17545 Collins Ave.
Garden of Allah (102 r.), 6484 Indian Creek Drive.
Windward (80 r.), 16051 Collins Ave.
Blue Grass (80 r.), 18325 Collins Ave.
Golden Gate (342 r.), 19400 Collins Ave.
Newport (354 r.), 16701 Collins Ave.
Sea Breeze (60 r.), 16151 Collins Ave.
Ocean Shore (50 r.), 18601 Collins Ave.
Green Heron (43 r.), 16801 Collins Ave.
Caravan (72 r.), 19101 Collins Ave.
Malaluka (58 r.), 9201 Collins Ave., Bal Harbour.
Waikiki (340 r.), 18801 Collins Ave.

RESTAURANTS

Le Parisien (FR), 474 Arthur Godfrey Rd.
Tony Sweet's, 9561 E. Bay Harbor Dr., Bal Harbour.
Embers, 245 22 St.
The Place for Steak, 1335 79 St. Causeway.
Gatti (EUR), 1427 West Ave.
Bud Dickey's Club House, 3101 N. Miami Beach Blvd.
Nick & Arthur, 1601 79 St. Causeway.
Lighthouse, Baker's Harbour Beach.
Bonfire, 1700 79 St. Causeway.
Luau (PO), 1755 79 St. Causeway.
Joe's Stone Crab, 227 Biscayne St.
Piccolo (IT), 136 Collins Ave.

Junior's, 2947 Collins Ave.
Luncheonetta, 1443 Washington Ave.
Wolfies, Lincoln & Collins Ave.

MILWAUKEE (Wis.)

HOTELS

Sheraton-Schroeder (700 r.), 509 W. Wisconsin Ave.
Pfister (340 r.), 424 E. Wisconsin Ave.
Holiday Inn-Central (200 r.), 1926 W. Wisconsin Ave.
Holiday Inn-Midtown (167 r.), 2611 W. Wisconsin Ave.
Astor (147 r.), 924 E. Juneau Ave.
Ambassador Motor Hotel (133 r.), 2308 W. Wisconsin Ave.

YMCA

633 N. 4 St.
915 Wisconsin Ave. & 8 St.

YWCA

526 N. Jackson St.

MOTELS

Red Carpet Inn (267 r.), 4747 S. Howell Ave.
Milwaukee Inn (181 r.), 916 E. State St.
Ramada Inn (160 r.), 633 W. Michigan Ave.
Ramada Sands (156 r.), 11811 W. Blue Mound Rd.
Tyrolean Towne House (109 r.), 1657 S. 108 St.
Airways Inn (80 r.), 5311 S. Howell Ave.
Howard Johnson's Motor Lodge (80 r.), 2275 N. Mayfair Rd.
Holiday Inn-West (191 r.), 201 N. Mayfair Rd.
Mayfair (75 r.), 2871 N. Mayfair Rd.
Pan American (74 r.), 3816 W. Wisconsin Ave.
Hyatt Lodge (44 r.), 2301 W. Wisconsin Ave.
Chalet (42 r.), 10401 N. Port Washington Rd.
Sleepy Hollow (32 r.), 12600 W. Blue Mound Rd.
Pine View (20 r.), 5050 S. 108 St.
Woods View Inn (65 r.), 5501 W. National Ave.
Inn America (54 r.), 6222 W. Fond du Lac Ave.
White Court (49 r.), 4400 S. 27 St.
Wulff's Island (18 r.), 10240 N. Cedarburg Rd.
Capitol Manor (14 r.), 7012 W. Appleton Ave.
Krueger's (51 r.), 4300 S. 27 St.
"40" Winks (20 r.), 11017 W. Blue Mound Rd.
Golden Key (23 r.), 3600 S. 108 St.

RESTAURANTS

Frenchy's (EUR), 1901 E. North Ave.
Cape Cod Inn, 319 E. Mason St.
Eugene's Juneau (FR), 811 E. Wisconsin Ave.
John Ernst Cafe (GE), 600 E. Ogden Ave.
Karl Ratzsch's (GE), 320 E. Mason St.
Alioto's, 3041 N. Mayfair Rd.
Alpine Village (EUR), 10401 N. Cedarburg Rd.
Jim Kohler's, 8825 N. Lake Drive.
Black Steer, 10725 W. Greenfield Ave.
Hoffmann's River Oaks Country Club, 12400 N. Ville du Parc Drive.
Steak Knife, 117 St. & Blue Mound Rd.
Lohmann's Steak House, Appleton Ave.
Stouffer's Top of the Marine, 111 E. Wisconsin Ave. Marine Bank Bldg.
Simon House, 400 W. Silver Spring Drive.
Madeleine of Willowbrook, 205 Green Bay Rd.
Mader's (GE), 1037 N. 3 St.
Boulevard Inn, 4300 W. Lloyd St.
Pandl's Whitefish Bay Inn, 1319 E. Henry Clay St.

MINNEAPOLIS (Minn.)

HOTELS

Leamington (700 r.), 10 St. S. & 3 Ave. S.
Sheraton-Ritz (313 r.), 315 Nicollet Mall, Gateway Center.
Radisson (539 r.), 45 S. 7 St.
Pick-Nicollet (300 r.), Nicollet & Washington Aves.
Holiday Inn-Central (325 r.), 1313 Nicollet Ave. S.
Northstar Inn (228 r.), 618 2 Ave. S.
Curtis (150 r.), 10 St. S. & 3 Ave.
Dyckman (300 r.), 27 S. 6 St.
Normandy Motor Hotel (90 r.), 405 S. 8 St., 4 Ave. S.
Maryland Motor Inn (200 r.), 1346 La Salle Ave., Grant St.

YMCA
30 S. 9 St.

YWCA
1130 Nicollet Ave.

MOTELS

Thunderbird (196 r.), 2201 E. 78 St.
Ambassador (200 r.), 5225 Wayzata Blvd.

Honkins House (100 r.), 1501 Highway 7.
Inp Towne (199 r.), 41 N. 10 St.
Howard Johnson's Motor Lodge (150 r.), 7801 Normandale Rd.
Holiday Inn-Airport (75 r.), 7800 34 Ave. S.
Northgate (40 r.), 2526 New Brighton Blvd.
Guest House (102 r.), 704 4 Ave. S.
Leamington Motor Inn (100 r.), 4 Ave. S. & 10 St. S.
Hopkins House Golden Valley (100 r.), 4820 Olson Memorial Highway.
Downtowner (63 r.), 625 4 Ave. S.
Concord (56 r.), 71 S. 11 St.
Curtis Motor Lodge (38 r.), 11 St. & 3. Ave. S.
Fair Oaks (98 r.), 2335 3 Ave. S.
Hyatt Lodge (49 r.), 8625 Wayzata Blvd.
Aqua-City (20 r.), 5739 Lyndale Ave.
Voyageur Inn (40 r.), 2823 Wayzata Blvd.
Boulevard (35 r.), 5637 Lyndale Ave.
Imperial "400" (81 r.), 2500 University Ave. S.E.
Bungalow (52 r.), 6221 56 Ave. N.
Biltmore (80 r.), 5212 Highway 169.
Lakeland (24 r.), 4025 Highway 7.

RESTAURANTS

Charlie's Cafe Exceptionale (EUR), 701 4 Ave. S.
Camelot (EUR), 5300 W. 78 St.
Murray's, 26 S. 6 St.
Schiek's Cafe (EUR), 115 S. 4 St.
Michael's, 604 N. Lilac Drive.
Gaslight, 1420 Washington Ave. S.
Eddie Webster's, 1501 E. 78 St.
Hopkins House, 1501 Highway 7.
The Chalet, 3516 N. Lilac Drive.
McCarthy's, 5601 Wayzata Blvd.
Harry's, 74 S. 11 St.
Jax Cafe, 1928 University Ave.
White House (CH), 4900 Olson Memorial Highway.
Black Augus, 1029 Marquette at 11 St.
Kings Inn, 3901 Wooddale Ave.
Howard Wong's (CH), 2701 W. 78 St.
Cascade 9, 829 Hennepin Ave.
Ferrara's (IT), 501 E. Hennepin Ave.
Heidelberg (GE), 66 St. & Lyndale Ave S.
Rainbow Cafe, 2916 Hennepin Ave. S.

Fuji-Ya (JA), 814 La Salle Ave.
James Broiler, Hennepin Ave.

MOBILE (Ala.)

HOTELS

Sheraton-Battle House (250 r.), 29 N. Royal St., Francis St.
Admiral Semmes (250 r.), 251 Government St.

YMCA

Government & Conception Sts.

MOTELS

Admiral Semmes (105 r.), 250 Government St.
Ramada Inn (203 r.), 1500 Government St.
Town House (142 r.), 1061 Government St.
Albert Pick (108 r.), 1119 Government St.
Holiday Inn-Downtown (94 r.), 255 Church St.
St. Francis Hotel Courts (112 r.), 2501 Government Blvd.
Mobile Travelodge (94 r.), 559 Government St.
Holiday Inn (73 r.), 3939 Government Blvd.
Taylor (42 r.), 2598 Government Blvd.
Beverly (30 r.), 5458 Government Blvd.
Palms (52 r.), 3944 Government Blvd.
Olsson (12 r.), 4137 Government Blvd.

RESTAURANTS

Sea Ranch, Battleship Parkway.
Martine's, 271 Azalea Rd.
Gulas (CH), 3752 Government Blvd.
Korbett's, 2029 Airport Blvd.
Wintzell's Oyster House, 605 Dauphin St.

MONTEREY (Calif.)

HOTELS

Casa Munras Garden (131 r.), 700 Munras Ave.
San Carlos (150 r.), 200 W. Franklin St.

MOTELS

Mark Thomas Inn (140 r.), 1430 Mark Thomas Drive.
Monterey Fairgrounds Travelodge (115 r.), 2030 Fremont.
Monterey Travelodge (50 r.), 675 Munras Ave.
El Castell (47 r.), 2102 Fremont.
Ireland's Park Crest (42 r.), 1100 Munras Ave.

Cypress Gardens (44 r.), 1150 Munras Ave.
West Wind Lodge (43 r.), 1046 Munras Ave.
La Fonda (39 r.), 755 Abrego St.
Monterey Motelodge (37 r.), 55 Camino Aquajito Rd.
Carmel Hill Motor Lodge (34 r.), 1374 Munras Ave.
Reef (32 r.), 1300 Munras Ave.
Rancho Monterey (27 r.), 1200 Munras Ave.
El Padre (24 r.), 1288 Munras Ave.
Westerner (22 r.), 2041 Fremont.
Villa (20 r.), 850 Abrego St.
Padre Oaks (20 r.), 1278 Munras Ave.
Motel 6 (52 r.), 2124 Fremont.

RESTAURANTS

Gallatin's, 500 Hartnell St.
Red Pony, Old Fisherman's Wharf.
Mark Thoma's Outrigger (PO), 700 Cannery Row.
The Shutters (EUR), 888 Munras Ave.
Aldon's, 720 Cannery Row.
Cerrito's Neptune's Table, Old Fisherman's Wharf.
Beaudin's Jolly Rogue, Fisherman's Wharf.
Ginza (JA), 1360 Olivier St.
Lou's Fish Grotto (IT), 50 Fisherman's Wharf.
The Whaler, 635 Cass St.
Mike's Seafood, 25 Fisherman's Wharf.

MONTGOMERY (Ala.)

HOTELS

Whitley (256 r.), 231 Montgomery St.
Jefferson Davis (200 r.), 348 Montgomery St.

MOTELS

Holiday Inn-Midtown (172 r.), 924 Madison Ave.
Holiday Inn-Southwest (265 r.), 4231 Mobile Highway.
Holiday Inn-East (162 r.), Eastern Bypass.
Albert Pick (96 r.), 205 N. Goldthwaite St.
Diplomat Inn (105 r.), 3951 Norman Bridge Blvd.
Governor's House (158 r.), 2705 E. South Blvd.
Continental (87 r.), 3061 Mobile Rd.
Montgomery Travelodge (40 r.), 1550 Federal Drive.
Fleur de Lis (64 r.), 520 S. Blvd.
Royal Inn (50 r.), 3211 Mobile Rd.
Doby's Hotel Court (76 r.), 3453 Mobile Rd.
Town Plaza (38 r.), 743 Madison Ave.
St. Francis Hotel Courts (90 r.), 3101 Mobile Highway.

RESTAURANTS
Riviera, 3085 Mobile Highway.
Sahara, 511 E. Edgemont Ave.
Elite Cafe & Casino Lounge 129 Montgomery St.

MONTPELIER (Vt.)

HOTEL
Tavern Motor Inn (124 r.), 100 State St.

MOTEL
Four Star-Senator (24 r.), Northfield St.

RESTAURANT
Lobster Pot, 118 Main St.

MORRISTOWN (N.J.)

MOTEL
Governor Morris (186 r.), 2 Whippnany Rd.

RESTAURANT
Wedgewood Inn, 217 S. St.

MOUNT RAINIER NATIONAL PARK (Wash.)

MOTELS
White Pass Village (54 r.), White Pass.
Rest-a-Spell (10 r.), Nisqually Park.
Gateway Inn (16 r.), Nisqually Park.
Paradise Inn, 32 km (20 mi.) E. Nisqually Park.

NAMPA (Ida.)

MOTEL
Nampa Chief (42 r.), 908 3 St.

NANTUCKET ISLAND (Mass.)

HOTELS
The White Elephant Inn & Cottages (46 r.), Easton St. & Harbor View Way.
Jared Coffin House (38 r.), Broad & Center Sts.
Harbor House (66 r.), Beach St.
The Gordon Folger Hotel & Cottages (38 r.), Easton St.

MOTEL

Beachside (17 r.), N. Beach St.

YOUTH HOSTEL

Atlantic Ave. & Surfside Rd.

RESTAURANTS

Mad Hatter (EUR), Easton & Beach Sts.
The Skipper, Steamboat Wharf.
The Chanticleer, New Street.
North Shore, 80 Center St.

NASHVILLE (Tenn.)

HOTELS

Hermitage (250 r.), 6 Ave. N. & Union St.
Andrew Jackson (350 r.), 314 6 Ave. N. & Deadrick St.
Noel (250 r.), 4 Ave. N. & Church St.

YMCA

226 7 St.

MOTELS

Ramada Inn (180 r.), 840 James Robertson Parkway.
Holiday Inn-Southeast (209 r.), 981 Murfreesboro Rd.
Holiday Inn-West End Avenue (154 r.), 1800 W. End Ave.
Albert Pick (132 r.), 320 Murfreesboro Rd.
Continental Inns of America (128 r.), Interstate Drive.
Quality Courts-Downtowner (129 r.), 110 Interstate Drive.
Quality Courts-Mercury (115 r.), 411 Murfreesboro Rd.
Capitol Park Inn (157 r.), 400 5 Ave. N., Charlotte Ave.
Downtowner (100 r.), 701 Union Ave., 7 Ave. N.
Jack Spence's (61 r.), 821 Murfreesboro Rd.
Nashville Travelodge (82 r.), 800 James Robertson Parkway.
Howard Johnson's Motor Lodge (76 r.), 536 Murfreesboro Rd.
Drake (84 r.), 420 Murfreesboro Rd.
Biltmore (91 r.), 2400 Franklin Rd.

RESTAURANTS

Brass Rail Stables, 233½ Printers Alley.
Cross Keys, 221 6 Ave. N.
Natchez Trace, 2700 W. End Ave.

NATCHEZ (Miss.)

HOTEL

Eola Motor Hotel (115 r.), Main & Pearl Sts.

MOTELS

Albert Pick (70 r.), 3¼ km (2 mi.) S.
Holiday Inn (136 r.), 4¾ km (3 mi.) E.
Bellemont (78 r.), 4 km (2½ mi.) S.

RESTAURANT

Embers, 1½ km (1 mi.) S.W.

NEWARK (Del.)

MOTELS

Howard Johnson's Motor Lodge (100 r.), 1119 S. College Ave.
Horne's Motor Lodge (100 r.), 1110 S. College Ave.
Newark Travelodge (48 r.), 268 E. Main St.

NEWARK (N.J.)

HOTELS

Robert Treat (450 r.), 50 Park Place.
Military Park (250 r.), 16 Park Place.

YMCA

600 Broad St.

MOTEL

Holiday Inn (200 r.), 430 Broad St.

RESTAURANTS

The Roost (EUR), 27 Fulton St.
Oasis (EUR), 9 W. Park St.
Newarker (EUR), Newark Airport.
Brothers (EUR), 42 Commerce St.
Renaissance (EUR), 44 Commerce St.

NEW CASTLE (Del.)

MOTELS

Gateway Motor Inn (150 r.), du Pont Parkway.
Skyways Motor Lodge (100 r.), du Pont Parkway.
Howard Johnson's Motor Lodge (105 r.), Del. Mem. Bridge Plaza.
Dutch Village (41 r.), du Pont Parkway.
Tremont (31 r.), 3¼ km (2 mi.) S.
Park Plaza (14 r.), 158 N. du Pont Parkway.
El Rancho (18 r.), 152 N. du Pont Parkway.
De Ville (20 r.), du Pont Parkway.

NEW HAVEN (Conn.)

HOTELS

Park Plaza (208 r.), 155 Temple St.
Duncan, Chapel St.

YMCA

51 Howe St.

YWCA

48 Howe St.

MOTELS

Holiday Inn-Downtown (160 r.), 30 Whalley Ave.
Holiday Inn (92 r.), 1605 Whalley Ave.
New Haven Motor Inn (125 r.), 100 Pond Lily Ave.
Howard Johnson's Motor Lodge (90 r.), 2260 Whitney Ave.
Carriage (43 r.), 2297 Whitney Ave.
Rip van Winkle (62 r.), 1548 Whalley Ave.
Host Ways (54 r.), 30 Frontage Rd.
Sleeping Giant (32 r.), 3400 Whitney Ave.

RESTAURANTS

Tivoli (EUR), 311 Orchard St.
Kayseys (EUR), 266 College St.
The Weather Vane, 4137 Whitney Ave.
Sanford Barn, 135 Sanford St.
Hungry Charley's, York St.
The Old Heidelburg, Crown St.
Blessing Chinese, Howe St.

NEW ORLEANS (La.)

HOTELS

Roosevelt (900 r.), 123 Baronne St.
Pontchartrain (200 r.), 2031 St. Charles Ave.
Jung, 1500 Canal St.
Sheraton-Charles (500 r.), 215 St. Charles Ave.
Sheraton-Delta Motor Hotel (500 r.), 1732 Canal St.
Lamothe House (14 r.), 621 Esplanade Ave.

YMCA

936 St. Charles St.

YWCA

Tulane Ave.

MOTELS

Fontainebleau (494 r.), 4040 Tulane Ave.
Hilton Inn (300 r.), Airline Highway.
Imperial House (100 r.), 3400 N. Causeway Blvd.
De Ville (150 r.), 3800 Tulane Ave.
Ramada Inn (100 r.), 2222 Tulane Ave.
Holiday Inn (160 r.), 5733 Airline Highway.
Holiday Inn-East (102 r.), 4861 Chef Menteur Highway.
Town House (108 r.), 9419 Airline Highway.
Tamanaca (150 r.), 1725 Tulane Ave.
Howard Johnson's Motor Lodge (96 r.), 4200 Old Gentilly Rd.
Fodeway Inn (100 r.), Airline Highway.
Thunderbird (62 r.), 1910 Tulnae Ave.
Congress Inn (100 r.), 13001 Chef Menteur Highway.
Conchetta (40 r.), 2620 Tulane Ave.
Candelight Inn (98 r.), 4801 Airline Highway.
Capri (81 r.), 2424 Tyulane Ave.
Sands (58 r.), 4480 Chef Menteur Highway.
Sentry (78 r.), 44 Westbank Expressway.
New Orleans East Travelodge (54 r.), 5035 Chef Menteur Highway.
Carib (44 r.), 4025 Tulane Ave.
Bel-Air (53 r.), 4104 Chef Menteur Highway.
Town & Country (100 r.), 1225 Airline Highway.
Park Plaza (61 r.), 4460 Chef Menteur Highway.
Le Petit (29 r.), 2836 Tulane Ave.
Rustic Lodge (51 r.), 4950 Chef Menteur Highway.
Travel Inn (41 r.), 1131 Airline Highway.
Trade Winds (26 r.), 3616 Airline Highway.
Patio (30 r.), 2820 Tulane Ave.
Sugar Bowl Courts, 4303 Airline Highway.
Royal Palm Hotel Courts, 7800 Chef Menteur Highway.
Oasis (41 r.), 70 Westbank Expressway.
Keystone, 8825 Airline Highway.

RESTAURANTS

Masson's Restaurant Français (FR), 7200 Pontchartrain Blvd.
Dunbar's (CR), 1617 St. Charles Ave.
Commander's Palace (EUR), Washington Ave,. Coliseum St.
Kolb's (GE), 125 St. Charles Ave.
Elmwood Plantation (EU), 5400 River Rd.
Chez Louis (FR), 2505 Carondelet St.
Pascal's Manale (IT), 1838 Napoleon Ave.

Sclafani (EUR), 1301 N. Causeway Blvd.
Turci's Original Italian Restaurant (IT), 914 Poydras St.
Italian Village (IT), 1100 Stephen's St.
Felix's (CR), 739 Iberville St.
House of Lee (CH), 3131 Veterans Highway.
Fitzgerald's Seafood (CR), W. End Park.
A & G (CR), 2661 Canal St.

French Quarter *(Vieux Carré)*

HOTELS

Royal Orleans (400 r.), Royal & St. Louis Sts.
Bourbon Orleans (248 r.), 717 Orleans, Bourbon St.
Monteleone (800 r.), 214 Royal St.
Cornstalk, 915 Royal St.

MOTELS

Downtowner du Vieux Carré (186 r.), Bourbon & Toulouse Sts
Vieux Carré Motor Lodge (100 r.), 920 N. Rampart St.
Provincial (58 r.), 1024 Chartres St.
Prince Conti (50 r.), 830 Conti St.
Maison de Ville, 727 Toulouse St.
Place d'Armes (52 r.), 625 St. Ann St.
Chateau (40 r.), 1001 Chartres St.
Lafitte Guest House, 1003 Bourbon St.

RESTAURANTS

Brennan's (FR), 417 Royal St.
Galatoire's (FR), 209 Bourbon St.
Arnaud's (FR), 801 Bienville St.
Vieux Carré (CR), 241 Bourbon St.
Antoine's (FR), 713 St. Louis St.
Moran's La Louisiane (EUR), 725 Iberville St.
Broussard's Restaurant & Napoleon Patio (FR), 819 Conti St.
Andrew Jackson (CR), 221 Royal St.
New Jimmy's (ME), 240 Bourbon St.
Court of Two Sisters (FR), 613 Royal St.
Tujagues (FR), 823 Decatur St.

NEWPORT (R.I.)

HOTEL

Shamrock Cliff House (30 r.), Ocean Drive.

YMCA

160 Broad St.

MOTELS
Sea View (40 r.), Aquidneck Ave.
Carlton (21 r.), Aquidneck Ave.
RESTAURANT
The Pier, W. Howard St.

NEW YORK CITY (N.Y.)

Manhattan

MIDTOWN

HOTELS
Waldorf-Astoria (1900 r.), 301 Park Ave.
New York Hilton at Rockefeller Center (2153 r.), 6 Ave.
Essex House (1000 r.), 160 Central Park S.
Plaza (1000 r.), 5 Ave., W. 59 St.
Hampshire House (500 r.), 150 Central Park S.
Summit (800 r.), E. 51 St., Lexington Ave.
Sherry-Netherland (375 r.), 781 5 Ave., E. 59 St.
Warwick (504 r.), 65 W. 54 St.
Drake (645 r.), 440 Park Ave., E. 56 St.
Delmonico's (500 r.), 502 Park Ave., E. 59 St.
Americana (2000 r.), 7 Ave., W. 52 & W. 53 Sts.
St. Regis-Sheraton (540 r.), 2 E. 55 St.
Lombardy (365 r.), 111 E. 56 St.
Doral Park Avenue (200 r.), 70 Park Ave., E. 38 St.
Tuscany (200 r.), 120 E. 39 St.
Statler Hilton (2200 r.), 7 Ave. & W. 33 St.
St. Moritz-on-the-Park (1000 r.), 50 Central Park S.
Barbizon-Plaza (1200 r.), 106 Central Park S.
Roosevelt (1100 r.), E. 45 St., Madison Ave.
Beaux Arts (800 r.), 310 E. 44 St.
Barclay (793 r.), 111 E. 48 St.
Biltmore (900 r.), E. 43 St. & Madison Ave.
Berkshire (500 r.), 21 E. 52 St.
Dorset (450 r.), 30 W. 54 St.
Gotham (352 r.), 5 Ave., W. 55 St.
Blackstone (186 r.), 50 E. 58 St.
Sheraton-Russell (170 r.), 45 Park Ave., E. 37 St.
Carriage House (105 r.), 200 E. 38 St., 3 Ave.
Commodore (2000 r.), 109 E. 42 St.
Manhattan (1400 r.), 8 Ave., W. 44 St.
Park-Sheraton (1600 r.), 7 Ave., W. 55 St.
Taft (1430 r.), 7 Ave., W. 50 St.

Sheraton-Atlantic (1300 r.), Broadway, W. 34 St.
Lexington (800 r.), Lexington Ave. & E. 48 St.
Wellington (700 r.), 7 Ave., W. 55 St.
Town House (235 r.), 108 E. 88 St.
Algonquin (200 r.), 59 W. 44 St.
Excelsior (150 r.), 237 Madison Ave., E. 37 St.
Abbey Victoria (1000 r.), 7 Ave. & W. 51 St.
Gramercy Park (500 r.), 52 Gramercy Park N., E. 21 St.
Manger Windsor (301 r.), 100 W. 58 St.
George Washington, Lexington Ave. & 23 St.

YMCA

224 E. 47 St.

YWCA

138 E. 38 St.   840 8 Ave.
610 Lexington Ave.

MOTELS

City Squire Motor Inn (720 r.), Broadway, W. 51 St. & W. 52 Sts.
Sheraton Motor Inn (419 r.), W. 42 St., 12 Ave.
Loew's Midtown Motor Inn (363 r.), 8 Ave., W. 48 St. & 49 Sts.
Howard Johnson's Motor Lodge (300 r.), 8 Ave., W. 51 & W. 52 Sts.
Travelodge (252 r.), 515 W. 42 St.
Skyline (130 r.), 725 10 Ave., 50 St.

RESTAURANTS

Swiss Center Restaurant (SW), 4 W. 49 St.
The Forum, 57 W. 48 St.
The Four Seasons, 99 E. 52 St.
La Caravelle (FR), 33 W. 55 St.
Brussel's (EUR), 115 E. 54 St.
Café Chauveron (FR), 139 E. 53 St.
Baroque (FR), 14 E. 53 St.
Chez Renée (FR), 248 E. 49 St.
Fontana di Trevi (IT), 151 W. 57 St.
Giambelli 50th (IT), 46 E. 50 St.
Giambelli's (IT), 238 Madison Ave.
Italian Pavillon (IT), 24 W. 55 St.
La Côte Basque (FR), 5 E. 55 St.
The Ground Floor, 51 W. 52 St., CBS-Building.
Bill Chan's New Gold Coin (CH), 835 2 Ave., E. 44/45 Sts.
Christ Cella (EUR), 100 E. 46 St.
Charlie Brown's, Park Ave. & E. 45 St. (Pan-Am-Bldg).

Charles V (FR), 34 W. 53 St.
Barbetta (IT), 321 W. 46 St.
Copenhagen (EUR), 68 W. 58 St.
Clos Normand (FR), 42 E. 52 St.
Al Cooper's, 130 W. 36 St.
Antolotti's (IT), 337 E. 49 St.
Arirang House (CH), 30 W. 56 St.
Balkan Armenian (ARM), 129 E. 27 St.
A la Fourchette (FR), 342 W. 46 St.
Chalet Suisse, 6 E. 48 St.
Café Renaissance (EUR), 338 E. 49 St.
Benihana of Tokyo (JA), 61 E. 56 St.
Brasserie (FR), 100 E. 53 St.
Boat House, 161 E. 54 St.
Blue Ribbon (GE), 145 W. 44 St.
Spanish Pavillon (SP), 475 Park Ave.
Old Homestead Steak House (GE), 56 9 Ave.
Peking House (CH), 845 2 Ave.
Bring back the Good Old Days, 630 5 Ave. (Internat. Bldg.).
Gloucester House, 37 E. 50 St.
Giovanni (EUR), 66 E. 55 St.
Lüchow's (GE), 110 E. 14 St.
L'Armorique (FR), 246 E. 45 St.
La Potinière du Soir (FR), 47 W. 55 St.
La Popotte (FR), 232 E. 58 St.
La Petite Marmite (FR), 53 W. 56 St.
La Fonda del Sol, 123 W. 50 St. (Time-Life-Bldg).
Le Valois (FR), 45 E. 58 St.
L'Etoile (FR), 1 E. 59 St.
Le Périgord, 405 E. 52 St.
Le Marmiton (FR), 216 E. 49 St.
Le Manoir (FR), 120 E. 56 St.
Le Chanteclair (FR), 18 E. 49 St.
La Toque Blanche, 359 E. 50 St.
Press Box, 139 E. 49 St.
Pierre's (EUR), 52 E. 53 St.
Pen and Pencil, 205 E. 45 St.
Orsini's (IT), 41 W. 56 St.
Nippon (JA), 145 E. 52 St.
Moore's, 216 W. 46 St.
Michael's Pub (GB), 3 E. 48 St.
Mercurio (IT), 53 W. 53 St.
Mama Laura (IT), 230 E. 58 St.
Romeo Salta (IT), 39 W. 56 St.

Saito (JA), 131 W. 52 St.
San Marino (IT), 236 E. 53 St.
Sardi's East (EUR), 123 E. 54 St.
Al Schacht's, 10 E. 52 St.
"21" Club, 21 W. 52 St.
Whyte's 57 St., 344 W. 57 St.
Alfredo of New York (IT), 240 W. 56 St.

UPTOWN

HOTELS

Carlyle (186 r.), Madison Ave., E. 76 St.
Pierre (700 r.), 5 Ave., E. 61 St.
Regency (296 r.), Park Ave., E. 61 St.
Alrac (250 r.), 37 E. 64 St.

MOTELS

Lincoln Square Motor Inn (260 r.), W. 66 St. & Broadway.
Coliseum House, 228 W. 71 St.

YMCA

180 W. 135 St.
5 W. 63 St.

RESTAURANTS

Colony (FR), 30 E. 61 St., Madison Ave.
The Ginger Man, 51 W. 64 St.
Jager House (GE), 1253 Lexington Ave., E. 85 St.
Budapest (HU), 1481 2 Ave., E. 77 St.
Le Veau d'Or (FR), 129 E. 60 St.
Quo Vadis (FR), 26 E. 63 St.
Roma di Notte (IT), 1528 2 Ave., E. 79 St.
Sign of the Dove (EUR), 1110 3 Ave., 65 St. E.
Voisin (FR), 30 E. 65 St.
Athena East (GR), 1230 2 Ave., E. 64 & E. 65 Sts.

DOWNTOWN

RESTAURANTS

Chez Vous (IT), 78 Carmine St.
Renato's (EUR), 21 Van Dam St.
Teddy's (EUR), 219 W. Broadway.
Whyte's, 145 Fulton St.
Bianchi & Margherita (IT), 186 W. 4 St.

Brooklyn

HOTEL
Towers (480 r,), 25 Clark St.

MOTEL
Golden Gate Motor Inn (150 r.), 3867 Belt Parkway.

YMCA
1121 Bedford Ave.
55 Hanson Place.
179 Mary Ave.
99 Messerole Ave.
570 Jamaica Ave.
357 9 St.

RESTAURANTS
Sears, 1621 Church Ave.
Michel's, 346 Flatbush Ave.
Hamilton House, 3121 Ocean Ave.
Gage & Tollner, 372 Fulton St.

Bronx

HOTEL
Concourse Plaza (440 r.), 900 Grand Concourse, 161 St.

YMCA
470 E. 161 St.

MOTELS
Riverdale Motor Inn (120 r.), 6355 Broadway, W. 254 St.
Town & Country Motor Lodge (68 r.), 2244 Tillotson Ave.
Van Cortlandt (68 r.), 6393 Broadway, W. 256 St.
Bronx Whitestone (54 r.), 555 Hutchinson River Parkway.
Stadium Motor Lodge (65 r.), Major Deegan Expressway, W. 165 St.
Holiday (32 r.), 2291 New England Throughway.

YOUTH HOSTEL
181 St. & University.

RESTAURANTS
Lobster Box, 34 City Island Ave.
Stella d'Oro (IT), 5806 Broadway, W. 237 St.

Queens

HOTELS
Statler Hilton Inn (112 r.), Belt Parkway 150 St.

Riviera Idlewood (189 r.), Belt Parkway Rockaway Blvd.
International (520 r.), Kennedy International Airport.

YMCA

89–25 Parsons Blvd.

MOTELS

Sheraton-Tenney Inn (300 r.), La Guardia Airport.
Pan American Motor Inn (216 r.), Queens Blvd.
Holiday Inn (240 r.), Belt Parkway.
Holiday Inn-La Guardia Airport (136 r.), Grand Central Parkway.
Crossway (136 r.), Grand Central Parkway.
Midway (82 r.), Expressway at 108 St.
Jade East (46 r.), Belt Parkway.

RESTAURANT

Golden Door, Kennedy International Airport.

Staten Island

RESTAURANT

Tavern on the Green, 2566 Hylan Blvd.

NIAGARA FALLS (N.Y.)

HOTELS

Niagara, 1 & Jefferson Ave.
Imperial, 302 Second St.
Falls, 109 Falls St.

MOTELS

Treadway Inn (160 r.), 7003 Buffalo Ave.
Holiday Inn (138 r.), 114 Buffalo Ave.
Parkway Inn (200 r.), 401 Buffalo Ave.
Howard Johnson's Motor Lodge (72 r.), 454 Main St.
Scenic Inn (63 r.), 333 Prospect St.
Niagara Falls Travelodge (49 r.), 200 Jefferson Ave. & 2 St.
Red Coach Inn (50 r.), Main St. & Buffalo Ave.
Castle Court (70 r.), 9802 Pine Ave.
Anchor (21 r.), 2332 River Rd.
Schrafft's Motor Inn, 443 Main St.
Alps Motor Inn, 349 1 St.
Coachman Inn, 523 3 St.
Converse Motor Inn, 325 1 St.

RESTAURANTS

John's Flaming Hearth, 1965 Military Rd.

Donna Felicia's (IT), 490 Center St.
Clarkson House, 810 Center St.

NIAGARA FALLS (Ontario, Canada)

HOTELS

Sheraton-Foxhead (415 r.), 1875 Falls Ave.
Sheraton-Brock (262 r.), 1685 Falls St.
Sheraton Guest House (210 r.), 1685 Falls St.

YMCA

1329 Portage Rd.

MOTELS

Park (200 r.), Clifton Hill, Victoria St.
Michael's Inn (110 r.), 1599 River Rd.
Fallsway (172 r.), Clifton Hill.
Cairn-Croft (82 r.), 2400 Lundy's Lane.
The Ritz (53 r.), 1657 Victoria Ave.
Inn by the Falls (31 r.), 1525 Victoria Ave.
Royal Coachman (38 r.), 1284 Ferry, Clark St.
Clifton Motor Inn (40 r.), 955 Clifton Hill.
Modern-Aire (30 r.), 2663 Stanley Ave.
Lincoln Motor Inn (60 r.), 2417 Portage Rd. S.
Wedgwood (50 r.), 1234 Ferry St.
Alamo (46 r.), 1905 Victoria Ave.
Cavalier (39 r.), 1100 Centre St.
Ameri-Cana (105 r.), 4444 Lundy's Lane.
The Inn (52 r.), Niagara River Parkway.
Carriage House Motor Lodge (70 r.), 4004 Lundy's Lane.
Hilltop (39 r.), 967 Clifton Hill.
Tip Top (36 r.), 2267 Lundy's Lane.
Edgecliffe (31 r.), River Rd., Queen St.
Clover Leaf (43 r.), 3514 Lundy's Lane.
Rendezvous (40 r.), 3611 Lundy's Lane.
Candlelight (49 r.), 3600 Lundy's Lane.
Parkwood (32 r.), 4054 Lundy's Lane.
Scotsman (18 r.), 2179 Lundy's Lane.

RESTAURANT

Skyline Dining Room, Skyline Tower.

NORFOLK (Va.)

HOTEL

Commodore Maury (164 r.), 345 Granby St.

MOTELS

Golden Triangle (361 r.), Olney Rd. & Monticello Ave.
Quality Courts Lake Wright (238 r.), 6280 Northampton Blvd.
Quality Courts-Ocean View (120 r.), 1575 W. Ocean View Ave.
Quality Courts Country Club (88 r.), 235 N. Military Highway.
Quality Courts Airport Motor Inn (64 r.), Robin Hood Rd., Municipal Airport.
Holiday Inn (104 r.), 717 S. Military Highway.
Holiday Inn-Midtown (120 r.), 930 Virginia Beach Blvd.
Voyager Motor Inn (100 r.), 719 E. Ocean View Ave.
Admiralty (175 r.), 1170 N. Military Highway.
Lafayette (80 r.), 4233 Granby St.
Holiday Sands (68 r.), 1330 E. Ocean View Ave.
Holiday Towers (59 r.), 1850 E. Little Creek Rd.
Bel-Aire (100 r.), 1001 N. Military Highway.
Coral Isle (32), 1240 W. Ocean View Ave.
Beachcomber (64 r.), 2090 E. Ocean View Ave.
Surf Side (66 r.), 1120 E. Ocean View Ave.
Vann's (45 r.), 3022 Ocean View Ave.
Sea Isle (21 r.), 315 E. Ocean View Ave.
Sea Mist (17 r.), 1080 W. Ocean View Ave.

RESTAURANTS

Black Angus, 1890 E. Little Creek Rd.
Carriage House, 313 W. Bute St.
Browney's, 1872 E. Little Creek Rd.
Lewis, 41 St., Colley Ave.
Mason's Seafood, 4019 Granby St.

NORMAN (Okla.)

HOTEL

Coronado Inn (76 r.), 325 W. Main St.

MOTELS

Holiday Inn (144 r.), 2600 W. Main St.
Howard Johnson's Motor Lodge (110 r.), 2545 W. Main St.

OAKLAND (Calif.)

HOTEL

Leamington (300 r.), 1814 Franklin St., 19 St.

YMCA

2101 Telegraph Ave.

MOTELS

Holiday Inn (200 r.), 500 Hegenberger Rd.
Edgewater Inn (175 r.), 455 Hegenberger Rd.
Jack London Inn (115 r.), 444 1 St.
Edgewater West Motor Inn (76 r.), 10 Hegenberger Rd.
Boatel Motor Lodge (70 r.), 21 Jack London Square.
Thunderbird Lodge (87 r.), 233 Broadway, 3 St.
London Lodge (88 r.), Broadway & 7 St.
Oakland Downtown Travelodge (73 r.), 122 E. 12 St.
Hyatt Lodge (49 r.), 490 W. MacArthur Blvd.
Hillcrest (54 r.), 2400 MacArthur Blvd.
Townhouse Travelodge (40 r.), 444 W. MacArthur Blvd.
Coliseum (36 r.), 4801 Coliseum Way.
Capri (30 r.), 722 W. MacArthur Blvd.
Mission (32 r.), 9235 MacArthur Blvd.
Oaks (28 r.), 3250 MacArthur Blvd.

RESTAURANTS

Villa Peluso, 116 6 St.
Trader Vic's (PO), 6500 San Pablo Ave.
Bow & Bell, 31 Jack London Square.
Elegant Farmer, 34 Jack London Square.
Diamond Jim's, 245 W. MacArthur Blvd.
Sea Wolf, Jack London Square.
Castaway, 66 Jack London Square.
Marco Polo (CH), 70 Jack London Square.
House of Lee (CH), 2021 Fruitvale Ave.

OCEAN CITY (N.J.)

HOTEL

Flanders (230 r.), Boardwalk & Moorlyn Ter.

MOTELS

Port-o-Call (100 r.), 1510 Boardwalk.
Sting Ray Motor Inn (79 r.), 1280 Boardwalk.
Impala (80 r.), 10 St. & Ocean Ave.
Sea Spray (68 r.), 34 St. & Bay Ave.
The Forum (49 r.), 8 St. Ocean to Atlantic Ave.
Pavilion Motor Lodge (58 r.), 8 St. & Atlantic Ave.

RESTAURANTS

Warson's, Ocean Ave., 9 St.
Simm's, Boardwalk & Moorlyn Ter.

OGALLA (Neb.)

MOTELS

Erin Plaza (72 r.), 1 & E. B Sts.
Lakeway Lodge (26 r.), 918 N. Spruce St.
Chieftain Tourist Village (20 r.), ¾ km (½ mi.) W.
Lazy K (23 r.), 1½ km (1 mi.) E.
Paradise (20 r.), 221 E. 1 St.

RESTAURANT

Hill Top Inn, 14½ km (9 mi.) N.

OGDEN (Ut.)

HOTEL

Ben Lomond (150 r.), 411 25 St., Washington Blvd.

MOTELS

Ramada Inn (150 r.), 2433 Adams Ave.
Holiday Inn (110 r.), 3306 Washington Blvd.
Ogden Travelodge (81 r.), 2110 Washington Blvd.
Bigler's Desert Inn (65 r.), 1825 Washington Blvd.
Imperial "400" (34 r.), 1956 Washington Blvd.
Millstream (55 r.), 1450 Washington Blvd.
Colonial (32 r.), 1269 Washington Blvd.

RESTAURANTS

Bratten's Grotto, 3376 Harrison Blvd.
Ye Lion's Den, 3607 Washington Blvd.
Rigo's (IT), 2788 Washington Blvd.

OGUNQUIT (Me.)

HOTELS

Sparhawk Hall (100 r.), Shore Rd.
Lookout (149 r.), Israel's Head Rd.
The Graham (50 r.), 58 Shore Rd.
Cliff House (39 r.), Bald Head Cliff.

MOTELS

Sea Chambers Motor Lodge (41 r.), 37 Shore Rd.
Ogunquit (47 r.), 2½ km (1½ mi.) N.
East Wind (40 r.), ¾ km (½ mi.) N.
Country Squire (22 r.), ½ km (¼ mi.) S.

RESTAURANTS

Chef Wilhelm Inc. Chateau Briand (FR), Frazier Pasture Rd.

Whistling Oyster, Perkins Cove.
Poor Richard's Tavern, Pine Hill Rd.
Barnacle Billy's, Perkins Cove.
Barbara Dean's, 57 Shore Rd.

OKLAHOMA CITY (Okla.)

HOTELS

Skirvin & Skirvin Tower (436 r.), 200 N. Broadway, Park Ave.
Sheraton Oklahoma (470 r.), 228 W. Sheridan.
Black (200 r.), 5 N. Hudson, Sheridan.

YMCA

125 N. 5 St.

YWCA

320 Park Ave.

MOTELS

Habana Inn (200 r.), 2200 N.W. 66 Expressway.
Trade Winds (159 r.), 3115 N. Lincoln Blvd.
Howard Johnson's Motor Lodge (137 r.), 5301 N. Lincoln Blvd.
Ramada Inn (160 r.), 1401 N.E. Expressway.
89er Inn (120 r.), 3300 N. Lincoln Blvd.
Holiday Inn-Downtown (202 r.), 520 W. Main St.
Holiday Inn-West (166 r.), Meridian St.
Holiday Inn-Northeast (144 r.), 12001 N.E. Expressway.
Holiday Inn (120 r.), 5701 Trinker Diagonal.
Downtowner (96 r.), 1305 Classen Drive.
Continental (106 r.), 3030 S. Prospect.
Rio (182 r.), 2460 N.W. 39 St.
Town Park (90 r.), 32 N.E. 23 St.
Planet Inn (83 r.), 6821 S.E. 29 St.
Quality Courts (65 r.), 3600 S. Broadway.
Tivoli Inn (75 r.), Sheridan at Robinson.
Rowntowner (91 r.), 1600 N.W. Expressway.
Voyager Inn (63 r.), 3100 N.W. Expressway.
Thunderbird Inn (60 r.), 315 N.W. Expressway.
Suntide Inn (75 r.), 3200 N.W. 39 St.
Guest House (47 r.), 5200 Classen Blvd.
Fiesta Inn (80 r.), 2600 N. Broadway.
Oklahoma City Travelodge (39 r.), 501 N.W. 5 St.
Chateau Inn (37 r.), 22¼ km (14 mi.) W.
Sauna (36 r.), 11901 N.E. Expressway.

Wilshire (64 r.), 9600 N.E. Expressway.
Kings Inn (52 r.), 200 N.W. 10 St.
Flamingo (26 r.), 3312 N. Lincoln Blvd.
Hacienda Holiday (30 r.), 3000 N. Lincoln Blvd.

RESTAURANTS

Jacques Internationale (EUR), 5201 N. Shartel.
Val Gene's, 1801 Penn Square.
Sleepy Hollow, 1101 N.E. 50 St.
Jamilo's (AR), 4910 N. Lincoln Blvd.
Herman's Sea Food, 1701 Classen Blvd.
Glen's Hik-ry Inn, 2815 N.W.10 St.
House of Chan (CH), 5307 N. Western Ave.

OLD ORCHARD BEACH (Me.)

MOTELS

Diplomat (20 r.), E. Grand Ave.
EEdgewater (35 r.), 57 W. Grand Ave.
Wind Song (12 r.), 116 E. Surf, Morrison St.
Mt. Royal & Regency (77 r.), 30 W. Grand Ave.
Sandpiper (20 r.), Cleaves St.
Old Colonial (30 r.), 66 W. Grand Ave.
Executive (24 r.), 38 E. Grand Ave.
Gull (16 r.), 89 W. Grand Ave.
Flower Song (8 r.), 107 E. Grand Ave.

OLYMPIA (Wash.)

MOTELS

Tyee Motor Inn (154 r.), 500 Tyee Drive.
Golden Gavel (27 r.), 909 Capitol Way.
Holly (34 r.), 2816 Martin Way.
Bailey Motor Inn (50 r.), 3333 Martin Way.
Ranchhotel (22 r.), 8265 Martin Way.

OLYMPIC NATIONAL PARK (Wash.)

Lake Crescent Lodge (20 r.), 32 km (20 mi.) W. **Port Angeles**.
Kalaloch Beach Ocean Village & Lodge, 19¼ km **(12 mi.)** N. of 101.

OMAHA (Neb.)

HOTELS

Sheraton-Fontenelle (350 r.), 1806 Douglas St.
Blackstone (250 r.), 36 & Farnam Sts.

Diplomat Inn (137 r.), 1511 Farnam St.
Bonanza, S. 19 St.

YMCA

1703 Harney St.

YWCA

17 & St. Mary Sts.

MOTELS

Prom Town House Motor Inn (450 r.), 7000 Dodge St.
Schimmel's Indian Hills Inn (206 r.), 8501 W. Dodge Rd.
Holiday Inn (241 r.), 3321 S. 72 St.
Commodore Inn (151 r.), 24 & Dodge Sts.
New Tower Hotel Courts (250 r.), 7764 Dodge St.
Lamplighter Motor Inn (100 r.), 2808 S. 72 St.
Omaha Travelodge (100 r.), 3902 Dodge St.
Airport Inn (114 r.), 30A, Eppley Field.
Wayside Inn (52 r.), 7833 Dodge St.
Guest House South (75 r.), 4815 L St.
Imperial "400" (61 r.), 2211 Douglas St.
Omaha Inn (58 r.), 4221 Dodge St.
Shamrock (49 r.), 120 & Dodge Sts.

RESTAURANTS

Frontier, 196 & W. Dodge Rd.
Johnny's Cafe, 4702 S. 27 St.
Sparetime Cafe (IT), 707 S. 72 St.
Marchio's Italian Cafe, 4443 S. 13 St.
Hilltop House, 4901 Dodge St.
Ross' Steak House (IT), 909 S. 72 St.
Fireside, 3802 Leavenworth St.
Virginian Restaurant & Cocktail Lounge, 1413 Douglas St.
Gorats Steak House (IT), 4917 Center St.

OREGON CAVES NATIONAL MONUMENT (Ore.)

INN

Oregon Caves Chateau & Cottages, Monument on ORE 46.

ORLANDO (Fla.)

HOTELS

Robert Meyer Motor Inn (330 r.), 151 E. Washington St.

Park Plaza (225 r.), 431 E. Central Blvd.
San Juan (218 r.), 32 N. Orange Ave.

MOTELS

Statler Hilton Inn (248 r.), 3200 W. Colonial Drive.
Gold Key Inn (130 r.), 7100 S. Orange Blossom Trail.
Jamaica Inn (103 r.), 3300 W. Colonial Drive.
Colonial Plaza Motor Inn (102 r.), 2801 E. Colonial Drive.
Howard Johnson's Motor Lodge North (82 r.), 603 Lee Rd.
Howard Johnson's Motor Lodge W. (74 r.), 2014 W. Colonial Drive.
Howard Johnson's Motor Lodge South (48 r.), 4201 S. Orange Blossom Trail.
Parliament House Motor Inn (120 r.), 410 N. Orange Blossom Trail.
Holiday Inn-Midtown (156 r.), 929 W. Colonial Drive.
Holiday Inn-South (182 r.), 4049 S. Orange Blossom Trail.
Downtowner (112 r.), 260 S. Orange Ave.
Davis Park (82 r.), 221 E. Colonial Drive.
Orlando Travelodge (80 r.), 409 N. Magnolia Ave.
Royal (36 r.), 919 W. Colonial Drive.
South (36 r.), 1820 N. Mills Ave.

RESTAURANTS

Gary's Duck Inn, 3974 Orange Blossom Trail.
Ronnie's, 2702 E. Colonial Drive.
Menendez Edgewood (SP), 3001 Corrine Drive.
Rowena, 126 E. Jefferson St.

PALM BEACH (Fla.)

HOTELS

The Breakers (440 r.), S. County Rd.
Palm Beach Biltmore (540 r.), Bradley Place.
The President (95 r.), 2505 S. Ocean Blvd.
Palm Beach Towers (310 r.), 44 Coconut Row.
The Colony (100 r.), 155 Hammon Ave.
Palm Beach (300 r.), 235 Sunrise Ave.
Brazilian Court (130 r.), 300 Brazilian Ave.
Sheraton Carlton (68 r.), 140 Sunrise Ave.
Palm Beach Sea Lord (43 r.), 2315 S. Ocean Blvd.

MOTELS

Holiday Inn (225 r.), 2770 S. Ocean Blvd.
Palm Beach Hawaiian Quality Courts (58 r.), 3550 S. Ocean Blvd.

Heart of Palm Beach (58 r.), 160 Royal Palm Way.
Howard Johnson's Motor Lodge (37 r.), 2875 S. County Rd.
Beachcomber (50 r.), 3024 S. Ocean Blvd.
Palm Beach Hampton, 3080 S. County Rd.

RESTAURANTS

Petite Marmite (EUR), 309 Worth Ave.
Chesler's (FR), 235 Worth Ave.
Ta-boo (EUR), 221 Worth Ave.
Testa's (IT), 221 Royal Poinciana Way.

PALM SPRINGS (Calif.)

HOTELS

El Mirador (278 r.), 1150 N. Indian Ave.
Palm Springs Spa (235 r.), 100 N. Indian Ave.
Oasis (80 r.), 155 S. Belardo.
Holiday Inn Riviera (500 r.), 1600 N. Indian Ave.
Canyon (176 r.), 2850 S. Palm Canyon Drive.

MOTELS

Gene Autry's Ocotillo Lodge (130 r.), 1111 E. Palm Canyn Drive
Gene Autry's Melody Ranch (106 r.), 4200 E. Palm Canyn Drive
Tropics (150 r.), 411 E. Palm Canyon Drive.
Palm Springs Dunes Hotel (108 r.), 390 S. Indian Ave.
Trinidad (50 r.), 1900 E. Palm Canyon Drive.
Crest View Hotel (30 r.), 950 N. Indian Ave.
Desert Paradise (18 r.), 772 Prescott Drive.
Country Club Hotel (108 r.), 2601 Golf Club Drive.
Ramada Inn (78 r.), 1177 N. Palm Canyon Drive.
Royal Inn (66 r.), 1700 S. Palm Canyon Drive.
Tiki Spa (27 r.), 1910 S. Camino Real.
Orchid Tree Hotel (34 r.), 226 W. Baristo Rd.
Monkey Tree (18 r.), 2388 E. Racquet Club Rd.
Coco Cabana (19 r.), 1881 Araby Drive.
Blue Palms Resort Hotel (14 r.), 1600 E. Palm Canyon Drive.
Westward Ho Hotel (210 r.), 701 E. Palm Canyon Drive.
Congress Inn (30 r.), 8 km (5 mi.) S.E.
Hotel 6 (125 r.), 595 E. Palm Canyon Drive.
Palm Springs Travelodge (158 r.), 333 E. Palm Canyon Drive.
Palm Springs Sands (138 r.), 1983 N. Palm Canyon Drive.
Hyatt Lodge (51 r.), 1177 S. Palm Canyon Drive.

RESTAURANTS

Don the Beachcomber (CH), 1101 N. Palm Canyon Drive.

Ethel's Hideaway (EUR), Smoke Tree Village.
La Petite Marmite (FR), 198 S. Palm Canyon Drive.
Pete & Billy Snyder's Metropole, 424 S. Indian Ave.

PALO ALTO (Calif.)

HOTELS

Palo Alto Cabana Motor Hotel (200 r.), 4290 El Camino Real.
President (80 r.), 488 University Ave.

MOTELS

Rickey's Hyatt House (219 r.), 4219 El Camino Real.
Dinah's (50 r.), 4269 El Camino Real.
Flamingo (120 r.), 3398 El Camino Real.
Glass Slipper (24 r.), 3941 El Camino Real.
Tiki Inn (39 r.), 531 Stanford Ave.
Imperial "400" (62 r.), 3945 El Camino Real.
Country Inn (27 r.), 4345 El Camino Real.
Currier (29 r.), 3200 El Camino Real.
Palo Alto Inn (72 r.), 4309 El Camino Real.
Palo Alto Oaks (40 r.), 4279 El Camino Real.
Palo Alto Travelodge (28 r.), 3255 El Camino Real.
Stanford Motor Inn (35 r.), 3305 El Camino Real.

RESTAURANTS

L'Omelette (FR), 4170 El Camino Real.
Ming's (CH), 1700 Embarcadero Rd. E.

PASADENA (Calif.)

HOTEL

Huntington-Sheraton (485 r.), 1401 S. Oak Knoll.

YMCA

235 E. Holly St.

MOTELS

Pasadena Travelodge (56 r.), 2767 E. Colorado Blvd.
Imperial "400" (50 r.), 1203 E. Colorado Blvd.
Pasadena (50 r.), 2131 E. Colorado Blvd.
Hi-Way Host (40 r.), 3474 E. Colorado Blvd.
Hyatt Lodge (35 r.), 2800 E. Colorado Blvd.
Regal Inn (34 r.), 3800 E. Colorado Blvd.
Pasadena Rose Bowl (22 r.), 2200 N. Arroyo Blvd.
Astromotel (23 r.), 2818 E. Colorado Blvd.
Pasada (29 r.), 3625 E. Colorado Blvd.

RESTAURANTS
Saga, 1633 E. Colorado Blvd.
Stuft Shirt (EUR), 901 E. Del Mar.
The Honker (EUR), 897 Granite Drive.
Hillcrest Antique Inn, 3570 E. Foothill Blvd.
Westward Ho Steak House, 541 S. Arroyo Parkway.
Pepper Mill (EUR), 795 E. Walnut St.
Tahitian, 137 S. Lake St.

PASS CHRISTIAN (Miss.)

MOTEL
Catalina (20 r.), E. Beach Blvd.

RESTAURANT
Annie's, Henderson Point.

PEORIA (Ill.)

HOTELS
Ramada Inn (185 r.), 415 St. Mark Ct.
Pere Marquette (500 r.), 501 Main St.

YMCA
714 Hamilton Blvd.

MOTELS
Holiday Inn (251 r.), 401 N. Main St.
Voyager Inn (175 r.), 504 N. Hamilton Blvd.
Howard Johnson's Motor Lodge (108 r.), 225 N. Adams St.
Peoria Sands (105 r.), 220 N.E. Adams St.
Vonachens Hyatt Lodge (62 r.), 5727 Humbolt Ave.
Imperial "400" (67 r.), 202 N.E. Washington St.
Clayton House (52 r.), 5712 Knoxville Ave.
Towne House (43 r.), 1519 N. Knoxville Ave.
Manias Manor (27 r.), 1506 N. Knoxville Ave.
Downtown (41 r.), 705 Hamilton Blvd.
Fern's (26 r.), 135 S.W. Monroe, Fulton St.
4 Winds (20 r.), 3527 W. Harmon Highway.

RESTAURANTS
Original Murphy's, 5720 N. Knoxville Ave.
Kramer's (GE), Western, Moss St.
Vonachens Junction, 5934 N. Knoxville Ave.

PHILADELPHIA (Pa.)

HOTELS

Benjamin Franklin (1200 r.), 9 & Chestnut Sts.
Bellevue Stratford (750 r.), Broad & Chestnut Sts.
Warwick (650 r.), 17 & Locust Sts.
Barclay (600 r.), 237 S. 18 St.
Sylvania (400 r.), 1324 Locust St.
Roosevelt (135 r.), 23 & Walnut Sts.

YMCA

1421 Arch St.

YWCA

2027 Chestnut St.

MOTELS

Marriott (435 r.), City Line Ave. & Monument Rd.
Penn Center Inn (404 r.), 20 & Market Sts.
Franklin Motor Inn (300 r.), Parkway, 22 St.
Airport (300 r.), Industrial Highway.
Treadway Inn (168 r.), Radnor Chester Rd.
Holiday Inn (168 r.), 1305 Walnut St.
Roosevelt Mohawk Inn (108 r.), 7600 Roosevelt Blvd.
Mohawk Motor Lodge (117 r.), 4200 Roosevelt Blvd.
City Line Motor Inn (96 r.), 4444 City Line Ave.
Sheraton-Fairways Motor Inn (75 r.), 351 E. Township Line Rd.
Howard Johnson's Motor Lodge (72 r.), 11580 Roosevelt Blvd.

YOUTH HOSTEL

Benjamin Franklin Parkway.

RESTAURANTS

Old Original Bookbinders, 125 Walnut St.
Red Coach Grill, 555 City Line Ave.
General Wayne Inn, 625 Montgomery Ave.
The Tavern, 261 Montgomery Ave.
Arthur's Steak House, 1512 Walnut St.
Beck's on the Boulevard, Roosevelt Blvd.
Shoyer's, 410 Arch St.
Stouffer's, 2 Penn Center Plaza; 1526 Chestnut St.; 339 E. Lancaster Ave.
Bookbinder's Sea Food House, 215 S. 15 St.
House of Japan (JA), 11 & Walnut Sts.
Imhof's Grill, 143 W. Chelten Ave.

Kelly's on Mole St., 5 S. Mole St.
Pub Tiki (PO), 1718 Walnut St.

PHOENIX (Ariz.)

HOTELS

Del Webb's Townehouse (415 r.), 100 W. Clarendon Ave.
Westward Ho (400 r.), 618 N. Central Ave.
Ramada Coronet Motor Hotel (90 r.), 1001 N. Central Ave.
Adams (227 r.), Central Ave. & Adams St.
San Carlos (150 r.), Central Ave. & Monroe St.

YMCA

350 N. 1 Ave.

MOTELS

Arizona Biltmore (200 r.), 24 St. & Missouri Ave.
Ramada Inn (302 r.), 3801 E. Van Buren St.
Paradise Inn (78 r.), 6150 E. Camelback Rd.
Jokake Inn (100 r.), 6000 E. Camelback Rd.
Arizona Ranch House Inn (68 r.), 5600 N. Central Ave.
Arizona Manor Hotel (54 r.), 2390 E. Camelback Rd.
Los Olivos (120 r.), 202 E. McDowell Rd.
Samoan Village (100 r.), 3901 E. Van Buren St.
Newton's Inn (68 r.), 917 E. Van Buren St.
Royal Palms Inn (60 r.), 5200 E. Camelback Rd.
Desert Inn (200 r.), 2707 E. Van Buren St.
Sheraton Sky Riders Hotel (135 r.), 2901 Sky Harbor Blvd.
Holiday Inn (163 r.), 2247 E. Van Buren St.
Caravan Inn (350 r.), 3333 E. Van Buren St.
Ramadan-Sahara (170 r.), 401 N. 1 St.
Kon Tiki (112 r.), 2364 E. Van Buren St.
Park Central (100 r.), 3033 N. 7 Ave.
Desert Sun (107 r.), 1325 Grand Ave.
Arizona Ambassador (54 r.), 335 W. Maryland Ave.
Hiwayhouse (200 r.), 3148 E. Van Buren St.
Western Village (95 r.), 1601 Grand Ave.
Desert Inn (77 r.), 950 W. Van Buren St.
Stagecoach (52 r.), 4311 E. Van Buren St.
Chilton Inn (95 r.), 3037 E. Van Buren St.
Imperial "400" Downtown (68 r.), 201 N. 7 Ave.
Imperial "400" East (38 r.), 3830 E. Van Buren St.
Tropics (50 r.), 1902 E. Van Buren St.
Egyptian (49 r.), 765 Grand Ave.
Tahiti Inn (73 r.), 2900 E. Van Buren St.

Del Webb's Kings Inn (100 r.), 10660 Grand Ave.
Desert Sky (90 r.), 3541 E. Van Buren St.
Sun Dancer (70 r.), 803 E. Van Buren St.
Desert Rose (56 r.), 3424 E. Van Buren St.
Phoenix East Travelodge (58 r.), 965 E. Van Buren St.
Phoenix Downtown Travelodge (58 r.), 402 W. Van Buren St.
Hyatt Lodge (39 r.), 938 E. Van Buren St.
Hiway Inn (60 r.), 1735 Grand Ave.
Vagabond (42 r.), 3644 E. Van Buren St.
Kelly Inn (38 r.), 424 W. Van Buren St.
Pyramid (29 r.), 3307 E. Van Buren St.
Autolodge Phoenix Downtown (32 r.), 804 E. Van Buren St.
Desert Star (50 r.), 4120 E. Van Buren St.
Flamingo (109 r.), 2501 E. Van Buren St.
Motel "6", 5315 E. Van Buren St., 11133 Grand Ave.
Arizona Palms (45 r.), 3725 E. Van Buren St.

RESTAURANTS

Navarre's (EUR), 52 E. Camelback Rd.
Saddleback Inn (ME), 2420 E. Camelback Rd.
Alpine Village Inn (GE), 5025 N. 7 Ave.
Green Gables, 2345 E. Thomas Rd.
Beef Eaters, 300 W. Camelback Rd.
Stockyards, 5001 E. Washington Ave.
Durant's, 2611 N. Central Ave.
Neptune's Table, 702 W. Camelback Rd.
Cork'n Cleaver, 6314 N. 12 St.
Smokehouse, 4701 N. 16 St.
Asia House (JA), 2310 E. McDowell Rd.
Woody's Macayo (ME), 4001 N. Central Ave.
Vienna Kitchen (GE), 137 W. McDowell Rd.
Pancho's Patio (ME), 5134 N. Central Ave.
Copper Belle, 1534 W. Camelback Rd.
Jordan's Hacienda (ME), 2633 N. Central Ave.

PIERRE (S.D.)

MOTELS

Holiday Inn (120 r.), 125 W. Pleasant Drive.
Terrace (50 r.), 215 N. Euclid.
State (15 r.), 640 N. Euclid.
Paragon (17 r.), 825 E. Sioux.

RESTAURANT

Falcon, 201 N. Euclid.

PITTSBURGH (Pa.)

HOTELS

Penn Sheraton (1200 r.), 530 William Penn Pl.
Pittsburgh Hilton (805 r.), Gateway Center at Point State.
Carlton House (657 r.), 550 Grant St.
Webster Hall (600 r.), 4415 5 Ave.
Pick Roosevelt (500 r.), 607 Penn Ave.
Airport (65 r.), Greater Pittsburgh Airport.

YMCA

304 Wood St.

MOTELS

Howard Johnson's Motor Lodge at Chatham Center (413 r.), Chatham Center (Office Bldg.).
Howard Johnson's Motor Lodge-Oakland (119 r.), 3401 Blvd. of the Allies.
Howard Johnson's Motor Lodge Airport (148 r.), 1500 Beers School Rd.
Howard Johnson's Motor Lodge South (101 r.), 5300 Clairton Blvd.
Howard Johnson's Motor Lodge North (98 r.), 22½ km (14 mi.) North.
Holiday Inn-East (154 r.), 2750 Mosside Blvd.
Holiday Inn-West (160 r.), Parkway West.
Holiday Inn-South (132 r.), 3122 Lebanon Church Rd.
Holiday Inn-North (169 r.), 2801 Freeport Rd.
Holiday Inn (120 r.), 32 km (20 mi.) North, in Warrendale.
Holiday Inn (119 r.), 801 Ohio River Blvd.
Holiday Inn (120 r.), Tarentum Bridge Rd.
Flying Carpet Motor Lodge (135 r.), 1420 Beers School Rd.
Conley's (138 r.), 3550 William Penn Highway.
Sheraton Motor Inn-South (125 r.), 164 Ft. Couch Rd.
Redwood (100 r.), 2898 Banksville Rd.
Quality Courts South (62 r.), 1150 Banksville Rd.
Allegheny Motor Inn (54 r.), 1464 Beers School Rd.
Civic Center (65 r.), 3918 Forbes Ave.
South Hills (32 r.), 651 Clairton Blvd.

RESTAURANTS

Le Mont (EUR), 1114 Grandview Ave.
Park Schenley, 3955 Bigelow Blvd.
Turnway Inn, 3500 William Penn Highway.
Klein's, 330 4 Ave.

The Colony, Greentree & Cochran Rds.
Paule's Lookout (HU), 2627 Skyline Drive.
Joyce McClements, 401 Shady Ave.
Top of the Towers, 320 Ft. Duquesne Blvd. (Gateway Center).
Samreny's, 4808 Baum Blvd.
Johnny Garneau's Golden Pike, 3800 William Penn Highway.

PLATT NATIONAL PARK (Okla.)

MOTEL

Artesian (72 r.), 1001 W. Main St.

PLYMOUTH (Mass.)

MOTELS

Gov. Bradford Motor Inn (94 r.), Water St.
Gov. Bradford Beach Lodge (45 r.), Taylor Ave.
Pilgrim Sands (42 r.), Warren Ave.
Howard Johnson's Motor Lodge (64 r.), 7¼ km (4½ mi.) N.
Yankee Traveler (40 r.), Warren Ave.
Cadillac (33 r.), Samoset St.

RESTAURANTS

Bert's, Warren Ave.
The 1740 Willis House, 15 Summer St.
Dearn & McGrath, Town Wharf.
Mayflower Seafoods, Town Wharf.
Samoset House, 110 Court St.

PONCE (P.R.)

HOTELS

El Ponce Inter-Continental.
Meliá.
Mayaguez Hilton.
Villa Parguera.

PORTLAND (Me.)

HOTELS

Sheraton-Eastland (500 r.), 157 High St.
Lafayette Town House (90 r.), 638 Congress St.
Black Point Inn (80 r.), 16 km (10 mi.) S.

YMCA

70 Forest Ave.

MOTELS

Holiday Inn (119 r.), 79 Riverside St.
Charter House (122 r.), 1150 Brighton Ave.
Portlander (90 r.), 645 Congress St.

RESTAURANTS

Boone's, 6 Custom House Wharf.
Roma Cafe (IT), 769 Congress St.

PORTLAND (Ore.)

HOTELS

Portland Hilton (501 r.), 921 S.W. 6 Ave.
Benson (350 r.), 309 S.W. Broadway, Oak St.
Sheraton Motor Inn (300 r.), Lloyd Center.
Heathman (224 r.), 712 S.W. Salmon St.
Congress (165 r.), 1024 S.W. 6 Ave., Main St.
Imperial (170 r.), 400 S.W. Broadway, Stark St.
Mallory Motor Hotel (157 r.), 729 S.W. 15 Ave., Yamhill St.
Roosevelt (100 r.), 1005 S.W. Park Ave.
Park Haviland (230 r.), 731 S.W. Salmon St.
Washington Motor Hotel (98 r.), 1129 S.W. Washington St., 12 Ave.
Commodore (107 r.), 1609 S.W. Morrison St.
Cornelius, 523 S.W. Park Ave.
Admiral, S.W. Park Ave.

YMCA

831 S.W. 6 Ave.

YWCA

1111 S.W. 10 Ave.

MOTELS

Cosmopolitan (175 r.), 1030 N.E. Union Ave.
America West Portland (180 r.), 1414 S.W. 6 Ave.
Ramada Inn (103 r.), 950 E. Nyberg Rd.
Thunderbird (220 r.), 1225 N. Thunderbird Way.
Riverside West (140 r.), 50 S.W. Morrison St.
Holiday Inn (124 r.), 10 N. Weidler St.
Flamingo (125 r.), 9727 N.E. Sandy Blvd.
Dunes (54 r.), 37 & Sandy Blvd.
Dunes (38 r.), 8905 S.W. 30.
Continental (84 r.), 800 E. Burnside St.
Hyatt Lodge (80 r.), 431 N.E. Multnomah.
Corsun Arms (43 r.), 809 S.W. King Ave.

Portland Travelodge (79 r.), 949 E. Burnside St.
Rose Manor (63 r.), 4546 S.E. McLoughlin Blvd.
Jamaica (40 r.), 415 S.W. Montgomery St.
Mel's (40 r.), 5205 N. Interstate Ave.
Imperial "400" (36 r.), 518 N.E. Holladay St.
Cameo (29 r.), 4111 N.E. 82 Ave., Sandy Blvd.
The Palms (50 r.), 3801 N. Interstate Ave.
Saharan 4th Avenue (21 r.), 1889 S.W. 4 Ave.
Capri (42 r.), 1530 N.E. 82 Ave.
Caravan (40 r.), 2401 S.W. 4 Ave.
King (40 r.), 840 S.W. King Ave.

RESTAURANTS

Silk & Satin (European), 1 S.W. Ankeny & Front Sts.
Bush Garden, 121 S.W. 4 Ave.
Bill's Gold Coin (Chinese), 2050 S.W. Morrison St.
Bart's Wharf, 3839 N.E. Marine Drive.
The Prime Rib, 5474 N.E. Sandy Blvd.
River Queen, 1300 N.W. Front St.
Nendel's, 9900 S.W. Canyon Rd.
Kitchen Kettle, 10300 S.E. Stark St
Poor Richard's, 3907 N.E. Broadway, Sandy Blvd.
Fish Grotto, 1035 S.W. Stark St.
Rose's Delicatessen (Jewish), 315 N.W. 23 Ave.
Palaske's Hillvilla, 5700 S.W. Terwilliger Blvd.
The Original Pancake House, 8600 S.W. Barbur Blvd.

PORTSMOUTH (N.H.)
MOTELS

Wentworth-by-the-Sea (232 r.), 4¾ km (3 mi.) S.E.
Howard Johnson's Motor Lodge (55 r.), traffic circle, jct. 1,4.
Port City (53 r.), On 1 Bypass.

RESTAURANTS

Fisherman's Pier, State St., Memorial Bridge.
Flagstone, 4¾ km (3 mi.) N.
Yoken's "Ther She Blows", Lafayette Rd.

PRINCETON (N.J.)
HOTELS

Princeton Inn (144 r.), 115 Alexander St.
Nassau Inn (125 r.), Palmer Square.

MOTELS
Holiday Inn (104 r.), 3¼ km (2 mi.) S.E.
Flagpost Motor Lodge (47 r.), in S. Brunswick.
Solar (18 r.), 6½ km (4 mi.) N.E.

RESTAURANT
King's Court, 28 Witherspoon St.

PROVIDENCE (R.I.)

HOTELS
Sheraton-Biltmore (500 r.), 11 Dorrance St.
Wayland Manor (350 r.), 500 Angell St.

MOTELS
Hearthstone Motor Inn (104 r.), Taunton Ave.
Holiday Inn (92 r.), 6½ km (4 mi.) E.
Esquire (74 r.), Fall River Ave.
Gateway Motor Inn (54 r.), Mink Rd.
Town 'n Country (32 r.), 1105 Fall River Ave.
New Yorker Motor Lodge (43 r.), 400 Newport Ave.

RESTAURANTS
Old Grist Mill, 390 Fall River Ave.
Johnson's Humacks, 245 Allens Ave.
Camille's Roman Garden, 71 Bradford St.

PROVINCETOWN (Mass.)

MOTELS
Sheraton Motor Inn (98 r.), 29 Hancock St.
President's City (26 r.), 845 Hancock St.

RESTAURANTS
Gary's (IT), 699 Bridge St.
Cain's Lobster House, 162 Bridge St.

PUEBLO (Col.)

MOTELS
Holiday Inn (164 r.), 800 Highway 50 W.
Ramada Inn (140 r.), 2001 N. Hudson Ave.
Town House (88 r.), 8 St. & Santa Fe.
Downtowner (73 r.), 115 8 St.
Rambler (30 r.), 4400 Elizabeth St.
Don K Guest Ranch (32 r.), 35 km (22 mi.) W.

YMCA
112 W. 8 St.

RESTAURANT

Top o'the Town, 4201 Elizabeth St.

RALEIGH (N.C.)

HOTEL

Sir Walter Motor Hotel (250 r.), 400 Fayetteville St.

MOTELS

Velvet Cloak Inn (175 r.), 1505 Hillsborough St.
Voyager Inn (195 r.), 1707 Hillsborough St.
College Inn Motor Lodge (120 r.), 2717 Western Blvd.
Ranch (83 r.), 3829 Durham Highway.
Holiday Inn (129 r.), 6½ km (4 mi.) N.
Plantation Inn (67 r.), 14½ km (9 mi.) N.
Raleigh Travelodge (58 r.), 300 N. Dawson St.
Raleigh Cabana (56 r.), 514 S. Salisbury St.
Howard Johnson's Motor Lodge (61 r.), 6 km (3¾ mi.) N.
Downtowner (81 r.), 309 Hillsborough St.
Golden Eagle Motor Inn (114 r.), 525 Fayetteville St.
Triangle (50 r.), Raleigh-Durham Airport.
Alamo Plaza Hotel Courts (60 r.), 1816 Louisburg Rd.
Shadow Lawn Motor Court (14 r.), 4011 N. Blvd.

RESTAURANT

The Angus Barn, Durham Highway.

RAPID CITY (S.D.)

HOTEL

Sheraton-Johnson (187 r.), 523 6 St., St. Joseph St.

MOTELS

Town 'n Country (100 r.), 2515 Mt. Rushmore Rd.
Star (130 r.), 27 Signal Drive.
Tip Top (64 r.), 405 St. Joseph St.
Rapid (35 r.), 3515 Sturgis Rd.
Town House (21 r.), 210 St. Joseph St.
Stables (19 r.), 518 E. Omaha St.
White Tail (18 r.), 3305 W. Main St.
Swiss Chalets (7 r.), 6½ km (4 mi.) S.W.

RESTAURANTS

Esquire Dinner Club, 2700 W. Main St.
The Embers (PO), 2424 W. Main St.
Westwood, 516 Mt. Rushmore Rd.
The Chuck Wagon, 3609 Sturgis Rd.

READING (Pa.)

HOTELS

Abraham Lincoln (300 r.), 5 & Washington Sts.
Berkshire (275 r.), 5 & Washington Sts.

MOTELS

Holiday Inn (144 r.), Warren St.
Colonial Motor Lodge (106 r.), 24 km (15 mi.), S.W.
Reading Motor Inn (104 r.), 1040 Park Rd.
Penn View (64 r.), 250 Penn Ave.
Dutch Colony Motor Inn (38 r.), 4700 Perkiomen Ave.

RESTAURANTS

Joe's (EUR), 450 S. 7 St., Laurel.
Ye Olde Ironmaster, 1319 Lancaster Ave.
Crystal, 533 Penn St.

REDDING (Calif.)

MOTELS

Hospitality House (65 r.), 532 N. Market St.
Ponderosa Inn (71 r.), 2220 Pine St.
Americana Lodge (58 r.), 1250 Pine St.
Imperial "400" (63 r.), 2010 Pine St.
Bel Air (46 r.), 540 N. Market St.
Capri (73 r.), 4620 Highway 99 S.
Bridge Bay Resort (40 r.), 10300 Bridge Bay Rd.
Holiday Inn (128 r.), Hilltop Rd.
Hyatt Lodge (37 r.), 1245 Pine St.
Redding Travelodge (42 r.), 1055 N. Market St.
Thunderbird Lodge (66 r.), 1350 Pine St.
Stardust (42 r.), 1200 Pine St.

RESTAURANT

Doc Clearie's Hill Top Sky Room (IT), 10 Hilltop Drive.

RED LODGE (Mont.)

MOTELS

Yodeler (20 r.), 601 S. Broadway.
Ryan (15 r.), 820 S. Broadway.
Bunk House Motor Lodge (13 r.), 320 S. Broadway.
Alpine Village (8 r.), N.

REDWOOD CITY (Calif.)

MOTELS

Continental Garden (50 r.), 2650 El Camino Real.
Algiers (50 r.), 2610 El Camino Real.
Redwood City Travelodge (49 r.), 2380 El Camino Real.
Redwood Townhouse (36 r.), 1090 El Camino Real.
Redwood Rancho (20 r.), 2834 El Camino Real.
Casa Blanca (20 r.), 526 El Camino Real.
Sundial (25 r.), 316 El Camino Real.

RESTAURANTS

Scotty Campbell's, 2907 El Camino Real.
The Southern, 2620 El Camino Real.
King's Table, 2550 El Camino Real.

RENO (Nev.)

HOTELS

Mapes (300 r.), 10 N. Virginia St.
Holiday (200 r.), 111 Mill St.
Ponderosa (165 r.), 515 S. Virginia St.
El Cortez (100 r.), 239 W. 2 St.

MOTELS

Nugget Motor Lodge (140 r.), 12 & B Sts.
Continental Lodge (102 r.), 1885 S. Virginia St.
Red Carpet Motor Lodge (108 r.), 140 Court St.
Holiday Inn (156 r.), 5851 S. Virginia St.
Sands (79 r.), 313 N. Arlington Ave.
J. M. Motor Lodge (72 r.), 200 Mill St.
Town House Motor Lodge (79 r.), 303 W. 2 St.
Wonder Lodge (65 r.), 430 Lake St.
Lamplighter (50 r.), 220 Mill St.
Fireside Inn (45 r.), 205 E. 4 St.
River House (33 r.), 2 Lake St.
Gold Key (31 r.), 445 Lake St.
Dunes (45 r.), 2905 S. Virginia St.

Colonial Motor Inn (56 r.), 232 W. St.
Holiday Lodge (84 r.), 7¼ km (4½ mi.) W.
Reno Travelodge (99 r.), 655 W. 4 St.
El Rancho (82 r.), 777 E. 4 St.
Daniels Motor Lodge (43 r.), 375 N. Sierra St.
Donner Inn (31 r.), 720 W. 4 St.
Cavalier Motor Lodge (38 r.), 150 Island Ave.
Carousel Inn (42 r.), 601 W. 4 St.
Nevada Inn (40 r.), 330 E. 2 St.
Down Towner Lodge (38 r.), 150 Stevenson St.
Town Aire (42 r.), 690 W. 4 St.
Mirador (53 r.), 1150 W. 2 St.
Reno Riviera (48 r.), 395 W. 1 St.
Motel "6" (116 r.), 1901 S. Virginia St.
Harold's Pony Express Lodge (87 r.), 2406 Prater Way.
Safari (22 r.), 1800 B St.
Silver State (55 r.), 1791 W. 4 St.
Biltmore Lodge (21 r.), 6155 S. Virginia St.
Nugget Roomette (108 r.), 4¾ km (3 mi.) S.
Nugget Casino Garden Court Roomettes (105 r.), 12 & B Sts.

RESTAURANTS

Eugene's (EUR), 2935 S. Virginia St.
Lancer (EUR), 14½ km (9 mi.) S.W.
River Front, 145 W. Trucker River Lane.

RICHMOND (Va.)

HOTELS

John Marshall (464 r.), Franklin & 5 Sts.
Jefferson (220 r.), Jefferson & Main Sts.
Sheraton Motor Inn (200 r.), Franklin & Belvedere Sts.
Richmond West (189 r.), 8 & Broad Sts.
William Byrd Motor Hotel (196 r.), 2501 W. Broad St.
Raleigh (124 r.), Bank & 9 Sts.

YMCA

2 W. Franklin St.

MOTELS

Executive (142 r.), 5215 W. Broad St.
Downtowner (140 r.), 7 & Marshall Sts.
Virginia Inn (100 r.), 5700 Chamberlayne Rd.
Congress Inn (70 r.), 2302 Willis Rd.
Howard Johnson's Motor Lodge (95 r.), 20¾ km (13 mi.) S.

Howard Johnson's Motor Lodge (82 r.), 8¾ km (5½ mi.) N.
Quality Courts Intown (64 r.), 1600 Robin Hood Rd.
White House Motor Lodge (54 r.), 9401 Jefferson Davis Highway.
Golden Empire (50 r.), 2301 Willis Rd.
Martha Kay (27 r.), 8811 Jefferson Davis Nighway.
Robert E. Lee (36 r.), Jefferson Davis Highway.

RESTAURANTS

Half Way House, Jefferson Davis Highway.
Nick's House of Steaks, 1808 Staples Mill Rd.
Jade Isle (PO), 6011 W. Broad St.

ROCHESTER (Minn.)

HOTELS

Kahler (650 r.), 20 2 Ave. S.W.
Zumbro (165 r.), 105 1 Ave. S.W.
Arthur (100 r.), 301 2 Ave. S.W.
Carlton (60 r.), 6 1 Ave. N.W.

MOTELS

Holiday Inn (200 r.), 1630 S. Broadway.
Prows (70 r.), 510 17 Ave. N.W.
Connolly's Downtown (60 r.), 424 3 St. S.W.
International "Motel of Nations" (30 r.), 1915 N. Highway 52.
Inn Towne-Central (42 r.), 225 2 Ave. S.W.
Inn Towne-South (62 r.), 512 3 Ave. S.W.
Darst's Heart-o-Town (60 r.), 1 Ave. S.W. & 5 St. S.W.
Fiksdal (55 r.), 1215 2 St. S.W.
Galaxy (54 r.), 111 17 Ave. S.W.
Wood Motor Lodge (26 r.), 1837 S. Broadway.

RESTAURANTS

Depot House, 311 N. Broadway.
Michael's, 15 S. Broadway.
Hubbell House, 21 km (13 mi.), W.
New Town House, 10 1 Ave. S.E.

ROCHESTER (N.Y.)

HOTEL

Sheraton (310 r.), 111 E. Ave.

MOTELS

Treadway (152 r.), 384 E. Ave.
Holiday Inn-Rochester Airport (104 r.), 1100 Brooks Ave.

Holiday Inn-Northwest (96 r.), 1525 Ridge Rd. W.
Trenholm Motor Lodge (125 r.), 12¾ km (12 mi.) S.
Rochester Travelodge (104 r.), 390 S. Ave.
Rochester Airport Travelodge (71 r.), 395 Buell Rd.
Sheraton Gate House Motor Inn (76 r.), 4835 W. Henrietta Rd.
Downtowner (240 r.), 155 Broad St.
Mohawk Motor Inn (80 r.), 55 Troup St.
King James (70 r.), 2835 Monroe Ave.
Ivanhoe (61 r.), 2100 Monroe Ave.
Howard Johnson's Motor Lodge (60 r.), 3350 W. Henrietta Rd.
Highlander (70 r.), 4600 W. Henrietta Rd.

RESTAURANTS

Continental (EUR), 1325 Mt. Hope Ave.
Wishing Well, 1190 Chili Ave.
Eddie's Chop House, 367 Main St. E.
The Depot, 41 Main St. N.
Cartwright Inn, 5691 W. Henrietta Rd.
Wunder's, 2171 W. Henrietta Rd.
Colonial, 1129 Empire Blvd.

ROSWELL (N.M.)

MOTELS

Roswell Inn (81 r.), 1815 N. Main St.
Ramada Inn (63 r.), 1310 N. Main St.
Westward Hiway House (61 r.), 2803 W. 2 St.
Roswell Travelodge (30 r.), 2200 W. 2 St.
Royal (67 r.), 2001 N. Main St.
Crossway Motor Inn (104 r.), 2700 2 St.
El Rancho Palacio (42 r.), 2200 N. Main St.
Belmont (30 r.), 2100 W. 2 St.
Navajo (30 r.), 1105 W. 2 St.
Mayo Lodge (24 r.), 1716 W. 2 St.
La Cima (23 r.), 2331 N. Main St.
Zuni (40 r.), 1201 N. Main St.

SACRAMENTO (Calif.)

HOTELS

Senator (295 r.), 12 & L Sts.
El Mirador (160 r.), 13 & N Sts.
Capitol Park (180 r.), 1125 9 St.

MOTELS

El Dorado (375 r.), 500 Leisure Lane.

Sacramento Inn (325 r.), 1401 Arden Way.
El Rancho (265 r.), 1029 W. Capitol Ave.
Caravan Inn (200 r.), 2300 Auburn Blvd.
Mansion Inn (116 r.), 16 & H Sts.
Holiday Inn-North (152 r.), 1900 Canterbury Rd.
Holiday Inn-South (152 r.), 4390 47 Ave.
Carl Greer Inn (140 r.), 2600 Auburn Blvd.
Marina Inn (96 r.), 725 2 St.
Cordova Lodge (87 r.), 10701 Folsom Blvd.
Imperial "400" (84 r.), 1319 30 St.
Town & Country Inn (82 r.), 2060 Auburn Blvd.
Valley-Hi-Inn (100 r.), 5321 Stockton Blvd.
Sacramento Downtown Travelodge (80 r.), 111 H St.
Mansion View Lodge (41 r.), 711 16 St., H St.
Cabana Lodge (34 r.), 430 16 St.
Maleville's Coral Reef Lodge (105 r.), 2700 Fulton Ave.
Desert Sand (42 r.), 623 16 St, G St.
Greenbrier (42 r.), 4331 Stockton Blvd.
Sky Riders (32 r.), 6100 Freeport Blvd.
Freemont (20 r.), 1550 W. Capitol Ave.
Irish Village (42 r.), 2912 Auburn Blvd.
Sands (20 r.), 2160 Auburn Blvd.
Sacramento Travelodge (39 r.), 817 W. Capitol Ave.
Town House (21 r.), 940 W. Capitol Ave.
Motel "6" (95 r.), 1415 30 St.
Flamingo (21 r.), 920 W. Capitol Ave.

RESTAURANTS

Firehouse, 1112 2 St.
Aldo's (FR), Marconi & Fulton.
Maleville's Coral Reef (CH), 2795 Fulton Ave.
Ken's Red Barn, 3409 Fulton Ave.
Frank Fat's (CH), 860 L St.
Sam's Rancho Villa, 2380 Fair Oaks Blvd.
Sambo's, 6601 Folsom Blvd.
Perry Roys Smorgy, 2751 Fulton Ave., 5675 Freeport Blvd.

ST. AUGUSTINE (Fla.)

HOTEL

Plaza (36 r.), King St. & Avenida Menendez.

YMCA

59 Valencia St.

MOTELS

Quality Courts Ponce de Leon Motor Lodge (60 r.), 4½ km (2¾ mi.) N.
Quality Courts Caravan (60 r.), 2500 Ponce de Leon Blvd.
Monson Motor Lodge (50 r.), Bayfront.
Continental Inn (40 r.), 1 Dolphin Drive.
Howard Johnson's Motor Lodge (54 r.), Highway 1 N.
Holiday Inn (100 r.), 1300 Ponce de Leon Blvd.
Floridian Motor Lodge (50 r.), 3101 Ponce de Leon Blvd.
River View (19 r.), 2 N. St. Augustine Blvd.
Lion (25 r.), 12 Anastasia Blvd.
Palms Motor Inn (74 r.), 137 San Marco Ave.
St. Ausgustine Thriftlodge (23 r.), 345 N. San Marco Ave.

RESTAURANTS

Posada Menendez (EUR), 21 Avenida Menendez.
Marty's, Ponce de Leon Blvd. & Spa Rd.

SAINTE GENEVIEVE (Mo.)

HOTEL

Sainte Genevieve (13 r.), Main & Merchant Sts.

MOTEL

Wilmar (17 r.), 1½ km (1 mi.) S.

RESTAURANT

Old Brick House, 3 & Market Sts.

ST. JOHN (V.I.)

HOTELS

Caneel Bay Plantation.
Estate Beth Cruz.
Gallows Point.
Lille Maho.

ST. LOUIS (Mo.)

HOTELS

Chase-Park Plaza (1700 r.), 212 N. Kingshighway, Lindell Blvd.
Sheraton-Jefferson (800 r.), 415 N. 12 & Locust Sts.
Colony Motor Hotel (300 r.), 7730 Bonhomme, Hanley.
St. Louis Gateway (607 r.), 822 Washington Ave.
Bel Air East (190 r.), 4 St. & Washington Ave.
Mayfair (300 r.), 806 St. Charles St.

Mark Twain (280 r.), 116 N 8 & Pine Sts.
George Washington (200 r.), 600 N. Kingshighway.
Ben Franklin Motor Hotel (253 r.), 825 Washington Ave., 9 St.

YMCA
1538 Locust St.

YWCA
1411 Locust St.

MOTELS
Parkway House-Airport Hotel (187 r.), 3570 N. Lindbergh Blvd.
Clayton Inn (200 r.), 7750 Carondelet Clayton.
Hilton Inn (225 r.), 10330 Natural Bridge Rd.
Cheshire Lodge (110 r.), 6306 Clayton Rd., Skinker.
Diplomat (174 r.), 433 N. Kingshighway, Waterman Ave.
Bel Air West (130 r.), 4630 Lindell Blvd.
Parkway House-Midtown (117 r.), 4545 Forest Park Blvd.
Ramada Inn (104 r.), 800 S. Highway Drive.
Ramada Inn (97 r.), 216 N. Meramec Ave.
Downtowner (204 r.), 12 St. & Washington Ave.
Quality Courts Midtown (168 r.), 5120 Oakland Ave.
Sheraton Airport Inn (134 r.), 4201 N. Lindbergh Blvd.
Howard Johnson's Motor Lodge North (75 r.), 9075 Dunn Rd.
Howard Johnson's Motor Lodge South (27 r.) 6929 S. Lindbergh Blvd.
Ramada Inn (275 r.), 9636 Natural Bridge Rd.
Executive International Inn (171 r.), 4530 N. Lindbergh Blvd.
Quality Courts Airport (106 r.), 4575 N. Lindbergh Blvd.
St. Louis Travelodge (102 r.), 3420 Lindell Blvd.
Ramada Inn-North (77 r.), 1351 Dunn Rd.
Holiday Inn-Downtown (250 r.), 2211 Market St.
Holiday Inn-Midtown (222 r.), 4483 Lindell Blvd., Taylor.
Holiday Inn-North (301 r.), 4545 N. Lindbergh Blvd.
Holiday Inn-Northeast (163 r.), 7350 Graham Rd.
Holiday Inn-South (242 r.), 3660 S. Lindbergh Blvd.
Inn America (100 r.), 3730 S. Lindbergh Blvd.
Sands (50 r.), 4630 N. Lindbergh Blvd.
Carousel (60 r.), 3930 N. Kingshighway.
Warwick Motor Inn (60 r.), 15 & Locust Sts.
King Bros (147 r.), 1335 S. Lindbergh Blvd.
Congress Airport Inn (56 r.), 3433 N. Lindbergh Blvd.
Ozark Plaza (121 r.), 10705 Highway 66.

Capri (39 r.), 3679 N. Lindbergh Blvd.
Cavalier (180 r.), 4625 N. Lindbergh Blvd.
Ben Franklin (150 r.), 4645 N. Lindbergh Blvd.

RESTAURANTS

Andreinos (IT), 5101 Wilson Ave.
Top of 230 (EUR), 320 S. Bemiston.
Tony's (EUR), 826 N. Broadway, Franklin Ave.
Three Fountains (FR), Gaslight Square.
Stan Musial & Biggie's (IT), 5130 Oakland Ave.
Bayou Belle (CR), 12341 St. Charles Rock Rd.
Crest House, 101 N. Broadway, Chestnut St.
Schneithorsts (GE), S. Lindbergh Blvd., Clayton Rd.
Ruggeri's (IT), 2300 Edwards St.
Schober's Wine Restaurant (GE), 6925 S. Lindbergh Blvd.
Bevo Mill (EUR), 4749 Gravis Ave.
Roncaro's (IT), 9815 Manchester Rd.
Stix, Baer & Fuller Missouri Room (EUR), 601 Washington Ave.

ST. PAUL (Minn.)

HOTELS

St. Paul Hilton (500 r.), 11 E. Kellogg Blvd.
St. Paul (300 r.), 363 St. Peter St.
Lowry (300 r.), 339 Wabasha St., W. 4 St.

YMCA

475 Cedar St.

MOTELS

Paul Bunyan Motor Inn (101 r.), 2965 N. Snelling.
Howard Johnson's Motor Lodge (104 r.), 3000 Hudson Rd.
Twins (128 r.), 1975 University Ave.
Capp Towers (96 r.), 77 E. 9 St.
Midway Motor Lodge (94 r.), 1964 University Ave.
Highland Inn (104 r.), 1870 Hudson Rd.
Golden Steer (64 r.), 1010 S. Concord St.
Holiday Inn (203), St. Anthony at Rice St.
Jantzen's (23 r.), 900 Stickley Blvd.
St. Paul Travelodge (51 r.), 149 E. University Ave.

RESTAURANTS

Blue Horse (EUR), 1355 University Ave.
Sandpiper Supper Club, 4785 Hodgson Rd.
Criterion (EUR), 739 University Ave.

McGuire's, 1201 W. Country Rd. E.
Holiday House, 1600 Cedar St.
Venetian Inn (IT), 2814 Rice St.
Gannon's, 2728 W. 7 Blvd.
The Lexington, 1096 Grand Ave.
Coleman's of Highland Park, 2239 Ford Parkway.

ST. PETERSBURG (Fla.)

HOTELS

Soreno (275 r.), Beach Drive, 1 Ave. N.
Vinoy Park (350 r.), Beach Drive & 5 Ave. N.
Princess Martha (200 r.), 4 St. & 1 Ave. N.
Suwannee (203 r.), 501 1 Ave. N.
Albemarle (125 r.), 145 3 Ave. N.E.
Bond (60 r.), 357 2 St. N.
Ponce de Leon (102 r.), 95 Central Ave., Beach Drive.
Mari-Jean (56 r.), Central Ave. & 24 St.

YMCA

116 5 St.

MOTELS

Port-o-Call (120 r.), 200 Madonna Blvd.
Quality Courts (50 r.), 1200 34 St. N.
Sheraton Inn (150 r.), 6800 Skyway Blvd.
Beach Park (26 r.), 300 Beach Drive N.E.
Southern Skies (23 r.), 666 34 St. N.
Holiday Inn (134 r.), 4601 34 St. S.
Holiday Inn (120 r.), 5005 34 St. N.
Howard Johnson's Motor Lodge (50 r.), 451 34 St. N.
Howard Johnson's Motor Lodge (72 r.), 3501 54 Ave. S.
Holiday Motor Lodge (65 r.), 400 34 St. N.
Hill Top (43 r.), 275 34 St. N.
Diplomat (50 r.), 800 34 St. N.
Siesta (24 r.), 701 34 St. N.
Executive Motor Lodge (50 r.), 3080 34 St. N.
Mark Charles (24 r.), 6200 34 St. N.
Empress (34 r.), 1503 9 St. N.

RESTAURANTS

The Chatterbox, 1 St., Central Ave.
Creighton's Wedgwood Inn, 4 St., 18 Ave. S.
7 Steers, 2750 34 St. S.
RJ's Steak House, 10400 Gandy Blvd.

Rollande & Pierre (FR), 2221 4 St. N.
Sand Dollar, 2401 34 St. S.
Louis Pappa's (GR), 1080 Pasadena Ave. A.
Dutch Pantry (EUR), 3401 Central Ave.

ST. PETERSBURG BEACH (Fla.)

MOTELS

Colonial Inn (200 r.), 6300 Gulf Blvd.
Happy Dolphin Inn (150 r.), 4900 Gulf Blvd.
Gulf Winds (106 r.), 6900 Sunset Way.
Coral Reef (82 r.), 5800 Gulf Blvd.
Rellim Hotel Resort & Villa Colony (67 r.), 3200 Gulf Blvd.
Wilshire (33 r.), 5500 Gulf Blvd.
The Mariner (42 r.), 4220 Gulf Blvd.
Normandy (25 r.), 5607 Gulf Blvd.

SALEM (Mass.)

HOTEL

Hawthorne (128 r.), Hawthorne Blvd.

MOTEL

Pilgrim (55 r.), 40 Bridge St.

SALEM (Ore.)

YMCA

685 Court St.

MOTELS

Marion (125 r.), 200 Commercial St. S.E.
Holiday Inn (112 r.), 745 Commercial St. S.E.
Hyatt Lodge (50 r.), 3705 Market St.
Imperial "400" (48 r.), 420 Liberty St. S.E.
Fairway Inn (46 r.), 2450 Country Club St.
Traveler's Inn (46 r.), 3230 Portland Rd. N.E.
Salem Travelodge (43 r.), 1555 State St.
Lamplighter Inn (41 r.), 3195 Portland Rd. N.E.
City Center (30 r.), 510 Liberty St. S.E.
Holiday Lodge (48 r.), 1400 Hawthorne Ave. N.E.

RESTAURANTS

Nopp's Golden Pheasant, 248 N. Liberty St.
Randall's Chuck Wagon, 3170 Commercial St. S.E.

SALT LAKE CITY (Ut.)

HOTELS

Utah (450 r.), S. Temple & Main Sts.
Newhouse (400 r.), 4 S. & Main Sts.
Temple Square (200 r.), 75 W. S. Temple St.

YMCA

322 E. 3 St.

MOTELS

Rodeway Inn (250 r.), 154 W. 6 S. St.
Little America (330 r.), 500 S. Main St.
Ramada Inn (312 r.), 999 S. Main St.
Holiday Inn-Downtown (160 r.), 230 W. 6 S. St.
Holiday Inn-Airport (149 r.), 1659 W. N. Temple St.
Utah Motor Lodge (156 r.), 125 W. N. Temple St.
Desert Inn (108 r.), 50 W. 5 S. St.
World (202 r.), 1900 S. State St.
Royal Executive Inn (100 r.), 121 N. 2 W. St.
North Temple Travelodge (140 r.), 215 W. N. Temple St.
Continental (38 r.), 819 W. N. Temple St.
Friendship Inn Town House (66 r.), 245 W. N. Temple St.
Downtown Travelodge (60 r.), 524 S. W. Temple St.
Imperial "400" (48 r.), 476 S. State St.
Imperial "400" Temple (34 r.), 210 W. S. Temple St.
Lake Hills (27 r.), 1865 W. N. Temple St.
Denman's (52 r.), 1500 W. N. Temple St.
Country Club (55 r.), 2665 Paleys Way.
Bonneville (44 r.), 1325 Foothill Drive.
Motel 6 (111 r.), 176 W. 6 S. St.

RESTAURANTS

Balsam Embers, 2350 Foothill Drive.
Andy's Smorgasbord, 3350 Highland Drive.
Panorama Inn, 6121 Highland Drive.
Beau Brummel (SC), 3100 S. Highland Drive.
Bratten's Grotto, 1355 E. 21 S. St.
Finn's (SC), 6275 Parleys Way.
Towne & Country Inn, 5244 Highland Drive.
Mikado (JA), 67 W. 1 S. St.
Paprika (HU), 2302 Parleys Way.
Hawaiian (CH), 2928 Highland Drive.
Beefeater Inn, 2903 Highland Drive.

SAN ANTONIO (Tex.)

HOTELS

St. Anthony (500 r.), 300 E. Travis St.
Hilton's Palacio Del Rio, 200 S. Alamo St.
Menger (350 r.), Alamo Plaza.
La Posada (184 r.), 112 College St.
Gunter, 205 E. Houston St.
Crocket, 301 E. Crocket St.
Blue Bonnet, 426 N. St. Mary's.
Riverside, 218 College St.

YMCA

E. Martin St.

MOTELS

El Tropicano (320 r.), 110 Lexington Ave.
Sheraton-San Antonio (200 r.), 1400 Austin Highway.
San Antonio Inn (170 r.), 10803 Austin Highway.
Ramada Inn (201 r.), 333 N.W. Military Drive.
Town & Country Lodge (100 r.), 6901 San Pedro Ave.
Albert Pick (160 r.), 96 N.E. Loop Expressway.
Holiday Inn (140 r.), 3862 Pan Am Highway.
Howard Johnson's Motor Lodge (90 r.), 3333 Austin Highway.
Rodeway Inn (97 r.), 900 N. Main Ave.
Rodeway Inn (93 r.), 3617 N. Pan Am Highway.
Town House (61 r.), 942 N.E. Loop Expressway.
Prado, 1707 Roosevelt Ave.
La Quinta Motor Inn, 401 E. Commerce.
Fontana, 3414 Fredericksburg.
Broadway Holiday Motel, 3535 Broadway.
Wayfarer, 601 E. Elmira.
Rodeway Inn (40 r.), 1259 Austin Highway.
Granada Inn (50 r.), 402 S. St. Mary's St.
Berliner Hof, 1002 N.E. Loop 410.
Downtowner (81 r.), 900 E. Houston St.
Continental Inn (60 r.), 3335 Austin Highway.
Aloha Inn (98 r.), 1435 Austin Highway.
El Tejas (44 r.), 2727 Roosevelt Ave.

RESTAURANTS

Golden Derrick, 900 N.E. Loop 410.
Barn Door, 8400 N. New Braunfels.
La Louisiane, 2632 Broadway.
Old Heidelberg (GE), 1122 N. St. Mary's St.

Night Hawk, 2030 N. Main St.
Wolfe's Inn, 8538 Fredericksburg.
Tai Shan (CH), 2611 Broadway.
Naples (IT), 3210 Broadway.
Tee Pee Steak House, 1718 Austin Highway.
La Fonda Del Norte (ME), 6858 San Pedro Ave.
Casa Rio (ME), 100 W. Commerce St.
Bavarian Inn (GE), 416 8 St.
La Fonda (ME), 2415 N. Main Ave.
Earl Abel's Family Restaurant, 4200 Broadway.

SAN BERNARDINO (Calif.)

MOTELS

Holiday Inn (152 r.), 666 Fairway Drive.
Holiday Inn (12 r.), 1564 N. Mt. Vernon Ave.
Desert Inn (51 r.), 607 W. 5 & F. Sts.
Riviera (62 r.), 738 W. 5 St.
Astromotel (29 r.), 111 S. E St.
Civic Center (50 r.), 655 N. D St.
Downtoner (61 r.), 777 6 St.
Howard Johnson's Motor Lodge (96 r.), 450 N. Sperry Drive.
Sands (52 r.), 606 H St.
Sahara (52 r.), 795 W. 5 St.
Imperial "400" (39 r.), 755 W. 5 St.
Ken-Lin (42 r.), 1363 N. E St.
Town House (44 r.), 132 W. 5 St.
Midtown Travelodge (39 r.), 450 N. F St.
Kirk Villa (34 r.), 666 W. 5 St.
San Bernardino (20 r.), 2528 Foothill Blvd.
Valley (12 r.), 1640 N. Mt. Vernon Ave.

RESTAURANTS

Skinner's (EUR), 515 Arrowhead Ave.
The Gourmet (EUR), 1445 E. Highland Ave.
Uptowner, 155 W. Highlander Ave.

SAN DIEGO (Calif.)

HOTELS

U.S. Grant (339 r.), 326 Broadway.
El Cortez (250 r.), 702 Ash St.
Embassy (75 r.), 3645 Park Blvd.
Pickwick Hotel, 132 W. Broadway.
San Diego, 339 W. Broadway.

Southern, 1159 6 Ave.
Plaza, 1037 4 Ave.
Golden West, 720 4 Ave.
Holland, 420 B St.
Churchill, 9 & C Sts.
San Juan, 3600 Block Mission Blvd.

YMCA

115 8 St.

YWCA

1012 C St.

MOTELS

Vacation Village (200 r.), Vacation Isle.
Hilton Inn (188 r.), 1775 E. Mission Bay Drive.
Bahia (322 r.), 998 W. Mission Bay Drive.
Half Moon Inn (140 r.), 2303 Shelter Island Drive.
Hanalei (272 r.), 2270 Hotel Circle.
Mission Valley Inn (210 r.), 875 Hotel Circle.
Kings Inn (140 r.), 1333 Hotel Circle.
Town & Country (280 r.), 500 Hotel Circle.
Islandia (107 r.), 1441 Quivira Rd.
Circle 7–11 (178 r.), 2201 W. Hotel Circle.
Shelter Island Inn (97 r.), 2051 Shelter Island Drive.
Royal Inn of Point Loma (74 r.), 4875 Harbor Drive.
Mission Valley Travelodge (100 r.), 1201 W. Hotel Circle.
7 Inn of America (200 r.), 250 Hotel Circle.
Sands (112 r.), 5550 Kearney Mesa Rd.
Vagabond, 625 W. Hotel Circle; 1325 Scott St., 6440 El Cajon Blvd.
Padre Trail Inn (100 r.), 4200 Taylor St.
Ocean Villa (48 r.), 5142 W. Point Loma Blvd.
Loma Lodge (42 r.), 3202 Rosecrans.
International Motel & Parkade (36 r.), 818 Beech St.
Town House Lodge (55 r.), 810 Ash St.
Outrigger (36 r.), 1370 Scott St.
Point Loma Travelodge (44 r.), 5102 N. Harbor Drive.
Imperial "400"–Civic Center (32 r.), 1655 Pacific Highway.
Imperial "400"–College (33 r.), 6624 El Cajon Blvd.
El Portal (54 r.), 5252 El Cajon Blvd.
Navajo Lodge (25 r.), 5721 El Cajon Blvd.
College Travelodge (24 r.), 6675 El Cajon Blvd.
Motel "6" (92 r.), 2424 Hotel Circle.
Airport Travelodge, 2353 Pacific Highway.

Ebony Inn, 740 N. 32 St.
Civic Center Travelodge, 1505 Pacific Highway.
Pacific Rest, 4101 Pacific Highway.
Travolator, 1430 7 Ave.

RESTAURANTS

Mister A's (EUR), 2550 5 Ave., Financial Center.
Old Trieste (IT), 2335 Morena Blvd.
Lubach's (EUR), 2101 Harbor Drive.
Anthony's Star of the Sea Room, Harbor Drive & Ash St.
Shelter Island's Bali Ha'i (CH), 2230 Shelter Island Drive.
Valley Ho, Mission Valley Center.
John Tarantino's (IT), 5150 N. Harbor Drive.
Manuel's (ME), 2616 San Diego Ave.
Romaine's Mexicano (ME), 4105 Taylor St.
Red Sails Inn, 2614 Shelter Island Drive.
Anthony's Fish Grotto, 1360 Harbor Drive.
Nati's (ME), 1852 Bacon St.
Campus Chuck Wagon, 6205 El Cajon Blvd.
La Casa Blanca (ME), 2734 Calhoun St.
Jansen's Smorgasbord, 1041 4 St.

SANDPOINT (Ida.)

MOTELS

North Shore Lodge (24 r.), E.
Traveler (31 r.), N.
Diamond W (25 r.), 4¾ km (3 mi.) S.

SANDWICH (Mass.)

MOTELS

Country Acres (18 r.), 1½ km (1 mi.) E.
Shady Nook (17 r.), 1½ km (1 mi.) W.
Earl of Sandwich (12 r.), 4 km (2½ mi.) E.
Spring Hill Motor Lodge (14 r.), 3¼ km (2 mi.) E.
Scorton River (10 r.), 8 km (5 mi.) E.

SAN FRANCISCO (Calif.)

Downtown

HOTELS

Fairmont Hotel & Tower (250 r.), California & Mason Sts.
San Francisco Hilton (1141 r.), Mason & O'Farrell Sts.
St. Francis (676 r.), Powell & Geary Sts.

Clift (402 r.), Geary & Taylor Sts.
Jack Tar (415 r.), Van Ness Ave. & Geary St.
Del Webb's Townehouse (343 r.), Market St., 8 St.
Mark Hopkins (433 r.), California & Mason Sts.
Sir Francis Drake (430 r.), Powell & Sutter Sts.
Sheraton-Palace (600 r.), New Montgomery & Market Sts.
Stewart (297 r.), 351 Geary St.
Canterbury (190 r.), 750 Sutter St.
Drake Wiltshire (250 r.), 340 Stockton St.
Californian (258 r.), Taylor & O'Farrell Sts.
San Franciscian (450 r.), 1231 Market St.
Beverly-Plaza (146 r.), 342 Grant Ave.
El Cortez (170 r.), 550 Geary St.
Olympic (220 r.), 230 Eddy St., Taylor St.
Bellevue (233 r.), 505 Geary St., Taylor St.
Pickwick (200 r.), 5 & Mission Sts.
Roosevelt (156 r.), 240 Jones St.
Swiss American, 534 Broadway.
Senare, 567 Turk St.
Page, 161 Leavenworth St.
Ritz, Eddy & Mason Sts.
Seneca, 43 6 St.
Grand Southern, 1095 Mission St.
Windsor, 239 Eddy St.

YMCA

351 Turk St.
855 Sacramento St. (Chinese YMCA).

YWCA

620 Sutter St.

MOTELS

Continental Lodge (176 r.), 2550 Van Ness Ave.
Handlery Motor Inn (93 r.), 260 O'Farrell St.
Cable (65 r.), 1450 Lombard St.
Royal Pacific (61 r.), 661 Broadway.
Travelodge at the Wharf (250 r.), 250 Beach St.
Bayside (94 r.), 2011 Bayshore Blvd.
Caravan Lodge (44 r.), 601 Eddy St.
Rancho Lombard (34 r.), 1501 Lombard St.
Red Coach Motor Lodge (45 r.), 700 Eddy St.
De Ville (40 r.), 2599 Lombard St.

Broadway Manor (58 r.), 2201 Van Ness Ave.
Doyle (39 r.), 1555 Union St.
Flamingo (38 r.), 114 7 St., Mission St.
Americania Motor Lodge (115 r.), 121 7 St., Mission St.
Holiday Lodge (90 r.), 1901 Van Ness Ave.
Villa Roma (60 r.), 1212 Columbus Ave.
Wharf (51 r.), 2601 Mason St.
Francisco Civic Center (47 r.), 364 9 St., Harrison St.
San Francisco Downtown Travelodge (81 r.), 790 Ellis St.
Laurel Motor Inn (50 r.), California St. & Presidio Ave.
Oasis (59 r.), 900 Franklin St.
Capri (445 r.), 2015 Greenwich St.
Sea Captain (36 r.), 2322 Lombard St.
Pacifica (44 r.), 1280 Great Highway.
Market Street Travelodge (84 r.), 1707 Market St.
Richelieu Motor Hotel & Garden City (165 r.), 1050 Van Ness Ave.
Mission Serra (52 r.), 5630 Mission St.
Surf (35 r.), 2265 Lombard St.
Alfa Inn (21 r.), 2505 Lombard St.
Franciscian (42 r.), 6600 3 St.
Marina (40 r.), 2576 Lombard St.

RESTAURANTS

Fleur de Lys (FR), 777 Sutter St.
Ernie's (FR), 847 Montgomery St.
La Bourgogne (FR), 320 Mason St.
Oreste's (IT), 118 Jones St.
Paoli's (EUR), 347 Montgomery St.
Blue Fox (EUR), 659 Merchant St.
Alexis (POL), 1001 California St.
Amelio's, 1630 Powell St.
L'Orangerie (FR), 419 O'Farrell St.
Normandie (FR), 1326 Powell St.
India House (AN), 629 Washington St.
Jack's (FR), 615 Sacramento St.
Kan's (CH), 708 Grant Ave.
L'Odeon (FR), 565 Clay St.
Ristorante Orsi (IT), 375 Bush St.
Doroa (EUR), 714 Montgomery St.
Imperial Palace (CH), 919 Grant Ave.
Bimbo's 365 Theatre (EUR), 1025 Colombus Ave.
Grison's Steak House, Van Ness, Pacific.
Taj of India (AN), 825 Pacific Ave.

Chez Marguerite (FR), 2330 Taylor St.
Traders Vics (CH), 20 Cosmo Place.
Domino Club (EUR), 25 Trinity Place.
Golden Pavillion (CH), 800 Sacramento, Grant Ave.
La Strada (EUR), 443 Broadway.
Rolf's since 1960 (EUR), 757 Beach St.
Ritz Old Poodle Dog (FR), 65 Post St.
Adolph's (IT), 641 Vallejo St.
Fior d'Italia (IT), 621 Union St.
Hungry I (EUR), 599 Jackson, Kearny Ghirardelli Square.
Nikko Sukiyaki (JA), 1450 Van Ness Ave.
Owl 'n Turtle, 615 Washington St.
Vanessi's (IT), 498 Broadway.
Le Trianon (FR), 242 O'Farrell St.
Omar Khayyam's (AR), 196 O'Farrell St.
Red Knight (EUR), 624 Sacramento St.
Shadows (GE), 1349 Montgomery St.
Yamato (JA), 717 California St.
White Whale (EUR), 900 N. Point St.
Alfred's (IT), 886 Broadway.
Bardelli's (EUR), 243 O'Farrell St.
Empress of China (CH), 838 Grant Ave. (China Trade Center Bldg.).
House of Prime Rib, 1906 Van Ness Ave.
Gino's (EUR), 554 Clay St.
Franciscan, Pier 43½; Fisherman's Wharf.
L'Alouette (FR), 1121 Polk St.
Mingei-Ya (JA), 2033 Union St.
Di Maggio's, 247 Jefferson St.
Bernstein's Fish Grotto, 123 Powell St.
Four Seas (CH), 731 Grant Ave.
Senor Pico (ME), 900 N. Point St.
A. Sabella's, 2766 Taylor St.
Grison's Chicken House, Van Ness, Pacific.
Iron Pot (IT), 639 Montgomery St.
Tadich Grill, 240 California St.
David's Delicatessen (KO), 474 Geary St.
Nam Yuen (CH), 740 Washington St.
Tarantino's, 206 Jefferson St.
Sai Yon Cafe (CH), 641 Jackson St.
Schroeder's German (GE), 240 Front St.
Hisaga Tempurs (JA), 1762 Buchanan St.
The Magic Pan (HU), 3221 Fillmore, Lombard St.
Coatapeque (ME), 2240 Mission St.

Airport Area (Burlingame, Millbrae, San Bruno, S.S. Frisco).
MOTELS

Hyatt House (304 r.), 1333 Bayshore Highway; Burlingame.
Thunderbolt, 101 Bayshore Highway; Millbrae.
Hilton Inn (410 r.), Airport.
Holiday Inn (245 r.), 245 S. Airport Blvd.; S.S. Frisco.
Ramada Inn (154 r.), 1250 Bayshore Highway; Burlingame.
International Inn (206 r.), 326 S. Airport Blvd.; S.S. Frisco.
Imperial "400" (43 r.), 222 S. Airport Blvd.; S.S. Frisco.
Cavalier (49 r.), 1330 El Camino Real; S.S. Frisco.
Millbrae Travelodge (59 r.), 110 S. El Camino Real; Millbrae.
El Rancho (137 r.), 1100 El Camino Real; Millbrae.

RESTAURANTS

La Touraine (FR), 226 Lorton Ave.; Burlingame.
New Southern, 975 El Camino Real; S.S. Frisco.
Mile House (FR), 1200 El Camino Real; Millbrae.

SAN JOSE (Calif.)

HOTEL

Sainte Claire (172 r.), Market & San Carlos Sts.

MOTELS

Hyatt House (356 r.), 1740 N. 1 St.
San Jose Lodge (74 r.), 1440 N. 1 St.
Pepper Tree Inn (67 r.), 2112 S. 1 St.
Auditorium Travel Inn (70 r.), 455 S. 2 St.
San Jose Travelodge (63 r.), 1041 The Alameda.
San Jose Inn (58 r.), 1860 The Alameda.
Civic Center Lodge (52 r.), 1310 N. 1 at Rosemary St.
Oasis (53 r.), 5340 Monterey Rd.
Flamingo Motor Lodge (23 r.), 1084 The Alameda.

RESTAURANTS

Plateau 7 (EUR), 777 N. 1 St.
Paolo's (EUR), 12 & Santa Clara.
Bohannon's (EUR), 1401 S. 1 St.
Lou's Village (EUR), 1465 W. San Carlos St.
Original Joe's (IT), 301 S. 1 St.

SAN JUAN (P.R.)

HOTELS

Caribe Hilton.

San Jerónimo Hilton.
Da Vinci.
Flamboyan.
Condado Beach.
Condado Lagoon.
Sheraton.
La Concha.
Americana.
Racquet Club Hotel.
El San Juan Hotel.
Holiday Inn.
El Convento.
El Miramar.
Darlington.
Pierre.
Excelsior.
Dorado Hilton.
Dorado Beach.

RESTAURANTS

La Mallorquina (SP).
Swiss Chalet (EUR).
El Cid (EUR).
Zipperle's Bavarian Tavern (GE)
Top of the First.
El Hato Rey.
Mexico in Puerto Rico.
Cathay (CH).
Mama's Little Italy (IT).
La Gondola (IT).
La Fonda del Callejon (AN).
Zaragozana.
El Mediterráneo.
Barrachina.

SAN JUAN CAPISTRANO (Calif.)

MOTELS

Mission Inn (20 r.), 26891 Ortega Highway.
La Golondrina (12 r.), 32232 El Camino Capistrano.

RESTAURANTS

El Adobe (EUR), 31891 El Camino Capistrano.
Colony Kitchen, Santa Ana Freeway.

SAN LUIS OBISPO (Calif.)

MOTELS

Madonna Inn (48 r.), 100 Madonna Rd.
Sands (45 r.), 1930 Monterey St.
Somerset Manor (40 r.), 1895 Monterey St.
Olive Tree Inn (44 r.), 1000 Olive St.
Town & Country (40 r.), 2001 Monterey St.
Motel Inn (40 r.), 2223 Monterey St.
Rancho San Luis (40 r.), 345 Marsh St.
San Luis Obispo Travelodge (38 r.), 1825 Monterey St.
Mid Town (32 r.), 475 Marsh St.
Coachman Inn (27 r.), 1001 Olive St.
Homestead (25 r.), 485 Osos St.
Lamp Lighter (18 r.), 1604 Monterey St.

RESTAURANTS

Cigar Factory (FR), 726 Higuera St.
Pappy's Pancake & Chicken, 2015 Monterey St.

SANTA ANA (Calif.)

MOTELS

Saddleback Inn (101 r.), 1660 E. 1 St.
Royal Roman Inn (47 r.), 1504 E. 1 St.
Bluebird (55 r.), 2222 E. 1 St.
Flagstone Motor Lodge (26 r.), 1427 E. 1 St.
Golden West Lodge (20 r.), 2222 N. Main St.

RESTAURANT

Revere House (EUR), 1 St. & Tustin Ave.

SANTA BARBARA (Calif.)

HOTELS

Santa Barbara Biltmore (174 r.), 1260 Charmel Drive.
Miramar (250 r.), 1555 S. Jameson Lane.
El Encanto Hotel & Garden Villas (106 r.), 1900 Lasuen Rd.

MOTELS

Pepper Tree Motor Inn (100 r.), 3850 State St.
Town & Country (80 r.), 3740 State St.
El Prado (68 r.), 1601 State St.
Lemon Tree (55 r.), 2819 State St.
Hyatt Lodge (75 r.), 3525 State St.
Orange Tree (47 r.), 1920 State St.

Royal Inn (45 r.), 128 Castillo St.
El Patio (40 r.), 336 W. Cabrillo Blvd.
West Beach Motor Lodge (36 r.), 306 W. Cabrillo Blvd.
Ocean Palms Motor Lodge (32 r.), 232 W. Cabrillo Blvd.
Ambassador by the Sea (30 r.), 202 W. Cabrillo Blvd.
Santa Barbara Inn (75 r.), 435 S. Milpas St.
Tropicana Manor (28 r.), 223 Castillo St.
Tahitian Motor Lodge (32 r.), 1029 Orilla del Mar.
Ming Tree (38 r.), 930 Orilla del Mar.
La Casa del Mar (35 r.), 28 W. Cabrillo Blvd.
Sandman (36 r.), 3714 State St.
Polynesian (41 r.), 433 W. Montecito St.
Pepita Chateau (34 r.), 3055 De la Vina, State St.
Colonial (21 r.), 206 Castillo St.
De Anza (23 r.), 1188 Coast Village Rd.
Pacific Crest (20 r.), 433 Corona del Mar Drive.
Motel "6", 3505 State St.; 433 Corona del Mar; 5897 Calle Real.

RESTAURANTS

Green Gables (EUR), 3304 State St.
Harbor (EUR), State St.
Somerset (EUR), 1096 Coast Village Rd.
The Timbers, 10 Winchester Canyon Rd.
Cafe Gourmet (EUR), 1533 State St.
Silver Spur, 4223 State St.
Prip's, 210 W. Carrillo St.

SANTA CLARA (Calif.)

MOTELS

Santa Clara Travelodge (71 r.), 1655 El Camino Real.
Edgewater Lodge (70 r.), 2930 El Camino Real.
Mariani's (40 r.), 2500 El Camino Real.
Capri (38 r.), 2465 El Camino Real.
Western (31 r.), 2250 El Camino Real.

SANTA CRUZ (Calif.)

MOTELS

Dream Inn (64 r.), 175 W. Cliff Drive.
Torch-Lite Inn (31 r.), 500 Riverside Ave.
Santa Cruz Travelodge (55 r.), 525 Ocean St.
Terrace Court (54 r.), 125 Beach St.
Riviera (50 r.), 619 Riverside Ave.

El Rancho Motor Inn (25 r.), 516 Water St.
Santa Cruz (42 r.), 1510 Ocean St.
Aladdin's Inn (22 r.), 50 Front St.
Ebbtide (32 r.), 314 Riverside Ave.
Islander (23 r.), 522 Ocean St.
Salt-Air Court (26 r.), 510 Leibrandt Ave.
Fireside Inn (25 r.), 311 2 St.
West Wind (25 r.), 204 2 St.
Sea & Sand (22 r.), 201 W. Cliff Drive.
Rio Sands (43 r.), 150 Stephen Rd.
Silver Sands (20 r.), 130 Plymouth St.

RESTAURANTS

Le Restaurant Français (FR), 1025 Laurel St.
Shadow-Brook, 116 Old Wharf Rd.
Facelli's (EUR), 2830 W. Cliff Dirve.
Gordon's Chuck House, Mt. Hermon Rd. & Scotts Valley Drive.

SANTA FE (N.M.)

HOTELS

La Fonda (200 r.), 100 E. San Francisco St.
Bishop's Lodge (50 r.), Bishop's Lodge Rd.

MOTELS

Holiday Inn (83 r.), 2900 Cerillos Rd.
Santa Fe's Desert Inn (83 r.), 311 College St.
Inn of the Governors (81 r.), Don Gaspart, Alameda.
Ramada Inn (80 r.), 2907 Cerillos Rd.
Santa Fe Travelodge (49 r.), 646 Cerillos Rd.
Lamplighter (43 r.), 2405 Cerillos Rd.
La Posada Inn (85 r.), 330 E. Palace Ave.
El Rey (40 r.), 1862 Cerillos Rd.
Town House (20 r.), 3¼ km (2 mi.) S.E.
Thunderbird (44 r.), 1821 Cerillos Rd.

RESTAURANTS

Palace (FR), 145 W. Palace Ave.
El Nido, 8 km (5 mi.) N.
Pink Adobe (CR), 406 College St.
Three Cities of Spain (EUR), 724 Canyon Rd.
Rancho de Chimayo (ME), Chimayo.
Maria's Mexican Kitchen (ME), 555 Cordova Rd.
La Couna de Santa Fe (ME), 1201 Cerillos Rd.
The Shed (SP), Prince Patio.

SARASOTA (Fla.)

HOTEL

Sarasota Motor Hotel (136 r.), Ringling Blvd.

MOTELS

Golden Host (80 r.), 4675 N. Tamiami Trail.
Holiday Inn (120 r.), 8221 N. Tamiami Trail.
Howard Johnson's Motor Lodge South (56 r.), 811 S. Tamiami Trail.
Howard Johnson's Motor Lodge North (50 r.), 6325 N. Tamiami Trail.
Quality Courts South (62 r.), 1425 S. Tamiami Trail.
Cabana Inn (60 r.), 2525 S. Tamiami Trail.
Southland (30 r.), 2229 N. Tamiami Trail.
Driftwood (30 r.), 325 N. Tamiami Trail.
Town & Beach (22 r.), 464 Golden Gate Point.
Sarasota Travelodge (28 r.), 270 N. Tamiami Trail.
Sapphire (12 r.), 4925 N. Tamiami Trail.
Royal Palms (25 r.), 1701 N. Tamiami Trail.

RESTAURANTS

Plaza (SP), 1426 1 St.
Angus Inn, 3709 N. Tamiami Trail.
Captain's Table, 1803 N. Tamiami Trail.
Zinn's, 6101 N. Tamiami Trail.

SAUSALITO (Calif.)

HOTEL

Alta Mira (29 r.), 126 Harrison St.

RESTAURANTS

Ondine (EUR), 558 Bridgeway.
Spinnaker, 100 Spinnaker Drive.
Valhalla (EUR), 201 Bridgeway.

SAVANNAH (Ga.)

HOTEL

Manger (254 r.), 36 Bull, Congress St.

YMCA

330 Bull St.

YWCA

105 W. Oglethorpe Ave.

MOTELS

Downtowner (124 r.), 201 W. Oglethorpe Ave.
Howard Johnson's Motor Lodge-Downtown (90 r.), 224 W. Boundary St.
Howard Johnson's Motor Lodge-South (51 r.), 3710 Oglethorpe Rd.
Holiday Inn (211 r.), 121 W. Boundary St.
Savannah Travelodge (60 r.), 512 W. Oglethorpe Ave.
Heart of Savannah Quality Court (46 r.), 300 W. Bay St., Montgomery.
Old South Manor Motor Court (44 r.), 4307 Ogeechee Rd.
Town (96 r.), 412 W. Bay St.
Quality CTS Motel South (30 r.), 3702 Ogeechee Rd.
Manger Town & Country Motor Lodge (76 r.), 4005 Ogeechee Rd.
Tedder's (18 r.), 4009 Ogeechee Rd.

RESTAURANTS

Sign of the White Hart (FR), President & Lincoln Sts.
Pirate's House, 20 E. Broad St.
Rex (EUR), 38 & E. Broad Sts.
Hester's Martinique, 20 Jefferson St.
Boar's Head, 1 N. Lincoln St.
Red Donaldson's Johnny Harris, 1651 E. Victory Drive.
Anton's, 12 Broughton St.
William's Sea Food, Tybee Red.

SCOTTSBLUFF (Neb.)

MOTELS

Lamplighter (40 r.), 606 E. 27 St.
Cavalier (41 r.), 1½ km (1 mi.) S.
Sands (19 r.), 814 W. 27 St.
Park (40 r.), 209 W. 27 St.
Frank (30 r.), 2424 Ave.

RESTAURANT

Copper Kettle, 1½ km (1 mi.) S.

SEATTLE (Wash.)

HOTELS

Olympic (808 r.), 4 Ave. & Seneca St.
Benjamin Franklin (280 r.), 1930 5 Ave.
Roosevelt (230 r.), 1531 7 Ave., Pine St.
Camilin Hotel & Cabanas (100 r.), 1619 9 Ave., Pine St.

University Tower (155 r.), 4507 Brooklyn Ave. N.E.
Emel Motor Hotel (105 r.), 1100 5 Ave., Spring St.
Hungerford, 4 & Spring Sts.
Heart of Seattle (74 r.), 315 Seneca St., 4 Ave.
Vance Motor Hotel (174 r.), 620 Stewart St., 7 Ave.
Mayflower, 4 & Olive Way.
Commodore, 2013 2 Ave.
Astor, 8 & Pine Sts.

YMCA

909 4 Ave.

YWCA

1118 5 Ave.

MOTELS

Hyatt House (325 r.), 17001 Pacific Highway S.
Hilton Inn (150 r.), 17620 Pacific Highway S.
Renton Inn (208 r.), 800 Rainier Ave. S.
Sheraton Motor Inn (136 r.), 400 N.E. 45 St.
Swept Wing Inn (140 r.), 18601 Pacific Highway S.
Edgewater Inn (170 r.), Alaskan Way & Wall St.
Sixth Avenue (168 r.), 2000 6 Ave.
Towne (100 r.), 2205 7 Ave.
Continental Plaza (62 r.), 2500 Aurora Ave. N.
Tropics (160 r.), 225 Aurora Ave. N.
Century House (70 r.), 2224 8 Ave.
Ramada Inn, 2121 N. 112 St.
Holiday Inn (120 r.), 11244 Pacific Highway S.
Flamingo Motor Inn (54 r.), 12245 Aurora Ave. N.
International House (59 r.), 17300 Pacific Highway S.
Downtown Travelodge (72 r.), 2213 8 Ave.
Bellevue Travelodge (56 r.), 11011 N.E. 8 St.
Seattle Center Travelodge (90 r.), 200 6 Ave. N.
Seattle North Travelodge (54 r.), 12501 Aurora Ave. N.
Imperial "400", 17108 Pacific Highway S.; 324 Aurora Ave. N.
University Inn (42 r.), 4140 Roosevelt Way.
Sandstone (39 r.), 19225 Pacific Highway S.
King's Arms (36 r.), 23226 30 Ave. S.
University Travelodge (60 r.), 4725 25 Ave. N.E.
Max-Ivor Motel (36 r.), 6188 4 Ave. S.
Cosmopolitan, 2106 5 Ave.
Cascade, 4123 Aurora Ave. N.
Skyline, 14927 Aurora Ave. N.

RESTAURANTS

Canlis' Charcoal Broiler, 2576 Aurora Ave. N.
Bush Garden (JA), 614 Maynard Ave. S.
Rosellini's Four-10, 410 University Plaza (White Henry Stuart Bldg.).
Gasperetti's (IT), 220 4 Ave S.
Windjammer, 7001 Seaview Ave. N.W.
El Gaucho, 7 Ave. & Olive Way.
The Carvery, Seattle-Tacoma International Airport terminal.
Ivar's Captain's Table, 333 Elliott Ave. W.
Kim's Broiler (EUR), 1842 Westlake N.
The Landing, 102 Lakeside Ave.
Polynesia (PO), Pier 51.
Dublin House (EUR), 319 Union St.
The Crabapple, 326 Bellevue Square.
The Red Carpet, 1628 5 Ave.
John Franco's Hidden Harbor, 1500 Westlake Ave. N.
Sugia's After Five, 920 Aurora Ave. N.
Victor's 610 (IT), White Henry Stuart Bldg.
Village Square, 2686 University S. Village Mall.
Art Louie's (CH), 421 7 Ave. S.
Wharf, 1735 W. Thurman St.
Fasano's, 200 10 Ave. N.
Four Seas, 714 S. King St.
Andy's Diner, 2963 4 Ave. S.

SEBRING (Fla.)

HOTELS

Kenilworth Lodge (130 r.), S. Lakeview Drive.
Harder Hall (135 r.), Golf View Rd.

MOTELS

Holiday (23 r.), 2927 Highway 27 S.
Charbel (15 r.), 5250 Highway 27 S.
Clayton's (21 r.), 4865 Highway 27 S.
Sunset Beach (16 r.), 2018 S. Lakeview Drive.

SEQUOIA CANYON NATIONAL PARK (Calif.)

MOTELS

Camp Kaweah (177 r.), 27¼ km (17 mi.) N. Park.
Giant Forest Lodge (98 r.).
Webb's Holiday Lodge (38 r.), 12¾ km (8 mi.) W.

Stony Creek Lodge (11 r.).

SHENANDOAH NATIONAL PARK (Va.)

HOTELS

Skyland Lodge (154 r.), Skyline Drive.
Big Meadows Lodge (92 r.), Skyline Drive.

RESTAURANT

Panorama, Skyline Drive.

SILVER CITY (N.M.)

MOTELS

Holiday Inn (80 r.).
Drifter (70 r.), ¾ km (½ mi.) N.E.

SILVER GATE (Mont.)

MOTELS

Larson (17 r.).
Pine Edge Cabins (10 r.), N.
Timberline Lodge (8 r.).

RESTAURANT

Log Cabin Cafe.

SILVER SPRINGS (Fla.)

MOTELS

Quality Courts (75 r.), 1531 Silver Springs Blvd.
Holiday Inn (52 r.), Silver Springs Blvd.
Thunderbird (48 r.), Silver Springs Blvd.
Sun Plaza (48 r.), Silver Springs Blvd.
Springs Side (28 r.), Silver Springs Blvd.

SIOUX CITY (Ia.)

HOTELS

Sheraton-Warrior Motor Inn (200 r.), 6 & Nebraska Sts.
Park Hotel, 5 St.

YMCA

722 Nebraska St.

MOTELS

Holiday Inn (158 r.), 1401 W. Gordon Drive.

Imperial "400" (67 r.), 110 S. Nebraska St.
Palmer House (68 r.), 3440 E. Gordon Drive.
Biltmore (37 r.), 5900 E. Gordon Drive.
Bel-Air (16 r.), 2921 E. Gordon St.
Towne & Country (20 r.), 1910 Court St.

RESTAURANTS

Joe Gantz Steak House, 1222 Pierce St.
Danny's, 2910 Military Rd.
Green Gables, Pierce, 18 St.
Normandy, 38 & Summit Sts.

SIOUX FALLS (S.D.)

HOTEL

Sheraton-Cataract (122 r.), 9 St. & Phillips Ave.

MOTELS

Holiday Inn (108 r.), 1902 La Crosse St.
Holiday Inn (148 r.), 1301 W. Russell St., West Ave.
Ramada Inn (118 r.), 2400 N. Louise.
Ramada Inn (66 r.), 2208 Rushmore Rd.
Gill's Sun Inn (62 r.), 1901 St. Joseph St.
Town House (70 r.), 400 S. Main Ave.
Jensen's Motor Lodge (48 r.), 1916 Mt. Rushmore Rd.
Imperial "400" (35 r.), 125 Main St.
Plaza (35 r.), 2620 E. 10 St.
Pine Crest (21 r.), 4501 W. 12 St.
Lindendale (22 r.), 4201 S. Minnesota Ave.
Rush's (25 r.), 2401 W. Russell St.
Westwick (24 r.), 5801 W. 12 St.
Harvey (20 r.), 2400 E. 10 St.
Modern City (29 r.), 201 E. Blvd. N.
Dakota (25 r.), 220 E. St. Joseph St.
Sioux Chief Traintel (38 r.), 4601 W. 12 St.

RESTAURANTS

Giovanni's Steak House (IT), 806 E. 10 St.
Kopper Kart, 515 S. Phillips Ave.
Lemonds' Finer Foods, 301 S. Phillips Ave.

SKAGWAY (Alaska)

HOTELS

Klondike.
Golden North.

MOTEL
Sourdough Inn.

SONOMA (Calif.)

MOTEL
El Pueblo (39 r.), 896 W. Napa St.

SOUTH BEND (Ind.)

MOTELS
Town Tower (152 r.), 423 N. Michigan St.
Randall's Inn (155 r.), 130 Dixieway S.
Howard Johnson's Motor Lodge (113 r.), 52939 Highway 31.
Holiday Inn (179 r.), 515 Dixieway N.
Morris Inn (90 r.), N. Notre Dame Ave.
South Bend Travelodge (63 r.), 614 N. Michigan St.

RESTAURANTS
Eddie's, 1345 N. Ironwood Drive.
Irvin's, 602 S. Walnut St.
Wooden Keg, 1609 S. Main St.
The Lido (EUR), 127 N. Main St.
Hans Haus (GE), 2803 S. Michigan St.
Mark's Sen Sai Gai Cafe (CH), 134 N. Main St.

SPOKANE (Wash.)

HOTELS
Davenport (477 r.), 823 W. Sprague Ave.
Ridpath (280 r.), W. 515 Sprague Ave.

YMCA
E. 19 Queen Ave.

MOTELS
Ridpath Motor Inn (80 r.), 1 Ave., Stevens.
Sahara (83 r.), 1 Ave. & Post St.
Spokane House (57 r.), Sunset Blvd.
Holiday Inn (140 r.), 4212 Sunset Blvd.
Trade Winds (59 r.), W. 907 3 Ave.
Thunderbird Lodge (60 r.), W. 120 3 Ave.
Hyatt Lodge (41 r.), W. 1420 2 Ave.
West Wynn (34 r.), 2700 Blk. Sunset Blvd.
Spokane Travelodge (56 r.), 430 W. Havermale Ave.
Clinic Center (53 r.), S. 702 McClellan.
City Center (53 r.), 123 S. Post St.

Holiday Lodge (32 r.), 44 W. 6 Ave.
Towne Centre (40 r.), 1 Ave., Lincoln.
Bel-Air (17 r.), 1303 E. Sprague Ave.
Shangri-La (16 r.), W. 2922 Government Way.

RESTAURANTS

Stockyards Inn, Trent St., Julia.
Harbottle's Zep Inn, 5207 E. Trent Ave.
Smitty's Pancake House, 5903 N. Division St.
Mother's Kitchen, W. 24 Riverside Ave.

SPRINGFIELD (Ill.)

HOTELS

St. Nicholas (196 r.), 4 & Jefferson Sts.
Leland (136 r.), 6 St. & Capitol Ave.

MOTELS

State House Inn (126 r.), 101 E. Adams St.
Howard Johnson's Motor Lodge Southeast (100 r.), 3190 S. 31 St.
Howard Johnson's Motor Lodge-Downtown (38 r.), 1025 S. 5 St.
Inn of the Lamplighter (46 r.), 11 km (7 mi.) S.
Downtowner (100 r.), 400 N. 9 St.
Holiday Inn-East (248 r.), 3100 S. 31 St.
Holiday Inn-South (132 r.), 625 E. St. Joseph St.
Ramada Inn (114 r.), 3751 S. 6 St.
Quality Courts Mansion View (54 r.), 529 S. 4 St.
Springfield Travelodge (59 r.), 500 S. 9 St.
Bel-Aire Manor (80 r.), 2636 S. 6 St.
A. Lincoln (43 r.), 2927 S. 6 St.

RESTAURANTS

The Mill, 906 N. 15 St.
The Georgian, 9 St. & S. Grand Ave.
Balestri's, 1700 S. MacArthur Blvd.

SPRING GREEN (Wis.)

Rest Haven (11 r.), ½ km (¼ mi.) N.E.
Alpine (12 r.), ¾ km (½ mi.) N.E.

STEAMBOAT SPRINGS (Col.)

HOTEL

Bristol Motor Lodge (25 r.), 917 Lincoln Ave.

MOTELS

Western Lodge (25 r.), 1122 Lincoln Ave.
Nite's Rest (24 r.), 601 Lincoln Ave.
Royal Rest (20 r.), 1036 Lincoln Ave.
Yampa (12 r.), 12 & Lincoln Ave.
Steamboat (15 r.), 340 Lincoln Ave.

RESTAURANT

The Gallery (EUR), E.

STURBRIDGE (Mass.)

MOTELS

Sturbridge Orchard Inn (100 r.), Haynes St.
Liberty Cap (46 r.), 2½ km (1½ mi.) W.
American Motor Lodge (55 r.).
Colonial (52 r.), 1½ km (1 mi.) E.
Treadway Motor Inn (31 r.), 3¼ km (2 mi.) S.
Carriage House Motor Lodge (34 r.), 1½ km (1 mi.) W.
Publick House (21 r.), 2½ km (1½ mi.) W.

RESTAURANTS

Heritage Hill Inn, E. Brimfield Rd.
Governor Lincoln House, 1½ km (1 mi.) W.
Rom's (IT), 3¼ km (2 mi.) S.

SUN VALLEY (Ida.)

MOTELS

Sun Valley Lodge & Apts. (166 r.).
Challenger Inn (155 r.).

SYRACUSE (N.Y.)

HOTELS

Syracuse (604 r.), Warren & Onondaga Sts.
Jefferson-Clinton (140 r.), Jefferson & Clinton Sts.

MOTELS

Sheraton Motor Inn (200 r.), Thompson Rd. & Court St.
Randolph House (282 r.), Electronics Parkway.
Dinkler Motor Inn (150 r.), 1100 James St.
Northway Inn (127 r.), Seventh North St.
Howard Johnson's Motor Lodge (90 r.), Thompson Rd.
Syracuse Country House (160 r.), 1308 Buckley Rd. N.
Holiday Inn (124 r.), Dewery Throughway.

HOTELS UND RESTAURANTS

Holiday Inn (159 r.), College Drive & Court St.
Mayfair Inn (148 r.), 666 S. Salina St.
Syracuse Airport Inn (103 r.), Hancock Airport.
Mohawk Motor Inn (102 r.), 1060 E. Genesee St.
Syracuse Uptown Travelodge (80 r.), 940 James St.
John Milton (80 r.), E. Genesee St.
John Milton Thruway (60 r.), Thompson Rd.
Syracuse Central Travelodge (50 r.), 454 James St.
Dewitt Ranch (120 r.), 3300 Erie Blvd. E.
Bear Road (40 r.), 11¼ km (7 mi.) N.
Motel "7" (102 r.), 109 Seventh N. St.
Dewitt Colonial (58 r.), Erie Blvd. E.

YOUTH HOSTEL

735 S. Beech St.

RESTAURANTS

Trivet House, Seventh N. St. & Buckley Rd.
Vista Room, Hancock Airport.
Walter White's Steak & Ale House, 4432 E. Genesee St.
Mirbachs (GE), 419 Butternut St.
Martin's, Brewerton Rd.
Hackney House, 646 S. Warren St.
Scotch 'n Sirloin, Erie Blvd. E.

TACOMA (Wash.)

HOTEL

Winthrop (250 r.), 9 St. & Broadway.

MOTELS

Sherwood Inn (119 r.), 8402 S. Hosmer St.
America-West Tacoma (150 r.), 242 St. Helens Ave., 4 St.
Holiday Inn (110 r.), 3518 Pacific Highway E.
Lakewood Motor Inn (41 r.), 6125 Motor Ave.

RESTAURANTS

Lakewood Terrace (EUR), 6114 Motor Ave.
Johnny's Dock, Pier 3.
Top of the Ocean, 2217 Ruston Way.
Steve's Gay 90's, 5238 S. Tacoma Way.
Cec-Can-Ti's, 3834 Pacific Ave.
Bavarian (GE), 204 N. K St., Division Ave.
Farm Inn, 32416 Pacific Highway S.

TALLAHASSEE (Fla.)

HOTEL

Duval (125 r.), 415 N. Monroe, Virginia St.

MOTELS

Howard Johnson's Motor Lodge East (100 r.), 722 Apalachee Parkway.
Howard Johnson's Motor Lodge West (50 r.), Brevard & W. Tennessee Sts.
Holiday Inn (168 r.), 1302 Apalachee Parkway.
Southernaire (97 r.), 1308 W. Brevard St.
Driftwood (64 r.), 1402 W. Tennessee St.
Skyline Motor Lodge (40 r.), 2400 W. Tennessee St.
Lafayette (37 r.), 1525 W. Tennessee St.
University (32 r.), 431 W. Tennessee St.
Prince Murat (28 r.), 745 N. Monroe St.
Ponce de Leon (25 r.), 1801 W. Tennessee St.
Tallahassee (60 r.), 1630 N. Monroe St.
Tallahassee Travelodge (60 r.), 691 W. Tennessee St.

RESTAURANTS

Silver Slipper, 2000 S. Monroe St.
Skyline, 2220 W. Tennessee St.
Joe's Spaghetti & Steak House, 1713 Mahan Drive.
Fountain, 1921 W. Tennessee St.

TAMPA (Fla.)

HOTEL

Sheraton-Tampa Motor Inn (200 r.), 515 E. Cass St.

YMCA

314 Zack St.

YWCA

601 Twiggs St.

MOTELS

International Inn (172 r.), 4800 W. Kennedy Blvd.
Hawaiian Village (296 r.), 2522 N. Dale Mabry.
Causeway Inn Resort (152 r.), 7627 W. Columbus Drive.
Old Orleans (102 r.), 2055 N. Dale Mabry.
Congress Inn (120 r.), 4636 N. Dale Mabry.
Howard Johnson's Motor Lodge-Airport (64 r.), Westshore Blvd.
Howard Johnson's Motor Lodge-West (52 r.), 3688 Gandy Blvd.

Howard Johnson's Motor Lodge-East (52 r.), 6804 E. Hillsborough Ave.
Holiday Inn (120 r.), 4732 N. Dale Mabry.
Holiday Inn-Apollo Beach (101 r.), Surfside Blvd.
Holiday Inn-Northeast (120 r.), 2701 E. Fowler Ave.
Tampa Airport (120 r.), 2222 N. Westshore Blvd.
Tampa Motor Lodge (52 r.), 1020 S. Dale Mabry, Henderson Blvd.
Tahitian Inn (43 r.), 601 S. Dale Mabry.
Tampa East Travelodge (58 r.), 1102 E. Kennedy Blvd.
Tampa West Travelodge (53 r.), 830 W. Kennedy Blvd.

RESTAURANTS

Bern's Steak House, 1208 S. Howard Ave.
Columbia (SP), 22 St. & 7 Ave.
Old Swiss House (EUR), 3610 E. Temple Terrace Highway.
Tropic's Steak House, 301 S. Dale Mabry.
Licata's Steak House, 312 Tampa St.
Las Novedades (SP), 7 Ave. & 15 St.

TAOS (N.M.)

HOTELS

Taos Inn (35 r.), N. Pueblo Rd.
St. Bernard (27 r.), Taos Ski Valley.
Sagebrush Inn (18 r.), 4¾ km (3 mi.) S.
Edelweiss (8 r.), Taos Ski Valley.

MOTELS

Kachina Lodge & Motel (74 r.), N. Pueblo Rd.
Indian Hills Inn (43 r.), Santa Fe Rd.
El Pueblo Motor Lodge (19 r.), N. Pueblo Rd.
Mountain View (9 r.), Santa Fe Rd.
La Cocinade Taos (35 r.), N. Pueblo Rd.

TARRYTOWN (N.Y.)

HOTEL

Hilton Inn (204 r.), 455 S. Broadway.

TOLEDO (O.)

HOTELS

Park Lane (118 r.), Jefferson Ave., 23 St.
Hillcrest (600 r.), 16 St. & Madison Ave.

Commodore Perry Motor Inn (500 r.), 505 Jefferson Ave.
Secor (300 r.), 425 Jefferson Ave.
Willard Motor Lodge (150 r.), 415 St. Clair St.

YMCA

1110 Jefferson Ave.

MOTELS

Howard Johnson's Motor Lodge (99 r.), 2450 S. Reynolds Rd.
Holiday Inn-West (185 r.), 2429 S. Reynolds Rd.
Holiday Inn-Turnpike (146 r.), 16 km (10 mi.) S.E.
Holiday Inn Toledo-Perrysburg (100 r.), 10630 Fremont Pike.
Holiday Inn-North (112 r.), 1821 E. Manhattan Blvd.
Ambassador Motor Lodge (93 r.), 16 km (10 mi.) S.E.
Toledo Airport (27 r.), Toledo Express Airport.
Globe (74 r.), 1001 Jefferson Ave.
Crystal Inn (113 r.), 3491 Latcha Rd.
Toledo Turnpike (119 r.), 2325 S. Reynolds Rd.
Toledo Travelodge (88 r.), 1919 Collingwood Blvd.
Express (72 r.), 301 Bihl Ave.
Greenbrier (48 r.), 14½ km (9 mi.) S.E.
Crown (18 r.), 1727 W. Alexis Rd.

YOUTH HOSTEL

5320 Fern Drive.

RESTAURANTS

Northwood Inn, 3025 Summit St.
Arne Nessen's Tivoli (SC), 5060 Monroe St.
Van's Colonial House, 4895 Monroe St.
Anderson's Heritage House, 2500 Sylvania Ave.
Dyer's Chop House, 216 Superior St.
Roman Gardens, 1610 Secor Rd.
Wittenberg (GE), 1400 Sylvania Ave.
Bill Knapp's, 5839 Monroe St.

TOPEKA (Kan.)

HOTEL

Jayhawk (300 r.), 700 Jackson St.

MOTELS

Ramada Inn (317 r.), 420 E. 6 St.
Holiday Inn-South (170 r.), 3802 S. Topeka Blvd.
Holiday Inn-North (82 r.), 601 W. Highway 24.

Howard Johnson's Motor Lodge (132 r.), 3839 S. Topeka Blvd.
Meadow Acres (91 r.), 2950 S. Topeka Blvd.

RESTAURANT

Robbie's, 3035 S. Topeka Blvd.

TRENTON (N.J.)

MOTELS

Howard Johnson's Motor Lodge (60 r.), 2991 Brunswick Pike.
Imperial "400" (52 r.), 350 S. Broad St.
Midtown (58 r.), 541 E. State St.

RESTAURANTS

Landwehr's, River Rd.
Glendale Tavern, 28 New Hillcrest Ave.

TUCSON (Ariz.)

HOTELS

Arizona Inn (85 r.), 2200 E. Elm St.
Pioneer International Motor Hotel (200 r.), 80 N. Stone Ave.
Westerner (64 r.), 63 S. Stone Ave.
El Presidio (85 r.), 246 E. Broadway.

YMCA

516 N. 5 Ave.

YWCA

738 N. 5 Ave.

MOTELS

Ramada Inn (206 r.), 404 N. Freeway.
Statler-Hilton Inn (200 r.), 1601 Miracle Mile.
Flamingo (150 r.), 1300 N. Stone Ave.
Holiday Inn-South (147 r.), 1010 S. Freeway.
Holiday Inn-North (145 r.), 1365 W. Grant Rd.
Sands (122 r.), 222 S. Freeway.
Ghost Ranch Lodge (75 r.), 801 W. Miracle Mile.
Tidelands Motor Inn (170 r.), 919 N. Stone Ave.
Desert Inn (145 r.), 1 N. Freeway.
Executive Inn (140 r.), 333 W. Drachmann St.
Spanish Trail (181 r.), 305 Benson Highway.
Aztec Inn (94 r.), 102 N. Alvernon Way.
Cliff Manor (68 r.), 5900 N. Oracle Rd.
Wayward Winds Lodge (38 r.), 707 W. Miracle Mile.
Pioneer East (18 r.), 1400 N. Wilmot Rd.

Tucson Travelodge (48 r.), 1136 N. Stone Ave.
Imperial "400" (38 r.), 1248 N. Stone Ave.
Riviera Motor Lodge (23 r.), 515 W. Miracle Mile.
Rodeway Inn (39 r.), 950 N. Stone Ave.
El Camino (19 r.), 297 Benson Highway.
Rontel (20 r.), Tucson International Airport.
Highland Tower (23 r.), 1919 Miracle Mile.
Saddle and Surrey Ranch (15 r.), 4110 Sweetwater.
Rancho Del Rio (19 r.), 2800 N. Sabino Canyon Rd.
Tanque Verde Guest Ranch (29 r.), 28¾ km (18 mi.) E.
The Lodge in the Desert (23 r.), 306 N. Alvernon Way.
Westward Look (38 r.), 245 E. Ina Rd.
Desert Willow Ranch (45 r.), 10755 Tanque Verde Rd.

RESTAURANTS

Three Sovereigns (EUR), 5353 E. Broadway.
Cork 'n Cleaver, 1400 N. Wilmot St.
Paulos, 4915 E. Speedway.
Coat of Arms (EUR), 7053 N. Oracle Rd.
El Corral Steak House, 2200 E. River Rd.
The Most (EUR), 3427 E. Speedway.
Kon Tiki (PO), 4625 E. Broadway.
Ye Olde Lantern, 1800 Miracle Mile.
Old Adobe Patio, 40 W. Broadway.
Vito's (ME), 5632 E. Speedway.
La Cucina (IT), 5425 E. Speedway.
Carousel Garden, 2744 E. Broadway.
Vaughan's Central, 1107 N. Stone, Speedway.

TUPELO (Miss.)

MOTELS

Holiday Inn (124 r.), 2 km (1¼ mi.) N.
Sheraton Rex Plaza (85 r.), 1½ km (1 mi.) N.
Natchez Trace Inn (95 r.), 3400 W. Main St.
Tupelo Travelodge (48 r.), 401 N. Gloster St.
Town House (36 r.), 3¼ km (2 mi.) S.

RESTAURANT

Hunter's, 2 km (1¼ mi.) N.

TULSA (Okla.)

HOTELS

Mayo (600 r.), 5 & Cheyenne Sts.
Adams (148 r.), 403 S. Cheyenne St.

Alvin Plaza (200 r.), 7 & Main Sts.

MOTELS

Camelot Inn (361 r.), 4956 S. Peoria Ave.
Trade Winds West (310 r.), 1120 E. Skelly Drive.
Trade Winds East (135 r.), 3337 E. Skelly Drive.
Holiday Inn-Downtown (225 r.), 17 W. 7 St.
Holiday Inn-West (100 r.), 6109 New Sapulpa Rd.
Holiday Inn-Airport (93 r.), 2201 N. 77 E. Ave.
Ramada Inn (180 r.), 4528 E. Skelly Drive.
Quality Courts (119 r.), 3131 E. 51 St.
Rio (78 r.), 2222 W. Skelly Drive.
Downtowner (93 r.), 4 & Cheyenne Sts.
Hiway House (80 r.), 5311 W. Skelly Drive.
Saratoga (85 r.), 10117 E. 11 St.
Winston Motor Court (53 r.), 5609 W. Skelly Drive.
Rodeway Inn (43 r.), 4724 S. Yale.
Sheridan Hills (46 r.), 6302 E. 11 St.
Will Rogers Motor Court (65 r.), 5737 E. 11 St.
Darby Lane (52 r.), 416 W. 6 St.
Desert Hills (50 r.), 5220 E. 11 St.

RESTAURANTS

Louisiane, 118 E. 18 St.
Jamil's, 2833 E. 51 St.
Sleepy Hollow, 6605 S. Lewis St.

TWIN FALLS (Ida.)

HOTEL

Rogerson (65 r.), 157 Main Ave.

MOTELS

Holiday Inn (103 r.), 1350 Blue Lakes Blvd.
Straughn's (50 r.), 296 Addison Ave. W.
Twin Falls Travelodge (38 r.), 248 1 Ave. W.
Monterey Motor Inn (28 r.), 433 Addison Ave. W.
Imperial "400" (40 r.), 320 Main Ave.
Fairways (32 r.), 906 Blue Lakes Blvd.
Holiday (18 r.), 615 Addison Ave.
Dunes (25 r.), 447 Addison Ave.
Capri (24 r.), 1341 Kimberly Rd.

RESTAURANT

Kay's Supper Club (CH), 200 Addison Ave.

URBANA (Ill.)

HOTEL

Urbana Lincoln (76 r.), Lincoln Square Shopping Mall.

MOTELS

Howard Johnson's Motor Lodge (104 r.).
Lincoln Lodge (32 r.), 403 W. University.
Sheraton-Champaign-Urbana (149 r.), 505 N. Cunningham.
Courtesy (34 r.), 403 N. Vine St.

RESTAURANT

Wheat's Steak House, 1904 E. Main St.

VERMILLION (S.D.)

MOTELS

Lamplighter (32 r.), 112 E. Cherry St.
Tomahawk (20 r.), 1½ km (1 mi.) W.
Coyote (19 r.), 702 N. Dakota St.

VICKSBURG (Miss.)

HOTEL

Vicksburg (172 r.), 801 Clay St.

MOTELS

Magnolia (120 r.), 4155 Warrenton Rd.
Downtowner (80 r.), Clay & Walnut Sts.

RESTAURANT

Tuminello's (EUR), 500 Speed St.

VIRGINIA BEACH (Va.)

HOTELS

Cavalier (205 r.), Atlantic Ave.
The Marshalls (54 r.), Ocean, 66 St.
Martha Washington Motor Hotel (98 r.), Atlantic Ave.

MOTELS

Mariner (141 r.), Ocean, 57 St.
Thunderbird Motor Lodge (62 r.), Ocean, 35 St.
Gay Vacationer (79 r.), Ocean, 34 St.
Washington Club Inn (60 r.), Ocean, 8 St.
Princess Anne Inn (60 r.), Ocean, 25 St.
Seahawk (48 r.), Ocean, 26 St.

Diplomat Motor Inn (35 r.), Ocean, 33 St.
Golf Ranch (53 r.), 1040 Laskin Rd.
La Playa (34 r.), Ocean, 33 St.
Ocean Ranch (42 r.), Ocean, 32 St.
Americano Motor Lodge (65 r.), Ocean, 39 St.
Empress (38 r.), Ocean, 28 St.
Royal Clipper (44 r.), 3510 Atlantic Ave.
Bel Harbour (40 r.), Ocean, 13 St.
Bow Creek (53 r.), 3429 Club House Rd.
Golden Sands (32 r.), Atlantic Ave. & 14 St.
White Heron Motel & Marina (57 r.), 1284 Laskin Rd.
Carriage Inn (40 r.), 1500 Atlantic Ave., 15 St.
Holiday House (29 r.), Ocean, 14 St.
Sea Escape (69 r.), Ocean, 17 St.
Surf and Sand (25 r.), 959 Laskin Rd.
Traymore Sea Colony (78 r.), Ocean, 9 St.
Tides (65 r.), Ocean, 21 St.

RESTAURANTS

King of the Sea, Atlantic Ave., 27 St.
Shore Drive Inn, Shore Drive.
Charcoal Room, Ocean, 28 St.
Steinhilber's Thalia Acres Inn, 653 Thalia Rd.
Pine Tree Inn, 2932 Virginia Beach Blvd.

VIRGINIA CITY (Nev.)

HOTEL

Silver Dollar (14 r.), C & Union Sts.

MOTELS

Sun Mountain (14 r.), Gold Hill Rd.
Sugar Loaf (7 r.), 465 S. C St.

RESTAURANTS

Edith Palmer's Country Inn, B St.
Sharon House, C & Taylor Sts.

WALLA WALLA (Wash.)

HOTEL

Marcus Whitman (175 r.), 2 & Rose Sts.

MOTELS

Royal Motor Inn (62 r.), 325 E. Main St.
Lariat (62 r.), 204 N. Spokane St.

Walla Walla Travelodge (38 r.), 421 E. Main St.
Imperial "400" (35 r.), 305 N. 2 Ave.
Whitman Lodge (17 r.), 27 N. College Ave.

RESTAURANTS
Maverick, 405 Wellington.
Red Apple, 57 E. Main St.

WARM SPRINGS (Va.)
HOTELS
Warm Springs Inn Motor Court (28 r.).
Three Hills (10 r.), 1¼ km (¾ mi.) E.

WARRENTON (Va.)
MOTELS
Howard Johnson's Motor Lodge (56 r.).
Cavalier (49 r.), 1½ km (1 mi.) N.W.
Warrenton Motor Lodge (24 r.), 2½ km (1½ mi.) N.W.
Jefferson (30 r.), 1½ km (1 mi.) W.

WASHINGTON, D.C.

Downtown

HOTELS
Manger Hay-Adams (200 r.), 800 16 St. N.W.
Madison (363 r.), 15 & M Sts. N.W.
Mayflower (1000 r.), 1127 Connecticut Ave. N.W.
Georgetown Manor (50 r.), Thomas Jefferson & M Sts. N.W.
Statler Hilton (815 r.), 16 & K Sts. N.W.
Watergate (213 r.), 2650 Virginia Ave. N.W.
Washington Hilton (1200 r.), 1919 Connecticut Ave. N.W.
America (345 r.), 14 & M Sts. N.W.
Sheraton-Carlton (250 r.), 923 16 St. N.W.
Shoreham (1000 r.), 2500 Calvert St. N.W.
Executive House (195 r.), 1515 Rhode Island Ave. N.W.
Washington (375 r.), 15 St. & Pennsylvania Ave. N.W.
Capitol Hill (80 r.), 301 1 St. N.E.
Sheraton-Park (1465 r.), 2660 Connecticut Ave. N.W.
Jefferson (95 r.), 1200 16 St. N.W.
Burlington (290 r.), 1120 Vermont Ave. N.W.
Lafayette (140 r.), 16 & I Sts. N.W.
Dupont Plaza (320 r.), 1500 New Hampshire Ave. N.W.
Fairfax (135 r.), 2100 Massachusetts Ave. N.W.
Manger Hamilton (290 r.), 14 & K Sts. N.W.

HOTELS UND RESTAURANTS

Congressional (195 r.), 300 New Jersey Ave. S.E.
Ambassador (450 r.), 1412 K St. N.W.
Willard (480 r.), 14 St. & Pennsylvania Ave. N.W.
Windsor Park (395 r.), 2300 Connecticut Ave. N.W.
Roger Smith (215 r.), 18 St. & Pennsylvania Ave. N.W.
Pick-Lee House (205 r.), 15 & L Sts. N.W.
Continental (250 r.), 420 N. Capitol St.
Manger Annapolis (390 r.), 1111 H St. N.W.
Sutton House (60 r.), 1016 17 St. N.W.
Commodore (150 r.), 520 N. Capitol St.
Rock Creek Hotel (50 r.), 1925 Belmont Rd. N.W.
Harrington (300 r.), 11 & E Sts. N.W.
Stratford (150 r.), 25 E St. N.W.

YMCA
1736 G Street, N.W.
1816 12 Street, N.W.
Union Station.

MOTELS
Holiday Inn-Downtown (150 r.), 1615 Rhode Island Ave. N.W.
In Town Gramerey Inn (330 r.), 1616 Rhode Island Ave. N.W.
Georgetown Inn (100 r.), 1310 Wisconsin Ave. N.W.
Skyline (200 r.), South Capitol & I Sts. S.W.
Holiday Inn (195 r.), 2700 New York Ave. N.W.
Albert Pick Motor Inn (240 r.), 12 & K Sts. N.W.
Ramada Inn (125 r.), 1600 New York Ave. N.E.
Howard Johnson's Motor Lodge (195 r.), New Hampshire & Virginia Aves. N.W.
Charter House (150 r.), 1917 Bladensburg Rd. N.E.
Diplomat (200 r.), 1850 New York Ave. N.E.
In-Town Connecticut Inn (154 r.), 4400 Connecticut Ave. N.W.
Executive (50 r.), 1615 New York Ave. N.E.
Howard Johnson's Motor Lodge (50 r.), 3131 Branch Ave. S.E.
Regency Congress Inn (50 r.), 600 New York Ave. N.E.
Holiday Inn (145 r.), 730 Monroe & Michigan Aves. N.E.
Envoy (75 r.), 501 New York Ave. N.E.

YOUTH HOSTEL
1501 16 St. N.W.

Surrounding Area

HOTELS
Bethesda, Md.
Linden Hill (130 r.), 5400 Pooks Hill Rd.

MOTELS

Bethesda, Md.
Governor's House (130 r.), 8400 Wisconsin Ave.
Bethesdan (73 r.), 7740 Wisconsin Ave.
Chevy Chase Motor Lodge (70 r.), 8130 Wisconsin Ave.
Colonial Manor (90 r.), 11410 Rockville Pike.
In Town (95 r.), 6800 Wisconsin Ave.

Wheaton, Md.
Howard Johnson's Motor Lodge (160 r.), Viers Mill Rd. & University Blvd.

Silver Spring, Md.
Sheraton-Silver Spring Motor Inn (305 r.), 8727 Colesville Rd.
In Town (75 r.), 8000 13 St.
Georgian (125 r.), 7990 Georgian Ave.
Park Silver (65 r.), 8040 13 St.
Silver Spring Motor Inn (45 r.), 7927 Georgia Ave.

College Park, Md.
Holiday Inn (70 r.), 9137 Baltimore Blvd.
Interstate Inn (120 r.), 8601 Baltimore Blvd.
Park University (115 r.), 7200 Baltimore Blvd.
Royal Pine (40 r.), 9113 Baltimore Blvd.

Hyattsville, Md.
Hampshire Motor Inn (125 r.), 7411 New Hampshire Ave.

Silver Hill, Md.
Prince George (105 r.), 3714 Branch Ave.

Near Andrews Air Base, Md.
Interstate Inn (150 r.), Allentown Rd. & Maxwell Drive.

Arlington County, Va.
Holiday Inn-Key Bridge (175 r.), 1850 N. Fort Myer Drive.
Holiday Inn (160 r.), 2485 S. Glebe Rd.
Marriott Key Bridge (210 r.), 1401 Lee Highway.
Hospitality House Motor Inn (160 r.), 2000 Jefferson Davis Highway.
Marriott Twin Bridges (450 r.), Twin Bridges.
Pentagon (40 r.), 901 S. Clark St.
Park Arlington (110 r.), Arlington Blvd. & N. Court House Rd.
South Gate (210 r.), 2480 S. Glebe Rd.
Merrimac (80 r.), 1530 Jefferson Davis Highway.
Highlander (45 r.), 3336 Wilson Blvd.
Iwo Jima (75 r.), 1501 Arlington Blvd.

Americana (100 r.), 1400 Jefferson Davis Highway.
Cherry Blossom Motor Inn (75 r.), 3030 Columbia Pike.
Fifty (40 r.), 1601 Arlington Blvd.
Arva (130 r.), 2201 Arlington Blvd.
Clarendon Hotel Court (55 r.), 3824 Wilson Blvd.
Airwayte (25 r.), Washington National Airport.

Fairfax, Va.
White House (45 r.), 9700 Lee Highway.
Patton (25 r.), 9990 Lee Highway.
Westwood (15 r.), 9901 Lee Highway.

RESTAURANTS

Rive Gauche (FR), 3200 M St. N.W.
Talleyrand, 2301 Calvert St. N.W.
Sans Souci (FR), 726 17 St. N.W.
Le Petit Paris (FR), 1215 Connecticut Ave. N.W.
Le Bistro (FR), 1827 M St. N.W.
Arbaugh's, 2606 Connecticut Ave. N.W.
La Salle du Bois (FR), 18 & M Sts. N.W.
Tokyo Sukiyaki (JA), 1736 Connecticut Ave. N.W.
Tino's Continental, 1721 Wisconsin Ave. N.W.
France's, 1204 30 St. N.W.
Three Thieves, 2233 Wisconsin Ave. N.W.
Le Provençal, 1234 20 St. N.W.
Costin's Sirloin Room, 14 & F Sts. N.W. (National Press Bldg).
Billy's, 1025 Vermont Ave. N.W.
Chez Camille (FR), 1403 L St. N.W.
Duke Zeibert's, 1722 L St. N.W.
El Bodegon (SP), 1637 R St. N.W.
German-American (GE), 823 15 St. N.W.
Chez François (FR), 818 Connecticut Ave. N.W.
Golden Parrot, Connecticut Ave. & R St. N.W.
Genghis Khan, 1805 Connecticut Ave. N.W.
Paul Young's, 1120 Connecticut Ave. N.W.
Knife and Fork, 1824 M St. N.W.
Occidental, 1411 Pennsylvania Ave. N.W.
Lincoln Inn, 643 D St. N.W.
Le Monocle, 107 D St. N.E.
Junkanoo (CA), 1629 Connecticut Ave. N.W.
Embers, 1210 19 St. N.W.
Tivoli Opera, 1225 Wisconsin Ave. N.W.
Swiss Chalet (SW), 1026 6 St. N.W.
Joey's, Connecticut Ave. & M St. N.W.

Trieste (IT), 2138½ Pennsylvania Ave. N.W.
Avignones Frères, 1777 Columbia Rd. N.W.
Billy Martin's Carriage House, 1238 Wisconsin Ave. N.W.
Silver Fox, 5324 Wisconsin Ave. N.W.
Taj Mahal (AN), 1327 Connecticut Ave. N.W.
Gusti's (IT), 19 & M Sts. N.W.
Luau (PO), 14 F St. N.W.
A.V. Ristorante Italiano (IT), 607 New York Ave.
Old Europe (GE), 2434 Wisconsin Ave. N.W.
Piccadilly (GB), 5510 Connecticut Ave. N.W.
Al Hambra (SP), 1819 M Sts. N.W.
Rich's (KO), 500 19 St. N.W.
Peking (CH), 711 13 St. N.W.; 5522 Connecticut Ave. N.W.
The Bavarian Restaurant (GE), 727 11 St. N.W.
Iron Gate Inn (AR), 1734 N Street N.W.
Hogate's, 9 St. & Maine Ave. S.W.
Anna Maria's (IT), 1737 Connecticut Ave. N.W.
Tom Ross' Charcoal Hearth, 2001 Wisconsin Ave. N.W. (Page Bldg).
Pouget's (FR), 3309 Connecticut Ave. N.W.
Gigi's (HU), 3027 M St. N.W.
Flagship, 951 Maine Ave. S.W.
O'Donnell's Sea Grill, 1221 E St. N.W.
Topkapi (TU), 519 13 St. N.W.
Blackie's House of Beef, 1217 22 St. N.W.
Hammel's (GE), 416 10 St. N.W.
Roma (IT), 3419 Connecticut Ave. N.W.
Yenching Palace (CH), 3542 Connecticut Ave. N.W.
Astor (GR), 1813 M St. N.W.
823 (GE), 823 15 St. N.W.
Golden Ox, 1615 L St. N.W.
Blackbeard's, 1801 Connecticut Ave. N.W.
Parchey's, 2000 K St. N.W.
La Fonda (ME), 1639 R St. N.W.
Olympic Inn (GR), 1112 200 St. N.W.
Neptune Room, 13th; E Sts. N.W.
Cathay (CH), 624 H St. N.W.
Ernesto's (ME), 1735 F St. N.W.

WEST ORANGE (N.J.)

MOTEL

Turtle Brook Inn (50 r.), 555 Northfield Rd.

RESTAURANTS

Rod's 1920's Road House, 525 Northfield Rd.
The Manor, 111 Prospect Ave.
Golden China, Prospect Ave., Essex Green Plaza.

WEST POINT (N.Y.)
HOTEL

Thayer (240 r.), Inside S gate, U.S. Military Academy.

WEST YELLOWSTONE (Mont.)
MOTELS

Stage Coach (60 r.), Dunraven St. & Madison Ave.
Morris (56 r.), W. Gate.
Three Bear Lodge (40 r.), W. Gate.
Executive Inn (33 r.), N.
Travelers Motor Lodge (27 r.), W. Gate.
Western Pine (24 r.), N.
Thunderbird (19 r.), N.W.
Mid Town (15 r.), W.
Tepee (21 r.), Yellowstone & Dunraven.
Sands (17 r.), N.
Pine Cone Motor Lodge (17 r.), W.
Dude (15 r.), Boundary St. & Madison Ave.
Sleepy Hollow (13 r.), Electric St.
Circler (19 r.), W. Madison Ave.
Round-up (17 r.), Boundary St. & Madison Ave.
Holiday (17 r.), Hayden St.

WHITEHALL (N.Y.)
MOTEL

Redwood (32 r.), 2 km (1¼ mi.) S.

RESTAURANTS

Liberty Eastery, 18 N. William St.
Skesse Manor, Mountain St.

WHITE PLAINS (N.Y.)
HOTELS

White Plains (219 r.), S. Broadway.
Roger Smith (135 r.), 123 E. Post Rd.

MOTEL

County Center (22 r.), 20 County Center Rd.

RESTAURANTS
Raymond's Le Gai Pinguin, 2 Westchester Ave.
Hunter's Lodge, 1241 Mamaroneck Ave.

WHITE SULPHUR SPRINGS (Mont.)
MOTEL
Spa (21 r.), W.

WHITE SULPHUR SPRINGS (W.Va.)
HOTELS
The Greenbrier (650 r.), ¾ km (½ mi.) W.
The West Virginian (25 r.), 228 W. Main St.

MOTELS
Old White (26 r.), 1¼ km (¾ mi.) E.
Mountain Brow Motor Lodge (19 r.), W.
Colonial Court (17 r.), 1¼ km (¾ mi.) E.
Village (63 r.), 38 W. Main St.

RESTAURANTS
O'Neil's, 1¼ km (¾ mi.) E.
Paul & Alfred's Pilot House, 4¾ km (3 mi.) W.

WICHITA (Kan.)
HOTELS
Lassen Motor Hotel (450 r.), 155 N. Market at 1 St.
Broadview (400 r.), 400 W. Douglas.
Allis (300 r.), 200 S. Broadway at Williams.

MOTELS
Ramada Inn (110 r.), 8300 E. Kellogg.
Howard Johnson's Motor Lodge (102 r.), 7300 E. Kellogg.
Holiday Inn-Midtown (175 r.), 1000 N. Broadway.
Holiday Inn-East (124 r.), 7411 E. Kellogg.
Town House (171 r.), 612 S. Broadway.
Executive Inn (80 r.), 8401 E. Kellogg.
Diamond Motor Inn (150 r.), 6815 W. Kellogg.
Highway Inn (60 r.), 3900 W. Kellogg.
Auto (72 r.), 1230 N. Broadway.
Wesley (58 r.), 3258 E. Central.
English Village Motor Lodge (54 r.), 6727 E. Kellogg.
Town & Country Lodge (58 r.), 4702 W. Kellogg.
Starlite Motor Lodge (29 r.), 6345 E. Kellogg.

Sands (28 r.), 8401 W. Kellogg.
Branding Iron (41 r.), 6601 W. Kellogg.

RESTAURANTS

Hickorey House, 1625 E. Central.
Elizabeth's, 504 S. Bluff.
Chateau-Briand, 10603 E. Kellogg.
Alberts (CH), 6425 E. Kellogg.

WILDWOOD (N.J.)

MOTELS

Pan American Motor Inn (78 r.), Crocus Rd., Wildwood Crest.
Admiral (82 r.), Rambler Rd., Wildwood Crest.
Jolly Roger (74 r.), 6805 Atlantic Ave., Wildwood Crest.
Diamond Beach (100 r.), 9900 Atlantic Ave., Wildwood Crest.
Singapore (58 r.), Orchid Rd., Wildwood Crest.
Park Lane (36 r.), 5900 Ocean Ave., Wildwood Crest.
The Chalet (51 r.), Miami Ave., Wildwood Crest.
Hialeah (49 r.), 6211 Atlantic Ave., Wildwood Crest.
Imperial 500 (45 r.), Forget-Me-Not Rd., Wildwood Crest.
Sands (58 r.), 8500 Atlantic Ave., Wildwood Crest.
Casa Bahama (22 r.), Atlantic Ave. & Orchid Rd., Wildwood Crest.
Shalimar (49 r.), Atlantic & Rosemary Aves., Wildwood Crest.
All Star (37 r.), Buttercup Rd. & Ocean Ave., Wildwood Crest.
Bonanza (31 r.), Ocean Ave. & Stockton Rd., Wildwood Crest.
Astronaut (31 r.), Stockton Rd., Wildwood Crest.
Caribbean (29 r.), 5600 Ocean Ave., Wildwood Crest.
Saratoga Inn (43 r.), 7505 Ocean Ave., Wildwood Crest.
Eden Roc (30 r.), Atlantic & Benett Aves.
Swan (36 r.), Stockton Rd., Wildwood Crest.
Golden Nugget (26 r.), Stockton Rd. & Ocean Ave., Wildwood Crest.
Vip (30 r.), Forget-Me-Not Rd. & Atlantic Ave., Wildwood Crest.

RESTAURANTS

Dino's (IT), 5401 Atlantic Ave., Wildwood Crest.
Ed Zaberer's Anglesea Inn, 400 Spruce Ave.
Groff's, 423 E. Magnolia Ave.

WILLIAMSBURG (Va.)

HOTELS

Williamsburg Inn (102 r.), Francis St.
Williamsburg Lodge (199 r.), S. England St.

MOTELS

Motor House (314 r.), 1½ km (1 mi.) S.E.
Lord Paget Motor Inn (70 r.), 901 Capitol Landing Rd.
Sheraton Motor Inn (72 r.), 506 N. Henry St.
Heritage Inn (54 r.), 1324 Richmond Rd.
Congress Inn (115 r.), 2½ km (1½ mi.) N.W.
Holiday Inn (100 r.), 902 Richmond Rd.
Mount Vernon Motor Lodge (65 r.), Richmond Rd.
Howard Johnson's Motor Lodge (77 r.), Richmond Rd.
Princess Anne Motor Lodge (62 r.), 1350 Richmond Rd.
Commonwealth Inn (68 r.), 1233 Richmond Rd.
Colony (60 r.), Page St.
Congress Minuet Manor (30 r.), 1408 Richmond Rd.
Williamsburg Motor Court (27 r.), Richmond Rd.
Gov. Spottswood (60 r.), 1508 Richmond Rd.
Greenbrier Lodge (33 r.), 800 Capitol Landing Rd.
Tioga Motor Court (26 r.), 906 Richmond Rd.
Colonial (29 r.), 1452 Richmond Rd.
King & Queen Motor Inn (23 r.), 732 Scotland St.

RESTAURANTS

Kings Arms Tavern, Duke of Gloucester St.
Christiana Campbell's Tavern, Waller St.
Thieme's (EUR), 303 Richmond Rd.
Chowning's Tavern, Duke of Gloucester St.
Jefferson Inn, 1453 Richmond Rd.

WILMINGTON (Del.)

HOTEL

Dupont (315 4r.), 11 & Market Sts.

YMCA

11 & Washington Sts.

MOTELS

Holiday Inn of America, 4000 Concord Pike and Road 3, Newark.
Tally-Ho Motor Lodge (106 r.), Naaman's Rd.
Kent Manor (80 r.), 1051 S. Market St.
El Capitan (60 r.), 1807 Concord Pike.

RESTAURANTS

The Embers, 1208 Market St.
Columbus Inn (FR), 2216 Pennsylvania Ave.
Red Barn, 4200 Kirkwood Highway.

Winkler's, 1419 French St.
Executive Inn, 9 St. & Shipley.

WILMINGTON (N.Y.)

HOTELS

Whiteface Chalet (11 r.), Upper Jay Rd.
Sportsman's Inn (19 r.), 1½ km (1 mi.) W.

MOTELS

White Brook Motel & Ski Lodge (37 r.), S.W.
Town & Country (15 r.), 1½ km (1 mi.) S.W.
Quality Courts (24 r.), 3¼ km (2 mk.) S.W.
Mountain Air (18 r.), Main St.
Ledge Rock (16 r.), 3¼ km (2 mi.) S.
Landmark Motor Lodge (30 r.), 1¼ km (¾ mi.) W.
Holiday (28 r.), 1¼ km (¾ mi.) W.
High Valley (20 r.), 1½ km (1 mi.) S.W.
Grand View (19 r.), ¾ km (½ mi.) E.

WISCONSIN DELLS (Wis.)

HOTELS

Willamson's Dell View (100 r.), 7 km (4½ mi.) S.
Multnomah Inn (52 r.), 1114 E. Broadway.
River Inn & Motel (41 r.), 1015 River Rd.
Crandall (63 r.), 825 River Rd.

MOTELS

Kahler's Inn Town (99 r.), 4½ km (2¾ mi.) S.
Hilltop Vacationaire (26 r.), 3¼ km (2 mi.) S.
Tiki (23 r.), 2 km (1½ mi.) S.
Dunn's (30 r.), 8 km (5 mi.) S.
Spring Hill (29 r.), S. Vine St.
Skyline (24 r.), 1½ km (1 mi.) S.
Blackhawk (44 r.), 720 Race St.
Black Oaks (27 r.), 1113 E. Broadway.
Stanton's (15 r.), 931 N. Capital St.
Dells Gateway (40 r.), 401 S. Vine St.

RESTAURANTS

Jimmie's Del-Bar, 4 km (2½ mi.) S.
Fischer's, 6½ km (4 mi.) S.

RESORTS

Chula Vista (85 r.), 4¾ km (3 mi.) N.

Delton Oaks (29 r.), Hiawatha Drive.
Birchcliff Lodge (23 r.), 2¾ km (1¼ mi.) N.

WORCESTER (Mass.)
MOTELS

Holiday Inn (201 r.), Southbridge & Myrtle Sts.
Howard Johnson's Motor Lodge (48 r.), 181 W. Boylstone St.
9–20 (80 r.), 9½ km (6 mi.) East.
Worcester City (68 r.), 235 Boston-Worcester Turnpike.
Pleasant Valley Motor Lodge (34 r.), Wofcester-Providence Pike.
Driftwood (53 r.), 889 Boston Turnpike.
Wachusett Motor Lodge (30 r.), 175 W. Boylstone St.

RESTAURANTS

Coach & Six (EUR), 6 Widerberg Rd.
Franklin Manor, 39 Franklin St.
Major's (IT), 5 S. Main St.
Putnam and Thurston, 27 Mechanic St.

YELLOWSTONE NATIONAL PARK (Wyo.)
MOTELS

Canyon Village Motor Lodge (508 r.), Loop Highway.
Old Faithful Inn (365 r.), Loop Rd.
Lake Hotel & Cabins (201 r.), 3¼ km (2 mi.), Loop Rd.
Mammoth Motor Inn & Cabins (112 r.), 8 km (5 mi.).

YONKERS (N.Y.)
MOTELS

Tuckahoe (84 r.), 307 Tuckahoe Rd.
Trade Winds Motor Court (54 r.), 1141 Yonkers Ave.
Holiday Inn (76 r.), 125 Tuckahoe Rd.

RESTAURANTS

Red Coach Grill, Cross County Shopping Center.
Yonkers Lighthouse, Ashburton Ave.
Tropical Acres, 1111 Central Park Ave.
Patricia Murphy's Candlight, 1703 Central Park Ave.

YORKTOWN (Va.)
MOTELS

Duke of York (17 r.), Ballard St.
Yorktown Motor Lodge (42 r.), 4¾ km (3 mi.) S.
Thomas Nelson (26 r.), 5½ km (3½ mi.) S.

RESTAURANT
Nick's Seafood Pavilion (European), Water St.

YOSEMITE NATIONAL PARK (Calif.)
HOTELS
Ahwahnee (112 r.), 22¼ km (14 mi.).
Yosemite Lodge (249 r.), 1½ km (1 mi.).
Wawona (63 r.), Wawona Rd.

MOTELS
Yosemite View Lodge (20 r.).
White Chief (26 r.), 53 km (33 mi.).
Swiss Melody Inn (27 r.), 3¼ km (2 mi.).
Tuolumne Meadows Lodge (46 r.), Tioga Pass Rd.
Evergreen Lodge (16 r.).
Camp Curry (174 r.), 1½ km (1 mi.).

ZANESVILLE (O.)
MOTELS
Holiday Inn (100 r.), 8 km (5 mi.) E.
Howard Johnson's Motor Lodge (60 r.), 9½ km (6 mi.) E.
Zanesville Travelodge (60 r.), 58 N. 6 St.
Baker's (60 r.), 16 km (10 mi.) E.
Town House (46 r.), 135 N. 7 St.

ZION NATIONAL PARK (Ut.)
MOTELS
Zion Lodge (147 r.), 8 km (5 mi.).
Pioneer Lodge (34 r.), 1½ km (1 mi.).
Driftwood Lodge (22 r.), 3¼ km (2 mi.).
El Rio Lodge (12 r.).
Zion Park (10 r.), 1½ km (1 mi.).

INDEX

Anmerkungen

Kursiv: Personennamen.

Fett: wichtige Städte.

VERSAL: Staaten und Territorien.

Berge, Seen und Flüsse finden sich unter dem Eigennamen. Handelt es sich um einen Personennamen, sind sie unter dem Nachnamen aufgeführt, z.B. John Pennekamp Coral Reef State Park unter "P",

Abkürzungen:

NB = National Battlefield (Nationales Schlachtfeld)
NF = National Forest (Nationalwald)
NHP = National Historical Park (Historischer Nationalpark)
NHS = National Historic Site (Historische Nationalstätte)
NM = National Memorial or Monument (Nationale Gedenkstätte oder Denkmal; nicht zu verwechseln mit "N.M." = New Mexico).
NMP = National Military Park (Militärischer Nationalpark)
NP = Nationalpark
NS = National Seashore (Nationalküste)
RA = Recreation Area (Erholungsgebiet)
SHM = State Historical Monument (Historisches Staatsdenkmal)
SHP = State Historic Park (Historischer Staatspark)
SP = State Park (Staatspark)

Detaillierte Indizes für Boston, Chicago, Los Angeles, New York City, San Francisco und Washington D.C.

A

Abilene, Kan. 184
Acadia NP, Me. 162
Adams NHS 165
Adirondack Mtns. 169, 170
Agana, Guam 260
Aiken, S.C. 215
Akron, O. 193
ALABAMA 200
Alamo (the), Tex. 525
ALASKA 254
Albany, N.Y. 169
Albuquerque, N.M. 225
Alcatraz Island 532, 542
Aleuten, Alaska 254
Alibates Flint Quarries, Tex. 229
Allegheny Mtns. 200, 205, 208, 217
Allegheny River 506
American River 511
AMERICAN SAMOA 260
Anacapa Island, Calif. 203

Anacostia River 556
Anchorage, Alaska 255
Animas Canyon, Col. 233
Annapolis, Md. 162
Ann Arbor, Mich. 185
Antietam NB, Md. 163
Appomattox Court House NM, Va. 218
Appalachian Mtns. 167, 169, 171, 216
Arches, Ut. 240
Arecibo, Puerto Rico 258
ARIZONA 222
Arizona State University 506
ARKANSAS 201
Arkansas River 232
Asbury Park, N.J. 168
Asheville, N.C. 213
Aspen, Col. 233
Astoria, Ore. 249
Athabasken 254
Atlanta, Ga. 265
Atlantic City, N.J. 168
Atlantikcharta 31
Augusta, Me. 161
Austin, Tex. 228
Azteken Ruinen, N.M. 225

B

Backbone Mtn., Md. 163
Badlands NM, S.D. 195
Baltimore, Md. 163, 266
Baltimore, Lord 163, 267
Baltimore & Ohio Railroad 267
Bandelier, N.M. 225
Bandelier NM, N.M. 551
Bar Harbor, Me. 162
Barkley (Lake), Ky. 207
Barre, Vt. 175
Bartlesville, Okla. 227
Baton Rouge, La. 209
Battle Creek, Mich. 185

Bay St. Louis, Miss. 212
Bennington, Vt. 175
Berkeley, Calif. 547
Berkeley, Lord John 167
Beverly Hills, Calif. 335
Big Bend, Tex. 229
Big Cottonwood Canyon, Ut. 524
Big Hole NB, Mont. 236
Biloxi, Miss. 212
Bingham Canyon, Ut. 524
Birmingham, Ala. 200
Biscayne Bay, Fla. 339
Biscayne Key, Fla. 342
Bismarck, N.D. 191
Black Canyon of the Gunnison, Col. 233
Black Hills, S.D. 194
Black Mesa, Okla. 226
Bloomington, Ill. 179
Bloomington, Ind. 180
Blue Ridge Mtns. 212, 217, 219, 265
Boise, Ida. 234
Bonneville Dam, Ore. 511
Bonneville Race Track, Ut. 524
Bonneville Salt Flats, Ut. 240
Boothbay Harbour, Me. 162
Boston, Mass. 164, 271
– Beacon Hill 278
– Boston Athenaeum 278
– Boston Common 275
– Boston Public Gardens 275
– Boston University 282
– Bunker Hill Monument 279
– Central Burial Ground 275
– Christian Science Church Center 281
– U.S.S. "Constitution" 279
– Copley Square 280

- Copp's Hill Burying Ground 278
- Elmwood 285
- Faneuil Hall 277
- Flagstaff Hill 275
- Forbes House 282
- Franklin Park Zoo 279
- Freedom Trail 275
- Frog Pond 275
- Hancock (J.) Building 280
- Kathedralen: siehe "Kirchen"
- Kennedy (J. F.) Birthplace 282
- Kirchen
  Christ Church 285
  Holy Cross (Kath.) 281
  King's Chapel 276
  New Old South 280
  Old North 278
  Park Street 276
  Trinity 280
- Louisburg Square 279
- Massachusetts Iust. of Technology 284
- Massachusetts State House 276
- Memorial Hall 284
- Museen
  Fine Arts 282
  Germanic 284
  Gardner (I. S.) 282
  Science 279
  University 284
- New City Hall 279
- New England Aquarium 279
- Old City Hall 277
- Old Granary Burial Ground 276
- Old South Meeting House 277
- Old State House 277
- Otis House 279
- Prudential Center 281
- Public Library 280
- Revere Beach 286
- Revere (P.) House 278
- Symphony Hall 282
- U.S. Custom House 279

Boston Bay, Mass. 271
Boston Massaker 273
Boston Tea Party 274
Boulder, Col. 233
Boulder Dam, Nev. 332
Brices Crossroads NBS, Miss. 211
Bridgeport, Conn. 159
Brighton Resort, Ut. 524
Brown, John 220
Brown County Park, Ind. 180
Brownlee Dam, Ida. 235
Brunswick, Me. 161
Bryce Canyon NP, Ut. 240
Buffalo, N.Y. 170, 286
Buffalo Bill Historical Center, Wyo. 242
Burlington, Ia. 181
Burlington, Vt. 175
Burnham, Daniel H. 295

C

Cairo, Ill. 179
CALIFORNIA 244
Calumet River 291
Cambridge, Mass. 272, 282
Cameron, Ariz. 615
Canadian River 224
Canyon de Chelly, Ariz. 223
Canyonlands, Ut. 240
Cape Ann, Mass. 165
Cape Cod, Mass. 165, 286
Cape Hatteras NS, N.C. 213
Cape Kennedy, Fla. 205
Cape May, N.J. 168
Capitol Reef, Ut. 240

Capulin Mtns., N.M. 225
Carlsbad Caverns NP, N.M. 609
Carson City, Nev. 237
Carteret, Sir George 167
Carver (G.W.) NM, Mo. 189
Casa Grande Ruins, Ariz. 223
Casper, Wyo. 241
Castle Clinton 170
Castillo de San Marcos, Fla. 205
Catskill Mtns. 170
Cave of the Mountains, Wis. 196
Cedar Breaks, Ut. 240
Cedar Rapids, Ia. 181
Chaco Canyon, N.M. 225
Chalmette NHP, La. 359
Champlain (Lake), N.Y. 170
Channel Island, Calif. 246
Chapel Hill, N.C. 213
Charles II 214
Charles River 271
Charleston, S.C. 215
Charleston, W. Va. 219
Charlotte, N.C. 213
Charlotte Amalie, V.I. 259
Charlottesville, Va. 218
Chattahoochee NF, Ga. 207
Chattanooga, Tenn. 216
Cherokee, N.C. 213
Chesapeake Bay, Md. 266
Chesapeake & Delaware Canal 267
Cheyenne, Wyo. 241
Chicago, Ill. 291
– Academy of Sciences 303
– American Furniture Mart 302
– Art Institute 300
– Auditorium Theatre 300
– Brookfield Zoo 306
– Buckingham Fountain 301
– Chicago
 Fire Academy 306
 Historical Society 303
 Mercantile Exchange 299
 Police Dept. 304
 Stadion 306
 Tempel 298
 Zoologischer Park 306
– Chinatown 304
– Civic Center 298
– Conrad Hilton Hotel 300
– Garfield Park 306
– Gebäude
 Board of Trade 299
 Carson Pirie Scott & Co. 300
 City Hall and County 298
 Elks National Memorial 303
 Equitable 301
 Federal 299
 First National Bank of Chicago 299
 Inland Steel 299
 Kemper Insurance 299
 Marshall Field & Co. 299
 Palmolive 302
 Playboy 302
 Prudential 300
 Sun-Times – Daily News 301
 U.S. Gypsum 299
 Wrigley 301
– Gold Coast 303
– Goodman Theatre 301
– Grant Park 300
– Hancock (J.) Center 302
– Holiday Inn 302
– Holy Name Cathedral 302
– Illinois Institute of Technology 304

- Jackson Park 305
- Kirchen
  Moody Memorial 303
  Old St Mary's 304
- Lake Point Tower 302
- Lake Shore Drive Apartment Towers 302
- 1000 Lake Shore Plaza 303
- Lincoln Park 303
- Lincoln Zoological Gardens 303
- Loop 298
- Marina City 301
- McCormick Place 304
- Merchandise Mart 301
- Midwest Stock Exchange 299
- Museen
  Adler Planetarium/Astronomical 304
  African American Hist. 305
  Contemporary Art 302
  Field (Nat. Hist.) 304
  Int. Coll. of Surgeons Hall of Fame 303
  Polish 306
  Science and Industry 305
- Navy Pier 302
- North Side 301
- Old Town 303
- Orchestra Hall 300
- Palmer House 300
- Public Library 300
- Roosevelt University 300
- Rush Street 303
- Shedd (J.G.) Aquarium 304
- South Side 304
- Tribune Tower 302
- Union Stockyards Schlachthöfe 305, 293
- University of Chicago 305
- University of Illinois Circle Campus 304
- Washington Park 305
- Water Tower 302
- West Side 306

Chicago River 291
Chickamauga & Chattanooga NMP, Ga. 206
Chimney Rock NHS, Neb. 190
Chiricahua, Ariz. 223
Christian Science Monitor 273, 281
Christiansted NHS, V.I. 259
Chucalissa, Tenn. 339
Cimarron River 224
Cincinnati, O. 308
Claremore, Okla. 227
Cleveland, O. 310
Clingmans Dome, Tenn. 215
Cody, Wyo. 622
Cœur d'Alene (Lake), Ida. 234
Colonial Williamsburg, Va. 219
COLORADO 232
Colorado Mtns. 232
Colorado NM, Col. 233
Colorado Range, Col. 232
Colorado River 232, 618
Colorado Springs, Col. 315
Columbia, S.C. 214
Columbia State HP 246
Columbia River 508
Columbus, Miss. 210
Columbus, O. 192
Concord, Mass. 166, 286
Concord, N.H. 166
CONNECTICUT 158
Connecticut River 164
Conner Prairie Museum, Ind. 329
Cook, Captain 256, 321
Coolidge, Calvin 29

Coolidge Dam, Ariz. 223
Corning, N.Y. 170
Coronado, Ariz. 224
Council Bluffs, Ia. 182
Cowpens NB, S.C. 215
Crater Lake NP, Ore. 249
Craters of the Moon NM, Ida. 235
Crawford Notch, N.H. 166
Crazy Horse Memorial, S.D. 195
Cripple Creek, Col. 234
Croton-on-Hudson, N.Y. 170
Crown Point SP, Ore. 511
Cumberland River 216
Curwood (Mount), Mich. 184
Custer, George L. 237
Custer Battlefield NM, Mont. 237
Custer SP, S.D. 195
Cuyahoga River 310

D

Dallas, Tex. 311
Davenport, Ia. 182
Dauphin Island 201
Davis, Jefferson 24
Davis (Mount), Pa. 171
Dayton, O. 193
Daytona Beach, Fla. 204
Deadwood, S.D. 195
Dearborn, Mich. 320
Death Valley, Calif. 246
Death Valley, Ut. 332
DELAWARE 159
Delaware River 500
De la Warre, Lord 160
Denver, Col. 314
Desert Botanical Garden, Ariz. 506
Des Moines, Ia. 318

Des Moines River 318
De Soto, Hernando 205
Detroit, Mich. 319
Detroit River 319
Devil's Postpile, Calif. 246
Devil's Tower, Wyo. 242
Diablo (Mount), Calif. 547
Diamond Head Crater, Hawaii 323
Dinosaur, Ut. 240
Dinosaur NM, Col. 233
Disneyland 336
Dixville Notch, N.H. 167
Dodge City, Kan. 183
Door County, Wis. 197
Dover, Del. 159
Duluth, Minn. 187
Durango, Col. 233
Durham, N.C. 213

E

Eagle Mount, Minn. 186
Edison, Thomas A. 168
Effigy Mounds, Ia. 182
Eisenhower, Dwight D. 33
Elizabeth I 217
Elliot Bay, Wash. 552
El Morro, N.M. 225
El Paso, Tex. 229
Elk Mtns., Col. 232
Erie Canal 267, 286, 368
Erie, Lake 192, 286, 310
Eskimos 254
Eugene, Ore. 249
Evanstone, Ill. 307
Everglades, Fla. 204, 343

F

Fairbanks, Alaska 255
Fall Creek, Ind. 328
Fargo. N.D. 192

Finger Lakes, N.Y. 170
Fire Island, N.Y. 170
Flagstaff, Ariz. 223
Flint, Mich. 185
FLORIDA 203
Florida Keys, Fla. 203
Ford, Henry 320, 321
Ford Motor Co. 321
Fort Bridger, Wyo. 242
Fort Clatsop NM, Ore. 249
Fort Dallas, Fla. 340
Fort Davis, Tex. 229
Fort Donalson NMP, Tenn. 216
Fort Frederica, Ga. 206
Fort Harrod 208
Fort Jefferson, Fla. 205
Fort Knox, Ky. 208
Fort Laramie, Wyo. 242
Fort Larned, Kan. 183
Fort Lauderdale, Fla. 204
Fort Leavenworth, Kan. 183
Fort Matanzas, Fla. 205
Fort Maurepas, Miss. 211
Fort McHenry, Md. 163
Fort Necessity, Pa. 172
Fort Pulaski, Ga. 206
Fort Raleigh, N.C. 213
Fort Reservoir, Mont. 237
Fort Smith, Ark. 202
Fort Stanwix, N.Y. 170
Fort Sumter NM, S.C. 215
Fort Ticonderoga, N.Y. 170
Fort Union, N.M. 225
Fort Union Trading Post NHS, Mont. 237
Fort Worth, Tex. 229
Franconia Notch, N.H. 167
Frankfort, Ky. 207
Franklin, Benjamin 274
French Lick, Ind. 180
Fresno, Calif. 245

G

Gainesville, Fla. 204
Gallup, N.M. 226
Galveston Bay, Tex. 323
Garden of the Gods, Col. 315
Garrison Reservoir RA, N.D. 192
Gary, Ind. 180
Geneva (Lake), Wis. 196
Georgetown, S.C. 215
GEORGIA 205
Gettysburg, Pa. 172
Gila Cliff Dwellings, N.M. 225
Gila River 224
Ginko Petrified Forest, Wash. 251
Glacier Bay, Alaska 255
Glacier NP, Mont. 236
Glen Canyon Dam, Ut. 239
Glen Canyon National RA Ut. 240
Glen Canyon Reservoir, Ariz. 223
Gloucester, Mass. 165
Golden, Col. 315
Golden Spike, Ut. 240
Golfküste, Miss. 212
Governor's Mansion, Alaska 254
Grand Canyon NP, Ariz. 615
Grand Canyon of the Snake River, Ida. 235
Grand Coulee Dam, Wash. 251
Grand Rapids, Mich. 185
Grand River, Mich. 184
Grand Teton NP, Wyo. 241
Granite Peak, Mont. 236
Gran Ouivira, N.M. 225
Great Falls, Mont. 236
Great Lakes, N.Y. 170

Great Lakes of S.D. 195
Great Salt Lake, Ut. 517, 524
Great Sand Dunes NM, Col. 233
Great Smoky Mtns., Tenn. 215, 216
Great Smoky Mtns. NP, N.C. 213
Green Bay, Wis. 196
Green Mtns. NF, Vt. 175
Greenville, S.C. 215
Gropius, Walter 298
Großes Becken 239
Guadelupe Mtns. 229
GUAM 259
Guilford Courthouse NMP, N.C. 213
Gulfport, Miss. 212

H

Haleakala, Hawaii 256
Hamilton (Mount), Calif. 246
Hampton, Md. 163
Handy, William C. 338
Hannibal 189
Hanover, N.H. 166
Harding, Warren G. 29
Harney Peak, S.D. 194
Harpers Ferry, W.Va. 220
Harrison, William H. 218
Harrisburg, Pa. 171
Hartford, Conn. 158
Harvard University 283
HAWAII 255
Hawaiian Paradise Park, Hawaii 323
Hawaii Volcanoes, Hawaii 257
Heath, Sir Robert 214
Heeia, Hawaii 323
Helena, Mont. 235

Hell's Canyon Dam, Ida. 235
Hershey, Pa. 172
High Point, N.J. 167
Historic Stone Mountain Park, Ga. 266
Hodgenville, Ky. 208
Holland, Mich. 186
Hollywood, Calif. 333
Hollywood, Fla. 204
Homestead NM of America, Neb. 190
Honolulu, Hawaii 321
Hood (Mount), Ore. 248
Hoover, Herbert 30
Hoover Dam, Ariz., Nev. 332
Hopewell Village NHS, Pa. 172
Horseshoe Bend NMP, Ala. 201
Hot Springs, Va. 219
Hot Springs NP, Ark. 202
Houston, Tex. 323
Houston Ship Channel 323
Hovenweep NM, Col. 233
Hudson River, N.Y. 360, 370
Huntington, W.Va. 220
Huntsville, Ala. 201
Huron, Lake 184
Hyannis, Mass. 165
Hyde Park, N.Y. 170

I

IDAHO 234
Idaho Falls, Ida. 235
ILLINOIS 178
Illinois Waterway 292
Independence, Mo. 189
INDIANA 179
Indiana Dunes NL, Ind. 180
Indianapolis, Ind. 328

International Peace Garden, N.D. 192
IOWA 181
Isle Royale, Mich. 186

J

Jackson, Andrew 23
Jackson, Miss. 210
Jackson Hole, Wyo. 242
Jacksonville, Fla. 204
James, Duke of York 169
Jamestown, Va. 219
Jefferson, Thomas 21
Jefferson City, Mo. 188
Jersey City, N.J. 168
Jewel Cave NM, S.D. 194
Johnstown Flood NM, Pa. 172
Johnson, Lyndon B. 36
Jordan River, Ut. 239
Joshua Tree, Calif. 246
Juneau, Alaska 254

K

Kalamazoo, Mich. 185
Kalamazoo River 184
KANSAS 182
Kansas City, Kan. 183
Kansas City, Mo. 329
Kansas River 329
Kaskaden-Gebirge 237, 248
Katahdin (Mount), Me. 161
Katmai, Alaska 255
Kennedy, John Fitzgerald 33, 275, 312, 313, 604
KENTUCKY 207
Kentucky Lake, Ky. 207
Key, Francis Scott 270
Keys (Islands) 204, 343
Key West, Fla. 343
King, Martin Luther 265
King's Canyon, Calif. 245
King's Mountain NMP, S.C. 215

King's Peak, Ut. 239
Kinnickinnic River 344
Kisatchi NF, La. 210
Knoxville, Tenn. 216
Koko Head Park, Hawaii 323
Koolau Range, Hawaii 321
Ku-Klux-Klan 25

L

Lac du Flambeau Indian Reservation, Wis. 197
Laconia, N.H. 167
La Crosse, Wis. 196
Laie, Hawaii 323
La Jolla, Calif. 531
Lake Havasu City, Ariz. 224
Lamlam (Mount), Guam 260
Lansing, Mich. 184
Laramie, Wyo. 242
Lassen Volcanic Park, Calif. 245
Las Vegas, Nev. 331
Lava Beds, Calif. 246
Leadville, Col. 234
Lehman Caves NM, Nev. 238
Lexington, Ky. 208
Lexington, Mass. 286
Lincoln, Abraham 24, 178, 179, 208, 568
Lincoln, Neb. 189
Lincoln SP, Ind. 180
Little Rock, Ark. 201
London Bridge, Ariz. 224
Long Branch, N.J. 168
Los Alamos, N.M. 552
Los Angeles, Calif. 333
– Angel's Flight 334
– Beverly Hills 335
– Catalina Island 336
– Chinatown 334
– Civic Center 334

- Disneyland 336
- Farmers' Market 335
- Film Studios 335
- Griffith Park 334
- Hollywood 333, 335
- Hollywood Boulevard 335
- Hollywood Bowl 335
- Hollywood Cemetery 335
- Little Tokyo 334
- Long Beach Harbor 336
- Los Angeles Harbor 336
- Memorial Coliseum 334
- Mulholland Drive 336
- Museen
  Cabrillo Beach Marine 336
  California, Science and Industry 335
  Historical Museum 334
  Los Angeles County, Natural History 335
- Olivera Street 334
- Pueblo de Los Angeles SHM 334
- San Fernando Rey de Espana Mission 336
- San Gabriel Mission 336
- Santa Monica 336
- Simon Rodia Towers 336
- Stack 334
- Sunset Boulevard 335
- U.C.L.A. Botanical Garden 336
- Wilshire Boulevard 335

Louis XIV 209
LOUISIANA 208
Louisville, Ky. 208

M

Mackinac Bridge, Mich. 184
Mackinac Island, Mich. 186
Macon, Ga. 206
Madison, James 22
Madison, Wis. 196
Magellan 260
MAINE 160
Mammoth Cave, Ky. 208
Manchester, N.H. 166
Manchester, Vt. 175
Mansfield (Mount), Vt. 175
Markagunt Plateau, Ut. 240
Marshall-Plan, 33
Martha's Vineyard, Mass. 165
MARYLAND 162
MASSACHUSETTS 164
Massachusetts Institute of Technology 272, 284
Mauna Kea, Hawaii 256
Mayaguez, Puerto Rico 258
Mazama (Mount), Ore. 249
McKinley, William 26
McKinley (Mount), Alaska 255
Mead (Lake), Nev. 238, 332
Memphis, Tenn. 337
Menomonee River 344
Merced River 245
Merrimac River 164
Mesa Verde, Col. 233
Mexico, Gulf of 348
Miami, Fla. 339
Miami Beach, Fla. 339, 342
MICHIGAN 184
Michigan, Lake 186, 291, 344
Milwaukee, Wis. 344
Milwaukee River 344
Minneapolis, Minn. 346
MINNESOTA 186
Minnesota River 186
Minnetonka (Lake), Minn. 348
Mission Conception, Tex. 528
Mission San Antonio de Pala, Calif. 531

Mission San Diego de Alcala, Calif. 531
Mission San Francisco de la Espada, Tex. 528
Mission San Jose SP, Tex. 528
Mission San Luis Rey de Francia, Calif. 531
Mission Trail, Calif. 246
MISSISSIPPI 210
Mississippi River 337, 346, 348, 513
MISSOURI 188
Missouri River 329, 513
Mitchell (Mount), N.C. 212
Mobile, Ala. 200
Mohave (Lake), Nev. 238
Mohawk River, N.Y. 169
Monkey Jungle, Fla. 343
Monongahela River 506
Monroe, James 22
MONTANA 235
Monterey, Calif. 245
Montgomery, Ala. 200
Montezuma Castle, Ariz. 223
Montpelier, Vt. 174
Monument Valley 223
Moorels Creek NMP, N.C. 213
Moosehead Lake, Me. 162
Morgan, General Daniel 215
Mormonen 517
Morristown, N.J. 168
Morse, Samuel 270, 274
Mosquito Range, Col. 232
Mound City Group NM, O. 193
Mount Evans Highway, Col. 234
Mount Rainier NP, Wash. 251, 556
Mount Rushmore NM, S.D. 195

Muir (J.) NHS, Calif. 246
Muir Woods NM, Calif. 246, 547
Multnomah Falls, Ore. 511

N

Nampa, Ida. 235
Nantucket, Mass. 165
Naragansett Bay, R.I. 173
Nashville, Tenn. 215
Natchez, Miss. 210
Natchez Trade Parkway, Miss. 211
N.A.S.A. Manned Spacecraft Center, Tex. 325
National Museum of Transport, Mo. 517
Natural Bridges, Ut. 240
NEBRASKA 189
NEVADA 237
Newark, Del. 159
Newark, N.J. 168
New Castle, Del. 159
New Deal 31
New Frontier 36
NEW HAMPSHIRE 166
New Haven, Conn. 159
NEW JERSEY 167
NEW MEXICO 224
New Orleans, La. 348
Newport, R.I. 174
New Salem SP, Ill. 179
NEW YORK 168
New York City, N.Y. 360
– Abercrombie and Fitch 397
– Altman 391
– American House 382
– American Academy of Arts and Letters 478
– American Geographical Society 478

- American Numismatic Society 478
- American Stock Exchange 441
- Appellate Court House 394
- Arden, Elizabeth 375
- Astor Place 423
- Astro Gallery of Gems and Minerals 408
- Audubon Terrace 477
- Baker Field 481
- Barrett Park 496
- Battery 447
- Battery Park 448
- Battery Park City 439
- Battery Place 450
- Beaumont (V.) Theater 464
- Bellevue Hospital 407
- Belvedere Castle 454
- Best 482
- Bible House 464
- Bleeker Street 429
- Bonwit Teller 375
- Bowery 425
- Bowling Green 447
- Brentano 389
- Bridges 486
- Broadway 372, 414
- Bronx 360, 492
- Bronx Park 493
- Bronx Zoo 493
- Bronx-Whitestone Bridge 494
- Brooklyn 360, 489
- Brooklyn Botanic Garden 491
- Brooklyn-Battery Tunnel 487
- Brooklyn Bridge 487
- Brooklyn Heights 490
- Brooklyn Public Library 490
- Brooks Brothers 397
- Bryant Park 390
- Canal Street 430
- Carnegie Hall 416
- Cartier's 382
- Castle Clinton 449
- Central Park 372, 452
- Chase Manhattan Plaza 445
- Chatham Square 435
- Chinatown 435
- Circle Line 404
- City College of N.Y. 477
- City Hall 433
- Civic Center 430
- Cleopatra's Needle 455
- Cloisters 479
- Cocoa Exchange 447
- Coffee Exchange 447
- Colonnade Row 424
- Columbia Library 473
- Columbia University 473
- Columbus Circle 415
- Coney Island 491
- Conference House 497
- Conservatory Gdns. 455
- Consolidated Edison Energy Control Center 465
- Constable 391
- Cooper Square 424
- Cooper (P.) Village 422
- Cotton Exchange 447
- Dag Hammarsköld Library 413
- Daimler-Benz Showrooms 398
- Damrosch Park 463
- «Diamond Row» 389
- Donnell Library Center 382, 390
- Downtown 423
- Downtown Heliport 452
- Duffy Square 416
- Dyckman House 482
- East River 370, 487
- East River Channel 485

- East Side Airlines Terminal 407
- East Village 423
- 86th Street 471
- Ellis Island 486
- Federal Hall National Memorial 443
- Federal Reserve Bank of N.Y. 446
- 5th Avenue 374
- Financial District 439
- First National City Bank 399, 444, 445
- Flower Market 420
- Flushing 495
- Foley Square 431
- Fordham University 464, 493
- Fort Castle Williams 486
- Fort Jay 486
- Fort Tryon Park 479
- Fort Worth 483
- 42nd Street 403
- 47th Street 389
- Four Seasons 399
- Fourth Avenue 398
- Fraunces Tavern 451
- Freiheitsstatue 483
- Friends' Meeting House 422
- Fulton Street 437
- Fur Market 420
- Gallery of Modern Art 415
- Garment Center 418
- Gebäude
  Airlines 405
  Allied Chemical 417
  American Express 447
  American Metal Climax 387
  American Radiator 391
  American Telephone & Telegraph Co. 440
  American Tobacco 401

Associated Press 387
Atlantic Mutual Insurance Co. 444
Atlas-McGrath 451
Bank of New York 444
Bankers Trust Co. 443
British Empire 384
CBS 388
Chanin 405
Chase Manhattan Bank 386
Chemical Bank 401, 446
Chrysler 405
Colgate Palmolive 400
Consolidated Edison 422
Cooper Union 424
Corning Glass 375
Cunard 447
Daily News 406
Eastern Airlines 386
Empire State 391
Equitable 440
Equitable Life 388
ESSO 388
Federal Courts 432
Fifth Avenue 374, 389
First National City Bank 399, 444, 445
Flatiron 395
Ford Foundation 413
Fuller 395
General Dynamics 386
General Electric 400
General Motors 375, 415
Getty 467
Goelet 386
Home Insurance 446
Hudson Terminal 438
International 386, 387
I.T.T. 400
Irving Trust Co. 442
Juilliard School 464
Lever House 399

Lincoln 405
Look 397
Manufacturers Hanover Trust Co. 389, 400, 444, 451
Marine Midland Bank 440
Marine Midland Trust 401
McGraw-Hill 404
Metropolitan Life Insurance 395
Morgan Guaranty Trust Co. 444
Municipal 432
National Sugar Refining Co. 445
New York Central 401
N.Y. Historical Society 466
N.Y. Life Insurance 394
N.Y. State Office 431
N.Y. Telephone Co. 438
Pan Am 401
Penney 388
Pepsi Cola 398
80 Pine Street 447
R.C.A. 385
Seagram 399
Seamen's Bank 444
Sinclair Oil 386
Socony Mobil 406
Sperry Rand 388
Time and Life 387
Times 417
Tishman 382
Transportation 437
Trinity 440
Union Carbide 401
U.S. Realty 440
U.S. Rubber 386
U.S. Steel Corp. 440
110 Wall Street 445
60 Wall Tower 446
Washington 447
Western Electric 437
Whitehall 450
Woolworth 436
– General Post Office 420
– *Gimbel's* 418
– Golden Hill 367
– *Goodman* 375
– Governor's Island 485
– Gracie Mansion 471
– Gramercy Park 421
– Grand Army Plaza 374, 490
– Grand Central Art Galleries 397
– Grand Central Station 402
– Grant's Tomb 476
– Greeley Square 418
– Greenwich Village 426
– Grove Court 429
– Guggenheim Bandshell 463
– Hafen 482
– Hall of Records 432
– Hanover Square 447
– Harlem 472
– Harlem Flats 371
– Harlem River 370, 489
– Hauptpostamt 420
– Hayden Planetarium 466
– Heliport, Downtown 452
– Hell Gate Bridge 489
– Herald Square 418
– Hispanic Society of America 477
– Holland Tunnel 486
– Hotels
  Americana 388
  Astor 417
  Biltmore 397
  Commodore 405
  Gotham 378
  New Yorker 420
  N.Y. Hilton 388
  Pierre 467

Plaza 374
St Regis 375
Sherry-Netherlands 375
Waldorf Astoria 400
- Hudson River 370, 486
- Hudson Tubes 373
- Hunter College 494
- IBM Display Center 397
- India House 447
- Inwood Hill Park 481
- Irving Place 422
- Italienerviertel 426
- James Fountain 421
- Jensen 382
- Judenviertel 426
- Jumel Mansion 478
- Kapellen s. Kirchen
- Kathedrale s. Kirchen
- Kennedy International Airport 494
- Kirchen
  Ascension 395
  Armenische Kathedrale 408
  Fifth Avenue Presbyterian 375
  Grace 423
  Lady Chapel 383
  «Little Church Around the Corner» 393
  Old St Patrick's 426
  Riverside 476
  St Bartholomew's 400
  St George's Church 422
  St John the Divine (Kath.) 475
  St John's Evangelic Lutheran 430
  St Luke's Chapel 430
  St Mark's in the Bouwerie 424
  St Patrick's (Kath.) 382
  St Paul's Chapel 437
  St Thomas 378
  Serbian Saint Saviour (Kath.) 420
  Transfiguration 393
  Trinity 440
- Korvette's 389, 418
- Kress 391
- La Fonda del Sol 387
- La Guardia Airport 495
- Lane Bryant 391
- Liberty Island 483
- Liberty Pole 421
- Library for the Performing Arts 390
- Library and Museum of the Performing Arts 464
- Lincoln Center for the Performing Arts 461
- Lincoln Center Plaza 462
- Lincoln Tunnel 487
- Long Island City 489, 494
- Lord & Taylor 391
- Lower Plaza 385
- Low Memorial Library 473
- Lüchow's 422
- Macy's 418
- Mac Dougal Alley 429
- MacDougal Street 429
- Madison Avenue 396, 469
- Madison Square Garden 417
- Madison Square Garden Center 418
- Madison Square Park 394
- Maison Française 384
- Manhattan 360, 370
- Manhattan Bridge 488
- Manhattan Square 465
- Manufacturers Hanover Trust Co. 389, 400, 444, 451
- Marchais (J.) Center of Tibetan Art 497

- Metropolitan Club 466
- Metropolitan Opera 417, 463
- Miller 375
- Minetta Lane 429
- Minetta Street 429
- Minuit (P.) Plaza 450
- Moravian Cemetery 497
- Morgansches Wohnhaus 396
- Morningside Drive 474
- Morningside Heights 371, 473
- Morningside Park 474
- Murray Hill 370
- Museen
  American Indian 477
  American Natural History 465
  Brooklyn 490
  Brooklyn Children's 491
  Chase Manhattan Money 386
  Chinese 436
  City of N.Y. 471
  Contemporary Crafts 382
  Cooper-Hewitt Museum of Design 424
  Early American Folk Arts 382
  Fire Department 434
  Frick Collection 467
  Guggenheim (S.R.) 469
  Jewish 471
  Metropolitan Art 455
  Modern Art 378
  Performing Arts 461
  Primitive Art 378
  Scalamandré Textiles 397
  Staten Island Historical Society 497
  Washington Heights Group 477
  Whitney American Art 469
- National Democratic Club 397
- New Seamen's Church Institute 450
- N.Y. Aquarium 491
- N.Y. Botanical Gardens 493
- N.Y. City Public Library 389
- N.Y. Coliseum 415
- N.Y. Convention and Visitors Bureau 403
- N.Y. Cotton Exchange 447
- N.Y. County Court House 432
- N.Y. Plaza 450
- N.Y. Police Headquarters 432
- N.Y. Produce Exchange 448
- N.Y. State Theater 462
- N.Y. Stock Exchange 442
- N.Y. University Bellevue Medical Center 407, 428, 493
- N.Y. Zoological Park 493
- Northern Dispensary 430
- Notre Dame de Lourdes 475
- Ohrbach 391
- Old Merchants' House 426
- Olivetti 389
- Orchard Beach 493
- Our Lady of the Rosary 450
- Palazzo d'Italia 386
- Park Avenue 398
- Park Avenue Market 472
- Parke-Bernet Galleries 469

INDEX

- Pelham Bay Park 493
- Pennsylvania Railroad Station 419
- Philharmonic Hall 462
- Pierpoint Morgan Library 396
- Playboy Club 375
- Poe Cottage 493
- Port Authority Bus Terminal 404
- Prospect Park 490
- Provincetown Theater 429
- Pulitzer Fountain 374
- Queens 360, 494
- Queens-Midtown Tunnel 407, 488
- Queensboro Bridge 488
- Racquet and Tennis Club 400
- Radio City Music Hall 387
- Rathaus 433
- Renwick Triangle 424
- Richmond 360, 397
- Ritz Tower 398
- Riverside Park 475
- Rockefeller Carillon 476
- Rockefeller Center 383
- Rockefeller Plaza 385
- Roosevelt (T.) Birthplace 422
- Rubinstein's, Helena 382
- Rutherford Place 422
- St. George 496
- St Luke's Hospital 475
- Saks Fifth Avenue 383
- Schurz (C.) Park 471
- Schwarz 375
- Scribner's 389
- Sheepshead Bay 492
- Shubert Alley 416
- South Ferry Station 450
- Spuyten Duyvil Creek 370, 489
- State Street 450
- Staten Island 495
- Staten Island Ferry 496
- Statue of Liberty 483
- Steuben Glass 375
- Stock Exchange 442
- Stuyvesant Square 422
- Stuyvesant Town 422
- Sugar Exchange 447
- Sunken Plaza 385
- Takashimaya 389
- Temple Emanu-El 467
- Theater District 416
- Throgs Neck Bridge 494
- Tiffany's 375
- Times Square 416
- Todt Hill 496
- Top of the Six's 382
- Toy Center 395
- Triborough Bridge 489
- Tudor City 407
- Tunnels 486
- Touristenbüro 403
- Union Square 420
- U.S. Coast Guard Base 450
- U.S. Custom House 448
- University Club 378
- University Heights 495
- Uptown 452
- Van Cleef and Arpels 375
- Van Cortlandt House 493
- Vereinte Nationen (UNO) 364, 408, 414
- Verrazano-Narrows Bridge 492
- Wall Street 441
- Washington Arch 428
- Washington (G.) Bridge 487
- Washington Mews 429
- Washington Square 428
- Watson House 450
- West New Brighton 496

- West Side Airlines Terminal 404
- Williamsburg Bridge 488
- Woolworth (F.W.) 391
- World Trade Center 438
- Worth Square 395
- Yankee Stadium 493
- Yorkville 471
- Zentrum der graphischen Künste 439

Niagara Falls 288–90
Niagara Falls, Ontario 290
Niagara River 286
Nicolet NF, Wis. 197
Nixon, Richard M. 36
Noblesville, Ind. 329
Norfolk, Va. 218
Norman, Okla. 227
Norris Dam, Tenn. 217
NORTH CAROLINA 212
North Conway, N.H. 167
NORTH DAKOTA 191
North Platte River 232
North Shore Drive, Minn. 187
Nova Caesaria, N.J. 167
Nuuanu Pali, Hawaii 323

O

Oahu, Hawaii 321
Oakland, Calif. 547
Ocean City, N.J. 168
Ocmulgee, Ga. 206
Oconee NF, Ga. 207
Ogallala, Neb. 190
Ogden, Ut. 240
Oglethorpe, James E. 205
Ogunquit, Me. 162
OHIO 192
Ohio Caverns 193
Ohio River 171, 192, 308, 506

Okeechobee (Lake), Fla. 203
Okefenokee Swamp SP, Ga. 206
OKLAHOMA 226
Oklahoma City, Okla. 226
Old Commissary, Ark. 202
Old Fort Harrod SP, Ky. 208
Old Fort Niagara, N.Y. 290
Old Lyme, Conn. 159
Old Orchard Beach, Me. 162
Old Sturbridge Village Mass. 165
Olympia, Wash. 250
Olympic NP 251
Olympic Peninsular, Wash. 556
Omaha, Neb. 190
Ontario-Erie Canal 192
Orchid Jungle, Fla. 343
OREGON 248
Oregon Caves NM, Ore. 249
Ouachita Mtns. 202, 226
Oxlow Dam, Ida. 235
Ozark Bergland 188, 189, 202, 226
Ozark National Scenic Riverways, Mo. 189

P

Padre Island NS, Tex. 229
Pago Pago, American Samoa 260
Painted Desert, Ariz. 223
Palm Beach, Fla. 204
Palo Alto, Calif. 548
Palomar (Mount), Calif. 246
Panamerikanismus 28
Park Range, Col. 232
Pass Christian, Miss. 212
Patapsco River 266
Patton Museum, Ky. 208

Pawtucket, R.I. 174
Pea Ridge NP, Ark. 202
Pearl Harbor, Hawaii 31, 321
Pecos River 224, 609
Pecos Ruins, N.M. 552
Pend Oreille (Lake), Ida. 234
Pennekamp (J.) Coral Reef SP, Fla. 205, 343
Penn, William 171
PENNSYLVANIA 171
Pennsylvania Dutch County 172
Penokee Range 196
Peoria, Ill. 179
Perry's Victory and International Peace Memorial NM, O. 193
Petrified Forest, Ariz. 223
Philadelphia, Pa. 500
Phoenix, Ariz. 505
Picture Rocks NL, Mich. 186
Pierre, S.D. 194
Pikes Peak, Col. 315
Pilgrim Fathers 164, 165, 272
Pine Creek Gorge, Pa. 172
Pinnacles, Calif. 246
Pioneer Village, Ut. 524
Pipe Spring, Ariz. 223
Pipestone NP, Minn. 187
Pittsburgh, Pa. 172, 506
Platt NP, Okla. 227
Platte River 189
Plymouth, Mass. 165
Plymouth Rock, Mass. 165
Poe, Edgar Allan 270, 493, 503
Ponce, Puerto Rico 258
Pontchartrain (Lake), La. 348, 358
Portland, Me. 161
Portland, Ore. 508
Portsmouth, N.H. 166
Potomac River 556
Powell (Lake), Ut. 239

Princeton, N. J. 168
Princeton University 168
Prohibition 29
Providence, R.I. 172
Provincetown, Mass. 165
Pueblo, Col. 233
Pueblo Grande Museum, Ariz. 506
PUERTO RICO 257
Puget Sound, Wash. 552
Punchbowl, Hawaii 323

R

Raccoon River, Ia. 318
Radcliff College 284
Rainbow Bridge, Ut. 240
Rainier (Mount), Wash. 552
Raleigh, Sir Walter 217
Raleigh, N.C. 212
Rapid City, S.D. 194
Redwood City, Calif. 548
Reelfoot Lake, Tenn. 217
Reno, Nevi 238
Revere Beach, Mass. 286
RHODE ISLAND 172
Richmond, Va. 217
Rio Grande 224, 228, 232
Rochester, Minn. 187
Rochester, N.Y. 170
Rockport, Me. 162
Rocky Mountains 314
Rocky Mountains NP 233
Rogers (Will) Memorial, Okla. 227
Roosevelt, Franklin D. 30, 206, 340
Roosevelt, Theodore 26, 369, 422
Roosevelt Dam, Ariz. 223
Roosevelt (T.) NMP, N.D. 192
Rugby, N.D. 191
Russell Cave, Ala. 201

S

Saarinen, Eero 298, 305, 345, 347, 464
Sacramento, Calif. 511
Sacramento River 511
Saginaw River 184
Saguaro, Ariz. 223
St Anthony Falls, Minn. 346, 347
St Augustine, Fla. 204
St Clair (Lake), Mich. 319
St Croix Island, Me. 162
St Croix River, Me. 162, 196
Ste Genevieve, Mo. 189
St Joseph's River 184
St Lawrence Seaway 297
St Louis, Mo. 513
St Paul, Minn. 346
St Petersburg, Fla. 204
Sakakawea, Lake 192
Salem, Mass. 165
Salem, Ore. 248
Salt Lake City, Ut. 517
Salt River, Ariz. 223
San Antonio, Tex. 525
San Antonio River 525
San Diego, Calif. 528
Sandpoint, Ida. 235
Sandwich, Mass. 165
San Francisco, Calif. 531
– Alcatraz Island 532, 542
– Angel Island 532
– Art Institute 541
– Cable Cars 536
– Calif. Academy of Sciences 544
– California Masonic Memorial Temple 538
– Cannery 541
– Cathedral Hill 538
– Chinatown 538
– City Hall 537
– Civic Center 537
– Cow Hollow 542
– Cow Palace 545
– Embarcadero 540
– Fairmont Hotel 538
– Fallaron Islands 532
– Ferry Building 540
– Fisherman's Wharf 541
– Geary Boulevard 538
– Ghirardelli Square 542
– Golden Gate Bridge 543
– Golden Gate Park 544
– Grace Cathedral 538
– Jackson Square 539
– Japanese Cultural and Trade Center 538
– Japanese Tea Garden 544
– Kezar Stadium 544
– Kong Chow Temple 539
– Latin Quarter 541
– Lincoln Park 543
– Lombard Street 541
– Maritime SHP 541
– Maiden Lane 538
– Market Street 537
– Merced, Lake 545
– Mission Dolores 537
– Montgomery Street 539
– Museen
    Art 537
    Chinese Historical Society 539
    De Young (M.H.) Memorial 544
    Maritime 541
    Randall (J.D.) Junior 537
    Western Transportation 541
– Naval Shipyard 545
– Nob Hill 538
– Ocean Beach 544
– Pacific Coast Stock Exchange 540
– Palace of Fine Arts 543

- Port Authority 540
- Portsmouth Square 539
- Presidio 543
- Russian Hill 541
- San Francisco–Oakland Bay Bridge 540
- Seal Rocks 544
- Telegraph Hill 540
- Treasure Island 532
- Twin Peaks 537
- Union Square 538
- Victorian Plaza 541
- War Memorial Opera House 537
- Wells Fargo Bank Bldg. 539
- Zoological Gardens 544

San Francisco (Mount), Ariz. 222
San Francisco River 224
San Gabriel, Calif. 336
San Germán, Puerto Rico 258
Sangre de Cristo Mtns. 190, 548
San Jacinto Battleground, Tex. 325
San José, Calif. 547
San Juan, Puerto Rico 257
San Juan Islands, Wash. 556
San Juan River, N.M. 224
San Rafael, Calif. 547
Santa Barbara Island, Calif. 246
Santa Fe, N.M. 548
Santa Fe River 548
Santa Fe Ski Basin, N.M. 552
Santa Monica, Calif. 336
Sarasota, Fla. 204
Saratoga, NHP, N.Y. 170
Saugus, Mass. 286
Sault Ste Marie Ship Canal 185
Sausalito, Calif. 547
Savannah, Ga. 206
Savannah River 206
Sawatch and Sangre de Christo Range, Col. 232
Schoodic Point, Me. 162
Schuykill River 500
Scottsbluff NM, Neb. 190
Sea Life Park, Hawaii 323
Seattle, Wash. 552
Sebago Lake, Me. 162
Sebring, Fla. 205
Sequoia NP, Calif. 245
Shawnee Mission, Mo. 331
Shenandoah, Va. 218
Sherman, William T. 374
Shiloh NMP, Tenn. 216
Shoshone Fälle, Ida. 235
Shoshone NF, Wyo. 622
Sierra Nevada 237
Sioux Falls, S.D. 194
Sitka, Alaska 255
Snake River 248
Sonoma, Calif. 547
South Bend, Ind. 180
SOUTH CAROLINA 214
SOUTH DAKOTA 194
South Platte River 232
Spanish Aqueduct, Tex. 528
Springfield, Ill. 178, 291
Spring Green, Wis. 196
Spring Mill SP, Ind. 180
Starved Rock, Ill. 179
Steamboat Springs, Col. 234
Stevenson, Robert Louis 322
Stone, Edward Durrel 415
Stone Mountain, Ga. 266
Stuart, Gilbert Charles 275
Stuyvesant, Peter 366
Sullivan, Louis Henry 295
Sunflower (Mount), Kan. 182
Sunset Crater, Ariz. 223

Sun Valley, Ida. 235
Superior, Lake 186, 187
Susquehanna River 163, 171
Syracuse, N.Y. 170

T

Tacoma, Wash. 251
Tahoe (Lake), Nev. 238
Tallahassee, Fla. 203
Tamalpais (Mount), Calif. 547
Tampa, Fla. 204
Taos, N.M. 550
Taos Pueblo, N.M. 550
Tarrytown, N.Y. 170
Taum Sank Mountain, Mo. 187
Taylor, Zachery 218
Telescope Peak, Calif. 246
Tempe, Ariz. 224
TENNESSEE 215
TEXAS 228
Thinkits 254
«This is the Place» Monument, Ut. 523
Thousand Islands, N.Y. 170
Tidewater, Va. 217
Tijuana, Mexico 531
Timpanogos Cave, Ut. 240
Tinnehs 254
Tlingits 254
Toledo, O. 193
Tombstone, Ariz. 223
Tonto, Ariz. 223
Topeka, Kan. 182
Trenton, N.J. 167
Trinity River 311
Truman, Harry S. 33
Tucson, Ariz. 223
Tulsa, Okla. 227
Tumacacori, Ariz. 223
Tupelo NB, Miss. 211
Tuzigoot, Ariz. 223

Twin Falls, Ida. 235
Tyler, John 218

U

U.S. TRUST TERRITORY OF THE PACIFIC 261
University of Utah 523
Urbana, Ill. 179
UTAH 238
Utah (Lake), Ut. 239
Utah Copper Mine 524

V

Valley Forge SP, Pa. 172
Valley of Fire SP, Nev. 332
Vermillion, S.D. 195
VERMONT 174
Vernon (Mount), Va. 218
Vicksburg NMP, Miss. 210
Victoria, Vancouver Is., Canada 556
VIRGINIA 217
Virginia Beach, Va. 219
Virginia City, Mont. 237
VIRGIN ISLANDS 258
Virgin Islands NP, V.I. 259

W

Waikiki, Hawaii 322
Wallace, Georg C. 200
Walla Walla, Wash. 251
Walnut Canyon, Ariz. 223
Walnut Canyon, N.M. 609
Warm Springs, Va. 219
Wasatch Range, Ut. 517
Washburn (Mount), Wyo. 632
WASHINGTON 250
Washington, D.C. 556
– American Association for

the Advancement of Science 592
- American Council on Education 592
- American University 599
- Anacostia Park 601
- Arlington County 602
- Arlington Memorial Amphitheater 603
- Arlington Memorial Bridge 588
- Arlington Memorial Gateway 603
- Arlington National Cemetery 602
- Avenue of the Heroes 603
- Belasco Theater 574
- Blair House 571
- Botanic Garden 560
- Brookings Institution 592
- Bureau of Engraving and Printing 591
- Bureau of Ethnology 582
- Capitol Hill 558
- Catholic University of America 600
- City Post Office 563
- Columbia Island 603
- Constitution Hall 576
- Corcoran Art Gallery 575
- Court of Claims 572
- Custis-Lee Mansion 603
- Decatur House 572
- D.C. Central Public Library 574
- D.C. Stadium 601
- D.C. War Memorial 589
- Division of Radiation 582
- Douglas (F.) Institute of Negro Arts and History 562
- Dumbarton House 598
- Dumbarton Oaks 598
- Du Pont Circle 595
- East Potomac Park 590
- Ellipse 574
- Explorers' Hall 592
- Federal Bureau of Investigation 566
- F.B.I. Identification Division 566
- Federal Trade Commission 565
- Federal Triangle 564
- First Division Memorial 570
- Folger Shakespeare Library 562
- Ford's Theater 568
- Franciscan Monastery 601
- Freer Gallery of Art 583
- Gallaudet College 601
- Gebäude
    Air and Space 582
    American National Red Cross 576
    American Pharmaceutical Association 578
    Apex 565
    Arts and Industries 582
    B'nai B'rith 594
    Bureau of Indian Affairs 577
    Chamber of Commerce 573
    Commerce Dept 568
    Dept of Agriculture 586
    Dept of Health, Education and Welfare 585
    Dept of Housing and Urban Development 586
    Dept of the Interior 578
    Dept of Justice 566
    Dept of Labor 567
    Dept of State 578
    Dept of Transportation

and Federal Aviation Agency 586
Dept of the Treasury 570
Departmental Auditorium 567
D.C. Municipal 567
Executive Office 570
Federal Reserve 577
Federal Trade Commission 565
Internal Revenue 566
Interstate Commerce Commission 567
Library of Congress 561
Munitions and Navy 577
National Academy of Sciences 577
National Research Council 578
National Society of the Daughters of the American Revolution 576
Old Patent Office 569
Old Post Office 566
Organisation of American States 577
Pan American Union 576
Post Office Dept 567
Senate Office 561
Smithsonian 581
Supreme Court 561
Treasury 570
Veterans Administration 573
– Georgetown 597
– Georgetown University 598
– Government Printing Office 653
– Grab der Unbekannten Soldaten 603
– Hopkins (Johns) School of Advanced International Studies 592
– Hotel Manger Hay-Adams 573
– Howard University 600
– International Scientific Exchange Service 582
– Islamic Center 596
– Iwo Jima Memorial 604
– Jackson Square 572
– Jefferson (T.) Memorial 590
– Jewish Community Center 594
– Judiciary Square 564
– Kathedralen: s. «Kirchen»
– Kay (Francis Scott) Memorial Bridge 599
– Kenilworth Aquatic Garden 601
– Kennedy (J.F.) Center for the Performing Arts 578
– Kirchen
  Luther Place Memorial 593
  N.Y. Avenue Presbyterian 574
  National Presbyterian 599
  Old St John's 598
  St John's Episcopal 573
  St Matthew's (Kath.) 594
  St Patrick's 569
  St Sophia's Greek Orthodox 597
  Washington National (Kath.) 596
– Klutznick Exhibit Hall 594
– Kutz Memorial Bridge 589
– Lafayette Park 572
– Lafayette Square 571
– *L'Enfant, Pierre-Charles* 557, 604

- Lincoln Memorial 587
- Luther Memorial 593
- Madison (Dolley) House 574
- Madison Place 574
- Mall, The 580
- Marcy House 573
- Massachusetts Avenue 591
- McMillan Reservoir 600
- Memorial Continental Hall 576
- Meridian Hill Park 594
- Montrose Park 598
- Mount Vernon Square 574
- Museen
    African Art 562
    Corcoran Art Gallery 575
    Dumbarton Oaks 598
    Freer Gallery of Art 583
    Hirsh, J.H. 581
    History and Technology 584
    Lincoln 568
    Medical 584
    National Collection of Fine Arts 569
    National Gallery of Art 580
    National Portrait Gallery 569
    Natural History 588
    Phillips Collection 595
    Textile 596
    Truxton-Decatur Naval Museum 573
    U.S. Navy Memorial 602
    Washington Gallery of Modern Art 595
- National Aeronautics and Space Administration 586
- National Arboretum 602
- National Archives 565
- National Collection of Fine Arts 596
- National Gallery of Art 580
- National Geographic Society 592
- National Portrait Gallery 569
- National Rifle Association 593
- National Shrine of the Immaculate Conception 601
- National Zoological Park 599
- Navy Yard 602
- Netherlands Carillon 604
- Octagon House 575
- Old Lock House 577
- Old Stone House 598
- Pentagon 605
- Petersen House 568
- Phillips Collection 595
- Potomac Park 586
- Rathbone House 572
- Reed (W.) Army Medical Center 600
- Rock Creek Park 599
- Roosevelt (T.) Bridge 578
- Roosevelt (T.) Island 579
- Roosevelt (T.) Memorial 579
- St John's Parish House 573
- Santa Maria 602
- Scottish Rite Temple 594
- Sheridan Circle 596
- Sickles House 572
- Sixteenth Street 594
- Slidell House 573
- Smithsonian Institution 581
- Sylvan Theater 587

- Taft Memorial 563
- Taylor House 574
- Thomas Circle 593
- Tidal Basin 589
- Tomb of the Unknowns 603
- Union Square 560
- Union Station 563
- U.S. Capitol 558
- U.S. Coast Guard 567
- U.S. Copyright Office 562
- U.S. Court House 564
- U.S. District Court 564
- U.S. Naval Observatory 596
- U.S. Soldiers' Home 600
- Voice of America 585
- Washington Cemetery 602
- Washington Circle 597
- Washington Gallery of Modern Art 595
- Washington Monument 587
- Washington National Airport 605
- Washington (G.) University 580
- Webster House 573
- White House 569
- Wilson (W.) House 596
- Zero Milestone 574

Washington (Mount), N.H. 166
Washington (Mount), Pa. 507
Washington (Lake), Wash. 552
Washington, George 20, 21, 218, 270, 428
Watkins Glen, N.Y. 170
Webster (Mount), N.H. 167
West Branch, Ia. 182
West Mtns., Col. 232
West Orange, N.J. 168
West Point 170
WEST VIRGINIA 219
Wheeler Peak, N.M. 224
White Mtns., N.H. 166
White River, Ind. 328
White Sands, N.M. 225
White Sulphur Springs, W.Va. 220
Whitney (Mount), Calif. 245
Wichita, Kan. 183
Wichita Mtns. Wildlife Refuge, Okla. 227
Wickford Junction, R.I. 174
Wildwood, N.J. 168
Willamette River, Ore. 508
Willamette Valley, Ore. 248
Willey (Mount), N.H. 167
Williams, Roger 172, 173
Williams (R.) Memorial, R.I. 174
Williamsburg (Colonial), Va. 219
Wilmette, Ill. 307
Wilmington, Del. 159
Wilson, Thomas Woodrow 26, 218, 596
Wilson (Mount), Calif. 246
Wilson's Creek Battlefield NP, Mo. 189
Wind Cave NP, S.D. 195
Winnipesaukee (Lake), N.H. 166
WISCONSIN 195
Wisconsin Dells, Wis. 197
Wizard Island, Ore. 249
Wolfe, Thomas 213
Woolaroc Museum, Okla. 227
Worcester, Mass. 165
Wright, Frank Lloyd 295, 298
Wright Brothers NM, N.C. 213
Wupatki, Ariz. 223
WYOMING 241

Y

Yale University 159
Yazoo River, Miss. 211
Yellowstone NP, Mont./
  Wyo. 621
York, James, Duke of 169
Yorktown, Va. 219

York Village, Me. 161
Yosemite NP, Calif. 245
Yucca House NM, Col. 233

Z

Zanesville, O. 193
Zion NP 240

Dieser Reiseführer wurde gesetzt, gedruckt und gebunden
in der Offizin des Nagel Verlages in Genf (Schweiz)

Gesetzliches Depot Nr. 573

Gedruckt in der Schweiz   Printed in Switzerland

Atlas

Dallas, Tex.	Pl. 2–5
Detroit, Mich.	Pl. 6/7
Hawaii	Pl. 8
Honolulu, Hawaii	Pl. 9–14
Miami, Fla.	Pl. 15–19
Niagara Falls, N.Y.	Pl. 20/21
Philadelphia, Penn.	Pl. 22–25
Puerto Rico	Pl. 26
San Juan, Puerto Rico	Pl. 27–31

Pl. 2 — USA

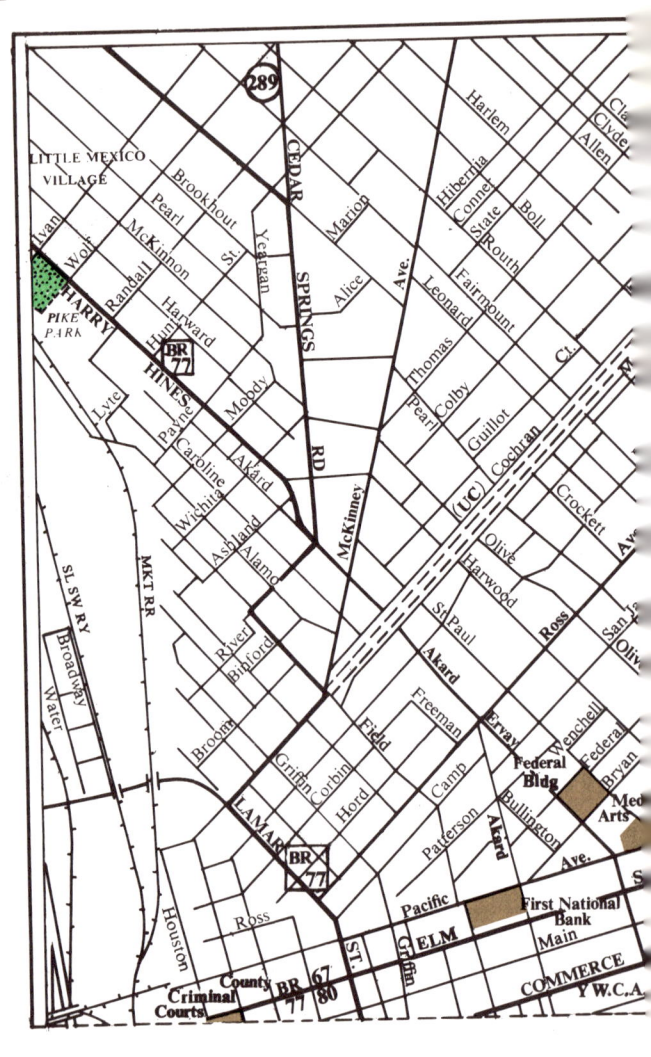

ATLAS   Pl. 3

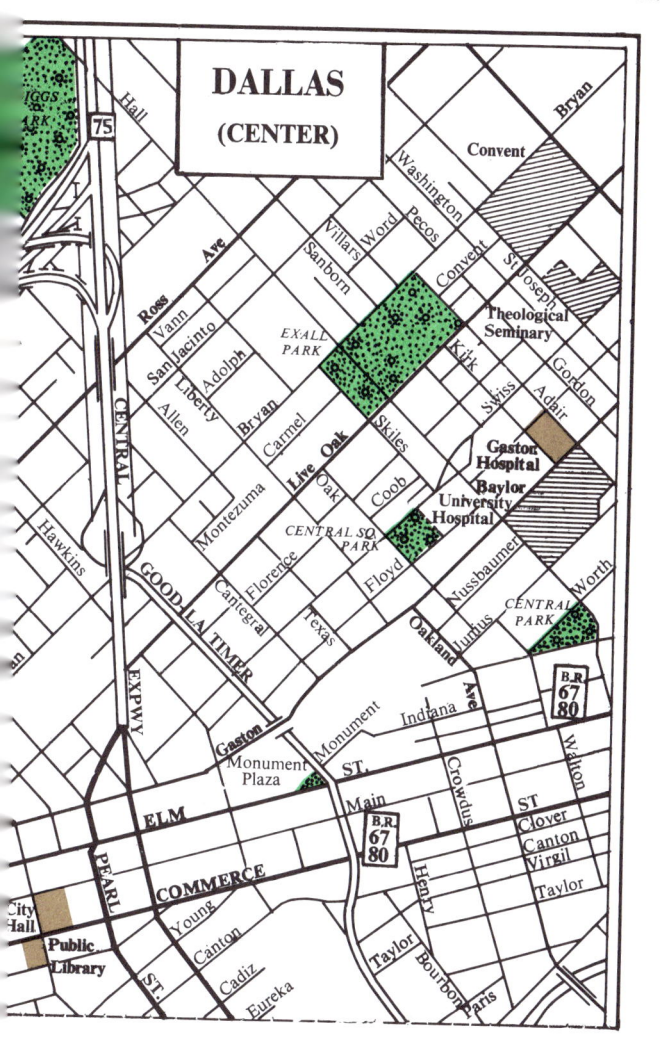

DALLAS (CENTER)

Pl. 4   USA

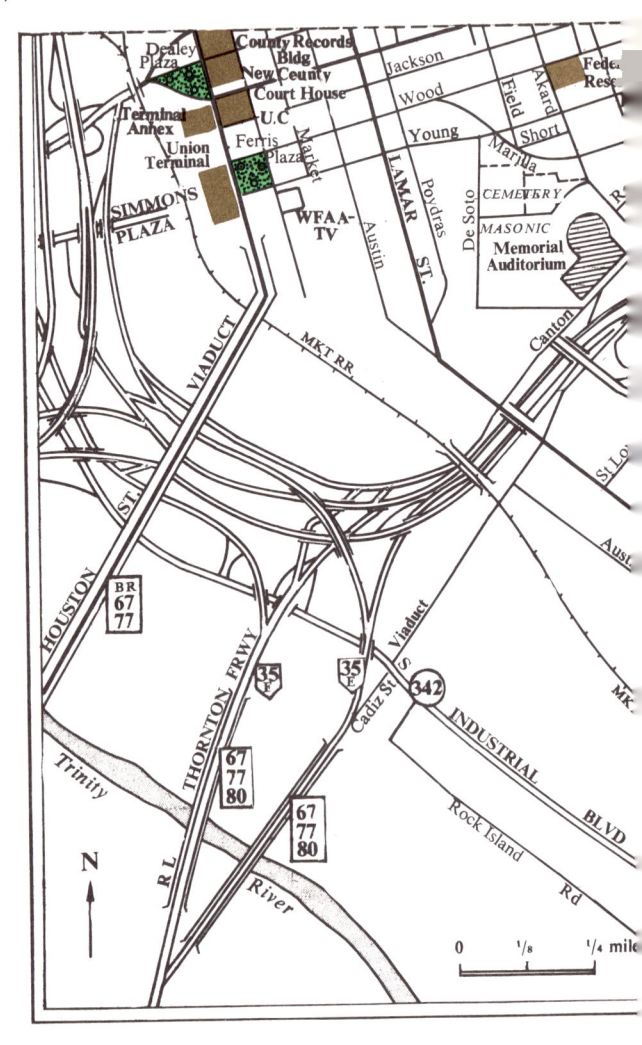

DALLAS (CENTER)

DETROIT

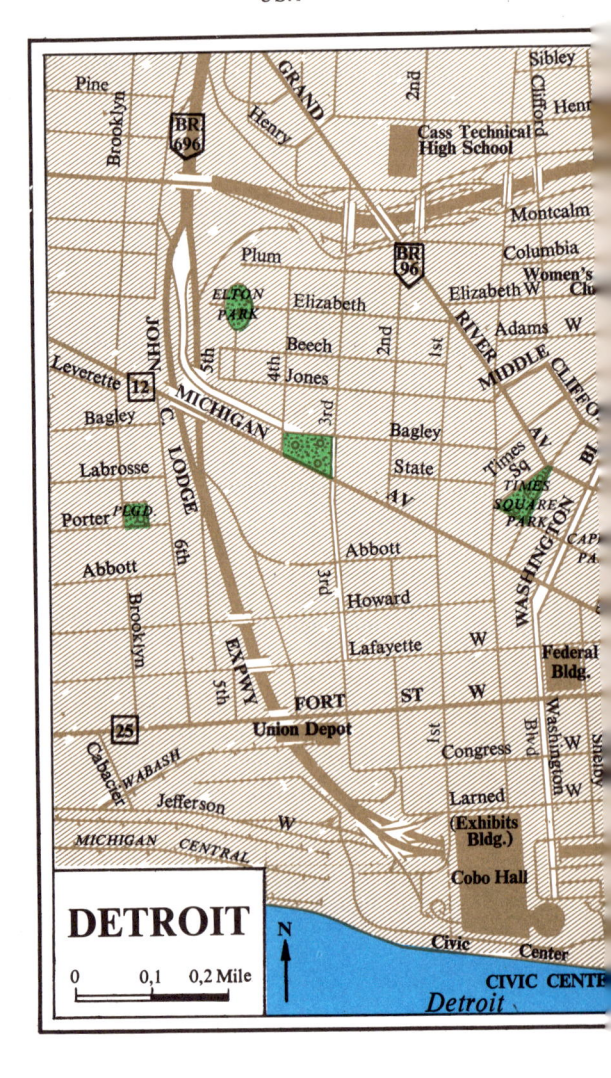

ATLAS — *Pl. 7*

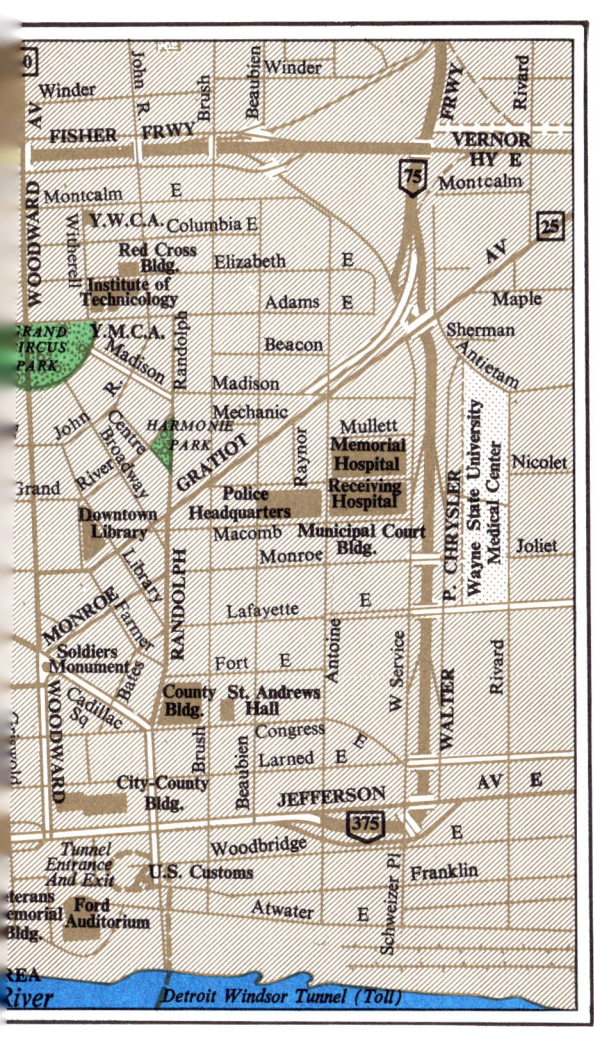

PRINCIPAL HAWAIIAN ISLANDS

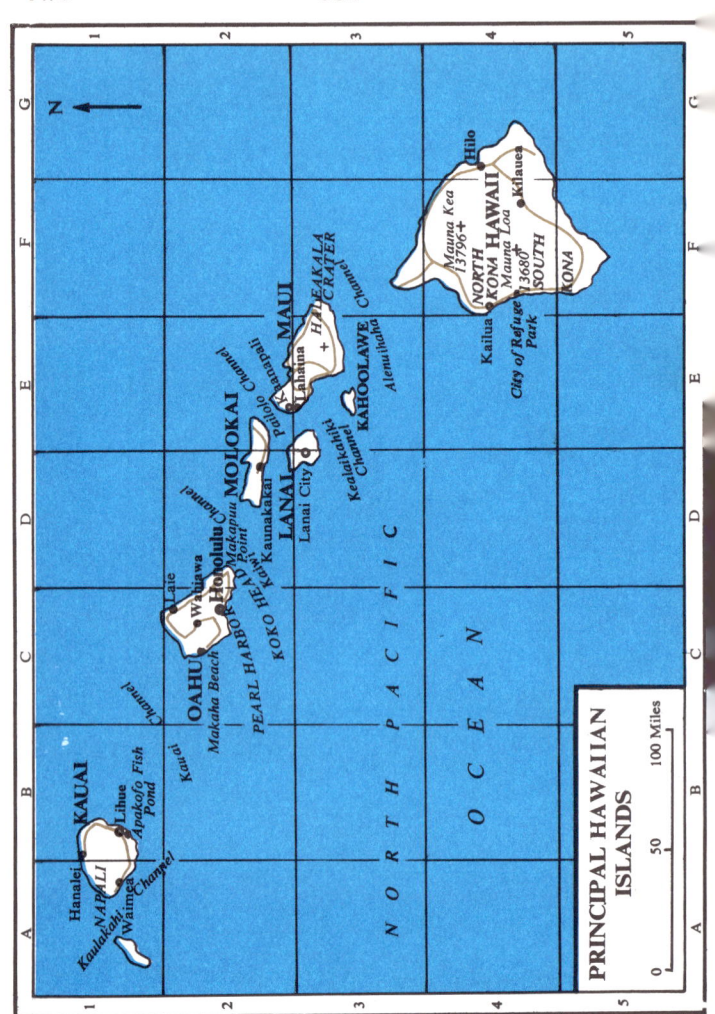

Pl. 8 — USA

HONOLULU

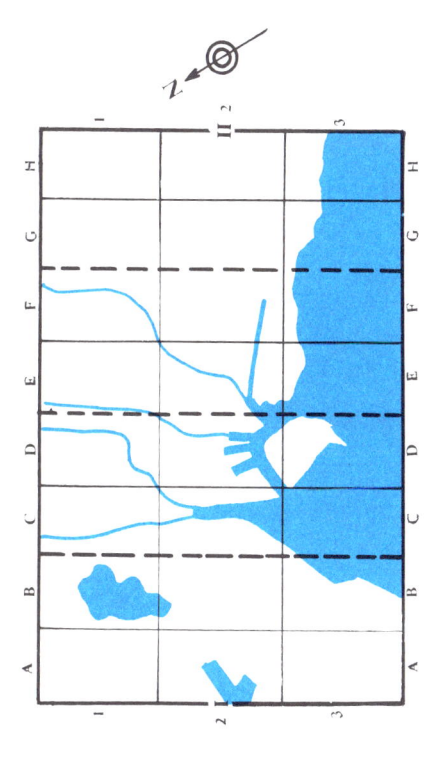

Pl. 10   USA

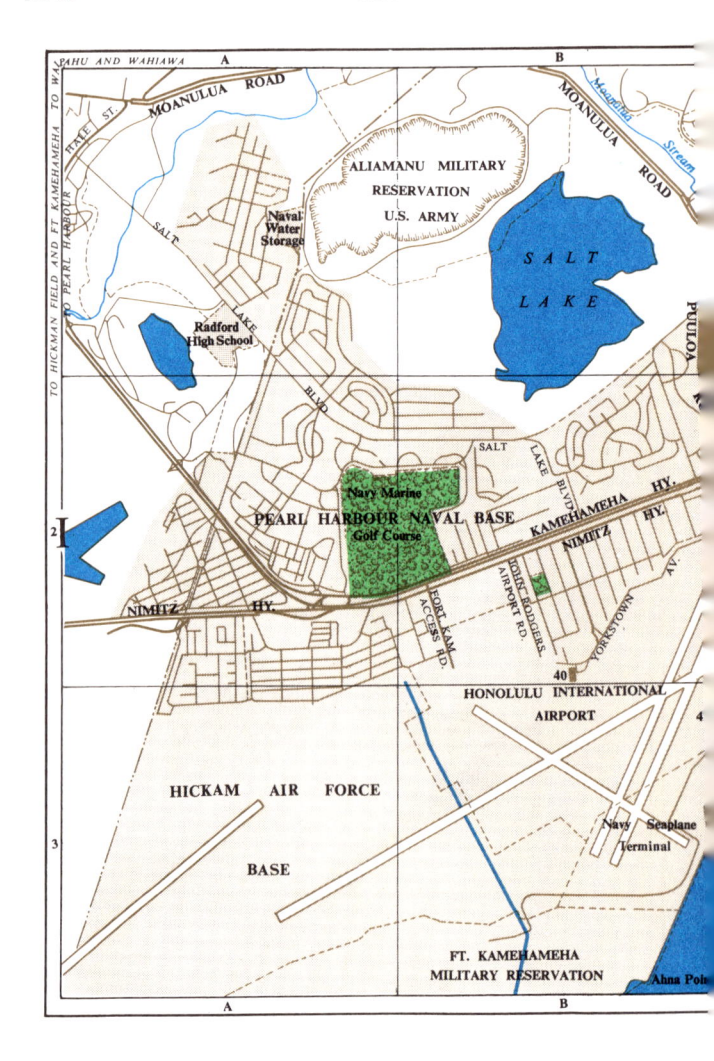

HONOLULU

ATLAS — Pl. 11

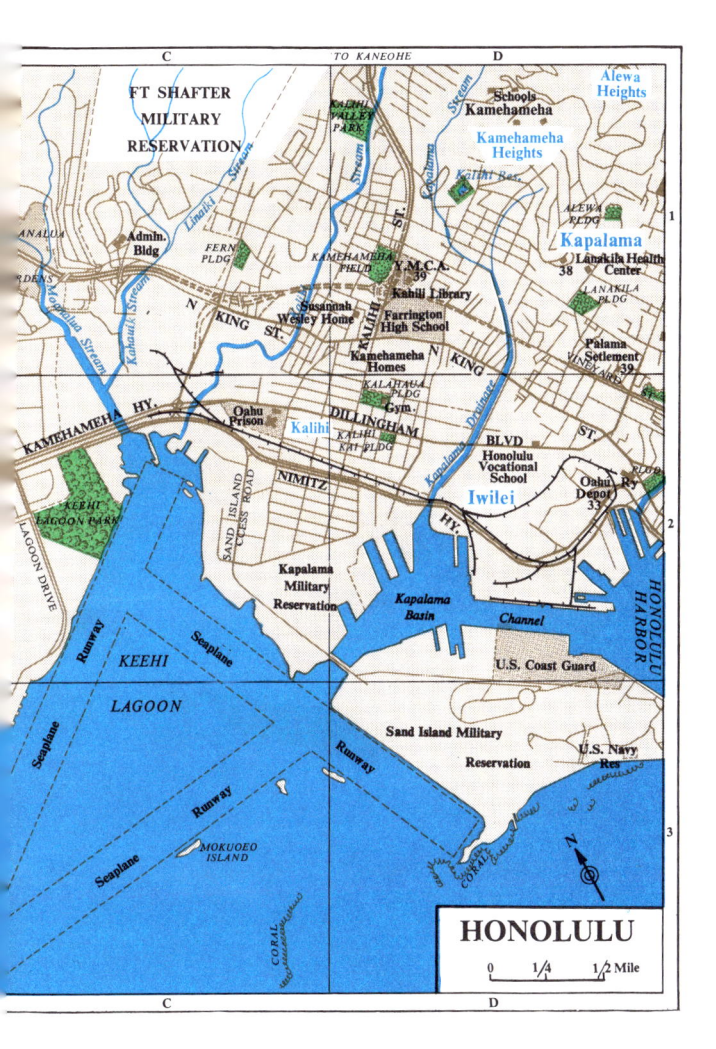

Map labels:

- FT SHAFTER MILITARY RESERVATION
- TO KANEOHE
- Alewa Heights
- Schools Kamehameha
- Kalihi Valley Park
- Kamehameha Heights
- Kalihi Sts.
- ALEWA HTS.
- Kapalama
- Admin. Bldg
- FERN PLGD
- Lanakila Health Center
- LANAKILA BLDG
- KAMEHAMEHA FIELD
- Y.M.C.A.
- Susannah Wesley Home
- Kahili Library
- Kahauiki Stream
- Moanalua Stream
- Linapi Stream
- Kalihi Stream
- Kapalama Drainal
- N. KING ST.
- Farrington High School
- Palama Settlement
- VINEYARD
- Kamehameha Homes
- KALAKAUA BLDG
- Gym.
- KING ST.
- KAMEHAMEHA HY.
- Oahu Prison
- Kalihi
- DILLINGHAM BLVD
- KALIHI KAI BLDG
- Honolulu Vocational School
- Iwilei
- Oahu Depot
- NIMITZ HY.
- SAND ISLAND ACCESS ROAD
- KEEHI LAGOON PARK
- LAGOON DRIVE
- Kapalama Military Reservation
- Kapalama Basin
- Channel
- HONOLULU HARBOR
- U.S. Coast Guard
- KEEHI LAGOON
- Seaplane Runway
- Sand Island Military Reservation
- U.S. Navy Res
- MOKUOEO ISLAND
- CORAL

0   1/4   1/2 Mile

Pl. 12 USA

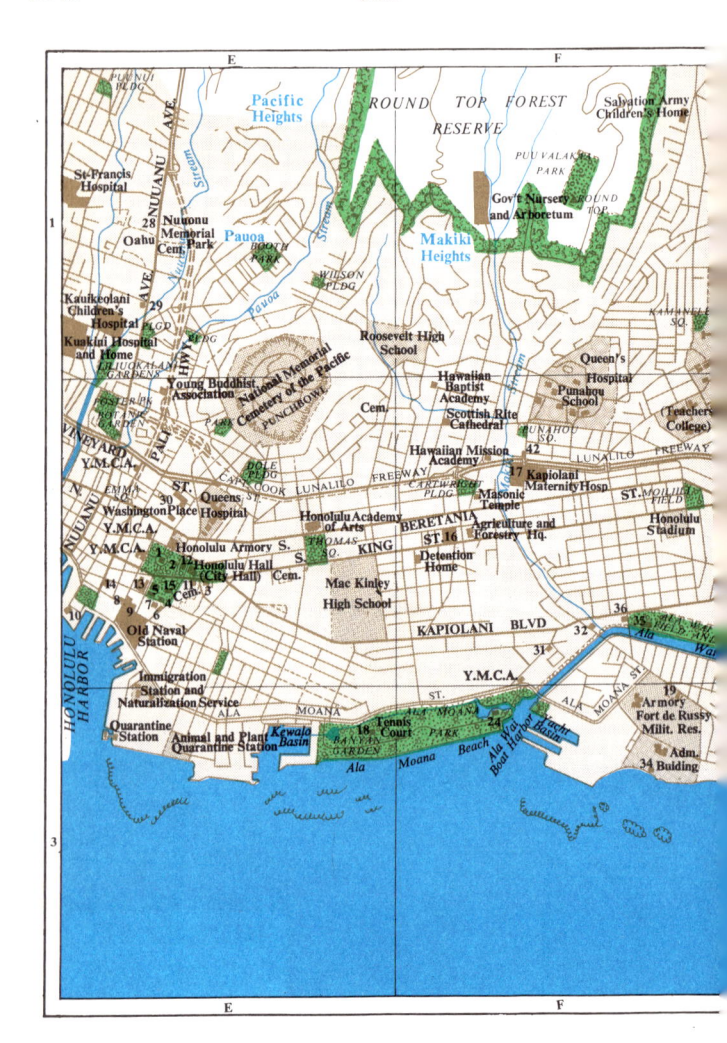

Honolulu

- Puu Nui Bldg
- Pacific Heights
- ROUND TOP FOREST RESERVE
- Salvation Army Children's Home
- St-Francis Hospital
- Nuuanu Ave
- 28 Nuuanu Memorial Park Cem.
- Oahu
- Pauoa
- Booth Park
- Puu Valaka Park
- Gov't Nursery and Arboretum
- Round Top
- Wilson Bldg
- Makiki Heights
- Kauikeolani Children's Hospital
- Kuakini Hospital and Home
- Liliuokalani Gardens
- Pali Hwy
- Young Buddhist Association
- National Memorial Cemetery of the Pacific (Punchbowl)
- Roosevelt High School
- Hawaiian Baptist Academy
- Scottish Rite Cathedral
- Queen's Hospital
- Punahou School
- Kamanele Sq.
- (Teachers' College)
- Vineyard
- Y.M.C.A.
- Cem.
- Hawaiian Mission Academy
- 42
- 17 Kapiolani Maternity Hosp.
- Lunalilo St.
- Mott-Smith Field
- Nuuanu
- St.
- 30 Queen's Hospital
- Washington Place
- Dole Bldg
- Cook Bldg
- LUNALILO FREEWAY
- Cartwright Bldg
- Masonic Temple
- Beretania
- St. 16 Agriculture and Forestry Hq.
- Honolulu Stadium
- Y.M.C.A.
- Honolulu Armory S.
- Thomas Sq.
- King
- Detention Home
- 14 13 15 Honolulu Hall (City Hall) Cem.
- 2 1 7 Cem.
- 9 3
- MacKinley High School
- Old Naval Station
- KAPIOLANI BLVD
- 36
- 32 35 Ala Wai
- 31
- HONOLULU HARBOR
- Immigration Station and Naturalization Service
- Y.M.C.A.
- Ala Moana St.
- 19 Armory Fort de Russy Milit. Res.
- Quarantine Station
- Animal and Plant Quarantine Station
- Kewalo Basin
- Moana
- 18 Tennis Court
- Ala Moana Park
- Banyan Garden
- 24 Ala Wai Boat Harbor
- Yacht Basin
- 34 Adm. Building
- Ala Moana Beach

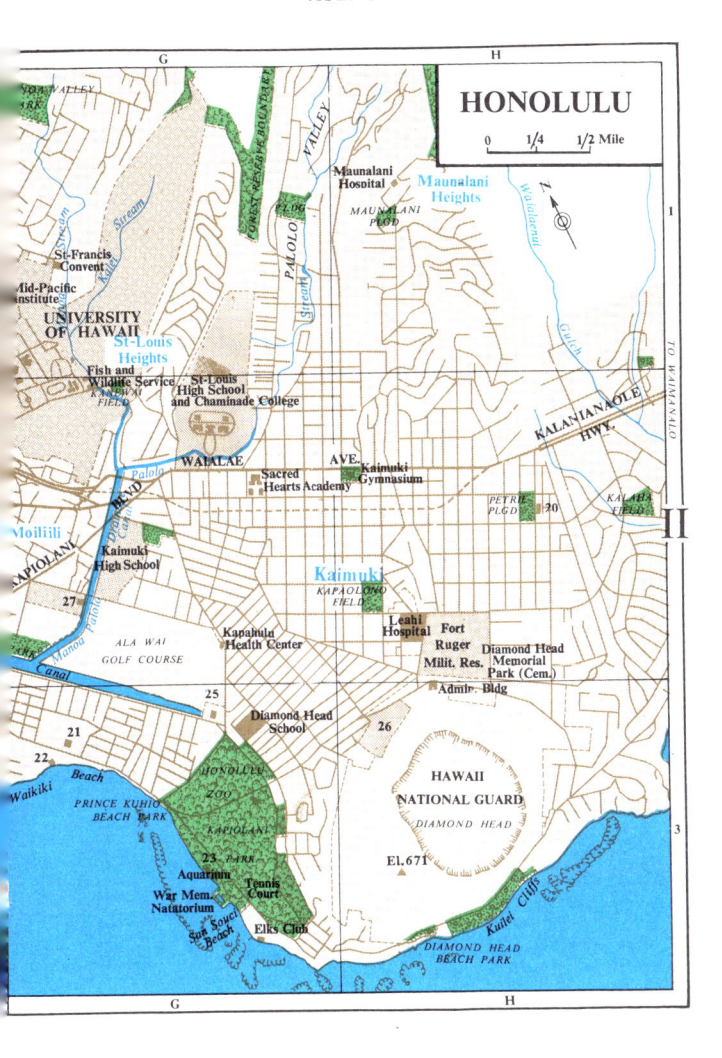

HONOLULU

0   1/4   1/2 Mile

- Maunalani Hospital
- Maunalani Heights
- MAUNALANI PLGD
- PALOLO VALLEY
- MANOA VALLEY
- FOREST RESERVE BOUNDARY
- St-Francis Convent
- Mid-Pacific Institute
- UNIVERSITY OF HAWAII
- St-Louis Heights
- Fish and Wildlife Service
- KAMEHAMEHA FIELD
- St-Louis High School and Chaminade College
- WAIALAE AVE.
- Sacred Hearts Academy
- Kaimuki Gymnasium
- PETRIE PLGD
- KALAKAUA FIELD
- KALANIANAOLE HWY.
- TO HANAUMA
- Moiliili
- KAPIOLANI
- Kaimuki High School
- Kaimuki
- KAPAOLONO FIELD
- Leahi Hospital
- Fort Ruger Milit. Res.
- Diamond Head Memorial Park (Cem.)
- Admin. Bldg
- Manoa Palls
- ALA WAI GOLF COURSE
- Kapahulu Health Center
- Ala Wai Canal
- 21
- 22
- Waikiki Beach
- PRINCE KUHIO BEACH PARK
- 25
- Diamond Head School
- 26
- HONOLULU ZOO
- KAPIOLANI PARK
- 23
- Aquarium
- Tennis Court
- War Mem. Natatorium
- Sans Souci Beach
- Elks Club
- HAWAII NATIONAL GUARD
- DIAMOND HEAD
- El. 671
- Kulei Cliffs
- DIAMOND HEAD BEACH PARK

HONOLULU—LANDMARKS

1. Iolani Palace (The Capitol) .... E 2
2. Archives Building .... E 2
3. Mission Houses .... E 2
4. Health Office .... E 2
5. Judiciary Building .... E 2
6. State Highway Building .... E 2
7. Tax Office .... E 2
8. Seamen's Institute .... E 2
9. Fort Armstrong Military Reservation .... E 2
10. Aloha Tower .... E 2
11. Kawaiahao Church .... E 2
12. Library of Hawaii .... E 2
13. Federal Building Post .... E 2
14. Chamber of Commerce .... E 2
15. State Office Building .... E 2
16. Civic Auditorium .... E 2
17. Shriners' Hospital for Crippled Children .... F 2
18. Ala Moana Pavilion .... E 3
19. Hawaii Visitors' Bureau .... F 3
20. Salvation Army Boys' Home and Farm .... H 2
21. Hawaiian Visitors' Bureau (Auxiliary) .... G 3
22. Outrigger Canoe Club .... G 3
23. Kapiolani Beach Center .... G 3
24. Hawaiian Village .... F 3
25. Waikiki, Kapahulu Library .... G 3
26. Fort Ruger Military Reservation .... H 3
27. Iolani School .... G 2
28. Royal Mausoleum .... E 1
29. Sacred Hearts Convent .... E 1
30. Liliuokalani Building .... E 2
31. Fraternal Order of Eagles .... F 3
32. Veterans of Foreign Wars .... F 3
33. Jail .... D 2
34. Armed Services Recreation Area .... F 3
35. American Legion .... F 3
37. Bishop Museum .... D 1
38. Maluhia Home .... H 1
39. Palama Gakuen .... D 1
40. Inter-Island Terminal .... B 3
41. Overseas Terminal .... B 3
42. Maryknoll High School .... F 2

MIAMI

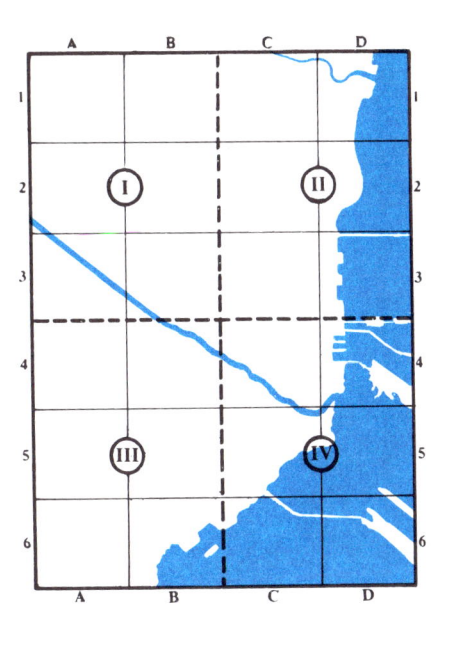

MIAMI

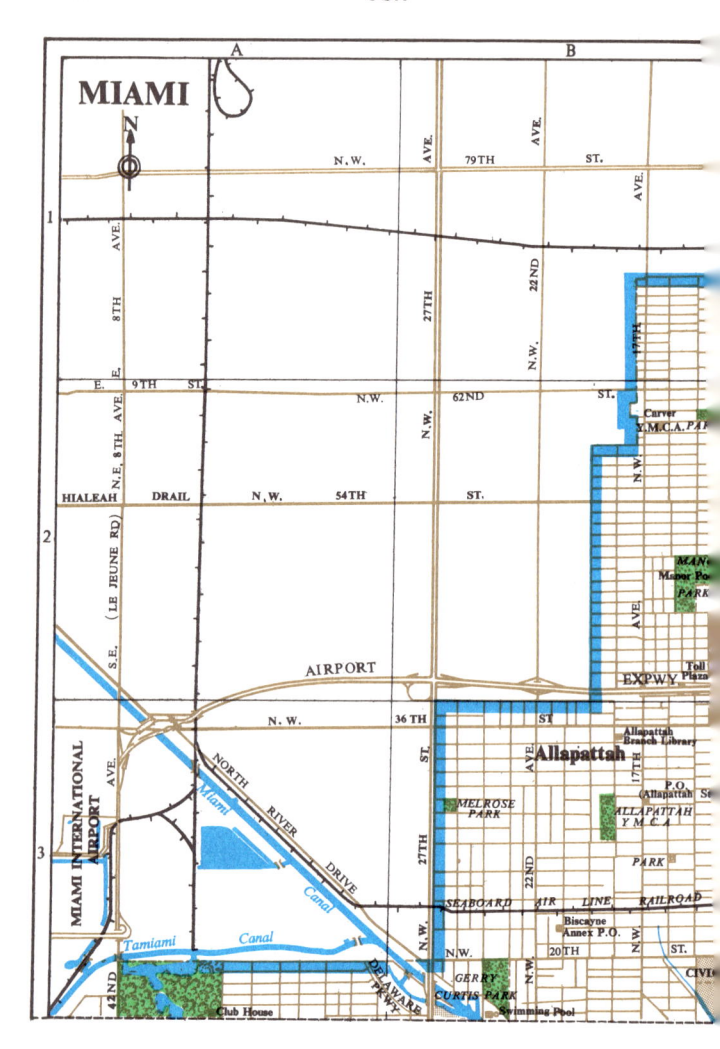

ATLAS   Pl. 17

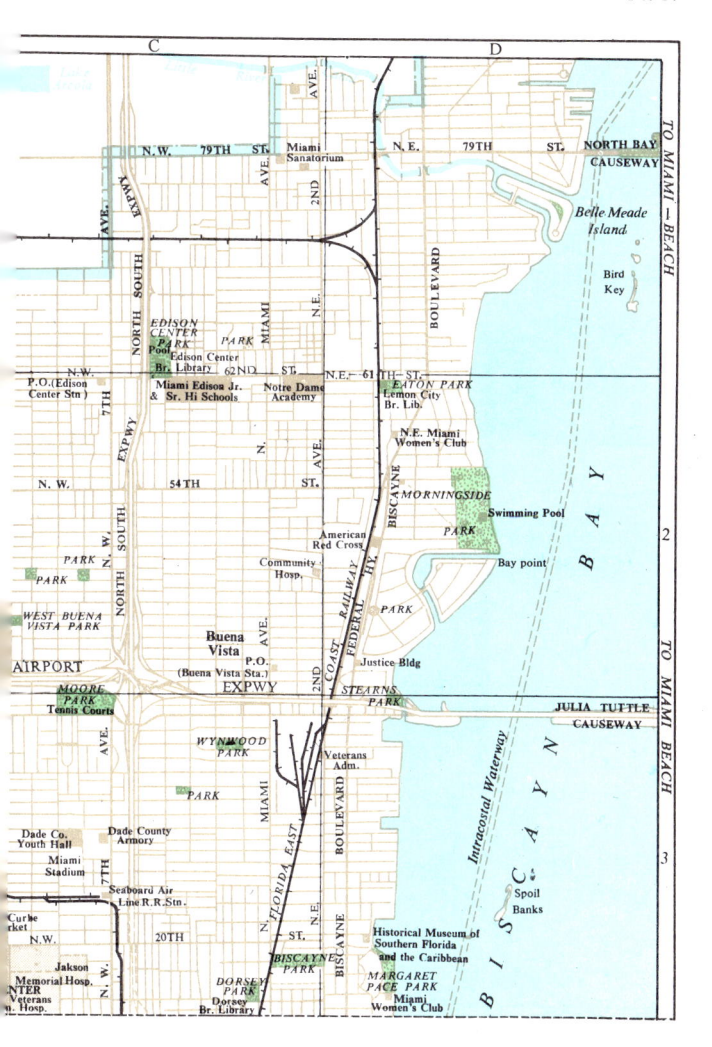

Pl. 18   USA

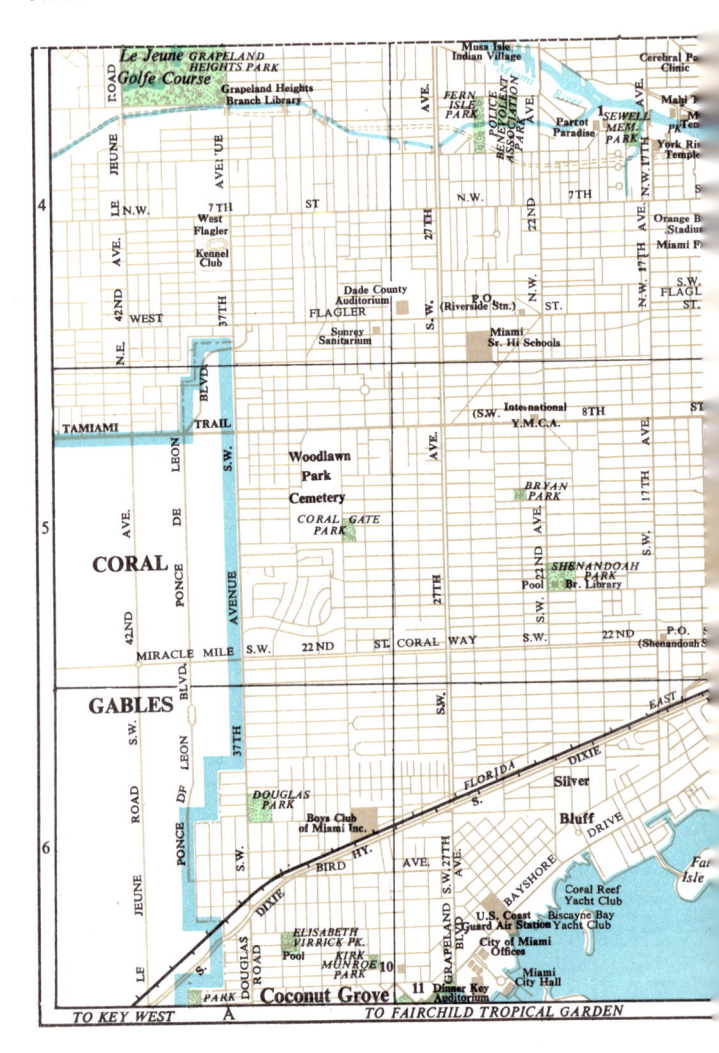

(Map of Miami area — Coral Gables, Coconut Grove)

Labels visible on the map:

- Le Jeune Golfe Course
- GRAPELAND HEIGHTS PARK
- Grapeland Heights Branch Library
- Musa Isle Indian Village
- Cerebral Pa... Clinic
- FERN ISLE PARK
- BENEVOLENT POLICE ASSOCIATION PARK
- Parrot Paradise
- SEWELL MEM. PARK
- Mahi T...
- M... Pk Ten...
- York Ri... Temple
- LE JEUNE ROAD
- 42ND AVENUE
- N.W. 7TH ST
- 27TH AVE
- 22ND AVE
- N.W. 17TH AVE
- West Flagler Kennel Club
- Orange B... Stadium
- Miami F...
- Dade County Auditorium
- FLAGLER
- Sunrey Sanitarium
- P.O. (Riverside Stn.)
- Miami Sr. Hi Schools
- N.W. FLAGL... ST.
- TAMIAMI TRAIL
- PONCE DE LEON BLVD.
- (S.W.) International Y.M.C.A.
- S.W. 8TH AVE
- 17TH AVE
- Woodlawn Park Cemetery
- CORAL GATE PARK
- BRYAN PARK
- SHENANDOAH PARK — Pool, Br. Library
- CORAL
- 42ND AVE
- MIRACLE MILE S.W. 22ND ST. CORAL WAY S.W. 22ND
- P.O. (Shenandoah S...)
- GABLES
- S.W. 37TH
- EAST
- FLORIDA S. DIXIE
- Silver Bluff
- DRIVE
- DOUGLAS PARK
- Boys Club of Miami Inc.
- BIRD AVE.
- BAYSHORE
- S.W. 27TH AVE
- GRAPELAND BLVD
- U.S. Coast Guard Air Station
- Biscayne Bay Yacht Club
- Coral Reef Yacht Club
- Fa... Isle
- City of Miami Offices
- Miami City Hall
- JEUNE ROAD
- PONCE DE LEON
- LE ... ROAD
- ELISABETH VIRRICK PK. — Pool
- KIRK MUNROE PARK 10
- PARK
- Coconut Grove 11 Dinner Key Auditorium
- DOUGLAS
- TO KEY WEST   A   TO FAIRCHILD TROPICAL GARDEN

MIAMI

1. Dodge Memorial Hosp. B4
2. State Building C4
3. Court Bldg C4
4. Booker T. Washington Jr. C4
5. Scottish Rite Temple C4
6. WTVJ T.V. Sta. C4
7. Main P.O. C4
8. Chamber of Commerce D4
9. Dade Co. Gt. House C3
10. P.O. (Coconut Grove Br. Library) A6
11. P.O. Coconut Grove Br. Library A6

Scale: 0 — 1/2 — 1 Mile

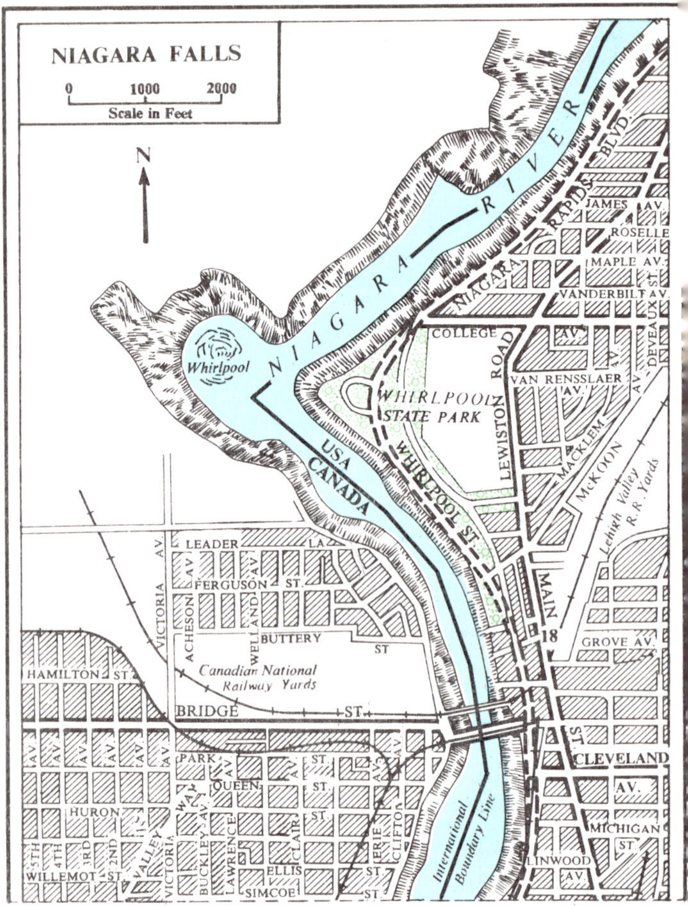
NIAGARA FALLS
0 1000 2000
Scale in Feet
N
NIAGARA RIVER
Whirlpool
USA
CANADA
WHIRLPOOL STATE PARK
WHIRLPOOL ST.
NIAGARA RAPIDS BLVD.
JAMES AV.
ROSELLE
MAPLE AV.
VANDERBILT AV.
DEVEAUX ST.
COLLEGE AV.
LEWISTON ROAD
VAN RENSSLAER AV.
MACKLEM AV.
McKOON AV.
Lehigh Valley R.R. Yards
MAIN ST.
18
GROVE AV.
CLEVELAND AV.
MICHIGAN ST.
LINWOOD AV.
International Boundary Line
LEADER LA.
FERGUSON ST.
VICTORIA AV.
ACHESON AV.
WELLAND AV.
BUTTERY ST
Canadian National Railway Yards
HAMILTON ST.
BRIDGE ST.
PARK ST.
QUEEN ST.
HURON ST.
ELLIS ST.
WILLEMOT ST.
SIMCOE ST.
5TH AV.
4TH AV.
3RD AV.
2ND AV.
VALLEY WAY
BUCKLEY AV.
LAWRENCE AV.
CLAIR AV.
ERIE AV.
CLIFTON AV.

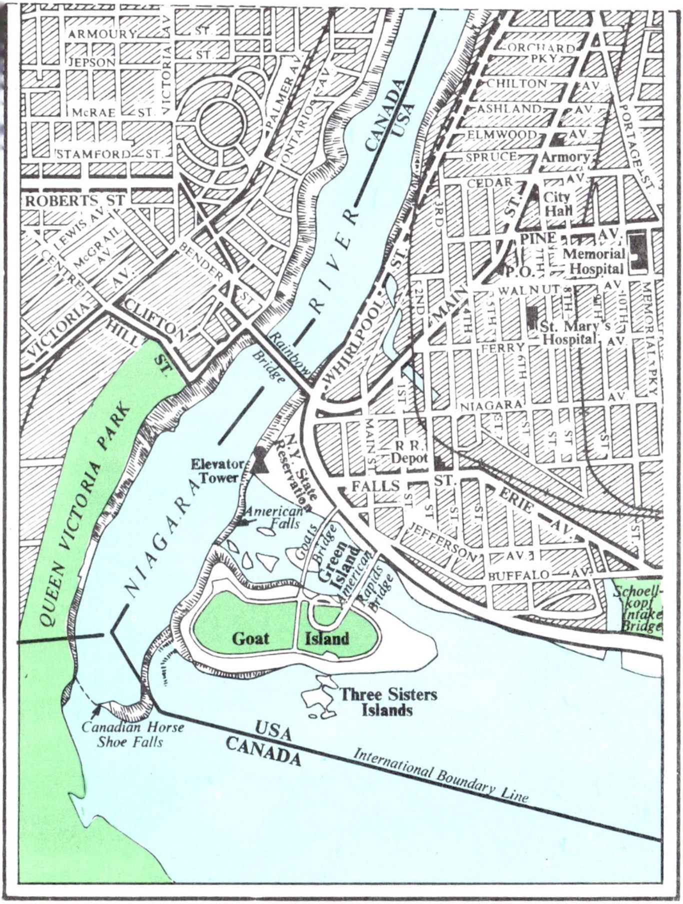
ARMOURY
JEPSON
McRAE ST.
STAMFORD ST.
VICTORIA AV.
PALMER AV.
ONTARIO AV.
ROBERTS ST
LEWIS AV.
McGRAIL AV.
CENTRE
BENDER ST.
VICTORIA AV.
CLIFTON HILL
CANADA
USA
RIVER
NIAGARA
Rainbow Bridge
QUEEN VICTORIA PARK
ST.
Elevator Tower
N.Y. State Reservation
American Falls
Goats Bridge
Green Island
American Rapids Bridge
Goat Island
Three Sisters Islands
Canadian Horse Shoe Falls
USA
CANADA
International Boundary Line
ORCHARD PKY
CHILTON AV.
ASHLAND AV.
ELMWOOD AV.
SPRUCE
Armory
CEDAR AV.
PORTAGE ST.
City Hall
PINE AV.
Memorial Hospital
P.O.
WALNUT AV.
St. Mary's Hospital
FERRY AV.
MEMORIAL PKY
WHIRLPOOL ST.
MAIN ST.
NIAGARA AV.
R.R. Depot
FALLS ST.
ERIE AV.
JEFFERSON AV.
BUFFALO AV.
Schoellkopf Intake Bridge

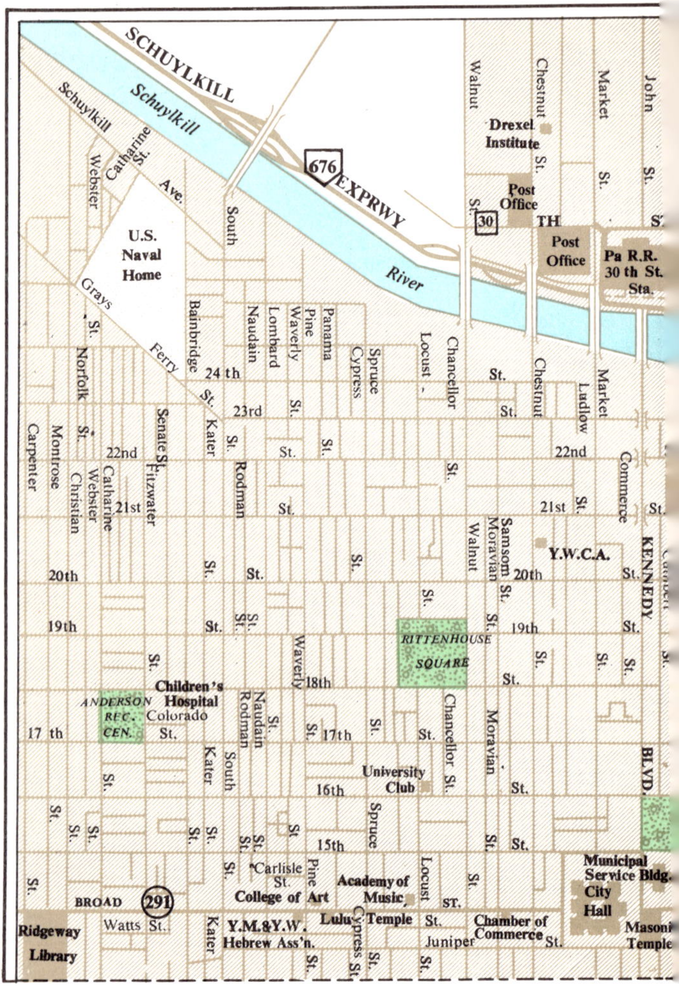
SCHUYLKILL
676 EXPRWY
Schuylkill River
Schuylkill Ave.
Catharine St.
Webster
South
U.S. Naval Home
Grays Ferry St.
Drexel Institute
Post Office
30
Post Office
Pa R.R. 30 th St. Sta.
Walnut St.
Chestnut St.
Market St.
John St.
Bainbridge
Naudain
Lombard
Waverly
Pine
Panama
Cypress
Spruce
Locust
Chancellor
Ludlow
Commerce
24 th St.
23rd St.
22nd St.
21st St.
20th St.
19th St.
18th St.
17 th St.
16th St.
15th St.
Norfolk St.
Senate St.
Kater St.
Rodman St.
Carpenter
Montrose
Christian
Webster
Catharine
Fitzwater
Samsom St.
Moravian St.
Y.W.C.A.
KENNEDY BLVD.
RITTENHOUSE SQUARE
Children's Hospital
ANDERSON REC. CEN.
Colorado St.
University Club
Carlisle St.
College of Art
Academy of Music
Lulu Temple
Chamber of Commerce
Juniper St.
Municipal Service Bldg.
City Hall
Masonic Temple
BROAD ST.
291
Watts St.
Ridgeway Library
Y.M.&Y.W. Hebrew Ass'n.

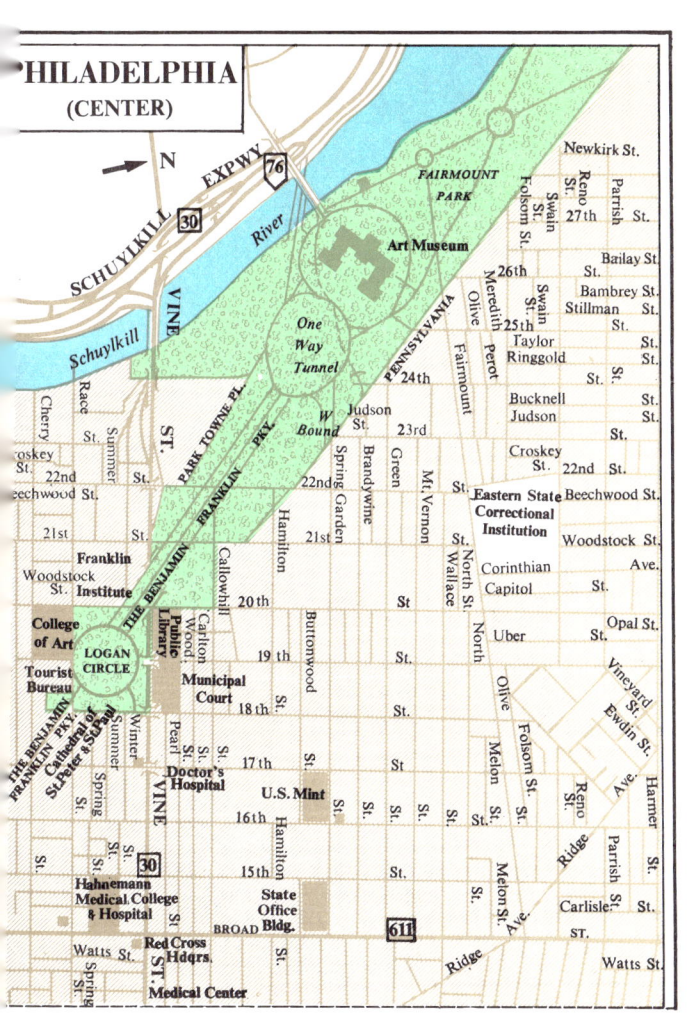

PHILADELPHIA (CENTER)

Map features:

- Schuylkill Expwy (76, 30)
- Schuylkill River
- Vine St
- Fairmount Park
- Art Museum
- One Way Tunnel
- Pennsylvania
- Park Towne Pl.
- The Benjamin Franklin Pkwy
- W Bound
- Newkirk St., Parrish St., Reno St., Folsom St., Swain St., 27th St.
- Bailay St., Bambrey St., Stillman St., 26th St., Meredith, Olive, Swain St.
- Taylor, Ringgold St., 25th St., Perot, Fairmount
- Bucknell, Judson St., 24th St.
- Judson St., 23rd St.
- Croskey St., 22nd St., Spring Garden, Brandywine, Green, Mt. Vernon, North St. Wallace, Beechwood St.
- Eastern State Correctional Institution
- Woodstock St.
- Cherry St., Race St., Summer St., Hamilton, 21st St., Corinthian, Capitol St., Ave.
- Croskey St., 22nd St., Beechwood St.
- Franklin Institute
- Woodstock St.
- Callowhill, 20th St., Uber St., Opal St.
- College of Art
- LOGAN CIRCLE
- Tourist Bureau
- Public Library
- Carlton, Wood, 19th St., Buttonwood, Olive, Vineyard St., Ewdin St.
- Municipal Court
- Winter, Summer, Spring, Pearl St., 18th St., Melon, Folsom St.
- Cathedral of St. Peter & St. Paul
- The Benjamin Franklin Pkwy
- Vine St (30)
- 17th St., Hamilton, Melon St., Reno St., Harmer St.
- Doctor's Hospital
- U.S. Mint
- 16th St., Ridge Ave., Parrish St.
- Hahnemann Medical College & Hospital
- 15th St., State Office Bldg., Melon St., Carlisle St.
- Broad St. (611)
- Watts St., Spring St., Red Cross Hdqrs., Ridge, Watts St.
- Medical Center

PHILADELPHIA (CENTER)

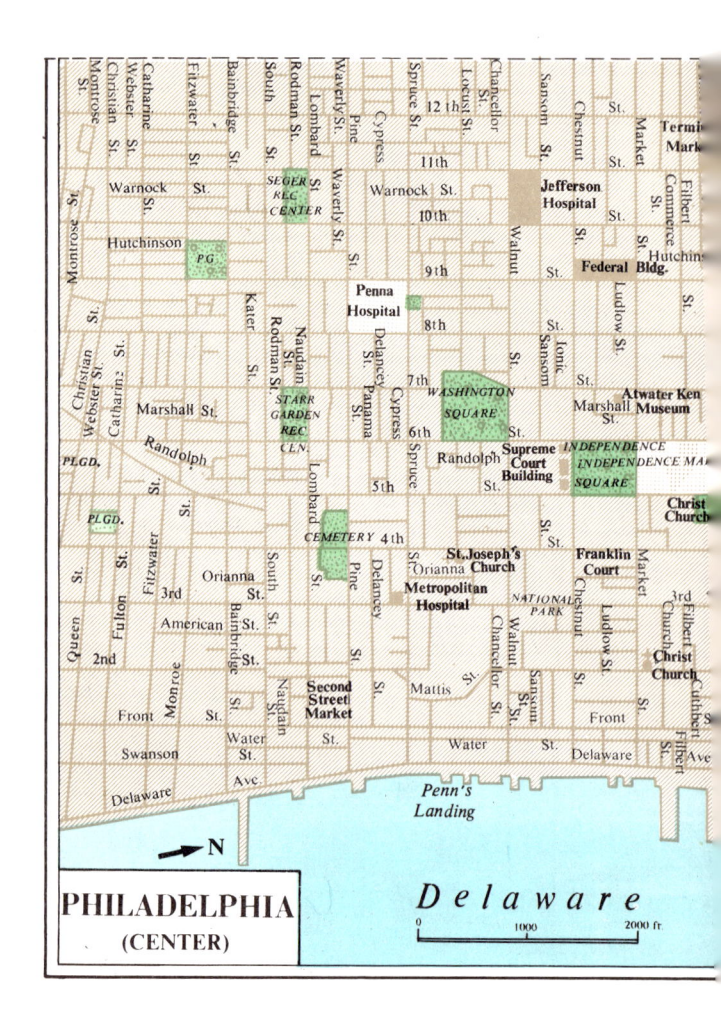

ATLAS Pl. 25

Pl. 26 USA

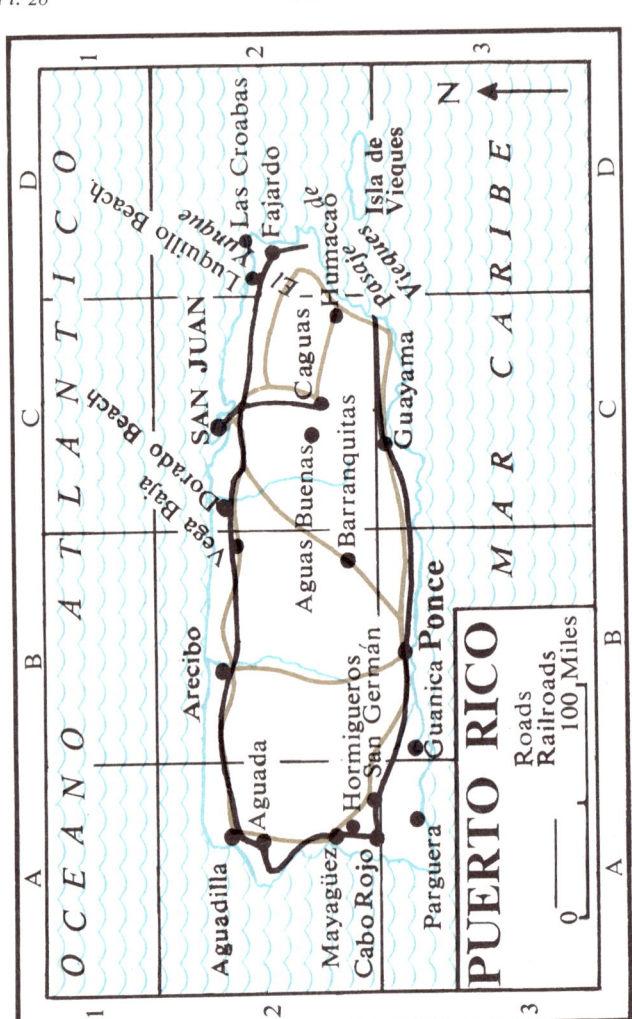

SAN JUAN

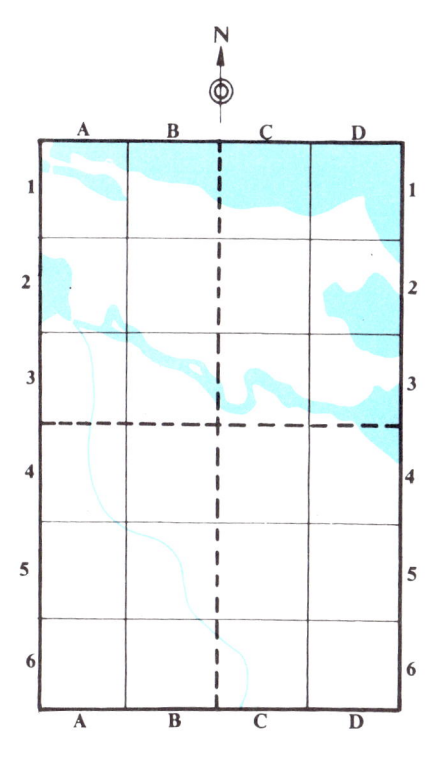

Pl. 28 USA

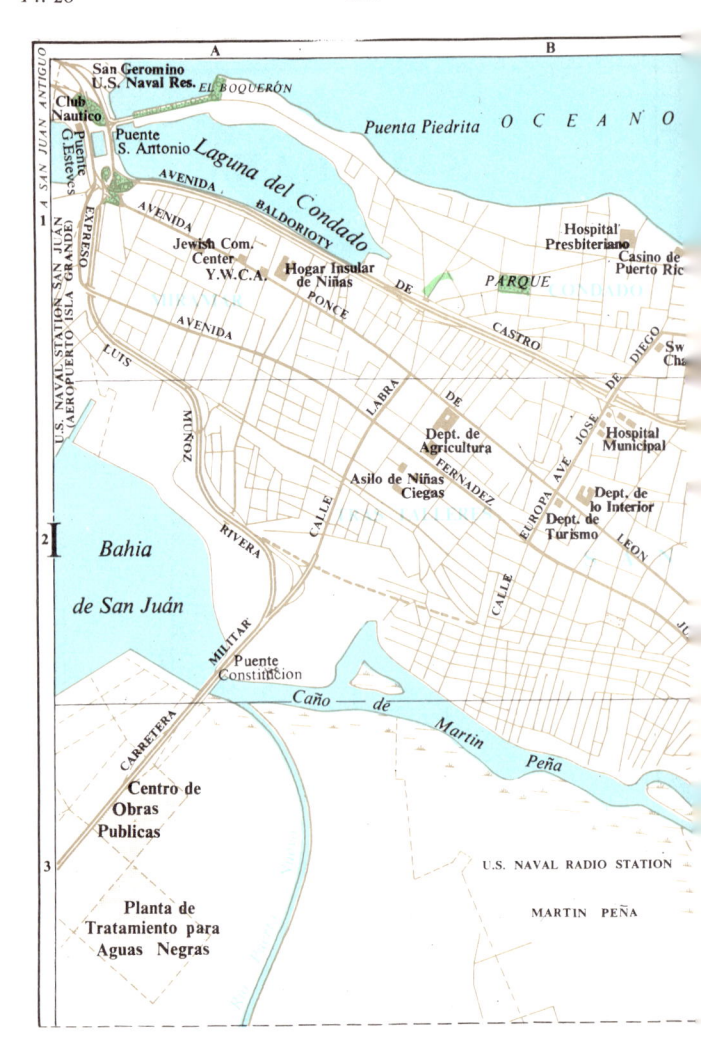

San Geromino
U.S. Naval Res.
EL BOQUERÓN
Club Nautico
Puente G. Esteves
Puente S. Antonio
Laguna del Condado
Puenta Piedrita
OCEANO
A SAN JUAN ANTIGUO
AVENIDA BALDORIOTY
U.S. NAVAL STATION (AEROPUERTO ISLA GRANDE)
EXPRESO
AVENIDA
Jewish Com. Center Y.W.C.A.
Hogar Insular de Niñas
AVENIDA PONCE
DE
PARQUE
Hospital Presbiteriano
Casino de Puerto Rico
CASTRO
DE DIEGO
Sw Cha
LUTS
MUÑOZ
LABRA
DE
Dept. de Agricultura
FERNANDEZ
Asilo de Niñas Ciegas
JOSE
Hospital Municipal
EUROPA AVE
Dept. de lo Interior
Dept. de Turismo
LEON
RIVERA
CALLE
CALLE
Bahia de San Juán
MILITAR
Puente Constitución
Caño de Martin Peña
CARRETERA
Centro de Obras Publicas
U.S. NAVAL RADIO STATION
MARTIN PEÑA
Planta de Tratamiento para Aguas Negras

SAN JUAN

0 0,1 0,2 0,3 0,4 0,5 0,6
SCALE OF MILES

N

T L Á N T I C O

Balneario José C. Barbosa

Puenta Las Marías

CALLE

PARQUE BARBOSA

LOIZA

CALLE

AREA DE RECREACIÓN

LOIZA

PARQUE

AVENIDA

BALDORIOTY

DE

CASTRO

A AEROPUERTO INTERNACIONAL DE ISLA VERDE

AVENIDA

Colegio Sagrado Corazón

EDUARDO

PROPUESTO

Laguna Los Corozos

CONDE

Cementerio Ft. Brooke Post Cementery

AVENIDA

Plaza de Recreo Barceló

AVENIDA BLANCA

AVENIDA

BORINQUEN

EDUARDO

CONDE

CAL. BARBOSA

AVENIDA

REXACH

PONCE

LUIS

Caño
Puente Martín Peña

AVENIDA BARBOSA

PARQUE

CALLE CONSTITUCION

MUÑOZ

de

Martín

ISLA GUACHINANGA

LEON RIVERA

AVENIDA

QUISQUEYA

AVENIDA BARBOSA

Peña

Laguna de San José

Pl. 30　　　　　　　　USA

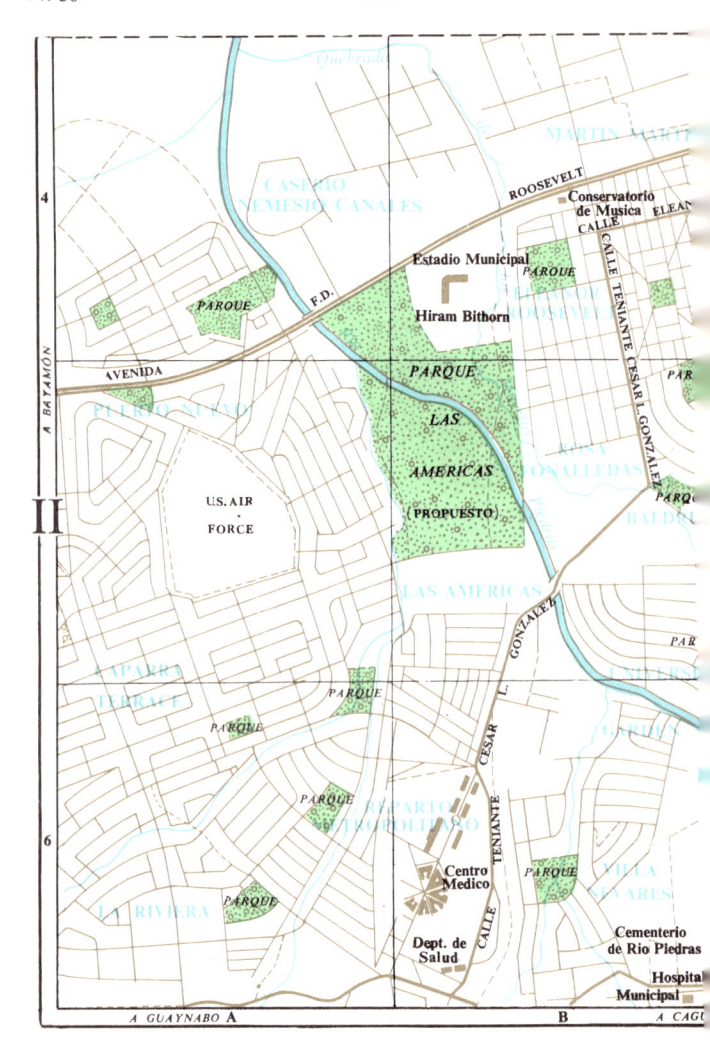

Map labels

- Quebrada
- MARTIN MARTE
- CASERIO NEMESIO CANALES
- ROOSEVELT
- Conservatorio de Musica
- CALLE ELEAN
- Estadio Municipal
- PARQUE
- PARQUE
- F.D.
- Hiram Bithorn
- CALLE TENIENTE CESAR L. GONZALEZ
- A BATAMÓN
- AVENIDA
- PUERTO NUEVO
- PAR
- PARQUE LAS AMERICAS (PROPUESTO)
- U.S. AIR FORCE
- ONSALLEDAS
- PARQUE
- BALDR
- II
- LAS AMERICAS
- PAR
- CESAR L. GONZALEZ
- CAPARR
- ERRAC
- PARQUE
- PARQUE
- CALLE TENIENTE CESAR
- 6
- PARQUE
- REPARTO METROPOLITANO
- Centro Medico
- PARQUE
- VILLA NEVARES
- LA RIVIERA
- PARQUE
- Dept. de Salud
- Cementerio de Rio Piedras
- Hospital Municipal
- A GUAYNABO　A
- B　A CAGU

SAN JUAN

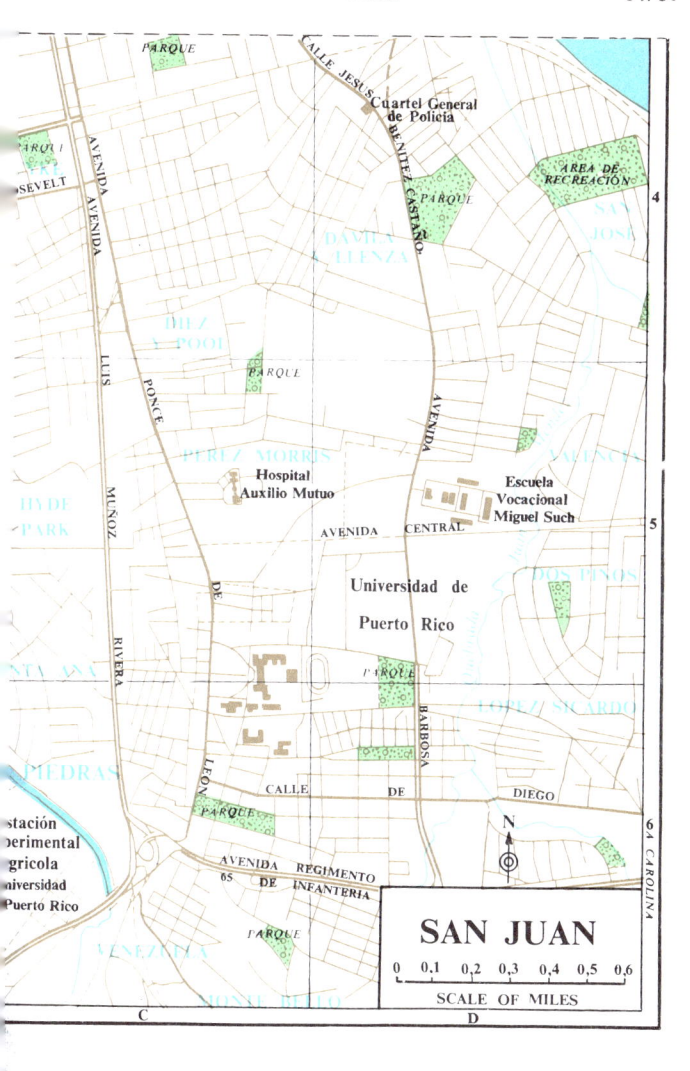

Parque
Cuartel General de Policía
CALLE JESÚS BENÍTEZ CASTAÑO
AVENIDA ROOSEVELT
PARQUE
AREA DE RECREACIÓN
SAN JOSÉ
PARQUE
DÁVILA LLENZA
DIEZ Y POOR
AVENIDA LUIS MUÑOZ RIVERA
PONCE
PARQUE
PÉREZ MORRIS
PALANGUE
Hospital Auxilio Mutuo
Escuela Vocacional Miguel Such
HYDE PARK
AVENIDA CENTRAL
DOS PINOS
Universidad de Puerto Rico
SANTA ANA
DE
PARQUE
LÓPEZ SICARDÓ
LEÓN
BARBOSA
PIEDRAS
CALLE DE DIEGO
CAROLINA
Estación Experimental Agrícola Universidad Puerto Rico
PARQUE
AVENIDA 65 DE INFANTERÍA REGIMENTO
N
PARQUE
VENEZUELA
MONTE BELLO

0 0.1 0.2 0.3 0.4 0.5 0.6
SCALE OF MILES

CARTOGRAPHIE NAGEL

© by Nagel Publishers, Geneva (Switzerland)

Printed in Switzerland